आधुनिक हिन्दी उपन्यास
1

आधुनिक हिन्दी उपन्यास

1

सम्पादक मंडल

डॉ. भीष्म साहनी

डॉ. रामजी मिश्र

भगवतीप्रसाद निदारिया

राजकमल प्रकाशन

ISBN : 978-81-267-1864-1

मूल्य : ₹ 995

पहला संस्करण : 1976
चौथा संस्करण : 2020

प्रकाशक : राजकमल प्रकाशन प्रा. लि.
1-बी, नेताजी सुभाष मार्ग, दरियागंज
नई दिल्ली-110 002

शाखाएँ : अशोक राजपथ, साइंस कॉलेज के सामने, पटना-800 006
पहली मंजिल, दरबारी बिल्डिंग, महात्मा गांधी मार्ग, इलाहाबाद-211 001
36 ए, शेक्सपियर सरणी, कोलकाता-700 017

वेबसाइट : www.rajkamalprakashan.com
ई-मेल : info@rajkamalprakashan.com

मुद्रक : बी.के. ऑफसेट
नवीन शाहदरा, दिल्ली-110 032

AADHUNIK HINDI UPANYAS-1
Edited by Dr. Bhishma Sahni, Dr. Ramji Mishra, Bhagwati Prasad Nidariya

दो शब्द

आप तो इस संकलन की त्रुटियों की चर्चा करेंगे ही, पहले मैं ही क्यों न कर दूँ, कुछ अपनी सफाई की दृष्टि से, कुछ उन अनिवार्य परिस्थितियों की ओर आपका ध्यान दिलाते हुए जिनका सामना शायद किसी दिन आपको भी करना पड़ेगा, यदि आप भी इस प्रकार का संकलन निकालने का दुःसाहस कर बैठें।

उपन्यासों का चयन करते समय क्या मात्र उपन्यासों को ही ध्यान में रखा जाए या उपन्यासकारों को भी! पहले हमारा विचार था कि केवल कुछेक उपन्यासों को ही विचाराधीन रखा जाए, फिर लगा कि हिन्दी-उपन्यास की प्रवृत्तियाँ मात्र कुछेक विशिष्ट अथवा चर्चित उपन्यासों में ही नहीं, अनेक ऐसे उपन्यासों में भी लक्षित होती हैं, जो भले ही लम्बी-चौड़ी चर्चा का विषय न रही हों लेकिन समकालीन उपन्यास-कला का कोई न कोई पक्ष जरूर उजागर करती हैं। 'विशिष्ट' शब्द भी भ्रामक जान पड़ने लगा। कोई उपन्यास एक दृष्टि से, तो कोई दूसरा किसी अन्य दृष्टि से विशिष्ट हो सकता है। दूसरे, यह कि आज के उपन्यास की प्रवृत्तियों को समझने के लिए क्या दो-तीन पीढ़ी पहले के उपन्यासों की चर्चा सहायक हो सकती है या नहीं। क्या प्रेमचन्द के 'गोदान' से इस चर्चा का आरम्भ करना बेहतर नहीं होगा? क्योंकि उपन्यास के विकास की दृष्टि से भी और सामाजिक सन्दर्भ की दृष्टि से भी 'गोदान' आज भी संगत है। किस्सा यह कि शैतान की आँत की तरह हमारी सूची लम्बी होती चली गई, पीछे की ओर भी खिंचती चली गई और आगे की ओर भी और नतीजा यह हुआ कि जहाँ गिने-चुने बीसेक लेख शामिल करने का इरादा था वहाँ अब आपके सामने पूरे 79 लेख पेश किए जा रहे हैं। पर एक ओर जहाँ पुस्तक का आकार बढ़ गया है, पत्रिका का 'जयन्ती अंक' न रहकर वह एक पोथा बन गई है, वहाँ निश्चय ही उपन्यास के विकास-क्रम की दृष्टि से इसकी सार्थकता भी किसी हद तक बढ़ गई है।

कहीं-कहीं पर आपका ध्यान एक और त्रुटि की ओर भी जाएगा कि किसी उपन्यास पर लेखक का संस्मरणात्मक लेख तो है, पर आलोचनात्मक लेख नहीं है, या आलोचनात्मक लेख है, पर संस्मरणात्मक नहीं। इसके लिए सम्पादक-मंडल इतना जिम्मेदार नहीं है, जितना हमारे लेखक बन्धुओं का आलस्य। किसी ने अपनी प्रेमिका को इतने आग्रहपूर्ण पत्र नहीं लिखे होंगे जितने हमने अपने लेखक-आलोचक मित्रों को लिखे। पत्रों के उत्तर भी मिले, स्नेहपूर्ण आश्वासन भी मिले, लेख-प्राप्ति की तिथि तक

नक्की कर दी गई, एक बार नहीं दसियों बार, पर लेख नहीं मिले। ऐसे माशूकाना अन्दाज कोई हमारे हिन्दी-लेखकों से सीखे! अन्त में मन ही मन यह कहकर कि 'जो दे उसका भी भला, जो न दे उसका भी भला' हमने सामग्री प्रेस में दे दी। हमें ही संकलन में अनेक पुस्तकों की चर्चा का अभाव खलता है। हमने यहाँ तक कोशिश की कि जहाँ लेख प्राप्त नहीं हुआ, वहाँ पहले से प्रकाशित कोई लेख किसी पत्रिका अथवा संकलन में से निकालकर डाल दें। कुछेक स्थानों पर हमने ऐसा किया भी ताकि चर्चा अधूरी न रह जाए लेकिन ऐसा हमने केवल मजबूरी में ही किया।

पर अन्त में संकलन की सामग्री प्रेस में ले जाते समय मन पर सबसे प्रबल प्रभाव लेखक-आलोचक बन्धुओं के सहयोग का ही है और इसके लिए हम उनके प्रति हृदय से आभारी हैं। यह जानते हुए कि यह मात्र एक कॉलिज की पत्रिका का विशेषांक है, यह भी जानते हुए कि इससे किसी पारिश्रमिक की अपेक्षा नहीं की जा सकती, न इस बात की कि यह पत्रिका के रूप में बहुत से पाठकों तक पहुँच पाएगा या नहीं, उन्होंने निःसंकोच तथा पूर्ण सहयोग की भावना के साथ अपने लेख भेजे। इसे देखकर लगता है कि हिन्दी-साहित्य के क्षेत्र में सभी मूल्य पैसे के मूल्य ही नहीं रह गए हैं, गम्भीर अध्ययन में अब भी निष्ठा पाई जाती है, और इस प्रकार के प्रयास किए जा सकते हैं।

एक शब्द इस संकलन की मूल दृष्टि के बारे में। इस संकलन में संगृहीत लेखों की अपनी-अपनी दृष्टि जरूर है, लेकिन समूचे संकलन की कोई विशिष्ट दृष्टि नहीं है। यह बात भी शायद कुछ मित्रों को खलेगी। न तो हमने उपन्यासों के चयन में कोई नपी-तुली दृष्टि अपनाई है, न उनकी आलोचना के सम्बन्ध में। इससे शायद कुछ मित्रों को यह 'कहीं की ईंट कहीं का रोड़ा'—जैसा प्रयास जान पड़े। हमारा आधार केवल यही धारणा रही है कि जिस उपन्यास में विकास-क्रम की प्रवृत्तियों की झलक मिलती है, उसे शामिल कर लिया जाए। आज हमारे यहाँ आलोचना की विशिष्ट पद्धतियाँ जरूर पाई जाती हैं। यदि हमने किसी एक पद्धति को नहीं अपनाया तो इस कारण कि उस स्थिति में पुस्तकों पर विचार करने की एक ही दृष्टि सामने आ पाती या तो हम एक-एक पुस्तक पर दो-दो, तीन-तीन आलोचनात्मक लेख देते जिससे पुस्तक का मूल्यांकन विभिन्न दृष्टियों से हो पाता। पर ऐसा करना सम्भंव नहीं था। दूसरे, हमारा यह भी मत है कि किसी उपन्यास के गुण-दोष तो विभिन्न दृष्टियों से भले ही आँके जा सकते हैं, पर अन्ततः उपन्यास खड़ा अपने ही पैरों पर होता है। इसलिए भी यही उचित समझा गया कि किसी दृष्टि-विशेष के आधार पर न तो हम उपन्यासों का चयन करें और न ही उनकी समीक्षा अथवा समीक्षकों का। किसी एक उपन्यास की समीक्षा से भी समालोचक की दृष्टि तथा साहित्य सम्बन्धी उसकी मान्यताओं का पता चल जाता है।

इस संकलन को तैयार करने में बहुत से मित्रों का हाथ रहा है, कॉलिज के प्रिंसिपल श्री सैयद अहमद अली साहिब का, जिन्होंने इसके प्रकाशन के लिए आवश्यक साधन जुटाए और उन्हें जुटा पाने के लिए अथक प्रयास किया। कॉलिज के हिन्दी विभाग के सदस्यों का, इनके अतिरिक्त सर्वश्री कुमरिया, त्रिलोकी नाथ खन्ना, गुप्त जी तथा हमारे

छात्र-सम्पादक श्री भगवतीप्रसाद निदारिया का। हम उन सबके हृदय से आभारी हैं। पर मैं समझता हूँ यह संकलन कभी तैयार नहीं हो पाता यदि इनकी बागडोर डॉ. रामजी मिश्र के हाथ में न होती। संकलन निकालने का मूल विचार उन्हीं का था, किस रूप में संकलन निकले, एक-एक उपन्यास पर दो-दो लेख हों–एक संस्मरणात्मक और दूसरा आलोचनात्मक, यह शुभ विचार भी उन्हीं को सूझा था, और इस विचार को अमली जामा पहनाने के लिए भी उन्होंने ही सबसे ज्यादा दौड़-धूप की है। अचम्भे की बात यह है कि उनका उत्साह अभी भी बना हुआ है और वह भविष्य में भी ऐसे संकलन निकालने के मनसूबे बना रहे हैं।

अन्त में, मैं डॉ. रामदरश मिश्र के प्रति भी आभार प्रदर्शन करता हूँ, जिन्होंने बहुत कम समय में हिन्दी-उपन्यास पर एक सर्वेक्षणात्मक लेख लिखकर इस संकलन को पूर्णता प्रदान की।

–भीष्म साहनी

विषय-सूची

दो शब्द	: *भीष्म साहनी*	*5*
हिन्दी उपन्यास : एक सर्वेक्षण	: डॉ. रामदरश मिश्र	13
गोदान	: त्रिलोकी नाथ खन्ना	27
शेखर से साक्षात्कार	: सच्चिदानन्द हीरानन्द वात्स्यायन 'अज्ञेय'	37
'शेखर : एक जीवनी'—समीक्षा	: डॉ. तारकनाथ बाली	41
'गिरती दीवारें' : एक संस्मरणात्मक टिप्पणी	: उपेन्द्रनाथ अश्क	47
'गिरती दीवारें' : समीक्षा	: डॉ. भोलानाथ 'भ्रमर'	57
'बलचनमा' : समीक्षा	: डॉ. गोपाल राय	66
जब 'सूरज का सातवाँ घोड़ा' लिखा गया	: धर्मवीर भारती	71
'सूरज का सातवाँ घोड़ा' : समीक्षा	: देवेन्द्र इस्सर	75
'बीज' : अन्तर्बीज	: अमृत राय	81
'जहाज का पंछी' : समीक्षा	: डॉ. गंगाप्रसाद पांडेय	86
'बूँद और समुद्र' : संस्मरण	: अमृतलाल नागर	94
'उसका बचपन' : मेरी जवानी	: कृष्ण बलदेव वैद्य	100
'उसका बचपन' : समीक्षा	: ओमप्रकाश निर्मल	105
'झूठा सच' के संस्मरण	: यशपाल	109
'झूठा सच' : स्त्री निम्नमध्यवर्ग और साम्प्रदायिक चेतना	: आनन्द प्रकाश	115
'भूले-बिसरे चित्र' : एक संस्मरण	: भगवतीचरण वर्मा	129
'भूले-बिसरे चित्र' : समीक्षा	: डॉ. विश्वम्भरनाथ उपाध्याय	136
एक रचना की प्रतिरचना : 'यह पथ बन्धु था'	: श्रीनरेश मेहता	145
'यह पथ बन्धु था' : समीक्षा	: गिरिराज किशोर	150
'वे दिन' : संस्मरण का संस्मरण	: निर्मल वर्मा	162
'वे दिन' : समीक्षा	: डॉ. नरेन्द्र मोहन	164
'बूँद और समुद्र' : आस्था की समस्या	: डॉ. रामविलास शर्मा	173
'जल टूटता हुआ' : संस्मरण	: रामदरश मिश्र	187
कटु यथार्थ के तीन कोण : 'जल टूटता हुआ'	: डॉ. विनय	195

एक अन्तरंग 'सारा आकाश'	:	राजेन्द्र यादव	201
'सारा आकाश' : एक रोमैंटिक एगोनी	:	डॉ. बच्चन सिंह	208
'अठारह सूरज के पौधे' : दस साल बाद	:	रमेश बक्षी	213
'अठारह सूरज के पौधे' : समीक्षा	:	मधुरेश	216
'जो' : संस्मरण	:	डॉ. प्रभाकर माचवे	220
'जो' : समीक्षा	:	डॉ. श्याम परमार	223
'राग दरबारी' : संस्मरण	:	श्रीलाल शुक्ल	227
'राग दरबारी' : व्यंग्य-दृष्टि या व्यंग्य-लीला	:	डॉ. नित्यानन्द तिवारी	231
'दंड-द्वीप' और मैं	:	रमेश उपाध्याय	238
किशोर मानसिकता का 'दंड-द्वीप'	:	डॉ. राजकुमार शर्मा	246
'रुकोगी नहीं, राधिका' : संस्मरण	:	उषा प्रियंवदा	253
'रुकोगी नहीं, राधिका' : समीक्षा	:	अर्चना वर्मा	256
जन्मपत्री : बंटी की	:	मन्नू भंडारी	261
'आपका बंटी' : समीक्षा	:	डॉ. निर्मला जैन	265
'जुगलबन्दी'—माध्यम	:	गिरिराज किशोर	272
'जुगलबन्दी' : समीक्षा	:	राजेन्द्र यादव	279
'एक चूहे की मौत' : संस्मरण	:	बदीउज्जमाँ	287
'एक चूहे की मौत' : समीक्षा	:	डॉ. हरदयाल	289
'बेघर' : संस्मरण	:	ममता कालिया	295
'बेघर' : समीक्षा	:	डॉ. रामजी मिश्र	297
'अपना मोर्चा' के आस-पास	:	काशीनाथ सिंह	302
'अपना मोर्चा' : समीक्षा	:	डॉ. विजयमोहन सिंह	307
'धरती धन न अपना' : संस्मरण	:	जगदीशचन्द्र	311
'धरती धन न अपना' : समीक्षा	:	सुधीश पचौरी	318
'पुनर्नवा' : संस्मरण	:	हजारीप्रसाद द्विवेदी	331
'पुनर्नवा' : विवेचन	:	डॉ. विश्वनाथ त्रिपाठी	334
ऐतिहासिक उपन्यास की रचना-प्रक्रिया : 'पणिपुत्री सोमा'	:	राजीव सक्सेना	340
'पणिपुत्री सोमा' का सन्दर्भ	:	डॉ. भगवतशरण उपाध्याय	346
'अनाम स्वामी' : संस्मरण	:	जैनेन्द्र कुमार	352
'अनाम स्वामी' : सर्जक की मुक्ति	:	वीरेन्द्र कुमार गुप्त	356
'हत्या' पर लेखकीय वक्तव्य	:	हृदयेश	363
'हत्या' : समीक्षा	:	ओमप्रकाश ग्रेवाल	371
'आँखों की दहलीज' : संस्मरण	:	मेहरुन्निसा परवेज	385
'आँखों की दहलीज' : समीक्षा	:	असगर वजाहत	388

'तमस' : संस्मरण	: भीष्म साहनी	392
साम्प्रदायिकता के बेनकाब घिनौने चेहरे : 'तमस'	: रमेश उपाध्याय	396
'मरीचिका' के पीछे	: गंगाप्रसाद विमल	403
'मरीचिका' : समीक्षा	: डॉ. रमेश कुन्तल मेघ	408
'काली आँधी' : अनुभव से अर्थ की खोज तक	: कमलेश्वर	412
'काली आँधी' : समीक्षा	: डॉ. रामदरश मिश्र	416
'मुरदाघर' के बारे में	: जगदम्बाप्रसाद दीक्षित	421
'मुरदाघर' : समीक्षा	: अजित कुमार	424
मेरा उपन्यास : 'अँधेरे के साथ'	: इब्राहीम शरीफ	429
'अँधेरे के साथ' : समीक्षा	: डॉ. भीष्म साहनी	434
'वह अपना चेहरा' : संस्मरण	: गोविन्द मिश्र	440
'वह अपना चेहरा' : समीक्षा	: डॉ. परमानन्द श्रीवास्तव	445
'आधा गाँव' : संस्मरण	: राही मासूम रजा	449
सृजन की साहसिकता : 'आधा गाँव'	: डॉ. विवेकी राय	452
'मैला आँचल' : देहाती जीवन का काव्यात्मक और संवेदनशील अंकन	: नेमिचन्द्र जैन	458
'अलग-अलग वैतरणी' : समीक्षा	: विजयदेव नारायण शाही	466
'दीक्षा' की सृजन-यात्रा	: नरेन्द्र कोहली	477
'दीक्षा' : जनवादी राम और रामकथा के नए आयाम	: डॉ. विजयेन्द्र स्नातक	484
'सूरजमुखी अँधेरे के' : संस्मरण	: कृष्णा सोबती	487
'अँधेरे बन्द कमरे' : समीक्षा	: भगवती प्रसाद निदारिया	492

हिन्दी उपन्यास : एक सर्वेक्षण

डॉ. रामदरश मिश्र

प्रेमचन्द के आगमन से हिन्दी उपन्यास में नया युग प्रारम्भ होता है बल्कि यों कहा जाए कि वास्तविक अर्थों में उपन्यास-युग आरम्भ होता है। उपन्यास-साहित्य की सृष्टि जिस उद्देश्य को लेकर हुई थी उस उद्देश्य की पूर्ति प्रेमचन्द के पूर्व के उपन्यासों द्वारा नहीं हुई। पश्चिम में उपन्यासों का जो विकास हो गया था उससे भी प्रेमचन्द के पहले के उपन्यासकार लाभान्वित नहीं हो सके थे। प्रेमचन्द ने पहली बार उपन्यास के मौलिक क्षेत्र, स्वरूप और उद्देश्य को पहचाना। पहचाना ही नहीं उसे भव्य समृद्धि प्रदान की, काफी ऊँचाई तक ले गए।

प्रेमचन्द ने पहली बार इस सत्य को पहचाना कि उपन्यास सोद्देश्य होने चाहिए अर्थात् उपन्यास या कोई भी साहित्यिक विधा मनोरंजन के लिये नहीं होती वरन् यह मानव-जीवन को शक्ति और सुन्दरता प्रदान करनेवाली सोद्देश्य रचना होती है। सोद्देश्यता हिन्दी उपन्यास-क्षेत्र में पहले-पहल प्रेमचन्द में ही व्यक्त हुई और सोद्देश्यता ही प्रेमचन्द के उपन्यासों की सफलता का रहस्य है, यह कहना गलत है। सोद्देश्यता तो भारतेन्दुकालीन और द्विवेदीकालीन साहित्य की खास चीज थी। 'परीक्षा गुरु', 'सौ अजान एक सुजान', 'नूतन ब्रह्मचारी' और तत्कालीन सामाजिक और ऐतिहासिक उपन्यासों में उपदेशमूलक उद्देश्यपरकता बहुत नंगी होकर उभरी है और यह उद्देश्यपरकता भी इन उपन्यासों को शक्ति नहीं दे सकी बल्कि उन्हें कला के स्तर से गिराने में सहायक ही हुई। फिर प्रेमचन्द की क्या विशेषता है जो उनके उपन्यासों को पूर्व के उपन्यासों से अलग कर उपन्यास-साहित्य को स्थायी निधि बनाने में समर्थ हुई। मैं मानता हूँ वह विशेषता है उनकी यथार्थ की पकड़। यथार्थ सतह पर फैली हुई गन्दगी नहीं है बल्कि मानव-जीवन के बुनियादी प्रश्न, उसके अनेकानेक बाहरी-भीतरी स्वरूपों को बनानेवाली, बदलनेवाली परिस्थितियाँ, समस्याएँ, आपसी सम्बन्ध और मानव-मन के भीतर के अनेक गहन रहस्यमय सत्य यथार्थ हैं।

प्रेमचन्द के उपन्यासों की यथार्थ चेतना ही उनकी मूल शक्ति है। उनके पूर्ववर्ती उपन्यासकार यथार्थ को गहराई से नहीं पकड़ सके और शिल्प भी नहीं सँवार सके। उनका यथार्थबोध न तो प्रकृतिवादियों की तरह मनुष्य को पाशव वृत्तियों का शिकार मात्र मानकर अश्लीलता और विकृत नग्नता के उद्घाटन में कृतकृत्यता अनुभव करता

है, न वह मनोविश्लेषणशास्त्रियों की तरह व्यक्ति के एकान्त सत्य को चरम सत्य मानकर जनजीवन-निरपेक्ष साहित्य की रचना में प्रवृत्त होता है, और न उग्र समाजवादियों की तरह व्यक्ति को सामाजिक जीवन की एक यान्त्रिक इकाई मानकर सामाजिक जीवन को एक विशेष प्रकार की समाजवादी दृष्टि से प्रस्तुत करता है। प्रेमचन्द किसी भी वाद की एकांगिता से पीड़ित न होकर अपने पूरे युग और समाज को उसकी समस्त जटिल वास्तविकता के साथ पकड़ लेना चाहते थे। इसीलिए एक ओर वे सामाजिक यथार्थ को उसके विविध स्वरूपों में प्रस्तुत कर रहे थे, दूसरी ओर विभिन्न प्रकार की परिस्थितियों और संस्कारों में पले व्यक्तियों की मानसिक गहराइयों में पैठकर मन-सत्यों का उद्घाटन कर रहे थे। यह युग राष्ट्रीय और सामाजिक उथल-पुथल का युग था। यह संक्रान्ति काल था दो प्रकार की संस्कृतियों का, दो प्रकार के मूल्यों का। साथ ही साथ संघर्षकाल था साम्राज्यवाद से राष्ट्रवाद का, सामन्ती सभ्यता से महाजनी सभ्यता का, सामन्ती और महाजनी दोनों सभ्यताओं से शोषित किसानों और मजदूरों की शक्तियों का।

प्रेमचन्द ने इस संक्रमण को भली-भाँति पहचाना था। वे निश्चय ही विचारों और संस्कारों से मूल भारतीय आदर्शों के पोषक थे परन्तु एक यथार्थवादी कलाकार की हैसियत से समाज में व्याप्त पुराने-नए मूल्यों के संघर्षों, पुराने जर्जर मूल्यों के विघटन और नए भौतिकवादी मूल्यों की उत्तरोत्तर प्रतिष्ठा को आँख से ओझल नहीं कर सकते थे। प्रेमचन्द ने बड़े ही स्पष्ट रूप से धर्माधारित मूल्यों को विघटित और अर्थवादी मूल्यों को प्रतिष्ठित होते हुए देखा। प्रेमचन्द के उपन्यासों में समस्याएँ तरह-तरह की हैं, तरह-तरह के वर्ग और समाज चित्रित हैं किन्तु सबके मूल में मानो आर्थिक समस्या ही अन्तःसलिला की भाँति बहती रहती है। प्रेमचन्द ने संक्रातिकालीन मूल्यों के संघर्षों को पहचाना ही नहीं, निर्णय के अधिकार को भी अपने पास सुरक्षित रखा। इसलिए उन्होंने विघटित होते हुए तत्कालीन जर्जर भारतीय मूल्यों को ठोकर मारी और स्थापित होते हुए भौतिकवादी मूल्यों के भी खोखलेपन को चीरकर रख दिया किन्तु साथ-ही-साथ उन्होंने मानव की उन मूल भावनाओं के प्रकाश को भी इस अन्धकार और बिखराव के भीतर से उजागर किया जो भारतीय मनीषा के चिन्तन-मनन और आचरण का सुन्दर परिणाम रही हैं। सेवा, त्याग, सहानुभूति, प्रेम, सत्याचरण आदि भारतीय विशेषताओं को प्रेमचन्द बार-बार अपनी कृतियों में ध्वनित करते हैं। इन विशेषताओं के अभाव में मानव की समस्त भौतिक जय-यात्रा ही निष्फल सिद्ध हो जाएगी। प्रेमचन्द ने इस सत्य को बड़ी बारीकी से पकड़ा था कि ये मानवीय विशेषताएँ आज के तथाकथित बड़े लोगों में अवशिष्ट नहीं रह सकी हैं। तथाकथित बड़े लोग तो पद, यश, धन की लिप्सा में बुरी तरह पीड़ित होकर दुहरा जीवन जी रहे हैं। प्रेमचन्द जी हर समय इन तथाकथित बड़े लोगों का ऊपरी चोंगा भरी सभा में उतारकर उन्हें नंगा कर देते हैं और तथाकथित छोटे लोगों के हृदय के भीतर बहती सेवा, त्याग, प्रेम और सत्य की ज्योति को उनकी बाहरी गन्दगी, अज्ञानता और लघुता के बीच से प्रकाशित कर देते हैं।

'गोदान' प्रेमचन्द का ही नहीं, हिन्दी का श्रेष्ठ यथार्थवादी उपन्यास है। यह मार्क्सवादी सिद्धान्त से परिचालित न होकर भी समाज के तत्कालीन संश्लिष्ट यथार्थ को उभारने में बहुत सफल हुआ। लेखक इस उपन्यास में अपने प्रिय पात्रों को भी वस्तुवादी दृष्टि से चीरता चला जाता है और ये पात्र अपनी समस्त विसंगतियों के साथ साकार हो उठते हैं। उनकी विसंगतियाँ, मानवीय रूप देकर उन्हें पाठक की सहानुभूति से जोड़ती हैं। प्रस्तुत उपन्यास में लेखक का आदर्शवादी सपना टूट गया है, वह यथार्थ का द्रष्टा रह गया है।

प्रसाद जी ने आर्थिक आधारों से परे हटकर संस्था या समाज और मनुष्य के सम्बन्धों की छानबीन दूसरे ढंग से की है। वे मनुष्य की प्रवृत्तियों के संघटन-विघटन को धार्मिक और सामाजिक संघटनों की कुरूपता-सुरूपता के सन्दर्भ में देखते हैं। वे वास्तव में वर्तमान काल की समस्याओं की आर्थिक और समाजशास्त्रीय व्याख्या न प्रस्तुत कर सांस्कृतिक आलोक में मानव-प्रवृत्तियों को परखना चाहते हैं। इस तरह जहाँ वे मनुष्य की चिरन्तनता से जुड़ जाते हैं वहीं वे आधुनिक युग और उसके मनुष्य को सही अर्थ में उभारने में असमर्थ रह जाते हैं। वे मंगलदेव के शब्दों में समाज की व्याख्या करते हुए व्यक्ति को मानसिक सुधारों के लिये प्रेरित तो करते हैं किन्तु उन परिस्थितियों, उन समस्याओं को तीव्रता से आलोकित नहीं कर पाते जिनसे मानसिक सुधार या असुधार जुड़े हुए हैं।

प्रेमचन्द में यथार्थ के जिन दो आयामों (सामाजिक और मनोवैज्ञानिक) का उद्घाटन हुआ वे प्रेमचन्द के बाद अलग-अलग धाराओं में बँटकर तथा अपनी-अपनी धारा की अन्य अनेक सूक्ष्म बातों में संश्लिष्ट होकर बहुत तीव्र और विशिष्ट रूप में विकसित होते गए। अतः एक ओर मनोविज्ञान की धारा बही, दूसरी ओर समाजवाद की। मनोविज्ञान की नई धारा प्रेमचन्द के मनोविज्ञान से वस्तुतः अलग धारा थी जो मनोविज्ञान की नवीन खोजों से प्राप्त सत्यों को आधार बनाकर चली जिसका सम्बन्ध मूलतः अन्तश्चेतना के लोक से है, चेतना के लोक से नहीं। मनोविज्ञान की इस नई धारा ने न केवल मनोविश्लेषणशास्त्रियों द्वारा उद्घाटित रहस्यों को अपनाया बल्कि प्रकृतिवाद, अस्तित्ववाद, प्रतीकवाद आदि द्वारा गृहीत मानस-सत्यों को भी आत्मसात किया। कहने का अभिप्राय यह है कि यह अन्तर-लोक की यात्रा है जिसमें बाहरी दुनिया को अपनी ओर उन्मुख कर मानस-सत्यों का साक्षात्कार किया गया है। इस अन्तर-यात्रा का परिणाम उपन्यास के गठन पर भी पड़ा और इस धारा के उपन्यासों के कथाविन्यास, पात्र-रचना, देशकाल आदि का स्वरूप वह नहीं रहा जो प्रेमचन्द के उपन्यासों या सामाजिक उपन्यासों में दिखाई पड़ता है।

दूसरी धारा सामाजिक उपन्यासों की है। कहा जा सकता है कि प्रेमचन्द के उपन्यास भी सामाजिक हैं, उनसे इन उपन्यासों को कैसे अलग किया जा सकता है। इन सामाजिक उपन्यासों में एक धारा समाजवादी उपन्यासों की है जो निश्चय ही अपने मार्क्सवादी दृष्टिकोण के कारण प्रेमचन्द के उपन्यासों की सामाजिक परम्परा में आते हुए

भी उससे अलग हैं। दूसरी धारा उन उपन्यासों की है जो सामाजिक जीवन के यथार्थ को तो लेते हैं किन्तु उनकी दृष्टि मार्क्सवादी नहीं होती। वैसे साफ तौर पर यह भी कहना कठिन है कि उनमें मार्क्सवादी दृष्टि कहीं होती ही नहीं। ये उपन्यास भी प्रेमचन्द के उपन्यासों से अलग हैं, यद्यपि उन्हीं की परम्परा में आते हैं। अलगानेवाला बिन्दु है यथार्थवादी दृष्टिकोण। ये उपन्यास वास्तव में यथार्थवादी हैं, उनमें आदर्शोन्मुखता की परिणति नहीं जुड़ी हुई है। सारे यथार्थ को उनके ऐतिहासिक सन्दर्भ में प्रस्तुत किया गया है, इतिहास की कल्पना नहीं की गई है।

मार्क्सवाद के आग्रह से आध्यात्मिक मूल्यों का विघटन होता चला गया, स्वयं प्रेमचन्द ने इसका तीव्र अहसास 'कफन' जैसी कहानी और 'गोदान' उपन्यास में किया था। प्रेमचन्दोत्तर सामाजिक उपन्यासों में मार्क्सवाद का स्वर प्रधान न भी रहा हो किन्तु उसका प्रभाव निश्चय ही अन्तर्निहित रहा है। उसके प्रभाव के कारण ही निर्मम भाव से सामाजिक विसंगतियों को उद्घाटित किया गया। किन्तु मार्क्सवादी अन्तर्दृष्टि उनमें व्याप्त है। प्रेमचन्द युग का आध्यात्मिक स्वप्न-विभ्रम धीरे-धीरे टूटता ही चला गया और स्वतन्त्रता के बाद तो एकदम टूट ही गया और लेखक ठोस यथार्थ पर उतर आया, आध्यात्मिक प्रभाव विकासवाद की चेतना में डूबता गया। प्रेमचन्दोत्तर सामाजिक उपन्यासों में देखने की एक बात और भी है, वह यह कि इन उपन्यासों में प्रेमचन्द की अपेक्षा मनोविज्ञान का अधिक गहरा स्तर उभरा दिखता है, क्योंकि जाने-अनजाने ये मनोविज्ञान के अन्तश्चेतनावाद से प्रभावित हैं। इसलिए इनमें मनोविज्ञान के सत्य के नए आलोक में लक्षित होनेवाली पात्रों की टूटन, यौनकुंठा, तज्जन्य स्वप्न, चेतना-प्रवाह, प्रकृतवाद, प्रतीकात्मकता आदि का भी प्रभाव कमोबेश रूप में उपलब्ध है। समाजवादी उपन्यासों में भी ये बातें दिखाई पड़ती हैं, अतः कहा जा सकता है कि प्रेमचन्दोत्तर सामाजिक और समाजवादी उपन्यास सामाजिक चेतना की दृष्टि से प्रेमचन्द की ही परम्परा में आते हैं, किन्तु कुछ बातें ऐसी हैं जो इन्हें अलग भी करती हैं।

आंचलिक उपन्यासों की भी जन-चेतना उन्हें प्रेमचन्द से जोड़ती है, किन्तु अपने स्वरूप और दृष्टि में ये बहुत भिन्न हैं। इन्हें उपन्यास की एक नई विधा के रूप में ही स्वीकारना चाहिए। यह स्वतन्त्रता के पश्चात के हिन्दी उपन्यास-साहित्य की विशेष उपलब्धि है।

जहाँ तक ऐतिहासिक उपन्यासों का प्रश्न है, कहा जाता है कि प्रेमचन्द के पहले के इस प्रकार के उपन्यासों में वही दृष्टि है जो अन्य ऐतिहासिकेतर उपन्यासों में है। प्रेमचन्द के पश्चात् विकसित होनेवाले ऐतिहासिक उपन्यासों में यथार्थवादी दृष्टि उभरी है। इसका आरम्भ प्रेमचन्द के ही काल में हो गया था जिसका संकेत 'इरावती' और 'गढ़ कुण्डार' में मिलता है। किन्तु सभी उपन्यासों में ऐसा है, नहीं कहा जा सकता। समाजवादी उपन्यासकारों ने मार्क्सवादी दृष्टि को प्रधानता दी, मानवतावादी उपन्यासकारों ने नव मानवीय और सामाजिक दृष्टि अपनाकर इतिहास को वर्तमान की ओर उन्मुख किया। इतिहास-रस लेनेवाले उपन्यासकारों ने इतिहास की चमत्कारी घटनाओं और

दृश्यों को उनकी मांसलता के साथ प्रस्तुत करने को ही अपना उद्देश्य माना। बीच-बीच में चिरन्तन कही जा सकनेवाली मानवीय भावनाओं और मूल्यों की छौंक दी! इस अवधि में एक ही साथ कई-कई दृष्टियाँ समानान्तर बहती हुई लक्षित होती हैं। इसलिए अलग-अलग धाराओं में बाँटकर देखने के स्थान पर उन्हें एक ही साथ ऐतिहासिक क्रम में प्रस्तुत कर देना तर्कसंगत प्रतीत हुआ। स्वातन्त्र्यपूर्व हिन्दी के ऐतिहासिक उपन्यासों में महत्त्वपूर्ण हैं--गढ़ कुण्डार, विराटा की पद्मिनी, झाँसी की रानी लक्ष्मीबाई (वृन्दावन लाल वर्मा), वाणभट्ट की आत्मकथा (हजारी प्रसाद द्विवेदी), सिंह सेनापति, जय यौधेय (राहुल सांस्कृत्यायन), दिव्या (यशपाल)।

मनोविश्लेषणवादी सिद्धान्तों ने साहित्य को बहुत दूर तक प्रभावित किया। इन्होंने साहित्य की सर्जना और विवेचना दोनों दृष्टियों को बहुत कुछ बदला और सच बात तो यह कि मनोविश्लेषणवाद ने जीवन के समस्त स्वीकृत मूल्यों और यथार्थ के स्तरों को अस्वीकृत कर नए सिरे से जीवन-सत्यों और मूल्यों के बारे में सोचने को बाध्य किया। मानव-चरित्रों के स्वीकृत प्रतिमानों को खंडित कर उनके भीतर स्थित नंगी वास्तविकता को अनावरित कर दिया। चरित्रों की महत्ता की समाप्ति हो गई। मनोविज्ञान की नई खोजों और प्रयोगों ने चरित्र सम्बन्धी सारी पूर्वधारणाएँ बदल दीं। हिन्दी में प्रेमचन्द और उनकी परम्परा में आनेवाले उपन्यासकारों ने अविस्मरणीय वर्गीय पात्र दिए हैं, जो सामाजिक गुणों और दोषों से पूर्ण हैं, जो चेतन से संचालित हैं, जो इच्छाशक्ति वाले हैं, निश्चय-वृत्ति वाले हैं, जो सामाजिक सद् और असद् से निर्मित हैं और जो इनसे लड़ते हैं। इसी प्रकार इंग्लिश में विक्टोरियन उपन्यासों तक स्मरणीय चरित्रों की अवतारणा होती रही है। किन्तु आधुनिक काल में मनोवैज्ञानिक उपन्यासकारों के उपन्यासों में ऐसे पात्रों की सृष्टि की गई है जिनमें नाम तक याद रखना कठिन जान पड़ता है। मनोवैज्ञानिक उपन्यासों का लक्ष्य पात्रों का मनोवैज्ञानिक शोध करना है। आदमी गुणों की गठरी नहीं है। व्यक्तियों के सम्बन्ध भी जटिल, विविध और अगम्य तथा कभी सरल, स्वच्छ, और परिचित से लगते हैं। अतः यथार्थ आदमी का चित्रण करने का अर्थ है उसके व्यक्तित्व की सारी अन्तर्विरोधी प्रवृत्तियों, जटिल संवेदनाओं, विषम मनःस्थितियों का वैविध्य चित्रित करना। मनोवैज्ञानिक उपन्यासों में मनोवैज्ञानिक क्षणों का बहुत महत्व है। सत्य की प्राप्ति जीवनों में नहीं, मन के विषयों में नहीं, इसके विकास में नहीं बल्कि मनोवैज्ञानिक क्षणों में होती है। इस प्रकार यह विचारधारा व्यक्तित्व की एकसूत्रता को; अनवरतता को अस्वीकार करती है। इसका एक परिणाम और हुआ है कि जीवनी-प्रधान उपन्यासों का चलन शुरू हो गया है। जीवनी-प्रधान उपन्यासों या सामाजिक उपन्यासों की-सी जटिल, एक-दूसरे से गुँथी, परस्पर अनुस्यूत होकर अन्त तक चलती हुई कथाएँ नहीं होतीं वरन् उनमें एक व्यक्ति के जीवन की घटनाओं की शृंखला होती है। जीवन में घटित होनेवाली हर चीज साहित्य में उसी रूप में गृहीत हो सकती है। एक का दूसरे से कोई प्रत्यक्ष सम्बन्ध नहीं होता। यथार्थवादी स्वरूप देने के लिये लेखक एक-एक क्षण का, एक-एक मनःस्थिति का, एक-एक मुद्रा का उसी रूप में

ईमानदारी से चित्र अंकित करता है जिस रूप में ये जीवन में घटित होती हैं। हिन्दी में 'अज्ञेय' का 'शेखर : एक जीवनी' इस दिशा में महत्वपूर्ण उपलब्धि है। मनोवैज्ञानिक उपन्यासों की इस प्रवृत्ति के कारण उनके आस्वाद का रूप भी बदला जाता है। परम्परावादी उपन्यासकार सब कुछ जानता है और सबकी कहानी कहता है किन्तु मनोवैज्ञानिक उपन्यासों में हमें ऐसा लगता है कि हम जीवन जी रहे हैं, जीवन की कहानी नहीं सुन रहे। चूँकि यह आन्तरिक जीवन की यात्रा है इसलिए इसमें अनिवार्य भाव से बिम्बों और प्रतीकों की योजना होती है। अन्तश्चेतन का सत्य इतना असम्बद्ध, निरन्तर परिवर्तनशील तथा अनेक क्षणों और व्यक्तियों का अनियोजित पुंज होता है कि उसे कहा नहीं जा सकता। चूँकि आत्म-प्रधान उपन्यासों में विचार क्रम से सुनियोजित नहीं होते, इसलिए ये उपन्यास असम्बद्धता का प्रभाव पैदा करते हैं और विभिन्न प्रकार के पाठक इसे विभिन्न प्रकार से धारण करते हैं। इस प्रकार के उपन्यासों को वे ही समझ और सराह सकते हैं, जिन्हें कविता पढ़ने का संस्कार हो।

जैनेन्द्र का सर्वाधिक महत्व इस बात में स्वीकारा जाना चाहिए कि उन्होंने कथा-साहित्य को एक नई दिशा दी अर्थात् उन्होंने उपन्यास और कहानी को प्रेमचन्द के भले-बुरे प्रभावों से मुक्त किया। प्रेमचन्द के भले प्रभावों से मुक्त कर उसे सामाजिक सन्दर्भों से काट दिया, बुरे प्रभावों से मुक्त कर उसे शुद्ध साहित्यिक प्रकृति प्रदान की। जैनेन्द्र में कहानी निमित्त-मात्र होती है, व्यक्ति का मानस-मन्थन ही उनका लक्ष्य होता है। इसलिए उनके उपन्यासों में घटना बहुलता नहीं होती, आकस्मिकता नहीं होती, कौतूहल की तीव्र स्थिति नहीं होती, पूरी कहानी सहज ढंग से बिना उतार-चढ़ाव के चलती रहती है। इससे यह अनुभव होता है कि हम उपन्यास पढ़ने के स्थान पर लेखक के अभिप्रेत जीवन की सहज यात्रा कर रहे हैं। 'त्यागपत्र' हिन्दी का बहुचर्चित और महत्वपूर्ण उपन्यास रहा है। इसका कारण कृति की उपलब्धि में खोजना उतना सार्थक नहीं होगा जितना कि उसके ऐतिहासिक आसंग में।

हिन्दी में मनोवैज्ञानिक उपन्यासों को प्रौढ़ रूप देने का श्रेय भी 'अज्ञेय' को ही है। 'अज्ञेय' में कई बातें एक साथ दिखाई पड़ती हैं जो मिल-जुलकर एक अलग सौष्ठव का निर्माण करती हैं। 'अज्ञेय' में मनोविश्लेषण की गहन क्षमता है, जाग्रत और सूक्ष्म सौन्दर्यबोध है, कला के प्रति ईमानदारी की चेतना है और अनुकूल शिल्प-सृष्टि करने की शक्ति है। मनोवैज्ञानिक सत्यों की प्रतीति कराने के लिये गढ़े गए नहीं मालूम होते हैं। लेखक ने पात्रों के अन्तर्सत्यों का विश्लेषण करने के लिये मनोविज्ञान की दृष्टि को स्वीकारा है, जीवन की अनुभूतियाँ जीवन से ही ली गई हैं, मनोविज्ञान की पोथियों से नहीं। इनके भी पात्र असामान्य हैं या कि विशिष्ट हैं। लेकिन इन पात्रों की असामान्यता या विशिष्टता इनके असामाजिक होने में नहीं है बल्कि इनकी अतिरिक्त संवेदनशीलता, सौन्दर्य-चेतना या प्रबुद्धता में है। व्यापक अर्थ में इनके पात्र सामाजिक हैं किन्तु अपने व्यक्तित्व का विलय करके नहीं, उसे प्रबुद्ध करके—'नदी के द्वीप' की तरह, धारा से संस्कार पाते हुए मगर अपनी इयत्ता में अलग।

'शेखर : एक जीवनी' जीवनी के रूप में लिखा गया उपन्यास है। जीवनी-प्रधान उपन्यास मनोविज्ञान के प्रभाव के कारण अस्तित्व में आए हैं और जीवनी ? जीवनी छोटी-बड़ी घटनाओं का इतिवृत्त नहीं, मानसिक स्थितियों का अध्ययन प्रस्तुत करना जीवनी नहीं, ये जीवनी में होते हैं परन्तु साध्य बनकर नहीं। ये तो साधन होते हैं उन सूत्रों को खोजने के, जो होते हैं प्रत्येक के जीवन में, किन्तु जिन्हें देखने की शक्ति सदा नहीं होती—वह तो तब मिलती है जब किसी घटना की चोट से जीवन दीप्त हो उठता है, या तब, जब यातना की तीव्रता से व्यक्ति ही सूक्ष्मद्रष्टा बन जाता है। 'शेखर : एक जीवनी' एक ऐसे व्यक्ति की जीवनी है जो अपनी अनुभूतियों के प्रति बेहद ईमानदार है। नई-नई परिस्थितियों में नए-नए प्रश्न उठते हैं इसके मन में, और वह अनुभव करता चलता है और वह जो कुछ अनुभव करता है और सीखता है उसका अधिकांश यह है कि व्यक्ति की जिज्ञासाओं को, प्रश्न को उत्तरित न कर गलत ढंग से उत्तरित कर समाज उसकी स्वतन्त्रता का हनन करता है, उसे शुरू से ही अपने ढाँचे में ढालने का प्रयत्न करता है और असत्य के उपकरणों से उसके व्यक्ति का निर्माण करता है। शेखर ईमानदार है और प्रबुद्ध है इसलिए अपनी सहज निर्लिप्त मानवीयता की आँच में सब कुछ देखता है, एक-एक प्रश्न उसे मथता है, उसका समाधान पाना चाहता है। वह हर देखे हुए, सुने हुए सत्य को अनुभव में उतारना चाहता है। अनुभव के ताप से तपाकर उसकी सत्यता को पाना चाहता है और तब उसे लगता है कि उसके चारों ओर असंगतियाँ हैं, असत्य के बन्धन हैं और उसके मन में असत्य के प्रति, असंगतियों के प्रति, एक पिटी हुई गलत लीक के प्रति आक्रोश पैदा होता है, विद्रोह होता है। 'शेखर : एक जीवनी' में छोटी जातियों की अवमानना, गरीबी और दुर्दशा का भी चित्र है। राष्ट्रीय आन्दोलन की घटनाओं का भी चित्र है और बहुत-से सामाजिक कहे जा सकनेवाले प्रसंग आए हैं किन्तु 'शेखर : एक जीवनी' का मूल स्वर मनोवैज्ञानिक है।

प्रेमचन्द के बाद भी ऐसे उपन्यासों की लम्बी परम्परा है जो सामाजिक जीवन के यथार्थ को लक्ष्य बनाकर चले हैं। वे व्यक्ति को सामाजिक जीवन के परिवेश में रखकर चलते हैं। सामाजिक जीवन व्यक्ति के व्यक्तित्व को बनाता-बिगाड़ता है, प्रभावित करता है। अर्थात् व्यक्ति अपनी अन्तर्गुहा में बन्दी, सामाजिक सत्यों से अप्रभावित कोई स्वतन्त्र सत्ता नहीं है और न अकेले उसकी कोई सार्थकता ही है। वह सामाजिक जीवन के प्रवाह में बहता हुआ, उसकी समूची चेतना को झेलता हुआ गतिशील सत्ता है, अपनी जगह स्थित नदी का द्वीप नहीं है। किन्तु समाज अपने आप में क्या है ? क्या उसका कोई प्रत्यक्ष रूप उभरता है ? नहीं, उसे हम व्यक्तियों के माध्यम से जानते है, उसका व्यक्तित्व व्यक्तियों के व्यक्तित्वों, उनके आपसी सम्बन्धों, उनके अनुभव और चेतना-बिम्बों के माध्यम से ही उभरता है, नहीं तो अरूप ही रह जाए। इसलिए व्यक्तियों की जीवन्त इकाई की उपेक्षा नहीं की जा सकती। इस प्रकार सामाजिक उपन्यासों में व्यक्ति और समाज दोनों का परस्परावलम्बित सुन्दर सामंजस्य होता है। मार्क्सवादी दृष्टि से सामाजिक सत्य के नए स्तरों को उभारनेवाले प्रमुख उपन्यासकार हैं—यशपाल, 'अश्क', अमृत राय,

रांगेय राघव और भैरव प्रसाद गुप्त तथा सामाजिक दृष्टि से सामाजिक सत्य को पहचाननेवाले कथाकार हैं—अमृतलाल नागर, नरेश मेहता, भगवती चरण वर्मा आदि।

स्वाधीनता प्राप्ति के पश्चात का साहित्य दो दृष्टियों से विशेष महत्व का है—एक तो इसने हर विधा में जिए हुए सत्य पर बल दिया, दूसरे देश के उपेक्षित अंचलों की ओर इसकी दृष्टि गई। उपेक्षित अंचलों की ओर साहित्य का दृष्टिपात अनुभव की दृष्टि से तो महत्वपूर्ण था ही अपने देश के असली स्वरूप को पहचानने के खयाल से भी बहुत उल्लेख्य रहा। एक ओर साहित्य अनुभव की प्रामाणिकता की आवाज उठा रहा था, दूसरी ओर स्वतन्त्र भारत में उपेक्षित और महत्वहीन माने जानेवाले गाँवों और अन्यान्य अंचलों की महत्ता का उदय हो रहा था। दोनों का संगम हुआ आंचलिक कथाओं में। प्रामाणिक अनुभव की बात प्रयोगवादी कविता, 'शेखर : एक जीवनी' उपन्यास तथा 'अज्ञेय' और जैनेन्द्र की कुछ कहानियों के माध्यम से स्वाधीनता-प्राप्ति से पहले ही उठी थी किन्तु यह अनुभवजगत मुख्यतः परिवेश से काफी दूर तक विच्छिन्न व्यक्ति का अनुभवजगत था जिसे मनोवैज्ञानिक संसार भी कहा जा सकता है। किन्तु इस अनुभव पर भी दर्शन की परतें थीं। अनुभव का पूर्ण उभार स्वातन्त्र्योत्तर साहित्य से ही हुआ और लेखक के जीवन से जुड़े हुए विविध परिवेशों से सम्पृक्त होने के कारण यह अनुभवजगत वैविध्य भी प्राप्त कर सका। मनोवैज्ञानिक उपन्यासों के क्षेत्र में प्रख्यात तीन व्यक्तियों में से जैनेन्द्र स्वाधीनता प्राप्ति के बाद 'जयवर्धन' के अतिरिक्त कुछ विशेष नहीं दे सके किन्तु इलाचन्द्र जोशी और 'अज्ञेय' ने अपनी-अपनी धारा में कुछ महत्वपूर्ण चीजें अवश्य दीं। इलाचंन्द्र जोशी ने प्रथम कोटि का उपन्यास तो कभी नहीं दिया, इसलिए उनके इधर के उपन्यासों 'जिप्सी', 'जहाज का पंछी' और 'ऋतुचक्र' को उनके अन्य उपन्यासों की तुलना में अच्छा ही माना जाएगा। 'शेखर : एक जीवनी' के बाद 'अज्ञेय' के दो उपन्यास आए और दोनों उपन्यास स्वातन्त्र्योत्तर काल के ही हैं। 'नदी के द्वीप' मूलतः मनोवैज्ञानिक उपन्यास है किन्तु प्रकारान्तर से वह समकालीन सामाजिक परिवेश को भी स्पर्श करता है, आधुनिक समाज में स्त्री-पुरुष के सम्बन्धों की कुछ नवीन रेखाएँ उभरती हैं जो भुवन और रेखा, रेखा के पति और चन्द्रकान्त के बीच तनी होती हैं। इस अवधि का उनका दूसरा उपन्यास 'अपने-अपने अजनबी' अस्तित्ववादी दर्शन से प्रभावित एक लघु उपन्यास है। यह उपन्यास संवेदना और शिल्प दोनों ही स्तरों पर एक नया प्रयोग माना गया था। किन्तु प्रयोग की दृष्टि से विशिष्ट यह उपन्यास प्रभाव की दृष्टि से महत्वहीन ही रहा। विदेशी भूमि और विदेशी अनुभव को लेकर कोई महत्वपूर्ण उपन्यास नहीं लिखा जा सकता, भले ही उसके अन्त में स्वदेशी दर्शन क्यों न चिपका दिया जाए। हाँ, विदेशी भूमि को यदि अनुभव में स्वायत्त किया जाए तो वह भी श्रेष्ठ रचना का आधार बन सकती है। निर्मल वर्मा के 'वे दिन' की भूमि भी विदेशी है अर्थात् चेकोस्लोवाकिया की है किन्तु उस भूमि के साथ लेखक का अनुभूत्यात्मक सम्बन्ध है। इसलिए निर्मल ने द्वितीय महायुद्ध के पश्चात् की चेक जिन्दगी और उसके माध्यम से पश्चिमी जिन्दगी की पीड़ा को संवेदनात्मक धरातल पर प्रभावशाली ढंग से उभारा है।

आंचलिक कथा का लेखक अंचल विशेष की जिन्दगी का भोक्ता या समीपी-द्रष्टा होता है। वह उसकी मिट्टी से बड़ी गहराई के साथ जुड़ा हुआ होने के नाते उसकी प्रत्येक आवाज को, उसकी हर धड़कन को पहचानता है और यह महसूस करता है कि सच्चे अनुभवों का साहित्य लिखने के लिये उसे उसी अंचल-जीवन के पास जाना होगा। वैसे तो वह मुख्यतः अपने अनुभवों के लिये ही आंचलिक जीवन को चुनता है किन्तु प्रकारान्तर से वह सही अर्थों में अपनी भारतीय जिन्दगी को भी उजागर करता है और क्योंकि नगरों और महानगरों की सारी टीमटाम के बावजूद भारत की पहचान उसके गाँवों और अन्यान्य अंचलों से ही हो सकती है, इसलिए जब हम स्वातन्त्र्योत्तर उपन्यास की बात करते हैं तो सबसे पहले हमारी दृष्टि जाती है उन उपन्यासों पर जिन्होंने आंचलिक जीवन को रूपायित कर भारतीय जीवन के उभरते हुए, संक्रात होते हुए अनेक अनुभवों, सम्बन्धों और मूल्य-संघर्षों का संश्लिष्ट चित्रण किया है। साथ ही वे शहरी उपन्यास भी उतने महत्व के हैं, जो नकली व्यक्तिवादी आधुनिकता के फॉर्मूलों से गुजरने के स्थान पर शहर की सामाजिक जिन्दगी की तस्वीर संश्लिष्टता और गहराई के साथ उभारते हैं।

यह आकस्मिक नहीं है कि स्वाधीनता प्राप्ति के बाद उपन्यास तो बहुत सारे लिखे गए किन्तु उपलब्धि के शिखरों को वे ही छू सके जो सामाजिक जीवन के अनुभवों के प्रति समर्पित रहे, जिनकी दृष्टि की आधुनिकता एक मुद्रा या तेवर की तरह टँगी नहीं रही, बल्कि सघन जीवन-यथार्थ के अनुभवों के बीच एक रचनात्मक शक्ति बनकर व्याप्त रही। और मैं 'मैला आँचल' को स्वातन्त्र्योत्तर हिन्दी उपन्यास की ऐसी कृति मानता हूँ जिसने न केवल आंचलिक उपन्यास की शुरुआत की बल्कि स्वयं एक उपलब्धि बन गई। उसने न केवल एक नई जमीन का स्पर्श किया बल्कि उस जमीन और उस जमीन के माध्यम से समस्त लोक-भूमि की गहन मानवीय पीड़ा, शक्ति-अशक्ति, सौन्दर्य और कुरूपता के संक्रान्त और गहन स्वरूप को उद्घाटित किया। 'मैला आँचल' से पहले इस क्षेत्र में नागार्जुन के उपन्यास 'रतिनाथ की चाची', 'बलचनमा' और 'नई पौध' आ चुके थे। इन उपन्यासों में मिथिला की भूमि की जिन्दगी के अलग-अलग पहलू मूर्त किए गए हैं। 'बलचनमा' इनका बहुचर्चित उपन्यास रहा है। बलचनमा निम्नवर्गीय किसान-पुत्र है। वह स्वयं अपनी जिन्दगी और उससे जुड़ी हुई सामाजिक जिन्दगी की ऊँचाइयों-नीचाइयों, दुख-दर्द, बेबसी, संघर्ष, संगति-विसंगति की कथा कहता है। नागार्जुन प्रगतिशील लेखक-कवि हैं। वे जन-संघर्ष के अनुभवों से गुज़रे हैं, इसलिए वे अपने उपन्यासों में सामान्य जन की तकलीफ और उसकी आर्थिक-सामाजिक समस्याओं को बड़ी प्रामाणिकता से उभारते हैं किन्तु उनके उपन्यासों का विन्यास परम्परागत ही है और वह मिथिला की भूमि की समग्र और संश्लिष्ट जिन्दगी का बड़ा चित्र देने के स्थान पर मिथिला को पृष्ठभूमि बनाकर पुराने ढंग से किसी समस्या और पात्र की सीधी कथा कहते हैं। 'मैला आँचल' ने बदलते हुए गाँव को एक विशेष भू-भाग में मूर्त कर उसके क्रूर यथार्थ की पहचान उभार दी है। साथ ही साथ उसके भीतर निहित मानवीय सौन्दर्य,

मूल्य-छवि और सम्भावना को ध्वनित किया है। यह छवि और सम्भावना स्वाधीन भारत के प्रारम्भिक सपनों का यथार्थ रूप कही जा सकती है किन्तु 'रेणु' सामान्य जन-जीवन के दुख-दर्द में बड़ी गहराई से शरीक होते हुए भी, उसकी बहुआयामी सच्चाइयों की सही पहचान देते हुए भी तहसीलदार और जित्तन (परती : परिकथा) जैसे अभिजातवर्गीय पात्रों के औदात्य को सबसे ऊपर उठाकर प्रगतिशील दृष्टि को और पूरे उपन्यास के जनवादी प्रभाव को धुँधला देते हैं और उपन्यास एक रूमानी मोह से ग्रस्त हो जाता है, यों इसकी तर्कपूर्ण संगति तत्कालीन ऐतिहासिक परिवेश में खोजी जा सकती है।

'मैला आँचल' का गाँव निरन्तर बदलता गया। उसकी कोमल संवेदना निरन्तर मरती गई। उसके आपसी रिश्ते टूटते गए। मानवीय मूल्यों का स्थान आर्थिक लिप्साएँ लेती गईं। जमींदारी टूटी तो एक रिक्तता को भरने के लिये जनतन्त्र आया। गाँवों में पंचायत जनतन्त्र का मुख्य अस्त्र बना लेकिन पंचायत अपनी शक्ति (राजनीति) के प्रलोभन में पूरे गाँव को उलझाकर चक्कर खिलाने लगी और इस राजनीति के सूत्र देश की राजनीतिक पार्टियों के सूत्र से जुड़े रहे। अधपक, अनपढ़, विवेकहीन, स्वार्थी, सामान्य लोगों की अधकचरी फूहड़ और गलाकाट राजनीतिक स्पर्धा से खाली जगह भर गई। इस स्पर्धा में शरीक हुए उपेक्षित सामान्य लोग भी और टूटते हुए जमींदार भी। इस भयंकर स्पर्धा में छोटे-बड़े सभी अपनी-अपनी धुरी से उतरते हुए पहियों की भाँति डगमगाते हुए एक-दूसरे से टकराने लगे।

यह है हमारे परवर्ती गाँवों की तस्वीर जिसे गाँव का कथाकार देख रहा है। कभी मात्र द्रष्टा की तरह, कभी भोक्ता की तरह, कभी एक निर्मम निस्संगता के साथ, कभी एक दर्द के साथ। 'मैला आँचल' के बाद के जिन उपन्यासों में गद्य का बदला हुआ क्रूर यथार्थ चित्रित हुआ है, वे हैं 'आधा गाँव' (राही मासूम रजा), 'राग दरबारी' (श्रीलाल शुक्ल), 'अलग-अलग वैतरणी' (शिवप्रसाद सिंह), 'जल टूटता हुआ' (रामदरश मिश्र), 'माटी की महक' (सच्चिदानन्द धूमकेतु), 'बबूल' (विवेकी राय), 'धरती धन न अपना' (जगदीशचन्द्र), 'अँधेरे के विरुद्ध' (उदयराज सिंह)। 'राग दरबारी' एक निर्मम निस्संगता से गाँव के क्रूर यथार्थ को देखता है, जबकि 'अन्य उपन्यास' एक दर्द के साथ। 'राग दरबारी' ग्रामीण यथार्थ की क्रूरता को बहुत निर्मम भाव से उजागर कर सका है। 'राग दरबारी' अपनी अरूमानी दृष्टि और व्यंग्यात्मक शैली के कारण अपना विशिष्ट स्थान बनाता है किन्तु उसकी व्यंग्यात्मकता बहुत आरोपित और अनावश्यक लगती है। ग्राम-जीवन के अंचलों के अतिरिक्त अन्य उपेक्षित अंचलों की भी तस्वीर इधर के उपन्यासों में उभरकर आई है। यह ध्यान देने की बात है कि चाहे कोई भी अंचल हो या किसी भी जाति का जनजीवन हो, आज का उपन्यास उसके पास नवीन दृष्टि लेकर गया है और उसकी निरन्तर बदली हुई सच्चाइयों और नई आहटों की पहचान करना चाहता है। उदयशंकर भट्ट का 'सागर, लहरें और मनुष्य' समुद्र-तटीय जीवन का, राजेन्द्र अवस्थी का 'जंगल के फूल' वन्य जीवन का, देवेन्द्र सत्यार्थी का 'ब्रह्मपुत्र' ब्रह्मपुत्र-तट-निवासी असम के लोकजीवन का, रांगेय राघव का 'कब तक पुकारूँ' नटों

के जीवन का ऐसा ही चित्र उभारते हैं। इन उपन्यासों की जिन्दगी को छायावादी कथा-साहित्य और प्रेमचन्द के कथा-साहित्य की जिन्दगी से आसानी से अलगाया जा सकता है।

जब हम स्वातन्त्र्योत्तर शहरी उपन्यासों की ओर देखते हैं तो उसी तरह असली और नकली अर्थात् अनुभवों के और आधुनिकता के फॉर्मूलों के उपन्यास दिखाई पड़ते हैं जैसे आंचलिक क्षेत्र में असली और नकली अर्थात् अंचलों के गहरे अनुभवों के और आंचलिकता के फॉर्मूलों के उपन्यास दिखाई पड़ते हैं। नगर-जीवन और उसके माध्यम से देश के सामाजिक जीवन की अनेक समस्याओं और यथार्थ के विविध स्तरों को उद्‌घाटित करनेवाले उपन्यासों में प्रमुख हैं 'झूठा सच' (यशपाल), 'भूले-बिसरे चित्र' (भगवती चरण वर्मा), 'बूँद और समुद्र' (अमृतलाल नागर), 'यह पथ बन्धु था' (नरेश मेहता)। इसके अतिरिक्त कुछ अन्य महत्वपूर्ण उपन्यास हैं, जैसे 'सूरज का सातवाँ घोड़ा' (धर्मवीर भारती), 'तमस' (भीष्म साहनी), 'उसका बचपन' (कृष्ण बलदेव वैद), 'बड़ी-बड़ी आँखें', 'शहर में घूमता आईना' (अश्क), 'काला जल' (शानी), 'उखड़े हुए लोग' (राजेन्द्र यादव), 'चाँदनी के खंडहर' (गिरिधर गोपाल), 'एक चूहे की मौत' (ख्वाजा बदीउज़्ज़मा), 'कुब्जा सुन्दरी' (ठाकुर प्रसाद सिंह), 'छोटी चम्पा, बड़ी चम्पा' (लक्ष्मी नारायण लाल), 'काली आँधी' (कमलेश्वर), 'अँधेरे बन्द कमरे' (मोहन राकेश), 'जुगलबन्दी' (गिरिराज किशोर), 'सीमाएँ' (मनहर चौहान), 'एक टुकड़ा इतिहास' (गोपाल उपाध्याय), 'मुर्दाघर' (जगदम्बाप्रसाद दीक्षित), 'अँधेरे के साथ' (इब्राहीम शरीफ), 'दंडद्वीप' (रमेश उपाध्याय), 'यह भी नहीं' (महीप सिंह), 'वह अपना चेहरा' (गोविन्द मिश्र)।

'झूठा सच' दो भागों में लिखित महाकाव्यात्मक उपन्यास है। इसमें भारत विभाजन की पूर्वपीठिका, विभाजन की विभीषिका और उसके उत्तरप्रभाव का बहुत विशद और जीवन्त चित्र उभारा गया है। पूरे उपन्यास को दो भागों में बाँट सकते हैं। (यों ये दोनों यथार्थ एक दूसरे से जुड़े हुए हैं) एक तो उसका परिस्थितिगत यथार्थ है, दूसरा है परिस्थितिजन्य आन्तरिक सत्य। यशपाल दोनों को एक में जोड़कर चलते हैं। विभाजन के समय की घटनाएँ अपने आप में सीमित यानी इतिहास के एक बिन्दु पर समाप्त हो जानेवाली घटनाएँ नहीं हैं वरन् इन्होंने दोनों देशों की जीवन-व्यवस्था और जीवन-मूल्यों को बहुत दूर तक प्रभावित किया है। यशपाल ने इस उत्तरप्रभाव का आकलन करने की प्रक्रिया में हमारी राष्ट्रीय मानसिकता के दुहरे स्तरों को बड़ी खूबी से उद्‌घाटित किया है और यह उपन्यास एक प्रकार से स्वातन्त्र्योत्तर भारत की यात्रा बन गया है।

'भूले-बिसरे चित्र' में कथा पूरे राष्ट्रीय धरातल पर पीढ़ियों और वर्गों के संघर्षों के माध्यम से उभरती है। परिवार, वर्ग और राष्ट्र की गतिशील चेतना पचास वर्षों के समय की यात्रा करती हुई व्यथा, चुकते और उभरते मूल्यों, सम्बन्धों और उनके संघर्षों को बहुत सच्चाई से रूपायित करती है।

'बूँद और समुद्र' स्वातन्त्र्योत्तर भारत के व्यक्ति और समाज के टूटते सम्बन्धों का उपन्यास है। स्वाधीन भारत बहुत तेजी से विघटित हुआ है। इस विघटन में व्यक्ति

व्यक्ति रह गया है या छोटे-छोटे दल रह गए हैं। इन व्यक्ति इकाइयों और छोटे-छोटे दलों के सामने देश और समाज नगण्य हो गए हैं अर्थात् व्यक्ति और समाज आपस में कट गए हैं। यह उपन्यास अनेक कटावों से भरे इस सामाजिक जीवन की यात्रा करता हुआ प्राचीन-नवीन, नारी-पुरुष, राजनीतिक दल, कुंठा, विश्वास के अनेक रूपों की पहचान उभारता चलता है। और फिर इनके बीच वह सम्बन्ध-सूत्र खोजता है जो इन्हें एक मूल्यवान समाज के रूप में परिणत कर सकें।

'यह पथ बन्धु था' मध्यवर्ग के टूटते हुए संवेदनशील व्यक्ति और उसके मानसिक उद्वेलन की अनुभूत गाथा है। स्वाधीन भारत में इस टूटते हुए ईमानदार मध्यवर्गीय व्यक्ति की व्यथा अटूट है। 'यह पथ बन्धु था' का श्रीधर इसी टूटन का प्रतीक है और श्रीधर से जुड़े हुए सारे सही लोग, उसकी पत्नी, पिता, माता, बेटी आदि विषम परिस्थितियों में अपनी मानवीय संवेदना और स्वप्नशीलता लिये टूटन और थकान के इसी अहसास को घनत्व प्रदान करते हैं।

'झूठा सच', 'भूले-बिसरे चित्र', 'बूँद और समुद्र' यथार्थ के विभिन्न आयामों का उद्घाटन करते हुए भी शिल्प के क्षेत्र में परम्परा का ही निर्वाह करते हैं। वास्तव में ये किस्सागोई की परम्परा के ही उपन्यास हैं। वर्णन और स्फीति इनकी प्रकृति है। आधुनिक काल में विकसित काव्यात्मक शक्तियों से कथा को दीप्ति देने में इनका विश्वास नहीं है। ये महज कहानी कहना चाहते हैं और लगता है कि कथा की सारी रेखाएँ इनके मन में पहले से निर्धारित हो जाती हैं। शहरी जीवन को पूरा पकड़ पाना बहुत कठिन है। यहाँ की जिन्दगी में बहुत-सी दीवारें हैं और स्वयं लेखक की भी जिन्दगी कुछ दीवारों के भीतर सीमित रहती है। उन दीवारों के भीतर के अनुभव को ही वह पकड़ पाता है, बाकी छूट जाता है। आज के शहरी उपन्यासकारों ने या तो सीमित जीवन-क्षेत्रों की प्रामाणिक अनुभव-कथा कही है या फिर आधुनिकता के फॉर्मूलों से बहुत भयावह किन्तु नकली दुनिया रची है। यहाँ कुछ प्रामाणिक अनुभव-कथा की बात की जा सकती है। ये अनुभव जीवन के विभिन्न वर्गों या क्षेत्रों के हैं—अपने में सीमित किन्तु विश्वसनीय।

'सूरज का सातवाँ घोड़ा' (धर्मवीर भारती) नई शैली में लिखा गया एक लघु उपन्यास है। इसकी शैली की नवीनता पुरानी कथा-शैली के नवीन विन्यासीकरण में है। इस कथा के मूल में हैं प्रेम-सम्बन्ध। उन प्रेम सम्बन्धों के माध्यम से ही लेखक ने निम्न मध्यवर्ग के अप्रीतिकर टूटे हुए, विशृंखलित जीवन का सही चित्र उपस्थित किया है। स्वतन्त्र भारत का साहित्य विघटन और टूटन के अहसासों का साहित्य है किन्तु स्वातन्त्र्य के प्रारम्भिक काल में एक आस्था भी थी, उसी का प्रतीक है 'सूरज का सातवाँ घोड़ा'। 'बड़ी-बड़ी आँखें' (उपेन्द्रनाथ अश्क) प्रेम-कथा के माध्यम से आश्रम की जिन्दगी की ऊपरी पवित्रता और सफेदी के नीचे बहती कुत्सा और पाप की यात्रा करता है। 'अँधेरे बन्द कमरे' (मोहन राकेश) दिल्ली के अभिजात जीवन पर आधारित उपन्यास है। मोहन राकेश ने काफी हद तक इस वर्ग के मिजाज को पहचाना है किन्तु फिर भी ऐसा

नहीं लगता कि लेखक ने गहन जीवन-अनुभव के आधार पर किसी विशिष्ट व्यक्तित्व या सघन बिम्बों का निर्माण किया है।

'काला जल' (शानी) मुस्लिम समाज का प्रामाणिक दस्तावेज है। काले जल के ठहराव-सा मध्यवर्गीय मुस्लिम जीवन अपनी गरीबी, विडम्बना और विसंगतियों के साथ इस उपन्यास में मूर्त हो सका है। 'एक चूहे की मौत' (बदीउज़्ज़मा) एक दफ्तरी जिन्दगी के भोक्ता लेखक द्वारा दफ्तरी जिन्दगी पर लिखा गया प्रामाणिक अनुभवों का उपन्यास है। दफ्तर को चूहाखाना और क्लर्कों तथा साहबों को छोटे चूहेमार, बड़े चूहेमार के रूप में प्रस्तुत कर लेखक ने एक नया प्रयोग किया है। 'कुब्जा सुन्दरी' (ठाकुर प्रसाद सिंह) आत्मकथा शैली में लिखा गया व्यक्ति के संघर्ष और टूटन का उपन्यास है। 'काली आँधी' (कमलेश्वर) एक लघु उपन्यास है जो वर्तमान राजनीतिक नकली मुखौटे को उतारकर उसका असली चेहरा दिखाता है। 'तमस' (भीष्म साहनी) भारत-विभाजन के समय के भीषण साम्प्रदायिक दंगे की विभीषिका का ज्वलन्त चित्रण करनेवाला उपन्यास है।

स्वातन्त्र्योत्तर काल में कुछ महत्वपूर्ण ऐतिहासिक उपन्यास लिखे गए जिन्होंने इतिहास की सामग्री को चिरन्तन मानवीय समस्याओं या समकालीन चेतना के सन्दर्भ में पुनर्निर्मित किया। 'बाणभट्ट की आत्मकथा' जैसे श्रेष्ठ उपन्यास के सत्रह वर्षों बाद आचार्य हजारी प्रसाद द्विवेदी ने 'चारुचन्द्र लेख' और पुनर्नवा' जैसे दो और श्रेष्ठ उपन्यास हिन्दी-साहित्य को दिए। इन सभी उपन्यासों में लेखक ने मध्यकालीन उत्तरी भारत को उसकी समग्रता में चित्रित कर मानव-सम्बन्धों और मूल्यों की अद्‌भुत छटा दिखाई है। 'मानस का हंस' (अमृतलाल नागर) में तुलसीदास को काम और राम के संघर्ष से ग्रस्त दिखाकर धीरे-धीरे उन्हें रामत्व की ओर ले जाया गया है, तुलसीदास-कालीन सामाजिक विसंगतियों का भी बड़ा सजीव चित्रण हुआ। 'मुर्दों का टीला' (रांगेय राघव) में मोहनजोदड़ो की संस्कृति और सभ्यता को आधार बनाया गया है। इस प्रगतिशील उपन्यास में शोषक-व्यवस्था से जन-जीवन के संघर्ष की कहानी कही गई है। 'दीक्षा' (नरेन्द्र कोहली) में राम की कथा को बड़े कौशल के साथ समकालीन चेतना से जोड़ा गया है। इसमें राम एक सिद्ध पुरुष के रूप में 'नव' बल्कि जन-जीवन से जुड़कर धीरे-धीरे शक्ति प्राप्त करते चलनेवाले महापुरुष के रूप चित्रित हैं। 'मगध की जय' शिवसागर मिश्र का एक अत्यन्त शक्तिशाली और रोचक ऐतिहासिक उपन्यास है जो इतिहास के यथार्थ के प्रति सावधान होकर कुछ मानवीय और समकालीन मूल्यों को उजागर करता है। कुछ अन्य महत्वपूर्ण उपन्यास हैं—'मौत की सराय' (भिक्खु), 'ताँबे के पैसे' (आनन्दप्रकाश जैन), 'शतरंज के मोहरे' (अमृतलाल नागर), 'पणिपुत्री सोमा' (राजीव सक्सेना)। महिला लेखिकाओं द्वारा इधर जो उपन्यास लिखे गए हैं उनका विशेष महत्व है। उन्होंने अपने अनुभवों के आधार पर आज की नारी की सामाजिक नियति और मानसिकता को बड़ी गहराई से उभारा है। न तो ये लेखिकाएँ पुरुष-लेखकों की तरह नारी को महिमान्वित करती हैं और न उन्हें नकली रूप में पीड़ित। अपनी समूची

परिणतियों के साथ एक विशेष दायरे की आज जो नारी है उसकी पहचान ये उभारती हैं। मैंने एक विशेष दायरे की बात कही है, वह दायरा है पढ़ा-लिखा मध्यवर्ग, यानी ये लेखिकाएँ स्वयं जिस वर्ग की हैं। निम्नवर्ग की स्त्रियों का अनुभव इनके पास नहीं है। उषा प्रियंवदा के दोनों उपन्यास ('रुकोगी नहीं, राधिका', 'पचपन खम्भे लाल दीवारें') अति आधुनिका पढ़ी-लिखी स्त्रियों की कथा कहते हैं, किन्तु दोनों ही उपन्यासों में स्त्री स्वतन्त्र निर्णय लेने की शक्ति रखने के बावजूद अजीब बेबसी और सामाजिक घिराव में अपने को बन्द पाती है। मन्नू भंडारी ने 'आपका बंटी' में तलाकशुदा पति-पत्नी के प्रश्न को बच्चे की समस्या के बिन्दु से उठाया है। यह एक नया प्रश्न है। लेखक ने बच्चे, पत्नी और पति तीनों की मानसिकता चित्रित करते हुए बच्चे के जीवन की अनिश्चितता और उसकी ट्रेजेडी का अहसास उभारा है। किन्तु यह अनुभव का ही प्रभाव है कि लेखिका केन्द्र में बच्चे के होने के बावजूद पत्नी के दर्द को अधिक संक्रान्त और प्रामाणिक रूप से उभार सकी है। उषा और मन्नू में एक समानता है, वह यह कि दोनों भावुक हैं, दोनों की भाषा में भी तरलता ही लक्षित होती है। तरलता तो कृष्णा सोबती में भी है किन्तु वह निरन्तर नारी की बेबसी के बीच से ही उसकी ऊर्जा और यौन-साहसिकता का भी स्पर्श करती गई हैं। नई लेखिकाएँ अत्यधिक उन्मुक्त और यथार्थ का तेज मिजाज लेकर आ रही हैं जिसका संकेत ममता कालिया के 'बेघर' में मिलता है। किन्तु इनकी उन्मुक्तता और तेज-मिजाजी की पहचान यौन-प्रसंगों में अधिक की जा सकती है। कृष्णा सोबती के 'यारों के यार' में उन्मुक्त रूप से यौन-अवयवों का प्रयोग और 'सूरजमुखी अँधेरे के' में उन्मुक्त भोग की अवतारणा देखी जा सकती है।

वास्तव में यौन-सम्बन्धों की उन्मुक्तता की ओर यात्रा स्वातन्त्र्योत्तर साहित्य की एक विशेषता है। सेक्स के खुले प्रसंगों की अवतारणा बुरी है या भली, इस पर निर्भर करता है कि रचना-विशेष की प्रभाव-निर्मिति में उसकी क्या सार्थकता है। मुझे लगता है, आज की कविता, कहानी और आधुनिकतावादी उपन्यासों में सम्भोग और उसके उपादानों का चित्रण बहुत दूर तक रचनात्मक सार्थकता से असम्बद्ध होता है और लेखक यह हरकत या तो अपना साहस (जिसे वह आधुनिकता का पर्याय मानता है) दिखाने के लिए करता है या चौंकाने के लिए या स्वयं उनमें लिप्त होने के लिए।

गोदान

त्रिलोकी नाथ खन्ना

'गोदान' का स्मरण करते ही एक प्रौढ़ कलाकृति का रूप सामने उभर आता है। जीवन-यथार्थ का आग्रह, मानवीय संवेदनाओं का आवेशपूर्ण संस्पर्श, कथा की कुशल संवृति-विवृति, पात्रत्व का वैशिष्ट्य तथा परिवेश की बाध्यता से उत्पन्न जीवन-बोध 'गोदान' को हिन्दी-उपन्यास का मील-स्तम्भ बना देते हैं। इधर कुछ समय से कृति की राह से गुजरने की बात बड़े जोर-शोर से की जा रही है। इन्द्रनाथ मदान द्वारा 'गोदान' की आलोचना में इस प्रक्रिया का एक सामान्य परिचय अवश्य मिल जाता है, परन्तु, साथ ही मदान की आग्रहपूर्ण दृष्टि भी गोचर हो जाती है। अन्य आलोचकों की अपनी-अपनी दृष्टि की लम्बी तालिका मदान प्रस्तुत करते हैं, परन्तु, अपने आग्रह को नजरअन्दाज कर जाते हैं।

मदान के अनुसार **उपन्यास का सृजन व्यंग्य के स्तर पर है... जिसमें त्रासद पुट है। व्यंग्य...समूची रचना में व्याप्त** है... स्पष्ट है कि किसी भंगिमा की आद्योपान्त परिव्याप्ति ही रचना की असली पहचान है। किन्तु, क्या यह कृति के श्रेय-प्रेय को पूरी तरह उद्‌घाटित करती है, क्या कथ्य-कथन के वैशिष्ट्य का साक्षात्कार सम्भव होता है, क्या कृति की सम्पूर्ण संरचना को एक संज्ञा देना आवश्यक है?

व्यंग्य उपन्यासकार का एक प्रमुख साधन है, विशेष रूप से समष्टि के बीच क्रियाशील व्यष्टि की क्रियाओं के आलेखन में। इस साधन के द्वारा उपन्यासकार सामाजिक रूढ़ियों, परम्पराओं तथा जीवन की व्यर्थताओं पर कशाघात करता है। व्यंग्य उपन्यासकार की सामाजिक प्रबुद्धता का परिचायक है। किसी संस्था, व्यक्ति, वस्तु तथा विचार के प्रति अरुचि प्रकट करने का कौशल ही व्यंग्य है। व्यंग्य में प्रस्तुत का अस्वीकार और अरुचि तथा अनुपलब्ध काम्य आदर्श अथवा स्थिति की इच्छा का आवेश झलकता है। व्यंग्य उपन्यासकार का साधन मात्र है, लक्ष्य नहीं है।

प्रेमचन्द का प्रबुद्ध सामाजिक तथा प्रतिबद्ध कलाकार व्यंग्य को एक सशक्त साधन के रूप में व्यवहृत करता है। व्यंग्य से संपुष्ट इस त्रासदी को एक गहरी मानवीय विडम्बना के रूप में ही देखा जा सकता है।

होरी की एक साधारण-सी जीवनाभिलाषा भी पूरी नहीं होती चाहे वह मर ही क्यों न जाए। मृत्यु के अन्तिम पलों में होरी का सुझाव दूसरों के द्वारा अनुमोदन पाकर

विडम्बनात्मक हो जाता है। जो जीवन-भर दो वक्त की रोटी भी ठीक ढंग से न जुटा पाया, आज उसके स्वर्ग की चिन्ता दूसरों को उद्वेलित कर रही है। होरी का इहलोक तो बिगड़ा हुआ था, परलोक भी बिगड़ गया है।

कृति का विडम्बनात्मक स्वर इस उपन्यास के आरम्भ में ही सुनाई देता है। पाँव सहलाने में ही कुशलता समझनेवाले होरी को उन पाँवों से 'परसाद' नहीं 'अवसाद' मिलता है। रायसाहब के पास वह अपना मतलब सिद्ध करने के लिये जाता है किन्तु लौटता है उसकी इष्टसिद्धि का तुच्छ साधन बनकर। जमींदार के उत्सव में जनक का माली बना हुआ होरी "गरूर से इतना फूल उठा है मानो यह उत्सव उसी के पुरुषार्थ से हो रहा है।" (पृ. 52) पुरुषार्थ का व्यंग्य और स्थिति की विडम्बंना का तीव्र अनुभव हमें तब होता है जब होरी पठान को पछाड़ देता है। होरी दशहरा-उत्सव में रायसाहब का विश्वासपात्र है, असामियों को समझाने का साधन है, संकट-मोचक भी है किन्तु उस पर जब पंच जुर्माना लगाते हैं तब रायसाहब को जुर्माने की चिन्ता है, होरी की नहीं। यह ध्वनित विडम्बना होरी के इकतरफा मूल्य-बोध तथा जमींदार के निपट स्वार्थ को आमने-सामने पाकर मानवीय सम्बन्धों की विश्वसनीयता पर प्रश्न-चिह्न लगाती है।

विडम्बना का स्वर उपन्यास के धरातल को उठाता है और इस प्रकार पाठक को अपने रचना-संसार में गम्भीर रूप से शामिल करता है। गोबर के साथ जमींदार के मुकदमे की पैरवी करता हुआ होरी, अत्याचार के प्रति तीखी प्रतिक्रिया (अपना रक्त बहाएँ और बड़ों का घर भरे—पृ. 23) होते हुए भी उसी व्यवस्था के सामने नमित होरी, भोला द्वारा बैल खोलकर ले जाने के प्रसंग में होरी-शोषकों का हितैषी-मुखौटा तथा पंचों की दया एवं भोला के धर्म में विश्वासी होरी का मोहताज हो जाना—ये सब स्थितियाँ उपन्यास की त्रासदी को विडम्बना का संस्पर्श प्रदान करती हैं।

'गोदान' से ट्रेजडी को एक नया आयाम प्राप्त होता है। इसका नायक होरी एक साधारण किसान है। उसका प्रत्येक कर्म जहाँ उसे महिमान्वित करता है वहाँ दूसरी ओर वही कर्म ट्रेजडी को प्रगाढ़ भी करता है। होरी की प्रबुद्ध सामाजिकता, समाज और धर्म की रूढ़ियों-रीतियों के पालन की उत्कट इच्छा, कुल-मर्यादा की रक्षा-भावना—व्यावहारिकता की सीमा का अतिक्रमण करके उसकी शक्ति नहीं, दुर्बलता बन जाती है। यह दुर्बलता है सुर्खरू होने की, नेकनामी की, प्रतिष्ठा-सम्मान की, महतो कहलाने की। यह ट्रेजडी इसलिए और भी अधिक प्रभावान्वित है कि होरी जिस सगे भाई, पंचायत, धर्म, समाज पर स्नेह और अगाध विश्वास प्रकट करता है वे ही सब उससे छल करते हैं, बैर दिखाते हैं और उसके अपकर्ष का, मृत्यु का कारण बनते हैं। इस प्रकार इस ट्रेजडी का उत्तरदायित्व व्यक्ति तथा व्यक्ति से इतर दोनों पर है।

आदर्श यथार्थ का विलोम नहीं है। आदर्श का मूलाधार यथार्थ ही होता है। या यूँ कहें कि यथार्थ से वह सहज प्रसूत होता है। आदर्श व्यक्ति को महत् बनाता है और पाठक को सुखद मनःस्थिति प्रदान करता है। होरी अपने भाई, परिवार, झुनिया, सिलिया आदि के लिये निरन्तर दुख-कष्ट सहता हुआ महत् हो जाता है। वह अपने सुख के लिये

नहीं, दूसरों के सुख के लिये संकट झेलता है। होरी के व्यक्तित्व की यह आदर्श-रेखा 'गोदान' की ट्रेजडी को गहरा देता है और यथार्थ के चित्र को सर्वथा नए कोण तथा परिमिति से समन्वित करती है।

इस ट्रेजडी के पात्र यद्यपि मूल्य-निरूपण के लिये चुने गए हैं, परन्तु, इसका यह अर्थ नहीं है कि वे टाइप, जड़ होकर मन को छूते नहीं। 'गोदान' के ग्राम-पात्र जीवन्त पात्र हैं। प्रत्येक का वैशिष्ट्य, स्वभाव, सनक, आचरण-व्यवहार करना भिन्न है कि भीड़ में भी पहचाना जा सकता है। अपने सुख-दुख, इच्छा-आकांक्षाओं, जय-पराजय, स्वार्थ-उपकार, लोभ-त्याग से हमें छूते हैं। 'गोदान' के ग्राम-जीवन के प्रमुख पात्र—होरी, धनिया, गोबर, झुनिया, सिलिया, मातादीन—जीवन की उष्णता में से विकसित होते हैं। प्रगाढ़ता तथा भावात्मक तिग्मता प्रदान करने के लिये प्रेमचन्द अपने पात्रों को तन्हाई के पल देते हैं। यह तन्हाई उनके आन्तरिक व्यक्तित्व को, अवचेतन को, विचार-प्रक्रिया को उद्घाटित करती है।

ग्राम-जीवन के पात्र जितने अधिक विश्वसनीय हैं उतने ही कम विश्वसनीय नगर-जीवन के पात्र हैं। इस जीवन के प्रमुख पात्र—मेहता, मालती, खन्ना हैं। रायसाहब तो नगर और ग्राम के बीच की कड़ी है किन्तु क्योंकि वह नगर के अधिक निकट है इसीलिए उसे भी नगर-जीवन में ही ग्रहण करना होगा। इस जमींदार के लिये ग्राम मात्र धन की टकसाल है और शहरी मित्रों के आमोद-प्रमोद की खुली जगह है। 'गोदान' के जमींदार का ग्राम-जीवन में कोई महत्वपूर्ण स्थान नहीं है, परम्परागत जमींदार का रूप उसमें नहीं उभरता। रायसाहब को प्रगतिशील विचारों के साथ ही अपने संस्कारों द्वारा बाधित, सदाचारवाले जमींदार के रूप में पेश किया गया है। जमींदार का यह आत्मस्वीकार कि "जिस व्यवस्था में पला और जिया उससे घृणा होने पर उसका मोह त्याग नहीं सकता।" (पृ. 88) उसके व्यक्तित्व तथा विचारणा की मनोवैज्ञानिक भूमि पेश करता है। किन्तु अनेक बार, अनेक व्यक्तियों के सम्मुख इस ढंग की आत्मस्वीकृति के बावजूद प्रेमचन्द अपने जमींदार को विश्वसनीय नहीं बना पाते। होरी पर लगी 'डाँढ़' की सूचना भी उसे बाद में मिलती है। चतुर और समझदार जमींदार एक झूठे आरोप को कैसे स्वीकार कर लेता है, यह समझ में नहीं आता। अपने पुत्र तथा पुत्री के कारण दुखी जमींदार उपासना की ओर मुड़ता है। आत्मा अशान्त तथा देह रोगी है। प्रेमचन्द का हस्तक्षेप कारण-सिद्ध न होने के कारण हमें आश्वस्त नहीं कर पाता। उसके 'मन के ऊँचे संस्कारों' (पृ. 325) की दुहाई देकर हृदय-परिवर्तन किया जाना विफल है। प्रेमचन्द सम्भवतः यह भूल गए हैं कि दुख और संकट की दूसरी प्रतिक्रिया भी हो सकती है। व्यक्ति कठोर, ध्वंसकारी वृत्तियों का समंजन भी हो सकता है।

मालती का समाज-सेवी रूप आधुनिकता तथा प्रगतिशील विचारणा को खुलकर स्वीकार करता है। आधुनिकता की चुनौती को आन्दोलन अथवा विद्रोह के स्तर पर स्वीकार न करके अपने व्यक्तित्व तथा रुचि की सीमा में स्वीकार करना अधिक विश्वसनीय है। किसी समाजवादी दल का सदस्य बन जाना और विद्रोह, क्रान्ति की बातें करने में ही चुनौती स्वीकृत नहीं होती है।

प्रेमचन्द ने छोटे-से-छोटे पात्र के व्यक्तित्व को पूर्ण उभार तथा जीवन प्रदान किया है। 'गोदान' के गौण पात्र स्कैची नहीं हैं। वे रंग-रूप से सजे, चेतना का स्पर्श लिये अपने में विशिष्ट जीवन्त पात्र हैं। इस वर्ग में अन्य सबसे लघुतम भूमिकावाला पात्र गिरधर है। फसल की कटाई पर महाजनों ने किसानों से सब कुछ ले लिया है। गिरधर ने 20 रुपए के 160 रुपए भरे हैं। सब कुछ लुटाकर वह ताड़ी पिए है। वह कहता है, 'साँझ हो गई, जो पानी की बूँद भी कंठ तले गई हो, तो गो-मांस बराबर। एक इकन्नी मुँह में दबा ली थी। उसकी ताड़ी पी ली। सोचा, "साल भर पसीना गारा है, तो एक दिन तो ताड़ी पी लूँ।...एक आने में क्या नशा होगा। हाँ झूम रहा हूँ जिसमें लोग समझें कि खूब पिए हुए हैं।" (पृ. 184) अपने परिश्रम का आनन्द भोगने की बलवती इच्छा, अपूर्ण को दिखावा करके पूर्ण बनाने की अभिलाषा—गिरधर के कथन में मानव-प्रवृत्ति की सूक्ष्म पकड़ का प्रमाण है तथा किसान की दयनीय मरणासन्न स्थिति में खून चूसनेवाली व्यवस्था का त्रासद रूप भी प्रकट होता है।

जेठ के एक प्रभात से होरी की कहानी आरम्भ होती है और चार वर्ष उपरान्त जेठ की तपन उसे धर दबाती है। होरी मर जाता है, पर अपने नाम के अर्थ को एक बार भी नहीं जीता। इस करुणासिक्त गाथा में केवल दो ही पल ऐसे हैं जब होरी व्यक्तिगत रूप से आन्तरिक उल्लास का अनुभव करता है, जब वह नितान्त व्यक्ति रूप होकर जीता है अन्यथा वह एक सामाजिक प्राणी है।

माघ की मघावट, कड़ाके की सर्दी। न तमाखू न आँच। तार-तार कम्बल। अनेक चिन्ताएँ। खेत के बीच मँड़ैया। सहसा धनिया की पुकार, "सो गए कि जागते हो?" होरी तुरन्त बाहर आता है। "आज मालूम होता है, देवी प्रसन्न हो गई, उसे वरदान देने आई है...।" (पृ. 119) परन्तु, गोबर-प्रदत्त नई विपदा यह मृदु-मधुर पल भी उससे छीन लेती है।

बसन्त की मादकता से अभिभूत होरी का व्यथित मन स्फूर्ति पाकर गा उठता है—"हिया जरत रहत दिन रैन।" चतुर प्रसंग-निर्माता प्रेमचन्द होरी की मस्ती के खुल-खेलने के लिये दुलारी सहुआइन को गुलाबी साड़ी में सम्पूर्ण श्रृंगार में प्रस्तुत करते हैं। होरी छेड़ता है, "आज तो भाभी, तुम सचमुच जवान लगती हो।" सहुआइन इस स्तवन से अभिभूत हो जाती है, किन्तु तगादा करना नहीं भूलती। होरी विनोद-चातुर्य से बचता है, "तुम्हारी एक-एक पाई दूँगा, भाभी...और खा ही जाएँगे तो कोई बाहर के तो नहीं है, हैं तो तुम्हारे ही।" (पृ. 224) किन्तु, इस पल का माधुर्य भी उधार से निरानन्द रह जाता है। प्रथम अवसर पारिवारिक संकट से दब जाता है तो दूसरा ऋण-बोझ से।

विनोद-चातुर्य होरी के स्वभाव का महत्वपूर्ण गुण है। इस साधन से अक्सर उसने धनिया का क्रोध हलका कर दिया है, स्थिति की कटु गम्भीरता तोड़ दी है, संकट को हँस लिया है और महाजनों से निपटने की कोशिश की है। 'विट' उसका ऐसा रक्षक है जो कठिनाई में सामने आ जाता है।

होरी के छल-कपट के दो प्रसंग उपन्यास में हैं। भोला के साथ छल करने का विचार उसके विश्वास के सन्दर्भ में टूट जाता है। बाँसों की बिक्री में होरी की तुच्छ बेईमानी देखकर केवल दया जागती है। रु. 13।4 के लिये वह बेईमानी कर रहा है। किन्तु लोभी, स्वार्थी होरी झुनिया को न केवल आश्रय देता है वरन् परिणामस्वरूप पंचायत की 'दया तथा न्याय' 100 रुपए डाँढ़ को शिरोधार्य करके झिंगुरी सिंह की चौपाल में सारा अनाज ढेर लगा देता है। अनाज से 20 रुपए मिलते हैं और पुश्तैनी घर को गिरवी रखकर 80 रुपए पा जाता है। मकान नहीं होरी का सुख गिरौं रख दिया गया है। अब इससे वह उबर नहीं सकता। बिरादरी उसे 'तारती' नहीं 'लीलती' है।

भोला का प्रस्ताव है कि या तो गाय के रुपए दो या झुनिया को घर से निकाल दो। होरी और धनिया दोनों ही झुनिया को निराश्रित करने के लिये प्रस्तुत नहीं हैं। भोला बैल खोल ले जाता है। विपदाओं के यज्ञ में एक आहुति और दी जाती है। होरी के भौतिक जीवन में टूटने की प्रक्रिया तेज हो जाती है, किन्तु वचनबद्धता तथा संकट की चुनौती का स्वीकार उसे गरिमामंडित करता है।

उसके जीवन में नैराश्य इतना प्रगाढ़ है कि अपना हित-अहित भी उसे नहीं सूझता। नितान्त उदासीन भाव से वह ऊख की बिक्री से प्राप्त हुए रुपए झिंगुरी सिंह तथा नोखेराम के हाथ पर रखकर घर आ जाता है और धनिया से 'धामड़' की संज्ञा पाता है।

परिस्थितियों के दबाव में होरी महतोपन को तिलांजलि देता है और नया मूल्य-बोध होता है, ''मजूरी करना कोई पाप नहीं है।'' (पृ. 62) होरी सामाजिक तथा आर्थिक दबाव में बेईमानी, कपट, असत्य भाषण, वचन झुठलाना आदि को ग्रहण नहीं करता वरन् अपने मूल्य-संसार की रक्षा से सन्नद्ध होकर समाज के प्रपंच के प्रति हमारे आक्रोश को जगाता है। उसकी तो बस एक ही कामना है कि, भगवान् उसे ''कुकर्म से बचाए रखें, और वह कुछ नहीं चाहता।'' (पृ. 187)

ध्यानसिंह ठाकुर के घर आरती का पुण्य पाने के लिये वह ताँबे का एक पैसा तक पास न होने पर भी अप्रत्याशित निर्णय करता है, ''मर्यादा के पीछे आरती का पुण्य क्यों छोड़े ? लोग हँसेंगे। हँस लें। उसे परवाह नहीं है।'' (पृ. 187)

यह द्रष्टव्य है कि यहाँ भी और इससे पूर्व भी वह मर्यादा-भंग के लिये तैयार हो गया है क्योंकि इससे किसी दूसरे को कष्ट पहुँचने की सम्भावना नहीं है।

होरी के जीवन में गोबर के आने से नई जीवनैषणा जागती है। किन्तु, पिता पुत्र के कहे अनुसार चल नहीं पाता। नया समाज-बोध व्यक्ति के अधिकारों तथा भौतिक सुख-सुविधा के अवसरों की चेतना है। पुराना समाज-बोध व्यक्ति के अधिकारों की विस्मृति तथा समर्पण है और भौतिक इच्छाओं का परित्याग है। पुराना अपने को बदल नहीं सकता, नया अपने को पिसने नहीं देगा।

गोबर 'गोदान' के कथा-चक्र के इस बिन्दु पर रक्षक रूप में उपस्थित है। किन्तु वह उसकी रक्षा कर सकता है जो रक्षा चाहता हो न कि उसकी जो अपनी जान देने पर तुला हो।

मनुष्य का प्रकोप, दैव का प्रकोप, व्यवस्था का प्रकोप, सब कुछ होरी झेलता है। अपने मूल्य-संसार की रक्षा करता हुआ वह पुत्र को भी खो देता है।

जीवन-संघर्ष में होरी की हार-ही-हार होती है, पर वह हिम्मत नहीं हारता। उसके साहस का स्वरूप बाह्य रूप से क्रियात्मक न होकर आन्तरिक है। वह ताल ठोंककर युद्ध नहीं कर रहा वरन् चुपचाप निरीह भाव से जीवन-यापन के संघर्ष में जुटा है।

मातादीन के 'संकट के धर्म' की व्याख्या सुनकर भी रामसेवक (होरी से दो-चार साल छोटा) रूपा के विवाह का प्रस्ताव, होरी को मुँहतोड़ जवाब देने के लिये जगाता है। किन्तु संकट से उबरने का एकमात्र उपाय जानकर वह चुप रह जाता है। हारे हुए व्यक्ति का चुका हुआ आत्मविश्वास ! जिस 'कुकर्म' से वह बचना चाहता था वही आज मुँह बाए सामने खड़ा है। बेदखली का आतंक, मोहताज हो जाने का भय होरी से वह कराता है जो कोई भी पिता न करना चाहेगा। उसके टूटने की प्रक्रिया का यह उत्कर्ष है। इसमें भी वह अपने मूल्य-बोध की सहायता से मन को परचाता है। ''जो भी रुपए (रामसेवक से) लेगा, उधार लेगा। धनिया तो गधी है, वही पुरानी लाज ढोए जाएगी। यह कुल-प्रतिष्ठा के पालने का समय नहीं अपनी जान बचाने का अवसर है।'' (पृ. 350)

जो कुल-प्रतिष्ठा पुलिस की तलाशी मात्र से भंग होती थी, आज वह उसको भी बचाना नहीं चाहता। अस्तित्व की रक्षा में वह भी होम हो जाता है। व्यक्ति के नैतिक ह्रास का चित्र है–'गोदान'। सामाजिक अत्याचार की कहानी है–'गोदान'। रूढ़ियों व अन्धविश्वासों की गाथा है–'गोदान'। मूल्यों की मूल्यहीनता का दस्तावेज है–'गोदान'। आर्थिक शोषण का मुखरित निबन्ध है–'गोदान'। रामसेवक द्वारा भेजे गए 200 रुपए पाकर होरी अपनी ही दृष्टि में गिरता है। ''उसका हाथ काँप रहा था...सिर ऊपर न उठा सका...एक शब्द न निकला, जैसे अपमान के अथाह गढ़े में गिर पड़ा है...। आज वह परास्त हुआ है...मानो नगर के द्वार पर खड़ा कर दिया गया है और जो आता है, मुँह पर थूक देता है। चिल्ला-चिल्लाकर कह रहा है, भाइयो, मैं दया का पात्र हूँ, मैंने नहीं जाना जेठ की लू कैसी होती है और माघ की वर्षा कैसी होती है। ...उस पर यह अपमान ! और वह अब जी जीता है, कायर, लोभी, अधम।'' (पृ. 355)

निर्धन की विवशता का सामाजिक रूढ़ियों द्वारा और क्या उपहास हो सकता है ! उसे संकट में डालकर उसके नैतिक केन्द्र को भी पराभूत कर दिया जाए जिससे वह टूट जाए, मिट जाए।

होरी-पुत्र गोबर के लिये रूपा का विवाह-प्रस्ताव कोई नैतिक झटका नहीं है। ''जिस पेट को रोटी मयस्सर नहीं उसके लिये मरजाद व इज्जत सब ढोंग है।'' (पृ. 356) लखनऊ लौटने से पूर्व वह नए औद्योगिक युग की नई नैतिक अवधारणा का उद्घाटन करता है, ''यदि तुमने दूसरों का गला दबाया होता तो तुम भी भले आदमी होते।''

मूल्यों का व्यंग्य पाठक को अभिभूत करता है और होरी के प्रति करुणा तथा व्यवस्था के प्रति घृणात्मक आक्रोश को जगाता है।

मृत्यु से पूर्व होरी संसार-व्यवहार की दृष्टि से सफल-काम है। दोनों लड़कियाँ सुखी, लड़का भी समर्थ, भाई भी लौट आया है। स्वयं दुख भोगता रहा पर उसकी डालियाँ हरी-भरी हैं। अपने पौत्र मंगल के लिये गाय तथा दामाद रामसेवक के 'उधार' से मुक्त होने की चिन्ता उसे खेत से मज़दूर के सड़क पर पत्थर तोड़नेवाला मज़दूर बना देती है किन्तु इस अवनति में भी होरी का उत्साह नहीं चुकता। अदम्य उत्साह से उद्दीप्त, होरी अपने वक्ष की हड्डी की मशाल जलाए चल रहा है। खुदाई के लिये जाते समय "उसके कदम तेज थे और चाल में निर्द्वन्द्वता की अकड़ थी।" (पृ. 356) उसका मानसिक उत्साह शारीरिक शक्ति के अनुपात में कहीं अधिक है। दोपहर तक वह बेदम हो जाता है। जेठ की लू और गर्मी निराहार होरी को दबोच लेती है। धनिया आ गई। होरी धनिया से कहता है, "गाय की लालसा मन में रह गई। अब तो यहाँ के रुपए क्रिया-कर्म में जाएँगे।" (पृ. 360)

होरी ने जीवन-भर उधार लिया है। किन्तु उसका क़फ़न स्वपरिश्रम से अर्जित धन से ही आता है, चन्दे, दान या उधार से नहीं !

गोदान करा देने का प्रस्ताव सुनकर धनिया सुतली बेचकर प्राप्त बीस आने पति के ठंडे हाथ में रखकर मातादीन से कहती है, "महाराज घर में न गाय है, न बछिया, न पैसा। यही पैसे हैं, यही इनका गोदान है। (पृ. 361)

धनिया का वक्तव्य समाज और धर्म के ठेकेदारों के समक्ष अपनी सम्पदा का तथ्यात्मक हलफ़िया बयान है। आयकर का फॉर्म भरकर दे दिया है। होरी की मज़दूरी क्रिया-कर्म पर लग जाएगी और धनिया की मज़दूरी का गोदान हो गया। जीवन-भर जिसका परिश्रम डाँढ़ और महाजनों की भेंट होता रहा, अन्त समय में उसका परिश्रम धर्म की भेंट हो जाता है ! समाज ने जीवन-भर शोषण किया, मरते समय धर्म ने ! कोई छुटकारा नहीं। जिसको 'यहाँ' सुख न मिला उसे 'वहाँ' सुख देने का कैसा प्रयास ! जिस धर्म ने जीते-जी कभी सहानुभूति के दो शब्द भी न कहे, ढाँढस न दी, वही धर्म आज अपना दाय माँग रहा है। आज होरी को जमराज ने 'पिंसिन' दे दी है। 'यह होरी का कलेजा था जो सब सहता रहा, कोई और होता "तो जेहल में होता या फाँसी पर गया होता।"

प्रेमचन्द मूलतः एक कहानीकार हैं, उपन्यासकार बाद में। उनकी इस विशेषता की उपेक्षा के कारण आलोचक उनकी उपन्यास-कला के साथ सम्यक् न्याय नहीं कर पाए हैं। उनका कहानीकार उपन्यास में विस्तृत कथा-देश में भी 'कहानी' कहने में रमता है। इस तरंग में वे उपन्यास के प्रबन्धन तथा शिल्प को भूल बैठते हैं। 'गोदान' में (विशेषतः) प्रेमचन्द प्रसंगों के उपन्यासकार हैं। आरम्भ से अन्त तक हम लघु अथवा दीर्घ प्रसंगों की मंथर गति में बहते-उतराते हैं। वहाँ महानद का प्रवेग नहीं है वरन् लघु जलधाराओं की ललित मन्द गति है। सम्भवतः 'गोदान' के गौण पात्र इसीलिए अधिक जीवन्त और

प्रभावपूर्ण हैं। लघु प्रसंगों की लम्बी शृंखला के निर्वाह में ही प्रेमचन्द की कला-सामर्थ्य दिखाई देती है। पात्र-समूह को सँभालना तथा प्रत्येक का समुचित उपयोग आपका ही कौशल है।

कभी-कभी प्रसंग की माँग के अनुरूप प्रेमचन्द एक सर्वथा नए पात्र की अवतारणा भी कर लेते हैं। यथा, ओंकारनाथ को शराब पिलाने के प्रसंग में मिर्ज़ा खुर्शेद की अवतारणा। प्रेमचन्द इस स्थल पर यह अनुभव करते हैं कि उन्हें एक ऐसे पात्र की आवश्यकता है जो मस्तमौला हो, विनोदी हो, हाज़िर जवाब हो, मुसलमान हो और हिन्दू के खान-पान के प्रति आदर-भाव दिखा सके। तभी तो मालती 'सहसा एक सज्जन को देखकर' कहती है, "आप भी तशरीफ रखते हैं मिर्ज़ा खुर्शेद"। (पृ. 62)

ये प्रसंग बहुधा नाटकतत्त्व से युक्त होने के कारण जहाँ हमें ललित आघात देते हैं, वहाँ दूसरी ओर चरित्र की सम्पूर्ण चेतना को अन्तर्दृष्टि और व्यक्तित्व के अभिज्ञान की परितृप्ति भी प्रदान करते हैं। प्रेमचन्द इन प्रसंगों का निर्माण त्याग-चयन पद्धति से करते हैं। अनावश्यक, असम्बद्ध और प्रसंग के कलात्मक सौष्ठव में अवांछित तत्त्वों को प्रेमचन्द ग्रहण ही नहीं करते। वर्णन की मितव्ययिता प्रसंग को प्रलाप नहीं बनने देती। संक्षिप्तता की समर्थता इन प्रसंगों को सांकेतिकता और गाम्भीर्य प्रदान करती है। प्रसाद-शैली में ही वे चरित्र के मनोवेग की उष्णता का वर्णन करने की बेजोड़ सामर्थ्य रखते हैं। 'ग़ोदान' के प्रसंग चुटीले व्यंग्य और मर्मान्तिक विडम्बना से युक्त समाज-बोध की नई दिशाओं की ओर संकेत करते हैं। एक ही प्रसंग में कोई लघु प्रसंग लाकर वे किसी भाव, विचार, मनःस्थिति को तुलनात्मक दृष्टि से देखने के लिये अपने पाठक को नया साधन देते हैं। यथा, प्रथम तीन परिच्छेदों में किसान का अभावग्रस्त जीवन और जमींदार का वैभव-सम्पन्न जीवन। कभी-कभी एक लम्बे प्रसंग की तुलना हेतु दूसरा लम्बा प्रसंग भी रख देते हैं। 'गोदान' के प्रसंग एक कमनीय पूर्णता लिये हुए हैं और कथावस्तु के विशाल कलेवर का निर्माण करते हैं। किन्तु अपने में पूर्ण व आकर्षक प्रसंग कहीं-कहीं विषयान्तर हो जाने के कारण कथावस्तु की सुसम्बद्धता तथा एकान्विति में व्याघात उत्पन्न करते हैं। ये मूल कल्पना से अनुषक्त न होने के कारण 'गोदान' के स्थापत्य में दरारें डालते हैं। यथा, सातवाँ परिच्छेद (शिकार प्रसंग)। 101 पृष्ठों में से 51 पृष्ठ दशहरा-उत्सव तथा शिकार प्रसंग को समर्पित कर दिए गए हैं। प्रेमचन्द का कहानीकार जागा हुआ है। शिथिल प्रबन्धन का प्रथम संकेत मिल जाता है। नगर-कथा के प्रसंगों का ग्राम-कथा के प्रसंगों की भावस्थितियों के अनुकूल उपयोग करने में प्रेमचन्द बहुधा विफल रहे हैं। कहीं-कहीं इन प्रसंगों की प्लेसिंग भी गलत हो गई है। किन्तु जहाँ भी ये स्थानिन् हैं—यथा, गोबर का शहर लौटना, वहाँ उनका कथा-शिल्प सँवर गया है।

कभी-कभी लघु प्रसंग में ही अनावश्यक विस्तार से युक्त वर्णन भी व्याघात उत्पन्न करते हैं। यथा, झुनिया-गोबर के प्रसंग में 'बड़े घरों की विचित्र लीला' का वर्णन, शिकार प्रसंग में जंगली युवती का लघु प्रसंग 'ईर्ष्या का अनोखा उदाहरण' देने के लिये है, गोबर के लखनऊ पहुँचने से पूर्व की यात्रा के अनुभवों का वर्णन।

नगर से गाँव की ओर आते हुए हमें कोई आघात लगने की आशंका नहीं है, किन्तु जब-जब हम गाँव से नगर की ओर जाते हैं हमारी चेतना सजग है। अतएव भाव-स्थिति के प्रतिकूल प्रसंग को ग्रहण करने में हमें अतिरिक्त ओज का व्यय करना पड़ता है, जो सुखमय नहीं होता। जहाँ भी ये दो जीवन-कथाएँ प्रसंजित नहीं हैं वहीं स्थापत्य में दरार दिखाई देती है। किन्तु प्रेमचन्द तब भी कथा-शिल्प के प्रति सचेत हैं—यथा, 'गोदान' के प्रथम पाँच परिच्छेद, आठवें से बारहवें परिच्छेद तक।

वहाँ वे प्रसंग का निर्वाह कथावस्तु की दृष्टि से भी कर लेते हैं। भोला की कबरी गाय के कैश्जुअल साक्षात्कार का प्रसंग, गाय के घर में आने का प्रसंग जिस कलात्मक कौशल से प्रस्तुत किए गए हैं उससे भी कहीं अधिक प्रभावशाली ढंग से गाय को माहुर खिलाए जाने का प्रसंग प्रस्तुत किया गया है। उमस, होरी-धनिया की बेचैनी, क्रियात्मक उपचार, निर्णय-व्याकुलता से बचना—इस प्रसंग को मानवीय संस्पर्श देते हैं। जिस घटना के लिये प्रेमचन्द हमें बड़ी सावधानी के साथ तैयार कर रहे हैं उस घटना के हो जाने पर वे अनावश्यक विस्तार में नहीं पड़ते। इस प्रभावशाली वस्तुपरक वर्णन में सुन्दरिया के विषाक्त शरीर का वर्णन है। पात्रों की प्रतिक्रियाएँ रिकॉर्ड नहीं की गई हैं। इस पल हमें दमड़ी बंसार से हुई कलह का स्मरण हो आता है। क्लेश से क्लेश उपजा है, वस्तु-अवबोधन का यह सांस्कृतिक कोण है। इस उत्तेजित भावभूमि से हमें धीरे-धीरे नीचे लाया जाता है। दारोगा द्वारा तलाशी का प्रसंग इसमें सहायक है।

'गोदान' की कथा-गति होली के बाद गोबर के शहर लौट जाने के पश्चात् मन्थर हो गई है। इस मन्थर गति में भी होरी कहीं पिछड़ गया है। हम रायसाहब की समस्याओं से परिचित होते हैं, मातादान का धर्म बिगड़ते देखते हैं, भोला की नई बहू के रंग-ढंग देखते हैं, खन्ना की शुगर मिल का अग्निकांड देखते हैं, भोला का दुख तथा मातादीन का पश्चात्ताप सुनते, मेहता-मालती द्वारा गाँव में ज्ञान-दान का अभियान देखते हैं, संकटों में फँसे रायसाहब को हाथ-पैर मारते देखते हैं, मेहता-मालती के मैत्रीपूर्ण जीवन-निर्वाह को देखते हैं और सिलिया-मातादीन का पुनर्मिलन देखते हैं। और, इस कालावधि में हम सोना के विवाह के लिये चिन्तित होरी, कुर्की में ऊख खो देनेवाले होरी और पुनः उधार के नीचे दब जानेवाले होरी को देखते हैं। अनुपात भंग हो गया है। नगर-कथा एकदम स्वतन्त्र हो गई है। नगर-कथा ग्राम-कथा से रायसाहब तथा गोबर के माध्यम से जुड़ती है। किन्तु ये दो कथाएँ पात्र अथवा घटना के स्तर पर अन्तर्ग्रंथित नहीं होतीं वरन् विचार-सूत्रों तथा स्थितियों की समानान्तरता से जुड़ती हैं। इनमें से कुछ सर्वथा स्पष्ट दिखाई दे जाती हैं। प्रथम, गाँववालों का उल्लास, आनन्द तुच्छ-से-तुच्छ इच्छापूर्ति में भी हो जाता है, जबकि नगरवालो को उल्लास की अनुभूति के लिये भी आयोजन की आवश्यकता पड़ती है। द्वितीय, शोषित वर्ग के प्रति बुद्धिजीवी तथा साम्यवाद के रुख को बताना तथा दूसरी ओर साहूकार तथा जमींदार के रुख को बताना। तृतीय, नगर के वैभव और सम्पन्नता के सन्दर्भ में गाँव की विपन्नता और निर्धनता को उभारना। चतुर्थ, गाँव में जमींदार-साहूकार-पुलिस द्वारा शोषण है तो

मजदूर हो जानेवाले किसान के लिये नगर भी कोई निरापद स्थान नहीं है। वहाँ मिल-मालिक उसका शोषण करेगा।

प्रेमचन्द के शिल्प के दो महत्वपूर्ण घटक हैं—सूक्ति तथा कहावत-मुहावरा। प्रेमचन्द एक सूक्तिकार के रूप में जब भी कथा में हस्तक्षेप करते हैं तब वे दो कार्य सम्पन्न करते हैं—पहला, सम्पूर्ण घटना, स्थिति अथवा क्रिया का भावात्मक-विचारात्मक कोण प्रस्तुत करते हैं। दूसरे, पात्र की प्रतिक्रिया और आचरण को समझने के लिये आवश्यक पुष्ट संकेत करते हैं। इनके अतिरिक्त सूक्ति समस्त रचना को सांस्कृतिक आयाम भी प्रदान करती है और प्रेमचन्द के रचना-व्यक्तित्व के गहन अनुभव तथा परिपक्वता से भी परिचित कराती है।

मुहावरों तथा लोकोक्तियों के प्रयोग से प्रेमचन्द अपने कथ्य को लोक-अनुभव से जोड़ते हैं तथा प्रमाणित करते हैं। लोक-व्यवहार तथा वार्ता का साधन कला-साधन बन जाता है। इस साधन से उपन्यास-शिल्प सामाजिक अर्थवत्ता प्राप्त करता है और सम्प्रेषणीयता के धरातल पर कथ्य सार्वजनीन बनता है। संवेदना, दृष्टिकोण, स्वभाव, मानसिकता तथा विचारणा की जैसी सशक्त व्यंजना इस साधन द्वारा हो सकती है वैसी किसी अन्य शब्द-विन्यास द्वारा नहीं। प्रेमचन्द जो आज भी सम्प्रेषणीय हैं उसका एक प्रमुख कारण उनकी जीवन-सन्निकट भाषा-शैली भी है। आधुनिक हिन्दी उपन्यास इस मुहावरे को खोकर अनावश्यक वर्णनों से बोझिल, दुरूह बिम्बों से आक्रान्त तथा कथ्य की अस्पष्टता से पराभूत है। यह कैसी विडम्बना है कि हिन्दी उपन्यास अपने मुहावरे की खोज में जिन्दगी का मुहावरा भी खो बैठा है।

शेखर से साक्षात्कार

सच्चिदानन्द हीरानन्द वात्स्यायन 'अज्ञेय'

कुछ लोगों को अपनी चर्चा बहुत अच्छी लगती है, कुछ लोगों को बहुत बुरी; मुझे जरा भी सन्देह नहीं है कि मैं दूसरी कोटि में हूँ। मेरे एक मित्र कहते हैं कि परनिन्दा के बराबर कोई सुख दूसरा है तो आत्मप्रशंसा का सुख है; मैं दोनों में ही रस नहीं ले पाता। यह मेरा दुर्भाग्य भी हो सकता है। पर जहाँ अपनी चर्चा करना और सुनना दोनों ही मुझे अप्रीतिकर हैं, वहाँ अपनी रचना की चर्चा के बारे में मेरा भाव दोरुखा है इसे अस्वीकार करना झूठ होगा। अपनी किसी रचना की दूसरों द्वारा की गई चर्चा अच्छी ही लगती है, भले ही वह—जैसा कि मेरा अनुभव प्रायः रहा है—प्रतिकूल ही हो। स्वयं जब-जब चर्चा करनी पड़ी है मैंने उसे लेखक की हैसियत से अपनी पराजय ही समझा है, क्योंकि जो लिखा, उसके बाहर उसके बारे में कुछ लिखने-कहने की जरूरत क्यों पड़े ? और मेरा समकालिक पाठक या आलोचक उसे ठीक न भी समझे तो भी मैं यह क्यों मानूँ कि उसे समझाना मेरा काम है ? मैं क्या अध्यापक हूँ—मेरा अद्दिष्ट छात्र है या कि सहृदय; मेरी रचना कृति है या कि पाठ्यपुस्तक ? यह मानकर भी, कि आज के अस्सी प्रतिशत समीक्षक कर्त्तव्य-भ्रष्ट हैं और परम्पराच्युत भी, मैं यह नहीं मान पाता कि इसलिए उनका काम मुझे करना चाहिए—कम-से-कम अपनी कृतियों के बारे में। इसलिए पहले ही साफ कहूँ कि 'शेखर' की चर्चा का यह अवसर मेरे लिये प्रीतिकर नहीं है।

फिर क्यों उसकी चर्चा करता हूँ ? केवल इसलिए कि इतने दिनों (वर्षों) के अन्तराल के पार, 'शेखर' के असली रूप के बारे में—और कदाचित् उसके लेखक के असली रूप के बारे में—मेरे मन में कुछ कौतूहल हो आया है। 'शेखर' का पहला भाग बीस वर्ष पहले लिखा गया, दूसरा भी कोई तेरह वर्ष पहले, इस बीच क्या वह या उसका लेखक बदल नहीं गए होंगे ? तीसरे भाग के प्रकाशन से पहले ऐसी जिज्ञासा मन में आना स्वाभाविक ही है, और उसी से आज इस अवसर का औचित्य उत्सृत होता है।

शेखर : उपन्यास 'शेखर' नहीं, पात्र शेखर—उपन्यास में निरन्तर छटपटानेवाला जीवन्त व्यक्ति शेखर। मान लीजिए कि राह चलते आज कहीं उसकी-मेरी मुठभेड़ हो जाए—तब ?

वह लीजिए वह रहा शेखर : कुछ बिखरे बाल, व्यस्त अन्तर्मुखी मुद्रा, झुकी आँखें, पर बेचैन ललकारते कदम—"क्यों जी, कहाँ रहे तुम इतने बरस—क्या करते रहे ?"

"जी–मैंने आपको पहचाना नहीं।"

"हाँ–बेटा, क्यों पहचानोगे तुम। तुम क्रान्तिकारी प्रसिद्ध हो। बहुत-से लोग तुम्हें निरा अहंकारी कहते हैं और तुम्हारे क्रान्तिवाद को निरा ध्वंसवाद–फिर भी तुम्हें असाधारण तो सब जानते ही हैं चाहे गाली के रूप में ही। 'बदनाम' होगे तो क्या नाम न होगा ? और मैं–मैं गालियाँ तो तुमसे कम नहीं खाता रहा, पर आज जो नई गाली मुझे मिलती है वह यह कि मैं प्रतिक्रियावादी हूँ–'प्रतिगामी शक्तियाँ' हूँ–बहुवचन का प्रयोग अपने को बढ़ाने के लिये नहीं, इसलिए कर रहा हूँ कि बहुत-सी बुराइयों में से एक होने के अभियोग सही-सही कह सकूँ। आज तुम मुझे क्यों पहचानोगे। पर एक बात मेरी भी सुनोगे ?"

"जी हाँ, कहिए।"

"वह यह कि अगर मैं आज तुम्हारे लिये अजनबी हूँ, तो तुम मेरे लिये विनोदास्पद हो। नहीं, ऐसे अभिजात ढंग से यह कहने की कोई जरूरत नहीं है कि 'जी, मेरा अहोभाग्य।' मैं चिढ़ाने के लिये नहीं कह रहा हूँ, मैं इसलिए कह रहा हूँ कि मुझसे अजनबी होकर तुम मेरे साथ के ऐतिहासिक बन्धन से अलग नहीं हो सकते। और जब ऐसा है तो क्यों नहीं हम फिर एक-दूसरे से नया परिचय पा लें–हमारे बीच में बाहर का कोई व्यवधान क्यों रहे ? इसलिए तुम्हें मेरी बात सुननी होगी–और गैर की बात मानकर नहीं, अपने एक अभिन्न सम्बन्धी की बात मानकर सुननी होगी।"

"शायद यह लाचारी तो मेरे साथ है। पात्र एक बार गढ़ा जाकर स्वतन्त्र अस्तित्व तो पा लेता है, पर स्वतन्त्र का अर्थ असम्पृक्त तो शायद नहीं है। मुझे आपकी बात सुननी ही होगी।"

"धन्यवाद शेखर ! पर मैं यही कहना चाहता हूँ कि तुम नहीं, मैं आज असम्पृक्त हो गया हूँ। यह मेरी शेखी नहीं है, फिर मैं भी चाहता हूँ कि उस बात को तुम पहचानो। तुम स्वतन्त्र हो, पर साथ ही इतिहास ने तुम्हें बाँध भी दिया है, तुम जो हो उससे इतर नहीं हो सकते, तुम्हें विकास की स्वतन्त्रता आज नहीं है। पर मैं–मैं राह पर हूँ। मैं बढ़ता और बदलता हूँ–अपने राग-विराग से मुक्त होता हूँ–यानी राग-विराग के पुंज से मुक्त होता हूँ, दूसरे से संग्रथित, नए सम्पर्कों में पड़कर पुरानों से असम्पृक्त होता हूँ। और तुम–तुम आज मेरे होकर भी मेरे नहीं हो। पराए कभी नहीं हो सकोगे, पर मेरे भी नहीं हो–और तुम्हारी ये सब उतावली परिवर्तनेच्छाएँ मुझे आज बड़ी रोचक लगती हैं पर साथ उद्वेलित नहीं कर सकतीं।"

"आप बदल सकते हैं, अज्ञेय जी, लेकिन ऐसा क्यों ? क्या मेरा विकास रुद्ध हो गया है ? क्या केवल इसलिए कि आपने एक बार मुझे लिख डाला ? रचना केवल अभिव्यक्ति नहीं है, वह सम्प्रेषण है। तब मैं केवल आपका अपेक्ष्य नहीं हूँ; प्रत्येक पाठक, प्रत्येक सहृदय मेरे रूप को बदलता है। क्योंकि मैं केवल वह नहीं हूँ जो आपने बना दिया : मेरा हर पाठक हर बार मुझे बनाता है। मैं तट-वासी नहीं हूँ, मैं सेतु-वासी हूँ–और हर साहित्यिक चरित्र ऐसा ही सेतु-वासी है। आप क्या कहना चाहते हैं कि हर एक सेतु की मेहराब उठाकर चाहे जिस नदी पर रख दी जाए वहीं रहेगी ?"

"शाबाश, शेखर ! देखता हूँ कि तुमसे आरम्भ करके मैं जिस अलगाव के पथ पर चला, उसी पर तुम भी चले हो; तुम भी अपने से असम्पृक्त हो।"

"यह तो आपकी कृपा है। मैं केवल यह कहना चाहता हूँ कि लेखक को यह न भूलना चाहिए कि वह जो असम्पृक्त हो सकता है तो अपने पात्र के ही कारण। एक तटस्थता वह है जिसको पहुँचकर लेखक कृतिकार बनता है, दूसरी वह है जो उसे पात्र को रचने के बाद मिलती है। आपने जो लिखा, उससे भोक्ता के द्रष्टा की स्थिति आपने कैसे पाई इसके बारे में आपने अपनी भूमिका में लिखा है। यह आरोप तो मैं आप पर कैसे लगाऊँ कि सच्ची तटस्थता आपने तब तक नहीं पाई थी—पर क्या यह नहीं कह सकता कि मुझे रचकर, मेरे माध्यम से अपना संचित कुछ बिखेरकर ही आप वास्तव में तटस्थ हो सके ?"

"शेखर, आज तुम्हें मैं खूब समझता हूँ। और जो आरोप तुम नहीं लगाते वह मैं स्वयं लगा सकता हूँ—कि 'शेखर' पुस्तक में वह सच्ची असम्पृक्त अवस्था नहीं है जिसे मैं उद्दिष्ट मानता हूँ। इस हद तक मैंने तुम्हारे साथ अन्याय किया है कि तुम्हें सीढ़ी बनाकर मैं मुक्त हुआ हूँ—लेकिन मुझे कहने दो कि इतना मुक्त मैं आज हूँ कि इसे स्वीकार कर सकूँ। दर्द की बात मैंने तुम्हारी भूमिका में लिखी है : दर्द का मूल्य आज मेरे निकट कम नहीं है, पर तटस्थता का आज एक नया अर्थ मैं जानता हूँ। साहित्यकार समाज को बदलता है—यानी वह उसका अनिवार्य कर्त्तव्य और ध्येय है, लेखक अनिवार्यतः सामाजिक क्रान्तिकारी है, इस किशोर मोह से मैंने छुटकारा पा लिया है। लेखक सिवा अपने के कुछ को नहीं बदलता, सिवा कला की समस्या के कोई समस्या हल नहीं करता। उसमें कोई समाज-परिवर्तनकारी शक्ति आती है, या उसकी कृतियों का कोई ऐसा प्रभाव होता है, तो इसीलिए वह केवल अपने को बदलने के शुद्ध आग्रह के कारण व्यक्ति को एक अभ्रंश्य सामाजिक मूल्य या प्रतिमान के रूप में प्रतिष्ठित करता है और समाज में मूल्य की प्रतिष्ठा ही उसका सच्चा सामाजिक कर्म है। जिस समाज में ऐसे मूल्यों की प्रतिष्ठा नहीं है, वह प्रगतिवान नहीं हो सकता क्योंकि वह गतिवान ही नहीं है। उसकी जड़ता का लाभ उठाकर जो शक्तियाँ अपने को प्रतिष्ठित करती हैं वे सामाजिक उन्नति की शक्तियाँ नहीं हैं, और जो कुछ भी हों।"

"अज्ञेय जी, आप एक बात भूल गए हैं। बल्कि दो बातें। एक तो यह कि मैं जो भी होऊँ, आपने तो अभी 'शेखर' पूरा नहीं किया है, इसलिए पाठक की बात तो दूर, अभी आप स्वयं भी मुझे बदल सकते हैं। दूसरी यह कि आगे आप नया कुछ न भी करें, तो क्या आप जो नई बात कहना चाहते हैं उसके भी अंकुर आपने मुझमें ही नहीं पहचनवा दिए हैं ? शेखर के अधूरे चरित्र में भी क्या यह संकेत नहीं कि क्रान्ति को कम-से-कम साहित्य की देन यही हो सकती है कि वह व्यक्ति-चरित्र को पुष्टतर बनाने में योग दे ? और—अपनी कमजोरी और आपके उद्देश्य स्वीकार करता हुआ कहूँ कि क्या मेरी—शेखर की असफलताएँ भी अन्ततोगत्वा व्यक्ति शेखर की न्यूनताओं के कारण ही नहीं है ?"

"हाँ, शेखर, यह तो है। तुम्हारे बारे में नई दृष्टि भी मुझे तुमसे ही मिली है। और 'शेखर' के तीसरे भाग में जो कुछ है–"

"क्षमा कीजिए–वह तीसरा भाग क्या लिख गया है ? छपा तो नहीं है–"

"हाँ, लिख गया है, पर लिखा जाकर ही अकारथ भी हो गया है, क्योंकि अलग होकर जिसे लिख पाया, लिख डालकर उससे और अलग हो गया–और यह अलगाव अब इतना अधिक हो गया है कि पुस्तक को छापने देते संकोच होता है। तभी का तभी छप जाता तो एक बात थी, अब–अब दूसरी बात है। तुम्हीं ने कहा कि रचना अभिव्यक्ति-भर नहीं है, सम्प्रेषण है–और जब मुझे लगता है कि पहले की अभिव्यक्ति अधूरी है–यानी आज की दृष्टि से अभिव्यक्ति नहीं है, तो सहृदय समाज के सामने मैं क्या प्रकाशित करूँ ? यही आज की मेरी समस्या है–मेरी कला की समस्या।"

"जिसे केवल आप ही हल कर सकते हैं, अज्ञेय जी, मैं उसमें योग नहीं दे सकता–मैं तो समस्या का उपकरण हूँ।"

"नहीं, शेखर, तुम समाधान के भी उपकरण हो। तुम्हारे ही द्वारा मैं फिर अपने को पहचानूँगा। तीसरा भाग में दोबारा लिख रहा हूँ, और मेरा विश्वास है कि उसके बाद तुम और मैं–बीस और दस वर्ष पहले तुम और आज के या कि कल के तुम, और तब का, अब का, भविष्य का मैं–नए सिरे से एक दूसरे को पहचानेंगे।"

"तो फिर मैं आपको न पहचानकर क्या अनुचित कर रहा था ?"

"नहीं, शेखर, रचना में ही मुझे नया संघटन, नया इंटीग्रेशन मिलेगा–और रचना की इसके सिवा दूसरी समस्या नहीं है कि उसके द्वारा रचना-रचयिता दोनों का संघटन हो।"

"मैं तो अभी आपको फिर से पहचानने लगा–क्योंकि अपने को जोखिम में डालने की मेरी पहचानी हुई प्रवृत्ति आप में ज्यों-की-त्यों है।"

"लेकिन मेरा विनोद ? मैं कहूँ कि तुम अब भी मेरे विनोद की वस्तु हो तो बुरा तो मानोगे ?"

"बुरा मानने की क्या बात है ? हर ईश्वर अपनी सृष्टि को देखकर हँसता है, पर कौन उनसे अपने को काट लेता है ? आपने मुझे नास्तिक बनाया था या नहीं, यह तो नहीं जानता–पर समझता हूँ कि ईश्वर भी सृष्टियों द्वारा अपना संघटन करता रहता है।"

"शेखर, आस्तिकता का प्रश्न क्यों उठाते हो जब कि वह तुरन्त ही एक जाडया का, एक स्थितिशीलता का आग्रह बन जाता है ? हम आस्थासम्पन्न रहें, इतना क्या तुम्हारे लिये भी काफी नहीं है ?"

‘शेखर : एक जीवनी’–समीक्षा

डॉ. तारकनाथ बाली

‘शेखर : एक जीवनी’ मूलतः एक रूमानी कृति है। छायावादी चेतना का पूरा विस्तार शेखर के जीवन में देखा जा सकता है—वह जिज्ञासु है और जिज्ञासा ही उसके आरम्भिक जीवन की पारिवारिक स्थितियों में उसे परिवार से अलग बनाए रखती है मगर यह जिज्ञासा व्यक्ति-केन्द्रित है, वस्तु-केन्द्रित नहीं, ठीक वैसी है जैसी कि छायावादियों की जिज्ञासा है। सारी कृति देखने के बाद अगर कोई एक सत्य उभरकर आता है, या उभारकर रखा गया प्रतीत होता है तो वह है शेखर का जीवन; शेखर का पूरा जीवन नहीं, उसका आन्तरिक जीवन, या उसकी रूमानी संवेदना जिसमें सभी पात्र धीरे-धीरे ढल जाते हैं और उस संवेदना को ज्ञानिय देते हुए उसे रूप भी दे जाते हैं। वह छायावादियों के समान ही जगह-जगह दर्द की महिमा बखानने लगता है—दुख संसर्ग-जन्य है, वह उदात्त और शोधक भी है। दुख का संसर्ग परिवर्त्ता को भी शुद्ध और उदात्त बनाता है।

“कुछ ऐसा ही ज्ञान वहाँ रहते हुए शेखर के भीतर से प्रस्फुटित हो रहा था, तभी उसने निश्चय किया कि वह वहाँ से न जाकर वहीं दुख के आँचल में विश्राम करेगा...” (भाग दो, पृ. 30)

“विश्वास... ‘दर्द से भी बड़ा विश्वास’...शायद हो। अपने में विश्वास यानी अहंकार। क्या वह उद्देश्य हो ?” (भाग दो, पृ. 112)

“अपने भीतर जो सत्य तुमने पाया है, वह दूसरों को दे सकते हो ?” (पृ. 112)

इन उद्धरणों से स्पष्ट है कि शेखर की आस्था का विषय समाज नहीं है, युग नहीं है, वरन् उसके भीतर का सत्य है। मगर ‘अपने भीतर का सत्य’ तो विशाल और विराट भी हो सकता है क्योंकि उसमें बहुत कुछ समा सकता है, वह बहुत कुछ से बनाया जा सकता है, मगर यहाँ ऐसा नहीं है। भीतर का सत्य है दर्द और यह दर्द भी समाज का नहीं है, व्यक्ति का है, निजी और एकाकी है। वही छायावादी चेतना का विस्तार ! जानी-पहचानी रूमानी चेतना जो दर्द, सौन्दर्य, प्रणय और वासना के नामों से अलग-अलग जगह याद की गई है।

पात्रों की स्थिति को, घटनाओं की संरचना को देखिए तो शेखर की चेतना का यह मूल स्वर और भी स्पष्ट हो जाता है। यहाँ कोई पात्र अपने लिये नहीं जीता, किसी का

अपना व्यक्तित्व नहीं है, सभी शेखर के लिये आते हैं, शेखर के लिये छिप जाते हैं या मर जाते हैं। लगता है शेखर किसी समाज में नहीं रहता, उसके आसपास क्या हो रहा है, कैसा हो रहा है, वह नहीं जानता, वह जानना नहीं चाहता। माता से वह घृणा करता है, पिता के प्रति आकर्षित है मगर मुख्य बात यह है कि उपन्यास में आनेवाली माँ पात्रों के अलावा वह सभी नारी-पात्रों के प्रति आकर्षित होता है, उन्हें अपनी ओर आकर्षित करना चाहता है—चाहे वह उसकी बहन हो या नौकरानी, असाध्य रोग से पीड़ित है या किसी दूसरे की पत्नी। और वह अपनी इस उच्छृंखलता को फिलास्फ़ाइज करता है एक ऐसे गम्भीर कोण पर कि कृति की रचनात्मकता सन्दिग्ध हो उठती है। इसीलिए शशि से वह नया प्रेम करने की अनुमति पा लेता है—उसे लगता है कि शशि ने मरते-मरते उसे यह अनुमति दे दी है—

"शशि का सारा शरीर निःस्पन्द जड़ हो गया था सिवाय आँखों के—"

"कभी, एक दिन, क्षण-भर के आदर्श माने जाने का सौभाग्य हर किसी को मिल जाता है, पर चिरन्तन आदर्श कोई नहीं है, न हो सकता है। इसलिए जो अपने मित्र के प्रति 'चिरन्तन' सच्चा है, वह अवश्य किसी आदर्श से च्युत है, और जो आदर्श के प्रति निष्ठावान है, वह अवश्य कभी-न-कभी प्रिय को झर जाने देगा...साधारण मानव और कलाकार—विद्रोही में यही अन्तर है...मैं नहीं चाहती कि तुम मानव कम होओ, शेखर, किन्तु अगर तुम में उसकी क्षमता है, तो उससे बड़े होने की अनुमति—स्वाधीनता मैं तुम्हें सहर्ष देती हूँ।" (भाग दो, पृ. 248)

और इस 'अनुमति स्वाधीनता' से थोड़ी देर पहले ही गौण पत्र में लिखती है—'शशि के स्वास्थ्य की मुझे बहुत चिन्ता है, चिन्ता की बात न होती तो तुम भला लिखते ? मैं शुश्रूषा के लिये आ जाऊँ ? माँ ने नहीं पूछा, पर तुम कहोगे तो जरूर आ जाऊँगी चाहे जो हो—" (वही, पृ. 243-44)

पहले भाग में शेखर सोचता है—"शेखर के मन में यह बिलकुल स्पष्ट था कि यदि वह शारदा से प्रेम करता है, तो शारदा के अतिरिक्त किसी भी स्त्री का विचार भी उसे नहीं होना चाहिए। और यह भी उसे स्पष्ट दिख रहा था कि ये विचार बराबर उसके मन में आते रहे हैं।" (पृ. 190)

और फिर 'वाट आल मैरीड पीपल शुड नो' पुस्तक पढ़ने पर उसकी प्रतिक्रिया होती है—"...और हाँ, सरस्वती की लज्जा, शान्ति के आँसू, सावित्री का मौन, शशि का आग्रह, शारदा का कम्पन सब एक ही सूत्र में गुँथ गए, स्पष्ट हो गए, समझ आ गए. ..इन सब की गति एक ही ओर है, एक ही घृणित पाप-कर्म की ओर जिसे उसके माता-पिता ने किया है," (पृ. 161)

ऊपर के उद्धरणों से शेखर की एक बुनियादी दुर्बलता स्पष्ट होती है—वह प्रेम करता है, असंख्य नारियों से प्रेम करना चाहता है मगर वह भोग में असमर्थ है। यही असमर्थता, पौरुषहीनता की ग्रन्थि उसके उच्छृंखल प्रणय और क्रान्ति को जोड़ती है। प्रणय का आकर्षण सहज है और क्रान्ति की भावना पौरुषहीनता का आवरण बन जाती

है, गोया कि भोग की असमर्थता ही अपने आपको छिपाने के लिये विद्रोही चेतना का रूप धारण कर लेती है।

दम्भ शेखर की प्रधान चारित्रिक विशेषता है। वह जो है, उसे स्वीकार नहीं करना चाहता। वह अपनी असलियत सभी से छिपाना चाहता है। प्रेम करता है, करना चाहता है, मगर यह व्यवस्था करता है कि प्रेमिका खुद उसके पास आ जाए। अहिंसावादी है मगर जीवन में हिंसा उसे प्रभावित नहीं करती। यहाँ हिंसा का प्रयोग एक व्यापक अर्थ में कर रहा हूँ। एक ओर तो शशि, जो विवाहिता नारी है पति के साथ रहती है, जो उसके पास आकर रात भर रह जाती है तो उसे एक बार भी यह चिन्ता नहीं होती कि उसके घरवाले क्या सोचते होंगे और जब शशि को उसका पति तथा सास-ससुर निकाल देते हैं तो वह उसके पति के पास सफाई देने जाता है। दुनिया भर के दर्शन की बातें बघारनेवाला व्यक्ति इतना नहीं जानता कि ऐसा होने पर पति पत्नी को ग्रहण नहीं कर सकता। शेखर को शशि के पति और उसके सास-ससुर के सामने पश्चात्ताप नहीं होता वरन् वह यह आभास देता है गोया कि कुछ हुआ ही नहीं। इतना ही नहीं इस पूरी घटना में उपन्यासकार पूरी कोशिश करता है कि पाठक की सहानुभूति शशि के पति और ससुरालवालों के साथ न हो, शशि और शेखर के साथ हो। रचनात्मकता की दृष्टि से यह अंश अत्यन्त दुर्बल है क्योंकि उपन्यासकार शेखर एवं शशि से तादात्म्य का अनुभव करता हुआ पाठक की सहज प्रत्याशा की प्रतिक्रिया की उपेक्षा कर एक गलत प्रभाव पैदा करने की कोशिश करता है।

यहाँ सहसा शेखर की माँ का यह कथन याद आता है कि 'मुझे तो उस पर भी विश्वास नहीं है।'—वह शेखर को आरम्भ से ही अविश्वास की नज़र से देखती है और इस बात को शेखर के सामने स्पष्ट कह देती है। शेखर की माँ उसकी दुखती रग पर हाथ रख देती है, उसके दम्भ को पहचान लेती है, इसीलिए शेखर उससे घृणा करता है और यह बात छिपाता नहीं, बार-बार कहता है क्योंकि उसकी चोटी उसकी माँ ही पकड़ती है और इसीलिए वह ज़िन्दगी भर उससे समझौता नहीं कर सकता, उसके मरने की खबर पाकर भी उदासीन-सा बना रहता है।

यह बातें विश्वसनीय लग सकती थीं अगर शेखर एक अस्तित्ववादी नायक होता, गार्द या सार्त्र के दर्शन का अनुसरण करता। मगर ऐसा नहीं है। वह जीवन में एक व्यापक अर्थ की तलाश करने को व्याकुल नजर आता है मगर सक्रिय नहीं। यही उसके दम्भ का मूल है। वह क्रान्तिकारी बनना चाहता है, बन भी जाता है मगर क्रान्ति में आस्था होने के कराण नहीं वरन् मजबूरी में। वह पकड़ा जाता है मगर निर्दोष है, वह अहिंसावादी है। इसलिए विद्रोह की क्रान्ति उसे दर्शन के रूप में ग्राह्य नहीं है। इसलिए वह अपने आपको विद्रोह के प्रति समर्पित भी नहीं कर पाता। शशि के साथ रहता है और क्रान्तिकारियों का साथ देता है, इसलिए कि ऐसा करने पर उसकी रोटी-रोजी की समस्या हल हो जाती है। इतना ही नहीं, वह शशि के साथ रहते हुए भी ईमानदार नहीं है, वह उसे बहुत देर तक बहन समझता है या बहन समझने का नाटक करता है।

क्योंकि उसमें साहस नहीं है। वह जो चाहता है वह करने की हिम्मत नहीं है। यदि वह स्पष्ट रूप से कहे कि वह संसार के किसी मूल्य को, किसी परम्परा को, किसी बन्धन को स्वीकार नहीं करता, यदि वह एक स्वतन्त्र निरपेक्ष व्यक्ति के रूप में जीवित रहने की पद्धति अपनाता तो कृति में यह दुर्बलता नहीं रहती। लेखक किसी निर्णय पर नहीं पहुँचा। जो वह लिखता है, घटनाओं, विचारों आदि का ताना-बाना बुनता है, उसमें सर्वत्र यही अनिश्चय दिखाई देता है। यह अनिश्चय तर्क की सीमा के कारण नहीं है, रोमांटिक प्रवृत्ति के कारण है, खुलकर रोमांटिक प्रवृत्ति को स्वीकार करने की दिक्कत न होने के कारण है। उसकी मूल चेतना रोमांटिक है मगर वह यह छिपाना नहीं चाहता, इस सत्य को दिखाना चाहता है मगर वह इस सत्य को छिपा नहीं पाता।

कृति की चेतना के दो और आयाम हैं—एक क्रान्ति की भावना, दूसरा बचपन और किशोर जीवन का वर्णन। क्रान्ति की भावना दुर्बल है, आस्थाहीन है, सजीव नहीं है आरोपित-सी लगती है और कहीं-कहीं असंगत एवं हास्यास्पद भी। मगर बचपन एवं किशोर-जीवन के चित्रण में लेखक ने कुशलता दिखलाई है। शेखर के मन में एक बच्चे के रूप में तरह-तरह के सवाल पैदा होते हैं मगर कुछ का उत्तर मिलता है और प्रायः टाल दिया जाता है। लेखक ने सर्वत्र यह दिखाने की कोशिश की है कि उसके साथ सभी अन्याय करते हैं, माँ तो उसकी मूल चारित्रिक दुर्बलता को, दम्भ को ही पहचान लेती है। इसीलिए वह माँ को कभी क्षमा नहीं कर पाता। बहन के प्रति उसका प्रेम अस्वाभाविकता की सीमा का स्पर्श करता है और इस विषय में लेखक की व्यंजना स्पष्ट है। पिता से वह कुछ प्रभावित होता है, और भाई तो जैसे उसके हैं ही नहीं, फिर भी लेखक उनके होने की सूचना देता है। इस प्रकार शुरू से ही शेखर एक अहंवादी प्रवृत्ति का शिकार है जिसमें उसके आसपास का हर व्यक्ति उससे छोटा दिखाया गया है, उसके सामने बौना दिखाया गया है और यहीं उपन्यासकार की रचनात्मकता का एक अन्य पक्ष सामने आता है। वह शेखर को बड़ा व्यक्ति नहीं दिखा सकता है, क्योंकि उसमें वैसा कुछ है नहीं, इसलिए वह उसके आसपास के व्यक्तियों को बौना बना देता है, उन्हें अन्यायी और छोटे व्यक्ति के रूप में दिखाया गया है। बचपन में शेखर की रूमानियत आवारापन और प्रकृति-प्रेम के रूप में प्रकट होती है। लेखक ने जगह-जगह प्रकृति के सुन्दर चित्र खींचे हैं। लेखक का कवित्व अनेक स्थानों पर उपन्यास में बिखरा मिलता है, वैसे ही जैसे प्रसाद के नाटकों में उनका व्यक्तित्व सहसा व्यक्त हो आता है। मगर प्रकृति प्रेम, कवित्व, चिन्तन के सूत्र, प्रणय, क्रान्तिकारिता आदि के चित्रण में कहीं भी सामाजिकता की गन्ध नहीं आती—इनमें से कोई भी बात समाज से जोड़कर नहीं दिखाई जाती, हर चीज शेखर के व्यक्तित्व में ही घुलमिल जाती है। लगता है कि एक अकेला व्यक्ति है, जैसा चाहता है, जीता रहता है, जो चाहे करता है, कहीं कोई बाधा या परेशानी नहीं है—समाज नाम की कोई चीज यथार्थतः है ही नहीं। बाल-मनोविज्ञान का चित्रण और हिंसक क्रान्ति की तैयारी का चित्रण हवाई प्रतीत होते हैं। लगता है, एक फैंटेसी है, नायक या उपन्यासकार एक दिवास्वप्न का वर्णन कर रहा है। शेखर की

स्थिति नदी के द्वीप की-सी है, उसे कहीं भी समाज का जल नहीं छू पाता। और यही उसके व्यक्तित्व की सबसे बड़ी दुर्बलता है।

लेखक ने स्थान-स्थान पर जो चित्रण किया है उसकी स्थिति उन कविताओं की-सी है जो लेखक ने उद्धृत की हैं। वे पंक्तियाँ उसी प्रकार उपन्यास के भीतर से पैदा नहीं होतीं जैसे कि उद्धृत पंक्तियाँ उपन्यास के भीतर से नहीं जनमतीं, मगर वे अलग से अपने आप में सार्थक लगती हैं। इस प्रकार यह कहा जा सकता है कि यह उपन्यास टुकड़ों में, जो यत्र-तत्र बिखरे हुए हैं, एक प्रभावात्मकता लिये हुए है, यद्यपि वे टुकड़े पूरे उपन्यास के सन्दर्भ में सार्थक और उससे सम्पृक्त नहीं हैं। लेखक प्रत्येक खंड को अपने आप में पूर्ण मानता है मगर प्रत्येक खंड में भी कुछ अंश पूर्ण-से लगते हैं। किशोर-मन की ग्रन्थियाँ, आतंकवादी भावना और स्वच्छन्द प्रणय की कामना उपन्यास में प्रस्तुत तो की गई हैं मगर उनमें अन्विति का अभाव है। और लेखक इस सीमा के प्रति सजग है।

एक व्यक्ति की स्थिति त्रिशंकु-सी है क्योंकि वह न तो मानस की पूर्ण उपेक्षा कर पाती है न ही उस पर आस्था व्यक्त करती है, न ही नैतिकता का बहिष्कार कर पाती है न ही उसे पूर्णतः स्वीकार कर सकती है, न ही आधुनिकता से जुड़ पाती है और न ही उससे उदासीन हो पाती है, न ही सामाजिकता से मुक्त रह सकती है न ही सामाजिकता का तिरस्कार कर पाती है, न ही व्यक्तिवादिता से पूर्णतः जुड़ पाती है और न ही उसे नजरअन्दाज कर पाती है। मगर इस अनिश्चयात्मक मनोभूमि के कारण ही इसका एक ऐतिहासिक महत्व भी है। जब समाज में धीरे-धीरे व्यापक अनास्था और विद्रोह के भाव अंकुरित हो रहे थे तो इस कृति ने उन्हें वाणी दी—एक शक्तिशाली वाणी। विचित्र बात यह है कि भाषा कथ्य की अपेक्षा अधिक शक्तिशाली प्रतीत होती है। आज की एक समीक्षा-धारणा के अनुसार यह असंगत लग सकता है मगर वस्तुस्थिति यही है। कारण यह है कि अंशों में भाषा और कथ्य समान शक्तियुक्त प्रतीत होते हैं मगर क्योंकि कथ्य में अन्विति की स्थापना नहीं हो पाती इसलिए भाषिक संरचना के स्तर पर भी अन्विति का अभाव पैदा हो जाता है।

सारी कृति पर शेखर इतना छाया हुआ है और कुछ भी उभरकर नहीं आ पाता। सजग रूप से शेखर के चरित्र को उभारने के साथ-साथ अन्य महत्वपूर्ण पात्रों के चरित्र को गिराने का प्रयास भी दिखाई देता है। शेखर के अतिरिक्त सबसे प्रभावशाली पात्र है शशि। मगर उसे दो स्थलों पर हास्यास्पद बनाया गया है—एक तो तब जब वह भाषण देते हुए अपने जीवन की घटनाओं की सार्थकता बयान करने की कोशिश करती है और हास्यास्पद बनती है, द्वितीय, जब वह रात भर शेखर के पास रहने के बाद फिर अपने पति के घर जाती है। यदि उपन्यास की मूल दृष्टि स्पष्ट होती, उसमें एक निश्चयात्मक संवेदना होती तो शशि को वापस भेजने की आवश्यकता न पैदा होती। मगर इन दोनों स्थितियों के बावजूद शशि शेखर से महान बन जाती है क्योंकि उसका उद्देश्य स्पष्ट है, उसे अपने आप पर पूरा विश्वास है, वह दूसरों के विश्वास का पात्र बनती है मगर शेखर कभी भी विश्वास का पात्र नहीं बन पाता और शशि के मरने से पूर्व ही नए प्रणय

की भूमिका तैयार कर लेता है, शशि से अनुमति भी दिलवा दी जाती है। स्वच्छन्द भोग को इस प्रकार फिलास्फाइज करने की जरूरत नहीं थी। लेखक न तो मुक्त भोग को स्वीकार करता है और न ही प्रणय को मर्यादा में रखना चाहता है। शेखर प्रेम करना चाहता है, उससे अधिक प्रेम पाना चाहता है मगर प्रेम में बँधकर नहीं रहना चाहता। प्रेम में वह न बँधे, यह कहने का साहस उसमें नहीं है, इसलिए उसे शशि से ही इसकी इजाज़त दिलवा दी जाती है।

कृति की सबसे अधिक शक्ति शेखर के किशोर-जीवन की ग्रन्थियों के वर्णन में दिखाई देती है। इसके अतिरिक्त न तो आतंकवादी भावना की ही कोई सार्थकता दिखलाई गई है और न प्रणय की ही। इनको अपने आप में मूल्य भी नहीं माना गया। सवाल होते हैं 'आतंकवाद क्यों ?' 'शशि की मृत्यु क्यों ?' इन दोनों की क्या सार्थकता है ? मगर उत्तर नहीं मिलता। क्योंकि इन्हें जिस व्यापक सन्दर्भ में सार्थक दिखाया जा सकता था यहाँ उस व्यापक सन्दर्भ का अभाव है और व्यक्तिवादी स्तर पर, संवेदना के स्तर पर भी इनकी सार्थकता नहीं उभरती। इस प्रकार यह कृति एक उलझी हुई अहंवादी संवेदना की अर्थहीन फैंटेसी बन गई है।

'गिरती दीवारें' : एक संस्मरणात्मक टिप्पणी

उपेन्द्रनाथ अश्क

'गिरती दीवारें' लिखना तो मैंने 1939 में तब शुरू किया था, जब शुरू सर्दियों में मुझे प्रीत नगर में नौकरी मिल गई थी और मेरी उखड़ी हुई ज़िन्दगी को किंचित स्थिरता और मेरे परेशान दिमाग़ को थोड़ा सुकून मिला था, लेकिन उसे लिखने का खयाल कुछ वर्ष पहले से ही मेरे दिमाग में खदबदा रहा था। यूँ कहूँ कि अभी मेरा पहला उपन्यास 'सितारों के खेल' आधा भी न लिखा गया था, जब इसे लिखने की बात मेरे मन में सुगबुगाने लगी थी।

जहाँ तक मुझे याद पड़ता है, 'सितारों के खेल' मैंने 1933 में शुरू किया था। मैं उस वर्ष शिमला गया था। वहाँ मैंने लाहौर के एक प्रसिद्ध वैद्य के लिये एक पुस्तक लिखी थी, वापस आकर मैंने 'वन्दे मातरम्' की अपनी नौकरी छोड़ दी थी और एक दैनिक में पार्ट-टाइम काम ले लिया था। मेरे पास काफ़ी समय था और मैं धीरे-धीरे 'सितारों के खेल' लिखने लगा था। उसके कुछ ही परिच्छेद मैंने लिखे थे कि मैं दूसरे वर्ष एक ट्यूशन लेकर फिर शिमला गया। वहाँ कुछ ऐसी घटनाएँ घटीं, जो दिलचस्प भी थीं और तकलीफदेह भी। अपनी पत्नी को उनकी तफ़सील देने के लिये मैं उसे लम्बे-लम्बे पत्र लिखता रहा। मन में यह भी खयाल था कि उन्हीं के बल पर मैं उन अनुभूतियों को एक उपन्यास का रूप दूँगा। शिमले से वापस आकर उन पत्रों की मदद से मैंने एक ट्रैवेलाग-नुमा लघु उपन्यास लिखा, नाम रखा--'एक रात का नरक'। जहाँ तक मुझे याद पड़ता है, एक बृहद् उपन्यास लिखने और 'एक रात का नरक' की घटनाओं को उसमें समोने का खयाल मुझे 'एक रात का नरक' ख़त्म करके उसे दोबारा पढ़ते समय आया। यही कारण है कि मैंने उसे लिखकर फ़ाइल के हवाले कर दिया और 'सितारों के खेल' लिखने लगा। (वह उपन्यास 1940 में 'भारती भंडार' लीडर प्रेस से छपा, लेकिन 'एक रात का नरक' लगभग 25 वर्ष मेरी फाइल में बन्द रहा और तभी छपा, जब मैंने इसका अधिकांश 'गिरती दीवारें' के चौथे खंड--'बाँधो न नाव इस ठाँव' में समो लिया।)

इससे पहले कि मैं 'गिरती दीवारें' की बात करूँ, मैं यहाँ दो शब्द अपने इन दोनों उपन्यासों के बारे में कहना चाहूँगा। 'सितारों के खेल' नितान्त काल्पनिक उपन्यास है।

उसकी थीम तो यथार्थ पर अवलम्बित है, लेकिन उसके तमाम पात्र काल्पनिक हैं। उसके मुकाबले में 'एक रात का नरक' में सच्ची घटनाओं का आकलन है—क्योंकि वह शिमले में घटी एक दुखद घटना के संस्मरणों की आधारशिला पर लिखा गया है। लेकिन जैसा कि वह तब बना (और नीलाभ ने उसे यथार्थवत छाप दिया है।) उसमें शिमले के उस प्रवास की कुछ अन्य महत्वपूर्ण घटनाएँ गायब हैं। 'एक रात का नरक' में एक शादीशुदा युवा ट्यूटर एक लड़की की ट्यूशन लेकर एक परिवार के साथ शिमला जाता है। कुछ दिन बाद वह लड़की के पिता और उसके मित्रों के साथ शिमले के निकट ही रियासत क्यार कोटी में सी.पी. का मेला देखने जाता है, वहाँ सिपाहियों से झगड़ पड़ता है। एक रात के लिये भूगृह में बन्द कर दिया जाता है और दूसरी सुबह छूट आता है। बस इतनी ही कथा है। लेकिन उसमें उस छात्रा का ज़्यादा उल्लेख नहीं है, जो अपने उस युवा ट्यूटर से प्यार करने लगी थी, न उस पत्र का, जो उस ट्यूटर की पत्नी ने अपने पति से यह जानने पर उसे लिखा था कि लड़की सचमुच सुन्दर और उद्दण्ड है और उसे चाहने लगी है और जो पत्र कि उस युवक ट्यूटर और अल्हड़ छात्रा दोनों के प्रेम-मार्ग की बाधा बन गया था। अपनी लड़कियों को देवियाँ और दूसरों की लड़कियों को बदचलन समझनेवाले निम्न-मध्यवर्गीय पिताओं की मूर्खता का उस लघु उपन्यास में कोई उल्लेख नहीं था और 'एक रात का नरक' को ख़त्म करके एक तरफ़ रखते हुए मैंने तय किया था कि मैं अपने 'सितारों के खेल' को समाप्त करने के बाद एक बड़ा उपन्यास लिखूँगा, जिसमें उन तमाम अनुभूतियों को 'एक रात का नरक' की घटना के साथ गूँथ दूँगा।

लेकिन 1935 और 36—दो वर्षों में मुझे इतना कुछ सहना पड़ा कि मेरी सारी काल्पनिकता उड़नछू हो गई। मेरा अपना जीवन उन दो वर्षों में कुछ इतना तेज़ी से बदला कि जाने-अनजाने ज़िन्दगी के बारे में मेरा दृष्टिकोण ही बदल गया। पहले मन कुछ ऐसे कल्पना-लोक में रहता था कि निकट का कूड़ा-करकट, भूख, गरीबी, रोग-शोक, गन्दगी-ग़लाज़त कुछ भी दिखाई न देता था। अब मुझे ज़िन्दगी न सिर्फ अपने नंगे रूप में दिखाई देने लगी, वरन् ऊपर से दिखाई देनेवाली ज़िन्दगी के पीछे छिपी हक़ीक़तें भी नज़र आने लगीं और मेरे दिमाग़ में शिमले की उन घटनाओं और सत्यों के साथ दसियों अन्य घटनाएँ और सत्य आ मिले—वही नहीं, जो मैंने 1934 में देखे थे, वरन् वे भी जिनका ताल्लुक इस वर्ष पहले के मेरे शिमला-प्रवास से था। मुझे अच्छी तरह याद है कि 1936 के बाद 'सितारों के खेल' लिखना मेरे लिये कठिन हो गया था। उसी साल प्रेमचन्द का 'गोदान' छपा था, उसका भी गहरा असर मुझ पर पड़ा था, और हालाँकि 'सितारों के खेल' का सब कुछ काल्पनिक था, तो भी उसके पूर्वार्ध की अपेक्षा उसके उत्तरार्ध को अपने-आप यथार्थता का कुछ संस्पर्श मिल गया।

मैं 'सितारों के खेल' लिख ही रहा था, जब एक नए उर्दू कथाकार प्रो. फ़ैयाज़ महमूद से मुलाकात हुई। बातों-ही-बातों में उन्होंने कहा कि वे पहले से गढ़े-गढ़ाए उपन्यास के कायल नहीं। वे कभी लिखेंगे तो ऐसा उपन्यास लिखेंगे, जो ज़िन्दगी की

तरह ही चले, बढ़े और फैले। न उसका कथानक पहले से तय हो और न अन्त।... प्रोफेसर साहब ने तो अपना उपन्यास नहीं लिखा, लेकिन मुझे वैसा उपन्यास लिखने की प्रेरणा दे गए। मैंने जो ज़िन्दगी भोगी थी, मुझे यकीन था कि उसको लेकर वैसा उपन्यास लिखा जा सकता है। और मैं 'सितारों के खेल' को पूर्व-निश्चित योजना के अनुसार लिखते-लिखते बराबर मन-ही-मन उन घटनाओं और पात्रों को एक बृहद् उपन्याय में बाँधने की सोचने लगा।

लेकिन मेरे सामने कोई पैटर्न नहीं था। उन दिनों श्री चन्द्रगुप्त विद्यालंकार से दूसरे-चौथे दिन मुलाकात होती थी। मैंने उनसे अपने मन की बात कही तो उन्होंने मुझे तुर्गनेव के उपन्यास पढ़ने की राय दी। वे उन दिनों तुर्गनेव की कुछ कहानियाँ हिन्दी में उल्था कर रहे थे और उसके कला और शिल्प से आकंठ भरे थे। उन्हीं से नाम पूछकर मैंने एक के बाद एक तुर्गनेव के चार उपन्यास—'दो दिन', 'लीज़ा' (जो बाद में 'नेस्ट ऑफ द जेंट्री' के नाम से छपा), 'स्मोक' तथा 'फ़ादर एंड सन्ज़' पढ़े मुझे। वे बहुत अच्छे लगे, लेकिन जैसा उपन्यास मैं लिखना चाहता था, उसके लिये उन उपन्यासों से कोई मदद नहीं मिली।

उन्हीं दिनों मैं अज्ञेय जी के यहाँ आने-जाने लगा। वे टेम्पल रोड, लाहौर की एक भव्य कोठी में रहते थे। मैंने उनका नाम पहले पंडित बनारसीदास चतुर्वेदी के पत्र से जाना था। दो-एक वर्ष पहले। मैंने अपनी एक उर्दू कहानी हिन्दी में करके 'विशाल भारत' में भेजी थी। चतुर्वेदी जी ने उसे लौटाते हुए अज्ञेय की कहानी 'पगोडा वृक्ष' का तराशा भेज दिया था कि उन्हें वह कहानी पसन्द है और मैं वैसी ही कहानियाँ लिखूँ। मैं चतुर्वेदी जी से नाराज हुआ सो हुआ, उस कहानी के रचयिता के प्रति भी मन में हलका-सा आक्रोश और पूर्वाग्रह बैठ गया। तब शायद 'अज्ञेय' किसी षड्यन्त्र के केस में बन्दी थे, जेल ही से स्मगल होकर उनकी रचनाएँ 'विशाल भारत' में छपती थीं। तभी उनकी कविताओं का एक गुटका-मार्का छोटा-सा संग्रह 'भग्नदूत' के नाम से छपा, उस पर उनका बहुत ही सुन्दर फ़ोटो था। मुझे वह फोटो बहुत अच्छा लगा। मैं 'भग्नदूत' खरीद लाया और यह जानकर कि वे किसी षड्यन्त्र-केस में बन्दी थे, अभी रिहा हुए थे, मेरे मन में उनसे मिलने की प्रबल इच्छा हुई। मुझे सन् तो याद नहीं, लेकिन 'पगोडा वृक्ष' वाली घटना के एक-आध साल बाद ही पंडित बनारसीदास चतुर्वेदी लाहौर आए, मेरा पता लेकर मुझसे मिले। तभी अज्ञेय जी के यहाँ उनके स्वागत में एक शानदार चाय-पार्टी हुई और अज्ञेय से मेरा परिचय हुआ।

मैं उन दिनों कानून के अन्तिम वर्ष में पढ़ता था, मेरी पहली पत्नी यक्ष्माग्रस्त होकर लाहौर के 'गुलाबदेवी अस्पताल' में पड़ी थी। एक दिन उसने चाहा कि मैं उसे कुछ नई हिन्दी किताबें ला दूँ कि उसका समय कट सके।

मैं बड़ी मुश्किल से फ़ीस के पैसे जुटा पाता था। कानून की किताबें पढ़ने के लिये मैंने एक दुकानदार को पटा रखा था। हिन्दी की नई पुस्तकें कहाँ से खरीदता ? जहाँ तक मुझे याद पड़ता है, मैं इसी सिलसिले में अज्ञेय के यहाँ गया था। दो-चार मुलाकातों

में उनसे घनिष्ठता हो गई। मैं उनसे पत्नी के लिये पुस्तकें ले आया। दो-तीन बार मुझे याद है, मैं उनके यहाँ चाय, लंच या डिनर पर भी रुक गया। एक शाम अज्ञेय ने मुझे अपनी नई लिखी कहानी भी सुनाई। शायद उस जमाने में मैंने कहीं उस उपन्यास की चर्चा सुनी थी, जो उन्होंने जेल में, गालिबन अंग्रेज़ी में लिखा था। मुझे धुँधली-सी याद है कि उन्होंने उपन्यास का पहला परिच्छेद (शायद वही तब तक लिखा भी गया था) मुझे पढ़कर सुनाया था। उन्होंने यह भी सूचना दी थी कि उसे तीन खंडों में लिखेंगे। इसी सब बातचीत के दौरान 'उपन्यास कैसे लिखा जाए' इस विषय पर भी उन्होंने अपने विचार प्रकट किए थे और एक मोटी फ़ाइल दिखाई थी, जिसमें उन्होंने अंग्रेजी में छपी बहुत-सी पुस्तकों के उद्धरण इकट्ठे कर रखे थे। उन्होंने बताया कि इस तमाम सामग्री का उपयोग वे अपना उपन्यास लिखने में करेंगे। उन्हीं से मैंने रोमाँ रोलाँ और उसके उपन्यास 'ज्याँ क्रिस्ताफ़' का नाम सुना था और जाना था कि अज्ञेय अपना उपन्यास उसी के पैटर्न पर लिख रहे हैं। (बाद में मैंने जाना कि अधिकांश उद्धरण उन्होंने उसी पुस्तक से इकट्ठे कर रखे थे।)

अज्ञेय से इस मुलाकात की याद इसलिए स्पष्ट है कि उनका यूँ उद्धरण इकट्ठे कर, अपने उपन्यास में उनका उपयोग करना मन-ही-मन मुझे अच्छा न लगा था। तब मुझे यही लगा था कि यह तो सरीहन दूसरों के ख़ज़ानों से मोती चुराना है और मैंने तय किया था कि मैं ऐसा नहीं करूँगा।

लेकिन इतना कहने के बाद, मैं यह भी स्वीकार करूँगा कि उस मुलाकात से मुझे अपने उपन्यास का पैटर्न ढूँढ़ने में मदद मिली। मैंने अपने घर के निकट ही लाहौर में अंग्रेज़ी पुस्तकों की प्रसिद्ध दुकान 'रामकृष्ण एंड सन्ज़' के मालिकों से दोस्ती पैदा की और जब अपनी पत्नी के देहान्त के बाद, कचहरी और कम्पीटीशन का चक्कर छोड़, मैंने ज़िन्दगी को साहित्य के लिये वक़्फ़ करने का फैसला किया और 'सितारों के खेल' लिख डाला तो मैंने 'रामकृष्ण एंड सन्ज़' के यहाँ जाकर रोमाँ रोलाँ का 'ज्याँ क्रिस्ताफ़' भी देखा। तब मेरी आर्थिक स्थिति ऐसी नहीं थी कि मैं इतनी महँगी पुस्तक खरीदता। मैंने उसके सिर्फ़ पचास-सौ पृष्ठ ही पढ़े होंगे कि मुझे अपने उपन्यास का पैटर्न सूझ गया। चूँकि मैं उपन्यास के पात्रों और घटनाओं पर दो-तीन वर्ष से मन-ही-मन सोचता आ रहा था, इसलिए पैटर्न मिलते ही, मैंने उपन्यास को हाथ लगा दिया।

/

एक बात मुझे और याद आती है। 1938 में राजेन्द्र सिंह बेदी से मेरा परिचय हुआ था, जो शीघ्र ही प्रगाढ़ मैत्री में बदल गया था। मैंने तब तक पश्चिमी साहित्य कुछ ज्यादा नहीं पढ़ा था—तुर्गनेव, चेख़व और गोर्की की कुछ कहानियाँ पढ़ी थीं, तुर्गनेव के उपन्यास पढ़े थे, पर तॉलस्तॉय, दोस्तोयव्स्की या गोर्की का कोई उपन्यास न पढ़ा था। लेकिन बेदी ने पश्चिमी साहित्य खूब पढ़ रखा था। एक बार बात-बात में उन्होंने प्रसिद्ध फ्रांसीसी उपन्यासकार मार्सेल प्रूस्त का ज़िक्र किया और बताया कि उसने अपनी ज़िन्दगी के

अनुभवों पर आधारित एक उपन्यास लिखा था, जिसके सोलह खंड थे। और अपनी जवानी के जोश में मैंने भी घोषणा कर दी कि मैं भी वैसा ही बृहद् उपन्यास लिखूँगा।

तब मैंने 9 खंडों में उपन्यास लिखने की सोची थी। नौ खंडों में इसलिए कि शायद मन-ही-मन मैंने उपन्यास की जो मोटी रूप-रेखा बनाई थी, वह लगभग इतने ही खंडों में समाप्त हो जाती थी। यदि मैंने तब ज़िन्दगी का कुछ और अनुभव प्राप्त किया होता तो मैं, प्रूस्त की तरह, सोलह या उससे भी बढ़कर बीस खंडों में उपन्यास लिखने की योजना बनाता।

आज जब मैं उपन्यास के चार खंड लिख चुका हूँ, मैं यह कह सकता हूँ कि बहुत अच्छा हुआ यदि मैंने तब न 'रोमाँ रोलाँ' का उपन्यास पूरा पढ़ा, न मार्सेल प्रूस्त का और न तॉलस्तॉय का कोई उपन्यास पढ़ा, न दोस्तोयव्स्की का। मुझे पूरा विश्वास है कि अगर मैंने ये सारे उपन्यास पढ़े होते तो या तो मैं इतना आतंकित हो जाता कि अपना उपन्यास लिख ही न पाता, या मेरा उपन्यास इनमें से किसी की नकल होता। अज्ञेय ने अपने नायक को रोमाँ रोलाँ के 'ज्याँ क्रिस्ताफ' जैसा बनाना चाहा और वे उपन्यास का पहला खंड तो अच्छा लिख पाए, लेकिन दूसरा खंड सफल नहीं उतरा और बहुत-से हिन्दी पाठकों को तो यह भी नहीं मालूम कि वह कभी लिखा भी गया था। मैंने अपने नायक को अपनी जिन्दगी की तमाम प्रमुख घटनाएँ दीं और अपने किरदार का सिर्फ़ वह पहलू दिया, जिसकी मदद से मैं उन अनुभूतियों को चित्रित कर सकूँ। यही वजह है कि मैं गत पैंतीस वर्षों में अपनी योजना को दो-तिहाई पूरा कर ले गया हूँ।

इससे पहले कि मैं उपन्यास के पहले खंड यानी 'गिरती दीवारें' की बात करूँ, मैं दो शब्द इस बृहद् उपन्यास की थीम और रूप-रेखा के बारे में कहना चाहूँगा।

1933 से 36 तक जो कुछ मैंने देखा या भोगा, उसने मुझे पहली बार उन बुनियादी जज़्बों से रूशनास कराया जो हमारी ज़िन्दगियों का संचालन करते हैं। मैंने दर्शन और अन्य शास्त्र पढ़े होते तो शायद मुझे वह सब ज्ञात होता और तब शायद मुझे उपन्यास लिखने का उद्रेक भी नहीं होता। आज मैं जानता हूँ कि वह सब ज्ञान शास्त्रों में मौजूद है, लेकिन तब मैं जवान था और अज्ञानी था। अपने अनुभवों से मैंने वह सब आविष्कृत किया तो जैसे मेरी आँखें खुल गईं और मैंने चाहा कि मैं अपने उपन्यास के माध्यम से उसे पंक्तिबद्ध कर दूँ। अर्थ और काम के जज़्बों से मेरा परिचय कॉलेज छोड़ते ही हो गया था, लेकिन 1933 से 36 तक के संघर्ष में मुझे पता चला कि इंसान को चलानेवाली एक तीसरी बड़ी शक्ति अहं है और यह भी कि अहं पर हलकी-सी चोट कई बार आदमी की ज़िन्दगी की धारा को मोड़ देती है। सच्ची बात यह है कि यही नुक्ता उस बृहद् उपन्यास का प्रथम उद्रेक था—उस अहं के वे सभी रूप मैं उकेरना चाहता था, जो मैंने देखे थे। फिर मैंने जाना कि काम के अन्तर्गत यौन-क्षुधा ही नहीं, प्रेम भी आता है और इस प्रेम के भी कई रूप हैं और अपने उपन्यास में वे सभी रूप में दिखाना चाहता था और प्रेम के उस रूप को रेखांकित करना चाहता था जिसे मैं सच्चा प्रेम मानता हूँ, जो समय के साथ घटता नहीं, वरन् दिनोदिन बढ़ता है और तपेदिक के ज्वर-सा हड्डियों में

रच जाता है। फिर मैंने नियति का भी स्पर्श पाया और जाना कि नियति वास्तव में होती क्या है ? क्या है वह, जिसे हम नियति कहते हैं ? कैसे हमारी ज़िन्दगियों पर असर डालती है ? मैं अपने उपन्यास में नियति के क्रिया-कलाप को ऐसे चित्रित करना चाहता था कि मेरे पाठक उसे छू लें।...इन सब के अलावा लम्बी बीमारी, जो ममता भरी माँ की ममता तक कुंठित कर देती है और मौत, जिसके बिना जिन्दगी की हक़ीक़त और महत्व जाना ही नहीं जा सकता और फिर जब आदमी पाता है कि उसकी तमाम कोशिशें मौत के सन्दर्भ में नितान्त निरर्थक हो गई हैं और जीना उसे व्यर्थ लगता है...और यह भी कि इसके बावजूद वह जीता है—क्या ऐसे में उसे जीना चाहिए ? क्या आत्महत्या श्रेयस्कर नहीं ? लेकिन मैंने देखा कि आदमी आत्महत्या नहीं करता और जीता है। मैं जानना और जनाना चाहता था कि वह क्यों जीता है और उसे क्यों जीना चाहिए। फिर यह भी कि उन तमाम कोशिशों के निरर्थक दिखाई देने के बाद उसे कैसे जीना चाहिए।

मैं इन तमाम बातों को अपने उपन्यास में सँजोना और समोना चाहता था। और इन तमाम प्रश्नों के उत्तर पाठकों के लिये ही नहीं, अपने लिये भी उपन्यास के माध्यम से पाना चाहता था—ऐसे उत्तर जो मुझे ही नहीं, मेरे पाठकों को भी सन्तुष्ट कर दें।

'सितारों के खेल' लिखते-लिखते और उसे समाप्त करने के बाद एक-डेढ़ वर्ष लगातार सोचकर, मैंने उपन्यास के खंडों की मोटी रूप-रेखा बनाई, किस खंड में क्या होगा और ज़िन्दगी का संचालन करनेवाले किस जज़्बे की प्रधानता होगी, यह भी मैंने निश्चित कर लिया। प्रकट ही कुछ जज़्बों को एक ही खंड में पूरी तरह नहीं सुलटाया जा सकता था। ज़िन्दगी में उनकी कार्यप्रणाली और उनके प्रभाव को धीरे-धीरे पूरे उपन्यास के माध्यम से ही दिखाया जा सकता था—सो जब मैंने यह तय कर लिया तो 'सितारों का खेल' खत्म करने के दो-चार महीने बाद ही, जैसा कि मैंने शुरू में कहा, जब मुझे प्रीत नगर में नौकरी मिल गई, मैंने उस उपन्यास के पहले खंड (गिरती दीवारें) को हाथ लगा दिया। (जो पाठक या आलोचक इस बात पर हैरान हुए कि किस प्रकार 'सितारों के खेल' के बाद मैंने एकदम भिन्न यथार्थवादी उपन्यास लिखा, वे जान लेंगे कि कैसे मैं ऐसा कर सका।)

प्रीत नगर बहुत ही सुन्दर जगह है। मध्य पंजाब के देहात के बीचोबीच बसी एक आधुनिक बस्ती ! आज भी उसकी सुबहों और शामों की सुन्दरता मेरे दिमाग़ में अक्षुण्ण बनी है। मैं अकेला था, इर्दगिर्द का वातावरण सुन्दर था, मेरे पास काफ़ी फुर्सत थी, मैं प्रीत नगर के प्रवास में लगातार उपन्यास लिखता रहा। जब मैं 1941 के जून में दिल्ली रेडियो में आया तो उपन्यास का पहला खंड तीन-चौथाई से ज़्यादा लिखा जा चुका था। मैंने पहले उसका नाम 'चेतन' रखा था, उसके कुछ परिच्छेद उर्दू-हिन्दी में छपे तो उनके नीचे 'लेखक के उपन्यास 'चेतन' से' भी छपा। लेकिन तभी अज्ञेय का उपन्यास 'शेखर' सरस्वती प्रेस से छप गया। तब मैंने उस पहले खंड का नाम 'गिरती दीवारें' कर दिया और एकाध परिच्छेद ऐसा भी छपा जिसके अन्त में उपन्यास का नाम 'गिरती दीवारें' छपा।

उन्हीं दिनों श्रीमती चन्द्रकिरण सौनरिक्सा की एक कहानी तथा श्री उदयशंकर भट्ट का एक एकांकी इसी शीर्षक से छप गया, लेकिन फिर मैंने उपन्यास का नाम नहीं बदला।

जब मैंने उपन्यास शुरू किया था तो मेरा ख़याल था कि मैं उसे नीला की शादी पर समाप्त करूँगा, लेकिन शिमला का प्रसंग इतना खिंच गया कि पुस्तक की बृहत्ता से घबराकर मैंने शिमला से चेतन की वापसी पर कलम रोक दी। मुझे लगा भी कि यह खंड यहीं खत्म हो जाता है। नीला की शादी का प्रसंग दूसरे भाग से शुरू करना चाहिए। लेकिन मैं उस अन्त के बारे में आश्वस्त नहीं था। मेरे मन में दुविधा थी। उन्हीं दिनों श्री शिवदान सिंह चौहान बनारस से आए। मैंने उन्हें उपन्यास पढ़ने को दिया। उन्हें बहुत पसन्द आया, तब मैंने उनसे कहा कि मैं आपसे एक राय लेना चाहता हूँ, मैं इसका अन्त नीला के विवाह पर करना चाहता था, लेकिन उपन्यास इतना लम्बा हो गया है कि मैं घबराता हूँ और मैंने उन्हें जवानी वह सब सुनाया, जो मैं लिखना चाहता था।

शिवदान ने राय दी कि मैं पृष्ठों की परवा न करूँ और नीला की शादी और विदाई का प्रसंग और लिख डालूँ। और मैंने उपन्यास को आगे बढ़ा दिया। हालाँकि जब मैंने उपन्यास शुरू किया था तो मैं अन्त को—यानी नीला के विवाह-प्रसंग को—कुछ विस्तार से लिखना चाहता था, लेकिन मैं उपन्यास की लम्बाई से इतना घबरा रहा था कि मैंने वह सब सामग्री तीन परिच्छेदों में लिख दी और उपन्यास ख़त्म कर दिया। नाम वही रखा—'गिरती दीवारें'।

'गिरती दीवारें' ख़त्म तो 43-44 में हो गया था, लेकिन वह तत्काल छप नहीं सका। मेरे मित्र श्रीपत राय, जिन्होंने 'सरस्वती प्रेस' से 'शेखर' प्रकाशित किया था, उसे भी छापना चाहते थे, लेकिन उनसे घनिष्ठ मैत्री थी और मैं नहीं चाहता था, उसमें कोई अन्तर आए, इसलिए उनके अनुरोध के बावजूद मैंने उपन्यास वहाँ नहीं दिया और कोशिश करता रहा कि वह 'भारती भंडार' से प्रकाशित हो। 'भारती भंडार' उस समय का सर्वाधिक महत्वपूर्ण साहित्यिक प्रकाशन था। जयशंकर प्रसाद, निराला, पन्त, महादेवी वर्मा, नरेंद्र शर्मा, भगवतीचरण वर्मा, भगवती प्रसाद वाजपेयी, इलाचन्द्र जोशी, अमृतलाल नागर—सभी प्रसिद्ध लेखकों की रचनाएँ वहाँ से छपी थीं। मेरा पहला उपन्यास 'सितारों के खेल' और प्रथम काव्य-संग्रह भी वहीं से छपा था और मैं चाहता था—मेरा वह उपन्यास भी वहीं से छपे। 'भारती भंडार' के व्यवस्थापक श्री वाचस्पति पाठक मेरे मित्र थे। लेकिन उनके सामने कुछ कठिनाइयाँ थीं, वे तत्काल उपन्यास नहीं ले सके। 1944 के दिसम्बर में मैं बम्बई चला गया—फिल्मों में। 1945 में पाठक जी बम्बई आए तो मसौदा ले गए।

उस जमाने में मेरा यह ढंग था कि मैं पहला वर्शन उर्दू में लिखता था, फिर दूसरा वर्शन हिन्दी में तैयार करता था और हिन्दी में जो परिवर्तन करता था, उन्हें दूसरी बार

उर्दू में लिखते हुए, शामिल कर लेता था। जब मैंने मसौदा छपने को भेज दिया और मैं उसका अन्तिम उर्दू वर्शन तैयार करने लगा तो मैंने उसमें फिर कुछ फेरबदल कर दिया। इस वक्त दोनों वर्शन मेरे सामने नहीं हैं, लेकिन मुझे याद है कि मैंने चेतन के बड़े भाई पर पूरा एक परिच्छेद जोड़ दिया था। (लेकिन उस परिवर्तन को हिन्दी में शामिल करने के लिये लगभग छह वर्ष प्रतीक्षा करनी पड़ी। जब 1952 में 'गिरती दीवारें' का दूसरा संस्करण छपा तो मैंने वे परिवर्तन उसमें शामिल कर लिये।)

'गिरती दीवारें' प्रेस में देने के दूसरे वर्ष ही मुझे यक्ष्मा हो गया और मैं 47 के शुरू में पंचगनी के बेल-एयर सेनेटोरियम में दाखिल हो गया। वह दोपहर मुझे हमेशा याद रहेगी जब मेरी पत्नी मुझे सेनेटोरियम में देखने आई तो 'भारती भंडार' से उसी दिन डाक से मिली उपन्यास की प्रति लेती आई। मेरी आदत है कि मैं कहानी या उपन्यास छपे रूप में कभी नहीं पढ़ता (कारण मैं यही समझता कि छपने से पहले मैं उसे इतनी बार पढ़ चुका होता हूँ कि फिर उसे पढ़ने को मन नहीं होता)। उलट-पलटकर, मुखपृष्ठ पर छपा मैटर और प्रकाशकीय भूमिका की चन्द पंक्तियाँ पढ़कर उपन्यास मैंने अपने सिरहाने रख दिया। जुबली वार्ड के जिस कमरे में मेरा बिस्तर था, वहाँ मेरे अलावा दो पेशेंट और थे—एक मराठी युवक मिस्टर पसारकर और दूसरे पारसी अधेड़ मिस्टर पारिख। जब मेरी पत्नी चली गई तो पसारकर ने पुस्तक देखनी चाही। मैंने उसे दे दी तो वह उसे पढ़ने लगा।

मुझे थोड़ी हैरत हुई। मैंने पूछा, 'आपको हिन्दी आती है ?'

'पढ़ लेता हूँ।' उसने उत्तर दिया।

और वह पढ़ने लगा।

बेल-एयर सेनेटोरियम में दोपहर के खाने और शाम की चाय के बाद आराम करना जरूरी था—सोना जरूरी नहीं था, लेकिन लेटना जरूरी था। पसारकर पुस्तक लेकर पढ़ने लगा तो आराम लेना भूल गया। चूँकि रात को 9 बजे बत्ती बन्द हो जाती थी और सोना जरूरी था, इसलिए उसने पुस्तक सिरहाने रख ली। दूसरे दिन वह सुबह से उसे फिर लेकर बैठ गया।

मैं 'गिरती दीवारें' के भविष्य के बारे में सशंकित था। पाठकों पर उसकी क्या प्रतिक्रिया होगी ? वे उसे पढ़ते हुए बोर तो नहीं होंगे ? पुस्तक की पांडुलिपि पाठक जी के हवाले करके मैं निरन्तर यही सोचा करता था। पसारकर को दीन-दुनिया की सुधबुध भुलाकर किताब में गर्क देखकर मुझे बहुत सन्तोष हुआ और जब उसने पुस्तक खत्म कर मुझे लौटाई और मेरे इस प्रश्न के उत्तर में कि उसे कैसी लगी ?—उसने मग्न-भाव से कहा—'चांगली !' तो मेरे मन से जैसे एक भारी बोझ उतर गया। यही कारण है कि बाद में उसकी कटु आलोचनाओं का मुझ पर कोई असर नहीं पड़ा।

आज 'गिरती दीवारें' के विभिन्न संस्करणों की लगभग 80,000 प्रतियाँ बिक चुकी हैं, लेकिन सच्ची बात यह है कि मैं उससे कभी सन्तुष्ट नहीं रहा। हुआ यह कि उसका दूसरा खंड, जिसमें मैं जालन्धर शहर और चेतन के माहौल का विशद चित्रण करना चाहता था, मैं तत्काल शुरू नहीं कर सका। मुझे सदा यही लगता रहा कि मैंने नीला के विवाह को तीन परिच्छेदों में (वे कितने भी अच्छे क्यों न लिखे गए हों) निपटाकर बहुत गलती की। यदि मैं 'गिरती दीवारें' यानी उपन्यास के पहले खंड को वहीं खत्म कर देता, जहाँ कि मैंने उसे पहले किया था यानी शिमला से चेतना की वापसी पर—तो मैं तत्काल उसका दूसरा खंड शुरू कर सकता था और फिर एक अधेड़ व्यक्ति से अपनी उस प्यारी साली के विवाह की प्रतिक्रिया में चेतन की भटकन के माध्यम से जालन्धर शहर का वर्णन भी कर सकता था, लेकिन उपन्यास का पहला खंड अधूरा न लगे, इसलिए वे तीन परिच्छेद लिखकर मैंने उसे मुकम्मल कर दिया था। लेकिन उसके बाद मुझे यह सूझ न रहा था कि मैं उपन्यास का दूसरा खंड, जिसमें जालन्धर का विशद चित्रण होना था, कैसे शुरू करूँ और जो कुछ मैं उसमें लिखना चाहता था, उसे कैसे उपन्यास में बाँधूँ, वह सब कुछ इतना बिखरा था कि मुझे वह पैटर्न नहीं सूझ रहा था, जिससे मैं उस सबको सँजो सकूँ।

पंचगनी में मेरे पास काफ़ी समय था। यदि मुझे दूसरे खंड का पैटर्न मिल जाता तो मैं उस डेढ़ वर्ष में उसे पूरा कर देता, लेकिन लाख सिर पटकने पर मुझे पैटर्न नहीं सूझा और मैं हिन्दी में अप्रकाशित अपनी कहानियों और नाटकों को उर्दू से हिन्दी में करता रहा। इस बीच देश का विभाजन हो गया। मुझे निराला के साथ उत्तर प्रदेश की प्रथम कांग्रेसी सरकार से 5,000 रुपए का अनुदान मिला। मैं इलाहाबाद आ गया और पुनर्वास के संघर्ष में डूब गया।

लेकिन उस तमाम संघर्ष के बावजूद, मेरा लेखन-कार्य चलता रहा। मैंने एकांकी लिखे, नाटक लिखे, लेकिन उपन्यास का दूसरा खंड नहीं लिख पाया। तब ऐसा भी वक्त आया कि हताश होकर मैंने उपन्यास को आगे बढ़ाने का खयाल ही छोड़ दिया और उस सामग्री को लेकर, जो उपन्यास का अंग बनती, मैंने संस्मरणात्मक कहानियाँ लिखनी शुरू कर दीं—'पागलखाने में', 'अड्डी चुक भूतना', 'कश्मीरीलाल अश्क' वग़ैरह रचनाएँ मैंने लिखीं, 'गर्म राख' (जो यदि उपन्यास 9 भागों में छपता तो उसका सातवाँ खंड होता) 'बड़ी-बड़ी आँखें' और 'पत्थर अल पत्थर' उपन्यास लिखे। तभी 1957 में बंगला उपन्यासकार शंकर का उपन्यास 'कितने अनजाने' पढ़ते हुए हठात् बिजली की कौंध-सा मुझे अपने उपन्यास का पैटर्न सूझ गया। मैंने 'कितने अनजाने' के तीन या चार परिच्छेद ही पढ़े थे। मैंने उपन्यास अलग हटा दिया और 'गिरती दीवारें' के दूसरे खंड की रूपरेखा बनाने लगा। और उसी वर्ष मैंने उपन्यास का दूसरा खंड, 'गिरती दीवारें' पूरे होने की दूसरी सुबह से शुरू कर दिया। अगस्त 1957 से 25 जनवरी 1974 तक मैं लगातार यही उपन्यास लिखता आ रहा हूँ। इसके चार खंड मैंने लिख लिये हैं, दूसरा खंड 'शहर में घूमता आईना' 1963 में छपा, तीसरा खंड 'एक नन्ही कन्दील' 1969 में और चौथा खंड, जिसमें दो मुकम्मल उपन्यास हैं, 1974 में। इस चौथे खंड के दूसरे भाग में, मैंने वह घटना भी समो

ली, जिस पर मैंने 1935 में अपना पहला उपन्यास 'एक रात का नरक' लिखा था।... अब सिर्फ इस उपन्यास का पाँचवाँ और अन्तिम खंड लिखना शेष है और यदि समय और स्वास्थ्य ने साथ दिया तो मैं इसे अपने छह-सात वर्षों में समाप्त कर दूँगा।

इस दौरान मुझे इस बात का शिद्दत से एहसास हुआ कि अन्तिम खंड लिखने के बाद मुझे 'गिरती दीवारें'—यानी उपन्यास के इस पहले खंड को—जिस पर इतना कुछ लिखा गया है, एक बार नए सिरे से आद्योपान्त पुनः लिखना चाहिए। मैं नहीं जानता, मैं ऐसा कर सकूँगा या नहीं, लेकिन अगर उपन्यास का अन्तिम खंड खत्म करने के बाद मुझे दो वर्ष भी मिल गए तो मैं इसे निश्चय ही शुरू से आख़िर तक दोबारा लिखूँगा।

'गिरती दीवारें' की बेहद तारीफ़ भी हुई है और बेपनाह निन्दा भी। प्रकट ही जिन लोगों को यह लगा कि कविराज या प्रोफेसर सिंह, या शिमला का सारा प्रसंग ही निरर्थक है, उन्होंने 'गिरती दीवारें' को उपन्यास खंड नहीं, मुकम्मल उपन्यास समझकर ऐसी आलोचनाएँ कीं। जिन पाठकों ने अब तक प्रकाशित चारों खंड पढ़े हैं, वे समझ लेंगे कि 'गिरती दीवारें' महज इस बृहद् उपन्यास का परिचय-खंड है, इसके द्वारा मैंने उपन्यास के प्रमुख पात्रों—चेतन, उसके पिता, बड़े भाई, भाभी, माँ, उसकी पत्नी, उसकी साली, क़विराज, हुनर साहब, रणवीर, महाशय धर्मचन्द, जीवनलाल आदि प्रमुख पात्रों को इंट्रोड्यूस-भर किया है। (चेतन और नीला की प्रेमकथा किंचित विस्तार पा गई है कि उसी पर उपन्यास की एक मुख्य थीम खड़ी है।) उपन्यास के शेष खंडों में जैसे ये पात्र विकसित हुए हैं, उसे देखते हुए मुझे बार-बार लगा है कि 'गिरती दीवारें' यानी इस पहले खंड में इन पात्रों के सन्दर्भ में कहीं दो पंक्तियाँ, कहीं चार और कहीं एक-आध प्रसंग और जोड़ना जरूरी है।

इसके अलावा उपन्यास की भाषा भी संशोधन चाहती है। वह भाषा अनुवाद की भाषा है। (प्रकट ही उर्दू से हिन्दी करने में वह क्लिष्ट हो गई है) हालाँकि मैं संस्करण पर संस्करण उसमें थोड़ा-बहुत परिवर्तन करता आया हूँ, लेकिन उपन्यास ख़त्म करने के बाद मैं एक बार उसे फिर से आद्योपान्त ठीक करना चाहूँगा। यह ठीक है कि उपन्यास के खंड अलग-अलग छपे हैं और मैंने इस तरह लिखे हैं कि अपने में मुकम्मल लगें और पढ़ने पर पाठकों को ज़्यादा असन्तोष न हो, लेकिन जो पाठक जरा भी ध्यान से इसके सभी खंड पढ़ेंगे, वे मान लेंगे कि उपन्यास एक रनिंग उपन्यास है और इसके खंडों में किसी तरह का अन्तराल नहीं। 'गिरती दीवारें' जिस रात ख़त्म होता है, 'शहर में घूमता आईना' दूसरी सुबह शुरू हो जाता है और यह प्रक्रिया निरन्तर चलती है। अन्ततः इन तमाम खंडों को एक ही वाल्यूम में छपना है, इसीलिए 'गिरती दीवारें' में भाषा और प्रसंगों में संशोधन-परिवर्धन की जरूरत है। मैं उपन्यास ख़त्म करके जरूर ऐसा करूँगा—अगर ज़िन्दगी और सेहत ने इजाज़त दी तो।...

'गिरती दीवारें' : समीक्षा

डॉ. भोलानाथ 'भ्रमर'

'गिरती दीवारें' श्री उपेन्द्रनाथ 'अश्क' का लिखा हुआ एक सुन्दर उपन्यास है। यह उनके प्रथम उपन्यास 'सितारों के खेल' के लगभग दस वर्षों के बाद सामने आया। इस उपन्यास के इस रूप में लिखे जाने के कई कारण हैं—(i) 'सितारों के खेल' जैसे गढ़े-गढ़ाए और रूमानी ढंग के उपन्यास से लेखक सन्तुष्ट नहीं था, (ii) लेखक की रुचि कल्पना-लोक एवं वहाँ के आदर्श मानवों से हटकर यथार्थ की ओर मुड़ गई, (iii) 'गोदान' के होरी का गुण-दोषों का पुतला होकर अपने वातावरण में पिसना, उससे लड़ना और अपनी विवशता से ही शक्ति ग्रहण करना उसे बहुत अच्छा लगा, (iv) रोमाँ रोलाँ के 'ज्याँ क्रिस्ताफ' उपन्यास का पैटर्न उसे अपने नवीन उपन्यास के लिये रुच गया, (v) किसी के पाँच वर्षों के ही जीवन को लेकर एक बड़ा उपन्यास लिखने का ढंग भी, जिसमें नायक की भीतरी और बाहरी उलझनें व्यक्त हो सकें उसे एक विदेशी लेखक की कृति से मालूम हो गया, (vi) उसने पात्र और वातावरण उसी वर्ग का लिया जिससे वह पूर्णतः परिचित था, और (vii) उसने पात्रों के स्वभाव, दृष्टिकोण और उनके परिवेश की युक्तियुक्त रूपरेखा निर्धारित करके छुट्टी ले ली, बाकी जो स्वाभाविक था वह होता गया और लेखक उसे कलमबन्द करता गया; अपनी तरफ से किसी पर कुछ भी नहीं थोपा। और बस, 'गिरती दीवारें' बन चला और जैसा कुछ बना हमारे-आपके सामने है।

यह 'गिरती दीवारें' अपने स्रष्टा के मानस में निर्मित-कल्पित 'गिरती दीवारें' का एक तिहाई मात्र या उससे भी कम है। शेष दो तिहाई या आठ बटा नौ अभी तक सामने नहीं आ सका—सम्भवतः लिखा भी नहीं जा सका और सम्भवतः लिखा भी नहीं जा सकेगा ! मैं हिन्दी जगत के कई अधूरे प्रोजेक्टों के पूरे होने के सपने अब भी देखा करता हूँ। उनमें है डॉ. रामकुमार वर्मा के 'हिन्दी साहित्य का आलोचनात्मक इतिहास' का शेष भाग, उन्हीं के 'कबीर' की आलोचना, 'शेखर : एक जीवनी' का तीसरा भाग और 'गिरती दीवारें' के शेष भाग। यह मानने को तो मन तैयार नहीं होता कि जिन्होंने इन लेखकों को पहला भाग लिखने के लिये विवश कर दिया वे तत्त्व अब निष्प्राण हो चुके हैं, और यह भी नहीं मान पाता कि इनके मान्यवर लेखक अब भी 'निम्नमध्यवर्गीय' और इसलिए विपन्न एवं साधनहीन-विवश हैं। केवल कलम उठनी चाहिए। पहले अपने मन

से लिखा था, अब माँ भारती की सेवा के लिये लिखना चाहिए। वैसे 'शहर में घूमता आईना' इस ओर उठा हुआ एक कदम लगता अवश्य है।

तो, जो सम्पूर्ण की संज्ञा थी वह अब एक अंश मात्र की संज्ञा हो गई। कल्पना एक पूरे-के-पूरे की थी किन्तु विवश होकर उसे 'थोड़े' पर ही समाप्त कर देना पड़ा। उपन्यास पूरा नहीं है, पूरा जान पड़ता है। इसका असर उपन्यास के नाम पर भी पड़ता है, कथावस्तु के संगठन पर भी और पात्रों पर भी। जब उपन्यास का नाम 'गिरती दीवारें' है तब हम उसकी कथावस्तु में दीवारें ढूँढ़ेंगे ही और उनका गिरना देखना ही चाहेंगे। न पाने पर निराश होकर खीझ उठना अस्वाभाविक नहीं है; अनुचित है इस खीझ का मजाक उड़ाना या उससे किसी का मजा लेना। इस उपन्यास के नायक चेतन के पिताजी और कभी-कभी चेतन भी ऐसे अनुचित मनोभावों के शिकार हो जाते हैं। इन दीवारों के सम्बन्ध में इस उपन्यास के लेखक ने लिखा है कि वे इस भाग में भी हैं और ख्वाजा अहमद अब्बास के शब्दों में वे 'हर पृष्ठ पर गिरती हैं। ये दीवारें पति और पत्नी, स्त्री और पुरुष, युवक और युवती, शोषक और शोषित, अनमेल विवाहों के दोनों पक्षों, छोटे और बड़े, मालिक और नौकर, मित्र और मित्र, परिचित और अपरिचित, शहरवासी और देहातवासी, सच्चों और धूर्तों, सीधों और चालाकों आदि सबके बीच हैं। विचार करने पर ऐसा लगता है कि विशुद्ध मानवीय (रागात्मक, भावात्मक एवं आत्मीय) सम्बन्धों के स्थान पर मानव-मानव के बीच रूढ़ियों, निःसत्व निष्प्राण मान्यताओं, परम्पराओं, संस्कारों, बौद्धिक उपलब्धियों, दृष्टिकोणों और निहित स्वार्थों आदि को 'दीवारों' की संज्ञा दी गई है। बुद्धि, धर्म, नैतिकता, सामाजिक विधि-निषेध, विवाह, संस्कृति आदि की रूढ़ बातें—वर्जनाएँ एवं मान्यताएँ भी दीवारें ही हैं क्योंकि वे औचित्य-अनौचित्य, हानि-लाभ, हित-अहित आदि के विचारों से मुक्त होकर व्यक्ति को मनमानियाँ नहीं करने देतीं। वासना के लालच मात्र से तड़पते हुए चेतन के तन और मन में इन दीवारों के प्रति जो क्षोभ का भाव उठता है उसकी मेरी निगाह में कोई भी कीमत नहीं है। चेतन के प्रति कोई सहानुभूति का भाव भी मन में नहीं उठता। चेतन को अपना सगा जीजा (आत्मीय) मानकर नीला उसकी बेहिचक सेवा-परिचर्या करती है और मन की जहरीली लहरों से काँपते हुए चेतन के तन का बुखार से काँपना समझती है। वह इतनी सरला एवं निरीह-अबोध है। उसके लिये चेतन ने जैसा प्रतिहिंसात्मक क्रूरतापूर्ण व्यवहार किया वह सोए हुए व्यक्ति की सम्पत्ति को लूटना और उसकी हत्या करने जैसा है। वासना सचमुच इतनी ही घातक होती है। इसको और इसकी घातक वृत्ति को बढ़ने न देने के लिए, इसके जहरीले सैलाब को और उसके दुर्दम्य वेग को रोकने के लिये जो भी दीवार बनाई जाएगी उस दीवार की कीमत अकूत होगी। उसे तोड़ने की कल्पना करनेवाले के साथ सहानुभूति किसी की न होगी। बड़े से बड़े सिद्धान्तवादी और समर्थक भी अपने घर और परिवार के सदस्यों के लिये इन दीवारों का औचित्य मानते हैं। यथार्थ की माँग भी उन्हें विचलित नहीं कर पाती। यह मानते हुए भी कि आज के विवेकहीन, टूटी रीढ़वाले, रुग्ण और भोग-भौतिकता प्रधान ढोंगी समाज में यह प्रवृत्ति इतनी बढ़ गई है कि वह 60-70 प्रतिशत प्राणियों के तन-मन में प्रायः उठती है

मगर इसीलिए न तो इसको स्वाभाविक माना जा सकेगा, न यथार्थ, न सत्यम और शिवम। बहुप्रचलन या बहुमत न सत्य है और न सत्य का पर्याय, ग़लत ग़लत है और अनुचित अनुचित। उसे वैसा कहने में कोई हिचक नहीं होनी चाहिए। इसीलिए मैं कहता हूँ कि यह अस्वाभाविक, असत् एवं विकृत मानसिक अवस्था एवं अस्वस्थ प्रवृत्ति की उपज है। 'गिरती दीवारें' में इस प्रवृत्ति को रोकनेवाली दीवार भी है। इसी दीवार का अज्ञात सहारा चेतन को बार-बार फिसल जाने पर भी गिर जाने से बचा लेता है। इन दीवारों का गिरना न उचित है, न हितकर और न मानवतापूर्ण। कुरूप-सी लगनेवाली चन्दा, जो चेतन के उच्छृंखल मन को नहीं भाती, ऐसी ही एक दीवार है। यह दीवार स्वस्थ है, विवेक-सम्पन्न, विश्वास से निर्भय, सन्तुष्ट और चेतन को भी सहारा देनेवाली। 'कामायनी' की श्रद्धा-तुल्य लगनेवाली चन्दा के आगे चेतन घायल मनु-जैसा लगता है। इस श्रद्धा या 'चन्दा' या दीवार को गिराकर 'चेतन' या मानव न संस्कार-कलित हो सकेगा, न सफल सामाजिक, न आदरणीय एवं विश्वसनीय पारिवारिक। संयमच्युत चेतन या मानव इस क्षेत्र में वासना की चकरघिन्नी—बेहया पशुमात्र—होकर रह जाएगा। प्रसन्नता की बात है कि 'गिरती दीवारें' में यह दीवार उपेक्षित भले ही दिखे, हिलती-डुलती-सी भले ही दिखे, किन्तु गिरती नहीं। ऐसी दीवारें अगर गिरती भी हैं तो 76वें अध्याय में चेतन के एकपक्षीय प्रेम की आलम्बन उसकी निर्दोष साली नीला की विदाई के पहले की रात में और वह भी केवल चेतन की अपनी 'कल्पना' मात्र में। इन दीवारों को गिराने की बात तो दूर, उच्छृंखल भावनाओं वाले कायर चेतन में इनकी ईंटों को छू सकने का भी साहस नहीं है। उच्छृंखल दार्शनिकताओं, विचारणाओं और मत-मतान्तरों के शत-सहस्रधा आक्रमणों के पश्चात् भी इन दीवारों में इतना दम है कि वे समाज के और इस उपन्यास के भी अनेकानेक मानवों के मन में संस्कारगतः प्रविष्ट होकर अनीति के कगार पर खड़े मानव को वहाँ से बचा लाती है। एक दीवार यह भी है कि जवान स्त्री-पुरुष एकान्त में एक-दूसरे के पास न रहें और न परस्पर हास-परिहास या उपहारों के आदान-प्रदान में रत हों। निकट सम्बन्धी नीला और चेतन, ट्रेन में सबके सो जाने पर और फिर शिमला में पूर्ण एकान्त पाकर मन्नी और चेतन, केसर और चेतन, प्रकाशो और चेतन जब भी एकान्त पाते हैं तभी उनकी वासनाएँ भड़क उठती हैं और मन को पराजित करके तन को अनर्थ करने के लिये उद्यत कर देती हैं। वासना का वेग हटने पर चेतन अपनी कमजोरी पर खीझता है। कैसे कहें कि यह दीवार हटनी या गिरनी चाहिए ? कुछ मुट्ठी भर साधन-बुद्धि-सम्पन्न, यशेच्छु लेखकों-लेखिकाओं और उनके अस्वस्थ समर्थकों के अतिरिक्त शेष कहीं का भी और कोई समाज इन दीवरों को गिराने की इजाज़त नहीं देता। नीला के अपने संस्कार ने, चेतन की उजली चादर को गन्दे कदमों से गन्दी करनेवाली केसर से वासनाओं के तीव्रतम आक्रमण के बावजूद उसकी इसी संस्कार-जन्य झिझक ने, प्रकाशो की अपनी झिझक और शरम ने और शिमले में वहाँ से लौटने के दिन चेतन के वासनामय आह्वान और मन्नी के वासनामय समर्पण और इस प्रकार अपनी समस्त सेना के साथ काम के भयानकतम आक्रमण के समय वात्सल्य की एक पुकार ने चेतन के तन को बचा लिया।

पूर्ति या भोग का अर्थ न तृप्ति है और न सन्तोष-आनन्द। भोगने का अवसर पाकर भी चेतन इसी प्रकार भटकता और छटपटाता और इसी कारण उसका यह भोग उद्देश्य-रहित या अर्थ-रहित या अर्थ-विहीन अर्थात् अनर्थ होता। कभी-कभी ऐसा लगता है कि सद् चिन्तनों और संयम के विचारों को भी मुक्ताचार में बाधक 'दीवारें' मान लिया गया है। खुशी है कि इस 'गिरती दीवारें' में ये दीवारें भी नहीं गिरतीं। पात्रों के मन और मस्तिष्क को घेरे रहनेवाले सिद्धान्तों, मान्यताओं और प्रभावों-संस्कारों को भी दीवारों के रूप में कल्पित किया गया लगता है। अतृप्त कामनाओं, भड़कनशील ख्वाहिशों, रक्तबीज राक्षस की तरह गिर-गिरकर भी उठ खड़े होनेवाले लोभों और प्रभुता-समृद्धि-सम्पन्नता की लालच की भी दीवारें हैं। लपलपाती हुई आग की लपटें अगर घी की प्यासी हो जाएँ और घी पाती और पीती रहें तो जैसे वे गिर-गिरकर उठें वैसे ही दिल और दिमाग की ये सूक्ष्म दीवारें हैं। चेतन के दिल और दिमाग की इन दीवारों का यही जादूगरी करिश्मा उसे इन कुछ वर्षों में बराबर इधर-उधर नचाता और भटकाता फिरता है। इन दीवारों के ऊपर चढ़ जाने का जो सोपान है; उसे न चेतन जानता है और न चेतन की उमर और मनवालों को वह मिलती है। अनुभवों की परिपक्वता और तन की प्रौढ़ता पाने पर (अर्थात् उपन्यास के अन्य भागों के सामने आने पर) अर्थात् खून की गर्मी और आकांक्षाओं और कल्पनाओं की उड़ान में यथार्थ की प्रौढ़ता आ जाने पर चेतन के मन और जीवन की भटकन और हर अच्छे-बुरे और उचित-अनुचित दरवाजे पर खड़े होकर जीभ लपलपाने की आदत कम हो सकती है लेकिन मरणोन्मुखी शेर की तरह उसकी गुर्राहट नहीं जा सकती है। इन स्थूल और सूक्ष्म दीवारों का गिरना या हिलना उपन्यास के अन्य भागों में ही सम्भव हो सकता है। अभी तो वे अन्तिम पृष्ठ तक चेतन को झकझोर ही रही हैं और वह मर जाने तक की विकृत कल्पना ही करता है। हाँ, अनुपयोगी, पिछड़ी, सड़ी-गली रूढ़ियों-मान्यताओं और परम्पराओं की कुछ दीवारें गिरती हैं और उपन्यास के इसी भाग में गिरती हैं; जैसे—पर्दे की दीवार (ब्याह के पहले ही लड़की का दिखा दिया जाना, विवाहिता चन्दा का अपने जेठ के साथ पर्दा और झिझक-रहित व्यवहार, हँसना-गाना, आदि), अन्ध पितृ-भक्ति की दीवार (चेतन के शराबी, सन्तुलन-विहीन, क्रोधी, कठोर पिता और चेतन के भाइयों में मल्लयुद्ध और भाइयों द्वारा पिता को चारपाई के साथ बाँध दिया जाना, आदि) नीला-जैसी एक जवान-सी लड़की का चेतन-जैसे नए रिश्तेदार के साथ समय-कुसमय सभी समय परिचर्यार्थ मौजूद रहने की आजादी, आदि। इन सबके बावजूद चेतन के दिल और दिमाग की कोई भी दीवार न गिरती है और न कोई नई दीवार उठती है। रूढ़ियों और परम्पराओं की जो दीवारें समाज में बहुत-कुछ गिर चुकी हैं, एक निम्न मध्यवर्गीय परिवार और समाज में सम्प्रत्ति उनकी जो लड़खड़ाती हुई स्थिति है वही 'गिरती दीवारें' में है। बाकी, चेतन की दीवारें अगर हिलतीं तो उपन्यास के अगले भागों में, गिरतीं तो "बहुत-सी सन् 48 तक अपने आप ही।" अस्तु, सृजन की कल्पना के समय इस 'गिरती दीवारें' का जो खाका था, समाप्ति के समय वह सिमटकर एक तिहाई से भी कम रह गया अतः इसके प्रधान पात्रों के चरित्र का निर्माण भी पूरा नहीं हो सका और न इसकी कथावस्तु ही

सुगठित हो पाई। यह जो कई कहानियों का असम्बद्ध संग्रह या मूर्तियों से भरे हुए मन्दिर की दीवार की तरह लगता है उसका भी यही कारण है। उपन्यास-कला की शास्त्रीय शब्दावली में कहें तो यह इतना 'गिरती दीवारें' कथानक के 'प्रारम्भ' और 'विकास' की अवस्था का है जिसमें पात्रों और उनकी मनोवृत्तियों की प्रधान रेखाएँ केवल खींची भी जाती हैं तथा 'कथावस्तु' संघर्ष या चरम सीमा की ओर अग्रसर मात्र होती है। 'गिरती दीवारें' की कथावस्तु मेरे अपने विचार में अभी चरम सीमा तक भी नहीं पहुँची। उसके अन्त की ओर बढ़ने का अभी प्रश्न ही नहीं उठता। इसी अधकचरी अवस्था में उसे 'राउंड अप' कर दिया गया। इसीलिए न तो घटनाओं का पर्यवसान स्वाभाविक है, न रेखाओं से पूरे का पूरा चरित्र ही उभर पाया है, न चरित्रों में कहीं कोई विकास के लक्षण दिखाई पड़ते हैं और न उद्देश्य ही उभर सका है। एक अध-बुढ़ से ब्याहे जाने पर नीला की कहानी खत्म नहीं हो जाती, शिमले से भाग आने पर भी कविराज का चेतन से सम्बन्ध बिलकुल खत्म नहीं हो सकेगा क्योंकि वे दोनों एक ही शहर में रहते हैं, चन्दा और चेतन का सम्बन्ध अभी और विकास की ओर बढ़ेगा, अभी तो चेतन ससुराल से घर भी नहीं लौटा, नीला की याद मात्र ही उसके जीवन की अन्तिम परिणति नहीं हो सकती, उसकी एडीटरी के सपने, माँ की याद, भाई-भाभी का सम्बन्ध सब कुछ नीला की याद में खो नहीं सकते ! और, चारपाई पर पड़े-पड़े 'नीला' 'नीला' की माला जपनेवाले चेतन के सामने यदि गुर्राते हुए उसके पिता आ खड़े हों तो... ! नहीं, नहीं, 'गिरती दीवारें' का बिलकुल असन्तोषजनक, अपूर्ण, अंश है ! 'गोदान' जैसा और जितना पूर्ण है, 'गिरती दीवारें' वैसा ही और उतना ही अपूर्ण। अतः उसका प्रभाव भी पूरा नहीं पड़ता।

इस उपन्यास के प्रमुख पात्रों के स्वभाव का जो भी रूप हमारे सामने आता है उसकी रूपरेखा का निर्माता लॉ ऑफ हेरेडिटी या वंशानुक्रम के सिद्धान्त पर किया गया है। बेटे के ऊपर उसकी माँ और उसके बाप की कई पीढ़ियों के लोगों का असर पड़ता है, यही वंशानुक्रम का सिद्धान्त है। उदाहरण लें। चेतन के मन में नारी के प्रति कोई उदात्त धारणा नहीं है, उसका रूप-सौन्दर्य चेतन की कमजोरी और उसका तन उसकी वासना के भड़कने का उद्दीपन है और वह नारी को पुरुष की और पुरुष के लिये ही मानता है—मानता है कि नारी का अपना कुछ नहीं, पुरुष जैसा चाहे उसे वैसा बनना चाहिए। चन्दा के प्रति उसका जो व्यवहार रहा है वह उसके असली रूप को प्रकट कर देता है। इसका मनोवैज्ञानिक कारण है कि कुछ अधिक खुरदरे रूप में, यही सब कुछ उसके पिता की भी धारणा थी। माँ के लिये जितने क्रूर चेतन के पिता थे, चन्दा के लिये उससे कम क्रूर चेतन नहीं है। दोनों नारियाँ दोनों पुरुषों के लिये मनोरंजन की साधन-सी सजीव नौकरानी मात्र थीं। नीला की शिकायत करके चेतन ने जो क्रूरता एवं प्रतिहिंसा का परिचय दिया है उसका मूल उसके पिता के चरित्र में ढूँढ़ा जा सकता है। चेतन के पिता ने शादी के पूर्व अपने तन की पवित्रता खो दी थी और चेतन ने शादी के मन की और कुछ दूर तक तन की भी पवित्रता खोई ! बचपन में भोगी हुई महत्त्वपूर्ण घटनाओं का व्यक्ति के अचेतन मन पर बड़ा ही घातक प्रभाव पड़ता है। चेतन अपनी माँ का

दब्बूपन देखता था और अपनी असमर्थता, शक्तिहीनता और विवशता पर अपने पिता की सबल, समर्थ और मनमानी क्रूरता एवं कठोरता का गुलामी के जमाने-जैसा दहला देनेवाला जुल्म देखता था और भाग-भागकर लौटता और समझौते कर-करके जीवन बिताता था। उसमें अपने बड़े भाई जैसी शक्ति, दृढ़ता, बेफिक्री और साहसपूर्ण कदम उठाने की शक्ति न बचपन और कैशोर्य में थी और न युवावस्था में शिमला-प्रवास के समय कविराज के निकट सम्पर्क में आने पर। आगे बढ़ने पर हम पाते हैं कि उसके पिता की क्रूरता का कारण उस दादी की क्रूरता थी बचपन में जिसका दूध उन्होंने पिया था। माँ भी दब्बू, अवश, सहनशील, समझौतावाली और चेतन भी वैसा ही। इस तरह इस उपन्यास 'गिरती दीवारें' में हर नए पात्र के गत जीवन का परिचय और यथासम्भव उसके मन और स्वभाव के वर्तमान स्वरूप कारणों का कथात्मक या घटनात्मक परिचय प्रायः उसके कथावस्तु से आते समय अथवा थोड़े से अन्तरालों के साथ दिया जरूर जाता है। यह उचित अवसर पर और रोचक या महत्त्वपूर्ण अवसर पर दिया जाता है। यह ढंग चेतन, रामानन्द, शादीराम, चेतन की माँ, कविराज रामदास, यादराम आदि सभी के स्वरूप को उभारने के लिये अथवा उस स्वरूप विशिष्ट का कारण देने के लिये अपनाया जाता है। पात्रों के स्वभाव चित्रण का यह ढंग है, शेष चित्रण है उनके परिवेश का। इस चित्रण में 'अश्क' ने वैसी ही असाधारण सफलता पाई है जैसी प्रेमचन्द ने। व्यापक भारतीय ग्राम्य जीवन की मानसिक, स्वभाव-सम्बन्धी, परिस्थिति और वातावरण-सम्बन्धी बारीकियों को जिस तरह एक सर्वज्ञ एवं कुशल कलाकार की भाँति प्रेमचन्द ने जाना, परखा और इस्तेमाल किया है, निम्न मध्यवर्ग के क्षेत्र में 'अश्क' ने उसी तरह और वैसी ही अद्भुत कुशलता 'गिरती दीवारें' में प्राप्त की है। इसका कारण इस वर्ग की उनकी व्यापक जानकारी है। 'अश्क' स्वयं इसी निम्न मध्यवर्ग की क्यारी से उत्पन्न एक खूबसूरत फूल के पौधे थे। वे लाहौर, जालन्धर, शिमला आदि सबकी ईंट-ईंट से परिचित हैं। इसलिए जानी-पहचानी ईंटों में से कलात्मक दृष्टि से उन्हें जो उपयोगी लगीं उन्हीं का प्रयोग किया है। वे न कम लगती हैं, न ज्यादा। वे न टूटी हुई हैं, न नकली। वे चित्रों को सम्पूर्णता एवं समग्रता के साथ उपस्थित करने में समर्थ हैं। मिर्चा वही अच्छा होता है जो कड़ुआ हो। निम्न मध्यवर्ग के ज़ीवन, मन और वातावरण की दयनीयता और उसकी वास्तविकता जुगुप्सा की सीमा को छूती हुई सच्चाई तक जाकर चित्रित हुई है। ऐसा चित्रण करते समय 'अश्क' आभिजात्य की रुचि का खयाल कम, और यथार्थ का खयाल ज्यादा रखते हैं। बल्कि मैं कहना तो यह चाहता हूँ कि सच्चाई कुछ और भी तीखी, और भी बदबूदार, और भी सीलन-सड़ाँध और तन-मन-वस्तु की और भी गन्दगियों से भरी हुई है। फिर भी 'अश्क' इस सफल चित्रण के लिये बधाई और ऐतिहासिक यश के पात्र हैं। इस दृष्टि से 'गिरती दीवारें' यथार्थवादी उपन्यासों की माला के शानदार और कलात्मक मनकों में भी प्रमुख सिद्ध होता है। हिंसा-प्रतिहिंसा, खूबसूरत और बदसूरत वृत्तियाँ, ईर्ष्या और द्वेष, लड़ाई-झगड़े, असमर्थों का समर्थों के द्वारा, अशक्तों का सशक्तों के द्वारा, बेअक्लों का धूर्त्त बुद्धिमानों के द्वारा, सीधे सच्चों का

चालाकों के द्वारा, छोटों का बड़ों के द्वारा, पद-विहीनों का पदासीनों के द्वारा, भीरुओं का साहसियों के द्वारा और ऐसे अनेक का वैसे अनेक के द्वारा जो शोषण होता है या जो हास्यास्पद दुर्गति होती है वही निम्न मध्यवर्ग की करुण कहानी है और वही करुण कहानी अत्यन्त मार्मिक, प्रभावशाली एवं कलात्मक ढंग से 'गिरती दीवारें' में चित्रित हुई है। चेतन के जीवन का दूसरा पक्ष यही है। इस चित्रण के द्वारा 'अश्क' उच्चकोटि के कलाकारों की पहली पंक्ति और उसमें भी एक महत्त्वपूर्ण पद के अधिकारी सिद्ध होते हैं। इस उपन्यास में सिद्ध है कि व्यक्ति के विकास में सामाजिक रूढ़ियों, परम्पराओं और सामाजिक-आर्थिक प्रवृत्तियों से पराभूत व्यक्ति का मन और उनकी सीमाएँ ही बाधक हैं। मूल दोषी वे ही हैं। यही कारण है कि जरा गहराई से देखने पर इस उपन्यास का कोई भी पात्र खुद दोषी नहीं सिद्ध होता। वह बेचारा मात्र है। चेतन के जीवन की सबसे बड़ी विषमता यह है कि वह निम्न मध्यवर्ग से उठकर उच्च मध्यवर्ग में आना चाहता है। बी.ए. तक पढ़ने से उसका जो भावलोक बना है वह उसे अपने वर्ग के प्रति असहनशील किए है। उसकी चेतना सौन्दर्य-पिपासु, प्रगतिशील एवं अग्रगामी हो गई है। कठिनाई यह है कि उच्चतर श्रेणी का कोई भी व्यक्ति उसे इस वर्ग में आने की सुविधा देने के लिये तैयार नहीं बल्कि इस खोखले वर्ग का व्यक्ति खुद उसी का शोषण करने को तैयार हो जाता है। यानी चेतन के आगे बढ़ने के रास्ते अवरुद्ध हैं—कंटकाकीर्ण हैं। चेतन उनसे टकराता और उलझता है। रक्त-स्नात होकर खीझता है। सौन्दर्य-चेतना, असुन्दर यथार्थ, बेमन का किन्तु बुभुक्षाकुलता के कारण विवश काम-जीवन, गरीबी, मजबूरी और परिवेश की वैयक्तिक कट्टर मान्यताओं का विरोध, स्वार्थ, शोषण आदि विकृत, विषम एवं असह्य बनकर चेतन के मन को असन्तुलित कर देते हैं। उसके आदर्श की, उसके तन की, उसके मन की आकांक्षाएँ प्यासी-की-प्यासी रह जाती हैं। यही प्यास, यही रस का अभाव, उसे दीन बनाकर नए-पुराने सभी जल-स्रोतों का लालची बना देता है। प्रगतिवादी या सुधारवादी होकर भी वह नीला के पुराने ढंग के ब्याह के रस-चुहल-मय रस्मों को देखकर अपने सुधारवादी ढंग के ब्याह के रूखेपन पर खीझता है। यदि उसका मन अन्य क्षेत्रों में तृप्त होता तो निश्चय ही इस रस्मी रसमयता पर वह इतना न रीझता। वह महत्त्वाकांक्षी होकर भी असहाय है; उसका मन रस-लोभी भँवरा है और उसका जीवन काँटों से घिरा, मन पस्त और साहस निष्प्राण है; उसका हृदय और उसकी कल्पना काव्यात्मक है और उसका जीवन गद्यात्मक। उसकी कराहती, छटपटाती और भटकती हुई प्यास खीझ-खीझकर भागती है और किसी भी नए घाट पर तृप्ति की आशा में रुकती है और समझौता कर लेती है और यही कहानी बार-बार दुहराई जाती है। एक बात सम्भव थी। जैसे विपरीत और प्रतिकूल परिस्थितियों में भी उसके अन्दर महत्त्वाकांक्षा जन्म ले सकी, जैसे वह नारी शिक्षा की ओर अग्रसर हुआ, जैसे वह नारी स्वातन्त्र्य की ओर एक कदम उठा सका वैसे ही वह कुछ सक्रिय विद्रोही भी हो सकता था और यदि भाग्य यानी लेखक कुछ अनुकूल होता तो वह कुछ हद तक छोटी-मोटी ही सही, सामाजिक क्रान्ति भी कर सकता था; मगर, तब वह चेतन न होकर कुछ और ही होता;

उसके चरित्र का रूप मनोवैज्ञानिक न रहकर कुछ और ही तरह का हो जाता, यथार्थवादी-वैज्ञानिक सर्जक 'अश्क' आदर्शवादी-अवैज्ञानिक ऋषि जैसे हो जाते; वे कुछ दयामय हो जाते, तीखापन न रह जाता। मेरा विश्वास है कि सही मानों में यदि 'गिरती दीवारें' पूरा हो पाता तो चेतन कुछ ऐसा होता ! यही यथार्थ है। आखिर 'अश्क' भी तो पहले-जैसे नहीं रह गए हैं, बिखराव सन्तुलन पा ही गया है, क्रोध प्रतिहिंसा-प्रतिक्रिया कितनी ही उग्र क्यों न हो उसका परिणाम अशिव नहीं होता। लेकिन अभी तो चेतन उस मध्यवर्ग का प्रतीक है जिसके विषय में कहा गया है कि वह दोमुँहा है; दोरंगी है; उसकी जड़ न भारत में है न विदेश में; वह गमले का पौधा है; वह न प्रगतिवादी है न रूढ़िवादी; न क्रान्तिकारी है न व्यवस्थावादी; उसकी रीढ़ की हड्डी कमजोर है; वह भोग से भी घबड़ाता है और त्याग से भी कतराता है; वह परिस्थितियों के हाथ का खिलौना है; उसकी बुद्धि और उसके चिन्तन में, उसके विचार और उसके कर्म में, उसके जीवन और उसके विश्वास में समन्वय और सन्तुलन नहीं होता; न उसके प्यार में दृढ़ता है और न उसकी घृणा में। उच्च मध्यवर्ग चूँकि पैसेवाला भी होता है इसलिए वहाँ तो इस प्रवृत्ति के कारण कुछ भी अनिष्ट नहीं होता बल्कि उसे यश ही मिलता है किन्तु निम्न मध्यवर्ग जब बुद्धिवादी, क्रान्तिकारी और महत्त्वाकांक्षी और बुद्धि-विचार के अनुरूप कर्मशील बनने का अभिलाषी हो जाता है तब पैसे के अभाव में उसका जीवन दुखमय और असफल हो उठता है। 'गिरती दीवारें' का चेतन ऐसा ही है। वह अपने आप कुछ भी नहीं है। उसके पीछे न कोई सिद्धान्त है, न दृढ़ आस्था और विश्वास। 'अश्क' ने उसके लिये कोई खास रास्ता, कोई विशेष विधारधारा या कोई आदर्श का बल या ऐसी कोई भी चीज पहले से निर्धारित नहीं की। उसका अपना कोई विशेष स्वभाव भी नहीं है (और इस दृष्टि से 'गिरती दीवारें' हिन्दी का एकमात्र उपन्यास है। उस जैसा कोई अन्य उपन्यास नहीं। कथा-क्षेत्र में यहीं इसी में पहली बार ऐसा हुआ है)। उपकरणों ने चेतन को जैसा बना दिया बिलकुल वैसा ही वह हो गया है। इस उपन्यास का सारा चित्रण और मूल्यांकन वैयक्तिक धरातल पर ही हुआ है। यह इस उपन्यास की एक और प्रमुख विशेषता है। निम्न मध्यवर्ग की समस्त प्रवृत्तियों को अपने चरित्र में समाजित किए हुए भी चेतन 'टाइप' नहीं बना। वह मूलतः एक विशिष्ट व्यक्ति है और उसी की दृष्टि से विवाह, नारी-शिक्षा, शोषण, नाटक और संगीत के अभिनय और सम्मेलन में प्रचलित गड़बड़ियों को देखा गया है। ये सब सामाजिक क्षेत्र की बुराइयाँ हैं किन्तु इन्हें चेतन की आवश्यकता और विवशता के सन्दर्भ में—चश्मे से देखा गया है। जीवन की गतिविधि को संचालित करनेवाला बोध चेतन के जीवन के यथार्थ, उसके मन की आकांक्षा-महत्त्वाकांक्षा और उसकी आवश्यकता और हित से प्रेरित हुआ।

निम्न मध्यवर्ग के इस उपन्यास में निम्न मध्यवर्ग के पात्रों, उनकी विषमताओं, उनके दोरंगीपन, और उनकी कमजोरियों आदि पर व्यंग्य न होता तो आश्चर्य होता। अपनी सरल स्वाभाविक भाषा के द्वारा सरल स्वाभाविक ढंग से कुछ कहते-कहते कभी जाने और कभी (शायद) अनजाने ही 'अश्क' जी ने अच्छे व्यंग्य किए हैं। ये व्यंग्य किसी

व्यक्ति ने किसी व्यक्ति से कम किए हैं क्योंकि उससे कटुता बढ़ती है। ऐसे अवसरों पर मर्दाने ढंग से क्रोध-प्रदर्शन या मारपीट से काम चला लिया गया है। व्यंग्य प्रायः वर्णन और चित्रण या घटना के सिलसिले में हुआ है। एक सीधा-सादा व्यंग्य क्लब के मिश्रित रूप पर इस प्रकार किया गया है कि हिन्दू पौराणिक कथा पर नाटक लिखे और मुसलमान 'प्रतिज्ञा' लिखे। एक जरा ज्यादा तीखा व्यंग्य हिन्दुओं की उस प्रवृत्ति पर है जिसके अनुसार वे अपनी स्त्रियों को स्टेज पर ले आते हैं जबकि मुसलमान नहीं लाते, ''क्लब के मुसलमान सदस्य दूसरों की स्त्रियों से मिलना-जुलना, हँसना-बोलना ही शायद काफी कुर्बानी खयाल करते थे...रहे हिन्दू सदस्य तो वे मुसलमानों को सभ्यता में पिछड़ा हुआ समझकर, मन-ही-मन उन पर दया करके सन्तोष कर लेते थे।'' शिमला में 'अनारकली' के अभिनय के सन्दर्भ में हमें कई तरह के व्यंग्य मिलते हैं; जैसे मेक-अप के बाद अन्य पात्रों के चुम्बन लिये जाने पर चेतन का खीझना और अपने प्रिय डायरेक्टर के द्वारा अपना चुम्बन लिये जाने पर अच्छा लगना; नारी-रूप में स्तन न लगा पाने की मजबूरी और लग जाने पर गुदगुदी का अनुभव सबसे बड़ा व्यंग्य उस स्थान पर ही मध्य युग की जाफरान के रूप में चेतन आज का चश्मा लगाए ही स्टेज पर आता है और फिर हास्यास्पद बन जाता है। जीवनलाल और धर्मचन्द का आकस्मिक रूप से मिल जाना भी एक व्यंग्य ही है। नीला के ब्याह पर पढ़ा जानेवाला 'सेहरा' कवि-कल्पना और यथार्थ की विषमता की पृष्ठभूमि में होंठों पर व्यंग्यभरी मुस्कान ला देता है। विरोधी भाव के शब्दों के प्रयोग द्वारा भी व्यंग्य उभारा गया है; जैसे—लड़की का इस प्रकार के ब्याह द्वारा गला घोंटने को 'सत्कार्य' कहना या भोगी-लालची व्यक्ति के लिए 'त्यागमूर्ति' विशेषण का प्रयोग। चेतन के भागने पर एक व्यंग्य इस प्रकार है, ''...चेतन...भागा लेकिन भागकर वह कहीं वन-कानन में नहीं गया। उसने किया बस इतना कि शिमला की एक ए.डी.सी. का सदस्य बन गया। कविराज की पत्नी का स्वभाव-वर्णन, उनके पुत्र राजकुमार, हुनर साहब, संगीत के उस्ताद, प्रो.जी. सिंह, पुजारी जी, आदि सभी व्यंग्य पात्र हैं। ऐसे व्यंग्य पाठकों के मन को उकसाकर क्षण भर के लिये एक असाधारण स्थिति में ला देते हैं। वे अगर गहरी चोट भी करते हैं तो व्यक्ति पर नहीं, समाज पर।

इस प्रकार अपनी कई विशेषताओं के कारण 'गिरती दीवारें' अत्यन्त सबल और सफल कला का उपन्यास हो गया है। उसकी शैली, उसकी कला, उसके पात्र, उसके चित्रण सभी अनुपम और महत्त्वपूर्ण हैं। चरित्र-चित्रण और परिवेश-चित्रण स्वाभाविक, मार्मिक, सजीव और प्रभावपूर्ण हैं। उसका प्रभाव प्रशंसाजनक और अविस्मरणीय रूप से पड़ता है। उसकी गिनती हिन्दी के ही सफलतम उपन्यासों में नहीं होगी, बल्कि वह विश्व के अच्छे उपन्यासों में माना जा सकता है। उसके कई स्थल तो गोर्की-जैसे अमर कलाकारों की याद दिला देते हैं।

'बलचनमा' : समीक्षा

डॉ. गोपाल राय

नागार्जुन प्रेमचन्द की परम्परा के उपन्यासकार हैं। अन्तर यह है कि जहाँ प्रेमचन्द ने उत्तर-प्रदेश के अवध-बनारस क्षेत्र के किसानों की कहानी के माध्यम से समस्त उत्तरी भारत के किसानों की भाग्यगाथा प्रस्तुत की, वहाँ नागार्जुन ने मिथिला अंचल को अपने उपन्यासों का विषय बनाया। पर बड़ा अन्तर यह है कि उपन्यास क्षेत्र में प्रेमचन्द के उत्तराधिकारी होकर भी नागार्जुन प्रेमचन्द की तरह मिथिला के किसानों के जीवन का अंकन उतने व्यापक फलक पर नहीं कर पाए। उनका 'विजन', उनका दृष्टि-परिसर प्रेमचन्द की तरह व्यापक और वैविध्यपूर्ण नहीं है।

नागार्जुन के सामने मिथिला का परम्परा के निगड़ में बुरी तरह जकड़ा हुआ, रुद्धप्रवाह समाज है; जहाँ विधवाओं को जीवित-मृत्यु की पीड़ा भुगतनी पड़ती है, जहाँ आठ-दस वर्ष की बालिकाओं का विवाह साठ-पैंसठ वर्ष के बूढ़े से होता है, जहाँ कुलीनता के नाम पर एक व्यक्ति से दर्जनों कन्याएँ ब्याह दी जाती हैं, और जिसके फलस्वरूप या तो विवाहित युवतियाँ घोर यातना का जीवन व्यतीत करती हैं अथवा व्यभिचार की शरण लेती हैं; जहाँ धर्म के नाम पर मठों की स्थापना चोरबाजारी, मुनाफाखोरी और व्यभिचार के लिये होती है, और जहाँ गरीब किसान और कृषक-मजदूर, जमींदारों के क्रूर शोषण और अमानुषिक दमन की चक्की में पिस रहे हैं। नागार्जुन ने अपने उपन्यासों में मिथिलांचल के जीवन के इन्हीं पहलुओं का अंकन किया है। 'रतिनाथ की चाची' में एक पुत्रवती विधवा का चरित्र अंकित है जो अपने देवर से प्रेम करने तथा गर्भवती हो जाने के कारण अभिशप्त जीवन व्यतीत करती है। 'नई पौध' में वृद्ध-विवाह तथा बेटी बेचने जैसी समस्याओं का चित्रण है। 'उग्रतारा' में विधवा-विवाह की समस्या का एक नए कोण से अंकन है। 'दुखमोचन' में भी यह समस्या चित्रित हुई है। 'जमानिया का बाबा' में मठों की दुराचारपूर्ण जिन्दगी का तथा धर्म और अन्धविश्वास के नाम पर अशिक्षित तथा मूर्ख जनता के शोषण का व्यंग्यपूर्ण चित्रण है।

जहाँ तक उपर्युक्त विषयों के चित्रण का प्रसंग है, नागार्जुन को इसमें कोई उल्लेखनीय सफलता नहीं मिली है। सामाजिक पिछड़ेपन और उसकी बुराइयों के चित्रण में वे प्रेमचन्द से आगे नहीं बढ़ सके हैं। प्रेमचन्द-जैसी मनोवैज्ञानिक दृष्टि, सूक्ष्म मनोभावों की पकड़ तथा मार्मिक प्रसंगों की उद्भावना की कला भी नागार्जुन में नहीं है।

इस प्रकार के चित्रणों के कारण नागार्जुन की प्रसिद्धि हुई भी नहीं। उन्होंने अपनी अलग पहचान बनाई किसानों और कृषक मजदूरों के जीवन के तीखे और यथार्थवादी चित्रण से, किसान-मजदूर आन्दोलन के प्रमुख प्रवक्ता के रूप में। यों तो 'रतिनाथ की चाची' से ही नागार्जुन जमींदारों के साथ किसानों के संघर्ष का चित्रण शुरू कर देते हैं पर यहाँ पर सम्भावना का संकेत मात्र मिलता है जो 'बलचनमा' और 'बाबा बटेसरनाथ' में अपने वास्तविक रूप में सामने आई।

वस्तुतः 'बलचनमा' नागार्जुन का वह उपन्यास है जिसने उपन्यासकार के रूप में उन्हें प्रतिष्ठापित किया और यह एक दुखद सत्य है कि वे फिर उस ऊँचाई तक न पहुँच सके। इसका कारण सम्भवतः यह है कि 'बलचनमा' की रचना के पीछे एक गहरी प्रेरणा, मिथिला के किसानों की अभाव और शोषणपूर्ण जिन्दगी का तीखा अनुभव है। यहाँ नागार्जुन का मिथिला के निम्नवर्गीय जीवन का समस्त अनुभव एक प्रभावशाली 'विजन' के रूप में परिणत हो गया है, जिसके कारण उपन्यास सहज-सशक्त बन गया है।

'बलचनमा' में मिथिला के ग्रामीण जीवन का उत्कट यथार्थ अपनी सम्पूर्ण प्रखरता में चित्रित हुआ है। यद्यपि यह एक पात्र विशेष की, उसकी आत्मकथा के रूप में प्रस्तुत कहानी है, पर वह पात्र, बलचनमा, सम्पूर्ण निम्नवर्ग का प्रतीक बन गया है। यह ग्रामीण निम्नवर्ग जो न जाने कब से जमींदारों के शोषण और दमन का शिकार है, जिसके सदस्यों से, जिनमें बच्चे और स्त्रियाँ भी शामिल हैं, जमींदार उसी प्रकार काम लेता है जैसे अपने अन्य पालतू पशुओं से, बल्कि पशुओं पर वह थोड़ी रियायत करता है, जो उन कृषक-मजदूरों को नहीं मिलती। बलचनमा एक ऐसे परिवार का सदस्य है जिसमें सब के सब मजदूर ही हैं। उसकी माँ और बहन और बचपन की अवस्था से ही वह खुद जमींदार की 'खवासी' करते हैं। इतना ही नहीं, जमींदार उसकी जवान बहन को अपनी काम-वासना का शिकार भी बनाना चाहता है। और यह नियति केवल बलचनमा की नहीं है, बल्कि उसके जैसे अन्य सभी किसान-मजदूरों की है। नागार्जुन को इस कटु यथार्थ के चित्रण में पूर्ण सफलता मिली है।

'बलचनमा' केवल इसलिए उल्लेखनीय उपन्यास नहीं है कि उसमें कृषक-मजदूरों के अत्याचार और शोषण की सही तस्वीर है, वरन् इसलिए भी कि उसमें नागार्जुन ने जमींदारों से किसानों के संघर्ष की शुरुआत की कहानी लिखी है। प्रेमचन्द किसानों की गरीबी, बेकारी और जहालत की कहानी लिख गए थे, पर उनकी मुक्ति की दास्तान वे नहीं कह पाए थे। प्रेमचन्द के उपन्यासों में जमींदारों के विरुद्ध किसानों का विद्रोह केवल सांकेतिक होकर रह गया है, वे उसे सही कलात्मक परिणति नहीं प्रदान कर सके हैं। 'गोदान' का होरी तो खैर विद्रोह करनेवाली पीढ़ी का आदमी ही नहीं है पर नई पीढ़ी का गोबर भी इस दृष्टि से उल्लेखनीय पात्र नहीं बन पाया है। लगता है, 'गोदान' का गोबर ही बलचनमा के रूप में सही रूप में उभरा है। अपनी आदर्शवादी मनःस्थिति के कारण प्रेमचन्द गोबर के चरित्र को यथार्थवादी परिणति नहीं दे पाते, पर बलचनमा का विकास बड़े ही स्वाभाविक रूप में होता है। यदि बलचनमा अचानक विद्रोही हो जाता

तो उसका यह विद्रोह आरोपित होता पर नागार्जुन ने यह कलात्मक भूल नहीं की है। वह अपने वर्ग के बालकों की तरह ही निरक्षर, साधारण, दीन और गमखोर है। संयोग की ही बात है कि उसे फूल बाबू के साथ पटना आने और रहने का अवसर मिलता है जिसके परिणामस्वरूप उसमें राजनीतिक चेतना विकसित होती है। फूल बाबू के जेल चले जाने के बाद वह पटना में ही उनके एक सहृदय मित्र के परिवार के साथ रहता है जहाँ उसके अनुभव, सोचने-समझने की शक्ति और राजनीतिक चेतना में और प्रखरता आती है। फूल बाबू के जेल से लौटने के बाद उसे उन्हीं के साथ दरभंगा के कांग्रेस आश्रम में रहने का अवसर मिलता है। वहाँ वह फूल बाबू तथा अन्य कांग्रेसी नेताओं के असली चेहरे देखता है। वह पाता है कि ये नेता उसी उच्च वर्ग से आते हैं जो अब तक निम्न वर्ग का शोषण करता आया है। ये लोग किसी-न-किसी रूप में शोषक वर्ग के ही अंश हैं। वह देखता है कि दैवी विपत्तियों से संकटग्रस्त किसानों की राहत के लिये जो सरकारी अनुदान मिलता उसे कांग्रेसी नेता अपने सम्बन्धियों के बीच बाँट देते हैं और गरीब किसान देखता रह जाता है।

इस प्रकार 'बलचनमा' की राजनीतिक चेतना क्रमशः धीरे-धीरे विकसित होती है, जो नागार्जुन की चित्रनिर्माण की दिशा में सबसे बड़ी उपलब्धि है। और इसी क्रम में वह किसान-आन्दोलन का पहले सिपाही और फिर अगुआ बन जाता है। यह वह समय था जब जमींदारों के खिलाफ किसानों का आन्दोलन जोर पकड़ने लगा था और जमींदार अपनी अस्तित्व-रक्षा के लिये किसानों से अन्तिम लड़ाई लड़ने लगे थे। स्वामी सहजानन्द सरस्वती द्वारा चलाया हुआ किसान-आन्दोलन जोरों पर था। जमींदार सामूहिक पैमाने पर किसानों को उनकी जोत से बेदखल करने की तिकड़म करने लगे। किसानों ने इसके खिलाफ मोर्चा लिया था। बलचनमा भी अपने को इस आन्दोलन में झोंक देता है। वह जमींदार के खिलाफ किसानों को संगठित करता है, और पुस्तक समाप्त होते समय हम उसे जमींदार के एक गुंडे की लाठी का शिकार होकर गिरते देखते हैं।

'बलचनमा' के एक अच्छा उपन्यास होने में शुरू से आखीर तक उसका यथार्थवादी आग्रह तो सहायक हुआ ही है, इसका शिल्प भी कम महत्त्वपूर्ण भूमिका अदा नहीं करता। समूचा उपन्यास बलचनमा के अवलोकन-बिन्दु से प्रस्तुत किया गया है। उपन्यासकार किस्सागो के रूप में अथवा सर्वज्ञ के रूप में स्वयं कहीं भी पाठकों के सामने नहीं आता। वह हमें एक पात्र के सामने लाकर चुपचाप अलग हो जाता है। बल्कि कहना यह चाहिए कि जब हम पुस्तक खोलते हैं तो एक व्यक्ति के सामने होते हैं जो हमसे मुलाकात होने के साथ ही गहरी आत्मीयता स्थापित कर लेता है और हम उसकी कहानी सुनने लगते हैं। उसकी कहानी में कुछ ऐसी सच्चाई, सहजता, भोलापन, ईमानदारी और निरीहता है कि पहली मुलाकात में ही उसमें गहरी रुचि पैदा हो जाती है।

चरित्रप्रधान उपन्यासों के लिए, विशेषकर वैसे उपन्यास के लिये जिसका उद्‌देश्य किसी पात्र का व्यक्ति-चित्र प्रस्तुत करना होता है, आत्मकथात्मक प्रविधि सर्वाधिक

लाभप्रद होती है। बाहर से किसी पात्र का चरित्र-विश्लेषण करने की अपेक्षा स्वयं उस पात्र को ही सामने लाकर उसी के द्वारा अपने अतीत का पुनरीक्षण कराना चरित्र के प्रस्तुतीकरण का सर्वाधिक विश्वसनीय माध्यम है। 'बलचनमा' में नागार्जुन ने इस प्रविधि का चुनाव करके अच्छी कलात्मक सूझबूझ का परिचय दिया है। 'बलचनमा' की भाषा में आंचलिक प्रयोगों का बाहुल्य है। यह आंचलिकता इस शिल्पविशेष के कारण ही सार्थक बन पाई है। यदि किस्सागो की भूमिका में स्वयं उपन्यासकार ने ये प्रयोग किए होते, जैसा कि अपने एकाध अन्य उपन्यास में नागार्जुन ने किया है, तो यह आंचलिकता का फैशन मात्र बनकर रह गया होता। पर बलचनमा के स्वगत-चिन्तन या पाठक से बातचीत के रूप में ये आंचलिक प्रयोग न केवल उसके चरित्र को स्वाभाविकता प्रदान करते हैं, वरन् उस समस्त वातावरण को भी सजीव रूप में प्रस्तुत कर देते हैं जिसमें बलचनमा जी रहा है। बलचनमा निर्धन किसान-मजदूर परिवार का निरक्षर व्यक्ति है, अतः उसके मुँह से परिनिष्ठित खड़ीबोली यदि हम सुनते भी तो उस पर विश्वास नहीं कर पाते। नागार्जुन ने इस प्रयोग में भी प्रेमचन्द से सीख ली है। प्रेमचन्द ने अपने उपन्यासों में, विशेषकर 'गोदान' में अपने पात्रों की भाषा में आंचलिकता का समावेश किया था, पर प्रेमचन्द सूरदास अथवा होरी की भाषा में आंचलिकता का रंग इतना ही भर चढ़ने देते हैं कि वे 'श' का उच्चारण 'स' के रूप में करते हैं तथा तत्सम शब्दों के तद्भव और अपभ्रष्ट रूपों का अधिक प्रयोग करते हैं। नागार्जुन इससे आगे बढ़कर बलचनमा से वैसे शब्दों और जुमलों का प्रयोग कराते हैं जो केवल मिथिलांचल के ठेठ ग्रामीणों के बीच प्रयुक्त होते हैं और जिन्हें दूसरे अंचल का निवासी, चाहे वह बिहार और उत्तर-प्रदेश का ही क्यों न हो, पाद-टिप्पणियों में दिए गए अर्थ की सहायता के बिना नहीं समझ सकता। इस प्रकार नागार्जुन ने उपन्यास की भाषा के प्रसंग में एक सार्थक प्रयोग किया। इसके फलस्वरूप बलचनमा की भाषा खड़ीबोली होने पर भी तनिक भी गढ़न्त या अस्वाभाविक नहीं मालूम पड़ती। उसका समूचा व्यक्तित्व उसकी भाषा में भी सिमट आया है। उसकी निरक्षरता, उसकी सरलता, उसका सहज-सपाट व्यक्तित्व, सब कुछ उसकी भाषा के माध्यम से अपने सही रूप में हमारे सामने आ जाता है।

'बलचनमा' में आत्मकथात्मक प्रविधि का प्रयोग करके भी नागार्जुन उसके खतरों से सावधान नहीं रहे हैं। इस प्रविधि का पहला खतरा यह होता है कि यदि स्वगत-चिन्तनरत या आत्मकथा सुनानेवाले पात्र को सम्यक् पृष्ठभूमि या भूमिका नहीं प्रदान की जाती तो उसका सारा आत्मकथ्य हास्यास्पद हो जाता है। इसका दूसरा खतरा यह होता है कि इस प्रविधि के द्वारा जहाँ आत्मचिन्तनरत पात्र का चरित्र अपने सर्वोत्तम रूप में सामने आता है, वहाँ दूसरे पात्रों का चरित्र, थोड़ी भी असावधानी से, न केवल धुँधला रह जाता है, वरन् प्रमुख पात्र का कथन भी अप्रामाणिक बन जाता है। 'बलचनमा' में नागार्जुन इन दोनों ही खतरों से बच नहीं पाए हैं। उपन्यास खुलते ही पाठक बलचनमा के सामने होता है। इस बात का पता ही नहीं चलता कि वह किस मनःस्थिति में स्वगत चिन्तनरत है

अथवा किस अवलोकन-बिन्दु से अपनी कहानी प्रस्तुत कर रहा है। पाठक इस स्थिति से किसी प्रकार समझौता कर भी लेता है तो उपन्यास के अन्त में उसे गहरा धक्का लगता है क्योंकि वह बलचनमा को बेहोशी की हालत में छोड़ता है। सुनने में आता है कि नागार्जुन इस उपन्यास का दूसरा भाग भी लिखनेवाले हैं। पर यह अधूरापन प्रविधि का दोष बनकर सामने नहीं आता, यदि नागार्जुन अपने शिल्प के प्रति थोड़ा सावधान होते।

दूसरा दोष अधिक मौलिक है। आत्मकथात्मक प्रविधि में अन्य पात्रों के अन्तरंग जीवन का चित्रण सम्भव नहीं हो पाता। अतः कुशल उपन्यासकार ऐसे मौके इस प्रविधि में आने ही नहीं देते। पर नागार्जुन इसमें चूक गए हैं। जमींदार-मालिक द्वारा बलचनमा की बहन रेवती के साथ बलात्कार का पूरा प्रसंग इस दोष की लपेट में आ गया है। जब बलचनमा इस प्रसंग का प्रत्यक्ष द्रष्टा ही नहीं है तो फिर वह उन सूक्ष्म ब्यौरों का उल्लेख कैसे कर सकता है जो रेवती तथा छोटे मालिक के बीच आते हैं। इन शिल्पगत त्रुटियों से 'बलचनमा' के समग्र प्रभाव में क्षति पहुँची है।

फिर भी 'बलचनमा' हिन्दी उपन्यास-साहित्य की एक ऐसी उल्लेखनीय कृति है जो नागार्जुन को केवल अपने बल पर हिन्दी साहित्य में अमर बनाने के लिये पर्याप्त है।

जब 'सूरज का सातवाँ घोड़ा' लिखा गया

धर्मवीर भारती

माणिक मुल्ला की सभी की सभी बातें उल्टी-पुलटी होती थीं न। अब उनकी कहानियों की पृष्ठभूमि बताते समय मैं आपको आज के सामाजिक यथार्थ, आज के निम्न मध्यवर्ग वगैरह की बात करने के पहले आपको आज से हजार-बारह सौ बरस पहले के भारतीय इतिहास के अपेक्षाकृत अल्पज्ञान-युग के अँधेरे में वापस ले जाऊँ तो आपको आश्चर्य नहीं होना चाहिए। सच बात तो यही है कि उस निम्न मध्यवर्ग की नितान्त 'आज' कही कहानी लिखते समय मैं हजार-बारह सौ साल पहले के रहस्याच्छादित अतीत से इस कदर आक्रान्त था कि मेरे होश उड़े हुए थे। मैं उन दिनों अपने सिद्ध-साहित्य के शोधकार्य में गले तक डूबा हुआ था। आप अन्दाजा लगाइए कि काम कितना जानलेवा रहा होगा। अनुमान से इधर-उधर के बेहद बिखरे सूत्र जोड़कर पता लग पाया था कि ये चौरासी सिद्ध सचमुच हुए थे, इन्होंने अपभ्रंश मिश्रित आदिकालीन हिन्दी में चर्यापद और दोहे लिखे थे। एक तो आदिकालीन हिन्दी ही समझना मुश्किल, फिर उसमें अपभ्रंश भरी हुई और तिस पर तुर्रा ये कि ये अद्भुत लोग सीधी-सादी काव्यभाषा भी नहीं प्रयुक्त करते थे, इनकी भाषा 'सन्ध्या-भाषा' थी यानी प्रतीकात्मक भाषा और अगर इनके उपमानों के प्रतीकार्थ आपको नहीं मालूम तो व्याकरणगत अर्थ समझकर भी इनकी कविता का असली अर्थ आपके रंच मात्र पल्ले नहीं पड़ सकता था।

लेकिन गुरुवर धीरेन्द्र वर्मा का आदेश था कि तुम्हीं इस विषय से जूझ सकते हो, सो जूझ पड़ा था। पहले तो चित्त उचटता रहा। कहाँ इलाहाबाद की कोहरीली भोर, और सिविल लाइंस की लम्बी छायादार सड़कें, लोकनाथ की लस्सी, बनारसी की केसरिया और हरे चने की बर्फी, और मुहल्ला-पड़ोस के दोस्तों की अड्डेबाजी और भाभियों और चाचियों के बीच घुसकर चर्चा और चबाव का नशा, और कहाँ "जिह वन सीह न संचरै" वाले चौरासी सिद्ध। लेकिन धीरे-धीरे उनकी विद्रोही जीवन-पद्धति और परम्पराभंजक लेखन में रस आने लगा था, लेकिन थकान तो छूट ही जाती थी, मोटे-मोटे पोथों के नीचे दबे हुए :

सो बीच-बीच में शोधकार्य के अन्तराल आते थे। अपनी टूटी, पुरानी साइकिल लेकर निकल पड़ता था और सबसे सुखद शरणस्थल था मेरे एक मित्र अमलेन्दु घोष का शानदार बँगला। बड़े-बड़े हरे लान, खिले हुए फूल और पीछे की ओर पेड़ों की घनी

छाँह। वहाँ हम लोग खुले में मेज-कुर्सी लगाकर टाँग फैलाकर बैठते थे। खानसामा चाय और आलूचाप बनाकर लाता था और फिर दुनिया भर के वे किस्से शुरू हो जाते थे जो कैशोर्य और जवानी के बीच लगभग हर दोस्त-मंडली में कहे सुने जाते हैं। वहीं एक दिन एक और सज्जन आ जुड़े (शायद काश्मीरी थे)। नाम कुछ दिलचस्प था महावीर मुल्ला। 'गुनाहों का देवता' लिखा जा चुका था पर तब तक उतना लोकप्रिय नहीं हुआ था। उसकी शैली में जो एक रोमांटिक सपनीला भाव था वह यहाँ इस गोष्ठी में सर्वथा गायब था। यहाँ जो बातें होती थीं वे सोलहों आने यथार्थ और बड़ा-से-बड़ा रोमांस और गहरी-से-गहरी ट्रेजडी बिलकुल निरपेक्ष भाव से बखानी जाती थी। मैंने बात कहने का एक नया ढंग यहाँ सीखा, लेकिन यहाँ सुनी हुई कहानियाँ ज्यादा काम नहीं आईं।

कहानियाँ मिलीं मुझे अपने गली-मुहल्ले, अड़ोस-पड़ोस से। मेरा मुहल्ला अतरसुइया था। पर वह वस्तुतः एक और बड़े मोहल्ले का उपमोहल्ला था। बड़ा मोहल्ला था अहियापुर। मीरगंज, सराय मीरखाँ, लोकनाथ, खुशाल पर्वत, कल्याणी देवी, रानी मंडी, अतरसुइया सभी उसके सांस्कृतिक उपनिवेश थे (तब, अब क्या हाल है मैं नहीं जानता)। चन्द रईसों और पुराने सामन्तों की कोठियाँ और बगीचे और बाकी सभी निम्न मध्यवर्ग के लोगों की बस्ती। छोटे दुकानदार, दफ्तरों के बाबू, अदालत के मुंशी, पेशकार, बैंक के क्लर्क वगैरह। एक खास किस्म की मस्तीभरी जीवन-पद्धति लेकिन अन्दर से बेहद टूटे हुए, लगातार टूटते हुए। खास शौक था अड्डेबाजी। अलग-अलग लोगों के अलग-अलग अड्डे। किसी का चबूतरा, कोई पान की दुकान का तख्ता, कोई पार्क की रेलिंग, किसी गली का नुक्कड़ और कहीं दातौन करते हुए दोस्तों का अड्डा जमा है, किसी दुकान पर ताजी जलेबी बन रही है और अड्डा जमा है। और हर अड्डे पर मुहल्ले की कहानियाँ कही-सुनी जाती थीं। ऐसे अन्दाज में कि गहरी-से-गहरी ट्रेजडी में भी हँसने की बेलौस अदा। अमूमन कहानियाँ बीच में अधूरी छूटती थीं और फिर जब अड्डा जुड़ता था तो कहानियों के बिखरे हुए सूत्र और कहानियाँ आगे बढ़ती थीं। लेकिन जनाब आपने लाल बुझक्कड़ की कहानी सुनी है न ? गहरे-से-गहरे सवाल, सूक्ष्म-से-सूक्ष्म समस्या का कोई-न-कोई हल वे उसी समय जरूर पेश कर देते थे। लाल बुझक्कड़ का मूल जन्म-स्थान जरूर हमारा मुहल्ला रहा होगा, क्योंकि इन अड्डों पर कहानियों के साथ राष्ट्रीय-अन्तर्राष्ट्रीय राजनीति, आचार-व्यवहार, पाप-पुण्य, नरक-स्वर्ग, आत्मा-परमात्मा के बड़े गहन प्रश्न उठ खड़े होते थे और जलेबी खाते हुए या पान की पीक थूकते हुए कोई-न-कोई लाल बुझक्कड़ गुरु उसका ऐसा सटीक समाधान पेश कर देता था कि बाँछे खिल जाती थीं।

उस मुहल्ले में, उस उम्र में हम पाँच दोस्त बहुत मशहूर या बदनाम हो गए थे। कातिक, गोपेश, त्रिलोकी पुरवार, त्रिलोकी चोपड़ा और मैं। 'सूरज का सातवाँ घोड़ा' मैंने इन्हीं चारों दोस्तों को समर्पित किया है। हम लोगों (पाँच पांडवों) की खास पहचान थी कि गली में साथ निकलते थे और या तो किसी सवाल पर जोर-जोर से बहस करते हुए लड़ते रहते थे (क्योंकि किसी की मान्यताएँ किसी से मेल नहीं खाती थीं) या फिर किसी

बात पर पाँचों जोर-जोर से ठहाके लगाते थे। उपनिषद् हो या व्यायाम करने की उपयोगिता, ब्रह्मचर्य हो या नेहरू जी की विदेश-नीति, मार्क्सवाद हो या गली के किसी लड़के का प्रेम-प्रसंग, हर विषय पर बेहद गर्मागर्म बहस होती थी। हम सब अपने-अपने सिद्धान्त पर अटल रहते थे। कातिक भैये हम सबमें उम्र में बड़े थे और कसरत वगैरह करते थे, अतः बहुत सिर फुटौवल के बाद वे एक कोई समाधान निकालकर बता देते थे। बाकी चारों उनसे तथा आपस में एक-दूसरे से सर्वथा असहमत होते थे लेकिन वे अपनी कसरती भुजाएँ उठाकर जब जोर से उस समाधान की घोषणा करते थे तब हम लोगों को चुपचाप मान लेने के सिवा कोई चारा नहीं रहता था।

उपन्यास की कथा-शैली और माणिक मुल्ला की घोर विद्वत्तापूर्ण समाधान शैली, कथाओं का अन्तर्ग्रथन और उनका अधूरा छूट जाना, फिर शुरू होना, वह सब अपने मुहल्ले की इन्हीं अड्डेबाजियों से निकला और जिस जीवन का चित्रण हुआ वह तो गली-मुहल्ले का है ही।

अब आप पूछेंगे कि "यह सब तो ठीक लेकिन यह मार्क्सवाद या प्रगतिवाद जिसका इतना जिक्र माणिक मुल्ला करते हैं, वह इस उपन्यास में कैसे आ फँसा ? आप गली मुहल्ले की कहानी कहते, वह ठीक था लेकिन खाहमखाह के लिये यह मार्क्सवाद की बहस आपने क्यों आरोपित कर दी ?" मेरा विनम्र उत्तर यही होगा कि "श्रीमान, इसके अर्थ यह हैं कि आप मार्क्सवाद से या प्रगतिवाद से हमारे मुहल्ले का घनिष्ठ सम्बन्ध नहीं जानते। क्या आपको मालूम है कि हमारे मुहल्ले के अनेक संस्कारवान परम्परापूजक परिवारों के अनेक युवक मार्क्सवाद के प्रति अत्यन्त उत्साही थे ? हिन्दू-सभा के आजीवन प्रधान श्री मूलचन्द मालवीय के सुपुत्र हर्षदेव मालवीय (अब संसद सदस्य) उत्साही मार्क्सवादी थे, कार्ल मार्क्स के मोटे-मोटे पोथों का अनुवाद करनेवाले मन्मथनाथ गुप्त जेल से छूटकर हमारे मुहल्ले में ही बसे थे, यहाँ तक कि हिन्दी के आदि-मार्क्सवादी समीक्षक शिवदान सिंह चौहान हमारे ही मुहल्ले में मेरे मित्र त्रिलोकी चोपड़ा के परिवार के साथ रहकर कॉलेज में पढ़ते थे और कम्युनिस्ट पार्टी के तत्कालीन महामन्त्री पी.सी. जोशी इन्हीं गलियों में अड्डेबाजी कर चुके थे।

हमारे मुहल्ले में राष्ट्रीय आन्दोलन की परम्परा बहुत दृढ़ थी। 1857 में हमारे ही मुहल्ले के बहादुर बागियों को नीम के पेड़ों पर फाँसी दी गई थी। चन्द्रशेखर आजाद इन्हीं गलियों में छिपा करते थे। मदनमोहन मालवीय से पुरुषोत्तमदास टंडन और लालबहादुर शास्त्री तक इन्हीं गलियों की देन थे। और सन् '42 में हमारा ही मुहल्ला सबसे ज्यादा विक्षुब्ध रहा।

वास्तव में हमारी पीढ़ी का भारतीय मार्क्सवाद से मोहभंग सन् '42 से शुरू हो गया था। बल्कि यह कहना अधिक उचित होगा कि मार्क्सवाद नहीं बल्कि भारतीय कम्युनिस्ट पार्टी और उसकी राजनीति हमें भारतीय जनता की आशाओं, आकांक्षाओं और संघर्षों से दूर, स्टालिन और मोलोतोव की विदेशनीतियों की मानसिक गुलाम लगने लगी थी। '42 में जब सारा देश अंग्रेजों के खिलाफ उठ खड़ा हुआ था उस समय ये लोग अंग्रेजों

को रूसियों का साथी मानकर अंग्रेज सरकार को जनान्दोलन दबाने में मदद दे रहे थे। वे जनता की बात करते थे पर किस काल्पनिक जनता की, यह हमारी समझ में नहीं आता था। हमारी गली-मुहल्ले की जो जनता थी उसका दर्द हम जानते थे। और शायद इसीलिए हम मार्क्स की मूल स्थापना कि 'गरीब-अमीर की नाबराबरी मिटनी चाहिए' से सहमत थे पर ये भारतीय कम्युनिस्ट जो बेसिर-पैर की जनवादी राजनीति और जनवादी साहित्य नीति बघार रहे थे वह हमारे लिये अड्डेबाजी में मजाक का ही विषय बन गई थी। उन्होंने उसी समय एक ओर सत्ता और प्रतिष्ठान का संरक्षण स्वीकार करना और दूसरी ओर जन-संघर्ष की बातें करने की जो दोमुँही नीति अपनाई थी उसका दुष्प्रभाव अभी तक स्पष्ट लक्षित होता है।

गहरी निराशा का समय था वह जब उपन्यास लिखा गया था। आजादी आ गई थी पर आजादी आने के साथ वे सपने चरितार्थ होते नहीं दीख रहे थे जिनके आधार पर गली-मुहल्ले ने आजादी की लड़ाई लड़ी थी। मुहल्ले में रामायण, भागवत गीता से लेकर गाँधी, बिनोवा और कार्ल मार्क्स तक की वाणी गुंजरित थी लेकिन अन्दर ही अन्दर एक गहरी खामोशी में बेबस-सा हर परिवार टूटता चला जा रहा था। हर जिन्दगी नाकाम होती नजर आ रही थी।

इसीलिए माणिक मुल्ला को लगा कि सूरज के रथ के छह घोड़े लँगड़े हैं, एक ही समर्थ है। लेकिन वह अँधेरी रात की लम्बी यात्रा पार कर सुबह के उजाले तक कब पहुँच पाएगा, यह मुझे अब भी नहीं मालूम। यह भी नहीं मालूम कि मुहल्ले के अड्डों पर वह उन्मुक्त ठहाके अब लगते हैं या नहीं ?

'सूरज का सातवाँ घोड़ा' : समीक्षा

देवेन्द्र इस्सर

'माणिक कथा-चक्र के अन्तर्गत, निष्कर्षवादी कथाओं के रूप में कहा गया लघु उपन्यास 'सूरज का सातवाँ घोड़ा' जिसे, इस रूप में प्रस्तुत किया धर्मवीर भारती ने।'

धर्मवीर भारती ने माणिक मुल्ला द्वारा या माणिक मुल्ला ने धर्मवीर भारती द्वारा इस कथा-चक्र में प्रेम-सम्बन्धी विभिन्न परिस्थितियों की निष्कर्षवादी व्याख्याएँ की हैं। उपन्यास में सात दोपहरें हैं और चार अनध्याय। प्रत्येक दोपहर को माणिक मुल्ला एक कहानी सुनाते हैं और चार अनध्यायों में श्रोतागत इन कथाओं पर चिन्तन-मनन करते हैं। वास्तव में कहानियाँ तो केवल तीन ही हैं—जमुना, लिली और सन्ती से माणिक

मुल्ला का प्रेम। छठी दोपहर को तो पाँचवीं दोपहर की कहानी ही आगे चलती है और सातवीं दोपहर को माणिक मुल्ला उपसंहार के रूप में इन कहानियों के निष्कर्ष प्रस्तुत करते हैं।

पहली दोपहर को माणिक मुल्ला जमुना से अपने प्रेम का किस्सा सुनाते हैं। जमुना तन्ना से प्रेम करती है लेकिन तन्ना के नीचे गोत्र का होने के कारण उसका विवाह तन्ना से नहीं हो सकता। वह माणिक मुल्ला की ओर आकर्षित होती है। दूसरी दोपहर को माणिक बताते हैं कि किस प्रकार जमुना की शादी एक वृद्ध जमींदार से हो जाती है और वह सुख-सम्पत्ति की मालिक बन जाती है। उसे दुख है तो केवल निस्सन्तान होने का। उसकी यह कामना भी पूरी हो जाती है रामधन ताँगेवाले के साथ हर सुबह सैर करके। माणिक मुल्ला के शब्दों में—'नारी पहले माँ होती है तब और कुछ। इसका जन्म ही इसलिए होता है कि वह माँ बने।'

जमुना मध्यवर्ग की लड़की है। उसका परिवार आर्थिक तौर पर दुर्बल है जिसके कारण प्रेम, विवाह और परिवार सब की नींव हिलने लगती है। तन्ना भी मध्यवर्ग का ही है—आर्थिक कठिनाइयों और झूठी मान्यताओं का शिकार, जिसके कारण उसके व्यक्तित्व का विकास नहीं हो पाता। वह घुटन भरे वातावरण में बिना विरोध किए जीने पर विवश है और अन्त में अपनी टाँगें भी खो बैठता है। लेखक ने तन्ना के चरित्र को बड़े कौशल और सशक्त ढंग से उभारा है। उसके प्रति हमारी करुणा जागती है, भावुकता नहीं। तन्ना की कथा तीसरी दोपहर को सुनाई जाती है। चौथी दोपहर को

लिली की कहानी सुनाई जाती है। माणिक मुल्ला से प्रेम में निराशा के बाद लिली की शादी तन्ना से हो जाती है।

उपन्यास का सबसे अधिक सजीव और सशक्त अंश है पाँचवीं दोपहर की कहानी की नायिका सन्ती। सन्ती न जमुना है और न ही लिली बल्कि उसका अपना ही अलग व्यक्तित्व है। "इस मेहनत करनेवाली स्वाधीन लड़की के व्यक्तित्व में कुछ ऐसा था जो न पढ़ी-लिखी भावुक लिली में था और न अनपढ़ी दमित मनवाली जमुना में था। इस में सहज, स्वस्थ ममता थी जो हमदर्दी चाहती थी, हमदर्दी देती थी। जिसकी मित्रता का अर्थ था एक-दूसरे के दुख-सुख, श्रम और उल्लास में हाथ बँटाना। उसमें कहीं से कोई गाँठ, कोई उलझन, कोई भय, कोई दमन, कोई कमजोरी नहीं थी, कोई बन्धन नहीं था। उसका मन खुली धूप की तरह स्वच्छ था। अगर उसे लिली की तरह थोड़ी शिक्षा भी मिली होती तो सोने में सुहागा होता। मगर फिर भी उसमें जो कुछ था वह माणिक मुल्ला को आकाश के सपनों में विहार करने की प्रेरणा नहीं देता था, न उन्हें विकृतियों की अँधेरी खाइयों में गिराता था। वह उन्हें धरती पर सहज मानवीय भावना से जीने की प्रेरणा देती थी। वह कुछ ऐसी भावनाएँ जगाती थी जो ऐसी ही कोई मित्र संगिनी जगा सकती थी जो स्वाधीन हो, जो साहसी हो, जो मध्यवर्ग की मर्यादाओं की शीशों के पीछे सजी हुई गुड़िया की तरह बेजान और खोखली न हो। जो सृजन और श्रम में सामाजिक जीवन में उचित भाग लेती हो, अपना उचित देय देती हो।"

जमुना, लिली, सन्ती, तन्ना, महेश्वरदयाल (तन्ना के पिता), चमन ठाकुर (सन्ती का प्रेमी) और माणिक मुल्ला को यदि एक इकाई में पिरो दिया जाए तो यह आधुनिक समाज की विसंगतियों में पलते हुए मध्यवर्ग के समग्र संसार का चित्र प्रस्तुत करते हैं।

उपन्यास की शैली कथाचक्र की शैली है जिसमें अनेक कहानियों में एक ही कहानी है। इस कहानी को लेखक ने संवाद, वार्ता और स्वप्न द्वारा सीधे, सहज और सशक्त ढंग से बड़ी आत्मीयता के साथ विकसित किया है। हर कथा में पाठक अपने आपको शामिल समझता है।

शैली को लेकर इस उपन्यास की बड़ी चर्चा हुई है। कुछ आलोचकों ने न केवल इसमें कुछ नयापन नहीं पाया बल्कि वे इसे कथा के अनुकूल भी नहीं मानते। इसकी शैली पर अधिक बल देने के कारण ये आलोचक इसके मूल कथ्य को भूल गए। स्वयं लेखक टेकनीक को अधिक महत्त्व नहीं देता। जब माणिक मुल्ला से कहा जाता है कि ये कहानियाँ जो तुम कहते हो बिलकुल सीधे-सादे विवरण की भाँति होती हैं, उनमें कुछ कथा शिल्प, कुछ काँट-छाँट, कुछ टेकनीक भी होनी चाहिए तो माणिक उत्तर देते हैं—

'टेकनीक ! हाँ, टैकनीक पर ज्यादा जोर वही देता है जो कहीं-न-कहीं अपरिपक्व होता है, जो अभ्यास कर रहा है, जिसे उचित माध्यम नहीं मिल पाया, लेकिन फिर भी टेकनीक पर ध्यान देना बहुत स्वस्थ प्रवृत्ति है, बशर्ते वह अनुपात से अधिक न हो जाए।'

भारती की प्रयोग-रचना-प्रक्रिया और कृतिचेतना इस उपन्यास की विशेषता है। अज्ञेय ने उपन्यास की भूमिका में लिखा है—

''सबसे पहली बात है उसकी गठन। बहुत सीधी, बहुत सादी, पुराने ढंग की—बहुत पुराना, जैसा आप बचपन से जानते हैं—अलफलैला वाला ढंग, पंचतन्त्र वाला ढंग, बोकेच्छियो वाला ढंग, जिसमें रोज किस्सागोई की मजलिस जुटती है, फिर कहानी में से कहानी निकलती है। यह सीधापन और पुरानापन इसीलिए है कि आपको भारती की बात के प्रति एक खुलापन पैदा हो जाए; बात वह फुरसत का वक्त काटने या दिल बहलानेवाली नहीं है, हृदय को कचोटने, बुद्धि को झँझोड़कर रख देनेवाली है। मौलिकता अभूतपूर्व, पूर्ण शृंखला-विहीन नयेपन में नहीं, पुराने में नई जान डालने में भी है (और कभी पुरानी जान को नई काया देने में भी); और भारती ने इस ऊपर से पुराने जान पड़नेवाले ढंग का भी बिलकुल नया और हिन्दी में अनूठा उपयोग किया है। और वह केवल प्रयोग-कौतुक के लिये नहीं, बल्कि इसलिए कि वह जो कहना चाहते हैं उसके लिये उपयुक्त ढंग है।''

उपन्यास में अनध्यायों में जो सपने दिए गए हैं उनका विशेष महत्त्व है। ये सपने इन तमाम कथाओं के अन्तर में छिपी हुई जीवन की विसंगतियों को प्रस्तुत करते हैं, जीवन को एक समग्र रूप में देखने का प्रयत्न करते हैं। मानव-सम्बन्धों के अन्तरविरोधों को प्रदर्शित करते हैं और सबसे बड़ी बात यह कि यह कहानियों के प्रेम-प्रसंगों को समस्त मानव-सम्बन्धों की गहराइयों में जाकर उन्हें अर्थ प्रदान करते हैं।

लेखक के विचार में मध्यवर्ग के दो रुचिकर विषय हैं—राजनीति और प्रेम। माणिक मुल्ला की जितनी रुचि राजनीति में थी उतनी ही प्रेम में। प्रेम की परिपूर्ति में कई प्रकार की सामाजिक और आर्थिक कठिनाइयाँ हैं। लेखक ने उपन्यास में इस विषय को बार-बार उठाया है। शायद इसीलिए लेखक ने इन कहानियों को निष्कर्षवादी कहा है। माणिक मुल्ला कहते हैं—''जब मैं प्रेम पर आर्थिक प्रभाव की बात करता हूँ तो मेरा मतलब यह रहता है कि वास्तव में आर्थिक ढाँचा हमारे मन पर इतना अजब-सा प्रभाव डालता है कि मन की सारी भावनाएँ उससे स्वाधीन नहीं हो पातीं और हम-जैसे लोग जो न उच्चवर्ग के हैं, न निम्नवर्ग के, उनके यहाँ रूढ़ियाँ, परम्पराएँ, मर्यादाएँ भी ऐसी पुरानी और विषाक्त हैं कि कुल मिलाकर हम सब पर ऐसा प्रभाव पड़ता है कि हम यन्त्र-मात्र रह जाते हैं। हमारे अन्दर उदार और ऊँचे सपने खत्म हो जाते हैं और एक अजब-सी जड़ मूर्च्छना हम पर छा जाती है।''

लेकिन जैसे-जैसे उपन्यास आगे बढ़ता है, माणिक मुल्ला का अनुभव उसे यह महसूस कराता है कि आर्थिक कठिनाइयों से मनुष्य उबरता है। प्रेम एक ऐसी प्रक्रिया है कि जब यह प्रबल और निर्मल होती है तो यह सब बन्धन तोड़ देती है। माणिक मुल्ला के शब्दों में—

''अब यही प्रेम की बात लो। यह सच है कि प्रेम आर्थिक स्थितियों से अनुशासित होता है, लेकिन मैंने जो जोश में कह दिया था कि प्रेम आर्थिक निर्भरता का ही दूसरा

नाम है, यह केवल आंशिक सत्य है। इसे कोई अस्वीकार नहीं कर सकता कि प्यार आत्मा की गहराइयों में सोए हुए सौन्दर्य के संगीत को जगा देता है, हम में अजब-सी पवित्रता, नैतिक निष्ठा और प्रकाश भर देता है आदि-आदि। लेकिन... हम सब परम्पराओं, सामाजिक परिस्थितियों झूठे बन्धनों में इस तरह कसे हुए हैं कि उसे सामाजिक स्तर पर ग्रहण नहीं कर पाते, उसके लिये संघर्ष नहीं कर पाते और बाद में अपनी कायरता और विवशताओं पर सुनहरा पानी फेरकर उसे चमकाने की कोशिश करते रहते हैं। और जो भी भावना हमारे सामाजिक जीवन की खाद नहीं बन पाती, जिन्दगी उसे झाड़-झंखाड़ की तरह उखाड़ फेंकती है।''

प्रश्न उठता है कि माणिक मुल्ला का जीवन-दर्शन क्या है—क्या वह संवदेनशील है या जीवन के प्रति उदासीन एवं तटस्थ है ? क्या वह प्रेम की असफलताओं से पराजित हो जाता है और पलायन करता है या मनुष्य में उसका अडिग विश्वास है और वह परिस्थितियों से विद्रोह करता है ? क्या जीवन और मानव-मूल्यों में उसकी कोई आस्था है या वह निराश होकर टूट चुका है ? इन प्रश्नों का उत्तर स्वयं माणिक मुल्ला ने अपनी वार्ता में समय-समय पर दिया है। ''हमारी जिन्दगी में जरा-सा पर्त उखाड़कर देखो तो हर तरफ इतनी गन्दगी और कीचड़ छिपा हुआ है कि सचमुच उस पर रोना आता है लेकिन प्यारे बन्धुओ, मैं तो इतना रो चुका हूँ कि अब आँख में आँसू आता ही नहीं, अतः लाचार होकर हँसना पड़ता है। एक बात और है—जो लोग भावुक होते हैं और सिर्फ रोते हैं, वे रो-धोकर रह जाते हैं, पर जो लोग हँसना सीख लेते हैं वे कभी-कभी हँसते-हँसते उस जिन्दगी को बदल भी डालते हैं।''

माणिक मुल्ला की अन्तिम पंक्ति बड़ी ही अर्थपूर्ण है कि जो लोग हँसना सीख लेते हैं वे कभी-कभी हँसते-हँसते उस जिन्दगी को बदल भी डालते हैं।

लेकिन इसे बदलेगा कौन ? जब सम्पूर्ण व्यवस्था ही मानवघाती हो तो एक मनुष्य क्या कर सकता है—क्या उसका विद्रोह सार्थक हो सकता है—माणिक मुल्ला ने इसका उत्तर यूँ दिया है—

''यह सच है, पर जब पूरी व्यवस्था में बेईमानी है तो एक व्यक्ति की ईमानदारी इसी में है कि वह एक व्यवस्था द्वारा लादी गई सारी नैतिक विकृति को भी अस्वीकार करे और उसके द्वारा आरोपित सारी झूठी मर्यादाओं को भी, क्योंकि दोनों एक ही सिक्के के दो पहलू होते हैं। लेकिन हम यह विद्रोह नहीं कर पाते, अतः नतीजा यह होता है कि जमुना की तरह हर परिस्थिति में समझौता करते जाते हैं।'' और इस नैतिक विकृति से जो अपने को अलग रखकर भी इस तमाम व्यवस्था के विरुद्ध नहीं लड़ते उनकी मर्यादाशीलता सिर्फ परिष्कृत कायरता होती है।

माणिक मुल्ला का जीवन दर्शन है—''देखो, अगर जिन्दगी में फूल न होते, बादल न होते, पवित्रता न होती, प्रकाश न होता, सिर्फ अँधेरा होता, कीचड़ होता, गन्दगी होती तो कितना अच्छा होता। हम सब उसमें कीड़े की तरह बिलबिलाते और मर जाते, कभी अन्तःकरण में किसी तरह की छटपटाहट न होती। लेकिन बड़ा अभागा होता है वह दिन

जिस दिन हमारी आत्मा पवित्रता की एक झलक पा लेती है, रोशनी का एक कण पा लेती है क्योंकि उसके बाद सदियों तक अँधेरे में कैद रहने पर भी रोशनी की प्यास उसमें भर नहीं पाती, उसे तड़पाती रहती है। वह अँधेरे से समझौता कर ले पर उसे चैन कभी नहीं मिलता।''

अज्ञेय ने भूमिका में इस ओर विशेष संकेत किया है जब वे लिखते हैं कि :

''वह चित्र सुन्दर प्रीतिकर या सुखद नहीं है; क्योंकि उस समाज का जीवन वैसा नहीं है और भारती ने चित्र को यथाशक्य सच्चा उतारना चाहा है। पर वह असुन्दर या अप्रीतिकर भी नहीं, क्योंकि वह मृत नहीं है, न मृत्युपूजक ही है। उसमें दो चीजें हैं जो उसे इस खतरे से उबारती हैं--और इनमें से एक भी काफी होती है : एक तो उसका हास्य, भले ही वह वक्र और कभी कुटिल या विद्रूप भी हो, दूसरे अदम्य और निष्ठामयी आशा। वास्तव में जीवन के प्रति यह अडिग आस्था ही सूरज का सातवाँ घोड़ा है, 'जो हमारी पलकों में भविष्य के सपने और वर्तमान के नवीन आकलन भेजता है ताकि हम वह रास्ता बना सकें जिस पर होकर भविष्य का घोड़ा आएगा।' इस वस्तु का इतना सुन्दर निर्वाह, उसके गम्भीरतर तात्पर्यों का इस साहसपूर्ण और ईमानदार ढंग से स्वीकार और उस स्वीकृति में भी उससे न हारकर उठने का निश्चय—ये सब 'सूरज का सातवाँ घोड़ा' को एक महत्त्वपूर्ण कृति बनाते हैं।

''पर कोई-न-कोई चीज़ ऐसी है जिसने हमेशा अँधेरे को चीरकर आगे बढ़ने, समाज-व्यवस्था को बदलने और मानवता के सहज मूल्यों को पुनः स्थापित करने की ताकत और प्रेरणा दी है। चाहे उसे आत्मा कह लो, चाहे कुछ और। और विश्वास, साहस, सत्य के प्रति निष्ठा, उस प्रकाशवाही आत्मा को उसी तरह आगे ले चलते हैं जैसे सात घोड़े सूर्य को आगे बढ़ा ले चलते हैं।''

लेकिन प्रश्न यह है कि स्वयं माणिक मुल्ला पर क्या बीती ? इस तमाम जीवन-दर्शन और भविष्य के प्रति आस्थावान होने और व्यवस्था से विद्रोह करने के बावजूद माणिक का क्या हुआ—

''अक्सर उनके मित्रों ने उन्हें समझाया कि आदमी में जीवन के प्रति अदम्य आस्था होनी चाहिए। मृत्यु से इस तरह का मोह तो केवल कायरता और विक्षिप्तता के लक्षण हैं, उनकी राह मुड़नी चाहिए पर फिर वे सोचते कि अपने कर्तव्य-पथ से विचलित हो रहे हैं। और उनका कर्तव्य तो मृत्यु-पथ पर अदम्य साहस से अग्रसर होते रहना है। ऐसा विचार आते ही वे फिर कछुए की तरह अपने को समेटकर अन्तर्मुख हो जाते। धीरे-धीरे उनकी स्थिति उस स्थितप्रज्ञ की भाँति हो गई जिसे दुख-सुख, मित्र-शत्रु, प्रकाश-तिमिर, झूठ और सच में कोई भेद नहीं मालूम पड़ता, जो समय और दिशा के बन्धन से छुटकारा पाकर पृथ्वी पर बद्ध जीवों के बीच में जीवनमुक्त आत्माओं की भाँति विचरण करते हैं। सामाजिक जीवन उन्हें बार-बार अपने शिकंजे में कसने का प्रयास करता था पर वे प्रेम के अलावा सभी चीजों को निस्सार समझते थे चाहे वह आर्थिक प्रश्न हो या राजनीतिक आन्दोलन, मोतिहारी का अकाल हो या कोरिया की

लड़ाई, शान्ति की अपील हो या सांस्कृतिक स्वाधीनता का घोषणापत्र। केवल सत्य है प्रेम, जो रस है, रस जो ब्रह्म है।''

उपन्यास से ये उदाहरण इस विस्तार से देने की आवश्यकता इसलिए पड़ी कि भारती की लेखकीय दृष्टि, जीवन-दर्शन और मानव-सम्बन्धों के प्रति उनके दृष्टिकोण को आँका जा सके। माणिक मुल्ला की स्थिति आधुनिक मनुष्य की नियति बन चुकी है। अन्तर केवल यही है कि आधुनिक मनुष्य का विश्वास अब प्रेम में नहीं रहा। अस्तित्व के इस संकट तक पहुँचते-पहुँचते माणिक मुल्ला की कहानी समाप्त हो जाती है।

'बीज' : अन्तर्बीज

अमृत राय

मैंने आत्म-कथाएँ तो बहुत-सी पढ़ी हैं लेकिन ऐसा कोई उपन्यास नहीं पढ़ा जो पूर्णतः आत्म-चरितात्मक हो। मगर साथ ही मैंने ऐसा कोई सार्थक या गम्भीर उपन्यास भी नहीं पढ़ा जिसमें कहीं-न-कहीं स्वयं लेखक भी न हो, उसके अपने जीवन-अनुभव न हों, अर्थात् जिसमें उसके आत्म-चरित का कुछ-न-कुछ अंश न् हो। यही स्वाभाविक भी है। जहाँ कहानी केवल पाठकों के मनोरंजन के लिये नहीं कही जा रही है बल्कि लेखक उस कहानी के माध्यम से अपने मर्म की कोई बात कहना चाहता है, अपने किसी बड़े दुख की या आनन्द की, आशा या निराशा की, करुणा या क्रोध की या एक साथ दोनों की अर्थात् अपनी आत्मा को प्रकाशित करना चाहता है, अपनी किसी बेचैनी को निकाल फेंकना चाहता है, अपने किसी दर्द को बाँटना चाहता है, अपने किसी महत् अनुभव को दूसरों तक पहुँचाना चाहता है, क्योंकि शायद उनके लिये भी उसकी कुछ सार्थकता हो, वहाँ वह अपने को ही देता है, क्योंकि जो कुछ देखा सुना-सहा गया वह कहीं किसी भीषण अन्याय या असत्य के विरोध में उसकी आत्मा चीत्कार करती है, उसके भीतर की मंदाकिनी में नहाकर ही उसकी आत्मा का सत्य बनता है, जिसमें ही दूसरे के मर्म को भी छू सकने का गुण होता है। जिस साहित्य में यह गुण नहीं, उसे छद्म साहित्य समझना चाहिए। और किसी कारण से नहीं तो इसलिए कि लेखक उसके अन्दर नहीं है, उसने अपने को देने में कृपणता की है या उसके पास कुछ था ही नहीं देने को।

हाँ, इस देने का कोई एक ढंग नहीं है, अनेक ढंग हैं, अनेकानेक ढंग हैं। जितने लेखक हैं उतने ढंग हैं और जितने लेखकों की जितनी कृतियाँ हैं उतने ढंग हैं। सीधा-सादा ढंग शायद कहीं भी नहीं और थोड़े से बाँकपन के साथ, थोड़ी-सी पर्देदारी के साथ सब कहीं। कहीं लेखक, आवश्यक हेरफेर के साथ, चरितनायक के रूप में बैठा मिलता है, कहीं किसी छोटे-से पात्र के रूप में। कहीं लेखक अपने चरित्र के विभिन्न कोणों को किसी एक पात्र में समाहित कर देता है और कहीं अपना ही थोड़ा-थोड़ा अंश कइयों में बिखेर देता है। कहीं लेखक अपने भीतर पैठकर अपने को देखता है और कहीं बाहर से अन्य व्यक्ति के समान अपने को देखता है। उपन्यास की परिकल्पना, उसके संगठन और निर्वाह की दृष्टि से जहाँ जैसा आवश्यक हो।

'बीज' मेरा पहला उपन्यास है। पहले उपन्यासों के लिये अकसर कहा जाता है कि लेखक उनमें विशेष रूप से उपस्थित रहता है। एक सीमा तक 'बीज' के लिये भी यह बात कही जा सकती है।

'बीज' मैंने 1950 में जेल में लिखना शुरू किया था—ठीक याद नहीं, नैनी के सेंट्रल जेल में या बनारस के। उसके पहले कई वर्ष मैं कम्यूनिस्ट पार्टी में बहुत सक्रिय था। इसी कारण पकड़ा भी गया और भारत सुरक्षा-कानून के अन्तर्गत निरवधि काल के लिये नजरबन्द किया गया। भाग्यवश या दुर्भाग्यवश, क्योंकि बाहर निकलने पर पार्टी के अनन्त कामों के बीच एक तो मेरा रूसी भाषा का अध्ययन बन्द हो गया और दूसरे उपन्यास-लेखक की गति बहुत मन्द पड़ गई। इलाहाबाद हाईकोर्ट ने उस कानून को अवैध घोषित कर दिया और उसके फलस्वरूप हम 46 लोग एक ही दिन उत्तर प्रदेश के विभिन्न जेलों से छूट गए।

पार्टी के भीतर की मेरी वह सक्रियता उपन्यास में भरपूर देखी जा सकती है। उसके पीछे न केवल मेरी पहले की सक्रियता है बल्कि ठीक उस समय की भी जबकि उपन्यास लिखा जा रहा था। दिन भर विविध कामों में लगे रहने के बाद रात को दो-तीन बजे उठकर चार-पाँच घंटे काम कर लेता था। महीनों यह सिलसिला चला। अनुमानतः बारह-चौदह महीने। उन हालत में उपन्यास पूरा करने का दूसरा कोई तरीका था भी नहीं। मेरी समझ में, कम-से-कम गद्यकार के लिये नियमपूर्वक रोज लिखने के अलावा दूसरा कोई ढंग है भी नहीं। वैसा ही मेरा अभ्यास है। यह नहीं कि मैं नागे नहीं करता। बहुत-बहुत नागे होते हैं—अधिकतर नगर से बाहर कहीं जाने पर, क्योंकि मैं किसी भी जगह बैठकर नहीं लिख सकता लेकिन उसका कारण कभी यह नहीं रहा कि मेरा मूड उस रोज हाजिर नहीं था, मेरा कलम चल नहीं रहा था, मेरे पास लिखने को कुछ था ही नहीं। कारण हमेशा कुछ स्थूल-सा ही था...दस-पाँच रोज के लिये कहीं चले जाना पड़ा या बीमार पड़ गया या घर में मेहमानों का जमघट हो गया या ऐसा ही कुछ। मूड हाजिर होने की बात को मैं बकवास समझता हूँ और किसी के लिये वह बात सही भी हो सकती है, मेरा उसमें विश्वास नहीं है। मेरा विश्वास है कि सर्जनात्मक प्रेरणा भी और बहुत-सी चीजों की तरह कंडिशनिंग की बात होती है—वैसी ही कंडिशनिंग जैसी पावलोव के उस कुत्ते की थी जिसको खाना देते समय एक घंटी बजाई जाती थी और होते-होते 'रसरी आवत जात ते सिल पर परत निसान' उस कुत्ते के मन में उसके खाने और उस घंटी का ऐसा संयोग हो गया कि खाना हो या न हो घंटी बजते ही खाने की तैयारी में या खाने के स्वागत में उसके मुँह से राल टपकने लगती थी। मेरा विश्वास है कि रचनाकार भी अपने को यथाशक्ति समझकर अपने रचना-कर्म के लिये अपनी कंडिशनिंग कर सकता है। यह कहने की नहीं, करके देखने की चीज है। मनुष्य का मन एक रहस्य-लोक है, जिसके बारे में अभी हम कुछ भी नहीं जानते; वह कैसे कोई असर कबूल करता है, कैसे किसी खास तरह से ढलता है, यह सब अभी हमारे लिये एक बन्द किताब है और शायद हमेशा कमोबेश इतनी ही बन्द रहेगी। इसीलिए इस कंडिशनिंग का भी कोई

बँघा-टका ढंग नहीं है। हर लेखक को स्वयं उसका ढंग निकालना पड़ता है और तदनुरूप अनुशासन में बँधना पड़ता है, स्वेच्छया। उसके बिना कुछ नहीं हो सकता। हेमिंग्वे ने रोज कम-से-कम चार सौ शब्द लिखने की जो कैद अपने ऊपर लगा रखी थी, वह उसका अनुशासन था और खड़े होकर लिखने की जो आदत डाल रखी थी वह उसकी अपने ढंग की कंडिशनिंग थी।

इसमें छोटे-बड़े लेखक की कोई कैद नहीं है इसलिए मैं भी बिला झिझक अपनी बात कर सकता हूँ। मेरे लिए, अपने रचना-कर्म के सन्दर्भ में, समय का कुछ भी महत्व नहीं है, किसी भी समय लिख सकता हूँ। जेल में दिन का समय अधिक सुभीते का था। रात को लालटेन की बहुत ही मद्धिम-सी रोशनी में काम करना मुश्किल था, इसलिए वहाँ पर मैंने अधिकतर दिन में ही लिखा। बाहर दिन सुभीते का नहीं रहा तो रात को काम करने लगा। लेकिन समय का महत्व मेरे लिये जितना ही कम है, स्थान का महत्व उतना ही ज्यादा है। मैं कहीं भी बैठकर नहीं लिख सकता। उसके लिये मेरे पास अपना छोटा-सा कोना होना चाहिए, जिसे अच्छा हो कि मैं भीतर से बन्द कर सकूँ। जहाँ कोई मुझे देख न सके। बहुत बार ऐसा हुआ है कि महीनों मैं कुछ नहीं लिख सका हूँ, सिर्फ़ इसलिए कि मेरे पास अपना कोई ऐसा कोना नहीं था, कितना भी छोटा। यह भी कंडिशनिंग की ही बात होगी, मगर जिसकी भी बात हो, भद्दी बात है, मैं उसकी सफाई में कुछ भी नहीं कहना चाहता। इसके सिवा कि मैं उससे लड़ने की कोशिश करता रहा हूँ, लेकिन अब तक तो सफलता मिली नहीं, और अब इस ढलती हुई उम्र में मिलेगी, इसकी आशा भी नहीं। जिसका मन जैसा बन जाए, ढल जाए, कुल इतनी सी बात है।...दिन में कितना काम करना है, इसके लिये मैं कभी शब्दों की या पृष्ठों की संख्या नहीं बाँध सका, मैं तो केवल इतना ही अनुशासन अपने ऊपर लगा पाता हूँ कि मैं इतने घंटे अपनी डेस्क पर बैठकर काम करूँगा। उतने घंटों में कितना लिखा जाएगा, यह मैं नहीं जानता और न मुझे उससे बहस है। कई बार ऐसा होता है कि अपना दिन भर का लिखा हुआ मुझे कुल-का-कुल काट देना पड़ता है, पर उसके लिये मुझे कभी दुख नहीं होता, क्योंकि लिखकर जो काटा गया वह भी अकारथ नहीं होता, उससे आगे जो नया लिखना है उसमें मदद मिली है। 'बीज' के साथ भी यही कुछ हुआ है। कितनी ही बार लिखा है, कितनी ही बार काटा है—टुकड़े यहाँ-वहाँ। पूरी पांडुलिपि दो बार लिखी गई—जो बात मेरी सभी रचनाओं के लिये सच है। उपन्यास के दूसरे संस्करण में आते-आते और भी कुछ हिस्से उसमें काट दिए गए हैं, जिससे मेरी समझ में उपन्यास में और भी कसाव आ गया है।

'बीज' जब 1952 में प्रकाशित होकर सामने आया तब उसको लेकर एक बार बड़े जोर का शोर मचा, जैसा कम-से-कम हमारे यहाँ कम पुस्तकों को लेकर मचता है। शोर दोनों तरह का था, समर्थन का भी और विरोध का भी। दोनों ही प्रतिक्रियाएँ अतिवादी थीं। कुछ ने उसको आसमान पर उछाला और कुछ ने रौंदकर फेंक दिया। लेकिन 'बीज' मरा नहीं, रुचिसम्पन्न साधारण पाठकों ने उसको अपनाया और जिलाए रखा। पता नहीं

क्यों, मुझे ऐसा लगता है कि इन साधारण पाठकों ने 'बीज' की आत्मा को कितनी अच्छी तरह पकड़ा है, उसको बहुत-से समालोचक नहीं पकड़ सके। कथा-नायक सत्य राजनीतिक कर्मी है, इस नाते बहुतों ने 'बीज' को एक राजनीतिक उपन्यास के रूप में देखा है, जबकि मैं उसको राजनीतिक उपन्यास के रूप में नहीं केवल सामाजिक उपन्यास के रूप में देखता हूँ, जिसमें व्यक्ति और समाज के सम्बन्ध को समझने और खोलने का यत्न किया गया है। कथा का मूल सूत्र सत्य और उषा को लेकर है, जो दोनों ही व्यक्ति हैं और समाज के साथ अपनी संगति बैठाने के लिये संघर्ष करते दिखाई पड़ते हैं। अलग-अलग भी और एक साथ भी। यानी पति-पत्नी के रूप में। यही उनके दाम्पत्य सम्बन्ध का विश्लेषण, अपने सब उतार-चढ़ाव के साथ उसका किसी एक समाधान पर पहुँचना, मैं समझता हूँ उपन्यास की असली उपलब्धि है और शायद वही उसको जिन्दा रखेगी। लेखक का निजी अंश उसमें विशेष है, शायद इसीलिए वह चीज ऐसे प्रामाणिक रूप में उतर सकी है। मैंने 1945 में अपने मन से अन्तर्जातीय विवाह किया था, जिसे मेरी माँ कभी माफ़ नहीं कर सकी और जो बहुत-से गार्हस्थिक कलह का कारण बना, जिसकी आँच सत्य और उषा के आपसी सम्बन्धों को भी लगे बिना न रह सकी। इन सबकी झलकियाँ उपन्यास में हैं। (इस सन्दर्भ में मेरी एक लम्बी कहानी 'आह्वान' भी द्रष्टव्य है।) कालान्तर में कैसे उनको अपना समाधान मिला और वे एक-दूसरे के पूरक बन सके, 'बीज' इसी की कहानी है। उसी से जुड़ी हुई सत्य और राज की कहानी है—राज के रूप में एक मरा हुआ दाम्पत्य हमारे सामने आता है। वह भी एक प्रामाणिक कहानी है, जो केवल इसीलिए प्रामाणिक नहीं है कि थोड़े-से हेरफेर के साथ वह एक सच्ची कहानी है बल्कि इसलिए भी कि देखनेवाले को ऐसी कहानियाँ गली-गली में मिल सकती हैं।

नारी मेरे लिये सदा वैसे ही आदर और प्यार की पात्री रही है जैसे कि पुरुष। इसीलिए मेरे कभी उन 'नए' लोगों के साथ संगति नहीं बैठ सकी, जिनके लिये औरत का एक ही इस्तेमाल होता है, कि आदमी उसके साथ सोता है। मैंने नारी के ऐसे विविध रूप देखे हैं, इतने सुन्दर और उदात्त, कि उसके अन्दर मुझे पुरुष से अधिक सम्भावनाएँ दिखाई पड़ती हैं। मैं सोचता हूँ कि 'बीज' में उसकी भी थोड़ी-सी झाँकी मिलती है।

मैं जानता हूँ कि कुछ लोगों ने 'बीज' पर प्रचारात्मकता का दोष लगाया था और मैं नहीं जानता शायद अब भी लगाते हों। यह चीज मेरी समझ के बाहर हैं। मैं इतना जानता हूँ कि मैंने आज तक केवल प्रचार की दृष्टि से एक भी पंक्ति नहीं लिखी। लेकिन अगर मैं कुछ ऐसी बात कहना चाहता हूँ जो मुझे कहने योग्य लगती है और जिसका साक्ष्य मैं अपने भीतर पाता हूँ, तो मैं समझता हूँ कि उसको कहना मेरा धर्म है। और अगर किसी के पास कोई ऐसी बात ही नहीं जो उसे गहराई के साथ छूती है और जिसे कहे बिना उसको चैन नहीं, तो उसको लिखने की ही क्या जरूरत है ! हाँ, मैं यह मान सकता हूँ कि मैं जिस बात को एकान्त सत्य के रूप में ग्रहण करता हूँ उसको जोर से कहने के जोश में मुझसे कुछ अतिवादी भूल हो सकती है, लेकिन आज मैं जो बात जिस

तरह कहना चाहता हूँ वही आज मेरा एकान्त सत्य है, जिसे मेरा आगामी अनुभव ही ठीक कर सकता है। कल या परसों मैं किसी प्रश्न पर कैसा क्या सोचूँगा, उसकी चिन्ता यदि आज से ही मुझे मथने लगे तो उसके दो ही नतीजे निकल सकते हैं—एक तो यह कि मेरा कलम ही, मेरे समान द्विधा-खंडित होकर सूख जाए तो फिर मैं अपने विचारों का जोखिम उठाने के भय से कतराकर ऐसे उभयार्थक ढंग से उसको कहूँ कि जिसका जो मन करे वैसा उसका भाष्य कर ले ! ऐसे चिन्तन और लेखन की भी निश्चय ही कुछ उपादेयता होगी, पर 'बीज' का लेखक उसके लिये अपने को अक्षम पाता है।

'जहाज का पंछी' : समीक्षा

डॉ. गंगाप्रसाद पांडेय

आचार्य शुक्ल ने हिन्दी साहित्य के इतिहास में उपन्यासों की चर्चा करते हुए वर्गबद्ध पात्रों के परे प्रेमचन्द के कुछ उपन्यासों में कतिपय पात्रों की व्यक्तिगत विशेषताओं का अनुमोदन करने के साथ मनोवृत्तियों की अस्थिरताजन्य चित्रण के अभाव की शिकायत की थी।

शुक्ल जी द्वारा वांछित व्यक्तिगत विशेषताओं और मनोवृत्तियों की अस्थिरता का चित्रण मनोवैज्ञानिक उपन्यासों में पूर्ण हुआ। व्यक्तिगत चरित्र-चित्रण और मनोविश्लेषणी पद्धति के समर्थ प्रवर्तक और सफल प्रयोक्ता श्री इलाचन्द्र जोशी हैं। उनके सभी उपन्यास चरित्र-प्रधान, यथार्थवादी और मनोवैज्ञानिक हैं।

समाज को उसकी कार्यप्रणालियों, नीतियों और परम्परा की बाह्य मान्यताओं तथा प्रभावों से जाना-समझा जा सकता है, परन्तु व्यक्ति को सम्पूर्णतः चीन्हने के लिये उसके जीवन की मात्र बाह्य परिस्थितियाँ पर्याप्त नहीं होतीं, उसकी मनोवृत्तियों का भी लेखा-जोखा लेना पड़ता है। मनोवैज्ञानिक चरित्र-चित्रण में सम्पूर्ण तथा वास्तविक जीवन की यही माँग सर्वांशतः प्रतिफलित होती है।

जोशी जी ने अपने पात्रों के निर्माण में वस्तुगत और भावगत यथार्थ का समन्वित स्वरूप ग्रहण किया है। वास्तव में मनुष्य का जीवन न तो इतना संकीर्ण है और न इतना एकांगी ही कि उसे किसी विशेष कार्य या प्रवृत्ति के आधार पर पूर्णतः तोला जा सके, क्योंकि इसे न तो हमारी बुद्धि की प्रखरता ही स्वीकार कर सकती है न हृदय की संवेदनीयता ही। वस्तुतः यथार्थ की वास्तविकता के लिये स्थूल जीवन के उपादानों के साथ उसके आन्तरिक अभियान की सूक्ष्मताओं को भी सहेजना पड़ता है। तभी यथार्थ की सार्थकता सिद्ध होती है।

इनके उपन्यास प्रायः आत्मकथात्मक तथा विश्लेषणात्मक शैली में लिखे गए हैं। प्रधान पात्र आत्मविश्लेषण द्वारा अपने चरित्र पर प्रकाश डालते हुए समाज और वातावरण को भी उजागर करते चलते हैं। मनस्तत्त्ववेत्ता होने के कारण जोशी जी व्यक्ति और समाज को एक इकाई के रूप में स्वीकार करते हैं। समाज की इकाई होने के नाते व्यक्ति का जीवनदर्शन उसकी भावज्ञता, बौद्धिकता का निर्माण भी समाज-विशेष और युग-विशेष सापेक्ष ही होता है। हजारों वर्ष पूर्व भारतीय मनोविज्ञान ने निष्कर्ष निकाला

था कि संस्कारों, वासनाओं और अनुभूतियों का आश्रय चित्त-ऐक्य ही है। एक-दूसरे से प्रभावित होने का रहस्य चित्त की एकता ही है। जिस प्रकार एक ही चित्त चेतना की जाग्रत, स्वप्न, सुषुप्ति एवं तुरीयावस्था की विभिन्न अनुभूतियों का अनुभव करने में सक्षम होता है, उसी प्रकार व्यक्तिचित्त समष्टिचित्त से भी समन्वित रहता है। अनन्त जलराशि की तरल एकता के कारण जैसे उसके किसी अंश का कम्पन उसकी सम्पूर्ण व्याप्ति में स्पन्दित हो उठता है, वैसे ही विराट चेतना के अंश एक चित्त का प्रज्ञान स्फुरण समष्टि-चेतना की आन्दोलित करने में समर्थ होता है। चित्त की यही स्वाभाविक स्थिति है। विकृतावस्था के कारण इसमें गतिभंग भी हो सकता है।

जोशी जी के व्यक्ति-पात्र अपने जीवन के विभिन्न स्तरों में मनोवृत्तियों के विविधवर्णी छायालोकों में स्थूल जीवन की सुखद स्थितियों और दुखद यातनाओं में विचरण करते हुए जीवन को विस्तार, अनुभूतियों को गहराई तथा विचारों को व्यापकता देकर विकृतियों के प्रक्षालन के साथ अपने को मूल उत्ससृष्टि से जोड़ते चलते हैं। इनके सभी व्यक्तिवादी पात्र अन्त में सामाजिक आदर्शों को स्वीकार कर लेते हैं। विशेषता यह है कि पात्रों के इस परिवर्तन का कारण किसी प्रकार का बाह्य अनुशासन या प्रलोभन न होकर उन्हीं के अन्तर्जगत् की स्वतः उत्पन्न वह स्फूर्ति होती है जो सामूहिक सामंजस्य का साधन बन जाती है। अपने किसी उपन्यास में किसी भी आत्मरत, दुश्चरित्र तथा असामाजिक पात्र की विकृतियों और उसके एकान्त अहं को गौरवान्वित करके इन्होंने इसे अतिमानव, देवता अथवा अहं शेखर के रूप में प्रतिष्ठित नहीं किया। इनके विश्लेषण का उद्देश्य संश्लेषण की स्थिति पैदा करना रहा है। इनके व्यक्तिचरित्रों की सफलता और उपन्यासों में यथार्थ की सार्थकता का यही मूल मन्त्र है।

ऐसा नहीं कि जोशी जी ने केवल व्यक्तिवादी उपन्यासों की ही रचना की है। 'मुक्तिपंथ' और 'सुबह को भूले' सामाजिक एवं 'जिप्सी' और 'जहाज का पंछी' मिश्रित कोटि की रचनाएँ हैं। स्पष्ट है कि उपन्यासों में समाज तथा व्यक्ति और समाज का विकासशाली क्रम-निर्वाह बड़ी सफलता के साथ किया गया है।

'जहाज का पंछी' राष्ट्रीय स्वतन्त्रता के पश्चात् सन् 1955 में प्रकाशित उपन्यास है। इसमें कृति-लेखक ने व्यक्ति-चरित्र-विश्लेषण की शैली को एक व्यापक सामाजिक परिधि के भीतर रखकर व्यक्तिवाद और समाजवाद के सामंजस्य की चिर-अपेक्षित कला का सूत्रपात करने की अद्भुत क्षमता दिखलाई है। इसका कथानक छोटी-छोटी मर्मस्पर्शी घटनाओं से गुम्फित है, जो कथानायक के जीवन को झकझोरती हुई प्रभावित करती चलती है। पाठकों के समक्ष इन घटनाओं के माध्यम से व्यक्ति, समाज एवं पूरे युग का यथार्थ चित्र स्पष्ट होता चलता है, और स्वयं कथानायक युग-चेतना का ज्वलन्त और जीवन्त रूप जान पड़ता है।

स्वतन्त्रता प्राप्ति के पश्चात् संघर्ष-प्रस्फुटित स्फूर्ति और आवेग-आवेश में सहसा शिथिलता आ जाने के कारण राष्ट्रीय जीवन के प्रायः सभी क्षेत्रों में विशेषतः सामाजिक एवं सांस्कृतिक स्थितियों में एक ऐसी अव्यवस्था और विषमता छा गई कि सारा राष्ट्र

जीवन-दर्शन के अभाव में जड़ता की सीमा का स्पर्श करने लगा। स्वतन्त्रता की जो आकुल आकांक्षा संघर्ष के उत्तप्त दिनों में भविष्य का गौरवपूर्ण साध्य थी वही उपभोग में आकर साधनमात्र बन गई। राष्ट्र के कर्णधार अपरिणामदर्शी रीति-नीति और विलासी अकर्मण्यता के फलस्वरूप इस साधन को ही जीवन के चतुर्दिक विकास का चरम साध्य मानकर चैन की वंशी बजाने लगे और साधन का साध्य बन जाना विकास की समाप्ति की सूचना है। जीवन की इस स्थिरता का परिणाम सड़न, जड़त्व, आत्म-विस्मृति तथा बेकारी राष्ट्र की सहज उपलब्धि हो गई है। व्यक्ति की तो बात ही क्या सारा राष्ट्र ही जैसे कुंठित हो गया हो। स्वभावतः राष्ट्रीय संस्कृति, दर्शन और साहित्य के प्रति उसके भीतर एक उपेक्षा का भाव जाग पड़ा और वह अपना सारा अतीत तथा अपनापन भुलाकर आत्मरक्षा के लिये लोलुपता के साथ पश्चिमी वैज्ञानिक सभ्यता की ओर उन्मुख हो गया। हुआ यह कि "आधी छोड़ सारी को धावै, आधी रहे न सारी पावै।"

अपनी राष्ट्रीय धरती और जीवन को पोषक तत्त्व देकर सुदृढ़ बनाए बिना ही हम अन्तर्राष्ट्रीयता की ओर लपक पड़े और परिणामतः जड़ों की धरती को पूर्णतः पकड़े बिना जिस प्रकार वृक्ष का शाखा-विस्तार उसके धराशायी होने का साधन बनता है, उसी प्रकार हमारी भी दशा हुई। स्वयंदान की शक्ति न रखनेवाला आदान का इच्छुक व्यक्ति मंगन के अतिरिक्त और कोई संज्ञा नहीं पाता। जिसकी अपनी आँख में आलोक की स्थिति नहीं है वह सौ-सौ सूर्यों के तीव्रतम प्रकाश को भी ग्रहण नहीं कर सकता।

"प्राकृतिक परिवेश के साथ जैवी प्रकृति की स्थिति धरती और बीज की है जो एक रूप में दूसरे का परिवर्तन है और जिसमें आदि से अन्त तक बीज को अपने नित्य के पोषण-परिवर्धन के लिये ही नहीं, अपनी स्थिति के लिये भी धरती की आवश्यकता रहती है। इतिहास ने अनेक बार प्रमाणित किया है कि जो मानव-समूह अपनी धरती से जिस सीमा तक तादात्म्य कर सका है उसी सीमा तक अपनी धरती पर अपराजेय रहा है।"

घर में दारिद्र्य, अज्ञान और विकटतम वैषम्य तथा परस्पर अपरिचय के बादलों का घिरना, घहराना और बरसना देखते हुए भी हम विश्व भर से परिचय की महत्त्वाकांक्षा लेकर बाहर की यात्रा के लिये चल पड़े हैं। पाथेय के लिये हमारे पास न तो कोई अभिनव भौतिक शक्ति है और न प्राचीन राष्ट्रीय जीवन-दर्शन। एक का अभाव हमारी सालस अकर्मण्यता है और दूसरे की अनास्था का कारण हमारी हीन भावना। वस्तुतः हम दोनों से वंचित हैं। राष्ट्रीय स्वास्थ्य और सम्पन्नता के पुलक प्रवेग में यदि हम यह घोषणा करते—'माता भूमिः पुत्रोऽहं पृथिव्याः', तो वह हमारा और हमारी विश्वजनीनता का भी परिचय होता और हमारी स्थिति भिन्न हुई होती, क्योंकि परस्पर आदान-प्रदान के लिये दोनों ओर की शक्ति-सम्पन्नता अनिवार्य है।

राष्ट्रीय जीवन की इसी अभूतपूर्व विषयविपन्न स्थिति में 'जहाज का पंछी' की रचना हुई है। जीवन की व्यवस्था में उचित तथा आवश्यक विकास न हो पाने के कारण औचित्यहीनता की नितान्त निराशाजनक स्थिति में किसी भी संवेदनशील तथा प्रबुद्ध व्यक्ति का अन्तर्मुखी हो जाना कुछ अस्वाभाविक नहीं है। बीसवीं शती को विश्वव्यापी

पाशविक बर्बरता की मृत्युदृत्या के नीचे यह और भी सहज जान पड़ता है। निष्क्रिय राष्ट्रीय संस्कृति और निष्प्राण सामाजिकता में अपना मार्ग खोजने के लिये अनचाही यायावरी के रूप में कथानायक को दर-दर की ठोकरें खानी पड़ीं, तो आश्चर्य नहीं। विदेश-यात्राओं की बहुलता में स्वदेश-यात्रा का चाव भी उसके भीतर जग सकता है। जो भी हो सामूहिक जीवन की व्यापक अव्यवस्था और समाज की दुरवस्था में अपने स्थूल शारीरिक पोषण और अन्तर्जगत् की सूक्ष्म स्वप्न-सृष्टि की सुविधाा का तनिक भी अवकाश न पाकर उसकी बहिरन्तर स्थिति में जो परिवर्तन होता है वह उपन्यास में घटित घटनाओं की तरह ही विविध और मर्मघाती है। प्रचलित साहित्य-कला, जीवन-दर्शन, समाज-रीति और आर्थिक नीति तथा विराट् विपन्नताजनित नरकंकालों को देखकर वह सर्वथा संक्षुब्ध हो उठता है और यथासम्भव मूल कारणों से उलझता-झगड़ता आगे बढ़ता है। अत्यन्त भयावह, कठोर, दुखमय और सहानुभूतिहीन परिस्थितियों का सामना करते-करते वह जीवनव्यापी विकृति और निर्धनतावलयित यातनाओं से पूर्ण परिचित हो चुका है। फलतः उसे निर्धन, शोषित तथा समाज-पीड़ित, विपन्न मानवता के प्रति सच्ची सहानुभूति है। किसी का किसी के प्रति दुर्व्यवहार देखकर वह क्रोध और प्रतिकार की भावना में जलने-भुनने लगते है।

जब वह देखता है कि एक अधिकारी योग्य व्यक्ति केवल अपनी नैतिकता और उच्चादर्शों के कारण पेट भरने की साधारण सुविधा से वंचित होकर अपनी उदात्त महत्वाकांक्षाओं और सर्व-कल्याणकारी कार्यों को कर सकने में विवश है और दूसरी ओर ढोंग, शोषणशक्ति तथा निर्जीव सिद्धान्तों का पहाड़ा रटने के कारण नितान्त आत्मरत, धूर्त एवं चापलूस व्यक्ति सब प्रकार की सामाजिक मान्यता एवं सुख-सम्पत्ति का मनमाना उपभोग ही नहीं, दुरुपयोग भी करता है। तब उसके समान बौद्धिक अनुभूतिशील तथा तेजस्वी व्यक्ति का उत्तेजित हो उठना अनिवार्य है। अनुभव और बुद्धि के संयोग से प्राप्त ज्ञान ने ही उसके मन-मनोविज्ञान का संगठन किया है।

सारे कथानक का स्वरूप समाज की भीषण यथार्थ-विकृत स्थितियों, विषमताओं और नायक की अनुभूतियों और संकल्पित स्वप्न-सृष्टियों के ताने-बाने से बना हुआ है। सारी घटनाओं की स्थिति जीवन के केन्द्र में होने के कारण उनके माध्यम से सामूहिक जीवन तथा सम्पूर्ण युग का यथार्थ चित्र सहज और स्वाभाविक रूप से उद्घाटित हो जाता है। ऐसा जान पड़ता है कि समस्त घटना-चक्रों का चुनाव जीवन-संघर्ष की भीषणता, व्यापक वैषम्य की अतिशयता, व्यक्ति और समाज के बीच की सहानुभूतिहीन जटिलता, द्वन्द्वात्मक मनोविकारों की गहनता या व्यक्ति-व्यक्ति के भीतर अहं और बुद्धि की टकराहट से उत्पन्न अव्यवस्था को दिखाते हुए सामूहिक मानव-कल्याण के पथ को प्रशस्त करने के साधनरूप में ही किया गया है। सचेतन और सोद्देश्य कला की मान्यता को लेकर जोशी और कर ही क्या सकते थे ?

कथानक की यायावरी के पीछे जीवन और जगत् के बाहरी और भीतरी रहस्यों को समझने की अदम्य आकुलता, तीव्रतम जिज्ञासा और सामाजिक आघातों से प्राप्त विद्रोहात्मक गतिशीलता ही प्रेरणा का बल है। नायक की तरह साहित्य, कला, दर्शन,

इतिहास और जीवन के अनेक जीवन जीने की लालसा इस बात का प्रमाण है कि समष्टिगत जीवन के दैनिक दहकते हुए यथार्थ का अनुभव प्राप्त करने के लिये आकुल-व्याकुल है। जीवन की ऐसी कल्पना जिसमें बाह्य संसार का ज्ञान और अनुभव मनुष्य के अन्तर्जगत में किसी सम्भाव्य सुन्दरतर संसार की रूपरेखा नहीं प्रस्तुत करता, पशु की ही थाती हो सकती है, संवेदनशील मानव की नहीं।

इस उपन्यास में जो है, अर्थात् यथार्थ चित्रण के साथ जो होना चाहिए की सम्भावना और उसका सुझाव कथानायक के आत्म-निरीक्षण, विश्लेषण, वक्तव्य-भाषण और उसकी विस्फोटात्मक प्रवृत्तियों तथा कार्यावलियों से प्रकाशित होता चलता है। वास्तव में गतिशील यथार्थ का वैषम्य अनुभव करने के लिये आदर्श का संकल्पनात्मक सामंजस्य अनिवार्य है, क्योंकि जीवन में वह यथार्थ जिसके पास आदर्श का स्पन्दन नहीं, केवल शव है और वह आदर्श जिसके पास यथार्थ का शरीर नहीं, पैत्रमात्र है। सबकी सामान्य सुविधा की समान चरितार्थता और प्राप्ति के लिये कथा-नायक की प्रज्वलित चेतना प्रत्येक व्यक्ति में ही नहीं, सम्पूर्ण समाज तथा अखिल मानवता में एकत्व, ममत्व, और समत्व की सक्रिय भावना के जागरण और व्यवहार की प्रतीक्षा में तन्मय जान पड़ती है। अपने में बद्ध अहंभाव की स्वार्थ भावना से ऊपर उठाकर वह समस्त मानव जाति को सामूहिक प्रगति के पथ का पंथी बनाना चाहता है।

युग की घोर विकृतियों के कारण मनुष्य के भीतर तक पैठ जानेवाली नायक की मर्मभेदी दृष्टि और उच्चाशयी संकल्प ही, सबके सन्देह और विरोध का आधार बन जाता है। चाहे पुस्तकों की दुकान हो या बागीचे की बैंच, जहाज की केबिन हो या जेल की कोठरी, सेठ का घर हो या भादुड़ी एम.एल.ए. की कोठी, अस्पताल का कमरा हो या पहलवानों का अखाड़ा, हर कहीं वह एक अप्रत्याशित सन्देह और आशंका की दृष्टि से देखा जाता है। उसकी क्षीण विपन्न बाह्य रूपरेखा और अन्तर्जगत की स्वस्थ सम्पन्नता का अनुमान लगा सकना बहुत कठिन है। इसकी चेतना और अनुभूति से वह बहुत पीड़ित है और कभी विद्रोह के रूप में उसे प्रकट भी करता है। सरकारी अस्पताल के डॉक्टर से वह कह उठता है, '''डॉक्टर ! याद रखो, आज भले ही तुम पुलिस की सहायता से या स्वयं अपने अधिकार के बल पर किसी व्यक्ति को निस्सहाय और निराश्रय समझकर उसे अधिक-से-अधिक दुर्गतिपूर्ण परिस्थितियों में ढकेलकर अपने अहं की, अपने झूठे अधिकार के मद की तृप्ति कर लो, पर यह भूलकर भी न समझना कि आज के युग की हजारों विकृतियों के ताने-बाने से उलझी हुई आर्थिक और सामाजिक व्यवस्था के शिकार के प्रति स्वयं समाजपतियों का यह रुख जनता द्वारा बराबर इसी तरह उपेक्षित रहता चला जाएगा।''

साहित्य-कला विषयक भाषण की मान्यता से उसे कम्युनिस्ट समझा जाता है, पुलिस को फटकारने से अराजक विद्रोही और समाज-संघ में दिए गए वक्तव्य से घोर समाजवादी, तो साधारण व्यवहार में स्तर की भिन्नता के कारण नितान्त व्यक्तिवादी, परन्तु उसकी वास्तविकता को कोई समझ नहीं पाता। अपने-अपने रंगीन चश्मों के

अनुसार लोग उसका रंग निश्चित कर लेते हैं। दूसरों के अहं पर आघात करने के साथ वह अपना आत्म-विश्लेषण भी करता है—"जिन-जिन क्षेत्रों में मैंने सच्ची लगन से काम किया वहाँ मैं ठोकरें खाता और ठुकराया जाता रहा। तुच्छ व्यक्तिगत स्वार्थों को तिलांजलि देता हुआ सामाजिक, राष्ट्रीय और सामूहिक हित को ध्यान में रखकर अपनी सीमित समर्थता से भरसक ईमानदारी को अपनाता हुआ विघ्नों और अवरोधों से निरन्तर लड़ता हुआ, मैं जिन-जिन पथों, नए-नए मोड़ों में कदम बढ़ाता चला गया वहाँ मैंने सामूहिक विरोध और प्रतिरोध पाया।" स्वतन्त्रता के बाद राष्ट्रपिता गांधी का वध करनेवाले देशवासियों के भीतर ऐसे विरोधों का मूल कारण सामाजिक जीवन की आत्मलीन जड़ता और संकीर्ण दृष्टिकोण की हठवादिता ही होती है।

युग की कठोर तथा आतंकमयी छाया में घूमते हुए नायक ने अपनी सहज-स्वाभाविक मानवीय संवेदना को सँजोए रखकर जीवन और समाज के जो यथार्थ अनुभव हमें दिए हैं वे आशा, विश्वास तथा नव निर्माण की स्फूर्ति एवं प्रेरणा देने में सफल और सार्थक हैं। वास्तव में व्यक्तिगत जीवन की जो पीड़ा जीवन को कुंठित न करके सामूहिक जीवन के निर्माण और उद्धार का माध्यम बन सके, वह अत्यन्त महत्वपूर्ण और वांछनीय ही समझी जाएगी। नायक की इस सहनशक्ति का सम्बल उसका यह आन्तरिक उद्देश्य ही है जिसके द्वारा वह 'वैयक्तिक चेतना को मर्यादित तथा समाज नियन्त्रित करके उसे समग्र मानवता के सामूहिक कल्याण की ओर उन्मुख करते हुए विश्वचेतना में उसकी परिणति का मनन करके संगठित प्रयास करना चाहता है।'

यही कारण है कि अपनी विपन्नतम स्थिति में भी सामाजिक अथवा आर्थिक परिस्थितियों के आगे न तो वह झुकता है और न किसी प्रकार का स्वार्थमय समझौता ही करता है। अथक उत्साह और साहस के साथ उनसे लड़ता-जूझता आगे बढ़ता जाता है। यों तो नायक समग्र मानवता के प्रति सहानुभूतिशील तथा ममतालु है, पर शारीरिक, मानसिक, आत्मिक, आर्थिक एवं व्यावहारिक-सामाजिक शोषाण से युगों-युगों की पीड़ित नारी के प्रति उसके हृदय में अगाध उदारता है। फिर भी असहाय बेला को निरुपाय छोड़कर वह चल देता है। नर-नारी के सहज आकर्षण की उपेक्षा करता हुआ सामूहिक जीवन के आश्रय और आहार की समस्या को अधिक आवश्यक समझता है। वासना अथवा प्रेम से अधिक पेट को महत्व देकर वह जीवन के दहकते यथार्थ का ही समर्थन करता है—फ्रायड की अपेक्षा मार्क्स को मान्यता देता है।

यह सत्य है कि बेला की सहायता न कर सकने के कारण वह उदास और अपेक्षाकृत अधिक मननशील हो जाता है। अपने पथ से विचलित होकर जीवन की सुविधाएँ जुटाने की बात भी उसके मन में उठती हैं पर वह सँभल जाता है। मनोस्थिति के इसी बिन्दु पर लीला से उसकी भेंट होती है, जिसे हम उपन्यास की नायिका मान सकते हैं। उसके मिलते ही उसके कौशल से नायक का विशृंखलित जीवन और कथानक की शिथिल शृंखला सुसम्बद्ध और व्यवस्थित हो जाती है। मरुस्थल में हरीतिमा की तरह शृंगार और कला की सरसता लहराने लगती है।

लीला अपनी कुरूपता के कारण विवाह न कर सकने की कुंठा से कुंठित है, किन्तु उसने मानसिक सन्तुलन नहीं खोया। क्षतिपूर्ति के लिये शिष्ट, कलात्मक तथा सामाजिक कार्यों में व्यस्त रहती है। आर्थिक सम्पन्नता के साथ भावज्ञता उसका सहज शृंगार है। उसके वार्तालाप में प्रभावशाली माधुर्य का भाव झलकता है। अपने भीतरी द्वन्द्वों को छिपाने में भी वह निपुण है। फिर भी अपनी बाह्य सम्पन्नता के साथ हीनभावना के कारण वह अन्तर्जगत में बहुत विपन्न है। इधर नायक बाह्य जीवन में विपन्न, किन्तु उदात्त विचारों और चारित्रिक आत्मबल के कारण भीतर से आश्वस्त और सम्पन्न है। कुछ ही दिनों के सहवास और सम्पर्क से दोनों अपने-अपने को एक-दूसरे के पूरक समझकर शान्त, स्निग्ध तथा मधुर बन्धन में बँध जाते हैं। नायक के विशेष आग्रह पर मानसिक तृप्ति के उपहारस्वरूप लीला अपनी सारी सम्पत्ति सामाजिक कार्यों के उपयोग के लिये दान कर देती है और दो विरोधी मनोवृत्तियों का संगम हो जाता है। यह भी स्पष्ट है कि नायक लीला को वासना अथवा सम्पत्ति के लिये नहीं वरन् मानवीय संवेदना की तीव्रता और सामाजिक उद्देश्य की पूर्ति तथा अपने जीवन में स्थिरता लाने के लिये ही स्वीकार करता है। विरोधी स्वभाव और सिद्धान्तों के सामंजस्य का यह सिद्धान्त भी सक्रिय रहा हो तो आश्चर्य नहीं, क्योंकि इससे उपन्यास की प्रवाहमयता में एक प्रकार की संयमित गति का आकलन हो जाता है, इसमें सन्देह नहीं।

उपन्यास में कथानायक लीला और समाज के यथार्थ चित्रण के साथ बेला, दीप्ति, शेख, करीम चाचा आदि के हृदयद्रावक चरित्र, मलयपवन को सरस-शीतल झोंकों की तरह अपने क्षणिक संस्पर्श से मन को तृप्ति और पुलक से स्पन्दित करने में सक्षम है। बीच-बीच में वातावरण और मनोवृत्तियों को घनीभूत करने के लिये हलके रंगों से प्रकृति के जो चित्र अंकित किए गए हैं, उपन्यास की कलात्मकता में उनका एक अलग महत्व है। केवल पागलों के मनोविश्लेषण वाला प्रसंग उपन्यास में बरबस जोड़ा हुआ जान पड़ता है, शेष सभी घटनाएँ स्वाभाविक हैं।

सब मिलाकर 'जहाज का पंछी' में व्यक्ति तथा समाज के यथार्थ जीवन और संघर्ष का चित्रण ऐसी औपन्यासिक कलात्मकता के साथ किया गया है कि यह उपन्यास समाजवादी-यथार्थवादी कला में पथ-प्रदर्शन का कार्य करते हुए स्वतन्त्रता के बाद लिखे गए उपन्यासों में महत्वपूर्ण स्थान का अधिकारी रहेगा।

उपन्यास पढ़ लेने के बाद कथानायक के ये मार्मिक उद्गार कानों में ध्वनित होते रहते हैं, ''आज जब हजारों वर्षों बाद अन्तर्राष्ट्रीय राजनीति के एक विशेष मोड़ के कारण उसे (भारत को) स्वतन्त्रता मिली है, तब भी पिछले युगों की जड़ता के फलस्वरूप उसके भीतर पराक्रम का वह तेज प्रज्वलित नहीं हो पा रहा है जो उसे आज विश्वव्यापी जीवन की विषमता के बीच एक नई, ठोस और सामंजस्यात्मक शक्ति के रूप में खड़ा कर सकता था और जीवन में एक नई चेतना ला सकता था।'' यही स्थल है जहाँ हम सब नायक के साथ तादात्म्य का अनुभव करते हैं। चरित्र की यह सबसे बड़ी विशेषता है।

एक बात और, जोशी जी के नायक-नायिकाओं ने उपन्यासों में कुछ भविष्यवाणियाँ भी की हैं, जो आज प्रत्यक्ष हो रही हैं। 'जहाज का पक्षी' की भविष्यवाणी का भोग हम आज कर रहे हैं, "इस बार जो विश्व-विनाशी शक्तियाँ चारों ओर से घिर रही हैं वे इस भूमि को प्रारम्भ में ही अपनी लपेट में लेकर उसे समूचा लील जाने के प्रयत्नों में कुछ भी उठा न रखेंगी। जो महासंकट इस देश पर लहराने जा रहा है उसका अनुमान पिछले किसी भी अनुभव से नहीं लगाया जा सकता। इस बार जिन प्रलयकालीन भूकम्पी धक्कों से, विनाश और विध्वंस के जिस नंगे नाच से यह भू-भाग डोल उठेगा उसे तुम, 'न भूतो न भविष्यति' ही समझो। इस प्रचंड वास्तविकता की ओर से आँख मूँदकर जो लोग प्रकट में बन्द ज्वालामुखियों के ऊपर हाथ-पाँव पसारे लेटे हैं और जम्हाइयाँ ले रहे हैं, वे देश को किस रसातल की ओर घसीट रहे हैं, उसकी कल्पना मात्र से रोंगटे खड़े हो जाते हैं।"

सारी नारकीय यातना के साथ यही प्रश्न और यही आतंक आज प्रत्येक प्रबुद्ध राष्ट्र-प्रेमी के भीतर ऊभचूभ कर रहा है, जिसके समाधान का समुचित साधन जुटाना ही हमारा चरम ध्येय और परम कर्त्तव्य है। यही सुझाव और प्रेरणा देकर नायक हमसे विदा होता है। इस प्रकार नायक के अतीत-विश्लेषण, वर्तमान-चित्रण अथवा भविष्य-कथन में से किसी-न-किसी के साथ प्रायः सभी के मत का मेल बैठ जाता है। और साम्य उसके व्यापक तथा विराट् चरित्र का ही प्रतिफलन है।

अन्त में मैं कथानायक से केवल यह कहना चाहता हूँ कि 'मैं तुम्हारी आत्मा में प्रतिबिम्बित मानवता को प्रणाम करता हुआ तुम्हारी विराट् मानववादी चेतना का समर्थन करता हूँ और यथाशीघ्र उसे सक्रिय रूप में देखने की कामना करता हूँ।'

साहित्य में अनुभव का परिणाम नहीं, स्वयं अनुभव ही उपादेय होता है और इस दृष्टि से 'जहाज का पंछी' सर्वथा सफल और सशक्त रचना है।

'बूँद और समुद्र' : संस्मरण

अमृतलाल नागर

सन् '40 में मुझे फिल्मी लेखक बनने का अवसर मिला। बड़ी खुशी हुई, सोचा, यही मेरा इष्ट था। सन् '42 तक खासा सफल लेखक बन गया। तब मुझे अपनी यह सफलता खलने लगी। फिल्मों के सिनेरियो-संवाद लिखते-लिखते जी अघा गया था। उस धन्धे में पैसा तो मिलता था, लेकिन मन का सन्तोष खो गया था। मुझे लगता कि अब मैं साहित्यिक लेखन न कर पाऊँगा, दिमाग फिल्मी लटकों में ही उलझकर रह गया था और यह मुझे बेहद खलता था। फिल्मों के लेखन कार्य में मेरी नहीं, वरन् निर्माता-निर्देशक की रुचियाँ और सुझाव ही मुझे सक्रिय बनाते थे। सफलता की तह में यह असफलता मुझे खिझाने लगी, लेकिन पैसा मिल रहा था और उस समय मुझे उसी की अत्यधिक आवश्यकता थी। इस घुटन में मुझे अपने शहर (लखनऊ) की गलियाँ, वहाँ के विभिन्न चरित्र अक्सर याद आते थे, लेकिन वह सब कुछ नपुंसक की उत्तेजना के समान ही व्यर्थ था।

सन् '43 में बंग-दुर्भिक्ष पड़ा। कलकत्ते जाकर अकाल पीड़ितों की दुर्दशा देखी। मन इतना भर उठा था कि महीनों तक उसका असर बना रहा। कलम अपने-आप से विवश होकर दौड़ चली। 'भूख' उपन्यास (जो उस समय 'महाकाल' नाम से प्रकाशित हुआ था) पूरा किया, साहित्यिक मित्रों के बीच फिर से कद्र होने लगी। मैंने नए सिरे से आत्मविश्वास पाया। फिल्मी कार्य से विरक्ति होने लगी, लेकिन अभी वहाँ का दाना-पानी छोड़ने की नौबत नहीं आई थी। जो हो, किन्तु नए उपन्यास की रचना-प्रक्रिया यहीं से आरम्भ हुई।

सन् '45 के आरम्भ में नटराज उदयशंकर की 'कल्पना' और भारत-कोकिला श्रीमती सुब्बुलक्ष्मी की 'मीरा' फिल्में लिखने के लिये मद्रास गया। यहाँ अपेक्षाकृत शान्त वातावरण मिला। एक दिन 'कल्पना' के दृश्य संजोते-संजोते मन अपनी कल्पनाओं में बँध गया। मैंने अपने बचपन से लेकर तब तक अपने मुहल्ले चौक के बदलते दृश्य एक ही झोंक में देख डाले। जब मैं तमाम बातें नोट करा रहा था, तो मेरे लिपिक श्री गणपति अय्यर ने बीच-बीच में अक्सर उत्साहित होकर कहा कि ऐसा परिवर्तन तो हमारे समाज में भी आया था। गणपति जी की यह बातें मेरा हौसला बढ़ा गईं। मन तरह-तरह के खयालों में अपने 'चौक' के आसपास मँडराने लगा। मेरे रजिस्टर में अक्सर बहुत कुछ

नोट किया जाने लगा। नया उपन्यास लिखने की इच्छा तेजी से उभरने लगी, लेकिन अभी लिखने लायक तैयारी नहीं हो पाई थी।

श्रद्धेय सुमित्रानन्दन जी पन्त उन दिनों मद्रास में उदयशंकर जी की 'कल्पना' के गीत लिख रहे थे। हम दोनों एक ही बँगले में रहते थे। उनका साथ बहुत ही प्रेरणाप्रद सिद्ध हो रहा था। पन्त जी ने पांडिचेरी जाकर श्री अरविन्द के दर्शन करने का प्रोग्राम बनाया। बम्बई से कविवर श्री नरेन्द्र शर्मा को बुलाया गया। हम लोग पांडिचेरी गए।

नई जगह की सैर करने के इरादे से हम लोग उस छोटी-सी स्वच्छ, शान्त बस्ती की गलियों में चक्कर लगाने लगे। बन्धुवर बोले, "फ्रेंच रियासत है, यहाँ उपरत्न सस्ते दामों पर सुलभ होते होंगे।" मैंने कहा, "आइए, उनकी खोज में लगकर हमारा यों पैदल भटकना निरर्थक से सार्थक बन जाएगा।" जौहरी की दुकान की तलाश शुरू हुई। पूछते-भटकते हुए हमें एक दलाल के घर का पता मालूम हुआ। दलाल महाशय हमें मिल तो गए पर उनसे बातें करना आसान न था। वे महाशय अपनी मातृ-भाषा तमिल के अलावा और कोई भाषा नहीं जानते थे। मैं उन दिनों मद्रास में एक शिक्षक की सहायता से तमिल भाषा का अभ्यास कर रहा था। "मुत्तु, माणिक्यम्, रत्नम् उपरत्नम् वेंडुम" कहकर, कुछ अपनी अँगूठियों में जड़े रत्नों के प्रति इशारे करके हम दोनों ने उन्हें अपना आशय समझाया। बात समझते ही दलाल महाशय की कत्थेरंगी बत्तीसी खिल उठी। "आमा आमा" करके वह फुर्ती से हमारे साथ चल पड़ा। एक छोटे-मोटे जौहरी के घर पहुँचे। जौहरी कच्ची-पक्की हिन्दी बोल लेता था। काशी, प्रयाग और अयोध्या की तीर्थ-यात्रा कर चुका था। घर के भीतर जाकर चटाई और दो-तीन छोटी-छोटी पोटलियाँ ले आया। हम रत्न देखने लगे। तभी दलाल महाशय ने अपनी बातों की रेलगाड़ी दौड़ाकर कभी जौहरी के हाथ पर अपना हाथ रखा और कभी अपनी जाँघ पर थपकी दी। जौहरी उसके प्रति बेरुखी दिखलाकर हमसे बातें कर रहा था। एकाएक मेरी समझ में आया कि दलाल अपनी सांकेतिक भाषा में जौहरी से कुछ सौदा-पट्टी कर रहा है। चौक के दलालों का भी अपना एक सांकेतिक 'कोड' होता है। माथे पर सिलवटें डालना, हथेली खुजलाना, हाथ पर हाथ रखना या जाँघ पर हथेली पटकना, आदि क्रियाओं का एक विशिष्ट अर्थ होता है। यों कमीशन की दरें तय की जाती हैं। ग्राहक समझ नहीं पाता और दलाल जौहरी या सर्राफ से यह बात कर कि "लाला सांतमूल का ज्ञान है", या "कलिकाल में लोभ लालच बहुत बढ़ गया है"—जैसी बातों से वे अपना सौदा पटा लेते हैं। अगर दलाली न पटी तो वे ग्राहक को भड़काकर उस दुकान से उठा ले जाते हैं। तमिलभाषी दलाल महाशय की वे अदाएँ देख-देखकर मेरा 'गरीबुल्वतनी' से तड़पता मन छाँव पा गया। नरेन्द्र जी की नजर रत्नों पर थी और मेरी उस दलाल-रत्न पर। मुझे लगा कि भाषा का अन्तर होते हुए भी अपने लबो-लहजे, भाव-भंगिमाओं और पीक भरा मुँह उठाकर बातें करने की अदा में यह तमिलनाडु का दलाल हमारे चौक के अमुक दलाल से हू-ब-हू मिलता है, बल्कि एक तरह से उसका सगा भाई ही लगता है। मुझे

आनन्द आ गया और उसी आनन्द-लहरी में अपने स्वदेश-दर्शन के पूर्वानुभवों से प्रेरित होकर शायद अपने लिपिक श्री गणपति अय्यर के उद्‌गारों के ध्यानवश भी मेरे मन में सहसा यह विचार आया कि सारा हिन्दुस्तान मेरे घर में—मेरे चौक में रहता है। यों बात की तरह तो यह साधारण-सा घिसा-पिटा मनोद्‌गार था पर तात्कालिक अनुभूति की दृष्टि से बहुत महत्वपूर्ण सिद्ध हुआ। निहायत मामूली-सी बातों में ही अक्सर मन में आविष्कार-सा हो जाता है। मेरे लिये यह उस समय बहुत बड़ा सत्य बनकर उजागर हुआ। इससे अपने नगर के प्रति मेरे मन में समत्व-बोध जागा और साथ ही साथ लिखने की जो इच्छा अभी तक मन में खेल भर रही थी, सहसा सजग और सक्रिय हो उठी। उस सक्रियता के उफान में दूसरा विचार आया कि अब की बार चौक पर उपन्यास लिखूँगा। इसके लिये अपने ढंग से उस समय मन की राहें भी खुल गईं—सब जातियों के रीति-रिवाज इकट्ठा करूँगा, मेरे बचपन से लेकर अब तक हमारे मुहल्लों में सुबह के नाश्ते में क्या-क्या परिवर्तन आए, फेरी लगानेवाले बिसातियों में, किसी शुभ अवसर पर औरतों के द्वारा ढोलक पर गाए जानेवाले गीतों में, जनाने-मर्दाने फैशनों में क्या-क्या परिवर्तन आए। जमाने के बहाव में हमारे मुहल्ले-टोलों का जीवन कहाँ से कहाँ आ पहुँचा, इसकी कहानी लिखने का जोश उमड़ा।

उसी दिन श्री अरविन्द आश्रम के पुस्तकालय में कुछ पढ़ते हुए अचानक 'बूँद और समुद्र' नाम भी सूझ गया।

लेकिन उपन्यास लिखने के बानक तब भी न बन पाए।

बम्बई के फिल्मी कामों में डेढ़ वर्ष और बीता लेकिन इस अर्से में दोबारा पूरी तौर से फिल्मी व्यक्ति न बन पाया। धीरे-धीरे उस वातावरण से मन उचटने लगा। 'बूँद और समुद्र' लिखने के लिये फिर से लखनऊ चलकर बसने की इच्छा हुई। भारत के स्वतन्त्र होते ही मैं फिल्मी जीवन से मुक्त होकर लखनऊ आ गया। कम आमदनी में गृहस्थी चलाने की योजना में मेरी पत्नी ने हौसले-भरा सहयोग दिया और मैं विभिन्न जातियों की बड़ी-बूढ़ियों और पोढे-पुराने लोगों से इन्टरव्यू लेने के कार्य में सक्रिय हो गया। खत्री, अग्रवाल, कान्यकुब्ज, गौड़, सारस्वत ब्राह्मण, जैन, शिया-सुन्नी मुसमलानों आदि के रीति-रिवाज, बहुत-सी मानवीय घटनाएँ और कहानियाँ मेरे रजिस्टर में टँकने लगीं। इस बीच में बन्धुवर डॉ. रामविलास जी शर्मा और राजेन्द्र यादव के साथ एक बार फिर दक्षिण भारत के कई नगरों की सैर कर आया। यह सब कुछ हुआ पर उपन्यास आरम्भ न हो सका। मेरे पास पिछले दो-ढाई वर्षों में इतनी सामग्री इकट्ठी हो गई थी कि मन बौरा गया था। इस सारे जमाने के इतिहास को किस प्रकार से अपने कथानक की पृष्ठभूमि बनाऊँ यह एकाएक मेरी समझ ही में नहीं आता था। कभी सोचता कि चैत से लेकर फागुन तक बारह महीनों तक बारह अध्याय बनाकर कहानी रचूँ। कभी किसी जाति विशेष या व्यक्ति विशेष, या किसी घटना से तात्कालिक रूप में प्रभावित होकर प्लान बनाता, लेकिन यह सब धरे के धरे रह जाते थे। बात उठती ही न थी। 'भूख' लिखकर बड़ी मुश्किल से जागा हुआ मेरा आत्मविश्वास फिर लड़खड़ाने लग गया।

सिनेरियो कला की सीखी हुई सारी पेचीदगियाँ और बारीकियाँ निकम्मी सिद्ध हुईं। मैं अपने आप में बेहद उलझा और बौराया हुआ था।

एक दिन अचानक एक पत्र मिला। हैदराबाद के भाई बदरीविशाल जी पित्ती की बहन ने नागपुर से शीघ्र ही प्रकाशित होनेवाली अपनी पत्रिका के लिये मुझसे कहानी माँगी थी। जी में आया कि हैदराबाद के इस अति प्रतिष्ठित वैश्य राजवंश की देवी को अपने यहाँ के किसी बड़े वैश्य कुल की तेजस्विनी महिला का परिचय दिया जाए। मैं अब भी यह बखानने की क्षमता नहीं रखता कि भीतर की पर्तों के किस इशारे से प्रेरित होकर मेरे मन में एकाएक उस पात्री की कल्पना लहराती हुई आ गई जिसने 'बूँद और समुद्र' उपन्यास में अपने लिये विशेष ख्याति तो अर्जित की ही, पर मुझे भी अपना चितेरा होने का बड़ा यश दे गई। मैं ताई की बात कर रहा हूँ। यह ताई हमारे गली-मुहल्लों में रहनेवाली एक बुआ थी। उन्हें अपने घर से गोकुल-द्वारे में नित्य दोनों समय दर्शनार्थ जाने के लिये दो-ढाई घंटों में एक फर्लांग का सफर तय करना पड़ता था। घर से निकलती नहीं कि आसपास में गलीवालों की छेड़खानियाँ शुरू होतीं—''बुआ तुम्हें छू लें ?'' ''अरे बुआ कब मरोगी ?'' बस, बुआ के कोसने शुरू हो जाते थे। बातों-बातों उनके मुँह से फिचकुर निकल पड़ता था। वह एक बहुत बड़े घर की परित्यक्ता पत्नी थीं। बुआ को ताई बनाकर पेश करने के लिये पहले तो जी ललचाया फिर संकोच हुआ। इच्छा हुई कि इसकी जगह किसी और सशक्त व्यक्तित्व की खोज करनी चाहिए, कोई शानदार हस्ती होनी चाहिए। खैर, न जाने किस सिलसिले से घर के तिमंजिले पर गया। वहाँ खिड़की से पीछे फैली हुई मुहल्लेवालों की चहल-पहल भरी बस्ती झलक रही थी। मन रम गया। और एकाएक ही एक दूसरी पात्री का ध्यान आया। यह दूसरी महिला जादू-टोने करने में बड़ी ही सरनाम थी, न जाने कितनी बार मारी-पीटी गई, कितने किस्से-कजिए हुए। लोग उससे नफरत करते थे। उसका खयाल आते ही विचार आया कि बुआ के चरित्र में इस दूसरी महिला की विशेषताएँ भी यदि जोड़ दी जाएँ तो कैसा रहेगा ? जैसे-जैसे समन्वय करता गया वैसे ही वैसे आस्था भी बढ़ने लगी। बुआ ताई बन गई और कहानी जाड़े की दोपहरी में मुहल्ले की छतों पर बसी हुई दुनिया से आरम्भ हो गई।

कहानी बड़ी होने लगी। तभी संयोग से किताब महल वालों ने मुझसे एक 250-300 पृष्ठों का उपन्यास लिखने का आग्रह किया। मैंने सोचा कि यह कहानी चूँकि अब लम्बी होती जा रही है इसलिए पत्रिका के लायक तो रही नहीं, क्यों न इसे ही बढ़ाकर उपन्यास लिख डालूँ ? उन्हीं दिनों संयोग से किसी साहित्यिक गोष्ठी में यह बात उठी कि हमारे उपन्यास में अब वैसे चरित्र नहीं आते जैसे कि प्रेमचन्द पेश किया करते थे। अचानक ही मेरे मुख से निकल गया कि पात्रों की खोज में हमारे रचनाकारों को भी अपने मुहल्ला-जीवन की वैसी ही खोज करनी चाहिए जैसी जवाहरलाल नेहरू ने अपनी 'डिस्कवरी ऑफ इंडिया' पुस्तक में भारत की खोज की है। गोष्ठी से लौटते हुए सज्जन महाशय मन में आ चमके। उनके चित्रकार होने के पीछे भी एक कारण था। उस जमाने

में उपन्यासों के नायक आम तौर से चित्रकार या कवि हुआ करते थे। मैंने सोचा कि उपन्यासों के इस निकम्मे नायक को ही सकम्मा बनाना चाहिए। चितेरा रंगों से वातावरण चित्रित करता है और कवि या लेखक नए अर्थ की गूँजों से उसमें प्राण प्रतिष्ठा। मुझे लगा कि मैं इन दोनों नायकों को एक साथ ही लूँ। इस प्रकार मेरी कहानी बढ़ी और फिर बढ़ती ही चली गई। सज्जन और महीपाल का चित्रण करते हुए कहीं आड़े-तिरछे, बहाने-बहाने से मेरे अपने व्यक्तित्व के भी दो पक्ष खुलने लगे, तीसरा पक्ष वन-कन्या के रूप में भी प्रस्फुटित हुआ। कहानी दौड़ने लगी, लेकिन मेरी आदत तब तक अपने फिल्मी अदब-कायदों से मुक्त होकर भी बँधी हुई थी। पूरा प्लॉट कैसे गढ़ पाएगा, मैं किधर जाऊँगा, यह सब बातें मन को बेचैन बनाने लगीं। मैं उनसे बराबर जूझ रहा था। शायद इसीलिए तमाम बेचैनी के बावजूद मुझे हर दिन एक-न-एक नई सूझ आती और मैं आगे बढ़ता जाता था। पात्र और पात्रियाँ अपनी शक्ति से कथानक के अन्तरंग रिश्ते स्वयं ही गढ़ते चले जाते थे और मैं इस बेबसी से स्फूर्ति पाकर लिखता चला जाता था।

जब यह लगा कि प्रकाशक ने तो 250-300 पृष्ठों का ही उपन्यास माँगा था और यह तो बड़ा होता जा रहा है, तब मैंने प्रकाशक को अपने लिखे हुए पृष्ठ पार्सल के द्वारा भेज दिए और कहा कि भाई, यह उपन्यास फिलहाल बढ़ता ही चला जा रहा है। अगर इसे न छापना हो तो मेरी पांडुलिपि लौट देना और मैं तुमसे पाई हुई अग्रिम धनराशि तुम्हें लौटा दूँगा। प्रकाश स्व. श्रीनिवास अग्रवाल का पत्र मिला कि अगर यह उपन्यास दस हजार पृष्ठों का होगा तब भी इसे छापूँगा। आप इसे इसी तरह से लिखते जाइए। मन प्रसन्न हुआ, निश्चिन्त हुआ। किताब तो मैं लिख ही रहा था, उन दिनों लिपिक के रूप में लखनऊ यूनिवर्सिटी में पढ़नेवाला एक छात्र चिरंजीव सुभाषचन्द्र (अब मुद्राराक्षस के नाम से सुख्यात) मेरे साथ काम कर रहा था। यह उपन्यास लिखने में उसे ऐसा रस मिल रहा था कि अक्सर शाम को यूनिवर्सिटी से लौटकर वह सीधा मेरे ही घर आ जाता और कहता, "बाबू जी, लिखाइए।" सुभाष का उत्साह भी मेरे लिये बड़ा प्रेरणाप्रद था।

इस उपन्यास में छोटे-छोटे चरित्र तो मैंने जस के तस अंकित किए हैं। मुख्य पात्र और पात्रियों के रूप में इस बात का ध्यान रखा कि उसकी मुशाहबत से किसी को अपना चरित्र-चित्रण किए जाने का शक न हो। मैं एक मनोवैज्ञानिक पैटर्न के अलग-अलग 'शेड्ज' वाले चरित्रों का ऐसा तालमेल बिठाता कि उनका रूप और परिवेश बदल जाता।

अन्त में एक चरित्र के बारे में विशेष रूप से लिखने को जी चाहता है। बाबा रामजी का चरित्र हमारे कई आलोचक बन्धुओं को काल्पनिक, चामत्कारिक और 'फार्मूला कैरेक्टर' लगा है। यह बात बेबुनियाद है। बाबा रामजी शत-प्रतिशत जीता-जागता व्यक्ति था, जिसे मैंने सज्जन, ताई, वनकन्या या महीपाल जैसे काल्पनिक चरित्रों से जोड़कर औपन्यासिक जामे में पेश भर कर दिया है। मुझे हैरत होती है कि बाबा रामजी

जैसा ठेठ कर्मवादी व्यक्ति शहर के लोगों को अजब लगा। गाँवों में अब भी ऐसे सन्त-परोपकारी जीव मिल जाते हैं। हाँ, यह बात और है कि मेरा बाबा अपने पूर्व जीवन में मोटर-ड्राइवर और मैकेनिक होने के कारण हठयोग की साधना करते हुए अपनी भीतर की मशीनरी से भी खूब परिचित हो गया था। उसके पास निश्चय ही दूसरों का मन पहचानने की शक्ति थी।

संक्षेप में यह 'बूँद और समुद्र' उपन्यास के लिखे जाने की कहानी है।

'उसका बचपन' : मेरी जवानी

कृष्ण बलदेव वैद्य

'उसका बचपन' मेरे सामने है। गम्भीर भूरे और गर्म पीले रंगों की रेखाओं से खिंचा रामकुमार का आवरण और आग-से सुर्ख रंग में रचे श्रीपतराय के अक्षर। मानो दोरंगी महकती मिट्‌टी पर पके हुए अनार की तीन नंगी फाँके रख दी गई हों। मुझे ये रंग और ये रेखाएँ और ये अक्षर आज भी उतने ही प्रिय हैं जितने कि करीब उन्नीस वर्ष पहले थे, उस रोज जब अपनी इस पहली प्रकाशित किताब पर मेरी नजर पड़ी होगी। 'होगी' इसलिए क्योंकि वह रोज और वह नजर इस वक्त याद नहीं। याद और इश्क पर जोर नहीं।

मेरी इस प्रति की जिल्द कुछ सुस्त पड़ गई है और पन्ने कुछ मैले-पीले लेकिन पिछले कुछ सालों में—और यह शायद बढ़ती उम्र की अलामतों की ही शुरुआत हो—जब कभी इसे अपनी दूसरी किताबों की छोटी कतार में खड़े देखा है तो आँखें यूँ खिल उठी हैं जैसे अपनी पहली शर्मीली माशूका अपनी कच्ची खूबसूरती की सारी शुआएँ सँभाले बीच के सालों को रौंदती हुई सामने आ रुकी हो।

'उसका बचपन' का जन्म मेरी जलती जवानी के उस खूबसूरत खुरदरे और खौफनाक दौर में हुआ था जब मैं दिल्ली में दिल तोड़ रहा था और अपने कुछ साथियों—भीष्म साहनी, रामकुमार, देवेन्द्र इस्सर, निर्मल वर्मा, धर्म नारायण पांडे, कौल, चन्द्रमोहन, ज्योतिप्रिय, ओ.पी. मोहन, फिक्र तौंसवी—के साथ मिल बैठे या घूम-झूमकर अपनी तपिश और तनहाई से निबटने यानी आँख चुराने की कोशिश में वक्त का पहाड़ काटा करता था। उस आलम का एक नक्शा गालिब के शब्दों में यूँ है :

शोरीदगी के हाथ से सर है वबालेदोश
सहरा में ए खुदा कोई दीवार भी नहीं।

और एक और यूँ :

दिल फिर तवाफे कूए मलामत को जाए है
पिन्दार का सनमकदा वीराँ किए हुए।

उस आलम के नक्शे और भी खींचे जा सकते हैं लेकिन यहीं रुक जाना बेहतर होगा।

इधर-उधर भटकने, जलसों-जुलूसों में शामिल होने, तड़पने, बिलावजह हँसने, अदब और इन्किलाब के बारे में बेतहाशा बहसें करने, बीड़ी-सिगरेट पीने, खाँसने, खीझने, पढ़ा-पढ़ाकर रोजी कमाने, घरेलू जिम्मेदारियों से भागने-जूझने के अलावा उन दिनों एक और इल्लत भी हुआ करती थी—हम पन्द्रह-बीस नए और कमोबेश गुमनाम लेकिन 'होनहार' लेखक हर इतवार की हर हारी हुई शाम को करोलबाग के एक कारोबारी कॉलेज के एक कोरे कमरे में या उसके सँकरे सेहन में कल्चरल फोरम—यह विलायती नाम शायद इस्सर ने चुना था क्योंकि वही इस फोरम के असली पिता थे—नाम की एक साहित्यिक गोष्ठी जमाया करते थे।

कल्चरल फोरम में उर्दू, हिन्दी, अंग्रेजी, पंजाबी, और इन चारों जुबानों की आमेजश से बनी एक पाँचवीं बेनाम जुबान के कई या कुछ लड़खड़ाते लेखक प्यार भरी बेलिहाजी से एक-दूसरे की 'चीजों' की धज्जियाँ उड़ाया करते थे और फिर उन्हें सुधारने के लिये नर्म और नाजुक और नाकाबिलेअमल सुझाव दिया करते थे। बहस अक्सर ऊँची और बेतल्लुफ हुआ करती थी। बाकायदा हाजिर होनेवालों—जिनमें भीष्म साहनी, जगत राम साहनी, इस्सर, निर्मल वर्मा, महेन्द्र भल्ला, गोपीचन्द नारंग, ज्ञान सरूप हुआ करते थे—के अलावा कभी-कभी कुछ और निस्बतन नामी लोग—बलराज साहनी, फिक्र तौंसवी, नरेश मेहता, 'अश्क', राकेश, नरेशकुमार 'शाद', श्रीपत राय, अमृतराय वगैरह-वगैरह—भी अपने आप, शायद हमारी शोहरत के जेरेअसर, हमारे बीच आ बैठते थे। और उन्हीं दिनों इलाहाबाद और उसी किस्म के दूसरे उत्तर-प्रदेशीय शहरों में कुछ अजीबोगरीब नौजवान दिल्ली पर विजय पाने के ख्वाबों में मस्त यहाँ-वहाँ टहलते, चहकते, पान चबाते नजर आ जाते थे—मिसाल के तौर पर मनोहर श्याम जोशी, रघुवीर सहाय, श्रीकान्त वर्मा, कमलेश्वर। कभी-कभी इनका रुख भी न जाने क्यों हमारी तरफ हो जाता था। इन्हें हम फोरमिए 'बाहर के' समझते थे और वे शुरू-शुरू में शायद हमें महज पंजाबी या नीमपंजाबी मसखरे जिनसे हिन्दी साहित्य को कोई उम्मीद नहीं होनी चाहिए, उर्दू या पंजाबी अदब को भले ही हो। हम इनके हुलिए और लबोलहजे पर हैरान हुआ करते थे और कभी-कभी सरागोशी में या आँख के इशारे से एक-दूसरे से पूछ लिया करते थे, यार ये लोग क्या बला है ? उन्हें जरूर हमारी बेअदबी पर गुस्सा आता होगा लेकिन बेचारे खुलकर हम पर खफा नहीं हो सकते थे क्योंकि आखिर वह मंच हमारा था।

इस कल्चरल फोरम के अन्त के कई कारण रहे होंगे लेकिन एक कारण मेरी नजर में यह था कि कुछ साल बाद हमारी बहसों में हमारी कहानियों और कविताओं की तरह बिखराव आने लगा और वक्त पाकर वह इतना बढ़ गया कि हम सब भी बिखरकर इधर-उधर उड़ गए। इस बिखराव को ही सँभालने या कम करने के खयाल से हमारे कुछ संजीदा साथी हर बहस को खींच-तानकर एक ही तख्ते या तख्त पर ला सुलाना चाहने लगे थे—यह कहानी या वह किताब प्रेमचन्द की परम्परा से उधर की है या इधर की, उसे आगे ले जाती है या पीछे घसीटती है, अगर आगे ले जाती है तो कितना, अगर पीछे घसीटती है तो क्यों ? अगर उन जानलेवा बहसों के दौरान भीष्म साहनी का सुलझा

हुआ और शीतल साया हम पर न होता और वह अपने मख्सूस मीठे और आर्य-समाजी लहजे में हमसे मुखातिब न होते—यारो चिल्लाते क्यों हो, चिल्लाने से प्रेमचन्द की परम्परा को चोट लगने का अन्देशा है, चिल्लाओ नहीं—तो कई बार बहस कुश्ती में बदल गई होती। बहरहाल चलते-चलते कल्चरल फोरम थक गया और फिर थकते-थकते थम गया लेकिन अपना भूत हमेशा के लिये हमारे ऊपर सवार कर गया। अब भी दिल्ली में कुछ लोग एक-दूसरे के पास उदास खड़े आहें भरते सुने जा सकते हैं—यार, वह फोरम अच्छा था ! और अब भी मैं जब कभी दिल्ली जाता हूँ और अपनी पुरानी गश्तगाहों में गुम घूम रहा होता हूँ तो यह खटका कान खड़े कर जाता है कि कोई पुराना हमराही अचानक आकर यह न पूछ ले—प्रेमचन्द की परम्परा को आगे ले जा रहे हो या पीछे घसीट रहे हो, अगर आगे तो कितना, अगर पीछे तो क्यों ?

'उसका बचपन' का जन्म कल्चरल फोरम के जन्म के बाद और उसके अन्त से पहले हुआ था। जन्म से मुराद उसके समापन या प्रकाशन से ही नहीं, बल्कि उनसे पहले की सब प्रिय और अप्रिय पीड़ाओं से भी है। पीड़ाओं से मुराद अपनी चेतना के अन्धे कुएँ और अपनी स्मृति की सियाह सुरंग में झाँकने, वहाँ बिखरे-छिपे अपने भयावह अनुभूत भूत का सामना करने, उसे बाहर खींचने, उसे साफ संयत और यथाशक्ति सुन्दर अभिव्यक्ति देकर उससे मुक्त होने की सारी लम्बी और अटपटी प्रक्रिया से है।

अन्तिम रूप लेने से पहले 'उसका बचपन' मेरी दूसरी रचनाओं की ही तरह कुछ एक गलत या झूठी शुरुआत का शिकार हुआ था। सबसे ज्यादा दिक्कत और परेशानी मुझे दृष्टिकोण चुनने और चुनाव के बाद उसे बखूबी निबाहने में हुई थी। सबसे पहले अधूरे ड्राफ्ट में कोई निश्चित दृष्टिकोण नहीं था और मैं यानी मेरा सर्वव्यापी नेरेटर बेरोकटोक सभी पात्रों के अन्दर-बाहर घूम रहा था और जो उसके मुँह में आता बोल रहा था और जो उसका जी चाहता दिखा रहा था। उन्हीं दिनों मैंने हेनरी जेम्ज के काफी मुश्किल उपन्यासों—'दि पोर्ट्रेट ऑफ ए लेडी', 'एम्बेसेडर्ज', 'दि ऑकवर्ड एज' वगैरह—से उलझना शुरू किया था। अपने बिखरे हुए और असयंत दृष्टिकोण से नाखुशी का एक कारण शायद हेनरी जेम्ज का असर भी हो। इसकी कोशिश में मैंने बीरू, उपन्यास के मुख्य पात्र, को अपना नेरेटर चुना और पाया कि वह जिस मुकाम से और जिस लहजे से बोल रहा है वह ठीक नहीं, उसमें शब्दों की किफायत मुश्किल है, उपन्यास किसी नौजवान का संस्मरण-सा बनता जा रहा है, और उसका असर वर्णनात्मकता के बोझ तले दबता चला जा रहा है। इस दूसरी कोशिश का ही एक टुकड़ा मैंने पढ़कर कल्चरल फोरम में सुनाया था। खूब खबर ली गई थी। और नतीजा यह हुआ था कि कुछ देर के लिये मैं उस ड्राफ्ट से डरता रहा था और आखिर हिम्मत करके मैंने उसे एक तरफ रख दिया था।

तीसरा और आखिरी से पहला ड्राफ्ट मैंने '55 की गर्मियों में रानीखेत में बैठकर लिखा था। रानीखेत का नाम कलम की नोक से गिराते ही मेरे रोएँ उठ खड़े हो गए। रानीखेत में गुजारे वे कुछ दिन मेरी स्मृति की रौनक हैं, हमेशा रहेंगे। जिन्दगी में पहली

बार मैंने रमकर काम रानीखेत में ही किया था। और वहीं मुझे सहसा यह 'इलहाम' भी हुआ था कि 'उसका बचपन'—उस वक्त तक उपन्यास का कोई एक नाम नहीं था—का नेरेटर न सर्वव्यापी 'मैं' होना चाहिए और न नौजवान बीरू, बल्कि वही बच्चा बीरू जिसके इर्द-गिर्द मैं यह सारा माहौल उठाना चाहता था जो शायद मेरे उपन्यास की जान बने। और आखिर मैंने बच्चे बीरू को ही अपना दृष्टिकोण या माध्यम बनाया और वही दिखाया जो वह देख सकता था, पूरी तरह समझ बेशक न सकता हो।

दृष्टिकोण के निश्चय के साथ ही बल्कि उसके नतीजे के तौर पर 'उसका बचपन' की फॉर्म का फैसला हो गया और तीसरा ड्राफ्ट खत्म कर लेने में मुझे ज्यादा मुसीबत नहीं हुई। चौथा और आखिरी ड्राफ्ट रानीखेत से लौटकर काफी वक्फे के बाद शुरू हुआ और कुछ ही दिनों में खत्म हो गया। उस आखिरी ड्राफ्ट के दौरान मेरा ध्यान उपन्यास की भाषा को निखारने और उसे सुरीली आवाज देने पर रहा था।

इस संस्करण को समाप्त करने से पहले रानीखेत को एक बार फिर याद कर लेना चाहता हूँ। वहाँ सुबह उठकर तीन-चार घंटे 'उसका बचपन' पर काम करता था और बाकी का दिन पहाड़ियों और परिन्दों और दो नीमपागल लेकिन निहायत दिलचस्प अजनबियों की सोहबत में मस्त रहकर गुजार देता था। अमृतराय और श्रीपतराय भी उन दिनों वहीं थे। उनसे उन दिनों जान-पहचान तो थी लेकिन बेतकल्लुफी नहीं थी। उनसे बेतकल्लुफी की दागबेल भी रानीखेत के उस कयाम के दौरान ही रखी गई थी, यह खयाल भी मुझे खुशी पहुँचाता है।

रानीखेत में लिखी डायरी के कुछ अंश :

...और आखिर यहाँ पहुँच ही गया हूँ। यकीन नहीं आता था कि आ सकूँगा क्योंकि हजार दिक्कतें थीं। लेकिन चम्पा ने दरअसल बहुत फराखदिली दिखाई वर्ना आ पाना नामुमकिन था।

...एक पहाड़ी की ढलान पर एक बहुत ही पुरसुकून पत्थर-सा बैठा हुआ हूँ। पास एक थैला है जिसमें बीयर की एक बोतल, 'शेखर', एक कॉपी और कुछ कलम हैं। सिगरेट नहीं। एक डिबिया खत्म कर चुका हूँ। होंठ सूख रहे हैं लेकिन और पिए जाने की इच्छा है।...

...रॉयल होटल में एक ही रात बसर की लेकिन बहुत अच्छा हुआ कि दूसरी रात वहाँ नहीं कटी।...यूँ महसूस होता कि किसी कस्बे के बाजार के ऊपर एक चौबारे में रह रहा हूँ।...साथ वाले कमरे में एक लम्बे ऊँचे वाहियात किस्म के पंजाबी इंसान थे जिन्हें बात करने का सलीका तो दरकिनार, बात सुनने तक का तरीका नहीं आता था। किसी फर्म के एजेंट थे। पहली मुलाकात में ही "अरे, तू, यार, प्रोफेसरा ओए" पर उतर आए।

...मुकर्जी न मिल गया होता तो रॉयल में पड़ा उस वाहियात पड़ोसी से ऊब रहा होता।...

...अब रोजमाऊंट में हूँ। होटल से हटकर एक अलग कॉटेज में।...अगर चम्पा साथ होती तो इस जंगल के हर कोने में मंगल होता लेकिन नॉवल यूँ ही धरा रह जाता।...

...आज सुबह करीब दस सफे हुए।...

...इस वक्त, रानीखेत से काफी ऊपर चौबटिया फ्रूट गार्डंज में हूँ, बल्कि उनसे बाहर एक नामालूम रास्ते पर। आसपास कुछ परिन्दों की पुरमानी गुफ्तगू के सिवा कुछ नहीं। कुछ देर से एक परिन्दा एक ही सवाल पूछ रहा है।...

...यह हरियाली, यह ऊँचाई, यह खुनकी, यह राग, यह खामोशी, यह गोयाई—ये कुछ और ही किस्म की चीजें हैं। सदा मैदानी बाशिन्दों को खींच-खींचकर पहाड़ों पर ले आना चाहिए ताकि वे अपने घटियापन और अपनी तंगनजरी से रूशनास हो सकें। लेकिन ये चीजें तो पहाड़ों पर भी पाई जाती हैं। न जाने क्यों ?

...आज अभी तक मर-पीटकर सिर्फ आठ सफे लिख पाया हूँ।...

...चाँद नंगी औरत की तरह खिला हुआ है। बहुत खूबसूरत, बहुत उदासकुन।

...कल यहाँ से चला जाऊँगा। धूप बहुत ज्यादा है। दरख्तों के पत्ते सुर्ख हो रहे हैं...नॉवल खत्म हो गया।

'उसका बचपन' में मेरे बाद के काम के कई बीज बिखरे पड़े हैं।

‘उसका बचपन’ : समीक्षा

ओमप्रकाश निर्मल

हिन्दी में बाल-मनोविज्ञान पर बहुत कम लिखा गया है और उसमें भी उपन्यास तो नहीं के बराबर हैं। लगभग 18 वर्ष पूर्व छपा श्री कृष्ण बलदेव वैद का यह 144 पृष्ठों का उपन्यास आज भी बाल-मनोविज्ञान पर लिखे उपन्यासों में बेजोड़ है। वैद जी के इस उपन्यास की कहानी भारतवर्ष के हर गाँव और घर की कहानी है।

बच्चा जब जन्म लेता है तो उसके कानों में जो सबसे पहले शब्द पड़ते हैं वे शायद गाली, विद्वेष अथवा आक्रोश से भरे होते हैं। और जैसे-जैसे वह बड़ा होने लगता है, समझने-बोलने लगता है, वैसे-वैसे वह उन शब्दों के अर्थों को जानने लगता है और फिर वह उनका अभ्यस्त होता चला जाता है कि एक शब्द सुनकर ही वह उसकी आगे की प्रतिक्रियाओं और घटनाओं का ठीक-ठीक अनुमान लगा लेता है।

सास-बहू के झगड़े के साथ उपन्यास का प्रारम्भ होता है। यह झगड़ा शाश्वत है, घर-घर में है और इसके परिणामस्वरूप घर एक नहीं, अनेक धड़ों में बँटता चला जाता है। क्रूरताएँ, कुटिलताएँ, मार-पीट, प्रतिशोध, चोरी, छल-छद्म और न जाने कितनी तो बुराइयाँ आपने-आप सिमटती चली आती हैं। और बालक का विकास इसी विषैले वातावरण में होता है। पलता-पुसता, बड़ा होता वह इस सबका अभ्यस्त और आदी हो जाता है।

सास-बहू का झगड़ा हो या माँ-बेटी का अथवा पति-पत्नी का, छोटे बच्चों पर सभी का क्रोध उतरता है और यही कारण है कि जब भी घर में झगड़ा होता है, माँ बीरू की जमकर पिटाई करती है।

बीरू हर समय आत्मालाप करता है। वह अन्तर्मुखी ज्यादा है। इतनी कम वयस में उसकी समझ एक प्रौढ़ व्यक्ति की-सी है। वह जानता है कि दादी से प्रतिशोध लेने के लिये माँ लकड़ियाँ गीली कर लेती है और फिर घर धुएँ में घुटता है। दादी की खाँसी तेज हो जाती है। आँसू बहने लगते हैं। बीरू, बीरू का बाबा भी खाँसता है। माँ भी खाँसती है। आँसू उसके भी बहते हैं किन्तु प्रतिशोध के लिये कुछ कष्ट तो प्रतिशोधक को भी उठाना ही पड़ता है और माँ स्वेच्छया वह कष्ट उठाती है।

बीरू देखता है–

‘‘माँ की आँखों से पानी बह रहा है। शायद इस पानी में आँसू भी हैं, परन्तु उसे माँ के साथ सहानुभूति का अनुभव नहीं होता। उसकी इच्छा होती है कि आगे बढ़कर

माँ को पीठ पर एक ऐसी लात जमा दे कि माँ का सिर चूल्हे में घुस जाए, उसे होश ठिकाने आ जाएँ। आग मर जाए और दादी को खाँसी कम हो जाए।

"धुआँ माँ का साथी है और माँ दादी की दुश्मन।" (पृ. 8)

"वह वापस दादी के पास लौट आता है। और उसके साथ मिलकर खाँसने लगता है। मानो सान्त्वना दे रहा हो। खाँसी की हर खो के साथ दादी के मुँह से एक गाली निकलती है– डायन, चुड़ैल !...ज.ान लेकर छोड़ेगी।...आँखें तो ले ही ली ! हाय राम !...हाय !" (पृ. 9)

यह है व्यक्ति-मन की क्रूरता।

दादी और माँ के झगड़े के बीच बालक बीरू की नजर में माँ क्रूर है। दादी के प्रति न सिर्फ उसकी सहानुभूति है बल्कि वह स्वतः ही उस पक्ष में सम्मिलित हो जाता है।

माँ और दादी तथा बाबा और माँ के झगड़े के बाद अक्सर उसे भूखे पेट रहना पड़ता है। घर में कभी भी आटा नहीं, सब्जी नहीं, लकड़ी नहीं–कुछ भी नहीं रहता।

उपन्यास का ताना-बाना कुछ इस कौशल से बुना गया है कि इसका एक भी पात्र, एक भी घटना और एक भी शब्द इधर से उधर नहीं किया जा सकता।

जलालपुरनी अपनी आदतवश मौका देखकर कभी सास के कान भरती है तो कभी बहू के और कभी बेटी के। और फिर गृह-कलह लगाकर इस-उस पक्ष की गालियाँ खाती हुई झगड़े में रस लेती है। कहानी बीरू, माँ, दादी, बाबा, जलालपुरनी, देवी, पारो, बहनजी, नरेश, मास्टर लँगड़ा घड़ीसाज, जूड़ीवाला बाबा आदि पात्रों के निर्माण से बनती चली जाती है। ये पात्र लेखक द्वारा निर्मित नहीं हैं। ये पात्र हमारे देश के हर भाग में, हर गाँव और हर घर में मौजूद हैं। इसलिए पूरे का पूरा उपन्यास हमें ऐसा लगता है कि यह हमारा देखा-जाना, भोगा हुआ यथार्थ है।

इसमें गृह-कलह, तज्जन्य परिस्थितियाँ, दुख-अभाव, शराब, जुआ, विद्वेष, प्रेम-रोमांस, मृत्यु वह सब कुछ समाता चला गया है जो एक कृति को विशिष्टता प्रदान करता है। और फिर भाषा का प्रवाह, शैली का अनूठापन, वाक्यों की चुस्ती और कथा की रोचकता पाठक को कुछ इस तरह बाँधे रखती है कि वह कथा में डूबता चला जाता है और हर डुबकी के बाद उसे उसमें से कुछ-न-कुछ नया-सा पर अपना-सा मिलता चला जाता है।

दादी को चाचा ले जाता है और बीरू को लगता है कि उसका कुछ अमूल्य-सा छिन गया है। वैद दुख और आन्तरिक संघर्ष के क्षणों को ठीक-ठीक अभिव्यक्ति देने में सिद्धहस्त कथाकार हैं। उनकी यही विशिष्टता उनके पाठकों को उनकी हर कृति में मिलेगी। 'उसका बचपन' से लेकर 'विमल उर्फ जाएँ तो जाएँ कहाँ' तक की उनकी कथा-यात्रा में शैली की विशिष्टता, वाक्यों की चुस्ती और उनके पात्रों का आत्मालाप और अन्तर्मुखी होते जाना नव्य से नव्यतर निखार पाते चले गए हैं और उनका बीरू बड़ा होते-होते विमल बन गया है।

वैद जी ने 'उसका बचन' में यौन-सम्बन्धों को संकेतित भर किया है। छोटे भाई के पैदा होने पर बीरू सोचता है–काका कहाँ से आया है। माँ के पेट से। तो वह भी माँ के पेट से ही निकला होगा। उसके समवयस्क लड़के उसकी नासमझी पर उसे खिजाते हैं और वह माँ से इस बारे में खोद-खोदकर सवाल करता है। और फिर स्वयं ही समाधान भी पा लेता है। इसी तरह पारो और बड़ी बहन देवी के बीच होनेवाली उनकी प्रेम-प्रसंग से सम्बन्धित चुहल के रहस्य को भी वह आप ही आप जान जाता है और उसमें रस लेता है। उसे पारो के शरीर की गन्ध मोहक और उत्तेजक लगती है।

असलम के घर में उसकी बहन और माँ से चुहलबाजी उसमें हीनभाव पैदा करती है और वह सोचता है कि उसकी बहन और माँ असलम की बहन और माँ जैसी क्यों नहीं हैं। असलम के घर खाई रोटी और सालन जैसा स्वादिष्ट भोजन उसके घर में क्यों नहीं बनता।

असलम और उसकी बहन के पसीने की गन्ध उसे मोहक लगती है–वह मन ही मन कहता है–"मुसलमान की गन्ध पसीने की होती है, हिन्दू की दूध की।"

आगे चलकर वैद के ये यौन-संकेत समलैंगिकता, यौन-विकृतियाँ, हस्तमैथुन, एकाधिक पुरुष और एक स्त्री आदि-आदि क्षेत्रों में, व्यक्ति की सीमित दुनिया में, सिमटते चले जाते हैं।

वैद जी ने 'उसका बचपन' में जिस विराट् और विशद भूमि को उर्वरा बनाया है वह आज भी अपनी जगह स्थित है किन्तु उनका बाद का लेखन शिल्प की दृष्टि से चाहे जितना विकसित हुआ, वस्तु की दृष्टि से ह्रासोन्मुख ही होता चला गया है। इसीलिए 'विमल उर्फ जाएँ तो जाएँ कहा ?' जहाँ पग-पग पर उबाता है, उबकाइयाँ पैदा करता है वहीं 'उसका बचपन' भारतीय जन-जीवन की सुख-दुख की गाथा का मार्मिक आख्यान है जो पाठक को भीतर ही भीतर गलाता है, रुलाता है।

इस उपन्यास में वैद ने भारतीय समाज की नब्ज को पकड़ा है। दो बड़ी बीमारियाँ इस समाज को घुन की तरह खा रही हैं–एक, शक और दूसरी, बदनामी का भय।

दादी माँ पर शक करती है। माँ दादी, बाबा और देवी पर। वह सब पर शक करती है कि सब उसकी बुराई करते हैं। वह बहन जी और नरेश के माँ-बेटे के रिश्तों पर शक करती है। पारो और देवी भी यही शक करती हैं। माँ बीरू को दादी, बाबा और देवी की जासूसी करने को उकसाती है। जो औरत रात-दिन कलह करके सारे गाँव में तमाशा और चर्चा का विषय बनी रहती वह देवी के पाँव इधर-उधर बहकने की बदनामी से आतंकित है। बदनामी के भय से इस देश का सर्वोच्च-से-सर्वोच्च व्यक्ति आतंकित है और शक-शुबहे की बू उसके रक्त में मिश्रित है।

बाबा कई दिन बाद घर आए हैं। रेल में ही वह माँ के पाँच तोले के कड़े लेकर किसी रामलाल के साथ गायब हो गए थे। माँ घर में नहीं है। देवी और माँ के झगड़े में बीरू की निर्दयतापूर्वक पिटाई हुई थी और वह कई दिनों से तेज बुखार में तप रहा है। बाबा को बीरू उनकी अनुपस्थिति में घटी घटनाओं की सूचना दे देता है। इस बीच देवी

आती है। बाप-बेटी अपनी-अपनी आन्तरिक पीड़ाओं और दुखी मनःस्थिति से त्रस्त हैं। बाबा देवी के सिर पर अभय का हाथ रखते हैं और रो पड़ते हैं। देवी भी रो पड़ती है। दोनों ने अपने-अपने सिर घुटनों में छिपा लिये हैं।

"बीरू को लगता है, जैसे कोई आदमी उसके पास दो बँधी हुई गठरियाँ रखकर भाग गया हो और अब वह उन गठरियों की रखवाली कर रहा हो।"

इस देश का हर आदमी एक गठरी है। बँधी गठरी। और वैद बीरू के माध्यम से उन गठरियों को खोलते चले जाते हैं।

इस उपन्यास का अन्त बहुत कारुणिक है। पाँच तोले के कड़ों के लिये माँ घर में घुसते ही हंगामा मचा देती है। वह भूल जाती है कि उसका इकलौता पुत्र बीमार है। वह भूल जाती है कि उसका पति टूटा-हारा कई दिन बाद घर लौटा है, वह भूल जाती है कि कुछ दिन पूर्व ही सास और छोटे काका की मृत्यु हई है। वह भूल जाती है कि उसके पति की नौकरी खतरे में है। बस, वह चीखती रहती है–मुझे मेरे कड़े दो ! कहाँ हैं मेरे कड़े ! मार खाती जाती है पर कड़ों की रट लगाए रहती है। तमाशबीन जमा हो जाते हैं। उसे चिन्ता नहीं। कहीं हमदर्दी नहीं, अपनापा नहीं। लोग दूसरे के कष्टों और पीड़ाओं में मनोरंजन करते हैं।

कथा का अन्त कुछ यों होता है–

और बीरू का बाबा कमरे में घुसकर दरवाजा बन्द कर लेता है। माँ सब कुछ भूलकर जोर से चीखती है–"हाय, दरवाजा खुलवाओ ! लोगो, कहीं वह अपने-अपको कुछ कर न ले !"

और बीरू को न जाने क्या सूझता है कि वह भी चारपाई से उठकर रसोई में चला जाता है और अन्दर से दरवाजा बन्द कर लेता है। फिर एक रस्सी उठाता है और उसे गले में डालकर कसता चला जाता है। उधर बाबा के कमरे का दरवाजा टूटता है और इधर वह रसोई में धड़ाम से नीचे गिर पड़ता है। गिरने से उसके गले का फन्दा कुछ ढीला होता है और बाहर से आता शोर उसके कानों में भिनभिनाने लगता है।

कितनी पीड़ा, कितनी करुणा, कितनी समस्याएँ–दाल, रोटी, मिर्च-नमक, परिवार, बेटी-बेटा, रिश्ते-नातेदारी की और जन-जन की अभाव और तनाव भरी जिन्दगी ! वैद जी ने इस उपन्यास को पूरे कौशल और शक्ति से गढ़ा है।

'झूठा सच' के संस्मरण

यशपाल

कहानियाँ-उपन्यास लिखने के बारे में अपना अनुभव है–

सामाजिक प्राणी हूँ, समाज से बेपरवाह नहीं रह सकता। अनेक बार कुछ सामाजिक स्थितियाँ, समस्याएँ, परम्परागत धारणाएँ और मान्यताओं के अन्तर्विरोध मन को गहरा कचोट कर व्याकुल कर देते हैं। ऐसी व्याकुलता कि उन प्रश्नों को निजी न मानकर 'तू अपनी निबेड़ तुझे पराई की क्या पड़ी' की तटस्थता नहीं रह पाती। ऐसी परिस्थिति की विषमता या व्याकुलता समाज को पुकारने-गुहारने के लिये मजबूर कर देती है।

मार्च 1938 में आधी सजा काटकर लखनऊ में जेल से रिहा किया गया तो मुझ पर पंजाब में प्रवेश न करने का प्रतिबन्ध था। इसलिए लखनऊ में ही बस गया। जीविका के लिये लेखन का व्यवसाय अपनाया। लेखन का व्यवसाय अपनाने के दो कारण थे। तुरन्त कारण यही रहा कि तीन बरस फरारी और छह बरस जेल काटने के बाद रिहा हुआ तो स्वयं को किसी अन्य व्यवसाय के योग्य न समझा। मूल कारण शायद सत्रह-अठारह की आयु में लिया गया निर्णय था। उस विषय में अपने क्रान्तिकारी जीवन के संस्मरणों को 'सिंहावलोकन' में लिख चुका हूँ।

प्रसंग के लिये बहुत संक्षेप में कह दूँ। 1920 में मैट्रिक की परीक्षा में प्रथम रहा अपने नगर-जिले में। कॉलिज में पढ़ सकने के लिये छात्रवृत्ति का अधिकारी था। एक सफेदपोश गरीब परिवार के लड़के के लिये अपनी अवस्था सुधार सकने का दुर्लभ मौका था। अवसर से उस समय कांग्रेस का पहला असहयीग सत्याग्रह आन्दोलन चल रहा था। निश्चय कर लिया था समाज और देश को संकट में छोड़कर केवल वैयक्तिक जीवन की चिन्ता करने पर लानत। कांग्रेस का स्वयंसेवक बनकर असहयोग के प्रचार के लिये फिरोजपुर जिले के गाँवों में काम करने लगा।

फरवरी 1921 में चौरीचौरा कांड के बाद गांधी जी ने कांग्रेस के असहयोग और सत्याग्रह आन्दोलनों को अपनी हिमालय-जैसी बड़ी भूल बताकर आन्दोलन स्थगित कर दिया। अपने विचार में जिस लक्ष्य के लिये जीवन अर्पण कर दिया था वही स्थगित। दिल टूट गया। उस समय लाखों विद्यार्थियों ने सरकारी शिक्षा-संस्थाओं से असहयोग किया था। आन्दोलन स्थगित हो जाने पर शायद सौ में निन्यानवे फिर कॉलिजों में लौट गए। वह मुझे लगा जैसे 'थूका हुआ चाटना'। अर्थात् मुझे विदेशी सरकार की शिक्षा और

उससे सहयोग स्वीकार न था। मुझे लगा देश की स्वतन्त्रता के लिये गांधी जी और कांग्रेस का मार्ग सही नहीं है। इसीलिए उन्हें अपने आन्दोलन को स्थगित करना पड़ा। सोचा, स्वयं सही मार्ग निश्चय कर सकने के लिये शिक्षा से योग्यता पाना जरूरी है। इसे मेरी कैशोर मति का अहंकार भी कहा जा सकता है।

उन दिनों कुछ समय पूर्व लाहौर में सरकारी नियन्त्रण से स्वतन्त्र नेशनल कॉलिज की स्थापना की गई थी। अर्थ-कष्ट के बावजूद इस कॉलिज में पढ़ने चला गया। वहाँ संगति मिली भगवती चरण बोहरा, भगत सिंह, सुखदेव और फिर लाहौर के दूसरे नौजवानों की। हम सब कांग्रेस की विचारधारा और कार्यक्रम से असन्तुष्ट थे। आपस में विचार और अध्ययन के परिणाम में क्रान्तिकारी दल की स्थापना हुई जो बाद में हिन्दुस्तान समाजवादी प्रजातन्त्र संघ या सेना बन गया। हिन्दुस्तान समाजवादी प्रजातन्त्र संघ के लक्ष्य हमारे जीवन के लक्ष्य बन गए। भगतसिंह, सुखदेव, राजगुरु उन्हीं लक्ष्यों के लिये फाँसी चढ़े। भगवतीचरण रावी तट पर शहीद हुए। चन्द्रशेखर आजाद एलफ्रेड पार्क इलाहाबाद में। बहुत-से लोगों ने लम्बी-लम्बी जेल सजाएँ पाईं। मैं जनवरी 1932 में पुलिस से आमने-सामने लड़ाई में कारतूस समाप्त हो जाने पर गिरफ्तार हो गया था। चौदह बरस की जेल पाई।

1938 में जेल से रिहाई इसलिए हो सकी कि उस समय ब्रिटेन ने भारत को अपने आधिपत्य में प्रान्तों में स्वायत्त-शासन का अधिकार दे दिया था। हम लोग जेलों से छूट गए परन्तु हिन्दुस्तान समाजवादी प्रजातन्त्र संघ के लक्ष्य तो प्राप्त नहीं हो गए थे। जेल से छूटते ही एक पत्रकार ने मुझसे प्रश्न किया था, बदली हुई परिस्थितियों में मेरा क्या लक्ष्य और कैसा व्यवहार होगा ? मेरे उत्तर में यह वाक्य भी था—"जो काम पहले बुलेट (शस्त्रों) से करने का इरादा था उसे अब बुलेटिन (साहित्य) से करूँगा।" ऐसी स्थिति में मेरे लिये लेखन के अतिरिक्त जीविका की दूसरी कौन राह थी ?

शायद लगेगा, भटक गया। 'झूठा सच' के संस्मरण के बजाए अपने जीवन के संस्मरण सुनाने लगा। भटका नहीं हूँ, मूल सत्य बता सकने के लिये इतना कहना पड़ा। मेरी सभी कहानियों, उपन्यासों और 'झूठा सच' लिखने की भी प्रेरणा और भूमिका का सच मेरा वही वाक्य था—जिस लक्ष्य के लिये बुलेट का साधन अपनाया था उसी के लिये बुलेटिन या साहित्य। हमारा लक्ष्य केवल ब्रिटिश सत्ता से मुक्ति ही नहीं, अपने देश और समाज की सभी प्रकार की विवशताओं, असमर्थताओं और बन्धनों से मुक्ति, सबके लिये समान अधिकार और समान अवसर देनेवाली व्यवस्था का लक्ष्य था। आर्थिक, राजनैतिक और शासकीय असमर्थताओं-विवशताओं के साथ-साथ अन्ध-परम्पराओं और अन्धविश्वासों के कारण विवशताओं और बन्धनों से भी मुक्ति। व्यापक रूप से मेरी अन्य रचनाओं की तरह 'झूठा सच' की रचना के श्रम की प्रेरणा और भूमिका में मेरा यही प्रयोजन और लक्ष्य था।

अब 'झूठा सच' विशेष की बात। 1947 में विभाजन हुआ। उससे ग्यारह बरस पहले ही व्यावहारिक रूप से मैं लाहौर-पंजाब से कट चुका था परन्तु स्मृति और भावना

का लगाव न टूट सका था। इसलिए पंजाब-प्रवेश-निषेध के बावजूद 1945 तक दो बार, चुपके से दो और तीन दिन के लिये लाहौर हो आया था। उस बीच लाहौर की रंगीनी कितनी बढ़ गई लगी थी। सोचा था, लाहौर को पूर्व का पेरिस कहना शायद अत्युक्ति नहीं है।

फिर 1947 में देश-विभाजन के कारण और उसके बाद कुछ बरस तक अनेक सूत्रों से देश-विभाजन की प्रक्रिया और उसके कारण पश्चिम से पूर्व आनेवाले और पूर्व से पश्चिम जाने के लिये विवश लोगों की दारुण यन्त्रणाओं का परिचय पाता रहा। मेरी पत्नी लखनऊ के शरणार्थी-कैम्पों में सहायता-कार्य में योग दे रही थी। भुक्तभोगी लोगों से परिचय और उनकी आपबीती सुनने के अवसर मिलते रहते थे। उन सब अमानवी, नृशंस कांडों के पीछे ब्रिटिश कूटनीति तो थी परन्तु ब्रिटिश कूटनीति ने जिन साम्प्रदायिक भावनाओं और संस्कारों को लेकर साम्प्रदायिक विरोध को तिल से ताड़ बना दिया, वह तो इस देश के समिमलित समाज में सदियों से चले आ रहे थे। मैं बचपन से उन्हें देखता आ रहा था। कभी-कभी उनसे जूझने का भी प्रयत्न किया था। आखिर धर्म के नाम पर जमे संस्कारों को, जिनका प्रयोजन मनुष्य की पशुता को मानवता में बदलना था, उन्हीं संस्कारों को भड़काकर मनुष्यों को खूँखार दरिन्दे बना दिया था।

मेरी चिन्ता, भावना और सहानुभूति केवल पश्चिम से पूर्व आनेवालों के लिये ही न थी। पूर्व से पश्चिम जाने के लिये विवश लोगों पर बीती जानने का भी प्रयत्न यथासम्भव करता रहा। और जाना कि अन्धे साम्प्रदायिक वैमनस्य और घृणा का नशा सभी सम्प्रदायों के लोगों को हिंसक पशु से बदतर बना देता है। अन्धी साम्प्रदायिकता के आत्मघाती उन्माद से यह देश कब मुक्त होगा !

विभाजन की यातना को मैंने वैयक्तिक रूप से नहीं भुगता परन्तु भावना और कल्पना द्वारा भुक्तभोगियों की ही तरह उसका भागी बनता रहा। बार-बार खयाल आता, यह सब नृशंसता और वीभत्स संहार उसी पंजाब और लाहौर में हुआ जहाँ मैं किशोर-अवस्था और विद्यार्थी-जीवन में किताबें बगल में दबाए स्कूल-कॉलिज जाता था। जिन नगरों की गलियों और सड़कों पर कहकहे लगाए थे, कभी हाथापाई की थी और जिन गली-मुहल्लों की लड़कियों-स्त्रियों के सौन्दर्य और नाज-नखरों ने नारी के लिये चाह और आदर की उमंगें उठाई थीं।

जून 1955 में पत्नी के साथ मास्को जाने के लिये दिल्ली में था। काबुल की राह हवाई टिकट ले चुके थे। अप्रत्याशित संयोग से, पाकिस्तान हाई कमीशन के एक साहित्य-प्रेमी अफसर ने बीस मिनट में पाकिस्तान की राह काबुल जाने के वीसा बनवा दिए।

लाहौर में पहुँचकर हैरान ! क्या यह वही लाहौर है जिसे अन्तिम बार 1945 में दो दिन देखा था जिसकी रंगीनी कल्पना में कायम थी ! लगा, मेले की जगह मरघट। उजाड़ रेलवे स्टेशन, शहालमी दरवाजे का गुंजान-तंग बाजार, परीमहल, मच्छी हट्टा, रंगमहल के बाजार-मोहल्ले जो विभाजन के दंगों में जला दिए गए थे, सड़क के दोनों ओर मलबे

के ढेरों का मैदान दिखाई दिए। ताँगेवाले ने बताया "यहाँ बहुत चौड़ी सड़क बनाई जाएगी।" अब शायद वहाँ नवनिर्माण हो गया हो परन्तु उस समय सूने बाजारों के दोनों ओर गिराए गए दुमंजिले-तिमंजिले मकानों का ऊपर बताया दृश्य ही था। पुराने लाहौर में हम लोग शहालमी और लुहारी के बाजारों की कन्धे-से-कन्धा रगड़ती भीड़ों में से, पाँव धरती पर लगाए बिना साइकिल निकाल ले जाना बड़ा करतब समझते थे। उन्हीं बाजारों में से हमारा ताँगा "बचा-हटो" पुकारे बिना सरपट चलता, रंगमहल, डब्बी बाजारों से होता शाही मुहल्ले, हीरामंडी से भाटी दरवाजे गुजरकर लुहारी दरवाजे आ पहुँचता। उसके बाद लाहौर का मशहूर अनारकली बाजार जिसकी रंगीनी और रौनक के लिये लोकगीत थे—"मैं अंगरेजी पढ़गइआँ, अनारकली विच वड़ गइआँ"। उत्तर भारत में फैशन, शौक और विलास की जो चीजें कहीं न मिलें, अनारकली में खरीदिए। उस जमाने में लाहौर के अनारकली के स्तर के रेस्तराँ और दुकानें नई दिल्ली के कनाट प्लेस में भी न थे। तब दिल्ली के शौकीन सूट सिलाने के लिये लाहौर जाते थे। विभाजन से पूर्व अनारकली में भीड़ के कारण सवारियों को एक ही ओर जाने का नियम रहता था। अब बाजार में विरल यातायात, दुकानें सूनी, उजड़े नगर की बेरौनकी और उदासी।

ताँगेवाला हिन्दुस्तानी सवारी से सनक रहा था। सामीप्य बनाने के लिये उससे लाहौरी पंजाबी में ही बात कर रहा था। झिझकते-झिझकते पूछ लिया "यार, अब सात-आठ साल पहले जैसी भीड़ें नहीं हैं। रोजगार का क्या हाल है ?"

ताँगेवाले ने उदास उपेक्षा से मुँह फेरकर उत्तर दिया—"रोजगार चला गया सतलज पार। अब यहाँ अल्ला ही अल्ला।"

स्टेशन के फर्स्ट क्लास वेटिंग रूम में मुद्दत से झाड़-बुहार न होने का आभास। गुसलखाने की ओर से बदबू। वेटिंग रूम के बैरे की पगड़ी मैली, छीजी शेरवानी और गरारानुमा पाजामे से उत्तर प्रदेश से आए होने का अनुमान। सन्ध्या के खाने के लिये अनुरोध करने पर बैरे ने पूछा—"खाना यहाँ ही हाजिर किया जाए या डाइनिंग रूम में पसन्द करेंगे ?"

"मियाँ, डाइनिंग रूम में बेहतर हो सकता है। यहाँ मुद्दत से सफाई नहीं की गई जान पड़ती है।"

उत्तर मिला, "जनाब, क्या अर्ज किया जाए। डाइनिंग रूम से यहाँ गनीमत।"

बैरा की बोलचाल से उत्साहित होकर पूछा—"मियाँ, हमारे अन्दाज से, आप पंजाबी नहीं जान पड़ते, पूरब से आए हैं क्या ?"

"हुजूर वतन तो लखनऊ है। किस्मत फटी तो अक्ल भी मारी गई। आ गए। निबाह रहे हैं।"

फर्स्ट क्लास डाइनिंग रूम के लिहाज से खाना ऐसा-वैसा ही था।

फ्रंटियर मेल में पेशावर के लिये हमारे रिजर्वेशन करनेवाली, पाकिस्तान में आधुनिकता और प्रगतिवाद की विज्ञापन गुड़िया की मेहरबानी से, रिजर्वेशन के टिकट हमारे हाथ में होने पर भी रिजर्वेशन-लिस्ट में हमारे नाम नहीं थे। परेशानी में स्टेशन मास्टर से

शिकायत की। स्टेशन मास्टर ने हमारे पासपोर्ट देखकर इंडियन राइटर के प्रति सौजन्य से मेल को दो मिनट रोककर प्रबन्ध करवा दिया।

पेशावर में और फिर पाकिस्तान की पश्चिमी सीमा लंडीकोतल और लंडीखाना तक जिन पठान ताँगेवालों, होटल में पंजाबी मुसाफिर या कर्मचारी और चुंगी के पूर्व से वहाँ गए सरकारी अफसरों से सम्पर्क पड़ा, सभी जगह असन्तोष, निरुत्साह और पछतावे का आभास पाया। बार-बार अनुभव होता, साम्प्रदायिक वैमनस्य के उन्माद में विरोधी को ध्वंस कर देने के उन्माद में आत्मघात का पछतावा। मन में निरन्तर व्याकुलता थी, मेरे पंजाब और लाहौर नहीं रहे, किसी तरह उनकी याद तो रह जाए। और साम्प्रदायिक वैमनस्य के सामूहिक उन्माद की मूर्खता और उसके लिये पछतावा प्रकट कर सकने की आकुलता। उस समय 'अमिता' उपन्यास लिख रहा था। उसे पूरा करते ही 'झूठा सच' आरम्भ कर दिया।

लाहौर और पंजाब का यथार्थ चित्र पेश कर सकने और उनकी बात कहने के लिये उपन्यास के पात्रों का लाहौरी और पंजाबी होना जरूरी था। पाठकों का विश्वास और सहानुभूति पाने के लिये घटनाओं को यथार्थ का आभास देना भी। उसमें कितनी सफलता हुई। यह निर्णय पाठकों का काम।

इस प्रसंग से इतना कह दूँ, धर्मयुग में 'झूठा सच' का पहला भाग 1958 में प्रकाशित होने पर लगभग आठ सौ पत्र आए थे। पत्रों में बड़ी संख्या विभाजन के भुक्तभोगियों के पत्रों की थी। बहुतों का कहना था—'झूठा सच' में झूठ क्या ? सच ही सच है। बहुतों का विश्वास था, पुस्तक उपन्यास नहीं स्वयं लेखक की आपबीती ही है। कुछ लोगों ने पत्रों द्वारा और कुछ ने मिलकर तारा, जयदेव पुरी, कनक, पं. गिरधारी लाल, डॉ. प्राण, सोमराज सरीन और वकील महेन्द्र के विषय में पूछा—अब वे लोग कहाँ हैं ? उनसे भेंट की इच्छा प्रकट की।

तथ्य है कि जैसे 'झूठा सच' लेखक की आप बीती नहीं, कुछ देखे-सुने और कुछ बटोरी हुई सूचना के आधार पर कल्पना है, वैसे 'झूठा सच' में वर्णित पारिवारिक घटनाएँ और सब पात्र काल्पनिक हैं। अलबत्ता राजनैतिक घटनाओं की तिथियाँ और स्थान सब इतिहास हैं। जिन ऐतिहासिक व्यक्तियों के नाम और वक्तव्य उपन्यास में आए हैं वे सब संस्मरणों-रिपोर्टों और समाचारपत्रों से संगृहीत पूर्णतः तथ्य हैं।

'झूठा सच' की प्रेरणा, मेरी व्यथा उपन्यास के प्रथम भाग के अन्त में, लाहौर से शरणार्थी स्त्रियों को अमृतसर पहुँचानेवाली उस बस के ड्राइवर के सवारियों को सम्बोधित शब्दों में स्पष्ट है—''उतरो बहनो, बेटियो, तुम्हारा 'वतन' तो छूटा पर अपने 'देश' में, अपने लोगों में पहुँच गईं। परमेश्वर को धन्यवाद दो। रब्ब ने जिन्हें एक बनाया था, रब्ब के बन्दों ने अपने वहम और जुल्म से उन्हें दो कर दिया।''

इसीलिए 'झूठा सच' के प्रथम भाग का उपशीर्षक है—'वतन और देश।'

पहले भाग में मेरा कथ्य पूरा नहीं हो पाया था इसलिए दूसरा भाग आरम्भ किया। अब बात थी, अपनी जड़ों से उखाड़कर, अपने घरबार से निकालकर पूर्व में धकेल दिए

गए करोड़ों नर-नारियों के जिन्दा रह सकने के अवसर के लिये संघर्ष की। अपनी पुरानी जड़ें उखड़ जाने और पुरानी परिस्थितियों की बुनियादें और सीमाएँ टूट जाने से उन्हें परम्परा में बाँधे रखनेवाली उनकी रूढ़ियाँ और संस्कार भी निर्बल हो गए थे। अब उन्हें समस्याओं को पुराने विश्वासों से नहीं, अपनी परिस्थितियों, जरूरतों से अपने यथार्थ अनुभव से देखने की मजबूरी थी। उनकी दारुण और असहाय स्थिति में उनके सब पुराने बन्धनों के टूट जाने से ही उन्होंने अपना भाग्य स्वयं बनाने की मजबूरी में स्वतन्त्रता, साहस और कर्मठता की शक्ति पाई। इस सबके लिये उन्हें अपने अतीत जीवन की तुलना में समयानुकूल नए दृष्टिकोण और नए व्यवहार, जिनका वे अतीत में विरोध ही करते, अपनाने पड़े। वे बिलकुल नए व्यक्ति बन गए। अपने निश्चय साहस और कर्मठता से वे अपनी नई परिस्थितियों के समाज पर लगभग छा गए। परिस्थितियों में आवश्यक संघर्ष के साहस ने उनकी मनोदशा पर भी प्रभाव डाला। वे शरणार्थी कहलाना अपमान समझकर स्वयं को पुरुषार्थी कहते थे।

अपनी पुरानी जड़ों से उखड़कर आए लोग स्वयं तो यथार्थ को समझकर समयानुकूल बने। उनके उदाहरण, संगति और प्रभाव से जागी प्रतिद्वन्द्विता में रूढ़ि और परम्परा के संस्कारों की जकड़ और भाग्यवाद की अकर्मण्यता से शिथिल अन्य प्रदेशों के लोगों में भी अपने भाग्य को बदल सकने की चेतना की सक्रियता कुनमुनाने लगी। इस तथ्य को 'झूठा सच' की कहानी के माध्यम से उजागर करना आवश्यक था।

ब्रिटिश शासन से मुक्ति के बाद की एक और महत्त्वपूर्ण परिस्थिति थी। वैधानिक स्वतन्त्रता और आत्मनिर्णय का अवसर पाकर भी हम अपने राजनैतिक भाग्य को समाज और राष्ट्र का नेतृत्व सँभाल बैठे लोगों के कन्धों पर छोड़कर उस ओर से बेपरवाह हो गए थे। अव्यवस्था की व्याकुलता अनुभव करके भी आत्मनिर्णय के अधिकार और अवसर से उसका उपाय करने में निराश। जनता विदेशी शासन के बाद दस वर्ष के अनुभवों से कुछ सीखने, समझने के लिये मजबूर हो गई थी। वे समझने लगे, स्वार्थी राजनैतिक पहलवानों को अपनी पीठ पर चड्डी गाँठने का अवसर स्वयं उनकी उपेक्षा दे रही है। जनता की इस चेतना का कुछ प्रभाव दूसरे आम चुनावों में सामने आया। यदि जनता उस ओर और अधिक सचेत हो सकती तो वह प्रक्रिया हमारी जनता को वास्तविक आत्मनिर्णय और कुशासन से स्वतन्त्रता के मार्ग पर आगे बढ़ा सकती थी। इस परिणति का संकेत 'झूठा सच' के दूसरे भाग के अन्तिम शब्दों में है, "जनता निर्जीव नहीं है। जनता सदा मूक नहीं रहती। देश का भविष्य नेताओं और मन्त्रियों की मुट्ठी में नहीं है, देश की जनता के हाथ में है।" इसलिए 'झूठा सच' के दूसरे भाग का नाम 'देश का भविष्य' उचित जँचा।

'झूठा सच' के दोनों भाग बारह सौ पचास पृष्ठों में समाए हैं। इतने संक्षेप में इस उपन्यास के सब पात्रों और घटनाओं की कहानी कहना असाध्य था। संस्मरण के रूप में उपन्यास के लिये प्रेरणा की ही कहानी दे सका हूँ।

‘झूठा सच’ : स्त्री निम्नमध्यवर्ग और साम्प्रदायिक चेतना

आनन्द प्रकाश

यशपाल का ‘झूठा सच’ आजादी के बाद लिखे गए सबसे अधिक लोकप्रिय और चर्चित उपन्यासों में से एक है। ‘धर्मयुग’ में इसका धारावाहिक प्रकाशन, और तब पुस्तकाकार रूप में पाठकों तक पहुँचना छठे दशक की साहित्यिक घटना के रूप में याद किया जाता है। एक तरफ लोगों ने इसके ऐतिहासिक सामाजिक कथ्य की सराहना की और दूसरी ओर युवा-जीवन के प्रेम-प्रसंगों के आत्मीय चित्रण को पसन्द किया।

‘झूठा सच’ के बारे में लिखते समय यशपाल के पहले के उपन्यासों (और कहानियों) का ध्यान आता है जहाँ इस प्रगतिशील लेखक ने राजनीतिक, सामाजिक प्रश्नों और मानवमन की आन्तरिक अनुभूतियों (प्रेम, स्नेह, मित्रता, स्वच्छन्दता आदि) को समन्वित रूप में प्रस्तुत करके हिन्दी के पाठक-संसार में लोकप्रियता प्राप्त की। ऐसा नहीं कि जीवन का यह समन्वित रूप लेखक द्वारा अपने आप ही किसी अन्दरूनी कलात्मक मजबूरी के कारण चित्रित हुआ, इसके विपरीत यशपाल ने जन-चेतना को झकझोरने, उसे नए प्रश्नों के बारे में सोचने और उसके पुरातनपन्थी संस्कारों को समाप्त करने के इरादे से सचेत और सोद्देश्य लेखन किया।

यह सचेतता और सजगता यदि लेखक की शक्ति थी तो लेखक के भावबोध में कुछ ऐसे दूसरे तत्त्व भी थे जिनके बारे में वह पर्याप्त सचेत नहीं था, और जिनके कारण उसके लेखन में कुछ कमजोरियाँ बराबर बनी रहीं। उदाहरण के लिए, यशपाल के ज्यादातर उपन्यासों में भारतीय समाज के यथार्थ के उस पक्ष का चित्रण अधिक रहा जो मध्यवर्गीय इच्छाओं और आकांक्षाओं के अनुकूल पड़ता है। एक तरफ यदि लेखक युवकों-युवतियों के प्रेम-प्रसंगों, उनकी राजनीतिक बहसों आदि के माध्यम से पाठकों के अन्दर रुचि और विवेक पैदा कर रहा था, तो दूसरी तरफ एक खास किस्म के पात्रों के जीवन-तर्क में बँधकर अपने लिये सीमाएँ भी पैदा करता जा रहा था। बहुत ही प्रेरणाप्रद चित्रण और उमंग के बावजूद ऐसे कितने ही बिन्दु आते थे, जब पाठक एक मीठी उदासी और पीड़ा का शिकार होकर जीवन की असली तल्खी से कट जाता था और अपने सामाजिक जीवन से अलग किसी काल्पनिक परिवेश में रहने की इच्छा से अभिभूत हो

जाता था। शायद इसी कारण यशपाल के उपन्यासों में राजनीतिक प्रश्नों और सामाजिक विषयों के विवेचन के बावजूद वह ऐतिहासिक-राजनैतिक दृष्टि नहीं उभरी, जो एक साहित्यिक रचना को अतिशय यथार्थपरक और कलात्मक बनाती है।

लेकिन यशपाल चूँकि एक सही सामाजिक फ्रेमवर्क को मानसिक रूप से स्वीकार करके लेखन कर रहे थे, इसलिए उनकी रचनाओं में यथार्थ दृष्टि का विकास लगातार देखने को मिला। और यह कहने में संकोच नहीं होना चाहिए कि 'झूठा सच' में (विशेषकर इसके पहले भाग 'वतन और देश' में) लेखक की सामाजिक परिवेश की समझ की चरम परिणति हुई है। यह नहीं कि इस उपन्यास में मध्यमवर्गीय मन को आकर्षित करनेवाले चरित्र, घटनाक्रम या दृष्टान्त नहीं मिलते। लेकिन जहाँ पिछले उपन्यासों में ऐसे तत्त्व सम्पूर्ण औपन्यासिक यथार्थ पर हावी होने लगते थे तथा लेखक की दृष्टि के विकास में बाधा बनने लगते थे, वहाँ 'झूठा सच' में सम्पूर्ण औपन्यासिक यथार्थ इन तत्त्वों की अपेक्षा अधिक शक्तिशाली बना रहता है और लेखकीय दृष्टि के विकास के लिये अत्यधिक सहायक सिद्ध हुआ है। मसलन, इस उपन्यास में वे पात्र घटनाक्रम को मोड़ने में जरा भी सफल नहीं होते जो यशपाल के पुराने औपन्यासिक पात्रों की श्रेणी में आते हैं—जैसे जयदेवपुरी, तारा, कनक और असद। यशपाल इन पात्रों को पूरी सहानुभूति (और बहुत कुछ स्वीकृति भी) जरूर देते हैं, लेकिन उपन्यास की विषय-वस्तु के समस्या-मूलक और भयावह स्वरूप को उजागर करने के लिये लेखक ने दूसरे अपरिवर्तनशील-अगत्यात्मक किन्तु शक्तिशाली पात्रों का सहारा लिया है।

इन दूसरी किस्म के पात्रों ने जो दर्जनों की संख्या में चित्रित हुए हैं, यशपाल को सामाजिक परिवेश की जड़ता को पहचानने का भरपूर अवसर दिया है और लेखक को सामाजिक जीवन की वस्तुपरकता के तर्क में बाँधकर कुछ गम्भीर पक्षों की सार्थक परीक्षा करने के लिये प्रेरित किया है। यह सही है कि उपन्यास के दूसरे भाग 'देश का भविष्य' में लेखक के चित्रण में बिखराव आने लगता है और लेखक यान्त्रिक ढंग से उन सभी घटनाओं और पात्रों को समेटने लगता है जिनका संश्लिष्ट रूप हमें पहले भाग में देखने को मिला था। लेकिन दूसरा भाग शायद इसलिए कमजोर पड़ गया है कि वह आजादी और उसके बाद के भारत की तस्वीर पेश करता है, ऐसे भारत की जिसके ज्यादा करीब होने के कारण अपने विवेचन और समझ में पूरी तरह वस्तुपरक और सही नहीं रह पाया।

जैसा कि उपन्यास के उपशीर्षकों—'वतन और देश' तथा 'देश का भविष्य' से संकेत मिलता है, लेखक का उद्देश्य राष्ट्रीय आन्दोलन की पृष्ठभूमि में देश के विभाजन के काल में वास्तविक सामाजिक स्थिति पर प्रकाश डालते हुए राजनीतिक सत्ता के हस्तान्तरण को मुख्य विषय बनाना था तथा इस ऐतिहासिक घटना की व्यापक राजनीतिक व्याख्या प्रस्तुत करते हुए प्रबुद्ध पाठक को कुछ महत्त्वपूर्ण प्रश्नों पर सोचने को मजबूर करना था। इस उद्देश्य में लेखक को आश्चर्यजनक सफलता मिली है और इस उपन्यास को विभाजन पर लिखी गई सैकड़ों कृतियों में आसानी से सर्वाधिक

प्रामाणिक कहा जा सकता है। प्रामाणिक इस अर्थ में नहीं कि तथ्यों और अपने वास्तविक और तटस्थ रूप में चित्रित करके कोई इतिहास-पुस्तक या संस्मरणात्मक पुस्तक लिखी गई है; बल्कि इस अर्थ में कि तथ्यों को उनके ऐतिहासिक-सामाजिक परिप्रेक्ष्य में रखकर समझा गया है, तथ्यों की व्याख्या के माध्यम से कितने ही सामाजिक-सांस्कृतिक विषयों का गम्भीर विश्लेषण प्रस्तुत किया गया है, जीवन-तथ्यों से निष्कर्षों तक पहुँचने की स्वस्थ साहित्यिक प्रवृत्ति को विकसित किया गया है; ताकि पाठक मात्र पाठकीय रुचि से उपन्यास को न पढ़े बल्कि उन ऐतिहासिक घटनाओं में मानसिक स्तर पर हिस्सा लेता हुआ और अपने सामाजिक जीवन में उन घटनाओं के सही और गलत पक्षों को पहचानता हुआ स्वस्थ सामाजिक चेतना का विकास कर सके।

स्थान की सीमा को ध्यान में रखकर प्रस्तुत लेख में उपन्यास के सिर्फ एक महत्त्वपूर्ण पक्ष—साम्प्रदायिक चेतना को लिया गया है और यह दिखाने की कोशिश की गई है कि निम्न मध्यवर्ग के सन्दर्भ में किस प्रकार इस चेतना का प्रभाव समाज के विभिन्न हिस्सों में फैलता हुआ अपने अन्तिम रूप में अमानवीय हो उठता है। यशपाल ने इस अमानवीय रूप को उजागर करने के लिये युवक-युवतियों के प्रेम-प्रसंगों, उनके आदर्शों, उनकी कल्पनाओं और स्वप्नों को सहानुभूति प्रदान करते हुए उस सामाजिक ढाँचे की अर्थवत्ता पर सन्देह किया है जो अपने युवावर्ग की स्वस्थ और सही आस्थाशील चेतना को निरन्तर कुंठित करती है।

यशपाल साम्प्रदायिक चेतना को लोगों के दिमाग में बैठी हुई जड़ता और विवेकहीनता से जोड़ते हैं। उपन्यास के पहले खंड का अधिकांश हिस्सा लोगों की दिमागी जड़ता की ओर बार-बार पाठक का ध्यान खींचता है। लाहौर के विशाल निम्न मध्यवर्ग की मानसिकता का खाका खींचने का यह काम लेखक ने एक मुहल्ले के दैनिक कार्य-कलाप पर दृष्टि केन्द्रित करके किया है। सामान्य रूप से तो यह जड़ता पूरे निम्न मध्यवर्ग की सोच में मौजूद है। लेकिन यशपाल ने विभिन्न रूप से स्त्री-वर्गों की विचार-पद्धति को इसके चित्रण का आधार बनाया है। जाहिर है कि यदि समूचा स्त्रीवर्ग एक बँधेबँधाए ढर्रे से सोचने को मजबूर है और इस मजबूरी को झेलने के दौरान इन प्रवृत्तियों का आदी बन गया है, तो स्त्रियों की यह मानसिकता सक्रिय होकर बच्चों और लड़के-लड़कियों में होकर फैलती हुई और भी तेजी से और मजबूती से व्यापक जकड़न बनने लगती है। यानी स्त्रियों का पिछड़ापन यदि एक तरफ एक विशिष्ट सामाजिक ढाँचे की अनिवार्यता है और आवश्यकता भी—ऐसे सामाजिक ढाँचे की जो स्वाभाविक सामाजिक विकास में अपने ध्वंस और अन्त की कल्पना से भयभीत होकर सामान्यतया सामाजिक विकास का विरोधी और यथास्थिति का पोषक बनने का निर्णय ले लेता है—तो दूसरी तरफ यह पिछड़ापन उस गतिरोध को और अधिक बढ़ाता हुआ विकास की सम्भावनाओं को और भी अधिक पीछे धकेल देता है जिसके कारण चीजें वहाँ भी बहुत दिनों तक नहीं ठहर सकतीं जहाँ वे पहले थीं—यथास्थिति तक को सुरक्षित रखना मुश्किल हो जाता है।

उदाहरण के लिये भोला पांधे की गली में रहनेवाले परिवारों के रोजमर्रा के जीवन को लें। परिवारों की जीवन-क्रिया को चलाने के लिये पुरुष हर सुबह अपनी नौकरी अथवा छोटे-मोटे व्यवसाय की खातिर निकल जाते हैं और शाम को लौटते हैं। पूरे घर को सँभालने तथा बच्चों को पालने के लिये पीछे रह जाती हैं स्त्रियाँ—सब आयु की, बड़ी-बूढ़ियाँ और अधेड़ महिलाएँ, युवा बहुएँ और विवाहिता बेटियाँ, विवाहयोग्य लड़कियाँ और यौवन की ओर अग्रसर किशोरियाँ, इस पूरे स्त्री-वर्ग के लिए, आचरण के बन्धन कड़े हैं। औरतों को सिर्फ घर की चारदीवारी में समय काटना है, परिवार का भोजन पकाने की व्यवस्था करनी है, दिन के खाली समय में कताई-बुनाई-कढ़ाई करनी है, ब्याह-शादियों, हवन-जन्मोत्सवों, लड़कियों की विदाई अथवा मरणसंस्कार वगैरह करने के लिये निश्चित कामों को निपटाना है—और इस पूरे यान्त्रिक कर्म के दौरान अपने दिमागी खालीपन को निरुद्देश्य बातचीत, हँसी-मजाक और ठिठोली से भरना है।

जिन्दगी की यान्त्रिकता, निरुद्देश्यता और खालीपन पूरे व्यवहार को नितान्त विवेकहीन, अस्वस्थ और अमानवीय बना डालते हैं। ऐसे वातावरण में मुहले की मौत, शोक और दुख की बात नहीं, सामाजिक औपचारिकता बन जाती है। औरतें रोने-धोने के लिये 'विशेषज्ञ' की सलाह लेती हैं, निश्चित गोलाई में बैठती हैं, ताल के साथ छाती, माथा और जाँघें पीटती हैं, और द्रुत ताल के बाद साँस लेने के समय घर-बार की बातों में प्रायः भूल जाती हैं कि वे एक शोक के अवसर पर उपस्थित हुई हैं। बल्कि वे अपने विवाहयोग्य लड़के-लड़कियों के सही वर-वधू की तलाश में एक-दूसरे से जानकारी का आदान-प्रदान करती हैं, और यदि बात पूरी होने से पहले ही 'शोक' का अगला चरण शुरू हो जाए तो उसके समाप्त होने का इन्तजार करती हैं ताकि पिछली बात को आगे बढ़ाकर पूरा किया जाए।

इस माहौल में स्त्री-पुरुष के बीच स्वस्थ प्रेम के पनपने की सम्भावनाएँ नहीं हैं। दिन में स्त्रियाँ चूल्हे-चक्की की क्रियाओं को सम्पन्न करने के यन्त्र की भाँति हैं और रात को, जैसा भी सम्भव है, एकतरफा सैक्स-सम्बन्ध में इस्तेमाल होने की चीज। एकान्त के अभाव में पूरे परिवार के रहते ही स्त्री-पुरुष-सम्बन्ध भी आँखों की ओट लेकर लगभग पाशविक स्तर पर चलते रहते हैं और इसकी चर्चा परिवार और मुहल्ले की युवा लड़कियों में आम होती है।

...शीलो बोला, "और तू देख, हमने बुलाया तो हम लोगों के यहाँ नहीं आई। झूठी ने कह दिया, सिर में दर्द हो रहा है। घर लौटकर भाई के साथ कमरे में जाकर किवाड़ बन्द कर लेगी, और क्या। बेशर्म कहीं की, दिन में भी नहीं मानती।"

"क्या ?" तारा ने पूछा।

"वाह तू नहीं जानती ?" शीलो मुस्कराकर घुले हुए स्वर में बोली, "मैंने तो उन्हें किवाड़ों की फाँक में से झाँककर देखा है। तूने कभी नहीं देखा ?"

तारा का मुँह झेंप से लाल हो गया—"हमारे यहाँ एक ही तो कोठरी है। भाई और मास्टर जी बरामदे में सो जाते हैं। एक रात नींद खुल गई। नाली पर जाने के लिये उठी

—

तो मास्टर जी...मुझे बहुत शरम आई...'' तारा ने दोनों हाथों से मुँह ढाँप लिया। ('वतन और देश', पृ. 13-14)

सभी आयु की स्त्रियों के बीच यह निकटता उनके मन में निराशा, पराजय, अनैतिकता और धीमी आवाज में चलनेवाली अनुशासनहीनता पैदा करती है। इससे जीवन में प्रति अरुचि और बेचारगी की भावना पनपती है। चूँकि हर हालत में सिर्फ जीते रहना है, परिवार और समाज की यान्त्रिक क्रिया को चलते रहना है, इसलिए अपनों से छोटों के प्रति व्यवहार की नम्रता अथवा उसकी उपस्थिति में गलत-सही बात कहने का ध्यान भी सिर्फ आदत की मजबूरी से रखा जाता है, न कि युवावर्ग में स्वस्थ नैतिकता पैदा करने के लिये इस कारण यौन-सम्बन्धों के बारे में अचानक निकल जानेवाले वाक्य और उसके फौरन बाद व्यवहार की शुद्धता की याद दिलाया जाना लगभग समानान्तर चलते हैं, और मात्र यह याद दिलाया जाना कि युवा अविवाहित लड़कियों की उपस्थिति में सस्ती बातें नहीं की जानी चाहिए, सही बातचीत की परम्परा कायम करने की दिशा में पर्याप्त मान लिया जाता है। यही नहीं, सस्ती मजेदार बातें चलती रहें—बस ध्यान इतना रखा जाए कि अपनी उम्र से अलग व्यक्ति उन्हें न सुन रहे हों—यह बात सभी अपने मन में स्वीकार करके चलते हैं।

''हाँ और क्या,'' कर्तारो बोली, ''ये नई पढ़ी-लिखियों के ढंग हैं। सच कहूँ, आजकल की पढ़ी-लिखी लड़कियों को तमीज ही नहीं है, ये क्या जानती हैं, मर्दों को कैसे बस में रखा जाता है ? ब्याह कर आईं और चौड़-चपट्ट खोलकर बैठ गईं। खसम के साथ बाजार घूम, सिनेमा जा, महीने भर में गभरू का मन ही भर जाए। हम लोग छह महीने-साल में तो आधा चेहरा दिखाती थीं...।''

''क्या है माँ ?'' जीने से उतरती हुई तारा का स्वर सुनाई दिया। तारा और शीलो नीचे आ गईं।

''चुप रह।'' मेलादेई ने तो कर्तारो को टोक दिया, ''जवान बेटियों के सामने नहीं बकते।''

कर्तारो ज्ञानदेवी की ओर से बोलने लगी—''सुनो कुड़ियो, बहन जी कह रही हैं कलकत्ते के बंगाल में मुसलमानों ने दस हजार हिन्दू भाई कतल कर दिए हैं। बाजारों में बहन-बेटियों के कपड़े उतारकर सौ-सौ बेईमान मुसलमानों ने हिन्दू औरतों...''

''चुप फिटे मुँह, लानत'', मेलादेई ने दबे स्वर में डाँटा, ''जवान बेटियाँ बैठी हैं।'' ('वतन और देश, पृ. 71)

ऐसे सामाजिक वातावरण में कितने अजीब किस्म के सैक्स-सम्बन्ध जन्म ले सकते हैं, इसकी कल्पना आसान नहीं। तारा के ताया जी की लड़की शीलो सिर्फ एक बार तारा के पड़ौस के लड़के को सब्जी देने आती है और कुछ ही समय बाद तारा अचानक देखती है कि रतन शीलो को चूम रहा है। वहीं शीलो अपने विवाह के बाद भी रतन से सम्बन्ध बनाए रखती है, 'उसी का बच्चा' जनती है, और पति तथा प्रेमी के बीच इतनी आसानी से पटड़ी बैठाती है कि इस पूरे सम्बन्ध को रुक्मिणी, कृष्ण और राधा के आख्यान की

मदद से व्याख्यायित कर सके, इस सम्बन्ध को आध्यात्मिक स्तर पर ले जाकर गौरव का अनुभव कर सके। इसी प्रकार पचास वर्ष का अधेड़ पुरुष पड़ौस की गरीब लड़की को खाने की चीजें देकर ललचाने की कोशिश करता है और गली के लोगों की आलोचना सुनकर बेशरमी से घर में बैठा रहता है।

सम्पूर्ण स्त्री-जाति ने यह स्वीकार कर लिया है कि वे मात्र पुरुष के भोग की वस्तु हैं, पुरुष की ज्यादतियों को सहन करते जाना उनकी किस्मत है। पुरुष का घृणित व्यवहार उनमें आत्मदया और लाचारी पैदा करता है और इस व्यवहार के लिये वे अपने को ही कोसती हैं। उन पर हो रहे अन्याय के प्रतिकार के लिये समाज में कोई हल नहीं है, यह अहसास स्त्री-जाति की स्थिति को दयनीय बना देता है। यही नहीं, अपनी इस सामाजिक स्थिति की व्याख्या भी स्त्रियाँ अपने ढंग से कर लेती हैं—

मेहरा गहरी साँस लेकर बोली—"मरे आपस में लड़ते हैं, मिट्टी औरतों की खराब करते हैं।"

ताजो ने समझाया—"खुदावन्द ने तो मर्द पर फर्ज आयद किया है कि औरत पर रहम करे और उसकी हिफाजत करे, क्योंकि औरत मर्द को अपने जिस्म से पैदा करती है और पालती है...।"

"खाक रहम और हिफाजत करते हैं।" मेहरा ने क्रोध प्रकट किया, "बेहया जहाँ से निकलते हैं उसी की बेइज्जती करते हैं। मर्द मुहब्बत करे तो, गुस्सा करे तो, उसका सारा जोर वहीं उतरता है...।" ('वतन और देश', पृ. 395)

"तू भी क्या कहती है ?" दुर्गा बोली, "घर से एक बार निकाली, दर-दर ख्वार हुई तीमी (अबला) को फिर कौन रखता है ? घर से निकली तीमी और डाल से टूटा फल, उनका फिर मेल क्या", दुर्गा ने बहुत गहरी साँस छोड़ दी मानो हृदय से सब आशा फेंक दी हो।

"मैं घर से निकली हूँ ?" बन्ती को क्रोध आ गया, "सब कुछ तो वह सब कुछ देखनेवाले महाराज देखते ही हैं। सब कुछ सभी की आँखों के सामने हुआ है। घर से हम निकली हैं या वो लोग हमें घर से छोड़ गए हैं या इन्होंने जबरन छीन लिया ? जो हुआ, उसमे कोई क्या कर सकता था ? किसे दोष दें ?" ('वतन और देश', पृ. 492)

यही कारण हैं कि जब देश की राजनीति में एक बड़ा परिवर्तन आने को होता है, ऐसा परिवर्तन जिसकी स्वाभाविक परिणति समाज के विकास में होती है, तो आम जनता की राजनीतिक-सामाजिक चेतना उस परिवर्तन के रास्ते में बाधक सिद्ध होती है।

इस सवाल को उठाने से पहले लाहौर-जीवन के अन्य पक्षों का भी थोड़ा-बहुत जायजा लेना जरूरी है, क्योंकि यशपाल उन पक्षों के चित्रण को उपन्यास की क्रिया का जरूरी हिस्सा मानते हैं। पहली चीज है, शिक्षा का पहले की अपेक्षा कुछ अधिक विस्तार। कॉलेजों में पढ़नेवाले लड़के-लड़कियाँ जो ज्यादातर लाहौर के उच्च मध्यवर्ग के परिवारों से आते हैं, राष्ट्रीय आन्दोलन की राजनीति में दिलचस्पी लेने लगे हैं। हो सकता है कि उच्च-मध्यवर्गीय परिवार अपने लड़के-लड़कियों को इसीलिए शिक्षा देते हों कि आज उसी

का चलन है, और शिक्षा न देने का अर्थ होगा सामाजिक-सांस्कृतिक क्षेत्र में पिछड़ जाना—जैसा कि कनक के जीजा महेन्द्र नैयर के व्यवहार से स्पष्ट होता है; लेकिन एक बार युवक-युवतियों को कॉलेज की शिक्षा के लिये बाहर भेजकर ये परिवार उन युवक-युवतियों पर पूरी तरह अनुशासन लागू करने की स्थिति में नहीं रहते। तभी कितने ही छात्र न केवल पारिवारिक अनुशासन के बन्धन से सीमित छुटकारा पाकर मुक्त चिन्तन करने लगते हैं, बल्कि उस मुक्त चिन्तन के परिणामस्वरूप पैदा हुए आदर्शवाद के प्रभाव में आकर और अपने समाज की समस्याओं के प्रति नए सिरे से सचेत होकर उस स्वस्थ और मानवीय राजनीति को अपनाते हैं, जो नई ऐतिहासिक स्थिति में सामाजिक संघर्ष को बुनियादी परिवर्तन की सीमा तक ले जाए, ताकि एक नई और न्यायपूर्ण समाज-व्यवस्था को कायम किया जा सके।

कितने ही कॉलेज के छात्र और छात्राएँ इस नई राजनीति में उत्साहपूर्वक हिस्सा लेते हैं और अपने सामाजिक व्यवहार तथा चिन्तन में पुरातनपन्थी विचारधारा तथा रूढ़िवादिता के सामने चुनौती बन जाते हैं। भोला पांधे की गली में पैदा होकर बड़ा हुआ व्यक्ति जो आमतौर पर वहाँ की मानसिक जड़ता का शिकार होता और रूढ़िवादिता को बढ़ावा देता, इस नई राजनीति के सम्पर्क में आकर कितना उत्साही, आधुनिक, प्रगतिशील और सजग हो जाता है, जयदेव की बहन तारा इसका सुन्दर उदाहरण है। यशपाल इस पक्ष को नजरअन्दाज नहीं करते, वे इसे बड़ी स्पष्टता से रेखांकित भी करते हैं। लेकिन लेखक की यह धारणा लगती है कि इस प्रकार के परिवर्तन एक व्यापक प्रवृत्ति नहीं बन पाए, वे मात्र छिटपुट उदाहरण बनकर रह गए।

और शायद लाहौर के विशाल निम्न-मध्य-वर्गीय समुदाय की अनिवार्य नियति भी यही थी। रूढ़ियों और निर्जीव औपचारिकताओं के बीच मात्र जिन्दा रहता हुआ यह समुदाय किसी भी परिवर्तनकामी मानसिकता को दबाएगा; उसे पनपने नहीं देगा। मास्टर रामलुभाया का परिवार तारा को पढ़ने के लिये इसलिए भेजता है कि एक तो थोड़ा बहुत जयदेव पुरी का प्रभाव है, लेकिन ज्यादातर इसलिए कि यदि तारा पढ़ेगी नहीं तो घर बैठकर क्या करेगी। पढ़ाई की इस लाचारी के बावजूद गली-मुहल्लों की औरतें शिक्षा की आलोचना करती है। और जैसे ही तारा की सगाई निश्चित हो जाती है, उसका कॉलेज में पढ़ना महत्त्वहीन हो जाता है। तारा के मँगेतर सोमराज के माता-पिता की राय में लड़की को बाहर निकालकर नौकरी तो करनी नहीं है, फिर वह पढ़े क्यों ? तारा के ताया जी पढ़ाई के बारे में जयदेव पुरी की भी जिद देखकर गुस्से और व्यंग्य में कह उठते हैं—"तुझे बी.ए. पास लड़की चाहिए। बी.ए. पास लड़की क्या पढ़े-पढ़ाए बच्चे जनेगी ?" और "तुझे भले घर की लड़की से शादी करनी है, या अनारकली या मालरोड पर सैर करनेवाली रंडी से ?" तारा की पढ़ाई के बारे में टिप्पणियाँ करती हुई इन्हीं ताया जी की 'घरवाली' कहती हैं :

लड़की को पढ़ाकर तुम्हें क्या लेना है ? लड़के बराबर तो अभी पढ़ चुकी है। उन लोगों के यहाँ जाकर इसे कौन स्कूल मास्टरी या मुंशीगिरी करनी है ? क्या बच्चों को

अंग्रेजी में लोरी देगी ? कॉलेज में लड़कियों को पढ़ाने का फैशन तो माल रोड और ग्वालमंडी के लोगों में है। ('वतन और देश', पृ. 57)

पूरे स्त्री-समुदाय का अपने बारे में यह सोचना कि उनका सामाजिक महत्त्व दूसरे दर्जे का है, कि उनका काम सिर्फ घर की चर्या में समय लगाना या बच्चे पैदा करके उन्हें पालना है, कि बाहर का काम और पढ़ने-लिखने और सोचने-समझने का काम पुरुषों का है, निश्चय ही स्त्री वर्ग के हित में काम करने का चिन्तन नहीं है। यह चिन्तन स्त्रियों का अपना चिन्तन नहीं है, बल्कि पुरुषों की ओर से स्त्रियों की अपनी सामाजिक सुविधा के लिये इस्तेमाल करने की गरज से दिया पुरुष-चिन्तन है। पुरुषों के हित में पुरुषों द्वारा किया गया यह चिन्तन, पूरे स्त्री-समुदाय पर थोपा गया है, ऐसे स्त्री-समुदाय पर जो अशिक्षा, बेकारी और सामाजिक उद्‌देश्यहीनता के वातावरण में अपनी विचार- शक्ति कुंठित कर चुका है।

स्त्रियों और पुरुषों के इस विभाजन को सामाजिक वर्ग-विभाजन जैसा ही आधारभूत विभाजन मानना गलत होगा क्योंकि स्त्री-समुदाय पर थोपा गया चिन्तन सम्पूर्ण पुरुष-समुदाय की सुनियोजित और सचेत क्रिया नहीं है बल्कि उस समाज व्यवस्था की अनिवार्य आवश्यकता है जिसमें अधिकारपरकता और सीढ़ीनुमा शक्ति-तन्त्र के माध्यम से सामन्तवर्ग ने अपने वर्गीय शासन को लागू कर रखा है। इस वर्गीय शासन के अधीन समाज का एक विशाल हिस्सा एक ही ढर्रे को बहुत लम्बे काल तक बिना सोचे-विचारे और बेचारगी से स्वीकार करने और जीने को बाध्य है। यही कारण है जो पुरुषवर्ग बड़ी निर्दयता से अधिकारपरकता और बड़े-छोटे के दर्शन को स्त्री-समुदाय पर लादता है, वही पुरुषवर्ग शासकवर्ग के सामने अपनी हीनता को बखूबी स्वीकार करता है। भोला पांधे की गली के पुरुष किसी भी समय स्वयं को समाज के कर्णधार नहीं मानते, बल्कि अपनी समाज-व्यवस्था का लाचार पुर्जा समझते हैं।

अब जरा संक्षेप में देश के राजनैतिक बातावरण को देखें। एक तरफ कांग्रेस के नेतृत्व में राष्ट्रीय आन्दोलन तेजी पकड़ चुका है और दूसरी तरफ द्वितीय विश्वयुद्ध के बाद ब्रिटेन की शक्ति कम हो गई है। ब्रिटिश साम्राज्यवादी शक्ति यह भी बखूबी जान चुकी है कि कांग्रेस के नेतृत्व के बावजूद राष्ट्रीय आन्दोलन की असली ताकत यहाँ का किसान-मजदूर वर्ग है। ब्रिटेन को यह भी अहसास हो गया है कि राष्ट्रीय आन्दोलन के अनिश्चित काल तक खिंच जाने की परिणति यह हो सकती है कि कांग्रेस का सही रूप जनता के सामने स्पष्ट हो जाए और नेतृत्व उसके हाथ से हटकर किसान-मजदूर वर्ग और मध्यम वर्ग के अपने प्रतिनिधियों के हाथों में आ जाए जो देश के भीतर पूँजीवाद के लिये खतरा बनकर विश्व-साम्राज्यवाद पर एक करारी चोट होगी। इसलिए साम्राज्यवाद का हित इसी में है कि जनता अपने सही राजनीतिक प्रतिनिधियों के बारे में न जानकर पुरानी चेतना के अधीन धर्म, सम्प्रदाय, जाति, रूढ़ियों, पुरातन-पन्थी विचारधारा आदि के प्रभाव में बनी रहे, और ब्रिटेन इसी बीच शासन की बागडोर यहाँ के पूँजीपति वर्ग के हाथों में सौंपकर और अपने आर्थिक हितों की सुरक्षा पर किसी समझौते तक पहुँचकर

देश छोड़ दे। उपन्यास को पढ़ते हुए बार-बार महसूस होता है, और लेखक अपने वर्णनों में बेहद प्रामाणिक है, कि लोगों को सही वर्गीय-चेतना से बचाने का और अपने आर्थिक हितों की सुरक्षा का एक ही उपाय है और वह है सम्प्रदायवाद के आधार पर देश का विभाजन।

देश के बारे में इस साम्राज्यवादी समझ से कांग्रेस भी प्रभावित लगती है और विभाजन से पहले के महीनों में वह बहुत कम ऐसे काम करती है कि पंजाब में बढ़ती हुई साम्प्रदायिक आग को कारगर ढंग से रोका जाए। कांग्रेसी नेता इस साम्प्रदायिकता के सामने लाचार नजर आते हैं और अपने वक्तव्य में गोलमोल बात करते हैं। धर्म-निरपेक्षता और शान्ति की बात करते हुए जब जयदेव पुरी एक तेज-सी टिप्पणी 'पैरोकार' में लिख देता है तो उसे नौकरी से बेझिझक निकाल दिया जाता है, जाहिर है कि धर्मान्धता का विरोध करने का खतरा कांग्रेस नहीं लेना चाहती। कांग्रेस के अन्दर के ही अधिक समाज-विरोधी तत्त्व और उससे बाहर के दक्षिणपन्थी दल बड़े सुनियोजित ढंग से साम्प्रदायिक दंगों को शुरू करवाते नजर आते हैं—उन हिन्दुओं और मुसलमानों को एक-दूसरे के विरोध में खड़ा करके जो सदियों से एक साथ शान्तिपूर्वक रहते आए हैं।

लेखक की राय में केवल एक ही ऐसी सामाजिक शक्ति है जो इस साम्प्रदायिकता का सही और कारगर जवाब बन सकती है, और वह शक्ति है देश का अपनी सही वर्ग-चेतना से लैस श्रमिकवर्ग। केवल यही शक्ति धर्मान्धता के विरुद्ध खड़ी होकर इस अमानवीय हिंसा को समाप्त कर सकती है। यह तब सिद्ध हो जाता है जब कम्युनिस्टों द्वारा आयोजित रेल-यूनियन के मजदूरों का विशाल जुलूस लाहौर की गलियों से शान्ति के समर्थन और साम्प्रदायिक हिंसा के खिलाफ नारे लगाता हुआ गुजरता है। इस घटना से लोगों के दिलों का आतंक कम होता है और कुछ दिनों के लिये अचानक ही साम्प्रदायिक दंगे कम हो जाते हैं। तब शायद ब्रिटिश साम्राज्यवाद और देश की पूँजीवादी और सामन्ती ताकतों का काम यह रह जाता है कि किसी तरह मजदूरों की वर्गचेतना को कुंठित किया जाए। यहाँ यशपाल उस घटना का हवाला देते हैं जब रेल-मजदूरों के बीच बम फेंका गया, ताकि इस आक्रमण को साम्प्रदायिक रंग दिया जा सके। एक पात्र के शब्दों में :

"रेलवे वर्कशॉप में जो बम फेंके गए थे, वे मिलिटरी के ग्रिनेड थे। आज घर-घर में बन्दूकें, रायफलें पहुँच गई हैं। यह क्या हो रहा है ? यह अमन है ? यह सरकार इतनी पुलिस और फौज से अमन नहीं कायम कर सकती ? यू.पी. में किदवई ने कैसे खाकसारों को ठंडा कर दिया। यहाँ नहीं हो सकता ?" ('वतन और देश', पृ. 262)

अब देखना यह है कि शासक-वर्गों की सुनियोजित नीति के साथ-साथ वे कौन से दूसरे वस्तुपरक कारण थे जिनके बल पर साम्प्रदायिक चेतना पनपाने में न्यस्त स्वार्थों को मदद मिली। जैसा हमने ऊपर के विश्लेषण में पाया है, यशपाल बार-बार एक बहुत बड़े जन-समुदाय की मानसिक जकड़न और दिमागी जड़ता की बात करते हैं। जाहिर है कि

आदमी का अपने बारे में विचार और विश्लेषण कि उसका समाज से किस तरह का रिश्ता है, क्या उसका समाज उसकी उन्नति की सम्भावनाओं के लिये सहायक सिद्ध होगा या अवरोधक, उसकी सही सामाजिक भूमिका क्या है, वगैरह-वगैरह, इस तरह का सामाजिक-सांस्कृतिक वातावरण अधिक देर तक नहीं चल सकता—उसके सोचने की सब दिशाएँ बन्द कर दी जाती हैं। इसके विपरीत उसे निरन्तर लगभग जैविक स्तर पर जीने के लिये बाध्य किया जाता है। इस सन्दर्भ में लेखक ने ठीक ही व्यापक स्त्री-समुदाय पर ध्यान केन्द्रित करके यह दिखाने की कोशिश की है कि इतने बड़े समूह की विचारहीनता समाज के लिये घातक होती है, क्योंकि न केवल यह समुदाय स्वयं निष्क्रिय हो जाता है बल्कि व्यक्तियों के प्रारम्भिक जीवन-काल में ही उन्हें एक ऐसे निरुद्देश्यतापूर्ण भाग्यवादी दर्शन का बोझ सौंपता है जिससे मुक्ति पाना अत्यधिक कष्ट-साध्य है।

इस रूढ़िपरक भाग्यवादी दर्शन की घोर असामाजिकता और अमानवीयता का स्वरूप वह है जब लोगों में नैतिकता और मानव-गुणों की रक्षा के लिये आवश्यक उत्साह धीरे-धीरे समाप्त हो जाए। जब उनके लिये मानव-जीवन सिर्फ़ पाशविक स्तर पर जिन्दा रहने का पर्याय बन जाए, जब एक व्यक्ति दूसरे को मारने और घायल करने में नारकीय आनन्द लेने लगे। यह माहौल जिसमें प्रेम, स्नेह, मातृत्व, पारस्परिक आदर, नम्रता, आधारभूत मानवीय अच्छाई आदि के लिये कोई जगह न हो, जब संस्कृतिहीनता की स्थिति तक चीजें पहुँचा दी जाएँ, विवेकहीन साम्प्रदायिक चेतना के लिये बड़ा ही सहायक माहौल होता है।

साम्प्रदायिक चेतना की सुनियोजित कोशिश के उदाहरण के रूप में यशपाल दो शिक्षित लगनेवाली महिलाओं का उदाहरण लेते हैं। ये महिलाएँ भोला पांधे की गली में यह प्रचार करने आती हैं कि मुसलमान दुकानदारों वगैरह से चीजें न खरीदी जाएँ, क्योंकि किसी अन्य स्थान पर मुसलमानों ने हिन्दू औरतों पर भयंकर अत्याचार किए हैं। यद्यपि पहले-पहल मुहल्ले की औरतें हिन्दू दुकानदारों की बुराई करती हैं कि वे चीजें महँगी बेचते हैं और नखरे करते हैं, लेकिन इन शिक्षित महिलाओं के दो-चार मिनट तक समझाते ही उन्हें फौरन समझ में आ जाता है कि मुसलमान बहुत घृणित लोग होते हैं। असल में उनमें यह सोचने या पूछने की सामर्थ्य ही नहीं रही है कि मुसलमानों के अत्याचार की रिपोर्ट कितनी सही या गलत है, या सही भी है तो यहाँ के मुसलमानों से भेद-भाव बढ़ाना समस्या को और भी गम्भीर बनाएगा या सुलझाएगा। जब तारा इन महिलाओं से बहस करने की कोशिश करती है तो उसका पहला विरोध गली की औरतें ही करती हैं, जो कुछ ही मिनटों में इन 'बहन जी' की भक्त और समर्थक बन गई हैं :

"बहन जी, ये लड़ाइयाँ तो अंग्रेज कराते हैं..." तारा ने धीमे से बात शुरू करनी चाही।

ईश्वर कौर ने उसे तुरन्त काट दिया—"तो मरे मुसलमान अंग्रेजों के कहने से हमसे क्यों लड़ते हैं, न लड़ें।"

"लड़ाने से तो हिन्दू भी लड़ते हैं।" तारा ने साहस किया। "अभी हम भी तो लड़ाई की तैयारी की बात कर रहे थे।"

ज्ञानदेवी और उसके साथ कर्तारो और बंसत कौर बोल पड़ीं—"औत्रे (निरबंसिए) मुसलमान ही तो लड़ते हैं। हिन्दू बेचारे कहाँ लड़ते हैं। लड़े हमारी जूती ! हमें कोई मारेगा तो क्या हम नहीं लड़ेंगे, लहू पी लेंगे..."

'मासी, तुम लहू पियोगी ?" तारा ने धीमे से पूछा, "तुम तो उनके घर का पानी भी नहीं पी सकोगी।"

कर्तारो क्रोध और घृणा प्रकट करने के आवेश में शिष्टता भी भूल गई। अपना पाँव सबके सामने धम्म से चबूतरे पर पटककर बोली, "उनका पानी पिए मेरी जूती।"

भोला पांधे की गली में रहनेवालों की तरह के लाखों-करोड़ों लोगों को सबसे आसान लगता है यह सोचना कि जो लोग कुछ समय पहले तक शान्तिपूर्वक साथ रहते आ रहे थे, वे ही असल में उनके दुश्मन हैं। इसको विडम्बना ही कहेंगे कि ज़यदेव पुरी और तारा जैसे कुछ अपवादों को छोड़कर सभी लोग हर नए झगड़े और दंगे की खबर सुनकर अधिकाधिक विश्वस्त होने लगते हैं कि दो सम्प्रदायों में बँटा हुआ भारतीय समाज अब एक साथ नहीं रह सकता...उसमें विघटन होगा ही।

इस हालत में लोगों की मानसिक जड़ता को तोड़ने और उसके स्थान पर विवेकहीन अमानवीय विचारधारा बिठाने का अच्छा तरीका यह है कि समाज में हिंसा के द्वारा आतंक फैलाया जाए। यशपाल आतंक की घटनाओं और खबरों का प्रभावी इस्तेमाल करते हुए पूरे जन-समुदाय की मानसिक जड़ता को कुछ समय के लिये समाप्त करके खेले जानेवाले नारकीय खेल का चित्रण करते हैं। बच्चों को माँओं की गोद से छीनकर फेंक दिया जाता है और माँओं के साथ नृशंस बलात्कार किए जाते हैं, विरोध करनेवाले लोगों को बिना किसी झिझक के मार दिया जाता है, घरों की होली जलती है, बल्कि पूरे गाँव-के-गाँव जला दिए जाते हैं। दहशत इतनी है कि कोई नहीं जानता कि अगले क्षण क्या होनेवाला है। और कौन लोग हैं ये ? ये वही लोग हैं जो कल तक एक पूरी समाज-व्यवस्था की गुलामी के बोझ के नीचे दबे हुए थे, जो डरपोक और दब्बू थे, जो छोटे-मोटे कानून को तोड़ने से घबराते थे। आज यदि उसी व्यवस्था के सामने स्वस्थ परिवर्तन का खतरा है तो वह अपनी करोड़ों कीमती जिन्दगियों को सिर्फ इसलिए विवेकहीन साम्प्रदायिकता की आग में झोंक सकती हैं, क्योंकि उसे स्वयं को उस खतरे से बचाना है।

एक दूसरी विडम्बना यह दिखती है कि साम्प्रदायिक चेतना आत्म-भक्षी भी होती है, इस अर्थ में कि समाज का सबसे त्रस्त हिस्सा, स्त्री-समुदाय, यहाँ मनुष्य की पाशविकता का विशेष रूप से शिकार हुआ। स्त्रीवर्ग में इतने आत्म-विश्वास (यद्यपि नकारात्मक और अमानवीय) की सामर्थ्य भी नहीं थी कि गलत ही सही, वे भी इस नारकीय खेल में हिस्सा लेतीं। इसके विपरीत इस वर्ग ने अपने व्यवहार में सिर्फ आत्मदया, लाचारी और निर्जीवता का परिचय दिया। लेकिन ध्यान देने योग्य बात यह है कि उनके दुख-तकलीफ

को देखकर, इंसानों को मरते देखकर होनेवाली पीड़ा शायद पाठक को नहीं होती, बल्कि पशुओं को हजारों-लाखों की संख्या में व्यर्थ कटते देखकर होने की पीड़ा महसूस होती है। वर्गीय समाज-व्यवस्था ने उन्हें असल में मनुष्यों के स्तर पर रहने का कभी मौका ही नहीं दिया। सच्ची मानवीय सहानुभूति और थोड़े-बहुत गौरव का अहसास अपनी पीड़ा में कोई चरित्र देता है तो वह तारा, जिसने अपने विद्यार्थी-जीवन में एक मनुष्य की तरह प्रेम करने, जीने और सामाजिक क्रिया में हिस्सा लेने की कोशिश की थी।

उपन्यास के दूसरे खंड 'देश का भविष्य' में यशपाल ने 15 अगस्त 1947 के बाद के भारत का चित्र खींचा है, जब साम्प्रदायिकता अपने उग्र रूप में आ चुकी थी। यहाँ यशपाल ने सम्प्रदायवाद का वैसा ही बेबाक खाका खींचा है जैसा 'वतन और देश' में लाहौर को लेकर। लेकिन एक चीज की तरफ इशारा करना यशपाल नहीं भूलते। उनकी नजर में लाहौर तथा आसपास के इलाकों में देखी जानेवाली हिंसा साम्प्रदायिकता के साथ-साथ शोषितों की वर्गीय घृणा की भी एक विकृत अभिव्यक्ति थी जबकि भारत में होनेवाली हिंसा में वर्गीय घृणा न होकर बदले की भावना और धार्मिक घृणा अधिक थी।

इस पक्ष की ओर संकेत करते हुए लेखक ने गाँवों में फैलनेवाले दंगों का वर्णन किया है। पिछले सैकड़ों सालों से चली आ रही समाज-व्यवस्था में छोटे किसानों, खेत-मजदूरों और घरेलू नौकरों का निरन्तर अमानवीय शोषण हुआ। सामाजिक असमानता की बात इस बीच उनके दिमाग में बहुत गहरे बैठ गई। लेकिन राष्ट्रीय आन्दोलन के दौर में किसान-मजदूर-वर्ग कुछ जाग्रत हुआ और इस कारण गाँवों के जमींदारों, दुकानदारों और व्यापारियों के हितों को खतरा बढ़ने लगा। यदि यह जागृति सही राजनीतिक शक्तियों के सन्दर्भ में पनपती, तो निश्चय ही समान रूप से हिन्दू और मुसलमान जमींदारों-व्यापारियों का विरोध करती। इस खतरे को हमारा शासक वर्ग बखूबी जान रहा था। लेकिन साथ ही जमींदारों और व्यापारियों में आपसी होड़ भी थी और वे अपने वर्ग-हितों के साथ-साथ निजी हितों से भी पूर्णतया परिचालित थे। ज्यों-ज्यों आजादी की बात, हिन्दू-मुसलमान के भेद को लेकर चलनेवाली राजनीति की बात और राजनीति के आधार पर देश के विभाजन की बात फैलती गई, किसान-मजदूरों के आन्दोलनों को मुस्लिम जमींदारों-व्यापारियों द्वारा अपने निजी हितों के लिये इस्तेमाल करने का विकल्प उभरता गया। गाँवों और शहरों में इस मुस्लिम जमींदार-व्यापारी वर्ग ने किसानों-मजदूरों की (जो ज्यादातर मुस्लिम धर्म के प्रभाव में जीनेवाले समुदाय थे) वर्ग-घृणा को साम्प्रदायिकता का रंग देना शुरू कर दिया। यशपाल की राय में साम्प्रदायिकता के कारण जो नृशंस राजनीति उभरी, उसके दौर में ज्यादातर निर्धन हिन्दुओं की जानें गईं, उन हिन्दुओं की जो सही राजनीति के प्रभाव में निश्चय ही मुस्लिम किसान-मजदूरों के साथ होते।

साम्प्रदायिक दंगों ने जनता को सक्रिय तो कर दिया, हिन्दुओं को एक झंडे के नीचे और मुसलमानों को दूसरे झंडे के नीचे लाकर उनमें 'भाई-भाई' के नारे भी लगवा दिए, लेकिन दोनों ही सम्प्रदायों के अधीन सोचने और जीनेवाले लोगों का व्यवहार इससे

बदला नहीं—लोग अपने सम्प्रदाय और धर्म के बीच भी पहले जितने बर्बर और स्वार्थी बने रहे। 'देश का भविष्य' में भी फिर यशपाल स्त्री-समुदाय की दिमागी जड़ता, उसकी गलत चेतना और पुरुष-जाति की उनके प्रति ज्यादती और अन्याय की बात का तल्ख चित्रण करते हुए यह सुझाते हैं कि साम्प्रदायिकता ने न केवल देश की राजनीति को गलत मोड़ देकर शासक-वर्ग की ताकत को मजबूत किया। बल्कि सैकड़ों सालों से दबे-पिसे जन-समुदाय को और भी घृणित माहौल में फेंककर उनकी तकलीफ को बढ़ाया। उदाहरण के लिये परिवार से अलग हुई स्त्रियाँ जब दोबारा अपने परिवारों से सम्पर्क कर पाईं तो उन्हें परिवारों ने त्याज्य समझकर ठुकरा दिया। कारण यदि आर्थिक थे, तो उससे कहीं अधिक सामाजिक नैतिकता की अनुपस्थिति और लोगों की अमानवीय चेतना में ढूँढ़े जा सकते हैं। एक युवा स्त्री को परिवार द्वारा त्याग दिए जाने पर पास बैठी दूसरी स्त्री कहती है—

"पेक्के (पिता-माता) इसे नहीं ले गए। कह दिया, हमने तो ब्याह दी थी, अब ससुरालवाले जानें। ठीक ही कहते हैं", स्त्री ने और भी गहरा साँस लिया, "उन्होंने एक बार निबेड़ (निबटा) दिया।" (देश का भविष्य, पृ. 103)

एक दूसरी स्त्री (बन्तो) पति, जेठ और सास द्वारा ठुकराए जाने पर कहीं और ठिकाने की कल्पना न कर सकने के कारण पति के दरवाजे की दहलीज से सिर फोड़कर प्राणान्त कर लेती है।

लेकिन इस लेख के सन्दर्भ में दूसरे खंड की एक महत्त्वपूर्ण बात यह भी है कि आजादी के बाद आनेवाली नई राजनीतिक शक्तियों ने जो सत्ता-हस्तान्तरण के समय और साम्प्रदायिक दंगों के भड़कने की शुरुआत में लाचार अथवा मौन नजर आती थीं, दोबारा सक्रिय होकर काम करना शुरू कर दिया। स्वाभाविक है कि नई राजनीतिक शक्तियों के अव्यवस्थित होने की प्रक्रिया निम्न मध्यवर्ग के काम को विशेष रूप से तरजीह दी गई है। लेकिन यहाँ भी लेखक यह बताना नहीं भूलता कि सरकारी तन्त्र की सक्रियता हिन्दू-परिवारों को बसाने तक ही सीमित रही, उसने न तो मुसलमानों की सुरक्षा का कोई प्रभावी काम किया और न ही साम्प्रदायिकता को खत्म करने के लिये कोई तेज अभियान चलाने में दिलचस्पी ली। गाँधी-नेहरू जैसे कुछ नेताओं ने यदि साम्प्रदायिकता-विरोधी कुछ वक्तत्व भी दिए तो राजनीति में सक्रिय लोगों और सरकारी तन्त्र के सदस्यों ने न केवल मन-ही-मन उनका विरोध किया, अपितु यथासम्भव साम्प्रदायिक नीति ही चलाए रखी।

निश्चय ही 'झूठा सच' में पाठकों के सामने एक सामाजिक समस्या का अत्यन्त विचारपूर्ण विश्लेषण प्रस्तुत किया गया है और आज भी उतना ही प्रासंगिक है जितना छपने के समय था—बल्कि आज के सन्दर्भ में इसका महत्त्व कहीं अधिक है। देश का विभाजन और उससे पीड़ित लाखों लोग शायद अब भी नई सामाजिक-राजनीतिक समस्याओं पर पुराने ढंग से सोचने के आदी हैं। 'झूठा सच' इस व्यापक पाठक वर्ग के सामने पूरी स्थिति को एक ऐतिहासिक परिप्रेक्ष्य में रखकर स्वस्थ मानवीय पक्ष को

उजागर करता है और हमें न्यायपूर्ण संघर्ष में शामिल होने के लिये प्रेरित करता है। आज आवश्यकता इस बात की है कि अधिक-से-अधिक साहित्यिक कृतियाँ अपने समाज और इतिहास की सही समझ के प्रति समर्पित हों, और पाठकों में गलत और पुरातनपन्थी प्रवृत्तियों के विरुद्ध संघर्ष करने की भावना पैदा करती हुई उन्हें सही और स्वस्थ सर्वहारा विचारधारा के प्रति आस्थावान बनाएँ।

[नोट : इस लेख को पढ़कर पाठक को यह महसूस हो सकता है कि शायद 'झूठा सच' एक बोझिल राजनीतिप्रधान आलेख अधिक है, साहित्यक रचना कम। चूँकि प्रस्तुत लेख का उद्‌देश्य उपन्यास की पृष्ठभूमि के महत्त्वपूर्ण पक्षों का विश्लेषण करते हुए साहित्य के परिप्रेक्ष्य सम्बन्धी सवालों को उठाना था, इसलिए दूसरे तथा अपेक्षाकृत 'अधिक साहित्यिक' (रूप-विधान सम्बन्धी) पक्षों का जिक्र यहाँ नहीं हो पाया लेकिन जैसा कि शुरू में ही कहा गया है कि उपन्यास का एक बहुत बड़ा गुण है इसकी रोचकता और अत्यधिक साहित्यिकता। इस पर अलग से विस्तार से लिखने की जरूरत है। निश्चय ही 'सामाजिक वातावरण' और 'ऐतिहासिक यथार्थ' (यशपाल द्वारा प्रयुक्त शब्द) के बेबाक चित्रण को ज्यादातर सही साहित्यिक समझ और अभिव्यक्ति से जोड़ पाने में यशपाल को पर्याप्त सफलता मिली है।]

'भूले-बिसरे चित्र' : एक संस्मरण

भगवतीचरण वर्मा

सन् 1938–उन दिनों मैं प्रथम बार फिल्म लाइन में गया था। कलकत्ता में एक नई फिल्म कम्पनी खुली थी। फिल्म कॉर्पोरेशन ऑफ इंडिया लिमिटेड और उसके अधिकारियों ने मेरे उपन्यास 'चित्रलेखा' से प्रभावित होकर मुझे कहानीकार एवं संवाद लेखक के रूप में आमन्त्रित किया था। सन् 1938 में ही मैंने 'टेढ़े-मेढ़े रास्ते' उपन्यास लिखना आरम्भ कर दिया था। उस उपन्यास के लिखने के क्रम में ही मैंने 'भूले-बिसरे चित्र' की प्रथम कल्पना की थी। उपन्यास के रूप में नहीं बल्कि एक फिल्मी कहानी के रूप में। नया क्षेत्र था, नई उमंग थी, पाश्चात्य देशों में श्रेष्ठ उपन्यासों पर फिल्में बन रही थीं, और मैं भी फिल्म-क्षेत्र में एक स्पेशल कहानी देने के लिये उत्सुक था।

तीन पीढ़ियोंवाली एक लम्बी कहानी की परिकल्पना की थी मैंने, हरेक पीढ़ी की अलग-अलग मान्यताएँ, उनकी क्रिया-प्रतिक्रिया, गुलाम भारत की नई जागती हुई चेतना के सन्दर्भ में। मैंने एक लम्बी कहानी के नोट भी बना लिये थे, लेकिन उसमें परिपक्वता नहीं थी–मुझे ऐसा लगा, और मैंने उस पर अधिक मेहनत नहीं की, वह नोट मेरे दिमाग में ही पड़े रहे।

सन् 1938 के अन्त तक मैंने फिल्म-कॉर्पोरेशन से सम्बन्ध-विच्छेद कर लिया–नौकरी कर सकना यह मेरी प्रकृति में नहीं था। मैं फिर से जीवित रहने के संघर्ष में उलझ गया। बेकारी, आजीविका की तलाश–कुछ अजीब भटकाव ! मुझे अपना मार्ग खोजना था। झुकना और दबना मेरी आदत में नहीं है। एक स्वतन्त्र पत्रकार और पत्रमालिक बनने की लहर आई मेरे मन में और सन् 1940 में मैंने कलकत्ता से ही 'विचार' नाम का एक साप्ताहिक पत्र निकाला।

कुछ समय के लिये मेरे अन्दरवाला कलाकार मानो सो गया। 'टेढ़े-मेढ़े रास्ते' उपन्यास का लिखना बन्द हो गया। अपना सम्पूर्ण जीवन ही जैसे मैंने उस पत्र की स्थापना के लिये अर्पित कर दिया हो। मैं 'विचार' के आर्थिक पक्ष से बुरी तरह उलझ गया था। हाथ पसारना, माँगना–यह मुझसे होता नहीं था। वैसे 'विचार' एक सफल पत्र माना जाने लगा था लेकिन उसे चला सकना मेरे वश में नहीं था। 'विचार' क्यों और कैसे बन्द हुआ, इस समय यह बताने की आवश्यकता नहीं है। परिस्थितियों से विवश होकर सन् 1942 के आरम्भ होते ही मुझे बम्बई के 'बॉम्बे टाकीज' नाम की फिल्म-कम्पनी

में संवाद लेखक के रूप में नौकरी करने के प्रस्ताव को स्वीकार करके कलकत्ता छोड़ देना पड़ा।

बम्बई पहुँचकर मैंने फिर से अपने अधूरे उपन्यास 'टेढ़े-मेढ़े रास्ते' पर हाथ लगाया। लेकिन ऐसा लग रहा था कि मैं दो काम एक साथ नहीं कर सकता। अपने भरसक मैंने अपने को फिल्म-लाइन से अलग रखने की कोशिश की, जहाँ तक फिल्म के लोगों से मित्रता और सामाजिक सम्पर्क का प्रश्न है, वहाँ मैं पूरी तरह से सफल रहा, लेकिन मानसिक तौर से मैं अपने को फिल्मी वातावरण से अलग नहीं रख सका। उपन्यास की कहानी चींटी की चाल से रेंग रही थी। उन्हीं दिनों मेरे मित्र पंडित वाचस्पति पाठक बम्बई आए।

पंडित वाचस्पति पाठक को मैं अपने बहुत बड़े हितकारी के रूप में मानता हूँ। वह लीडर-प्रेम की भारती-भंडार नाम की प्रख्यात प्रकाशन-संस्था के मुख्य अधिकारी थे और आज भी हैं। 'चित्रलेखा' का दूसरा संस्करण मैंने उनके आग्रह पर भारती-भंडार को दिया था। मेरे दो कहानी-संग्रह भी उन्होंने भारती-भंडार से प्रकाशित किए थे। पाठक जी से मेरी बातें हुईं, और उन्होंने साहस से भरा एक विचित्र प्रस्ताव मेरे सामने रख दिया—"यह अपना अधूरा उपन्यास मुझे छापने को दे दो, मैं इसे छापना आरम्भ किए देता हूँ। जब छपने लगेगा तब तुम झख मारकर इसे पूरा कर दोगे।"

अजीब-सी बात है। पाटक जी मुझे शायद मुझसे भी अधिक जानते थे। मैं कुछ हिचकिचाया भी था, लेकिन पाठक जी बड़े आत्म-विश्वास के साथ उपन्यास की पांडुलिपि लेकर चले गए। मैंने तो उस समय तक उपन्यास का नामकरण भी नहीं किया था। 'टेढ़े-मेढ़े रास्ते' नाम मैंने उपन्यास के छपने के समय रखा था।

उपन्यास छपने लगा, तकाजे आने लगे और मुझे जबर्दस्ती लिखते रहना पड़ा। एक तिहाई उपन्यास मैंने उसके छपने के क्रम में लिखा। सन् 1946 में वह उपन्यास प्रकाशित हुआ और उस समय हिन्दी जगत में उसका शानदार स्वागत हुआ।

2

'टेढ़े-मेढ़े रास्ते' की सफलता से प्रेरित होकर मैंने सन् 1946 में ही अपना अगला उपन्यास लिखने की योजना बनाई—ऐसा लगा कि मुझे अपने जीवन का रास्ता दिख रहा है। मस्तिष्क के किसी कोने में कलकत्ता में परिकल्पित तीन पीढ़ियों की लम्बी कहानी के नोट्स पड़े हुए थे, ऐसा लगा कि 'टेढ़े-मेढ़े रास्ते' में मैंने राजनीतिक वातावरण का जो ऐतिहासिक परिवेश में चित्रण किया है वह उस कहानी में अधिक निखर सकेगा। भारतवर्ष में नई चेतना के उदय के रूप में सन् 1885 का वर्ष महत्त्वपूर्ण समझा जाता है क्योंकि उसी वर्ष इंडियन नेशनल कांग्रेस की स्थापना हुई थी और मुझे अपना उपन्यास सन् 1885 के आसपास के काल से आरम्भ करना था। पहली पीढ़ी सन् 1885 के काल की, दूसरी पीढ़ी सन् 1905-10 के काल की और तीसरी पीढ़ी सन् 1920 के

आसपास की। बस केवल इतना सूत्र मैं निर्धारित कर सका था, कहानी का रूप क्या होगा, कहानी के अनगिनती पात्र कौन-कौन होंगे—इसका कुछ पता नहीं। और सन् 1947 के मध्य में एक दिन मैंने अपने इस उपन्यास का पहला परिच्छेद लिख डाला। लेकिन उस पहले परिच्छेद के बाद ही लिखना जैसे बन्द हो गया।

सन् 1946-47 का काल मेरे लिये फिर भयानक आर्थिक संघर्ष और संकट का काल साबित हुआ। मैंने 1945 में ही बॉम्बे टाकीज की नौकरी छोड़ दी थी, अपनी आदतों से विवश होकर। अपने को आरोपित करनेवाले और उद्धत व्यक्तित्व के कारण नौकरी में टिक पाना मेरे लिये बड़ा कष्ट-साध्य था। आजीविका की तलाश में मुझे फिर भटकना पड़ा। सन् 1947 में देश स्वतन्त्र हुआ। मैंने 'विचार' पत्र को मासिक पत्र के रूप में फिर बम्बई से निकाला, लेकिन नितान्त विवशता के कारण, और मैं उसके दो ही अंक निकाल पाया था कि लखनऊ से नए-नए निकले हुए दैनिक पत्र 'नवजीवन' के मुख्य सम्पादक के पद पर आने का निमन्त्रण मुझे मिला।

बम्बई से तबीयत ऊब गई थी, निमन्त्रण मैंने स्वीकार कर लिया और समस्त परिवार के साथ बम्बई से उखड़कर मैं लखनऊ आ गया। लेकिन नौकरी मुझसे न चलनी थी और न चली। कुल एक वर्ष मैं 'नवजीवन' का मुख्य सम्पादक रहा और वहाँ से भी मैंने त्यागपत्र दे दिया। फिर आजीविका की समस्या ! लिखने में मन नहीं लग रहा था, वह उपन्यास वैसा-का-वैसा पड़ा था। दो-चार काम इधर-उधर थे, फिर से बम्बई जाने की सोच रहा था कि श्री सुमित्रानन्द पन्त के आग्रह से मैंने आकाशवाणी लखनऊ में हिन्दी-सलाहकार का पद सँभाल लिया। सरकारी नौकरी के नियमों से मैं मुक्त था, ऐसा लगा कि उस पद पर मैं अपना स्वाभिमान कायम रख सकूँगा। यह बात अगस्त सन् 1950 की है।

एक बार फिर साहित्यिक वातावरण में मैं आया। मैंने कविताएँ लिखी, नाटक लिखे, कहानियाँ लिखीं, लेकिन अपने उपन्यास का दूसरा परिच्छेद ही मैं लिख पाया।

सन् 1953 के मध्य में लखनऊ से मेरा स्थानान्तरण दिल्ली के लिये हो गया। परिवार लखनऊ में ही छोड़ा मैंने, अकेले दिल्ली गया, यह संकल्प करके कि वहाँ जाकर मैं अपने उपन्यास पर बैठूँगा। लेकिन वह संकल्प पूरा नहीं हो पाया। तीन वर्ष मैं दिल्ली में रहा, बड़े सुन्दर दिन बीते वहाँ। देश की राजधानी—मैथिलीशरण गुप्त, बालकृष्ण शर्मा 'नवीन', 'दिनकर' और न जाने कितने साहित्यकार ! मैंने दिल्ली में काफी लिखा भी। अपनी बम्बई में लिखी एक फिल्मी कहानी पर 'आखिरी दाव' नाम का एक उपन्यास लिख डाला—कई कविताएँ लिखीं, नाटक लिखा, लेकिन उपन्यास का केवल एक खंड लिखकर छोड़ दिया था। अगले खंड की रूपरेखा ही नहीं बन रही थी। साहित्य की अन्य विधाओं में मैं उलझा हुआ था।

और अपनी आदत के अनुसार सन् 1955 के अन्त में आकाशवाणी से त्यागपत्र दे दिया। तत्कालीन सूचना-मन्त्री डॉक्टर केसकर ने वह त्यागपत्र स्वीकार नहीं किया, उन्होंने मुझसे एक वर्ष तक और आकाशवाणी में रहने का आग्रह किया। दिल्ली से मेरा

मन उचट गया था। मैंने इस शर्त पर कि वह मुझे फिर लखनऊ वापस भेज दें, अपना इस्तीफा वापस ले लिया। सन् 1956 के आदि में ही मैं लखनऊ वापस आ गया।

लखनऊ आकर फिर मैंने अपने अन्दरवाले उपन्यासकार का आवाहन किया। इस समय तक मुझे यह स्पष्ट हो गया था कि मैं अपनी आजीविका की समस्या अपने लेखन की रॉयल्टी से ही हल कर सकूँगा—नौकरी कर सकना मेरे लिये असम्भव है। और रॉयल्टी केवल उपन्यासों से ही मिल सकती है। 'चित्रलेखा', 'तीन वर्ष' और 'टेढ़-मेढ़े रास्ते' से कुछ थोड़ी-बहुत रॉयल्टी नियमित रूप से मिलने लगी थी।

मानसिक रूप से तो मैं दिल्ली में ही आकाशवाणी की नौकरी से मुक्त हो चुका था, औपचारिक रूप से मुझे एक वर्ष और आकाशवाणी की नौकरी करनी थी। लखनऊ आते ही मैंने हास्य रस का एक हल्का-फुल्का उपन्यास लिखना आरम्भ कर दिया। यह नया उपन्यास बड़ी तेजी के साथ आगे बढ़ा। उन्हीं दिनों 'धर्मयुग' के तत्कालीन सम्पादक श्री सत्यकाम विद्यालंकार लखनऊ आए। उनसे बातें हुईं और मैंने हास्य रस वाला अपना दो-तिहाई उपन्यास उन्हें धर्मयुग में धारावाहिक रूप में प्रकाशित करने को दे दिया। पहले तो वह कुछ हिचकिचाए, फिर कुछ सोचकर उन्होंने वह उपन्यास ले लिया। वह उपन्यास 'धर्मयुग' में छपने लगा और उसका छपना आरम्भ होने के एक महीना बाद ही मैंने वह उपन्यास पूरा कर दिया—'अपने खिलौने'। यह बात जनवरी या फरवरी 1957 की है। अप्रैल सन् 1957 में मैंने आकाशवाणी से सम्बन्ध-विच्छेद कर लिया। आर्थिक स्थिति थोड़ी-बहुत अपने वश में आ गई थी, कुछ रॉयल्टी मिलने लगी थी जिससे रोटी-दाल की व्यवस्था हो सकती थी।

3

दो-तीन महीने तो मुझे सुव्यवस्थित होने में बीते और फिर मैंने 1946 से लिखे जानेवाले उपन्यास को निकाला। एक खंड तो मैं लिख चुका था। उसे मैं आदि से अन्त तक पढ़ गया और सन् 1957 का अन्त आते-आते मैं उस उपन्यास पर बैठ गया।

मेरे अन्दरवाला कहानीकार जैसे एक गहरी नींद से जागा हो। पूरे उपन्यास की कोई निश्चित रूप-रेखा तो थी नहीं मेरे पास, केवल तीन पीढ़ियों की परिकल्पना थी। कहानी चलने लगी, जैसा कोई दूसरा मुझसे वह कहानी लिखा रहा हो। मैंने दूसरा खंड पूरा किया, मैंने तीसरा खंड पूरा किया, और मैंने चौथा खंड लिखना आरम्भ कर दिया। और फिर जैसे एक मानसिक अवरोध अनुभव किया मैंने, लिखने की गति शिथिल पड़ गई।

परिवार बढ़ रहा था, परिवारवालों की आवश्यकताएँ बढ़ रही थीं। मेरे एक हितैषी ने लखनऊ की नई कॉलोनी महानगर में एक बड़ा-सा प्लॉट जबर्दस्ती मेरे गले मढ़ दिया था, कर्ज लेकर उसका मूल्य चुकाया था। वह कर्ज अदा करना था—आर्थिक समस्या को लेकर मन भटक रहा था। एक वर्ष पहले अपना एक कविता-संग्रह भारती-भंडार को

छपने दिया था, वह प्रकाशित नहीं हो रहा था। और तभी मेरे एक मित्र श्री रुद्रनारायण शुक्ल ने अपने दिल्ली के मित्र और राजकमल प्रकाशन के तत्कालीन मैनेजिंग डाइरेक्टर श्री ओमप्रकाश के आग्रह पर मेरे सामने प्रस्ताव रखा कि मैं अपना अगला उपन्यास राजकमल प्रकाशन से प्रकाशित कराऊँ। 'चित्रलेखा', 'तीन वर्ष' और 'टेढ़े-मेढ़े रास्ते' की ख्याति तो थी ही मेरे पास। मैंने कुछ सोचकर कहा, "मेरे पास एक उपन्यास अधूरा पड़ा है। उसे वह अगर छापना आरम्भ कर दें तो मैं छपते-छपते उसे पूरा कर दूँगा।" उन्होंने उत्तर दिया, "मैं उनकी ओर से यह प्रस्ताव स्वीकार करता हूँ।"

मेरी समस्त पुस्तकें उस समय तक भारती-भंडार से प्रकाशित हुई थीं। भारती-भंडार से सम्बन्ध तोड़ना मुझे रुचिकर नहीं लग रहा था, यद्यपि मैं कुछ कारणों से भारती-भंडार से बेहद असन्तुष्ट था। मैंने सोचा कि क्यों न मैं अपना यह अधूरा उपन्यास भारती-भंडार को दे दूँ और मैं अपने उपन्यास की अधूरी पांडुलिपि एक फाइल में रखकर इलाहाबाद पहुँचा। तीन खंड पूरे और चौथा खंड आधा लिखा हुआ, कहानी की रूपरेखा निखर चुकी थी। डेढ़ खंड और लिखना था। मैंने वह फाइल पाठक जी की मेज पर रखी और उनसे बातचीत आरम्भ की अपनी कविताओं के संग्रह को लेकर जो अभी तक प्रकाशित नहीं हुआ था। कुछ ऐसा लगता है कि भारती-भंडार की समस्याओं को लेकर उनका मूड कुछ उखड़ा हुआ था और मैं भी कुछ भरा हुआ था। काफी देर तक बातें होती रहीं, अधिकांश में अरुचिकर और अन्त में मैं उठ खड़ा हुआ। न पाठक जी ने मेज पर रखी हुई फाइल के सम्बन्ध में कुछ पूछा और न मैंने उन्हें कुछ बताया। मैं वहाँ से लखनऊ चला आया।

कुछ दिनों बाद एक मीटिंग के सिलसिले में मुझे दिल्ली जाना पड़ा और पांडुलिपि की वह फाइल मैं अपने साथ दिल्ली लेता गया। मैंने पांडुलिपि ओमप्रकाश को दे दी और उन्होंने उपन्यास छापना आरम्भ कर दिया। जब तक उन्होंने दो खंड छापे, चौथा खंड पूरा करके मैंने उनके पास भेज दिया।

मैंने पाँचवाँ खंड लिखना आरम्भ कर दिया, लेकिन उससे मुझे सन्तोष नहीं हो रहा था। कहीं कोई गाँठ है जो मेरी पकड़ में नहीं आ रही—तकाजे आ रहे थे। अन्तिम दो परिच्छेद बाकी थे कि मुझे एक सरकारी मीटिंग में मद्रास जाना पड़ा। मैं पाँचवें खंड की मूल कॉपी तथा उसकी फेयर कॉपी की पांडुलिपि अपने पोर्टफोलियो में रखकर मद्रास ले गया, यह सोचकर कि वहाँ उसे पूरा कर दूँगा। लेकिन वहाँ कुछ न लिख सका। मैं वापस लौटा। दिल्ली में मुझे गाड़ी बदलनी थी। मैं फर्स्टक्लास में था, एक और मुसाफिर सवार हुआ मेरे साथ लखनऊवाली गाड़ी में। भूख लगी थी—प्लेटफॉर्म पर उतरकर मैं डाइनिंग रूम के बेयरे को ढूँढ़ने लगा। मैं अपने कम्पार्टमेंट के पास ही खड़ा था। गाड़ी की सफाई करनेवाला एक व्यक्ति मेरे कम्पार्टमेंट में आया, फिर चला गया। बेयरा भोजन ले आया, कम्पार्टमेंट में मैंने अपना भोजन किया और फिर इतमीनान के साथ मैं सो गया। सुबह जब मैं लखनऊ में उतरा, मेरा सब सामान मौजूद था, लेकिन मेरा पोर्टफोलियो गायब था। उस पोर्टफोलियो में केवल मेरे उपन्यास की कॉपी थी और फेयर की हुई पाँचवे खंड

की पांडुलिपि थी। घर पर ओमप्रकाश का तार मेरी प्रतीक्षा कर रहा था कि पाँचवाँ खंड शीघ्र भेजें। मेरे पैरों के नीचे से जमीन खिसक गई।

सन् 1959 की जून का महीना था, भयानक गर्मी पड़ रही थी। लेकिन बड़ी प्रबल प्राणशक्ति थी मेरे पास उस समय। कमरा बन्द करके मैं बैठ गया। पाँचवें खंड की कहानी तो याद थी ही मुझे, पाँचवाँ खंड नए सिरे से लिखना आरम्भ कर दिया मैंने। खोई हुई पांडुलिपि में विद्या के चरित्र में कुछ उलझाव-सा आ गया था और इसीलिए पिछले दो परिच्छेदों में मेरी कलम लड़खड़ा रही थी। इस बार वह उलझाव दूर हो गया।

एक नई ताजगी, कहीं किसी तरह की थकान नहीं। अगर वह पांडुलिपि खोई न होती तो मुझमें इतना धैर्य नहीं था कि मैं आरम्भ से ही विद्या के चरित्र को बदलता—उसे मैं किसी तरह अन्त तक निबाहता जिसके फलस्वरूप अन्तिम अंक कुछ शिथिल पड़ गया होता। लेकिन जैसे कोई अज्ञात शक्ति ही मुझसे वह सब लिखा रही थी, मेरी जीवन-धारा को संचलित कर रही थी। पाँचवाँ खंड मैंने एक सप्ताह में लिख डाला।

पूरे एक सप्ताह मैं अपने कमरे में बन्द रहा। न मैं कहीं घूमने गया, न मैं किसी से मिला। वह पाँचवाँ खंड मैंने फेयर पांडुलिपि के रूप में ही लिखा था और वैसी-की-वैसी पांडुलिपि मैंने रजिस्टर्ड पोस्ट से राजकमल को भेज दी।

4

एक अपरिपक्व फिल्मी कहानी की रूपरेखा जो सन् 1938 में मैंने बनाई थी, सन् 1959 में 'भूले-बिसरे चित्र' उपन्यास बन गई। न मुझे कभी इस बात पर आश्चर्य हुआ और न आज के पहले मैंने कभी उस तरह सोचा। उस उपन्यास के छपने के बाद मुझे पता चला कि मैंने अपने अनजाने ही उस उपन्यास में सन् 1885 से सन् 1930 का इतिहास उभार दिया है। इस इतिहास में मेरे अन्दरवाले सचेत बौद्धिक मानव ने कलाकृति के रूप में कुछ महत्त्वपूर्ण समस्याओं पर भी प्रकाश डाल दिया, मेरे अनजाने ही। पहली समस्या है पूँजीवाद के विकास और सामन्ताद के ह्रास की। और इसी के साथ दूसरी बात है मध्यवर्ग की उत्पत्ति की जो विदेशी शासन का महत्त्वपूर्ण स्तम्भ था, लेकिन जिसकी चेतना तथा जिसके विघटन के कारण देश में राजनैतिक चेतना और विद्रोह का रूप प्रकट हुआ। तीसरी ज्वलन्त समस्या हिन्दू-मुस्लिम प्रश्न की आ गई। चौथी समस्या राजनीतिक और बौद्धिक चेतना के विकास की है जिसके कारण भारतवर्ष में राजनैतिक आन्दोलनों का सूत्रपात हुआ। और इन सबों के साथ हरिजन-समस्या, नारी-जागरण सभी कुछ तो आ गया। अनगिनती चित्र, चरित्र, घटनाएँ और मान्यताएँ अपनी समस्त रंगीनियों के साथ मेरे अनजाने ही इस उपन्यास में चित्रित हो गए। उपन्यास का नामकरण मैंने उपन्यास लिखने के बाद किया और बहुत सोचने-विचारने पर 'भूले-बिसरे चित्र' नाम ही मुझे पसन्द आया।

इन चित्रों में अधिकांश मैंने देखे हैं, अधिकांश की रूपरेखा मुझे इतिहास के पृष्ठों में मिली है। जहाँ तक चरित्रों का प्रश्न है, सभी चरित्र मेरे जाने-पहचाने हैं, किसी-न-किसी रूप में मैं उनसे जीवन में मिला हूँ। सन् 1946 से सन् 1958 तक का बारह वर्ष का लम्बा काल—इतना समय मुझे इस उपन्यास के लिखने में लगा। लेकिन न शैली में किसी तरह की शिथिलता आने पाई न कथा-सूत्र का क्रम ही कहीं टूटा। मुझे स्वयं कभी-कभी इस पर आश्चर्य होने लगता है।

और उससे भी अधिक आश्चर्य की बात तो यह है कि इसकी परिकल्पना मैंने सन् 1938 में की थी, प्रकाशन के इक्कीस वर्ष पहले एक नितान्त अपरिपक्व फिल्मी कहानी के रूप में। लगता है, किसी अनजानी शक्ति ने मुझसे वह उपन्यास लिखा दिया। वह उपन्यास ही क्यों, आज तक मैंने जो कुछ लिखा है वह सब—उसमें 'चित्रलेखा' भी है, वह सब किसी अज्ञात शक्ति की रचना है—मैं तो निमित्त मात्र हूँ। श्रेय उसका है, मेरा नहीं है।

'भूले-बिसरे चित्र' : समीक्षा

डॉ. विश्वम्भरनाथ उपाध्याय

इस समय साहित्य में पुनर्मूल्यांकन की कोशिशें जारी हैं। पुनर्मूल्यांकन की यह प्रक्रिया इसलिए आरम्भ हुई है क्योंकि प्रकरण या सन्दर्भ बदल जाने, नवीन शक्तियों के उठ खड़े होने और प्रेक्ष्य बिन्दुओं में परिवर्तन हो जाने पर स्थापित मान्यताएँ पुनर्विचार माँगने लगती हैं। बदलती हुई मानव-जिज्ञासा भी एक कारण है, कि यह देखा जाए आज पुराना साहित्य हमें कैसा लगता है, कहाँ तक किस रूप में वह अपना भागीदार बनाता है या वह हमारी स्थिति और नियति का हिस्सेदार बनता है ? हिन्दी में पुनर्मूल्यांकन का एक कारण और है। हिन्दी में संगठित गिरोहों के बल पर साधारण रचनाओं को असाधारण और विशिष्ट को अविशिष्ट रूप में स्थापित किया गया है। साधन और संगठन से वंचित मगर अधिक प्रतिभासम्पन्न लेखकों-आलोचकों की हिन्दी में घोर उपेक्षा हुई है। अतएव, सही स्थापनाओं के लिये भी पुनर्मूल्यांकन चल पड़े हैं।

जो पुनर्मूल्यांकन में भी खरा उतर जाए, वह लेखक है।

भगवतीचरण वर्मा 'चित्रलेखा' द्वारा उपन्यासकार-रूप में स्वीकृत हुए मगर विशेषज्ञ पाठकों को यह बात चुभती रही कि 'चित्रलेखा' पर 'ताइस' (अनातोले फ्रांस) की छाया है। 'ताइस' पढ़ने के बाद 'चित्रलेखा' उपन्यास उसी मूल विचार या प्रत्यय का औपन्यासीकरण-सा लगने लगता है। समस्या वही पाप और पुण्य की है, बस देश और काल का अन्तर है, वर्णनों और पात्रों के चेहरे-मोहरे में अन्तर है। 'ताइस' में समस्या को अधिक रूप में बिना किसी नाटकीयता के पेश किया गया है। और अनातोले का 'ट्रीटमेंट', दार्शनिकता के बिन्दुओं को छूता है किन्तु 'चित्रलेखा' में वर्णनों की नाटकीयता है, पात्रों की आकर्षक छवियाँ हैं, घटनाओं की कौतूहलवर्धक बुनावट है, यानी औपन्यासिकता की दृष्टि से 'चित्रलेखा' पाठकों का मन मोह लेता है और पाप-पुण्य की सनातन समस्या का यह समाधान उन्हें अधिक इच्छानुकूल और इसलिए 'आधुनिक' जान पड़ता है कि पाप और पुण्य में कर्त्ता नहीं, परिस्थिति ही प्रधान है, निर्णायक है। एक स्थिति में जो पाप है, वही दूसरी स्थिति में पुण्य है अतः इसका निर्णय कर्त्ता के आधार पर न कर, परिस्थिति के निकष पर करना चाहिए।

'ताइस' बनाम 'चित्रलेखा' के विवाद से अपरिचित सामान्य पाठक को आज भी भगवती बाबू की 'चित्रलेखा' सम्मोहित किए हुए है। ऐसे पाठक मानते हैं, लेखक पूरे जीवन में एक कृति लिखता है, भगवती बाबू की ऐसी कृति 'चित्रलेखा' है।

यदि यह मत मान लिया जाए तो इस लेखक के अन्य उपन्यासों का सही मूल्यांकन नहीं हो सकेगा। कारण यह है कि 'चित्रलेखा' में समस्या का चित्रण प्रधान है, 'भूले-बिसरे चित्र', 'सामर्थ्य और सीमा', 'सबहिं नचावत राम गोसाईं' आदि में बदलते हुए समाज का चित्रण है। 'चित्रलेखा' में सनातन द्वन्द्व की कहानी है। अमूर्त्त नैतिक समस्या को समझने-समझाने की कोशिश और वास्तविक जीवन को समझने-समझाने में बहुत अन्तर होता है। अतः 'चित्रलेखा' के जादुई असर को एक ओर रखकर ही वर्मा जी के सामाजिक उपन्यासों को आप समझ सकते हैं।

'भूले-बिसरे चित्र' का प्रथम संस्करण 1959 में प्रकाशित हुआ था और अब तक उसके तीन-चार संस्करण छप चुके हैं। लोकप्रियता तो इसी से स्पष्ट है लेकिन लोकप्रियता का कारण है, वर्मा जी की किस्सागोई और व्यावहारिक एवं जिन्दादिल भाषा का इस्तेमाल। 'भूले-बिसरे चित्र' को पढ़ते समय लगता है, आप एक लखनवी जीवन्त, बतरसी और पुरमजाक शख्सियत के साथ हैं और उसके मन में बसे आख्यानों और तस्वीरों का खुलासा सुन रहे हैं। इस खुलासे में आपको बात करने की कालजयी कला का लखनौआ लहजा मोह लेता है। यही प्रवृत्ति अमृतलाल नागर में है, इसलिए उनके उपन्यास भी खूब लोकप्रिय हुए। वर्माजी जटिल को सरल बनाकर कहते हैं, जैसा कि बातचीत के फन का उस्ताद हर एक व्यक्ति करता है। लेकिन इस कला की कीमत भी लेखक को अदा करनी पड़ती है। 'भूले-बिसरे चित्र' को सूक्ष्मदर्शी पाठक पढ़ते समय महसूस करता है कि इस उपन्यास में कई जगह लेखक की दृष्टि चूक गई है, वह कई जगह जटिल सामाजिक-राजनैतिक स्थितियों का सरलीकरण कर देता है, यहाँ तक कि इस उपन्यास में जातिवादी-सम्प्रदायवादी अनुस्वर भी हैं।

बातचीत की कोई भी होशियारी लेखक की संवेदना और नजर को नहीं छिपा सकती।

'भूले-बिसरे चित्र' एक कालावधिपरक उपन्यास (पीरियड नॉवल) है। गार्ल्सवर्दी के 'मैन ऑफ प्रॉपर्टी' की तरह 'भूले-बिसरे चित्र' में भी एक परिवार को कहानी के केन्द्र में रखा गया है और परिवार के प्रधान व्यक्तियों के माध्यम से बदलते जमाने का मुजरा लिया गया है। यही विधि 'प्रश्न और मरीचिका' में अपनाई गई है, अन्य कालावधिपरक उपन्यासों में भी। 'भूले-बिसरे चित्र' में एक कायस्थ परिवार को केन्द्र में रखा गया है तो 'प्रश्न और मरीचिका' में एक कान्यकुब्ज ब्राह्मण-परिवार कथा के मरकजे में है। इस केन्द्रगत परिवार के व्यक्तियों के रंग और रेशे फैलते चलते हैं, अन्य व्यक्ति और घटनाएँ सामने आती जाती हैं और कहानी बनती जाती है।

क्या वजह है कि कायस्थ-परिवार को ही यहाँ केन्द्र में रखा गया है ? क्या वजह है कि वर्मा जी के चेतन और अवचेतन में कायस्थ-ब्राह्मण जातियों का द्वन्द्व किसी-न-किसी रूप में बोलता रहता है ? क्या वजह है कि हिन्दू-मुसलमान के द्वन्द्व का उत्तरदायित्व अंग्रेजों पर डालने के बावजूद वर्मा जी हिन्दू-मुसलमान के विग्रह को 'बुनियादी' महत्त्व देते हैं ?

दरअसल, वर्मा जी के ये विशेष रुझान हैं। इन्हें पूर्वाग्रह भी कहा जा सकता है। मेरी दृष्टि तो यह है कि वर्मा जी सामाजिक परिवर्तन के बदलते चित्र देने में तो माहिर हैं, पर सामाजिक परिवर्तन जैसे गम्भीर और जटिल विषय के प्रति वह सही ऐतिहासिक और समाजशास्त्रीय दृष्टि नहीं अपना पाए। इसी कारण उनके समस्या-प्रतिपादन में कहीं जातीय प्रतिध्वनियाँ आ जाती हैं तो कहीं साम्प्रदायिकता आ जाती है। 'झूठा सच' (यशपाल) और 'भूले-बिसरे चित्र' के निरूपण में इतिहास के प्रति दृष्टियों की यही टकराहट मिलती है। 'झूठा सच' ऐतिहासिक दृष्टि से अधिक विश्वसनीय लगता है, 'भूले-बिसरे चित्र' में कई जगह लेखक के दृष्टिसंकोच पर क्रोध आता है।

'भूले-बिसरे चित्र' में पहला चित्र तहसीली अदालत का है, जहाँ मुंशी शिवलाल ठाकुर भूपसिंह का इस्तगासा लिखते हैं और अपनी चालाकी से दुश्मन (प्रतिपक्ष) को फँसाते हैं। शिवलाल अपनी पारस्परिक वैडालवृत्ति से अपने लड़के ज्वालाप्रसाद को नायब तहसीलदार बनवाने में कामयाब हो जाते हैं और अब कहानी नायबसाहब के साथ चलने लगती है। यह बीसवीं शताब्दी का प्रारम्भिक भाग है और अंग्रेजशाही का पूरा दबदबा है।

अंग्रेजी साम्राज्यवाद ने एक मजबूत तथा नियमबद्ध नौकरशाही को जन्म दिया था सो ज्वालाप्रसाद की छवि एक ईमानदार नौकरशाह की है। ज्वालाप्रसाद के पिता और चाचा छोटे और ओछे लोग थे मगर ननिसाल के लोग प्रतिष्ठित और गरिमाप्रिय थे। ज्वाला का मन ब्राह्मणों की सर्वोच्चता से जलता है पर मुंशी रामसहाय जमींदार हैं और व्यवहारकुशल हैं। उनका ब्राह्मणों के विषय में यह मत है :

"...मैं तो उनकी (ब्राह्मणों की) बात पर हँसा था, उनकी कुबुद्धि पर, उनके अज्ञान पर। रूढ़िग्रस्त, अपने वर्ग के मद में चूर ! लेकिन इसमें उन लोगों का दोष नहीं है। इसमें उस संस्कृति और उस शिक्षा का दोष है, जो उन्हें मिली है। ये लोग तो दया के पात्र हैं क्योंकि अपने मिथ्याभिमान के कारण ये लोग अपना ही अहित कर लेते हैं।" (पृ. 15)

भगवती बाबू कायस्थों के जातीय दुर्गुणों या गुणों को भी नहीं छिपाते–

"हम हैं मुंशी राधेलाल, हमसे बात निकलवा लेना आसान नहीं है।" (18)

इतना खुलापन होते हुए भी वर्मा जी के इस उपन्यास से ब्राह्मणों, कायस्थों, वैश्यों, क्षत्रियों और इनसे पीड़ित हरिजनों के विविध चित्र नहीं उभरते। यह स्पष्ट नहीं होता कि अन्ततः गाँवों में ब्राह्मणों की सर्वोच्चता या सम्मान का क्या कारण है ? ठाकुरों, अहीरों आदि की लाठी का आतंक उस जमाने में भी बहुत था, आज भी है। गाँवों में करामात जमात की होती है लेकिन जमातों में पारस्परिक उत्कृष्टता के तत्त्व भी होते हैं। इन पारम्परिक उत्कृष्टताओं की ओर वर्मा जी का ध्यान नहीं जाता। ग्रामजीवन इन्हीं बची-खुची ऊँचाइयों के बल पर चल रहा है। वहाँ पारस्परिक निर्भरता के कारण भी हर एक आदमी को दूसरे का खयाल रखना पड़ता है।

सवर्णों द्वारा उत्पीड़न दिखाने के लिये वर्मा जी ने छिनकी और भीखू के चरित्र गढ़े हैं। छिनकी के साथ मुंशी शिवलाल का यौन-सम्बन्ध भी है, जो ग्रामीण जीवन में मामूली

बात है। छिनकी और भीखू अन्त तक शिवलाल, ज्वाला और गंगाप्रसाद का साथ देते हैं और उनके हितों में बाधक तत्त्वों का विरोध करते हैं।

छिनकी का चरित्र प्रेमचन्द के गोदान की धनिया से कमजोर नहीं है। छिनकी अपमानित होने पर भी एक परिवार को बचा लेती है। किसी सवर्ण परिवार की उन्नति के मूल में किसी हरिजन का मौन बलिदान एक हकीकत है। इसलिए छिनकी के चरित्र निर्माण में लेखक को सफलता मिली है।

बीसवीं शताब्दी के प्रारम्भ में ग्रामांचलों में जमींदारों की प्रतिद्वन्द्विता प्रधान थी। क्रमशः चतुर भूमिपति किस प्रकार भूमिपतियों से पूँजीपतियों में बदलते गए, किस प्रकार लाला प्रभुदयाल जैसे वैश्यों ने जमींदारियाँ हड़पीं और उनके लक्ष्मीचन्द पुत्रों ने किस प्रकार कानपुर में कारखाने खड़े किए, किस तरह इस नवपूँजीपति वर्ग ने अपने व्यावसायिक हितों को ध्यान में रखकर, कांग्रेस पार्टी के स्वदेशी आन्दोलन का समर्थन किया और चन्दा देकर राष्ट्रवादी आन्दोलन को मजबूत बनाया, यह सब प्रभुदयाल और लक्ष्मीचन्द की कहानी से स्पष्ट किया गया है और इस धरातल पर लेखक ने सही ऐतिहासिक दृष्टि का परिचय दिया है। वर्मा जी ने यह भी सही तौर पर चित्रित किया है कि किस प्रकार पुराना सामन्तवर्ग अपनी हैंकड़ी और अदूरदर्शिता के कारण क्रमशः प्रभावहीन हो गया। गजराजसिंह, बरजोरसिंह बनियों-बक्कालों की चालाकी और पैसे के आगे पिट जाते हैं और आगामी युग कारखानेदारों का है, बड़े व्यवसायियों का है।

तीसरा वर्ग प्रशासकों का है, जिसके साथ पुराने जमींदार भी रहते हैं और नए उद्योगपति भी। ज्वालाप्रसाद लाला प्रभुदयाल की पत्नी जैदेई के शुभचिन्तक भी हैं प्रेमी भी। जैदेई ही ज्वाला के पुत्र गंगाप्रसाद की तरक्की में अपना जीवन होमती है, और इसके लिये अपने पुत्र और पुत्रवधू से भी अलगाव के कष्ट को झेलती है। इस बिन्दु पर वर्मा जी सम्बन्धों की विसंगतियों और दबावों को भी दिखाते हैं कि किस तरह ज्वालाप्रसाद के अफसर हो जाने से, ज्वाला के चचा राधेलाल और उनके अयोग्य बेटे ज्वालाप्रसाद की ओट में सम्पत्ति बटोरने का धन्धा शुरू कर देते हैं और किस तरह अन्त में ज्वालाप्रसाद पारम्परिक सम्बन्ध जाल को तोड़कर मुक्त होते हैं।

दिल्ली-दरबार की तैयारी-समिति में ज्वालाप्रसाद के पुत्र गंगाप्रसाद (डिप्टी कलेक्टर) को रखवाकर लेखक ने ध्वंसशील, पतित सामन्तशाही के विलास और प्रदर्शन का रोचक वर्णन किया है। इस सामन्तशाही के साथ नई होड़ करनेवाला नया पूँजीपति वर्ग है अतएव सेठ-राधाकिशन तथा श्रीकिशन की सामाजिक प्रतिष्ठा बढ़ती है क्योंकि सेठ साम्राज्यवादियों और उनके समर्थक राजा महाराजाओं की भेंट-पूजा कर सकता है। यह सेठ वर्ग नैतिकता की परवाह नहीं करता। लाला रिपुदमनसिंह जहाँ अपनी रानी के प्रति असामाजिक प्रेम करनेवाले को मार डालते हैं, अपनी रानी का कत्ल कर देते हैं, वहीं लाला राधाकिशन अपनी भौजाई से इश्क करता है और उसकी पत्नी सन्तो गंगाप्रसाद से लेकर लाटसाहब के सचिव तक से यौन-सम्बन्ध जोड़ती है और राधाकिशन को रायबहादुर का खिताब दिलवा देती है।

चौथा वर्ग साम्राज्वाद के शत्रु और देश-प्रेम के दीवाने कांग्रेसी नेताओं-कार्यकर्त्ताओं का है। यह दल ज्वाला के पुत्र गंगाप्रसाद के जमाने में उभरता है। लेखक ने खिलाफत-आन्दोलन की स्थितियों का विश्लेषण किया है और प्रशासकों, नेताओं-कार्यकर्त्ताओं और आम जनता में फैले धार्मिक पूर्वाग्रहों को समझाया है। वर्मा जी हिन्दू-मुस्लिम तनाव के लिये यद्यपि अंग्रेजों को ही जिम्मेदार बताते हैं पर इस बिन्दु पर वर्माजी तटस्थ नहीं रह पाते।

उस युग में धार्मिक शास्त्रार्थों की धूम थी मगर वर्मा जी ने इसका चित्रण पूरी मसखरी के साथ किया है। एक ओर आर्यसमाजी जाट स्वामी जी हैं तो दूसरी ओर अल्लामा वहशी हैं, जिनका परिचय इस प्रकार दिया गया है–

मीर जाफर अली ने गंगाप्रसाद से कहा, "बाबू गंगाप्रसाद, यह हमारे अल्लामा वहशी हैं। बरेली के छटे हुए गुंडे... !"

जाट स्वामी और वहशी के शास्त्रार्थ में हास्य के अवसर खोजे गए हैं और यह पूरा प्रसंग पाठकों को खूब हँसाता भी है लेकिन साफ लगता है कि धार्मिक द्वन्द्व के मूल मुद्दों पर सार्थक बहस से लेखक को कोई मतलब नहीं है। ऐसे प्रसंगों में लगता है, लेखक परिस्थिति और पात्रों के साथ 'लीला' कर रहा है।

इससे ज्यादा कामयाबी लेखक को मीर अली और गंगाप्रसाद के द्वन्द्व में मिली है, जहाँ मीर एक हिन्दू औरत को खरीद लेते हैं और मुसलमान बनाने के चक्कर में हैं पर वह पहाड़ी औरत अपना धरम नहीं छोड़ना चाहती, न वह अपने 'मालिक' मीर के अपने ऊपर आधिपत्य को छुड़वाना चाहती है। यहाँ धार्मिक जटिलता पूरी तरह व्यक्त होती है। इसी तरह गंगाप्रसाद मलिका नामक मुस्लिम वेश्या से प्रेम करते हैं पर उससे विवाह नहीं कर पाते। मलिका एक हिन्दू युवक से शादी कर लेती है। गंगाप्रसाद मुसलमानों के विरोध का सामना कर मलिका को बचा लेते हैं। यहाँ भी कांग्रेस पार्टी के उदार सामाजिक दृष्टिकोण को सही तौर पर दिखाया गया है।

यह अजीब बात है कि हिन्दू और मुसलमान नौकरशाहों में वर्मा जी को ऐसे अफसर नहीं मिले जो मजहबी पक्षपातों के ऊपर उठ सकते थे और अपने मजहब के अलावा दूसरे धर्मवालों से भी दोस्ती रखते थे। 'भूले-बिसरे चित्र' में ऐसे एकतावर्धक चरित्रों की उपेक्षा की गई है। कांग्रेस के मुस्लिम सदस्यों में भी वर्मा जी को कोई निष्ठावान कांग्रेसी कार्यकर्ता या नेता नहीं मिला, इससे वर्मा जी की साम्प्रदायिकता ही प्रकट होती है। उपन्यासकार को यदि यथार्थ प्रस्तुत करना है तो उन दोनों प्रवृत्तियों के चरित्रों को सामने लाना चाहिए था, जो साम्प्रदायिकता और धर्मनिरपेक्षता के प्रतिनिधि थे।

कानपुर को घटना-केन्द्र बनाकर भी भगवती बाबू कानपुर के हिन्दू-मुस्लिम दंगों का सही रूप पेश नहीं कर सके। उन्होंने गणेशशंकर विद्यार्थी जैसे चरित्रों की भी उपेक्षा की। गणेशशंकर विद्यार्थी के 'प्रताप' में राष्ट्रवाद ही नहीं, समाजवाद और साम्यवाद तक की धारणाएँ प्रचारित होती थीं पर वर्मा जी ने एक भी प्रतिनिधि कम्युनिस्ट चरित्र को उसके

सही परिप्रेक्ष्य में नहीं देखा। प्रेमशंकर को लेकर वर्मा जी वामपंथ की स्थिति को स्पष्ट करना चाहते थे पर बहक गए।

'भूले-बिसरे' चित्र के अन्तिम अध्याय में राष्ट्रीय आन्दोलन निर्णायक स्थिति में पहुँचाया गया है। गंगाप्रसाद का पुत्र नवल, रायबहादुर कामतानाथ से न जुड़कर अपने चरित्रबल से गांधी-मार्ग से जुड़ जाता है और गांधी की डाँडी यात्रा के बिन्दु पर ही उपन्यास समाप्त हो जाता है। नवल और दुष्ट ससुरालवालों से पीड़ित विद्या (नवल की बहिन) पुराने सम्बन्धों और मोहों को छोड़कर राष्ट्रीय आन्दोलन में कूद पड़ते हैं। ज्वालाप्रसाद ने अपने परिवार में जो 'तरक्की' का मार्ग स्थिर किया था, वह रास्ता नवल और विद्या द्वारा छोड़ दिया जाता है और राष्ट्रवादी शक्तियों का मार्ग प्रशस्त हो जाता है।

व्यक्तिवाद (निजी उन्नति) और जनवाद में यहाँ आकर वर्मा जी सामाजिक चेतना को महत्व देते हैं और शिवलाल, ज्वालाप्रसाद और गंगाप्रसाद के चरित्र अप्रासंगिक हो जाते हैं। युग बदल जाता है–

''कुछ समझ माँ नाहीं आवत भइया...ई सब का हुई रहा है ?'' भीखू ने कहा।

ज्वालाप्रसाद ने ठंडी साँस ली, 'हाँ भीखू, कुछ समझ में नहीं आ रहा। आज पचास साल में क्या से क्या हो गया। सब कुछ बदल गया, एकदम बदल गया'...ज्वालाप्रासद का स्वर काँप रहा था।'' (पृ. 712)

''दो बूढ़े, जिन्होंने युग देखा था...निरुत्तर थे। और हजारों, लाखों, करोड़ों आदमी जीवन और गति से प्रेरित, नवीन उमंग और उल्लास लिये हुए एक नवीन दुनिया की रचना करने के लिये चले जा रहे थे !'' (पृ. 712)

'भूले-बिसरे चित्र' इस सही युगदृष्टि के कारण अपनी रेखाचित्रात्मक हैसियत से ऊपर उठकर उच्चकोटि के लेखन का दर्जा पा गया है। उपन्यास के ढाँचे के रचाव के समय लेखक ने प्रारम्भ से अन्त तक इस अन्तिम निष्कर्ष तक पाठक को पहुँचाने के लिये एक परिवार की चार पीढ़ियों के निर्माण और विकास पर ध्यान केन्द्रित किया है। इससे न केवल कहानी की संरचना बाण की तरह सीधी अपने अन्तिम लक्ष्य की ओर बढ़ती है बल्कि वह युगदृष्टि की संवाहक भी बन जाती है। यह युगदृष्टि सच्ची है। यह गनीमत है कि वर्मा जी ब्यौरों में यत्र-तत्र पूर्वाग्रहग्रस्त हो जाते हैं मगर युग-परिवर्तन की उनकी समझ सही है। अतएव यह युगदृष्टि 'प्रश्न और मरीचिका' में भी है जो समकालीन समाज की कहानी है। यहाँ भी वर्मा जी एक नौकरशाह के माध्यम से ही युगपरिवर्तन का अफसाना कहते हैं। इससे छिपी सच्चाइयाँ, निर्णय लेने की प्रक्रियाएँ, कुनबापरस्ती और तरक्कीप्रियता आदि की सूरतें सामने आ जाती हैं। वर्मा जी की यही शक्ति है। किस्सागोई के पारम्परिक ढाँचे को न छोड़ने के कारण उनके उपन्यास आम हिन्दी के पाठकों में लोकप्रिय हो गए हैं। इसके विपरीत, प्रयोगशील और परम आधुनिक उपन्यास विशेष पाठकों में अधिक पसन्द किए जाते हैं, क्योंकि उनमें स्थितियों और चरित्रों का सरलीकरण नहीं होता और भाषा की सम्भावनाओं से पूरा लाभ उठाया जाता

है, यह चिन्ता नहीं की जाती कि साधारण पाठक समझ पाएगा कि नहीं। ऐसा उपन्यास-लेखक पाठक से रचना के स्तर तक उठने की माँग करता है।

किस्सागोई की पारम्परिकता और जनप्रियता की बात समझ लेने पर यदि हम 'भूले-बिसरे चित्र' को एक 'पीरियड-नॉवल' के रूप में देखें तो वर्मा जी की प्रशंसा करनी ही पड़ेगी। हिन्दी में कालावधिपरक उपन्यासों के टिड्डीदल की हमें जरूरत है क्योंकि ऐसे ही उपन्यासों से आप 'जनचेतना' या आम पाठक के मानस का निर्माण कर सकते हैं। 'क्या घटित हुआ, कैसे घटित हुआ' का उत्तर मिलने पर ही, 'क्या घटित हो सकता है', का जवाब मिल सकता है। यशपाल 'झूठा सच' के बाद दूसरी तरफ़ मुड़ गए। होरी से आज के किसान तक और गोबर से आज के मजदूर तक का अफसाना कम रोचक नहीं है किन्तु इधर ध्यान नहीं दिया जाता।

फिर भी 'झूठा सच', 'यह पथ बन्धु था', 'तमस', 'उखड़े हुए लोग', 'आधा गाँव', भगवती बाबू और अमृतलाल नागर के उपन्यासों में लोकचेतना, लोकमानस और लोकशक्तियों के नाटकीय आख्यानों और चित्रों के एलबम हैं। इनसे एक क्रमबद्ध परिवर्तन के बोध उभरते हैं और वे अराजक और निराशावादी आधुनिकों के प्रत्ययों को झुठलाते हैं कि कुछ नहीं हो सकता, कि सब भ्रष्ट हैं, सब पतित हैं, सब असामाजिक हैं, कि जिन्दगी एक निरर्थक पहेली है जिसे सार्वभौमिक भाषा में ही संकेतित किया जा सकता है, वर्गभाषा में नहीं, कि...

परिवर्तन को पहचान लेने यानी युग-दृष्टि के बावजूद समकालीन साहित्य में भगवतीचरण वर्मा के साहित्य के प्रति एक आक्रोश है। परिवर्तन के लिये अधीर युवाशक्ति उस लेखन को विष मानती है, जिसमें ब्यौरों में भी दृष्टि संकुचित हो गई हो। 'भूले-बिसरे चित्र' और 'प्रश्न और मरीचिका' में (अन्यत्र भी) साम्प्रदायिक पूर्वाग्रहों के कारण वर्मा जी के 'भूले-बिसरे चित्र' को वह महत्व नहीं मिल सका, जो यशपाल के 'झूठा सच' को मिला। मात्र 'रचना की राह' से साहित्यिक कृतियों का मूल्यांकन करनेवाले उपन्यास आलोचक 'कृति' और 'वास्तविकता' के अविच्छिन्न सम्बन्ध को नहीं देखना चाहते। इस 'वास्तविकता' में वे दृष्टियाँ और विचार भी शामिल हैं, जो किसी भी कार्य के औचित्य या अनौचित्य का निर्धारण करते हैं। वर्मा जी के उपन्यासों में कार्यपरक विचारों, मूल्यों और मान्यताओं का क्षेत्र संकुचित-सा लगता है। उन्हें घटनाओं और पात्रों का जीवन किन्हीं गैबी शक्तियों के संकेत पर चलता जान पड़ता है और वह व्यक्ति की विवशताओं को इतना मन ही मन तूल दे जाते हैं कि उसकी सम्भावनाओं को यानी व्यक्ति में छिपी अनन्त ऊर्जाओं और अनेकायामी शक्तियों के विस्फोटों की उपेक्षा हो जाती है और पाठक पर अपने असर में वर्मा जी सामाजिकता, मूल्यगत पवित्रता, सरलता, राष्ट्रप्रेम आदि के साथ हिन्दू-मुस्लिम-समस्या, राजनैतिक दलों की भूमिका और सार्थकता जैसे सवालों पर प्रतिक्रियावादी तत्त्व भी घुलामिला देते हैं। इस मिश्रण से अथवा 'मिश्रित साहित्य' से सचेत पाठक उसी तरह घबराता है, जैसे 'मिश्रित अर्थव्यवस्था', 'मिश्रित आधुनिकता' अथवा 'मिश्रित प्रगतिशीलता' से।

वर्मा जी के नियतिवाद ने उन्हें 'दर्शक' लेखक बनाया, जिसमें 'निमग्न लेखक' अथवा संघर्षशील लेखक की व्यापक मानवतावादी दृष्टि नहीं है। उसमें कहीं 'पुराना हिन्दू' बोलता नजर आता है। इस देश के पारम्परिक दृष्टि वाले यथास्थितिशील दल 'भारतीय संस्कृति' की रीढ़ सार्वभौमिकता (उन मानव मूल्यों की सृष्टि जो मानव-मात्र के लिये हैं) की चिन्ता न कर धर्म के बाहरी रूपों और चिह्नों के प्रति अधिक सजग हैं। 'भारतीय संस्कृति' सार्वभौमिक, सार्वजनिक धारणा है, वह किसी एक सम्प्रदाय तक सीमित नहीं है। प्रत्येक संस्कृति की तरह उसमें भी अन्धे पक्ष और अन्धे विश्वास हैं, पर आज का मनुष्य वास्तविक भ्रातृत्व की खोज में किसी मजहब के सिर्फ उन्हीं मूल्यों को तरजीह देगा, जो मानव-मात्र के लिये प्रेरक हों। इन व्यापक मूल्यों की चिन्ता न करना आत्मघात होगा, युद्धों को बढ़ावा देना होगा।

फिर भी भगवतीचरण वर्मा गुरुदत्त नहीं हैं। उनका हिन्दू एक पुराना मगर उदार हिन्दू है। इसके अलावा 'भूले-बिसरे चित्र' में वर्मा जी प्रबल 'सामान्य ज्ञान' और मूल्य-परकता का परिचय देते हैं–

"यह आन्दोलन शहरवालों का है, गाँवों में इसकी जड़ें हैं ही नहीं।" (पृ. 513)

"यह दुनिया शिवप्रतापों से भरी है, जिनके इशारों पर स्त्रियाँ गिरती हैं, जिनके प्रभाव से परिवार टूटते हैं, जिनके कहने से हत्याएँ होती हैं।" (पृ. 306)

"जहाँ तक मेरा खयाल है, पैसा उन लोगों से मिलता है, जिनको इस आन्दोलन से सीधा फायदा होता है, यानी मिल-मालिक और व्यापारी।" (पृ. 485)

"हिन्दुस्तान का पूँजीपति ही हमारे इस आन्दोलन की रीढ़ है। हमारे आन्दोलन को चलाने के लिये रुपया चाहिए और रुपया हमें देश के पूँजीपति से ही मिल सकता है, क्योंकि अंग्रेजों की हुकूमत ब्रिटिश पूँजीवाद की हुकूमत है।" (पृ. 494)

इस तरह के अनेक सूक्ष्मदर्शी फिकरे, अनुभवगर्भित वाक्य और चुटीले नुक्ते, 'भूले-बिसरे चित्र' में बिखरे पड़े हैं। पूर्वाग्रहों के बावजूद असलियत की पकड़ इस उपन्यास में है। इसके सिवा इस रचना में चरित्रों का एक पूरा चलचित्र है, जो उपन्यास के अन्त में ज्वाला, गंगा, छिनकी के चित्रों के रूप में हमेशा के लिये हमारे अवचेतन में स्थिर हो जाते हैं। जिस उपन्यास का कोई एक भी चरित्र यदि पाठक के मन में ध्रुव की तरह डट जाए तो उपन्यास उत्कृष्ट हो गया। 'भूले-बिसरे चित्र' में चरित्रों का विरोधाभास आकर्षक है। शिवलाल, ज्वालाप्रसाद, गंगाप्रसाद, नवल इसमें एक निरन्तरता है लेकिन युगीन प्रभाव दिखाने के लिये लेखक ने ज्वाला और गंगा के चरित्रों में ध्रुवीकरण प्रस्तुत किया है। ज्वाला का चरित्र भी एकायामी नहीं है मगर वर्मा जी पात्र के मन की थाहें अधिक नहीं लेते। आधुनिक उपन्यास में ज्वाला और जैदेई के प्रेम के ब्यौरे देकर ज्वाला का मानसिक भूगोल पेश किया जा सकता था परन्तु वर्मा जी शीलभंजक ब्यौरे नहीं देते। उनका नैतिक बोध पारम्परिक मगर मजबूत और मानवीय है। उन्होंने उपन्यास को कामोत्तेजक प्रसंगों से बचाया है और अपनी दिल्लगी की मनोवृत्ति को शास्त्रार्थों का प्रतिपक्षी के विद्रूपों तक सीमित रखा है।

'भूखे-बिसरे चित्र' में गंगाप्रसाद एक बहुआयामी चरित्र है। गंगाप्रसाद मुक्त चरित्र है मगर अपनी बाह्य प्रतिष्ठा के प्रति भी सजग है। इसमें जन्मे तनाव के कारण गंगाप्रसाद पाठक को अधिक आकर्षित करता है, वह आधुनिक भी है। लेकिन गंगाप्रसाद का अन्त देखकर एक आघात लगता है। लगता है, मुक्त होना, अपराध करना है अथवा यह कि मदिरापान सिर्फ गम-गलत करने के लिये ही किया जाता है। इस चरित्र को समाप्त तो करना ही था, पर उसके और तरीके थे। वर्मा जी ने गंगाप्रसाद की टूटन का कारण 'उन्नति और राष्ट्र-प्रेम' के द्वन्द्व में पाया है। परन्तु यह अजीब लगता है कि जो मलिका को छोड़ सकता है, सतवन्ती को छोड़ सकता है, वह फेफड़ों की चिन्ता न करेगा और परपीड़न में समर्थ होकर भी आत्मपीड़न में गर्क हो जाएगा। लगता है, गंगाप्रसाद के 'टायप' का पतन दिखाकर लेखक युवजनों को बताना चाहता है कि दुख भूलने या उत्तेजना शान्त करने के लिये मदिरापान मत करो। इससे फेफड़े खराब हो जाएँगे।

बहरहाल, भगवती बाबू के गंगा बाबू और सतवन्ती जैसे पात्रों में अस्तित्व-बोध भी है। गंगा बाबू अपनी स्थिति, उछाल और निराशा पर गौर करता है मगर कोई समाधान नहीं पाता। उसे जीवन एक पहेली-सा लगता है। वह अपना गर्व रखता है, उसके लिये खूँखार भी हो जाता है मगर मूलतः वह आत्मपीड़क निष्कर्षों पर पहुँचता है और रफ्ते-रफ्ते खुदकुशी की ओर बढ़ता चला जाता है। सतवन्ती भी इसी अपराध-बोध से पीड़ित है। आज की सभ्यता के संकट और तनावों से दुखी लोगों को गंगा-जैसा पात्र बहुत निकट का पात्र जान पड़ता है क्योंकि आज के अनेक 'व्यक्तिवादी विद्रोही' युवाजन और लेखक गम के खिलाफ लड़ाई को हारे का युद्ध समझते हैं, इस दृष्टि से भी गंगा बाबू प्रासंगिक पात्र हैं।

एक विचित्र बात पर भी ध्यान जाता है कि उपन्यास में सुशील पात्रों में अस्तित्व-विश्लेषण की चाह नहीं है, इससे शिवलाल, ज्वाला जैसे पात्र 'एकरेखीय' पात्र से लगते हैं। ज्वाला आत्ममन्थन कर सकता था, करता भी था पर उसके वे पक्ष लेखक सामने नहीं आने देता। 'खराब' पात्रों में आत्ममन्थन और ऊर्जा अधिक होने से वे खुले या 'खराब' पाठकों को अधिक भाते हैं, उन्हें भी, जो किसी भी व्यक्ति को एकरेखीय नहीं मानते। फर्क यही है कि एकरेखीय व्यक्ति अपने आत्मविचरणों में उलझकर नहीं रह जाते। वे थोड़ी-बहुत देर भटककर जल्दी ही अपना रास्ता तय कर लेते हैं और फिर उसे नहीं छोड़ते। सवाल यही है कि क्या 'भूले-बिसरे चित्र' में एकरेखीय पात्रों को कुछ अधिक संकुलता दी जा सकती थी ? जीते-जागते लोग कभी एकरेखीय नहीं होते, उपन्यासों में 'पात्र' ही एकरेखीय होते हैं।

समग्रतः 'भूले-बिसरे चित्र' पुनर्मूल्यांकन में भी अच्छा-खासा उपन्यास सिद्ध होता है।

एक रचना की प्रतिरचना : 'यह पथ बन्धु था'

श्रीनरेश मेहता

रचना अपने धर्म और प्रकृति से ही जीवनानुकूल होने के लिये बाध्य है। ऐसी बाध्यता किसी बाहरी दबाव के कारण नहीं बल्कि उसकी बुनावट की यह अनिवार्यता है। अमूर्त से अमूर्त रचना तक का स्रोत भी जीवन ही हुआ करता है। पर यह तो हुई शास्त्रीय व्याख्या। लेकिन वस्तुतः कुछ रचनाएँ जीवन की मात्र अनुकृति न होकर प्रतिरचनाएँ होती हैं। 'यह पथ बन्धु था' उपन्यास भी मुझे प्रतिरचना तब लगा जब मिथिला के मधुवनों से लेकर केरल की नारिकेल-अरण्यानी तक के सुदूर अंचलों से अज्ञात, अनाम, साधारण पाठकों के सहज मार्मिक पत्र मिले। कितना आश्चर्य हुआ यह देखकर कि इस उपन्यास की नायिका सरस्वती (सरो) अपने मालवी परिवेश से निकलकर जब उत्कल या आन्ध्र परिवेश में बैठकर मुझे आभार-पत्र लिखने लगी। इसी प्रकार का एक पत्र किसी पाठिका का मुझे अभी तक स्मरण है। कैसे यह दुख-गाथा उनके जीवन के परिवृत को भी समेट ले गई, कह नहीं सकता। इसलिए मुझे लगा कि किसी रचना का प्रतिरचना होना और क्या होता है ?

इस उपन्यास के साथ मेरे कोई संस्मरण कैसे हो सकते हैं ? संस्मरण होने के लिये उस व्यक्ति या रचना का शेष हो जाना अनिवार्य होता है। मैंने 'यह पथ बन्धु था' लिखा अवश्य है पर क्या वह मुझमें से शेष हो गया है ! हाँ, मेरे मन के करघे पर किस प्रकार इसके ताने-बाने बुने गए उसे थोड़े में सम्भव है बता सकूँ। आज जब भी मैं इस उपन्यास के बारे में सोचता हूँ तो एक प्रकार का रीतापन, उदासी अपने में अनुभव करता हूँ कि मनुष्य के सद्रूप की यह कैसी पराजय है जो कि ऋषियुग से लेकर विज्ञानयुग तक बराबर सम्पन्न होती आई है। मनुष्य कितनी बार असुरों को अभी और पृथिवी सौंपेगा, मैं नहीं जानता। लगता है, इक्कीस बार की दक्षिणा से ही काम नहीं चलेगा।

मेरे लिये कोई भी रचना कभी आसान नहीं रही है। मुझमें से रचना लिखी नहीं जाती बल्कि बीतती है। रचनाकार अपनी दृष्टिसम्पन्नता में असंग हुआ करता है परन्तु सृजन में भोग या आसक्ति का कष्ट या सुख तो आत्मिक ही होता है। मैं इसके पात्रों की नियति, गतिविधि, संघर्ष सबके बारे में बराबर असंग रहा हूँ परन्तु उनके भोगे या घटे जानने के समय वैसा ही लिप्त भी रहा हूँ इसीलिए आज इसके बारे में सोचते समय वैसी ही उदासी लगती है जैसी कि गर्मियों की सन्ध्या में होती है। कैसे देर रात तक

गर्मियों का सन्ध्याकाश तपे हुए ताम्रपात्र की भाँति ऊना-ऊना-सा बना रहता है, बस बहुत कुछ ऐसा ही लगता रहता है। कभी काँसे के घंटे की देर तक क्रमशः डूबनेवाली गूँज को यदि अपने में ही डूबने दिया हो तो कैसा दुख होता है, बस वैसा ही इस रचना को, इसके पात्रों को, उनकी नियति को लेकर होता है।

बाह्य रूप से मालवा सदा के लिये मुझसे छूट चुका है परन्तु उतनी ही तीव्रता से मालवा की वह कृष्णा माटी, श्यामा कुल-बान्धवता, मालवी श्रावण की पुष्पवर्णी सन्ध्याएँ, प्रसन्न सलिला बिल्लौरा नदियाँ, ऊँट की कूबड़ जैसे वनस्पतिहीन पठारी क्षितिज, बबूलों-खाँखरों के बीच से जाती एकान्त कँकरीली गरवटें और ऐसा ही जाने कितना-कुछ है जो मुझमें जन्म-जन्मान्तरों के लिये रस-बस गया है कि रचनात्मकता के किसी भी अक्षांश-देशान्तर पर मैं क्यों न चला जाऊँ, अपनी इस कृष्णा माटी से कभी दूर न जा सकूँगा। मुझे अपने पसीने में भी मालवी गन्ध अनुभव होती है। एक साथ यदि विद्यापति, तुलसी, मीरा, रवीन्द्र की भी मेधा हो तब भी मेरी इस आराध्य कृष्णा माटी का स्तवन सम्भव नहीं। माटी ही वह आद्यशक्ति है जिस पर मनुष्य आज तक रक्त-स्वेद में चलते हुए यन्त्र-पुरुष बना है।

वैसे मैं जानता हूँ कि जितना और जैसा मालवा मेरे अन्तर में बिराजा हुआ है वैसा आज स्वयं मालवा में भी नहीं रह गया होगा। परिवर्तन में आज की सभी लोक-विशिष्टताएँ नष्ट हो गई हैं, तब मालवा ही कैसे संझा-गीत, और श्राद्ध पक्ष के दिनों के दीवार पर बनाए जानेवाले नगरकोटों की विशिष्ट संस्कृति में सीमित रह सकता था ? उन दिनों के वे लोग, वे घर, वे प्रथाएँ, वे सूर्योदय, वे सूर्यास्त अर्थात् उस काल के सारे क्लासकीय रंग-गन्ध व्यतीत चुके हैं और अब वह भी एक सामान्य भूमि का टुकड़ा बनकर रह गया है। पर क्या मैं भी अपने रचनात्मक मनोलोक में उन्हें व्यतीत हुआ मान सकूँगा ? किसी भी जीवन्त अतीत की खनक यदि कहीं सुरक्षित रहती है तो वह कलाकार के रचनात्मक मनस् में ही रहती है। किसी भी सभ्यता या संस्कृति का रचनात्मक मनस् अन्य सारी समकालीनताओं से इसी अर्थ में भिन्न होता है कि वह जीवनातीत को वर्तमान की चकाचौंध के समकक्ष प्रस्तुत करता चलता है। वर्तमान को नियमित करते रहने के लिये आवश्यक है ऐसे जीवन्त अतीत को प्रस्तुत करते चलना। कलाकार के लिये किसी भी प्रकार की जीवन्तता कभी नहीं व्यतीतती, इसीलिए अतीत उसके लिये मृत का पर्याय नहीं हुआ करता। स्वयं वर्तमान में भी बहुत कुछ ऐसा होता है जिसे कलाकार नकारता चलता है। ऐसा इसलिए कि वह आक्षण एक प्रतिसृष्टि रचता चलता है। तभी तो, जब भी वह मालवा मुझमें से बीतने का उपक्रम करता है तब जगन्नाथ दास 'रत्नाकार' की यह पंक्ति घटित होने लगती है—

ज्यों-ज्यों बसे जात दूरि-दूरि प्रिय प्रान मूरि,
त्यों-त्यों धँसे जात मन-मुकुर हमारे में।

आज यदि बत्तीस वर्ष के बाद मुझे पुनः मालवा में बसना पड़े तो निश्चय ही मेरे रचनाकार की अकाल मृत्यु हो जाएगी। इसका कारण यह है कि रचनाकार का समाज,

लोक, कुल-कुटुम्ब, बन्धु-बान्धवता, उत्सव-एकान्तता, जय-पराजय प्रायः वे ही नहीं होते जो कि वास्तविक समाज के होते हैं। उन जैसे होने पर भी, वे ही नहीं होते।

ऐसा क्यों ? ऐसा इसलिए कि समाज के निर्माण, परिवर्तन तथा विघटन के अपने नियम हुआ करते हैं परन्तु यह आवश्यक नहीं कि कला में प्रयुक्त हुए समाज आदि पर भी वे ही नियम यथावत लागू हों। याथार्थिक समाज तथा कलात्मक समाज में जो साम्य होता है वह मात्र दो आयामों का ही होता है परन्तु तृतीय आयाम तो दोनों का सर्वथा भिन्न हुआ करता है। समाज का यह तृतीय आयाम एक प्रकार से अपरिभाषेय है परन्तु कलात्मक समाज का ऐसा नहीं। एक अन्तर यह भी है कि कालातीत बने रहने के लिये समाज को नित्य परिवर्तन की प्रक्रिया से गुजरना होता है जबकि रचना को कालातीत या शाश्वत बने रहने के लिये परिवर्तन के स्थान पर स्थिरता की प्रक्रिया में से गुजरना होता है।

सम्भव है, इस उपन्यास की नायिका सरो अब इतनी दयनीय रह गई हो परन्तु मात्र इतने से सरो जैसे पात्रों की जीवन्तता में कोई अन्तर नहीं आ सकता। यदि साहित्य मात्र समाज का दर्पण होता तो महाभारत या रामायण आज हमारे लिये मात्र कौतुक या मनोरंजन भर रह जाते, जबकि ऐसा नहीं है। उस काल के वे समाज भले ही बीत गए हों पर उन पर आधारित रचनाएँ नहीं बीत पाईं। साहित्य, समाज का दर्पण नहीं, प्रिज्म होता है। साहित्य में समाज का मात्र चित्रण नहीं हुआ करता बल्कि उसका सृजन होता है इसीलिए समाज के समानान्तर वह भी एक सृष्टि होता है, जिसे प्रतिसृष्टि कहा जाएगा। पुत्र, पिता की अनुकृति नहीं, सृष्टि होता है। ऐसी सृष्टि के स्वयं अपने संस्कार होते हैं। इसी प्रकार स्वयं रचना के भी अपने संस्कार होते हैं। तद्वत्‌रूप में समाज का प्रणयन न सम्भव ही है और न ही आवश्यक ही। समाज अनुभवों के माध्यम से रचनाकार में भी घटित होता है पर केवल यह घटित होना ही रचना बन जाना नहीं होता। रचना बनने के लिये यह आवश्यक है कि वे अनुभव रचनाकार के कल्पना-प्रधान अतीन्द्रिय मनस से टकराकर या प्रतिसृष्ट होकर लौटें। तभी तो वास्तविक के गली-मोहल्ले, मातादीन या मेलाराम जब किसी समर्थ रचना में देखने को मिलते हैं तब कितना आश्चर्य होता है कि इन सारे गली-मुहल्लों, मातादीनों-मेलारामों में इतने सारे ये रंग-गन्ध कहाँ से आ गए ? रोज देखने पर भी ये मातादीन-मेलाराम हमारे लिये पात्र एक भी नहीं थे परन्तु रचना में प्रतिसृष्ट होकर ये चरित्र की भाँति निखर आए। जिस रचना में जितना अधिक यथार्थ और कल्पना का प्रतिसहयोग होगा वह रचना उतनी ही अधिक विश्वसनीय सृष्टि होगी। अश्वत्थामा का प्रतिशोध और पश्चात्ताप कल्पनात्मक होने पर भी अविश्वसनीय नहीं लगता। घटना को रचना बनाने का कार्य रचनाकार का यह तृतीय आयाम करता है, जो कि विराट् अपरिभाषित का ही कल्पनात्मक स्वरूप होता है। मालवा वही है, लोग वही हैं, उनके घर-चूल्हे वही हैं, केवल मैंने उन्हें अपने रचनाकार का तृतीय आयाम दे दिया है ताकि ये अनाम, असंज्ञ व्यक्ति, पात्र बन सकें और तब चरित्र बनें।

इस उपन्यास के नायक श्रीधर के विषय में कुछ की यह शिकायत रही है कि वह सकल्पहीन, संघर्षभीरु, मिथ्या आदर्शवादी आदि-आदि है। घटनात्मकता के स्तर पर किसी सीमा तक श्रीधर जैसे पात्र पंगु, कायर अथवा निर्वीर्य तक लग सकते हैं परन्तु वस्तुतः क्या ऐसा है ? यदि वह ऐसा कुछ होता तो जानबूझकर भी वह क्रान्तिकारियों के निकट सम्पर्क में क्यों आता है ? स्वाधीनता आन्दोलन, साहित्यिक पत्र, साप्ताहिक का सम्पादन आदि क्यों करता है ? सामाजिक और राजनीतिक जिस मिथ्यालोक को ध्वस्त करने के लिये वह इतने सारे पापड़ बेलता है उसके पीछे क्या उसकी संकल्पहीनता या संघर्षभीरुता है ? वस्तुतः श्रीधर एक असंग चरित्र है। असंगता, मिथ्या आदर्शवादी हो सकती है परन्तु कापुरुषता या कायरता नहीं हुआ करती। संघर्ष की भाषा नारों की ही या विस्फोट की ही हो, यह स्वीकार सकना उचित न होगा। स्मरणीय यह है कि कायर कभी टूटता नहीं है बल्कि समझौता कर लेता है। वास्तविक जीवन में तो प्रायः क्रान्तिकारी तक समझौता करते देखे जा सकते हैं। श्रीधर प्रति बार केवल टूटता जाता है। संकल्प-शक्ति की उसमें कमी नहीं है परन्तु उसमें एक प्रकार का ऐसा विवेक है जो या तो सम्पूर्ण का ही ग्रहण करना जानता है अन्यथा अपने को सर्वथा पृथक् कर लेता है। यदि ऐसा न हो तो बहुत बड़ी सफलता न भी सही तो कुछ-न-कुछ तो प्राप्त हो ही सकती थी। यह उसका विवेक ही था जो कि दुबारा इन्दू दीदी से भेंट के समय भावुक निवेश या टूट जाने से बचा सका।

श्रीधर के पास मात्र यही तो पूँजी थी। इसी पूँजी के कारण उसने जीवन को सफलता का नहीं बल्कि सार्थकता का पर्याय स्वीकारा। सफलता का स्वरूप जो प्रायः अमानवीय ही लगा, तभी तो सफलता के पास पहुँचते-पहुँचते वह प्रत्येक बार बेरंग लौट आता है। सफलता और सार्थकता दो समानान्तर दृष्टिकोण हैं। सार्थकता की दृष्टि से श्रीधर सफल चरित्र है। अपने कस्बे के छोटे-से परिवृत्त से निकलकर वह विशाल जन-जीवन के सम्पर्क और संसर्ग में आता है। घर से चलने के पूर्व वह किसी नौकरी की तलाश में अपनी भूमिका नहीं छोड़ता है। अज्ञात में उसके विवेकानन्द की परिव्राजकता है। आदर्शों की रक्षा करते हुए व्यक्तिगत भौतिक सफलता कभी अर्जित नहीं कर सका है, विशेषकर संघर्ष करते हुए। जिस समय श्रीधर मनुष्यता का इतिहास लिखने का संकल्प करता है वह पात्र या चरित्र न रहकर संघर्ष करता सम्पूर्ण मानवीय चेतना का वैष्णव-प्रतीक बन जाता है। इसीलिए मैंने उसे प्रत्येक मोड़ की स्थिति में निग्रह की स्थिति में ही खड़ा किया है। जिस दुर्दान्त एकान्त में वह खड़े होकर समग्र मानवता अपने में अनुभव करता है वहाँ केवल असंग व्यक्ति ही खड़ा हो सकता था। कुल-गोत्रहीन, परिवारहीन, सम्पदाहीन श्रीधर जो आरम्भ ही सम्पूर्ण मानवता के सम्बोधन से करता है, कायर है ? संघर्षभीरु है ? मिथ्या आदर्शवादी है ? वायवीय है ? छायावादी मूल्यों का वाही है ? महाभारत में वेदव्यास ने सारे प्रमुख चरित्रों की उनकी ओढ़ी हुई कान्ति छीनकर एक-एक को जिस निग्रह-स्थिति में खड़ा किया है तब क्या युधिष्ठिर जैसा चरित्र भी कायर लगता है ? श्रीधर मध्यमवर्गीय युधिष्ठिर है, जिसके भाग्य में मानवीय दुख की असमाप्त विरासत ही शेष है।

मैंने प्रायः कहा है कि क्रान्तिकारी और क्रान्तिदर्शी में गुणात्मक अन्तर होता है। क्रान्तिकारी की भाषा नारों की, फतवों की भाषा होती है जबकि क्रान्तिदर्शी की भाषा मौन या ठंडी भाषा हुआ करती है। लेनिन क्रान्तिकारी था परन्तु गाँधी क्रान्तिदर्शी। क्रान्तिकारी समाज की परिधि से चलकर सत्ता के केन्द्र तक पहुँचता है और सत्ता पर अधिकार करता है जबकि इसके विपरीत क्रान्तिदर्शी सत्ता के केन्द्र से आरम्भ कर समाज की परिधि की ओर बढ़ता है। फलतः एक में अपने को संकुचित किए जाने की प्रक्रिया है तो दूसरे में अपने को उत्तरोत्तर उन्मुक्त किए जाने की प्रक्रिया है। इसीलिए क्रान्तिकारी एक दिन सत्ताधारी हो जाता है और क्रान्तिदर्शी विचार-पुरुष बन जाता है। इस दृष्टि से श्रीधर का गोत्र क्रान्तिदर्शी का होगा। मुझे श्रीधर को छायावादी मूल्यों का वाही मानने में कठिनाई यह हुई है कि इस प्रकार का कथन मात्र फतवा ही तो है। पिछले सत्ताईस वर्षों में गाँधी राजनीति में नितान्त अप्रासंगिक हो चुके थे परन्तु इधर एकाध वर्षों में अनेक क्रान्तिकारियों की अपेक्षा गाँधी पुनः चिन्तन और दिशा के केन्द्रबिन्दु हो गए हैं। इसी प्रकार श्रीधर जैसे पात्र या चरित्र पुनः केन्द्रीयता प्राप्त न करेंगे, यह भविष्यवाणी कौन कर सकता है ? वैसे भी जीवन और साहित्य इतने आसान नहीं होते जितने कि प्रायः समझे जाते हैं।

'यह पथ बन्धु था' : समीक्षा

गिरिराज किशोर

श्री नरेश मेहता का उपन्यास 'यह पथ बन्धु था' 1962 में प्रकाशित हुआ था। इतना समय रचना की प्रतीति के लिये काफी नहीं होता, जान-पहचान के लिये चाहे काफी हो। रचना का व्यक्तित्व समय के साथ-साथ विकसित होता है। हर पात्र और चरित्र को जीवाणु से व्यक्ति बनना होता है। 'यह पथ बन्धु था' भी व्यक्तित्व ग्रहण करने की प्रक्रिया में है। परन्तु यह सिद्ध हो चुका है कि वह ऐसी रचना अवश्य है जो इतना अन्तराल पार करने के बाद उज्ज्वल ही हुई है, धुँधली नहीं पड़ी। ऐसी हर रचना का प्रकाशन अपने आप में एक घटना होती है। इस बात का पता रचना के प्रकाशन के समय नहीं चलता। समय बीतने के साथ-साथ यह सिद्ध होता जाता है।

'यह पथ बन्धु था' समय की पहचान में पिछड़ा नहीं। यही कारण है कि प्रकाशन के 13 वर्ष बाद भी उसके बारे में कहने को शेष है। यदि कोई रचना अपनी सार्थकता को समेटकर चल रही होती है तो ऐसा कभी नहीं होता कि उसके बारे में कभी भी कुछ कहने को न रहे। कहने का मतलब होता है कि उसका जीवित होना। बीती हुई बात और बीती हुई रचना की नियति एक ही होती है। बात में दम होता है तो वह बार-बार प्रतिध्वनित होती है। यही रचना के साथ भी होता है। लेकिन श्रेष्ठ रचना के साथ पाठक के मतभेद सदा बने रह सकते हैं।

'यह पथ बन्धु था' की भूमिका में लेखक ने लिखा है, "इतिहास सफल, क्रूरों तथा महापुरुषों का ही होता है जबकि हमारी स्मृतियों में ऐसे अनेक साधारण जन होते हैं जो व्यक्ति भी नहीं बन पाते, केवल संख्या होते हैं लेकिन हम जानते हैं कि ये असफल सामान्यजन इतिहास न हों, महापुरुष न हों किन्तु मानुष होते हैं।"

भूमिका के इस अंश से यदि उपन्यास का कोई चित्र निर्मित किया जाए तो वह उपन्यास से बिलकुल भिन्न होगा। लेखक का यह कहना या तो सामान्यजन की अतिरिक्त पक्षधरता है या भावुकता ! कई बार भावुकता साभिप्राय होती है। लेकिन प्रश्न उठता है कि उस अभिप्राय का लाभ रचना की अर्थवत्ता को कुछ मिल रहा है या नहीं ! हो सकता है, लेखक का उपन्यास लिख लेने के बाद भी मन न भरा हो और उसको यह आवश्यकता महसूस हुई हो कि इस पक्षधरता को वह भूमिका के माध्यम से भी व्यक्त करे। यदि इतिहास क्रूरों, सफल और महापुरुषों का होता है तो इससे अन्तर

क्या पड़ता है ? लेखक का यह कथन उपन्यास की सार्थकता में कुछ नया नहीं जोड़ता। जन को इतिहास में लाने का दायित्व लेखक का नहीं। लेखक का यदि कोई दायित्व है तो वह यह है कि वह उसकी पहचान को साहित्य में अक्षुण्ण बनाए। यह तकलीफ एक भावुक रचनाकार की हो सकती है कि इतिहास के हाशिए पर जो सामान्य जन घटित होते हैं वे धीरे-धीरे फिसलकर समय के गर्त में डूब जाते हैं। परन्तु साहित्यकार द्वारा इस तकलीफ की शिकायत क्रूरों और महापुरुषों के इतिहास के सन्दर्भ में किया जाना कोई अर्थ नहीं रखता। सामान्य आदमी की तकलीफ को रोपने के लिये उचित और हमवार धरती साहित्य ही है। जो इतिहास-पुरुष साहित्य में आए भी हैं, वे इतिहास-पुरुष बनकर उतने नहीं आए जितने मनुष्य बनकर आए।

एक बात और है कि साहित्यकार साहित्य लिखने के साथ-साथ एक तरह की ऐतिहासिकता भी बुना करता है जो चरित्रों एवं पात्रों को समय की पाली लाँघने में मदद पहुँचाती है। 'यह पथ बन्धु था' के चरित्रों और पात्रों को भी वह ऐतिहासिकता प्राप्त हुई है। साहित्यिक ऐतिहासिकता अपने आप में इतिहास हो या न हो परन्तु मानवीय चरित्र की सामाजिक व्याख्या तो होती ही है। सामान्य मनुष्य का सामाजिक इतिहास लिखने का जो कार्य साहित्यकार करता है वह इतिहास के वश की बात नहीं। जितनी विविधताएँ, जटिलताएँ, विषमताएँ मनुष्य के सन्दर्भ में साहित्यकार उकेरता है वह काम क्रूरों, सफल और महापुरुषों के सन्दर्भ में लिखा गया इतिहास नहीं उकेरता। यह उसका क्षेत्र है भी नहीं। 'यह पथ बन्धु था' का मुख्य चरित्र श्रीधर राज्य का इतिहास लिखने के बाद 'मनुष्य का इतिहास' लिखने का जो दबाव अनुभव करता है, उसके पीछे कहीं-न-कहीं यही कारण है कि वह इतिहास के मुर्दा अतीत को सामान्य मनुष्य के जीवित अतीत से जोड़ना चाहता है।

यह बात दूसरी है कि नरेश मेहता ने इस बात को स्वीकार न किया हो परन्तु राज्य-इतिहास के प्रति वितृष्णा और मनुष्य के इतिहास के प्रति श्रीधर का आकर्षण इस बात का प्रमाण है कि रचनाकार साहित्यिक ऐतिहासिकता का वर्चस्व स्थापित करके कोरे इतिहास की परिसीमाएँ निर्धारित करना चाहता है। यदि इतिहास की पक्षधरता की जाए तो यह भी कहा जा सकता है कि इतिहास केवल सफल, क्रूर और महापुरुषों तक ही सीमित नहीं होता। इतिहास की प्रक्रिया भिन्न होती है। हालाँकि उसकी भी पदार्थ-वस्तु (मैटिरियल) वही है जो साहित्य की सफलताएँ, असफलताएँ, करुणा और क्रूरता, महापुरुषत्व और साधारणता इतिहास को अलग-अलग प्रभावित नहीं करती। ये सब शक्तियाँ ऐतिहासिक सन्दर्भों में एक साथ कार्यरत होती हैं और उनसे मिलनेवाले निष्कर्ष इतिहास समेटता है। यदि ऐसा न हुआ होता तो इतिहास को लेकर कार्ल मार्क्स की विवेचना मनुष्य के चिन्तन में इतना बड़ा गुणात्मक परिवर्तन न ला पाती। इतिहास को वैचारिकता से जोड़ने में सूक्ष्म और भौतिक सभी तत्त्व समान रूप से क्रियाशील होते रहते हैं। चाहे लेखक इतिहास से कितना भी असन्तुष्ट क्यों न हो परन्तु 'यह पथ बन्धु था' के चरित्र और पात्रों के बीच घटित होनेवाले भावात्मक और सामाजिक द्वन्द्व उस

ऐतिहासिकता की देन हैं जो हमारी वैचारिकता को कहीं-न-कहीं सामाजिकता से जोड़ती चलती है। श्रीधर उसका सबसे बड़ा उदाहरण है।

जब तक कोई पात्र ऐतिहासिकता की इस प्रक्रिया से नहीं गुजरता तब तक वह चरित्र नहीं बन पाता। ऐतिहासिकता की यह सम्पूर्ण प्रक्रिया हर उस विचार की पृष्ठभूमि होती है या कहा जाए हर उस चरित्र के निर्माण में सहयोग देती है जो विकास के हर स्तर से अपने को गुजरने देता है। इतिहास और साहित्य में एक ही अन्तर है—इतिहास में घटनाओं की सपाटता और कोरापन होता है जबकि साहित्य के लिये मानव-मूल्य और ऐतिहासिकता से जुड़ा मानव-संघर्ष अपने पूरे सन्दर्भ के साथ अभिव्यक्त होता है। बड़े-से-बड़ा सम्राट इसी कसौटी पर आँका जाता है कि वह मानव और मानववाद के कितना निकट है या उससे कितना दूर है। इसके अतिरिक्त चाहे वह जो भी हो इतिहास की शतरंजी बिसात से गिरा हुआ एक मोहरा मात्र होता है।

'यह पथ बन्धु था' के सन्दर्भ में पहला ही प्रश्न यह उठ सकता है कि क्या 'यह पथ बन्धु था' के चरित्र और पात्र ऐतिहासिकता की इस प्रक्रिया से गुजरे हैं या नहीं ? साहित्य के क्षेत्र में ऐतिहासिकता की प्रक्रिया से गुजरने का अर्थ होता है सामाजिक, आर्थिक और भावात्मक दबावों से होकर अपने को निखारना। साहित्य की प्रासंगकिता इस बात से जाँची जाती है कि समकालीनता उन मूल्यों को किस रूप में ढालती है और रचना के पात्र उन्हें कैसे ग्रहण करते हैं ? वे प्रतिक्रियावादी होकर उस सम्पूर्ण परिवेश से द्रोह तो नहीं कर बैठते या उस स्ट्रक्चर को तोड़ने को तो लालायित नहीं हो उठते जो विकासशील सामाजिकता का एक महत्त्वपूर्ण अंश है ? ऐतिहासिकता का दबाव उन्हें मानवतावादी बनाता है या मानव-विरोधी ! अपने संघर्ष की प्रेरणा वे किन सूत्रों से प्राप्त करते हैं ? समाज के सन्दर्भ में उसकी क्या उपादेयता है ? परम्पराओं से सीख रहा है या रूढ़ियों के नीचे दबा पड़ा है ? हो सकता है ये सब प्रश्न सीधे साहित्य से जुड़े हुए महसूस न होते हों परन्तु अन्ततः साहित्य की सार्थकता का निर्णय इन्हीं प्रश्नों के आधार पर होगा, क्योंकि साहित्यकार की रचनात्मकता का साक्षी उसका जीवन के प्रति रचनात्मक दृष्टिकोण ही होता है। समाज-विरोधी तो इतिहास भी इतिहास नहीं होता। साहित्य और साहित्यकार की तो बात ही अलग है।

भूमिका में लेखक ने 'यह पथ बन्धु था' को 'दूब-गाथा' कहकर सम्बोधित किया है। यह बात उसी तर्क की पुनरावृत्ति मालूम पड़ती है जो सामान्य जन के इतिहास में न होनेवाली बात के द्वारा रेखांकित हो चुकी है। वास्तव में मनुष्य 'दूब' होता ही नहीं, क्योंकि वह दूब की भाँति 'धरती को वस्त्रित' करने के लिये अपने को उत्सर्ग करने की उस स्तर पर बेचैनी अनुभव नहीं करता जिस स्तर पर दूब के सन्दर्भ को लेखक ने उठाया है। मनुष्य में 'ऊर्ध्व का दम्भ' भी होता है और 'अधः की आशंका' भी रहती है। जब लेखक स्वयं ऐसी बात कह जाता है तो रचना के सन्दर्भ में उसे आँकना अनिवार्य-सा हो जाता है। कथन की सत्यता इसी बात से तय होती है कि रचना और लेखक की मान्यता में कोई तादात्म्य है या नहीं। 'यह पथ बन्धु था' का कोई पात्र दूब

है ही नहीं। यहाँ तक कि श्रीधर-जैसा पात्र गृह-त्याग इसलिए नहीं करता क्योंकि वह 'दूबवत्' है बल्कि इसलिए करता है कि उसमें एक तरह का गुपचुप अहं है। यहीं पर एक और बात भी स्पष्ट कर देना उचित होगा कि उसका गृह-त्याग पलायन की कोटि में चाहे आता हो परन्तु जीवन के प्रति उसका दृष्टिकोण मानववादी, समाजोन्मुखी तथा रचनात्मक है। अगर ऐसा न हुआ होता तो श्रीधर डाकू बन सकता था। अपने उत्तरदायित्वों की कचोट को जो स्थल-स्थल पर दिखाई पड़ती है, उतारकर एक ओर फेंक सकता था। परन्तु डाकू बनने की बात श्रीधर के सन्दर्भ में सही नहीं लगती क्योंकि उसका संघर्ष परम्परा-जन्य है। उसके सामने आत्महत्या कर लेने का विकल्प भी था परन्तु उसकी भी सम्भावना इसलिए निर्मूल हो जाती है क्योंकि श्रीधर का दृष्टिकोण रचनात्मक और समाजोन्मुख है। यदि वह ये दोनों काम नहीं कर सकता था तो बिशन और रत्ना के सम्पर्क से 'सुधांशु' तो बन ही सकता था। परन्तु इस बात की सम्भावना समाप्त हो जाती है क्योंकि उसका दृष्टिकोण समाजोन्मुख और रचनात्मक है। इसलिए श्रीधर, श्रीधर ही बना रहा। श्रीधर का श्रीधर बना रहना उसके व्यक्तित्व को भी व्याख्यायित करता है और उसमें निहित सामाजिक आस्था को भी। आतंकवादियों से इतना अधिक सम्पर्क रखते हुए भी वह अपने संघर्ष के उपकरण नहीं बदलता। बिशन और रत्ना तक को श्रीधर आजादी के उस संघर्ष के प्रति अपना रुख स्पष्ट कर देता है। "...विश्वास नहीं होता कि दो-चार बमों के धमाकों, दो-चार हत्याओं से इस अंग्रेज-शासन-तन्त्र को बदला जा सकता है।" (पृ. 445)

जिन लोगों के समक्ष वह अपना यह मन्तव्य प्रकट करता है वे इस बात को जानते हैं कि 'श्रीधर किसी भी प्रकार की राजनीति के लिये नहीं बने हैं, क्योंकि उनमें विवेक है, आवेश नहीं।' यद्यपि उनका यह जानना शत-प्रतिशत सही नहीं है। यदि श्रीधर जैसा जागरूक, समाजोन्मुख और मानववादी चरित्र राजनीति के लिये नहीं तो क्या ठाकुर सकलदीप नारायण सिंह जैसे मानव-विरोधी राजनीति के लिये बने थे ? राजनीति के लिये वही व्यक्ति उपयुक्त होता है जिसका जीवन के प्रति रचनात्मक और विवेकपूर्ण दृष्टिकोण हो। श्रीधर के सन्दर्भ में अगर इस तरह का फतवा दिया जाना था तो यह दिया जाना चहिए था कि श्रीधर राजनीति में सफल होने के लिये नहीं बना।

रत्ना का यह कहना कि श्रीधर में विवेक है, आवेश नहीं इसलिए श्रीधर राजनीति के लिये नहीं बना, कोई एक प्रश्न उठा सकता है जो श्रीधर के सन्दर्भ में चाहे अधिक महत्त्वपूर्ण न हों परन्तु राजनीति के सर्न्दभ में महत्त्वपूर्ण हो सकता है। यदि इस वाक्य को पूरी जिम्मेदारी के साथ तौला जाए तो राष्ट्रीय और अन्तर्राष्ट्रीय राजनीति में ऐसे बहुत से राजनीतिज्ञ मिलेंगे जिनके पास विवेक ही विवेक है, आवेश बिलकुल नहीं। यदि आवेश है भी तो वह भी राजनीतिक विवेक से उत्पन्न हुआ है। रत्ना द्वारा श्रीधर को आँकने के लिये बनाई गई इस कसौटी पर स्वयं रत्ना और बिशन भी और यहाँ तक कि पूरा आतंकवादी आन्दोलन भी पूरा नहीं उतरेगा।

भारतीय राजनीति का सबसे महत्त्वपूर्ण पक्ष यही रहा है कि वह आतंकवादी, फासीवादी या नितान्त प्रतिक्रियावादी कभी नहीं रहा। यह एक महत्त्वपूर्ण तथ्य है कि हर देश और समाज की राजनीति का एक स्वभाव होता है और वह स्वभाव जनमानस के स्वभाव से बहुत मेल खाता है। जब तक उसका स्वभाव नहीं बदलता तब तक राजनीति नहीं बदलती। यह स्थिति विवेक और परम्परा के सामंजस्य से उत्पन्न होती है। 'यह पथ बन्धु था' में घटित होनेवाली घटनाएँ इस तथ्य का समर्थन करती हैं। बिशन का गोली लगकर मर जाना, रत्ना को फाँसी लग जाना और श्रीधर जैसे निरामिष और आवेशहीन राजनीतिज्ञ का केवल इसलिए इतनी लम्बी सजा काटना क्योंकि वह अपने मोह के कारण आतंकवाद के एक सहस्रांश से कुछ क्षणों के लिये जुड़ने को तैयार हो गया था। राजनीति का यह भेद सम्भवतः लेखक के मन में भी पूरी तरह स्पष्ट है।

लेकिन एक प्रश्न फिर उठता जब श्रीधर को सरो और गुनी का प्यार नहीं रोक सका तो रत्ना के उस मोह ने उसे इतना विवेकहीन क्यों बना दिया ? यानी अपनी मान्यताओं के विरुद्ध जाकर रत्ना के कहने पर वह किसी दूसरे क्रान्तिकारी को बम देने के लिये कैसे गया ? इसका अर्थ यह हुआ कि श्रीधर इस सीमा तक तो आवेश-सम्पन्न था ही। इससे सिद्ध हो जाता है कि कोई भी व्यक्ति न तो पूरी तरह आवेशविहीन हो सकता है और न नितान्त विवेक-सम्पन्न।

श्रीधर के सन्दर्भ में जो महत्वपूर्ण बात है वह उसका नितान्त आर्दशवादी होना है। इसलिए वह अव्यावहारिक और असफल भी है। आर्दशवाद विवेक-जनित नहीं होता, आवेश-जनित अधिक होता है। यह बात श्रीधर के सन्दर्भ में ही नहीं बल्कि उपन्यास के अधिकतर पात्रों पर लागू होती है। अपने आदर्शों में असफल होने की नियति मनुष्य को राक्षस बना देती है या फिर देवत्व तक उठा देती है। ये दोनों ही असन्तुलन के द्योतक हैं। लेकिन श्रीधर के साथ ऐसा नहीं। आदर्शों के टूटने के बाद वह चाहे अव्यावहारिक सिद्ध हुआ हो उसकी अपनी सामान्यता यथावत् रहती है। उसके व्यत्तित्व की यह 'डाइमेंशन' उसे पात्रता से उठाकर 'चारित्रकता' तक ले जाने में सहायक हुई है। हालाँकि यह स्थिति श्री मोहन ठाकुर और उसकी पत्नी सावित्री के अतिरिक्त सभी पात्रों के साथ है। कीर्तनिया जी, सासू माँ, सरो, गुनी, कान्ता सभी की नींव में यही आर्दशवादिता है और आर्दशों के टूटने पर देवत्व की ओर जाने का प्रयत्न है। वे पात्र उस टूटन के साथ अधिक देर नहीं जी पाते। उस दाह से या तो मरकर छूट जाते हैं या दृश्य से हट जाते हैं। परन्तु श्रीधर उस अन्तर्दाह को स्वीकार कर लेता है जो सरो के मर जाने और गुनी के नाना के घर चले जाने के बाद केवल उसी को वहन करने के लिये बचा रहता है। इस पारिवारिक मंडल के बाहर भी जो अनेक पात्र हैं वे भी उसी आदर्शवादिता के अंग हैं। केवल संघर्ष को थामे रहने की शक्ति उनमें भी नहीं दिखलाई पड़ती। इन्दु, वाला साहब, मालती दीदी, नारायण बाबू, पेमेन बाबू, बिशन, रत्ना, शास्त्री जी आदि पात्रों में से कोई भी पात्र अपने आदर्शों से जन्मे संघर्ष के आमने-सामने बने रहने की सामर्थ्य जुटा पाने में समर्थ नहीं। दरअसल सफल त्रासदी संघर्ष की कड़ी को आगे बढ़ाती है और

जो पात्र उस त्रासदी को लेकर आगे बढ़ता है वह अन्ततः चरित्र बन जाता है। यदि वह त्रासदी किसी अन्त होते हुए युग की प्रतीक है तो एक नए युग के आरम्भ की सूचक भी होगी। श्रीधर की त्रासदी नए युग की भी सूचक है और संघर्ष के प्रति पटाक्षेप भी नहीं होने देती। बल्कि उस परम्परा को आगे बढ़ाती मालूम पड़ती है। इसी आधार पर श्रीधर अव्यावहारिकता और असफलता को लेकर भी चारित्रकता ग्रहण करने में सफल हुआ है।

लेखक आदर्शों की सामाजिक उपादेयता के सम्बन्ध में भी जागरूक है और निरर्थकता के बारे में भी। इसीलिए यह बात कहना अतिशयोक्ति न होगी कि श्रीधर के माध्यम से लेखक ने अपने को तलाश किया है। यदि नरेश मेहता के बारे में सोचा जाए तो जो लोग उन्हे जानते हैं वे इस निष्कर्ष पर पहुँचेंगे कि नरेश मेहता आदर्शवादी हैं और आदर्शवादी के अन्तर्विरोध को पहचानते हैं। कभी-कभी यह अवश्य लगता है कि आदर्शवाद हाथी के दाँत हैं। परन्तु ऐसा लगना पूरी सत्यता नहीं। आदर्श और आदर्शवादी के अन्तर्विरोध को समझने और जानने वाला मनुष्य जब आदर्श से विमुख जाकर कार्य करता है तो भी उसके सामने आर्दश मौजूद रहता है। एक बहुत मोटी-सी समानता नरेश मेहता और श्रीधर के बीच भी है—नौकरी छोड़कर जीवन के प्रतिघातों को सहना और सहते चले जाना। हालाँकि एक रचना के सन्दर्भ में इस बात को तौलना कि जो कुछ इस रचना के पात्रों के जीवन में गुजरा है, वह लेखक के अपने जीवन में गुजरा या नहीं, कोई अर्थ नहीं रखता। न ही रचना के सन्दर्भ में ऐसे प्रश्न की कोई प्रासंगिकता होती है। अनुभव के प्रत्यक्ष और अप्रत्यक्ष कई स्रोत होते हैं। कई बार अप्रत्यक्ष स्रोत अधिक प्रभावशाली होते हैं, और प्रत्यक्ष तनिक-सा भी प्रभाव उत्पन्न नहीं कर पाते। यदि नरेश मेहता ने स्वयं नौकरी छोड़कर प्रतिघातों को न सहा होता तो भी शायद श्रीधर का चरित्र इतना ही सम्पूर्ण हुआ होता। नरेश मेहता रचनाकार के रूप में अनुभव का साक्षात्कार परोक्ष और अपरोक्ष दोनों ही स्तरों पर समान गहराई से करने की सामर्थ्य रखते हैं। परन्तु नरेश मेहता और श्रीधर के बीच समानता का यह साधारण-सा सूत्र कहीं-न-कहीं पाठकों का श्रीधर के स्तर पर नरेश मेहता से तादात्म्य करा देता है। चरित्र के साथ लेखक को तादात्म्य का इतना-सा प्रमाण मिल जाना पाठक को इस बात के प्रति आश्वस्त करता है कि चरित्र के प्रति लेखक की सहानुभूति उसका अपना अनुभव-अंश होती है।

प्रेमचन्द ने भी बहुत से पात्र बनाए। उनके सभी पात्र सम्पूर्ण चरित्र नहीं हैं। उनमें से ऐसे कई पात्र हैं जो चरित्र की ऊँचाई से कुछ ही छोटे रह गए। उस श्रेणी में गोबर, धनिया, सूरदास आदि हैं। चरित्र उन्होंने एक ही बनाया—होरी ! होरी अपनी त्रासदी से मानवीय स्तर पर एक नई लड़ाई जारी रखने की प्रेरणा देता है। अन्ना केरानिना में भी एक ही सम्पूर्ण चरित्र का निर्माण हो पाया। अलबत्ता शेक्सपियर ने कई चरित्र दिए। मास्टर्स से हटकर अपनी बात नरेश मेहता तक ही सीमित रखी जाए तो कहा जा सकता है कि 'धूमकेतु—एक श्रुति' कलात्मक स्तर पर सम्भव है 'यह पथ बन्धु था' से शिथिल

हो परन्तु चरित्र की दृष्टि से 'यह पथ बन्धु था' का श्रीधर सम्पूर्ण चरित्र है। श्रीधर को सम्पूर्ण चारित्रिकता प्रदान करने के कारण ही नरेश जी का एक विशिष्ट स्थान बन सका है।

'यह पथ बन्धु था' के बारे में यह निर्णय हो जाने के बाद एक दूसरा प्रश्न और उठ खड़ा होता है कि रचना का सम्पूर्ण तर्क किसके पक्ष में जाता है ? समाज के या व्यक्ति के ? हर रचना का एक तर्क होता है। रचना का स्वर इस बात से निर्धारित होता है कि वह स्वर किस वर्ग को सहानुभूति प्रदान कर रहा है। व्यक्तिवादी समाज का निरूपण करते हुए भी लेखक अपनी सहानुभूति को उस वर्ग के लिये सुरक्षित रख सकता है जो सम्पूर्ण दमन के भार को वहन कर रहा होता है। रचनाधर्मिता में पूर्वाग्रह की गुंजाइश नहीं होती। सभी प्रभावों के रहते लेखक को अपनी सहानुभूति का स्रोत उन वर्गों के लिये सुरक्षित रखना पड़ता है जिनकी उसे उसकी आवश्यकता है। पतनोन्मुखी समाज को धीरे-धीरे दफना कर ही आप नए समाज के लिये अपनी सहानुभूति सुरक्षित रख सकते हैं क्योंकि जो परिवर्तन की प्रक्रिया और रफ्तार हमारे समाज में है, लेखक अपने को उसके बाहर नहीं ले जा सकता। 'यह पथ बन्धु था' के सन्दर्भ में भी कमोबेश यही स्थिति है।

ऐसी स्थितियाँ लेखक की रचनात्मकता से उतनी जुड़ी हुई नहीं होतीं जितनी उसके जीवन-दर्शन से जुड़ी होती हैं। जीवन-दर्शन का निर्माण बहुत-सी परम्पराओं और वैचारिकताओं से हुआ करता है। उनमें से कुछ सार्थक होती हैं कुछ निरर्थक। कुछ समाजोन्मुखी और कुछ पतनोन्मुखी। इसका कारण यह है कि वर्ग-विशेष में पलनेवाली कुंठाएँ तब तक बनी रहती हैं जब तक वर्ग-विशेष से आनेवाला आदमी अपने को 'डी-क्लास' कर लेने की क्षमता ग्रहण नहीं कर लेता। वस्तुतः 'डी-क्लास' होने की प्रक्रिया बहुत लम्बी और कठिन होती है। नरेश जी स्वयं वर्षों तक प्रगतिशील साम्यवादी थे। बाद में वे उससे अलग हो गए। उनकी राजनीतिक मान्यताओं को लेकर इस उपन्यास के बारे में भी अनेक बातें हुई हैं और उसे प्रतिक्रियावादी करार दिया गया। यानी अक्सर यह सुनने में आया कि 'यह पथ बन्धु था' के आधे से अधिक भाग में तो रुद्रपाठ, विष्णु सहस्रनाम, भागवत कथा, पंचपात्र, गोमुखी, आचमनी आदि भरे पड़े हैं और आधे उपन्यास में दीदियाँ, प्रेमानुभूतियाँ, आतंक और रोमांस है। ऐसा उपन्यास लिखने का क्या लाभ जिससे कोई स्वर ही उत्पन्न न होता हो। यह सही है कि दीदियों, प्रेमानुभूतियों आदि के प्रसंग उपन्यास के स्वर को न तो बुलन्द करते हैं और न उसकी सार्थकता में कुछ जोड़ते ही हैं। दरअसल उपर्युक्त प्रश्न का उत्तर तभी दिया जा सकता है जब रचना के व्यवस्था-पक्ष को समझा जा सके। हर विधा की अपनी स्वायत्तता होती है। उसका प्रतिक्रमण करना लेखक के लिये तब तक सम्भव नहीं जब तक कि उसका अनुभव उतना बड़ा न हो कि विधा की स्वायत्तता का स्वरूप चरमरा जाए।

विधा की स्वायत्तता का अर्थ वे सब विधागत परिसीमाएँ और लेखक की सामाजिक और जीवनगत मान्यताएँ हैं जिनके रहते रचना की पूरी रचनात्मक प्रक्रिया

घटित हुआ करती है। 'यह पथ बन्धु था' के सन्दर्भ में भी यह प्रश्न उठता है कि क्या उसका सम्पूर्ण वातावरण उसकी स्वायत्तता के अनुकूल है या नहीं। यदि लेखक के सन्दर्भ में बात की जाए तो यह स्पष्ट होगा कि जितना दीदीवादी और रोमानी इतिवृत्त उपन्यास में मौजूद है उससे लगता है कि लेखक अपने आग्रहों से मुक्त नहीं। उसने इस उपन्यास की सम्पूर्ण बुनावट को नजर अन्दाज किया है। लेकिन यह पूरा विवरण विधा की स्वायत्तता में कही दखलन्दाजी नहीं करता, केवल एक ओर अप्रभावी ढंग से पड़ा रहता है। उपन्यास का असली संघर्ष ठाकुर-परिवार का संघर्ष है। ठाकुर-परिवार का बाह्य और आन्तरिक संघर्ष स्वायत्तता की दृष्टि से विधासम्मत संघर्ष सिद्ध हुआ है। यह संघर्ष एक ऐसे परिवार का संघर्ष है जो अपना जीवनयापन पूजा-पाठ और ठाकुर-सेवा के द्वारा करता है। कीर्तनिया जी का रुद्रपाठ या बंगवाई के कड़ों की आवाज के साथ विष्णुसहस्रनाम का पाठ मानसिक सन्तुलन बनाए रखने का साधन अधिक है। जिन असन्तुलन की स्थितियों का कीर्तनिया जी सामना करते हैं उन्हें सँभालने के लिये उनके पास सिवाय रुद्रपाठ और विष्णुसहस्रनाम के और कोई रास्ता नहीं। उसमें शायद परमार्थ या साधना का भाव उतना नहीं जितना अपनी सामर्थ्य को साबित बनाए रखने का प्रयत्न है। अधिक से अधिक उसे आस्था कहा जा सकता है। जीवन की आधारभूत मान्यता में आस्था बनाए रखना अनिवार्य होता है। यह बात अलग है कि उसका रूप समय के साथ बदलता रहता है।

जब कोई समाज किसी प्रकार की आस्था बनाए रखने की छूट देता है तो रचनाकार के लिये यह अनिवार्य हो जाता है कि उस समाज द्वारा दी गई आस्थागत परिसीमाओं को भी स्वीकार करे। ऐसा करना भी ऐतिहासिकता का दबाव ही होता है। पूजा-पाठ से जीवन-यापन करनेवाले ब्राह्मण परिवार का उस कर्मकांड में ही सहारा ढूँढ़ना और उसमें आस्था रखना उनकी सबसे बड़ी मजबूरी और उपलब्धि दोनों हैं। पूजा-पाठ कहीं न कहीं उस परिवार का आर्थिक पक्ष भी है और आस्था-पक्ष भी। यदि लेखक उस सम्पूर्ण परिवेश को ठाकुर परिवार की दृष्टि से नहीं देखता तो उसकी ईमानदारी में शंका भी हो सकती थी और रचनात्मकता का वह आयाम खोज पाना भी लेखक के लिये कठिन होता जहाँ खड़ा होकर वह उपन्यास के पात्रों से तादात्म्य स्थापित करने की स्थिति में अपने को पाता है।

उस आस्था की कड़ी से टूटे हुए दो पात्र हैं—श्रीमोहन ठाकुर और उसकी पत्नी। ये दोनों पात्र इस उपन्यास के वास्तविक और सहयोगी पात्र नहीं बन पाए। उनकी पूरी प्रक्रिया और व्यवहार मानव-विरोधी हैं। वे खलनायक से भी निकृष्ट रूप में सामने आते हैं। चूँकि खलनायकत्व के पीछे भी एक तार्किकता होती है। सामान्यतः वह तार्किकता खलनायकों का निर्माण करते समय लेखक नजर अन्दाज कर देते हैं। यही कारण है कि खलनायक सामाजिक विकास में अपना कोई योगदान नहीं दे पाते। इस मामले में विदूषकों की स्थिति खलनायक से एक दर्जा ऊपर है। खलनायक का भी एक मानवीय पक्ष होता है। खलनायक 'उदात्त' पात्र से केवल इसी दृष्टि से भिन्न होता है कि वह

अपने को स्वार्थ के इर्द-गिर्द घुमाता रहता है। स्वार्थ ही उसकी प्रतिबद्धता होती है। जनहित भुला बैठता है। परन्तु मानवीय भावना के पक्ष में जाने या न जाने का संघर्ष उसके समक्ष निरन्तर बना रहता है। नरेश मेहता जैसे रचनाकार भी इस दृष्टि से अपना दायित्व नहीं निबाह पाए हैं। श्रीमोहन ठाकुर और उसकी पत्नी का जितना भी विवरण उपन्यास में है वह एक 'मुलजिम' के विरुद्ध लिखी गई 'रपट' से अधिक नहीं।

'यह पथ बन्धु था' के शेष सभी पात्र अपने भी हैं और परिवेश के भी। वे आत्मपरक होते हुए भी सामाजिक परिवेश में अपने को जोड़े रखते हैं। समाज में उनकी पूरी-पूरी आस्था है। ठीक उसी प्रकार जैसे पूजा-पाठ में। यदि ऐसा न हुआ होता तो उनका चरित्र-वर्ग बिलकुल भिन्न हुआ होता। जैसा युग था उसकी दृष्टि से ये सभी पात्र आभिजात्य और आर्थिक विषमता के अन्तर्विरोध से पैदा होनेवाली विपन्नता के मारे हैं, धार्मिक और रूढ़िवादी, अव्यावहारिक, नैतिक एवं आदर्शवादी, अहंकारी तथा दिग्भ्रमित हैं। परन्तु अपने सामाजिक दायित्व को समझते हैं। अगर ये पात्र ऐसे न हुए होते तो सम्भवतः इतने प्रामाणिक भी न होते। पात्रगत प्रामाणिकता में दोष आ जाता। सभी पात्र उतने ही काल्पनिक हो जाते जितनी इस उपन्यास की दीदियाँ और रोमानी स्थल हैं। ये सब दीदियाँ लेखक के आग्रह और अनुराग-भावना से उत्पन्न आवश्यक पात्र हैं।

दीदियों का जितना सम्बन्ध लेखक की अनुराग-भावना से है उतना ही सरो, सासू माँ और गुनी का सम्बन्ध लेखक की यथार्थवादी दृष्टि से है। इसीलिए इनमें से किसी ने भी अपने को करुणा और सहानुभूति का माध्यम नहीं बनने दिया। कहीं न कहीं ये सभी पात्र मानव-मूल्यों के अवमूल्यन के विरोध में खड़े हुए नजर आते हैं। सरो, सासू माँ और गुनी उपन्यास के अन्य महिला पात्रों से कई गुना अधिक नारी-प्राण के यथार्थ के रूप में चित्रित हुए हैं। यही कारण है कि ये तीनों पात्र अपनी सम्पूर्ण रूक्षता के बावजूद रत्ना, मालती, इन्दु आदि महिला पात्रों की सम्पूर्ण भावातिरेकता तथा रस-सम्पन्नता के रहते अधिक सार्थक और केन्द्रीय महिला पात्र के रूप में उभरे हैं।

उपन्यास से एक बात और स्पष्ट होती है कि लेखक अपनी सम्पूर्ण सामाजिक स्पष्टता के बावजूद वैष्णवता के प्रति आग्रहित है। यह लेखक की अपनी सीमा है। नरेश मेहता ने महाभारत, रामायण आदि के पात्रगत भावों को विभिन्न चरित्रों पर आरोपित करने का प्रयत्न किया है। श्रीधर का सरो से यह पूछना 'सीता को सबसे अधिक पीड़ा रावण ने दी या राम ने ?' कहीं न कहीं सरो के अपने संघर्ष को कम कर देता है। वैसे भी सीता का संघर्ष सरो के संघर्ष से भिन्न था। सरो के सन्दर्भ में अगर कोई रावण था तो भी श्रीधर ही था और राम था तो भी श्रीधर ही था। इस तरह के सूत्रों से पात्रों को जोड़कर नरेश मेहता ने पात्रों के व्यक्तित्व को उलझा अधिक दिया है। श्रीधर का यह सोचना 'जिन अस्त्रों को लेकर वे (श्रीधर) जीवन में लड़े थे, वे आदर्श थे। आदर्शों का मुलम्मा तो पहली ही चोट में उतर जाता है। युधिष्ठिर आदर्श थे, निमित्र मात्र थे। महाभारत युधिष्ठिर ने नहीं जीता। वह तो कृष्ण-अर्जुन थे, जिन्होंने किसी भी नीति को

पालनेवाली नीति अपनाकर युद्ध जीता था', उपन्यास की सम्पूर्ण पृष्ठभूमि को गड्डमड्ड कर देता है।

सम्पूर्ण उपन्यास ही आदर्श की नींव पर खड़ा है। लेखक का श्रीधर-जैसे चरित्र के द्वारा यह सोचवाना कि आदर्शों का मुलम्मा पहली चोट में उतर जाता है, कहीं न कहीं श्रीधर को अपनी ही चारित्रकता को छोटा कर देता है। कहा नहीं जा सकता यह लेखक के जाने हुआ या अनजाने परन्तु श्रीधर के चिन्तन से उपजने वाली इस बात ने उपन्यास के आधार को खोखला कर दिया। शायद इसके पीछे लेखक का यह मन्तव्य रहा हो कि वह युधिष्ठिर और कृष्ण-अर्जुन के माध्यम से आदर्श और व्यावहारिक राजनीति को स्पष्ट करना चाहता हो। परन्तु ऐसा हुआ नहीं। बल्कि उपन्यास की प्रामाणिकता के सामने एक प्रश्नचिह्न और लग गया। वेदव्यास महाभारत में निहित आदर्शों और व्यावहारिक राजनीति की पृष्ठभूमि को जानते हों या न जानते हों परन्तु 'यह पथ बन्धु था' के लेखक ने जिन पात्रों की संरचना की है उसे अपने उन पात्रों की वैचारिकता और आदर्शोन्मुखता से पूरी तरह परिचित होना चाहिए। वह है भी। परन्तु लेखक ने महाभारत के कुछ पात्रों के प्रति अपने विचार को श्रीधर के माध्यम से व्याख्यायित करने के मोह में स्थिति को उलट दिया। कहीं-न-कहीं इस प्रकार के मोह, जो हर रचनाकार में अधिक या कम होते हैं, लेखक को भटका देते हैं और एक ऐसा विरोधाभास उत्पन्न कर देते हैं जिसको सँभालना उसके अपने लिये कठिन होता है। ऐसे माइथोलॉजिकल प्रसंग यथार्थवादी रचनाओं की बुनावट में तब तक फिट नहीं बैठते जब तक कि वे उसकी अर्थवत्ता को बढ़ाने की क्षमता न रखते हों। उनको उद्धरित या व्याख्यायित करने का खतरा तब तक मोल नहीं लिया जाना चाहिए जब तक कि अनिवार्यता ही न हो जाए।

बड़े उपन्यासों की बनावट में अक्सर जो कमियाँ छूट जाती हैं वे कमियाँ 'यह पथ बन्धु था' में भी हैं। हालाँकि मुख्य धारा के प्रवाह में वे बहुत बड़ा अन्तर उत्पन्न नहीं करतीं। जैसे गुनी के विवाह में श्रीधर के अभिन्न मित्र एवं परिवार के हितचिन्तक नारायण बाबू का बिलकुल दिखाई न पड़ना। इन्दु दीदी का इतने बड़े अन्तराल के बाद विश्वनाथ के मन्दिर में प्रकट हो जाना और फिर बिना किसी आन्तरिक उद्वेलन को अनुभव किए चुपचाप हरिद्वार चले जाना। कभी-कभी ऐसी भूलें उपन्यास की बुनावट को झीना कर देती हैं। चूँकि इस उपन्यास में उनका मुख्य संघर्ष पर कोई प्रभाव नहीं पड़ता इसलिए उनके 'अस्तित्व' को आसानी से अनदेखा किया जा सकता है।

कुल मिलाकर 'यह पथ बन्धु था' की संघर्ष-धारा सच्ची और खरी है। पूरा चिन्तन बावजूद सामन्तवादी तादात्म्य के, सामान्य आदमी के उद्वलेन से उपजा है। सम्भवतः नरेश जी ने एक समाप्त होती रूढ़ि को सम्पूर्ण सहानुभूति से दफनाने का ही निर्णय लिया था। बाला साहब, इन्दु दीदी, बूढ़े पति, बाला साहब का पुत्र तत्कालीन सामन्तवादी समाज के प्रतीक हैं। उस पीढ़ी को जीवित रखने का लेखक का कोई प्रयत्न नहीं दीखता। केवल मरते समय वह उनके मुँह में सहानुभूति का जल डाल देता है जो शायद

संवेदनशील रचनाकार की एक व्यावसायिक मजबूरी होती है। ममी बनाकर जीवित रखने की नियति को चाहते-न चाहते झेलना पड़ता है। यदि वह ऐसा न करे तो रचनात्मक स्तर पर परिवर्तन की सम्पूर्ण प्रक्रिया का साक्षात्कार करने में चूक जाए। नरेश मेहता इस सामन्तवादी परिवेश को सहानुभूति के साथ दफनाकर ही इस वाक्य को खोज पाए, 'जब अपने रक्त-मांस का परिवार न हो तो व्यक्ति को विश्व के निमन्त्रण के महापरिवार में समर्पित हो जाना चाहिए।' यद्यपि इस अभिव्यक्ति में अपने रक्त-मांस का परिवार न होने की शर्त लगी है परन्तु महापरिवार में समर्पित होने के लिये वह शर्त भी कोई अर्थ नहीं रखती।

भाषा की दृष्टि से 'यह पथ बन्धु था' असाधारण नहीं तो महत्त्वपूर्ण अवश्य कहा जा सकता है। 'धूमकेतू', 'प्रथम फाल्गुन', 'नदी यशस्वी है' तथा 'दो एकान्त' उपन्यासों की भाषा उतनी अधिक यथार्थोन्मुखी नहीं है जितनी 'यह पथ बन्धु था' की भाषा है। इन उपन्यासों की भाषा में कृत्रिमता भी है। जबकि 'यह पथ बन्धु था' की भाषा एकदम बहावदार और सार्थक है। इसके बावजूद कहीं-कहीं पर 'यह पथ बन्धु था' में किए गए प्रयोग अश्लील लगने लगते हैं जैसे 'लछमन ने प्रवेशा' (पृ. 386)। यदि 'लछमन' केवल 'प्रवेशा' होता तो शायद प्रयोग अधिक खरा बन गया होता। इसी प्रकार 'सरोमुख' का प्रयोग गोमुख का-सा आभास देने लगता है। 'सरोमुख', 'सासुमुख', 'दीदी-मुख' ये सब कहीं-न-कहीं हास्यास्पद मालूम पड़ते हैं। सरोमुख की सिसकियों से लगता है कि सरोमुख सरो से कुछ अलग वस्तु है। 'सरोमुख खिलखिलाकर आँचल की ओट से हँस रहा था' (पृ. 211) यह वाक्यांश भी कुछ ऐसा लगता है जैसे सरो कहीं और थी और सरोमुख कहीं और रह गया था जो आँचल की ओट से खिलखिलाकर हँसे जा रहा था। दरअसल शब्दों की भी रूढ़ि बन जाती है। उस रूढ़ि के आधार पर जो नए प्रयोग किए जाते हैं, अर्थवत्ता की दृष्टि से वे रूढ़ि और अर्थ की जकड़ से निकल नहीं पाते। सरोमुख इस बात का उदाहरण है कि शब्द के ऐसे प्रयोग सरो के व्यक्तित्व और चारित्रिक गरिमा को कितनी चोट पहुँचाते हैं। सरो की सिसकियाँ, सरोमुख की सिसकियों से कहीं अधिक सीधा और गरिमापूर्ण वाक्यांश हो सकता था। लेखक के रूप में सम्भवतः हम यह नहीं सोच पाते कि जिस संज्ञा को हम गढ़ रहे हैं वह किन शब्दों के किस संवर्ग और जाति से अपना सम्बन्ध पहले जोड़ चुकी है, जैसे 'सरोमुख' 'गोमुख' की ध्वनि उत्पन्न करता है।

इस सबके बावजूद नरेश मेहता की भाषागत संवेदनशीलता कई डाईमेंशंस के साथ व्यक्त हुई है।

भाषा जब कई डाइमेंशंस के साथ अभिव्यक्त होने लगती है तो भाषा लेखक से अलग नहीं रह जाती। वह भी उसके अनुभव का अंश बन जाती है।

'आँतें सहस्रमुखी होकर उस समय खाना खा रही होतीं कि उन्हें पानी के एक लोटे से ही परितृप्त कर दिया जाता !' इस अभिव्यक्ति को लेखक के अनुभव का अंश ही कहा जाएगा। भाषा के स्तर पर इस तरह की सार्थक अभिव्यक्ति को सिद्ध करने से

पहले मनुष्य यानी पात्र होना पड़ता है। फिर वह लेखक हो सकता है। इस उपन्यास में ऐसे कई स्थल हैं जहाँ नरेश जी ने दायित्व निबाहे हैं। कहीं-कहीं उन्होंने विचारक का पद भी सँभाला है। यद्यपि विचार सबसे बड़ा माना गया है। परन्तु संवेदना से जुड़ा हुआ विचार उससे भी बड़ा होता है। 'यह पथ बन्धु था' में विचार अधिकतर संवेदना से ही जुड़ा हुआ है। जहाँ नहीं है वहाँ वह न विचार है न संवेदना।

इस उपन्यास की सबसे बड़ी सार्थकता यही है कि कृति में निहित संवेदना निरन्तर विकसित होगी और उसके नए-नए आयाम सामने आएँगे। यदि कोई रचनाकार श्रीधर, सरो, गुनी, सासू माँ, कीर्तनिया जी जैसे पात्रों को पुनः रचना चाहेगा तो उसे नरेश मेहता के अनुभव से कई गुना बड़ा अनुभव अर्जित करना होगा। उतना बड़ा अनुभव जुटा पाना सदियों का काम है।

'वे दिन' : संस्मरण का संस्मरण

निर्मल वर्मा

मेरे लिये उपन्यास खुद एक संस्मरण की चीज है—अपने भीतर बुझी हुई स्मृतियों को कुरेदने, कुरेदकर जगाने की कोशिश। खुद इस कोशिश के बारे में संस्मरण लिखना काफी मुश्किल है—कुछ-कुछ असाध्य और हास्यास्पद भी, जैसे कुत्ता स्वयं अपनी पूँछ पकड़ने की कोशिश करता है। मुश्किल और भी बढ़ जाती है क्योंकि जिस भाषा में हम अनुभव भोगते हैं, उसे हूबहू उस भाषा में लिख नहीं सकते—केवल उस अनुभव का 'अनुवाद' कर सकते हैं और यह अनुवाद जिस औपन्यासिक सत्य का उद्घाटन करता है, वह उस यथार्थ से कितना अलग है, जो लेखक ने दिन-रात की हड़बड़ी में खुद भोगा था।

जब मैं यूरोप में था, तब कभी 'वे दिन' लिखने का खयाल नहीं आया था। उन दिनों अक्सर मैं अपने हिन्दुस्तानी दिनों के बारे में कहानियाँ लिखता था। बरसों बाद जब मैं अपने देश लौटा तो मुझे लगा जैसे मेरे देखने, सुनने, अनुभव करने का यन्त्र भीतर-ही-भीतर बदल गया है। पहले बटन दबाने से जहाँ बहुत-सी बत्तियाँ जल जाती थीं, अब वहाँ अँधेरा था। जहाँ पहले सन्नाटा था, अब सहसा वहाँ बहुत-सी आवाजें सुनाई देती थीं। मैं सहसा 'बड़ा' हो गया था। वह बड़प्पन कोई गर्व की चीज नहीं थी, किन्तु इसमें एक अजीब-सा आश्चर्य जरूर शामिल था, जो आदमी को अपना 'कुँवारापन' खो देने के बाद महसूस होता है। हम हलका-सा महसूस करते हैं, लेकिन खालीपन भी महसूस करते हैं। यूरोप मेरे लिये एक तरह से इन सब मिले-जुले, अन्तर्विरोधी, बेहद सुखी और उदास अनुभवों का सम्मिश्रण-सा बन गया था। यह उपन्यास एक कोशिश थी कि मैं अपने बारे में एक जायजा ले सकूँ, महज आत्मभुक्त तथ्यों के आधार पर नहीं, बल्कि उस समूचे यूरोपीयन अनुभव को लेकर, जिसके बिना मैं एक अधूरा आदमी रह जाता और अपने व्यक्तित्व के अनेक हिस्सों को कभी न पहचान पाता।

शायद कुछ पाठकों को आश्चर्य हो कि विदेश में रहकर मैंने हिन्दुस्तान के बारे में इतनी कहानियाँ लिखीं, जबकि 'वे दिन' जो सचमुच विदेश के बारे में है, उसे केवल अपने देश वापस लौटकर ही लिखना सम्भव हो सका। इस पहेली का मेरे पास कोई

उत्तर नहीं। शायद दूरी एक तरह का प्रायश्चित है, जो दूसरों की व्यथा और अपनी मूर्खताओं—दोनों को क्षमा कर देती है, धो डालती है। जर्मन लेखक ऐरिक मेरिया रिमार्क ने अपना भयानक युद्ध-सम्बन्धी उपन्यास युद्ध समाप्त होने के बरसों बाद लिखा था। फूलों की वाटिका में बैठकर। जब उनके एक मित्र ने चकित होकर उनसे पूछा, "लड़ाई के अनुभव फूलों के बीच ?...और लड़ाई के दिनों में क्या लिखते थे ?" तब उन्होंने उत्तर दिया, "कविताएँ लिखता था—फूलों के बारे में !"

'वे दिन' : समीक्षा

डॉ. नरेन्द्र मोहन

निर्मल वर्मा के उपन्यास 'वे दिन' में उपन्यास के परम्परागत चौखटे और ढाँचे को तोड़ने का प्रयत्न किया गया है। कथा-विन्यास, चरित्र-विधान और रचना-विधान में इस प्रयत्न की सफलता-असफलता आँकी जा सकती है। इसमें जितनी कथा कही गई है उससे कई गुणा ज्यादा अनकही छोड़ दी गई है। यहाँ सीमित कालावधि में घटित होनेवाली घटनाओं की संगति में उभरनेवाले अतीत का औपन्यासिक संयोजन कलात्मक संयम और सादगी से किया गया है। 'मैं' और रायना की, फ्राँज और मारिया की कथाओं के जो प्रसंग सीधे उपन्यास में आए हैं वे केवल ढाई-तीन दिनों की कालावधि में सिमटे हुए हैं। ये प्रसंग भी प्रत्यक्ष घटनाओं के रूप में उतने नहीं हैं जितने मानसिक विवृतियों के रूप में हैं। इसलिए यहाँ न घटनाओं का अम्बार है, न प्रसंगों की भर्ती। तीनों दिनों की घटनाएँ या प्रसंग जिनका प्रत्यक्ष वर्णन उपन्यास में हुआ है, अतीत-गर्भित जीवन से सम्बद्ध घटनाओं और प्रसंगों (जिनकी ओर मात्र संकेत किया गया है) की तुलना में अत्यल्प हैं। लेखक ने अतीत के उन्हीं प्रसंगों की ओर संकेत किया है जो संवेदना को गहराते हैं या चरित्रों की मौजूदा हालत में प्रासंगिक हैं। ऐसे प्रसंगों को लेखक ने कौशलपूर्वक रचना में गूँथ दिया है।

इस उपन्यास में परम्परागत उपन्यासों के ढंग का घटना-वर्णन या घटनाओं के लम्बे-चौड़े ब्यौरे देने की प्रवृत्ति नहीं दिखती। इसमें घटनाओं का प्रत्यक्ष वर्णन वृहत्तर सन्दर्भ का हिस्सा बना है। वर्तमान से जुड़नेवाले अतीत-प्रसंगों के संकेतों की भी उपन्यास में यही भूमिका है। कथा के विभिन्न सूत्रों के इस संयोजन से उपन्यास का परम्परागत चौखटा टूटा है। उपन्यास की सतह पर चल रही और सतह के नीचे चल रही कथा का जैसा संयोजन और सन्तुलन इस उपन्यास में है वह इसे परम्परागत उपन्यासों से अलग करता है। उपन्यास की दो कथाओं ('मैं' और रायना की कथा, फ्राँज और मारिया की कथा) में से एक को 'मुख्य' और दूसरी को 'गौण' कहना भी उपयुक्त नहीं होगा क्योंकि दोनों कथाएँ अपने-अपने ढंग से एक ही मनःस्थिति के विभिन्न रूपों और पहलुओं को उजागर करती हैं, भले ही एक का विस्तार दूसरे से अधिक हो। ऊपरी घटनाक्रम को देखते हुए यहाँ कथा का संयोजन भिन्न दृष्टि से किया गया है—बिना किसी शैलीगत चमत्कार के एक जटिल संवेदना को सम्प्रेषित

किया गया है। यह लेखक की समकालीन जीवन-स्थितियों की पहचान तथा नई औपन्यासिक दृष्टि द्वारा ही सम्भव हो सका है। यहाँ मूल संवेदना या मनःस्थिति को केन्द्र में रखकर कथा का ताना-बाना बुना गया है। इसमें उपन्यास की कालावधि (जिसमें उपन्यास क्रियाशील होता है) महत्वहीन हो जाती है क्योंकि कथात्मक विधान मूल संवेदना या मनःस्थिति को गहराने के लिये नियोजित किया गया है। उपन्यास का 'मैं' एक स्थल पर लेखकीय दृष्टि को सूचित करता हुआ कहता है : "तीन दिन, तीन वर्ष...समय कुछ भी माने नहीं रखता—अगर मैं एक सुलगते क्षण में अँधेरे के बीच उस तापे को पकड़ सकूँ—यह जानते हुए भी कि उसके बुझने के बाद, हम फिर दुबारा अपने-अपने अँधेरे में ठिठुरने लगेंगे।" यहाँ कथा-संघटन और चरित्र-विधान में संवेदना का ही तार अनुस्यूत है। कथा-विधान व चरित्र-विधान के बीचोबीच और आर-पार संवेदना का ही पसारा है। कथा, चरित्र और संवेदना के इस बाह्य-अन्तः संयोजन द्वारा उपन्यास की परम्परागत इकाइयों का अतिक्रमण हुआ है और आधुनिक उपन्यास की धारणा सामने आई है। उपन्यास में आधुनिक मनुष्य की मानसिकता स्थितियों, प्रसंगों तथा घटनाओं के सहारे क्रमशः खुलती गई है और अन्त में उसे बिलकुल खुला छोड़ दिया गया है, मूल्यगत नैतिक आग्रहों या विश्वासों का जहाँ कोई हस्तक्षेप नहीं।

इस उपन्यास का कथा-विधान ही नहीं, चरित्र-विधान भी परम्परागत उपन्यासों से भिन्न है। रायना, फ्राँज, मारिया, टी.टी. के चरित्र सूक्ष्म और जटिल हैं। उनमें पेचीदगी और गहराई है। पूर्व-संस्कारों के कारण उनकी मनःस्थितियाँ प्रायः बद्धमूल हैं। हर चरित्र स्वयं में एक अलग अनुभव-वृत्त समेटे हुए है। लेखक ने चरित्रों की ऊपरी प्रतीतियों और धारणाओं के बजाय उनकी आन्तरिक सच्चाइयों को सूक्ष्मता और संवेदनशीलता से उघाड़ा है : "वह चुप रही। एक मलिन-सी छाया उसके चेहरे पर सिमट आई थी—सिर्फ एक पल के लिए। एक पल के लिये मुझे लगा कि उसका चेहरा वह नहीं है जिसका मैं धीरे-धीरे आदी हो चला था। उसने अपनी पहचान को उतारकर अलग रख दिया था—एक पहने हुए कपड़े की तरह। मेरे लिये यह एक अलग अनुभव था। हमेशा मुझे पहली पहचान आखिर तक सही मालूम देती थी, उसने उसे फेंक दिया था। बिना एक भी शब्द कहे।" 'पहली पहचान को आखिर तक सही' ठहरानेवाली औपन्यासिक दृष्टि को (जो परम्परागत औपन्यासिक दृष्टि का अंग है) यहाँ असंगत और बेमानी बताया गया है। पहली पहचान के बाद की पहचान चरित्रों के विभिन्न स्तरों और आयामों को, उनकी जटिलता, दुविधा, उलझन, संशय, लापरवाही और हताशा को खोलती चलती है। इसे चरित्र-विधान सम्बन्धी आधुनिक दृष्टि ही कहा जाएगा। 'मैं' और रायना, फ्राँज और मारिया के सम्बन्धों में इसे लक्षित किया जा सकता है। हर चरित्र स्वयं में एक 'इकाई', एक 'रहस्य' है क्योंकि हरेक का एक अतीत है जिससे वह मानसिक धरातल पर बँधा है। इस उपन्यास में चरित्रों को परम्परागत पैटर्न के अनुकूल नहीं ढाला गया है। इसलिए इस उपन्यास के चरित्रों की पहचान

ऊपरी तौर पर हो ही नहीं सकती। यहाँ चरित्रों की रेखाएँ बाहर से भीतर की ओर मुड़ी हुई हैं और आत्म-अन्वेषण से जुड़ी हुई हैं। रायना, फ्राँज और मारिया के चरित्रों में इसे देखा जा सकता है।

'वे दिन' को परखने के लिये इसके रचना-विधान की पड़ताल करना जरूरी लगता है। लेखक ने कथा को पाँच भागों या परिच्छेदों में बाँटा है। कथा को इस तरह भागों या परिच्छेदों में बाँटना कोई नई पद्धति नहीं है और न ही अपने में महत्वपूर्ण। पर लेखक ने इस पद्धति को औपन्यासिक संवेदना और संरचना के महत्वपूर्ण बिन्दुओं से जोड़ दिया है। ये भाग केवल कथात्मक विकास या कथात्मक पड़ावों के सूचक नहीं हैं बल्कि कथात्मक घटनाएँ और प्रसंग इन भागों में क्रमशः एक मनःस्थिति की बुनावट में सहायक होने के निमित्त घुलते गए हैं। प्रत्येक भाग के आन्तरिक विधान में कई प्रसंग एक साथ आए हैं जो एक ही संवेदना या मनःस्थिति से जुड़े हुए हैं। उपन्यास का रचना-विधान घटनाक्रम या कथा-विकास दिखाने के लिये नहीं, संवेदना को गहराने की दृष्टि से किया गया है। प्रत्येक भाग में दोनों कथाओं को एक साथ रखने के पीछे भी संवेदना का ही मूल आधार रहा है। यहाँ दोनों कथाएँ ('मैं' और रायना की, फ्राँज और मारिया की) एक साथ चलती हैं। ऐसा नहीं है कि एक भाग में एक कथा चल रही हो और अगले भाग में दूसरी। दोनों कथाओं को एक साथ रखा गया है, एक-दूसरी के पूरक के रूप में। यहाँ ये कथाएँ एक ही अनुभव को दो भिन्न आयामों में प्रस्तुत करने का माध्यम बनी हैं।

उपन्यास का प्रारम्भ पूर्वावलोकन की पद्धति में 'मैं' की मनःस्थिति को खोल देता है जिससे कि मूल संवेदना की ओर संकेत मिलता है। 'मैं' को बार-बार रायना का यह कथन याद आता है : 'सच...क्या तुम विश्वास नहीं करते।' स्मृति में कौंधनेवाला यह वाक्य एक संशयग्रस्त मनःस्थिति को उभारता है और पाठक की जिज्ञासा और कौतूहल के भाव को तीव्र बना देता है। कौतूहल के इसी बिन्दु पर कथा का प्रारम्भ हुआ है। यहीं कुछ अन्य सार्थक संकेत भी हैं जो उपन्यास की मूल संवेदना से जुड़े हुए हैं। टूरिस्ट एजेंसी की टाइपिस्ट की बाबत 'मैं' की यह टिप्पणी 'किन्तु वह मेरी ओर से उदासीन थी। एक दिन उसे पता चलेगा कि जिन्दगी में इतनी उदासीनता काम नहीं देती।' और टूरिस्ट एजेंसी के चीफ की ओर देखते हुए 'मैं' की यह टिप्पणी भी संरचनात्मक बिन्दुओं को गहराती प्रतीत होती है : 'मैं उसकी ओर देखने लगा—उसके पीछे दीवार पर जाले के रेशे मद्धिम रोशनी में चमक रहे थे।' ये दोनों टिप्पणियाँ उपन्यास के उदासीन वातावरण, उलझन और जटिल संवेदन-वृत्त की ओर संकेत करनेवाली हैं। इसी भाग में 'मैं' (भारतीय), फ्राँज (जर्मन), टी.टी. (बर्मी) और मारिया (चेक) के चरित्रों की भी एक झलक दे दी गई है। 'मैं' और टी.टी. के द्वारा फ्राँज और मारिया के उलझे हुए सम्बन्धों की ओर संकेत किया गया है। यह लेखक के कथा-विन्यास की कुशलता का प्रमाण है कि वह इस अनिवार्य कथा-प्रसंग को उपन्यास के शुरू में ही उठा देता है। उपन्यास के तमाम कथागत, चरित्रगत और संवेदनगत सूत्रों की महीन बुनाई यहाँ हुई है। इसी से

उपन्यास का अन्त जुड़ा हुआ है। उपन्यास का यह प्रारम्भिक रचना-विधान इस उपन्यास की प्रकृति और संवेदना का गहरा परिचय देनेवाला है।

प्रारम्भिक अंश के सूत्रों का विस्तार अगले भागों में बराबर होता गया है और इनके साथ ही उपन्यास क्रमशः खुलता गया है। यहाँ अकस्मात् कुछ नहीं घटा है। असल में यह 'घटना' के बजाय 'होना' ज्यादा है। होने के साथ ही कुछ घटता है जिससे 'होना' इस उपन्यास में तीव्रतर होता गया है। इसीलिए यहाँ औपन्यासिक क्रिया बाहर के बजाय आन्तरिक और मानसिक अधिक है। यह बात इस उपन्यास के सम्पूर्ण रचना-विधान के सम्बन्ध में कही जा सकती है।

दूसरे भाग में भी 'मैं' और रायना, फ्राँज और मारिया की कथाएँ एक साथ चलती हैं। दोनों कथाओं का रचाव एक ही संवेदना को गहरानेवाला है। इस भाग में जटिल सम्बन्धों तथा उन्हें निर्धारित करनेवाली मानसिक प्रतिक्रियाओं तथा पृष्ठभूमियों की ओर सार्थक संकेत दिए गए हैं। पहले ही परिचय में रायना के मनोभावों को, उसके मन की बेचैनी और अस्थिरता को लेखक ने संवेदनशील भंगिमाओं द्वारा व्यक्त किया है : "उसकी उँगलियाँ मुझे काफी अस्थिर-सी लगीं—कुछ अस्वस्थ ढंग से अस्थिर—जो एक फिजूल-सी बेचैनी उत्पन्न कर देती हैं।" रायना की आँखों की भावहीनता और खालीपन का संकेत उसकी मनःस्थिति का बोध कराता है जो उपन्यास की मूल संवेदना को गहराने वाला है। इस भाग में 'मैं' और रायना के निकटतर होते हुए सम्बन्ध देखे जा सकते हैं। एक-दूसरे का सम्पर्क उन्हें जान-पहचान का मौका देता है। उनके व्यवहार में खुलापन है पर उनका अतीत कहीं गहरे में उन्हें बाँधे हुए है। मनःस्थिति का संयोजन करनेवाले कथा-सूत्र इस भाग में आहिस्ता-आहिस्ता उभरते गए हैं। लेखक ने उपन्यास में संक्रान्त अनुभव के कोमल-सूक्ष्म संकेत बड़े सधे हाथों से दिए हैं। मन की जटिलता इस कदर है कि कहीं कुछ 'ज्ञात', 'अज्ञात' नहीं है। लगता है जैसे पूरा वातावरण उँगलियों के बीच से धीरे-धीरे छूट-फिसल रहा हो, जैसे सभी कुछ आधा ज्ञात, आधा अज्ञात हो। सेंट वाइटस से जुड़ीं रायना की अतीत स्मृतियाँ जब वह पति के साथ पहली बार आई थी, कथा का ही नहीं, चरित्र के बनावट का भी हिस्सा हैं। 'मैं' और रायना एक-दूसरे की पहचान में जुटते हुए कहीं गहरे अपनी-अपनी पहचान को भी टटोलते दिखते हैं, और इस पहचान को प्रेम-सम्बन्धी पगली आकांक्षा से जोड़ते हैं। भोगने की चाह का बयान यहाँ रोमांटिक रंगत लिये हुए है। इन प्रसंगों में कहीं-कहीं एक रोमानी कवि की बहक भी है। भाषा में भी कई स्थलों पर रोमानियत की गन्ध है जिसे उपन्यास का भाषिक संगठन अधिक फैलने नहीं देता, संयत कर लेता है। इस भाग में रायना की उलझी हुई मनःस्थितियाँ भी सामने आई हैं जिन पर जॉक की और लड़ाई के दिनों की छाया है। वह जॉक से अलग हो गई है क्योंकि जाक के साथ रहना उसे कांसंट्रेसन कैम्प में रहने की तरह लगता है। लेखक ने अतीत स्मृतियों को बड़े कौशल से कथात्मक विन्यास में गूँथा है। यह एकान्त प्रेम की निजी दास्तान नहीं है। इसमें प्रेम-कथा के साथ एक वृहतर सन्दर्भ जुड़ा हुआ है। लड़ाई के दिनों की याद मानसिक तौर पर सभी पात्रों

का घेराव किए हुए है। समानान्तर कथा-पद्धति या शिल्प के बजाय लेखक ने अतीत स्मृतियों को कथा तथा चरित्रों के आन्तरिक ताने-बाने में गूँथ दिया है। इसी तरह फ्राँज और मारिया के सम्बन्धों के जो संकेत पहले भाग में हैं, वे दूसरे भाग में अधिक गहरे और पैने हो गए हैं। सम्बन्धों में व्याप्त उलझाव और अलगाव इस भाग में प्रत्यक्ष होता गया है। 'मैं' के मारिया से यह पूछने पर कि तुम इस बार फ्राँज के साथ क्यों नहीं चली जातीं, वह कहती है : "उसे मेरी जरूरत नहीं।" और एक अन्य स्थल पर 'मैं' के पूछने पर फ्राँज कहता है : "मेरे चाहने से ? तुम सोचते हो, वह वीसा के लिये मुझसे विवाह करेंगी।" यह एक जटिल बाहरी स्थिति का जटिल मानसिक स्तरों पर गहराई में उतरना है।

तीसरे भाग में कथा-सूत्रों का विकास उतना नहीं है जितना चरित्रों को 'गहराई के आयाम' में प्रस्तुत करना। चरित्रों की बुनियादी विशेषताओं, सरोकारों और रुझानों को इस भाग में उभारा गया है। स्थितियों के प्रति उनकी चिन्ताएँ महज ऊपरी नहीं हैं। वे देह से आत्मा तक कई स्रोतों से जुड़ी हुई हैं। इस भाग में 'मैं' और रायना की कथा आगे बढ़ती है। उन दोनों में तीव्र यौनाकर्षण और प्रगाढ़ प्रेम जाग्रत होता है। रायना के चरित्र की जटिलता के सन्दर्भ (जॉक और युद्ध से जुड़े हुए) खुलते हैं। रायना को अतीत अब भी घेरे हुए है : "वह शायद उम्र का अन्तर नहीं था। वह उसके अपने अतीत से जुड़ा था—जिसे मैं देख नहीं सकता था। कुछ घर होते हैं, जिनके भीतर आकर भी लगता है कि हम बाहर खड़े हैं। दरवाजे का खुला होना कोई भी मानी नहीं रखता।"

चौथे भाग के शुरू में ही फ्राँज-मारिया, टी.टी. और 'मैं' और रायना के प्रेम का कथा-सूत्र है। दूसरे भाग में फ्राँज मारिया की ओर से जो बात कहता है वह दरअसल उसके मन की ही बात है। इस भाग में फ्राँज साफ कहता है कि जो काम (विवाह) समय रहने पर वह अपनी इच्छा से करना चाहेगा, उसे वह किसी शर्त को पूरा करने के लिये नहीं कर सकता। यह प्रसंग इन दोनों चरित्रों की रेखाओं को, उनके मनोभावों-मनोवृत्तियों को, उनके प्रेम की असंगतियों को उजागर करने में विशेष रूप से सहायक है। इस भाग में 'मैं' और रायना की कथा निश्चित तौर पर आगे बढ़ती है—चाह का डर और सुख, भय और उल्लास, चमकीला निडर-सा आह्लाद, आतंक से सटा हुआ विश्वास, अज्ञात-सा भय और एक मर्मान्तक चाह, देह का ज्वार और अँधेरे के बीच का ताप और संभोग।

उपन्यास का पाँचवाँ भाग इसका अन्तिम भाग है। परम्परागत उपन्यासों में यह प्रायः समापन भाग हुआ करता है जिनमें संघर्ष शान्त हो जाता है, कथा-सूत्र सुलझ जाते हैं, चरित्रों में हृदय-परिवर्तन होते हैं और उन्हें एक अनिवार्य परिणति की ओर धकेल दिया जाता है। पर यहाँ उपन्यास के अन्तिम भाग में भी ऐसा कुछ नहीं होता। न संघर्ष शान्त होता है, न कथा-सूत्र सुलझते हैं और न चरित्रों में कोई परिवर्तन होता है। यहाँ पूर्वदीप्ति-पद्धति का सशक्त प्रयोग हुआ है। रायना के प्राग से चले जाने की स्थिति को तथा 'मैं' और रायना की मनःस्थिति को यहाँ निस्संग तथा तटस्थ दृष्टि से उभारा गया है। कथा-स्थितियों और चरित्रों को, वे जैसी हैं (और जैसे हैं) उन्हें वैसे ही पूरी निस्संगता

से प्रस्तुत कर दिया गया है। यहाँ स्थितियों, चरित्रों का न तो समाहार किया गया है, न उन्हें किसी निष्कर्ष की ओर मोड़ा गया है।

यहीं उपन्यास की बनावट या संरचना के एक महत्त्वपूर्ण पहलू 'अन्त' को उठाया जा सकता है और यह देखा जा सकता है कि लेखक इस दृष्टि से लोक से कितना अलग है। उपन्यास का अन्तिम प्रसंग इस प्रकार है :

"सुनो, जो हमें मिला है वह काफी नहीं है" उसने कहा।

"मालूम नहीं..." मैंने कहा।

"मुझे मालूम है...लेकिन तुम विश्वास नहीं करते।"

"तुम करती हो ?" मैंने उसकी ओर देखा।

"सिर्फ इन दिनों में—उसके बाहर नहीं" उसने कहा।

भोगे हुए क्षणों का, उन क्षणों में सीमित होकर ही विश्वास किया जा सकता है, उन क्षणों के बाहर जाकर या उन्हें किसी नैतिक आग्रह के बल पर फैलाकर नहीं। इसे आधुनिकता का एक गुण स्वीकार किया जा सकता है। आज की स्थितियों में कुछ भी अन्त नहीं होता, जो अन्त होता हुआ दिखता है, वह नए सिरे से शुरू हो रहा होता है। यह समकालीन अनुभव की विशेषता है कि वह निरन्तर गति में, प्रवाह में रहता है। उसे किसी एक बिन्दु पर बाँधा या रोका नहीं जा सकता। बाँधने और रोकने की गुंजाइश आधुनिक जीवन-स्थितियाँ देतीं ही नहीं। आधुनिक उपन्यास की यह माँग आधुनिक जीवन की ही माँग है जिसे झुठलाया नहीं जा सकता। इसे झुठलाना आधुनिक जीवन-बोध को झुठलाना है। लेखक ने उपन्यास का अन्त जिस रूप में किया है वह आधुनिक जीवन-स्थितियों से निष्पन्न और प्रमाणित है तथा आधुनिक-बोध की अपेक्षाओं के अनुकूल है। यहाँ कोई रुढ़ नैतिक-बोध आड़े नहीं आया है। उपन्यास के अन्त में एक मनःस्थिति का उल्लेख भर है, उसे उलझाया या सुलझाया नहीं गया है। उपन्यास की अन्त सम्बन्धी परम्परागत अपेक्षाएँ यहाँ रद्द हो गई हैं और अन्त को जीवन-स्थितियों के तकाजों के अनुरूप ढाला गया है। रचना-विधान का उपर्युक्त विवेचन भी यह सिद्ध करता है कि यह अन्त लेखक की किसी पूर्व-धारणा या आग्रह से नहीं, उपन्यास के भीतर से उपजा है। उपन्यास में संवेदना की बनावट कहीं भी सामंजस्यपूर्ण और समाधानमूलक नहीं है। ऐसी अपेक्षाएँ जगानेवाली, एक 'पैटर्न' में बँधने-खपनेवाली भाव-रूढ़ियों को यहाँ अवरुद्ध किया गया है ताकि एक खुली आधुनिक दृष्टि और संवेदना उभरकर सामने आ सके।

'वे दिन' की मूल संवेदना का मूल स्वर क्या है, इसके सम्बन्ध में पहले भी काफी विचार हो चुका है और कोई एक राय नहीं बन पाई है। इसका कारण शायद यह है कि यह संवेदना उपन्यास के रचाव में कुछ इस तरह समाई हुई है कि पड़ताल करने पर उसका कोई एक रूप या पहलू नहीं, अनेक रूप और पहलू सामने आते हैं और उसे पहचानने और परिभाषित करने में कठिनाई पैदा करते हैं। दरअसल, यहाँ उपन्यास के अर्थों और अभिप्रायों का विन्यास ऊपर से जितना सीधा और सपाट दिखता है उतना

है नहीं। इसकी सादगी के नीचे अर्थों और अभिप्रायों की एक जटिल अन्विति है। इसे ध्यान में रखकर ही उपन्यास की मूल संवेदना तक पहुँचा जा सकता है। सतह पर देखने से शायद यहाँ शराब और औरत, अतृप्त लालसाएँ और संभोग, कुंठाएँ और उच्छृंखल अनैतिक आचरण या ज्यादा-से-ज्यादा व्यर्थताबोध और अकेलापन ही दिखाई दे पर जरा गहरे झाँकने पर लगेगा कि यह सब इस उपन्यास के ऊपरी अर्थ हैं जो संवेदना की जटिल प्रकृति से जुड़े होने पर भी उसे ढँके हुए हैं। इन अर्थों के नीचे अर्थों की अन्य कई परतें हैं जिनके खुलने के साथ-साथ संवेदना भी खुलती चलती है और यह संवेदना है आधुनिक मनुष्य की स्थिति और मानव-नियति। लेखक ने इस स्थिति और नियति को अधिकतर यौन-सम्बन्धों और व्यवहारों की सक्रियता से सम्बद्ध करके देखा है। 'मैं' और रायना के प्रेम-यौन-सम्बन्धों में बार-बार झलकनेवाली मनःस्थिति, एक अवश भाव और नियति के कई संकेत उपन्यास में बिखरे पड़े हैं। यौन-सम्पर्क के बाद की यह अ-पहचान एक जटिल मनःस्थिति को सूचित करती है : 'मुझे लगा, मैं वापस लौट आया हूँ, लेकिन उसी जगह नहीं जो चन्द लम्हे पहले छूट गई थी...मुझे यह भयावह-सी लगी, ...वह अ-पहचान जो हम दोनों के बीच चुपचाप चली आई थी।' सम्बन्धों के फलक पर विवशता की अभिव्यक्ति अन्ततः मानव-नियति को उद्‌घाटित करनेवाली है : 'पहली बार उस शाम मुझे आभास हुआ मानो हम तीनों के अलावा कोई और व्यक्ति है जो हमेशा हमारे बीच है। उसे हम देख नहीं सकते, किन्तु वह हमसे अलग नहीं हो सकता. ..वह नहीं है इसीलिए वह शायद हम सबसे अधिक है।' फ्राँज और मारिया के सम्बन्धों में एक विवश तटस्थ भाव है। उनकी विवशता और अलगाव मानसिक स्तर पर अभिव्यक्त है। यह एक अवश और उलझी हुई स्थिति ही है जिसे सहने और झेलने के लिये इस उपन्यास के सभी पात्र अभिशप्त हैं। सभी चरित्र जहाँ एक अभिशप्त मानवीय स्थिति और नियति से बँधे हुए हैं, उससे छूटना चाहते हुए भी छूट नहीं पाते हैं। यह एक ऐसी स्थिति है जहाँ न सुख है न दुख, 'न पास होने का कौतूहल न दूर होने का ठंडापन', जहाँ 'एक व्यक्ति दूसरे के लिये अँधेरा है', जैसे 'मैं' रायना के लिए, रायना 'मैं' के लिए, फ्राँज मारिया के लिए, मारिया फ्राँज के लिए। सभी चरित्र सम्बन्धों में रिक्तता झेल रहे हैं। रिक्तता जो पूरे वातावरण में भी छाई हुई है : 'दोपहर...दोपहर के समय प्राग के ऊपर एक रिक्तता-सी घिर आती। सिर्फ ट्राम के पहियों की घड़घड़ाहट सुनाई देती रहती। आज कभी सोचता हूँ तो मुझे वह एक इटेलियन फिल्म-सा जान पड़ता है—एक मुकम्मिल नाकामी, जिसके दोनों ओर एक तार लटकी थी।' लेखक ने आधुनिक मनुष्य की इस विवशता, तटस्थता और नियति का बोध चरित्रों, स्थितियों और वातावरण के माध्यम से कराया है। यही औपन्यासिक संवेदना है जो कई अर्थों के आवर्तों में लिपटी हुई इस उपन्यास में व्यक्त हुई है।

मानवीय नियति से जुड़ी हुई यह संवेदना, अपने मूल रूप में, मानसिक और आत्मिक है, इसमें सन्देह नहीं, पर यह चरम और असन्दर्भित नहीं है। इसके पीछे युद्ध से उत्पन्न स्थितियाँ हैं। इन स्थितियों का सीधे-सीधे बखान उपन्यास में नहीं है, पर इन्हें

उपन्यास की बुनावट में कई बार उठाया गया है। इन भयावह स्थितियों से चरित्रों की मानसिकता–विशेष रूप से रायना और फ्रॉंज की, आक्रान्त है। उनके आचरण और व्यवहारों से इतना साफ है। फ्रॉंज प्राग के फिल्म-स्कूल में फिल्म सम्बन्धी एक कोर्स कर रहा है। पिछले एक साल में वह एक भी फिल्म नहीं बना सका। वह 'मैं' से कहता है : 'वे कहते हैं, मेरी किसी थीम में सेहत नहीं होती...सुनो, मैं अट्ठाईस पार कर चुका हूँ। फिल्म-स्कूल में मैं सेहत खोजने नहीं आया था। उसके लिये बर्लिन में सैनिटोरियम है। मैं वहाँ रह सकता हूँ।' यह युद्धोत्तर पीढ़ी की एक प्रामाणिक मनःस्थिति है। उसका बचपन लड़ाई में बीता है। लड़ाई की छाया अब भी उसके जीवन-व्यवहार में मँडरा रही है। एक स्थल पर वह कहता है : 'तुम्हें अपना बचपन लड़ाई में नहीं गुजारना चाहिए–वह जिन्दगी भर पीछा नहीं छोड़ती।' इसी तरह रायना का जीवन भी युद्ध में बीत चुका है। इसका प्रभाव उसके व्यवहारों में साफ झलकता है। रायना की मनःस्थिति युद्ध के प्रभावों से बनी है। युद्धोत्तर स्थितियाँ उसकी मनःस्थिति का अनिवार्य अंग बन चुकी हैं : 'वे इसी तरह दीवारों पर लिखते थे–तुमने कभी कैम्प देखे हैं। लड़ाई के दिनों में वे हर जगह थे। मरने से पहले वे दीवारों पर लिखा करते थे।' रायना 'मैं' को बतलाती है : 'जॉक ऐसा ही आदमी था जो वहाँ रहता था–और मरा नहीं।' बाद में इसी जॉक से उसकी शादी हुई। पर शुद्ध के बाद–शान्ति के दिनों में–जो चीज खत्म हो जाती है, मर जाती है वह है प्रेम। युद्ध से जुड़ी हुई यही मानवीय ट्रेजेडी है : 'लड़ाई में बहुत लोग मरते हैं–इसमें कुछ अजीब नहीं है। लेकिन कुछ चीजें हैं जो लड़ाई के बाद मर जाती हैं–शान्ति के दिनों में–हम उनमें से थे।' उपन्यास में इसी मानवीय ट्रेजेडी की ओर संकेत है।

इसमें सन्देह नहीं कि लेखक ने आधुनिक मनुष्य की इस स्थिति और नियति को अस्तित्ववादी ढंग से उठाया है। उसने जिस डर, आतंक और कातरता की अभिव्यक्ति की है वह एक 'अदृश्य नियति' द्वारा संचालित है और अपनी प्रकृति में अस्तित्ववादी है। यह आतंक मूल रूप में 'रहस्यात्मक' और 'अज्ञात' है : 'उस अज्ञात ने मुझे आतंकित कर दिया।' इस डर, आतंक और कातरता की अभिव्यक्ति, अधिकतर, मानसिक-आत्मिक स्तरों पर हुई है : 'यह क्या मिजरी है ? मेरा मतलब है किसी दिन सहसा यह जान लेना कि तुम बनी-बनाई चीजों के घेरे में से बाहर आ गए हो...एक आतंक और असीम-सा खुलापन।' पर यहाँ यह आतंक मानवीय इच्छा से विच्छिन्न नहीं है। 'अज्ञात से भय' को एक पागल-सी चाह और यौन-स्थितियों से जोड़ दिया गया है। यौन-सम्बन्धों की सक्रियता-वृहत्तर सन्दर्भों तक फैली हुई दिखती है। इससे आतंक जैसे भाव को एक संगति और विश्वसनीयता प्राप्त हो गई है। रायना को अनुपस्थित पाकर 'मैं' की हताश स्थिति की व्यंजना उदाहरण के तौर पर देखी जा सकती है : 'मैं एकदम नहीं जा सका। मैं खड़ा रहा। मेरी नसें धीरे-धीरे ढीली पड़ने लगीं। वह है–मुझे यह अवास्तविक-सा लगा। पूरे दिन की रिक्ति अब बाहर थी...मिनटों पहले का भय अब नहीं था, इसलिए पता चला कि जब वह था, तब कितना भयंकर था।' यह डर या आतंक का कोरा चित्रण

नहीं है बल्कि ठोस स्थिति में अन्तश्चेतना को उघाड़नेवाला है। इसे डॉ. शिवप्रसाद सिंह की तरह 'किताबी आतंक' कहकर टाला नहीं जा सकता। यह आतंक मानसिक और आत्मिक होते हुए भी स्थिति के सन्दर्भ में है और चारित्रिक व्यवहार का हिस्सा है। मानसिक घबराहट और हलचल से जुड़ा हुआ यह आतंक मानवीय नियति के उद्घाटन में समर्थ है : 'आतंक अब भी था किन्तु उसमें एक छोटा-सा विश्वास आ सिमटा था—विश्वास, जिसे हम पिछले तीन दिनों से अँधेरे में टटोल रहे थे।' लेखक ने मानवीय नियति का कोरा चित्रण नहीं किया है बल्कि उसे मानवीय विवशता और विडम्बना से जोड़ दिया है :

" 'मैं' रायना से कहता है, 'तुमने कल कहा था कि तुम अलग रहती हो।' 'मैंने यह कहा था।' वह हँसने लगी, 'यह बिलकुल ही सच नहीं है। हम अक्सर मिलते हैं—शनिवार की शाम को—या कभी सड़क पर चलते हुए। एक शहर में रहने का यह फायदा है। तुम अलग रहते हो और प्रतीक्षा करते हो किसी खास चीज की नहीं क्योंकि तुम किसी भी चीज को पूरी तरह खो नहीं सकते और फिर से शुरू हो सकती है जैसे शुरू में हुई थी। मुझे यह चमत्कार-सा लगता है...तुम ऐसा नहीं सोचते।' " यह आधुनिक मनुष्य की विडम्बनापूर्ण स्थिति है जिसे लेखक ने मानव नियति के एक महत्वपूर्ण पहलू के रूप में इस उपन्यास में उजागर किया है।

उपन्यास के विभिन्न पक्षों का विवेचन करने के बाद प्रश्न उठता है कि 'वे दिन' में लेखकीय दृष्टि क्या है ? क्या यह दृष्टि रोमानी है या आधुनिक, मार्क्सवादी है या अस्तित्ववादी ? कृति की मूल संवेदना और संरचना को ध्यान में रखकर देखें तो यह दृष्टि आधुनिक और अस्तित्ववादी ही है। कुछेक स्थलों पर भाषा की रोमानियत जरूर खटकती है पर भाषिक संघटन आधुनिक संवेदना को बिगाड़ता नहीं है। कृति की बनावट और उसके स्वर से भी उपन्यास की आधुनिकता में सन्देह नहीं रह जाता। इसकी आधुनिकता न किसी रूढ़ नैतिक बोध से अवरुद्ध हुई है, न किसी मूल्य-आग्रह, सिद्धान्त या वाद से सीमित हुई है। उपन्यास के बाहर जाकर उपन्यास को देखने से ही यह कह दिया जाता है कि निर्मल के कथा-साहित्य का उपयुक्त शीर्षक होगा— 'मुखौटा मार्क्सवादी' और चेहरा एक रोमानी—'बाहरी आदमी' (आउटसाइडर) का'। उपन्यासकार की घोषित दृष्टि को बीच में लाकर उसके आधार पर कृति या कृतिकार पर कोई ऐसा निर्णय या निष्कर्ष लादना जो उपन्यास द्वारा पुष्ट न होता हो, बड़ा अटपटा और असंगत लगता है। उपन्यास में न मार्क्सवाद है न मार्क्सवाद का भ्रम। इसलिए इस उपन्यास के सन्दर्भ में लेखक के मार्क्सवादी मुखौटे की चर्चा करना बेमानी लगता है। उपन्यास में प्रतिफलित लेखक की दृष्टि अस्तित्ववादी तो है, पर रोमानी 'आउटसाइडर' की नहीं, आधुनिक 'आउटसाइडर' की है जो समकालीन जीवन-बोध से अनुशासित है, समकालीन जीवन-व्यवहारों और जीवन-पद्धतियों के समानान्तर उभरी है।

'बूँद और समुद्र' : आस्था की समस्या

डॉ. रामविलास शर्मा

'बूँद और समुद्र' अमृतलाल नागर का एक महान् उपन्यास है—महान् आकार की दृष्टि से और विषयवस्तु की दृष्टि से भी। अमृतलाल नागर ने लगभग बीस वर्ष पहले तस्लीम लखनवी के नाम से लखनऊ के बिगड़े नवाबों, उनके अर्ध-सर्वहारा मुसाहबों के चित्र खींचकर प्रसिद्धि प्राप्त की थी। स्व. बलभद्र दीक्षित 'पढ़ीस' के कविता-संग्रह 'चकल्लस' के नाम पर उन्होंने हास्यरस का अभूतपूर्व साप्ताहिक 'चकल्लस' निकाला था। उसमें 'नवाबी मसनद' नाम के स्तम्भ में धारावाहिक रूप से नवाब साहब और उनके आसपास के लोगों के सजीव रेखाचित्र निकलते रहते थे। इन रेखाचित्रों में नागर ने लखनऊ के चौक मुहल्ले अर्थात् पुराने लखनऊ के साधारण जनों की बोली-बानी का ऐसा सजीव और रोचक उपयोग किया था जैसा 'फसान-ए-आजाद' के अतिरिक्त हिन्दी-उर्दू में अन्यत्र दुर्लभ था। आगे चलकर उन्होंने आगरा के व्यापारियों की बोली को आधार बनाकर सेठ बाँकेमाल का चित्रण किया और एक नष्ट होती हुई पीढ़ी और उसकी संस्कृति को अपने साहित्य से अमर कर दिया। उन्होंने अनेक कहानियाँ लिखी हैं, जिनमें 'मरघट के कुत्ते' और 'गोरखधन्धा' विशेष उल्लेखनीय हैं। जीवन के सबसे निचले स्तर तक पैठने और अप्रत्याशित बीभत्सता का उद्‌घाटन करने में वह अद्वितीय हैं। साथ ही वह हास्यरस के जाने-माने लेखक हैं। हास्य के लिये वे आस-पास के सामाजिक जीवन से आलम्बन ही नहीं चुनते, पौराणिक गाथाओं और भटियारिनों के किस्से-कहानियों का भी सहारा लेते हैं। आदमी हिम्मत के हैं; निर्भीकता से सामाजिक समस्याओं पर लिखते हैं। 'आदमी, नहीं ! नहीं !!' 'पाँचवा दस्ता' और 'गोलवलकर, ढोलवलकर, पोलवलकर' उनकी ऐसी ही सोद्‌देश्य रचनाएँ हैं। इस सबके साथ ही उन्हें पुरातत्त्व और प्राचीन सांस्कृतिक इतिहास से भी बहुत दिलचस्पी है। लखनऊ के लक्ष्मण टीले की खुदाई कराने के लिये उन्होंने जमीन-आसमान एक कर दिया है। कला—विशेषकर चित्रकला—से उन्हें प्रेम है और उनके अनुज मदनलाल नागर हमारे प्रदेश के सुविख्यात चित्रकार हैं। 'निराला', 'प्रसाद', 'पन्त', शरत्‌चन्द्र चट्‌टोपाध्याय, 'पढ़ीस' आदि ख्यातनाम साहित्यकारों के साथ रहकर उन्होंने सात्त्विक और नाना प्रकार के संस्कार अर्जित किए हैं। कुछ वर्ष तक रेडियो में काम किया है। रेडियो के लिये नाटक लिखे हैं। 'महाकाल' नाम से बंगाल के अकाल पर उपन्यास लिखा है। जननाट्‌य-संघ के साथ लखनऊ में नाटकों का

निर्देशन कर चुके हैं। बहुत से लेखों के साथ चेखोव, मोपासाँ, फ्लोबेयर आदि की रचनाओं के अनुवाद भी किए हैं। इन सबके अतिरिक्त उन्हीं के शब्दों में, "18 फिल्मों की मेहनत रेत पर खींची गई लकीरों की तरह मिट गई।" विचारधारा में वह गाँधीवादी हैं अथवा यों कहें कि वह गाँधीजी के भक्त हैं लेकिन आदमी वह खास चौक लखनऊ के हैं। नागर की कला और व्यक्तित्व के ये सभी उपकरण 'बूँद और समुद्र' में एक साथ लहलहा उठे हैं।

लेखक ने कथा-क्षेत्र के लिये लखनऊ चुना है और उसमें भी विशेष रूप से चौक के गली-कूचों को। कुछ समय के लिये वह मथुरा-वृन्दावन की सैर भी करते हैं। चौक के बाहर के स्थान गौण है; मुख्यतः चित्रण चौक का है। यह मुहल्ला एक बूँद की तरह है जिसमें समुद्र की तरह विशाल भारतीय जीवन के दर्शन होते हैं। शहर के विभिन्न स्तरों का जीवन कैसा है, इसका पता तो उपन्यास से लगता ही है; गाँवों में भी जनता के संस्कार कैसे हैं, इसका परिचय बहुत कुछ इस कथा से मिल जाता है। उपन्यास के नाम की यही सार्थकता है; एक मुहल्ले के चित्र में लेखक ने भारतीय समाज के बहुत से रूपों के दर्शन करा दिए हैं। वैसे तो भारतीय समाज हिन्दी महासागर है और उसका चित्रण करने के लिये यह समुद्र भी छोटा है।

'बूँद और समुद्र' पुरानी समाज-व्यवस्था के बनते-बिगड़ते और बदलते हुए भारतीय परिवार का महाकाव्य है। इस परिवार की धुरी है नारी। कितनी तरह की देवियाँ हैं इस उपन्यास में ? ताई, जिसे पति ने छोड़ दिया है, जादू-टोनों में विश्वास करनेवाली, मुहल्ले-भर के लड़कों और बड़े-बूढ़ों के भी कौतुक का केन्द्र, कृष्ण की अनन्य भक्त, हिंसा और मानव-प्रेम (अपना जीवमात्र से प्रेम) का अद्‌भुत सम्मिश्रण; नन्दो, जो घर में ही कुटनी का काम करती है; अतृप्त प्रेम से पीड़ित 'बड़ी'; नए फैशन और नई शिक्षा में दीक्षित पत्नियाँ'; दमन की शिकार हिस्टीरिया से पीड़ित युवतियाँ; पुराने चाल की निष्ठावान किन्तु रूढ़िवादी कल्याणी; मुहल्ले की गन्दगी के सबेरे की हवा के झोंके जैसी स्वावलम्बिनी वनकन्या। कहीं लाले की घरवाली 'एटम बम की तरह बीच चौक में फूटकर भभूती के घर को हिरोशिमा बना' देती है, कहीं नन्दो 'रणक्षेत्र में आकर गांडीव' टँकारती है। सिनेमा जाती हुई देवियाँ, किस का कोट किस फैशन का है, इस पर टीका-टिप्पणी करती हैं और "बेशुमार हतभागिनें किस सन् के चलन का कोट नहीं पहने थीं।" वनकन्या की माँ और ताई में सौत का रिश्ता चलता है। उसकी भाभी 'पई' है, "प्रकृति का एक मजाक। ऐसी औरत जाहिर है औरत लगकर भी असल में बेमानी होती है।" कहीं गर्भवती विधवा शरीर में आग लगाकर जल मरती है। एक जगह युवती की लाश को कुत्ते घसीटते हुए दिखाई देते हैं। मन्दिर के अन्दर अच्छे-खासे मर्द देवियों का अभिनय करते हैं। इन सबकी बोली-बानी अलग, सबकी चरित्रगत शैली अलग। इनके साथ पुरुषों का वर्ग अपनी विशिष्ट मर्दानी संस्कृति के साथ चित्रित किया गया है। पीपल के नीचे का चबूतरा, हुक्के, नीम के दातुनें, अखबार, गजक और मूँगफली बेचनेवाले, मकान की तारीफ, कोन पर पाँच-पाँच रुपए रख दो

और भाग न दबे, कुल्फी की तारीफ, गोल दरवाजे में खरीदो और रानी कटरे में जाकर खाओ और तारीफ ये कि जरा भी न गले; तीतरों को चुगाता परसोत्तम, सेक्रेटेरियट के बाबू गुलाबचन्द, लखनऊ की खास गाली को उपनाम की तरह अपने वाक्यों में जड़नेवाले लाला मुकुन्दीमल, मुहल्ले से लेकर विश्व तक की समस्याओं पर वाद-विवाद, कथा बाँचते हुए पंडित जी, राजा, डॉक्टर, लेखक, चित्रकार, साधु, मुंडे—उपन्यास में रेखाचित्रों की ऐसी समृद्धि है जैसी प्रेमचन्द के बाद हिन्दी के दस उपन्यासों में न मिलेगी।

रेखाचित्रों की सजीवता अपने-आप एक बहुत बड़ा आकर्षण है। पुराने यूनानी विचारक कहते थे कि कला का धर्म जीवन का अनुकरण अथवा उसकी प्रतिच्छवि आँकना है। चित्रकला में पशु, मानव, वनस्पति या निर्जीव पदार्थों की सजीव छवि देखकर हम मुग्ध हो जाते हैं। सजीव अनुकरण सरस होता ही है; फिर वस्तुओं के चयन में लेखक अपने उद्देश्य और रुचि का परिचय भी देता है। पात्रों की संख्या, उनकी विविधता, अनुकरण अथवा प्रतिच्छवि की सजीवता के विचार से अमृतलाल नागर हमें ऐसे जीते-जागते और कोलाहलमय संसार में ला खड़ा करते हैं जिसकी समृद्धि की तुलना बाल्जाक की रचनाओं से ही हो सकती है। लेखक के पास ऐयारी की ऐसी झोली है जिसमें पात्रों की सैकड़ों मूर्तियाँ भरी हुई हैं और वह सन्तुलन का भी विचार न करके उन्हें सानन्द एक के बाद एक निकालता चला जाता है, फिर भी झोली खाली नहीं होती। पात्र अकेले नहीं आते; वे अपने साथ अपना पूरा वातावरण लाते हैं—पुरानी हवेली, पीपल के नीचे का चबूतरा, नदी का किनारा, इत्यादि। अनेक स्थानों के वर्णन में कवि सुलभ सरसता है। "कटी-फटी पतंगों, मकड़ी के जालों, घोंसलों, चिड़ियों, गिलहरियों और पीपली के दानों से लदा, अनगिनत इंसानों के चंचल मन-समूह-सा हरहराता हुआ पीपल कई सदियों के मुहल्ले का साथी है। आज के बड़े-बूढ़ों के बचपन तक यह पेड़ गंगे भूरिए के भाड़ का पीपल कहलाता था। मगर वह दीवार, जो किसी समय किसी गंगे भूरिए का वैभव थी, अब बाबू छेदालाल इंश्योरेंस-एजेंट की मिल्कियत है। म्युनिसिपैलिटी के रजिस्टर के अनुसार उस मकान का नम्बर इस समय 420 है जो सही तौर पर बाबू छेदालाल की ख्याति में चार चाँद लगाता है।" वातावरण के छोटे-बड़े तथ्य, जो मनुष्य की दुखपूर्ण या मनोरंजक स्थिति की ओर संकेत करते हैं, लेखक की निगाह से बच नहीं पाते। वह वास्तव में शहर के गली-कूचों का कवि है।

वह इन गली-कूचों में बरसों रहा और घूमा। उसने चारों ओर के जीवन को देखा ही नहीं, उसका रंग-बिरंगा कोलाहल सुना भी है। यहाँ एक शैली और एक व्याकरण का प्रयोग करनेवाले पात्र नहीं हैं, प्रायः जितने पात्र हैं, उतनी तरह की शैलियाँ, उनके अपने-अपने व्याकरण हैं। लखनऊ में विभिन्न जनपदों से सिमटकर जनता एकत्र होती रही है। उसने अपनी बोली-बानी एक हद तक सुरक्षित रखी है, एक हद तक दूसरों की भाषा से, यहाँ तक कि अंग्रेजी से भी, प्रभावित हुई है। अमृतलाल नागर द्वारा किया हुआ एक मुहल्ले का यह 'लिंग्विस्टिक सर्वे' भाषा-विज्ञान की सामग्री का अद्भुत पिटारा है।

अभी तक किसी भी देशी-विदेशी भाषा में एक नगर की इतनी बोली-ठोलियों का निदर्शन करनेवाला उपन्यास मेरे देखने में नहीं आया। इन शैलियों में भाषाओं और समाज का इतिहास बोलता है। इसके अतिरिक्त कला की दृष्टि से व्यक्ति का चरित्र कम-से-कम पचास फीसदी उसकी शैली से प्रकट होता है। जहाँ तक हास्य रस का सम्बन्ध है—केवल शुद्ध हास्य नहीं, विनोद, मनोरंजन, वक्रोक्ति, व्यंग्य सभी-कुछ—उसकी निष्पत्ति सौ फीसदी इस बोली-ठोली और शैली पर निर्भर है।

पुरानी चाल की माताजी की आउत-जाउत मिश्रित खड़ी बोली—"जो जिसकी-जिसकी समझ से आउत है वही करता हैंगे। कल को हमरे शंकर एसे पास करके अपसर होएँगे, उनकी बहुरिया पुरानी चाल से चलै तो किरकिरी न होय ?" हाथरस की ताई की ब्रज का पुट लिये हुए खड़ी बोली—"निगोड़ी सबकी-सब मेरी छाती पे ही मूँग दलने आमें हैंगी। सात जनम की दुस्मन मरी, गली-गली घूमकर मेरे घर बच्चे पटकने आई रंडी। अरे तन-तन में कीड़े पड़ेंगे, सरदी की रात में दौड़ा मारा।" लखनऊ के पुलिसमैन की अंग्रेजी-अवधी मिश्रित हिन्दुस्तानी—"कोतवाली को वैरलेस कर दिया हुजूर ! मिरजाजी अटेंड कर रहे थे हुजूर, तौन उन्होंने मिसेज दिया कि अस्पताल को गाड़ी भिजवाते हैं हुजूर।" जगह-जगह घूमे हुए अवध के साधु की हिन्दी—"पूर्व आश्रम में हम मोटर मिकैनिक रहे। अन्त में मालिक की चाकरी से छूटकर विंध्याचल में रम गए। त्रिकुटी में ध्यान साधा, निर्जल, निराहार रहे—जाने क्या-क्या अंट-संट किया। वहाँ एक महात्मा के दर्शन हुए। तौन उन्होंने कहा कि ड्यूटी बजाना छोड़कर यहाँ का ढोंग करता है—जा सेवा कर। फिर हम क्या करते रामजी ? जिसको गुरु माना उसकी आज्ञा भी तो माननी पड़ेगी। तो कहने का सारांश यह है कि अपनी ड्यूटी का पायबन्द हुए बिना कोई अपना स्वामी बन ही नहीं सकता।" कथा बाँचनेवाले पंडित जी की भाषा—"सूत जी बेलेम् कि हे जिजमान सुनो, एक समय जो है सो नारद जी बैकुंठ लोक के बीच में लक्ष्मीपति बिस्न भगवान के पास जाए के कहत भयम् कि...।" इस तरह की दो-चार नहीं बीसों भाषा-शैलियाँ हैं जिनके अत्यन्त रोचक उदाहरण 'बूँद और समुद्र' में मिलेंगे। सरसता की कितनी साम्रगी हमारे चारों ओर बिखरी पड़ी है और भाषा-शैली की इस विविधता से जनसाधारण भी अपना मनोरंजन करते हैं। अमृतलाल नागर के हास्य रस का दृढ़ आधार यही यथार्थ जीवन है। उनके मनोरंजक संवाद हास्य की सृष्टि करने के अतिरिक्त चित्रण की सजीवता की छाप मन पर छोड़ते हैं।

यह समझना कठिन नहीं है कि इस उपन्यास में लेखक के वर्षों के सामाजिक अनुभव का संग्रह है। इस तरह के संग्रह-मात्र के लिये ही सुदीर्घ साधना और परिश्रम अपेक्षित है। कला-प्रेमियों के अलावा भाषा-विज्ञान और समाज-शास्त्र के पंडितों के लिये भी यहाँ दुर्लभ सामग्री एकत्र की गई है। उपन्यास में स्त्रियों के जो गीत दिए गए हैं, वे अपने में अलग सांस्कृतिक इतिहास की महत्त्वपूर्ण निधि हैं। "कलजुग तो आया बड़ी धूम से, बहुएँ हो गईं ददिया सास", "राजा तुम गए कॉलेज पढ़ने मेरी उमर गुजर गई पीहर में", "जब से चला है किलिप लगाना, कदर बेंदी की गई मेरी जान।" आदि खड़ी

बोली के गीत नारी-समाज की वह झाँकी देते हैं जो अधिकांश उपन्यासकारों के कल्पना-रंजित चित्रों से बिलकुल भिन्न हैं।

उपन्यास की धुरी है ताई। लखनऊ के एक रईस की छोड़ी हुई पहली पत्नी है। जीवन की परिस्थितयों ने उसके मन में विचित्र ग्रन्थियाँ उत्पन्न कर दी हैं। अब वह जादू-टोने से मानव-मात्र का संहार करने पर तुली हुई-सी दीखती है। भारतीय समाज का सारा अन्धविश्वास और मनुष्य से घृणा करनेवालों की सारी हिंसा मानो सिमटकर ताई में केन्द्रित हो गई है। बच्चे, बूढ़े, जवान सब उसे चिढ़ाते हैं और अब ताई के पास आशीर्वाद का एक शब्द भी नहीं रह गया, वह केवल कोसना जानती है। भारतीय समाज में न्याय, वैशेषिक, सांख्य, वेदान्त आदि की चर्चा के साथ पलंग की पाटी में सेन्दुर मलने, तकिए में काला डोरा पिरोकर सुई खोजने, आटे के पुतले बनाकर मारणमन्त्र चलाने आदि की जो क्रियाएँ होती हैं, उनकी सूत्रधार ताई हैं। उसकी हिंसा इतनी तीव्र है कि पति के अपराध के लिये वह जादू द्वारा उसके नाती के प्राण लेने का प्रत्यन करती है।

ताई के घर में एक दिन बिल्लियों का युद्ध होता है। लालटेन जलाकर देखती है कि बिल्ली का एक बच्चा पड़ा हुआ है, जिसका सिर गायब है। वह सिरकटी लाश पड़ोस में गर्भवती तारा के दरवाजे पर रख आती है, इन शब्दों के साथ—''राँड बहुत पेट लिये घूमती है। ऐसे ही कटकर गिर पड़ेगा।'' हिंसा की मूर्ति ताई बिल्ली के शेष तीन बच्चों को आँचल में डालकर बाहर फेंकने जाती है, ''ठंड से सिकुड़े ब द आँखोंवाले तीन बच्चे आँचल में गठरी-सी बनकर उनके पेट से लग गए।'' ताई को सहसा अपनी बिटिया की याद आई और वह वापस लौट आई। उस दिन से ताई के परिवार में वे बच्चे भी शामिल हो गए, अथवा यों कहे, उस दिन से ताई ने नए सिरे से पारिवारिक जीवन बिताना शुरू किया।

हिंसा और अन्धविश्वास की पुतली ताई में भी जैसे प्रेम का बीज मिटने से रह गया था। मानवेतर जीव के संस्पर्श से वह बीज सहसा अंकुरित हो उठा। इस बीज को मिटाने में रईस पति और ताई के मुहल्लेवालों ने कुछ उठा न रखा था। मनुष्य ने उसे मिटाया; पशु-जीवन ने उसे फिर अंकुरित कर दिया। इसका श्रेय पशु-जीवन से अधिक ताई को है जो अपने अन्तस्तल में कहीं अब तक वह प्रेम का बीज छिपाए हुए थी।

एक भारतीय लेखक के लिये ताई में यह परिर्वतन देखना बहुत स्वाभाविक है। जिस देश के आदि कवि ने एक पक्षी के क्रन्दन से द्रवित होकर एक नया छन्द बनाया हो तो आश्चर्य क्या ? अब क्या वर्तमान युग में भारतीय लेखक के लिये आस्था का प्रश्न ऐसा कुछ उलझा हुआ है कि उसे हल करना बहुत ही कठिन हो गया है ?

ताई को बिल्ली के बच्चे बहुत परेशान करते हैं, लेकिन ताई उनका मोह छोड़ नहीं सकती। एक बच्चे की आँखों में देखते हुए उन्हें लगता है कि भीतर बालमुकुन्द झाँक रहे हैं। जब ताई में यह परिर्वतन होता है, तभी कुछ लोग आकर उसके मुँह में कपड़ा ठूँस देते है, बिल्ली के बच्चों को उठाकर फेंक देते हैं, ताई के मुँह पर काजल और सिन्दूर

पोत देते हैं और रुपए लेकर चल देते हैं। कलाकार सज्जन जब उसे देखता है तो उसे वह उचित ही 'आदिम समाज की पुरोहितानी' जैसी लगती है। ताई के बन्धन खुलते ही वह सबसे पहले बिल्ली के बच्चों के लिये दूध मँगवाती है। कलाकार 'सज्जन सोचने लगा, पत्थर भी पिघलना जानता है'। बिल्ली के बच्चों के बाद ताई को सज्जन से स्नेह है। 'कन्नोमल के पोते' कहकर बड़े प्यार से उसे बुलाती है। लेकिन कलाकार सज्जन ऐसा उच्चकोटि का बुद्धिवादी है कि पत्थर को पिघलता देखकर भी वह आस्था के प्रश्न से उलझा रहता है।

कलाकार की कोठरी पर मुहल्ले के लोग हमला करते हैं। मुहल्ले में कवि 'विरहेश' और 'बड़ी' के प्रेमकांड के पकड़े जाने पर रूढ़िवादियों ने कोध उतारा सज्जन की कला पर। "उत्तेजित भीड़ ने कमरे का ताला तोड़ डाला। सज्जन की बनाई तस्वीरें चिन्दी-चिन्दी कर डालीं। रंगों के ट्यूब्स फेंके, जूते के नीचे दबाकर फर्श पर मसल दिए। ...स्टोव का तेल गद्दे और तकियों पर छिड़का। उनमें दियासलाई लगाई गई। सारा कमरा टूटे काँच, टूटे प्याले, फटी तस्वीरों और चादर की चिन्दियों से भर गया।" अहिंसावादी समाज का रूढ़िवाद कितना बर्बर हो सकता है, उसका यह निदर्शन है। इन रूढ़िवादियों ने 'बड़ी' को निर्ममता से पिटते देखा था; पीटनेवालों के प्रति उनकी सक्रिय सहानुभूति थी। वही लोग चरित्र और संस्कृति की रक्षा के लिये सज्जन के चित्रों का नाश कर देते हैं। अवश्य ही वे 'बड़ी' के वेश्यागामी पति से कुछ नहीं कहते। इस तरह के फासिस्ट-आक्रमणों के वर्णन हमने विदेशी उपन्यास में पढ़े हैं। भारतीय रूढ़िवाद के आधार पर यहाँ भी कला और कलाकारों पर फासिस्ट आक्रमण हो सकते हैं, इस उपन्यास से यह चेतावनी मिलती है। एक तरह की हिंसा यह है, दूसरी तरह की हिंसा उपन्यास महीपाल की है। असहाय स्त्री को पिटते देखकर उसे क्रोध आ जाता है। वह बचाने जाता है तो वेश्यागामी पति उसे भी अपनी पत्नी का यार कहकर व्यंग्य करता है। इस पर "महीपाल को वो कड़ाकेदार हाथ पड़ा कि गाल और कनपटी सुन्न हो गई।" इन दोनों तरह की हिंसा में कौन-सी उचित है और कौन-सी अनुचित, या दोनों ही उचित अथवा अनुचित हैं ? साधारण पाठक की सहानुभूति महीपाल के प्रति होगी और निर्दय पति को दंड मिलता देखकर उसकी न्याय की अकांक्षा तृप्त होगी। हिंसा और अहिंसा के सैद्धान्तिक संघर्ष की वास्तविकता क्या है, इसका उत्तर उपर्युक्त घटना से मिलता है।

सज्जन की कोठरी पर आक्रमण होने के बाद कला की रक्षा करने के लिये सबसे पहले ताई आगे आती है। वह मन्त्र पढ़कर सब पर सिन्दूर फेंकना शुरू करती है। "थोड़ी देर में ताई कायर भीड़ पर विजयिनी हुई।" चरित्र और संस्कृति की रक्षा के नाम पर चित्रों में आग लगानेवाली भीड़ कायर ही होगी। इन कायरों से कला की रक्षा कौन करेगा ? "उस दिन ताई बड़ी रात तक लालटेन के उजाले में सज्जन—कन्नोमल के पोते—की तस्वीरों के टुकड़े बटोर-बटोरकर सहेजती रही।" कलाकार किसमें आस्था रखे, इस प्रश्न का उत्तर फिर यहाँ मिलता है।

सज्जन के आक्रमण से गर्भवती तारा अस्वस्थ हो जाती है। रात में मुहल्लेवालों की सहानुभूति खोया हुआ उसका पति ताई को अँधेरे में प्रेत समझकर बेहोश हो जाता है। ताई अपनी हिंसा को भूलकर तारा का प्रजनन कराने में लग जाती है। यह उपन्यास का सबसे मार्मिक चित्र हैं। टॉलस्टॉय ने 'अन्ना करेनिना' में उस उद्विग्न पति का चित्र खींचा है जो शीघ्र ही पिता बननेवाला है। यहाँ सारी उद्विग्नता ताई में केन्द्रित है, जिसके माँ बनने का अब कोई भी अवसर नहीं है। "जरा-सी हींग देखकर ताई और झुंझलाई; आप सौरी में थी, इसलिए वर्मा को ही अपने घर के मासलेदान का पता बतलाया; अपने ठाकुर जी की कोठरी में टाँड पर रखे हुए कुल्हड़-सकोरों का पता बतलाया; मुट्ठी-भर हींग और एक सकोरा लाने की आज्ञा दी। ताई ने बच्चे की नाल काटी और पलंग के निकट आकर बच्चे को झुककर भर नजर देखती रही।" यह चित्र आँक कर अमृतलाल नागर ने हिन्दी उपन्यास को उच्चतम स्तर तक उठाया है। जिसे ताई की इस निगाह में आस्था न दिखे, उसे जन्मान्ध ही कहना चाहिए।

पुरुष पात्रों में सज्जन और महीपाल दोनों कलाकार हैं। एक चित्रकार है और दूसरा उपन्यासकार है। दोनों रईस घरानों के हैं। अन्तर केवल इतना है कि सज्जन की सम्पत्ति बची हुई है और महीपाल अपने वर्ग से अलग होकर एक हद तक मध्यवर्ग का सदस्य बन गया है। सज्जन की अपनी कोठी है; मुहल्ला-जीवन का अध्ययन करने के लिये वह ताई के पड़ोस में कोठरी लेकर रहता है; लेखक ने दोनों का ही चित्रण बड़ी बरीकी से किया है। बुद्धि-जीवियों और मध्यवर्ग के शिक्षित जनों की अधिकांश समस्याएँ दोनों को परेशान करती हैं। दोनों में बहुत ही समानताएँ भी हैं। दोनों कलाकार होने के अलावा सामाजिक और सांस्कृतिक विकास की समस्याओं से बहुत दिलचस्पी रखते हैं। दोनों का ही घरेलू जीवन अनियमित-सा है। शराब का चस्का दोनों को है। महीपाल विवाहित है; ठेठ अवधी बोलनेवाली उसकी पत्नी कल्याणी निष्ठा की मूर्ति, पतिव्रता देवी है, किन्तु अपने कलाकार पति का मूल्य बिलकुल नहीं पहचानती। उसके संस्कार बहुत रूढ़िवादी हैं। और ब्राह्मण में ऊँच-नीच का भेद-भाव, कुलीनता-अकुलीनता के विचार उसके संस्कारों की आधारशिला हैं; जिनसे टकराकर उपन्यासकार के सारे प्रगतिशील विचार वापस चले आते हैं। महीपाल का स्वभाव बहुत ही उग्र है। धीरता, दृढ़ इच्छाशक्ति, सहनशीलता आदि गुणों का उसमें अभाव है। यद्यपि वह बातें समाजवाद की करता है, फिर भी उसके संस्कार अराजकवादी के हैं। वह अपनी पत्नी के रूढ़िवाद से परेशान है, लेकिन 'इज्जत का सवाल' जितना उसे परेशान करता है उतना कल्याणी का नहीं। कल्याणी ने अपने भाई से कुछ रुपए मँगाए थे। महीपाल के अन्दर का बर्बर रूढ़िवादी तुरन्त जाग उठता है। "हरामजादी, तूने मेरी इज्जत खाक में मिला दी।" यह कलाकार की भाषा थी जो वह अपने उपन्यासों में न लिखता था, लेकिन खानदानी इज्जत की रक्षा के लिये उसका उपयोग करने में न हिचकता था। इतना ही नहीं, 'बड़ी' के वेश्यगामी पति की तरह वह भी लात-घूँसों और थप्पड़ों के प्रयोग से बाज नहीं आता। कमरे के अन्दर यह कांड होता है; बाहर उसकी

लड़की खड़ी-खड़ी सब सुनती है, "दबी चीखें, साँसें घसीट-घसीटकर रोना, पिता की अस्पष्ट गालियाँ, घुड़कियाँ, धक्का-मुक्की, पटकनों, घूँसों के धमाके।" लड़की के दरवाजा पीटने पर वह बाहर आता है और पत्नी के पैर छूकर और सबसे क्षमा माँगकर बाहर चला जाता है। आस्था की समस्या महीपाल के लिये उठ खड़ी होती है। "अपनी पत्नी को मारकर महीपाल आस्थाविहीन हो गया है।" बिगड़े रईस महीपाल ने समाजवाद का चोगा ओढ़ रखा था, इज्जत का सवाल आने पर वह एक ही झटके में नीचे गिर पड़ता है। सज्जन से उसे ईर्ष्या भी होती है। अपने मित्र के विरुद्ध वह प्रचार करता है कि सज्जन छिपे-छिपे कम्युनिज्म फैला रहा है। महीपाल की डींग सुनकर उसका एक पूँजीपति मित्र यह रहस्य प्रकट कर देता है कि ननिहाल में डाका पड़ने पर महीपाल ने बहुत से गहने चुरा लिये थे और कह दिया था कि उन्हें डाकू ले गए। चोरी पकड़ी जाने पर आत्महत्या के सिवा उसे कोई मार्ग नहीं सूझता। एक पत्र में अपना कच्चा चिट्ठा लिखकर संसार से विदा हो जाता है। महीपाल की आत्महत्या यह दिखलाती है कि उसके आगे कोई रास्ता नहीं रह गया था। समाजवाद से उसे बौद्धिक सहानुभूति है; अपने जीवन में वह असन्तुलित अराजकवादी है। वह अच्छा पिता और पति नहीं बन पाता। डॉ. शीला से उसे प्रेम है और शीला को छोड़ने के बाद वह भीतर से टूट जाता है। किन्तु उसकी ट्रेजेडी घरेलू जीवन तक सीमित नहीं है। शिवभक्त महीपाल समाज को बदलने का कोई रास्ता नहीं देखता। उसकी कहानी उस बुद्धिजीवी की कहानी है जो समाज-व्यवस्था से असन्तुष्ट तो है, लेकिन उसके बदलने के लिये जन-शक्ति को संगठित करने का धैर्य और दृढ़ मनोबल जिसमें नहीं है।

दूसरी ओर चित्रकार सज्जन है। रूढ़ियों के विरुद्ध है, लेकिन वृन्दावन में जाकर रहस्यवादी बन जाता है। टेलीपैथी आदि चमत्कारों में उसे विश्वास है। वृन्दावन में वनकन्या के प्रति प्रेम विज्ञापित करने के बाद लखनऊ आते ही अपनी प्रेमिका चित्रा राजदान के साथ सरस समय बिताता है। रईसी ठाठ में नौकरों पर हाथ भी चला देता है, उन्हें बर्खास्त कर देता है। वनकन्या से विवाह होने पर जहाँ कोठी में उसके साले साहब आते हैं, उस पर इज्जत का भूत सवार होता है और उसे सबसे पहले यह भय होता है कि नौकरों ने देख लिया तो क्या कहेंगे। ईर्ष्या का शिकार वह भी है, लेकिन साधु की कृपा से उसकी मति बदल जाती है। और वह सम्पत्ति दान करने के लिये तैयार हो जाता है। महीपाल और सज्जन में महीपाल अधिक सजीव है। उसका मानसिक द्वन्द्व ज्यादा तीखा और नाटकीय है। अपनी कमजोरियों के बावजूद वह पाठक की करुणा अपनी ओर खींचता है। सज्जन की कठिनाइयाँ उसकी अपनी गढ़ी हुई हैं; वह परिस्थितियों से महीपाल की तरह नहीं जूझता। उसका चित्रकार भी बहुत कमजोर है। चित्रकार से अधिक वह मुहल्ले के जीवन का अध्ययन करनेवाला समाजशास्त्री है और यहाँ उसका व्यक्तित्व उपन्यासकार महीपाल की ही प्रतिच्छवि है। उसके सम्पत्ति-दान में ऐसी गरिमा नहीं है जो पाठक को आन्दोलित करे। 'प्रेमाश्रम' और 'जहाज का पंछी' के काल्पनिक समाधान की छाप उपन्यास को कमजोर बनाती है।

पुरुष पात्रों में ताई से मिलते-जुलते पात्र हैं कर्नल और रामजी साधु। कर्नल उच्च मध्यवर्ग के दुकानदार हैं। अपने मित्रों में नगीनचन्द जैन कर्नल नाम से विख्यात हैं। बुद्धिजीवियों की समस्याएँ उनकी समझ में नहीं आतीं लेकिन जहाँ भी मनुष्य पर विपत्ति पड़ती है, नगीनचन्द उसकी सहायता को तुरन्त पहुँच जाते हैं। वनकन्या को अपने अत्याचारी कुटुम्बियों के यहाँ जब आश्रय नहीं मिलता, तब नगीनचन्द उसे अपने यहाँ बहन की तरह रखते हैं। इस मानव-प्रेम के कारण उन्हें रूढ़िवादी व्यक्तियों का कोपभाजन बनना पड़ता है लेकिन वह चतुराई और दृढ़ता से उनका सामना करते हैं। कलाकार सज्जन को जब उसके वर्ग के रईस अपनी उँगलियों पर नचाते हैं तब नगीनचन्द कलाकार की ईमानदारी के लिये लड़ते हैं। कलाकार सज्जन के लिये एक बार वह अपने सच्चे उद्‌गार प्रकट करते हुए कहते हैं—"क्या बताऊँ ये सज्जन ससरा इस वक्त ऐसी लेंडी निकला कि...।" सज्जन वास्तव में कायर है; वीर कर्मठ पुरुष हैं नगीनचन्द। रूढ़िवादियों और राजनीतिक दलों से असन्तुष्ट होकर वह कहते हैं—"इनकी हर चाल पलटकर इस बार अपनी अलग पार्टी इंसानी दल कायम न किया तो कुछ काम न किया। अब हम एक नहीं जब पॉलिटिकल पार्टियों को चुनौती देकर कसौटी पर कसेंगे। हम जनता में रहेंगे। जनता के अधिकारों के साथ रहेंगे। अब चाहे सरकार हो, वे बड़े-बड़े कैपिटलिस्ट हों या पॉलिटिकल पार्टियाँ हों—हम सबसे अपने अधिकारों के लिये सावधान रहेंगे।" यह उस नागरिक की आवाज है जिसे जनता से प्रेम है, जिसके हृदय का निःस्वार्थ प्रेम उसके आए दिन के कार्यों से प्रकट होता रहता है, जो बाधाओं और कुंठाओं से त्रस्त होकर मानसिक उधेड़बुन का स्वाँग रचकर 'हाय आस्था, हाय आस्था' कहकर नहीं चिल्लाता। नगीनचन्द का चरित्र यह दिखलाता है कि पुरानी व्यवस्था को बदलने और रूढ़िवाद को निर्मूल करने के लिये जिस निष्ठा और धैर्य की आवश्यकता है, वह समाज में विद्यमान है।

नगीनचन्द से भी अधिक प्रभावशाली व्यक्तित्व रामजी बाबा का है। पुराने सन्तों की परम्परा के वे साकार जीवित रूप हैं। उपन्यास के अनेक पात्रों की तरह लेखक ने उन्हें यथार्थ जगत से ही लिया है। सज्जन और महीपाल की तरह जमीन-आसमान के कुलाबे न मिलाकर वह सेवा को कर्त्तव्य मानकर समाज के बहिष्कृत पागलों की सेवा करते हैं। उनकी सेवा-भावना के आगे बुद्धिजीवियों की कुंठाग्रस्त शंकाएँ सूखे पत्तों की तरह उड़ जाती हैं। उनकी तुलना में सज्जन को अपनी कमजोरी का पता चलता है—"वह सेवा के आदर्श को इत्र की तरह सूँघकर आनन्दित भले ही हो ले...।" वास्तविक सेवा से वह बहुत दूर है। जब महीपाल कहता है कि आज का मनुष्य जंगली हो गया है, तब रामजी साधु कहते हैं—"मनुष्य इस समय अपने मन के महल की सफाई कर रहा है। जब पूरी हुई जाएगी तब देखिएगा।" महीपाल केवल उपन्यासकार है; अस्सी साल के नौजवान रामजी बाबा सेवा-कार्य में युवकों को मात करते हैं। मनुष्य के भविष्य में उनकी यह सहज-अडिग आस्था उनके कर्मठ जीवन से उत्पन्न होती है। उसका आधार हवाई उधेड़बुन नहीं है। वास्तव में साधु शब्द के प्रचलित अर्थ में वह

संसार-त्यागी महात्मा हैं ही नहीं। वह आचार्य रामचन्द्र शुक्ल के उन भक्तों में से हैं जो इस गोचर जगत् में ब्रह्म के दर्शन करके मनुष्य की सेवा करते हैं। विज्ञान ने इतनी प्रगति की है; क्या उससे मानवता का नाश न हो जाएगा ? बाबा रामजी की आस्था डिगने के बदले वैज्ञानिक प्रगति से और दृढ़ होती है। कहते हैं—"विज्ञान के अनुपम रत्न निकल रहे हैं, मानवतावाद का व्यापक प्रचार हुई के चेतना का जो अमृत निकलेगा वह समस्त लोक को मिलेगा और जौन से स्वार्थपरता, अनाचार का कालकूट निकल रहा है तीन नीलकंठ परम सेवक हैं वो अपनी ड्यूटी बजाने से कभी नहीं चूकते।" इस दृढ़ आस्था के सामने कुंठा की पीड़ा से कराहनेवालों को शर्म आनी चाहिए।

वनकन्या अपने चारों ओर के वातावरण से तिलमिला उठती है, लेकिन महीपाल की तरह वह घुटने नहीं टेकती। सभी परिस्थितियों में धैर्य से काम लेते हुए वह रूढ़िवाद से टक्कर लेती है और साथ ही अपने प्रेमी कलाकार सज्जन के ढुलमुल मन को भी सँभालती है। नारी और विवाह के सम्बन्ध में सज्जन के विचार 'चक्कर क्लब' और 'मनुष्य के रूप' के लेखक से मिलते-जुलते हैं। वनकन्या सिद्ध कर देती है कि स्वच्छन्द प्रेम के ये विचार क्रान्तिकारी न होकर वास्तव में अभिजात-वर्ग के संस्कार हैं। अनैतिकता के वातावरण में दृढ़ इच्छाशक्तिवाली सच्चरित्र वनकन्या पाठक की आस्था को दृढ़ करती है।

आस्था के इतने प्रतीकों के होते हुए भी उपन्यास के अन्त में सज्जन को लगता है कि देश आत्महत्या कर रहा है। महीपाल की आत्महत्या के बाद उसे विशेष रूप से आस्था का प्रश्न क्षुब्ध करता है। वह अपने लिये ठीक सोचता है कि महीपाल की-सी परिस्थितियों में यदि उसका जीवन बीता होता तो शायद उसका भी अन्त यों ही हुआ होता। आखिर वह महीपाल के व्यक्तित्व का दूसरा पहलू ही तो है। वह आत्महत्या से कैसे बचता ? लेकिन अपने विनाश की सम्भावना में उसे देश मिटता दिखाई दे रहा है। वह देश के बारे में सोचता है—"जिस देश में कर्मयोग का सिद्धान्त है, वेद, उपनिषद्, साहित्य, शास्त्र हैं; व्यास, वाल्मीकि जैसे युग-प्रवर्तक महर्षि हैं; इतना रसज्ञान है, अजन्ता, एलोरा, कोणार्क, दक्षिण भारत, सारे भारत में व्याप्त अनुपम शिल्प है; सुनीतियाँ हैं; जिस देश का इतिहास इतना महिमामय है, वह देश जड़ता और गन्दगी में रहना पसन्द करते हुए आज की भयंकर अगति के रूप में आत्महत्या क्यों कर रहा है ?"

सज्जन ने भारत के सामाजिक और सांस्कृतिक इतिहास में जो कुछ देखा, वह सब सत्य है। लेकिन सत्य उतना ही नहीं है। भारतीय जनता का इतिहास उसके संघर्षों का इतिहास भी है। उसकी संस्कृति जनता के इस संघर्षमय इतिहास से दूर रखकर नहीं समझी जा सकती है। सज्जन न तो पुराने इतिहास में और न वर्तमान काल में जनता को कहीं संघर्ष करते देखता है। स्वाधीनता-प्राप्ति के लिये जनता ने जो संघर्ष किया, उसकी छाप भी कहीं उसके मन पर पड़ती नहीं दिखाई देती। अपने चारों ओर आस्थावान पात्रों के होते हुए भी उसे लगता है कि देश आत्महत्या कर रहा है। इसका एक कारण यह है कि निष्ठावान पात्र अपने व्यक्तिगत जीवन में तो महान् हैं, किन्तु

लोक-कल्याण के लिये उनमें सामूहिक प्रयत्न का अभाव है। स्वयं सज्जन ने सम्पत्ति-दान किया है और अपने ढंग से समाज-सेवा की ओर बढ़ भी रहा है। स्पष्ट है कि इस सबसे उसे सन्तोष नहीं है। कुछ धनी व्यक्तियों का सम्पत्ति-दान समाज की मूल समस्या हल नहीं कर सकता। आस्थावान पात्र सामूहिक प्रयत्न से दूर हैं, इसलिए उनकी आस्था भी अधूरी है। स्वयं सज्जन व्यक्तिगत श्रम से भी दूर है, इसलिए वास्तव में वह महीपाल से भी अधिक आस्थाहीन है।

उपन्यास की भूमिका में लेखक ने 'देश के मध्यवर्गीय नागरिक समाज का गुण-दोष भरा चित्र' खींचने की बात कही है। उपन्यास में मध्यवर्गीय नागरिक भी हैं। फिर भी उपन्यास के मुख्य पात्र सज्जन, महीपाल, वनकन्या, ताई, कर्नल और शीला हैं। रामजी बाबा सज्जन से पूछते हैं कि वह कितना दान कर सकता है ? सज्जन उत्तर देता है—तीन लाख। वह लखपति का बेटा ही नहीं, स्वयं भी लखपति है। भारत के मध्यवर्ग में तीन-तीन लाख की सम्पत्ति का दान देने लायक सदस्य हो जाएँ तो कहना ही क्या ? ताई राधाकृष्ण का विवाह करती है। "जिसे सुबह-शाम छेड़कर बच्चे, बूढ़े, जवान सभी सुख पाते हैं, वह ताई पचास हजार की सम्पत्ति लुटाकर उत्सव मना रही है।" महीपाल की प्रेमिका, "शीला के पास लाख-डेढ़-लाख रुपया है।" लाला नगीनचन्द उर्फ कर्नल "लखनऊ की एक पुरानी और प्रसिद्ध अंग्रेजी दवाओं की दुकान के मालिक हैं। सामाजिक कामों के लिये जी खोलकर चन्दा देनेवालों में उनका नाम शहर के गिने-चुने लोगों के साथ लिया जाता है।" रह गए महीपाल और वनकन्या। वे परिस्थितियों से जूझते हैं, लेकिन हैं वे भी रईस घराने के। महीपाल ननिहाल में पला था और "उसकी ननिहाल का घराना ताल्लुकेदारों का था।" वहाँ डाका पड़ा तो महीपाल के अनुसार "डेढ़ लाख रुपए की ज्वैलरी गई।" आगे यह रहस्य खुलता है कि चोरी का जेवर डाकू को मारकर महीपाल ने स्वयं हड़प लिया था। सेठ रूपरतन कहते हैं कि उन्होंने गहने बिकवाने के नाम पर महीपाल के लिये चालीस हजार की रकम खड़ी कर दी। महीपाल उपन्यासकार है ओर अपनी पत्नी से उसे सबसे बड़ी शिकायत यह है कि वह उसके कलाकार का महत्व नहीं समझती। लेकिन "महीनों हो गए, उसने एक अक्षर नहीं लिखा, केवल अपने घर में, अपने चारों ओर हर तरफ लक्ष्मी का आडम्बर सजाने में ही उसके दिन अधिकतर चले जाते हैं।" वह अपने मन में थका हुआ अनुभव करता है और "उस थकान में उसे बैंक में जमा अपने अड़तीस हजार रुपए याद आए।" "वह किसी हद तक विलासिता का शिकार है।" वह अपने अन्तिम पत्र में लिखता है, "ताल्लुकेदारी वातावरण में पलकर मेरे संस्कार भी राजसी हो गए थे।" पैसा मिलते ही उसके राजसी संस्कार लहलहा उठते हैं। एक दिन की बात है—"महीपाल आज पूर्ण रियासती भाव में था—बढ़िया चप्पल, उम्दा चुन्नटदार धोती, रेशमी कुर्ता, रेशमी जवाहर जैकेट, फाबरल्यूबा की घड़ी, शेफर्ज की सुनहली कलम, हाथ में पुखराज की अँगूठी।" परिस्थितियों से जूझने के बावजूद महीपाल मध्यवर्ग का प्रतिनिधि नागरिक नहीं माना जा सकता। वनकन्या भी एक तबाह रईस घराने की लड़की है। "रईस मेरे बाबा-परबाबा भी थे।" वनकन्या

कहती है—"उनके किस्से मैंने भी सुने हैं। यह बात दूसरी है कि अपने होश से ही मैंने अपने मायके में फिजूलखर्ची और कंगाली ही बराबर बढ़ती देखी।" रईस या बिगड़े हुए रईस—उपन्यास के प्रमुख पात्र इस तरह के हैं। इस तरह के लोगों का अपने वर्ग-संस्कार छोड़ना और श्रमिक जनता के दुख-सुख में घुल-मिल जाना एक कठिन प्रक्रिया है। यदि वे सामूहिक प्रयत्न द्वारा समाज-व्यवस्था को बदलने का रास्ता नहीं देख पाते तो इसमें कोई आश्चर्य की बात नहीं है।

सज्जन को किसी भी राजनीतिक पार्टी में आस्था नहीं है। "सब अधिकांश में एक-से-एक बढ़कर बेईमान, क्षुद्र आकांक्षाओं वाले, जालसाज, दम्भी और मगरूरी द्वारा अनुशासित हैं; आदर्श और सिद्धान्त तो महज शिकार खेलने के लिये आड़ की टट्टियाँ हैं। इनका आपसी संघर्ष अधिकतर व्यक्तिगत है।" यदि सज्जन राजनीतिक जीवन में सक्रिय भाग लेकर इस परिणाम पर पहुँचता, यदि उपन्यासकार विभिन्न पार्टियों की राजनीतिक कार्यवाही का सजीव चित्र देकर ऊपर की स्थापना हमारे सामने लाता तो वास्तव में चिन्ता की बात होती और पाठक उस तक आते-आते तिलमिला उठता। लेकिन उपन्यास में क्षीण मनोबलवाले बिगड़े रईस या सम्पत्तिदान से भारत का उद्धार करनेवाले कलाकार ऐसी बातें करें तो इसे उन्हीं का वर्गगत दम्भ समझना चाहिए। जालसाजी जैसी चीज महीपाल के चरित्र में है; क्षुद्र आकांक्षाओं की कमी सज्जन में नहीं। फिर भी वह धर्मोपदेशक बनकर कहता है—"आत्मविश्वास ही नए युग का धर्म है।" उसे "जनजीवन अन्धविश्वासों और भ्रान्तियों से जकड़ा हुआ" दिखाई देता है। वास्तव में जितने अन्धविश्वास और भ्रान्तियाँ सज्जन में हैं, उतने अन्धविश्वास और भ्रान्तियाँ अशिक्षित और निर्धन जनता में नहीं हैं। वह अपनी समझ में बड़ा मार्मिक प्रश्न करता है—"क्या किसी को भी आज अपने देश से प्यार नहीं ?" यदि सज्जन की आँखें उसके वर्ग-संस्कारों ने बन्द न कर दी होतीं तो वह समाज में अपने को अकेला देशभक्त न पाता। उसकी समझ में भारत का मनुष्य "अधिकांश में भारतीय नहीं, मानव भी—?—नहीं।" अन्त में, "दोनों पति-पत्नी अपनी आस्था पर डटे रहेंगे। इति, शान्तिः, शान्तिः, शान्तिः।"

क्या इस उपन्यास में ही सज्जन से अधिक आस्थावान व्यक्ति नहीं हैं ? क्या ताई द्वारा तारा के प्रजनन में सहायता, रामजी साधु द्वारा पागलों की सेवा, नगीनचन्द द्वारा वनकन्या की सहायता, महीपाल द्वारा बड़ी के पति की पूजा, महीपाल के लिये शीला का प्रेम सज्जन के चरित्र और उसके किसी भी कृत्य से अधिक महान् नहीं हैं ? सज्जन ने उपन्यास में जरूरत से ज्यादा जगह घेरी है। पूर्वार्द्ध में वह उतनी जगह नहीं घेरता, जितनी उत्तरार्द्ध में। इसलिए उपन्यास का उत्तरार्द्ध अपेक्षाकृत निर्बल हो गया है। विशेष रूप से उसका अन्त काफी कमजोर है। महीपाल की आत्महत्या पाठक को व्यथित अवश्य करती है, किन्तु वह क्षोभ भी उत्पन्न करती है। किसी कारण दूसरों के मन की बात जाननेवाले रामजी बाबा महीपाल के मन की बात बिलकुल नहीं जान पाते कि वह आत्महत्या करेगा। वह अपनी शक्ति से जितना सज्जन की सहायता करते हैं, उसकी

शतांश कृपा भी वह महीपाल पर नहीं करते। लेखक के साथ वह भी सज्जन का पक्षपात करते हैं। लाला नगीनचन्द बहुत ही व्यवहारकुशल व्यक्ति हैं, लेकिन मित्रों में भेद खुल जाने पर अपमानित होकर जब महीपाल घर से निकलकर चल देता है, तब भी वह उसके पीछे नहीं चलते, न उसकी खोज-खबर लेते हैं। उपन्यास के उत्तरार्द्ध की यह सबसे महत्वपूर्ण घटना कलात्मक दृष्टि से सत्य नहीं उतरी।

कथावस्तु को कमजोर करनेवाला एक दूसरा दोष आदिम समाज का हवाला देने का रोग है। सज्जन और महीपाल दोनों समाजशास्त्री हैं। कहीं मोहनजोदड़ो, कहीं वैदिक सभ्यता, कहीं प्रस्तर मूर्तियाँ, कहीं आर्य-अनार्य संघर्ष और एक जगह नहीं, पचीसों बार नाक में दम कर देते हैं। आधुनिक उपन्यासों के पात्रों को आत्मचिन्तन और आत्मविश्लेषण का रोग होता ही है। पन्ने-के-पन्ने आत्मचिन्तन से रँगे हुए हैं। इनसे कथावस्तु में शिथिलता अवश्य आती है; चरित्र की गहराई का पता तो दो वाक्यों से ही लग जाता है।

कथा कहने में एक दोष यह भी है कि जिन पात्रों से पाठक काफी पहले परिचित हो चुका है, उनके विस्तृत रेखाचित्र अथवा संक्षिप्त जीवन-चरित्र बाद में दिए गए हैं। इससे कथा-प्रवाह में बार-बार ठहराव पैदा हो जाता है। एकाध दोष असावधानी से उत्पन्न हो गया है। कर्नल खासी हिन्दी बोल लेता है, लेकिन 66वें अध्याय में उस पर 'है' की जगह 'हैगा' कहने का खब्त सवार हो जाता है। उपन्यास में कुछ यथार्थ जगत् के पात्र भी आते हैं, जैसे अमृतलाल नागर, यशपाल, ज्ञानचन्द जैन, भगवतीचरण वर्मा इत्यादि। लेखक ने इनके रेखाचित्र भी नहीं दिए; उसने यह मान लिया है कि पाठक तो इन्हें जानता ही होगा। पाठक साहित्यकार के रूप में उन्हें जान भी सकता है; लेकिन साहित्यकार होने से ही कोई उपन्यास का पात्र नहीं हो जाता। लेखक इनमें पात्रता उत्पन्न नहीं कर पाया।

इन सब दोषों के होते हुए भी 'बूँद और समुद्र' एक सुन्दर उपन्यास है। भारतीय समाज के ऊपर से आत्मसन्तोष का पर्दा लेखक ने खींचकर उसके दीदार की वीभत्सता सबके सामने प्रकट कर दी है। नारी के साथ जो पाशविक अत्याचार किए जाते हैं, उसके हृदय-विदारक दृश्य उसमें हमें दिखलाए हैं। सम्भ्रान्त परिवारों में जो गुप्त रूप से व्यभिचार चलते हैं, उसकी नारकीयता से युद्ध करने के लिये उसने ललकारा है। न्याय, धर्म और कला किस तरह सम्पत्तिशाली वर्ग के हाथों बिकते हैं, इसके सजीव चित्र उसने आँके हैं। प्रेमचन्द के बाद किसी ने न्याय-व्यवस्था की वास्तविकता पर ऐसा व्यंग्य नहीं किया जैसा अमृतलाल नागर ने। उपन्यास में सभी रस हैं। भयानक, अद्भुत और वीभत्स के चित्रण में नागर का सानी नहीं है। कल्याणी, वनकन्या, बड़ी, महीपाल की व्यथा पाठक को बुरी तरह झकझोरती है। चित्रण और संवादों में हास्य रस का उद्रेक नागर की शैली की विशेषता है। चित्रा राजदान और कवि विरहेश जैसे पात्र थोड़ी देर के लिये भी उपन्यास में आते हैं तो पाठक को अपनी सजीवता से मुग्ध कर देते हैं। लखनऊ के शरीफों की बातचीत पढ़ते हुए कई बार लगा जैसे आगरा छोड़कर मैं फिर

लखनऊ पहुँच गया हूँ। रामजी बाबा के पागलों का वर्णन विक्टर ह्यूगो की गम्भीर मानवतावादी क्षमता की याद दिलाता है। दुश्चरित्र पिता महीपाल अपने आपसे परिचित सन्तान का सामना करने में जिस आत्म-ग्लानि का अनुभव करता है, उसका चित्रण लेखक ने अपूर्व तन्मयता से किया है। विभिन्न स्वभाव के पात्र, उनके स्वभावों की टक्कर, एक ही व्यक्ति की प्रकृति से उत्थान-पतन और नए मोड़, ऐसे पात्र जिनसे पाठक को बेहद प्रेम हो जाता है और ऐसे पात्र जिन पर कभी दया आती है, कभी क्रोध आता है, संस्कृति के विभिन्न स्तर, समाजवादी चेतना, पुराने सन्तों का सेवाभाव, कलाकार का अहंकार, जादू-टोने की दुनिया, क्लिप और बिन्दी में रमनेवाला मन, सहज मानवप्रेम और भाईचारा—इन सबके चित्र देखकर मन कह उठता है, कैसा विचित्र देश है अपना और यह प्रिय विचित्र देश अब करवट बदलकर उठ रहा है। कर्नल की इंसानी दल बनाकर जनता के अधिकारों के लिये लड़ने की बात नहीं सोचता। अशिक्षित देवियाँ भी अपने अधिकारों के प्रति सचेत हो रही हैं। स्वाधीन भारत का पहला चुनाव है। "बूढ़े, बीमार, अपाहिज तक वोट डालने आ रहे थे। स्त्रियों में तो अपार जोश था।" एक महाशय पत्नी से जनसंघ को वोट देने के लिये कहते हैं। पत्नी कांग्रेस को वोट देना चाहती है। पत्नी बोली, "देखौ, आज हम जिन्दगी में पहली बार ओट डालन आए हैंगे। जिसे हमारा मन आएगा उसे देंगे। औ तुम्हें अब कसम है, हमरा मरा मूं देखौ जो अब की टोकाटाकी करौ।" यदि यह क्रान्ति नहीं है तो क्रान्ति शब्द को निरर्थक ही समझना चाहिए।

अमृतलाल नागर के पास अपनी विभिन्न शैलियों में भाव-विभोर प्रकट करते हुए पात्रों का अक्षय भंडार है। उनकी कला में वह शक्ति है कि इन पात्रों को वह उनके सामाजिक परिवेश के साथ सजीव कर देते हैं। ऐसी संजीवनी कला बहुत कम लेखकों के पास है। उनसे बहुत कम पूँजीवाले लेखक महान् कलाकार बन चुके हैं। 'बूँद और समुद्र' में जितना सामाजिक अनुभव संचित है, वह उसे अपने ढंग का विश्वकोश बना देता है। उसे एक बार नहीं, बार-बार पढ़ने को मन करेगा। कुछ स्थल ऐसे हैं जिन्हें बार-बार पढ़ने पर भी मन न भरेगा। निस्सन्देह स्वाधीन भारत का यह एक उत्तम उपन्यास है।

'जल टूटता हुआ' : संस्मरण

रामदरश मिश्र

मैंने अपना साहित्यिक जीवन कविताओं से शुरू किया। मेरी कविताएँ शुरू से ही अपने कछार अंचल की मिट्टी से जुड़ी होने का प्रयत्न करती रहीं बल्कि यों कहें कि हमारे कछार-अंचल की मिट्टी अपनी बेचैनी, अपनी बेबसी अपनी प्राकृतिक सुन्दरता और भयावहता के साथ मेरे भीतर जीती रही और मैं इसे जीता रहा तथा मेरे स्वर इस मिट्टी को रूपायित करने के लिये कोशिश करते रहे। मैं नहीं जानता कि ये स्वर इस कोशिश में कितने सफल रहें किन्तु मेरे लिये ये बहुत निजी हैं और निजी होने का अद्‌भुत सुख-सन्तोष देते रहे हैं।

कविताएँ मैं अभी भी लिखता हूँ किन्तु लिखने के क्रम में ज्यों-ज्यों मेरा सामाजिक अनुभव सघन होता गया, पात्रों और वर्गों के अन्तर्सम्बन्धों को समझने की दृष्टि विकसित होती गई और ज्यों-ज्यों परिवेश अधिक जटिल होता गया, मुझे महसूस होता गया कि गीतों या गीतेतर छोटी-बड़ी कविताओं के अतिरिक्त कुछ ऐसा भी लिखना चाहिए जो खंड-खंड जीवन को चित्रित करने के स्थान पर सामाजिक जीवन की समग्रता की पहचान उभार सके—अर्थात् कोई प्रबन्ध काव्य, कोई नाटक, कोई उपन्यास लिखना चाहिए। नाटक लिखने की गहरी प्रेरणा मेरे भीतर कभी नहीं उठी, उसके अपने कारण हो सकते हैं। प्रबन्ध काव्य यद्यपि जीवन के अनेक आधारभूत और आन्तरिक सत्यों की गहरी पहचान कराते हैं किन्तु वे जनसामान्य की रोजमर्रा की जिन्दगी के अनेक मोड़ों, हलचलों और आवश्यकताओं को समेट नहीं पाते। उनकी चेतना भले ही आधुनिक होती है किन्तु वे प्रायः कथा चुनते हैं अतीत से। इसलिए आज का जीवन्त परिवेश अपने वैविध्य और सघनता के साथ इनमें उभर नहीं पाता। 'कामायानी', 'साकेत', 'कुरुक्षेत्र', 'अन्धायुग' (काव्य-नाटक), 'आत्मजयी' आदि सारी ही विशिष्ट प्रबन्धात्मक कृतियों का परिवेश अतीत का है। ये कृतियाँ उपन्यासों की तरह सामान्य जन के गली-कूचे की यात्रा नहीं करतीं। सम्भव है, कोई ऐसी बड़ी प्रतिभा सामने आए जो उपन्यास की तरह सामयिक परिवेश की विविधता लेकर कोई श्रेष्ठ प्रबन्ध काव्य लिखे किन्तु अभी तो परम्परा अतीत-कथाधर्मी प्रबन्ध काव्यों की ही है। अपने परिवेश की जिन्दगी को—उसके विविध चरित्रों, सम्बन्धों, समस्याओं, हलचलों, संवेदनाओं, मूल्यों और प्राकृतिक छवियों-अछवियों के साथ समग्र भाव से रूपायित करने की बेचैनी ही मुझे उपन्यास की

ओर ले गई। अपने परिवेश का अनुभव और उसे व्यक्त करने की बेचैनी मेरे भीतर काफी दिनों से कसमसाती रही। 'मैला आँचल' के प्रकाशन ने एक उत्तेजना का काम किया और उसने एक विशेष परिवेश की जिन्दगी को कैसे समग्रता से रूपायित किया जा सकता है, इसका सुन्दर उदाहरण प्रस्तुत किया।

मेरा पहला उपन्यास 'पानी के प्राचीर' है, जो '59 में पूरा हो गया था किन्तु प्रकाशित हुआ, '61 में। इस उपन्यास की भूमिका में मैंने लिखा था—"यह कहानी स्वाधीनता-प्राप्ति के पहले की है। स्वाधीनता-प्राप्ति के अवसर पर हमने पूरे उल्लास के साथ अनुभव किया था कि पानी के प्राचीर अब टूटेंगे ही। ये प्राचीर टूटे कि हमारी सारी उम्मीदें टूटीं, इसका परिचय इस उपन्यास के दूसरे भाग में (जो अलिखित भाव से अनुभूतियों में पड़ा है) देने का प्रयास किया जाएगा।" अपने दूसरे उपन्यास 'जल टूटता हुआ' की भूमिका में इसी क्रम में लिखा—"इसका भूभाग वही कछार-अंचल है जो 'पानी के प्राचीर' का है किन्तु समय की चेतना दोनों को अलगाती है।...समय के फलक पर इन्हें एक भूभाग का पूर्वार्द्ध और उत्तरार्द्ध कहा जा सकता है किन्तु अपनी-अपनी सत्ता में पूर्ण स्वतन्त्र।" यानी ये दोनों उपन्यास (और मेरा चौथा उपन्यास 'सूखता हुआ तालाब' भी) उस भूभाग से जुड़े हैं जहाँ का मैं हूँ, जहाँ के सुख-दुख को, अभाव और संघर्ष को, सम्बन्धों और मूल्यों को, छवियों-अछवियों को मैंने जिया है जहाँ की मिट्टी की हर गन्ध, हर रूप, हर स्पर्श का अनुभव मैं अभी भी अपने भीतर अनुभव करता हूँ, जहाँ का हर मौसम, हर नदी-नाला, हर खेत-खलिहान अपनी भाषा के साथ मुझमें गूँजता है। यह भूभाग चारों ओर से नदियों से घिरा हुआ है—यह बीहड़ कछार है, आज भी आधुनिक सुविधाओं से काफी हद तक वंचित। इस भूभाग की प्राकृतिक स्थिति और उससे प्रभावित जीवन की वास्तविकताएँ इसे एक विशेष चरित्र प्रदान करती हैं। चरित्र की यह विशेषता मेरी सर्जनात्मकता को चुनौती देती है। इस भूभाग के चरित्र की विशिष्टता ही तमाम भूभागों की सामान्य भीड़ में उसे खोने से बचाएगी। मैं सर्जक की सर्जना के वैशिष्ट्य का सम्बन्ध उसकी अपनी दृष्टि और प्रतिभा से जोड़ता हूँ किन्तु वस्तु का अपना वैशिष्ट्य भी कम महत्व नहीं रखता। सर्जना को विशिष्ट बनाने में उसका पर्याप्त योग होता है। इसलिए मुझे लगा कि गाँवों का दर्द बहुत गाया जाता है, प्रेमचन्द के उपन्यासों से लेकर 'रेणु' और नागार्जुन के उपन्यासों तक, किन्तु जो मेरा गाँव है उसका दर्द अन्य गाँवों के दर्द से मिलता हुआ भी कहीं अलग है और यह दर्द मेरा अपना दर्द बन सका है। सामान्य के भीतर से विशेष दर्द की पहचान और विशेष दर्द का सामान्यीकरण सर्जन की बुनियादी अनिवार्यता है।

'पानी के प्राचीर' स्वातन्त्र्य पूर्व का गाँव है और 'जल टूटता हुआ' स्वातन्त्र्य प्राप्ति पश्चात् का। यह कथन इस बात का संकेत करता है कि जिस गाँव को मैंने इन दोनों उपन्यासों में चित्रित किया है वह भौगोलिक रूप से एक होकर भी चरित्र में दो गाँव हैं यानी स्वाधीनता प्राप्ति के पश्चात् वही गाँव अपने पूरे चरित्र में बहुत बदला है। इस बदलाव को उसके विविध आयामों में पहचान लेने की तड़प ही 'जल टूटता हुआ' है।

यह गाँव अपने पूरे विशिष्ट चरित्र के साथ उभरकर मात्र एक गाँव नहीं रहता बल्कि वह स्वाधीनता परवर्ती अनेक भारतीय गाँवों के टूटते सम्बन्धों और मूल्यों का, बदलती हुई संवेदनाओं और अनुभवों का, छवियों और अछवियों का, यातनाओं और संघर्षों का, सम्पन्नताओं और उनके भीतर से उभरती हुई संवेदनात्मक यान्त्रिकता का स्पर्श कर अपने भीतर सामान्य गाँव की कथा भी बन जाता है। मैं अपनी ओर से आज के गाँवों के सामान्य तत्त्वों को बटोरकर उन्हें पुंजीभूत या एकसूत्रित करने का प्रयत्न नहीं करता मैं तो अपने इस जिए हुए परिवर्तनशील गाँव की गहराई और समग्रता से पहचान लेने की कोशिश करता हूँ। यह परिवर्तनशील गाँव स्वाधीनता परवर्ती समय के दबाव से उसी प्रकार बन-बिगड़ रहा है जैसे अनेक गाँव। समय का व्यापक सन्दर्भ अपने आप अनेक गाँवों के चरित्रों और समस्याओं को समानान्तर बना देता है।

लेकिन मेरे उपन्यासों का गाँव प्रकृति के प्रकोप से भिन्न-भिन्न तरह से ताड़ित अनेक अभिशप्त गाँवों की कोटि में आता है। 'यह नदियों से घिरा हुआ है—बीहड़ कछार है।' इसलिए एक ओर तो बाढ़ का प्रकोप ज्यों-का-त्यों है दूसरे स्वातन्त्र्योत्तर सरकारी निर्माण की सुविधाएँ इसे नहीं मिलीं। यानी प्रकृति-प्रदत्त यातना और जीवन की विविध असुविधाओं के दृष्टिकोण से इस गाँव में बदलाव प्रायः नहीं आया है। मैंने 'पानी के प्राचीर' की भूमिका में लिखा था, ''गोरखपुर जिले में राप्ती और गोर्रा नदियों की धाराओं से घिरा एक विशाल भूभाग है जो युगों से अपनी सारी हरियाली इन नदियों की भूखी धाराओं को लुटाकर केवल विवशता, अभाव और संघर्ष के रूप में शेष रह गया है। संसार के सारे सूत्रों से कटा हुआ यह प्रदेश अपने आप में एक संसार है। यहाँ न सड़कें हैं, न शिक्षा संस्थाएँ हैं, न सुविधापूर्ण डाकखाने हैं, न सुरक्षा के लिये पुलिस चौकियाँ हैं, न चिकित्सालय हैं, न खेतों के सुधार और विकास के लिये कोई सरकारी या गैर-सरकारी व्यवस्था है। यहाँ है—असूझ गरीबी, बेकारी, व्यापक अशिक्षा, अजगरों की तरह बल खाते दौड़ते ऊँचे-नीचे नाले, बीमारी, आपसी फूट और सदियों पुरानी जर्जर नैतिक मान्यताएँ। इस वीरान प्रदेश में नेता आते हैं केवल वोट लेने, सरकारी कर्मचारी आते हैं लोगों को लड़ाकर अपना उल्लू सीधा करने।'' 'जल टूटता हुआ' का गाँव भी बाढ़ के प्रकोप और सरकार की उपेक्षा का शिकार ज्यों-का-त्यों है, इसमें कोई खास अन्तर नहीं आया है किन्तु पूरे देश की तरह यह भी राजनीति और शहरीकरण के दबाव से भ्रष्ट से भ्रष्टतर होता चला गया है। धनी वर्ग तो धनी है ही, भ्रष्ट राजनीति से जुड़कर एक और वर्ग नया धनी बनता चला गया है, बाकी गाँव उसी तरह अभाव से छटपटाता रहा है। भ्रष्ट राजनीति के दाँवपेचों ने, उससे उपजी हुई स्वार्थ भावना ने, पंचायत के पद-लोभ ने, और परोक्ष रूप से आते शहर के प्रभाव ने गाँव के नैतिक और सामाजिक सम्बन्धों तथा मूल्यों को क्षत-विक्षत कर दिया है और व्यक्ति को व्यक्ति की परिधि में घेर देने के लिये सचेष्ट है। व्यक्ति की स्व-चेतना का उभार तो व्यक्ति के लिये वरदान है किन्तु यह स्वचेतना प्रायः स्वार्थ-चिन्तन से दूषित होकर रह गई है। व्यक्ति, व्यक्ति से जुड़ा भी है तो स्वार्थ के स्तर पर, इसीलिए गाँव में भी स्वार्थी लोगों का गैंग बनता

जा रहा है। यह गैंग उच्चतर स्तर पर प्रतिष्ठित जिला, प्रदेश और देश के नेताओं के भिन्न-भिन्न गैंगों से जुड़ा होता है। इस प्रकार एक ओर क्रमागत सामाजिक सम्बन्धों की टूटन बिखरी हुई है तो दूसरी ओर बनते सम्बन्धों के भीतर भयानक रिक्तता और स्वार्थ की कुत्सा भरी हुई है। जैसे पूरे देश का आम आदमी गैंगों के सम्बन्धों का शिकार हो रहा है उसी प्रकार मेरे उपन्यास के गाँव का भी सामान्य और ईमानदार आदमी यातना और अभाव की पर्तों में लिपटता जा रहा है। यह सामान्य या ईमानदार आदमी कहीं तो चुपचाप सामान्य या ईमानदार होने की नियति को भोगता है, कहीं उसका प्रतिकार करता है और प्रतिकार की प्रक्रिया में टूटता है यानी प्रतिकार और टूटने के रिश्ते से बुना जाता हुआ चलता रहता है। एक और वर्ग है जिसे निम्न वर्ग कहा जा सकता है यानी खेतिहर मजदूर वर्ग तथा अन्य पवनी-प्रजा। इसकी हालत में भी नगण्य सुधार आया है। सामाजिक, आर्थिक और धार्मिक दृष्टि से अभी भी यह वर्ग घोर उपेक्षा का शिकार है किन्तु उसमें टूटन के स्थान पर एक संघशक्ति का उदय हो रहा है। उसमें व्यक्ति-स्वार्थमूलक राजनीतिक चेतना जाग रही है। यह वर्ग जगपतिया के नेतृत्व में इसी संघ-शक्ति के बल पर महीपसिंह जैसे क्रूर जमींदार से लोहा लेने में समर्थ हो जाता है।

'जल टूटता हुआ' में मेरी कोशिश रही है कि मैं इससे चित्रित भू-भाग के साथ जुड़े हुए प्रकृति के भयावह (और मनोहर भी) रिश्ते, इस भयावह रिश्ते की जीवनगत विषम परिणतियों, रिश्ते की भयावहता को तोड़ने या नियन्त्रित करने की दिशा में सरकार की उदासीनताओं, नई राजनीतिक-सामाजिक परिस्थितियों, नई घटनाओं और हलचलों, इनके दबाव में बनते-बिगड़ते वर्गीय पारिवारिक सम्बन्धों और मूल्यों, अभाव और यातना-जन्य संवेदनाओं तथा संघर्षों को एक साथ व्याख्यायित कर इस भूभाग को एक यथार्थ चरित्र के रूप में उभारूँ। यथार्थ एकायामी या सतही नहीं होता। यह परिस्थितियों, सम्बन्धों, संवेदनाओं और मूल्यों के अन्तर्विरोधों से ग्रस्त होता है। अन्तर्विरोधों के तनाव की पहचान करते हुए यथार्थ को उसकी समग्रता में पकड़ लेना ही सही यथार्थवादी दृष्टि है। मैंने प्रयत्न किया है कि अन्तर्विरोधों के तनाव की पहचान सामाजिक, राजनीतिक और आर्थिक सम्बन्धों और मूल्यों के स्तर पर तो हो ही, प्रत्येक व्यक्ति के स्तर पर भी हो।' इसीलिए एक ओर टकराहट महीपसिंह और जगपतिया, महीपसिंह और सतीश, दीनदयाल और कुंजू-बिरजू, सतीश और कुमार, ब्राह्मण और हरिजन, हिन्दू और मुसलमान, नारी और पुरुष तथा अनेक लोगों के बीच है, दूसरी ओर टकराहट सतीश की सतीश से, सुग्गन की सुग्गन से, कुमार की कुमार से और अनेक व्यक्तियों की अपने से है। वर्गीय और व्यक्तिगत अन्तर्विरोधों के तनाव की पहचान मैं किसी भी यथार्थवादी कृति की पहली और बुनियादी शर्त मानता हूँ।

किन्तु इस तनाव की पहचान में और इन तनावों में एक समग्र जीवन की सर्जना में लेखक की अपनी दृष्टि सजग होती है। वह दृष्टि मानवीय होती है, प्रगतिशील होती है। प्रगतिशीलता इस अर्थ में भी कि वह दृष्टि अन्तर्विरोधों के तनाव की पहचान में सदा अभिशप्त मानवता का कलात्मक ढंग से पक्ष लेती है, उसके दुख-दर्द और अवमानना को

उभारकर उसे शोषित करनेवाले सभ्य वर्ग की भीतरी कुरूपता को उद्घाटित करती है और अन्ततोगत्वा अपने को अभिशप्त वर्ग का पक्षधर बनाती है और प्रगतिशील इस अर्थ में भी कि मार्क्सवादी दर्शन के आधार पर वह शोषक-शोषित वर्गों के दो टूक संघर्ष को दिखाती हुई शोषित वर्ग की विजय दिखाती है। 'जल टूटता हुआ' में प्रगतिशीलता मुख्यतः पहले प्रकार की है। इसके दो कराण हैं—एक तो कबड्डी के खेल की तरह बीच में एक लाइन खींचकर एक ओर शोषक और दूसरी ओर शोषित टोली खड़ी करने और अन्त में शोषित टोली की विजय दिखा देनेवाली कृति में मैं यथार्थ की जटिल प्रक्रिया की समझदारी नहीं देख पाता हूँ और दूसरे इस उपन्यास से सम्बन्धित गाँव में उस तरह का संघर्ष मुखर भी नहीं हुआ है। ऐतिहासिक सच्चाई का निर्वाह करते हुए मैंने वर्ग-संघर्ष का उतना ही रूप लिया है जितना यहाँ सम्भव है। जगपतिया और महीप सिंह का संघर्ष इस संघर्ष का प्रतीक है। हरिजनों की हड़ताल भी इसमें शामिल की जा सकती है किन्तु मैंने अनुभव से यही जाना है कि गाँवों में अभी भी हरिजन खेतहीन हैं, उपेक्षित हैं और गाँव के नए धनवानों, नेताओं और गुंडों से पीड़ित हैं यद्यपि उनमें धीरे-धीरे आत्मगौरव का भाव जाग रहा है। मैंने अभिशप्त वर्गों की आर्थिक, सामाजिक और धार्मिक यानी सभी तरह की पीड़ा को किसी राजनीतिक दल का चश्मा लगाए बगैर भी पकड़ने की कोशिश की है। इसीलिए किसी पार्टी से अप्रतिबद्ध सतीश शायद सबसे अधिक संवेदनशील पात्र है जो जग्गू हरिजन नेता या अन्य हरिजनों के सन्दर्भ में सोचता हुआ यह पाता है कि आजादी के पहले भी ये ऐसे ही थे, आज भी ऐसे ही हैं। वह दीनदयाल जैसे अर्थ-पिशाच, महीप सिंह जैसे जालिम जमींदार, कुमार जैसे भ्रष्ट राजनीतिज्ञ, भ्रष्ट पुलिस, भ्रष्ट समाज-व्यवस्था आदि से टकराता है और अनुभव के धरातल पर वह बिरजू, कुंजू, वदमी, जगपतिया, जग्गू हरिजन, लवंगी आदि अनेक अभिशप्त पात्रों के साथ होता है। वह समझौता नहीं करता, वह टूटता रहता है और टूटकर लड़ता रहता है। यह लड़ना न तो बड़बोलापन है न सरल है न फॉर्मूले से बना हुआ है। सतीश अमलेश जैसे बाप का संस्कार लिये हुए है। उसने गरीबी का बहुत अभिशाप पिया है, जालिम जमींदार के यहाँ क्रूरता का नंगा नाच देखा है और उसमें गांधी जी का मिट्टी से जुड़ा हुआ राष्ट्रवाद और मानववाद कहीं बहुत गहरे उतरा है। इसलिए वह दर्द के स्तर पर या अनुभव के स्तर पर सारी अभिशप्त मानवता का पक्ष लेता है, ताकत भर लड़ता है, पलायन भी करता है, टूटता है और गँडासे से घायल होने की अवस्था में अपने दर्द से तो कम तड़पता है, गाँव के टूटने के दर्द से अधिक। उधर बाँध के यहाँ-वहाँ से टूट जाने पर जल की धाराएँ स्वयं टूट-टूटकर खंड-खंड में बह रही हैं। इधर गाँव का जीवन अलग-अलग धाराओं में टूट-टूटकर बह रहा है। मैं कुछ आलोचकों के इस कथन से सहमत नहीं हूँ कि सतीश आरोपित आदर्शवादी व्यक्ति है। वह न केवल एक परम यथार्थ व्यक्ति है बल्कि मेरी मूल्यवादी दृष्टि का परिचायक भी है। मैं सामाजिक जीवन के सारे गलीजपन, कुत्सा और कोढ़ को उद्घाटित कर देने मात्र को कला-कर्म नहीं मानता, मैं उसे उस मूल्यदृष्टि से समन्वित भी देखना चाहता हूँ जो

सारी कुत्सा, गलीजपन के बीच भी मानवीय शक्ति और जिजीविषा का सन्धान करती है, जो मानव-जीवन को सार्थक और सह्य बनानेवाले बिन्दुओं की खोज करती है। सतीश यही करता है। वह सामाजिक जीवन की भयानक टूटन के बीच इंसानियत का पक्ष लेता है (इस क्रिया में वह स्वयं टूटता है)। उसका टूटना उसकी मूल्यवादिता को संक्रान्त बनाना चलता है और अन्त में वह अपना सब कुछ खोकर भी, अपने को भयानक अभाव और असफलता से ग्रस्त अनुभव करता हुआ भी अपने भाई चन्द्रकान्त को (जो आई.ए.एस. की परीक्षा में उत्तीर्ण होकर आया है) को देखकर एक राहत की साँस लेता है। चन्द्रकान्त को देखकर मिलनेवाला आनन्द निहायत व्यक्तिगत स्तर पर है। उसने व्यक्तिगत जीवन में बहुत कुछ खोया है। उसे कुछ भी तो नहीं मिला। इसलिए सामाजिक जीवन के साथ-साथ व्यक्तिगत जीवन के स्तर पर उसका हताश हो उठना स्वाभाविक है और उस हताशा में चन्द्रकान्त (जिसे वह शुरू से ही बहुत प्यार करता है) का आई.ए.एस. होकर आना उसे बहुत-कुछ देता है लेकिन अपनी इस व्यक्तिगत खुशी को सामाजिक खुशी के रूप में भी परिणत देखना चाहता है। जो लोग इस उपन्यास के अन्त को सरल और राजपाट लौटने जैसा सुखात्मक मानते हैं, उनसे मेरा कहना है कि अन्त न तो सरल है न सुखात्मक। यह द्वन्द्वात्मक अन्त है। सतीश एक ही साथ गाँववालों (जो सतीश को चोट लगने पर भी उसके यहाँ झाँकने तक नहीं आए और चन्द्रकान्त के आई.ए.एस. बनकर आने पर तमाशा देखने के लिये टूट पड़े हैं) पर व्यंग्य करता है और अपने भाई की व्यक्तिगत उपलब्धि को सामाजिक उपलब्धि के रूप में देखने की कामना करता है—'भाइयो, मैं जिन्दा हूँ घबराने की कोई बात नहीं, डॉक्टर कल फिर आएगा।...और हाँ जिसे तुम लोग विस्मय से देख रहे हो, वह चन्द्रकान्त ही है—इस गाँव के लिये हमेशा चन्द्रकान्त ही बना रहेगा, जिस दिन इस गाँव में कलक्टर होकर लौटेगा, मैं समझूँगा मेरा भाई मुझसे छिन गया।'' सतीश की यह आशा भाई के प्रति विश्वास व्यक्त करती है और प्रशासन को गाँव की मिट्टी से जोड़ने की कामना भी।

''सतीश की आँखों से आँसू झरझर कर चन्द्रकान्त के सिर पर बरसते रहे और भीतर से उठती हुई आह को दबाकर उसके ओठ हँसी से भीगते रहे।'' यह अन्त एक संश्लिष्ट व्यापार है। उसके आँसू खुशी के हैं। ये खुशी के आँसू व्यक्तिगत स्तर पर भाई की सफलता से ही नहीं पैदा हो रहे हैं बल्कि इस विश्वास से भी हो रहे हैं कि चन्द्रकान्त इस मिट्टी का साथ नहीं छोड़ेगा। और आँसू चूँकि आँसू हैं इसलिए इसमें सतीश की संचित वेदना भी कहीं व्यक्त हो रही है। उसके भीतर से गँडासे के घाव से उत्पन्न पीड़ा उठ रही है। यह गँडासे की चोट उस अन्याय, स्वार्थ और असत्य की चोट है जिसके विरुद्ध सतीश लड़ाई लड़ता रहा। इस प्रकार प्रतीकात्मक रूप से यह गाँव के प्रेम-सम्बन्धों और मूल्यों के टूटने की चोट है। इस चोट से सतीश निरन्तर पीड़ित है किन्तु उसे दबाकर वह हँसना चाहता है एक आशा से, एक विश्वास से। और कौन जाने यह चोट सतीश को जिन्दा रखेगी या ले बीतेगी इसका फैसला कहाँ हुआ है ? फिर यह अन्त सरल-सुखात्मक कैसे हुआ ?

मेरा सर्जक परिवेश-विच्छिन्न यौन-कुंठाओं की परतों को खोलने में कभी रस नहीं लेता, वह मूलतः सामाजिक सन्दर्भों में बनते-टूटते सम्बनधों और मूल्यों के अन्तर्विरोधों की परतें खोलने की ओर ही प्रवृत्त होता है। उसके सामने ठोस सामाजिक जीवन का यथार्थ होता है इसलिए वह अनेकानेक नकली भंगिमाएँ और मुद्राएँ धारण करने की आवश्यकता नहीं समझता चाहे वे भंगिमाएँ और मुद्राएँ यौनविकृति-जन्य हों, चाहे नकली विद्रोह-जन्य। वह पहले से ही तय करके नहीं चलता कि वह इस प्रकार की भाषा या इस प्रकार के उलझाव का प्रयोग करेगा। उसके सामने पहले से कुछ भी तय नहीं होता तो अभिव्यक्ति-भंगिमा को कैसे तय कर ले। तय होती है तो वह प्रगतिशील दृष्टि जिससे सारी यात्रा विन्यस्त होती है। उसके सामने अपना भोगा हुआ एक सामाजिक जीवन होता है जो धीरे-धीरे उसमें व्याप्त होता रहता है और अभिव्यक्त होने से पूर्व बहुत-कुछ अमूर्त होता है। मेरा सर्जक किसी बिन्दु से उस जीवन-जंगल में धँसता है, यात्रा शुरू होती है, रास्ते बनते जाते हैं, रास्ते में से नए रास्ते फूटते जाते हैं और यात्रा करने की प्रक्रिया में ही यह तय होता चलता है कि आगे कहाँ जाना है, किस ओर जाना है। और भूमि के अनुरूप अभिव्यक्ति की शैलियाँ बनती चलती हैं। 'जल टूटता हुआ' सामाजिक जीवन के अनेक प्रसंगों और मनःस्थितियों को रूपायित करने की प्रक्रिया में अभिव्यक्ति की कई शैलियाँ धारण करता है। कहीं वह क्षिप्रता से घटित होती हुई घटनाओं के साथ वर्णनात्मक हो उठता है, कहीं पात्रों के अन्तर्द्वन्द्व के साथ बिम्बात्मक। अर्थात् कहीं इसमें वर्णन का प्रभाव है, कहीं बिम्बों के आवर्त। बिम्बों के आवर्त काव्यात्मक प्रभाव पैदा करते हैं। सामाजिक उपन्यास अपनी संरचना में मनोवैज्ञानिक उपन्यासों से अलग होते हैं। इनमें सामाजिक जीवन के विराट फलक पर अनेक घटनाएँ घटती हैं। लेखक इनका आवश्यकतानुसार थोड़े में या विस्तार से वर्णन करता है। पात्र भी सरल और वर्तुल होते हैं। वर्तुल पात्रों की भी कभी-कभी इकहरी मनःस्थितियाँ होती हैं, सरल पात्रों या वर्तुल पात्रों की इकहरी मनःस्थितियों का उद्घाटन लेखक जटिल बिम्बों से नहीं करता, इकहरे बिम्बों से करता है या उनका वर्णन भी कर देता है और जटिल पात्रों की जटिल मनःस्थितियों के लिये या जटिल परिस्थितियों के लिये लेखक फैंटेसी का, जटिल खंडित बिम्बों का, बहु अर्थच्छाया आयामी भाषा का, संक्रान्त अप्रस्तुतों का इस्तेमाल करता है। बेगवान सरल प्रसंगों का तथा सूचनात्मक घटनाओं का चित्रण जटिल बिम्बों से, बहु अर्थच्छाया आयामी भाषा से या फैंटेसी से नहीं हो सकता, ये वहाँ दोष बन जाएँगे।

इसलिए जो आलोचक इस मनोविज्ञान युग की दुहाई देकर हर उपन्यास में, हर प्रसंग में बिम्बात्मक शैली का सौन्दर्य देखना चाहते हैं और 'जल टूटता हुआ' पर वर्णनात्मक शैली का आरोप लगाते हैं, उन्हें शैली और विषय के पारस्परिक सम्बन्ध को समझना चाहिए, उन्हें सामाजिक और मनोवैज्ञानिक उपन्यासों के कथय के अन्तर को पहचानना चाहिए। आंचलिक उपन्यास में इन दोनों की शक्तियों को ग्रहण किया है, इसकी भी परख होनी चाहिए। 'जल टूटता हुआ' का प्रारम्भ ही आजादी के प्रसंग और

सुग्गन मास्टर की मनःस्थिति के तनाव से होता है। अनेक बिम्ब हर तनाव को उद्घाटित करते आते हैं, चले जाते हैं। साम्प्रदायिक तनाव, बेटी की शादी, पंचायत का चुनाव, दलसिंगार की मृत्यु आदि अनेक अवसरों पर सुग्गन में अपनी नीयत और परिस्थितिगत यथार्थ के दबाव का द्वन्द्व लक्षित होता है। ऐसे ही सतीश, शारदा, वदमी आदि पात्र द्वन्द्व और तनाव को जीते चलते हैं और इन स्थलों पर शैली बिम्बात्मक हो उठती है। मास्टर उमाकान्त और शारदा के प्रेम-सम्बन्धों के अवसर पर तथा गहना लेनेवाले चौधरी के प्रसंग में फैंटेसी का भी इस्तेमाल किया गया है।

प्रकृति या परिवेश का मनःस्थिति-गर्भित चित्रण काव्यात्मक है। लोकगीतों का इस्तेमाल भी मैंने दुहरे-तिहरे जटिल अर्थों की व्यंजना के लिये किया है; यह प्रयोग भी अपने आप में कविता है अर्थात् लोक-कविता का एक अन्य अर्थ-स्तर पर रचनात्मक प्रयोग। लोकगीत न केवल परम्परागत समय-सन्दर्भ से जुड़े अपने सांस्कृतिक रूप का उद्घाटन करते हैं, वरन् वे एक ओर नए समय सन्दर्भ में अपने मुरझाते हुए रूप की ओर संकेत करते हैं, दूसरे किसी पात्र की मनःस्थिति में संवेदना या चिन्तन का एक नया आयाम उभार देते हैं। जैसे नागपंचमी के अवसर पर, गीता कजली गाती है, 'नदिया डोले ए हरी'। यह पंक्ति बाप सुग्गन तिवारी के भीतर बेटी की जवानी, ब्याह और उनके अभाव की कितनी परतें झिंझोड़कर एक अनुगूँज में व्याप जाती है

एक बात और ध्यान देने की है कि द्वन्द्व मनःस्थितियों से मनःस्थितियों का या मनःस्थितियों से परिस्थितियों का ही नहीं होता वरन् परिस्थितियों से परिस्थितियों का भी होता है। 'जल टूटता हुआ' बहुत आसान तरीके से परिस्थितियों-परिस्थितियों के द्वन्द्व को उभारने की कोशिश करता है। जटिल बिम्बात्मक शैली की माँग करनेवाले आलोचक को यह भी देखना चाहिए कि किस प्रकार वर्णनात्मक सरल शैली से उभरती हुई परिस्थितियाँ आपसी जड़कन या तनाव से एक संश्लिष्ट प्रभाव पैदा करती हैं। पाठक का चरम प्राप्य प्रभाव होता है, शैली नहीं। एक दृष्टान्त देना चाहूँगा। वंशी का परिवार बिना खाए-पिए जाड़े की शाम में डूबा हुआ है। दीनदयाल आते हैं, सहायता करते हैं, महावीर दूबे की सहानुभूति अर्जित करते हैं। किन्तु क्या यह परिस्थिति चुपचाप अपने में ही परिणति बनकर सरक जाती है ? नहीं, उसमें चुपचाप एक दूसरी परिस्थिति धँसती है और तीसरी परिस्थिति पैदा हो जाती है जो उसी से टकराती है और एक जटिल प्रभाव की सृष्टि करने की ओर अग्रसर होती है। इसी से शायद नित्यानन्द तिवारी ने लिखा है—"इन्हीं परिस्थितियों के जंगल में यह उपन्यास ले जाकर छोड़ता है जहाँ एक के बाद दूसरी परिस्थितियाँ और परिस्थितियों के भीतर परिस्थितियाँ और उलझती और जकड़ती चली जाती हैं। यह एहसास और प्रभाव निर्मित परिस्थितियों की अनेक वर्तुलाकार परतों के भीतर से उभरता है।"

कटु यथार्थ के तीन कोण : 'जल टूटता हुआ'

डॉ. विनय

स्वतन्त्रता के बाद उपन्यास को उस तरह धाराओं और वर्गों में विभाजित करके नहीं देखा गया जिस तरह कविता और कहानी को। कविता और कहानी ने अपने लघु आयाम में आज के जीवन की व्याख्या (विश्लेषण) इस तरह की कि चेतना के परिवर्तित स्तर धाराओं या आन्दोलनों के नाम से अभिहित हुए। लेकिन उपन्यास परम्परा से विच्छेद करते हुए भी, जीवन को समग्र रूप से लेता हुआ विभाजन-पद्धति से मुक्त रहा। इस पर भी आज के उपन्यास में चेतनागत विभाजन दृष्टिगोचर हो जाता है। महानगरीय जीवन-बोध पर लिखे गए उपन्यास उद्योग, विज्ञान, यन्त्र सभ्यता से त्रस्त मानव-चेतना की अभिव्यक्ति करते रहे। कुछ में सम्बन्धों का स्वरूप आकलित हुआ और अनेक उपन्यास नगरों से कुछ दूर ग्राम-जीवन के बनते-बिगड़ते स्वरूप को चित्रित करते हुए, समकालीन अनुभव की अभिव्यक्ति करते रहे। आधुनिक संवेदना ने जिन स्तरों पर मनुष्य को प्रभावित किया, मूल्यगत संकट के संघर्ष की जमीन पर खड़ा किया—उसकी यथार्थदर्शी तस्वीर अनेक उपन्यासों में प्राप्त होती है। सामाजिक सन्दर्भों को केन्द्र बनाकर लिखे गए उपन्यासों में ग्रामचेतना के प्रसंग में 'जल टूटता हुआ' उल्लेखनीय उपन्यास है।

जब किसी देश और समाज में किसी बड़ी घटना से परिवर्तन की अनेक दिशाओं का सूत्र जुड़ा हो तो सर्जक कलाकार उस घटना और बाद में होनेवाले परिवर्तनों को उसी संवेदना के सन्दर्भ में देखता है। स्वतन्त्रता के बाद साहित्य में 'स्वतन्त्रता' को ऐसी ही घटना के रूप में देखा गया। सन् '60 तक परिवर्तन का सन्धियुग मानकर चला जाए और सही जीवन की प्रतीक्षा को निरन्तर खोने और पाने की मानसिकता के सन्दर्भ में लिया जाए, तो कहना होगा कि इस पूरे क्रम में खोने की स्थिति अधिक प्रामाणिक होकर उभरी है। गरीब भारतीय जनता ने स्वतन्त्रता के बाद जो आशाएँ संजोई थीं, वे कुछ समय बाद बिखरती-टूटती नजर आईं और मनुष्य भयाक्रान्त स्थितियों के बीच घिसटने की प्रक्रिया को अपनाए रहा। यह हालत आम जनता की रही, लेकिन एक वर्ग ऐसा भी था, और है, जिसने आजादी से पहले जिस तरह से विदेशी शासन-तन्त्र को अपने ढंग से इस्तेमाल किया था, उसने आजादी के बाद स्वदेशी शासन को भी उसी तरह लिया है। और यह बात भी स्पष्ट है कि नगरों और ग्रामों की स्थितियाँ अपनी-अपनी सीमाओं के घेरे में उसी तरह बढ़ती रहीं। ऐसा कोई गुणात्मक परिवर्तन नहीं हुआ जिसे आजादी

की देन कहा जाए। इसका अर्थ यह नहीं कि इस देश के सामाजिक संवेदन में कोई परिवर्तन स्वतन्त्रता के बाद से नहीं आया। और उस परिवर्तन का उज्ज्वल पक्ष भौतिक उन्नति के रूप में देखा जा सकता है। पंचवर्षीय योजनाओं के अन्तर्गत ऐसे अनेक कार्य हुए जिनसे देश समृद्धि की ओर अग्रसर दिखाई दिया। नए वैज्ञानिक और प्राविधिक आयामों की भी खोज हुई...लेकिन मानसिकता के स्तर पर आन्तरिक विघटन का इतना व्यापक विष फैला कि उपलब्धियों के प्रति भी प्रश्न-चिह्न लगता चला गया। दूसरे पक्ष में भ्रष्टाचार, अनाचार, बेईमानी, घूसखोरी और मानवीय सम्बन्धों में विघटन तथा आत्म-अस्तित्व के प्रति कर्त्तव्यहीनता, जड़ता—यह सब हमारी उस आजादी की देन है जिसने हमें राजनैतिक, सामाजिक, धार्मिक दृष्टि से स्वतन्त्र और आत्मनिर्भर बना दिया। हम कहीं गहरे में काफी अनुत्तरदायित्वपूर्ण जीवन के अभ्यस्त होते गए।

सामाजिक कटु यथार्थ की यह अनुभूति रामदरश मिश्र के 'जल टूटता हुआ' उपन्यास की मूल चेतना है। एक प्रकार से यह उपन्यास मानव-विरोधी व्यवस्था (सामन्तीय, जमीदाराना व्यवस्था) के विरोध में मानव अविरोधी व्यवस्था को लाने का संघर्ष प्रस्तुत करता है। विस्तृत फलक पर इस संघर्ष को चित्रित करने के कारण उपन्यास का रचना-विधान परम्परागत विधान से मुक्त नहीं हो पाया, लेकिन अभिव्यक्ति की नई रचनात्मकता उसे नितान्त सामयिक यथार्थ से जोड़ देती है। उपन्यास का प्रारम्भ जिस विवशता भरे उल्लास से होता है, उसका अन्त भी उसी प्रकार की विवशता से पूर्ण हल की आशा की किरण से किया गया है। कुछ समीक्षकों ने इस अन्त पर आपत्ति की है, उसे अप्रामाणिक बताया है, लेकिन उपन्यास के पूरे रचनातन्त्र के अनुभव से गुजरते हुए इसके विकल्प में कोई और अन्त शायद उतना सटीक नहीं होता। मास्टर सुग्गन के भीतर जो दो धाराएँ एक-दूसरे को काटती हुई बही जा रही थीं, उसी प्रकार की द्वैध स्थिति सतीश के मन में भी है और जिस खोखले विश्वास से मास्टर ने पूरा जीवन जिया, उसी टूटते विश्वास से सतीश आगे के रास्ते की कल्पना करता है।

'जल टूटता हुआ' का संघर्ष अनेक स्तरों पर कई कथा-खंडों के द्वारा अभिव्यक्त हुआ है। स्थितियों के उलझाव, जटिलताओं के तनाव, मानसिक विद्रूपताओं की अनेक ग्रन्थियों को प्रस्तुत करते हुए उनके बीच से जीवन की सही और अर्थवान तस्वीर के लिये पात्र दुख और दर्द के बीच छोटी व्यवस्थाओं से भी लड़ते हैं और बड़ी व्यवस्थाओं से भी। जैसे एक ओर सतीश, दीनदयाल, महीप सिंह से जुड़ा कथा-खंड जो बड़ी घटनाओं, चुनाव, चकबन्दी, पंचायत के माध्यम से परिवर्तन और संघर्ष को व्यापक धरातल पर उठाता है। दूसरी ओर, बदमी-कुंजू पाठक-शारदा का प्रेम-प्रसंग जो सामाजिक चेतना के भीतर व्यक्ति के टूटने और संघर्ष करने की स्थिति व्यक्त करता है।

इस स्तर पर आकर लेखक की रचनात्मक तटस्थता उपन्यास को वर्तमान जीवन का चित्र ही नहीं बनाती अपितु उसे सार्थकता के अनेक सन्दर्भ देती है। उदाहरण के लिये विराट फलक पर चित्रित सामाजिक-राजनैतिक संघर्ष उन अन्तवर्ती सूत्रों को उभारता है जो स्वाधीनता के अर्थ को गलत रास्ते पर ले जानेवाली संवेदना से जुड़े होते

हैं। स्वाधीनता किसी भी राष्ट्रीय जीवन में सर्वाधिक महत्वपूर्ण घटना होती है लेकिन उसके स्थायित्व के लिये जिस वैयक्तिक और सामूहिक उत्तरदायित्व की भावना का विकास होना चाहिए वह यदि नहीं होता तो स्वतन्त्रता भी अर्थहीन लगने लगती है। महीपसिंह, दीनदयाल जैसे व्यक्ति निजी स्वार्थ से जुड़े होने के कारण इस अर्थहीनता को बढ़ाते हैं और सरल ग्रामवासी इस कटु वास्तविकता को समझ ही नहीं पाते और व्यक्ति के स्तर पर पनपने वाला दोष भूल उपलब्धि का अवमूल्यन कर देते हैं।...सब तरह की आशाओं से घिरा मास्टर सुग्गन अन्ततः यह सोचने पर विवश हो जाता है कि "लोग आलोचना करते हैं सरकार की। आखिर...वे भी क्या करें ? गलत तो नहीं कहते।" (पृ. 13) यही वह बिन्दु है जिस पर मिश्र जी स्थितियों से पात्रों की संवेदना का संयोजन करते हैं और एक लेखक के रूप में अपना सबसे बड़ा प्रश्न पाठक के सामने उछाल देते हैं। प्रत्येक व्यक्ति अपने अभाव, अपने दुख के लिये व्यवस्था को दोषी ठहराता है। लेकिन सबसे बड़ा प्रश्न यह है कि 'व्यवस्था' कहीं भी हम सबसे बाहर नहीं है। व्यवस्था को ठीक और मानव-संयोगी बनाने में व्यक्ति का कहीं-न-कहीं गहरा योगदान रहता है अतः व्यक्ति को उत्तरदायित्वपूर्ण होना होगा। लेकिन यह भावना यदि अन्दर से स्वयं नहीं उपजती तो शासन के भय से उपजेगी। यहाँ विकल्प स्पष्ट है कि अपनी उपलब्धि को स्वयं अपने बल पर कायम रखा जाए या सत्ता के भय से।...मिश्र जी इसका उत्तर दोनों स्थितियों के साक्षात्कार में खोजते हैं; तभी सतीश चन्द्रकान्त के शासक बनकर आने पर सन्तोष की साँस लेता है क्योंकि उसे विश्वास है कि ठीक व्यक्तियों के द्वारा निर्मित व्यवस्था सामाजिक न्याय और मानवीय उत्कर्ष की स्थापना कर सकेगी। विचार के इस धरातल पर आने के लिये ही लेखक को बीच-बीच में विघटित मानवीय वृत्तियों के मध्य ऊर्ध्वोन्मुख आदर्श के तरल सूत्र का सन्धान करना पड़ा, जो अन्ततः उनके सशक्त मनस की वैचारिकता को प्रकट करता है। यहाँ वह ग्राम-जीवन के अनेकमुखी संघर्षों के बीच उभरी चुनौती को स्वीकार कर उसे मानवीय और प्रशासकीय दोनों धरातलों पर उपस्थित करते हैं।

और, इस उपन्यास की शिल्पगत विशिष्टता इस रूप में सामने आती है कि राजनैतिक सन्दर्भों से जुड़ी समस्याओं का समाहार संशय, आशा और प्रश्न के रूप में होता है लेकिन वैयक्तिक और सामाजिक समस्याएँ व्यक्ति की ऊर्जा से ही किनारे लग पाती हैं। इसका प्रबल उदाहरण है बदमी-कुंजू का कथानक। अनेक जातीय और पारिवारिक तथा सामाजिक प्रश्नों के बीच हिचकोले खाती यह प्रेम-कथा कुंजू के साहसिक स्वीकार से एक अर्थवान अन्त को पाती है। यह कथाकार की शिल्पगत सिद्धहस्तता ही है कि वह परस्पर रूप से अलग चलनेवाली स्थितियों को एक-दूसरे के सामने रखता चलता है। पारिवारिक जीवन की असंगतियाँ और सामाजिक जीवन के अन्तर्विरोध एक-दूसरे की कटुता को आँच देते चलते हैं और एक समस्या से दूसरी समस्या गुँथती तथा परस्पर उत्तर खोजती चलती है और इनके ऊपर राजनैतिक स्थिति जैसे निपात्रक के रूप में प्रभाव डालती है, तो तीनों का ऐसा त्रिकोण बनता है कि एक

गाँव की कथा व्यापक रूप से समूचे देश की चेतना का प्रतिनिधित्व करने लगती है। लेखक अत्यन्त कलात्मकता के साथ अवसरवादी राजनीति के द्वारा टूटते व्यक्तिगत विश्वास को ही क्रूरता से चित्रित नहीं करता, अपितु व्यापक स्तर पर, पंचायत के रूप में प्राप्त स्वशासन के प्रति मोह-भंग को भी स्पष्ट करता है। जीवन के राजनैतिक पक्ष के इस रूप के साथ, यह उपन्यास मानवीय संवेदना का एक और धरातल प्रस्तुत करता है।

'जल टूटता हुआ' की एक उपलब्धि उसकी भाषा है। लेखक के पास उसका व्यापक अनुभव जगत है, उसकी संगति-विसंगतियों को व्यक्त करनेवाली सार्थक भाषा है। यही कारण है कि वह परस्पर बिम्बात्मक शब्द-विधान से व्यक्ति और सम्पूर्ण समाज के दर्द को एक साथ उभार देता है—"सूना घर...क्या पता था कि इतना भरा हुआ घर दो दिनों में सुनसान हो जाएगा। इस सुनसान में तड़पते दो निरीह बालक और चारों ओर आह-कराह, हवा की सनसनाहट, वर्षा की सीलन, मौत की चीत्कारों से भरा गरजता हुआ प्लेग।" (पृ. 240) इस भाषिक संरचना से जो प्रभाव-बिम्ब उभरता है वह कितना व्यापक है, कहने की आवश्यकता नहीं। यही नहीं, मिश्र जी अन्दर और बाहर की स्थितियों को प्रतीकात्मक टकराहट से बखूबी उभारते हैं।—"बदमी पसीने से तरबतर भड़भड़-भड़भड़ भूजा या सतू भुनती रहती है, काली-काली लकीरें उसके गोरे-गोरे चेहरे पर खिंची रहती हैं, आँच से उसका मुँह तमतमाया रहता है, पत्ता झोंकती है, चूल्हा चिटचिटाकर भभक उठता है।" (पृ. 408) यह भाषा इस बात की द्योतक है कि लेखक का अपना एक संवेदनागत 'बिल्ट' होता है जिसे जाने बगैर उसकी चेतना का सही मूल्यांकन नहीं हो सकता। प्राकृतिक बिम्बों-प्रतीकों से गुजरती भाषा एकदम अभावग्रस्त पात्र की वास्तविकता को परत दर परत खोल देती है। सटीक भाषिक संरचना की सबसे बड़ी सफलता वहाँ होती है जहाँ वह उस पूरे परिवेश में पलती मानसिकता को उजागर करे जो लेखक का प्रेरणा-बिन्दु होता है। मिश्र जी की स्थानीय रंग से रँगी भाषा की यह क्षमता है कि वह दूर तक फैले संवेदनात्मक स्तरों को पहले अपने में समेटती है और तत्काल उसे व्यापक बना देती है। इससे विराट् कथनात्मक शैली के अन्तर्गत संवेदनात्मक और वैचारिक सूक्तियाँ स्थल-स्थल पर गहरा प्रभाव छोड़ती हैं।

संवेदनात्मक स्तर पर 'जल टूटता हुआ' गरीबी में पिसते हुए, अभावों में पनपते हुए जवार की कहानी है। यह अपनी रूपात्मकता में जितनी आंचलिक है, भावात्मकता में उतनी ही सार्वजनीन। गाँवों में जमींदारी नहीं रही लेकिन किसी-न-किसी रूप में उसका बोलबाला है। महीपसिंह जमींदारी के ढहते हुए स्तम्भ हैं फिर भी काफी प्रभावशाली। आखिर मास्टर सुग्गन का तबादला हो जाता है। राजनीति को अपने अनुकूल करनेवाला, सब कुछ को पान की चुभलाहट में समेटनेवाला दीनदयाल इस उपन्यास का काफी सशक्त पात्र है। वह भोले-भाले अन्दाज में ही आदमी को पराजित करने की शक्ति रखता है उससे कोई नहीं बंचा, न उसकी दृष्टि में आई गाँव की कोई औरत, न उसके सामने आनेवाला कोई राजनैतिक विरोधी।—"दीनदयाल पान की दुकान पर खड़े-खड़े पान चुभला रहे हैं और उनका नौकर उनके लिये गोश्त खरीद रहा है...कसाई के हाथों

में बकरा छटपटा रहा है, उसकी आँखें निकल आई हैं, फिर ठंडा हो जाता है।''... दीनदयाल का यह रूप आद्योपान्त रहता है। वह सारे गाँववालों को बड़ी धीमी-धीमी आँच में तपाता है और हजम कर जाता है। उसके साथ दलसिंगार, उससे अलग राजनीति को समझनेवाला रामकुमार सभी...अपने-अपने तौर-तरीकों से षड्यन्त्र करते हैं। षड्यन्त्र यदि नहीं है तो सतीश के जीवन में नहीं है, अमलेश जी के जीवन में नहीं है लेकिन परिणाम की दृष्टि से दोनों ही पक्ष जीवन की विसंगति के शिकार होते हैं। पूरी तरह से बचाव का खेल खेलते हुए महीपसिंह, दीनदयाल, रामकुमार आदि भी बच नहीं पाते और सतीश भी नहीं। यहीं आकार उपन्यास अपनी समग्रता में उस मजबूरी को चित्रित करता है, जिसका कोई भी सूत्र पकड़ में नहीं आता। यह लेखक की आधुनिक दृष्टि है जिसका विस्तार सत्य-असत्य, आदर्श-अनादर्श—दोनों स्तरों पर होता है और सारा रचना-विधान सामयिक सन्दर्भ में अर्थवान हो उठता है।

मिश्र जी की रचनात्मक शक्ति, बावजूद जीवन के प्रति एक आस्थावान भावुकता के, जीवन की क्रूरताओं का भरपूर परिचय कराती है। जीवन का कल्पनात्मक विधान बनाने की स्थिति में भी उसके बीच की दरारें बड़ी तेजी से उभरती हैं। यह यथार्थदर्शी लेखक के रूप में स्वाभाविकता पर कोई आरोप नहीं करता, उसे यथावत् प्रस्तुत करता है।

सारा उपन्यास निहायत ही करुणात्मक स्थितियों से बुना गया है। बंसी, बिरजू, बनवारी, पार्वती, शारदा, पाठक, बदमी सब जीवन की क्रूरता झेलते हैं। त्रासदी का एक चक्र सबको घुमाए रहता है। थोड़ी देर के लिये वही सुखी रहता है, या खड़ा रहता है जो सम्बन्धों के ममत्व को त्यागकर भावशून्य होकर जीना सीख लेता है, लेकिन धीरे-धीरे उसकी शक्ति भी रिसना शुरू कर देती है।

'जल टूटता हुआ' की एक कमजोरी विचार के धरातल पर कोई 'विकल्प का विचार' न देने में है और सबसे बड़ी शक्ति जीवन को उसकी स्वाभाविकता में रखने तथा स्थितियों की मानसिकता के समानान्तर प्रस्तुत करने में है।

लेखक अपनी पात्रगत कमजोरी के होते हुए भी सतीश को पूरा सफल नायक नहीं बना पाया है। बावजूद अपनी पूरी कोशिश के सतीश गाँव का सुधार नहीं कर पाता, अच्छी और बुरी शक्तियाँ उसी तरह आपस में टकराती हैं, वह खुद भी उनका शिकार होता है...यहीं पर लेखक अविश्वसनीय होते पात्र को विश्वसनीयता देता है और विसंगति के सत्य को स्वीकार करता है।

अब प्रश्न उभरता है कि जिन पात्रों को लेखक ने यथार्थ के बिन्दु पर रखा है—जैसे दीनदयाल, महीपसिंह, दलसिंगार, बिरजू आदि और उनसे जिस तरह से कार्य करवाए हैं—वे समकालीन चेतना के निकट हैं, लेकिन जिन पात्रों में वह मानवीय तत्त्वों का मिश्रण कर पाया है, क्या वे बिलकुल निरर्थक और अविश्वसनीय हैं ? इसका उत्तर रचना के भीतर से मिलेगा जो मनोविज्ञान से भी प्रमाणित होता है। यहीं पर जितने प्रभावशाली दीनदयाल या महीपसिंह लगते हैं उतना प्रभावशाली कुंजू भी लगता है। अपनी वैयक्तिक समस्या में भी कुंजू भी अन्यथा नहीं सोचता, वह सारे दर्द को अपने

में समेटता है, लोक-अपवाद का शिकार बनता है। दरअसल लेखकीय जिम्मेदारी इसी में नहीं कि वह यथार्थ को उसके कटु रूप में उपस्थित करे—उसका उत्तरदायित्व वहाँ भी है जहाँ वह उस कटुता से जूझते, जीवन की अहमियत समझते, किसी विश्वास के साथ जुड़े व्यक्ति की मानसिकता उभारता है। यह हमारा केवल भ्रम है कि विघटन से बड़ा सत्य जीवन में प्रवाहित ही नहीं हो रहा। भेद केवल दृष्टि का है और उस दृष्टि को परिणाम तक पहुँचाने का। सारे जाल फैलाते, षड्यन्त्र रचते, चालाकियाँ करते, व्यक्ति भी वैयक्तिक सन्दर्भ में फँसकर नैतिकता का पाठ पढ़ने लग जाते हैं—तो क्या ऐसा पात्र बिलकुल अविश्वसनीय हो सकता है जो जीवनगत आस्था से जुड़ा, अर्थवान जीवन की सारी खोज में सारा संघर्ष करता है ?

कुल मिलाकर संघर्ष के इसी दोहरे व्रत को पूरे उपन्यास में उभारा गया है। अनैतिक पात्र विसंगति को स्वेच्छा से ओढ़ते हैं और नैतिक विचार वाले पात्र अविकल्प की स्थिति में विसंगति के शिकार होते हैं। सबसे बड़ा सच है टूटना ! सब कुछ टूट रहा है, लेकिन लेखक और पाठक के बीच भी एक द्वन्द्व है—वह यह कि लेखक सतीश, अमलेश, पाठक जैसे पात्रों के माध्यम से जीवन की व्याख्या करता है, संघर्ष को रूपायित करता है जबकि पाठक महीपसिंह, दीनदयाल और दलसिंगार तथा बिरजू के माध्यम से उस संघर्ष से साक्षात्कार करता है। लेकिन यहाँ भी एक केन्द्र है जहाँ दोनों का यह द्वन्द्व समाप्त होकर सहमति की स्थिति में आता है और वह है जीवन जो हर क्षेत्र से, हर कोण से भयानक विघटन का शिकार हो रहा है।

विकास की प्रक्रिया ने जितनी तेजी से नगरों को प्रभावित किया उतनी तीव्रता से ग्राम-जीवन में बदलाव नहीं आया। हमने यह अनुभव किया कि जड़ संस्कारबद्धता हमारी चतुर्मुखी प्रगति के मार्ग में सबसे बड़ा अवरोधक तत्त्व है और उसके सबसे अधिक शिकार भारतीय ग्राम हैं। अतः आधुनिक सृजनात्मक मनस उन कारणों की खोज करने में तत्पर हुआ जो अभी भी विराट् स्तर पर हमारी प्रगति को अवरुद्ध किए हैं। इस सन्दर्भ में 'जल टूटता हुआ' उपन्यास का महत्व और भी बढ़ जाता है कि वह ग्राम-जीवन से सम्बन्धित राजनैतिक दबाव में उभरनेवाले सामाजिक रूप को अत्यन्त सशक्तता से व्यक्त करता है। और अन्त में यह बात भी स्पष्ट कर दूँ कि लेखक की सम्पूर्ण वैचारिक बुनावट में व्यवस्था बनाम व्यवस्था का संघर्ष है। एक अपने स्वरूप में पूर्ण है जबकि दूसरी के रास्ते, रेखाएँ, रंग अपरिचित और अनिर्दिष्ट हैं किन्तु पूरे विघटन-विसंगतियों के बीच विचार सामान्यतः आद्योपान्त पनपता है कि कोई भी व्यवस्था हो जब तक आदमी का 'अन्तर' साफ नहीं होगा। तब तक मानव-विरोधी स्थितियों का बढ़ाव नहीं रोका जा सकता। और इसी कोशिश में कि इन स्थितियों का प्रसार रोका जाए, वह सतीश का आधार लेकर दीनदयाल, महीपसिंह को चुनौती देता है। यह चुनौती वायवी नहीं है, रचनात्मक है। इसीलिए आजादी के बाद ग्राम-चेतना पर लिखे गए उपन्यासों में 'जल टूटता हुआ' एक सशक्त रचना है।

एक अन्तरंग 'सारा आकाश'

राजेन्द्र यादव

रास्ते में बासु चटर्जी ने एक सवाल किया, "जब आपने यह उपन्यास लिखा, उस समय किस तरह के घर की कल्पना की थी ?"

बीस-इक्कीस साल के बाद भी मुझे दिक्कत नहीं हुई, "जिस घर में यह कहानी घटित हुई, उसे तो शायद आज तक मैंने बाहर से भी नहीं देखा। हाँ, उस समय जो घर मेरी सारी बनावट का अंग था, उसे जरूर आपको दिखा दूँगा।"

फिल्म की प्रारम्भिक स्थिति थी और बासु, महाजन और मैं तीनों आगरा जा रहे थे, शूटिंग के लिहाज से जगह देखने। बासु ने बताया था, "मेरे सामने दो ही दिक्कतें हैं। एक मेरी अपनी है और एक फिल्म के लिये सही जगह को लेकर है। अपनी दिक्कत यह है कि मैं अपने आपको कन्विंस नहीं कर पाता; नव-विवाहित पति-पत्नी दोनों एक साथ, एक ही कमरे में रहें और आपस में बिलकुल न बोलें। यह समय कम करना होगा। दर्शक इस न बोलने के तर्क को गले नहीं उतार पाएगा।"

मेरा कहना था, "वास्तविक जीवन में तो वे लोग नौ साल इसी तरह रहे, आपस में बिलकुल नहीं बोले। उपन्यास लिखते हुए आपकी तरह मुझे भी लगा था कि नौ साल वाली बात कोई मानेगा नहीं, इसलिए घटाकर वह समय साल-भर कर दिया गया।"

"दर्शक के लिये एक वर्ष भी बहुत है। कोई ठोस कारण नहीं है, इसीलिए स्क्रिप्ट में छह महीने कर दिया है।"

"मैं स्क्रिप्ट की बात नहीं समझता। जिस चीज को नहीं जानता, उसमें दखल नहीं देता। मैं तो केवल वही जानता हूँ, जो कुछ वास्तव में हुआ था। समर साहब तो इस समय विदेश में हैं, हाँ, प्रभा जी लौटने के बाद संयोग से आगरा में ही हैं, उनसे मिलकर हम लोग कोई ठोस कारण तलाश करेंगे।"

सबसे पहले हम लोग 'पुराने घर' गए। तब साझा घर था और चाचा-ताऊओं में चार बाहर नौकरियों पर रहा करते थे, दो वहीं थे। एक को तीन साल की उम्र से कबूतरों का साथ मिल गया था, जो अस्सी साल तक रहा। वे कबूतरों की तरह हम लोगों की भी घेर-घार किए रखते। कबूतरों के बारे में वे इतना जानते थे, जितना दुनिया में बहुत कम लोग जानते होंगे। कभी आगरे का सबसे बड़ा कबूतरी-फ्लीट उनका था और

दसियों बरस से खलीफा चुने जाते थे। पढ़ाई के सिलसिले में हमें यहीं रहना होता था। पाँच-छह आँगन का लम्बा-चौड़ा मकान, मुख्य सड़क से गली के आखिरी छोर तक पहुँचाया हुआ। कुछ हिस्से 'आधुनिक' बना दिए गए थे, कुछ वही पुराने और बेढंग, ककइया ईंटों के बने—चौबारे, तिबारे, गलियारे, नीचे दरवाजे और बहुत पतली, खड़ी, घुमावदार सीढ़ियाँ। नीचे का हिस्सा खाली रहता। वहाँ नल, गुसलखाना, लकड़ी-कंडों की कोठरियाँ और गोदाम। अँधेरा रहता था और वहाँ कुछ जगहों को लेकर बड़ा रहस्य और आतंक समाया रहता। दो-एक जगह तो नीचे की मंजिल पर सीढ़ियाँ खत्म होने के बाद भी घूमती हुई कहीं और चली जाती थीं, लेकिन वहाँ धूल और जालों से लदे तालेबन्द किवाड़ थे, जिनकी चाबियाँ खो गई थीं। बताया जाता था कि ये तहखानों के दरवाजे हैं और इनमें जमुना तक या जाने कहाँ तक जाने की सुरंगें हैं। पुराना मुगल बादशाहों के जमाने का घर है और इसमें बीरबल या टोडरमल या पता नहीं किसकी रिहाइश थी, या शाही टकसाल थी। बहरहाल, ये सब हर घर की 'गौरव गाथाएँ' हैं और उनमें सच्चाई कितनी होती है, कोई नहीं जानता। किसी छोटे-मोटे सिपहसालार का मकान रहा होगा—बीरबल-टोडरमल वहाँ क्यों आएँगे ? खैर, पहले भय और फिर उदासीनता के कारण मकान के कुल हिस्से यों ही बने रहे, कुछ हिस्सों में भूत-प्रेत भी जोड़ दिए गए। हाँ, नए हिस्से जुड़ते जाने के बावजूद, मकान में दो-ढाई सौ साल पुरानेपन की गन्ध थी, बिना किसी योजना या प्लान के वह अजीब भूलभुलैया बन गया था। उसी गन्ध और बेढंगेपन में गेंद-टप्पा, गुल्ली-डंडा से लेकर भरी-दोपहर में छतों पर कबूतरबाजी और पतंगें उड़ाने में बचपन और कैशोर्य बीता था। शायद कुछ ऐसा लगाव था कि भाइयों के आपसी बँटवारे के बाद पिताजी ने उसी मुहल्ले में दूसरा मकान बनवा लिया था, तब भी मैं चार महीने 'अपने कमरे' में ही जमा रहा...नई जगह के साथ कोई एसोसिएशन नहीं था। फिर बाहर रहने का सिलसिला शुरू हुआ, तो एकाध दिन के लिये आगरा रुके, यार-दोस्तों से घिरे रहे और वापस पुराने मकान में गए दसियों साल गुजर गए...सम्बन्ध भी उतने खींचनेवाले नहीं रह गए थे कि किसी भी तरह समय निकालकर वहाँ जाने की बात सोची जाती।

महाजन और बासु के साथ सारे घर को नए सिरे से घूम-घूमकर देखना सचमुच रोमांचकारी अनुभव था। एक-एक हिस्से को नए व्यक्ति की तरह अपने लिये अन्वेषित करना...एक बहुत पुराने एलबम से गुजरना। किराएदार भर दिए गए थे, खस्ता जगहें और धसक, और उखड़ गई थीं—सफेदी-मरम्मत नहीं हुई थी—एक जीने से दूसरे जीने, एक आँगन या छत से दूसरे में जाते हुए इस हाल पर शर्म भी थी और गर्व भी, भाग जाने का मन भी होता और रुक-रुककर देखने का भी—एक कचोट—कभी यह 'मेरा घर' था, आज सिर्फ 'हमारा पुराना घर'। रह-रहकर मुझे लगता था, जैसे घर बोलता हो : क्या मैं पूरा उपन्यास नहीं हूँ ? मैं अपराध और संकोच से अपने को सान्त्वना देता रहा : कभी चार-छह महीने लगातार अपने मुहल्ले में रहूँगा, दो-तीन दशक पीछे छूटी हुई दुनिया को जगाऊँगा और उपन्यास लिखूँगा...एक शवसाधना ही सही...

वापस आकर बासु और महाजन कुछ नहीं बोले। चाय पीते हुए महाजन ने ही शब्द दिए, "फेंटास्टिक..."

"यही कमरे, यही छतें, ये ही दालान, जीने और टट्टर थे मेरी चेतना में, जब यह उपन्यास लिखा था...."

"शूटिंग के लिये यह घर नहीं मिलेगा ?" बासु स्क्रीन पर देख रहे थे, वहीं से पूछा।

"बासु दा, ये तो बना-बनाया सेट है, बम्बई में तो ऐसा सेट बना सकना ही..."

"यही मिल जाएगा..." मैंने दृढ़ता से कहा। हालाँकि बाद में बातें इतनी आसानी से नहीं हुईं। मुहल्लेवालों की कल्पना थी कि फिल्म कम्पनी का मतलब है, क्लार्क-शीराज में ठहरकर ताजमहल और सीकरी की शूटिंग करनेवाले लोग, 'मुगलेआजम' के सेट्स... पहली निराशा तो यही कि अपने मुहल्ले और इस पुराने घर में शूटिंग ? बाद में निराशा यह कि ये कैसे फिल्मवाले हैं, जो ऐसे कुर्ते-पतलूनें पहने दुकानों पर जलेबी-कचौड़ी खाते फिरते हैं। न लम्बी-चौड़ी गाड़ियाँ, न झटकेदार हीरो...चलो, फिर भी छोटा-मोटा तमाशा ही सही...

घर तय हो गया। दो दिनों गलियों और दूसरे मुहल्लों के चक्कर लगाते रहे। स्क्रिप्ट में कुछ बातें थीं, जो तय नहीं हो रही थीं। बासु भी मेरी ही तरह उस 'पुराने लड़के' को देख रहे थे, जो सिनेमा या मैच देखने मथुरा से आगरा भागकर आया करता था—घंटे-भर का रेल सफर। उनका बचपन भी मथुरा में ही बीता था। हम दोनों का यथार्थ एक ही था।

पहले तो 'प्रभा' भाभी बहुत भड़कीं कि हमने उनके 'समर' को बिना उन्हें बताए दुबारा अमेरिका भगा दिया और न उनका कोई खयाल किया न खबर ली। फिर शान्त हुईं। लाइन पर आईं, तो मैंने इन लोगों की समस्या बताई, "भाभी जी, आप लोग शादी के बाद नौ साल नहीं बोले, इस बात का बासु जी को विश्वास नहीं है।"

"न मानें, जो हमारे साथ हुआ, उसे हमसे ज्यादा कौन जानेगा ?" वे भी उन्हीं पुरानी गलियों और सींखचेदार खिड़कियों में पहुँच गई थीं, "हम खाना दे देते थे, बिस्तर पर देते, कपड़े धो देते, कमरा साफ कर देते, पर बोलता कोई नहीं था। ये सारे दिन कॉलेज रहते, ट्यूशनों पर जाते, सुबह के निकले रात को लौटते। आपको तो सब पता है, जब बोले थे, तो आपके पास ही तो भागे गए थे। सुबह-सुबह।"

और भाभीजी ने धीरे-धीरे सारी बातें, जो उपन्यास में हैं और नहीं हैं, क्रमशः पुनः जीनी शुरू कर दीं...बासु के सामने फिल्म खुलती रही और मैं सोचता रहा कि जो सच में हुआ था, वह सब उपन्यास में कहाँ आ पाया ? घर आकर हम लोग फिर उसी न बोलने के कारण पर बहस करते रहे। अपना तर्क मैंने बाद में भी कई जगह बताया है : न बोलने का कारण किसी घटना या बात में नहीं, इतिहास और संस्कारों में है। संस्कार डालने के नाम पर हमें कुछ झूठे-सच्चे 'महान् आदर्श' दे दिए जाते थे...कुछ महान् पुरुष थे, जो इतिहास के पन्नों में और हमारे भीतर हमें अपना-जैसा बनाने के लिए धमाचौकड़ी मचाए रहते थे। तपोभ्रष्ट ऋषि, ब्रह्मचर्य की महिमा, शिवाजी से लेकर

दयानन्द तक की महानता—किसी भी विराट् लक्ष्य के लिए नारी बाधा है, उसका आकर्षण, साधक और तपस्वी को रास्ते से भटका देता है और वह उसी 'अस्थि चर्ममय देह' के मोह में फँसकर सारी ऊँचाइयों से मुँह फेर लेता है...इसलिए हमारे राष्ट्रीय महापुरुषों या हीरोओं ने नारी को त्यागा है, राम ने सीता को त्यागा है, कृष्ण ने राधा को छोड़ा, नल ने दमयन्ती को, दुष्यन्त ने शकुन्तला को, बुद्ध ने यशोधरा को, भर्तृहरि ने पिंगला को...नेहरू और सुभाष जैसे नेताओं के सामने यह बाधा रही ही नहीं...समर भी तो आदर्शों, सपनों और महत्वाकांक्षाओं में जीनेवाला प्राणी है, वह बिना सींग-पूँछ हिलाए कैसे इस जाल को स्वीकार करेगा ? और हम लोगों ने तय कर लिया कि 'चलेगा'।

लेकिन अब सवाल 'सारा आकाश' की आज की प्रासंगिकता को लेकर था। बासु समय बदलकर उसे आज की आधुनिक कहानी बनाना चाहते थे। शुरू में मेरा तर्क था कि उसके समय को बिलकुल न बदला जाए। फिर लगा कि समय पर उस हद तक चिपकना ही उसे अप्रासंगिक बनाएगा। नई दिल्ली, कलकत्ता, बम्बई या दो-एक बड़े शहरों की बात छोड़ दीजिए और आज के किसी भी नगर में देख लीजिए क्या वास्तविकता बहुत अधिक बदल गई है ? टेरिलीन, ट्रांजिस्टरों और स्कूटरों के बावजूद जिन्दगी वही है, वैसी ही है। दो-तीन महानगर बरगदों की तरह बढ़ते चले जा रहे हैं और आसपास का गतिशील युवा वर्ग उनकी ओर दौड़ा चला आ रहा है। वहाँ की घुटन और सड़ाँध से ऊबकर मौलिक परिवर्तन करनेवाला कोई नहीं रहता। युवक वहाँ अब केवल छुट्टियों में जाते हैं और वहाँ की गतिहीनता और जड़ता से दुखी होकर परिवर्तन की बात सोचते हैं कि लौटने का समय हो आता है। खुद 'सारा आकाश' उपन्यास का अन्त भी यही है। सामाजिक सुधार करनेवाले युवकों की जो पीढ़ी बीस साल पहले आई थी, वह अपने यथार्थ से कटकर किसी-न-किसी मशीन का पुर्जा रह गई है। परम्परागत विवाह की रस्में अब और जोर से मनाई जाने लगी हैं। रोशनी और भाँगड़ा, जिन्दगी की दैनिक जड़ता को घंटे-भर के लिये तोड़कर फिर वहीं वापस भेज देते हैं। ब्लैक-मनी की छाया में दहेज और सामाजिक हैसियत की माँग पहले से बढ़ गई है और मेरा विश्वास दृढ़ होता जाता है कि जब तक विवाह कराने की डोर माँ-बाप के हाथों में है, 'सारा आकाश' की सच्चाई जिन्दा है। लड़के-लड़कियों को आपस में एक-दूसरे को समझने की यातनाओं से गुजरना ही है, एडजस्टमेंट की तकलीफें बर्दाश्त करनी ही हैं !

हाँ, ऊपरी डिटेल्स जरूर बदल गए हैं—लड़कियाँ मैट्रिक नहीं; बी.ए. और एम.ए. होती हैं; लड़के इंटर का इम्तिहान नहीं, प्रतियोगिता की तैयारियाँ करते हैं, लेकिन उनके आपसी सम्बन्ध कहाँ बदले हैं ? एक-दूसरे के यहाँ जाकर लड़की या लड़का देख लेने, डटकर नाश्ता करके उनके रहन-सहन के स्तर पर बातचीत कर लेने से ही तो आपस की दूरियाँ नहीं मिट जातीं। परिचय, स्वभाव और एक-दूसरे की मानसिक बनावट के उतार-चढ़ाव से तो उन्हें खुद ही सफर करना होता है। 'सारा आकाश' के समर-प्रभा एक-दूसरे से नहीं बोलते, लेकिन इस नए जोड़े के बीच कौन-सा 'संवाद' होता है ? और

क्या बरसों उनकी जिन्दगी में 'संवाद' का वह आत्मीय क्षण आ पाता है ? क्या अधिकांश जोड़ों की जिन्दगी एक कामचलाऊ बातचीत में ही नहीं गुजरती रहती है ? ऐसी 'बातचीत' तो प्रभा-समर बिना बोले भी करते ही रहते हैं। पचास साल पहले की बात होती, तो शायद बच्चे भी हो जाते...कुछ लोगों ने जब 'सारा आकाश' को हू-ब-हू अपनी जिन्दगी बताया और कुछ ने कन्धे सिकोड़कर झटके से कह दिया, "आजकल ऐसा नहीं होता..." तो सचमुच मुझे आश्चर्य ही हुआ। खुद संवादहीनता के एक कामचलाऊ एरेंजमेंट के तहत जीने वाले ये लोग क्या प्रतीकार्थ बिलकुल नहीं समझ पाते ?

शायद इसीलिए मैं और बासु अनकहे ही एक नतीजे पर आ गए थे कि 'सारा आकाश' की ट्रेजेडी किसी सन्, समय या व्यक्ति-विशेष की ट्रेजेडी नहीं, खुद चुनाव न कर सकने की, दो अपरिचित व्यक्तियों को एक स्थिति में झोंककर भाग्य को सराहने या कोसने की ट्रेजेडी है, संयुक्त परिवार में जब तक यह 'चुनाव' नहीं है, सँकरी और गन्दी गलियों की खिड़कियों के पीछे लड़कियाँ 'सारा आकाश' देखती रहेंगी, लड़के दफ्तरों, पार्कों और सड़कों पर भटकते रहेंगे, एकान्त आसमान को गवाह बनाकर अपने आपसे लड़ते रहेंगे। दो नितान्त अकेलों की यह कहानी तब तक सच है, जब तक उनके बीच का समय रुक गया है।

इन कुछ बातों पर सहमत हो जाने के बाद कहानी को पूरी तरह बासु के हाथों में छोड़ देने में मुझे कोई अड़चन नहीं रही; ट्रांजिस्टर और विविध भारती मुझे बिलकुल भी नहीं खटके, फोटो खिंचवाना, फिल्म जाना या बालों के पिन को लेकर बासु ने भी उसी जिन्दगी को पकड़ने की कोशिश की, जो उपन्यास के माध्यम से मेरा लक्ष्य था।

अगर मूलभूत संवेदना पर असहमति न हो, तो माध्यम की भिन्नता को इतनी छूट देना मुझे गलत भी नहीं लगता; फिल्म अपने यथार्थवाद के लिये सराही गई है; लेकिन कुछ बातें मुझे खटकती रही हैं, द्वाराचार के समय नंगे हाथोंवाली महिला का कलश लिये खड़ा होना, नई शादी के समय का घर, नई बहू के हाथों बनाए गए खाने का स्तर (खास तौर पर बाजार से मँगाई गई मोटी-मोटी रोटियाँ) शादी के समय की नहीं, बल्कि लड़की होने के समय की दावत, बहू को लाने-छोड़ने किसी का भी स्टेशन तक न जाना, गली-मुहल्ले की टिपिकल दुनिया का न होना—ये कुछ बातें थीं, जिन्हें बहुत आसानी से दूर किया जा सकता था और उससे यथार्थ की प्रामाणिकता और बढ़ती। हो सकता है, औरों का ध्यान उधर जाता भी न हो, मगर मुझे हर बार ये बातें परेशान करती हैं। कुछ स्थानीय रीति-रिवाज, बोलियाँ-आवाजें और भी डाले जा सकते थे। मुन्नी भी अपनी ससुराल में उसी यातना से गुजरती रही है, जिससे यहाँ प्रभा गुजर रही है। बेटी और बहू के लिये हमारे घरों में कितने दुहरे मापदंड हैं—यह बात भी शायद ज्यादा उजागर नहीं हो पाई है। तरला मेहता ने अपने सधे अभिनय से लहजे और उच्चारण को काफी ढँक लिया है, वर्ना वह तो कानों को और भी कचोटती...तरला ने वहाँ की औरतों के बीच उठ-बैठकर उनकी चाल-ढाल को काफी हद तक सीखने की कोशिश की थी।

इसलिए मैं एकाध दिन के अलावा शूटिंग देखने भी नहीं गया। हमेशा पचास से दो सौ लोगों की भीड़ के बीच एक्टिंग कैसे की जा सकती है, यह समझना मेरे लिये असम्भव था। दिल्ली से ही सुनता रहता था कि अपनी राजामंडी सारे शहर का आकर्षण है। एक बार आगरा गया, तो यही जाँचने के लिये कैंट स्टेशन से 'जहाँ फिल्म की शूटिंग हो रही है, वहाँ ले चलो' कहकर मैं रिक्शे में अपने घर ही आ गया था। हाँ, रास्ते में रिक्शेवाले ने यह जरूर बताया, "सुनते हैं, जिनकी फिल्म बन रही है, उनकी आगरे में ही कोठी है, अब सब साली बिक-बिका जाएगी।" मैंने चौंककर पूछा, "क्यों भाई ?" "अरे कोई फिल्म है ? न हीरो न हीरोइन, डांस न गाना—एक दिन नहीं चलेगी।" मैं देर तक हँसता रहा। बहरहाल, वास्तविक लोकेल से हटकर लोगों की प्रतिक्रिया मुझे ज्यादा दिलचस्प लगती थी, "क्या राजे बाबू, तुमने फिल्म भी बनवाई तो ऐसी...अरे कुछ, ऐसी तो बनवाते कि ताज और सिकन्दरे पर छनती...कुछ हम भी अपना कमाल दिखाते, एक सीन हमारा डलवा दो न, हमारी दुकान नईं आई तो देख लेना साब, लड़ाई हो जाएगी..." यूनिट के सभी लोग, खुली तबियत के मस्त लोग थे और उनके साथ शाम की बैठक ज्यादा आकर्षक लगती थी। यहाँ तक कि अन्तिम दृश्य की शूटिंग के समय भी मैं घर ही सोया रहा था। तय हुआ कि 'यहाँ 'किस' दिखा दिया जाए।' शूटिंग रात को बारह बजे होनी थी। मन्नू ने कहा, "तब तो बासु दा, ये जरूर पहुँचेंगे। पहले आप समर को समझाएँगे कि इस तरह करो, तभी कैमरा छोड़कर महाजन पहुँचेंगे, फिर यह क्यों पीछे रहेंगे ? कहेंगे जिस भाव से मैंने लिखा है, वह यों था..."

बहरहाल दिल्ली के कुछ मित्रों की इस फब्ती पर मैं भी काफी सोचता रहा कि 'इस फिल्म में जरूर कोई गड़बड़ है, वरना ऐसा कैसे हो सकता है कि ताँगेवालों से लेकर निहायत स्नॉब-बौद्धिक—सभी को समान रूप से पसन्द आए।' और आखिरी तुरुप चाल की तरह सिनेमा मैनेजर को यह बताने पर भी कि 'मैं इस फिल्म के उपन्यास का लेखक हूँ', सातवें दिन किसी भी शो का कोई टिकट न मिले और मैं, मन्नू और संयुक्ता टी-हाउस में डोसे खाकर ही अपनी झेंप मिटा लें। यही समस्या दूसरे स्तर पर मन्नू के उपन्यास 'आपका बंटी' को लेकर भी सामने आई है। हमारे यहाँ तो बहुत ही स्पष्ट दो विभाजन हैं—गुलशन नन्दा और अज्ञेय-जैनेन्द्र। बिना कलात्मकता की बलि चढ़ाए, या कहना चाहिए, अपनी सारी कलात्मक प्रयोगवादिता के बावजूद लोकप्रिय हो जानेवाले 'चित्रलेखा' जैसे उपन्यास इस यथास्थिति को डगमगा देते हैं, तब मानसिक रूप से बड़ी बेचैनी होने लगती है कि इसे किस कोटि में रखा जा सकता है ? त्रूफों फैलिनी, वाज्दा और रेनुआँ की आधुनिकतम मुद्राओं को ठेठ गाँवों की जिन्दगी के साथ धाँस देनेवाले नाकाबिले बर्दाश्त प्रयोगों के डिब्बा-बन्द अहंकार में 'भुवन-शोम' और 'सारा आकाश' का दोष यही है कि लोग इन्हें देख लेते हैं।

अरुण कौल ने सम्पूर्ण उपन्यास का जो ट्रीटमेंट मुझे बहुत पहले सुनाया था, वह निश्चय ही मेरे सम्पूर्ण लेखन के सन्दर्भ में अधिक सार्थक, बौद्धिक और आधुनिक था। अरुण का कहना था कि मेरे सारे उपन्यासों के नायक स्थान छोड़ने के लिये अभिशप्त

हैं। 'उखड़े हुए लोग' का शरद, 'मन्त्रविद्ध' का तारक, 'कुलटा' का तेजपाल—सभी एक मानसिक संकट में जीते हैं और वहाँ से निकल भागते हैं। अरुण के ढंग से हो सकता है, उपन्यास जरूर पूरा आ पाता; लेकिन पता नहीं, फिर वह जिन्दगी इस तरह पर्दे पर आ पाती या नहीं, जिसे झाँक लेने के लिये मैं हर चार-छह महीने बाद आगरा दौड़ता हूँ। वैसे भी अरुण को अन्तर्प्रान्तीय भावनात्मक एकता से फुरसत कहाँ है ? हिन्दी की सभी अच्छी कहानियाँ तो उनके हरम में अनुबन्धित हैं। आधुनिक हिन्दी सिनेमा के ये दादा साहब फालके अभी भी मुझे धमकी देते हैं कि दस-बीस साल बाद मैं 'सारा आकाश' बनाऊँगा, तब देखना।

'सारा आकाश' : एक रोमैंटिक एगोनी

डॉ. बच्चन सिंह

'सारा आकाश' राजेन्द्र यादव के पहले उपन्यास 'प्रेत बालते हैं' का संशोधित संस्करण है। पहला उपन्यास मिलने पर लेखक की संशोधन-दृष्टि के विश्लेषण और उपन्यास को और अच्छी तरह समझने में सुविधा हो सकती थी। किन्तु उसके अभाव में कृति के अपने रचनात्मक वैशिष्ट्य के आधार पर ही इसका वस्तुनिष्ठ मूल्यांकन सम्भव है।

भूमिका में लेखक का कहना है कि इसकी पृष्ठभूमि '50 से पहले की है किन्तु इसकी वास्तविकता '60 या '72 में भी नहीं बदली है। 'प्रेत बोलते हैं' सन् '52 में प्रकाशित हुआ था और 'सारा आकाश' का पहला संस्मरण सन् '60 में। पृष्ठभूमि '50 से पहले की ही है। प्रश्न होता है कि वास्तविकता के न बदलने से लेखक का क्या अभिप्राय है ? यदि रचना का रूपात्मक परिवर्तन हुआ है तो उसकी वस्तुपरक वास्तविकता में भी परिवर्तन होगा ही। अन्यथा परिवर्तन की जरूरत क्या थी ?

दूसरा सवाल यह उठता है कि क्या बाईस वर्षों में वास्तविकता में कोई बदलाव ही नहीं आया ? आज की दुनिया इतनी तेजी से बदल रही है कि एक दशक में वह बहुत कुछ दूसरी हो जाती है। आज जब यह कहा जा रहा है कि हमारी रीति-नीति आचार-विचार, मूल्यों, संवेदनाओं आदि में मूलभूत परिवर्तन आ गया है तब यह कहना कि '50 और '72 की वास्तविकताओं में कोई अन्तर नहीं आया है क्या मतलब रखता है ? वास्तविकता का न बदलना और उपन्यास की शरीर-रचना का परिवर्तित हो जाना एक अजीब अन्तर्विरोध है। उपन्यास की रचनात्मकता अपने रूप में एक बिम्ब बनाती है। बिम्ब और वास्तविकता का यही सम्बन्ध है कि बिम्ब बनकर वास्तविकता बदल जाती है।

इस अन्तर्विरोध को समझने के लिये उस ऐतिहासिक परिप्रेक्ष्य को समझना होगा जिसमें यह उपन्यास लिखा गया। सन् '50 के आसपास एक ऐसा दौर आया जब हिन्दी के कथाकार ग्रामांचल की ओर उन्मुख हुए। पर यादव उसके प्रति 'नॉस्टेलेजिक' न होकर उसके यथार्थ को पकड़ते प्रतीत होते हैं। लेकिन चित्रण के स्तर पर यह रोमैंटिक एगोनी में बदल जाता है। यह रोमैंटिक एगोनी उस समय लिखी हुई कुछ कहानियों में भी दिखाई पड़ती है।

इसके प्रमाण में 'दिनकर' की उन पंक्तियों को उद्धृत करना आवश्यक है जिनके आधार पर इसका नामकरण किया गया है—'सेनानी, करो प्रयाण अभय, भावी इतिहास

तुम्हारा है। ये नखत अमा के बुझते हैं, सारा आकाश तुम्हारा है।' 'सारा आकाश' स्वय में रोमैंटिक बिम्ब है अतः आज के सन्दर्भ में यह झूठ सिद्ध हो चुका है। 'दिनकर' की पंक्तियाँ बीते हुए युग की अवशेष हैं। इनके अर्थ माँगने का अर्थ यही है कि इसका कोई अर्थ नहीं है।

सन् '50 और '72 की साहित्यिक भाषा में बहुत अन्तर आ गया है। पाँचवें दशक के काव्य और उपन्यास में रूमानियत का पुट सर्वथा देखा जा सकता है। विषय-वस्तु में बदलाव आया है पर व्यक्ति-चेतना के फलस्वरूप मानसिक संरचना रूमानियत का दामन पकड़े हुए है। आज के उपन्यास अपनी सम्पूर्ण संरचना में गैर रोमानी हो चुके हैं। पर 'सारा आकाश' में भाषा के स्तर पर रोमैंटिक अतिवादिताएँ आद्यन्त दिखाई पड़ेंगी। जाहिर है कि इसमें भाषायी अनुशासन का अभाव है। इसके लिये दायी है प्रमुख पात्र के प्रति लेखक का मुक्तिकामी दृष्टिकोण। अकेले व्यक्ति की मुक्ति सम्भव नहीं है। सबकी मुक्ति के साथ ही वह मुक्त हो सकता है। समर एक परिवार में रहता है—माँ-बाप, भाई-बहन, भाभी-पत्नी के बीच। वह आर्थिक दबावों, सामाजिक विषमताओं को भोगता हुआ सेंटीमेंटल सपनों का जाल बुनता है। स्वप्नजीवी का अन्तिम स्थान कहीं रेल की पटरियों के आसपास होता है। यदि लेखक परिवार की जटिल संरचना और उसके परिपार्श्वों पर उतना ही ध्यान देता और समर अपनी मुक्ति के साथ सबकी मुक्ति का ध्यान रखता तो उसकी रूमानियत पर अपने आप अंकुश लग जाता। ऐसी हालत में उसके दर्द में पाठक हिस्सा नहीं बँटा पाता। पाठक का हिस्सा न पाकर वह रचा जाकर भी अनरचा रह जाता है। प्रेमचन्द ने भी परिवारों को लिया है, पर वे परिवार को पूरे परिपार्श्व में लेते हैं। उनके पात्र बाहर की दुनिया का सामना करते हैं। इसलिए वे आज भी किन्हीं अंशों में यथार्थ लगते हैं।

उपन्यास की शुरुआत नाटकीय दृश्यांकन से होती है—

"बिना किसी ताल और लय के ढमाढम पिटती ढोलक और औरतों के चिचियाते स्वर अचानक रुक गए। 'क्या हुआ ?' 'क्या हुआ ?' के साथ सभी औरतें-बच्चे गली वाले जंगलों और छज्जों पर लद आए। नीचे फाटक पर कमरा लचका-लचकाकर ताली बजाते हिजड़े 'अये...जियो जियो रे लला...' का आलाप भूलकर बौखलाए-से ऊपर मुँह उठा-उठाकर ताकने लगे।"

आज समर की सुहागरात थी। किन्तु साँवल की बहू मिट्टी का तेल छिड़ककर मर गई थी। अतः सभी स्वर-ताल स्थगित हो गए थे। न तो ढोलक की आवाज में ताल-लय है और न स्त्रियों के स्वरों में। यह समर की जिन्दगी का माहौल है—ताल-लय हीन जिन्दगी। इनका स्थगन उसकी अपनी जिन्दगी के स्थगन का प्रतीक है। यदि इस शुरुआत की प्रतीकात्मकता का निर्वाह हो पाता तो यह स्थगन अत्यन्त महत्वपूर्ण हो जाता।

बारात के खंड-दृश्य। फिर अपनी जिन्दगी पर अलंकृत टिप्पणी—

"कैसा बोझीला प्रारम्भ है जिन्दगी का। मन होता है सब छोड़छाड़ कर कहीं दूर अनजानी जगह भाग जाऊँ...आसपास कहीं कोई गति नहीं है। लगता है जैसे कोई भारी

ट्रक किसी रेतीली और फुसफुसाती धरती में जाकर फँस गया। इंजिन घूँ-घूँ कराहता है, घर्र-घर्र पहिए घूमते हैं, लेकिन ट्रक वहीं खड़ा है और पहाड़ जैसे बगूले आसमान तक छा गए हैं...'' कहना न होगा कि अलंकरण बोझीली जिन्दगी को हलका बना देता है।

मन्दिर के खम्भे से मत्था टेके वह कभी घर के स्वार्थी लोगों के विचारों, पत्नी के रूप में पड़ी बेड़ी और अपनी भावी शिक्षा के बारे में सोचता है। वह लड़की को गले मढ़ा ढोल समझता है। इससे त्राण पाने के लिये कभी मध्यकालीन राजपूतों की याद करता है, कभी भगवान की, कभी सब कुछ से नाता तोड़कर भाग जाने की।

प्रभा से समर नहीं बोलता। नई शिक्षा के फलस्वरूप बाल-विवाह के प्रति विद्रोह का भाव पैदा हो गया था। प्रेमचन्द के जमाने में इस सामाजिक गन्दगी को दूर करने के लिये सुधार के स्तर पर कार्य किया जा रहा था। पर अब भीतर से उसका विरोध शुरू हुआ। यद्यपि यह बहुत कुछ भावात्मक ही था।

इस विरोध के लिये लेखक ने जो स्थिति उत्पन्न की है वह यथार्थ के मेल में नहीं है। भाभी की ईर्ष्या, घर की चिन्ताजनक आर्थिक स्थिति, बाबू जी का आक्रोश, माँ का स्नेह-अस्नेह स्वाभाविक प्रतीत होता है। किन्तु जिस अपमान को लेकर उसका अहं पीड़ित हुआ है वह कल्पना-जन्य है। गाँव में लड़का लड़की की मनुहार करता है। लड़की तो अपने पुराने संस्कारों में काफी दिनों तक लज्जालु और भीरु बनी रहती है। मैट्रिक पास लड़की एकदम आधुनिक कैसे बन बैठेगी ? मुन्नी का कथा-प्रसंग परिवेश को करुण बनाने में महत्वपूर्ण योग देता है। इन प्रसंगों में भी जहाँ अलंकारों का प्रयोग किया गया है वहाँ कमजोरी आ गई है—

''जैसे सनसनाता हुआ तीर खच्च से अपने लक्ष्य में आकर धँस जाए, इसी तरह मुझे लगा जैसे मेरे भीतर कोई चीज सन्नाकर टकराई—अपमान।''

''वन में लगी भयंकर आग की तरह यह समाचार सारे घर में फैल गया कि समर प्रभा से नहीं बोला।''

पति-पत्नी का आपस में न बोलना एक स्थिति है और बोलना दूसरी। पत्नी पूजा के गणेश से बर्तन माँज देती है। बस एक हंगामा खड़ा हो जाता है। समर का अपना हिन्दू-संस्कार जागरित होता है और वह प्रभा को कसकर चाँटा रसीद कर देता है। इसकी प्रतिक्रिया में वह आत्मग्लानि से भर उठता है। यहीं से उपन्यास अन्तरात्मा की आवाज पर नई दिशा की ओर मुड़ने लगता है। जब वह आधी रात को प्रभा को बाहर रोते देखता है तो उसकी कठोरता गल जाती है और वह अतिशय दयार्द्र हो उठता है। उसकी आत्मग्लानि पुनः-पुनः जागरित होती है। वह आत्महत्या की बात सोचने लगता है।

अब घर में दूसरा नाटक शुरू होता है—जब वह नहीं बोलता था उससे भिन्न। भाभी का तेवर बदल जाता है, भाई चकित हो उठता है, पिता हिकारत भरी निगाहों से

देखता है। इन सभी प्रतिक्रियाओं के बीच, जो बहुत स्वाभाविक बन पड़ी हैं, भाई-भाभी की अपने बोलने के सम्बन्ध में बात सुनकर जब वह रोने लगता है तो उसकी भावुकता चरम सीमा पर जा पहुँचती है।

प्रभा से सहानुभूति पाकर वह भावाकुल हो उठता है–"उसके सारे शरीर को बाँहों में भींच लिया। मुग्ध मयूरी-से उसके खुले नयनों के आकाश में विभोर खुमारी के बादल घिर आए और मेरी थकानें और निराशाएँ प्यार की शीतल फुहारों में हुलसने लगीं।" यह भाषा छायावादी भाषा का नमूना पेश करती है। किसी की चारित्रिक विशेषताओं का उद्‌घाटन उसकी अपनी भाषा द्वारा ही हो जाता है। स्पष्ट है कि समर चिन्ता और प्रसन्नता दोनों ही स्थितियों में 'सेंटीमेंटल' स्तर पर ही जीता है।

इसके बदलाव के लिये दो और पात्रों को ले आया गया है–दिवाकर और शिरीष भाई को। शिरीष भाई एक बौद्धिक पात्र के रूप में आए हैं। वे अपने बौद्धिक तर्कों द्वारा समर की मानसिकता को बदलने की कोशिश करते हैं और बदल भी देते हैं। उसके शाखा-संस्कार, हिन्दू संस्कृति-संस्कार रफूचक्कर हो जाते हैं। पर शिरीष भाई की बहसें 'मिडिक्रिटी' से भी निचले दर्जे की हैं। संयुक्त परिवार के विरुद्ध तर्क देते हैं–

"मैंने बताया न, परिणाम यही होता है कि आप अपने व्यक्तित्व का विकास ही नहीं कर पाते। अपनी शक्तियों और प्रतिभा को सही दिशा में बढ़ाने का आपको अवसर ही नहीं मिलता। या कहें, आप अपने आपको ऐसी बातों में उलझाकर थका डालते हैं कि आपका दिल-दिमाग अपने सपने पूरे करने लायक नहीं रह जाता...।" लगता है, शिरीष भाई द्विवेदीयुगीन बुद्धिजीवी हैं। पर समर उपदेशों से इतना मुग्ध हो उठता है कि चुटिया कटाकर आधुनिक बन जाता है। प्रेमचन्द ने भी संयुक्त परिवार के विरुद्ध तर्क दिया है। पर वह परिपार्श्वजन्य संवेदना से युक्त है। इस तरह के उपदेश कथा की गत्वरता में बाधक बनते हैं।

दिवाकर द्वारा दिलवाई गई प्रूफ-रीडिंग की नौकरी छूट गई। जवाब-सवाल के फलस्वरूप पिता उसे घर से निष्कासित कर देता है। वह घर से चलने की वाला था कि इस आशय का एक तार मिला कि मुन्नी मर गई। इन सारे दबावों से वह अपनी आदत के अनुसार बड़बड़ाता हुआ बाहर चल देता है। रेलगाड़ी पर चढ़कर वह एक स्टेशन पर उतर जाता है। अपने तनाव और अकेलेपन को पुनः उपमा-उत्प्रेक्षाओं में व्यक्त करने लगता है–

"मस्तिष्क में एकदम अँधेरा था–ऐसा सन्नाटा जैसे अचानक चलते हुए बिजली वाले कारखाने का फ्यूज उड़ जाए।"

"एक बड़े भारी खंडहर के गुम्बद में जैसे चमगादड़ों के पर फटकारने की कोई हलकी आतंकोत्पादिनी आवाज गूँजे।"

सवाल होता है कि क्या यह अकेलापन और तनाव ही वह वास्तविकता है जिसे लेखक '72 में भी वास्तविक कहता है ? आज का अकेलापन और अजनबियत के मूल में सामाजिक, राजनीतिक, औद्योगिक तथा तकनीकगत परिस्थितियाँ हैं। इसलिए इस

उपन्यास में जिस अकेलेपन का चित्रण किया गया है वह परिवर्तित अकेलेपन के मेल में नहीं है।

जिन परिस्थितियों और स्थितियों के कारण मुख्य पात्र अलगाव की मनःस्थिति में पहुँचता है वे बदल गई हैं। समर की तरह गाँव के विवाहित लड़कों को बहू से मिलाने के लिये भाभियों की सहायता की दरकार नहीं है। बिना पढ़ी-लिखी बहुएँ भी कुछ ही दिनों के बाद पर्दा फेंक देती हैं। बेटे और बहू के प्रति माँ-बाप को अपने रुख में परिवर्तन करना पड़ा है। अच्छे और परिश्रमी लड़के ट्यूशन, छात्रवृत्ति या पार्ट-टाइम काम करके अपनी पढ़ाई चला रहे हैं। ऐसी स्थिति में उपन्यास जिस अकेलेपन को चित्रित करता है उसकी आधारभूमि ही स्खलित हो गई है। अतः इसकी प्रासंगिकता के आगे प्रश्नचिह्न लग जाता है।

'अठारह सूरज के पौधे' : दस साल बाद

रमेश बक्षी

एक बार पिकासो की रचना गुएर्निका, जो युद्ध की विभीषिका का सर्वाधिक निर्मम चित्र है, किसी मिलिटरी अफसर के सामने पड़ गई। उसने सहज ही पिकासो से पूछा—"यह चित्र तुमने बनाथा है ?" पिकासो ने दाँत पीसकर उसकी तरफ देखा और धीरे से कहा—"नहीं, मैंने नहीं, इसे तुमने बनाया है।" अगर आज मुझसे मेरे पिता, जिन्हें मरे कई वर्ष हो गए और तलाकशुदा पत्नी यह पूछे कि यह उपन्यास तुमने लिखा है तो उत्तर में मैं भी दाँत पीसकर वही जवाब दूँगा। क्योंकि इस उपन्यास के पौधे अब दरख्त बन गए हैं। 1965 में, जब मैंने भोपाल के 45/2 टी.टी. नगर में बैठकर यह सब लिखा था तब मेरा युवा शरीर एक आदिम झल्लाहट से भरा हुआ था। बार-बार कभी पहाड़ और कभी समुद्र और कभी खाली खुली सड़क की तरफ भागने की आदत वाला मन, जिसे अब भगोड़ा व्यक्तित्व कहा जाता है, बेहद नाजुक अनुभवों और समाज के चक्रव्यूह से बाहर नहीं निकल पाने की परेशानी से बुरी तरह परेशानकुन था। उससे पहले का निपट अकेला बचपन लाइब्रेरी में कटता था। इन्दौर में जब बी.ए. का छात्र था, सबसे प्रिय एक पुस्तक लगी—महाभारत। मैं उससे इतना आक्रान्त था कि रात में युद्ध के सपने देखकर जाग जाता था। अब भी सोचता हूँ काश, वह युद्ध अठारह दिन ही चलता, लेकिन वह मेरे सारे जीवन पर फैल गया, शायद इस कारण कि मैंने हर स्थिति के साथ अपने आपको शामिल पाया। हाँ, तब मैं 'महाभारत' घर ले आया था। लेकिन पिता ने उसे देख लिया और मुझे आज्ञा दी गई कि मैं उसी समय उठकर उसे घर से बाहर फेंक दूँ। एक अन्धविश्वास था कि जिस घर में महाभारत की पोथी आ जाए उस घर का सत्यानाश हो जाता है। मैं अपने उपन्यास के नायक की तरह ही दब्बू था। तर्क नहीं कर सका। घर से भाग जरूर गया लेकिन यह उपन्यास लिखते, जिसमें हर लम्हे मैंने यह महसूस किया है कि मेरे अन्दर भी जो युद्ध चल रहा है, वह किसी महाभारत से कम नहीं है, मैं अपने पिता से लड़ रहा था कि ठीक है मेरी महाभारत बाहर फिंकवा दी ना, मैं उपन्यास के रूप में उसी महाभारत को घर में लाकर रखूँगा। मैंने वही किया।

उपन्यास की भूमिका में लिखी एक पंक्ति "बाद को मेरा ही विकास रमेश बक्षी के रूप में हुआ है" लोगों को साफ यह भ्रम देने लगी कि यह मेरी आत्मकथा है। स्वीकृति जाहिर है कि वह कई अंशों में है। लेकिन आज मैं उस सबसे दस साल दूर आकर उसे

इस रूप में देखता हूँ जैसे यह सब किसी और के जीवन में घटा है। आज जब इस उपन्यास पर अवतार कौल 'सत्ताईस डाउन' शीर्षक से एक कला-फिल्म भी बना चुके हैं और लोगों को हजार सवाल उठाने का मौका मिला है कि नायक इतना कायर, ऐसा भगोड़ा, इतना निर्णयहीन, ऐसा पराधीन, इतना विवश, इस तरह का चुगद क्यों है ? मेरा जवाब है, मध्यवर्ग की पूरी पीढ़ी परले सिरे की कायर है। मुझे हर दूसरा व्यक्ति ऐसा मिला है जो उस नायक की तरह ही एक गलत शुरुआत का निशाना बना है, मेरा अन्त एक गलत अन्त और भागने की नई-नई शुरुआतों की सम्भावना के कारण 'ग्रो' करने में समर्थ हो पाया है। उसका गतसन्देह होना, उसका दिग्भ्रमित होना उसका कायरपन नहीं, समाज के एक बहुत बड़े युवा वर्ग का शान्त विद्रोह है। मैंने इस विद्रोह को दिखाने के लिये एंटी क्लाक्वाइज तरीका इस्तेमाल किया है और मैं जो कहना चाहता था उसे उस शैली में लिखा है जो मेरे अपने भागने की शैली—यात्रा पर जा रहे हैं और पता नहीं कहाँ, शहर छोड़कर कहीं और चले जाना है लेकिन पता नहीं किस अगले शहर में, नौकरी से इस्तीफा दे दिया लेकिन पता नहीं अब क्या करेंगे, जो जीवन-संगी बने, दोस्त बने वे बार-बार अकेला छोड़कर चले गए लेकिन पता नहीं जीवन का अगला रुख क्या होगा। फ्लैप पर मैंने एक पंक्ति लिखी थी—"मेरी अनुभूति के साथ मेरी अभिव्यक्ति भी भोगी हुई है।" ...और जो जब तक लगातार और लगातार रेल-रेल-रेल और रेल में इस से उस जगह यात्रा पर न गया हो, वह नहीं समझ सकेगा कि ऊपर की बर्थ पर लेटे-लेटे पीठ का अकड़ जाना क्या होता है, अजनबी की तरह किसी 'अप' और किसी 'डाउन' ट्रेन का नाम जानना क्या होता है।...

रेल की पटरियाँ या लोहे के रास्ते, जिन पर चलते समय आप तेज और धीमे चल सकते हैं, गुर्रा सकते हैं, सीटी बजा सकते हैं, नाक से धुआँ उगल सकते हैं, रुकने के लिये ब्रेक लगा सकते हैं लेकिन दिशा आपके हाथ में नहीं होती, दिशान्तर आता है तो किसी और के संकेत पर। मेरी पूरी पीढ़ी के साथ यही हुआ है। जिसे दिग्भ्रम कहा जाता है वह दिशा निश्चित होने और पटरी पर से उतर नहीं जाने की ट्रेजेडी है।

आज के मशीन युग में हम कितने बेचारे हो गए हैं, कितने विवश कि मन पर लगाम लगी है और सोच-समझ पर पहरे। मेरे उपन्यास के माँ-बाप मध्यवर्ग की दकियानूसी बरगदी मनोवृत्ति की मिसाल हैं। पत्नी और दहेज में मिली भैंसें वह विद्रूप जो छछून्दर की तरह है जिसे न उगल सकते, न निगल सकते हैं। प्रेमिका वह उड़ान है जो चाहत नहीं, एक खुली हवा और साफ वातावरण की तलाश है। जिस समय मेरा नायक निर्धारित जगह रेल से नहीं उतरता वह सही आदमी बन जाता है—पहली बार वह भाग्य का भरोसा छोड़कर यात्रा पर निकलता है, पहली बार उसके दिमाग के जाले साफ हो जाते हैं, पहली बार उसे लगता है, बाहर दिखनेवाली भागमभाग, पकड़-छोड़ चाहे जितनी अर्थहीन हो, भले ही कुछ न दे भौतिक रूप से, लेकिन यात्रा कभी निष्फल नहीं होती, भले ही जीवन निष्फल हो जाए।

मध्यवर्ग के पटरीधर्मी युवा कहाँ से अपनी अस्मिता की खोज करेंगे, किस तरह, किस ताकत से अपने अस्तित्व को बचा पाएँगे ? केवल एक, और एक ही रास्ता है कि उस दिशान्तर के लिये आप तैयार और प्रस्तुत रहें जो अन्दर से संकेतित होता है—''क्या हम भागकर लौट नहीं सकते ? क्या हम लौटकर दुबारा नहीं भाग सकते ? क्या हम हमेशा भागते रह सकते हैं ? शायद मित्रों को ऐसा लगता है कि पलायन नई पीढ़ी का मूल स्वर 'बनता जा रहा है लेकिन मैं यात्रा और पलायन दोनों को जब एक साथ देखता हूँ तो मेरी समझ से पलायन ऋण हो जाता है—यात्राएँ, केवल यात्राएँ शेष रह जाती हैं। यात्रा जिस पर क्यों और किसलिए के सवाल पूछने का हक परिवारवालों को ही नहीं, कुली और विंडो-क्लर्क को भी है। सर्वथा, निष्फल लगनेवाली यात्राओं के बीच से निकला हुआ सार ही मेरे उपन्यास का दर्शन है, अपने अस्तित्व की रक्षा के लिये लिया गया सहारा है।''

महाभारत के दर्शन को मैंने सीधे दुनियादार अर्थ में समझा था। मेरे उपन्यास से—''वही, हाँ वही आदमी मैं भी हो गया हूँ आज। कह देता हूँ जमकर कि कोई एक इस मेरी सारी सेना को ले ले—सारे मन्दिर, सारे स्तूप, सारे घाट, सारे गेट-वे, सारे दिन बीते हुए—और कोई एक मुझे ले ले, मैं अकेला हूँ, मेरे पास कोई शस्त्र नहीं है...''

वह शस्त्रहीन लड़ाई कोई अहिंसक युद्ध नहीं है, अपने घटिया समाज की दी हुई चुनौती है जिसमें शहीद होना नपुंसकता है, जीतना बेवकूफी है, जरूरी है केवल एक बात कि जहाँ तक हो सके लड़ाई खत्म न हो। बस।

'अठारह सूरज के पौधे' : समीक्षा

मधुरेश

रमेश बक्षी के प्रायः सम्पूर्ण लेखन की दो स्पष्ट दिशाएँ हैं। बाह्य दृष्टि से जहाँ वे शिल्प एवं नए प्रयोगों की असाधारण चमत्कार-चेतना से आक्रान्त है, वैचारिक धरातल पर वे परम्परा के प्रति विरोध और घृणा की बात भी करते हैं। इस दृष्टि से वे उन युवा लेखकों में काफी महत्वपूर्ण लेखक हैं जो अपने समय के मिजाज—गुस्सा और आवेश—को पकड़ने की पहल करते दिखाई देते हैं। उन्हें इस बात का बखूबी अहसास है कि इस मौजूदा समाज-व्यवस्था में बहुत-से ऐसे अवरोधक तत्त्व हैं जो युवा मानसिकता के साथ तालमेल बिठा सकने में ही असमर्थ नहीं हैं बल्कि, उसे कदम-कदम पर बाधा देकर निषेध और वर्जना की बाड़ेबन्दी के जरिए, उसे अपने ढंग से जीने देने को भी तैयार नहीं हैं। इस पीढ़ी का सारा आग्रह किसी भी स्तर पर, इस कैद की जकड़बन्दी से मुक्त होकर, अपना जीवन अपनी इच्छाओं के अनुरूप, अपने ढंग से जी सकने का है। और जब ये अवरोधक तत्त्व उसे ऐसा नहीं करने देते तो स्वाभाविक रूप से उसे गुस्सा आता है, खीझ और झुँझलाहट होती है। यह ठीक है कि कैसी भी जकड़बन्दी के विरोध में इस गुस्से के इजहार का अपना एक महत्व है लेकिन अकेले रमेश बक्षी में ही नहीं, अधिकांश नवलेखन में यह गुस्सा किसी विधायक और सार्थक भूमिका की पहल नहीं कर पाता और बहुधा ही आवेशपूर्ण भड़भड़ाहट मात्र में चुक जाता है। इसलिए कभी-कभी ऐसा भी लगता है कि सामाजिक व्यवस्था के जिस वर्तमान स्वरूप के प्रति यह गुस्सा है वह उसका कुछ नहीं बिगाड़ पाता—व्यवस्था का गढ़ अपनी पत्थर की ऊँची दीवारों और लोहे के विशाल दरवाजों को लिये ज्यों-का-त्यों खड़ा है और यह गुस्सा एवं भड़भड़ाहट लिये चन्द लोग अपने नाखूनों से उन दीवारों की सन्धों को खुरचकर आवेश में नारे लगाते और चिल्लपों मचाते हैं और जब कुछ होता नहीं देखते तो गोविन्द मिश्र की एक कहानी में जैसा होता है, उन अभेद्य दीवारों और विशालकाय लौह-दरवाजों पर थूककर या पेशाब करके अपना गुस्सा निकाल लेते हैं। इस तरह दोनों ही चीजें अपनी जगह बदस्तूर कायम हैं—एक ओर यह भड़भड़ाहट और गुस्सा भी ठीक है और दूसरी जगह व्यवस्था का वह गढ़ भी पूरी तरह सुरक्षित है क्योंकि इस हवाई आवेश से उस पर कहीं कोई खुरेंच भी नहीं आती। इस गुस्से में कहीं भी संगठन की वह आग और राजनीतिक विवेक दिखाई नहीं देते जो किसी व्यक्तिगत आवेश को सार्थक दिशा देकर सामाजिक

सन्दर्भों से जोड़ सकें। लेकिन परेशानी तब पैदा होती है जब अपने इस आवेश को ही युवा लेखक 'विद्रोह' की महिमा और गरिमा भी देना चाहते हैं भले ही इसके स्वरूप के स्पष्टीकरण को लेकर स्थिति स्वतः ही साफ हो जाती हो। अपने एक निबन्ध 'मूल्य संकट, नवचिन्तन और विद्रोह' में रमेश बक्षी अपने इसी विद्रोह की बात करते हुए लिखते हैं..."आज का विद्रोह युद्ध की घोषणा नहीं है, तथाकथित विश्वास के प्रति अविश्वास की घोषणा है। उठाया गया हर कदम अपने लिये रास्ता खोजना नहीं है, निर्धारित रास्तों से इंकार है..." (देवेन्द्र इस्सर और डॉ. नरेन्द्र मोहन द्वारा सम्पादित 'विद्रोह और साहित्य' में संकलित, पृ. 66) स्पष्ट है कि किसी भी नए और सार्थक रास्ते की खोज का निषेध करके, महज अविश्वास के सहारे, निर्धारित मूल्यों से इंकार का यह रास्ता हमें बहुत दूर तक नहीं ले जा सकता। यह सब आस्थाहीन वैयक्तिक भड़भड़ाहट मात्र है जबकि विद्रोह एक सामाजिक कर्म है जो मूल्यों की दिशा में एक समानान्तर यात्रा भी है—एक ओर यदि वह मृत और रूढ़ मूल्यों का विरोध करता है तो दूसरी ओर वह उनके स्थानापन्न नए मूल्यों की खोज और प्रतिष्ठा में भी उतना ही स्पष्ट और सक्रिय होता है।

परम्परा के प्रति इस घोषित घृणा और विरोध की बात रमेश बक्षी के लेखन में प्रायः सब कहीं दिखाई देती है। 'वैसाखियों वाली इमारत', 'अठारह सूरज के पौधे' और अब उनके नवीनतम नाटक 'देवयानी का कहना है' में परम्परा के प्रति इस घृणा और विरोध को विवाह की समूची संस्था के सन्दर्भ में केन्द्रित करके देखने की कोशिश की गई है। लेखक की मान्यता है कि हमारे समाज में विवाह का वर्तमान रूप बहुत कुछ अपनी महत्ता खो चुका है। वह इसके प्रति अपनी तीखी असहमति तो प्रकट करता है लेकिन इस असहमति के आगे जाकर वह इसके स्थानापन्न किसी नवीन रूप की खोज की कोई पहल करता नहीं दिखाई देता और इस तरह वह सारी कोशिश निषेध से निषेध तक की यात्रा मात्र बनकर रह जाती है। दूसरी ओर इस विवाह-संस्था के विरोध में वह जिन तर्कों का सहारा लेता है, वे अपने में इतने साधारण और लचर हैं जिसके परिणामस्वरूप उसकी इस असहमति की टाँगें भी जमीन पर बहुत देर तक टिकी नहीं रह पाती हैं।

'अठारह सूरज के पौधे' को लेकर रमेश बक्षी ने, उसके मूल कथ्य से अलग, ऐसे बहुत-से संकेत दिए हैं जिनमें नई पीढ़ी के एक प्रतिनिधि रचनाकार के बहुत-से दावों की गन्ध भी आ सकती है। इन दावों का स्वरूप कुछ इस प्रकार का है कि यह लेखक की एक चार आयामवाली तस्वीर है, इसमें परम्परा के प्रति उसकी गहरी संचित घृणा व्यक्त हुई है, यह यात्रा-उपन्यास बीसवीं सदी के मनुष्य की मशीनी संघर्षपूर्ण जिन्दगी की प्रतिनिधि तस्वीर है। इन सारे सीधे और प्रत्यक्ष दावों के अतिरिक्त बहुत कुछ ऐसा भी है, जिसकी स्वीकृति की चेतना एवं सकेत भी लेखक ने दिए हैं, जो उपन्यास के बाह्य

रूप से सम्बन्धित हैं और उपन्यास की पाठ-प्रक्रिया के बीच वह आपसे ऐसा कुछ आग्रह करता है कि उपन्यास के शिल्प-चमत्कार की ओर आपकी चेतना उन्मुख हो और कम-से-कम उस धरातल पर आप लेखक की उपलब्धियों से आश्वस्त हो सकें। इस सब कुछ का अर्थ यही निकलता है कि उपन्यास के कथ्य के स्तर पर कुछ दावे लेखक ने स्वयं किए हैं और शिल्प के स्तर पर वे दावे इतने सीधे और प्रत्यक्ष न होने पर भी अपने अस्तित्व का अहसास बनाए रखते हैं।

'अठारह सूरज के पौधे' को लेकर रमेश बक्षी का एक आग्रह यह भी है कि वह शब्द के रूढ़ और प्रचलित अर्थवाला उपन्यास न होकर अकथा के अधिक निकट है। उसमें आए पात्रों के नाम नहीं हैं, वे महज व्यक्तिहीन संज्ञाएँ हैं, जिनसे कदाचित् लेखक की ऐसी मंशा रही हो कि उसके पात्रों की नियति मात्र उनकी ही नहीं है, इन विशेष स्थितियों और दशाओं में वह किसी की भी नियति हो सकती है। और चूँकि लेखक का आग्रह है कि उपन्यास को अकथा के रूप में लिया जाए, उसकी, कथा के विश्लेषण के लिये न तो वहाँ कोई गुंजाइश है और न तब उसका कोई अर्थ ही रह जाता है। उपन्यास को लेकर 'यात्रा-उपन्यास' कहकर प्रस्तुत किए जाने का जो आग्रह है उसकी अलबत्ता एक दोहरी अर्थवत्ता है। यह यात्रा बाह्य तो है ही--पठानकोट से बम्बई की—लेकिन उससे अधिक वह आन्तरिक है जिसमें नायक अपने 'बीते हुए की जुगाली' करता है। उसका शिल्प खंड-चित्रों वाला शिल्प है, जहाँ उसके अन्तर्मन में अतीत-स्मृतियों की छवियाँ काँपती रहती हैं। कुछ स्मृतियाँ उसके बचपन की हैं, उसके परिवार और परिवेश के कुछ आत्मीय चित्र उनसे पूरे हो सकते हैं। फिर गालों की उभरी हुई हड्डियोंवाली लड़की की स्मृतियाँ हैं जिसने कभी उससे उसे गाड़ी में चढ़ा लेने के लिये सहायता की याचना की थी क्योंकि गाड़ी लगभग चल चुकी थी और उसके दोनों हाथ घिरे थे—एक में दो हाथों के बीच जलते हुए दीपक से चित्रांकित फाइल थी और दूसरे में उसके खाने का डिब्बा। तीसरी महत्वपूर्ण स्मृति उसकी पत्नी और ससुर की है जिसने उसे शादी में चार भैंसें दहेज में दी थीं। पत्नी के शरीर से आती सरसों के तेल की गन्ध है, भैंसों का गोबर है और इन सबसे अधिक वे विकृत रुचियाँ और संस्कार हैं जिनके मूल में ही विडम्बनापूर्ण स्थिति की अतिरंजित और अतिनाटकीय परिणति निहित है। कुल मिलाकर उपन्यास का स्वरूप ऐसा ही कुछ बनता है और जहाँ तक उसके आयामों का सवाल है, वे लेखक के निकटवर्ती मित्रों तक को दिखाई नहीं देते, तो मुझे क्या देंगे !

रमेश बक्षी का एक आग्रह यह भी है कि उनके इस उपन्यास को यात्रा या भीड़ के दौरान पढ़ा जाए, तभी शायद आज की जिन्दगी का मशीनी संघर्ष अधिक साफ ढंग से उभर सके। मेरा दुर्भाग्य ही कहना चाहिए कि इस लेखन के लिये मैंने उपन्यास को तीसरी बार पढ़ा है और तीनों ही बार कमरे में आराम से बिस्तर पर लेटकर पढ़ा है। हो सकता है यही कारण रहा हो कि गाड़ी की लय और गति के लिये लेखक ने जिन ध्वनियों और शब्दों को बार-बार दोहराया है, उस सबके अन्दर मुझे किसी बड़ी शिल्पगत उपलब्धि के दर्शन नहीं हो सके हैं। बल्कि तीनों ही बार उसके कारण उपन्यास पढ़ने में

मुझे खासी दिक्कत महसूस हुई है। उसके पढ़ने के बीच यह अहसास हमेशा बना रहा है कि बहुत निचले स्तर का चमत्कार पैदा कर सकने की गरज से ही यह सब किया जा रहा है।

परम्परा के प्रति संचित जिस घृणा की ओर संकेत किया गया है, उपन्यास के वैचारिक धरातल पर, उससे ऐसी ध्वनि निकलती मालूम पड़ सकती है कि विवाह के प्रचलित रूप की असंगतियों और अन्तर्विरोधों को उद्घाटित करके लेखक उस संस्था के विरुद्ध विद्रोह की शंखध्वनि करना चाहता है। इस धरातल पर जो मौलिक असंगति है, उसका संकेत ऊपर दिया जा चुका है। बीमा कम्पनी में काम करनेवाली जिस लड़की से वह प्रेम करता है उससे आखिर उसकी शादी के बीच में क्या बड़ी बाधा है ? उसके पिता ने अपनी बीमारी की सूचना देकर उसे घर बुला लिया है और जब वह उनसे उनकी बीमारी के बाबत पूछता है तो वे बीमार होने की बात से इंकार कर देते हैं और तब बेकार ही अपने बुलाए जाने का कराण पूछने पर...''अण्णा ऐसे लगे जैसे उनका चश्मा नाक से नीचे उतर आया है। मैं सपने में भी अण्णा से डरता हूँ और जब वे सामने होते हैं मेरी जबान हकला जाती है...'' (पृ. 82)

लेकिन सवाल यह है कि एक ओर आवेश और विद्रोह की लम्बी-चौड़ी बातें और दूसरी ओर अपने ही पिता से अपने प्यार की बात कह पाने की हिम्मत का भी अभाव क्या स्वयं में ही एक अन्तर्विरोध नहीं है ? इस दृष्टि से 'अठारह सूरज के पौधे' पर भी वही आरोप लगाया जा सकता है जो शरद देवड़ा के उपन्यास 'टूटती इकाइयाँ' पर लगाया गया है कि इस विडम्बनापूर्ण स्थिति की जिम्मेदारी और जवाबदेही विवाह की समूची संस्था पर न होकर उस अतिरंजित स्थिति पर है जिसे लेकर ही लेखक का आग्रह सर्वप्रमुख और सर्वोपरि है। हीन और विकृत रुचियों की फूहड़ और असंस्कृत पत्नी के साथ स्थिति की और क्या कल्पना सहज सम्भव हो सकती है ? अण्णा की नाक पर खिसक आए चश्मे का वास्ता देकर नियति को उसकी सम्पूर्णता में स्वीकार लेनेवाली दलील कैसी निरर्थक और थोथी है इसे अलग से बताने की जरूरत नहीं है। और सबसे बड़ी बात तो यही है कि वह उस पूरे मिजाज और तेवर को ही नष्ट कर देती है जिससे नवलेखन का मूल स्वर बनता है और जिसके लिये स्वयं रमेश बक्षी का भी बेहिसाब आग्रह है। स्थिति का यह निष्क्रिय स्वीकार एक अन्तर्विरोध को जन्म देता है जिसका नवलेखन से कहीं कोई तालमेल बैठता नहीं दिखाई देता। उपन्यास के अन्त की संशयात्मकता हो सकता है लेखक की निजी न होकर उसकी पूरी पीढ़ी और परिवेश की हो और वह केवल उसके प्रतिनिधित्व का दायित्व भर निभा रहा हो। उपन्यास के शीर्षक से भी उसकी वास्तविक सत्ता का उद्घाटन कम, एक चमत्कार-बोध ही अपेक्षाकृत अधिक उभरता है। और उसकी अतिशय चमत्कारप्रियता को यदि छोड़ भी दिया जाए तो 'अठारह सूरज के पौधे' की सबसे बड़ी असफलता यही है कि वैचारिक धरातल पर प्रस्तुत किए गए लेखकीय आग्रह की कोई स्पष्ट और तर्कसंगत परिणति उसमें प्रायः विरल ही है।

'जो' : संस्मरण

डॉ. प्रभाकर माचवे

अपने बारे में लिखना अच्छा नहीं लगता। पर विश्वविद्यालय वाले और श्री भीष्म साहनी जैसे मित्र आग्रह ही कर रहे हैं तो अपने पाँचवें छोटे उपन्यास के बारे में कुछ कहना चाहता हूँ। मेरा पहला उपन्यास 'परन्तु' 1952 में छपा था–इसके कुछ हिस्से 'नया साहित्य' (बम्बई) में छपे थे। बाद में 'एक तारा', 'द्वाभा', 'साँचा' 1954 तक लिखे गए। फिर करीब दस साल तक मैंने उपन्यास की विधा में कुछ नहीं लिखा। पर मेरे विचारों की प्रगति रुकी नहीं थी।

1959 से '61 तक अमेरिका में मुझे एक 'विजिटिंग प्रोफेसर' के नाते दो विश्वविद्यालयों में पढ़ाना पड़ा। वहाँ की जिन्दगी को काफी निकटता से मैंने देखा। विद्यार्थियों-विद्यार्थिनियों के साथ मैंने शिकागो में नीग्रो-बस्तियों में समाज-सुधार-कार्य करनेवाले 'वर्क-हाउसेस' में भाग लिया, न्यूयार्क की पोर्टोरिकन गरीब-गन्दी बस्तियाँ देखीं, लास एंजेलेस और सैनफ्रांसिस्को में ऐसे ही अल्पसंख्यकों 'घेट्टो' और 'चाइना-टाउन' देखे। विशेषतः वर्णद्वेष की समस्या गोरी दुनिया में कितनी विकट है, इसका इतिहास पढ़ा, अमेरिकी साहित्य और लोक-काव्य में उसकी अनुगूँज पढ़ी। इस सारे अध्ययन से मेरे मन में यह बात घुमड़ रही थी कि इस समस्या पर कोई पुस्तक लिखूँ। 'गोरी नजरों में हम' नामक आठ लेखों की एक माला मैंने 'ज्ञानोदय' में 1962-63 में अमेरिका से लौटने पर लिखी। बाद में वह पॉकिट बुक में एक पटना के प्रकाशक ने बहुत खराब ढंग से छापी थी। पर उससे भी मेरा समाधान नहीं हो पाया था। 'मेपल' (विदेश प्रवास की कविताएँ) में कुछ जगह इस प्रश्न को छुआ गया है–जैसे 'वेदान्त सेंटर, शिकागो' आदि में। वहीं अमेरिका में 'भारतीय सभ्यता और संस्कृति के इतिहास' और 'महात्मा गांधी तथा भारतीय पुनर्जागरण' विषय भी मुझे अमेरिकी छात्रों को पढ़ाने पड़े। उसी सिलसिले में भारतीय जाति-भेद की समस्या का समाजशास्त्रीय और सांस्कृतिक अध्ययन मुझे गहराई से करना पड़ा। मैं कई दिनों तक अमेरिका की वर्ण-विद्वेष की समस्या और भारत में वर्ण-भेद, जाति-भेद का प्रश्न दोनों का तुलनात्मक विचार-मन्थन करता रहा।

ऐसे में ग्रीष्म 1960 में रेडवुड्स, युसोमारी में एक कैम्प में जाना हुआ। साथ में थे शिक्षाशास्त्री प्रो. डी.डी. कर्वे। वहाँ मैंने देखा कि शाम के समय आदिवासी रेड-इंडियनों के गाँवों की पार्श्वभूमि में दूर पर 'अल कपितान' जैसी ऊँची पहाड़ी चट्टान पर से,

सूर्यास्त के समय, जैसे जल-प्रपात होते हैं वैसे नकली 'अग्नि-प्रपात' दिखाए जाते हैं। हजारों मन जंगल की लकड़ी जलाकर अंगारे बनाते हैं, और उन्हें ऊँचाई पर से नीचे कन्दरा में धकेलते हैं। मेरे मन में आदिम जंगलों के महाभय को दूर करने, या फिर उभारने के, संस्कार-त्यौहार ने बहुत दिनों तक घुमड़न पैदा की। मैंने इसी तरह से जंगल की लकड़ी काटकर उनके लट्ठे बहाए जाते हुए कई नदियों में देखे थे : कश्मीर में जेहलम में, ऋषिकेश में गंगा में, पिसीसिपी में प्रायर दुशीन में। मुझे लगा कि मनुष्य का मन एक महानदी की तरह है जिसमें संस्कार बहते जाते हैं, कहीं-कहीं लकड़ी के लट्ठे की तरह कुछ टुकड़े अटककर जमा हो जाते हैं, उन्हें हटाने का यत्न सामूहिक रूप से करना पड़ता है–जैसे समाज-सुधार के प्रयत्न या अन्धविश्वास दूर करने के वैज्ञानिक यत्न।

यह सब बातें मन में चल रही थीं कि एक बार मेरी एक शिष्या मार्था मुझे सेंट लुई, मिसूरी ले गई जहाँ मैंने रात-रात भर नीग्रो जाज संगीत के जलसे सुने। वह एक अद्भुत सौन्दर्यानुभव था। नीग्रो ब्ल्यू गानों में वैसा ही दर्द है, जैसे बंगाली बाउल या कबीर के पदों का जोगिया, पंजाबी माहिया, सिन्धी काफी या मराठी भारूड भजनों में मिलता है। वह सब मैं कागज पर उतारना चाहता था। सेंट लुई दक्षिण के अमेरिकी राज्यों का आरम्भ है, जहाँ से आगे इलाबामा आदि स्थानों पर जाया जा सकता है। वहीं से मार्टिन लूथरकिंग और जैक एबरल भी आए। अमेरिका में सन् 'साठ' में 'सिट-इन' सत्याग्रह चल रहे थे और गांधी जी का बहुत मान था।

इस सारी पार्श्वभूमि में 'जो' के पाठक को मैं ले जाना चाहता था। अमेरिका और वहाँ के रंग-भेद पर इतना कुछ अंग्रेजी में लिखा जा चुका था कि उसमें मुझे कुछ जोड़ना जरूरी नहीं था। पर अपने आपको सबसे समृद्ध, धनाढ्य और आधुनिकतम-सुसंस्कृत कहनेवाले महादेश में भी मनुष्य को कितना अपमान सहना पड़ता है, केवल प्राकृतिक अश्वेत रंग के कारण (यह मेरी समस्या थी–जिसका कोई उत्तर मेरे पास नहीं था)–और उसी की तुलना में मैं भरात में जड़-बद्ध जाति-भेद की समस्या को छूना चाहता था। डॉ. अम्बेडकर कहा करते थे कि "हिन्दू-धर्म का सनातनी स्वरूप और प्रजातन्त्र या लोकशाही में कोई समन्वय नहीं हो सकता।" यदि आप जन्मना जाति-भेद मानते हैं और मनु आपके विचार-व्यवहार के आधार हैं, तो आप 'डेमोक्रेट' (प्रजातान्त्रिक) कैसे हैं ? प्रजातन्त्र मनुष्य-मनुष्य में समानता में विश्वास करता है–आप शुरू से ही ऊँच-नीच का बँटवारा लेकर चलते हैं। इसके लिये मैंने एक काल्पनिक तयिव ब्राह्मण विद्यार्थी चुना जो अमेरिका में पढ़ता है। उसकी सहानुभूति नीग्रो-आन्दोलन के साथ है, पर अपने ही घर में, अपने ही प्रदेश में 'डी.एम.के.' के बन्धु के साथ नहीं ! यह मत-विरोध एक लेखक की दृष्टि से बहुत मनोरंजक आधार था, उपन्यास का। चाहे समाजशास्त्री उसके अनेक कारण देता रहे।

मैंने 'जो' की भूमिका में इस बात का उल्लेख किया है। यह उपन्यास 1963-64 में छपा। इस पर गए दस वर्षों में कोई ढंग का विचार पढ़ने को नहीं मिला। रमेश वर्मा

ने 'कल्पना' में जरूर कुछ अच्छा लिखा था—'टु किल ए मार्किंग वर्ड' से इसकी तुलना की थी। पर मैंने वह अमेरिकन उपन्यास जब 'जो' लिखा था, तब से पहले नहीं पढ़ा था। 'पोर्गी एंड बेस' ऑपेरा देखा था, 'वंस आई वाज ह्वाइट' फिल्म देखी थी।

यहाँ मुझे विश्वविद्यालयों के हिन्दी विभागों से थोड़ी-सी शिकायत करनी है। मैं 1934 से हिन्दी में लिख-छप रहा हूँ। चालीस साल बीत गए। अभी तक मैंने अपने 40 से अधिक ग्रन्थों—जिनमें आठ उपन्यास भी हैं—की कोई ऐसी समीक्षा नहीं पढ़ी, जिससे मैं कुछ सीख सकूँ। अधिकतर एकदम सतही समीक्षाएँ होती हैं—या तो केवल प्रशंसा, या पूर्वग्रहयुक्त निन्दा। इसलिए मेरा विश्वास विश्वविद्यालयी समीक्षकों पर से उठ गया है। वे किताबें—विशेषतः हम जैसे 'नवतावादी' लेखकों की न सहानुभूति से, न गहराई से पढ़ते हैं, न उनके बारे में जानते हैं—चूँकि वे उनके 'कोर्स' में नहीं होतीं, न पाठ्य-पुस्तकों में। यह वृत्ति ठीक नहीं है। इससे मेरी बात छोड़िए, चूँकि मैं किसी की ज्यादा परवाह भी नहीं करता—अपना मार्ग स्वयम् बनाता हूँ—पर अन्य कई अधिक संवेदनशील नए लेखकों के साथ बड़ा अन्याय होता रहा है। विशेषतः गए दो दशकों में—विश्वविद्यालयीन स्तर की आलोचना, आधुनिक साहित्येतिहास-लेखन और मूल्यांकन में।

इसलिए 'जो' अपने ढंग की एकमात्र पुस्तक है जिसमें भारत और अमेरिका के मानव-वैषम्य के प्रश्नों को उपन्यास के माध्यम से देखा गया है। उस प्रश्न का मानवीय पहलू अधिक स्पष्ट किया गया है।

जो लोग मेरे उपन्यास-लेखन से अधिक आनन्द या ज्ञान प्राप्त करना चाहते हों, उनकी जानकारी के लिये बता दूँ कि इसके बाद मेरे चार और उपन्यास छपे हैं—किशोर (1969); तीस-चालीस-पचास (1972); दर्द के पैबन्द (1973) और 'किसलिए' (यन्त्रस्थ)।

मैं उपन्यास किसी-न-किसी सामाजिक समस्या के मनोवैज्ञानिक पहलू के विश्लेषण के लिये लिखता हूँ। 'जो' से पहले के 'परन्तु', 'एकतारा', 'द्वाभा' और 'साँचा' भी इसी तरह लिखे गए थे। केवल लिखने के लिये नहीं, पर इसलिए कि उन समस्याओं ने मुझे झकझोरा था—मैं अपने आप पाठकों तक अपना यह अन्तर्कम्प पहुँचाना चाहता था। वह मैं पहुँचाने में पूरी तरह सफल हमेशा हुआ ही हूँ ऐसा मेरा दावा नहीं है। पर जो अधूरे साक्षात्कार और बदलते परिदृश्य पर केवल प्रायः दृष्टि ही दे पाते हैं, उन्हें इसका अहसास कहाँ ? अधिकतर हिन्दी समीक्षक अपने 'मैजिक सर्कल' में ही घूमते रहते हैं। वे नवीन को पूरी तरह ग्रहण कर पाने की क्षमता ही नहीं रखते, समझना तो और दूर की बात है !

'जो' : समीक्षा

डॉ. श्याम परमार

'तार सप्तक' के कवियों की सूची में हिन्दी के कथा-उपन्यास को सर्वाधिक प्रभावित किया 'अज्ञेय' ने। गजानन माधव मुक्तिबोध ने एक उपन्यास लिखा था, कहते हैं जिसकी पांडुलिपि अमृतराय से खो गई। इस सिलसिले में, बाद में, दो और कृतियाँ आईं—'जो' (डॉ. प्रभाकर माचवे) तथा 'लौटती लहरों की बाँसुरी' (डॉ. भारतभूषण अग्रवाल)। काव्यधर्मी आस्था को लेकर सप्तकों के कवि गद्य की कथा-विधा को कहाँ तक प्रभावित करने में सफल हुए और उनकी उपलब्धियों का मूल्यांकन किस रूप में हो, ऐसे कुछ प्रश्नों का उठना स्वाभाविक है। सप्तकों के आगामी क्रम में धर्मवीर भारती और नरेश मेहता भी हैं जिनकी औपन्यासिक कृतियाँ अज्ञेय के पश्चात् हिन्दी की महत्वपूर्ण उपलब्धियाँ हैं। उपन्यास के क्षेत्र में भी इनका योग स्पष्ट है।

'जो' के पहले डॉ. प्रभाकर माचवे के चार लघु उपन्यास 'परन्तु' (1951), 'एक तारा' (1952), 'द्वाभा' (1955) और 'साँचा' (1956) आ चुके थे। 'जो' का प्रकाशन 1964 में हुआ। उसके बाद माचवेजी के चार और उपन्यास आए। उन्हें पढ़कर लगता है कि माचवे जी के लिये निजी अनुभवों की अभिव्यक्ति के लिये उचित गुंजाइश उपन्यास विधा में ही मिलती है। इस विधा को वे उपन्यास की स्वीकृत परिसीमा के बाहर ले आते हैं जिनमें अन्य विधाओं के प्रवेश की मनाही नहीं होती। इसका अर्थ यह हुआ कि माचवेजी के हाथ में उपन्यास एक ऐसा कैनवास बन जाता है जहाँ उनका व्यक्तित्व एक घुमक्कड़, दार्शनिक, कवि और विचारक के रूप में घुल-मिलकर मुखर हो उठता है। फिर भी उपन्यास के ढाँचे में कहीं-कहीं बोझिलता के अंश आ जाते हैं। मगर वे इसलिए नहीं खटकते कि वे दृश्य के मानवीय सन्दर्भों से छिटके नहीं होते।

'जो' वस्तुतः हिन्दी में पहला उपन्यास है जो अमेरिकी नीग्रो की पृष्ठभूमि पर आधारित है। इसका प्रकाशन एक दशक पहले हुआ। मगर आज भी इसे पढ़कर ऐसा नहीं लगता कि जिस प्रमुख समस्या के इर्द-गिर्द 'जो' की रचना की गई उस समस्या के रूपरंग में कोई विशेष परिवर्तन हुआ हो। उपन्यास का सबल पक्ष मूलतः मानवीय है और इसलिए उसका अहसास आज भी हमारी वैचारिक संचेतना को छूता है। डॉ. माचवे ने लिखा हैं : "मेरा उद्‌देश्य अमेरिका की राजनैतिक-सामाजिक समस्या, काले-गोरे के

तनाव, पर कोई निषेधात्मक या समर्थनात्मक मत प्रदर्शित करना नहीं रहा। इस समस्या के मानवीय पक्ष को ही मैं देखता हूँ।" इस सम्बन्ध में आगे लिखा है : "मैंने कई सप्ताहान्त (शनिवार-रविवार) शिकागो की गरीब बस्तियों में गुजारे हैं। मैंने यह जो 'जो' नाम की नीग्रो गायक की कहानी लिखी है, इस पर से सब नीग्रो लोगों का साधारणीकरण न कर लिया जाए, ठीक वैसे ही जैसे इस कहानी के स्टीव या मार्था सारे गोरे अमरीकियों का प्रतिनिधित्व नहीं करते।...मेरा किसी से विरोध या द्वेष नहीं है—न अमरीकी गोरों से, न ब्राह्मणों से, न हिन्दी शुद्धवादियों से। मेरा विरोध हर तरह के अज्ञान और दुराग्रह से, साँचावादी चिन्तन से जरूर है जो हिंसा का मूल होता है।"

'जो' के परिवेश और दृश्य में निश्चय ही नयापन है। यह नयापन पिछले दशक का नयापन है, पर नई कविता के नएपन अलग नहीं हैं। उसके एक चौथाई शती के पूर्व से ही लेखक के मन में, जबकि उसे सेवाग्राम में रहने का मौका मिला था, जाति-भेद की समस्या मथ रही थी। अमेरिका में रहते हुए यह समस्या उसे वहाँ के काले-गोरे के भेद को लेकर और भी तीव्र रूप से कचोटने लगी। "यदि मानवता एक है तो अमेरिका के काले-गोरे लोगों की वर्णद्वेष की समस्या को एक दृष्टि से और भारत के ब्राह्मण-अब्राह्मण या सवर्ण-हरिजन की समस्या को दूसरी दृष्टि से देखने से काम नहीं चलेगा। ये दोहरे पैमाने हम कब तक काम में लाते रहेंगे ?" (पृ. 506)

डॉ. माचवे 'तार सप्तक' के 'कैक्टसी' स्वभाव वाले 'एंटीरोमांटिक' कवि हैं। 'जो' में उनकी कवित्व प्रतिभा हावी रही और नीग्रो-जीवन की भीतरी कचोट पहचानने के लिये उन्हें कविताओं, लोकगीतों तथा 'स्पिरिचुअलस्' का ही उपयोग करना उचित जान पड़ा। माइरौन और हिग्गिन्स, फैंटन जॉनसन, केनेथ पैचेन, एंजेलिना ग्रिम आदि की कविताओं ने दरअसल 'जो' के नीग्रो पात्रों के मनोजगत् तक पहुँचने के लिये स्वयं लेखक को ही बहुत सहारा दिया। इसका प्रत्यक्ष सम्बन्ध पाठक से भी है :

"मैं आपके दिमाग को बुहारना चाहता हूँ। बड़े पुराने मकड़ी के जाले, पुरानी पत्रिकाओं की फाइलें, बड़ी सड़ाँध यहाँ जमा है। आइए पहले अपनी छाती के बटन खोलकर मेरे सामने अपने दिल उघाड़ो, मैं झाड़ू देना चाहता हूँ।" (पृ. 29)

नीग्रो के दर्द को लेखक न्यूयार्क की पोर्टोटिकन बस्ती या लॉस एंजेल्स स्लम्स देखकर या कुछ नीग्रो मित्रों के सम्पर्क में आकर शायद नहीं जान पाता, जितना उसने कविताओं से जाना। काम करते-करते थक जानेवाला नीग्रो चाहे सलून में जाकर एक-आध बोतल पीता हो या उसे दूसरे की सभ्यता का निर्माण करते हुए उस सभ्यता से नफरत होने लगती हो, मगर हर हालत में वह मनुष्य होता है और भारतीय मन में उसे निकट अनुभव करने की प्रतीति 'जो' की समूची सामग्री में मिलती है। 'जो' में शायद साम्राज्यवादी शक्तियों से समझौता नहीं है, मगर वह संघर्ष के 'क्रंटीन्यूएम'—नैरन्तर्य का सूचक दस्तावेज अवश्य है। चाहे संघर्ष सत्याग्रह के जरिए बना रहे, चाहे 'सिट-इन' द्वारा, मगर स्थिति में बदलाव जरूर आएगा। 'गरीबी के कीचड़ और अपमान-अवहेलना के बाद में खाद में अद्भुत शक्ति है।'

'जो' की संरचना के दौरान लेखक के अन्तर्मन में भारत के वर्ग-विद्वेष, जाति-भेद सन्दर्भ के रूप में रहे। एक खुला हुआ उपन्यास समाजशास्त्रीय अध्ययन का अच्छा सबूत होता है। शायद कोई एक 'स्टडी' वह सब एक साथ व्यक्त नहीं कर पाती है, जिसे उस पृष्ठभूमि से सम्बन्धित कोई कथा-कृति। 'जो' एक तरह का समाजशास्त्रीय स्थिति का आलेख भी है। लेखक ने यद्यपि इस रूप में निष्कर्ष नहीं निकाले, मगर कथास्थिति के सहारे एक बात अवश्य स्पष्ट करने का प्रयास किया है कि रंगभेद के परे मानवता का स्तर कहीं अधिक दृढ़ है। नई दुनिया के लिये इसलिए सर्जनाकांक्षा बनी रहेगी। भारतीय जातीयवाद की कचोटें शायद इसीलिए वह बराबर अनुभव करता रहा है। अमेरिका के अत्याधुनिक परिप्रेक्ष्य में वे और भी अधिक उभरकर सामने आईं। "मैं यहाँ जैसे पूरी तरह स्वीकार्य नहीं हूँ। कुछ है जो मुझे इस संस्कृति में अछूता करार देता है। और क्या यही दर्द है जो मुझे 'जो' या बेसी या गाय के करीब ले जा रहा है।" (पृ. 11-12)

डॉ. माचवे के कवि-आलोचक व्यक्तित्व को उभारता यह लघु उपन्यास जितना सहज है उतना ही साहित्यिक, विचारोत्तेजक एवं कविता का मजा देता है। डायरी का कहीं-कहीं रंग देती यह कृति यात्रा-स्मृतियों को छूती है, चोट करती है एवं माचवे जी की अखंडता और व्यंग्य गुणों को निरावृत करती है। आधुनिक शिल्प की तरह लापरवाह इसकी बनावट है। और तराश (फिनिश) का यह अभाव माचवे जी के काव्य और समूचे व्यक्तित्व का वैशिष्ट्य है। यही वजह है कि 'जो' का अन्तिम अंश एक साथ बहुत-सी बातों को उद्घाटित करने की चेष्टा में लिखा जाने से बौद्धिक हो गया है।

बेसी (जोजेफ उर्फ 'जो') की बहन का अन्त एक समाज-सेविका के रूप में हुआ। डोरा को अपनी जाति से नफरत हो गई। 'जो' अपनी गोरी प्रेमिका मार्था की गोली का शिकार हुआ। भारतीय 'योगा' में दिलचस्पी लेनेवाली बुढ़िया मिसेज विल्सन भारतीय लक्ष्मण योगी के माध्यम से अपने एकाकीपन को भरना चाहती है। स्टीव हमेशा युद्ध की बात करता है और एकदम रंगभेद को सीने में रखे घूमता है। जिम फिर भी बेसी के पास लौट आता है। प्रेम के बन्धन कहीं-कहीं इन दूरियों को पाटते हैं, मगर संस्कार की पुरानी बेड़ियाँ मुश्किल से टूटती हैं। हर स्थिति में कथा के कैनवास पर एंजोलिना ग्रिम की कविता–'काली उँगली' उठी हुई नजर आती है।

उपन्यास में ये समूचे प्रसंग लेखक को भारत की ओर लौटाते रहे हैं। उसे घिरती हुई सन्ध्या में घर की याद आती है। तिरुक्कुरल सुनाती कावेरी याद आती है। विशाल मन्दिर के परिसर में आरती का गूँजता हुआ स्वर उसे हाइटी लोगों के 'वू-डू' के अनुरूप आदिम लगता है। जाज के शोर में दाँतवाड़े के मन्दिर में बजते आदिवासी बाजे सिंगा, तुरही, ढोल, मंजीरे याद आते हैं। रंगभेद को लेकर मुरुगन की स्मृति आती है। उसके परिवारवालों के टोने-टोटकों को वह भूल नहीं पाता। जगन्नाथ के नीलमाधव की कहानी...पुरी का रथोत्सव, (पता नहीं कब के बौद्ध दन्तधातु-यात्रा का यह अवशेष है)...लेखक को पूरी तरह कहानी याद आ जाती है और उसके साथ ही कुछ प्रश्न उभरते

हैं। "देवताओं के हाथ-पैर क्या आखिर लकड़ी के ही होते हैं ? क्या सभ्यता के लकड़ी के हाथ-पैर ऐसे ही किसी समुद्र के नल से ऊपर फेंक दिए गए हैं ?" (पृ. 123)

कहानी 'जो' (जोजेफ) के इर्द-गिर्द चलती है, जबकि उपन्यास में बेसी और जेम्स, डोरा और मार्था, रामन् और मुरुगन भी हैं। अपनी जगह सभी पात्र महत्वपूर्ण हैं। बेसी का गोरे जेम्स के प्रति प्रेम 'जो' को पागल बना देता है। वह वहशी हो उठता है। फिर वही काले-गोरे का जन्मजात वैर और आधुनिकता के बावजूद मनुष्य का वही थोथा संस्कार...लगता है, उपन्यास को जितना कलेवर लेना चाहिए उतना लिया नहीं गया। माचवे जी की प्रवृत्ति रही है कि रचना को जिस स्तर से वे आरम्भ करते हैं उस स्तर को, उतावलेपन के कारण, अन्त तक निभाते नहीं। ऐसा ही कुछ राहुल सांकृत्यायन में रहा, वैसा ही रांगेय राघव में। कहने के लिये जहाँ बहुत कुछ हो, वहाँ यह सब होता है। इसलिए काव्य जितना डॉ. माचवे के लिये सहज है, उतना ही गद्य। उतावली दोनों जगह है। वस्तुतः नए ढंग की यह औपन्यासिक कृति लेखक को अपने समूचे व्यक्तित्व के साथ लेखन से संयुक्त होने की सुविधा देती है।

डॉ. माचवे ने इस प्रयोग को मुक्त ढंग से लिया है। शिल्प की कुंठाएँ जहाँ टूट जाती हैं और कृतित्व कुल मिलाकर 'ऑटोग्राफी' का एक अंश बनकर उभरता है।

'जो' औपन्यासिक शिल्प में नवीन, बल्कि अनगढ़ता के प्रति कलात्मक स्वीकृति है। 'जो' निश्चय ही एक उपन्यास है, मगर ऐसा उपन्यास जिसमें नाटक को छोड़कर साहित्यिक विधाओं के तमाम रूपों का समाहार हुआ है।

'जो' के अन्तिम पृष्ठों में बहुत अधिक कविताओं के अंश दिए गए हैं। एक जगह गिंसबर्ग की एक लम्बी कविता (ग्रे हाउंड लगेज रूम में) ही अनूदित कर रख दी गई है। उपन्यास का अधिकांश अन्त तक साहित्यिक प्रभाव से सहज रंजित है। इसमें लगभग इक्कीस जगह नीग्रो को उद्घाटित करनेवाली कविताओं के अंश आए हैं जो उसे आज के बौद्धिक धरातल पर लाने में सहायक सिद्ध होते हैं। 'जो' का समूचा लेखन इसीलिए आधुनिक चित्रकला-शैली के निकट लगता है।

'फिनिश' के अभाव में भी 'जो' की संरचना रोचक, विचारोत्तेजक और ग्राह्य लगती है।

‘राग दरबारी’ : संस्मरण

श्रीलाल शुक्ल

अपनी कृति के बारे में कुछ लिखना भोंडा और अरुचिकर काम है—लगभग अपने प्रेम और सेक्स के अनुभवों को बखानने जैसा। फिर भी, और अपनी प्रवृत्ति और विवेक की खिलाफत करते हुए, यह टिप्पणी लिख रहा हूँ, खुशी सिर्फ यह है कि इस माध्यम से मैं भीष्म जी के एक अभूतपूर्व आयोजन में शरीक हो रहा हूँ।

‘राग दरबारी’ की शुरुआत 1960 के आसपास हुई। पर उस वक्त मुझे इसकी संरचना या स्वरूप का पता न था, यह तक तय नहीं कि मेरे दिमाग में इसकी विधा भी स्पष्ट थी या नहीं और शीर्षक तो मुझे 1967 के अन्त तक नहीं मिल पाया, अपनी हर किताब के शीर्षक की तरह ‘राग दरबारी’ का अविष्कार भी इसके प्रेस में जाने के कुछ दिन पहले ही हो सका।

कुछ आरामपसन्द समीक्षकों का तरीका है कि किसी किताब पर राय देने के लिये वे उसके शीर्षक को या कवर पर छपी हुई प्रकाशकीय विज्ञप्ति को अपनी समीक्षा का आरम्भ-बिन्दु बना लेते हैं और जब मन चाहा, लेखक को धुनने के लिये उनका डंडे की तरह इस्तेमाल करते हैं। ऐसे ही एक समीक्षक ने ‘राग दरबारी’ के शीर्षक पर लिखा था कि इससे संगीत के प्रति या तो मेरा अज्ञान सिद्ध होता है या दरबारी जैसे राग के प्रति संवेदनहीनता प्रकट होती है। दूसरों की प्रतिभा और कृतित्व पर राय देकर कृती बननेवाले हर आदमी को बेशक दूसरों को अज्ञानी और जड़ घोषित करने का हक है, कुछ हद तक यह उसके पेशे की मजबूरी भी है, फिर भी किताब पढ़कर कोई भी देख सकता है कि संगीत से इसका कोई सरोकार नहीं है और शायद मेरा समीक्षक भी जानता है कि यह राग उस दरबार का है जिसमें हम देश की आजादी के बाद और उसके बावजूद, आहत-अपंग की तरह डाल दिए गए हैं या पड़े हुए हैं।

यह तो हुई शीर्षक की बात, अब ‘राग दरबारी’ क्यों लिखा गया, इसका सही-सही जवाब खोजना मेरे लिये कठिन है। पर यह सही है कि इसके पीछे दो तत्त्व काफी सक्रिय थे। पहला, अपने ग्राम-जीवन के प्रति—जिसे मैं भारतीय जीवन की प्रमुख धारा मानता हूँ—मेरा अतिशय लगाव और दूसरा, हिन्दी साहित्य में ग्रामीण जीवन के प्रति बनी या बनती हुई रूढ़ियाँ जो मेरे लिये बरदाश्त के बाहर हैं। इस दूसरी बात को कुछ और स्पष्ट करने की जरूरत है।

प्रेमचन्द जैसे कुछ अपवादों को छोड़कर हिन्दी साहित्य में, लगता है, ग्रामीण जीवन के प्रति दो प्रकार की दृष्टियाँ विकसित हुई हैं और दोनों ही रूढ़ि बन गई हैं। पहली दृष्टि 'अहा ग्राम्य जीवन भी क्या है' वाली है, दूसरी 'चरमर चरमर चूँ चरर मरर जा रही चली भैंसागाड़ी' वाली। पहली दृष्टि ग्रामीण परिस्थिति को प्रकृति की रम्यता, सरलता, लोकगीतों और लोक-कथाओं की रूमानी तन्द्रिलता से जोड़ती है जिसकी हास्यास्पद परिणति "ऊँची अरहर में लुकाछिपी खेलती युवतियाँ मदमाती चुम्बन पा प्रेमी युवकों के..." जैसी पंक्तियों में होती है। ग्राम-जीवन की इस फर्जी, रूमानी, संघर्ष-रहित छवि को रेडियो और सिनेमा ने और भी पुष्ट किया है जिसके खिलाफ मेरी प्रतिक्रिया 'स्वर्ण ग्राम और वर्षा' या 'पहली चूक' जैसी मेरी आरम्भिक रचनाओं में व्यक्त होती है। दूसरी दृष्टि गाँव के छोटे किसानों, मजदूरों और दूसरे कमजोर वर्गों को केन्द्र बनाकर सामाजिक विषमता और उनके शोषण की कथाओं में परिलक्षित होती है। यह स्वस्थ दृष्टि है पर इससे अनुप्राणित साहित्य भी ज्यादातर रस्मी, सतही और प्राणहीन है, उसके प्रणेताओं में अधिकांश का दर्शन (विजन) सतह के नीचे बिलकुल अस्पष्ट है जिससे सामाजिक अन्याय की स्थिति, जो एक विशेष प्रकार की आर्थिक व्यवस्था का सहज परिणाम है, सस्ती भावुकता के माध्यम से अभिव्यक्त होती है और उलझाव भरे मुद्‍दों का अतिसाधारणीकरण हो जाता है। लेखक का दर्शन स्पष्ट हुआ, तब भी प्रायः समस्या की पकड़ कमजोर या बिखरी हुई नजर आती है।

बहरहाल, 'राग दरबारी' के लेखन के समय इन प्रवृत्तियों के बारे में मेरी प्रतिक्रिया बहुत साफ़ थी, यह दूसरी बात है कि कहीं-कहीं घड़ी का पेंडुलम दूसरी ओर इतना ज्यादा चला गया कि खुद मुझे 'संवेदनहीनता', 'सतहीपन', 'ग्रामीण संस्कृति का उपहास', 'हास्य-व्यंग्य की अति' जैसे आरोपों पर कटघरे में खड़ा किया गया। उपन्यास को सशक्त और अत्यन्त महत्वपूर्ण माननेवाले और कभी-कभी गलत कारणों से भी प्रशंसा करनेवाले आलोचकों की कमी नहीं है, पर कई प्रमुख आलोचकों ने उपर्युक्त आरोपों का उल्लेख किया।

जरूरी नहीं कि समीक्षकों और आलोचकों की हर बात का मेरे पास जवाब हो, और जहाँ जवाब या सफाई दे सकता हूँ, वहाँ भी मैंने ऐसा करने की हिम्मत नहीं दिखाई है, क्योंकि कोई किताब पूरी करके जब मैं एक नरक से उबरता हूँ तो समीक्षकीय खींचतान के दूसरे नरक में धँसने की ताकत मुझमें बाकी नहीं रहती। सिर्फ यह रहता कि मैं यथाशक्ति अपना दिमाग खुला रखता हूँ और कृति की कमजोरी बतानेवाली आलोचना के खिलाफ मानसिक किलेबन्दी नहीं करता।

पर इस मौके का फायदा लेकर ग्राम-जीवन के बारे में मैं अपनी समझ या नासमझी के कुछ पहलू स्पष्ट कर देना चाहता हूँ। पहली बात तो यह कि मैं ग्राम-जीवन से सम्बन्धित लेखन को सामान्य तथा आंचलिक नहीं मानता, क्योंकि मैं उस जीवन को भारतीय जीवन की मूल धारा मानता हूँ। भारतीय ग्राम्य जीवन की औसत कहानी मेरे लिए, सामान्य जीवन के अनुभवों की कहानी है, किसी दुर्गम प्रान्तर और किसी दुर्लभ

समुदाय का नृशास्त्रीय अध्ययन नहीं। यह दम्भ की बात है और जनविरोधी तो है ही—कि रेस्त्राँ, बार, कॉलिज, ड्राइंग रूम, दफ्तर आदि के चोंचलों को साहित्य का अंग माना जाए और भारतीय जीवन के सामान्य रूप को, जो गाँवों से और अस्सी प्रतिशत से ऊपर जनता से सम्बद्ध हो, साहित्य में आंचलिकता के खाने में रखा जाए। यह समझना भी दम्भ और गुस्ताखी की बात है कि समाज का बाहरी और सफेदपोश वर्ग ही हमारे सामान्य और सामाजिक-सांस्कृतिक जीवन का अभिव्यंजक है। इस धारणा के अनुसार अन्तिम निष्कर्ष तक पहुँचा जाए तो 'मैला आँचल', 'अलग-अलग वैतरणी', 'आधा गाँव' जैसे उपन्यास भारतीय जीवन के सामान्य उपन्यास होंगे और 'अँधेरे बन्द कमरे' और 'वे दिन' आंचलिक उपन्यासों के अच्छे नमूने माने जाएँगे।

दूसरी बात 'हास्य-व्यंग्य की अति' से सम्बन्धित है। अगर 'राग दरबारी' परिहासात्मक अवज्ञा, व्यंग्य या 'हाई कमेडी' के मूड में लिखा गया है तो यह बात गाँवों के उस मूड से मेल खाती है जहाँ विपत्तियों और संघर्षों के बावजूद लोग हर छोटी-छोटी बात से अपने को खुश रखने की कोशिश करते हैं। गाँव का आदमी अगर सफेद कॉलर वाले शहरी की तरह आत्मदया और कुंठा का शिकार हो जाए और उसे अपने व्यवहारों में भी दिखाने लगे तो जीवित रहना उसके लिये दुष्कर हो जाएगा और गाँव सामूहिक आत्महन्ताओं के केन्द्र हो जाएँगे। विपत्तियों और संघर्षों को झेलने में नियतिवाद ही उनका एकमात्र शस्त्र नहीं है, जीवन के प्रति उनमें एक खुली हुई दृष्टि भी है जो उतने ही कारगर एक दूसरे अस्त्र की सृष्टि करती है जिसका नाम परिहास-बोध है।

इस वृत्ति की जड़ में जीवन की और स्वभाव की विविधता है। दफ्तर और कारखानों की जिन्दगी, जहाँ लोग एक-सी अनुशासन-संहिता से शासित हैं, व्यक्तिगत विविधताओं को कम करती जाती है और उसी अनुपात से परिहासपरक स्थितियाँ कम होती जाती हैं। सनीचर, बंगड़ और छोटे पहलवान जैसे पात्र दिल्ली के साउथ ब्लॉक के दफ्तरों में नहीं मिल सकते और पंचायती अदालत के सरपंच और कुसहर प्रसाद का झमेला सुप्रीम कोर्ट में नहीं देखा जा सकता। सामान्य जनजीवन केवल सुरक्षा की अवचेतन भावना से ही अपनी त्रासदी को, आत्मदया से मुक्त होकर, हँसते हुए झेलता है। सघन भावुकता, उबाल के तेवर और नपुंसक आक्रोश उसके स्वभाव के स्थायी अंग नहीं हैं। बहरहाल, 'राग दरबारी' लिखते हुए मेरे सामने दो ही विकल्प थे : या तो मैं उसे 'ऐंग्री यंगमैन' की मनःस्थिति में लिखता जो कि मैं नहीं था, या उसे सनीचर, रुप्पन बाबू, प्रिंसिपल, वैद्यजी आदि के साथ उठने-बैठने वाले पढ़े-लिखे गँवार की तरह लिखता, जो कि मैं था। तभी 'राग दरबारी' जिस तरह लिखा गया, उसके सिवाय मैं उसे किसी दूसरी तरह नहीं लिख सकता था। बेशक दूसरे लेखक, उदाहरणार्थ श्रीपतराय या नेमिचन्द्र जैन इन दो के बजाय तीसरी या चौथी तरह से भी लिख सकते थे।

हो सकता है कि मेरी स्थिति की परख या अनुभव की पकड़ कहीं-कहीं सही न उतरी हो और पाठक को पूर्णतः आश्वस्त न करती हो। पर इतना तय है कि एक सम्मानित आलोचक की राय के बावजूद 'राग दरबारी' ग्रामीण जीवन की पैरोडी नहीं है,

हर लेखक की तरह मुझे भी यह भ्रम है कि 'राग दरबारी' में जितना देखा गया है, उसके अलावा भी बहुत-कुछ है। मुझे यह उम्मीद भी है कि उस 'बहुत-कुछ' की पहचान करने के लिये खुद लेखक को निबन्ध न लिखने पड़ेंगे—यह बिलकुल जरूरी नहीं कि खुद लेखक को ही उसकी पहचान हो और पाठकों और आलोचकों का समुदाय अपने-अपने ढंग से उस 'बहुत-कुछ' का अनुसन्धान करता रहेगा और उसी क्रम में एक नए साहित्यिक अनुभव का आनन्द पाएगा।

'राग दरबारी' : व्यंग्य-दृष्टि या व्यंग्य-लीला

डॉ. नित्यानन्द तिवारी

यह उपन्यास इस दृष्टि से तो महत्वपूर्ण है ही कि यह कथालोचना के क्षेत्र में कई प्रश्नों पर विचार करने के लिये उकसाता है। मसलन आद्यन्त उपहास का ढाँचा और लेखकीय सम्मान कितनी दूर तक और किस तरह से साहित्यिक उपलब्धि को प्रस्तावित करता है ? क्या "राग दरबारी भी पाठक को झकझोरता है। वह हिन्दी उपन्यास की माँगों को पूरा करे या न करे, उपन्यास जाए भाड़ में, वह कई अर्थों में हिन्दी पाठक की उपलब्धि है।" इतना मात्र कहकर काम चला लेना काफी है ? क्या उपन्यास का वास्तविक लगना और दस्तावेज होना पर्याप्त है ? लेखकीय निस्संगता कैसी होती है ? जो परिस्थितियाँ हमारी जिन्दगी में पैदा हुई हैं उनके कारणों में लेखक भी आम और खास लोगों की तरह अपने को भी नहीं पाता है ? या कि उन्हें झेलने-सहने में वह भी कहीं शामिल है या नहीं ? इन बातों का जवाब कथा कृति में होना चाहिए या कम-से-कम इन सवालों का ताप उसमें व्याप्त होना चाहिए।

आलोचकों ने महसूस किया है कि "आज के भारतीय जीवन के...विभिन्न स्थितियों के बड़े प्रभावी चित्र 'राग दरबारी' में हैं जो हमारे अति परिचित अनुभव को फिर से ताजा कर जाते हैं।" (नेमिचन्द्र जैन)। "आजाद हिन्दुस्तान की राजनीति, इस दौर में चले विकास-कार्यों से, सरकार और उसकी नौकरशाही तथा दूसरे औजारों की गतिविधियों से इस दरम्यान किस तरह की औलादें पैदा हुई हैं, उनका व्यक्तित्वशास्त्र, नीतिशास्त्र और समाजशास्त्र क्या है—यही 'राग दरबारी' की वस्तु है।" (कमलेश)। इन प्रबुद्ध समीक्षकों के साक्ष्य पर कहा जा सकता है कि 'राग दरबारी' की विषय-वस्तु में वास्तविकता है। लेकिन कथा में जो दृश्य या चित्र अथवा घटनाएँ प्रस्तुत की जाती हैं, हो सकता है, वे देखने में बहुत वास्तविक लगें लेकिन लेखकीय धर्म का निर्वाह न होने के कारण सम्भव है वे अपनी वास्तविकता की सम्भावित शक्ति को खो दें। क्या 'राग दरबारी' के बारे में इस प्रश्न को उठाया जा सकता है ?

उपन्यास में वास्तविकता क्या घटनाओं और दृश्यों में होती है अथवा लेखक द्वारा उनको सँजोने के लिये व्यवहृत अनुपात और बलाघात पर निर्भर करती है ? दृश्य और घटना किसी की सम्पत्ति नहीं हैं, वे प्रकृति और समाज में फैली होती हैं और कोई भी सचेत व्यक्ति उनका अहसास पा सकता है और आम तौर पर लोग उनसे परिचित होते

हैं। किन्तु उन्हें एक खास अनुपात में रखना और किन्हीं खास बिन्दुओं पर बलाघात देना लेखक की अपनी वस्तु होती है और आम लोग उनसे परिचित नहीं होते। इसी बिन्दु पर लेखक वास्तविकता के विषय में हमारे बोध को समृद्ध और चेतना को उत्तेजित करता है। अनुपात और बलाघात के द्वारा ही औपन्यासिक वस्तु का निर्माण होता है, वास्तविक घटनाओं और दृश्यों के द्वारा नहीं।

'राग दरबारी' की सर्वाधिक महत्वपूर्ण विशेषता जो हमारा ध्यान आकर्षित करती है, वह है उसकी वस्तुओं, घटनाओं, दृश्यों, व्यक्तियों और कार्यविधियों के वर्णन करने का खास ढब। जैसे--

"वहीं एक ट्रक खड़ा था। उसे देखते ही यकीन हो जाता था, इसका जन्म केवल सड़कों के साथ बलात्कार करने के लिये हुआ है। जैसे कि सत्य के होते हैं, इस ट्रक के भी कई पहलू थे। पुलिसवाले उसे एक ओर से देखकर कह सकते थे कि वह सड़क के बीच में खड़ा है, दूसरी ओर से देखकर ड्राइवर कह सकता था कि वह सड़क के किनारे पर है। चालू फैशन के हिसाब से ड्राइवर ने ट्रक का दाहिना दरवाजा खोलकर डैने की तरह फैला दिया था। इससे ट्रक की खूबसूरती बढ़ गई थी, साथ ही यह खतरा मिट गया था कि उसके होते हुए कोई दूसरी सवारी भी सड़क के ऊपर से निकल सकती है।" (पृ. 9)

"दारोगा जी गुनगुनाते हुए किसी को गाली देने लगे। थोड़ी देर में उसका यह मतलब निकला कि काम के मारे नाक में दम है। इतना काम है कि अपराधों की जाँच नहीं हो पाती। मुकदमों का चालान नहीं हो पाता, अदालतों में गवाही नहीं हो पाती। इतना काम है कि सारा काम ठप्प पड़ा है।" (पृ. 16)

"वैद्य जी थे, हैं और रहेंगे।

अंग्रेजों के जमाने में वे अंग्रेजों के लिये श्रद्धा दिखाते थे। देशी हुकूमत के दिनों में वे देशी हाकिमों के लिये श्रद्धा दिखाने लगे। वे देश के पुराने सेवक थे।" (पृ. 37)

"कुछ रुककर, वे समझाने के ढंग पर बोले, 'हमारे यूनियन में गबन नहीं हुआ था, इस कारण लोग हमें सन्देह की दृष्टि से देखते थे। अब तो हम कह सकते हैं कि हम सच्चे आदमी हैं। गबन हुआ है और हमने छिपाया नहीं है। जैसा है, वैसा हमने बता दिया है।' " (पृ. 45)

"उन दिनों गाँव में लेक्चर का मुख्य विषय खेती था। इसका यह अर्थ कदापि नहीं कि पहले कुछ और था। वास्तव में पिछले कई सालों से गाँववालों को फुसलाकर बताया जा रहा था कि भारतवर्ष एक खेतिहर देश है। गाँववाले इसका विरोध नहीं करते थे, पर प्रत्येक वक्ता शुरू से यह मानकर चलता था कि गाँववाले इस बात का विरोध करेंगे।...मिसाल के लिए, समस्या थी कि भारतवर्ष एक खेतिहर देश है और किसान बदमाशी के कारण अधिक अन्न नहीं उपजाते।" (पृ. 68)

कुछ जरूरत से ज्यादा उद्धरण मैंने इसलिए दिए हैं कि इस उपन्यास में वर्णन का यह ढब आद्यन्त उभरा हुआ है। ढब हमेशा वर्णनकर्त्ता के विशेष बलाघात और कोण से पैदा होता है। चीजों, व्यक्तियों और व्यापारों में निहित मखौल और उपहास तत्त्व पर

लेखक बल दे रहा है, इस बात को उपन्यास में साफ पहचाना जाता है। बड़ी-से-बड़ी और गम्भीर-से-गम्भीर बात व्यवहार और योजना, मखौल और उपहासास्पद बन जाती है, यह आज की जिन्दगी और परिस्थिति की परिचित वास्तविकता है। लेकिन वास्तविकता के भी क्या दो पहलू नहीं होते ? मसलन ऊपरी और नितान्त परिचित वास्तविकता में एक रीतिवाद, फॉर्मूला और सम्भावनाहीनता होती है और उसके आन्तरिक विधान में सर्जनात्मक नवीनता और सम्भावना। क्या लेखक से इस बात की माँग की जानी चाहिए कि उसका बलाघात और कोण वास्तविकता के आन्तरिक विधान और सम्भावनात्मक पहलू के लिये ही हो ?

'राग दरबारी' में वर्णन का ढब इतना छाया हुआ और एकरूप है कि 30-40 पृष्ठों में ही वह फॉर्मूलेबाजी लगने लगता है। लेखक की संपृक्ति इस ढब में इतनी ज्यादा महसूस होने लगती है कि वास्तविकता से उसका सम्बन्ध छूटने लगता है। घटनाएँ चाहे छोटी हों या बड़ी, वे इस ढब के लिये इस्तेमाल की जाती हैं। बहुत कम महसूस होता है कि ढब और घटना या परिस्थिति का द्वन्द्व है। इस द्वन्द्व के बिना वस्तु का निर्माण नहीं होता। क्या यह कहा जा सकता है कि यह उपन्यास वस्तुहीन घटनाओं, कार्यों और चरित्रों का जंजाल है ? यह बड़ी दुखद परिणति है क्योंकि लेखक के पास वह क्षमता है जिससे वह परिस्थितियों को उघाड़कर वास्तविकता के आन्तरिक विधान को प्रस्तुत कर सके। उदाहरण के लिए–

"आज के भावुकतापूर्ण कथाकारों ने न जाने किससे सीखकर बार-बार कहा है कि दुख मनुष्य को माँजता है। बात कुछ इतनी नहीं है। सच तो यह है कि दुख मनुष्य को पहले फींचता है, फिर फींचकर निचोड़ता है, फिर निचोड़कर उसके चेहरे को घुग्घू जैसा बनाकर उस पर दो बार काली सफेद लकीरें खींच देता है। फिर उसे सड़क पर लम्बे-लम्बे डगों से टहलने के लिये छोड़ देता है। दुख इंसान के साथ यही करता है और उसने गोंडा के रिक्शावाले के साथ भी यही किया था। पर शहरी रिक्शावाले पर इसका कोई असर नहीं हुआ। सिगरेट फेंककर उसकी ओर बिना कोई ध्यान दिए, उसने अपना रिक्शा तेजी से आगे बढ़ाया।"

गोंडा के रिक्शावाले का वर्णन बहुत संक्षिप्त किन्तु पर्याप्त है, साथ ही शहरी रिक्शावाले का वर्णन बहुत फैला हुआ लेकिन बहुत अपर्याप्त है। कारण क्या है ? उद्धृत अंश में वर्णन के ढब और मानवीय दुख का द्वन्द्व उभर जाता है जब कि शहरी रिक्शेवाले के साथ वर्णन का ढब स्थिति के साथ औपचारिक सम्बन्ध स्थापित करता है। इसी कारण ढेर सारी मुद्राओं को बटोरकर भी कोई कथ्य नहीं उभारा जा सका। इन दोनों का वर्णन पढ़ते हुए कोई भी महसूस कर सकता है कि लेखक का ढब एक जगह स्वाद उभारता है तो दूसरी जगह तनाव। एक वर्णन में पाठक को मजा आता है तो दूसरे में सम्पृक्ति और बेचैनी। एक में लेखक पूरी तरह उपस्थित है (अपने ढब के साथ) फिर भी उदासीन (स्थिति के साथ), दूसरे में वह उपस्थित नहीं, व्याप्त है क्योंकि ढब और स्वाद नहीं, करुणा और स्थिति का व्यंग्य उभरता है। पहले (शहरी रिक्शेवाले के) वर्णन

में वस्तु अनुपस्थित है क्योंकि दृश्य या घटना बहाना है (और ढब सर्वशक्तिवान् तथा स्वतन्त्र), दूसरे में वस्तु है क्योंकि दृश्य और घटना के साथ ढब को द्वन्द्वात्मक रिश्ता कायम करना पड़ा है। इसीलिए गोंडा के रिक्शेवाले का वर्णन वास्तविक है और शहरी रिक्शेवाले का ऊपर से वास्तविक लगता हुआ भी झूठा, इसी कारण कुरुचिपूर्ण और उबाऊ भी। एक वास्तविकता सम्भावनाहीन, फैली हुई और रीतिवादी है, दूसरी सम्भावनागर्भ, सघन और सर्जनात्मक। शहरी रिक्शेवाले में एक किस्म का जो शोहदापन, बड़बड़ाहट, स्वाभिमान-जैसा कुछ और अकड़ है उसके साथ लेखक का सलूक कैसा है ? व्यंग्यात्मक ? कत्तई नहीं। क्या वह निस्संग टिप्पणी है ? नहीं, वह भी नहीं। उसमें एक वाक्य भी ऐसा नहीं जो उसकी विकृति के वास्तविक कारणों की टोह लेता हो और पाठक की वास्तविकता की धारणा को धार देता हो। लेखक उसके वर्णन में रुचि लेता है ताकि उसकी मुद्राओं के और लहजे के कई पहलुओं को उभारे। उसे कई ओर से उलट-पुलटकर देखता है। बद्री पहलवान की तरह लेखक खुद मजा लेता है और छोड़ देता है। अगर उसकी विकृति के कारणों की टोह लेनेवाला लेखकीय व्यवहार होता तो उसमें से 'कुछ' जारी होता जिसे सम्हालने-सहेजने में वस्तु का निर्माण होता। शहरी रिक्शेवाले के वर्णन में लेखक जहाँ और जिस कोण पर बल देता है उससे उसकी शोहदाई स्थिति के प्रति संगता और उस स्थिति के कारणों के प्रति निस्संगता प्रकट होती है। व्यंग्य और निस्संग टिप्पणी दोनों की सर्जनात्मक सार्थकता स्थिति के प्रति निस्संगता किन्तु उसके कारणों के प्रति गहरी संपृक्ति में प्रतिफलित होती है। गँवई रिक्शेवाले के वर्णन में संगता, निस्संगता का क्रम उल्टा है, इसी कारण स्थिति को तोड़कर उसके नीचे की वास्तविकता के आन्तरिक विधान की झलक मिल जाती है। उसमें सम्भावना है जो विकसित होने का अवसर माँगती है, अभिमुखता है जो सम्बन्ध कायम करना चाहती है और वह परिपार्श्व भी उभारती है जहाँ से वास्तविकता की चेतना समृद्ध और धारदार बन सकती है। लेकिन दुखद यही है कि घटनाओं और दृश्यों की इस सम्भावना के प्रति लेखक अक्सर उदासीन हो जाता है।

इस उपन्यास के सम्बन्ध में 'क्रीड़ा-दृष्टि' की चर्चा की गई है जो परिस्थितियों में निहित मखौल को उघाड़ती है और स्वातन्त्र्योत्तर यथार्थ को प्रस्तावित करती है। किन्तु विचार किया जा सकता है कि स्थितियों का 'लीलामय' विस्तार और लेखक की 'लीला-दृष्टि' परस्पर द्वन्द्वरत हैं या सहयोगरत ? यदि दृष्टि 'लीलामय यथार्थ' के साथ सहयोगरत है तो घटनाओं और दृश्यों के विवरणों का विस्तार अधिक होगा, उनके कई पहलुओं का उद्घाटन भी हो सकता है, दृश्य बड़ा यथार्थ लगेगा और अतिरिक्त सहानुभूति से सम्पन्न आलोचक को " 'राग दरबारी' में किसी साहित्यिक मानदंड के समीप होने की बजाय जिन्दगी के ज्यादा समीप होने की कोशिश है" कहने की सुविधा भी होगी। उदाहरण के लिए–

"रात को पिछले पहर वैद्य जी को जाड़ा महसूस हुआ और उनकी नींद उचट गई। च्यवनप्राश, स्वर्णभस्म और बादाम पाक आदि की मिलीजुली किलेबन्दी को तोड़कर

जाड़ा उनकी खाल के भीतर घुस आया और मांस की मोटी तहों को भेदता हुआ हड्डियों की मज्जा तक जा पहुँचा। उन्होंने लिहाफ अच्छी तरह लपेटने की कोशिश की और उसी के साथ याद किया कि अकेले लेटने में बिस्तर ज्यादा ठंडा रहता है। इस याद के बाद यादों का एक ताँता-सा लग गया, जिसका व्यावहारिक लाभ यह हुआ कि उन्हें तन्द्रा ने घेर लिया। थोड़ी देर शान्ति रही, पर कुछ देर बाद ही पेट के अन्दर हवा ने क्रान्ति मचानी शुरू कर दी। जिस्म के ऊपरी और निचले हिस्सों से वह बार-बार विस्फोटक आवाजों में निकलने लगी। उन्होंने लिहाफ दबाकर करवट बदली और अन्त में क्रान्ति का एक अन्तिम विस्फोट सुनते हुए वे फिर तन्द्रालीन हो गए। देखते-देखते क्रान्ति की हवा कुतिया की तरह दुम हिलाती हुई सिर्फ उनके नथनों से खर्राटों के रूप में आने लगी, जाने लगी। वे सो गए। तब उन्होंने प्रजातन्त्र का सपना देखा। ...यह कहकर प्रजातन्त्र बैठक के बाहर चला गया और वैद्य जी की नींद दोबारा उचट गई। जागते ही उन्होंने अपनी आन्तरिक क्रान्ति का एक ताजा विस्फोट लिहाफ के अन्दर पैताने की ओर सुना और एकदम तय किया कि देखने में चाहे कितना बाँगड़ू लगे, पर प्रजातन्त्र भला आदमी है और अपना आदमी है और उसकी मदद करनी ही चाहिए। उसे कम-से-कम एक नया कपड़ा दे दिया जाए ताकि पाँच भले आदमियों में वह बैठने लायक हो जाए।" (पृ. 154-55)

यहाँ लेखक की क्रीड़ा-दृष्टि में किसे सन्देह हो सकता है और भारतीय प्रजातन्त्र के क्रीड़ामय रूप से भी कौन अपरिचित है ? वैद्य जी यदि स्वातन्त्र्योत्तर भारत के लीलावतार हैं तो लेखक भी कम लीलाधर नहीं है। प्रजातन्त्र के प्रति सौजन्य भाव यदि वैद्य जी की लीला का रूप है तो इस सौजन्य के प्रति लेखक का भी लीलाभाव स्पष्ट है जो वैद्य जी की प्रजातान्त्रिक लीला के पीछे की धूर्तता और क्रूरता को उघाड़ सकता है। एक सीमा तक उघाड़ता भी है और वहाँ तक दोनों की लीलाओं का द्वन्द्वात्मक सम्बन्ध है। लेकिन क्या यहाँ वर्णन में अतिरिक्त रसिकता भी नहीं है ? ढब में क्या ऐसा कुछ भी नहीं है जो अलग से अपना स्वाद बनाए रखता है ? और इसका उत्तर एक-दो उद्धरणों से देना सम्भव भी नहीं, पूरी कथा-रचना में क्या ढब और उसका स्वाद स्वतन्त्र भी नहीं है ? अगर कोई 'राग दरबारी' में 'यथार्थवादी सपाटता' या द्वन्द्व की कम उपस्थिति पाता है तो क्या इसी कारण नहीं कि ढब और स्थितियों के बीच अपेक्षित द्वन्द्व बहुत कम है ! 'राग दरबारी के पात्रों को' यदि 'संशय नहीं सालते' तो इससे किसी को क्या शिकायत हो सकती है। शिकायत तो ढब और पात्रों की स्थिति के बीच द्वन्द्व है या नहीं, इसका संशय, लेखक को सालता है या नहीं, इससे हो सकती है।

कुशहर-प्रसंग, सनीचर द्वारा दूरबीन सिंह का संस्मरण सुनाना, गाँव में शहरी नेताओं का भाषण-प्रसंग, रुप्पन बाबू द्वारा ऊपरी कमरे का उपयोग-वर्णन, लंगड़ और नवल बाबू का संघर्ष, बेला को लेकर बड़ी और वैद्य जी के बीच संवाद, डिप्टी डायरेक्टर ऑफ एजूकेशन द्वारा कॉलिज के मामलों का जाँच-प्रसंग और छोटे-मोटे और कई प्रसंग उपन्यास में जिस दुनिया और माहौल को उपजाते है वह क्या लेखक की व्यंग्य (?)

दृष्टि की लीला नहीं है ? और क्या वैद्य जी की लीला के साथ लेखक की यह वर्णन-लीला सहयोग नहीं करती ? इस सहयोग का प्रमाण है अतिरिक्त स्वाद। इस उपन्यास में गृहीत घटनाएँ, व्यापार और स्थितियाँ अगर रिवाज की तरह हैं और वास्तविक लगती हैं तो उनका वर्णन भी उपन्यास में रिवाज ही बन गया है। दृष्टि कभी रिवाज की तरह इस्तेमाल नहीं की जा सकती और लेखक की दृष्टि यदि व्यंग्य और क्रीड़ापरक है तो वह शैलीगत रूढ़ि नहीं बन सकती।

लेखक की लीला-शैली का अलग राग एक और घटना से प्रमाणित होता है। बेला के साथ रुप्पन बाबू के लस्तगे की बात उपन्यास में खूब जाहिर है लेकिन वास्तविक लस्तगा बद्री पहलवान के साथ है और लेखक इस वास्तविक को यत्नपूर्वक छिपाए रहता है। काफी देर बाद वह खुलती है और सनसनीखेज असर डालती है। क्या यह घटना में व्याप्त लीला-स्वाद नहीं है ? या फिर गयादीन की भैंस का गरमाना और उसके बारे में बहुत ज्यादा विवरण देना क्या यह प्रमाणित नहीं करता कि लेखक उस दृश्य विशेष में रस ले रहा है ? लेखक अपने वर्णन में अनुपात का ध्यान बहुत कम रख पाता है, यह एक बड़ा कारण लगता है जिससे वस्तु-निर्मिति से अलग वर्णन की स्वतन्त्रता उभरने लगती है। वह वर्णन-शैली स्थिति के साथ द्वन्द्व करती-करती सहयोगी की-सी भूमिका अपनाने लगती है।

इसमें सन्देह नहीं कि 'राग दरबारी' के लेखक के पास सक्षम भाषा है (स्थितियों को भेदनेवाली), दृश्यों और घटनाओं की सही पहचान है लेकिन उनके साथ कितना खेलना है, उसके उचित अनुपात का बोध नहीं है। इसी कारण उसकी चोट का प्रभाव क्षीण होने लगता है। लेखक की नैतिकता इस बात में निहित है कि वह शैली और स्थिति के साथ कैसा रिश्ता कायम करता है। इस बात में नहीं कि वह किस बाहरी नैतिक दृष्टि पर विश्वास करता है और उसे अपने लेखन में प्रतिफलित करता है। 'अतिरंजना', 'अव्यवस्था के कारण प्रतीकों पर चोट', 'वस्तुपरकता को त्याग देने का रास्ता' कुछ भी अपनाने के लिये लेखक उपस्थित परिस्थिति के अनुसार स्वतन्त्र हो सकता है। लेकिन उस बिन्दु पर उसकी स्वतन्त्रता अनैतिक हो सकती है जहाँ से वस्तु-निर्मिति स्खलित होने लगे।

इस उपन्यास के किसी पात्र पर अवास्तविक होने का आरोप नहीं लगाया जा सकता। रंगनाथ, वैद्य जी, बद्री, रुप्पन, प्रिंसिपल ये सभी हमारे समाज के जाने-पहचाने लोग हैं। लेकिन उपन्यासकार की चरितार्थता सम्भवतः इस बात में है कि वह इनके प्रति हमारे सलूक का कौन-सा पैटर्न या उन्हें महसूस करने का कौन-सा नया पार्श्व देता है। वह स्थिति और पात्रों में निहित सम्भावना का इस्तेमाल करता किसलिए है ? अगर वास्तविकता तमाशाई हो गई है तो उसका 'हूबहू' रूप तो लेखक चित्रित करेगा लेकिन पाठक का उसके साथ सलूक और उसे महसूसने की विधि क्या होगी ? वास्तविकता के साथ पाठक की सहयोगिता किस रूप में हो, लेखक की सार्थकता और उपन्यास की वस्तु का उससे घनिष्ठ सम्बन्ध है। एक भारतीय लेखक भारतीय वास्तविकता के तमाशाई

रूप के प्रति तमाशाई रुख ही अख्तियार करे, क्या इसके औचित्य पर भी सवाल उठाया जा सकता है ? क्या लेखकीय नैतिकता का इससे कोई सम्बन्ध है ? अगर लेखक, मौजूदा भारतीय वास्तविकता के तमाशाई रूप के कारणों और उसके भार को झेलनेवाले लोगों में अपनी उपस्थिति को भी गहराई से महसूस करता हो तो अपराध-बोध और आक्रोश उसके वर्णन के स्वाद को किसी भी हालत में स्वायत्त हैसियत में नहीं बने रहने दे सकता। वैसी हालत में व्यंग्य और क्रीड़ा, दृष्टि होती और व्याप्त होती, वह स्वतन्त्र शैली न होती और अतिरिक्त रूप में अपनी उपस्थिति भी प्रदर्शित नहीं करती।

और क्या इसी कारण 'आज की हिन्दुस्तानी जिन्दगी की मुख्य धारा' और उसके अनेक पहलुओं की ठीक पहचान होने के बावजूद, व्यंग्य की तीखी ताकत का इस्तेमाल और 'भाषा के दो टूक' होने के बावजूद यह उपन्यास वास्तविकता का वह परिपार्श्व उभारते-उभारते रह जाता है जिसे 'वस्तु' कहते हैं, जिसमें पाठक अपनी हिस्सेदारी की समझ को उत्तेजित होता हुआ पाता है, और इसमें असफलता क्या तमाम दूसरी सफलताओं और उपलब्धियों के होते हुए भी बहुत दुखद नहीं है ?

'दंड-द्वीप' और मैं

रमेश उपाध्याय

'दंड-द्वीप' मेरा दूसरा उपन्यास है। यह उपन्यास 1967 में लिखा गया था। आज यह लेख लिखने के लिये उसे फिर से पढ़ा है तो बहुत अजीब-सा लग रहा है। 1967 से 1974 तक का समय हालाँकि गिनती में केवल सात वर्षों का समय है, लेकिन ऐसा महसूस होता है जैसे सुदूर अतीत की बातें याद कर रहा हूँ। सुना है, लोगों को अपनी कृतियों से बहुत मोह हुआ करता है, लेकिन मैं अपने इस उपन्यास से बेहद असन्तुष्ट हूँ। और यह असन्तोष आज का नहीं, उसी समय से है, जब से यह उपन्यास प्रकाशित हुआ है। इस उपन्यास से जुड़ी स्मृतियों को ताजा करते हुए वह असन्तोष आज मुझे फिर बेचैन कर रहा है।

प्रकाशित होने से पहले शायद यह लगता था कि मेरा यह उपन्यास एक मुकम्मल रचना है, लेकिन जब यह 'धर्मयुग' में धारावाहिक रूप में छप चुका तो पाठकों के पत्रों से मुझे मालूम हुआ कि यह तो अधूरा उपन्यास है। पाठकों ने मुझे लिखा—यह अधूरा ही क्यों छपा ? इसकी शेष कथा कहाँ गई ?

और मेरे इस उत्तर से कि उपन्यास मैंने इतना ही लिखा था, एक पाठक तो बेहद नाराज हुए। उनका वह लम्बा पत्र आज भी मुझे याद है, जिसमें उन्होंने लिखा था कि यदि यह इतना ही है तो यह उपन्यास नहीं है और आप उपन्यासकार नहीं हैं, कि आपने पाठकों के साथ मजाक किया है, कि अगर आपने आगे नहीं लिखा है तो लिखिए, इसका उत्तरार्द्ध लिखिए।

उनका आग्रह केवल कथा-प्रेमी पाठक का आग्रह नहीं था, उस आग्रह के पीछे तर्क था। तर्क यह था कि यदि दंड-द्वीप (वह स्थान जहाँ अपराधियों को कालेपानी की सजा के लिये भेजा जाता है) प्रतीकात्मक नहीं है तो व्यर्थ है; और यदि प्रतीकात्मक है तो सामाजिक यथार्थ के सन्दर्भ में इस प्रतीक का निर्वाह होना चाहिए। उनका तर्क था कि इस उपन्यास के नायक राजू को यदि कैशोर्य की भावुकता में अपने से बड़ी उम्र की स्त्री के प्रति आकर्षित और अन्त में उस आकर्षण से मुक्त हो जानेवाले लड़के के रूप में ही दिखाना लेखक का उद्देश्य होता तो इस उपन्यास में किशोर-भावुकता से भरी एक रूमानी कथा मात्र होती, सामाजिक विसंगतियों का चित्रण न होता और न इसका नाम 'दंड-द्वीप' होता। दंड-द्वीप अगर दिल्ली के कदमों में पड़ी डेरी (झुग्गी-बस्ती) है और

उसमें कालेपानी की सजा पानेवाला राजू अगर निम्न-मध्यवर्ग पर पड़नेवाले आर्थिक दबावों के कारण मेहनतकश वर्ग में आ गया है—ताले-चाबियों के कारखाने का मजदूर बन गया है--तो वयःसन्धि का उसका आकर्षण हद-से-हद उसके संघर्षमय जीवन की एक उपकथा ही बन सकता है, मुख्य कथा नहीं। दूसरे, मेहनतकश वर्ग में आकर राजू उस वर्ग के संघर्षों से अछूता कैसे रह जाता है ? कैसे वह अचानक पुनः मध्यवर्ग में स्थानान्तरित हो जाता है ? कालेपानी की उसकी सजा अचानक कैसे खत्म हो जाती है ?

इतने ही नहीं, उपन्यास पर लगाए गए प्रश्नचिह्न और भी थे। अन्य पाठकों ने दूसरी तरह के सवाल उठाए, जैसे—राजू के परिवार का क्या हुआ ? उसके बड़े भाई की सजा का क्या हुआ ? मनीषा के आकर्षण से वह पूरी तरह मुक्त हो पाया या नहीं ? शकुन्तला उसके जीवन में आई या नहीं ? आई तो वह उसके साथ सहज ढंग से जी पाया या नहीं ? और यदि राजू को डेरी छोड़ने का दुख था, अगर उसके मन में 'एक सहज करुणा थी, जो उसे उन लोगों और उस सारे माहौल से बाँधे हुए थी', तो उसे अचानक उन मध्यवर्गीय लोगों से 'जिन्हें वह कभी पसन्द नहीं कर पाया', लगाव क्यों महसूस होने लगा !

मेरी ही लिखी पंक्तियों के उद्धरण-पर-उद्धरण कई सवाल उठाते हुए मेरे पास आए। दूसरी तरफ उपन्यास की प्रशंसा में आए हुए पत्रों का एक ढेर था, जिनमें कोई शिकायत नहीं थी और जिनका प्रमुख स्वर यह था कि मैंने पाठकों के मन की बात कह दी है। एक ही रचना के बारे में पाठकों की ऐसी परस्पर विरोधी प्रतिक्रियाओं से मैं बौखला-सा गया। प्रकाशित उपन्यास को मैंने फिर से पढ़ा और मुझे लगा कि उन पाठकों की बात ज्यादा सही हे, जो इसे एक अपूर्ण रचना मानते हैं। मैंने भी महसूस किया कि यह वाकई अधूरा है, इसे आगे बढ़ाऊँगा, पूरा करूँगा। लेकिन सोचा हुआ सब समय पर हो जाए तो बात ही क्या। लिखने बैठा तो लगा कि सिर्फ आगे बढ़ाकर लिखते जाने से बात नहीं बनेगी। बीच-बीच में बहुत-से परिवर्तन करने पड़ेंगे। कुछ परिवर्तन किए भी, लेकिन फिर लगा कि परिवर्तनों से भी बात नहीं बनेगी, इसके अधूरेपन को दूर करने के लिये तो इसे फिर से लिखना पड़ेगा। और फिर से लिखने का उन दिनों समय नहीं था...

बड़ी विचित्र परिस्थिति थी। जिन दिनों यह उपन्यास 'धर्मयुग' में धारावाहिक रूप में प्रकाशित हो रहा था, मैं एम.ए. का विद्यार्थी था, उन्हीं दिनों मेरी शादी हुई थी और उन दिनों अपना प्रकाशन शुरू करने के प्रयास में असफल होकर मैं कर्ज से लदा हुआ था। इसीलिए जब श्रीमती मन्नू भंडारी अजमेर आईं और बड़े स्नेह से उन्होंने इस उपन्यास को अक्षर प्रकाशन के लिये चाहा तो मैंने स्वीकृति दे दी। इधर मैं अपनी व्यक्तिगत उलझनों में बुरी तरह फँसा हुआ था, उधर श्री राजेन्द्र यादव पांडुलिपि के लिये जल्दी मचा रहे थे। आखिर जल्दी से छोटे-छोटे परिवर्तनोंवाली एक पांडुलिपि तैयारी, लेकिन वह भी अक्षर प्रकाशन के पास नहीं पहुँच पाई (वह एक निहायत व्यक्तिगत और दुखद प्रसंग है, इसलिए उसे यहाँ न दोहराना ही अच्छा) और उन्होंने 'धर्मयुग' के पृष्ठ

निकालकर ही प्रेस में दे दिए। उपन्यास छप गया और प्रेस की बेशुमार गलतियों के साथ उसी रूप में छप गया, जिस रूप में 'धर्मयुग' में छपा था।

अब ज्यादा-से-ज्यादा यह हो सकता था कि दूसरे संस्मरण में समय परिवर्तन किए जाएँ या पूरा उपन्यास दोबारा लिखा जाए। लेकिन हिन्दी पुस्तकों के प्रकाशन की हालत सब जानते हैं। चार साल हो चुके हैं और प्रकाशन की सूचना के अनुसार अभी पहला संस्करण ही नहीं बिक पाया है। इसलिए बात एक बार टली तो अभी तक टली हुई ही है। दूसरा संस्करण निकलने की नौबत आए तो कुछ करूँ।

लेकिन पाठकों को इस सबसे क्या ! वे तो उपन्यास को उसी रूप में पढ़ रहे हैं और यह एक सुखद आश्चर्य ही है कि बहुत-से पाठकों और आलोचकों ने इसे पूरा उपन्यास माना है, पसन्द किया है और सराहा है। मेरा खयाल है, उन्हीं को इसमें दिलचस्पी हो सकती है कि इसकी रचना-प्रक्रिया से सम्बन्धित मेरे अनुभव क्या रहे हैं, कि इसके पात्रों तथा घटनाओं के चयन में मेरी दृष्टि क्या रही है, कि इस उपन्यास का उद्देश्य क्या है, कि इसके पीछे कौन-सी विचारधारा है, आदि-आदि। इसलिए अपने उन पाठकों से, जो इसे अपूर्ण रचना मानते हैं, थोड़ी देर के लिये क्षमा चाहते हुए इन सब बातों पर लिखना चाहता हूँ।

रचना-प्रक्रिया के बारे में मेरा खयाल यह है कि वह हर लेखक की अलग होती है। यहाँ तक कि एक ही लेखक की विभिन्न कृतियों और विभिन्न काल-खंडों की रचना-प्रक्रिया में भी भारी भिन्नता हो सकती है। मसलन मेरी अपनी ही रचना-प्रक्रिया आज से सात साल पहले कुछ और थी, आज कुछ और है।

साहित्य-रचना की मुख्यतः दो प्रक्रियाएँ देखने में आती हैं : एक तो सचेत रचना-प्रक्रिया और दूसरी तथाकथित स्वच्छन्द रचना-प्रक्रिया। पहली प्रक्रिया में लिखने से पहले लेखक के मन में अपनी कृति की रूपरेखा स्पष्ट होती है—यहाँ तक कि कुछ लोग तो पात्रों और घटनाओं की पूरी सृष्टि लिखने से पहले ही अपने दिमाग में कर लेते सुने गए हैं। वे इस चीज के प्रति सचेत और सतर्क होते हैं कि जो कथ्य उन्होंने उठाया है, किस प्रयोजन से उठाया है; उसके माध्यम से वे क्या कहना चाहते हैं और किस प्रकार वे अपने कथ्य को अत्यधिक प्रभावशाली ढंग से प्रस्तुत कर सकते हैं। तथाकथित स्वच्छन्द रचना-प्रक्रिया के हामी लोग यह मानते हैं कि इस तरह सोच-समझकर लिखना कला नहीं कारीगरी है—आर्ट नहीं आर्टीजनशिप है। वे अपनी रचना-प्रक्रिया के सम्बन्ध में यह दावा करते हैं कि उनके पास पहले से कुछ भी निश्चित नहीं होता। 'प्लॉट' को लेकर लिखना वे गर्हित मानते हैं, पात्रों और उनसे सम्बन्धित स्थितियों तथा घटनाओं को भी वे प्रायः स्वतःस्फूर्त मानते हैं। यहाँ तक कि रचना पूरी हो जाने के बाद उसमें काट-छाँट या सुधार करना भी वे उचित नहीं समझते। सचेत रहना-प्रक्रिया वाले लोग प्रायः यह मानते हैं कि रचना के लिये 'आइडिया' अथवा विचार प्रमुख और प्रारम्भिक चीज है, बाकी चीजों की पूर्ति रचनाकार अपनी कल्पना और कला-कुशलता से कर लेता है। दूसरे लोग यह मानते हैं कि रचना के लिये प्रमुख और प्रारम्भिक चीज अनुभव है

और साहित्यकार अपनी रचना में अपने अनुभवों को ही व्यक्त करता है। इसमें यदि 'प्रामाणिकता' को और जोड़ दिया जाए तो हिन्दी साहित्य के छठे और सातवें दशक में सबसे ज्यादा प्रचलित मुहावरा बन जाता है—अनुभव की प्रामाणिकता।

जिस समय मैंने लेखन शुरू किया, अनुभव की प्रामाणिकता पर बड़ा जोर दिया जाता था। अब तो इस नारे की असलियत खुल चुकी है और इसके पीछे छिपी राजनीति भी लोगों की समझ में आ गई है, लेकिन उन दिनों तो व्यापक रूप से यह माना जाता था कि अनुभव चाहे कैसे भी हों—छोटे या बड़े, मामूली या महत्वपूर्ण, जरूरी या गैरजरूरी लेखक को अपने अनुभवों को ही रचना का विषय बनाना चाहिए। शायद इसी मान्यता का परिणाम था कि उस समय का अधिकांश हिन्दी कथा साहित्य लेखकों के निजी अनुभवों और तथाकथित स्वानुभूत सत्यों का विवरण मात्र बनता गया। लेकिन एक पिछड़े हुए देश का साधारण लेखक, जो प्रायः एक रुटीन मध्यवर्गीय जिन्दगी जीने को विवश हो, अपनी साधारण जिन्दगी में आखिर कितने नए अनुभव बटोर सकता था ? इसलिए 'प्रामाणिक अनुभवों' के चुकने के साथ-साथ लेखक भी चुकने लगे या अपने आपको दोहराने लगे। कुछ चतुर लोग उधार लिये गए या पाश्चात्य साहित्य से चुराए गए अनुभवों को प्रामाणिक बनाकर चलाने का धन्धा भी करते पाए जाने लगे। अपनी छोटी-सी जिन्दगी के मामूली अनुभवों को लगभग निरुद्देश्य ढंग से चित्रित करनेवाला कथासाहित्य उन दिनों बहुत लिखा गया और अपने आपको दूसरों से भिन्न और विशिष्ट बनाने के लिये भाषा को तोड़-मरोड़ और शिल्पगत चमत्कारों का आश्रय लिया गया।

साहित्य की सोद्देश्यता पर बात करना उन दिनों हास्यास्पद समझा जाता था। साहित्य के तमाम व्यक्तिवादी-अस्तित्ववादी मुहावरे उन दिनों फैशन में थे। इसलिए नए लेखकों के लिये ऐसा वातावरण ही नहीं था, जिसमें वे साहित्य के उद्देश्य को लेकर अपनी रचना-प्रक्रिया के बारे में ढंग से कुछ सोच-समझ पाते। ले-देकर एक ही बात सुनाई देती थी कि साहित्य आत्माभिव्यक्ति है। और इसके आगे यह सवाल बेहूदा समझा जाता था कि आत्माभिव्यक्ति का उद्देश्य क्या है। कोई पूछता भी तो उन दिनों शायद उसे यह जवाब मिलता कि उद्देश्य क्या होगा। हमारे जीवन का ही उद्देश्य क्या है ? हमारे अस्तित्व का ही क्या अर्थ है ? यानी सब बकवास है। मुझे याद है, किसी 'अकहानीकार' ने उन दिनों एक परिचर्चा में पूछे गए इस प्रश्न का कि 'आप क्यों लिखते हैं ?' उत्तर यह लिखकर दिया था कि 'आप क्यों हगते हैं ?'

हालाँकि मैं उस समय भी इन बातों और नारों पर विश्वास नहीं करता था, लेकिन साहित्य के बारे में सही ढंग से सोचने-समझने का अवसर मुझे नहीं मिला था। मेरा ज्ञान और अध्ययन सीमित था और साहित्यिक मित्रताएँ भी प्रायः उन्हीं लोगों से थीं जो या तो मेरी ही तरह नए-नए लेखन में प्रवृत्त हुए थे, या व्यक्तिवादी अस्तित्ववादी विचारधाराओं से प्रेरित 'अनुभव की प्रामाणिकता' वाले लोग थे। मेरे हक में अगर कोई अच्छी बात थी तो यह कि मैं बचपन से ही आजीविका के संघर्षों में पड़कर अपनी उस छोटी-सी जिन्दगी में कई तरह के अनुभवों से गुजर चुका था। उन्हीं अनुभवों को लेकर मैंने

लिखना शुरू किया था और शायद यही कारण था कि उन दिनों मेरे हमउम्र लेखक रुटीन जिन्दगी की जो सपाट और नीरस कहानियाँ लिख रहे थे, उनके बीच मेरी कहानियाँ अलग नजर आती थीं और पाठक मुझे पसन्द करने लगे थे। बहुत-से लेखकों को अपने लेखन के प्रारम्भिक काल में प्रायः पाठकों और आलोचकों की उपेक्षा या उदासीनता का सामना करना पड़ता है। मेरे साथ ऐसा नहीं हुआ। अपनी प्रारम्भिक रचनाओं के समय से ही अपने पाठकों का भरपूर स्नेह मुझे मिला और आज तक मिल रहा है। समय-समय पर उनके द्वारा लिखे गए पत्र मुझे बल और प्रेरणा देते रहे हैं। उनके सारे पत्र मेरी प्रशंसा या सराहना के नहीं होते, किसी में जिज्ञासाएँ होती हैं, किसी में सुझाव, तो किसी में कटु आलोचना। ऐसे पत्रों के कारण पाठकों से मेरा संवाद चलता रहता है और मुझे पता चलता रहता है कि मैं कितने पानी में हूँ। शायद यही कारण है कि लेखन की सफलताओं ने मेरा दिमाग खराब नहीं किया और असफलताओं ने हताश नहीं किया।

'दंड-द्वीप' के प्रकाशन के बाद पाठकों से मेरा जो संवाद चला, उससे मुझे बड़ा लाभ हुआ। सबसे बड़ा लाभ यह हुआ कि मुझे अपनी रचना-प्रक्रिया को समझने और इस दिशा में आगे सोचने का मौका मिला। आज यह स्वीकारने में मुझे कोई संकोच नहीं कि 'दंड-द्वीप' उस काल की रचना है, जब 'अनुभव की प्रामाणिकता' का भूत मुझ पर भी सवार था। हालाँकि मैं कल्पना को यथार्थ के चित्रण के लिये अनिवार्य मानता हूँ, और 'दंड-द्वीप' में भी मैंने कल्पना से काफी काम लिया है, फिर भी इस उपन्यास का अधिकांश मेरे निजी अनुभवों की डायरी के चुने हुए अंशों का संकलन कहा जा सकता है। ये अनुभव मोटे तौर पर मेरी चौदह से बाईस वर्ष की उम्र तक के अनुभव हैं।

चौदह साल की उम्र में ही पारिवारिक स्थितियों ने मुझे मजदूर बना दिया था और उन स्थितियों से लड़ते-जूझते मुझे अपना घर छोड़ देना पड़ा था। दिल्ली में आज जहाँ शान्ति-वन (नेहरू की समाधि) है, उन दिनों वहाँ एक झुग्गी-बस्ती हुआ करती थी, जो डेरी किशनचन्द कहलाती थी। मुझे कुछ समय उस बस्ती में रहना पड़ा था। उपन्यास के राजू का दंड-द्वीप यह बस्ती है, जो अपने सही नाम से उपन्यास में मौजूद है, हालाँकि वास्तविकता में अब उसका कोई अस्तित्व नहीं रह गया है। लेकिन सिर्फ इस बात से यह मान लेना कि उपन्यास का राजू और उपन्यासकार दोनों एक ही हैं, भ्रामक होगा। ऐसा नहीं है। मेरा कुछ प्रतिबिम्ब राजू में है, लेकिन मुझमें और उसमें भिन्नताएँ भी कम नहीं हैं। राजू ताले-चाबियों के कारखाने का मजदूर है, मैं छापेखाने का मजदूर था। राजू के परिवार में एक बड़े भाई हैं जो बैंक में चोरी करते हुए पकड़े जाकर जेल चले गए हैं, मेरे बड़े भाई पागल होकर मर गए थे। राजू को मनीषा दिल्ली में मिलती है, मुझे मेरी मनीषा (यह उसका वास्तविक नाम नहीं है) अजमेर में मिली थी। राजू की मनीषा और है, मेरी मनीषा और...

मनीषा के बारे में अनेक पाठकों की जिज्ञासा रही है कि मनीषा लेखक की कल्पना है या कोई वास्तविक व्यक्ति ? मैं उन्हें यही बताता रहा हूँ कि वह वास्तविक भी है और काल्पनिक भी। वास्तविक इसलिए कि इस उपन्यास के सभी पात्र वास्तविक जगत में

जीते-जागते व्यक्तियों की प्रतिच्छवियाँ हैं, जिनमें से मनीषा भी एक है; और काल्पनिक इसलिए कि यदि आप वास्तविक जगत् में मनीषा को खोजने चलेंगे तो वह आपको कही मिलेगी नहीं। कारण ? वह उपन्यास में सिर्फ उतनी और वैसी है, जितनी और जैसी राजू को दिखाई देती है, या जिस रूप में राजू उसे देखना चाहता है। मेरे सामने तो मेरी मनीषा के और भी कई रूप थे—रूप और विद्रूप दोनों—लेकिन उसे उन सभी रूपों में चित्रित करने चलता तो यह उपन्यास कुछ और ही होता, उसमें राजू की कथा एक छोटा-सा क्षेपक मात्र होती, मुख्य कथा मनीषा की होती और उसके लिये या तो मुझे एक बृहद् उपन्यास लिखना पड़ता या कई उपन्यास लिखने पड़ते।

यहीं 'दंड-द्वीप' की रचना-प्रक्रिया की बात आती है। उपन्यास शुरू करने से पहले मनीषा को लेकर मेरे मन में कई उलझनें थीं। उपन्यास की शुरुआत के वे दिन मुझे याद हैं, जब मैं दस-दस, पन्द्रह-पन्द्रह पृष्ठ रोज लिखता और फाड़ देता था। अन्त में मुझे यही ठीक लगा था कि उसे लेखकीय दृष्टि से न देखकर पूरे उपन्यास में राजू की दृष्टि से देखा जाए। और जब यह निश्चय कर लिया तो कुल बीस दिनों में पूरा उपन्यास लिख गया और पूरा उपन्यांस ही किशोर राजू की नजर से सारी चीजों को देखते-दिखाते लिखा गया। और ऊपर पाठकों की जिन शिकायतों का जिक्र मैंने किया है, वे इसीलिए पैदा होती हैं कि उपन्यास में लेखकीय दृष्टि से चीजों को नहीं देखा गया है। इसीलिए बहुत-से प्रश्न अनुत्तरित रह जाते हैं, बहुत-सी घटनाएँ व्याख्याएँ माँगती रह जाती हैं। मैं उन तमाम पाठकों का आभारी हूँ, जिन्होंने इस तरफ मेरा ध्यान खींचा। यदि पाठकों ने इस तरह न झकझोरा होता तो शायद यह बात ही मेरी समझ में न आती कि इस तरह किसी पात्र की दृष्टि से चीजों को देखने-दिखाने का तरीका यथार्थवादी उपन्यास लिखने के लिये मुनासिब नहीं है। पाठकों के साथ हुए संवाद के दौरान ही मैं समझ सका कि रचना-प्रक्रिया में महत्व अनुभव की प्रामाणिकता का अथवा यथार्थ और कल्पना के सुन्दर समन्वय का नहीं, महत्व है लेखक की दृष्टि का। और इस बिन्दु से सोचना शुरू करके ही आज मैं यह कहने लायक हुआ हूँ कि साहित्य-सृजन महज आत्माभिव्यक्ति नहीं है, बार-बार कचोटने वाली स्मृतियों को लिखकर उनसे मुक्त हो जाने का माध्यम भी नहीं, कोई नितान्त निजी या व्यक्तिगत मामला भी नहीं, बल्कि एक सामाजिक कर्म है जो पूरी जिन्दगी के साथ किया जाना चाहिए।

जाहिर है कि यह समझ 'दंड-द्वीप' लिखते समय नहीं थी। पाठकों को जिज्ञासा हो सकती है कि उस समय क्या सोचकर मैंने यह उपन्यास लिखा, या इसको लिखने का उद्देश्य क्या था ? इस प्रश्न का उत्तर आज खुद मेरे लिये भी हास्यास्पद होगा, लेकिन उत्तर दूँगा। मैं कोई स्पष्ट या निश्चित उद्देश्य लेकर लेखक नहीं बना था। बस, लिखना शुरू कर दिया था और रचनाएँ प्रकाशित होने लग गई थीं, इसलिए बन गया था। और मेरा खयाल है, शुरू में सभी लेखकों के साथ ऐसा ही होता होगा। यह समझ तो लिखते-लिखते ही आती है (बहुत-से लेखक इसका अपवाद भी हो सकते हैं।) कि क्या सोचना चाहिए और क्यों लिखना चाहिए। उन दिनों तो मैं यही समझता था कि मुझे

कोई वरदान मिला हुआ है और मेरी कलम किसी जादू के जोर से चलती है। इसलिए इस उपन्यास को लिखने का कोई निश्चित उद्देश्य मैं नहीं बता सकता। ज्यादा-से-ज्यादा अपनी वह हालत बयान कर सकता हूँ, जिसमें यह उपन्यास लिखा गया था।

हालत यह थी कि उन दिनों मैं बम्बई में था और बेहद अकेला था। करने के नाम पर वह कुत्ताघसीटी करता था, जिसे सभ्य शब्दों में फ्री-लांसिंग कहते हैं। लेकिन मेरा मन उसमें नहीं लगता था, इसलिए सिर्फ उतना काम करता जिससे जरूरत भर का पैसा मिल जाए, और मेरी जरूरतें कोई ज्यादा नहीं थीं। इसलिए मेरे पास समय की कोई कमी नहीं रहती थी। उस खाली वक्त में अकेलेपन की मार से बचने के लिये दो-तीन ही उपाय थे—पढ़ना, लिखना और फालतू घूमना। घर-परिवार से कोई खास सम्बन्ध रह नहीं गया था और अपना परिवार बसता हुआ नजर नहीं आता था। इसलिए अपना अकेलापन मुझे कुछ ज्यादा ही खलता था। बहुत मन होता कि कोई मुझे प्यार करे और मैं उसे प्यार करूँ, लेकिन कोई ऐसा मिलता ही नहीं था जो खुद आगे बढ़कर मुझे प्यार करे, और अपनी तरफ से प्रेम करना मुझे आता नहीं था। जिन्दगी में बस एक बार एक मूर्खतापूर्ण प्रेम अपनी तरफ से किया था, लेकिन उसमें उपहास, उपेक्षा और तिरस्कार के सिवा कुछ मिला नहीं था, इसलिए अपनी तरफ से कोई दूसरा प्रेम करने की हिम्मत नहीं थी—औकात भी नहीं थी। ऐसी हालत में प्यार पाने के लिये मन बहुत उमड़ता, मगर ले-देकर अपना वही इकलौता मूर्खतापूर्ण प्यार याद आता। रह-रहकर उसी एक स्त्री का ध्यान आता, जिसके बारे में मैं निश्चयपूर्वक यह भी नहीं कह सकता था कि वह मेरे जीवन में आई थी, या मैंने ही जबरदस्ती उसके जीवन में जाना चाहा था...

वह स्त्री मेरे लिये एक ऑब्सेशन बन गई थी। मैं उस ऑब्सेशन से मुक्त होना चाहता था। उससे सम्बन्धित सारी बातें याद आतीं और मेरा मन करता कि उन बातों को किसी से कहूँ। लेकिन इतनी बड़ी बम्बई में मेरी उन बातों को सुननेवाला कोई नहीं था। इसलिए मुझे उन बातों को लिख डालना ही एकमात्र उपाय लगा। और साहित्य उन दिनों की मेरी समझ में आत्माभिव्यक्ति का साधन था ही, इसलिए मैंने इस उपन्यास को लिखना शुरू किया। मगर लिख पाना भी एक समस्या था : क्या लिखूँ, क्या न लिखूँ ? जी चाहता था कि सभी कुछ लिख डालूँ, लेकिन 'सभी कुछ' लिख डालने के इरादे से लिखना शुरू किया तो लगा कि अपनी ही नजर में छोटा हो रहा हूँ और उन लिखे हुए पृष्ठों को फाड़ते समय मैंने महसूस किया कि जिसे मैंने अपनी सम्पूर्ण श्रद्धा से प्यार किया है, उसके बारे में कोई भी अपमानजनक बात मुझसे नहीं लिखी जाएगी। कई दिन इसी उधेड़बुन में रहा और अन्ततः मैंने अपने आपको उपन्यास के राजू से कुछ अलग कर लिया। तब राजू की मनीषा स्वतः ही मेरी मनीषा से भिन्न हो गई और उसकी मनीषा में वे तमाम चीजें आती गईं, जिनकी कल्पना या इच्छा मैं अपनी मनीषा में कर सकता था।

मगर इस तरह 'दंड-द्वीप' न तो पूरी तरह अनुभूति की प्रामाणिकता वाला उपन्यास रहा, न पूरी तरह आत्माभिव्यक्ति का माध्यम ही बन सका। अगर वह कुछ बन सका तो एक लेखक के रूप में मेरी असफलता का दस्तावेज...

लेकिन यहाँ मुझे रुक जाना चाहिए। जिसे मैं अपनी अफलता का दस्तावेज कह रहा हूँ, वह यदि वाकई एक असफल रचना है तो पाठकों को इतना प्रभावित कैसे कर पाई कि वे इसकी प्रशंसा भी करें और इसके अधूरेपन की शिकायत भी ?—और कोई मामूली शिकायत भी नहीं, इतनी जोरदार शिकायत कि जैसे मैंने उनकी ही किसी कृति को अपने अकुशल हाथों से बिगाड़ दिया हो। यह प्रश्न अक्सर मुझे परेशान करता है और मुझे इसका एक ही उत्तर सूझता है कि प्रेम मनुष्य के जीवन की एक अनिवार्य आवश्यकता है और उसकी आकांक्षा एक सहज मानवीय आकांक्षा। और यदि यह आकांक्षा मुझमें है, मेरी रचना में है, और मेरी रचना यदि उसका एहसास पाठक को कराती है तो पाठक उससे प्रभावित हुए बिना नहीं रह सकता। जहाँ तक अधूरेपन की बात है, सो...

मैं सोच रहा हूँ कि इस उपन्यास को फिर से लिखूँ।

किशोर मानसिकता का 'दंड-द्वीप'

डॉ. राजकुमार शर्मा

'अनुभव की प्रामाणिकता' का जो दौर पिछले दिनों हिन्दी कथा-साहित्य में आया, उसके दौरान मुख्यतः दो दृष्टियाँ उभरीं—सामाजिक यथार्थ के प्रति सर्जनात्मक व्यवहार की दो अलग और विपरीत दृष्टियाँ। एक दृष्टि व्यक्तिवादी चेतना वाले उन अभिजात लेखकों की थी जो 'अनुभव' को एक खास ढंग के 'अनुभववाद' में बदल रहे थे। 'अस्तित्व' को जीवन से ऊपर माननेवाले ये लेखक 'सही अनुभव' की तलाश के बजाय गलत अनुभवों का जाल फैला रहे थे। इनके माध्यम से जीवन के सामान्य प्रवाह से कटे नदी के द्वीपवत् उन पात्रों की असामाजिक दुनिया खुल गई, जो बेमतलब जीवन-पद्धतियों के उदाहरण मात्र थे। 'अनुभव की प्रामाणिकता' के नाम पर छोटे-छोटे दायरों में कैद और अपने ही कॉम्प्लेक्सेज की शिकार और नितान्त निजी रुग्ण तकलीफों में आबद्ध जिन्दगी के व्यक्तिगत क्षणों को पूरी कारीगरी के साथ तराशकर पेश किया गया। पश्चिम की ह्रासोन्मुख पूँजीजीवी संस्कृति से उधार लेकर—पूरे ऐशो-आराम के साथ—मृत्युभय, अकेलेपन, अजनबीपन और निर्वासन से कुंठित जिन्दगी के काल्पनिक आलेख तैयार हुए। और यों ही 'सच्ची अनुभूति' के लिये पराई समस्याओं और पराई मानसिकता को ओढ़कर अपने गिर्द अमूर्त परेशानियों का जाल बुनने का सिलसिला चल निकला। असामान्य मनोविज्ञान के झूठे साधनों से अनुभव की आन्तरिकता गढ़ने की कोशिशें शुरू हुईं, उसके सूक्ष्मातिसूक्ष्म रूपों को उकेरा गया। गतिशील वास्तविकता के सत्त्व से रीता यह अनुभव बहुत जल्दी ही देह की अन्ध-गलियों में खो गया। ऐतिहासिक सन्दर्भ के अभाव ने यथार्थ की इस खोज को चेतना के एक विशेषीकृत उलझाव और संवेदना की संकीर्णता में बदल दिया। मध्यवर्ग के असंगत अनुभवों पर संकेन्द्रित, यथार्थ की यह समझ (?) कोई सार्थक रचना-दृष्टि विकसित नहीं कर पाई।

उपर्युक्त दृष्टि के समानान्तर, सामाजिक अनुभव को लेकर एक दूसरी दृष्टि भी सक्रिय रही, जो अपने 'सच्चे अनुभव' के दायरे में यथार्थ को पकड़ने की कोशिश कर रही थी। 'असामान्य' की जगह 'सामान्य' को प्रतिष्ठित करनेवाली यह रचना-दृष्टि, आजादी के बाद के निम्नमध्यवर्गीय जीवन की वास्तविक समस्याओं को, बदलते हुए सामाजिक-आर्थिक सन्दर्भों में उसकी चेतना के कसाव और उलझाव को तथा नई परिस्थितियों में उसकी यातना और संघर्ष को बड़ी ईमानदारी से चित्रित कर रही थी।

इस दृष्टि को अपनानेवाले लेखकों की धारणा थी कि वस्तु का यथार्थ और क्या होता है, सिवा उस यथार्थ के जिसे वह देखता और महसूस करता है और महसूस करने की इसी प्रक्रिया में उसे शक्ल देता है। वह शक्ल जो यथार्थ की भी है और उसकी अपनी भी। ये लेखक अनुभव की अद्वितीयता के नहीं, उसकी लोक-सामान्यता के विश्वासी थे, और शायद इसीलिए उनके तईं समस्या यथार्थ के अन्वेषण की नहीं, उसकी अभिव्यक्ति की थी; नए अनुभव के सर्जन की नहीं, घटित के सम्प्रेषण की थी; नए सम्बन्धों की परिकल्पना की नहीं, बने-बनायों की पहचान की थी। इन लेखकों की नजर यथार्थ के जड़ ठहराव पर नहीं, उसकी गतिशील सम्पूर्णता पर टिकी, तभी वह अपने समय के ऐतिहासिक सन्दर्भ से जुड़ी जिन्दगी को एक नए विन्यास में और एक नए प्रकार के आत्मसंघर्ष की भूमिका पर सही-सही उतार सकी। 'अनुभव की प्रामाणिकता' को मानवीय सार्थकता के किसी वृहत् सन्दर्भ से जोड़नेवाली इस रचना-दृष्टि ने अपने सामाजिक अनुभव की रोशनी में इंसानी रिश्तों के तनावों, अन्तर्विरोधों और नियति की बारीकियों को परखा और सीधे-साफ ढंग से पेश किया। मानवीय समस्याओं का सही साक्षात्कार करनेवाली इस रचना-दृष्टि की सार्थकता को, इस बीच लिखे गए कुछ उपन्यासों और बहुत-सी कहानियों में पहचाना जा सकता है। कहानी और उपन्यास-लेखकों की वर्तमान पीढ़ी भी पहली के खिलाफ इसी दृष्टि को अपनाने की कोशिश कर रही है।

रमेश उपाध्याय की कथा-कृतियाँ यथार्थ के प्रति इस सार्थक दृष्टि को पाने के लिये किए जा रहे लेखक के आत्म-संघर्ष को ही परिलक्षित करती हैं। 'दंड-द्वीप' लेखक के इस आत्म-संघर्ष की आरम्भिक स्थिति का महत्वपूर्ण आलेखन है।

'दंड-द्वीप' किशोर मन की यातना-कथा है—खूबसूरत भाषा में बड़े सलीके से लिखी गई यातना-कथा। राजू तेरह साल का लड़का है, दसवीं की पढ़ाई छोड़कर ताले-चाबियों के कारखाने का मिस्त्री बन गया है। अपने मामा के यहाँ उसका परिचय मनीषा से होता है। मनीषा राजू के शहर के ही एक कॉलेज में लेक्चरर होकर आ जाती है। सम्पर्क बढ़ता ही जाता है। यहीं राजू का परिचय अमित से होता है। अमित, मनीषा का पुराना सहपाठी और शारीरिक हद तक प्रेमी। पहली ही नजर में भा गई मनीषा के प्रति राजू के किशोर-मन में एक अपरिभाषित भावना धीरे-धीरे अँगड़ाई लेने लगती है। मनीषा की सहानुभूति, सबके द्वारा उपेक्षित राजू के मन को कहीं वहाँ छू लेती है जहाँ से सभी कोमल भावनाओं का स्रोत उमड़ता है। मनीषा उसके लिये वह सब कुछ हो जाती है जिसे सुन्दर और काम्य कहा जाता है। राजू की कैशोर्य भावुकता में डूबे अनुभव-बिम्बों का एक सुन्दर आलेख यहाँ सज जाता है और इस बिम्ब-माला में किशोर-मानसिकता के बारीक-से-बारीक शेड्स अपने आप उभरते चले जाते हैं—"अपने चारों ओर की बातें मुझे उपन्यास की बातें लगती थीं। हर उपन्यास की नायिका मुझे मनीषा लगती। नायिका की सारी खूबियाँ उसमें थीं—सुन्दर, सुरुचिपूर्ण, बुद्धिमती, स्नेहमयी, उदार...सब कुछ थी वह। कभी थी तो सिर्फ एक, वह किसी को प्यार नहीं करती थी..मनीषा तो

प्यार करती है, और मुझे प्यार करती है।''...''अम्मा ने ऊपर वाले कमरे में सो जाने को कहा, लेकिन उस कमरे में तो मनीषा रह चुकी थी। उसकी सारी बातें याद आती थीं और उन यादों से डर लगता। नीचे के कमरे में बिस्तर पर लेटकर छटपटाहट ही छटपटाहट।''...''उपन्यासों के प्रभाव में मनीषा को पत्र लिखने की मूर्खता बहुत पहले समझ में आ चुकी थी, फिर भी मैं उन दिनों मनीषा में इतना डूबा हुआ था कि सोते-जागते उसी का ध्यान रहता था। थे और भी काम, थे और भी कई लोग, लेकिन और किसी काम में, और किसी व्यक्ति में मन रमा नहीं रहता था। यह करूँ तो मनीषा खुश होगी, यह करूँगा तो नाराज हो जाएगी, यही सब सोचता और करता। शेष सब कुछ बोझ ढोने जैसा लगता। आत्मीयतारहित निपट औपचारिकता-सा।''...''कभी-कभी तो लगता, मुझे कुछ होता जा रहा है, हर बात भूल जाने की आदत-सी हो गई थी।''...''ऐसी क्यों है ? तुम सचेत क्यों नहीं रह पाते ? मैं स्वयं को फटकारता—देखो तो कितनी देर से किताब लिये बैठे हो और पढ़ा है तुमने एक भी शब्द ? बस, जरा-सा पढ़ना शुरू किया कि ध्यान भटका, किताब के पन्ने धुली-पुछी स्लेट की तरह साफ। फिर ध्यान आता है तो जैसे पानी की सतह पर कुछ उभरने लगता है और तुम देखते हो कि अरे, यह तो किताब है, जिसे हम पढ़ रहे थे।''

कैशोर्य भावुकता में डूबते-उतराते इस प्रेम में बहाव की मजबूरी के साथ-साथ अपने बचपनेपन के प्रति आत्म-सजगता भी है। अबूझ भावुकता में बहे चले जाने की वह विवशता और विरोधी सच्चाई का निरन्तर अहसास करानेवाली यह आत्म-सजगता दोनों एक साथ सक्रिय होकर पूरी स्थिति को एक गहरे अन्तर्द्वन्द्व में बदल देती हैं—''बहुत-सी मूर्खताओं से उबर आने के बाद भी मनीषा के प्रति उत्पन्न हुई कुछ कोमल भावनाएँ मन से निकल नहीं पाई हैं, मार-मारकर उन्हें अन्दर के किसी तहखाने में बन्द करता रहता है और वे दरवाजा भड़भड़ाती रहती हैं, छटपटाती रहती हैं, बाहर आने के लिए।''

मनीषा इस प्रेम को क्या समझकर अस्वीकारती है, राजू के मन में यह अहसास हर समय बना रहता है। जिन तर्कों के सहारे और जिन शब्दों में मनीषा राजू की इस भावुकता का मनोवैज्ञानिक विश्लेषण करती है, वे उपन्यास की गैर-रोमांटिक प्रकृति को रेखांकित करते हैं। जीवन के प्रति मनीषा का समूचा व्यवहार और उसका बौद्धिक दृष्टिकोण प्यार की एकतरफा कहानी को एक गैर-रोमांटिक सन्दर्भ में रखकर, प्रभाव की विपरीत दिशा में खींच ले जाता है। समूची कहानी कैशोर्य भावुकता में डूबने की नहीं, उससे उबरने की प्रक्रिया में बदल जाती है। मनीषा के प्रति, राजू की सच्ची भावुकता के प्रति शुरू से आखिर तक सहानुभूति का वातावरण बनाए रखकर भी लेखक कहीं भी उसमें 'इन्वाल्व' नहीं होता, उसे जस्टीफाई नहीं करता। यही यथार्थ के प्रति उसकी दृष्टि का सार्थक पक्ष है।

राजू का बड़ा भाई बैंक से रुपयों की चोरी के इलजाम में जेल भेज दिया गया। अब माँ, भाभी और उनके बच्चों से भरे-पूरे घर की सारी आर्थिक जिम्मेदारी उसी पर आ

पड़ी। आगे पढ़ाई का खयाल छूट गया। वह फिर ताले-चाबियों के कारखाने में पहुँच गया। इस दौर के कटु अनुभवों ने उसे यथार्थ के कुछ और नजदीक ला दिया। आर्थिक कष्ट, घरेलू कलह, मनीषा की रागात्मक उदासीनता, आसपास के लोगों के दुष्टतापूर्ण व्यवहार और कराखाने में चोरी के झूठे इलजाम—इन सबने एक साथ मिलकर उसे 'अकेलेपन' के यातना-द्वीप में धकेल दिया—"दोहरी-तिहरी यन्त्रणाओं में जीने के दिन थे वे। तीन छोटे-छाटे द्वीप थे, जिनमें रोज स्थानान्तरित होता हुआ मैं अभिशप्त-सा न जाने किन अपराधों का दंड पाया करता था। एक द्वीप था घर, जहाँ अभावों का इतना बड़ा रेगिस्तान था कि मेरी लाई हुई कमाई की छोटी-सी नहर रास्ते में ही सूख जाती थी और घरवाले हमेशा प्यास-प्यास चिल्लाया करते थे। दूसरा द्वीप था ताले-चाबियों का वह छोटा-सा कारखाना, जहाँ कुछ लोगों ने मेरे लिये हमेशा चुप रहने की मजबूरी पैदा कर दी थी, जहाँ से रोज शाम मेरी तलाशी लेकर अपमानित करने के बाद मुझे उस गली में फेंक दिया जाता था, जहाँ हवा भी चोर-चोर फुसफुसाया करती थी और चबूतरों पर उपहासभरे ठहाके फटा करते थे। और तीसरा द्वीप था मनीषा का घर, जहाँ मैं दो क्षण के विराम के लिये पहुँचता था। किन्तु विराम वहाँ मिलता नहीं था, वहाँ कुछ और समस्याओं-चिन्ताओं के कोल्हू में मुझे जोत लिया जाता था...या मैं एक खूँटी था, जिस पर सब लोग अपने-अपने कष्ट का फटा कोट टाँगकर हलके हो लेते थे।"

अमानवीय व्यक्ति-सम्बन्धों का तीखा अनुभव राजू की संवेदनशीलता को अज़नबीपन के अहसास में बदल देता है। अस्तित्वगत निरर्थकता का बोध उसकी समूची चेतना को ढँक लेता है—"मैं जानता हूँ कि मुझे किसी पर विश्वास नहीं रहा है। घर में लगता था, सब लोग मुझे केवल इसलिए महत्व दे रहे हैं कि उनका पेट भर रहा हूँ...बस, यही बात है, मैं घर की गाड़ी का एक फालतू पहिया हूँ, जिसे किसी और पहिए की जगह लगा दिया गया है...भैया को सजा हो जाने से पहले घर में मेरी स्थिति क्या थी ? अपमान, तिरस्कार और उपेक्षा। और अब ? एकाएक मुझे इतना महत्वपूर्ण माना जा रहा है, इसका अर्थ क्या यह नहीं है कि उन्हें मेरी नहीं, मेरे द्वारा लाए हुए कुछ पैसों की अधिक चिन्ता है ? तो क्या पढ़ी-सुनी बातें सब गलत हैं ? सही सिर्फ यह है कि सम्बन्ध अन्ततः आर्थिक आधार पर ही जाकर टिकते हैं ?...और यह कल्पना मेरे लिये बड़ी भयावह थी। रात को सोते समय अक्सर सपनों में इधर-उधर पड़े हुए टूटे और बेकार पहिए दिखाई दिया करते थे।"

काल्पनिक डर, अविश्वास और अनिश्चय ही यह विभाजित मानसिकता राजू को उन गलत निष्कर्षों तक ले जाती है, जो उसे किसी सार्थक दृष्टि-सन्दर्भ से काटकर अन्तर्मुखी बनने की प्रेरणा देते हैं—"पता नहीं, कब और कैसे यह महसूस होने लगा था कि जिन्दगी को अनजान बनकर जिए जाना आसान है। उसे जानते हुए जीना मुश्किल है—बहुत मुश्किल। जिए जाने में हम अपने आप में सिमटकर भी रह सकते हैं, जानने चलते हैं तो अपने से बाहर निकलकर दूसरों तक जाना पड़ता है...और दूसरों तक जाना सम्बन्ध के किसी सूत्र के सहारे ही सम्भव है। और जो सम्बन्ध ऐसे हों, जिनके बारे में

कोई कभी निश्चित ही न हो पाए, समझ ही न पाए कि वे कितने मजबूत हैं, तो ? एक डर-सा बना रहता है...कहीं ऐसा न हो जाए कि दूसरों तक ले जानेवाले सम्बन्ध-सूत्र किसी दिन केवल एक भ्रम, सिर्फ एक गलतफहमी साबित हो जाए।" अनिश्चय भावनात्मक स्तर पर एक व्यापक निराशापूर्ण दृष्टि का अंग बन जाता है या सिनिसिज्म में बदल जाता है। अनिश्चय ही इस मनःस्थिति में जिन्दगी और उसके सम्बन्धों को लेकर बहुत-से सवाल सिर उठाते हैं—"पूछने की इच्छाएँ भी होती हैं। लेकिन वे इच्छाएँ ठीक-ठीक शब्द नहीं खोज पातीं। और शब्द जो सोचे भी जाते हैं, पर ठीक से बोले नहीं जाते तो बात बदल जाती है, बात का अर्थ बदल जाता है। तब अपने ही प्रश्न की असमर्थता बाध्य कर देती है कि जो भी उत्तर मिले सुन लिया जाए।"

सही दृष्टि को पाने के लिये आत्म-संघर्ष की इस भूमिका में राजू की जिज्ञासाओं के उत्तर मिलते हैं मनीषा से—उस मनीषा से जो "गुस्से में बोलती है तो स्वर नहीं भाषा बदल लेती है। उसकी उन बातों के कितने अर्थ होते हैं।" मनीषा स्वयं अपने मध्यवर्गीय दृष्टिकोण की सीमाओं में आबद्ध है। अपने इसी दृष्टिकोण को वह राजू की समस्याओं पर आरोपित करती है। उसके पास एक अधूरी अस्तित्ववादी समझ है, उसी की रोशनी में वह अपनी और सबकी समस्याओं के हल ढूँढ़ना चाहती है। आत्मनिरूपण की अकेली चिन्ता उसे सच्चे आत्मान्वेषण और आत्म-साक्षात्कार तक नहीं पहुँचने देती। वह बदलती जिन्दगी के उल्टे सन्दर्भों को, उसकी विसंगति और फ्रस्ट्रेशन को बौद्धिक दृष्टि से देखती है। सामाजिक यथार्थ, उसमें निहित सम्बन्धों और उनके बदलाव की दिशा सुझानेवाली वैज्ञानिक दृष्टि का अभाव उसे स्थितियों के ऐतिहासिक सन्दर्भ से जुड़ने नहीं देता। पूरी आत्मीयता के साथ जो जीवन-दर्शन वह राजू को सौंपती है वह वास्तव में वर्तमान व्यवस्था को उसकी सभी विसंगतियों के साथ स्वीकृति देकर उसी के मूल्यों से व्यवस्थित होने की आकांक्षा जगानेवाला मध्यवर्गीय जीवन-दर्शन है। यथास्थिति के हक में लड़नेवाला यह जीवन-दर्शन हर बहस में व्यवस्था को चुनौती देनेवाले असल मुद्दों पर बड़ी सफाई से कन्नी काट जाता है। राजू के निम्नमध्यवर्गीय आत्म-संघर्ष की समूची लड़ाई को यह दर्शन आत्म-सुरक्षा की लड़ाई का सन्दर्भ दे देता है। यह लड़ाई, जिसे राजू अपनी उस कायरता के खिलाफ लड़ना चाहता था, जो सारी बदतमीजी, बेहूदगी के बीच समझौते करती हुई गुजर जाने का रास्ता ढूँढ़ रही थी, सुविधाओं के लिये तेज दौड़ में बदल जाती है। मनीषा कहती है—"दुनिया तो एक भीड़ है, जिसमें सब चल रहे हैं और सबको अपनी-अपनी पड़ी है। इसके साथ चलते रहे तो चलते जाओगे, कमजोर होकर गिरे तो दब-पिसकर मरे।...है, दौड़ने का मतलब है। भीड़ चलती है, कुछ लोग दौड़कर आगे निकल जाते हैं...तुमसे कह रही थी कि तुम पूरी ताकत लगाकर दौड़ो।" राजू शुरू से आखिर तक इसी कैरियरवादी जीवन-दर्शन को अपनाए रखता है। हमेशा उसे यही मालूम होता है कि "अपनी स्थिति से अलग कहीं और अच्छी स्थिति है, इसका अहसास ही कोंचता है। पीठ पर चाबुक-सा पड़ता है...भागो, दौड़ो, बढ़ो उस ओर, पहुँचो उस स्थिति में, फिर उससे भी आगे की स्थिति में।"

उपन्यास को पढ़ते समय कई बार ऐसा भ्रम होता है कि यथार्थ के प्रति लेखक का बुनियादी रुख कहीं वही तो नहीं है, जिसे उसने मनीषा के विचार-सूत्रों में पेश किया है। इसका एक कारण यह भी हो सकता है कि लेखक कहीं भी इन धारणाओं का प्रतिकार नहीं करता। ऐसे वैचारिक प्रतिकार के अभाव में मनीषा के विचार ही मूल स्वर की तरह हावी होकर लेखक की सम्पूर्ण रचनादिशा को प्रभावित करते-से लगते हैं। रह-रहकर ऐसा लगता है कि वास्तविकता के प्रति लेखक का रुख कोई निर्णयात्मक शक्ल अख्तियार नहीं कर पाया है।

राजू दिल्ली आ जाता है। यहाँ ताले-चाबियों के कारखाने में डाई काटने का काम करता है। बेला रोड के किनारे झुग्गी-बस्ती में एक झुग्गी किराए पर ले लेता है। महानगरीय परिवेश में दो अलग दुनियाओं की दूरी, एक ही आकाश के नीचे दो जीवन-पद्धतियों का यह फर्क उसके अन्दर अनजाने ही वह समझ विकसित कर देता है जो व्यक्ति-सम्बन्धों को सामाजिक सच्चाई से जोड़कर कुछ सामान्य निष्कर्षों तक पहुँचा देती है।...''वह दुनिया अलग और यह दुनिया अलग...और उनके दायरे अलग-अलग हैं, और जब उन छोटे-बड़े वृत्तों को भूली-भटकी कोई रेखा एक साथ स्पर्श करती है तो नजर उस रेखा पर फिसलती हुई उन वृत्तों के अन्तरों और अन्तरालों को अनदेखा नहीं कर पाती। ...एक तरफ बड़े-बड़े आलीशान मकान और दूसरी तरफ झुग्गी-बस्तियाँ... शहर के साफ-सुथरे जिस्म पर रिसते हुए बदबूदार जख्म। और ऊपर से तुर्रा यह कि इस स्थिति को बदलने के लिये हाथ-पैर हिलानेवाले लोग दिखाई नहीं देते।''

अन्तर्वर्ती तनाव जब तक भयात्मक स्तर पर घटित होता रहता है, तब तक व्यक्ति निरर्थक सम्भावनाओं के बारे में सोचता रहता है, लेकिन ठोस परिस्थितियों के बीच आने और उनकी चुनौतियों से सामना होने पर वह सार्थक सन्दर्भ में आ जाता है। महानगरीय परिस्थितियों की गिरफ्त में आकर राजू की पूँजीजीवी व्यवस्था के मूल अन्तर्विरोधों का तीखा अहसास होता है। पूँजीवादी मूल्य-व्यवस्था और उसके अमानवीय सामाजिक सम्बन्धों के शिकंजे में छटपटाती गरीबी का आत्मनिर्वासन, यह यहीं झेलता है–''कारखाने तक पहुँचने तक मन छोटी-छोटी असम्बद्ध-सी बातों से परेशान रहता है। ऐसा महसूस होता है जैसे अन्दर-ही-अन्दर कुछ चीजें बहुत पहले से खौलती हुई मौजूद थीं और अब वे पक चुकी हैं। समाज से अपने सम्बन्ध, सुख-दुख के कारणों की तर्कहीन शृंखलाओं के पीछे छिपे कारणों के सिलसिले, अपराध और दंड और मुक्ति की पीढ़ी-दर-पीढ़ी चलती हुई परम्पराएँ, और इन सबके बीच से जिन्दगी में अपने चलने के लिये एक रास्ता निकाल लेने की कोशिश...अभी तक कुछ स्पष्ट नहीं है कि इस दंड-द्वीप के चारों ओर घिरे कुहरीले समुद्र में किस दिशा से कौन-सा स्टीमर मुझे मुक्ति दिलाने के लिये ले जाएगा।...मुक्त मुझे होना है।'' इस आत्मनिर्वासन के अपने कारण, अपना स्वभाव और अपनी विशेष गन्ध, जो वर्तमान समाज में विशिष्ट ढाँचे और उसके अन्तर्विरोधों से उत्पन्न हुई है। ''इस 'निर्वासन' का सामाजिक और उससे भी अधिक आर्थिक सन्दर्भ है। कारखानों में मशीनीकरण की प्रक्रिया में फँसकर, महानगर की घोर विषमता में रहता

हुआ आदमी एक 'डिप्रेशन' महसूस करता है। चूँकि उसका अपनी मेहनत से पैदा की गई वस्तु से कोई लगाव नहीं होता, यन्त्रों की तरह सम्बन्धहीनता और जड़ता उसमें समाती जाती है, जो सारे सामाजिक सम्बन्धों और दायित्वों तक फैल जाती है।'' यह परायापन पूँजीवादी सभ्यता की ही देन है, जिसमें सभी ठोस परिस्थितियाँ और समूचा वातावरण आदमी को बराबर यह महसूस करवाते रहते हैं कि वह एक ऐसे निर्वैयक्तिक ढाँचे–अप्रेटस–पर निर्भर है जो उसके बाहर (और उसके भीतर भी) चालू है, और जो बिना उसकी संचेतना और सहयोग के उसे चलाता है। सही सन्दर्भ में आत्मनिर्वासन की इस विशिष्ट प्रकृति और यन्त्रणा को उभारने में 'दंड-द्वीप' एक हद तक सफल रहा है।

अन्त के एक बात रमेश उपाध्याय की भाषा के सन्दर्भ में। 'दंड-द्वीप' को पढ़कर लगता है कि लेखक के पास वह सही सर्जनात्मक भाषा है जो शब्दों के आवश्यक चमत्कार से दबी यथार्थ की सत्ता को खोज निकाल सकती है। लेखक भाषा की तलाश नहीं करता, बल्कि आम भाषा की सर्जनात्मकता का सही उपयोग करता है। शायद इसीलिए उसकी भाषा के साथ अनुभव के वास्तविक संसार की प्रतीति घनिष्ठ रूप से जुड़ी होती है। यह भाषा अनुभव को बाँधती नहीं, उसे मुक्त करती है। अनुभव को कहने या गढ़ने की कोशिश नहीं करती। अनुभव क्रमशः पारदर्शी होकर स्वयं भाषा बन जाता है, जैसे–''मनीषा इस तरह चुपचाप साड़ी पकड़ा गई तो मन हुआ फेंक मारूँ और कहूँ–मुझे नहीं पहननी, लेकिन तब तक हाथों ने साड़ी की परतें खोलकर नीचे फूल अपने चारों ओर बिखेर लिये।'' या फिर–''छोटे-छोटे हाथ, लम्बे नाखूनों वाली पतली-पतली उँगलियाँ, एक उँगली में चाँदी के छल्ले जैसी अँगूठी...फिर जल्दी से उन हाथों को पीठ पीछे छिपा लेने की कोशिश...और मेरे कानों में गूँजती हुई एक गजल गालिब की।'' नहीं तो यह–''एक-दूसरे के चेहरे देखते हैं। नींद में मुँदी जाती आँखें, उतरे हुए पीले पड़ते चेहरे, सूखे पपड़ाए होंठ देखकर बोलने को भी मन नहीं करता। चुपचाप ठंड में सिकुड़ते अपने आप में डूबे लयबद्ध आवाज को सुनते रहते हैं। धच्च से चाबी कटती है और छनाक् से नीचे पड़ी चाबियों में मिल जाती है।'' एक यह भी–''अँधेरा-सा आँगन मंजिल-दर-मंजिल पड़े हुए लोहे के जंगलों से छनकर आनेवाली रोशनी का मोहताज है। न जाने एक भारी-सी गन्ध यहाँ जम गई है, जो साँस के साथ बलात्कार-सा करने लगती है। मिर्च-मसालों में बसा हुआ भीगा कपड़ा जैसे कई दिनों से पड़ा हो और सूख न पा रहा हो। दरवाजे के सामने की दीवार पर लगा मरियल रोशनी का बल्ब आँगन के अँधेरे का कुछ भी तो नहीं बिगाड़ पाता है।'' भाषा कितनी सहजता से परिवेश का प्रतीकात्मक उपयोग कर लेती है। कम-से-कम रेखाओं में वास्तविकता के बारीक से बारीक शेड्स उभरते चले जाते हैं। इस भाषा में वह ऊष्मा है जो सीधी संवेदना से पिघलकर आती है। ऐसी संवेदनामय भाषा में छनकर आए सैकड़ों अनुभव-बिम्ब एक-दूसरे से जुड़कर पूरे उपन्यास के सामान्य संगठन को एक लम्बी कविता का रूप दे देते हैं।

'रुकोगी नहीं, राधिका' : संस्मरण

उषा प्रियंवदा

अब, मुड़कर देखने में लगता है कि 'रुकोगी नहीं, राधिका' अपेक्षाकृत हलके-फुलके मूड में लिखी गई। यानी उसके लेखन के समय उस सृजनात्मक यातना के दौर से नहीं गुजरना पड़ा जैसा कि अक्सर होता है।

किसी भी कहानी या उपन्यास या किसी भी चीज की शुरुआत कहाँ होती है यह कहना मुश्किल है। शायद कुछ बीज हमेशा अन्दर रहते हैं और अनुकूल परिस्थितियाँ और वातावरण पाकर फूट आते हैं। राधिका जैसी युवती की धुँधली अस्पष्ट इमेज मेरे मन में जरूर रही होगी, और 'धर्मयुग' को एक नया उपन्यास देने का मैंने रैश वादा न किया होता तो शायद वह बरसों तक दबी ही पड़ी रहती। 'रुकोगी नहीं, राधिका' की बाह्य परिस्थितियाँ बहुत ही साधारण थीं। मैं पाँच वर्ष विदेश में रहने के बाद भारत लौटी थी। यह स्वाभाविक ही था कि भारतीय परिवेश को एक नई दृष्टि से देखूँ और नई-पुरानी, कड़वी-मीठी अनुभूतियाँ जिऊँ। पुराने परिचितों-आत्मीयों और साहित्यिक बन्धु-बाँधवियों का एक ही प्रश्न था जो कि बार-बार दुहराया जा रहा था, 'पचपन खम्भे' के बाद अब क्या लिख रही हो ? उसी दौरान में, बिना एक शब्द लिखे ही, इस प्रश्न से कुछ उकताकर मैंने भारती जी से कह दिया कि मैं एक उपन्यास पर काम कर रही हूँ। उनके यह कहने पर कि वह 'धर्मयुग' में उसे धारावाहिक रूप से प्रकाशित करने में रुचि रखते हैं; मैंने उन्हें तीन महीनों के अन्दर उपन्यास देने का वादा कर दिया।

बम्बई से दक्षिण-यात्रा करते समय यह बात मेरे मन पर छाई रही, और मैंने पाया कि पूरे उपन्यास का तो नहीं, परन्तु एक बहुत हलका-सा आभास मेरे मन में उभरने लगा है। एक ऐसी स्त्री का, जो कि अपने में उलझ गई है और अपने को पाने की खोज में उसे अपने ही अन्दर पैठकर यात्रा करनी है।

उस स्त्री का नाम, आयु या कहानी के अन्य पात्र तब तक स्पष्ट नहीं हुए, जब तक कि मुझे उसका राधिका नाम न मिल गया। राधिका, मेरे अनुसार, एक युवा स्त्री का नाम था, जो कि अविवाहित थी और कुछ कारणों वश, भारत से नाते तोड़कर विदेश चली गई थी। परिवार, पिता और देश छोड़कर जाने का एक कारण, प्रेमी हो सकता था, और उस स्त्री की अकेलेपन और कटेपन की भावना को गाढ़ा करने के लिये मैंने उस प्रेमी को विदेशी बना दिया।

जब मैं दिल्ली लौटी तो केवल यही रूपरेखा मेरे मन में थी। उन दिनों परिवार, करौलबाग के एक बहुत ही भीड़ भरे, शोरगुल से चौबीसों घंटे गूँजते मुहल्ले में रहता था। फ्लैट की बरसाती भी अपने पास थी और तीसरी मंजिल के उस कमरे में बड़े भाई की हजारों किताबों का अम्बार था, और कमरे के आगे बरामदे में फालतू चारपाइयाँ खड़ी रहतीं। सामने खूब बड़ी, खूब खुली साफ-सुथरी छत थी जिस पर दिल्ली के हलके जाड़ों की धूप भरी रहती थी।

जब मैं लिखना शुरू करती हूँ तो अपने भीतर इतना गहरे डूब जाती हूँ कि मुझे आसपास का वातावरण डिस्टर्ब नहीं करता--न यह ही महत्व रखता है कि साफ-सुथरी स्टडी हो, अन्य उपादान। इसलिए अपना एक खास कलम ले और क्लिपबोर्ड में धारीदार कागज लगाकर मैं ऊपर छत पर चली जाती और एक चारपाई बिछाकर उस पर बैठकर लिखने लगती और तब तक लिखती रहती जब तक कि दाहिने हाथ की उँगलियाँ दर्द न करने लगतीं।

एक बार शुरू करने पर मैंने पाया कि मुझे दूर तक नहीं जाना पड़ा, वही बरसाती राधिका का फ्लैट बन गई; और मेरे बचपन की प्रिय चीजें और परिचित शहर राधिका का परिवेश। उपन्यास मैंने निश्चित अवधि में लिख लिया, सिवा अन्त के और शीर्षक के। अन्त कैसे किया जाए, इसे सोचते-सोचते कई महीने निकल गए और वापस लौटने का समय भी पास आ गया। भारती जी के बार-बार के विनम्र तकाजों से पैनिकी होकर मैंने अन्त लिख डाला और उसी रेले में शीर्षक भी।

जब मुझे लगता है कि यदि मेरे आगे डेट लाइन न होती तो मैं 'रुको नहीं' को सँवार देती, काफी कुछ रिवाइज कर सकती थी कि मैंने राधिका के साथ न्याय नहीं किया पर इसका एक दूसरा पहलू भी है, हर बार भारत आने पर मैं वही अनुभूतियाँ जीती हूँ जिन्हें मैंने राधिका में डाला। राधिका, उसकी भावभूमि, उसके विचार, उसके मानदंड, उसकी संवेदनाएँ, उसकी रुचियाँ, उसका विद्रोह, यह सब मेरे अन्दर शायद बरसों से संचित होता आ रहा था। राधिका का निपट अकेलापन और भारत में अपने को उखड़ा-उखड़ा पाना, मेरी अपनी अनुभूतियाँ थीं जिन्हें कि बेहद लाड़-प्यार के बावजूद मैं नकार नहीं सकी थी। राधिका का एकदम अकेले रहना मेरा अपना वक्तव्य था। राधिका का अपने पिता से गहरा लगाव शायद सबकांशस में मेरा भारत से अटूट लगाव था जिसने मुझे पाँच साल लगातार व्यग्र रखा था, राधिका की अपराध-भावना मेरी कसक थी और अन्त में राधिका का अपने पिता के प्रभाव से मुक्त हो जाना शायद मेरा भारत और परिवार से जुड़ी एक अम्बिलिकल कार्ड को काटने का प्रयत्न था।

पर लिखते समय मुझे इन सब बातों का भास न था, यह सब मैंने 'राधिका' का अंग्रेजी अनुवाद करते समय, और लम्बे अरसे के इंट्रोसपेक्शन के दौरान अनुभव किया, और तभी मुझे लगा कि अरे मैं कितनी निरावरण होकर पन्नों पर बिखर गई हूँ। अनायास, स्पौन्टेनियस कही हुई बात में कथाकार पकड़ा जाता है जबकि सँवारकर बात करने में उसे अपने को छिपाने का, तटस्थ हो आने का समय मिल जाता है।

फिर भी, 'रुकोगी नहीं, राधिका' एक ऐसा उपन्यास है जिसकी अधिकांश घटनाएँ, पात्र और उनके परस्पर सम्बन्धों का ताना-बाना कल्पना से बुना गया है। मुख्यतः उपन्यास राधिका की अपनी आईडेंटिटी को खोजने की, अपने को भारतीय परिवेश के सन्दर्भ में पाने की तलाश थी।

उपन्यास के अन्तिम पृष्ठ पर, राधिका ने एक इंट्यूटिव फ्लैश के दौरान अपनी आगे की यात्रा तय कर ली, एक निर्णय ले डाला। पर सृजनकर्ता के रूप में राधिका की आगे की जिन्दगी मेरे लिये समाप्त नहीं हुई। सम्भव है कि राधिका किसी दूसरे रूप में, दूसरे चेहरे में किसी और जगह आ जाए, और यह भी सम्भव है कि राधिका 'रुकोगी नहीं, राधिका' के पात्रों तक ही सीमित रहे।

'रुकोगी नहीं, राधिका' : समीक्षा

अर्चना वर्मा

नई कहानी के नएपन को परिभाषित करनेवाले कथाविषयों में एक बड़ा अंश उन पात्रों और मनःस्थितियों का था जो अकेलेपन, उखड़ेपन, ऊब, अजनबीपन, कट जाना, जुड़ न पाना की आवृत्तियों में अपनी भाषा खोजती थीं। ऐसी कहानियों पर कुछ प्रभाव तो निश्चय ही एक विदेशी विचार-दर्शन में परिभाषित मानवीय अस्तित्व के अनिवार्य अन्तिम अकेलेपन के प्रति एक रूमानी मोह का रहा है। कुछ कहानियों में जीवन की केन्द्रीयता के महानगरों में सिमट जाने की भारतीय जीवन-स्थितियाँ भी हैं। ऐसी ही कहानियों में एक अंश उनका भी है जिनकी कथाभूमि विदेश है। इस बैक-ड्रॉप को लेकर लिखी गई कहानियों में उषा प्रियंवदा की रचनाएँ उन पात्रों के लगभग वायवीय-से, अवास्तविक संसार की रचना करती हैं जिनमें नॉस्टेल्जिया, आत्म-केन्द्रीयता और अलगाव के स्वर एक-दूसरे को काटते हुए और एक-दूसरे में धुलते हुए गूँजते रहते हैं। ये पात्र प्रायः ऐसे सामाजिक सन्दर्भों की उपज हैं जिनमें पीछे छूट गई जिन्दगी की समृद्धि और सम्पन्नता और वर्तमान का सुविधाभोगी जीवन कुल मिलाकर उन्हें अपने परिवेश के साथ किसी जीवित सम्पर्क में जुड़ने नहीं देता। उनके संसार की वायवीयता केवल किसी ठोस बाह्य और आन्तरिक दबाव की अनुपस्थिति के कारण ही नहीं होती बल्कि इस कारण भी होती है कि उनके वर्तमान पर अतीत की छाया इतनी गहरी है कि वर्तमान के व्यक्तित्व को धुँधला और निराकार कर देती है। इन पात्रों का खालीपन और खोखलापन अनुभव से टकराने और बिखरने से नहीं, अनुभव से कतरा जाने से उपजा है। उनकी स्वयं-सम्पृक्ति अनुभव में डूबने और उबरने से नहीं, सतही आत्मलिप्तता और गहरी आत्मदया से जन्मती है। वैयक्तिकता के प्रति मोह उनके अकेलेपन को उनकी ताकत नहीं बनाता, न्यूरॉसिस बनकर रह जाता है।

प्रश्न यह है कि इन कहानियों में विदेश की भूमिका क्या है ? यदि केवल बैक-ड्रॉप की तरह इस्तेमाल भर होना उनकी नियति है तो उसके होने या न होने से कोई फर्क नहीं पड़ता। अगर वह अनुभव के क्षितिज का विस्तार न बनकर केवल वस्तु-ज्ञान सूची में कुछ नए अपरिचित नामों की भर्ती होकर रह जाता है तो उसकी कोई सार्थकता नहीं। विदेश यदि इन पात्रों की मानसिकता में एक जीवित पात्र की सक्रिय भूमिका अदा नहीं

करता और कथा की संरचना का एक संघटक तत्त्व नहीं बन जाता तो उसके वहाँ होने की जरूरत ही क्या है ? क्यों नहीं रचनाकार का काम दिल्ली, बम्बई या कलकत्ता कह देने से चल जाता ? विदेश जिनमें वातावरण का ठोस मानवीय अनुभव है और चेतना पर बाहरी और भीतरी दबाव बनकर शामिल हुआ है (जैसे निर्मल वर्मा की 'लन्दन की एक रात' में), वे कहानियाँ इस स्तर पर अपनी सार्थकता की उपलब्धि कर सकी हैं। विदेश को ऐसी ही एक मानसिक भूमिका प्रदान करने का प्रयास उषा प्रियंवदा ने अपने लघु उपन्यास 'रुकेगी नहीं, राधिका' में किया है। प्रमुख कथापात्री की मानसिकता में विदेश को यह जगह तो वे प्रदान कर देती हैं परन्तु उसे कथा की संरचना का संघटक तत्त्व नहीं बना पातीं। रचना यह प्रमाण तो देती है कि लेखिका के पास अनुभव की एक पूरी 'रेन्ज' के प्रति सजगता है परन्तु वह सजगता अनुभव के साथ साक्षात्कार की कलात्मक गहराई में ढल नहीं पाती।

विदेश से लौटी हुई राधिका की आँखों से हम दिल्ली की रंगहीन, फीकी, गर्दभरी शाम को देखते हैं और प्रथम पुलक में छिपे इस खेद का आभास पकड़ पाते हैं कि उसकी आँखें पश्चिम के देशों की झिलमिल रंग-बिरंगी रोशनियों की आदी हो चुकी हैं। अगले कुछ पृष्ठ इन्हीं लौटी हुई आँखों की प्रतिक्रिया के माध्यम से परिचित दृश्यों को उभारने में खर्च हुए हैं। आगामी कथा के एकाध संकेत-सूत्र छोड़ती हुई लेखिका एक सपाट फ्लैश बैक में जब विदेश के पीछे छूट गए जीवन का एक निराकार संकेत-सूची जैसा चित्र देती है तो महसूस होता है कि मुख्य कथापात्र की मानसिकता में जिस विदेश को चेतना और विवेक का एक अंश बनकर पैठ जाने की इजाजत मिली है, उसकी तस्वीर कुछ और ठोस होनी चाहिए थी। महसूस यह भी होता है कि लेखिका के मन में उसका पूरा कथ्य 'कल्चरल शॉक' और 'रिवर्स कल्चरल शॉक' के चौखटे में इस तरह बँधा और बँटा हुआ है कि आनेवाली हर स्थिति को या तो उस चौखटे में अपनी जगह ढूँढ़ लेनी है या फिर कथास्थितियों के मध्यवर्ती फासलों को भरने के लिये विवरण बनकर रह जाना है।

उपन्यास के आरम्भिक पृष्ठों में ही अक्षय की आँखों से देखें तो राधिका में एक प्रभावशली असाधारणता दीख पड़ती है। "क्या है वह जो उसे असाधारण बनाता है ? अपने पर बड़ा विश्वास ? विदेश में रहने से आया सोफिस्टीकेशन ? या असाधारण पिता की पुत्री होने से चरित्र की दुरूहता और गहनता ? वह किसी एक पर उँगली नहीं रख पाया।" (पृ. 6) यह एक ऐसे व्यक्ति की प्रतिक्रिया है जिसने राधिका को पहली बार देखा है पर जो चारित्रिक गहनता और दुरूहता किसी को पहली नजर में दिख जाती है वह आगामी कुछ ही पृष्ठों में इलेक्ट्रा कॉम्प्लेक्स के लेबल में समा जाती है या केवल वेशभूषा की बेहद परिष्कृत रुचि या फिर मैनरिज्म की गम्भीरता और तटस्थता से कभी-कभी याद आ जाने पर प्रमाणित कर दी जाती है। जैसे राधिका का आचरण ही उसके इस कॉम्प्लेक्स को समझने के लिये काफी न होता इसलिए लेखिका ने उपन्यास के आरम्भ में डैन द्वारा और थोड़ा आगे चलकर विद्या द्वारा स्पष्ट ही कहलवा

दिया है कि यह इलेक्ट्रा कॉम्प्लेक्स की शिकार है और पिता के प्रति उसकी भावनाएँ एक मानसिक विकृति की हद तक पहुँच गई हैं और कोई भी पुरुष उसे पिता के सम्मुख नहीं जँचेगा। इस स्तर तक आकर कथा के दो स्तर साफ-साफ विभाजित और परिभाषित हो जाते हैं—'रिवर्स कल्चरल शॉक' और इलेक्ट्रा कॉम्प्लेक्स। दोनों ही नायिका की मानसिक भूमिका का विभक्त मनोभाव हैं जो उसे धीरे-धीरे न्यूरॉसिस की ओर ले जाता है।

फ्लैश-बैक में डैन और वर्तमान में मनीष राधिका के जीवन में विदेश की परछाईं का साकार प्रतिरूप हैं। डैन के प्रति राधिका का मनोभाव स्पष्ट कृतज्ञता का है। थोड़े बहुत संवादों के माध्यम से वह जितना कुछ भी उपन्यास में साकार हुआ है, इतना नपा-तुला है कि मानो कोई व्यक्ति न हो, विचार हो। उसकी हर बात इतनी सीधी, सधी हुई और सन्तुलित है कि जैसे राधिका के जीवन में जो भूमिका विदेश को अदा करनी है उसका ठोस केन्द्रीभूत आकार उसने डैन को प्रदान कर दिया हो। फिर राधिका का विदेश-गमन उपन्यास में केवल 'रिवर्स कल्चरल शॉक' को शामिल करने के लिये होता है जो कथा से फालतू एक भाव-स्तर होकर सत ही प्रतीत होने लगता है। डैन के साथ राधिका के जीवन की तुलना में उसके पापा के साथ विद्या का जीवन है। दोनों ही स्थितियों में दो युवा लड़कियाँ हैं। दोनों ही असाधारण हैं। दो प्रौढ़ परिपक्व पुरुष हैं। राधिका अकेली छूट जाती है क्योंकि डैन को लेखिका ने व्यक्ति बनाया ही नहीं है, विचार बनाकर छोड़ दिया है। फिर भी उस सम्बन्ध के अधूरेपन का हलका-सा आभास दिया है—"वह भी जानता था और राधिका भी कि दोनों के बीच क्या अभाव था। कितनी रातें डैन ने सोफे पर बैठकर गुजारी थीं, कितनी बार वह डैन को सोफे पर छोड़कर बालकनी में आकर खड़ी हो गई थी।" (पृ. 39) पापा और विद्या के सम्बन्ध में भी उसी अधूरेपन की आवृत्ति होती है। लगभग रहस्य-चर्चा के-से भाव के साथ लेखिका ने कुछ अधूरे अस्पष्ट संकेत छोड़े हैं जो कहानी में झोल डाल देते हैं। पापा का नर्वस ब्रेकडाउन अगर राधिका के कारण हुआ था तो क्या इसलिए कि राधिका और विद्या की पहचान के, एक-दूसरे के साथ उलझ जाने से, वे राधिका के प्रति अपराध-बोध और विद्या के प्रति किसी अनैतिकता-बोध से पीड़ित हुए होंगे ? या केवल राधिका की अप्रत्याशित उद्धतता का धक्का ही इस नाटकीय स्थिति के पीछे का सपाट कारण था। विद्या के प्रति राधिका के व्यवहार में जो एक स्वयंसिद्ध सौतिया डाह है, उसका कोई भी प्रत्युत्तर विद्या के व्यवहार में नहीं है। फिर राधिका के लौट आने के बाद विद्या की आत्महत्या द्वारा लेखिका ने उसकी कौन-सी मनःस्थिति संकेतित करनी चाही है ? ये प्रश्न उठते हैं पर उत्तर का संकेत जैसी भी कोई चीज नहीं है। डैन जैसे विदेश का वैसे ही विद्या भी असाधारण का विचार बनकर रह गई है। वैसी ही संयत, सधी हुई और निर्वैयक्तिक। परन्तु राधिका से अधिक वह पाठक की सहानुभूति और जिज्ञासा का केन्द्र बनती है। उसके अपने जीवन के सन्दर्भ में उसके अन्त की क्या सार्थकता या निरर्थकता लेखिका के मन में है, मालूम नहीं लेकिन उपन्यास में उसका जीवन-सन्दर्भ

इतना सीमित और हाशिए पर है कि उसका अन्त भी अप्रासंगिक, अप्रत्याशित और करुणा की ओवरडोज जैसा प्रतीत होता है। राधिका की निर्मम टिप्पणी पर बड़े दा की एक अर्थपूर्ण दृष्टि के अलावा लेखिका ने इस प्रसंग पर कुछ भी नहीं कहा है। यह कलात्मक मितकथन नहीं है। बात को अधूरा छोड़ देना है।

मनीष लेखिका की एक और प्रसिद्ध कहानी से शामिल कर लिया गया पात्र है। 'मछलियाँ' का गैर-जिम्मेदार, लापरवाह आत्म-केन्द्रित मनीष यहाँ ठहराव और टिकने की जगह खोज रहा है लेकिन अतीत की परछाईं अभी उसके प्रयत्नों पर गहरी होकर पड़ती है। मनीष के व्यक्तित्व के प्रति राधिका की सहज ललक और आकर्षण व उसका सजग-सचेत प्रतिरोध विदेश के प्रति ही उसके मनोभाव की पुनरावृत्ति है। उसके प्रस्ताव के लिये राधिका का अस्वीकार और अक्षय की जिन्दगी की सपाट नीरसता के अहसास के बावजूद उसकी स्वीकृति की प्रतीक्षा, क्योंकि बहुत की शृंखला में एक बनकर रह जाने के लिये राधिका तैयार नहीं है, देशी जिन्दगी की परम्परागत गति और विधि के प्रति राधिका के रोमांटिक मोह का चित्र है। इस मोह के पक्ष में रज्जू मामा और उनका परिवार, भैया-भाभी, नानी के साथ की शाम और आखिर में पापा हैं। प्रत्येक के प्रति राधिका के मन में वही खेद और पुलक का मिला-जुला मनोभाव है जो आरम्भ में ही दिखाई दिया था। इन अनुभवों में कोई पारस्परिक संश्लेषण नहीं है। कोई सघन रचाव नहीं है जो परिस्थितियों और पात्रों के एक-दूसरे से और आपस में टकराने से पैदा हुआ हो और अनुभव को परत-दर-परत समेटकर एक जटिल संवेदनात्मक गुम्फन बनता हो। अनुभूति बहुत सफाई से विभाजित और चौखटे में इस तरह से फिट लगती है कि रचना-प्रक्रिया के लगभग यान्त्रिक होने का आभास देती है। राधिका का धीरे-धीरे सबसे कटकर एकाकी होते जाना अनुभव नहीं, विवरण है। ऐसा नहीं कि लेखिका के पास रमने और रचने की क्षमता न हो क्योंकि जिन जगहों पर वह रमी है वहाँ निश्चित ही रचने का प्रमाण देती है। जैसे अक्षय के प्रति राधिका के आत्म-निवेदन का प्रसंग। दो-तीन सधे हुए संकेतों ने ही अनुभूति की पूरी कोमलता को साकार कर दिया है। या फिर नानी के साथ बीता वह दिन जो सिर्फ दिन बीतने की यान्त्रिक गति का आभास देने के लिये उपन्यास में एक ऐसे यान्त्रिक विवरण का काम देता है, जिसका कथा की संरचना में कोई संघटक योग नहीं किन्तु अपने आप में एक स्वतन्त्र टुकड़े की तरह वह प्रभाव की दृष्टि से सुन्दर है। एक साथ आत्मीयता और दूरी, निकटता और ऊब का अहसास बेहद खूबसूरती से लेखिका ने उस एक दिन के विवरण में बुन दिया है।

विद्या के अप्रत्याशित अन्त के बाद उपन्यास के अन्त में पापा का प्रश्न 'रुकोगी नहीं, रधिका' यह निश्चित अन्त प्रतीत होता है जिस तक का फासला तय करने के लिये लेखिका इतने विवरण बुनती रही थी। आश्रय के पत्र की निष्फल प्रतीक्षा के बाद मनीष के लिये मानसिक अप्रस्तुति के भाव के साथ राधिका का पापा को अस्वीकार देते हुए यह कहना..."मेरे एक बन्धु हैं मनीष..." भी उतना ही यन्त्रवत् निश्चित प्रतीत होता है।

यह अपनी नियति का निर्मम स्वीकार नहीं 'रिवर्स कल्चरल शॉक' का स्वीकार है। देशी जिन्दगी के प्रति मोहभंग और इलेक्ट्रा कॉम्प्लेक्स से मुक्ति का मिला-जुला संकेत इस अन्त में पढ़ा जा सकता है।

लेखिका ने रचना को पूरी गहराई से रचते हुए जीने की अपेक्षा अधिकांश में कुछ जल्दी-जल्दी निपटा डालने की कोशिश की है जिसने कथा की संरचना को विवरणों का यान्त्रिक चौखटा बना दिया है। और अनुभव को उसमें जकड़कर बन्द कर दिया है।

जन्मपत्री : बंटी की

मन्नू भंडारी

वह बाँकुरा की एक साँझ थी।

अचानक ही पी. का फोन आया—"मन्नू, तुमसे कुछ बहुत ही जरूरी बात करनी है, जैसे भी हो आज शाम को ही मिलो, बाँकुरा में।" मैं उस जरूरी बात से कुछ परिचित भी थी और चिन्तित भी। रेस्त्राँ की भीनी रोशनी के नीचे मेज पर आमने-सामने बैठकर, परेशान और बदहवास पी. ने कहा, "समस्या बंटी की है। तुम्हें शायद मालूम हो कि बंटी की माँ (पी. की पहली पत्नी) ने शादी कर ली। मैं बिलकुल नहीं चाहता कि अब वह वहाँ एक अवांछनीय तत्त्व बनकर रहे इसलिए तय किया है कि बंटी को मैं अपने पास ले आऊँगा, अब से वह यहीं रहेगा।" और फिर वे देर तक यह बताते रहे कि बंटी से उन्हें कितना लगाव है और इस नई व्यवस्था में वहाँ रहने से उसकी स्थिति क्या हो जाएगी। मैंने उनकी भावना, चिन्ता और उद्विग्नता को समझते हुए अपनी पहली प्रतिक्रिया व्यक्त की, "आप ऐसा नहीं समझते कि यह गलत होगा ? मुझे लगता है कि उसे अपनी माँ के पास ही रहना चाहिए क्योंकि साल में एक-दो बार मिलने के अलावा उसके साथ आपके कोई आसंग नहीं हैं जबकि माँ के साथ वह शुरू से रहा है, एकछत्र होकर रहा है। इस नाजुक उम्र में वहाँ से वह उखड़ जाएगा और सम्भवतः यहाँ जम नहीं पाएगा।" लम्बी बातचीत के बाद तय यही हुआ कि बंटी अभी कुछ दिनों के लिये वहीं रहे। लेकिन उस दिन लौटते हुए सचमुच बंटी कहीं मेरे साथ साथ चला आया। आकर डायरी में मैंने बंटी की पहली जन्मपत्री बनाई। उस रात बंटी की विभिन्न स्थितियों के न जाने कितने कल्पना-चित्र बनते-बिगड़ते रहे। मुझे लगा, बंटी अपनी नई माँ के घर आ गया है।

नई माँ और पिता के बीच एक बालिका ! लगभग छः महीने बाद की घटना है। ड्राइंग रूम में अनेक बच्चे धमा-चौकड़ी मचाए हैं...उन्मुक्त और निश्चिन्त। बारी-बारी से सब सोफे पर चढ़कर नीचे छलाँग लगा रहे हैं। उस बच्ची का नम्बर आता है। सोफे पर चढ़ने से पहले वह अपनी नई माँ की ओर देखती है। माँ शायद उसकी ओर देख भी नहीं रही थी पर उस अनदेखी नजरों में भी जाने ऐसा क्या था कि सोफे पर चढ़ने के लिये बच्ची का ऊपर उठा हुआ पैर वापस नीचे आ जाता है। बच्ची सहमकर पीछे हट जाती है। अनायास ही मेरे भीतर छह महीने पहले का बंटी सारे वातावरण में व्याप्त एक

सहमेपन के रूप में जाग उठता है। खेल उसी तरह चल निकला है। बड़ों के हँसी-मजाक, वार्तालाप, खाना-पीना सब कुछ बड़े सहज ढंग से चल रहा है। लेकिन अगर कोई इस सारे प्रवाह से अलग हटकर सहमा हुआ कोने में खड़ा है तो वह है बंटी। रात में सोई तो लगा कि छह महीने पहले जिस बंटी को अपने साथ लाई थी वह सिर्फ एक दयनीय मुर्झायापन बनकर रह गया है !

एक और चित्र—सिर्फ पुरानी माँ और बंटी !

मैं कमरे में प्रवेश करती हूँ तो चौंकानेवाला दृश्य सामने आता है। टूटी हुई प्लेटें, बिस्कुट और टोस्ट बिखरे पड़े हैं और बंटी माँ के शरीर पर लगातार मुक्के मार रहा है..."तुम कहाँ गई थीं। किसके साथ गई थीं, क्यों गई थीं ?..." मेरी उपस्थिति के बावजूद यह दृश्य थोड़ी देर चलता रहा। माँ तिलमिलाहट, गुस्से और दुख को दबाकर मेरे सामने सहज होने की बहुत कोशिश करती है लेकिन वातावरण के दमघोंटू तनाव में वहाँ फिर कुछ भी सहज नहीं हो पाता।

घर लौटकर मैंने पाया कि बंटी एक आकार ग्रहण करने लगा है।

ऐसे न जाने कितने चित्र मेरे मन में उपन्यास के बंटी को एक निश्चित व्यक्तित्व देते रहे हैं। मुझे लगा कि बंटी किन्हीं दो-एक घरों में नहीं, आज के अनेक परिवारों में साँस ले रहा है—अलग-अलग सन्दर्भों में, अलग-अलग स्थितियों में ! कहीं सहमा हुआ तो कहीं उद्दंड। लेकिन एक बात मुझे इन बच्चों में समान लगी और वह यह कि ये सभी फालतू, गैर-जरूरी और अपनी जड़ों से कटे हुए हैं। किसी एक व्यक्ति के साथ हुई दुर्घटना दया, करुणा और भावुकता पैदा कर सकती है लेकिन जब अनेक जिन्दगियाँ एक-जैसे साँचे में ही सामने आने लगती हैं तो दया और भावुकता के स्थान पर मन में धीरे-धीरे एक आतंक समाने लगता है। मेरे साथ भी यही हुआ। बंटी के इन अलग-अलग टुकड़ों ने उस समय मुझे करुणा-विगलित और उच्छ्वसित ही किया था लेकिन जब सब मिलाकर बंटी मेरे सामने खड़ा हुआ तो मैंने अपने को आतंकित ही अधिक पाया, समाज की दिनोदिन बढ़ती हुई एक ऐसी ज्वलन्त समस्या के रूप में जिसका कहीं कोई हल नहीं दिखाई देता। यही कारण है कि बंटी मुझे तूफानी समुद्री यात्रा में किसी द्वीप पर छूटे हुए अकेले और असहाय बच्चे की तरह नहीं वरन् अपनी यातना के कारणों को साथ और समानान्तर जीते और भोगते हुए दिखाई दिया। इसके बाद ही मेरा स्थितियों को देखने का सारा धरातल ही बदल गया। भावना के स्तर पर उद्वेलित और विगलित करनेवाला बंटी जब मेरे सामने एक भयावह सामाजिक समस्या के रूप में आया तो मेरी दृष्टि अनायास ही उसको जन्म देने, बनाने या बिगाड़नेवाले सारे सूत्रों, स्रोतों और सन्दर्भों की खोज और उनके विश्लेषण की ओर दौड़ पड़ी। सन्दर्भों से काटकर किया हुआ बंटी का अध्ययन शरत्चन्द्रीय भावुकता भले ही जगा दे, उसे एक वैचारिक धरातल नहीं दे सकता।

बंटी के तत्काल सन्दर्भ अजय और शकुन हैं। दूसरे शब्दों में वे सन्दर्भ शकुन और अजय के वैवाहिक सम्बन्धों का अध्ययन और उसकी परिणति के रूप में ही मेरे सामने

आए। यहाँ मुझे भारत जी की बात सही लगी कि जैनेन्द्र जी ने स्त्री-पुरुष के सम्बन्धों को जिस एकान्तिक दृष्टि से देखा है उसका एक अनिवार्य आयाम बंटी भी है क्योंकि शकुन-अजय के सम्बन्धों की टकराहट में सबसे अधिक पिसता बंटी ही है। शकुन और अजय तो आपसी तनाव की असहनीयता से मुक्त होने के लिये एक-दूसरे से अलग हो जाते हैं लेकिन बंटी क्या करे ? वह तो समान रूप से दोनों से ही जुड़ा है यानी खंडित निष्ठा उसके प्रारब्ध में है। क्योंकि वह शकुन के साथ रहता है इसलिए बंटी को उसकी समूची स्थिति के साथ समझने के लिये माँ-बेटे के आपसी सम्बन्धों का विश्लेषण अनिवार्य हो गया। और इस विश्लेषण की शुरुआत के साथ ही कुछ गरिमामयी मिथ्या धारणाएँ और सदियों पुराने मिथ टूटने लगे। शकुन चक्की पीस-पीसकर बेटे का जीवन बनाने में अपने आपको स्वाहा कर देनेवाली माँ नहीं थी बल्कि स्वतन्त्र व्यक्तित्व, आकांक्षाएँ और आजीविका के साधनों से दृप्त माँ थी। इस नारी और माँ के आपसी द्वन्द्व का अध्ययन ही शकुन को उसका वर्तमान रूप देता है। आज तो लगता है कि कहानी में यहाँ-वहाँ बिखरी लोक-कथाएँ अनायास ही नहीं आ गई हैं, वे शकुन के जीवन की दो नितान्त विरोधी स्थितियों (मिथ और वास्तविकता के अन्तर्विरोध) को उजागर करती हैं। अगर माँ की ममता के मारे उस राजकुमार की कहानी है, जो सात समुद्र पार करके अपनी निष्ठा प्रमाणित करता है; तो सोनल रानी की भी कहानी है, जो भूख लगने पर रूप बदलकर अपने ही बेटे को खा जाती है। शकुन बंटी को माध्यम बनाकर अजय से प्रतिशोध लेती हो या बंटी में ही तन्मय होकर अपनी सार्थकता तलाश करती हो, उसे कभी हथियार के रूप में इस्तेमाल करती हो या कभी अपने एकाकी जीवन के आधार के रूप में...मुझे तो सभी को निहायत तटस्थ होकर एक मानवीय धरातल पर ही देखना-समझना था। वास्तव में देखा जाए तो जिन्दगी को चलाने और निर्धारित करनेवाली कोई भी स्थिति कभी इकहरी नहीं होती, उसके पीछे एक साथ अनेक और कभी-कभी बड़ी विरोधी प्रेरणाएँ निरन्तर सक्रिय रहती हैं, उन सबको सच्चाई के साथ अनेक स्तरों पर पकड़ना और मानवीय सहानुभूति के साथ चित्रित करना आसान बिलकुल नहीं है। यह बिलकुल स्पष्ट था कि त्याग और दया, क्षुद्रता और महानता, प्रतिशोध और क्षमा, संकीर्णता और उदारता इन सभी को एक ही समय में, एक ही व्यक्ति सम्पूर्ण जटिलता और अन्तर्विरोधों में जी सकता है। शकुन और बंटी दोनों के चरित्र की वास्तविकता इन्हीं अन्तर्विरोधों में जीने की वास्तविकता है, परोक्ष रूप से अजय के जीवन की वास्तविकता भी यही है।

शायद यही कारण है कि मैं इस त्रिकोण की किसी एक भुजा को न अस्वीकार कर सकी, न ही गलत सिद्ध कर सकी। पात्र अपनी-अपनी दृष्टि और संवेदना की सीमाओं में एक-दूसरे को गलत-सही कहते रह सकते हैं, उनके प्रति द्वेष और सद्भावनाएँ व्यक्त कर सकते हैं, अपने सुखों और दुखों के लिये एक-दूसरे को जिम्मेदार भी समझ सकते हैं लेकिन देखना यह जरूरी होता है कि लेखकीय समझ किसी के प्रति पक्षपात तो नहीं कर रही। मेरी अपनी धारणा है कि मैंने न शकुन को गलत कहा है, न अजय को। बंटी

तो गलत है ही नहीं। गलत और सही अगर कोई हो सकते हैं तो वे अजय-शकुन और बंटी के आपसी सम्बन्ध। पर इस पूरी स्थिति की सबसे बड़ी विडम्बना ही यह है कि इन सम्बन्धों के लिये सबसे कम जिम्मेदार और सब ओर से बेगुनाह बंटी ही इस ट्रेजेडी के त्रास को सबसे अधिक भोगता है। शकुन-अजय के सम्बन्धों का तनाव और चटख बंटी की नस-नस में ही प्रतिध्वनित होता है। स्थिति की इस विडम्बना ने ही शायद मेरे मन में कहीं एक आतंक जगाया था। शकुन-अजय के आपसी सम्बन्धों में बंटी चाहे कितना ही फालतू और अवांछनीय हो गया हो परन्तु मेरी दृष्टि को सबसे अधिक उसी ने आकर्षित किया और अपने में बाँधा। मेरे लिये वह न एक निमित्त है न छलना (फैसाद), वह निश्चय ही त्रिकोण की एक ऐसी तीसरी भुजा है जिसका अपना अस्तित्व ही नहीं बल्कि बाकी दो भुजाओं की तरह अपना एक निश्चित व्यक्तित्व ही है। शकुन-अजय उसकी स्थिति और नियति अवश्य ही निर्धारित कर सकते हैं, करते हैं...व्यक्तित्व नहीं। वह जो कुछ भी बन-बिगड़ रहा है समाज की एक जीवन्त इकाई के रूप में। जाने क्यों मुझे बच्चन जी की वह पंक्ति याद आ रही है...''डूबता मैं, किन्तु उतराता सादा व्यक्तित्व मेरा !''

कुछ अतिरिक्त सूझ वाले समीक्षकों का शकुन-अजय के सन्दर्भ में फालतू हो जानेवाले बंटी को उपन्यास के भी फालतू और ऊपर से थोपे हुए चरित्र के रूप में देखना मुझे चकित करता है। यह सम्भवतः उपन्यास और जीवन को पर्याय समझने की भ्रान्त-दृष्टि का परिणाम हो। जिन्दगी में फालतू हो जानेवाले लोग ही प्रायः सर्वश्रेष्ठ और सबसे अधिक जीवन्त कथा-चरित्र रहे हैं—वह फिर चाहे प्रेमचन्द की बूढ़ी काकी हो या 'जिन्दगी और जोंक' का रजुआ। सारे सामाजिक सम्बन्धों से टूटकर निचली गहराइयों में पड़ी चवन्नी-क्लास वेश्याओं के जीवन ने ही 'मुर्दाघर' को इतना जीवन्त और सशक्त उपन्यास बनाया है जो पाठक को झकझोर कर रख देता है। वस्तुतः उपन्यासकार के लिये अप्रतिरोध्य चुनौती, सहानुभूति और मानवीय करुणा के केन्द्र सिर्फ वे ही लोग हो पाते हैं जो कहीं-न-कहीं फालतू हो गए हैं। यही वह बिन्दु है जहाँ से वह समाज के कैंसर पर उँगली रख सकता है।

बहरहाल, बंटी की यह यात्रा चाहे परिवार की एक संश्लिष्ट इकाई से टूटकर क्रमशः अकेले, जड़हीन, फालतू और अनचाहे होते जाने की रही हो, लेकिन मेरे लिये यह यात्रा, भावुकता-करुणा से गुजरकर मानसिक यन्त्रणा और सामाजिक प्रश्नाकुलता की रही है। जीते-जागते बंटी का तिल-तिल करके समाज की एक बेनाम इकाई भर बनते चले जाना यदि पाठक को सिर्फ अश्रु-विगलित ही करता है तो मैं समझती हूँ कि उपन्यास अपनी बात सही रूप में सम्प्रेषित नहीं कर पाया है। लेकिन जिस तरह निहायत घरेलू परिवार की स्त्री से लेकर प्रबुद्धतम समाज-शास्त्रियों ने 'आपका बंटी' पर प्रतिक्रियाएँ दी हैं उससे मुझे जरूर लगता है कि बंटी का यह पत्र गलत पतों पर नहीं पहुँचा है।

'आपका बंटी' : समीक्षा

डॉ. निर्मला जैन

'निरन्तर' जुलाई-सितम्बर, 1972 के अंक में 'नया उपन्यास : कुछ सवाल' शीर्षक लेख में मैंने संकेत किया था कि " 'आपका बंटी' की लेखिका का तादात्म्य शकुन के साथ हुआ है, इसलिए जाहिर है कि उसने पूरी स्थिति का दायित्व अजय पर डालकर सहानुभूति अनजाने ही शकुन पर उड़ेल दी है।" इस सन्दर्भ में मैंने यह भी कहा था कि इस उपन्यास का प्रभाव दोहरा है। एक इसे सफल व लोकप्रिय रचना बनाता है, दूसरा सार्थक रचना। सार्थकता के सन्दर्भ में इसके कथ्य के ट्रीटमेंट की आधुनिकता का जिक्र भी किया गया था। इस बीच 'आपका बंटी' की बहुत-सी समीक्षाएँ सामने आ चुकी हैं जिनमें कुछ बुनियादी सवाल उठाए गए हैं। अक्सर इस उपन्यास पर 'बंटी' को केन्द्र में रखकर विचार किया गया है। इसलिए अब 'आपका बंटी' पर उस दृष्टि से कुछ विस्तार से विचार कर लेना जरूरी है जिसका संकेत मैंने यह कहकर किया था कि बंटी की लेखिका का तादात्म्य शकुन से हुआ है।

यह गलत नहीं है कि इस उपन्यास को एक बार पढ़ने पर सहसा भ्रम पैदा होता है कि इसमें 'आपके बंटी' यानी हम सबके बंटी की कहानी है। दिलचस्प बात तो यह है कि स्वयं लेखिका इस खूबसूरत भ्रम की शिकार है कि वह 'बंटी' की कहानी लिख रही है और चूँकि कहानी बंटी की है इसलिए उपन्यास की स्थितियों का चुनाव कहीं-न-कहीं बंटी को केन्द्र में रखकर करने की कोशिश की गई है। लेखिका इसके लिये निरन्तर प्रयत्नशील है कि कथा का फोकस बंटी बना रहे। शायद इसीलिए उपन्यास में बंटी सबसे अधिक है। अजय कुछ प्रत्यक्ष कुछ परोक्ष इतना भर जितना समस्याओं के लिये दोषी ठहराने के लिये उसकी आवश्यकता है। डॉ. जोशी उससे कुछ अधिक और एक अत्यन्त सन्तुलित समझदार इंसान के रूप में क्योंकि वे शकुन और उसके चारों ओर की असन्तुलित जिन्दगी को भरसक ठहराव देते हैं। परन्तु सवाल दूसरा है—क्या किसी पात्र के कम और ज्यादा होने से, सक्रिय या जड़ होने से उसका महत्व घटता-बढ़ता है या कि उपन्यास की संरचना में कोई अन्तर आता है ?

इस उपन्यास को पढ़ने पर जहाँ एक तात्कालिक प्रतिक्रिया यह होती है कि इसके केन्द्र में बंटी है, वहीं दूसरी समानान्तर प्रतिक्रिया यह भी होती है कि इसे पढ़कर जो एक 'भावुकतापूर्ण बेचैनी और उमड़न' बंटी को लेकर होती है उससे अधिक कहीं कुछ और

है जो गहरी वैचारिकता के स्तर पर प्रभावित करता है, पर सहसा पकड़ में नहीं आता। इस समझ को लेकर यह कुहासा इसीलिए है कि वह असमंजस स्वयं लेखिका के मन में है। उसका वहम है कि वह इस उपन्यास की रचना तलाकशुदा पति-पत्नी की सन्तान की समस्या का सामना करने के लिये कर रही है। और एक बार वाकई भ्रम पैदा होता है कि यह उपन्यास जैनेन्द्र-युग के महज नारी-पुरुष सम्बन्धों पर केन्द्रित उपन्यासों को एक कदम आगे बढ़ाता है। परन्तु ध्यान से पढ़ने पर यह स्पष्ट होने लगता है कि इस पूरे उपन्यास की बुनावट में स्थितियों से ज्यादा शकुन की वे मनःस्थितियाँ महत्वपूर्ण हैं जो इन स्थितियों को जोड़ती-बनाती चलती हैं। इसलिए इसकी रचनात्मक प्रक्रिया की समझ के लिये घटनाओं और संवादों की तुलना में उनके बीच बिखरी लेखकीय टिप्पणियाँ ज्यादा अहमियत रखती हैं। उन पर ध्यान देते ही समझ में आने लगता है कि "भीतर-ही-भीतर चलनेवाली एक अजीब ही लड़ाई थी वह भी, जिसमें दम साधकर दोनों ने हर दिन प्रतीक्षा की थी कि कब सामने वाले की साँस उखड़ जाती है और वह घुटने टेक देता है, जिससे कि फिर वह बड़ी उदारता और क्षमाशीलता के साथ उसके सारे गुनाह माफ करके उसे स्वीकार कर ले, उसके सम्पूर्ण व्यक्तित्व को निरे एक शून्य में बदलकर।" (पृ. 37) इस पूरी लड़ाई में बंटी कहीं है ही नहीं। क्योंकि "दोनों ही एक-दूसरे की हर बात, हर व्यवहार और हर अदा को नया दाँव समझने को मजबूर थे और इस मजबूरी ने दोनों के बीच की दूरी को इतना बढ़ाया, इतना बढ़ाया कि फिर बंटी भी उस खाई को पाटने के लिये सेतु नहीं बन सका, नहीं बना।" (पृ. 38) उस पर विडम्बना यह कि शकुन या कि उसके माध्यम से लेखिका इस आत्म-प्रवंचना का शिकार है कि बंटी का कोई स्वतन्त्र व्यक्तित्व है जिसे उपन्यास की घटनाएँ कहीं आड़े-तिरछे काट रही हैं। वास्तविकता यह है कि वकील चाचा के कहने पर कि "क्या बताएँ, कुछ समझ में नहीं आता।" बंटी को लेकर उसके मन में एक कचोट है और यही कचोट कभी-कभी..."वह ऊपर से नीचे तक एक क्रूर सन्तोष से भर गई थी। न चाहते हुए भी आशा की एक हल्की-सी किरण मन में कौंधी थी। कौन जाने बंटी ही..." (पृ. 36) दरअसल न चाहते हुए भी इस उपन्यास में बहुत कुछ होता रहता है। चाचा बंटी के लिये खिलौने देते हैं तो शकुन को भ्रम होता है कि "बंटी को माध्यम बनाकर उस तक भी कुछ भेजा गया है।" और यह भ्रम टूटता है तो "बंटी केवल उसका बेटा ही नहीं" बल्कि वह 'हथियार' भी हो जाता है "जिससे वह अजय को टॉर्चर कर सकती है, करेगी।" और "बंटी से न मिल पाने की वजह से अजय को जो यातना होगी उसकी कल्पना मात्र से उसे एक क्रूर-सा सन्तोष मिलने" लगता है। दरअसल उपन्यास की सारी लड़ाई शकुन और अजय के बीच है। शकुन का सारा जीवन इसी एक लक्ष्य से नियन्त्रित होता है, "सामने वाले को पराजित करने के लिये जैसा सायास और सन्नद्ध जीवन उसे जीना पड़ा उसने उसे खुद ही पराजित कर दिया। सामने वाला व्यक्ति तो पता ही नहीं कब परिदृश्य से हट भी गया और वह आज तक उसी मुद्रा में, उसी स्थिति में खड़ी है—साँस रोके, दम साथे, घुटी-घुटी और कृत्रिम।" (पृ. 38) यह कृत्रिमता उसके व्यक्तित्व की

धुरी है। बंटी के प्रति उसका रुख अनजाने ही उस अरक्षा की भावना से बनता-बिगड़ता है जो अजय को लेकर उसके मन में गहरे बैठ गई है। ममी सात भाई वाली चम्पा की कहानी सुनाती है तो इस बात पर बल देने से उसका अहं तुष्ट होता है कि "पापा लोग ऐसे ही होते हैं। उन्हें बच्चों का खयाल कभी रहता ही नहीं। यह तो माँ ही होती है जो..." (पृ. 19) रह-रहकर वह निश्चय कर लेना चाहती है कि ऐसे राजकुमारों की तरह जो अपनी माँ को बहुत प्यार करते थे और जो अपनी माँ के लिये बड़े-बड़े समुद्र तैर गए थे और ऊँचे-ऊँचे पहाड़ पार कर गए थे, बंटी भी "इतना सब करेगा बड़ा होकर या कि निकाल बाहर करेगा...हटाओ बुढ़िया को, बोर करती है।" (पृ. 19) बंटी के संकल्प में शकुन की आकांक्षाएँ तैरने लगती हैं "उसका मन करता है कि ममी को पक्की तरह समझा दे कि वह उन्हें कब्भी-कब्भी नहीं छोड़ेगा।" (पृ. 13)। अजय को समर्पित सभी इच्छा-मान्यताएँ जैसे वह बंटी के माध्यम से पूरी करती है। यहाँ तक कि बंटी जब ठोड़ी के तिल पर अचानक उँगली रख देता है तो अजय की याद ताजा हो जाती है और फिर ममी खुद ही उसकी उँगली लेकर तिल पर रख देती है, क्योंकि ऐसा करना उसे अच्छा लगता है।

उधर बंटी के मन का सारा सोच ममी को लेकर है। रैक पर रखी पापा की एकमात्र तस्वीर को खिलौनों की अलमारी में बन्द करके बंटी को लगता है कि "जैसे ममी की ओर से उसने पापा के खिलाफ एक बहुत बड़ा कदम उठाया है।" (पृ. 76) यहाँ तक कि बंटी का पापा को याद करना भी उसके अपने लिये नहीं है। "वह तो केवल सोच रहा है कि खुश होकर पापा फिर से उनके साथ रहने लग जाएँ तो ? वह तो ममी की बात हुई, ममी की खुशी की।" (पृ. 79) यानी ममी को बंटी की खुशी न खुशी के बराबर, बंटी को ममी के सुख-दुख, खुशी-उदासी की चिन्ता है। अजय के विरुद्ध शकुन ने जो मोर्चा कायम किया है, उसका सबसे शक्तिशाली अस्त्र बंटी है। परन्तु वह खुद इस मोहक भ्रम में यह लड़ाई लड़ रही है कि बंटी के हिताहित को वह सबसे ज्यादा समझती है।

शकुन का यह आत्मछल पहली बार तब भंग होता है जब तलाक की रस्म अदायगी के रूप में वह अन्ततः अजय के हाथ पराजित होती है। यहाँ से एक दूसरा दौर शुरू होता है। उसका आहत अहंकार एक बार फिर अजय को नीचा दिखाने के लिये सन्नद्ध होता है। इस बार बंटी उसके हाथ का हथियार न रहकर मार्ग की बाधा हो जाता है। और वही शकुन जो अब तक बंटी के हिताहित की चिन्ता से अपने को अभिभूत समझने के भ्रम में थी जैसे एक बार उसके प्रति अपराध-बोध की भावना से भर जाती है और बंटी—अजय का प्रतिरूप बंटी उसे हर स्थिति में जैसे गलत साबित करने पर उतारू हो जाता है।

डॉ. जोशी के परिवार के साथ कम्पनी बाग में घूमने की पूरी योजना बंटी को आक्रोश और गुस्से से भर देती है। ममी और डॉ. जोशी के सम्बन्ध की पहचान सहसा उसे बालक से प्रौढ़ बना देती है। और वह शकुन के अपराध-बोध का मूर्तिमान रूप और

अजय का प्रतिरूप बनकर उसका सबसे जागरूक पहरेदार हो जाता है। उसके व्यवहार पर डॉ. जोशी की प्रतिक्रिया होती है—"इट सीम्स, ही हसबैंड्स यू टू मच।" बच्चे डॉ. जोशी के भी हैं, किन्तु उनके व्यवहार में कहीं कुछ ऐसा नहीं है क्योंकि उन्हें लेकर शकुन के मन में अपराध-बोध नहीं है।

जब बंटी की एयर-गन की ठाँय-ठाँय का स्वर उसके और डॉक्टर के बीच फैलता चला जाता है, तो उसे जैसे अपने आत्मछल का एहसास होता है। वह कान्फेस करती है, "जिन्दगी में हर ओर से कटकर वह पूरी तरह बंटी से चिपकी थी। सोचा था, अपना सारा समय और सारा ध्यान वह उसी पर केन्द्रित कर देगी...अपने सारे अभावों की पूर्ति उसी से करेगी। लेकिन नहीं, उसने रास्ता ही गलत चुना था, अतः उसका हर कदम भी गलत होता चला गया।" (पृ. 114)

पर आत्मछल का यह सिलसिला टूटता नहीं है। वह अपनी सुख-सुविधा के लिये एक नई जिन्दगी की शुरुआत करती है तो फिर एक बार अपने को धोखा देती है, "धीरे-धीरे वह आश्वस्त होने लगी थी कि उसने केवल अपने लिये ही नहीं, बंटी के लिये भी एक सही जिन्दगी की शुरुआत कर दी है। अब बंटी को हर जगह और हर बात में पापा की कमी नहीं अखरेगी। व्यक्ति चाहे बदल जाए पर उस स्थान की पूर्ति तो हो ही जाएगी। अब वह उतना अकेला नहीं रहेगा। दो बच्चों का साथ उसे और अधिक नॉर्मल बनाएगा। ही विल ग्रो लाइक ए बॉय, लाइक ए मैन।" व्यक्ति में जब सत्य का सामना करने का साहस नहीं होता तो वह उसकी अपने अनुकूल व्याख्या तो कर लेता है, परन्तु इस प्रक्रिया में कहीं एक गहरा अपराध-बोध मन में पैठ जाता है। इसका एहसास रह-रहकर शकुन को होता है, "तो क्या उसके मन में भी कोई गिल्ट है ? इतनी देर से तर्क दे-देकर वह अपने अपराधी मन को ही समझाती रही है ? बार-बार बंटी के हित की दुहाई देकर कहीं वह अपने किसी गलत काम को ही तो सही सिद्ध नहीं कर रही ?" (पृ. 116) पर दूसरे ही क्षण मन न इस बात को मानता है, न उस बात को। सही-गलत की बात भी वह नहीं जानती, जानना भी नहीं चाहती।" (वही) वस्तुतः इस सारे उपन्यास की रीढ़ सही-गलत बात के बीच सही को दो टूक पहचानने की यह असमर्थता ही है। और जब यह पहचान कुछ-कुछ जागती है तो गलत होने के अपराध-बोध के रूप में। "जो भी हो, पर सात साल तक गलत होने के अपराध-बोध को उसने किसी-न-किसी स्तर पर हर दिन ही झेला है।" और तब अजय का प्रतीक और उसके अपने अपराध-बोध का मूर्तरूप बंटी "ठीक उसी तरह उसे गलत और अपराधी सिद्ध करने पर" तुल जाता है। शकुन के मन में आशंका जगती है कि बस "शायद सारी जिन्दगी उसे गलत ही सिद्ध करता रहेगा ठीक उसी तरह जैसे..."

इस आशंका मात्र से उसके संकल्प बदलने लगते हैं। अजय से बदला लेने में असमर्थ शकुन जैसे बंटी से बदला लेने लगती है। क्योंकि बंटी न पहले कुछ था न अब कुछ है, इसलिए वह फैसला करती है कि "बंटी उसके और अजय के बीच सेतु नहीं बन सका तो वह उसे अपने और डॉक्टर के बीच में बाधा भी नहीं बनने देगी।" (पृ. 130)

यानी बंटी को सिर्फ उसके और किसी दूसरे के बीच कुछ होना भर है। इन दो में से केवल एक ही स्थिति निश्चित है दूसरा अजय हो सकता है, डॉक्टर जोशी या फिर कोई और हो सकता है। परन्तु बंटी की स्थिति इस दूसरे के साथ पहले के सम्बन्ध से निर्धारित होती है। एक स्वतन्त्र अस्तित्व के रूप में नहीं। इसीलिए जो शकुन बंटी को हॉस्टल भेज देने के सुझाव मात्र से बौखला उठी थी, उसी के मन में जब अजय को लेकर ढेर-ढेर कटुता उभर आई तो बंटी के लिये उसने फैसला किया कि ''बंटी यदि सहज ढंग से अपने को उसके और डॉक्टर के बीच में से समेट नहीं लेता तो वह उसे अजय के पास भेज देगी।''

यहाँ तक कि उसे इस बात से भी चिन्ता होने लगी कि जो अजय किसी समय बंटी को ले जाना चाहते थे उनकी ओर से कोई खबर या सूचना नहीं है। फिर भी वह बंटी को भेज देगी क्योंकि ''बंटी को दरार ही बनना है तो मीरा और अजय के बीच में बने। अजय भी तो जाने कि बच्चे को लेकर किस तरह यातना से गुजरना होता है।'' क्योंकि सेतु बनना बंटी के लिये सम्भव नहीं इसलिए उसका दरार बनना, यातना बन जाना है जिसे शकुन डॉ. जोशी के साथ शेयर करना नहीं चाहती।

इसके बाद मोर्चा दोनों ओर से तन जाता है। शकुन को बंटी से शिकायत है ''मुझे तंग करने में, सबके बीच शर्मिन्दा करने में तुझे खास ही सुख मिलने लगा है आजकल'' और बंटी चाहता है ''कि ममी परेशान हों, दुखी हों।'' रह-रहकर उसके मन-ही-मन में सन्तोष होता है ''ऐसा कुछ कर डालने का जो नहीं करना चाहिए...ममी को परेशान करने का।''

जस्टिफिकेशन की जरूरत शकुन को बार-बार महसूस होने लगती है। वह कोशिश करके भी जब बंटी को डॉ. जोशी के घर में रचा-पचा नहीं सकी तो जैसे वह उस घर के लिये फालतू हो गया। और आखिर ''बंटी सेतु नहीं बन सका। इसीलिए शायद उसे भी कट जाना पड़ा।'' वह ''जैसे एक अनावश्यक प्रसंग था, ऊपर से थोपा हुआ। उसे एक-न-एक दिन समाप्त होना ही था। सब लोग जैसे इसी दिन की प्रतीक्षा कर रहे थे।'' सब लोग ही नहीं ''वह भी ? सचमुच वह भी कहीं चाहने ही तो लगी थी। उसे सुख लगने लगा था कि वह एक अनावश्यक तत्त्व...''

बंटी की भूमिका अनजाने ही उपन्यास में इसी ऊपर से थोपे हुए अनावश्यक तत्त्व की हो गई है। उसे या 'हथियार' होना है या 'सेतु', किन्हीं दो के सम्बन्धों के बीच, और जब वह वैसा न होकर 'दरार' या 'बाधा' होने लगता है तो उसे सब काटकर फेंक देते हैं, और सब फिर जैसे-का-तैसा हो जाता है।

यदि कोई पात्र इस पूरी स्थिति को एक किनारे खड़े होकर अक्सर एक पूरी निस्संगता और ठंडेपन से विश्लेषित करता है तो वह डॉ. जोशी हैं। वे प्रायः मर्म को पकड़कर सधे स्वर और सुलझी हुई दृष्टि से उद्घाटित करते रहते हैं : ''तुम लोग अपने को, अपने ईगो को ऊपर न रखकर बंटी को ऊपर रखो। आई मीन उसकी दृष्टि से सारी बात सोचो तो ज्यादा सही होगा।''

इसी सत्य को कुछ आगे चलकर शकुन कान्फेस करती है, "सच, हम लोग शायद बंटी को मात्र एक साधन ही समझते रहे। अपने-अपने अहं, अपनी-अपनी महत्वाकांक्षाओं और अपनी-अपनी कुंठाओं के सन्दर्भ में ही सोचते रहे। बंटी के सन्दर्भ में ही सोचते रहे। बंटी के सन्दर्भ में कभी सोचा ही नहीं।" (पृ. 203) यह आकस्मिक नहीं है कि यह कन्फेशन उपन्यास के अन्त में किया गया है। परन्तु उपन्यास की विडम्बना यह है कि इस तरह के कन्फेशंस के बावजूद शकुन को यह भ्रम है कि वह हर बार जो करती है कि वह या बंटी के भले के लिये या फिर किसी दूसरे ऐसे कारण से, जिसमें कम-से-कम उसकी कोई अपनी कमजोरी, अपनी आवश्यकता यानी निजी स्वार्थ नहीं होता। बंटी को खुद जोशी के घर में एक अनावश्यक प्रसंग, एक यातना, या अपने और जोशी के बीच दरार समझने पर भी जब वह उसे अजय के पास भेजने को राजी होती है तो एक बार फिर अपने को धोखा देती है, जैसे उसे भेजने में उसका कोई अपना स्वार्थ न होकर अब भी अजय और मीरा के बीच दरार पैदा करने की प्रतिशोध-भावना है।

इस उपन्यास की सही पहचान इस आत्मछल को पकड़े बिना नहीं हो सकती। उपन्यास में बंटी एक अत्यन्त जीवन्त और सक्रिय पात्र है। इसलिए वह आपाततः दो के बीच होनेवाली लड़ाई के परिणामों का भोक्ता प्रतीत होता है। ऐसी लड़ाई में जब भोगनेवाला पात्र बच्चा हो और वह भी परजीवी तो प्रभाव भावोद्वेलित करनेवाला ही होगा। इसीलिए 'आपका बंटी' को पढ़ने पर एक समीक्षा में "कुछ-कुछ वैसी ही बेचैनी और उमड़न" का जिक्र किया गया है, जैसी "वर्षों पूर्व शरत्चन्द्र की तथाकथित भावुकतापूर्ण कहानियाँ पढ़कर हुई थी।" और शायद इसीलिए ब्लर्ब पर प्रकाशक की विज्ञप्ति है कि "इस उपन्यास को देश-विदेश के हजारों परिवारों ने जिस व्यक्तिगत लगाव के साथ पढ़ा है, जिस तरह 'बंटी' को लेकर पत्र लिखे हैं, जिस तरह पाठक बंटी के लिये चिन्तित और उत्सुक रहे हैं–वह अपने आप में एक घटना है।" ये दोनों बातें प्रभाव सम्बन्धी एक ही विशेषता की ओर संकेत करती हैं। प्रश्न किया जा सकता है कि 'आपका बंटी' की सफलता क्या केवल भावुक करुणा जगानेवाले लिजलिजे उपन्यास के रूप में है ? और यदि है तो क्या लेखिका का यही अभिप्रेत है ? लेखिका की दृष्टि जाने-अनजाने केवल एक ही बात पर केन्द्रित है, और वह यह कि पूरी स्थिति की जिम्मेदारी और दोष शकुन पर न रहकर अजय पर बना रहे। उसका अहंकार यह भी गवारा नहीं करता कि उसकी भूमिका इस घटना-चक्र में शहीदाना हो जाए। वह केवल अजय को पराजित देखना चाहती है। पर वह भी इस तरह नहीं कि शकुन पाठक की करुणा और सहानुभूति की अधिकारी हो जाए क्योंकि उसके प्रति करुणा जगाना आत्मपराजय स्वीकार करना है। अतः लेखिका ने अनजाने ही सबसे सुरक्षित मार्ग अपनाया है–अजय को दोषी ठहराकर बंटी के प्रति पाठक को करुणा-विगलित करके एक प्रकार के भावुकतापूर्ण आदर्शवाद की सिद्धि जिसमें कहीं-न-कहीं अपने व्यवहार के प्रति नैतिक समर्थन भी प्राप्त कर लिया गया है।

पर 'आपका बंटी' की जो विशेषता उसे अधिक महत्वपूर्ण और सार्थक बनाती है, वह यह भावोद्वेलन नहीं है, बल्कि शकुन की जटिल चरित्र-सृष्टि है जिसके कारण इसकी वस्तु के ट्रीटमेंट में व्यंजना की कला का अत्यन्त प्रौढ़ रूप मिलता है। लेखिका की दृष्टि में शायद यह उपन्यास का अभिप्रेत नहीं है। शकुन के चरित्र का सीधा-सपाट न रहकर अत्यन्त जटिल हो जाना भले ही लेखिका के लिये उपन्यास की गौण वस्तु रही हो पर इस उपन्यास को एक प्रौढ़ और सार्थक रचना बनाने में उसकी इस विशेषता का बहुत बड़ा हाथ है। कहना न होगा उपन्यास की इस गौण वस्तु का निर्वाह अत्यन्त कठिन और चुनौतीपूर्ण था। मन्नू भंडारी के कथा-साहित्य की एक प्रमुख विशेषता है—अनुभूत जीवन को बिना सचेष्ट कलात्मक कौशल के सीधी-सादी सपाट शैली में प्रस्तुत कर देना। शकुन के चरित्र में आत्मप्रवंचना की इस जटिलता का निर्वाह भी मन्नू भंडारी ने इसी सहज-पद्धति से किया है और यही इसकी सफलता का रहस्य है। व्यक्ति और माँ के बीच बंटी शकुन का अवचेतन के स्तर पर गहरा आत्मद्वन्द्व, व्यवहार के धरातल पर एक तनावपूर्ण व्यक्तित्व को जन्म देता है। यही व्यक्तित्व शास्त्र की भाषा में इस उपन्यास का गुणीभूत व्यंग्य है।

लेखिका ने यह अनजाने किया या जानबूझकर इससे उपन्यास के कलात्मक मूल्य में कोई अन्तर नहीं पड़ता, क्योंकि किसी कृति की मूल्यवत्ता लेखकीय रचना-दृष्टि से नहीं, उसके अपने निष्पन्न, पूर्ण, संरचित रूप से निर्धारित होती है। चेखव की प्रसिद्ध कहानी 'डार्लिंग' के सम्बन्ध में टॉलस्टॉय ने संकेत किया था कि 'डार्लिंग' की गर्हणा के लेखकीय उद्देश्य को पूरा न करती हुई यह कहानी अन्ततः अनजाने ही पात्र के प्रति पाठकीय संवेदना जगाती है। मार्क्स ने बाल्जाक की रचना में वैचारिकता और यथार्थ चित्रण के आपसी सम्बन्ध को लक्ष्य करते हुए कहा था कि वैचारिक स्तर पर शासक के प्रति पक्षपातपूर्ण दृष्टिकोण रखते हुए भी, यथार्थ के अत्यन्त प्रामाणिक और सजीव चित्र प्रस्तुत करने के कारण, पाठक की करुणा का अधिकारी सामान्य वर्ग हो गया है। कहना न होगा कि इस प्रकार की रचनाओं का महत्व उसी विशेषता में रहता है जो रचना-प्रक्रिया में अनजाने पैदा हो जाती है।

'आपका बंटी' की सही समझ के लिये उसकी रचना-प्रक्रिया में इस विशेषता की ओर ध्यान दिया जाना बहुत जरूरी है। केन्द्रीय पात्र की इस तनावपूर्ण स्थिति से 'आपका बंटी' की संरचना, स्थितियों का चुनाव, पात्रों का व्यवहार, उन सबके आपसी रिश्ते, भाषा, अर्थात् एक सम्पूर्ण इकाई के रूप में उसकी गठन किस रूप में प्रभावित हुई है, यह स्वतन्त्र रूप से विचारणीय हो सकता है, फिलहाल इतना ही।

'जुगलबन्दी'—माध्यम

गिरिराज किशोर

किसी भी कृति के प्रकाशन के दो वर्षों के अन्दर ही लेखक का कृति के सम्बन्ध में अपना वक्तव्य या 'कैफियत' देना कृति के बारे में बननेवाले अच्छे या बुरे सोच को स्थगित करता है। इस बात को और हल्का किया जाए तो यह भी कहा जा सकता है कि लेखक को रचना के बारे में कुछ कहने का अवसर दिया जाता है तो वह उस बनते हुए सोच में घपला पैदा कर सकता है। दरअसल 'जुगलबन्दी' अभी नोटिस लिये जाने की स्थिति से गुजर रहा है। समकालीनता इसके अलावा और कुछ नहीं करती। विचार, पुनर्विचार और निष्कर्ष तक पहुँचने का एक चक्र पूरा होने में वर्षों और सदियाँ लगती हैं। यह भी निश्चित नहीं होता कि कोई रचना वहाँ तक पहुँच भी पाती है या नहीं। यदि कोई लेखक अपनी रचना को जमाने के लिये लमतरानी हाँकता है तो अन्ततः उसका सोच पर कोई असर नहीं पड़ता। लमतरानी हाँकना रचना, रचना-अनुभव और विधा की स्वायत्तता के प्रति ज्यादती होती है।

अपनी रचना के बारे में आज के वक्तों में यह कहना तो किसी के लिये भी सम्भव नहीं है कि वह रचनाकार पर 'शक्तिपात' की तरह अवतरित होती है। यदि कुछ लेखकों ने कभी ऐसा कहा भी होगा तो संस्कार के वशीभूत होकर या फिर अपनी सज्जनता और नम्रता का शिकार होकर। यह भी हो सकता है कि वे अपनी रचना-प्रक्रिया को ही दैवी शक्तिपात मानते रहे हों या अपने आपको साधारण व्यक्ति से अलग करना चाहते हों। दरअसल जब भी कभी कोई बड़ी या छोटी रचना का 'प्रणयन' हुआ है उसका आधार तत्कालीन सामाजिकता या समकालीन जिन्दगी ही रहे हैं। आज का लेखक इस बात का साक्षी है कि जो कुछ सार्थक लिखा गया है या लिखा जा रहा है, उसका सीधा सम्बन्ध जिन्दगी के यथार्थ से है। जब रचना का आधार अध्यात्म या सौन्दर्यवाद था तब वही तात्कालिक जीवन का दबाव रहा होगा।

आज के सन्दर्भ में यह कहना या मानना अप्रासंगिक होगा कि समकालीनता केवल चार-छह या दस साल के कालखंड तक ही सीमित होती है। समकालीनता का काल-खंड निश्चित नहीं किया जा सकता। वैचारिक, सामाजिक और राजनीतिक परिवर्तन की प्रक्रिया का पूरा एक दौर समकालीनता के अन्तर्गत आता है। परिवर्तन मानसिकता को भी प्रभावित करता है। मानसिकता में होनेवाले परिवर्तन का साहित्य से सीधा सम्बन्ध

है। इसलिए समकालीनता को एकांगी करार देकर उसके महत्व को नकारा नहीं जा सकता। हर समकालीनता से उत्पन्न होनेवाला एक अनुभव होता है और उसका अपना एक सत्य होता है। उस सत्य के भिन्न-भिन्न शेड्स होते हैं। चाहे उस सत्य को स्थायी या पूर्ण न माना जाए परन्तु साहित्यकार एक स्थायी या कहा जाए पूर्ण सत्य की भाँति ही उसकी स्थापना करता है। अगर कोई साहित्यकार समकालीनता के माध्यम से मिलनेवाले अनुभव और उसके सत्य में शंका करता है, तब वह न तो रचनात्मक स्तर पर उसका साक्षात्कार कर सकता है और न उसे सार्थक अभिव्यक्ति ही दे सकता है। समकालीनता से मिलनेवाले अनुभव में लेखक की आस्था होना अपने आप में एक बहुत बड़ी शर्त है। अनुभव के प्रति यही आस्था रचना की विश्वसनीयता का निर्धारण करती है।

'जुगलबन्दी' उसी समकालीनता से उत्पन्न अनुभव की अभिव्यक्ति है। अनुभव को समग्रता और आस्था के साथ झेला गया है। संवेदना और अनुभव को एक लम्बे अर्से तक साथ-साथ जीवित रखना फिर उसे अभिव्यक्त करना रचनाकार का सबसे महत्वपूर्ण दायित्व होता है। अगर उस दायित्व को रचनाकार निबाह ले जाता है तब तो वह जवाबदेही के शिकंजे से अपने को निकाल सकता है और अगर नहीं निबाह पाता तो उस शिकंजे से उसे कोई बचा नहीं सकता। लेखक की रचना ही उसकी संजीवनी भी होती है और विष भी !

'जुगलबन्दी' के यथार्थ के बारे में कुछ प्रश्न उठते रहे हैं। उनमें दृष्टि का प्रश्न सबसे महत्वपूर्ण है। दूसरा प्रश्न विषयगत है कि 'जुगलबन्दी' की विषय-वस्तु समकालीनता से कटी हुई है। 'जुगलबन्दी' लिखते भी लगा और पहले भी यह महसूस होता रहा कि सामन्तवादी राजनीतिक पृष्ठभूमि अभी तक समाज को घेरे है। उसी की मार से आज तक पीढ़ियाँ लँगड़ी और लूली होती गई हैं। हालाँकि 'जुगलबन्दी' में आए ऐसे सब प्रतीकात्मक स्थलों को अतिवाद कहकर अस्वीकार भी किया गया है और आगे भी किया जा सकता है। परन्तु यह सामाजिक सत्य भी है और राजनीतिक सत्य भी। 'लोग' लिखते समय यह अहसास उतना गहरा नहीं था। दरअसल जिन्दगी की वास्तविकता को बेचारा होकर झेलना सामान्य इच्छा-शक्ति के आदमी को अपाहिज बना देता है, उसे तोड़ देता है, दिग्भ्रमित करके वायवी ढंग से बिखरने के लिये मजबूर कर देता है। उसकी चोट लेखक पर भी पड़ती है। वह उस अनुभव के साथ इतना सम्बद्ध अनुभव करता है कि वह पूरा-का-पूरा अनुभव उसके भौतिक स्तर से उतरकर रचनात्मक स्तर पर आ जाता है। इस प्रकार के अनुभव उस जिन की तरह होते हैं जो निरन्तर कोंचा करता है कि या तो मेरा उपयोग करो नहीं तो मैं तुम्हें खाऊँगा। लेखक के पास इसके सिवाय कोई दूसरा रास्ता नहीं रह जाता कि या तो वह उस असहनीय अनुभव को अभिव्यक्ति दे या फिर अपने को जिन के हवाले कर दे। यह कचोटा जाना जहाँ खतरनाक है वहाँ वह अनुभव को रचनात्मक स्तर पर पकाता भी है और दृष्टि भी देता है।

आरम्भ में 'जुगबन्दी' का सन्दर्भ इतना बड़ा नहीं था। धीरे-धीरे उसका विस्तार हुआ। हर अनुभव विस्तार ग्रहण करने में समय लेता है। जिन्दगी और समाज की

विद्रूपताएँ और विषमताएँ दूसरे विश्व-युद्ध के साथ-साथ, या उसके होते समय, कड़ुए तेल के दिए की रोशनी या डूबते दिन के धुँधलके में देखने की तरह थीं। उनमें कोई दृष्टि नहीं थी। दृष्टि बाद में उत्पन्न हुई। दृष्टि का अर्थ होता है कालगत अहं को जन्म देना। हर घटना को अतीत से जुड़ने पर ही व्यक्तित्व मिलता है। यह आवश्यक नहीं कि यह अतीत इतिहास के पन्नों से मिलनेवाला अतीत ही हो। एक समकालीन अतीत भी होता है। 1947 से पूर्व का काल आज भी इंसान की मानसिकता को प्रभावित कर रहा है। वह इतिहास का अतीत न होकर समकालीन अतीत ही है। रचनाकार को अतीत के इस अहं को झेलना पड़ता है। दरअसल संसार का सम्पूर्ण लेखन 'रिट्रोसपेक्शन' पर आधारित है इसलिए चिन्तन और रचनात्मकता भी अतीत के इस अहं से नाता नहीं तोड़ पाते। बल्कि उसे अनचाहे वहन करना एक मजबूरी है। साहित्य-लेखन भविष्य को लेकर नहीं होता। जिसका कोई यथार्थ नहीं उसका साहित्य कैसा ? उसकी 'जेन्विनिटी' की जिम्मेदारी लेखक कैसे वहन कर सकता है ? 'जुगलबन्दी' भी उसी समकालीनता से जन्मी कृति है। उसका अतीत भी है और यथार्थ भी।

'जुगलबन्दी' की स्थितियों के घटने और उसके लिखे जाने के बीच अन्तराल ने स्थितियों को अनुभव में परिवर्तित किया, यथार्थ की गुरुता प्रदान की, अतीत का अहं दिया और समाजोन्मुखी दृष्टि दी। जो कुछ धुँधलके में देखा गया था उसे स्पष्ट करके धीरे-धीरे साक्षात्कार के स्तर तक उठाया। इस सम्पूर्ण प्रक्रिया से गुजरने के बाद उस अनुभव को आक्षरिक स्थूलता प्राप्त हो सकी। यह रचना का सौभाग्य होता है या दुर्भाग्य यह तो एक अलग विषय है। परन्तु रचनाकार को सबसे अधिक सन्तोष इसी बात से मिलता है कि उसके अनुभव को आक्षरिक स्थूलता मिल सके। कभी-कभी एक खतरा और होता है। अनुभव की अन्तर्मन से गहरी आत्मीयता या उसका सम्पूर्ण साक्षात्कार रचनाकार को मूक कर देता है यानी उसके अनुभव को आक्षरिक स्थूलता ग्रहण नहीं करने देता। लगता है कि रचना हो गई या हो रही है। हो सकता था 'जुगलबन्दी' के अनुभव से उसी स्तर का तादात्म्य हो जाता और अन्तर्मन से अनुभव इतना घुल जाता कि उसकी आक्षरिक संस्कार मिलने की सम्भावना समाप्त हो जाती। उस स्थिति में 'जुगलबन्दी' नहीं भी लिखी जा सकती थी। रचनात्मक स्तर पर अनुभव को अपने अन्दर समेट लेने पर भी अनुभव से एक तरह की रचनात्मक दूरी का बना रहना 'जुगलबन्दी' लिखे जाने का आधार है। वैसे 'जुगलबन्दी' के न लिखे जाने से साहित्य के स्वास्थ्य पर कोई विपरीत प्रभाव पड़नेवाला नहीं था पर रचनाकार की रचना-धर्मिता पर एक प्रश्नचिह्न लग सकता था। वैसे प्रश्नचिह्न का इतने विस्तृत साहित्य-मंडल के सन्दर्भ में भी कोई महत्व न होता पर रचनाकार के लिये यह प्रश्नचिह्न मुर्गी के लिये तकवे के दाग से बदतर सिद्ध हो सकता था।

'जुगलबन्दी' लिखे जाने के दौरान अपेक्षाकृत अधिक गहराई से यह अनुभव हुआ कि रचनाकार को अपने ही अनुभव के लिये छननी का काम करना पड़ता है। यानी स्थूलता को अपने अन्दर समो लेना और अनुभव को छनकर आने देना। छननी बनने

की यही प्रक्रिया रचनात्मक तटस्थता की प्रक्रिया भी कही जा सकती है। रचनाकार को अपने ही अहं के टुकड़े-टुकड़े होते देखना पड़ता है, साथ ही साथ अनुभव के रेशे-रेशे जोड़ने पड़ते हैं। इस वास्तविकता का भी 'जुगलबन्दी' के माध्यम से साक्षात्कार किया गया। 'जुगलबन्दी' ने लेखक को अपने को नापने का एक मौका दिया है। अनुभव और रचना-प्रक्रिया के बीच के संघर्ष से उत्पन्न होनेवाली ऊर्जा से भी सामना कराया है। यही ऊर्जा लेखक के 'अनक्वालीफाइड ईगो' को पिघलाती है। जिस लेखक के साथ ऐसा नहीं हो पाता उसके लिये रचना से अधिक 'अनक्वालीफाइड ईगो' महत्वपूर्ण हो जाता है।

'जुगलबन्दी' में जो मानवीय भूमिकाएँ, सामाजिक और राजनीतिक विरोधाभास उद्‌घाटित हुए हैं, हो सकता है वे सब बृहद् सामाजिकता के सन्दर्भ में कुछ भी न हों फिर भी व्यक्ति के स्तर पर उनकी एक सामाजिक प्रासंगिकता है। 'जुगलबन्दी' के सन्दर्भ में किसी बड़े आत्मरक्षक तर्क की आवश्यकता नहीं। उस सम्पूर्ण अनुभव और मानवीय संवेदना को 'डबरे' में 'सूरज' दिखलाई पड़ने की संज्ञा दी जा सकती है। रचनाकार अपने युग के समकालीन दबाव का अपनी तरह नोटिस लेता है। नोटिस लेने के बाद अभिव्यक्ति दिए जाने पर ही यह प्रश्न उठा करता है कि कौन रचनाकार कितना 'इन्वाल्व्ड' है ? किसकी झोली कितनी बड़ी है ? वह कितना समेट पाता है और कितना दे पाता है ? फिर वही 'डबरे' में 'सूरज' वाली बात आती है। डबरा चुल्लू भर गँदले पानी में सूरज को उतार सकता है। यदि सूरज को डबरे में ही बन्द कर लेने की गरज से उसे ढाँप दिया जाए तो सूरज डबरे में नहीं उतर सकता। यही शर्त साहित्य पर भी लागू होती है।

'जुगलबन्दी' का अनुभव एक स्वतन्त्र अनुभव है। हालाँकि वस्तु, प्राणी, अनुभव और काल ये सब अपनी शर्तों पर स्वीकृति प्राप्त करना चाहते हैं। 'लोग' के लिये तो कहा जा सकता है कि एक सीमित रूप में इन सबको उनकी ही शर्तों पर स्वीकृति मिली। कालगत अनुभव की स्वायत्तता को उसकी शर्तों पर माना गया। परन्तु जुगलबन्दी के साथ ऐसा नहीं। 'लोग' लिखे जाने के बावजूद 'जुगलबन्दी' लिखी गई। 'जुगलबन्दी' समकालीन अनुभव और सामाजिक दृष्टि को प्रस्थापित करने का प्रयत्न था। सामाजिक अन्तर्वस्तु (कंटेंट) और उसको व्याख्यायित करने के प्रयत्न ने 'जुगलबन्दी' को और अधिक विस्तार दिया। इस बात से सहमत भी हुआ जा सकता है और नहीं भी। क्योंकि साहित्यिक सहमति और असहमति में सदा ही बहुत थोड़ा-सा अन्तर होता है।

'जुगलबन्दी' के साथ सामन्तवाद का नाम भी जुड़ा है। 'लोग' के सन्दर्भ में यह बात उतनी महत्वपूर्ण नहीं थी क्योंकि 'दृष्टि' भी उतनी यथार्थवादी नहीं थी। 'दृष्टि' रचना को अधिक विवादास्पद बना देती है। कोई दृष्टि को पकड़ पाता है, कोई नहीं पकड़ पाता। 'जुगलबन्दी' को सामन्तवाद, जागीरदारी, आत्मपरकता के युग से सम्बन्धित होने के कारण ही प्रश्नों का सामना करना पड़ा। जिन-जिन देशों में सामन्तवाद रहा, उसके रहते और उसके जाते, सामन्तवाद को अपेक्षित संवेदना और यथार्थ की गहराई के साथ चित्रित करना लेखकों की एक मजबूरी रही। हिन्दी में सामन्तवाद के उत्कर्ष या पतन का जो भी चित्रण किया गया उसके पीछे रोमांटिक तत्त्व काम कर रहे थे। ऐसी

बहुत कम रचनाएँ हैं जो उस रोमांटिकता से कटकर उसके यथार्थ को संवेदना के साथ प्रस्तुत कर पाई हैं।

जिस युग का जो यथार्थ होता है चाहे अध्यात्म हो या सामन्तवाद, वर्ग-संघर्ष हो या पूँजीवाद रचनाकार को (पक्ष या विपक्ष में) रचनात्मक स्तर पर चित्रित करने के लिये संवेदनात्मक व्यवहार का निर्वाह करना होता है। यदि रचनाकार की दृष्टि धारा के विपक्ष में जाने के लिये भी मजबूर करती है तो भी वह संवेदनात्मक व्यवहार से विमुख नहीं हो सकता। सामन्तवादिता का झाड़ बहुत ऊँचे पर जलता था। उस झाड़ के प्रति सामन्तवाद की ही नहीं बल्कि सामान्य वर्ग से आनेवाले लेखक तक की सहानुभूति थी। दरअसल 'रोमांटीसिज्म' सामन्तवाद का एक महत्वपूर्ण उपकरण था। 'रोमांटीसिज्म' ने बहुत समय तक यथार्थ को अर्ध-सुप्तावस्था में डाले रखा। विचार के स्तर पर सामन्तवाद के प्रति चाहे कितनी भी बड़ी घृणा कुलबुलाती रही हो परन्तु रोमांटिक तत्त्वों ने उस झाड़ को ऊपर चढ़ने में या तो सहयोग दिया या उसके प्रति तटस्थ बने रहे। जहाँ तक 'जुगलबन्दी' के लेखक का प्रश्न है, वह उस झाड़ को ऊपर चढ़ाने में दो हाथ नहीं बना और न तटस्थ रहा बल्कि उस टूटने की स्थिति और उस टूटन की खिलखिलाहट को दूसरों तक पहुँचाने में सहायक अधिक हुआ। हो सकता है, सामन्तवादी मानसिकता और रोमांटिकता के पतन का साक्षात्कार लेखक ने सीमित रूप में किया हो परन्तु जितना भी किया वह लेखक की समाजपरक दृष्टि को रेखांकित करता है। तत्कालीन सामाजिक शक्तियों, विद्रूपताओं और हिलहिलाते और पंगु होते नए-पुराने इंसान और समाज की एक डबराई तस्वीर 'जुगलबन्दी' में मौजूद है। सम्पूर्ण समाज के साक्षात्कार के लिये रचनात्मक संवेदना और समाजोन्मुखी दृष्टि यही दो अनिवार्य शर्तें थीं। यदि लेखक इन दोनों अनिवार्यताओं को उपलब्ध करने में सफल हुआ है तो ठीक है, नहीं तो जवाबदेही की जिम्मेदारी से वह अपने को बचा नहीं सकता।

जो लोग 'जुगलबन्दी' को केवल शिवचरण बाबू का चरित्र मानते हैं उनके लिये भी इस बात से इंकार करना कठिन होगा कि जो कथित लेखकीय, सहानुभूति शिवचरण बाबू को मिली है वह एक पतनोन्मुख समाज को उजागर करनेवाली रचनात्मक संवेदनशीलता अधिक है। यह बात भी स्पष्ट होती है कि नया युग उसी पतनोन्मुख समाज से जन्म लेनेवाली मानसिकता से प्रभावित है। सामन्तवादिता का झाड़ टूटकर गिर जाने के बावजूद जो नया प्रकाश उठ रहा है वह न तो अपनी ऊँचाई ही खोज पा रहा है और न उसमें निर्मलता ही आ पा रही है। वह प्रकाश वर्णसंकर है और उसकी दृष्टि समाजोन्मुखी कम है, आत्मपरक अधिक है। यह आंशिक सत्य भी हो सकता है पर एक युग का यथार्थ है। वह यथार्थ स्वतन्त्रता मिलने पर ही समाप्त हो गया हो यह बात भी नहीं बल्कि स्वातन्त्र्योत्तर काल में भी उतना ही प्रभावशाली बना हुआ है। इसका कारण यह भी है कि उस सामन्तवादी मानसिकता की समाप्ति किसी सामाजिक क्रान्ति या विस्फोट के फलस्वरूप नहीं हुई बल्कि अपनी बढ़ती हुई अप्रासंगिकता के कारण उसने आत्महत्या की नियति को स्वीकार किया। इस प्रकार का आत्मसात दूसरों पर अपना

प्रभाव छोड़ जाता है। केवल बलशाली इच्छाशक्ति ही उस प्रभाव से मुक्ति दिला सकती है। अगर यह विनष्टि किसी धमाके के साथ हो गई होती तो हो सकता है 'जुगलबन्दी' लिखे जाने की कोई प्रासंगिकता न होती। अगर लिखी भी गई होती तो उसकी अन्तर्वस्तु, ट्रीटमेंट, निष्कर्ष, रचना-प्रक्रिया सब कुछ भिन्न हुए होते। जितनी भी रचनाएँ लिखी या की जाती हैं, समय और परिवर्तन के साथ उनका एक तार्किक समीकरण होता है। 'जुगलबन्दी' में उस तार्किक समीकरण को बनाए रखा गया है। जो समाज अप्रासंगिक हो रही मानसिकता को आत्महत्या करने का अवसर देता है, और आत्महत्या कर लेने के बाद भी उसके प्रभावों को सँजोकर रखता है या वहन करता है, उसे उजागर ही किया जा सकता है, अगर उसे नकारा जाए तो वह रचना का यथार्थ नहीं बन पाएगा। जिन भाषाओं और देशों में परिवर्तन क्रान्ति के द्वारा हुआ है वहाँ क्रान्ति उस समाज का यथार्थ बन गई है। परन्तु मात्र भौतिक स्तर पर हुए परिवर्तन को 'रेडिकल' मोड़ देने की स्थिति सामयिक यथार्थ के विरुद्ध ही जाती है। यथार्थ के साथ एक बहुत बड़ी कठिनाई है, यथार्थ-चेता लेखक को धारा के विरुद्ध चलना पड़ता है। यह मनोरंजन की स्थिति उतनी नहीं, जितनी भोग की है। भोग भी आनन्दायक नहीं, कष्टदायक है। जब तक परिवर्तन में गति नहीं आती या क्रान्ति हमारे समाज का यथार्थ नहीं बनती तब तक साहित्यकार यथार्थ को चित्रित करके परिवर्तन के लिये जमीन तैयार करने का ही काम कर सकता है। इससे अधिक कुछ नहीं। 'जुगलबन्दी' की सम्पूर्ण दृष्टि उसी यथार्थ को उद्घाटित करने के प्रति समर्पित है। जो प्रसंग थोड़े-बहुत अलग भी लगते हैं वे भी उस बड़े यथार्थ के चित्र ही हैं और यथार्थ को उजागर करने में मदद देते हैं।

शिवचरण बाबू को चाहे जितना भी महत्वपूर्ण पात्र क्यों न माना जाए परन्तु वह व्यक्तित्व उस दंड की तरह ही है जिसमें चौकोर घूमनेवाले झूले पड़े हैं। बहूजी, बीरू बाबू, बहू, बुआ, माँजी, शिवनाथ बाबू, हलवाई, सुमत बाबू, चतरसिंह, कमिश्नर, कलक्टर, सेक्रेटी-होम और उसकी पत्नी, सावित्री देवी, मंगल पहलवान आदि जितने भी हैं, समय की मार को सहकर भी विद्रूपताओं के प्रतीक और शिकार बने रहने के बावजूद जिन्दगी के विरोधाभास को उभार रहे हैं और हिलहिलाते सामन्तवाद के चारों ओर चक्कर काट रहे हैं। दरअसल 'जुगलबन्दी' में वे भी विद्रोही ही हैं जो पंगु हो गए और बाहर से देखने पर उनकी कोई भूमिका नजर नहीं आती। और वे भी विद्रोह और परिवर्तन के लिये आतुर हैं जो इत्तफाक से विद्रोही बनने का अवसर पा गए। इनके अलावा वे तो विद्रोही हैं ही जो अपने को विद्रोह करने के लिये प्रतिबद्ध कहते और मानते हैं। चाहे वे गांधी के अनुयायी हों या मुस्लिम लीग के, इनकी प्रतिबद्धता कहीं भी 'एक' नहीं। मूलतः इन सब जिर्गों की व्युत्पत्ति उसी सामन्तवाद से ही हुई है। कुछ इन्कलाब में सफल हो गए और कुछ काम आ गए। जो मानसिकता तब थी आंशिक रूप से वह अब भी है। व्यक्तियों के 'लॉयल्टीज' का संघर्ष तब भी था और आज भी है। हो सकता है लेखक की इस दृष्टि से कुछ आलोचक या पाठक, किन्हीं रचनागत कारणों से या अपनी मान्यता के कारण, सहमत न हो पाते हों परन्तु इस वास्तविकता को झुठलाना शायद मुश्किल होगा।

हर काल की एक सच्चाई होती है। वह सच्चाई बहुपक्षीय नहीं होती है। ऊपर से देखने में चाहे लगती हो। वह अपने में पूर्ण इकाई होती है। उसे बाँटकर देखना कम खतरनाक नहीं। कुछ आलोचकों की सच्चाई बाँटनेवाली बात को मान भी लिया जाए तो उसमें बाहरी सच्चाई का इतना महत्व नहीं जितना अन्दरूनी सच्चाई का है। तात्कालिक अनुभूति को भी अगर सच्चाई का ही रूप माना जाए तो उसमें भी बाहरी सच्चाई का महत्व नहीं होता। उसकी भी एक अपनी आन्तरिक सच्चाई होती है। 'जुगलबन्दी' की भी सच्चाई अपने में एक इकाई है। काल-सन्दर्भ में उसे बाँटकर नहीं देखा जा सकता।

अनुभव जब रचना है तो उसकी अपनी एक प्रक्रिया होती है। घटना, अनुभव बनाना, अनुभव या रचनात्मक और सामाजिक सच्चाई के रूप में परिवर्तित होना और फिर रचना के स्तर पर अभिव्यक्त होना। हो सकता है कि वह सम्पूर्ण प्रक्रिया पाँच साल ले ले या पचास साल और हजार साल ले ले। परन्तु घटना और रचनात्मकता के बीच की दूरी को पूरा करना रचनाकार की एकमात्र नियति है। इस दूरी के बीच की सच्चाई को विभाजित नहीं किया जा सकता। बल्कि अपनी रचनात्मक दृष्टि को साफ करके ही उसका साक्षात्कार किया जा सकता है। रचना यदि अपनी सच्चाई को खोज लेती है तो उसकी बुनावटगत कमियाँ और तथ्यात्मक कमजोरियाँ अपेक्षाकृत अर्थहीन हो जाती हैं क्योंकि उनका महत्व भौतिक अधिक होता है। अगर ऐसा नहीं होता तो ये कमजोरियाँ रचना को खा जाने की सामर्थ्य रखती हैं। 'जुगलबन्दी' के माध्यम से उसी सच्चाई को पकड़ने की कोशिश की गई है। परन्तु किस सीमा तक वह पकड़ में आ सकी है यह एक मूल्यांकन की बात है।

हमारा साहित्य दुर्भाग्यवश अभी तक विवरणात्मक है। भाषा का चयन लेखक की रचनात्मक दृष्टि के लिये एक चैलेंज होता है। 'जुगलबन्दी' में अनुभव के अनुसार भाषा को साधने का प्रयत्न भी एक चैलेंज ही कहा जाना चाहिए। कथोपकथन और चित्रों के माध्यम से उपन्यास को पकड़ पाने पर भी विवरणात्मकता से 'जुगलबन्दी' को उस सीमा तक छूट नहीं मिल पाई जिस सीमा तक मिलनी चाहिए थी। भाषा उत्कर्ष के चाहे जिस बिन्दु पर पहुँच जाए वह अन्तिम नहीं होता। यह हो सकता है कि किसी स्तर पर अनुभव की दृष्टि से साहित्य में अग्राहता (सेचुरेशन) आ जाए परन्तु भाषा उस समय भी अपने आपको खोजती और बढ़ाती हुई मिलेगी। क्योंकि साहित्य में भाषा ही अकेला ऐसा पक्ष है जो सदा अपने को फैलाता और खोजता है। यह जीव (ऑर्गिनिज्म) से भी अधिक अमरजीवी है। हर बाह्य घटना और वातावरण अन्दर जाकर भाषागत अभिव्यक्ति के रूप में बाहर आने का प्रयत्न करते हैं। यही भाषा का अनन्त काल तक चलनेवाला अन्वेषण है

'जुगलबन्दी' की भाषा बाहर से उठाई हुई या आरोपित भाषा नहीं है। उसके अन्दर से खोजी गई है। शायद इसलिए इस अनुभव का वजन उठाने में अक्षम सिद्ध नहीं हुई।

'जुगलबन्दी' : समीक्षा

राजेन्द्र यादव

जिन्दगी जीने की अनिवार्य शर्त है सच्चाई और इस सच्चाई से टूट या छूटकर जो कुछ हमारे पास बचा रहता है वह है उसका अनुभव यानी जब सच्चाई समाप्त हो जाती है तो अनुभव का जन्म होता है। बाहरी वास्तविकता को साथ लेकर हम सिर्फ जीवन जी सकते हैं, उसे रचनात्मक अनुभव नहीं बना सकते। सच्चाई के सम्पर्क से पैदा होनेवाली प्रतिक्रियाएँ या अनुभूतियाँ अनुभव नहीं, अनुभव का कच्चा माल हैं। बाहरी वास्तविकता से मुक्त होते हुए जब हम उसके और उससे पैदा होनेवाली आन्तरिक प्रतिक्रियाओं के अर्थ खोजते हैं, उनके कोण और परिणतियों को जाँचते हैं तो अनुभव की प्रक्रिया शुरू होती है। जो कुछ बाहर होता है उसे अपने भीतर से गुजरते हुए देखना–अपने को अलग खड़े आदमी की निगाह से ढलते हुए पाना, लेखकीय जीवन के सबसे अधिक रोमांचक और समृद्ध क्षण हैं अर्थात् लेखन, यानी अनुभव की अभिव्यक्ति किसी-न-किसी स्तर पर जिए हुए का पुनरावलोकन और पुनर्सृजन ही है। अनुभव और उसे रूप देनेवाली सच्चाई का बिन्दु बहुत-बहुत सँकरा और गतिशील है। यह निरन्तर चलती रहनेवाली प्रक्रिया है। कुछ सच्चाइयों से हम व्यक्ति की हैसियत से गुजरते हैं, कुछ से जाति या कम्युनिटी की हैसियत से–दोनों से प्राप्त होनेवाले अनुभव हमारे अपने अनुभव हैं। अनुभव की प्रामाणिकता वाली कहानियों में जब अचानक सांकेतिकता और प्रतीक उभरने लगते थे तब कुछ ने उन्हें सिर्फ शिल्प का चमत्कार माना था। लेकिन आज यह बहुत साफ है कि वह व्यक्ति और समाज के दो स्तरों को एक ही बिन्दु पर पकड़ने का प्रयास था। यानी अनुभव की व्यक्तिगत प्रामाणिकता के साथ, अपने बिम्बों और प्रतीकों से वे कहानियाँ जो दूसरा अर्थ ध्वनित करती थीं वह था सामाजिक अनुभव...

सन् '60 से '73 तक इधर निकले कुछ उपन्यास इस बुनियादी सवाल को फिर से जाँचने की मजबूरी पैदा करते हैं कि बाहरी सच्चाई और अनुभव के बीच की दूरी क्या हो ? समय का तात्कालिक दबाव अनुभव को जो तीखापन और धार देता है, क्या समय की दूरी उसे मार नहीं देती ? दूरी किसी भी लैंडस्केप को देखने की सम्पूर्णता और दृश्य-विस्तार जरूर देती है, लेकिन उस जमीन से गुजरते हुए कदम-कदम पर हमने जो कुछ भोगा है उस सबको सही सम्पूर्णता से फिर जिया जा सकता है, क्या यह दूरी

उस क्षण व्यक्तिगत भोगने को सामान्य और साधारण नहीं बना डालती ? लेकिन यहाँ फिर वही सवाल उठता है कि क्या तात्कालिक प्रतिक्रियाएँ ही अनुभव हैं और अपने समय से प्रतिबद्ध लेखक 'अभी और यहीं' के खाँचे में फिट होकर ही लेखकीय ईमानदारी या व्यक्तिगत मौलिकता का निर्वाह कर सकता है ? महेन्द्र भल्ला का 'एक पति के नोट्स' या रवीन्द्र कालिया की अधिकांश कहानियाँ अपनी सारी ताजगी के बावजूद क्या यह सवाल नहीं उठातीं कि तात्कालिक अनुभूतियों को अनुभव तक पकने का अवसर ही नहीं दिया गया ? और क्या सचमुच 'अभी और यहीं' के बिन्दु पर सिमटकर लिख सकना सम्भव है ? अनुभव की बनावट वाली ऊपर की बहस को छोड़ भी दें तो क्या लिखना मात्र अपने आप में बीते हुए का पुनरावलोकन नहीं है ? चाहे फिर वह क्षण अभी-अभी ही क्यों न बीता हो। अगर यह सच है तो क्या यह बहुत महत्वपूर्ण है कि बीती हुई बात एक क्षण पहले की है या दस साल पहले की ? और भी आगे बढ़कर यह भी कहा जा सकता है कि यह दूरी दस-बीस और पचास साल ही क्यों न हो, सौ-दो सौ और हजार साल क्यों न हो ? मैं जानता हूँ, यह एक खतरनाक जमीन है और अनजाने ही ऐतिहासिक कथा-लेखन के उस दलदल में धकेल देती है जिसकी अनुपस्थिति को मैं आधुनिक हिन्दी कथा साहित्य की सबसे बड़ी शक्ति मानता रहा हूँ। शायद अपने समय का ही यह दबाव और लगाव है जो हिन्दी कथा साहित्य को बँगला और मराठी के तथाकथित ऐतिहासिक लेखन की व्यावसायिकता और पलायन से बचाए हुए है।

इस बहस को उठाना फिजूल है कि समय की निरन्तरता में वर्तमान किस सीमा पर जाकर इतिहास बन जाता है ? एक दशक, एक आदमी की जिन्दगी, बड़ी घटनाएँ या कुछ ऐसी ही बातें, जो न ऐकान्तिक हैं और न आत्यन्तिक—इस सीमा को तय नहीं कर सकतीं। शायद इसीलिए मैं मानता हूँ कि लेखक के लिये इतिहास कुछ नहीं होता, होता है सिर्फ अपना वर्तमान। और इसी वर्तमान के तनाव या दबाव ही हैं जो बीते हुए से चुनने, उन्हें अर्थ देने की प्रेरणा देते हैं। ऐतिहासिक लगनेवाली हर सार्थक कथा-रचना के पीछे के इस वर्तमान को पकड़ा जा सकता है—बंकिम से लेकर वृन्दावनलाल वर्मा या कन्हैयालाल मुंशी तक में।

बात फिर वहीं आकर ठहरती है कि बीते हुए क्षण की दूरी महत्वपूर्ण नहीं है, महत्वपूर्ण नहीं है समय की निरन्तरता में अनुभव की निरन्तरता को तलाश करना...हमारी अधिकांश इतिहास-कथाओं की ट्रेजडी यह रही है कि उनमें अतीत को दृष्टान्त की तरह इस्तेमाल किया गया है, वे वर्तमान को सुधारने के अहंकार से आक्रान्त हैं। अतीत हमें अपने वर्तमान का कोई हल नहीं दे सकता, वह तो सिर्फ अपने अनुभव के क्षितिज को वृहत्तर करने की दिशा में समानान्तर ही दे सकता है। पार लागरविस्ट का 'बाराबास' या हार्वर्डफास्ट का 'स्पार्टाकस' या धर्मवीर भारती का 'अन्धा युग' या गिरिश कर्नाड का 'तुगलक' हमें इतिहास या ऐतिहासिक जानकारी नहीं देते, वे सिर्फ हमारे वर्तमान अनुभव को वृहत्तर आयाम और गहनता देते हैं। अतीत को पूजने, उससे

मनोरंजन करने या उसमें नई खोजें जोड़ने और वहाँ से समाधान पाने के सारे प्रयत्न उसे फालतू और अप्रासंगिक बनाते रहे हैं। अपने समय और अनुभव की सार्थकता देने के लिये अतीत जो कुछ भी हमें देता है वही हमारे वर्तमान का हिस्सा है, वही हमारा परिवेश है।...

शायद यही कारण है कि मैं अमृतलाल नागर के 'मानस का हंस' को आधुनिक रचना नहीं मान पाता—वह तुलसीदास के प्रति श्रद्धार्पण का औपन्यासिक प्रयास है और अगर तुलसीदास, हनुमान की मार्फत 'विनय पत्रिका' देकर अपने रोग-शोक का परिहार चाहते हैं तो नागर जी भी अपने समय का इलाज तुलसीदास के भव्य व्यक्तित्व से ही कराना, कुछ ऊपरी समानताएँ दिखाकर। सुना है, मराठी कथाकार आज भी अपना समाधान शिवाजी के व्यक्तित्व में देख रहा है। लेकिन वह हमारा वर्तमान इसलिए नहीं है कि हमने तो बड़े-बड़े व्यक्तियों का खंड-खंड होकर ढहना और धसकना ही भोगा है, ये क्षण-क्षण अतिरंजनाओं से विराट् होते चले जाते व्यक्तित्व, हमारे अनुभव और विश्वास में कहाँ समाएँगे ? द्रोणाचार्य की बिकी हुई प्रतिभा का द्वन्द्व हमारा अपना हो सकता है, तुसलीदास के राम और काम का संघर्ष सचमुच इतिहास की ही शोभा है। द्रोणाचार्य की नियति हमारी अपनी ही यातना को एक ऐतिहासिक परिप्रेक्ष्य या विस्तार देती है, हम उस चरित्र में अपने को तलाश नहीं करते—अपने भीतर द्रोणाचार्य को पाते हैं। उसकी मदद से हम अपने से मुक्त होकर अपने आपको पहचानते हैं। अपने आपको या अपने वर्तमान को अतीत में खोजना या प्रक्षेपित करना पलायन है, आरोप या अहंकार है; अपने भीतर जीवन्त अतीत को पाना हमारा संस्कार। अपने आपको पिता में खोजना और पिता को अपने संस्कारों में पाना दो अलग बातें हैं, दो अलग दृष्टियाँ हैं। मेरे पिता बहुत महान् व्यक्ति हो सकते हैं, लेकिन मेरे लिये उनकी प्रासंगिकता सिर्फ उतनी ही है, जितना मैं उन्हें अपने साथ और अपने भीतर पाता हूँ, बाकी सब गौरव-वृद्धि है और अन्ततः मेरे किसी काम का नहीं है। आजकल तो ड्राइंग रूम की दीवारों पर भी आधुनिक चित्रकला चढ़ आई है और इस तरह की सारी सुनहले फ्रेमोंवाली भव्य तस्वीरें पिछवाड़े के किसी कमरे में चली गई हैं।

ये सारे सवाल गिरिराज किशोर का बृहद् उपन्यास 'जुगलबन्दी' पढ़ते हुए मेरे मन में आते रहे हैं और मुझे लगा कि इस उपन्यास से शिकायत यह नहीं हो सकती कि उसकी कहानी आज की है या नहीं। यह सवाल बचकाना है। शिकायत यह हो सकती है कि उसका दृष्टिकोण आज का क्यों नहीं है ? अंग्रेजों की सरपरस्ती में अपना दबदबा और रौब बनाए रखनेवाले जमींदार और ताल्लुकेदार, हो सकता है हमारा तात्कालिक वर्तमान बनाते हो, लेकिन भगवतीचरण वर्मा के 'टेढ़े-मेढ़े रास्ते' और गिरिराज किशोर के 'जुगलबन्दी' के पूरे रवैए में अन्तर क्यों नहीं है ? यानी यह कहानी बीरू बाबू और चतरसिंह के कोण से क्या नहीं लिखी गई है ? शायद इस दृष्टि से आज के भूतनाथ के दृष्टिकोण से लिखी गई कहानी 'साहब बीवी गुलाम' ज्यादा सही होने का आश्वासन देती है। मैं यह स्वीकार करता हूँ कि गिरिराज किशोर के पास भाषा, संवेदना और

गहराई को पकड़ने की क्षमता भगवती बाबू या विमल मित्र से कई गुना अधिक है, आधुनिक है। मगर निश्चय ही यह अपने बाप की महानता, गौरव और व्यक्तित्व के ठहराव से आतंकित और अभिभूत बेटे के कोण से लिखी गई कहानी है–अपने समय को पीठ देकर उनको निहारनेवाले बेटे के कोण से, अपनी जिन्दगी जीने वाले बेटे की नहीं। इसीलिए यह आकस्मिक नहीं है कि बाबू और कुँवर शिवचरण रईस और ताल्लुकेदार अपनी पूरी ड्रेस में बाइज्जत बामुलाहिजा के बिना कभी स्टेज पर नहीं आते...दूसरे ही नहीं, लेखक खुद बिना बाबू और कुँवर लगाए जबान पर उनका नाम लाने की हिम्मत नहीं कर पाता और हर कदम पर इस भय से थरथराता रहता है कि इतना बड़ा और महान् व्यक्ति उसकी कलम पर उतर आया है, कहीं कोई बदइखलाकी न हो जाए--जैसे उपन्यास में जेलर, कमिश्नर और होम सेक्रेटरी मार्स तक उनके दर्शन कर कृतार्थ होते हैं। शिवचरण की महानता, रईसी और दबदबे के वर्णनों और बाबू इत्यादि की छँटाई करने पर न सिर्फ उपन्यास के काफी पृष्ठ कम किए जा सकते हैं; शायद इस 'शाही गूदड़' को हटाकर व्यक्ति शिवचरण को भी तलाश किया जा सकता है। मैं यह नहीं कहता कि ये लोग इन सारी स्तुतियों और प्रस्तुतियों के लायक नहीं थे, या ये उन्हें मिलती न थीं–लेकिन हमें यह न भूलना होगा कि हम आज जहाँ खड़े हैं वहाँ से वे कैसे दिखाई देते हैं ? उन्हें सहानुभूति देने के नाम पर हम कहीं इतिहास को दोषी और अपराधी तो नहीं ठहरा रहे कि वह क्यों इन्हें खा गया ? या जिन लोगों के माध्यम से इतिहास ने उन्हें मिटाया वे ही कौन दूध के धुले थे ? वे भी तो टुच्चे, पंगु और दोगले घटिया लोग थे। यह इतिहास के क्रूर तर्क पर वैसा ही नैतिक निर्णय देना है जैसे कोई कहे कि मुगल साम्राज्य को जर्जर करनेवाले मराठे कहाँ के देवता थे ? और यह ठीक वैसा ही दृष्टिकोण है जैसा 'मौत की सराय' में भिक्खु जैसे लेखकों ने प्रस्तुत किया है और फ्रांस के राजघराने को सहानुभूतिपूर्वक देखने या मानवीय समझ देने के नाम पर पूरी फ्रेंच क्रान्ति की व्यर्थता और नृशंसता ही उजागर की है। "जिन मूल्यों या आदर्शों के नाम पर क्रान्तियाँ होती हैं, क्रान्ति के दौरान सबसे पहली बात उन्हीं मूल्यों और आदर्शों की होती है।" की बात अपनी जगह सही है, लेकिन हम यह क्यों भूल जाते हैं कि परिवर्तन अपने-आप में एक निरपेक्ष प्रक्रिया है और हृदयहीन मूल्य है और वह घोषित या आरोपित आदर्शों से निर्देशित नहीं होता। हाँ, प्रश्न यह जरूर उठाया जा सकता है कि परिवर्तन हो तो अच्छे के लिये ही हो वरना उसकी जरूरत ही क्या है ? इसका जवाब समय के ही पास है और उससे ही पूछा जा सकता है कि 'अच्छे और बुरे' की हमारी परिभाषा उसे क्यों स्वीकार नहीं है ?

फिर भी 'जुगलबन्दी' को इतनी आसानी से बरखास्त नहीं किया जा सकता, क्योंकि वह सचमुच एक गाम्भीर्य और गरिमा के साथ लिखा गया उपन्यास है। एक दबंग व्यक्ति के तिल-तिल टूटने और आत्महत्या करने तक की यात्रा गिरिराज किशोर ने बेहद धैर्य–यानी पाठकों के धैर्य की परीक्षा लेते हुए–आत्मीयता और तकलीफ के साथ तय की है। कुँवर शिवचरण का व्यक्तित्व ही सारे उपन्यास पर हावी है, बाकी सब

बौने और छोटे लगते हैं। वे एक शाही हाथी के चलने का माहौल पैदा करते हैं, हर जगह ठहरे हुए अविचल। टुच्ची या ओछी बात को सिर्फ आँख उठाकर देखते हैं और करने या कहनेवाला व्यक्ति सिटपिटा जाता है। कहना चाहिए अपनी उपस्थिति से वे बाकी सबको अनुपस्थित या गलत कर देते हैं। हाँ, मुँह से कहने के बावजूद इस वास्तविकता को मन से स्वीकार नहीं कर पाते कि उनकी गरिमा उनकी अपनी नहीं, अंग्रेजों की दी हुई है—और अंग्रेज उन जैसे वफादार आदमी को छोड़कर जा रहे हैं—घटिया और टुच्चे लोगों के हाथों सौंपकर।...

साधारण और भावुकतापूर्ण कहानी में सस्पेंस और नाटकीयता पैदा करने का कौशल बँगला कथाकारों की विशेषता है। उसकी भावुकता को बौद्धिक धरातल पर विश्लेषित करते हुए दर्शनशास्त्र की किसी गुत्थी की तरह सुलझाते चले जाना और उसे अपना कथ्य बनाकर कहानी कहना जर्मन कथाकार का अपना अन्दाज है। हिन्दी कथा-शैली शायद इन दोनों के बीच चलती है। न तो वह वैसी रोमानी और भावुकतापूर्ण होती है और न बहुत दार्शनिक, वह इन दोनों के बीच की है। शायद वह अधिक यथार्थवादी भी है। स्वतन्त्रता से पहले, यानी दूसरे महायुद्ध के दौरान दो दबावों में जीने वाने लोगों की ऐतिहासिक वास्तविकता को गिरिराज बहुत अच्छी तरह समझते हैं। अंग्रेजों ने अपनी लड़ाई को किस तरह राजा नवाबों के सिर डाल दिया था, किस तरह वार-फंड और मदद के नाम पर अनाप-शनाप धन और रंगरूटों की भरती की गई थी। इतना सब कुछ करने के बदले इनाम और सम्मान की उम्मीद में मुँह खोले बैठे इन रईसों और जमींदारों को धता बताकर कमीनों और नीचों के हाथों देश की बागडोर सौंपकर वे किस तरह बोरिया-बिस्तर बाँध गए थे—इन सबको लेखक ने विशद् रूप में प्रस्तुत किया है। दोनों तरफ से काट दिए गए इन त्रिशंकुओं की यातना निस्सन्देह बेहद आकर्षक विषय है और गिरिराज किशोर ने इस जोखिम को उठाया है। काश वे अपने आपको इन लोगों के दबदबे और आतंक से मुक्त कर पाते। ठीक इन्हीं लोगों और इसी दुनिया को अपने 'लोग' उपन्यास में दिखा चुके हैं और कहीं 'जुगलबन्दी' उसी उपन्यास का विस्तार भी लगता है। एक तरह से 'लोग' सही उपन्यास इस तरह भी था कि वह बीरू और चतरसिंह की पीढ़ी की निगाह से लिखी गई रचना थी। यहाँ स्थिति उलट गई है। हो सकता है, शिवचरण जैसों की पीढ़ियाँ तो ला-वल्द रह गई हों या उनकी सन्तानें पंगु, नपुंसक और दोगली रही हों—लेकिन शिवचरण के बाद की सारी पीढ़ी की सच्चाई सिर्फ इतनी ही नहीं है। सारे नए लोगों की टाँगें अंग्रेजों की वफादारी और लड़ाई ने ही नहीं काटी, न ही सब लोग रातोरात खद्दर पहनकर दूसरों की टाँग पर चल रहे थे। कुछ और भी थे जो समय के साथ अपने ही पैरों चलने की कोशिश कर रहे थे। वैसे भी इस टाँग बेकार होने के रूपक का गिरिराज ने सच्चे अर्थों में कचूमर निकाल डाला है और बूढ़ी माँ से लेकर नवीनतम पीढ़ी की टाँगें बेकार हैं—कम-से-कम छह-सात लोगों की।

शिवचरण की तुलना में बाकी लोग कितने मक्कार, ओछे, टुच्चे, झूठे और बेकार थे—यह दिखाने की कुंठा गिरिराज को अनेक अवान्तर प्रसंगों में ले गई है और उन्होंने

इन प्रसंगों को इतना खींचा है कि या तो वे उपन्यास की गठन को खाते हैं या ऊब पैदा करते हैं। भिखारी औरत पर अंग्रेज और ऐंग्लो-इंडियन सिपाहियों का बलात्कार और उसे देखकर बीरू बाबू का पंगु होते जाना पूरे उपन्यास को झूठा और आरोपित बनाता जाता है। उपन्यास मूलतः शिवचरण को केन्द्र बनाकर लिखा गया लगता है—वे उपस्थित हों या अनुपस्थित, हर जगह मौजूद हैं और इस दृष्टि से जेल के सौ पन्ने अलग से जोड़ दिए गए लगते हैं। उनकी संगति सिर्फ यही है कि शिवचरण वहाँ अपने अवैध पुत्र चतरसिंह को देखने जाते हैं—उद्देश्य है यह दिखाना कि जेलों की शोभा बढ़ानेवाले भावी शासक वास्तव में कितने खोखले और सतही लोग थे। गांधीवाद और समाजवाद की जड़ें कितनी घुन खाई और खड़ी हुई थीं, यह अपने आप में अलग कथा-विषय हो सकता है, लेकिन इसे शिवचरण की महानता के बर-अक्स रखना पूरी औपन्यासिक नीयत में शक पैदा करना है और ध्वनि यह निकलती है कि जेलों में 'सी' और 'बी' क्लास की सुविधाओं पर कुत्ता-झपट्टी करनेवाले बौने और ढोंगी नहीं हैं, शासन शिवचरण जैसी वजादारी के ही लोग कर सकते थे। लेकिन हाय, समय और भाग्य, उन्हें आत्महत्या के लिये मजबूर कर रहे हैं ! यह सारे परिपार्श्व और पर्सपैक्टिव को समझानेवाले कथाकार का स्तर नहीं है, बड़े मालिक के अहसानों से दबे नमकहलाल गंगा की आवाज हो सकती है।

यही ऐतिहासिक विसंगति है जिसने खुद शिवचरण के चरित्र में एक अजीब नकलीपन पैदा कर दिया है। वे अपने अस्तित्व और व्यक्तित्व को लेकर ही इतने ज्यादा परेशान हैं कि बाकी सारे सम्बन्ध मशीनी हो उठे हैं और यह बात सबसे ज्यादा प्रकट होती है उसी तरह के दूसरे अमीर अमीरसिंह की विधवा बहूजी के सन्दर्भ में—जिनके साथ शिवचरण के कभी अवैध सम्बन्ध थे और परिणाम था चतरसिंह। भाई और बेटे के लिये ठंडा यह आदमी वहाँ भी बेहद मशीनी है और अक्सर एक ही बात दुहराता है, "बहू जी, तुमने कहीं गलत कर दिया है... ?" अपने अस्तित्व की व्यर्थता की भयानक कचोट से मारे हुए शिवचरण के एकान्त क्षणों को गिरिराज ने जिस पैनी और अन्तर्दर्शी कलम से लिखा है उसकी निश्चय ही दाद दी जानी चाहिए। इसे हिन्दी उपन्यास की उपलिब्ध कहने में भी मुझे कोई आपत्ति नहीं है। मुझे शिकायत यह भी नहीं है कि क्यों शिवचरण सिर्फ अपने ही बारे में सोचता है, क्यों सिर्फ अपने ही बारे में डायरी लिखता है या क्यों सिर्फ अपने ही लिये जीता या मरता है। यह उसकी स्थिति की मजबूरी है। लेकिन बहू जी और बीरू और शिवनाथ सभी अपनी स्थिति की व्याख्या ठीक शिवचरण के मुहावरे में करते हैं, यह जरूर आपत्तिजनक है।

मोटे रूप में 'जुगलबन्दी' आत्मधिक्कार का उपन्यास है; शिवचरण, शिवनाथ, बीरू, बीरू की बहू, छोटे-मोटे नौकर और यहाँ तक कि माँ जी और बुआजी तक सभी "हम बेकार हैं, हम व्यर्थ हैं, हम अपना कर्त्तव्य नहीं कर पा रहे हैं, हम सभी गलत समय में रह रहे हैं।" जैसे वाक्यों में बोलते हैं, इसलिए प्रायः सभी लुंजपुंज बूढ़े-थके और टूटे हुए लोग हैं। मुझे यह देखकर आश्चर्य नहीं हुआ कि बड़े आकार के सवा चार

सौ पन्नों के उपन्यास में एक भी जवान और स्वस्थ आदमी-औरत नहीं—चतरसिंह को छोड़कर। यानी जो सक्रिय और कर्मठ हैं वे टुच्चे, स्वार्थी, अवसरवादी और ढोंगी हैं : और इन्हें गिरिराज ने शिवचरण की नजर से देखा है, 'मैं सबकी असलियतें जानता हूँ' के भाव से...मगर मैं इस बात से भी इंकार नहीं कर सकता कि 'जुगलबन्दी' महत्वपूर्ण समय और लोगों के बारे में महत्वपूर्ण उपन्यास है। अपने साथियों में गिरिराज ही ऐसा लेखक है जिसने अपने समय और अनुभव-सीमाओं को विस्तार देने की कोशिश की है।

'जुगलबन्दी' की चर्चा बिना उसकी भाषा पर बात किए समाप्त नहीं की जा सकती। छोटी-छोटी अनुभूतियों को बिम्बों—विजुअल्स—और बिम्बों की भाषा की सांकेतिकता में व्यक्त करने की शैली शायद अकेले गिरिराज किशोर के पास है। लेकिन मुझे लगता है यह उनका मैनरिज्म बन गया है। छाया और प्रकाश के हर कोण को जीवन्त कैमरे से देखने की कला का गिरिराज ने बेहद खूबसूरत और प्रभावशाली प्रयोग किया है—कुछ स्थानों पर स्थितियों के चैलेंज से बच निकलने और कतरा जाने के लिये भी। कालीन और झाड़ के हर रोएँ-रेशे की उन्हें जानकारी है, कहाँ दबने से कहाँ कैसी छाप छूटती है यह भी उन्हें पता है। किसकी उपस्थिति वातावरण को भर और खाली कर देती है। वस्तुओं और अनुभूतियों के आपसी सम्बन्धों की सूक्ष्मता को गिरिराज की तरह पकड़ सकना सबके लिये सम्भव नहीं है। मगर इधर उनके कैमरे कुछ ज्यादा ही तिकोने-चौकोर होकर छोटे-बड़े होने या ऊपर-नीचे धँसने-उठने लगे हैं। यहाँ कई स्थानों पर वे सार्थक भी लगते हैं, लेकिन 'यात्राएँ' जैसे उपन्यास में तो केवल कथ्य की अनुपस्थिति को छिपाने के काम लाए गए हैं और खीझ पैदा करते हैं। सूक्ष्मता की यह झोंक उन्हें अनावश्यक रूप से दुरूह और क्लिष्ट बनाती चली जा रही है। फिर भी स्वरों या ध्वनियों को 'देखने' की शैली उनकी नितान्त निजी है और बाकी सबसे अलग करती है। उर्दू और अंग्रेजी के गलत हिज्जों से उन्हें सावधान रहने की जरूरत है, जैसे शब्द अदूरसरेनौ नहीं, अज सरेनौ है; इखलाख नहीं, इखलाक है; या वजहदारी नहीं, व्रजादारी है और बीरू ने जिसके साथ बलात्कार देखा था वह बैगर विमेन नहीं, बैगर वुमन थी।

यहाँ लगभग उसी काल-खंड पर लिखा गया गया भीष्म साहनी का उपन्यास 'तमस', 'जुगलबन्दी' के एक बहुत बड़े और मूलभूत अन्तर्विरोध को सामने लाता है। 'जुगलबन्दी' का समय स्वतन्त्रता से साल-छह महीने पहले का है और 'तमस' का उसके तत्काल बाद साम्प्रदायिक दंगों का। 'तमस' न केवल बीते हुए के प्रति ज्यादा सही, तटस्थ दृष्टि से लिखी गई रचना है, बल्कि इस समय की उथल-पुथल को ज्यादा सही गतिशील ढंग से प्रस्तुत करती है। गिरिराज के उपन्यास को देखकर समय जितना ठहरा हुआ और रुँधा लगता है, स्थिति वास्तव में वैसी नहीं थी। चीजें और नक्शे जिस तेजी से बदल रहे थे, जिस उठापटक से सारा देश गुजर रहा था उसकी कोई जानकारी 'जुगलबन्दी' से नहीं मिल सकती। 'तमस' में न स्थितियों को महिमान्वित करने का भाव

है, न उनके प्रति कटुता और तिरस्कार का—वह एक अधिक प्रौढ़ कलम और दृष्टि से उस सारे माहौल, उसे बनाने और भोगनेवाले कारणों की खोज है। वह 'समय' की कहानी है, युद्ध के मैदान में बैठकर 'मैग्नीफाइंग ग्लास' लेकर किसी धूल-अँटी 'पोर्ट्रेट' के रंगरेशों का अध्ययन नहीं।...

मुझे ऐसा लगता है कि गिरिराज अपने समय के प्रतिनिधि व्यक्ति को नहीं पकड़ पाए हैं और सारा लेखन-कौशल उन्होंने एक ऐसे व्यक्तित्व पर हठपूर्वक जाया किया है जो अपने आपसे ही जोंक की तरह लिपटा था और इसी के साथ हताश साँस लेकर लेखक भी जैसे कहना चाहता है, 'ये थे इटैग्रिटी के लोग... ?'

'एक चूहे की मौत' : संस्मरण

बदीउज्जमाँ

स्मृतियाँ ही साहित्य-सृजन का प्रमुख आधार होती हैं। यह बात शायद कथा-साहित्य के प्रसंग में अन्य विधाओं की अपेक्षा अधिक सही लगती है। फिर भी स्मृतियों का यथावत् वर्णन कथा-कृति की श्रेणी में नहीं आता। भले ही वह अच्छी आत्मकथा हो। स्मृतियाँ जब कथा-कृति का आधार बनती हैं तो लेखक की रचना-प्रक्रिया उन्हें ज्यों-का-त्यों ग्रहण करने से इंकार कर देती है। अपनी आवश्यकताओं के अनुसार वह उनको बहुत कुछ बदल डालती है।

'एक चूहे की मौत' में निश्चित रूप से मैंने भी स्मृतियों का पूरा उपयोग किया है। लेकिन मैंने भी उनको कच्चे माल की तरह ही इस्तेमाल किया है और उनका परिवर्तित-सम्पादित रूप ही उपन्यास में उभरा है।

बात बहुत पुरानी है। पर उन दिनों की है जब मैं छोटा था। हमारे घर में चूहे बहुत ज्यादा थे। उन्हें पकड़ने के लिये घर के कई कोनों में चूहेदानियाँ रख दी गई थीं। लेकिन चूहे सचमुच बहुत चालाक होते हैं। कई दिन हो जाते थे और एक भी चूहा चूहेदानी में नहीं फँसता था। हमारा नौकर जुम्मन जो दस-बारह साल का लड़का था, डंडा लेकर चूहों के पीछे भागता फिरता था और जब कोई चूहा उसकी लाठी की जद में आ जाता तो वह उसे ऐसी क्रूरता से मारता था कि सारा दृश्य मुझे बेहद घिनौना लगने लगता था। वह मरे हुए चूहे को भी लाठी से इस तरह कूटने लगता जैसे किसान-औरतें धान कूटती हैं। यह दृश्य मैं ज्यादा देर तक सहन नहीं कर पाता था और मैं या तो वहाँ से हट जाता था या जुम्मन को डाँट-डपटकर वहाँ से भगा देता था।

जुम्मन को इस तरह से चूहे मारने में बहुत रस मिलता था और उसकी इस मनोवृत्ति पर मुझे बड़ा आश्चर्य भी होता था। उस समय यह बात मेरे दिमाग में नहीं आती कि दुनिया में ऐसे बहुत सारे काम भी हो सकते हैं जो ऊपर से देखने में तो बहुत अच्छे लगते हैं लेकिन जो वास्तव में बेहद घिनौने काम होते हैं। उन दिनों मैंने यह कल्पना भी नहीं की थी कि मैं कभी लेखक बनूँगा। और चूहे को ही प्रतीक बनाकर कोई उपन्यास लिखूँगा। यह बचपन के दिनों की एक बहुत छोटी-सी याद है लेकिन यह छोटी-सी याद बहुत आगे चलकर मेरे लिये बहुत महत्वपूर्ण बात बन गई।

मुझे दफ्तर में नौकरी करते चौदह-पन्द्रह वर्ष हो चुके थे। दफ्तर के काम की एकरसता मेरे दिमाग में बोझ बनने लगी थी। शुरू के वर्षों में काम मुझे थोड़ा रोचक भी

लगा था और एक चुनौती के रूप में भी मैंने उसे लिया था लेकिन बाद में काफी समय बीत जाने पर सारा व्यापार घोर नीरस दिनचर्या में बदल गया था और एक अजीब-सा एहसास, कोई घिनौना काम करते रहने से उत्पन्न होनेवाले एहसास से मिलता-जुलता एहसास, मेरे दिमाग पर हावी होने लगा था। कभी यह एहसास इतना तीव्र हो जाता था कि अनायास ही जुम्मन का चूहे मारने का दृश्य आँखों के सामने आ जाता। मुझे लगता, जुम्मन की स्थिति फिर भी मुझसे बेहतर थी। उसे इस काम में कम-से-कम रस तो मिलता था। लगता, मैं भी कुछ उसी तरह का काम सवेरे से शाम तक करता रहता हूँ लेकिन मैं जुम्मन की तरह उसमें रस नहीं ले सकता। ऐसी ही मनःस्थिति से गुजरते हुए 'एक चूहे की मौत' की रूपरेखा मेरे दिमाग में बनने लगी।

जहाँ तक उपन्यास में आए पात्रों और वर्णित घटनाओं-प्रसंगों का सम्बन्ध है, उन सबके बारे में अलग-अलग विस्तार से यह लिखना कि वे किस सीमा तक वास्तविक हैं और किस सीमा तक काल्पनिक इस लघु टिप्पणी में न तो सम्भव है और न ही इसकी कोई उपादेयता प्रतीत होती है। फिर भी यह लिखना आवश्यक समझता हूँ कि उपन्यास के पात्रों और प्रसंगों को दफ्तरी जीवन की सीमाओं में बाँधना किसी भी दृष्टि से सही नहीं होगा। मैंने पूरे समाज को ही सामने रखने की कोशिश की है। दफ्तरी माहौल तो उसका केवल एक हिस्सा है। यदि उपन्यास में जीवन के वृहत्तर सन्दर्भों का समावेश नहीं हो सका है तो मैं इसे अपनी विफलता ही मानूँगा।

उपन्यास का एक पात्र 'ग' अपने मित्र को लिखे गए पहले और अन्तिम पत्र में लिखता है, "मैंने सोचा था कि चूहेखाने के बाहर की खुली स्वच्छन्द फिजा में मैं वह सब कुछ कर सकूँगा जो चूहेखाने के घुटे हुए माहौल में रहकर नहीं कर सकता था। लेकिन जल्दी ही मुझे मालूम हो गया कि चूहेखाना सिर्फ वही नहीं है जहाँ तुम काम करते हो या जहाँ मैं काम करता था। सारी दुनिया ही एक बहुत बड़ा चूहेखाना है जहाँ चूहेमार बनकर ही जिन्दगी बसर की जा सकती है।"

दरअसल चूहेखाना एक रुग्ण समाज का माइक्रो फॉज्म है, उसका लघु रूप। इसी रूप में उसकी अवधारणा और प्रस्तुति की गई है।

'एक चूहे की मौत' : समीक्षा

डॉ. हरदयाल

एक प्रकार के उपन्यास केवल मनोरंजक घटनाओं को प्रस्तुत करने के लिये लिखे जाते हैं। उपन्यासों का दूसरा प्रकार वह होता है जिसका उद्‌देश्य कुछ विशिष्ट चरित्र उपस्थित करना होता है। तीसरे प्रकार के उपन्यास वे होते हैं जो एक प्रतिज्ञा (थीसिस) सामने रखते हैं। किसी भावना या मनोवृत्ति को मूर्त करते हैं, एक वातावरण को साकार करते हैं। बदीउज्जमाँ का उपन्यास 'एक चूहे की मौत' तीसरे प्रकार का उपन्यास है। जिसका उद्‌देश्य समाज में व्याप्त विभिन्न तन्त्रों या व्यवस्थाओं के अन्तरंग रूप को उद्‌घाटित करना है।

बदीउज्जमाँ का यह पहला उपन्यास है, तथापि हर दृष्टि से यह एक परिपक्व उपन्यास है। किसी लेखक का पहला ही उपन्यास इतना मँजा हुआ हो, यह देखकर आश्चर्य हो सकता है। आश्चर्य होता है किन्तु सुखद आश्चर्य। क्योंकि आजकल हिन्दी में प्रति वर्ष लगभग 80 उपन्यास प्रकाशित होते हैं। इनमें से मुश्किल से दो-चार उपन्यास ऐसे होते हैं जिन्हें 'अच्छे' उपन्यास कहा जा सकता है। वस्तुतः उपन्यास व्यावसायिकता का शिकार हो गया है। सस्ता मनोरंजन करनेवाले उपन्यासों की बाढ़ आ गई है। उपन्यास की व्यावसायिक सम्भावनाओं के कारण उसी में 'प्रेत-लेखन' (घोस्ट राइटिंग) फल-फूल रहा है। इस व्यावसायिकता का प्रभाव हिन्दी के कई प्रतिष्ठित उपन्यासकारों पर भी पड़ा है। उनकी औपन्यासिक उत्पादनशीलता बढ़ गई है। वे सस्ते और लोकप्रिय उपन्यासों के लटकों को अपनाने के लिये उत्सुक दिखाई देते हैं। ऐसी स्थिति में व्यावसायिक औपन्यासिकता से बचकर एवं लीक से हटकर उपन्यास लिखना साहस की बात मानी जाएगी। बदीउज्जमाँ ने यह साहस दिखाया है।

उपन्यासकार ने अपनी बात प्रतीकों के माध्यम से कही है। इसके लिये उसने मनुष्य के किसी दूसरे जीव में कायान्तरण की पद्धति का सहारा लिया है। आधुनिक काल में काफ्का की कहानी 'मैटामॉर्फोसिस' की इतनी अधिक चर्चा हुई है कि इस शिल्प का प्रयोग करनेवाली किसी रचना को सामने पाकर अनायास हमारा ध्यान उस ओर चला जाता है। मैटामॉर्फोसिस का अर्थ कायान्तरण होता है। बदीउज्जमाँ ने इस शब्द का प्रयोग किया है—"हो सकता है कि उसके कायान्तरण की खबर अब तक चूहेखाने में फैल चुकी हो।" (पृ. 182) वे काफ्का के 'मैटामॉर्फोसिस' से अपरिचित नहीं हैं किन्तु वे इस बात के प्रति सचेत हैं कि काफ्का ही इस कायान्तरण-शिल्प का प्रथम आविष्कर्ता

एवं एकमात्र प्रयोक्ता नहीं है। भारत के प्राचीन कथा-साहित्य में इस पद्धति के अनेक उदाहरण मिलते हैं। उपन्यास के चूहे में कायान्तरित नायक को "पंचतन्त्र की बहुत-सी कहानियाँ एक-एक करके याद आने लगीं जिनमें पशु-पक्षियों का कायान्तरण हो जाता है। कोई ऐसी कहानी उसे याद नहीं आ सकी जिसमें मनुष्य पशु-पक्षी में परिवर्तित हो गया हो। उसे आश्चर्य हुआ कि पंचतन्त्र के लेखक की कल्पना भी किसी घटना को अपनी पकड़ में न ले सकी। शायद उस समय चूहेखाने नहीं थे। उसे लगा कि बदले हुए सन्दर्भों मे वह भी पंचतन्त्र की कहानियों का एक पात्र है। पंचतन्त्र का लेखक इस जमाने में अपनी कहानियाँ लिखता तो उसमें आदमी चूहे जरूर बनते। एकाएक उसे भुशुंडि का खयाल आया जो लोमष ऋषि के अभिशाप से कौआ बन गए थे।" (पृ.182-83) वस्तुतः यह अप्रत्यक्ष रूप से दी गई सफाई है। और हम लेखक की इस सफाई को स्वीकार करते हैं, बावजूद इसके कि इस उपन्यास की कथा-पद्धति काफ्का से प्रभावित है। लेकिन इस प्रभाव से न तो उपन्यास की मौलिकता बाधित होती है और न उसका महत्त्व कम होता है। अन्ततः पद्धति तो साधन है। साध्य तो कथ्य है। अगर कथ्य मौलिक और महत्त्वपूर्ण है और वह सृजन के धरातल पर प्रभावशाली रूप में अभिव्यक्त हो सका है तो पूर्ववर्ती रचना का प्रभाव गुण ही माना जाएगा।

'एक चूहे की मौत' में कथा-सूत्र अत्यन्त क्षीण है। इसमें दो चूहेमारों की त्रासद मृत्यु की कथाएँ हैं। एक चूहेमार नायक है और दूसरा उपनायक। जिसे हम उपनायक कह रहे हैं वह है 'ग', जो मूलतः चित्रकार है किन्तु जीविकोर्जन के लिये चूहेखाने में चूहेमार का काम करता है। इस काम के प्रति उसमें कोई रुचि नहीं है किन्तु चूँकि उसे अपने अतिरिक्त अपनी माँ का भी पेट भरना है अतः वह चूहेमार का काम करने के लिये विवश है। जब उसकी माँ मर जाती है, वह वहाँ से नौकरी छोड़ देता है। अनेक चित्र बनाता है किन्तु न तो अपनी जीविका कमाने में सफल हो पाता है और न ही प्रतिष्ठित हो पाता है। वह चरम निर्धनता के दिन व्यतीत करता है। वह एक गन्दी बस्ती में रहता है। शरीर बेचकर जीविका कमानेवाली सोनिया वात्सल्य भाव से प्रेरित होकर उसके पास रहने लगती है। 'ग' की प्रतिस्पर्द्धा सफल, दुनियादार किन्तु साधारण प्रतिभा के चित्रकार 'प' से है। अन्त में 'ग' आत्महत्या कर लेता है। 'ग' की आत्महत्या का प्रभाव नायक चूहेमार पर पड़ता है। क्रमशः वह चूहे मारने में असमर्थ होता जाता है। उसका तबादला मुहाफिजखाने में कर दिया जाता है। और एक दिन वह सचमुच चूहा हो जाता है। उसे चूहेखाने में घुसने नहीं दिया जाता है। जब वह सदर दरवाजे से नहीं घुस पाता तब एक गन्दी नाली से चूहेखाने में प्रवेश करने का प्रयत्न करता है किन्तु नाली के मुँहाने पर लगी हुई जाली के कारण वह प्रवेश नहीं कर पाता। फिर वह एक पाइप के सहारे चूहेखाने की छत पर चढ़कर चूहेखाने में पहुँच जाता है। किन्तु जल्दी ही उसे वहाँ से बाहर कर दिया जाता है। वह चूहेखाने में घुसने के कुछ और प्रयत्न करता है किन्तु असफल रहता है। वह मुहाफिजखाने के बड़े चूहेमार से उसके घर पर मिलता है किन्तु उसके साथ पूरी सहानुभूति रखने पर भी यह बड़ा चूहेमार उसकी कोई सहायता नहीं कर पाता, क्योंकि

चूहेखाने को संचालित करनेवाली नियमावली में ऐसा कोई नियम नहीं है जो उसके पक्ष में हो। चूहेमारों की बस्ती में चूहेखाने की ओर से मिले हुए मकान से उसे निकाल दिया जाता है। उसकी बहन न जाने कहाँ चली जाती है। वह उसे यहाँ-वहाँ ढूँढ़ता फिरता है। अब उसे चूहेखाने की 'निर्ममता' का पूरा-पूरा अनुभव होता है। वह अपनी बहन को चहल-पहल और जगमगाहट से भरे बाजार में पागलों की तरह खोजता फिरता है कि तभी वह एक बड़ी शानदार इमारत के सामने जा खड़ा होता है जो रोशनी से जगमगा रही है और जिसके दरवाजे पर रोशन अक्षरों में लिखा हुआ है : ''चित्र प्रदर्शनी—'प' की चित्रकारिता में एक नया मोड़।'' जब वह अन्दर जाता है तो उसे पता चलता है कि वास्तव में ये तो 'ग' के चित्र हैं जिन्हें 'प' अपने नाम से प्रदर्शित कर रहा है। वह गुस्से में चीखने लगता है—'ये तो 'ग' के हैं।' 'प' उसे पकड़ लेता हैं। 'प' के हाथों में पकड़ा हुआ नायक अनुभव करता है कि कोने के आतिशदान के शोलों की सुर्ख, धधकती हुई जबान उसके शरीर को चाट रही है। लेकिन इस घोर यन्त्रणा में भी उसे महसूस होता है कि सदिय़ों से जमी हुई मैल उसके मन और शरीर से उतरती चली जा रही है और अब वह अपनी आत्मा को देख सकता है जो आईने की तरह स्वच्छ और निर्मल है। उसे लगा कि सदियों का बोझ उसने अपने ऊपर से उतार फेंका है और अब वह सिर्फ 'ग' रह गया है जो मरकर भी अमर है।

यह उपन्यास का क्षीण-सा कथासूत्र है जिसके सभी पात्र प्रतीक हैं। प्रारम्भ में ये प्रतीक एक छोटे-से क्षेत्र अर्थात् किसी सरकारी दफ्तर तक सीमित रहते हैं। चूहे फाइलों के प्रतीक, चूहेखाना सरकारी दफ्तर का प्रतीक, चूहेमार क्लर्कों से लेकर अफसरों तक के प्रतीक बनते हैं, किन्तु क्रमशः ये प्रतीक व्यापकतर अर्थ के द्योतक बनते जाते हैं। फिर केवल सरकारी दफ्तर ही चूहेखाना नहीं रह जाता वरन् यह सारी दुनिया ही चूहेखाना बन जाती है। आत्महत्या से पूर्व उपन्यास के नायक को लिखे गए अपने पत्र में 'ग' लिखता है : ''चूहेखाना सिर्फ वही नहीं है जहाँ तुम काम करते हो या जहाँ मैं काम करता था। सारी दुनिया ही एक बहुत बड़ा चूहेखाना है जहाँ चूहेमार बनकर ही जिन्दगी बसर की जा सकती है। जो चूहे नहीं मार सकता उसके लिये इस दुनिया में कोई जगह नहीं है।'' (पृ. 73) दफ्तर के बाहर की दुनिया भी चूहेखाना है। इसे सिद्ध करने के लिये उपन्यासकार दो पेशों को और सामने लाता है। एक पेशा चित्रकार का है। चित्रकारिता यहाँ हर उस सृजनशील कार्य का प्रतीक है जो वैयक्तिक विशिष्टता के साथ किया जाता है। लेकिन जहाँ यह विशिष्टता नहीं होती वहाँ वह सृजन-कर्म चूहे मारने जैसा हो जाता है। 'ग' चित्रकार है किन्तु असामान्य प्रकार का। वह रूढ़ ढाँचे में ढले हुए चित्र नहीं बनाता बल्कि मौलिकता का रास्ता अपनाता है और असफल होता है। उसके विपरीत 'प' एक और चित्रकार है जो एक रूढ़ ढाँचे में ढले हुए ऐसे चित्र बनाता है जो लोकप्रिय होते हैं। वह विज्ञापन और सम्पर्क-साधन के सभी सस्ते हथकंडों को अपनाता है। इसलिए मौलिकता एवं सृजनात्मकता के अभाव के बावजूद वह 'सफल' चित्रकार है किन्तु 'ग' की दृष्टि में 'प' चित्रकार नहीं है बल्कि एक चूहेमार है। (पृ. 28) दूसरा पेशा सोनिया

का है। शरीर बेचनेवाली स्त्रियों के भी वर्ग हैं। ये स्त्रियाँ सैकड़ों पुरुषों के साथ सोने के लिये विवश होती हैं। और इन पुरुषों के प्रति इनके मन में वैसी ही वितृष्णा होती है जैसी 'ग' या नायक चूहेमार के मन में दफ्तर की फाइलों के प्रति है। इन तीनों पेशों को सामान्यकृत किया जाए तो चूहेखानों का अर्थ होगा पूरी व्यवस्था, समस्त तन्त्र, और तन्त्र की विशेषता है : "तन्त्र चूहों को खत्म करना नहीं चाहता। चूहों को खत्म करने का मतलब है कि खुद उसका अस्तित्व बाकी नहीं रहेगा। दरअसल तन्त्र की विशेषता ही यह है कि यह निरन्तर चूहे पैदा करता रहता है और उन्हें मारता रहता है। जिस अनुपात से चूहे मरते हैं उसी अनुपात से वे पैदा भी होते हैं। इसलिए तन्त्र को कोई नुकसान नहीं पहुँचता।" (पृ. 58) इस व्यापकतर अर्थ में चूहा उस प्रत्येक कार्य का प्रतीक बन जाता है जिसे हम अपनी अन्तःप्रेरणा से नहीं बल्कि किसी विवशता से करते हैं। उपन्यास के पात्र व्यक्ति की इस क्रूर नियति का चित्रण करते हैं। किन्तु इससे मुक्ति का उपाय क्या है ? इस सम्बन्ध में उपन्यासकार द्विधाग्रस्त है। एक तरफ उसका स्वर घोर निराशावादी है। 'ग' का कहना है कि "सारी दुनिया ही एक बहुत बड़ा चूहेखाना है जहाँ चूहेमार बनकर ही जिन्दगी बसर की जा सकती है। जो चूहे नहीं मार सकता उसके लिये इस दुनिया में कोई जगह नहीं है।" (पृ. 73) इसलिए एक चूहेखाने को छोड़कर दूसरे चूहेखाने में जाने से कोई लाभ नहीं है। सोनिया भी लगभग ऐसा ही अनुभव करती है—"चूहेखाना सिर्फ वही नहीं है जो ईंट और पत्थर की बनी हुई इमारत की शक्ल में दिखाई देता है। खुद हमारे दिलों में भी चूहेखाने हैं जिन्हें हम देख नहीं पाते। लेकिन जो हमारे जीवन, हमारी गतिविधियों का नियन्त्रण करते रहते हैं। चूहेखाने के प्रभाव से बचना सचमुच सम्भव नहीं है। हम, तुम, बड़े चूहेमार और ऐसे बहुत सारे लोग, जिनका बजाहिर तुम्हारे चूहेखाने से दूर का भी ताल्लुक नहीं है, चूहेखाने की चहारदीवारी में बन्द हैं।" (पृ. 96) 'ग', 'प' और उपन्यास के नायक की ट्रेजडियाँ इस निराशावादी दृष्टि का ही फल हैं। यही दृष्टि नायक चूहेमार के इन विचारों में प्रकट होती है—"मुश्किल यह थी कि जन-समूह भी बड़ी उम्मीद भरी नजरों से चूहेखाने की तरफ देखता था। उसका खयाल था कि अमृत भरे बादल एक-न-एक रोज चूहेखाने से ही उठेंगे और बरसेंगे और उसकी जिन्दगी को हरियाली से भर देंगे। उसे क्या पता कि चूहेखाने में तो सिर्फ मरे हुए चूहे हैं। उनकी बदबूदार लाशें हैं और उनके कटे हुए अंग हैं और फिजा में घुटन है।" (पृ. 104) किन्तु उपन्यास के अन्त में चूहे में कायान्तरित नायक के शरीर और मन से सदियों से जमी हुई मैल के उतरने तथा आत्मा के आईने की तरह स्वच्छ और निर्मल होने के अनुभव में आशावादी संकेत है। स्पष्ट ही आशा की अपेक्षा निराशा का पक्ष अधिक प्रबल है।

इस व्यापकतर प्रतीकार्थ के बावजूद इस उपन्यास में दफ्तरी जिन्दगी का चित्रण ही मुख्य रूप से हुआ है। देश के स्वाधीन होने के साथ ही एकदम दफ्तरों की संख्या में वृद्धि हुई। इससे छोटे चूहेमारों को भी बड़े चूहेमार बनने का मौका मिल गया। किन्तु शीघ्र ही यह स्थिति समाप्त हो गई। छोटे चूहेमार पारस्परिक ईर्ष्या से ग्रस्त हो गए—"कोई छोटा चूहेमार मुसीबत में फँसता तो दूसरे तमाम चूहेमार मन-ही-मन बहुत

खुश होते। बस बजाहिर हमदर्दी-भरे शब्द कहने में वे आगे-आगे रहते। लेकिन उनके दिल खुशी से झूम उठते। इसी तरह किसी छोटे चूहेमार को जब कोई सफलता मिलती तो दूसरे छोटे चूहेमार मन में जल-भुन जाते।" (पृ. 105) दफ्तर में काम करनेवालों की मानसिकता की मुख्य विशेषताएँ हैं भय और एकरसता। चूहेमारों को अपने चूहों से बड़ा लगाव रहता है। वे उनकी इतनी चिन्ता करते हैं जितनी अपनी सन्तान की भी नहीं करते हैं। "चूहों के प्रति उनका अनुराग वास्तव में उस अनुराग से भिन्न था जो सन्तान के प्रति होता है। इसमें भय की मिलावट भी थी। शायद चूहों से उनका लगाव भय का ही एक प्रच्छन्न रूप था। उनके मन में कहीं यह डर समाया हुआ था कि चूहों की तनिक-सी उपेक्षा भी बहुत बड़े अनर्थ का कारण बन सकती है। इस भय की तीव्रता को दबाने का एक ही उपाय उनकी समझ में आता था, वे चूहों से और ज्यादा चिपट जाते। जैसे कोई शिशु माँ से चिपट जाता है। लेकिन डर उनका साथ नहीं छोड़ता था। वह साए की तरह उनसे चिपटा रहता।" (पृ. 23) दफ्तर में फाइलें निपटाने के काम की एकरसता नायक चूहेमार को विचित्र मनोभूमि में पहुँचा देती है, उस पर ऐसी इच्छा हावी होने लगती है कि "कुछ ऐसा हो जो बिलकुल असाधारण हो। विलक्षण हो। रोज जो कुछ होता है उससे एकदम भिन्न हो। कोई भयंकर भूकम्प, जलप्लावन, विध्वंस—कुछ हो जो रोज-रोज की एकरसता को तहस-नहस करके रख दे।" (पृ. 29) सोनिया को लगता है कि "चूहेखाने की व्यवस्था तो पुराने जमाने की गुलामी की व्यवस्था से भी खराब है।" (पृ. 93) यह व्यवस्था चूहेमारों के व्यक्तित्व को नष्ट कर देती है। "नये चूहेमारों की स्थिति सड़क बनाने के लिये बिछाए गए पत्थरों-जैसी थी। जिस तरह समतल सड़क के निर्माण के लिये पत्थर के इन छोटे-बड़े टुकड़ों को पिस जाना आवश्यक होता है उसी तरह चूहेमारों को भी चूहेखाने के माहौल में खपने के लिये अपनी स्वभावगत विशिष्टताओं की बलि देनी पड़ती थी। यह परिवर्तन चूहेखाने के वातावरण के समानकारी प्रभाव से अपने आप ही होता रहता था और चूहेमारों को खबर तक नहीं होती थी कि ये कब और कैसे बिलकुल बदल गए।" (पृ. 37) उनके पूरे व्यक्तित्व पर फाइलें इस कदर हावी हो जाती हैं कि वे सम्भोग से लेकर किसी भी दूसरे सृजन-कर्म तक में असमर्थ हो जाते हैं। नायक चूहेमार चूहे मारते-मारते बैंजो बजाने में असमर्थ हो गया है। "उसकी सारी इन्द्रियों पर जैसे चूहों का ही आधिपत्य रहता है। चूहे मारते-मारते सौन्दर्यानुभूति कुछ इस तरह नष्ट हो जाती है कि उसका नामोनिशान तक बाकी नहीं रहता।" (पृ. 87) सड़क से सौदा तय करके लाई गई एक लड़की के सामने वह अपने को बहुत दुर्बल और असमर्थ अनुभव करता है। 'ग' का भी खयाल है कि "चूहेखाने में रहकर वह चित्र बनाने का काम अच्छी तरह नहीं कर सकता था। सवाल समय का नहीं था। चूहे कुछ इस तरह दिमाग पर हावी हो जाते थे कि चित्र बनाने की इच्छा ही नहीं होती थी।" (पृ. 53) और इस व्यक्तित्व-विनाश के बाद भी दफ्तरी जीवन में भौतिक अर्थ में सफलता प्राप्त करना आसान नहीं है। क्योंकि वहाँ "चूहे मारने की योग्यता अपने आप में कोई महत्त्व नहीं रखती। बड़े चूहेमार की मान्यता के बिना इस योग्यता का कोई

अस्तित्व नहीं है। कोई अहमियत नहीं है।...(चूहे मारने में) निपुण (किसको) माना जाए, यह इस बात पर निर्भर है कि बड़ा चूहेमार किनसे खुश है। किनको वह पसन्द करता है। और बड़े चूहेमार को खुश रखने के अपने खास तरीके हैं जिन्हें हर छोटा चूहेमार अपनाना तो चाहता है लेकिन वह हरेक के बस के नहीं होते।" (पृ. 79-80) छोटे चूहेमार और बड़े चूहेमारों की जिन्दगी में पारस्परिक ईर्ष्या, भय, एकरसता, व्यक्तित्व-विनाश आदि की अनेक समानताएँ हैं किन्तु दोनों के आर्थिक स्तर में विशेष अन्तर है। यह अन्तर उनकी नैतिक दृष्टि को नियन्त्रित करता है। जहाँ छोटे चूहेमार किसी लड़की को अपने क्वार्टर में लाने में हिचकिचाते हैं वहाँ बड़े चूहेमार अपनी बीवियाँ तक बदल लेते हैं। चूँकि बदीउज्जमाँ ने दफ्तरी जिन्दगी में एक छोटे चूहेमार से लेकर एक बड़े चूहेमार तक की विभिन्न स्थितियों को स्वयं जिया है और वे उन्हें तटस्थ हो देख सके हैं, इसलिए इस उपन्यास में वे उस जीवन का प्रामाणिक एवं अनुभूत चित्रण कर सके हैं। यों दफ्तरी जिन्दगी का चित्रण करनेवाले हिन्दी में कुछ और उपन्यास मिल जाएँगे लेकिन प्रामाणिकता और अनुभूतिप्रवणता के साथ दफ्तरी जीवन का एक क्रूर चित्र अंकित करने की दृष्टि से यह उपन्यास हिन्दी का एक बेजोड़ उपन्यास है।

'एक चूहे की मौत' का उद्देश्य व्यवस्था या तन्त्र की निर्ममता एवं क्रूरता को उद्‌घाटित करना है। इसलिए इसमें चरित्रों के उभरने के लिये विशेष गुंजाइश नहीं है। इस उपन्यास के सभी पात्र अपना वर्ग-चरित्र रखते हैं। इसलिए उनमें वैयक्तिक चरित्रों का नुकीलापन नहीं है। 'ग' एकमात्र ऐसा पात्र है जिसका व्यक्तित्व टाइप चरित्र से कुछ भिन्न है या जिसके चरित्र में कुछ तीखापन है। 'ग' के चरित्र का विश्लेषण उपन्यासकार की यथार्थवादी दृष्टि को स्पष्ट करता है। 'ग' व्यवस्था से विद्रोह करता है लेकिन व्यवस्था के विरुद्ध सफलतापूर्वक खड़े होने के लिये जिस दृढ़ व्यक्तित्व की आवश्यकता होती है, वह उसमें नहीं है। उसकी अपेक्षा सोनिया में अधिक दृढ़ता है। यह अकारण नहीं है कि सोनिया को पहली दृष्टि में वह बच्चों जैसा लगता है। उसके मन में 'ग' को देखकर जो भावना जगी वह मातृत्व की भावना थी। (पृ. 63) 'ग' में असीम अहंकार था लेकिन "जीवन में सफल होने के लिये जिस लौह व्यक्तित्व की जरूरत होती है उसका उसमें अभाव था।" (पृ. 59) नायक चूहेमार का व्यक्तित्व भी ऐसा ही है। उसके व्यक्तित्व में भी दृढ़ता की अपेक्षा लिजलिजापन अधिक है। वह दोहरा जीवन जीता है। वह अत्याचार सहता है। "अन्दर से ही प्रतिरोध की इच्छा होती है लेकिन वह मन ही मन कुढ़ता रहता है।" (पृ. 175) ऐसे दुर्बल व्यक्तित्व व्यवस्था का भला क्या बिगाड़ेंगे ?

इस उपन्यास के गद्य में क्लैसिक गद्य के समान संयम और संक्षिप्ति है। इसके वर्णन बहुत छोटे-छोटे किन्तु सारगर्भित हैं। उपन्यासकार किसी भी स्थिति में भावुक एवं 'काव्यात्मक' नहीं हुआ है। साफ-सुथरी एवं बोलचाल के प्रचलित उर्दू शब्दों के कारण खनकदार एवं प्रवाहपूर्ण भाषा अपने कथ्य को प्रभावशाली ढंग से व्यक्त करने में सफल है। यह उपन्यास दफ्तरी जीवन का एक प्रामाणिक दस्तावेज है।

'बेघर' : संस्मरण

ममता कालिया

हमारे एक मित्र थे जिनकी पत्नी को उनसे बेहिसाब शिकायतें थीं। एक शिकायत यह कि जब वे अमृतसर से उनसे मिलने बम्बई आती हैं तो पति उन्हें कभी रेल-किराया नहीं देते। उनके आते ही घर का हुलिया बदल जाता। हम में से किसी की हिम्मत न होती कि फ्रिज से कोक निकालकर पी लें या फोन इस्तेमाल कर लें। मन ही मन उन्हें यह शक भी रहता था कि उनकी गैरहाजिरी में उनके पति के साथ कोई औरत जरूर रहती है। वे गाड़ियों के अजीबोगरीब कनेक्शन जोड़ एक बार आधी रात बम्बई पहुँचीं और टैक्सी से उतर निजी चाबी से फ्लैट खोल सीधी बैडरूम में घुस गईं। वहाँ महज अपने पति को सोता पा वे निराशा में जोर-जोर से रोने लगीं। मित्र की एक शाम अचानक मृत्यु भी हो गई लेकिन पत्नी को यही मलाल रह गया कि वे उन्हें रंगे हाथों पकड़ नहीं पाईं। उन मित्र की आरम्भिक जिन्दगी और विवाहोपरान्त उनका पारिवारिक ढर्रा, दोनों ही 'बेघर' की जड़ में रहे हैं।

वैसे 'बेघर' जब मैंने शुरू किया था तो सिर्फ एक जिद में कि चाहूं तो मैं महीने भर में उपन्यास लिखकर दिखा सकती हूँ। उन दिनों मैं बम्बई में थी और रवि इलाहाबाद में। यूनिवर्सिटी होस्टल के उस घटनाहीन वातावरण में लिखने-पढ़ने के अलावा कोई चारा नहीं था।

जब 'बेघर' लिखा था, इसे प्रकाशित करने की कोई योजना दिमाग में नहीं थी। उन दिनों जीवन की समस्याएँ दूसरी थीं। सबसे बड़ा सवाल जो मन में चक्कर लगाया करता था, यह कि कैसे नौकरी छोड़कर इलाहाबाद पहुँचा जाए। बाद में नौकरी अपने आप छूट गई और अकस्मात् मैंने अपने को इलाहाबाद में पाया। लेखकों, प्रकाशकों, मुद्रकों से भरे इस शहर में लिखना और प्रकाशित होना अनिवार्य नियति है।

इलाहाबाद में रवि के पास अक्सर एक प्रकाशक आया करता था। उसी ने रवि का कहानी-संग्रह 'नौ साल छोटी पत्नी' छापा था। उसने 'कछुआ' शीर्षक से 'बेघर' का अनुबन्ध किया था। अनुबन्ध का वह क्षण मेरे लिये अविस्मरणीय रहेगा। प्रकाशक बार-बार अपनी जेब में हाथ डालता और तड़पकर हाथ बाहर निकाल लेता। उसका यह तनाव मुझे बड़े संकोच में डाल रहा था। अन्त में उसने घिघियाते हुए कहा, "ममताजी, मैं बड़ा गरीब प्रकाशक हूँ, अग्रिम राशि नहीं दे पाऊँगा।" इसके बाद जिस रफ्तार से

वह रवि की रॉयल्टी व प्रेस का बिल पचा गया। वह एक अलग उपन्यास की विषय-वस्तु है। बहरहाल उसके रवैए की वजह से मैंने कभी अपने को उस अनुबन्ध से प्रतिबद्ध नहीं पाया। बाद में यह उपन्यास रचना प्रकाशन से छपा। इस बीच मुझे यह बात बड़े गुस्से से महसूस होती रही कि अधिकांश प्रकाशक किताब को रचना नहीं वरन् अपनी बपौती समझते हैं। रचना के साथ जैसा बदसलूक प्रकाशक करता है उसका कुछ-न-कुछ असर लेखक की रचनात्मकता पर पड़ता है। कॉम्पलिमेंटरी कापियों और रॉयल्टी को लेकर जो झाँय-झाँय होती है, उसके बाद उत्साही-से-उत्साही लेखक का भी लिखना काफी दिनों के लिये ठप्प हो जाता है।

'बेघर' के पात्र अक्सर दिमाग में आते रहे लेकिन एक बार शुरू करने पर मैं उन पात्रों को बिलकुल पुनर्निर्मित कर बैठी। इससे ज्यादा कुछ कहना बड़बोलापन होगा। समाप्त करते ही 'बेघर' दिमाग से बिलकुल उतर गया। मैं तुरन्त अगला उपन्यास शुरू कर देना चाहती थी लेकिन रवि की चेतावनी के कारण स्थगित कर दिया। लिखने की मेरी रफ्तार को लेकर रवि अक्सर मजाक उड़ाते हैं, इसी चक्कर में दो-तिहाई रचनाएँ मैं पूरी नहीं कर पाती हूँ। 1973 में एक उपन्यास के दो सौ पृष्ठ लिखे थे, महरी ने वह अँगीठी जलाने के काम में ले लिया। अभी 'नरक-दर-नरक' पूरा किया है जो इस वक्त सुस्त प्रकाशकों और मुद्रकों के चंगुल में फँसा हुआ है।

'बेघर' : समीक्षा

डॉ. रामजी मिश्र

ममता कालिया का उपन्यास 'बेघर' मध्यवर्गीय मानिसकता को उसकी सारी सीमाओं के साथ उजागर करता है। उपन्यास का नायक परमजीत आज के व्यक्ति की नियति को भोगता है। वह जिस भारतीय समाज की उपज है, उसके संस्कार उसमें बहुत गहराई तक रोपित हैं। एक विशेष प्रकार के वातावरण से जब वह दूसरे भिन्न प्रकार के वातावरण में पहुँचता है तो उसमें परिवर्तन ऊपरी सतह पर ही होता है, अन्दर की सतह अगर परिवर्तन को स्वीकार ले तो आज के व्यक्ति का मानसिक संघर्ष बहुत-कुछ कम हो सकता है। जो यह कहते हैं कि कथा-नायक की मानसिकता यौन-पवित्रता की रूढ़ि से जुड़कर पुरानी हो गई है और वह अपने रूप को स्वयं न गढ़कर दूसरे को गढ़ने देता है, एक दृष्टि से सही हो सकती है। लेकिन मुझे लगता है कि मात्र यौन-पवित्रता की ही बात नहीं है। परमजीत के निर्माण में जिन स्थितियों का चित्रण किया गया है उनमें कुछ असंगति है। वह निम्नमध्यवर्ग की यौन-कुंठा से पीड़ित है। यह कुंठा उसके कैशोर्य जीवन से ही बद्धमूल होने लगी थी। उसके घर (दिल्ली) का वातावरण कस्बाई है। उसमें सुरुचि और सौन्दर्य का कहीं स्थान नहीं। उसकी शिक्षा भी प्राइवेट कॉलेज में होती है। उसमें भी कोई ध्येय नहीं है। किन्तु एकाएक वह बम्बई में नौकरी पा जाता है। यहीं से उसके आन्तरिक जगत् और बाह्य जगत् में विरोध उत्पन्न होता है। उसकी यौन-कुंठा और भी बलवती होती है। दिल्ली और बम्बई के वातावरण को सम्भवतः इसी उद्देश्य से काफी उजागर किया गया है ताकि परमजीत के चरित्र को उभारा जा सके। प्रारम्भ में तो वह निम्नमध्यवर्ग का प्रतिनिधित्व करता है किन्तु बम्बई जाकर वह अपने को एडजस्ट नहीं कर पाता। सम्भवतः लेखिका के मन में भी कहीं यह बात रही होगी कि परमजीत के चरित्र का विकास कैसे किया जाए। बम्बई में उसकी दृष्टि बहुत बदल जाती है। उसकी भाषा और विचार में एकाएक सुरुचि और सौन्दर्य का प्रमुख स्थान हो जाता है। वह अंग्रेजी के शब्दों का जिस बारीकी से प्रयोग करता है, उसे देखते हुए नहीं लगता कि वह अल्पशिक्षित है और उसके परिवार का वातावरण इतना दकियानूसी होगा।

लेखिका ने जानबूझकर परमजीत को उच्चमध्यवर्ग में पहुँचा दिया है। इतना संकोची और भीरु व्यक्ति बम्बई में इतनी जल्दी इतनी सफलता प्राप्त कर ले कि वह

एक फर्म का चीफ एजेंट बन जाए और व्यावसायिक सफलताएँ प्राप्त करता जाए, असम्भव-सा लगता है। किताबें पढ़कर किसी को एक-दो वर्षों में ही ऐसा कौशल प्राप्त नहीं हो सकता जैसा उसे हुआ। फिर इतनी सुविधाओं के बाद भी उसमें इस प्रकार की यौन-कुंठा का होना भी प्रामाणिक नहीं लगता। संजीवनी से प्रथम भेंट में जिस तरह वह बात शुरू करता है वह भी उसके चरित्र से मेल नहीं खाता। एक ही बार मिलकर वह सिनेमा के लिये भी उसे निमन्त्रित कर देता है। वह केकी को देखकर डॉ. जॉनसन के निबन्धों के 'ह्यूमर' की बात सोचता है। इसी तरह और भी उसके व्यवहार की असंगतियाँ हैं जो उसके चरित्र को विश्वसनीयता नहीं प्रदान करतीं। परमजीत का चिन्तन यौन-बुभुक्षा से आक्रान्त है। कहीं उसमें काम-भावना से ऊपर उठकर प्रेम के दर्शन नहीं होते।

हो सकता है कि यह सब उसकी रूढ़िग्रस्त मानसिकता का ही परिणाम हो कि उसका चिन्तन विरोधाभासग्रस्त हो गया हो। उसमें इतनी सफलताओं के बावजूद अपने को कुंठा-मुक्त करने की शक्ति न आई हो। वह पत्नी और प्रेमिका में सन्तुलन नहीं बना पाता, आखिर क्यों ? वह यदि चाहता तो संजीवनी (प्रेमिका) और रमा (पत्नी) दोनों को अपनी व्यवहार-कुशलता से सन्तुष्ट रख सकता था। उसकी व्यावहारिक बुद्धि जिस तरह व्यापार में सफलता प्राप्त करती है, उस तरह पारिवारिक और व्यक्तिगत जीवन में सफलता क्यों नहीं प्राप्त कर पाती ?

उपन्यास में केन्द्रीय पात्र परमजीत है। वह भी दो रूपों में विभाजित है। एक उसका बाहरी जीवन, दूसरा उसका आन्तरिक जीवन। उपन्यास में उसके बाहरी जीवन का चित्र आन्तरिक जीवन से मेल नहीं खाता, फिर भी बाहर के विवरण ज्यादा दिए गए हैं। यही नहीं, तमाम प्रसंग और पात्र ऐसे हैं जिनका मूल संवेदना से कोई सीधा सम्बन्ध नहीं खोजा जा सकता।

परमजीत के अतिरिक्त प्रायः स्त्री पात्र ही प्रमुख हैं, जैसे संजीवनी, केकी अंकलेसरिया, विजया और रमा। ये सभी पात्र परमजीत की ही तरह अपनी-अपनी सीमाओं की विडम्बना भोगते हैं। सब अपने-अपने परिवेश से जुड़े होने पर भी अकेले-अकेले हैं।

विजया वालिया की प्रेयसी है। दोनों पति-पत्नी न होकर भी उन्मुक्त रूप से पति-पत्नी की तरह रहते हैं। उनके जीवन में कोई कुंठा नहीं है। हाँ, इतना जरूर है कि विजया वालिया के उपकारों से दबी हुई है। वह स्वयं रूठती है, समुद्र के किनारे जाकर रो लेती है और वापस वालिया के पास आ जाती है। इससे उसकी असमर्थता प्रकट हो जाती है। आधुनिकता की तमाम रोशनी के बावजूद उसका अपना हिस्सा अँधेरा ही रहता है।

दूसरी पात्र केकी अंकलेसरिया है जिसकी अपनी कुंठाएँ उसे असामाजिक बना देती हैं। एक अविवाहिता स्त्री की मानसिकता—उसका अकेलापन, वहम और शंकाएँ, उसे टिपिकल व्यक्ति-चरित्र बना देती हैं। उसमें असुरक्षा का भाव इतना प्रबल है कि कुत्ते को छोड़कर वह किसी को आत्मीय नहीं बना पाती। उसकी सीमाएँ उसे उबाती और

चिढ़ाती हैं फिर भी वह उन्हें तोड़कर रोशनी में नहीं आ पाती। उसका प्रसंग इतना विस्तार क्यों पा गया, समझ में नहीं आता। विजया की तरह वह भी मूल संवेदना में कोई महत्त्वपूर्ण भूमिका नहीं निभा पाती। उसके प्रति पाठक की कोई सहानुभूति नहीं होती। सहानुभूति उत्पन्न होती है, संजीवनी के प्रति।

संजीवनी जो परमजीत की प्रेमिका है, इस उपन्यास की सबसे समर्थ पात्र है। वह अपनी सरलता और मानवीय दुर्बलता के कारण दो-दो बार प्रवंचित होती है, पहली बार विपिन द्वारा और दूसरी बार परमजीत के द्वारा लेकिन इन दोनों आघातों के बावजूद वह 'सूरजमुखी अँधेरे के' की रत्ती की तरह कुंठित नहीं होती। उसमें रत्ती की अपेक्षा कहीं अधिक आत्मानुशासन और बौद्धिक परिपक्वता है। वह वयस्कता की जिम्मेदारियों के कारण विध्वंसक-प्रतिशोधात्मक नहीं बनती। वह सिर्फ सोचती है, "अब कभी कोई उसकी जिन्दगी में नहीं आएगा, कोई उसके नजदीक आकर नहीं बैठेगा, कोई उसे बरसोवा में औंधी पड़ी नावों के पीछे नहीं ले जाएगा और कोई हाथ उसके ब्लाउज के बटनों से नहीं खेलेगा। वह अपने अकेलेपन में सिमटती जा रही थी, उसे देखकर महसूस होता था जैसे उदासी ही उसकी नियति हो।" (पृ. 58) परमजीत का उसके प्रति आकर्षित होना बड़े ही स्वाभाविक ढंग से दिखाया गया। संजीवनी में भी परमजीत के प्रति उद्दाम लालसा जागती है किन्तु इसकी परिणति दोनों के लिये सुखद नहीं होती। परमजीत आधुनिकता का सामना नहीं कर पाता। अपने बद्धमूल संस्कार के कारण उसे धक्का लगता है। संजीवनी के जीवन में आनेवाला वह प्रथम पुरुष नहीं है। परमजीत की सम्भोग-लालसा जिस उच्छृंखलता से आगे बढ़ी थी उसी वेग में टकराकर चूर-चूर हो जाती है। संजीवनी शालीनतावश उस समय कुछ नहीं कह पाती किन्तु बाद में परमजीत उसे कुछ कहने का मौका ही नहीं देता। अपने पहले प्रेमी (?) विपिन की तरह दूसरे प्रेमी (?) परमजीत को भी वह खो देती है।

इस प्रसंग से दोनों टूटते हैं लेकिन लेखिका ने संजीवनी के अन्तर्द्वन्द्व को नहीं दिखाया। कथा परमजीत के साथ आगे बढ़ती है। पाठक को संजीवनी के बारे में बहुत कुछ सोचने के लिये छोड़ दिया जाता है। वास्तव में 'बेघर' परमजीत नहीं है, संजीवनी है। संजीवनी में जो दृढ़ता और कोमलता है वह उसे विशिष्टता प्रदान करती है। व्यंग्य और करुणा यदि कहीं उभरती है तो संजीवनी के प्रसंग में ही। परमजीत अपनी कछुआ-धर्मिता के कारण न तो अपने साथियों-पड़ोसियों की ही सहानुभूति पाता है, न पाठक की ही। परमजीत की समस्या आधुनिक नहीं भी हो सकती है किन्तु संजीवनी की समस्या पूर्णतः आधुनिक युग की समस्या है।

उपन्यास की चौथी पात्र है रमा, परमजीत की विवाहिता पत्नी। उसके विषय में केकी पहले ही घोषणा कर देती है कि न तो वह 'स्मार्ट' और न 'समझदार' ही लगती है। ऐसी लड़की के साथ वह भी 'डल' और 'डफर' हो जाएगा। उसकी बात सच निकलती है पर परमजीत केकी की बात को कोई महत्त्व नहीं देता। सम्भवतः संजीवनी के साथ जो कुछ घटित हुआ उससे आतंकित होने के कारण। इसीलिए रमा से शादी

करके वह फिर उसी पुरातनता की ओर लौट जाता है जिसके संस्कारों से वह अपने को मुक्त नहीं कर पाता।

यहाँ भी परमजीत की ही द्विधाग्रस्त मानसिकता उजागर होती है। रमा जिन संस्कारों की स्त्री है वह अपने ढर्रे से ठीक ही चलती है। उसे अपनी घर-गृहस्थी देखने की एक परम्परित दृष्टि प्राप्त है। वह गृहिणी का धर्म बखूबी निभाती है। लेकिन परमजीत उसे पूरी तरह समझकर अपने अनुकूल बनाने की सक्रिय चेष्टा नहीं कर पाता। परिणामतः यहाँ भी पति-पत्नी के बीच दूरी बढ़ती जाती है। वह सोचता है, "रमा उसे पुर्जा बनाने में लगी हुई है। इतनी ढर्रेवाली जिन्दगी की उसने कल्पना भी नहीं की थी।...उसे (रमा को) कोई फर्क नहीं पड़ता कि उसकी बातें परमजीत की आँखों में कैसे जख्म छोड़ जाती हैं।" (पृ. 174)

"उसे लगता, रमा उसे कभी नहीं समझेगी। कभी वह रमा की तरफ साथ की जरूरत से देखता तो पाता, उसकी मौजूदगी से बिलकुल बेखबर वह गुड्डू को थपक रही है या पप्पू के निकर की मरम्मत कर रही है।" (पृ. 197)

इससे स्पष्ट होता है कि रमा अपने कर्तव्य के प्रति पूर्ण समर्पित महिला है। यदि परमजीत में व्यावहारिक बुद्धि होती तो वह रमा को अपने अनुकूल बना लेता लेकिन इसमें भी वह असफल होता है। वह ऊपर-ऊपर से पारिवारिक जीवन से समझौता कर लेता है किन्तु अन्दर से नहीं कर पाता। जिस उद्दाम यौन-बुभुक्षा का वह अनुभव करता है, परम्परित जीवन में उसके लिये अवकाश नहीं होता। रमा अपनी विशिष्ट मानसिकता के कारण ही ऐसे आचरण करती है जो परमजीत की मानसिकता के विरुद्ध पड़ते हैं। परिणामतः दोनों अपने-अपने दायरे में घूमते हैं। रमा अपनी स्थिति में सन्तुष्ट और कुंठामुक्त है। उसका चरित्र बड़ा ही विश्वसनीय लगता है जब कि परमजीत एक पहेली-सा बन जाता है। यही नहीं, पता चलता कि वह चाहता क्या है ? या उसमें ही यह समझ नहीं है कि उसे किससे क्या अपेक्षा करनी चाहिए।

परमजीत संजीवनी में और सब कुछ पा सकता था महज एक यौन-पवित्रता के अलावा किन्तु वह उसे स्वीकार न कर सका। उसका अहं आड़े आ गया। रमा में भी वह सब कुछ पा सकता था महज एक संवेदनशीलता के अलावा। वह जैसे संजीवनी के प्रसंग में हारता है, वैसे ही रमा के प्रसंग में भी। पहली पीड़ा एक को (आधुनिकता के नग्नरूप को) स्वीकार न कर पाने की है तो दूसरी पीड़ा दूसरी को (पुरातन संस्कारों को) स्वीकार कर लेने की है। वह गतिशील आधुनिकता और जड़ पुरातनता के बीच अपनी स्थिति स्पष्ट नहीं कर पाता।

यही स्थिति मोहन राकेश के 'अँधेरे बन्द कमरे' के नायक की भी है किन्तु उसका चरित्र इतना विसंगतियों से पूर्ण नहीं है। उसका विकास बड़ा ही मनोवैज्ञानिक है। परमजीत की स्थिति कस्बे (दिल्ली ?) से महानगर (बम्बई) में, निम्नमध्यवर्ग से उच्चमध्यवर्ग में, पुरानी रूढ़ियों से आधुनिक मान्यताओं में संक्रमित होनेवाले सामान्य व्यक्ति की है। एक के बाद एक भौतिक साधनों से वह जिस प्रकार सम्पन्न होता जाता है (हालाँकि

पहले कहा जा चुका है कि यह सम्पन्नता अपनी त्वरा के कारण अविश्वसनीय लग सकती है और इसी प्रकार परमजीत की मानसिकता की अपरिवर्तनशीलता भी अप्रामाणिक लग सकती है फिर भी), उसी अनुपात में उसका मानसिक विकास नहीं हो पाता। उसका व्यवहार अपने प्रति जितना मुक्त है, नारी के प्रति उतना ही संकुचित।

परमजीत की काम-लिप्सा और कामोत्तेजना के विवरण इस उपन्यास में कम नहीं हैं। लेखिका ने उसकी सूक्ष्म दृष्टि का जितना अधिक परिचय दिया है, वह कहीं उसे अविश्वसनीय बना देता है। उसके अविश्वसनीय होते ही सारे उपन्यास की कथावस्तु चरमरा जाती है। एक तरफ तो वह 'घर' को लेकर साधारण व्यक्ति की तरह सपने सँजोता है, दूसरी तरफ बम्बई के सामने उसे दिल्ली की जिन्दगी एकरस और ऊब भरी लगती है। एक तरफ वह अपनी पारिवारिक जिम्मेदारियाँ की चिन्ता करता है, दूसरी तरफ मौज-मस्ती के वातावरण को भी पसन्द करता है। एक तरफ वह सामान्य शिक्षा प्राप्त युवक है, दूसरी तरफ वह अप्रचलित अंग्रेजी के शब्दों का धड़ल्ले से प्रयोग करता है। वह 'कॉन्टेम्प्लेटिंग' और 'मेडीटेटिंग' के अर्थ के सूक्ष्म अन्तर को भी जानता है। उसका सोचने का तरीका अच्छा-खासा साहित्यिक और गूढ़ है। भाषा के स्तर पर ममता कालिया परमजीत के चरित्र को विश्वसनीय नहीं बना पाई हैं।

एक दृष्टि से परमजीत की आकस्मिक मृत्यु अप्रत्याशित लगती है और उसके बाद परिवारवालों की उक्तियाँ जैसे जानबूझकर एक घर-परिवारवाले को 'बेघर' सिद्ध करने के लिये हों। दूसरी दृष्टि से यदि देखा जाए तो परमजीत की सारी कैफियत आज के मध्यवर्ग की स्थिति उजागर करती है।

'अपना मोर्चा' के आस-पास

काशीनाथ सिंह

जहाँ तक मुझे याद है, मैंने उपन्यास लिखना शुरू किया सन् '70 ई. में, पूरा किया '71 की मई में, प्रकाशक को दिया उसी वर्ष जुलाई-अगस्त में और पुस्तक छपकर तैयार हुई '72 की गरमी तक।

आप जानते हैं कि मैं एक विश्वविद्यालय में प्राध्यापक हूँ—उस विश्वविद्यालय में जो अपने आन्दोलनों और बन्दियों के मामले में आस-पास के विश्वविद्यालयों और कॉलेजों की अगुवाई करता है। जब से मैं अध्यापक की हैसियत से हूँ तब से यहाँ दो महत्त्वपूर्ण आन्दोलन हो चुके हैं—एक सन् '67 ई. का हिन्दी आन्दोलन जिसका नेतृत्व समाजवादी युवजन सभा के हाथों में था और दूसरा सन् '69 ई. का विश्वविद्यालयीय गृहयुद्ध जो पहले की तुलना में कहीं ज्यादा जटिल और पेचीदा था। ऐसे तो मैं दोनों आन्दोलनों में किसी-न-किसी रूप में शामिल था लेकिन दूसरे आन्दोलन में मेरी हिस्सेदारी मेरी नौकरी और शरीर के लिये खतरनाक हो चली थी। इसी आन्दोलन में मैंने मानवतावादी पंडित अधिकारियों और खुशफहम गलियारों को सत्ता के राजमार्ग की ओर मुड़ते, नंगे और बेपर्द होते हुए देखा है।

तो मेरे उपन्यास का विषय यही दूसरा आन्दोलन था लेकिन जब लिखना शुरू किया तो उपन्यास का विषय हो गया हिन्दी आन्दोलन जो केवल पृष्ठभूमि के रूप में लिया जाना था। असल विषय जहाँ का तहाँ पड़ा रह गया।

अब मेरे सामने सवाल था कि दूसरा भाग लिखकर प्रकाशित कराऊँ दोनों भाग एक साथ या इस हिस्से को स्वतन्त्र रूप से प्रकाशित करा दूँ। मुझे लगा कि यदि यह हिस्सा प्रकाशित हो जाता है तो मुझे पाठकों की प्रतिक्रिया का लाभ मिलेगा जो दूसरे भाग की रचना में किसी-न-किसी रूप में मददगार होगा।

लिहाजा भूमिका भाग उपन्यास के रूप में मैंने प्रकाशक के हवाले कर दिया।

सहसा सन् '72 ई. की अप्रैल-मई के किसी दिन विभाग में पता चला कि मेरे एक मित्र इलाहाबाद से वापस आए हैं और मेरे लिये 'अपना मोर्चा' की एक प्रति लाए हैं।

शाम को मैं उनके घर पहुँचा और उन्होंने मुझे कागज का एक पुलिन्दा दिया। उसे खोलने के बाद बिना जिल्द के छपे हुए फर्मे दिखे जिनमें एकदम ऊपर लिखा था—

कासी रे कासी
प्रीत मेरी साँची

नीचे मेरे मित्र रवीन्द्र कालिया का हस्ताक्षर था।

और मैंने पन्ने पलटे तो चौंक गया—जो 'फ्लैप मैटर' था, वह 'आमुख' के रूप में छप गया है। इससे एक झटका तो लगा ही जिसे सफेद और मटमैले फर्मों के मिले-जुले कागजों ने और गाढ़ा कर दिया।

फिर मैंने कुछ और पन्ने पलटे और 'पेशाकर' की जगह 'पेशावर' छपा देखा। आगे-पीछे के पन्ने पलटता रहा—'नालायकीयत' की जगह 'ना लाभ कीमत', 'नागरा' की जगह 'नाठारा', 'जुनून' की जगह 'जुलूस', 'पावों की जगह 'पायो', 'असर' का 'कसर', 'मेहतर' का 'मेहता' 'थकान' का 'मकान' आदि।

और मैं 'अपना मोर्चा' के साथ घर लौट आया।

छपने के बाद मैं अपनी कोई चीज नहीं पढ़ता—उलट-पुलट भले लूँ। लेकिन मैं सरसरी तौर पर एक सौ ग्यारह सफे उलट गया। कोई ऐसा सफा नहीं था जिस पर छापे की दो-चार गलतियाँ न हों लेकिन सिवा रात भर जगने और दुखी होने के मैं कर भी क्या सकता था ?

गलती प्रूफ देखनेवाले की नहीं, मेरी थी। मैंने पूरा उपन्यास डॉट-पेन से लिखा था—सुर्ख और नन्हे-नन्हे हर्फों में। मुझसे कलम से लिखते नहीं बनता। यह आदत ही नहीं रही। सारी कहानियाँ पेंसिल से लिखी गईं और अब डॉट पेंसिल से। बगैर टाइप कराए या 'फेयर' किए वही पांडुलिपि ज्यों की त्यों दे दी और अब नतीजा सामने है।

बहरहाल, उपन्यास तो छपा ही और शोध-प्रबन्धों की तरह इसमें 'भूल-सुधार' दिया नहीं जा सकता था।

अब मैं लोगों की प्रतिक्रिया के लिये उत्सुक था—इसलिए भी कि छपने के पहले इसके छिटपुट हिस्से दो-एक लोगों को जरूर सुनाए गए थे लेकिन पूरा उपन्यास किसी ने नहीं पढ़ा था। जिन 'आधुनिकतावादी' लोगों ने सुना था, उन्होंने शायद गम्भीरता से नहीं लिया। उनके खयाल में यह एक हलके-फुलके ढंग से लिखा हुआ रोचक उपन्यास हो सकता था क्योंकि इसमें 'अलगाव-बोध', 'अजनबीपन', 'एकरसता', 'नकारवाद', 'सम्बन्धहीनता' जैसी समकालीन जटिल समस्याएँ नहीं ली गई थीं। मुझे तत्काल लगा कि मैंने सुनाने के लिये गलत आदमी का चुनाव किया था।

उन्हीं दिनों मेरे अन्तर्गत रिसर्च कर रहे थे वीर भारत तलवार (सम्पादक, 'फिलहाल')। उनसे राजनीतिक और साहित्यिक मसलों पर बातें होती थीं। वे जनवादी समझदारी के

आदमी थे और बेलौस ढंग से अपनी प्रतिक्रिया जाहिर करने में संकोच न करते थे। वे पहले आदमी थे जिन्होंने पूरी पांडुलिपि पढ़ी। उनकी प्रतिक्रिया से मुझे ताकत मिली। एकाध स्थल पर उन्होंने अपनी असहमति व्यक्त की, खास तौर से नरिया-गेट पर छात्रों और पुलिस जवानों के बीच का संघर्ष जिसमें रात घिर आने पर छात्र चारदीवारी फाँदकर सराय के भीतर घायल जवानों को देखते हैं और उदास हो उठते हैं (मूल पांडुलिपि में)। काफी सहज बहस के बाद तलवार की बात मुझे सही लगी थी और मैंने उस हिस्से को बदला था। आखिर अपने शत्रु या उनकी सुरक्षा के लिये तैनात सैनिक तन्त्र को मारने के बाद अर्जुन की-सी ग्लानि क्यों ?

यहीं मैं यह भी बता दूँ कि उपन्यास पर काम शुरू करने के पहले मेरे सामने दो चुनौतियाँ थीं। एक तो यह कि उपन्यास के रूढ़ ढाँचे—सिलसिलेवार कथानक, चरित्र, वातावरण, तनाव, मध्यवर्गीय पारिवारिक घुटन आदि—को स्वीकार करते हुए कुछ नया लिखना असम्भव जैसा था। इसलिए विषय और रूप को इनके दायरे से मुक्त करना था। दूसरा, मिसाल के रूप में मेरे सामने उपन्यास का वह इतिहास था जिसमें प्रेमचन्द ने देवकीनन्दन खत्री के लाखों पाठकों को 'सेवासदन' और 'प्रेमाश्रम' का पाठक बनने पर मजबूर कर दिया था। मैंने अपने आस-पास ही कई ऐसे मामूली तबकों के नौजवान लड़कों और मजदूरों को देखा था जो न चाहते हुए भी बाजारू किताबें इसलिए पढ़ते थे कि तथाकथित 'साहित्यिक' उपन्यास उनकी समझ से बाहर थे। इन उपन्यासों की उलझी और गहरी भाषा न उनकी समझ में आती थी, न उनके 'इंटेलेक्चुअल' चरित्र। हम लेखक खुद पाठकों की उदासीनता के कारण लिखने की व्यर्थता की मानसिकता से गुजर रहे थे।...तो हमारे सामने सवाल था कि साहित्यिक संस्कारों से मुक्त और कृती उपन्यासों की बोझिल गम्भीरता से आतंकित लोगों को अपना पाठक कैसे बनाएँ ?

सच कहें तो इन्हीं चुनौतियों के मुकाबले का नतीजा 'अपना मोर्चा' है।

इस सिलसिले में मैं एक घटना का जिक्र करना चाहूँगा। अपने शहर और अपने पड़ोस में एक काव्य-गोष्ठी का आयोजन किया गया था। चूँकि यह करनेवाले और कविता पढ़ने तथा गीत गानेवाले अपने ही लोग थे, इसलिए गया। किताब छपकर आई थी और मेरे हाथ में थी। जब कवि और गीतकार खत्म हो चुके तो कुछ सुनाने के लिये मुझसे भी कहा गया। मैंने श्रोताओं—जिनमें ज्यादातर विद्यार्थी और दिन के काम से फुर्सत पाए युवक थे—पर नजर डाली और दो परिच्छेद पढ़ सुनाए। इन हिस्सों ने जो माहौल पैदा किया, वह मेरे लिये नया अनुभव था। मैंने महसूस किया कि यदि हमारे लेखन की समस्याएँ अगल-बगल के लोगों की जिन्दगी की—उनके नितान्त परिचित संसार में धँसकर हों और उस गद्य में उन्हें बुलाने, धकियाने, ठेलने, मारने और प्यार करने की आवाज हो—आत्मीयता की जिन्दा भाषा की आवाज, तो वे भूखे की तरह उस पर टूट पड़ेंगे।

मैं कहानियाँ लिखता था और मेरे पाठक साहित्यकार थे। इसके सिवा पाठक की कोई दूसरी 'इमेज' न थी। लेकिन उपन्यास लिखने के दौरान पाठक मेरी आँखों के

सामने था—अपने ठोस आकार के साथ, वह 'रिस्पांस' भी कर रहा था और 'रिएक्ट' भी। मैं उसका जवाबदेह था। यही वजह हैं कि मैं अपने मित्र-लेखकों की प्रतिक्रिया की ओर से बेफिक्र था। मैंने कइयों से कहा भी था कि आपकी पसन्द-नापसन्द मेरे लिये कोई मानी नहीं रखती।

'अपना मोर्चा' के प्रायः सभी आलोचकों ने उसे हिन्दी का 'नया उपन्यास' कहा। मुझे कहने दें कि वे गलत थे। मैंने सिर्फ कहानी कहने के उस आदिम तरीके को फिर से जिन्दा करना चाहा था जिसे जैनेन्द्र, अज्ञेय और बीच के दूसरे साहित्यिक कथाकार छोड़ चले थे। वह तरीका जो कहानी के जन्म के साथ हमारी जातीय विरासत रहा है और जिसकी आज सख्त जरूरत है अगर हमें अपनी जमीन के संघर्ष का साथ देना है तो !

तो 'अपना मोर्चा' !

आज यह कहते हुए मुझे कतई अफसोस नहीं है कि यह मेरा उपन्यास है। इसके अपना होने का कोई खास तुर्रा भी नहीं है क्योंकि जानता हूँ कि आगे भी लिखूँगा और इससे बेहतर लिखूँगा। हालाँकि जो लिखूँगा, वह कम जरूर होगा क्योंकि अपने को दुहराने या कूड़ा लिखने से न लिखना मैं अच्छा समझता हूँ।

जिन्होंने मेरी कहानियाँ पढ़ी हैं और 'अपना मोर्चा' भी—वे इस बात से वाकिफ होंगे कि मैं वही लिखता हूँ जो बखूबी जानता हूँ। जिसे नहीं जानता हूँ या कम जानता हूँ, उसमें हाथ नहीं डालता। कोशिश तो यहाँ तक रहती है कि लिखी जा रही चीज को जितना मैं जानूँ उतना और कोई न जानता हो और अगर जानता भी हो तो कम-से-कम पढ़ते समय उसे लगे कि हाँ, यह रही वह चीज जिसे वह जानता तो था लेकिन कह नहीं पाता था या इस सफाई से नहीं कह पाता था।

अगर मैंने खुद से सम्बन्धित कहानियाँ कम-से-कम लिखीं—जो हमारे दशक के लिये मुश्किल बात थी—तो इसलिए नहीं कि मैं अपने बारे में कम जानता था बल्कि इसलिए कि मैं जिस मध्यवर्ग से आता हूँ—अन्य सारे लेखकों की तरह, मेरी अपनी जिन्दगी, रहन-सहन, तौर-तरीके दूसरे कथाकारों से अलग न थे। ऐसी हालत में मुझमें ऐसी कौन-सी खुसूसियत थी जिसे मैं दूसरों से कहता फिरता। और कहता भी तो किसे पड़ी है जो मेरी बड़ी बातें सुनता जिसे वह खुद झेल रहा है। दूसरी बात यह कि एक लेखकीय जिम्मेदारी नाम की भी एक चीज होती है, जिसकी मुझसे उम्मीद की जानी चाहिए।

सो, जिस समय भाववादी दर्शन की रुझानवाले लेखक 'अनुभव की प्रामाणिकता' के नाम पर निजी अनुभवों का अलबम सजा रहे थे, मैं उनसे बेपरवाह होकर 'चोट', 'हस्तक्षेप' और 'आदमी का आदमी' जैसी कहानियाँ लिख रहा था जो आदमी की संवदेनाओं को कमरे की दीवारों के भीतर नहीं, समाज के सघन दायरे के दरम्यान

खोलती है। जरूरी नहीं कि ये कहानियाँ अच्छी ही हों—लेकिन जो मैं कह रहा हूँ, उसमें अच्छा या बुरा होने का सवाल नहीं है—यह सिर्फ मेरे अपने करने और चाहने की बात है।

और सच कहिए तो यह एक इत्तिफाक है कि मैं लिखता हूँ—लिखने का हुनर जानता हूँ। ऐसे बहुत से हैं जो मुझसे या हमसे बहुत अच्छा लिख सकते हैं लेकिन नहीं लिखते—या तो उन्हें लिखने का ढब नहीं मालूम है या वे ऐसे कामों में उलझे हैं जिन्होंने उन्हें लिखने लायक नहीं छोड़ा है या जो काम वे कर रहे हैं, उसकी तुलना में यह लिखने का काम बेमतलब का है।

'अपना मोर्चा' : समीक्षा

डॉ. विजयमोहन सिंह

'अपना मोर्चा' को कई दृष्टियों से हिन्दी का 'नया उपन्यास' कहा जा सकता है। एक सौ ग्यारह पृष्ठों के इस छोटे-से उपन्यास में परम्परागत 'कथा-शिल्प' का आभास देकर, उसके समानान्तर ही 'कथा-क्रम' (क्रोनोलॉजिकल ऑर्डर) की परम्परा को छोड़ते हुए स्वतःस्थापित खंडचित्रों के रूप में वस्तुस्थिति को अधिक तीव्रता से व्यक्त करने का प्रयास किया गया है।

इस तरह वर्तमान युवा-विद्रोह तथा छात्र-आन्दोलन को विश्वविद्यालय विशेष के सन्दर्भ में रखकर यह उपन्यास न केवल एक नई वस्तुस्थिति को सामने लाता है बल्कि परम्परागत 'कथा-अवधारणा' की 'गम्भीरता' और 'गहराई' के विरुद्ध 'सतह के यथार्थ' से जुड़ी एक नई शिल्पविधि का इस्तेमाल भी करता है। इसी कथा-शिल्प को लेखक ने अगर किसी 'प्रेम-प्रसंग' के सन्दर्भ में प्रस्तुत किया होता तो उसकी 'सार्थकता' इतनी स्पष्ट होकर सामने नहीं आ पाती। तब शायद वह प्रेम-प्रसंगों की अपनी जो परम्परागत आँच होती है, उसमें झुलस भी सकता था।

सम्भवतः यही वह 'बिन्दु' है जहाँ हिन्दी उपन्यास को आगे बढ़ाने के लिये संघर्ष करना है। यदि वह पिछली शताब्दी के आरोपित भावबोध से छुटकारा पाना चाहता है तो उसे अपने सामने के विश्व को पहचानने के लिये पीछे छूटे विश्व का बिम्ब अपने मन से हटाना होगा और यह तभी होगा जब वह परम्परागत अवधारणाओं के द्वारा निर्मित दिमागी लकीरों से निकलकर चीजों को देखे। अपने-आपमें यह एक अलग तथा व्यापक बहस की बात है, लेकिन काशीनाथ सिंह का यह उपन्यास आज के उपन्यास के इस संघर्ष को कई स्तरों पर उजागर करता है।

और इस रूप में यह उपन्यास एक अधूरी शुरुआत है जो कि स्वाभाविक रूप से इसे होना था। इस सन्दर्भ में नार्मन मेलर ने एक बड़ी अच्छी बात लिखी थी कि उपन्यास लिखना एक तरह से 'पोलवार्ट' से छलाँग लगाने की तरह है। अपने समय की वास्तविकता का एक निश्चित 'मान-बिन्दु' अनेक उपन्यास लेखकों के सामने होता है और उनमें से प्रत्येक सफलतम ढंग से (बिना उस मान-बिन्दु को नष्ट किए या गिराए) उसे व्यक्त करने का प्रयास करता है—कभी कोई उसे छूकर रह जाता है और कोई आधी इंच या कुछ और कम नीचे रहकर ही लौट आता है। दरअसल यह लम्बे अभ्यास,

अवधान और दृष्टि की बात है। इसी रूप में काशीनाथ सिंह का उपन्यास एक अधूरी शुरुआत है—एक नई वास्तविकता की पहचान का पहला प्रयास। उसका वह अधूरापन ही उसकी सार्थकता को अधिक स्पष्ट करता है। इसलिए जरूरी है कि उसके इस अधूरेपन की जाँच कर ली जाए। दरअसल जिस कथाशिल्प को उपन्यासकार अपने दिमागी निर्णय का अंग बना चुका है उसकी लेखन-प्रक्रिया में अभी उसके प्रति एक हलकी हिचक मौजूद है जो अनजाने ही इस शिल्प-विधि को उसके इर्द-गिर्द बनी अधिक गहरी लकीरों पर खींचती रहती है और वहाँ पहुँचते ही उपन्याय का कथाशिल्प सहसा सपाट हो जाता है। इसके अलावा उपन्यासकार का ध्यान बराबर इस बात की ओर रहा है कि यह उपन्यास जिनका है और जिनके लिये है उनके सामने उसे अपने को जस्टीफाई करना है। अपने को लगातार जस्टीफाई करने की यह अतिरिक्त चेतना लेखक को 'वस्तु' और 'शिल्प' दोनों के प्रति सहज नहीं होने देती है। नतीजा है कि 'औचित्य' सिद्ध करने का यह प्रयास जगह-जगह उपन्यास को उस स्तर पर ला देता है जहाँ कम-से-कम इस उपन्यास को लौटकर नहीं आना चाहिए था। ऐसे स्थल उपन्यास में अनेक हैं जहाँ लेखक निर्णय नहीं कर पाया है कि उसे और अधिक 'खतरा' उठाना है या वहीं रुक जाना है। ऐसे दो-एक स्थल उदाहरण के रूप में देखे जा सकते हैं। मसलन उपन्यास का प्रारम्भिक अंश विक्षुब्ध विश्वविद्यालय के तीन-चार चित्रों को जिस तरह सामने रखता है उनमें सामयिक स्थिति की जटिलता पूरी तरह व्यक्त हुई है : "...मैं अपने को हर मोर्चे पर रखना चाहता हूँ और अन्त में झुँझला उठता हूँ, एक अबूझ घृणा मेरे पूरे बदन में भर जाती है और तब एक ही रास्ता बचता है—मैं अपने भीतर की सारी घृणा को दोनों हाथों से उलीचना शुरू कर दूँ, उलीचता रहूँ और देखूँ कि घृणा के सिवा मैं क्या बच रहता हूँ।"

यह शायद आज के युवा वर्ग में 'डायलेमा' है—उसकी भयानक रूप से गिरती जाती प्रतिरोधात्मकता और लगातार समझौते करती हुई घृणा—जो जितना बाहर तोड़ती है उतना ही भीतर भी तोड़ती है। किन्तु इस 'घृणा' को व्यक्त करने के लिये उपन्यासकार ने अध्यापकों की जिस सभा को चुना है वह उसकी प्राविधिक चूक ही नहीं, इस 'घृणा' का भी सरलीकरण है :

"हॉल ठसाठस भरा है। अध्यापकों की सभा हो रही है। अपने विषय के पारंगत और दुनिया-देखे प्रोफेसरों की सभा। बाहर कारों और स्कूटरों का जलसा है। अन्दर सूट और टाइयों की महफिल है। लोग उठ रहे हैं, बैठ रहे हैं, झुक रहे हैं, कान में बातें कर रहे हैं, मुसकरा रहे हैं और फिर अपनी जगह। एक खुशबू और लगातार ठहाके। सैकड़ों लड़के जेल में हैं, सैकड़ों अस्पताल में, रहे-सहे स्टेशन और यहाँ ठहाके। सुनगुन है कि अगर डॉ. ठाकुर पक्ष में बोलेंगे तो प्रोफेसर पंडित विरोध करेंगे। डॉ. वर्मा पहले से ही एक जोशीला भाषण तैयार करके लाए हैं चाहे वह पक्ष में जाए या विपक्ष में।"

यह सच है। अध्यापकों और ऑफिसरों की सभा में यही नजारा देखने को मिलेगा। बल्कि उपन्यास छात्रों से अधिक अध्यापकों के इस रूप का उद्घाटन करता है। लेकिन

सच होने पर भी लेखक 'रचना' के स्तर पर जिस परम्परागत दृष्टि को तोड़ना चाहता है, वह ऐसे दृश्यों से नहीं टूटता। यहाँ वह पैने व्यंग्यकार से अधिक नहीं दिखाई पड़ता। जाहिर है कि पूरे उपन्यास में व्याप्त इस जटिल विडम्बनात्मक स्थिति को व्यक्त करने के लिये लेखक को कोई अधिक 'जटिल' रचना-विधि तलाशनी चाहिए थी जो उसे इस उपन्यास में कहीं-कहीं ही मिली है और जहाँ मिली है वहाँ वह पूरी ताकत और विश्वास के साथ उसका इस्तेमाल करता हुआ प्रतीत होता है।

इस विडम्बनात्मक स्थिति को सामने लाने के लिये जब वह अपना 'कैमरा' अध्यापकों की ओर से छात्रों की ओर घुमाता है तो दृश्य बदलता है। विश्वविद्यालय खुलता है और जवान कहते हैं कि "हे बाप जान ! अगर तुम्हारा लड़का आवारा है, लफंगा है, कामचोर है, पूरे गाँव का सिर-दर्द है, सब मिलाकर जहन्नुम है और तुम उससे आजिज आ गए हो तो एक काम करो उसे इसमें दाखिल कर दो ! "हे बबुआ, अगर तुम निरे आदमी हो, बेईमानी, घूसखोरी और चूतिया बनाने के हथकंडों को नहीं जानते तो इस आलीशान कारखाने में आओ और अपनी किस्मत आजमाओ।

"बबुआ आते हैं, कैम्पस की धरती बदल जाती है, आसमान बदल जाता है, बारिश होने लगती है, बारिश हो रही है और बबुआ भीग रहे हैं, सिर पर भूसा के तिनके, चेहरे पर दाँत चियारे परती खेत...वे भीग रहे हैं।...उसकी सूरत ठंडे तवे की तरह स्याह है; मगर यहाँ यह कौन-सा हिन्दुस्तान है ? ये खुशियाँ, ये हँसी, ये चह-चह आखिर वे कहाँ है ?..."

लेखक का यह 'ज्वान' उपन्यास में हर जगह है—वह पी.ए.सी. का ज्वान नहीं है, वह उपन्यास की 'तीसरी आँख' है जिसे स्थिति की विडम्बना की पूरी पहचान है। लेखक जिस सीमा तक उपन्यास में शामिल है, ज्वान उसी हद तक उपन्यास से दूर है। इस 'ज्वान' से सम्बन्धित ऐसे दृश्य महज व्यंग्य नहीं हैं, उनमें एक ओर परम्परागत 'किस्सागोई' की पद्धति से मिलकर एक नई प्रविधि के निर्माण का प्रयास है तो दूसरी ओर चीजों के छिपे हुए चेहरों को बिना 'विश्लेषण' के सामने लाने की कोशिश। यह 'ज्वान' वह 'रस्टिक कैरेक्टर' है जो यथार्थ की पहचान उसके खुरदरे पहलू से कराता है :

"ये मक्खन चेहरे, बनिए की तोंद जैसे गाल, ठुड्डी तक लम्बी-लम्बी मोरपंखी मूँछें ! रूप की यह सारी पूँजी जुलूस में कमर लचकाने और अपने ही जैसी लड़कियाँ फँसाने के काम में आती हैं। उन्हें देखो और सोचो कि उन चेहरों का क्या होगा जिन पर पसीने केवल सपनों में आते हैं, उस हाथों का क्या करोगे जो सिर्फ साबुन पर चलते हैं।"

उपन्यास का यह 'ज्वान' शहर और गाँव के बीच 'स्थित' विश्वविद्यालयों को गाँवों की निगाह से देखता है, यानी वे सारी प्रतिक्रियाएँ, जो विश्वविद्यालयों के परिवेश में रहनेवाले और उस परिवेश को देखनेवाले सामान्य आदमी के दिमाग में कुलबुलाती रहती हैं—और जिन्हें वह कहीं शिष्टता और कहीं अपनी हैसियत के लिहाज से व्यक्त नहीं कर पाता, उन्हें 'ज्वान' अपनी धुँआधार गँवई भाषा में व्यक्त करता रहता है। ये प्रतिक्रियाएँ

एक रूप में बूढ़ी, पुरानी और असमर्थ पीढ़ी की कुढ़न भी लग सकती हैं लेकिन यह सच्चाई है कि उपन्यास में जहाँ पहली बार समाज की खौलती नसों को केन्द्र बनाया गया है वहीं उन 'मक्खन चेहरों' और 'परोपजीवी नेताओं' का जिक्र भी जरूरी समझा गया है जो इन खौलती नसों के उबाल को केतली की भाप में बदलते रहे हैं। 'ज्वान' इस सच्चाई को जिस औघड़ अन्दाज में पेश करता है वह उपन्यास की दृष्टि और प्रविधि दोनों को सम्पन्न बनाता है।

यह अवश्य है कि 'ज्वान' की उपन्यास में 'ऑम्नीप्रेजेंस' कहीं-कहीं अतिनाटकीय और अतिसरलीकृत लगने लगती है। उसका यह शामिल सूत्रधार-रूप उपन्यास को 'सतह' पर ही न रहने देकर 'सपाट' बना देनेवाला भी हो जाता है। ठीक इसी तरह वैचारिक स्तर पर उपन्यास में 'युवा विद्रोह' को जिस 'नरिया गेट की विजय' में बदल दिया गया है वह सपाट आशावाद उपन्यास के प्रारम्भिक विकास को सहसा एक अवरुद्ध निष्कर्ष तक पहुँचा देता है। जाहिर है कि उपन्यासकार की प्रारम्भिक 'हिचक' (जिसका जिक्र पहले किया गया है) इसके लिये जिम्मेदार है।

लेकिन इसके बावजूद उपन्यास को केवल सरलीकृत स्थितियों का परिणाम नहीं मानना चाहिए। एक नई वास्तविकता जब सामने आती है तो उसे समझने-समझाने में कभी-कभी एक ही लेखक की कई कृतियाँ और कभी-कभी कई लेखकों की अनेक कृतियाँ खप सकती हैं। कोई एक पूर्ण कृति जो किसी नई वास्तविकता को पूर्णता के साथ व्यक्त करती है, प्रायः उस वास्तविकता से सम्बन्धित पहली कृति नहीं होती। यह कम विडम्बना नहीं है कि आजादी के बाद के आदमी को हरिशंकर परसाई या श्रीलाल शुक्ल जैसे व्यंग्यकारों ने पहचाना या पेश किया—कथाकृतियों के उत्सव-घोषित लेखक प्रायः रोमानी नायकों की 'पीली' या 'सुर्ख' तस्वीर बनाने में ही मशगूल रहे हैं। अतः इसमें सन्देह नहीं कि काशीनाथ सिंह के इस उपन्यास के साथ हिन्दी उपन्यास में वास्तविकता का एक नया पहलू सामने आता है जो अपने अधूरेपन में भी एक अत्यन्त सार्थक कोशिश है।

'धरती धन न अपना' : संस्मरण

जगदीशचन्द्र

पंजाब के जिला होशियारपुर की दसूहा तहसील में जालन्धर-पठानकोट हाई-वे के इकत्तीसवें मील पर सड़क के पश्चिम में एक छोटा-सा गाँव है, रलहन—मेरे ननिहाल का गाँव। इसी सड़क पर पच्चीसवें मील पर टांडा उड़मुड़ से साढ़े चार मील दूर पूर्व-उत्तर में एक और गाँव है, घोड़ेवाहा—मेरे दधियाल का गाँव। 'धरती धन न अपना' इन्हीं दो गाँवों की कहानी है।

मेरा बचपन और लड़कपन रलहन में गुजरा। प्रारम्भिक शिक्षा वहीं पाई और हाई स्कूल भी वहीं रहकर दसूहा से पास किया। गर्मियों और सर्दियों की छुट्टियों में मैं घोड़ेवाहा चला जाता था। इस तरह इन दोनों गाँवों के जन-जीवन को देखने और समझने के मुझे अवसर मिले।

गाँव में अधिकांश कृषक-परिवारों के साथ एक हरिजन परिवार बोंडिड लेबर के रूप में जुड़ा हुआ था। मेरे ननिहाल का मुख्य व्यवसाय कृषि नहीं है। लेकिन फिर भी गाँव का एक हरिजन परिवार हमारे घर में आवश्यकता अनुसार छोटे-मोटे काम करता था।। मसलन खेत से चारा काटकर लाना, पशुओं की देखभाल, गोबर और कूड़ा उठाना इत्यादि काम उस हरिजन-परिवार की स्त्रियाँ और मर्द करते थे।

उन दिनों में भी हरिजनों की बस्ती में जाने पर कोई रोक-टोक तो नहीं थी लेकिन सवर्ण जातियों को वहाँ जाने पर कुछ परम्पराओं का पालन करना पड़ता था, कुछ सीमाओं में रहकर चलना पड़ता था।

मुझे याद है, जब मुझे हरिजन-बस्ती के साथ जुड़े खेत में चारा कटवाने की जिम्मेदारी दी गई तो मेरी नानी ने बहुत सख्ती से हिदायत दी थी कि मुझे उस बस्ती में खाट पर बैठना नहीं, किसी को छूना नहीं, जलपान बिलकुल नहीं करना, इत्यादि।

उस बस्ती में कुछ दिनों तक जाने के बाद ही मुझे एहसास हो गया कि वे लोग खुद ही इन सीमाओं को उलाँघने को प्रोत्साहन नहीं देते और उम्मीद करते हैं कि इन का कठोर पालन किया जाए।

उसी बस्ती में मेरा एक सहपाठी भी रहता था। उसका नाम था अमरचन्द उर्फ अमरू। उसके पिता बुनकर थे और बड़ा भाई नाथ उर्फ नाथी जूते बनाता था।

कभी-कभी मैं अमरू से मिलने उसके घर चला जाता था। एक बार मैं वहाँ पहुँचा तो अमरू खाना खा रहा था। उसने मुझे निमन्त्रण दिया तो उसकी माँ ने उसे झिड़क दिया, बहुत डाँटा कि वह मेरा धर्म भ्रष्ट करने की 'कुचेष्टा' कर रहा है।

लेकिन मैंने चोरी-छिपे अमरू के साथ खाना खाया। जीवन में पहली बार लहसुन की सब्जी उसी के घर में चखी थी। पानी भी पिया। खाट पर भी बैठा। उनका स्पर्श भी पाया। मुझे अपनी इस 'चोरी' पर भय जरूर महसूस हुआ था लेकिन कुछ भी भिन्न नहीं लगा था। इससे मेरे मन में पहली बार यह प्रश्न उठा था कि एक ही जमीन के कुँओं से निकलनेवाला पानी, एक-से खेतों में उपजनेवाला अनाज और साग-सब्जी, इस बस्ती में पहुँचने और पकने के बाद भिन्न और सवर्ण जातियों के खाने-पीने और स्पर्श के अयोग्य क्यों हो जाते हैं ?

इन लोगों में बेहद गरीबी भी थी। उनके अजीब-सी सीलन और बदबू से भरे छोटे-छोटे कोठे बेसरो-सामानी की बहुत ही दर्दनाक तस्वीर पेश करते थे। कच्चे फर्श, कच्ची दीवारों और कच्ची छतों के बीच कुछ टूटी-फूटी चारपाइयाँ, कुछ मैले-फटे बिस्तर, मिट्टी की बड़ी-हाँडियाँ और कुछ पीतल और एलुमीनियम के बर्तन (जिन्हें जापानी बर्तन कहा जाता था)—यही उनकी सम्पत्ति थी।

तंग, कच्ची और कीचड़ से भरी गलियों में चुँधियाई और कुकरों से लाल-लाल पलकों की आँखोंवाले बच्चे नाक सुड़सुड़ाते हुए, घूमते रहते। गाँव में कोई भी बीमारी आती, उसका सबसे पहले हमला इन्हीं लोगों पर होता। ढलान पर होने की वजह से बरसात में आए गाँव का पानी इस बस्ती की गलियों और निकटवर्ती खेतों में भर जाता था। हर साल मलेरिया और टाइफायड फैलता और इस बस्ती से दो-चार अर्थियाँ जरूर उठतीं। इस बस्ती में घोर गरीबी देखकर मेरे मन-ही-मन में प्रश्न उठता था कि ये लोग इतने गरीब क्यों हैं ? बीमारी का इलाज करने की बजाए जादू-टोना क्यों करते हैं ?

गाँव के भूमिदारों का हरिजनों के प्रति व्यवहार बहुत ही अन्यायपूर्ण और अपमानजनक होता था। यह आम बात थी कि वे जब भी चाहते, हरिजन-बस्ती में आकर निःसंकोच गाली-गलौज करते, कभी-कभी हाथ भी उठाते। लेकिन दूसरी ओर से कभी प्रतिक्रिया नहीं होती थी। मैंने उन दिनों अपने-आपसे कई बार यह सवाल पूछा था कि ये लोग इतने असहाय क्यों हैं ? ये हर अपमान को माँ का दूध समझकर क्यों पी जाते हैं ?

गाँव की हरिजन-बस्ती में पहली साइकिल नाथ ने खरीदी थी, शायद 1948-49 में। उसने दसूहा से साइकिल खरीदी और वहीं पड़ाव के खुले मैदान में चलानी सीखी। कद लम्बा होने के कारण वह कुछ घंटों में ही साइकिल चलाना सीख गया।

दिन ढले साइकिल पर सवार होकर वह गाँव पहुँचा। नई साइकिल पाकर वह बहुत उत्तेजित था। उसने नए कपड़े पहने हुए थे और मावा लगी पगड़ी के ऊपर तुर्रा भी छोड़ा हुआ था। उसके पीछे कैरियर पर उसका छोटा भाई अमनचन्द बैठा था।

नाथ साइकिल पर सवार गाँव के बीचोबीच बड़े रास्ते पर अपनी बस्ती की ओर जा रहा था। रास्ते में गाँव का एक वृद्ध चौधरी भगवान सिंह भी खूँटा टेके धीरे-धीरे जा रहा

था। उसे देख नाथ ने घंटी बजाई तो भगवान सिंह घबरा गया, लड़खड़ाया लेकिन गिरा नहीं और एक ओर हटकर रुक गया। नाथ बराबर आया तो भगवान सिंह ने उसे पहचान लिया। उसे क्रोध आ गया। उसने पिछले पहिए में अपना खूँटा धँसाकर नाथ की साइकिल रोक ली। अमरचन्द भाग गया लेकिन नाथ काबू आ गया। उसकी पिटाई की गई, पगड़ी उतारकर पाँव तले रौंद दी गई। गालियों का तो खैर कोई शुमार ही नहीं था। सिर्फ इसलिए कि एक हरिजन की यह हिम्मत कैसे हुई कि वह गाँव के बीचोबीच बड़े रास्ते पर साइकिल पर सवार होकर जाए...चौधरी को घंटी बजाकर रास्ता छोड़ने के लिये कहे। उसी दिन गाँव की पंचायत ने फैसला कर दिया कि भविष्य में कोई हरिजन गाँव में साइकिल पर सवार होकर नहीं जाएगा। इस फैसले पर भी किसी हरिजन ने आपत्ति नहीं की। उल्टा नाथ की डाँट-डपट की गई कि वह उनके लिये नई मुसीबतें खड़ी कर रहा है।

इस घटना के बाद गाँव के चौधरी नाथ को शंका और घृणा से देखने लगा। कुछ समय के बाद गाँव के नम्बरदार की युवा बेटी के साथ जब झूठ-मूठ ही उसका नाम जोड़ दिया गया तो वे उसके खून के प्यासे हो गए और नाथ को अपनी जान बचाने के लिये गाँव छोड़ना पड़ा और कई साल तक उसका कोई सुराग नहीं मिल सका।

ये घटनाएँ और स्थितियाँ मेरे मन को कचोटती थीं, सवाल उठाती थीं लेकिन इनका विश्लेषण करने और सही कारण जानने की क्षमता मुझमें नहीं थी।

हर साल छुट्टियों में मैं घोड़ेवाहा जाता। वहाँ महाजन परिवार का एक युवक (जिसने इंटरमीडिएट पास करने के बाद कॉलिज छोड़ दिया था) दुर्गादास ('धरती धन न अपना' में डॉक्टर पिशन दास) गाँव में ही रहता था। उसके पास ढेर सारा कम्युनिस्ट साहित्य था। उसके अपने हमउम्र युवक और विशेष रूप से बड़े-बूढ़े उसे अच्छी तरह नजर से नहीं देखते थे क्योंकि दुर्गादास की बातें उनकी नजर में ऊलजलूल थीं और उनकी मान्यताओं के अनुकूल नहीं थीं। इसलिए दुर्गादास स्कूल में पढ़नेवाले बच्चों से दोस्ती करने के भरसक यत्न करता था। वह हमें चों में ले जाकर मार्क्सवाद समझाता था, वर्ग-संघर्ष की अनिवार्यता के बारे में बताता था। रूस में समाजवादी व्यवस्था की उपलब्धियों का बखान करता था। वह सारा दिन किताबें पढ़ता, शाम के समय लड़कों को मार्क्सवाद समझाता और रात में दुकानों के चबूतरों पर बैठकर देर तक राजनीतिक बहस करता। उन बहसों में हर रोज वही लोग शामिल होते। एक-सी दलीलें दी जातीं और एक ही मुद्दे पर बहस खत्म होती।

एक बार मैंने उससे हरिजनों के साथ होनेवाले अन्याय, भेदभाव और उनकी गरीबी के कारण पूछे तो उसने मुझे बहुत लम्बा लेक्चर दिया जो उस समय मेरी समझ से बाहर था और मुझे बहुत असंगत लगा था। मेरे अन्दर इस शोषण, भेदभाव और अन्य विषमताओं के बारे में जो अन्तर-ज्ञानात्मक विरोध (intuitive) था, वह इस सतह से ऊपर नहीं उठ सका।

उच्च शिक्षा पाने के लिये मुझे शहर जाना पड़ा। पहले होशियारपुर में और फिर जालन्धर में। अब मैं छुट्टियों में ही गाँव जाता था। इसका मुझे एक फायदा भी हुआ।

निरन्तर गाँव में रहने से सामान्य जीवन में आनेवाले बदलाव का एहसास नहीं होता था। लेकिन कभी-कभी गाँव जाने से इसका कुछ-कुछ आभास होने लगा था।

शिक्षा खत्म करने के बाद मैं नौकरी की तलाश में दिल्ली आ गया। लेकिन कारणवश मुझे पंजाब लौटना पड़ा। उन दिनों रलहन में हरिजनों और चौधरियों के बीच संघर्ष चल रहा था। मजदूरी के सवाल पर हरिजन हड़ताल पर थे और चौधरियों ने उनका बाइकाट किया हुआ था।

नाथ इस हड़ताल में बढ़-चढ़कर हिस्सा ले रहा था। हड़ताल अधिक दिनों तक नहीं चल सकी क्योंकि भूख और बेकारी ने हरिजनों का साहस तोड़ दिया था। जितनी जल्दी और तेजी से हड़ताल शुरू हुई थी उसे खत्म करने में और भी कम समय लगा।

नाथ को इन सब घटनाओं से बहुत निराशा हुई। वह न सिर्फ अपने लोगों बल्कि गाँव भर में आइसोलेट हो गया और उसका कोई धुरसान हाल नहीं रहा था। जब नाथ की प्रेमिका को उसके माता-पिता ने जहर देकर मार दिया तो नाथ को एक बार फिर गाँव छोड़कर भागना पड़ा।

सामन्ती मूल्यों में जकड़े गाँव के लोगों के लिये ये घटनाएँ 'अनहोनी' थीं क्योंकि आज तक न तो कभी हरिजनों ने हड़ताल की थी और न चौधरियों के मुकाबले में खम ठोंककर खड़े हुए थे और न ही किसी मुटियार के प्रेम-सम्बन्ध खत्म करने के लिये जहर देने की नौबत आई थी।

इन घटनाओं का मुझ पर भी गहरा प्रभाव पड़ा था। हरिजनों के प्रति बचपन और लड़कपन की मेरी अपनी अन्तर-ज्ञानात्मक प्रतिक्रिया (intutive reaction) को अब मैं चेतना के स्तर पर महसूस करने लगा था। कॉलिज में अर्थशास्त्र पढ़ने और मार्क्सवाद के प्रभाव से मुझे हरिजन-समस्या को इसके ठीक परिवेश में देखने और इसका विश्लेषण करने की क्षमता मिल गई थी।

कॉलिज के दिनों में मैंने उर्दू में कुछ कहानियाँ लिखी थीं जो 'अदबे लतीफ' और 'शाहराह' जैसी प्रतिष्ठित साहित्यिक पत्रिकाओं में प्रकाशित हो चुकी थीं। आत्म-अभिव्यक्ति के लिये मैंने एक विधा चुन ली थी।

गाँव से मैं दिल्ली वापस आ गया। मैं हरिजनों के जीवन और गाँव में घटनेवाली ताजा घटनाओं के बारे में अक्सर सोचता। उपन्यास लिखने की सोचता लेकिन इतने बड़े काम में हाथ डालने से घबराता और अपने आपको असमर्थ पाता। लेकिन मैं इन घटनाओं को भूल नहीं पा रहा था। अन्ततः मैंने उपन्यास लिखने का फैसला कर ही लिया।

चुनाँचे इस उपन्यास का लेखन मैंने 6 मई, 1955 को शुरू किया। मैंने इसकी शुरुआत नाथ की पहली वापसी के साथ की। घटनाओं और पात्रों के चयन में मुझे कतई दिक्कत नहीं हुई क्योंकि इन्हें मैंने बहुत ही नजदीक से देखा था। इस उपन्यास के पात्रों से मेरा बहुत गहरा सम्बन्ध था। हाँ, सवर्ण जातियों के पात्रों के बारे में कुछ दिक्कत जरूर हुई क्योंकि उनका अपना एक अलग विशाल समाज भी था।

उनके पूरे व्यक्तित्व को पेश करने से उपन्यास के बिखर जाने का डर था। इसलिए मैंने उनके जीवन का वही पक्ष लिया जिसका हरिजनों के सामान्य जीवन से सीधा सम्बन्ध था।

लेकिन आठ चैप्टर लिखकर मैंने इसे बीच में ही छोड़ दिया क्योंकि इसे शुरू करने के लिये जिन घटनाओं ने मुझे प्रेरित किया था, उन्हीं के पश्च-प्रभावों ने मुझे इसे बीच में ही छोड़ देने के लिये विवश कर दिया।

इन घटनाओं के बाद चौधरियों का हरिजनों के प्रति व्यवहार और भी ज्यादा कठोर और अपमानपूर्ण हो गया था। उनके मुकाबले में हरिजनों की बेबसी और आत्म-समर्पण से मैं इस हद तक निराश हुआ कि मैंने यह सोचकर उपन्यास पूरा करने का इरादा छोड़ दिया कि उनकी दुखद कहानी कौन और क्यों पढ़ना पसन्द करेगा।

कुछ समय के बाद मैंने ये चैप्टर उर्दू के प्रसिद्ध कवि और अनुवादक 'मखमूर' जालन्धरी को पढ़ने के लिये दिए। उन्हें इनमें से कुछ चैप्टर बहुत पसन्द आए और मुझे यह उपन्यास पूरा करने के लिये कहा। 1955 या 56 में दिल्ली में एफ्रो-एशियाई लेखकों का सम्मेलन हुआ था। मोहन राकेश भी उसमें भाग लेने के लिये दिल्ली आए थे और एक दिन के लिये मेरे पास भी रुके थे। मैंने उन्हें भी दो चैप्टर सुनाए। उन्होंने भी इस उपन्यास को पूरा करने का अनुरोध किया। लेकिन मैंने एक शब्द तक नहीं लिखा। यही सोचकर कि ऐसे उपन्यास में किसे दिलचस्पी हो सकती है।

1957 में मेरा तबादला श्रीनगर हो गया। छह साल वहाँ रहा। पहले कभी-कभार कहानी लिखता था लेकिन वहाँ जाकर वह शौक भी छोड़ दिया और साहित्य से, विशेष रूप से हिन्दी साहित्य से बिलकुल कट गया था।

1962 में मैं दिल्ली वापस आ गया। इन पाँच-छह वर्षों में जमाना बदल चुका था। मेरा दफ्तर खुली बैरकों से एक शीशमहल जैसे बॉक्स-टाइप भवन में पहुँच गया था। हिन्दी साहित्य में 'कहानी' की परम्परा खत्म हो गई थी और 'नई कहानी' का बोलबाला था। साहित्य के और भी कुछ नए ब्रांड मार्केट में प्रचलित थे।

मैंने दिल्ली में अपने आपको हर लिहाज से अजनबी पाया...बिलकुल उखड़ा हुआ...जैसे पाँव के नीचे कोई ठोस जमीन नहीं थी। फिर भी मैंने 1964 में एक लघु उपन्यास 'पूरा आदमी' लिखकर (यह 1966 में 'यादों के पहाड़' के शीर्षक से नेशनल पब्लिशिंग हाउस से प्रकाशित हुआ) साहित्य में दोबारा कदम रखने की कोशिश की। लेकिन इस उपन्यास का बहुत कम नोटिस लिया गया।

कुछ घरेलू परिस्थितियों और परेशानियों के कारण मैं साहित्य से एक बार फिर कट गया। अपने खर्चों को पूरा करने के लिये मुझे अनुवाद और अन्य प्रकार के फुटकर कामों का सहारा लेना पड़ा।

उन दिनों में राजौरी गार्डन में रहता था। मेरे मित्र सोम आनन्द भी वहीं थे। एक दिन मैंने बरसात की सीलन से बचाने के लिये अपने मसौदे धूप में फैला रखे थे कि सोम आनन्द आए। उन मसौदों में वे आठ चैप्टर भी थे। जहाँ उन्हें तय किया गया था वह

हिस्सा दीमक ने चाट लिया था। सोम आनन्द बहुत बड़े उर्दू प्रेमी हैं ('धरती धन न अपना' के बारे में उनका मत है कि इस उपन्यास में हर चीज अच्छी है। सिर्फ एक ही खराबी है क़ि यह हिन्दी में लिखा गया है।) उन्होंने इन कागजों को उठाकर देखा और पूछा कि ये क्या हैं ? मैंने बताया कि ये मेरे उस उपन्यास के आठ चैप्टर हैं जो मैंने 1955 में लिखना शुरू किया था लेकिन बीच में ही छोड़ दिया।

सोम आनन्द पढ़ने के लिये वे चैप्टर अपने साथ ले गए। एक सप्ताह के बाद वे आए और इस उपन्यास को अधूरा छोड़ देने का कारण पूछा। वे मेरी उन दिनों की स्थिति से पूरी तरह परिचित थे। लेकिन उपन्यास को अधूरा छोड़ देने के कारणों से उनकी तसल्ली नहीं हुई और मुझे इसे पूरा करने के लिये उनका अनुरोध बराबर बना रहा।

आखिरकार मुझे उनके अनुरोध के सामने झुकना पड़ा। मैंने एक मेहरबान दोस्त की खुशी की खातिर उपन्यास को दोबारा लिखना शुरू कर दिया...उर्दू में ही क्योंकि सोम आनन्द को हिन्दी का अधिक ज्ञान नहीं था।

उन्हीं दिनों मेरा ट्रांसफर दिल्ली में ही आकाशवाणी के न्यूज सर्विस डिवीजन में हो गया। शिफ्ट ड्यूटी के कारण समय का अभाव नहीं था। मैं जो भी लिखता हर हफ्ते सोम आनन्द को दे देता। इस तरह पन्द्रह चैप्टर लिखे गए।

कुछ साल मुझे बहुत परेशानियों का सामना करना पड़ा था। फलस्वरूप मैं नर्वस ब्रेक डाउन का शिकार हो गया। लाइलाज वहम में फँस गया। हर समय मुझे मौत का डर सताता हालाँकि मुझे कोई बीमारी नहीं थी, सिवाय वहम के।

इन हालात में यह उपन्यास मेरी अपनी आवश्यकता बन गया। मैंने यह निश्चय कर लिया कि जब तक यह उपन्यास पूरा नहीं हो जाता मैं मरूँगा नहीं। मेरा मनोबल बनाए रखने के लिये सोम आनन्द तो थे ही। मेरे एक सहपाठी-मित्र कुलदीप सहगल भी राजौरी गार्डन में मेरे पड़ोस में आ गए। रोज शाम को हम मिलते...दिन में जो लिखा जाता मैं उन्हें पढ़कर सुनाता। कुलदीप सहगल स्वयं गाँव का निवासी है। वह उठते हुए मेरा कन्धा थपथपाकर रोज एक ही बात कहता, "पुत्तरा, इसे जल्दी पूरा कर दे। तेरा यह बच्चा मास्टर पीस होगा।"

उपन्यास पूरा हो चुका था...केवल अन्तिम चैप्टर लिखना बाकी था कि मेरा दिल्ली से जालन्धर ट्रांसफर हो गया। कुलदीप सहगल का तकाजा था कि उपन्यास का अन्तिम चैप्टर लिखने से पहले मुझे दिल्ली छोड़ने की इजाजत नहीं दी जाएगी। चुनाँचे अन्तिम बीस सतरें मैंने 8 सितम्बर, 1968 को कुलदीप सहगल की उपस्थिति में शक्ति नगर के नाँगिया पार्क में बैठकर लिखीं और इस तरह यह उपन्यास पूरा हुआ।

फिर शीर्षक की समस्या आ खड़ी हुई। 'काले दिन उजली रातें' से लेकर 'खाली हाथ' तक कई नाम सोचे गए। लेकिन कोई भी शीर्षक कथावस्तु को प्रतिबिम्बित नहीं करता था। यह समस्या मेरे मित्र मूर्ति चड्ढा ने इस उपन्यास को 'धरती धन न अपना' का शीर्षक देकर हल कर दी।

'धरती धन न अपना' की शुरुआत और समाप्ति में चौदह वर्ष का अन्तर है। मुझे इसका अफसोस नहीं। यदि मैं यह उपन्यास 1955-57 में पूरा लिख लेता तो शायद इसकी रूपरेखा कुछ और ही होती। शायद यह एक ट्रेजिक प्रेमकथा बनकर रह जाता क्योंकि उन दिनों जो घटना मुझे बराबर कचोटती थी वह नाथ की प्रेमिका जो जहर देकर मारना और नाथ का गाँव से भागना था। अब मेरे लिये वह घटना एक ट्रेजिक प्रेम-प्रसंग न होकर समाज की व्यावहारिक कठोरता, जकड़न और सामन्तवादी सामाजिक मान्यताओं का प्रतीक मात्र है।

मुझे यह मानने में रत्ती भर संकोच नहीं कि उपन्यास मुख्यतः स्थैतिक यथार्थ (static reality को पेश करता है। इसके मुख्य पात्र विशेष रूप से काली एक कदम आगे बढ़कर दो कदम पीछे हटते रहे। इसलिए कि उनमें वह चेतना नहीं थी जो स्थैतिक यथार्थ को प्रावैगिक यथार्थ (dynamic reality) में बदल देती है। स्थैतिक यथार्थ के प्रावैगिक यथार्थ में बदलाव की सामाजिक, आर्थिक और राजनैतिक प्रक्रिया होती है। हमारे समाज के इस कटे हुए अंग को इससे वंचित रखा गया। सुधारवादी शक्तियाँ इस वर्ग को नया नाम देकर सन्तुष्ट हो गईं। उनका एकमात्र उद्देश्य इनके प्रति छुआछूत को सिर्फ अंकित करना था, इससे अधिक कुछ नहीं। क्या केवल नाम परिवर्तन से स्थैतिक यथार्थ को प्रावैगिक यथार्थ का रूप दिया जा सकता है ?

क्रान्तिकारी शक्तियों ने तो बहुत अर्से तक इस वर्ग की बिलकुल उपेक्षा और अवहेलना की। शायद इसलिए कि उच्चवर्गीय क्रान्तिकारी शक्तियों के नजदीक साधनहीन, शोषित, अपढ़ और भाग्यवादी हरिजन क्रान्ति के महायज्ञ में अपनी आहुति देने के योग्य नहीं थे।

इन स्थितियों में अगर मैं हरिजनों के सामान्य जीवन के स्थैतिक यथार्थ पर प्रावैगिक यथार्थ को आरोपित करने की कोशिश करता तो मैं लेखकीय ईमानदारी का निर्वाह न कर पाता। ऐसा प्रयास कोरी और निरर्थक कल्पना और रूमानियत में खत्म हो जाता।

मैंने हरिजनों के सामान्य जीवन को औपन्यासिक कृति के रूप में पेश करने का प्रयास किया है, इससे अधिक कुछ भी नहीं।

'धरती धन न अपना' : समीक्षा

सुधीश पचौरी

हालाँकि, प्रस्तुत उपन्यास पर इसके प्रकाशन के बाद से ही, अनेक समीक्षाएँ प्रकाश में आई हैं, और वर्तमान दशक के काफी चर्चित उपन्यासों में इस उपन्यास का नाम प्रायः लिया जाता रहा है। किन्तु, वर्तमान समीक्षा-लेख लिखने का कारण न तो ये चर्चाएँ हैं और न उपन्यास पर लिखी गई वे समीक्षाएँ जिनमें अब तक इस उपन्यास का सांगोपांग मूल्यांकन करने की कोशिश दिखलाई पड़ती है। ये समीक्षाएँ प्रायः उपन्यास के लिये लिखी गई हैं, जबकि वर्तमान समीक्षा लेख उपन्यास के कारण लिखा गया है।

अब तक लिखी गई समीक्षा-टिप्पणियों (रिव्यूज) और वर्तमान समीक्षा-लेख के बीच यह फर्क करना इसलिए जरूरी था कि कृति के लिये की गई समीक्षा कृति के कारण की गई समीक्षा के मुकाबले विषयीगत एवं प्रचारात्मक ज्यादा होती है जबकि कृति के परिणामस्वरूप सामने आई समीक्षा कृति को एक वस्तु-सत्य मानकर उससे अपने द्वन्द्वात्मक रिश्ते को प्रभावित करती है। कृति और उसकी समीक्षा के इसी द्वन्द्वात्मक सम्बन्ध ने मुझे यह लेख लिखने को बाध्य किया है।

समीक्षा प्रस्तुत करने से पहले उपन्यास-शिल्प की रचना-प्रक्रिया पर कुछ प्रारम्भिक टिप्पणी आवश्यक लगती है। उपन्यास का शिल्प समाज में औद्योगिक क्रान्ति के बाद बदले हुए सामाजिक सम्बन्धों को अभिव्यक्त कर सकने में सक्षम एक ऐसी विधा मानी जाती है, जो पूँजीवादी सामाजिक सम्बन्धों को उनकी सम्पूर्णता में अभिव्यक्त कर सकती है। वस्तुतः यह विधा इन्हीं सामाजिक सम्बन्धों से होकर ही विकसित हुई है, इसलिए इसके लिये स्वाभाविक ही है कि वह आधुनिक सामाजिक सम्बन्धों को पूरी सफलता के साथ अभिव्यक्त करे। पूँजीवादी उत्पादन-सम्बन्धों ने हमारे जीवन के चले आते सीधे-सादे एवं मासूम सम्बन्धों को जिस तरह से तोड़ा-मरोड़ा और जटिल रूप में परिवर्तित कर दिया है, उनकी अभिव्यक्ति परम्परा से चली आती शिल्प-विधाओं के माध्यम से उतनी सम्भव प्रतीत नहीं होती। परम्परागत शिल्प-विधाओं की इस सीमा का सबसे बड़ा कारण है आज के वस्तु-यथार्थ का अत्यधिक जटिल और व्यापक हो जाना। उपन्यास-शिल्प-विधा की रचना-प्रक्रिया का ध्रुव-बिन्दु यही है, जहाँ से यह जन्म लेता है।

इसलिए उपन्यास की रचना-प्रक्रिया में सामाजिक यथार्थ ही मूल अन्तर्वस्तु की तरह कार्य करता है। यह सामाजिक यथार्थ हमारे प्रकट रूप में दिखनेवाले और महसूस

होनेवाले उन सामाजिक सम्बन्धों से निर्मित होता है जिसका अध्ययन, निरीक्षण-परीक्षण एवं मूल्यांकन किया जा सकता है। दूसरे शब्दों में, हमारे ये सामाजिक सम्बन्ध वस्तुतः उन उत्पादन-सम्बन्धों से नियन्त्रित होते हैं जो एक निश्चित नियम के अनुसार कार्यरत रहते हैं और जिनको जाना-समझा एवं विश्लेषित किया जा सकता है। पूँजीवादी उत्पादन-सम्बन्ध, उत्पादन के साधनों पर व्यक्तिगत स्वामित्व किन्तु उत्पादन-प्रक्रिया में सामाजिकता के परिणामस्वरूप होनेवाले शोषण पर आधारित होते हैं। इस शोषण के द्वारा सामाजिक सम्बन्धों की जिस व्यवस्था को जन्म दिया जाता है, वह प्राचीन सामाजिक सम्बन्धों के मुकाबले अधिक जटिल और व्यापक होती है। इस प्रकार जब हम पूँजीवादी उत्पादन-सम्बन्धों से नियन्त्रित, सामाजिक सम्बन्धों से निर्मित एवं निस्सृत सामाजिक यथार्थ का अध्ययन करते हैं तो हम पाते हैं कि आधुनिक रचना-प्रक्रिया इस सामाजिक यथार्थ के नियन्त्रण से स्वतन्त्र नहीं है।

इसीलिए आज के सन्दर्भ में उपन्यास के अध्ययन का अर्थ वस्तुतः, उपन्यास में अभिव्यक्त यथार्थ और उसे जन्म देनेवाले, नियन्त्रित करनेवाले सामाजिक सम्बन्धों के द्वन्द्वात्मक रिश्तों का अध्ययन हो जाता है। उपन्यास के अध्ययन की यह प्रक्रिया हमें अभिव्यक्त यथार्थ एवं जीवनगत सामाजिक सम्बन्धों का यथार्थ; सामाजिक सम्बन्धों एवं उन्हें जन्म देनेवाले उत्पादन सम्बन्धों के बीच के अन्तर्सम्बन्धों के अध्ययन की ओर ले जाती है। वस्तुवादी आलोचना की यह बुनियादी शर्त है। इस प्रक्रिया से गुजरकर ही हमें कृति में अभिव्यक्त वह ज्ञानात्मक आधार प्राप्त होता है जिसे हर रचनाकार अपनी रचना-प्रक्रिया में जाने या अनजाने पिरोता चलता है जिसके ज्ञान के बिना कृति के अवदान का, उसके ऐतिहासिक मूल्य का सफल परीक्षण हम नहीं कर सकते।

इस प्रकार हमें उपन्यास की समीक्षा-प्रक्रिया को तीन चरणों में विभक्त करना होता है, पहला : कृति में अभिव्यक्त वस्तु-यथार्थ का स्वरूप-विश्लेषण; दूसरा : उस वस्तु-यथार्थ के नियामक जीवनगत सामाजिक सम्बन्धों का विश्लेषण; तीसरा : इस तरह से उपलब्ध होनेवाले सामाजिक यथार्थ का रचना-विधान करनेवाली जीवन-दृष्टि का विश्लेषण। ये तीनों चरण आपस में इतने सम्बद्ध और संगठित हैं कि जरा-सी भी भूल समीक्षा को विषयीगत या प्रचारात्मक बनाने की क्षमता रखती है। किन्तु बिना इस प्रक्रिया से गुजरे हम समीक्षा के उस लक्ष्य-संकल्प को पूरा नहीं कर सकते जिसके द्वारा 'रचना को एक सामाजिक सांस्कृतिक प्रक्रिया' माना जाता है, उसे 'वर्ग-संघर्ष का एक विशेष 'औजार' माना जाता है।

इतनी आवश्यक भूमिका के पश्चात् अब हम 'धरती धन न अपना' में अभिव्यक्त वस्तु-यथार्थ के स्वरूप-विश्लेषण की ओर प्रवृत्त होंगे।

उपन्यास आजादी के बाद के पंजाब प्रान्त के ग्रामीण जीवन का चित्रण करता है। उसके लिये रचनाकार ने पंजाब के एक गाँव के सामाजिक सम्बन्धों को (जो मूलतः कृषि-सम्बन्ध ही हैं) अपनी रचना का केन्द्र बनाया है। एक ही गाँव में केन्द्रित होकर चलनेवाले कथानक का मुख्य पात्र या कथानायक कालीदास कानपुर के किसी मिल में

नौकरी करके कुछ पैसा कमाकर लौटता है, जहाँ वह बचपन में ही गाँव से भागकर चला गया था। गाँव में आते ही उसे महसूस होने लगता है कि गाँव के सामाजिक सम्बन्धों में कहीं कोई बदलाव नहीं आया है, जीवन पहले जैसा ही बना हुआ है। चमादड़ी (जो हरिजनों की बस्ती है) वैसी-की-वैसी बनी हुई है—सारे घर कच्चे और चारों तरफ गन्दगी ही गन्दगी। आरम्भ में ही, जीतू नाम के एक नौजवान चमार को जब गाँव का चौधरी हरनाम सिंह बेकसूर पीटता है तो सारे मुहल्लेवालों की तरह कालीदास भी यह सारा कांड देखता रहता है। इस घटना को देखकर उसका मन करता है कि वह शहर लौट जाए। हरनाम सिंह द्वारा गाँव के चमारों को सीधा करने की धमकी को भी वह चुपचाप सुन लेता है हालाँकि अन्तर्मन में वह जवाब देने की जरूरत महसूस अवश्य करता है। हरनाम सिंह की मार से घायल जीतू के घर जाकर वह उसकी तीमारदारी करता है। जीतू द्वारा उसके गाँव आने के कारण को पूछने पर वह कहता है : "आदमी सब जगह से निराश होकर घर की ही ओर लौटता है।" यहीं उसकी मुलाकात ज्ञानो से होती है जो उस मंगू चमार की बहन है जिसे चौधरी हरनाम सिंह ने अपने यहाँ 'पाल रखा' है : "वह (मंगू) सारा दिन चौधरी को दहलीज चाटता है और यहाँ सब पर रौब गाँठता है। सारे मुहल्ले को गालियाँ देता है। न बड़े की शर्म न छोटे का लिहाज।" उस गाँव के आर्थिक सम्बन्धों में उभरनेवाली एक महत्वपूर्ण शक्ति छज्जूशाह भी है जो गाँव का एक मात्र दुकानदार है और जो अपने संचित धन के बल पर महाजनी करता है एवं चौधरियों तक को कर्जा देता रहता है। गाँव के गरीबों के लिये वह कर्ज देनेवाला और ब्याज एवं मूलधन वसूल करनेवाला एक ऐसा साहूकार है जिसके बिना गाँव के बहुत-से लोगों का काम नहीं चल सकता। वह चौधरियों जितना उत्पीड़क न अधिक व्यावहारिक है, और गाँव के गरीब हरिजनों का हमदर्द न होते हुए भी उनके लिये अधिक भरोसेमन्द है। वह निरन्तर शक्तिशाली होने के लिये भी प्रयत्नशील है।

शहर से रुपया कमाकर लौटा कालीदास अपने कच्चे कोठे को पक्का बनाना चाहता है जिससे कि उसकी प्यारी चाची अपनी अन्तिम साँस चैन से ले सके। वह छज्जू शाह से सलाह-मशविरा करता है और उसके तटस्थ प्रोत्साहन को पाकर, काली मकान बनाने की योजना पर अमल शुरू कर देता है। अप्रत्यक्ष रूप से चौधरी हरनाम सिंह को यह अच्छा नहीं लगता कि चमारों की बस्ती में कोई पक्का मकान बनवाने की हिम्मत करे। इसलिए उसका पालित मंगू मकान बनने में अड़चन पैदा करने की कोशिश करता है और इसी प्रक्रिया में कालीदास उसे पीट देता है। चौधरी हरनाम सिंह कालीदास को अपने यहाँ बुलाकर उसे डाँटता है और चेतावनी देता है कि : "गाँव में रहना है तो भलमानसी से रहो। जिस थाली में खाते हो उसी में छेद करना चाहते हो !" जिस जमीन पर कालीदास मकान बना रहा है, वह कालीदास की निजी जमीन न होकर, चौधरियों की ही है, अतः कालीदास जमीन की खुदाई के लिये हरनाम सिंह से इजाजत लेता है और मकान की नींव खोदना आरम्भ कर देता है तो फिर मंगू पड़ोसियों को काली के खिलाफ उकसाता है और वे काली से झगड़ने लगते हैं। इस पर चौधरी हरनाम सिंह

आकर कहता है : "जब से तू गाँव में आया है, चमादड़ी में शरारत बहुत बढ़ गई है...कभी किसी को मारता है तो कभी किसी को..." चौधरी के इस रुख से आहत होकर वह पहली बार जवाब देता है : "शरारत पहले भी होती थी लेकिन लोग चुपचाप सहन कर लेते थे। मैं उस समय चुप नहीं रह सकता जब पानी सिर से गुजरने लगे।" इसकी प्रतिक्रिया में हरनाम सिंह के बढ़ते गुस्से को छज्जू शाह शान्त कर देता है और पटवारी की सहायता से जमीन की नाप-जोख कराके काली मकान की नींव धरने की तैयारी करने लगता है। इस प्रक्रिया में काली भट्टे वाले, कुम्हार और चिनने वाले मिस्त्री के सम्पर्क में आता है। उसे उच्च जातिवालों की चमारों के प्रति जगह-जगह प्रदर्शित घृणा का तीखा अहसास होता है। इसी प्रक्रिया में उसका परिचय गाँव के तीरथराम, पादरी और डॉ. बिशनदास से ही होता है। अचिन्तराम गाँव के हरिजनों की मुसीबतों का एकमात्र हल प्रभु ईसा मसीह के धर्म में दीक्षित होना बताता रहता है और डॉ. बिशनदास इन हरिजनों की मुसीबतों का समाधान 'प्रोलेतारी की क्रान्ति' के सूत्रों को निहायत ही यान्त्रिक तरह से गाँववालों को समझा-समझाकर करना चाहता है क्योंकि वह 'पुराना कम्युनिस्ट' रहा है। काली की चेतना पर इनमें से किसी का प्रभाव नहीं पड़ता।

कबड्डी खेलते वक्त हरनामसिंह का लड़का हरदेव बदले की भावना से प्रेरित होकर काली का कूल्हा तोड़ देता है। मकान का बनना रुक जाता है। इसी दौरान काली और ज्ञानो के प्रेम-सम्बन्ध पराकाष्ठा प्राप्त करते हैं। इसी दौरान ही, नन्दसिंह चमार का परिवार ईसाई धर्म ग्रहण करता है। कुछ देर के लिये चमादड़ा में हल्ला होता है और शान्त हो जाता है। काली और ज्ञानो के प्रेम-सम्बन्ध यथावत् चलते रहते हैं। काली स्वस्थ होकर मकान बनाना आरम्भ करता है कि चाची की तबियत खराब हो जाती है और सही इलाज के अभाव में चाची मर जाती है। चाची के अभाव में किंकर्तव्यविमूढ़ काली अपने मकान के लिये खरीदी शहतीरों को चाची की चिता में जला डालता है। वह मकान के प्रति उदासीन एवं निरुत्साही हो जाता है। चाची द्वारा मृत्यु से पहले उसे दिए गए गहने भी चोरी चले जाते हैं।

बेकार काली के सामने गाँव में रोजी-रोटी कमाने का सवाल आता है : "लेकिन काली के सामने प्रश्न था कि वह काम क्या करे...जमीन होती तो वह खेतों में हल चलाता, ढोर-डंगरों को चारा-पानी डालता, दुकान होती तो उसे खोलकर बैठ जाता।" सब तरफ से निराश काली घास काटकर और उसे छज्जूशाह को बेचने का धन्धा आरम्भ कर देता है। उसे पहली बार लगता है कि "वह चाहे तो अपने बल से धरती को एक सिरे से पकड़कर उलट सकता है।" थोड़े दिनों बाद काली अन्य चमारों की भाँति कमेरा बन जाता है। वह लालू पहलवान की हवेली और उसके खेतों में काम करने लगता है। इस दौरान उसका मन शहर जाने को भी करता है किन्तु ज्ञानो का प्यार उसे नहीं जाने देता।

सावन के दिनों में भारी वर्षा के कारण गाँव के पोखर 'चो' में पानी बढ़ने लगता है। चमादड़ी निचान का मुहल्ला होने के कारण 'चो' की बाढ़ का शिकार बनने लगता है। कच्चे मकान गिरने लगते हैं, लोग बेघरबार और रोटी-पानी को मुहताज होने लगते

हैं किन्तु गाँव के चौधरी उनकी सहायता नहीं करते। किन्तु जब पानी का बहाव चौधरियों की हवेली की ओर होने लगता है तब उन्हें अपने अस्तित्व की और फिर अपने 'गाँव' की चिन्ता सताने लगती है। स्थिति इतनी विकट हो जाती है कि चौधरी लोग गाँव को बचाने के लिये 'चो' के तकिए का बाँध काटने का आदेश देते हैं। गाँववालों की सहायता से बाँध काट दिया जाता है जिसमें मुख्य भूमिका काली और हरदेव निभाते हैं। बाँध कटने से, चौधरियों के खेतों में पानी निकल जाता है और उनकी फसलें खराब होने लगती हैं। रही-सही फसल को बचाने के लिये चौधरी लोग पुनः चमारों को बाँध के कटाव को भरने का हुकुम देते हैं। बेकार बैठे चमार इस काम के मिल जाने पर खुश होकर कटाव को भरने लगते हैं और उम्मीद लगाए रहते हैं कि चौधरी लोग उन्हें मजूरी देंगे। किन्तु जब दो दिन तक चौधरी लोग उन्हें दिहाड़ी नहीं देते तो तीसरे दिन तक आते-आते उनका धैर्य जवाब दे जाता है और वे दिहाड़ी की माँग करने लगते हैं। चौधरी कोई दिहाड़ी नहीं देना चाहते, बेगार कराना चाहते हैं। चौधरियों के इस रुख पर चमारों की बिरादरी का सहजात अगुआ फत्तू चौधरियों से कहता है : "हम आप लोगों के चमार हैं। हमें आप नहीं बचाएँगे तो कौन बचाएगा ? लेकिन यह तो सोचो कि अगर आप दिहाड़ी नहीं देंगे तो हम लोग खाएँगे कहाँ से। एकाध दिन की बात होती तो ठीक था लेकिन इसमें छह-सात दिन लग जाएँगे। इतने दिनों के लिये गरीब आदमी अपने घर से रोटी खाकर बेगार नहीं कर सकता।" किन्तु चौधरियों के कान पर जूँ नहीं रेंगती। चौधरी लोग जोर-जबर और गाली-गलौज से चमारों को धमकाना चाहते हैं किन्तु काली साफ-साफ कहता है कि वह बिना पैसे काम नहीं करेगा। वह कह देता है : "चौधरियो, आदमी किसी का राजक नहीं है। हमारा राजक भी वही है जो तुम्हारा है। तुम लोगों को जमीनों का अहंकार है..." काली के हौसले से प्रेरित होकर अन्य चमार भी काम करना बन्द कर देते हैं। जमींदार उनका बाईकाट कर देते हैं और उत्पीड़न बढ़ाने लगते हैं। वे उन्हें अपने खेतों से ही नहीं, आम रास्ते से भी नहीं गुजरने देते। चमार भी बाईकाट का जवाब बाईकाट से देते हैं। काली उनके संघर्ष का सहज नेता बन जाता है। किन्तु चौधरियों की कृपा पर निर्भर करनेवाले चमारों में जब भूखों मरने की नौबत आने लगती है तो उनका एका बिखरने लगता है। काली के पास जो अन्न-पानी था, वह उसे बाँटकर भी संघर्ष को कामयाब बनाना चाहता है। किन्तु इससे कुछ नहीं होता। लोगों में फाकाकशी की नौबत आने लगती है। काली डॉक्टर बिशनदास से सहायता की उम्मीद करता है किन्तु सूखे उपदेशों के अलावा वहाँ से उसे कुछ भी नही मिलता। पादरी ईसाइयत की एवज में सहायता करना चाहता है किन्तु चमार लोग इसके लिये तैयार नहीं हो सकते और न वही ऐसी सहायता के लिये तत्परता दिखाता है।

उधर चौधरियों पर भी चमारों के बाईकाट का असर पड़ना शुरू हो जाता है। बची-खुची फसल के लिये आवश्यक नलाई वगैरह रुक जाती है। चमारों के फाकों और चौधरियों की अनिवार्य जरूरत के कारण ताए बसन्ता के माध्यम से समझौता हो जाता है कि हर चौधरी अपने-अपने चमार को तीन दिन की दिहाड़ी की जगह डेढ़ दिन की

दिहाड़ी देगा। इस पूरी प्रक्रिया में संघर्ष को जारी रखने की नीति पर जोर देनेवाला काली भूमिकाहीन और चमारों के लिये महत्त्वहीन हो जाता है। ताए बसन्ता के नेतृत्व में सारे चमार चौधरियों के काम पर फिर लग जाते हैं।

काली अपनी ही बिरादरी में बुरी तरह अलग-थलग पड़ जाता है। उसका आरम्भिक रौब-रुतबा जाता रहता है। अब गाँव के लड़के काली और ज्ञानो के प्रेम-सम्बन्धों पर खुलेआम टीका-टिप्पणी करना शुरू कर देते हैं। निराशा और अकेलेपन से घिरा हुआ काली विवेकहीन होकर सबसे लड़ने-झगड़ने लग जाता है। मंगू अब काली के खिलाफ खुलकर दाँत पीसने लगता है। ज्ञानो की माँ लोकापवाद से बचने के लिये ज्ञानो की सगाई पड़ोस के गाँव के किसी लड़के से तय कर देती है। काली को जब यह मालूम पड़ता है तो वह ज्ञानो से मिलने आता है। वहीं मंगू वगैरह मिलकर काली की खूब पिटाई करते हैं और वह पिटता रहता है। यही नहीं, वह इतना स्वाभिमान रहित हो जाता है कि ज्ञानो को प्राप्त करने के लिये वह ईसाई धर्म में दीक्षित होने के लिये तैयार हो जाता है। किन्तु ऐसा नहीं होता है। ज्ञानो को गर्भवती जानकर उसकी माँ एक दिन उसे संखिया पिलाकर मार डालती है। काली का इसके बाद कुछ पता नहीं चलता। मंगू उसके घर पर कब्जा कर लेता है।

यहाँ तक, हमने कथानक का यह मूलसूत्र इसलिए प्रस्तुत किया है ताकि इसके जरिए हम ठोस विश्लेषण का सहारा लेते हुए, कथानक के अन्दर छिपे मूल कथ्य को स्पष्ट कर सकें। हालाँकि उपन्यास में स्थान-स्थान पर, हरिजनों (जो मूलतः भूमिहीन हैं और लगभग भू-दास की स्थिति में रहते हैं) पर होनेवाले अमानवीय अत्याचारों और शोषण का चित्रण मिलता है। इस शोषण से बर्बाद हुए लोगों और उनके परिवारों के भयंकर हालात का चित्रण मिलता है। फिर भी, हमने टुकड़ों-टुकड़ों बिखरे हुए इन यथार्थ-चित्रों को विश्लेषण का विषय न बनाकर कथानक एवं कथानायक को अपने विश्लेषण का विषय बनाना चाहा है। क्योंकि हमारी मान्यता है कि उपन्यास के कथ्य की अन्तर्वस्तु का निर्माण वस्तुतः कथानक में प्रतिबिम्बित सामाजिक सम्बन्धों के बीच कथानायक की भूमिका ही करती है। सामाजिक सम्बन्धों को प्रतिबिम्बित करनेवाला कथानक अपने विकास के दौरान ऐसे टाइप पात्रों की सृष्टि करने की क्षमता रखता है जो अपने समूचे व्यक्तिगत विकास में अपने और अपने गिर्द की वस्तु-स्थितियों के बीच विकसित होते हैं। ऐसे टाइप-पात्रों में प्रायः एक ऐसी सिंथैसिस होती है जो चरित्र एवं स्थितियों के अन्दर के सामान्य और विशिष्ट तत्त्वों को जीवन्त रूप में अन्तर्मुक्त करती चलती है। ऐसे टाइप-पात्रों का मतलब उस प्रकार के चरित्रांकन से लिया जाना चाहिए जिनमें सामाजिक यथार्थ के समूचे आवश्यक घटक अपने चूड़ांत रूप में निर्धारित होते हों और जो अपने विकास के दौरान अपने अन्दर निहित सारी सम्भावनाओं को खोलते चलें एवं इस तरह से, अपने माध्यम से पूरे युग पर टिप्पणी बन सकें।

इसीलिए, प्रस्तुत विश्लेषण का आधार हमने कथानक के अन्दर से प्राप्त होनेवाले कालीदास के टाइपत्व की व्याख्या को बनाया है। इस सन्दर्भ में हमें निम्न बातें कहनी हैं—

कालीदास शहर से रुपया कमाकर लौटता है। उसके पास रुपयों का होना उसके व्यक्तित्व का एक महत्वपूर्ण पहलू है जो उसकी भूमिका पर पर्याप्त प्रभाव डालता है। चमादड़ी में एक भी मकान पक्का नहीं है। काली अपने कमाए धन के बल पर पक्का मकान बनवाना चाहता है। इस तरह गाँव में अपने ही जाति-भाइयों (जो मूलतः भूमिहीन हैं और चौधरियों के यहाँ बेगार करते हैं) के बीच उसका रुतबा बढ़ जाता है। इस सबके बावजूद, काली को अपनी जाति का मानकर भी, चमार उसके साथ अपना तादात्म्य स्थापित नहीं कर पाते हैं। काली का पक्का मकान होना उनके लिये कोई खास गर्व की बात नहीं होती है। काली भी मकान के सन्दर्भ में सलाह लेने के लिये सबसे पहले छज्जूशाह के पास जाता है। इस प्रकार वर्षों से सामन्तीय शोषण से उत्पीड़ित चले आ रहे चमारों के मध्य काली एक ऐसे जाति-भाई के रूप में आता है, जो उनकी परेशान जिन्दगी के बारे में संवेदनशील तो है किन्तु अपनी आर्थिक स्थिति की अपेक्षाकृत श्रेष्ठता के कारण अपनी विशिष्टता को भी बनाए रखना चाहता है। चूँकि वह चौधरियों की जमीनों पर निर्भर नहीं है, इसलिए वह आम चमारों के मुकाबले अधिक दबंग और पहलकदमी कर सकनेवाला है। वर्ग-चरित्र की दृष्टि से वह सर्वहारा तो है ही नहीं, जमींदारों के यहाँ बन्धक रहनेवाला भू-दास भी नहीं है। बल्कि वह पूँजी और स्वामित्व के प्रति आग्रह की भावना रखनेवाला एवं उसके महत्व को समझनेवाला एक ऐसा पैटी-बुर्जुआ है, जो अपने संचित अल्प धन और तज्जनित साख के बल पर शोषित भू-दासों के बीच रहकर, अपनी उचित प्रतिष्ठा कायम करके जीने के सपने देखता है। इसीलिए वह चौधरियों के शोषण-उत्पीड़न के विरुद्ध घोर वितृष्णा एवं आक्रोश रखते हुए भी, स्वयं को उस हद तक नहीं लाता जहाँ आकर उसका अस्तित्व ही खतरे में पड़ जाए। उदाहरण के लिये हरनामसिंह द्वारा जीतू को पीटे जाने पर वह और लोगों की तरह खड़ा-खड़ा देखता रहता है। वह जीतू की सहायता के लिये नहीं आता अपितु सोचता है : "अगर जीतू की जगह मैं होता तो चौधरी की बाँह मरोड़ देता।" वह अपने और जीतू के बीच इस फर्क को समझता है। वह आम चमारों से अपने इस फर्क का प्रदर्शन भी करता है।

कालीदास की यह विशिष्ट सामाजिक हैसियत उसे उस जन-समूह का टाइपत्व प्रदान करती है जो सामन्तीय शोषण से परेशान होकर शहर में धन संचय करने के बाद गाँव लौटकर आराम से रहने और ऊँचे उठने के सपने देखते हैं। काली का समूचा व्यक्तित्व ऐसा ही है। उसकी चेतना पूँजी से जुड़ी हुई है। यही कारण है कि मकान के सवाल पर अपनी बिरादरी में बातचीत करने की जगह वह छज्जूशाह के ही पास जाता है। छज्जूशाह की विशिष्टता को काली समझता है। छज्जूशाह गाँव में एक नई और बढ़ती हुई शक्ति है। चौधरियों द्वारा भू-दासों पर किए जाते शोषण-उत्पीड़न से उसे लाभ ही लाभ रहता है फिर भी चौधरियों से उसका अन्तर्विरोध रहता है। वह अपनी पूँजी के सतत विकास में चौधरियों के शोषण और तौर-तरीकों को एक सीमा तक अवरोधक महसूस करता है। जब चौधरी हरनाम अपनी जमानत पर फौजासिंह के लिये उधार चाहता है तो वह काफी हील-हुज्जत करता है और चौधरी की जमीन के बदले वह पैसा

देने के लिये तैयार होता है। काली छज्जूशाह की इस शक्ति एवं स्थिति को बखूबी समझता है और जमींदार चौधरियों के नाजायज दबदबे को अस्वीकार करने के लिये छज्जूशाह को अपना अप्रत्यक्ष सहायक के रूप में महसूस करता है। फिर भी वह खुलकर छज्जूशाह और चौधरियों के वस्तुगत अन्तर्विरोधों का इस्तेमाल नहीं करता। उदाहरण के लिए, छज्जूशाह जब जीतू को बेकसूर कहता है और चौधरी हरनामसिंह को ही दोषी ठहराता है तो काली का यह कथन द्रष्टव्य है : "मुझे तो समझ में नहीं आता कि लोग मारने का हौसला किस तरह कर लेते हैं—शाहजी, इसमें चौधरी का इतना दोष नहीं जितना कि मंगू का है। वह चौधरी के कान भरता है।" स्पष्ट है कि काली छज्जूशाह एवं चौधरियों के अन्तर्विरोधों का अहसास रखते हुए अपनी विशिष्टता के कारण, इन अन्तर्विरोधों को और भी गहराने की जगह नजरन्दाज करना चाहता है। ऐसा करना उसके लिये बिलकुल स्वाभाविक ही है। उसका एकमात्र उद्देश्य अपनी विशिष्ट स्थिति को बनाए रखना है जिसके लिये छज्जूशाह की सहायता एवं चौधरियों की तटस्थता आवश्यक है। इसीलिए वह चौधरियों से लड़ाई नहीं ठानता।

काली का ज्ञानो के प्रति प्रेम भी इसी सन्दर्भ में—काली की विशिष्ट आर्थिक स्थिति के सन्दर्भ में—ही समझा जाना चाहिए। ज्ञानो की प्रेम-संवेदना जहाँ एक बेगार करनेवाली नवयुवती की संवदेना है जिसमें स्वच्छन्द प्रेम की एक उद्दाम ललक है, वहाँ काली की संवेदना अधिकार की भावना से निस्सृत है। प्रेम की इतनी अधिकारपूर्ण अभिव्यक्ति चमार-बिरादरी में सिर्फ काली ही कर पाता है। इसका कारण भी काली की आर्थिक स्थिति ही है। मंगू की पिटाई करना भी यही बताता है कि वह अपनी बिरादरी में अपने मुकाबले किसी को नहीं आने देना चाहता। मंगू चौधरियों के बल पर अपनी साख बढ़ाना चाहता है, जबकि काली अपनी स्वतन्त्र स्थिति के आधार पर। मंगू का काली के प्रति वैमन्स्य अपनी बहन के कारण न होकर, इसी स्पर्धा के कारण है। शहर में मेहनत करके खाने-कमाने और जमा करने के परिणामस्वरूप उसे जो भावना, स्वाभिमान एवं अधिकार भावना मिली है वही ज्ञानो के प्रति उसके प्रेम की उत्कटता को बनाए रखती है। इसी का परिणाम होता है कि, जब छज्जूशाह उसे रुपए उधार नहीं देता तो वह निराश होने के बावजूद मकान बनाने के इरादे को नहीं बदलता।

इस प्रकार उसका मकान बनाना एवं ज्ञानो के प्रति उसकी अधिकार मिश्रित प्रेम-भावना उसे आम भू-दासों की पाँत से अलग बिठाने देती है। उसकी चाची की मृत्यु से पूर्व तक उसकी उक्त चेतना में कोई खास परिवर्तन नहीं आता। चाची की मृत्यु के बाद उसके व्यक्तित्व का दूसरा स्तर हमारे सामने आता है।

उसकी सारी पूँजी चोरी चली जाती है। वह बेकारी में घास खोदने और उसे छज्जूशाह को बेचने का काम शुरू कर देता है। यहाँ से कालीदास को भू-दासों के बीच जगह मिलने लगती है। आरम्भ में विशिष्टता लिये हुए उसका व्यक्तित्व, उनके बीच में बैठकर श्रम की प्रक्रिया में घिसना शुरू हो जाता है। वह अन्य चमारों की तरह ही लालू पहलवान के यहाँ काम पर लग जाता है। इस प्रक्रिया में काली की आरम्भिक चेतना

बदलने लगती है। जब मुंशी चौधरी ईसाई धर्म में दीक्षित हुए नन्द सिंह को पीटने लगता है तो काली निष्क्रिय नहीं रहता—उसे पकड़ लेता है। जीतू को (आरम्भ में) पिटते हुए देखते रहने और नन्द सिंह की पिटाई के वक्त किए गए इस हस्तक्षेप के पीछे काली का व्यक्तित्वान्तरण स्पष्ट झलकता है। मकान बनवाने से उत्पन्न श्रेष्ठता का भाव अब धीरे-धीरे क्षीण होता जा रहा है, फिर भी उसमें भू-दासों की जिन्दगी के साथ स्वयं को एकाकार कर देने की भावना विकसित नहीं होती है। इसीलिए शायद, वह नन्द सिंह के पक्ष में हस्तक्षेप तो करता है किन्तु चौधरी हरनामसिंह की गालियाँ सुनकर वह वहाँ से हट जाता है। अपना आहत स्वाभिमान लिये, संघर्ष की जगह वह शहर भागने की तैयारी करने लगता है। कदाचित गाँव में अब उसकी विशिष्ट स्थिति सम्भव नहीं लगती। वह पादरी से रुपए ले आता है, किन्तु पुनः ज्ञानो उसे जाने नहीं देती। आहत स्वाभिमान और आर्थिक रूप से कमजोर काली गाँव में सिर्फ ज्ञानो को ही अवलम्ब समझता है। ज्ञानो की हमदर्दी उसमें खोया हुआ आत्म-विश्वास पुनः लौटाती है। काली में लौटा यह आत्म-विश्वास उसके आरम्भिक आत्म-विश्वास से गुणात्मक रूप से भिन्न है। यही काली के व्यक्तित्व का अगला चरण है जो पहले से नितान्त अलग एवं महत्त्वपूर्ण है। और जो काली की भूमिका के चरित्र को पर्याप्त रूप से बदल डालता है।

भू-दासों को जमीदारों पर अपने जीवन के लिये हर हाल में निर्भर रहना होता है। इसका कारण भू-दासों की चौधरियों की जमीन के ऊपर निर्भरता है। शोषण की इस घनीभूत प्रक्रिया में आत्मविश्वास, स्वाभिमान और अपने व्यक्तित्व एवं हक की दावेदारी की भावना उनमें सामान्यतया तब तक विकसित नहीं हो पाती जब तक उनकी चेतना का जुड़ाव उस श्रमजीवी चेतना से नहीं हो जाता जो उन्हें श्रम के महत्त्व को समझाती है। काली ने शहर के मिल में नौकरी की है। वह मेहनत की कीमत को जानता है और उस पर अपने हक को भी समझता है। वह निजी तौर पर बेगार को उचित नहीं समझता।

जब गाँव में बाढ़ आती है और चमादड़ी से विमुख होकर पानी जब चौधरियों की हवेलियों की ओर बढ़ता है तो चौधरी लोग बाँध काटने का आदेश देते हैं। किन्तु जब चौधरी लोग अपने घरों से बँधे हुए चमारों से बाँध के कटाव को बेगारी में करवाना चाहते हैं तो काली की यह चेतना एवं चमारों की सामूहिक श्रम-प्रक्रिया वस्तु-स्थिति में एक महत्त्वपूर्ण परिवर्तन ला देती है। जो चमार जमीदारों की हुक्मउदूली करने की सोच तक नहीं सकते थे, वे ही श्रम-कीमत के सवाल पर—दिहाड़ी के सवाल पर काली के नेतृत्व में चौधरियों के समाने खड़े हो जाते हैं। इस जगह पर, भू-दासों की सामूहिक रूप से परिवर्तित चेतना के साथ चौधरियों की तानाशाही की पहली खुली टकराहट होती है। पहली बार काली अन्य भू-दासों की पाँतों में विश्वासपात्र अगुआ बनता है। सारे चमार पहली बार चौधरियों के खिलाफ अपने अन्तर्विरोध का मर्म समझते हैं। यहाँ दो विरोधी वर्गों की खुली टकराहट का प्रकट रूप हमारे सामने आता है। काली की विकसित श्रमिक चेतना यहाँ एक महत्त्वपूर्ण भूमिका अदा करती है। पाठक के लिए इसे रेखांकित किया जाना चाहिए।

प्रथम कुछ दिनों तक चमार चौधरियों कर बहिष्कार करते हुए, अपनी एकता और बहादुरी का परिचय देते हैं। इस संघर्ष का सबसे बड़ा महत्त्व यह है कि इसके माध्यम से गाँव की सारी वर्गशक्तियों के आपसी अन्तर्सम्बन्ध स्पष्ट हो जाते हैं। पादरी की ईसाइयत, डॉकटर बिशनदास की समझ की यान्त्रिक पद्धति, पुजारी जी की दयालुता का ढोंग इत्यादि तो अनावरित होते ही हैं, चौधरियों और छज्जूशाह के अन्तर्विरोध भी गहराने लगते हैं—किन्तु वे एक हद तक ही गहराते हैं। चौधरियों द्वारा दिहाड़ी के सवाल पर अपनाए जाते कट्टर रवैए एवं चमारों को गाँव के खेतों में से न गुजरने की उनकी धमकियों से क्षुब्ध होकर वह कहता है : "आप अगर उन्हें बाहर नहीं निकलने देंगे तो हमारे डंगर भूखे मर जाएँगे...हम अपनी दुकानदारी करेंगे या डंगरों के लिए घास खोदने फिरेंगे।" जाहिर है कि छज्जूशाह चमारों को घरों में बन्द रखना अपने हित में नहीं समझता। महाशय छज्जूशाह के वक्तव्य की ताईद करता है। फिर भी यह संघर्ष छज्जूशाह को चौधरियों के खिलाफ खड़ा होने की ताकत नहीं जुटाता। यह इस संघर्ष के चरित्र की सीमा है।

इस संघर्ष के चलाए जाने पर भी विभिन्न तबकों में विभिन्न रायें रहती हैं। युवक चमार बाईकाट का जवाब बाईकाट से देना चाहते हैं जबकि बुजुर्ग चमार चौधरियों से समझौता करने पर जोर देते हैं। कालीदास न तो एकदम आक्रामक रवैया अपनाने की सलाह देता है और न समझौता ही चाहता है। वह चौधरियों को बाईकाट की पहलकदमी करने देता है और प्रति-उत्तर में बाईकाट का नारा देता है। काली द्वारा अपनाई गई यह कार्य-नीति संघर्ष के बारे में उसके कुल सोच को हमारे सामने रख देती है। वह इस संघर्ष को इस तरह से चलाना चाहता है कि लगे कि यह संघर्ष उन पर चौधरियों द्वारा लादा गया है। चौधरियों के खिलाफ वर्ग-घृणा का यह सुधरा हुआ रूप आम युवक भू-दासों की जगह काली के मन में ही संरक्षित रह सकता है क्योंकि उसकी शहरी चेतना भू-दास-चेतना से एकाकार नहीं हो पाई है। यहाँ काली वस्तुतः इस संघर्ष को तात्कालिक परिप्रेक्ष्य में देखता है। वह इस सारे संघर्ष को चौधरियों के भू-स्वामित्व और चमारों के भू-दासत्व के वर्गीय अन्तर्विरोधों के सन्दर्भ में नहीं देख पाता। कारण वह श्रमजीवी होते हुए भी पैटी बुर्जुआ अधिक है। पूँजी के स्वामित्व के प्रति, जमीन के स्वामित्व के प्रति उसमें एक सुधारवादी समझ काम करती है। यही समझ इस संघर्ष को हड़ताल जैसा रूप एवं शान्तिपूर्ण दिशा देती है। वस्तुतः इस संघर्ष की अन्तर्वस्तु पैटी बुर्जुआ अधिक है, भू-दास या सर्वहारा कम।

परिणामतः वह इस संघर्ष की वस्तुगत शक्ति एवं सीमा को नहीं समझ पाता, धीरे-धीरे एका बिखरने लगता है। लोगों के फाकाकशी करने की नौबत आने लगती है। आरम्भ में सोचता था कि बाईकाट से चौधरी लोग डिग जाएँगे। किन्तु जब ऐसा नहीं होता तो निराशा एवं पराजय-भाव बढ़ने लगता है। आम चमारों को अब अनुभव होने लगता है कि चौधरी लोग उन पर उतने निर्भर नहीं, जितने वे चौधरियों पर निर्भर हैं। उनके यहाँ काम किए बगैर उनकी गुजर नहीं। काली की कार्यनीति पर से लोगों का

विश्वास डिगने लगता है। काली अपने पास के अनाज को फाकाकशी करते लोगों में वितरित कर देता है, फिर भी लोगों में आत्म-विश्वास नहीं लौटता। उसे डॉक्टर से उम्मीद रहती है किन्तु वह उसके संघर्ष के पक्ष में प्रोपेगैंडा करना ही पर्याप्त समझता है। पादरी ईसाई धर्म में सभी चमारों की दीक्षा के बदले सहायता करना चाहता है जिसे कोई स्वीकार नहीं सकता। धीरे-धीरे भू-दासों का मनोबल और जुझारूपन कमजोर होता जाता है। संघर्ष की इस घड़ी में भू-दासों और कालीदास के प्रच्छन्न अन्तर्विरोध का अनावरण भी होने लगता है। लोग उसकी विशिष्ट हैसियत पर टिप्पणी करने लगते हैं : ''काली तू दिन काट सकता है, तेरे पास अन्न भी है और पैसा भी—लेकिन उन लोगों का क्या बनेगा जिनके पेट के साथ-साथ घर भी खाली है।'' सन्तू चमार की यह टिप्पणी इस संघर्ष और काली के नेतृत्व—दोनों की सीमाओं को रेखांकित कर देती है। वस्तुतः स्वतन्त्र मजदूर होकर, शहर में श्रम बेचने के विकल्प के अभाव में भू-दास, जमींदारों के खिलाफ हड़ताल-जैसी कार्यनीति को अधिक देर तक नहीं चला सकता। कारण—वह जमींदारों के खेत का बन्धक या उस पर निर्भर रहनेवाला भू-दास होता है। वह अपनी इस निर्भरता से तभी मुक्ति पा सकता है जब विकल्प में शहर में जाकर वह अपनी आजीविका चला सके। खेत-मजदूर जो किसी फॉर्म पर काम करते हैं—वे तब भी इस प्रकार की कार्यनीति को सफल बना सकते हैं।

प्रस्तुत गाँव में सामाजिक सम्बन्ध खेत-मजदूर और पूँजीवादी जमींदार के बीच न होकर, भू-दासों और सामन्तीय जमींदारों के बीच हैं। जमींदारों के खेतों पर काम करने के लिये मजबूर हो जाने के अलावा कोई चारा उनके पास नहीं है। हालाँकि इस संघर्ष से चौधरियों का काफी नुकसान होता है, उनकी फसलें सूखती जाती हैं और उनमें भी एका टूटने लगता है और वे अपनी हठवादिता को छोड़कर, समझौता करने के लिये प्रस्तुत हो जाते हैं, फिर भी इस संघर्ष का सबसे घातक असर चमारों पर ही होता है। काली भू-दास न होने की वजह से उनकी चेतना की परतों को नहीं समझ पाता। उसकी पैटी बुर्जुआ समझ न तो भू-दासों की मजबूरी और संघर्ष-सीमा को रेखांकित कर पाती है और न सामन्तीय जमींदारों के खिलाफ भू-दासों को बुनियादी वर्गसंघर्ष के लिये प्रेरणा देने की क्षमता रखती है। कालीदास सोचता है : ''मेरी समझ में तो कुछ नहीं आता। चौधरी भी सुखी नहीं हैं। अगर मैं यह कहता हूँ कि हमें चौधरियों के पास नहीं जाना चाहिए तो बहुत से लोगों को मेरी बात बुरी लगेगी। यह कहने को मेरा मन नहीं मानता कि हम चौधरियों के पाँव पड़कर माफी माँग लें—ऐसा करने से सारी उम्र हमें उनकी बातें सुननी पड़ेंगी। लोगों को फाके मारते और बच्चों को भूख से बिलखते हुए देखता हूँ तो जी चाहता है अभी जाकर माफी माँग लूँ।'' कहने की जरूरत नहीं कि कालीदास उचित निष्कर्ष पर नहीं पहुँच पाता। बाईकाट करके जमीदारों पर प्रभावी दबाव डाल पाना सम्भव नहीं लगता, फिर भी काली समझौते के लिये प्रस्तुत नहीं हो पाता। वह संघर्ष की इस कठिन घड़ी में किंकर्तव्यविमूढ़ हो जाता है। ताया बसन्ता ऐसा बुजुर्ग भू-दास है जो अपनी व्यवहार-बुद्धि में संघर्ष की इस सीमा से आगे नहीं सोचता, किन्तु सीमा को

अच्छी तरह समझता है। वह पहलकदमी करके चौधरियों से डेढ़ दिन की दिहाड़ी पर समझौता कर डालता है। काली भू-दासों की व्यावहारिक समस्याओं से काट-छँटा अपने टुटपुँजिया संघर्ष और दुस्साहस के कारण अलग-थलग पड़ जाता है।

संघर्ष के अन्त में हालाँकि कोई पक्ष नहीं जीत पाता फिर भी चौधरियों का वर्ग शक्तिशाली होकर उभरता है। वे अपनी शर्तें उन पर थोप देते हैं। तीन दिन की जगह वे डेढ़ दिन की दिहाड़ी देते हैं। सारे चमार अपने-अपने चौधरियों के यहाँ काम शुरू कर देते हैं। किन्तु काली काम पर नहीं जाता। वह अधिकाधिक पराजय-भावबोध से ग्रस्त, अन्तर्मुखी होता जाता है। टुटपुँजिया पराजय की यहाँ स्वाभाविक परिणति हमें दिखलाई देती है।

उपन्यास की मुख्य अन्तर्वस्तु को पूरी तरह समझने के लिये इस संघर्ष का वस्तुगत विश्लेषण करना चाहिए। सामन्तीय उत्पीड़न-शोषण के खिलाफ भू-दासों का यह स्वतः स्फूर्त आन्दोलन एक पैटी बुर्जुआ के नेतृत्व में चलता है। और अपने लक्ष्य तक पहुँचने में नाकामयाब रहता है। इस संघर्ष की यह परिणति हमें बताती है कि भू-दास, जो जमीन पर बँधकर रहते हैं, जमीन से अलग हटकर अपने संघर्ष को चला तो सकते हैं किन्तु जमीन के मालिकों पर प्रभावी दबाव नहीं डाल सकते। यह प्रभावी दबाव तभी सम्भव है जब भू-दासों के लिए मुक्त मजदूर होने की सम्भावनाओं के द्वार खुले हों।

आजादी के बाद, क्या उन सम्भावनाओं के द्वार खुल सके हैं जो भू-दासों को मुक्त मजदूर की भूमिका प्रदान करते हों ? यानी कि क्या शहरों में उद्योगीकरण का चरित्र और रफ्तार, ग्रामीण समाज में चले आ रहे सामन्त-भूदास सम्बन्धों को तोड़ने में कामयाब रही है ? ये सवाल हमारे आर्थिक-सामाजिक ढाँचे के वस्तुगत मूल्यांकन की माँग करते हैं, जिन्हें समझे बिना न तो जीवनगत सामाजिक सम्बन्धों के ढाँचे को समझा जा सकता है और न इसे प्रतिबिम्बित करनेवाले यथार्थ को समझा जा सकता है।

कहने की जरूरत नहीं कि आज भी हमारे कृषि-सम्बन्धों की बुनियाद पूँजीवादी न होकर सामन्तीय ही बनी हुई है। यह सच है कि कई जगहों पर पुराने जमींदारी सम्बन्ध पुराने जमाने की तरह के नहीं रहे हैं फिर भी उनकी अन्तर्वस्तु वही है। जमीनों की मिल्कियत के आँकड़े भी यही बताते हैं कि आज भी लगभग 40% जमीन की मिल्कियत 5% से भी कम परिवारों के पास हैं, आज भी 35-40% व्यक्तियों के पास कोई जमीन नहीं है और वे दूसरों के यहाँ बेगार करने के लिये मजबूर हैं क्योंकि शहरों के सीमित उद्योगीकरण के कारण शहरों में स्वतन्त्र मजदूर रहकर जीवनयापन करने की सम्भावनाओं के द्वार उनके लिये लगभग बन्द है।

पंजाब में सामान्यतः कृषि-सम्बन्धों का स्वरूप ठीक वही नहीं जो बंगाल, बिहार इत्यादि का है। पंजाब में जमीनों की मिल्कियत का चरित्र प्रायः अमीर किसानों की मिल्कियत का कहा जाता है। बहुत से बुद्धिजीवी हरित क्रान्ति के बाद इस निष्कर्ष को मानने का आग्रह करते हैं कि पंजाब के कृषि-सम्बन्ध पूँजीवादी कृषि-सम्बन्धों में बदल चुके हैं।

किन्तु प्रस्तुत उपन्यास वस्तुतः इस मान्यता के अन्तर्विरोधों को बड़ी बारीकी के साथ उजागर कर देता है। उपन्यास में भू-दासों के संघर्ष की शक्ति और सीमा इस बात

पर एक प्रश्न-चिह्न लगाती है कि वहाँ भू-दासों के स्वतन्त्र मजदूरों में परिवर्तित होने की सम्भावनाएँ भी हैं। यही नहीं, भू-दासों पर चौधरियों द्वारा किया जाता सामन्तीय उत्पीड़न-शोषण यह बहुत बेबाकी से बताता है कि ग्रामीण जीवन में आज भी वही सामन्तीय चरित्र का शोषण जारी है जो आजादी से पहले था। कृषि के भीतर पूँजीवादी सम्बन्धों के विकास की पहचान का सबसे बड़ा नमूना यह है कि क्या वहाँ भू-दास स्वतन्त्र मजदूर में बदलने की सम्भावनाएँ रखते हैं या बदल रहे हैं ? उपन्यास में चित्रित संघर्ष की अन्ततः असफलता इस सवाल का नकारात्मक जवाब देती है।

यही नहीं, यह उपन्यास अपने कथ्य के माध्यम से यह भी इंगित करता प्रतीत होता है कि भू-दासों पर चल रहे शोषण-उत्पीड़न का खात्मा पैटी बुर्जुआ नेतृत्व और उसके सुधारवादी नारे नहीं कर सकते। उपन्यास का यह संघर्ष, सामाजिक यथार्थ के चित्रण को एक ऐसे मोड़ पर लाकर खत्म करता है, जहाँ भू-दासों पर किए जाते सामन्ती शोषण का त्रासद अवसाद घनीभूत हो उठता है। यह अवसाद संघर्ष के नेतृत्व और अन्तर्वस्तु पर उक्त प्रश्न अवश्य ही लगाता है। वस्तुतः भूदास-सामन्त सम्बन्धों को आमूल रूप से बदल डालने की वास्तविक शक्ति पैटी बुर्जुआ नेतृत्व में सम्भव ही नहीं है अपितु इस बदलाव की अगवानी आज खेतिहर-मजदूर-चेतना या सर्वहारा-चेतना ही कर सकती है।

किन्तु उपन्यास संघर्ष की सीमा को स्पष्ट करने के बाद एकदम चुप हो जाता है। ऐसा क्यों ? जबकि उस संघर्ष की वास्तविक सम्भावित शक्ति को उजागर करने के लिये उपन्यास में वस्तुस्थितियों की सम्भावनाएँ न होने के बावजूद जीवनगत वस्तुस्थितियों में निहित हर तरह की सम्भावनाओं को नकारा नहीं जा सकता। सामन्तीय शोषण का एकमात्र जवाब जमींदारी का उन्मूलन ही है, जो जीवनगत स्थितियों में वास्तविकता के साथ जुड़ा हुआ है। इसलिए हम उपन्यास में वस्तुस्थिति की सम्भावनाओं का एक सीमा तक सुस्पष्ट रेखांकन पाते हैं, किन्तु समूची सम्भावनाओं का रेखांकन नहीं पाते। ऐसा प्रतीत होता है जैसे सामाजिक यथार्थ की जिस गतिशीलता को रचनाकार आरम्भ से संघर्ष तक बनाए हुए है उसे उसने अन्ततः छोड़ दिया है। ऐसा लगता है जैसे अधिकांश यथार्थ को वस्तु-सत्य मानकर उसे अपने आप विकसित होने का मौका देने के बावजूद रचनाकार उस वस्तु-सत्य के निष्कर्षों को प्रकट नहीं होने देता।

इस सबके बावजूद 'धरती धन न अपना' हमारे सामने जिस यथार्थ की सृष्टि करता है और जिस प्रकार से उसे हमारे सामने प्रस्तुत करता है वैसा पिछले दिनों लिखे गए अनेक उपन्यासों में भी उपलब्ध नहीं होता। पंजाब में कृषि-सम्बन्धों के 'पूँजीवादी विकास' की दावेदार भारत सरकार और उसके कमेरे बुद्धिजीवियों के द्वारा पंजाब के कृषि-सम्बन्धों के बारे में फैलाए गए भ्रमों को यह उपन्यास बड़ी क्षमता के साथ उघाड़कर फेंक देता है। पंजाब के सामाजिक यथार्थ को चित्रित करनेवाला यह उपन्यास वस्तुतः भारत के कृषि के सामन्तीय ढाँचे पर एक ऐसी टिप्पणी है जो अपनी वस्तुगत स्थिरता में भी हमें आज के सामाजिक यथार्थ से सीधा साक्षात् कराने में सक्षम है।

'पुनर्नवा' : संस्मरण

हजारीप्रसाद द्विवेदी

"द्विवेदी जी,

पुनर्नवा पढ़ गया। जब इसके कुछ अंश 'कल्पना' में प्रकाशित हुए थे उस समय आपने आरम्भ में ही मोटे-मोटे अक्षरों में इसकी यह विशेषता भी बता दी थी कि "जिसमें व्योमकेश शास्त्री की भूमिका नहीं दी जा सकी।" उस समय मैंने सोचा था कि आप व्योमकेश शास्त्री की भूमिका से ऊब गए हैं इसलिए मैंने 'पुनर्नवा' पढ़ना भी छोड़ दिया था। भला हो भीष्म साहनी का, जिन्होंने 'पुनर्नवा' पर आपको कुछ लिखने के लिये बाध्य किया और आपने अपनी बला मेरे सिर टाल दी। अच्छा ही हुआ। क्योंकि मुझे 'पुनर्नवा' पढ़ने का अवसर मिल गया। पढ़कर मुझे सन्तोष हुआ। गप्प मारना कोई आपसे सीखे। काल्पनिक घटनाओं का आपने ऐसा समावेश किया है कि पाठक भ्रम में पड़ जाए कि वह इतिहास पढ़ रहा है। वैसे तो जब आपने 'बाणभट्ट की आत्मकथा' लिखी थी उसी समय आपने यत्र-तत्र अपने श्लोक भी जोड़ दिए थे। करालादेवी की स्तुति ऐसा ही श्लोक है। एक निष्ठवान संस्कृत-विद्वान् ने उसे किसी प्राचीन संस्कृत का श्लोक मानकर एक बार उसकी ऐसी व्याख्या की कि मैं कुछ विश्वास के साथ कह सकता हूँ कि आपने स्वप्न में भी उसका ऐसा अर्थ नहीं सोचा होगा। हालाँकि कोई भी नहीं बता सकता कि वह या कोई अन्य व्यक्ति स्वप्न में सोचेगा और क्यों सोचेगा। फिर भी मनुष्य का मन अटकल तो लगाता ही रहता है। लेकिन 'पुनर्नवा' में तो आपने अपभ्रंश के दोहे और पद भी गढ़कर चला दिए हैं। आप और लोगों को चाहे भ्रम में डाल दें परन्तु मुझसे आपका कुछ भी छिपा नहीं है। भ्रम में पड़नेवाले कोई और होंगे।

मुझे अच्छी तरह याद है कि आपने 'हिन्दी साहित्य का आदिकाल' में लिखा था कि "भारतीय कवियों ने ऐतिहासिक नाम भर लिया है, शैली उनकी वही पुरानी रही जिसमें काव्य-निर्माण की ओर अधिक ध्यान था, विवरण-संग्रह की ओर कम; कल्पनाविलास का अधिक मान था, तथ्यनिरूपण का कम; सम्भावनाओं की ओर अधिक रुचि थी, घटनाओं की ओर कम; उल्लसित आनन्द की ओर अधिक झुकाव था, विलसित तथ्यावली की ओर कम। इस प्रकार इतिहास को कल्पना के हाथों परास्त होना पड़ा। ऐतिहासिक तथ्य इन काव्यों में कल्पना को उकसा देने के साधन मान लिये गए हैं। राजा का विवाह, शत्रुविजय, जलक्रीड़ा, शैल-वन-विहार, दोला-विलास, नृत्यगान-प्रीति—ये सब

बातें ही प्रमुख हो उठी हैं, क्रमशः इतिहास का अंश कम होता गया और सम्भावनाओं का जोर बढ़ता गया। राजा के शत्रु होते हैं, युद्ध होता है। इतिहास की दृष्टि में एक युद्ध हुआ, और भी तो हो सकते थे। कवि सम्भावना को देखेगा। राजा के एकाधिक विवाह होते थे, यह तथ्य अनेक विवाहों की सम्भावना की ओर संकेत करता है और कवि को अपनी कल्पना के पंख खोल देने का अवसर देता है। उत्तरकाल के ऐतिहासिक काव्यों में इसकी भरमार है। ऐतिहासिक विद्वान् के लिये संगति मिलाना कठिन हो जाता है।'' मैंने उस समय आपसे पूछा था कि ''इसको आप अच्छा समझते हैं या बुरा ?'' आपने सीधे जवाब न देने की अपनी शैली में कहा था ''आधुनिक इतिहासवेत्ता झुँझला जाते हैं लेकिन जो सुहृदय हैं, जिनकी दृष्टि रस-ग्रहण करने की है उन्हें तो यह अच्छा ही लगता है।'' मैंने आपसे फिर प्रश्न किया था कि आज के युग में इस प्रकार का रस-प्रधान कोई कथा-काव्य लिखा जाए तो कैसा हो ? आपने हँसकर कहा था, ''कोई शक्तिशाली आधुनिक कथाकार इसका प्रयोग करे और इतिहास-रस को बचाते हुए इसे विशुद्ध भारतीय दृष्टि से निजंधरी कथाओं का प्रयोग करे तो परिणाम अच्छा भी हो सकता है।'' मैंने कहा था, 'किसी शक्तिशाली कथाकार की प्रतीक्षा करने के स्थान पर स्वयं ही आप ऐसा प्रयोग करें तो कैसा हो।' आपने, मेरी दृष्टि में ईमानदारी के साथ ही, कहा था कि प्रयोग करने से ही तो उत्तम रचना नहीं बन जाती और फिर अनमने भाव से कहा था 'करके देखा भी जा सकता है !'' बात बहुत पुरानी है, मैं ठीक कह नहीं सकता कि आपको उस समय का वार्तालाप याद है कि नहीं। परन्तु 'पुनर्नवा' पढ़ने के बाद मैं इस निश्चित निष्कर्ष पर पहुँचा कि आपने प्रयोग कर दिया है। आप मेरे सम्बन्ध में कहा करते हैं कि मैं आलोचक हूँ, सहृदय नहीं। फिर भी मुझे यह साहित्यिक प्रयोग रुचा है, जो सहृदयों को लक्ष्य करके लिखा गया है, वह अच्छा लगा है। मुझे ऐसा लगता है कि आजकल के आधुनिक कथाकार यह भूल ही जाते हैं कि कथा में साहित्य-रस का होना बहुत आवश्यक है। मुझे खुशी है कि आप नहीं भूले हैं।

मैं जानता हूँ कि 'पुनर्नवा' के पात्र वास्तविक जीवन से लिये गए हैं। वह पूरा परिवेश आपका अत्यन्त परिचित और आत्मीय है जिसमें कथा को जड़ा गया है। हलद्वीप, आधुनिक हल्दी है; द्वीप-खंड, दुबहँड़ है; च्यवनभूमि, जवँही है; यह तो लोग अन्दाज से समझ भी सकते हैं परन्तु द्वीप-खंड का सरस्वती-विहार जो आपकी अपनी जन्म-भूमि है, यह कम लोग समझ पाएँगे। मैं आपका अत्यन्त निकट आत्मीय होने के कारण चन्द्रा और सुमेर काका को पहचानता हूँ। श्याम रूप और गोपाल आर्यक को बहुत अच्छी तरह जानता हूँ और आर्य देवराज भी मेरे जाने हुए हैं। इन चरित्रों में जो-जो सामान्य स्तर से अधिक उत्कर्ष आपने दिखाया है वह भी यथार्थ पर आश्रित है, ऐसा मेरा विश्वास है परन्तु इन जाने-माने गाँवों के चरित्रों को आपने जो गरिमा दी है वह आपका विशिष्ट अवदान है। किसी दूसरे के हाथ में पड़ने पर ये कदाचित् और तरह के हो जाते। हर लेखक का अपना व्यक्तित्व और संस्कार होता है और वह उसके पात्रों में प्रतिफलित होता है परन्तु विश्वास मानिए कि ये चरित्र आज भी जीवन्त है। इस क्षेत्र

के देहातों में घूमते समय मैंने पाया है कि ये चरित्र केवल पुस्तक तक सीमित नहीं हैं, प्रत्यक्ष दिखाई देते हैं, बात करते हैं और प्रच्छन्न भाव से सहृदयों को आमन्त्रित करते हैं कि मुझे पहचानो, मुझे उजागर करो।

मुझे मालूम है कि जब आप नीरस कामों से थक जाते हैं तो इस प्रकार के गद्यों की रचना में विश्राम पाते हैं। 'कालिदास की लालित्य-योजना' लिखते समय आपके चित्त में अनेक मूर्तियाँ उभरी थीं जिन्हें आप रूपायित करना चाहते थे। शोधकार्यों में पग-पग पर प्रमाण की आवश्यकता होती है और कल्पना को यथासम्भव दूर ही रखने का प्रयत्न होता है। आप ऊबे हुए थे। आप चाहते थे कि 'भावानुप्रवेश' को प्रत्यक्ष दिखाएँ और इसलिए आपने 'पुनर्नवा' का आरम्भ किया था, मगर मुझे लगता है कि कालिदास को आप इस ग्रन्थ में पूर्ण रूप से प्रस्फुटित नहीं कर सके। आपके चित्त में जो एक द्वन्द्व है, काव्यकार कालिदास और नाटककार कालिदास एक ही व्यक्ति हैं या नहीं, उस द्वन्द्व ने आपको बुरी तरह से अस्पष्ट कर दिया है। आपकी इस द्विविधा को मैंने पहले-पहल 'चारुचन्द्र लेख' में ही देखा था। नाटककार कालिदास को ईस्वी पूर्व के प्रथम शताब्दी में प्रायः सिद्ध कर चुके थे। 'प्रायः' इसलिए कहता हूँ कि वहाँ भी आपके चित्त का द्वैध बाधक बन गया था। 'पुनर्नवा' में तो इस द्विविधा ने आपको कोई बात स्पष्ट कहने नहीं दी है, यह दोष है। परन्तु मैं जानता हूँ कि आप अपने स्वभाव से लाचार हैं।

आपने साहसपूर्वक मृच्छकटिक के गोपाल आर्यक और शार्विलक को लोककथा में प्रसिद्ध लोरिक और सावरूँ से जोड़ने का प्रयास किया है। साथ ही चारुदत्त और बसन्तसेना की कथा को ऐतिहासिक आवरण से मुक्त करके निजंधरी कथा में ले आने का साहस किया है। मेरी दृष्टि में यह उचित हुआ है परन्तु उसी साहस और स्पष्टता के साथ आप कालिदास को नहीं उभार सके। उभारते-उभारते रुक गए हैं। मेरा आपसे अनुरोध है कि इस कमी को पूरा करें, भले ही कोई और गप्प मारने की योजना बनानी पड़े।

मैं इस आशा से लिख रहा हूँ कि आप इतिहास-रस की रक्षा करने में समर्थ होकर भी अनावश्यक द्विविधाओं के शिकार न हों। वैसे 'पुनर्नवा' कथानक की दृष्टि से मुझे बहुत शिथिल नहीं जान पड़ती। शिथिलता इसकी इस बात में है कि इसका आरम्भ कालिदास के भावों को उजागर करने के उद्देश्य से हुआ था। 'पुनर्नवा' नाम भी कालिदास के एक श्लोक से प्रेरणा ग्रहण करके लिया गया था। इसकी तर्क-सम्मत परिणति कालिदास के भावों को और स्पष्ट करने में होती।

मैं आपकी उस युक्ति से परिचित भी हूँ और प्रभावित भी हूँ कि "जो हो सका वह सामने है, जो नहीं हो सका उसके लिये कौन हाय-हाय करे।" 'पुनर्नवा' जैसी है उसी का विचार करना चाहिए। फिर भी मेरा मन बार-बार "जो नहीं हुआ" उसकी ओर खिंच रहा है, क्षमा करें।

'पुनर्नवा' : विवेचन

डॉ. विश्वनाथ त्रिपाठी

आचार्य हजारी प्रसाद द्विवेदी की दुर्लभ क्षमता यह है कि वे अपने अगाध पांडित्य से ऊपर उठकर सामान्य मनुष्य की दृष्टि से देख सकते हैं। उन्होंने अनेक रचनाओं के माध्यम से हमारे सांस्कृतिक इतिहास की पुनर्रचना की है। इतिहास को देखने की उनकी दृष्टि भाववादी है; लेकिन सामान्य मनुष्य की दृष्टि से वे इतिहास की विषमता भी बहुत दूर तक देख लेते हैं। उन्हें मानवतावादी कहा जाता है। मानवतावाद मार्क्सवाद का विरोधी नहीं है, कुछ दूर तक वह मार्क्सवाद के साथ रहता है। लेकिन वह जब मार्क्सवाद से अलग हो जाता है तब भयानक अन्तर्विरोधों से ग्रस्त हो जाता है। लेकिन यह सिद्धान्त और व्यवहार की बात हुई जिसकी परिधि में सभी 'वाद' आ जाते हैं।

द्विवेदी जी के अब तक प्रकाशित तीनों उपन्यासों—'बाणभट्ट की आत्मकथा', 'चारुचन्द्रलेख' और 'पुनर्नवा' में केन्द्रीय द्वन्द्व स्त्री-पुरुष के सम्बन्धों को लेकर है। आर्थिक समस्याएँ इन उपन्यासों में नहीं के बराबर चित्रित की गई हैं। द्विवेदी जी के पिछले दो उपन्यास वस्तुतः नायिका-प्रधान उपन्यास हैं। यह नायिका-प्रधानत्व क्रमशः बढ़ता गया है। 'बाणभट्ट की आत्मकथा' में भट्टिनी का व्यक्तित्व बहुत शामक एवं आकर्षक है लेकिन बाणभट्ट जितना सक्रिय नहीं है। 'चारुचन्द्रलेख' में चन्द्रलेखा और मैना के आगे सातवाहन फीका लगता है तो 'पुनर्नवा' में चन्द्रा ने महान् वीर आर्यक को मात दे दी है। एक विधान सर्वत्र है कि जो नारी-पात्र अपेक्षाकृत कम सम्पन्न वर्ग की है वह अधिक सक्रिय और तेजस्वी है चाहे वह भट्टिनी की तुलना में निउनिया हो, चन्द्रलेखा की तुलना में मैना हो या मृणाल मंजरी की तुलना में चन्द्रा हो। एक समानता और है—जो सम्बन्ध समाजसम्मत नहीं है, विधिवत् नहीं, वह अधिक प्रभावशाली ढंग से चित्रित है। भट्टिनी, चन्द्रलेखा, मृणालमंजरी बहुत कुछ स्थिर हैं, जैसे वे किसी निरपेक्ष धारणा का मूर्त्तन हों, सजीव हैं निउनिया, मैना और चन्द्रा। इन तीनों में भी क्रमिक विकास है। मैना निउनिया से कहीं अधिक सक्रिय है—पंडितों के अनुसार साक्षात् क्रिया-शक्ति का प्रतीक है। लेकिन क्रिया-शक्ति के इस प्रतीक से भी अधिक सक्रिय चन्द्रा है। मैना सक्रिय होते हुए भी संयमित पात्र है। चन्द्रा के संयम का बाँध टूट गया है। उसके असंयम को आचार्य द्विवेदी ने बहुत अच्छी तरह समझा है—उसे बहुत सहानुभूति दी है। हिन्दी में 'कंकाल' के बाद शायद ही किसी अन्य उपन्यास में असंयम

की दुर्निवारता को इतना समझा गया हो। चन्द्रा के चरित्र में मर्यादाहीनता मर्यादित होने को बहुत आतुर है। चन्द्रा की संयमहीनता उपन्यास में टूटती है, उसकी एकनिष्ठता की मर्यादा नहीं टूटती। चन्द्रा का अन्तर्द्वन्द्व बहुत वास्तविक है, वह हिन्दी कथा-साहित्य के अत्यन्त वास्तविक पात्रों में से एक है। द्विवेदी जी की आदर्शवादिता की छाप उसके चरित्र-निर्माण पर भी है। लेकिन थोड़ी-बहुत आदर्शवादिता हमारे जीवन में रहती भी है। उसे छोड़ने से भी वास्तविकता खंडित होती है। द्विधाग्रस्त 'बाणभट्ट की आत्मकथा' और 'चारुचन्द्रलेख' के नायक भी हैं, बाणभट्ट पूजा भट्टिनी की करते हैं, सेवा निउनिया से कराते हैं, सातवाहन विरह चन्द्रलेखा का झेलते हैं, साथ-साथ मैना पर भी अनुरक्त रहते हैं। लेकिन गोपाल आर्यक इनसे ज्यादा सौभाग्यशाली है। उसका अनुराग भावजगत् से बाहर आकर शरीर-सुख भी ग्रहण करता है। वर्णन सन्धाभाषा या उलटबाँसी शैली में नहीं है। गुरु के उपदेश-दीपक की सहायता के बिना भी समझ में आ जाता है—

"रात भर शरीर दबाती रही। अपना आधा आँचल बिछा दिया था। मजे में उस पर सो गए। बड़ा अभिमान मन में पाले थे। पर सेवा का सुख भोगने में भी सजग थे।"

"फिर तो दयानिधान कई दिनों तक बीमार की सेवा मन लगाकर करते रहे और बीमार ने जो भी माँगा, देते रहे। कुछ भी नहीं उठा रखा। जो कुछ तेरे लिये (मृणाल मंजरी के लिए—वि.) छिपाकर रखा था। उसे भी उलीच कर दे दिया—अवढर दानी बनकर।"

इसलिए निउनिया और मैना की अपेक्षा चन्द्रा ही अधिक वास्तविक और जागतिक नहीं है, बाणभट्ट और सातवाहन की अपेक्षा गोपाल आर्यक भी अधिक जागतिक है।

समाज और व्यक्ति के सम्बन्धों के बारे में जो नियम बनाए गए हैं, वे पूर्ण नहीं हैं। अपूर्णता निरन्तर पूर्णता की ओर धावित हो रही है। इसकी प्रक्रिया यह है कि वह मर्यादा को अधिक लचीला बनाती जा रही है। जो किसी विशिष्ट व्यवस्था की परिधि में नहीं सिमटता उसका क्या हो ? मनुष्य मशीन नहीं है। इसलिए वह सब समय व्यवस्था में बँधकर नहीं चल पाता। फिर मनुष्य की चेतना की गति और दिशा तो जड़ वस्तुओं की गति और दिशा की अपेक्षा कहीं अधिक जटिल और अकथनीय है। इस न बँध पानेवाली गति और दिशाओं का क्या हो ? उन्हें दबाना ही उनका इलाज है ?

द्विवेदी जी यह प्रश्न भाववादी दृष्टिकोण से करते हैं ? चन्द्रा के मन में गोपाल आर्यक के लिये इतनी संवेदना क्यों है ? क्या यह संवदेना निरर्थक है ? इसका कोई उद्देश्य होना चाहिए। अगर संवेदना तीव्र है तो इस विवशता के सामने अच्छा-बुरा, पाप-पुण्य, मर्यादा-अमर्यादा का प्रश्न निरर्थक है। "सारी दुनिया कहती है कि चन्द्रा पापिनी है, कुलटा है, आर्यक को पथभ्रष्ट करनेवाली है। पर चन्द्रा जानती है कि वह पापिनी नहीं है। आर्यक मेरा जनम-जनम का साथी है। अगर ऐसा न होता तो क्यों पागल की तरह उसके पीछे-पीछे भागती-फिरती। चुम्बक के पीछे भागनेवाला लोहा क्या पापी है रे ? वह विवश है, लाचार है, उसमें इच्छाशक्ति कहाँ होती है ?"

चन्द्रा लोहा है, जड़ है। बिलकुल प्रकृति की भाँति जिसमें गति ही गति है, गति को संयमित करने की शक्ति नहीं जो केवल सामाजिक मनुष्य की विशेषता है। प्रकृति के विषय में ऐसा ही प्रश्न चन्द्रमौलि करते हैं।

"मैं जब निर्झर को वेगपूर्वक नीचे की ओर दौड़ता देखता हूँ तो मन रो उठता है। क्यों इतनी व्याकुलता है इसमें ?...इन पर्वतों पर फैली हुई विशाल वनराजि रूप से, रंग से, गन्ध से न जाने किस अज्ञात प्रियतम के लिये आँख बिछाए बैठी है ! क्या यह सारा आयोजन केवल बात की बात है ? क्या इसका कोई प्रयोजन ही नहीं ?"

चन्द्रा का आर्यक के प्रति आकर्षण भी इसी प्रकार का है। चन्द्रा मन की बात कम करती है, तन की बात ज्यादा करती है। उसका शरीर गरम है—जरूरत से ज्यादा। उसे तन मिला भी नहीं। उसका विवाहित पति नपुंसक था। बचपन में उसे जो वातावरण मिला उसने भी चन्द्रा को विवेक की शिक्षा नहीं दी।

लेकिन चन्द्रा एक जगह और बेढब बात कहती है—"यहाँ जिन स्त्रियों को लोग भली मानते हैं उनमें से कुछ को मैं अच्छी तरह जानता हूँ। वे केवल निर्जीव रूढ़ियों का पालन करती हैं, उनका भीतर और बाहर सदा साफ नहीं होता है। वे छिपाने की कला अवश्य जानती हैं। चन्द्रा को वह कला नहीं आती। इसीलिए वह कुलटा कहलाती है।"

चन्द्रा को समाज ने जितना अपमानित किया है, द्विवेदी जी मानो उस सबकी क्षतिपूर्ति करना चाहते हैं। इसीलिए चन्द्रा को इतनी सहानुभूति दी गई है। वरना द्विवेदी जी छिपाने को इतना बुरा नहीं समझते। 'बाणभट्ट की आत्मकथा' में एक जगह आता है कि जगत् मिथ्या के सहारे चल रहा है।

लोहा और चुम्बक के आकर्षण और चन्द्रा का आर्यक के प्रति आकर्षण में अन्तर होना चाहिए। लोहे का आकर्षण जड़ आकर्षण है। चन्द्रा का सामाजिक व्यक्तित्व है। मनुष्य ने प्रकृति को दबाकर अपनी प्रकृति की रचना की है। जड़ प्रकृति जोर मारती है लेकिन उसे मनमानी करने दें तो मनुष्य-समाज नहीं रहेगा और जब मनुष्य-समाज नहीं रहेगा तो वह सौन्दर्य-बोध भी नहीं रहेगा जिसके कारण चन्द्रमौलि (कालिदास) को निर्झर की व्याकुलता का अहसास होता है। निर्झर की व्याकुलता का अहसास मनुष्य के सौन्दर्य-बोध ने अर्जित किया है। वह अहसास और प्रश्न झूठा नहीं है किन्तु उसका यही रूप—प्रश्न का रूप सनातन नहीं है।

चन्द्रा के माध्यम से द्विवेदी जी ने व्यवस्था से विचलन को--जो जड़ प्रकृति की महिमा है, चित्रित किया है। जड़ प्रकृति वास्तविकता है, जड़ आकर्षण भी वास्तविकता है। इसलिए व्यवस्था को इसकी चिन्ता होनी चाहिए। कथानक का वातावरण मध्यकालीन है, वह लोरिक और चन्दा की लोक-गाथा से गृहीत है इसलिए चन्द्रा की पटरी लोरिक की विवाहिता पत्नी से बैठा दी गई। वरना आज मृणाल मंजरी और चन्द्रा का इतना परस्पर सौहार्द बहुत स्वाभाविक नहीं लगता—रुचिकर भी नहीं। लेकिन कथानक मध्यकालीन है। उसमें अगर सौतों का झगड़ा होता था तो कभी-कभी प्रेम भी हो जाता रहा होगा।

मध्यकालीन नारी की समस्या को चन्द्रा की अपेक्षा अधिक विश्वसनीय ढंग से माँदी (मदनिका) का चरित्र खोलता है। माँदी का निरीह व्यक्ति अपने युग की अमानवीय व्यवस्था से बार-बार टकराता है, उसकी नारी-असहायता व्यवस्था को कई तरह से झेलती है। वस्तुतः मध्यकालीन नारी का व्यापक प्रतिनिधित्व माँदी करती है, द्विवेदी जी के उपन्यासों के किसी भी नारी पात्र से अधिक। उसका द्वन्द्व केवल भावगत नहीं है इसलिए अधिक व्यापक, जटिल और विश्वसनीय है। मध्ययुग को उसका चरित्र अधिक समर्थ तौर पर चित्रित कर देता है और यह अकारण नहीं है कि नटों का जीवन, स्त्रियों का व्यापार, द्यूत-क्रीड़ा जैसे चित्रण माँदी के चरित्र से सम्बद्ध हैं। द्विवेदी जी के किसी अन्य उपन्यास में समाज के इतने निम्नवर्ग का ऐसा विशद चित्रण नहीं हुआ था। समाज का निम्नतम वर्ग भी अपनी नारी को शोषित करता है। द्विवेदी जी के इस उपन्यास में नारी—विशेषतः निम्न समझी जानेवाली नारियों के प्रति जो सहानुभूति दिखाई गई है वह मुझे प्रेमचन्द के बाद हिन्दी के किसी अन्य कथाकार की कृति में नहीं दिखाई पड़ती। 'सहानुभूति' से तात्पर्य नारी की स्थिति की विषमता की समझ और उसके समर्थ चित्रण से है। ऐसा चित्रण जो कथा के प्रत्येक अंग में निहित और व्यंजित होता है, जो उतराकर, फेन और आग की भाँति सिर्फ ऊपर-ऊपर नहीं होता। ऐसा चित्रण माँदी का है और ऐसा ही चित्रण मंजुला का है। मंजुला नर्तकी है, शरीर से कलुषित है किन्तु उसका मन ऊर्ध्वोन्मुखी है, कीचड़ में कमल की भाँति। मंजुला उस सामन्ती व्यवस्था की स्त्री है जिसे दरबारों में नाचना पड़ता है, सबका मन रिझाना पड़ता है किन्तु जिसका हृदय इस व्यवस्था को तोड़कर किसी एक का होकर साध्वी की भाँति जीवन बिताने के लिये तड़पता रहता है। यह द्विवेदी जी की मानवतावादी दृष्टि और उनके पांडित्य और समर्थ सर्जनात्मक क्षमता का कमाल है कि मंजुला न केवल 'सेवासदन' की सुमन की याद दिलाती है, बल्कि उसके व्यक्तित्व में पार्वती और सीता जैसी साध्विता और पवित्रता भी आ गई है। इसीलिए सर्जनात्मक स्तर पर द्विवेदी जी का भाववाद और मानवतावाद अनेक प्रगतिशील समझे जानेवाले कथाकारों से अधिक प्रगतिशील है, अधिक द्वन्द्वात्मक है।

'पुनर्नवा' में सम्राट् 'समुद्रगुप्त' भी दिखलाई पड़ते हैं किन्तु थोड़ी देर के लिए। वे प्रतापी रूप में चित्रित नहीं किए गए हैं, वे कान के कच्चे भी हैं। कुल मिलाकर उनका कोई विशिष्ट और प्रभावकारी व्यक्तित्व इस रचना में नहीं उभरता। वस्तुतः यह उपन्यास मूलतः जनवादी दृष्टिकोण से लिखा गया है, वह रचनात्मक धरातल पर केवल मध्यकालीन और प्रकारान्तर से आधुनिक युग की शोषित नारी का ही चित्रण नहीं करता, वर्ण-व्यवस्था को भी तोड़ता है। श्यामरूप ब्राह्मण है और गोपाल आर्यक आभीर। किन्तु श्यामरूप पढ़ता-लिखता नहीं, कुश्ती लड़ता है। "श्यामरूप धार्मिक ब्राह्मण की अपेक्षा मल्ल ही अधिक बनता जा रहा है।" ये श्यामरूप नट जम्भल की मंडली में शामिल होते हैं और एक अज्ञात कुल की, खरीदी हुई बालिका माँदी से प्रेम करते हैं। श्यामरूप संस्कृत है, ब्राह्मण देवता 'छबीला' तद्भव नाम ग्रहण करते हैं और माँदी से ब्याह रचाते हैं। वे ऐसा काम करते हैं जो आज भी बड़े-बड़े मूल्यान्ध बुद्धिजीवी नहीं कर पाते।

इसी प्रकार गोपाल आर्यक 'लोरिक' बनते हैं। लोरिक सामान्य अहीर कुल में जनम लेकर नरेश बनता है। वह राज्य उत्तराधिकार में नहीं प्राप्त करता। अपने बाहुबल से अन्यायी राजा को मारकर प्रजा का हितचिन्तक शासक बनता है। गोपाल आर्यक 'सातवाहन' की भाँति राजा जनमकर राजा नहीं बनता, उसका जीवन एक सामान्य व्यक्ति के ऊपर चढ़ने की कहानी है। 'बाणभट्ट की आत्मकथा' का नायक ब्राह्मण है, 'चारुचन्द्रलेख' का नायक क्षत्रिय तो 'पुनर्नवा' का नायक आभीर।

'पुनर्नवा' में 'मृच्छकटिकम्' और 'लोरिक-चन्दा' की लोक-गाथा को घुला-मिला दिया गया है। फिर 'क्वचिदन्यतोऽपि' भी है। चन्द्रमौलि के रूप में कालिदास हैं और उनके अन्य श्लोकों के समर्थ गद्यानुवाद हैं जिन्हें कथानक-विन्यास में सन्दर्भ देकर सजीव बना दिया गया है। यह काम सिर्फ पांडित्य के बल पर सम्भव नहीं था। इसके लिये उस दुर्लभ कल्पनाशक्ति की आवश्यकता होती जो प्रतिभा और परदुखकातरता से निर्मित होती है, जो अपने युग के सामान्य मनुष्य और अपने जीवनानुभवों से आलोक लेकर अतीत को सार्थक एवं सन्दर्भवान् बनाती है। इस उपन्यास का प्रायः प्रत्येक पृष्ठ प्रगाढ़ अनुभवों को सरल भाषा में व्यक्त करनेवाली सहज पंक्तियों से भरा है। इन्हें सूक्तियाँ कहा जाता है। ये ऊपर-ऊपर से देखने पर सपाट लगती हैं लेकिन जब हम अपने जीवन में विषय और झकझोर देनेवाले अनुभवों से गुजरते हैं तब ये सूक्तियाँ बहुत जटिल मनोस्थिति को प्रकाशित करके सार्थक हो उठती हैं। जिन लोगों का जीवनानुभव जटिलता-विहीन, घटनाशून्य होता है उनके लिये ऐसी सूक्तियाँ आजीवन सपाट ही बनी रहती हैं। ऐसी सूक्तियाँ सबसे अधिक तुलसी और कबीर के यहाँ मिलती हैं। आधुनिक साहित्य में प्रेमचन्द की रचनाएँ ऐसी सूक्तियों से पूर्ण हैं। द्विवेदी जी भी ऐसी उक्तियाँ लिख सकते हैं—

"माँ कहीं-न-कहीं हार मानने पर ही बच्चे को मारती है।"

"यदि निरन्तर शास्त्र-सम्मत व्यवस्थाओं का परीक्षण न किया जाए तो एक दिन ऐसा आ सकता है कि सारा समाज गतिहीन होकर अपनी बनाई व्यवस्थाओं की बेड़ी में आप ही कस जाए।"

"निर्णायक को पाँच दोषों से बचना चाहिए—राग, लोभ, भय, द्वेष और एकान्त में वादियों की बातें सुनना।"

"राजस्तुति का मतलब तुम नहीं जानते। यह केवल शब्द होता है, अर्थ नहीं।"

"दो तरह की रचनाएँ होती हैं। एक प्रकार की रचनाएँ विधाता की सृष्टि हैं। दूसरी तरह की रचनाएँ मनुष्य की सृष्टि हैं...हम इन प्राकृतिक वस्तुओं की निर्माण-विधि की आलोचना नहीं करते। पर जो व्यवस्था मनुष्य ने बनाई है उसमें दोष हो तो उसे बदला जा सकता है।" आदि।

इस उपन्यास में अपभ्रंश के अनेक दोहों, प्राकृत की कई गाथाओं को थोड़ा-बहुत बदलकर कल्पित सन्दर्भ में बैठा दिया गया है। अनेक अपभ्रंश छन्दों की रचना स्वयं द्विवेदी जी ने की है। कौन पंक्ति हेमचन्द की है, कौन शूद्रक की और कौन द्विवदी जी की इसका सन्धान सामान्य पाठक नहीं विद्वान् पाठक ही लगा पाएँगे।

'पुनर्नवा' द्विवेदी जी के सभी उपन्यासों में सर्वाधिक पठनीय है। इसमें कथानक-विन्यास भी सबसे सुषमित है। यह उपन्यास जीवन और जगत् के बाह्य चित्रण के माध्यम से पात्रों के मनोजगत् का उद्‌घाटन करता है। यह अन्य दो उपन्यासों की अपेक्षा अन्तर्गठित भी अधिक है। यह उपन्यास आत्मकथात्मक शैली से नहीं लिखा गया है, सम्भवतः इसीलिए इसमें वस्तुनिष्ठता अधिक है अर्थात् द्विवेदी जी उन रचनाकारों में से हैं जो समय के साथ अधिक वस्तुनिष्ठ दृष्टिकोण अपना रहे हैं।

ऐतिहासिक उपन्यास की रचना-प्रक्रिया : 'पणिपुत्री सोमा'

राजीव सक्सेना

'पणिपुत्री सोमा' हमारे इतिहास के एक खंड की कथा है, यह बात दूसरी है कि उस खंड का क्रमबद्ध इतिहास उपलब्ध नहीं है और इसलिए उसको प्रागैतिहासिक काल कहा जाता है।

मैं समझता हूँ, इतिहास-खंड बन जाने में ही उपन्यास की चरमोपलब्धि है। अपने समय तथा उसकी अन्तर्धाराओं को जितने व्यापक और गहन रूप से उद्घाटित करने में उपन्यास समर्थ होता है, उतना वह न सिर्फ अपने समय में, बल्कि अपने समय से आगे, बहुत समय तक, शायद अनन्त काल तक, अपने समय के दस्तावेज के रूप में जीवित रहेगा। शिल्प सम्बन्धी फैशन बदल जाएँगे, भाषा-विकास एक कृति को इतना अजनबी रूप दे देगा कि शायद पीढ़ियों बाद उसको शब्दकोशों और प्राचीन व्याकरणों के सहारे पढ़ना पड़ेगा, जीवन-मूल्य और समाज-संरचना आमूल बदल जाएगी, तब भी पुराने-से-पुराना उपन्यास पढ़ा जाएगा, बशर्ते वह अपने समय का ऐतिहासिक, आर्थिक, समाज-वैज्ञानिक, वैचारिक आदि रूपों का समुचित परिचय देता हो। इतिहास की पुस्तक की अपेक्षा उपन्यास युग-विशेष का अधिक अच्छा परिचय देगा। क्योंकि जहाँ उपन्यास समाप्त होता है, इतिहास वहाँ से अर्थात् उपन्यास के निष्कर्षों से आरम्भ होता है। इतिहास में मनुष्य लगभग एक भाववाचक संज्ञा बन जाते हैं किन्तु उपन्यास में वही मनुष्य व्यक्तिवाचक होते हैं जिनके दो इतिहास होते हैं, एक सामाजिक परिवेश का इतिहास और दूसरा उनका अपना व्यक्तिगत इतिहास। निश्चय ही व्यक्ति के ये दोनों इतिहास एक-दूसरे को प्रभावित करते हैं, व्यक्ति परिवेश को बदलता है और परिवेश व्यक्ति को अपने आप रूपान्तर करने में सहायता देता है और इस प्रकार इतिहास-धारा का निर्माण होता है।

यही कारण है कि साहित्य समस्त विज्ञानों के अध्ययन और निरूपण में सहायक होता है। कोई आश्चर्य नहीं कि समाज-विज्ञान के युगान्तरकारी अध्येता और क्रान्तिकारी दार्शनिक कार्ल मार्क्स अपनी कृतियों में वैज्ञानिक ग्रन्थों के अतिरिक्त कवियों और उपन्यासकारों की रचनाओं के उद्धरणों को मान्य तथ्यों के रूप में उद्धृत करते दिखाई देते हैं। मार्क्स ने यहाँ तक कहा कि "अंग्रेजी उपन्यासकारों की प्रतिभाशाली आधुनिक

धारा ने सारे राजनीतिज्ञों, पत्रकारों और नीतिशास्त्रियों को मिलाकर उनसे अधिक सजीव और मुखर रूप से राजनीतिक और सामाजिक सत्य का उद्घाटन किया है।" उनके परम मित्र और सहयोगी एंगेल्स ने फ्रांसीसी लेखक बाल्जाक के बारे में कहा था कि "पेशेवर इतिहासकारों, अर्थशास्त्रियों और सांख्यिकी-वेत्ताओं की सारी पुस्तकों की तुलना में बाल्जाक के उपन्यासों से फ्रांसीसी समाज की कहीं अधिक जानकारी प्राप्त होती है, यहाँ तक कि आर्थिक विवरणों तक की (उदाहरण के लिए, क्रान्ति के बाद वास्तविक और व्यक्तिगत सम्पत्ति के पुनर्वितरण तक के विषय में) जानकारी मिलती है।"

और मैं समझता हूँ कि उपन्यास की तरह सजीव बन जाने में इतिहास की परमोपलब्धि है। जब एक इतिहास-खंड अपने देश-काल की पृष्ठभूमि में इतना सजीव रूप ले लेता है कि इसकी समस्त अन्तर्धाराएँ, सारे घात-प्रतिघात, साक्षात मानवीय रूप में साकार हो उठते हैं ओर वे मनुष्य एक टाइप मात्र न रहकर व्यक्ति भी बन जाते हैं तो उपन्यास की रचना होती है। उपन्यास इस इतिहास-बोध को उसके समस्त सामाजिक, आर्थिक और व्यक्तिगत रेशों को तार-तार कर उसके वस्तु-तत्त्व को साफ उजागर कर देता है।

मनुष्य इतिहास का सर्जक और उसकी सर्जन-क्रिया उपन्यास की विषय-वस्तु है। किन्तु कोई उपन्यासकार इस सर्जन-प्रक्रिया को सर्वांग रूप से नहीं देख सकता, अगर वह इस प्रक्रिया के संघर्ष और मन्थन में उलझी हुई विभिन्न शक्तियों को व्यक्ति रूप नहीं दे सकता। अपने समय के सामाजिक और व्यक्ति-सन्दर्भों को उपन्यासकार स्वयं अपने युग की कथा के एक पात्र रूप में उलझे होने के कारण अपने अनुभव से देख-परख सकता है और उचित पात्रों का चयन कर सकता है। किन्तु अनदेखे, अनभोगे अतीत के औपन्यासिक पुनर्निर्माण के मामले में आत्मानुभव काम नहीं दे सकता। दूसरे शब्दों में, जहाँ समसामयिक जीवन का उपन्यासकार परिवेश और जीवन के बोध को व्यक्तिगत अनुभव से ग्रहण कर ऐतिहासिक सत्य पर पहुँच सकता है (ज्ञान के अन्य क्षेत्रों, जैसे अर्थशास्त्र, समाजशास्त्र, मनोविज्ञान आदि से परिचित न होने के बावजूद), वहाँ चूँकि ऐतिहासिक उपन्यास के रचनाकार को एक काल विशेष के ऐतिहासिक सत्य से उस काल-खंड के परिवेश और जीवन-बोध की संरचना की ओर बढ़ना पड़ता है, इसलिए उसको उस काल-खंड के आर्थिक, सामाजिक और सांस्कृतिक प्रश्नों का ज्ञान प्राप्त करने के लिये मानविकी के अन्य क्षेत्रों का अध्ययन भी करना पड़ता है और तभी वह उस काल-खंड के योग्य पात्रों का चयन कर सकता है।

फिर भी एक काल-खंड के इतिहास से उपन्यासकार को काफी सामग्री प्राप्त हो सकती है। यह ठीक है, वैदिक काल के विषय में कोई इतिहास सुलभ नहीं है, मगर उसके विषय में इतना शोधकार्य किया जा चुका है कि उसका अध्ययन कर ऋग्वैदिक जीवन की संरचना की जा सकती है। सौभाग्य से मैं वैदिक साहित्य के विषय में बचपन से ही जिज्ञासु रहा हूँ और हर सुलभ शोध-ग्रन्थ का अध्ययन करता रहा हूँ। 'पणिपुत्री सोमा' में इस अध्ययन का उपयोग हुआ।

इस अध्ययन के आधार पर एक शोध-ग्रन्थ लिखा जा सकता था। किन्तु मैंने उपन्यास लिखना इसलिए संगत माना कि अपने अध्ययन से मैंने जिन प्रश्नों का उत्तर प्राप्त किया, उनको पाठकों तक बोधगम्य रीति से पहुँचाने का साधन उपन्यास ही हो सकता था।

उपन्यास की रचना से पहले यह आवश्यक था कि इतिहास-सत्य निर्धारित किया जाए। ऋग्वैदिक आर्यों के जीवन-सम्बन्धी शोध दो तरह के विद्वानों ने किए हैं; एक, वे जो वेदों को आप्त वाक्य, धर्म-ग्रन्थ तथा समस्त ज्ञान-विज्ञान का स्रोत और आर्य-जीवन को अनुकरणीय आदर्श मानकर वैदिक साहित्य की व्याख्या करते हैं। दूसरे, वे जिन्होंने वेदों को प्राचीनतम साहित्य मानकर उनका अध्ययन किया और उसके आधार पर वैदिक आर्यों के जीवन का चित्र प्रस्तुत करते समय यह माना कि वे भी मनुष्य थे और अपनी उपलब्धियों के साथ ही साथ मानवोचित निर्बलताओं तथा संघर्षों से भी ग्रस्त थे। कुछ विद्वानों ने इन दोनों के बीच की स्थिति भी ली है, मगर उन्हें भी इधर या उधर शामिल किया जा सकता है। मैंने स्वयं अपने अध्ययन से दूसरे प्रकार के विद्वानों से अपने को सहमत पाया जिनमें तिलक, भंडारकर, जायसवाल, राहुल सांकृत्यायन, कोसाम्बी, क्षेत्रेश चन्द्र चट्टोपाध्याय, भगवतशरण उपाध्याय आदि अनेक विद्वान् हैं। इसमें भी समाज संरचना की मार्क्सवादी व्याख्या मुझे ऐतिहासिक सत्य के अत्यन्त निकट प्रतीत हुई। मार्क्स ने 'राजनीतिक अर्थशास्त्र की समीक्षा' की भूमिका में इस व्याख्या का सारतत्त्व इन शब्दों में प्रस्तुत किया है—

"अस्तित्व के भौतिक साधनों की उत्पादन-पद्धति सामाजिक, राजनीतिक और बौद्धिक जीवन की समस्त प्रक्रिया को निश्चित करती है। मनुष्य की चेतना उसके अस्तित्व को निर्धारित नहीं करती, बल्कि इसके विपरीत, उसका सामाजिक अस्तित्व ही उसकी चेतना को निर्धारित करता है। अपने विकास की एक विशेष अवस्था तक पहुँच जाने के बाद समाज में उत्पादन-शक्तियों का विद्यमान उत्पादन-सम्बन्धों से या उन सम्पत्ति-सम्बन्धों से जो उनकी कानूनी अभिव्यक्ति मात्र ही होते हैं, टकराव पैदा होता है जिनके अन्दर वे पहले काम करती रही हैं। ये उत्पादन-सम्बन्ध उत्पादन-शक्तियों के विकास के स्वरूप न रहकर अब उनके बन्धन बन जाते हैं। तभी सामाजिक क्रान्ति का युग आरम्भ होता है। आर्थिक नींव बदलने से उसके ऊपर टिकी हुई भारी-भरकम इमारत भी कमोबेश रूप में जल्दी बदल जाती है। ऐसी क्रान्तियों पर विचार करते हुए उत्पादन की आर्थिक परिस्थितियों में भौतिक क्रान्ति जिसको प्राकृतिक विज्ञान जैसी सही नापतौल की तरह आँका जा सकता है, और कानूनी, राजनीतिक, धार्मिक, सौन्दर्य-शास्त्रीय या दार्शनिक, संक्षेप में विचारात्मक स्वरूपों में रूपान्तर—जिस क्षेत्र में संघर्ष के विषय में मनुष्य सचेत हो जाते हैं और लड़ाई जारी रखते हैं—के बीच भेद करना चाहिए।" (जोर हमारा—रा.स.)।

इस सन्दर्भ में देखा जा सकता है कि 'पणिपुत्री सोमा' की रचना में जहाँ एक-एक अध्याय में आर्यों के आर्थिक, सामाजिक, गणतान्त्रिक, धार्मिक और वैचारिक जीवन के

किसी पक्ष-विशेष का उद्‌घाटन करते हुए कथा आगे बढ़ाई गई है, वहाँ यह भी स्पष्ट करने का प्रयत्न किया गया है कि उस जनपद-विशेष में आर्य-अनार्य संघर्ष केवल कुछ प्रेम-कथाओं को लेकर नहीं पैदा हुआ था, बल्कि आर्यजीवन में उत्पादक शक्तियों के रूप में अनार्यों के प्रवेश से वे सामाजिक सम्बन्ध टूटने लगे जो नई उत्पादक शक्तियों के विकास में बाधक बन रहे थे। उपन्यास में एक जगह मैंने कहा भी है : "जनपद की जीवन-पद्धति बदल गई है, पणिदास जिस ज्ञान को जानते हैं, जैसे हथियार बनाना, पक्की ईंटें तैयार करना, कपास की खेती करना, वह सब इस जनपद के जीवन को एक नया रूप दे रहा है, फिर उन्हें इस जीवन का उपयोग करने से रोका भी कैसे जा सकता है। ईशान विष्णु और पुरोहित जमदग्नि के विचार ही बाधक रहे हैं, अन्यथा पणिदासों के कौशल का लाभ बहुत पहले उठाया जा सकता था। और आज भी ये विचार बाधक बन रहे हैं।" (पृ. 168) इस संघर्ष से अन्ततः जनपद टूट जाता है।

अस्तित्व के भौतिक साधनों की उत्पादन-पद्धति से जो सामाजिक सम्बन्ध स्थापित होते हैं, उनको उत्पादन-विकास में बाधक बनने से रोकने की प्रेरणा से किस प्रकार प्रगतिशील और प्रतिक्रियावादी शक्तियों तथा उनके विचारों में टकराव पैदा होता है, 'पणिपुत्री सोमा' इसकी कहानी है। किन्तु कल के प्रगतिशील आज प्रतिक्रियावादी भी हो सकते हैं—इसका एक उदाहरण पुरोहित जमदग्नि है जिसने भौतिक साधनों के विकास में युद्ध में पराजित पणियों का योगदान लेने के लिये पुरुषमेध की अमानुषिक प्रथा का अन्त किया था, मगर वही व्यक्ति आगे चलकर पणियों को समाज में समान अधिकार देने का विरोध करता है। एक और नई पीढ़ी उभरी और उसने आर्य जमदग्नि तथा ईशान विष्णु के विचारों से सामाजिक विकास में गतिरोध पैदा होने का खतरा देखा, इसलिए अर्द्धदास पणियों के संघर्ष का साथ देकर एक सामाजिक क्रान्ति खड़ी कर दी। इतिहास में व्यक्ति की भूमिका समझने के लिये एंगेल्स के एक उद्धरण पर विचार करना चाहिए—

"इतिहास अपना निर्माण इस रीति से करता है कि अन्तिम परिणाम अनेक व्यक्तिगत आकांक्षाओं के टकराव से पैदा होता है और इन व्यक्तिगत आकांक्षाओं में से प्रत्येक आकांक्षा जीवन की अनेक निजी परिस्थितियों से निर्मित होती है। इस प्रकार एक-दूसरे को काटनेवाली रेखाओं की तरह अनेक शक्तियाँ काम करती हैं, अनेक समानान्तर चतुर्भुज खड़े हो जाते हैं जिनसे एक परिणाम निकलता है—एक ऐतिहासिक घटना।" (जे. ब्लौख के नाम पत्र)

अतः व्यक्ति एक सामाजिक टाइप भी है और अनन्य व्यक्ति भी। इसीलिए उपन्यास के लिये पात्रों का चयन करते हुए हर पात्र की अपनी व्यक्तिगत विशेषता की संरचना करनी पड़ती है। चाहे दास पणि हों और चाहे शासक आर्य या युवा पीढ़ी, उनकी पाँतों में विभिन्न व्यक्तियों का चरित्र भिन्न है और एक विशेष परिस्थिति में उनकी प्रतिक्रिया एक-सी नहीं होती। उदाहरण के लिए, पुरोहित-पुत्र दक्ष स्वभाव से गम्भीर और भावुक है, किन्तु एक और आर्यपुत्र विश्वदेव अपनी भ्रमण और व्यापारिक

वृत्ति के स्वाभाविक विकासानुसार विनोदप्रिय और यथार्थपरक है। नारी पात्रों में उषा और दक्षिणा की भिन्न प्रकृति का अध्ययन किया जा सकता है। स्पष्ट है, इन चरित्रों की विशिष्टता के निर्माण में उनकी अपनी विशेष सामाजिक स्थिति की सशक्त भूमिका है और सामाजिक उथल-पुथल से गुजरकर वे सभी अपने-अपने ढंग से बदलते हैं। उनके संघर्ष का जो परिणाम निकलता है, उसको किसी ने नहीं चाहा था और फिर भी यह मानना पड़ेगा कि उस परिणाम के निर्माता वे सभी हैं। इस परिणाम को जो न स्वीकार कर पाते हैं और न अस्वीकार, वे हैं पुरोहित (प्रधानमन्त्री) जमदग्नि; वे न मूल जनपद में रहते हैं और न विद्रोही, नव-स्थापित जनपद के साथ जाते हैं, बल्कि इन दोनों से अलग एक नई भूमिका स्वीकार करते हैं—ऋषि की, एक शिक्षक की। राजतन्त्रों से स्वतन्त्र ऋषियों की संस्था का जन्म उस सुदूर अतीत में कैसे हुआ, यह अलग बात है, किन्तु एक स्थिति विशेष में, वह पुरोहित ज़मदग्नि जैसे व्यक्ति के आत्मतोष का साधन बन सकी।

उपन्यास प्रारम्भ करते समय मेरे सामने जो प्रारूप था, उसमें न तो पूरी कहानी की परिकल्पना निर्धारित की गई थी और न सारे पात्रों का चरित्र। तीन-चार मुख्य पात्रों को छोड़कर शेष पात्र उपन्यास लिखने के दौरान प्रकट हुए। घटनाएँ भी उस दिशा में नहीं चलीं, जिसकी प्रारम्भ में परिकल्पना की थी और अन्त तो अत्यन्त अप्रत्याशित था। अन्तिम परिच्छेद लिखने के बाद मैंने महसूस किया कि प्रारम्भिक प्रारूप तैयार करते समय मैं जमदग्नि के इस रूपान्तर की कल्पना नहीं कर रहा था जो अन्त में जाकर अपनी ही तार्किक संगति के साथ प्रकट हुआ। इस प्रकार, प्रारम्भ में विश्वदेव को मैं उतना महत्त्वपूर्ण पात्र नहीं समझता था, जितना वह अन्ततः सिद्ध हुआ। उपन्यास-रचना में मेरा यह पहला प्रयोग था और उसको समाप्त करने के बाद मुझे उन उपन्यासकारों से ईर्ष्या हुई जो हर घटना, हर पात्र और हर अध्याय को अपनी योजनापूर्वक शब्दबद्ध करने का दावा करते हैं। शायद वे दावे अतिरंजित होते हैं। पात्र-पात्रियाँ एक बार पैदा होने के बाद अपना जीवन जीते हैं और कठपुतलियों की तरह चलने से इनकार कर देते हैं। मेरा खयाल है, अच्छा उपन्यासकार उनके इस स्वतन्त्र जीवन का सम्मान करता है और इसको अपने रचना-क्रम का आधार बनाने के कारण यान्त्रिक होने से बच जाता है। उसके पात्र कितने स्वाभाविक और सजीव हैं, इसके लिए निश्चय ही उपन्यासकार से कुछ और भी अपेक्षित है जिसे संक्षेप में कलात्मक शक्ति कह सकते हैं। इस सम्बन्ध में मुझे कितनी सफलता मिली है, इसका निर्णय पाठक और आलोचक ही कर सकते हैं।

उपन्यास लिख डालने के बाद जब मैंने उसको अन्तिम रूप देने के लिये दोबारा पढ़ा तो मुख्यतः ये प्रश्न अपने आप से किए : क्या जिस कालखंड का मैं चित्रण करना चाहता था, वह साकार हुआ है यानी क्या मैं ऋग्वैदिक आर्यों के आर्थिक, राजनीतिक, सामाजिक और सांस्कृतिक जीवन की झाँकी देने में सफल हुआ हूँ और क्या वह चित्रांकन प्राप्त प्रमाणों तथा अब तक के शोध-परिणामों की कसौटी पर सही उतरता है ? क्या जो शिल्प और शैली चुनी गई, वह पाठकों के लिये दुर्बोध तो नहीं है ? और

क्या ऋग्वेद और वैदिक जीवन के विषय में जो अन्धविश्वास फैले हुए हैं, उनका कुछ निराकरण करने में इससे सहायता मिल सकती है ? अपने तईं सन्तुष्ट होने के बावजूद मैंने इनका उत्तर पाने के लिये अनेक साथियों को पढ़ाया और कुछ ऐसे लोगों को भी पढ़ाया जिन्हें हम साधारण पाठक की कोटि में रख सकते हैं और उनकी टीका-टिप्पणियों से मैंने अपने सन्तोष की परीक्षा की। इस अवसर का लाभ उठाकर मैं यह बताना चाहता हूँ (उपन्यास की भूमिका में यह उल्लेख रह गया) कि मैं प्रकाशन से पूर्व यह उपन्यास सुप्रसिद्ध विद्वान डॉ. भगवतशरण उपाध्याय को पढ़ाने तथा उनका मत जानने का लोभ संवरण नहीं कर सका था, हालाँकि मेरे प्रकाशक ने मुझसे प्रश्न किया था कि मैं अपने लिये किसी सिफारिश की आवश्यकता क्यों समझता हूँ। स्पष्ट ही, सिफारिश की बात नहीं थी—मेरे समक्ष प्रश्न था कि क्या इस विषय के एक अधिकारी विद्वान् इस उपन्यास को समीचीन और प्रकाशन-योग्य समझते हैं या नहीं। मैं डॉ. उपाध्याय का आभारी हूँ कि उन्होंने अपनी व्यस्तताओं के बीच न सिर्फ इसको पढ़ा, बल्कि विस्तृत नोट भी लिख भेजा जिससे मुझे उसके प्रकाशन के लिये प्रोत्साहन मिला।

प्रकाशनोपरान्त अनेक पाठकों के पत्र मिले जिनमें से कुछ में आलोचना भी की गई थी। एक पत्र में मेरी निन्दा की गई थी कि मैंने अप्रत्यक्षतः पाठकों को यह धारणा बनाने का प्रयत्न किया कि ऋग्वेद परमपिता परमात्मा की रचना नहीं, मनुष्य की रचना है और आर्य-जन कई मामलों में कई आर्येतर जातियों से कम सभ्य थे तथा किन्हीं मामलों में उत्पीड़क और भ्रष्ट थे। मैंने उस पाठक से बहस करना व्यर्थ समझा और केवल यही लिखा कि अगर वे यह मानते हैं कि वेदों के रचनाकार स्वयं भगवान् हैं और ऋषिगण उन ऋचाओं के स्रष्टा नहीं, द्रष्टा मात्र थे तो यह भी मान लें कि संसार के अस्तित्वमान हर वस्तु के रचनाकार ने ही मेरी कलम के माध्यम से इस उपन्यास की रचना करा ली और उसकी यही इच्छा है।

मेरा खयाल है कि हमारे पढ़े-लिखे लोगों तक में उक्त चेतना के स्तरवाले पाठकों का बहुमत है क्योंकि एक लम्बे अर्से से व्यापक रूप से यह धारणा फैलाई गई है कि वेदों में समस्त ज्ञान-विज्ञान विद्यमान है और जर्मन विद्वानों ने वेदों का अध्ययन कर विमान आदि अनेक वैज्ञानिक आविष्कार कर डाले तथा चूँकि भारतीय वेदाध्ययन की परम्परा छोड़ बैठे, इसलिए पीछे रह गए। मैं समझता हूँ कि इन अन्धविश्वासों को दूर किए बिना भारतीय समाज रूढ़ियों से मुक्त होकर आगे बढ़ने के लिये प्रेरित नहीं हो सकता।

वैदिक साहित्य अपने समय में दुनिया के उन्नततम तथा गतिशील जीवन का प्रतिबिम्ब है जिसमें अग्रगामी और अवरोधक, दोनों तत्त्वों का अन्तर्विरोध और संघर्ष निहित है। इस संघर्ष में अग्रगामी शक्तियों ने विजय प्राप्त कर अगले उन्नत जीवन का किस प्रकार बीजारोपण किया इसका अध्ययन वैज्ञानिक रीति से किया जाना चाहिए, जातिदम्भी भाव से नहीं। इस अध्ययन के लिये अगर मेरे उपन्यास से थोड़ी-सी भी सहायता मिलती है तो मैं इसका लेखन सार्थक समझूँगा।

'पणिपुत्री सोमा' का सन्दर्भ

डॉ. भगवतशरण उपाध्याय

'पणिपुत्री सोमा' राजीव सक्सेना का ऐतिहासिक उपन्यास है। ऐतिहासिक उपन्यास लिखना आसान नहीं, यद्यपि ऐतिहासिक उपन्यास देश-विदेश में अनेक लिखे गए हैं, और उनमें से अनेक अत्यन्त सफल और निर्दोष भी रहे हैं। सर वाल्टर स्कॉट के तो जगत् प्रसिद्ध हैं। जॉर्ज इलियट की 'रोमोला' और लॉर्ड लिटन के 'लास्टर डेज ऑव पाम्पेई' ने भी रोमांचकारी ऐतिहासिक तथ्य प्रस्तुत किए। दुमा और यूगो ने भी अपने अनेक कथानक ऐतिहासिक धरातल पर तौले और वर्जीनिया वुल्फ ने तो करीब तीन-चार सौ सालों के एक ही चरित्र की ऐतिहासिक व्याख्या अपनी फैंटज़ी 'आर्लैंडो' में निर्मित की जो अपनी मिसाल आप है। भारतीय लेखिका कुर्रतुल ऐन-हैदर ने उसी प्रकार की उर्दू में ऐतिहासिक फैंटज़ी 'आग का दरिया' प्रस्तुत की। नारवेई ऐतिहासिक उपन्यास लेखिका सीग्रिड उण्डसेट ने इस सदी के प्रथम चरण के अन्त में जो अपने उपन्यास लिखे उनमें ('क्रीस्तिन लाब्रान्स्दात्तेर' और 'द मास्टर ऑव हस्त्विकेन') उन्होंने नोबेल पुरस्कार तो जीता ही, ऐतिहासिक उपन्यासकारिता में एक सीमा भी खींच दी जिसे लाँघना तो दूर, उसे छू पाना भी कृतिकारों के लिये कठिन हो गया। फिर भी उपन्यास लिखे जाते रहे और निस्सन्देह एक-से-एक सुन्दर भी लिखे गए। सोलेम ऐश की 'थ्री सिटीज' और विशेषकर हार्वर्ड फास्ट के 'स्पातकिस्' और 'ब्रदर्स मक्काबी' तो निस्सन्देह बेजोड़ हैं।

भारतीय भाषाओं में भी ऐतिहासिक उपन्यासों की कमी नहीं। मराठी में हरिनारायण आपटे ने, बँगला में राखालदास बन्धोपाध्याय ने और गुजराती में कन्हैयालाल माणिक लाल मुंशी ने अनेक सफल उपन्यास लिखे। हिन्दी में भी कुछ खास अच्छे प्रयत्न हुए जिनमें अन्यों के अतिरिक्त अमृतलाल नागर का 'शतरंज के मोहरे' मुझे बहुत भाया। वृन्दावनलाल ने भी कुछ अच्छे ऐतिहासिक उपन्यास लिखे।

ऐतिहासिक उपन्यास लिखना आसान नहीं। समसामयिक इतिहास को मथना पड़ता है और उस मंथन से जो नवनीत निकलता है उससे उपन्यास के कायिक प्राण बँधते हैं। 'पणिपुत्री सोमा' को पढ़कर मुझे लगा कि इसके लेखक राजीव सक्सेना ने अपने उद्घाट्य आकलन से पृष्ठभूमि ऐतिह्य को भली प्रकार मथा है और उपलब्ध रयी से उसका कलेवर रचा है। ऐतिह्य के सम्बन्ध में जो साधारण धारणा कहावत बन गई है—History repeats itself—इतिहास अपने को दुहराता है—उसके सम्बन्ध में मार्क्स

ने एक मजे की बात कही थी–Yes, hitory does repeat itself—Once as a tragedy and next as a farce ! निश्चय इतिहास अपने को दुहराता है–एक बार त्रासदी बनकर दूसरी बार फार्स बनकर। सो ऐतिहासिक उपन्यास जो अपने पुनर्निर्माण द्वारा ऐतिह्य को 'फार्स' न बना दे इससे उपन्यासकार को चौकन्ना रहना पड़ता है, कारण कि अनेक बार इस प्रकार के उपन्यास फार्स बन गए हैं। जब उपन्यासकार अथवा नाटककार अपने अतीत के शालीनीकरण में उद्योगशील अघटित को अपनी कथा में घटाने लगता है तो ऐतिह्य का स्वयं अंग बन जाता है और तब उसकी कृति 'फार्स' बन जाती है। पर जब वह उसका अंग होकर भी अपने को उसका अंग नहीं बनने देता और स्वयं उसका आलोचक भी बन जाता है तभी वह चौकस कृतिकार अपने आलेख्य को प्राणान्वित कर पाता है। 'पणिपुत्री सोमा' पढ़कर मुझे लगा कि लेखक इस सन्दर्भ में नितान्त चौकस रहा है जिससे उसकी यह कृति सर्वांग सुन्दर बन पड़ी है। 'सर्वांग सुन्दर' से मेरा तात्पर्य यह कदापि नहीं कि उसमें सुधार अथवा उसे बेहतर बनाने की गुंजाइश नहीं–वह तो शल्य-क्रिया की बात है–पर रूप की अवधारणा और तथ्य का रूपायन इस सफलता से हुआ है कि उपन्यास के गठन पर साधुवाद करना ही पड़ता है।

राजीव सक्सेना की काव्यकारिता को मैं प्रायः आदितः जानता हूँ पर मुझे पता नहीं कि उपन्यास के क्षेत्र में यह उनका पहला प्रयास है या इससे पहले भी उपन्यास उन्होंने लिखे हैं। यदि यह पहला ही है तब तो निश्चय यह उस ग्रीक कहावत (अंग्रेजी में) Minerua born in panoply—को चरितार्थ करता है जिसका भाव है कि देवराज ज्यूस् की कन्या मिनर्वा (एथेनी) पिता का मस्तक फाड़कर पूर्ण विकसित रूप में प्रसूत हो गई थी। उपन्यासकारिता के वैयक्तिक विकास की भी एक परम्परा होती है, पर यदि यह उपन्यास उससे स्वतन्त्र गठित हुआ है तो निस्सन्देह काया की गठन और आकर्षक सुघराई में असामान्य है।

भाषा सरल है, सरल जो पेचीदा की परिणति हुआ करती है, और सर्वत्र कथनीय को बगैर कहीं गाँठ डाले स्पष्ट कर देती है। सरल भाषा, लोगों का कहना है, सर्वथा अकृत्रिम होकर अनेक बार निःस्वाद, निष्प्राण हो जाया करती है। पर 'पणिपुत्री सोमा' की भाषा सरल और तरल है, प्रवहमान, आबेरवाँ, आशुग्राह्य है। एकाध प्रसंग इस प्रकार अनायास भाषा की शक्ति से खुल पड़े हैं–

"दक्ष फुँफकारकर उठ बैठा और शत योजन तक कपर्द खींचकर दंड देने की धमकी देता उषा के पीछे दौड़ा। उषा किलककर भाग गई और उसके पीछे मत्त अश्व की भाँति दक्ष ने छलाँग मारी। आर्य जगदग्नि का उदास चित्त सोमपायी के समान प्रफुल्ल हो उठा। (पृ. 18)

"दूर निरभ्र नीलाकाश के कोने में दुबके श्वेत मेघ के टुकड़े की ओर देखते हुए सोमा बोली।" (पृ. 23)

"नीरव वातावरण पर वेणु-वन में हाहाकार करती आँधी-सा मुखर हो उठा और फिर यकायक नीरवता छा गई। सहसा, अयस्कशाला के शिलालखंडों के सहस्र कुलिशाघात की भीषण झनझनाहट उसके मस्तिष्क में गूँज गई।" (पृ. 26)

"हिरण्य किरणों की तूलिका से रंजित परिपक्व यव का विशाल क्षेत्र युवा पिंगल केशों की भाँति लहरा रहा था। पवन की एक लहर के स्पर्श से आर्य जमदग्नि का दहकता हुआ मुखमंडल शीतल हो गया और हृदय की वेगवान अश्व जैसी गति यकायक थम गई। जमदग्नि अपने प्रमाद पर स्वयं हँस पड़े।" (पृ. 75)

इस प्रकार के अनन्त स्थल 'पणिपुत्री सोमा' में हैं जहाँ उनका ऐश्वर्य पुंजीभूत हो गया है।

अब हम उपन्यास की किंचित् शल्य-क्रिया करेंगे। उसके ऐतिह्य, सामाजिकता, कथानक, यौन-सम्बन्ध आदि पर विचार करेंगे। पहले ऐतिह्य : उपन्यास की पृष्ठभूमि काल की दृष्टि से ऋग्वैदिक है, जिसका समय अवैज्ञानिक श्रद्धालु तो लाखों वर्ष पहले, पर वैज्ञानिक सोलहवीं सदी ई.पू. के आसपास मानते हैं, जो काल बीसवीं सदी भी हो सकता है, अथर्ववेद का उपन्यास में उद्धरण होने के कारण दसवीं सदी ई.पू. भी हो सकता है। वैसे अथर्ववेद का हवाला कुछ विशेष अर्थ भी नहीं रखता, कारण कि जहाँ तक मुझे याद है, आदि मन्त्र यह ऋग्वेद का ही है, अथर्ववेद में केवल वह पुनरुक्त हुआ है। यह काल मानने का एक कारण यह भी है कि उपन्यासकार ने उपन्यास की ऐतिहासिकता विशेषतः प्रामाणिक बनाने के लिये कथा के सन्दर्भ के मूल पाद-टिप्पणियों में दे दिए हैं और जितने सन्दर्भ दिए गए हैं वे सबके सब ऋग्वेद के हैं, सिवा एक के, जो अथर्ववेद का है, और जो, जैसा ऊपर कहा जा चुका है, ऋग्वेद से अथर्ववेद में आया है। यह कुछ विस्मयजनक नहीं है क्योंकि इस प्रकार के एक नहीं, हजारों मन्त्र अथर्ववेद में आए ऋग्वेद के हैं। सो उपन्यास में उद्घाटित जीवन ऋग्वेदकालीन है। और उसे प्रस्तुत करने में उपन्यासकार से साधारणतया काल-विरुद्ध दूषण (अनाक्रानिज्म) नहीं हुए हैं। कुछ यदि कहे भी जा सकें तो उन पर आसानी से दो मत हो सकते हैं। एकाध स्थल मेरी समझ में ऐसे हैं निश्चय, पर उनसे उपन्यासकार की, यह सहज ही प्रमाणित और स्वतः, अवधानता नहीं है, वह उन्हें जानता है और जान-बूझकर उनका उल्लेख करता है। एकाध का उल्लेख नीचे कर रहे हैं—

पुरुषमेध का प्रसंग बार-बार उपन्यास में आया है, वस्तुतः इतनी बार कि उसका सन्दर्भ देने की यहाँ आवश्यकता नहीं। होता 'पुरुषमेध' था, पुरुषमेध द्वारा 'दंड' नहीं। वह दंड आर्यों में भी अन्य बर्बर जातियों की ही भाँति शत्रुओं अथवा दंडार्हों को आग में जलाकर दिया जाता था, पुरुषमेध के माध्यम से नहीं। 'पुरुषमेध' (यानरमेध), गोमेध, अश्वमेध आदि की ही भाँति एक प्रकार का धार्मिक मेध अथवा यज्ञ था जिसमें गाय और अश्व की ही भाँति मनुष्य बलि दिया जाता था, नर का होम होता था। पर ऋग्वेद के भारतीय जीवन-काल में वह भी कब का बन्द हो गया था, कहा जा सकता है कि कभी हुआ ही नहीं। केवल उसकी याद भर मन्त्र-कर्त्ता ऋषियों को रह गई थी। कारण कि समूचे ऋग्वेद में सिवा शुनःशेप के सन्दर्भ के दूसरा एक भी इसका उदाहरण उपलब्ध नहीं। इससे चाहे मनुष्य को आग में जलाकर दंड दिया जाता रहा हो, हम उसे 'पुरुषमेध' और वह भी और मेधों-यज्ञों की भाँति आयोजित नहीं कह सकते। पृष्ठ 24, 27, 28

आदि पर उसका ऐसे उल्लेख हुआ है जैसे वह कोई त्यौहार हो और विशेषकर पृ. 177 पर तो उसे (यज्ञ) व्यवस्था मानकर उसका अन्त करने की बात भी कही गई है।

'सभा' और 'समिति' निस्सन्देह ऋग्वैदिक आर्यों की लोकसभाएँ थीं, जो कुछ आश्चर्य नहीं, कुछ सदियों पीछे तक भी चली आई हों, पर उपन्यासकार का यह कथन (प्राक्कथन में) कि ''आर्यों की गण-समिति की परम्परा का बौद्ध-काल तक से संस्थागारों (संथागारों ?) या गणराज्यों तक चले आना मुझे पूर्ण सम्भव लगता है।'' उतना ही पूर्ण असम्भावित और अनैतिहासिक है। सभा, समिति की आवश्यकता गण (या कबीलों) को थी और ऋग्वैदिक जन-जीवन तब कबीलाई था भी। पर जब वह जीवन समाप्त हो गया और ऋग्वेद में ही राजाओं तथा राज्यों की स्थापना हो चुकी थी तब, उस काल से प्रायः हजार साल बाद जब न केवल राज, बल्कि अधिराट्, सम्राट् बन गए, सभा-समितियाँ न केवल तब तक चुक चुकी थीं बल्कि उनके स्थान पर अनेक देशीय और प्रान्तीय (स्थानीय) संस्थाएँ, मन्त्रिमंडलों से भिन्न, पूग, श्रेणी, पौर, जनपद आदि कार्य करने लगी थीं। जिसका उपयोग उपन्यासकार ने 'ज्ञप्ति' (नोटिस), 'प्रतिज्ञा' (प्रस्ताव), 'धन्य' (मत, वोट), 'संस्थागार' (संथागार) आदि लाक्षणिक शब्दों द्वारा किया है वह सभा-व्यवहार छठी सदी के शाक्यों का था, गोरखपुर वगैरा के पूरबिये गणों का। इन गणों की भूमि पर आर्य (ऋग्वैदिक)-जीवन का प्रभाव बहुत पीछे पड़ा, आर्य-सभ्यता उन प्रदेशों में पीछे फैली, इससे वे अपने गणराज्यों के संथागारों की परम्परा निभाते रहे जो ऋग्वैदिक संस्थाओं से सर्वथा भिन्न थीं, उनसे उनके विकसित होने की सम्भावना ही नहीं थी। इसी अपनी स्थानीयता (लोकलिज्म) के कारण ये संथागार केवल पूर्व कानपुर से पूर्व में मिलते हैं, पंजाब के गणराज्यों में नहीं जो आर्यों के निवास के परिवेश में थे, यद्यपि आविर्भाव जिनका भी ऋग्वैदिक आर्यों के प्रायः हजार साल बाद वहाँ हुआ था।

इसी सिलसिले में एक बात और। उपन्यासकार स्थान-विधान तो आर्यों का दृशद्वती के तीर—ब्रह्मावर्त में—करता है पर जीवन उन ऋग्वैदिक आर्यों का करता है जो अधिकतर पंचनद अथवा उससे भी पहले के पक्थों (पठानों) के देश सप्तसिन्धु, हिन्दूकुश की ढलान पर तब रहे होंगे, बावजूद इसके कि ऋग्वेद में सरस्वती-दृशद्वती के अतिरिक्त गंगा-यमुना तक के नाम आए हैं। फिर भी स्थानमान, यद्यपि कालमान के समान होना चाहिए, सर्वथा बाँधा नहीं जा सकता।

कुछ शब्दों का, मेरे विचार में, सही उपयोग नहीं हुआ है। उदाहरणतः 'गणिका' शब्द का उपयोग पत्नी के अर्थ में हुआ है। ऋग्वेद से लेकर पिछले समूचे संस्कृत अथवा किसी भारतीय साहित्य में कभी और कहीं इस अर्थ में उसका उपयोग नहीं हुआ। 'गणिका' इसीलिए स्त्री-विशेष कहलाती है कि वह समूचे गण की है, गणयुक्ता है। महानुभाव की पत्नी के लिये गणिका शब्द का उपयोग—आर्यगणिका—गर्हित है। इसी प्रकार 'जाया' का अर्थ कोई स्त्री नहीं, पत्नी है जो पुत्र-प्रसवा हो। जाया का अर्थ ही उत्पन्न करनेवाली है, वह गृह से एकीभूत गृहिणी है। ऋग्वेद का मन्त्र है—जायेदस्तम्—'जाया ही घर है।' यदि इन्द्राणी केवल ईशान की पत्नी—मानवीया—है तो इन्द्र की पत्नी का

क्या हुआ ? सारे देवताओं की अपनी-अपनी पत्नियाँ पतिनाम से स्त्रीलिंग करके वेदों में बनाई गई हैं, यथा इन्द्र की इन्द्राणी, वरुण की वरुणानी, आदि। फिर जब इन्द्र को देवता मान लिया तब इन्द्राणी को देवी मानने में क्यों आपत्ति है ? एक पक्ष है जो इन्द्र को देवता न मानकर आर्यों द्वारा निर्वाचित नेता मानता है, यदि उपन्यासकार का भी मन्तव्य यही होता तो कोई बात नहीं थी, पर वह तो इन्द्र, वरुण, मित्र आदि को देवता मानता है (पृ. 111)। फिर वह ऋग्वेद के उस प्रसंग को भी दुहराता है जिसमें इन्द्राणी अपनी सौतों के विरुद्ध टोटका कर इन्द्र को जीत लेती है (उपनिषत्सपत्नी वाधनम्–सूक्त में)। वहाँ भी वह शुद्ध देवी है (पृ. 100, 107)। मैं समझता हूँ 'मुद्रिका' शब्द और वस्तु दोनों में किसी का उपयोग प्राचीन काल में नहीं हुआ है। खुदाइयों में उसके दर्शन कहीं नहीं हुए। फिर एंगेजमेंट में मुद्रिका देने की प्रथा भी ऋग्वैदिक अथवा पश्चात्कालीन हिन्दू विवाह-क्रिया का अंग कभी नहीं बनी। मुद्रिका शब्द का पहला उपयोग रामायण में हुआ है पर इस प्रसंग में नहीं। सभी यूरोपीय पद्धति हिन्दी-यूरोपीय (इंडो-यूरोपियन) नहीं है। इसी प्रकार कि "व्यक्तिगत सम्पत्ति का मोह नहीं डँसा है" (पृ. 137) स्वीकार नहीं हो सकता, कारण कि आर्यों में कभी व्यक्तिगत सम्पत्ति न रही हो, इसका निर्देश नहीं मिलता। इसके विपरीत नारियों और दासों को रथ भर-भर पुरोहितों को पुरस्कार और दान देने की बात बार-बार कही गई है, जैसे गौओं, अश्वों की भी। इसके अतिरिक्त ऋग्वेद में व्यक्तियों के धन की दाय (डेवोल्यूशन ऑव स्टेट) का भी भूरिशः उल्लेख मिलता है, परिवार की सम्पत्ति में कन्या के अधिकार का भी, वधू के स्त्री-धन का भी। निस्सन्देह यह उपन्यासकार की मनोवांछित बुद्धि की प्रक्रिया है।

अब एक बड़े महत्व का प्रसंग सामने आता है। उपन्यासकार अपने 'प्राक्कथन' में लिखता है—"कथा में यौन-प्रसंग है। कुछ मित्रों ने इन स्थलों में विशेष 'रस' लिया है। मैं नहीं समझ सका कि 'रस' का स्रोत आज की कुंठाग्रस्त मनःस्थिति है या मेरे चित्रांकन का दोष।" मैं स्पष्ट कह देना चाहता हूँ कि यह उपन्यासकार के 'चित्रांकन का दोष' है। पूरी पुस्तक में जो-जो जोड़े एक साथ रहते हैं—इसमें एक भी अपवाद नहीं है—वे सभी विवाह-पूर्व परस्पर रति-विलास करते हैं। बृबु और वाणी, बृबु और शश्वती, (पृ. 62, 73-74, 122), दक्ष और दक्षिणा (पृ. 113), वाणी और असित (पृ. 129-130), वाणी और प्रचक्षण, विश्वदेव और उषा, और स्वयं पुरोधा जमदग्नि और अदिति (पृ. 147) विवाह से पूर्व। और दक्ष का समागम फिर सोमा के साथ, जो ईशान विष्णु की पत्नी है, यह प्रसंग तो विवाहिता नारी के साथ रमण—परस्त्री-गमन का उदाहरण है। यह स्वीकार करना असम्भव है कि ऋग्वेद में विवाहार्ह सभी युग्म परस्पर रति-कर्म कर चुके होते थे। फिर इन्द्राणी का दक्षिणा को टोटका समझाकर उससे कहना कि—"फिर उसकी बाँह पकड़ जहाँ चाहो ले जाना" जरा ईशान की पत्नी अथवा किसी भी शालीना पत्नी के लिये कुछ ओछा वक्तव्य लगता है। इसी प्रकार दक्ष का भी सोमा के साथ समागम के अन्त में यह कहकर तुष्ट हो जाना कि "सुख क्या है ? सहश्रम, सहभोजन और सहवास से बढ़कर कोई सुख नहीं।" उस समाज का सही उद्घाटन कतई नहीं है।

एक जगह तो दो व्यक्ति समागम करते समय पत्तों की चरमराहट सुनकर कहते हैं–"हमारी तुम्हारी तरह (दक्ष-सोमा) कोई तरुण युग्म होगा"–तो लगता है, शाम होते ही जोड़े नित्य जंगल में निकल जाया करते थे, बगैर किसी प्रतिरोध के। स्वयं "ईशान यक्षु ने पराजित पक्थ की पुत्री सिकता को बलपूर्वक पास बैठा लिया" तो "उनके सहोदर की पुत्री योषा ने पक्थजन के अबोध युवक प्रियमेध को युवा अवस्था का ज्ञान करा दिया।" (पृ. 163) इसी प्रकार जावल्य उसी दक्षिणा के साथ तन की मुराद पूरी करता है जो दक्ष को मन्त्र द्वारा मुग्ध कर भोग चुकी है। और विश्वदेव तो वाणी को तभी भोगता है जब अभी वह "बालिका के वय को पार भी नहीं कर पाई है।" (पृ. 180)। जहाँ तक सोमा का पैर भारी होने पर प्रसूत शिशु सोमा के नाम से अभिहित होगा या दक्ष के नाम से (पृ. 91-92)–यह समस्या आर्यों में नहीं थी। राजन्या और राजा स्वनय भाव्य की कन्या रोमशा को ब्याहनेवाले कक्षीवान्, कवष, आदि अनेक मन्त्र-द्रष्टा ऋषि इसी प्रकर के आर्यदास-सम्बन्ध से प्रसूत थे।

अब अन्तिम बात, कथानक। उपन्यासकार ने कथानक का निर्वाह खूब किया है। कहीं पाठक अन्यमनस्क नहीं होता। अनजाने अतीत का इतना साक्षात् निरूपण वैदिक प्रसंग के उपन्यास में मैंने अन्यत्र नहीं देखा। अंग्रेजी में किसी यूरोपीय ने कभी 'रुद्राज़' नाम का उपन्यास लिखा था जिसे सम्भवतः सन '31 में मैंने पढ़ा था और प्रभावित हुआ था, वह अब मुझे 'पणिपुत्र सोमा' के सामने तुच्छ लगता है। आर्यों का जीवन साफ खुल पड़ा है, पोर-पोर। किस प्रकार बन्दी बनाए दस्युओं अथवा पणियों से आर्य काम लेते हैं, किस प्रकार दास और अयस्कर विद्रोह करते हैं–चाहे प्रसंग पर 'स्पार्ताकस्' की छाया क्यों न पड़ी हो–कल्पित सत्य है। विद्रोह फिर यह केवल विजयियों और विजितों में, स्वामियों और दासों-अयस्कर पणियों में ही नहीं, बल्कि सचेत आर्य तरुण के अन्तर में जाग्रत होता है और अन्तर में वह वृद्ध रूढ़िवादियों को भी अपने सत्य से प्रभावित कर मजबूर कर देता है। वे दोनों के विवाह-सम्बन्ध तक को स्वीकार कर लेते हैं।

इसी प्रकार के विविध कबीलों का परस्पर संघर्ष और एक-दूसरे पर आक्रमण भी खुलकर व्यंजित हुआ है। पणियों को कुछ लोग आर्य नहीं मानते, फिनीशियन (Phoenician) मानते हैं, जो आर्यों के मवेशी चुरा ले जाते थे, व्यापार में बेईमानी करते थे, ऋण देकर उस पर ब्याज बहुत लेते थे। इन्हीं की एक जाति (लीडियन) के नेता क्रीसस ने कालान्तर में पहला सिक्का ढाला। यही क्रीसस है जो संसार का सबसे धनी व्यक्ति प्राचीन काल में माना गया है, और जिसका उल्लेख हिन्दी-उर्दू में भी आज 'कारूँ का खजाना' की कहावत में होता है। पणियों को उपन्यासकार ने भी सम्भवतः आर्य नहीं माना। पर उनकी 'सोमा' तो आर्य-अनार्य सभी दशाओं में स्पृहणीय है। वही इस उपन्यास-चक्र की धुरी है, उपन्यास का नाम 'पणिपुत्री सोमा' यथार्थ और सार्थक करती है।

राजीव सक्सेना द्वारा दूर अतीत को इस सफलता से निरावृत करने के लिये उनका साधुवाद करता हूँ। उनके कलम का राज बना रहे।

'अनाम स्वामी' : संस्मरण

जैनेन्द्र कुमार

प्रश्न–जैनेन्द्र जी, 'अनामस्वामी' मैंने पढ़ा। उसके आरम्भ में विचार-बहुल 11 अध्यायों से जो सन् '42 में लिखे गए थे, उससे क्या उपन्यास की गति और उसकी कला को हानि ही नहीं पहुँची है ? मुझे लगता है, उन्हें लेने की कोई आवश्यकता नहीं थी। अपने पहले के लिखे का, लेखक को मोह होता है। पर उसका उपयोग आप अलग से अपने विचार-साहित्य में कर सकते थे।

उत्तर–उपन्यास के शिल्प या कला की मुझे कभी चिन्ता नहीं हुई। न मुझे अब तक उन चीजों का पता है। सन् '42 में लिखा गया क्यों सन् '74 में तिरस्कृत किया जाए, इसका कारण मुझे नहीं मिला। न उपन्यास की कथा के लिये वह अनावश्यक है। उसके जोड़ से कथावस्तु दुर्बल पड़ती है, इत्यादि परामर्श मुझे अपर्याप्त मालूम होता है उस तिरस्कार के लिए। अनाम स्वामी का पात्र सन् '42 में जो अवतरित हुआ वह हो सकता है कि कुछ रूखी तत्त्व-चर्चा के सन्दर्भ का बहाना मात्र हो; और कथा-तत्त्व देने की बात अब सन् '74 में जरूरी लगी हो पर कृति के इतिहास को ज्यों-का-त्यों मुझे स्वीकार कर लेने में कला के नाम पर अब भी झिझक नहीं होती। सफल और कलापूर्ण कृति नहीं बनी, यदि यह कहा जाएगा तो मुझे वह आलोचना विशेष विचलित नहीं करेगी। मेरा उधर ध्यान नहीं जाता।

प्रश्न–पर आप मानेंगे कि इस तत्त्व-चिन्तन में एक निबन्धीय कटापन और सपाटपन है। सन्दर्भ का 'इनूवाल्वमेंट' और वेदना इसमें नहीं है। इसलिए यह पाठ्यता पर बोझ बन जाता है। 'अनाम स्वामी' के इस अंश का जब मैं पूरे 'जयवर्धन' से मुकाबला करता हूँ तो यही प्रतीत होता है कि यह अंश सही होते हुए भी आरोपित है।

उत्तर–मुकाबला अपनी ही किताबों में मैं नहीं करूँगा। कोई विचार व्यक्तित्व को पूरे-पन से प्रकट नहीं करता। एक अंश ही उससे मिल पाता है। यहाँ तक हो सकता है कि विचार ऊपर से कुछ दिखे व्यक्तित्व के भीतर की सच्चाई उससे उल्टी ही हो। हो सकता क्या, अक्सर ऐसा हुआ करता है। विचार में हम अपना 'प्रतिशोध' खोजते हैं, इसलिए हमारी आन्तरिक वास्तविकता से वह विमुख दिशा में चला जाया करता है। अपनी यथार्थता से हट-उछटकर बाहर प्रस्थापित किसी आदर्श की ओर उछल चलता है। विचार-मात्र की यह अपर्याप्तता है। इसलिए 'अनाम स्वामी' के आरम्भ में आया विवेचन

मेरा प्रतिपाद्य है ऐसा नहीं मानना चाहिए। वह सन् '42 के तब के मेरे सचेत मानस की झलक देता है। बस इतना ही यथार्थ है। उसका अचेत मानस के साथ तादात्म्य रहा ही होगा ऐसा मैं दावा नहीं कर सकता। पर सन् '74 में आकर मैं अपने ही सन् '42 को रद्द कैसे करता ? न तब जन्मे अनाम को बीज में ही अकाल-मृत्यु दे सकता था। सोचने और सिखानेवाला अनाम सन् '74 के पुस्तक के कृतित्व में जानने से यदि ऊपर जीता हुआ दिख आता है तो इसमें क्या अनुचित है ? बिलकुल हो सकता है कि जीना उसका अपने ही जानने का व्यंग हो। पर उस सम्बन्ध में मैं स्वयं विशेष नहीं कह सकता।

प्रश्न–पात्र अनाम स्वामी निश्चय ही आपके कथ्य का वाहक है। पर मुझे लगता है कि '42 में भी आपके अचेतन मन ने उसके स्वरूप को स्वीकार नहीं किया था। यही कारण है कि उपन्यास बीच में ही पड़ा रह गया। कथ्य और अनाम स्वामी के बीच उस समय प्रतीत हुई दरार अब उपन्यास में और भी गहरी उभर आई है। ऐसा लगता है, कथ्य में और पात्र के आचरण और जीवन में गहरा वैषम्य है। क्या इस प्रकार आपने 'अनाम' में व्यंग डालने का प्रयत्न किया है ?

उत्तर–नहीं, प्रयत्न नहीं किया। व्यंग पड़ गया हो तो वह मुझे अनभीष्ट भी नहीं है। कथा-उपन्यास अभिधा से बात करने के लिये है ही नहीं, व्यंग और व्यंजना द्वारा ही वह अपना भाव प्रेषित करता है। मैं इस अन्तर्विरोध में उदाहरण रूप अपने को ही ले सकता हूँ। जो मानता हूँ वह जीता नहीं हूँ। इसके बीच जो तनाव है उसी को मेरी वास्तविकता कहना चाहिए। इस दृष्टि से देखा जाए तो अनाम का आरम्भिक सारा आदर्शवादी विवेचन मात्र तात्त्विक नहीं रहता, विपर्याय भाव से जीवन्त हो आता है। पर स्वयं कृतिकार की हैसियत से वह मेरे लिये आत्म-विश्लेषण का क्षेत्र हो जाएगा, जिस पर कि मेरा अधिकार नहीं हो सकता है। मेरी व्याख्या अपने ही पात्र के समर्थन में संगत नहीं रहती। उस दृष्टि से कृति मेरी नहीं बचती, शेष सब की हो जाती है।

प्रश्न–अनाम स्वामी का वसुन्धरा और उपाध्याय के प्रति जो रुख है वह मुझे उनके बाह्य स्वामी-रूप से बहुत उलट दीख पड़ता है। मुझे लगता है वसु के प्रति उनमें दमित काम है और उपाध्याय के प्रति आक्रोश, एक प्रतिद्वन्द्विता। इससे अनाम स्वामी का चरित्र बहुत कुछ विकृत हो उठा लगता है। इस बारे में आपका क्या स्पष्टीकरण है ?

उत्तर–आपको जो लगता है उसका स्पष्टीकरण मुझसे क्यों माँगते हैं ? क्या मैं ये कहूँ कि वैसा आपको लगना नहीं चाहिए ? लगता है, तो लगता है और मैं इसमें कुछ नहीं कर सकता। उस तरह की सम्भावना आपके मन में उठती है तो जरूर कृति में उसके लिये अवकाश रह गया होगा। कला की शायद अन्तिम चरितार्थता यही है कि वह अपने कृतिकार के अपने वाच्यार्थ या भावार्थ तक सीमित नहीं रह जाए। कृति की ध्वनि में कुछ ऐसी गूँज-अनुगूँज भी रहती है जो सुविचारित नहीं होती। बहुत कुछ वह लेखक के बावजूद आ जाती होगी। उसके श्रेय-अश्रेय दोनों से मुझको अलग और बरी मान लेना चाहिए।

काम देह है, तब तक समाप्त नहीं है। प्रेम के अत्युत्कृष्ट रूप में भी उसका अस्तित्व रह जाता होगा। सब कुछ परस्पराकर्षण पर टिका है। आकर्षण शेष व्यक्तित्व का हो,

शरीर का योग उसमें न हो ऐसा मेरी समझ में हो नहीं सकता। इसलिए किसी को कोई निष्कामता का 'सर्टीफिकेट' मैं नहीं दे सकता हूँ। काम के साथ चलनेवाले दूसरे अनुभावों के सम्बन्ध में भी वही मानना चाहिए। आकर्षण से उठ जाना भावना से ही उत्तीर्ण हो जाना है। अर्थात् 'स्व' भी तब नहीं रहता इसीलिए कोई 'पर' भी नहीं रह जाता जिसका आकर्षण हो। उससे पहले उस आकर्ष-सत्ता के अभाव की मैं कल्पना नहीं कर सकता हूँ। उस सत्ता को ईश्वर मैं नहीं कहना चाहूँगा, प्रेम कहूँगा। कारण, उसमें पारस्पर्य की स्वीकृति है।

प्रश्न–मुझे ऐसा लगता है कि इस उपन्यास के चार प्रमुख पात्रों को दो पालों के बीच रखा जा सकता है अनाम स्वामी शायद आत्मतत्त्व के प्रतीक और वसुन्धरा को प्रकृति का रूप कहा जा सकता है। उपाध्याय और उदिता आज की आधुनिकता के दो प्रमुख तत्त्वों–बौद्धिकता एवं नीति से उत्तीर्णता को आकार दे रहे हैं। क्या आप इस प्रतीक-योजना से सहमत हैं ? इस प्रकार सोचने पर भी यही लगता है कि आपने इसमें आधुनिकता के समक्ष अध्यात्म की विवश पराजय ही चित्रित की है।

उत्तर–होगा ! हो सकता है। लेकिन मैंने लिखते वक्त उस तरह से सोचा नहीं था। प्रतीक के रूप में नहीं, व्यक्ति के रूप में ही उन्होंने मुझमें उदय पाया था। फिर भी बिलकुल सम्भव है कि कथा में आने और उनके परस्पर घात-प्रतिघात में अनजाने वह प्रतीक-तत्त्व आ उतरा हो। आखिर व्यक्तियों की परस्पर पृथकता और विशिष्टता के पीछे कुछ-न-कुछ तो निदान बैठाना ही होगा। अर्थात् सब व्यक्ति निर्वैयक्तिक सूत्रों और सत्वों के पुंज हुआ करते हैं। उस तरह वे भिन्न समीकरणों के प्रतीक भी बन जाते होंगे। बहरहाल, वह सब मैं नहीं जानता था जब लिख रहा था। अब उसमें वह प्रतीक-भाव देखा जाए तो भी उस सार्थकता का श्रेय पूरी तरह मैं अपना नहीं सकूँगा।

एक जिद जरूर मेरे मन में है। वह यह कि मेरी रचना का कोई पात्र इच्छापूर्वक एक-दूसरे का बुरा करना नहीं चाहेगा। फिर भी उनमें रगड़ होगी और एक से दूसरे को क्षति पहुँचेगी। इस बेबसी का नाम ही जीवन है। किसी और से संकल्पित हिंसा आती है तो जीवन का वह ट्रेजिक भाव कमजोर पड़ता है। इसे चाहे अहिंसा के सिद्धान्त की ममता कहा जाए, मोहमुग्धता कहा जाए, मैं उसको स्वीकार करता हूँ। पुस्तक के उपाध्याय ने वसुन्धरा की हत्या की है लेकिन क्या कोई पाठक कह सकेगा कि उसे हत्या सचमुच अभीष्ट थी ? बस यही, पाप का सन्धान, पुस्तक में मेरा इष्ट था। पाप चाहा नहीं जाता, फिर भी होता है। इस बेबस पाप का ही मूल मैं पकड़ लेना चाहता था। अपने बारे में मैं इतना ही जानता हूँ। मैं यह भी मानता हूँ कि अन्त में वह स्वमान है जिसकी रक्षा में पाप को आना पड़ता है। पर मान ही है जो आदमी से कभी पूरी तरह से छूटता नहीं। इसलिए सच पूछिए तो चिन्तक के सामने विचार के लिये यही एक प्रश्न है–पाप। मोक्ष, निर्वाण, ब्रह्म आदि की बातें पलायन की भी हो सकती हैं। कौन जाने अनाम में वह पलायन नहीं रहा होगा। आमने-सामने जब पाप हो जाता है तो ही शायद यथार्थ में आत्म-प्राप्ति होती होगी। उसको ओट में रखकर की गई सारी तत्त्व-चर्चा निस्सार है। वसुन्धरा ने मरकर और उपाध्याय ने मारकर जो पाया होगा वह अन्यथा

उपलभ्य नहीं हो सकता। फिर अनाम और राजकुमार कितने भी उदाराशय हों, भीतर उस लाभ से वंचित ही रह गए होंगे।

आधुनिकता और आध्यात्मिकता का सामुख्य इस प्रकार मेरे मन में नहीं था। अध्यात्म का रूप अधिकतर जानने का होता है। आधुनिकता का आग्रह जीने का। जानने और जीने में संघर्ष चलता ही है। आधुनिक और आध्यात्मिक शब्दों में मुझे कोई प्रिय-अप्रिय नहीं है। वे शब्द हैं और मेरे लिये विशेष सूचक नहीं हैं। मुझे जीना और जानना ये शब्द सुगम पड़ते हैं। देखता हूँ कि आदमी को जानने के साथ-साथ जीना होता है। पशु नितान्त जी सकता है। जानना उसमें अड़चन नहीं डालता। आदमी ही अभागा है कि जानने को जीने की बीच में अटकाए बिना नहीं रहता।

मेरे मन में द्वन्द्व इन सीधी-सादी दो वृत्तियों और प्रक्रियाओं का है और मैं इनमें से किसी भी एक का पक्षधर नहीं हो पाता।

प्रश्न—वसुन्धरा, उपाध्याय और उदिता को मैं प्रतीक अथवा व्यक्ति दोनों रूपों में कांसिसटेंस देखता हूँ। जबकि अनाम में इस स्थिरता की बड़ी भारी कमी है। उनके सभी कार्य जैसे उद्विग्नता और अस्थिरता से प्रेरित हैं। उनका सबसे अटपटा कार्य मुझे लगा है उपाध्याय को नियोग की प्रेरणा देना, जिसके भयंकर परिणाम निकले। और उपाध्याय और वसुन्धरा जैसे क्रूर परिणति पर पहुँच जाते हैं। अनाम में इस उद्विग्नता का क्या कारण आप मान पाते हैं ? क्या इतने पर भी आप उसे शेष सभी पात्रों के लिये एक समाधान के रूप में देख पाते हैं ?

उत्तर—उद्विग्नता आदि अनाम में है तो अन्य के प्रतिदिन चिन्तन के कारण। चिन्तन कहता हूँ अर्थात् उसे सीधे स्वार्थ की प्रेरणा नहीं कह सकता हूँ। यह उद्विग्नता उतनी अनुपादेय नहीं ठहरती है। कांसिसटेंट अपने रूप में अनाम नहीं है, यह मैं नहीं कह पाता। यदि वह इसी तरह से उपाध्याय, वसुन्धरा और उदिता के प्रति व्यवहार करता रहा है तो वह स्वयं में एक कांसिसटेंसी है। जो बात मेरे समक्ष उसके चरित्र को निर्बल बना सकती है वह यह कि उसका जानना जीने के ऊपर छाया रहता है। वह अपने को पाप-प्रवाह में छोड़ नहीं पाता। लेकिन इसी तथ्य को दूसरी दिशा से भी देखा जा सकता है। मैं चाहूँगा कि आप उस दिशा से भी देखने का प्रयास करें। अर्थात् देखें कि वह यदि अपने ही प्राणों के प्रति पूरा न्याय नहीं करता है तो भी कितना संयमी और तपस्वी कहा जा सकता है। जानने को आप एकान्त भाव से जीने से हीन, कनिष्ठ नहीं ठहरा सकते। बल्कि सभ्यता के मूल्य तो उसी को वरीयता देते हैं। अर्थात् महत्त्व देते हैं उसको जो अपने को रोकता है और निन्दनीय मानते हैं उसको जो अपने को छोड़ता है। सभ्यता के मूल्य अन्तिम न हों, पर क्या उनका विलोम ही सत्य है ? उस दिशा से देखने पर असम्भव नहीं होगा कि समाधान अनाम में दीखे, उपाध्याय में नहीं। लेकिन इसे मेरा प्रमेय न मानिए। मेरा तो मात्र इतना ही सुझाव है कि प्रश्न दृष्टि-बिन्दु, दृष्टिकोण का है। मेरा काम यह न हो पाएगा कि अपने ही पात्रों में वरिष्ठ-कनिष्ठ का निर्णय करूँ।

‘अनाम स्वामी’ : सर्जक की मुक्ति

वीरेन्द्र कुमार गुप्त

जैनेन्द्र जी की कहानियाँ और उपन्यासों को जब भी पढ़ने बैठता हूँ, एक प्रश्न तत्काल मन में तैर जाता है–कृतिकार के मत-चिन्तन और उसके द्वारा रचित पात्र, इन दोनों में कौन वरिष्ठ है, किसे साध्य रहना है, किसे साधन; किसे समक्ष दिखना है, किसे पृष्ठभूमि में पड़ना है ? योगिराज अरविन्द की घोषणा कि कवि को अध्यात्म का प्रचारक होना चाहिए, उस साम्यवादी मान्यता से भिन्न नहीं है जिसके अनुसार साहित्यकार साम्यवादी ‘एकेडिमिशियन’ द्वारा प्रस्तुत नक्शे पर ही रचना कर सकता है। जैनेन्द्र जी बाहरी आरोपण को तो स्वीकार नहीं करते, पर उनका चिन्तक किसी धार्मिक या प्रशासकीय तानाशाह से उन्नीस मुझे नहीं दीख पड़ता, क्योंकि उनके सर्जक को उसने ‘कमर्शियल आर्टिस्ट’ से बहुत ऊपर नहीं उठने दिया है। मुझे अक्सर लगा है कि उनका गल्प, विशेषकर उपन्यास उनके निबन्धों से अधिक विशेष नहीं है। निबन्ध के लिये आवश्यक दृष्टान्त (इलस्ट्रेशन) को उनके गल्प में बस अतिरिक्त विस्तार एवं गाम्भीर्य दे दिया जाता है। कुछ (परख-सुनीता-कल्याणी) को छोड़कर, जैनेन्द्र के अधिकतर उपन्यास लम्बे और उन्मुक्त निबन्ध ही हैं। क्या ‘अनाम स्वामी’ इसका किंचित् अपवाद है ?

विचार और सृजन के बीच क्या रिश्ता है; क्या तारतम्य है ? उनके बीच क्या क्रम रहना उचित है ? विचारक और सर्जक के बीच सर्जक मुझे महत्तर प्रतीत होता है; क्योंकि सर्जक विचार को रस में परिवर्तित कर लेने की क्षमता रखता है, जो मात्र चिन्तक में नहीं मिल सकती। रस, बुद्धि और विवेक की सतह के पार प्राणों में रिस और रम पाता है। ऐसा विचार के लिये सम्भव नहीं है। गहन अनुभूति (जैनेन्द्रीय पीड़ा) में भिंजो दिए जाने पर भी विचार रस नहीं बन जाता। रस बनने के लिये उसे बीज और जल की तरह, सर्जित जावन की मिट्टी में मिल जाना होता है। तब विचार सूक्ष्म, अदृश्य प्राण बनकर कथा के शरीर में समा जाता है और हर घटना, संवाद, चिन्तन और परिस्थिति में तेज और लावण्य बनकर छलकता है। बीज और पौधा दोनों में से एक को अस्तित्व रहित होना ही होता है। विचार या मन्तव्य कितना ही सूक्ष्म आकुल और तरल क्यों न बन आए, बिना नष्ट हुए, बिना व्यंग्य बने रस का मजा नहीं दे सकता। वह प्रतीक (इमेज) नहीं बन सकता। जैनेन्द्र जी के पूरे चिन्तन में अहं को गलाने-घुलाने की बात हर वाक्य में कही गई है। विचार की वाच्यता का आग्रह और मोह अक्षुण्ण अहं में से ही आ सकता

है। जैनेन्द्र जी का सर्जक उनके चिन्तक अहं को अपने चरणों में आज तक भी गला-घुला नहीं पाया है, उसे उनके सर्जक की हार ही माना जाना चाहिए यह हार 'अनाम स्वामी' में भी क्या उतना ही प्रकट और प्रखर है ?

'अनाम स्वामी' के प्राक्कथन के अनुसार पहले 12 अध्याय सन् 1942 में लिखे गए थे। इनमें 'त्यागपत्र' के जज साहब को निर्मित बनाकर मन की 'उधेड़बुन' को कागज पर उँड़ेला गया था। यह अधूरी पुस्तक के रूप में छपा भी था। इन 12 परिच्छेदों में विवेचन-भर था, कथा नहीं थी। जैनेन्द्र जी इस विवेचन का मोह नहीं छोड़ सके। यह मानते हुए भी कि ''अपना विचारमन्थन पाठक पर प्रक्षिप्त और आरोपित क्यों किया जाए'' उन्होंने इस अंश को यथावत् पूर्व में रख लिया है। तीस वर्ष पुराने इन परिच्छेदों से आगे चलाए गए कथा-सूत्र से भी विचार-गुच्छ यहाँ-वहाँ इतने बाँध दिए गए हैं कि धागा जगह-जगह से खिंच और लटक गया-सा प्रतीत होता है। जैनेन्द्र जी के अधिकतर उपन्यासों के पात्र और जीवन-सन्दर्भ-गर्भित कथ्य से सम्प्रेरित और अनुप्राणित स्वतन्त्र व्यक्तित्व न होकर वाच्य के साँचे में ढले आकार ही रहे हैं। फिर भी इन रेखायित पात्रों के विचारपूर्ण वक्तव्य (और लेखकीय वक्तव्य भी) स्थलीय सन्दर्भ और मानसिकता से पर्याप्त सम्पृक्त और संयुक्त रहे हैं। इस 'अनाम स्वामी' में इस अपेक्षा की अवमानना मुझे दीख पड़ती है। 'जयवर्धन' आदि से अन्त तक चिन्तन-संकुल है, पर उसका चिन्तन पात्रों का परिस्थितिबद्ध चिन्तन है। जैनेन्द्र भी बोलते हैं पर पात्र-परिस्थिति में ढलकर ही बोलते हैं। (मेरी दृष्टि में 'जयवर्द्धन' चिन्तनपरक उपन्यासों में बहुत ऊँचा स्थान रखता है) पर 'अनाम स्वामी' के जैनेन्द्र पात्र, सन्दर्भ, कथा से बहुत कुछ निर्लिप्त होकर, टूटकर बस बोलते ही गए हैं। आधे के लगभग उपन्यास स्वामी के प्रवचनों और समर्पित भक्त जज साहब के वचनों से निर्मित है और इन सबमें 'इनवाल्वमेंट' की तरलता, वेदना (जैसी कि जयवर्द्धन में सुलभ है) लक्षित नहीं होती। इनमें विचारों में निबन्धकीय कटापन और सपाटपन है, क्षणापेक्ष प्रतिपादन की ऊष्णता तक इनमें नहीं है। वैसे मुझे निस्सन्देह लगा है कि 'अनाम स्वामी' में व्यक्त विचार अमूर्त्त कम और ऐन्द्रिक एवं यथार्थनिष्ठ अधिक हैं और व्यक्तित्व की अँधेरी रेखाओं के प्रति उनमें एक वास्तविक सहानुभूति है। इन पर आदर्श और सूक्ष्म की रोशनी इतनी नहीं डाली गई है कि ये दब जाएँ। फिर भी ये प्रवचन और वचन, पाठक (यदि उसमें इन्हें पढ़ पाने का धैर्य हो तो) के ऊपर से तैरकर निकल जाते हैं, क्योंकि ये कथानक में घुल-रम नहीं पाए हैं।

यहाँ यह मैंने नहीं कहा है कि उपन्यास में शुद्ध गल्प ही होना चाहिए, चिन्तन और विचार को उसमें कोई जगह नहीं है। मैंने सिर्फ यह कहना चाहा है कि उपन्यास में विचार को वाच्य नहीं, व्यंग्य बनना होगा; पात्र और सन्दर्भ के साथ एक रस बन जाना होगा। उसके साथ बस एक विरल-सी कहानी और उसके चार पात्र रह जाते हैं, जिनके रेखाचित्रों में यथोचित, वांछित रंग नहीं भरे जा सके हैं।

उपरोक्त चार पात्र हैं—उपाध्याय, उदिता, वसुन्धरा और कुमार। हो सकता है, विचार-पिटकों के वाहक जज साहब और 'अनाम स्वामी' उपन्यास के शेष चार पात्रों की

जीवन-पद्धति को कंट्रास्ट देने के लिये रखे गए हों। पर शायद कंट्रास्ट इन दोनों को सूक्ष्म अदृश्य बनाकर और भी अधिक जोरदार, संवेदनापूर्ण ढंग से दिया जा सकता था। मैं समझता हूँ इन दोनों पात्रों पर शक्ति का अपव्यय हुआ है और इसी कारण उपरोक्त चार पात्र आज की जीवन-ग्रन्थियों के शक्तिशाली प्रतीक बनने के सौभाग्य से वंचित रह गए हैं। यद्यपि जैनेन्द्र के अवरुद्ध सर्जक ने इन पात्रों को वह रूप देने का भूगर्भित प्रयास किया है। उपन्यास स्पष्ट ही दो साफ टुकड़ों वाच्य कथ्य और स्फूर्त्त कथा में कट गया और किसी भी एक को दूसरे पर थिगली निस्संकोच घोषित किया जा सकता है। कथ्य से असहमत मैं न भी हूँ, (उसे गौण तो मैं निश्चय ही नहीं मानता) पर कथा को मात्र एक अस्पष्ट छाया रहने देना क्या उचित है ? (पुष्ट आत्मा की सार्थकता पुष्ट व्यक्तित्व के बिना नहीं है।) साथ ही उपन्यास दो स्पष्ट तहों में भी बँटा दिखता है। एक तह है—जो जैनेन्द्र जी ने कहा है या कहना चाहा है और जो अर्थ पात्रों-सन्दर्भों को उन्होंने पूरी जानकारी में दिए हैं। दूसरी तह है—पूरी रचना अर्थात् पात्र-सन्दर्भ जो कथ्य अनायास, अनजाने ध्वनित कर गए हैं। शायद यह पहला उपन्यास है जिसके जैनेन्द्रीय कथ्य के वचन में दरारें पड़ गई हैं और अब तक का डिम्ब खग-शिशु बनकर चिंचिया उठा है।

अनाम स्वामी को लें। गांधी जी को 'प्रोटोटाइप' एक पात्र सर्जित करना जैनेन्द्र जी का एक कॉम्प्लेक्स रहा है। कुछ उपन्यासों में तो जैनेन्द्र जी ने बाकायदा 'सेवाग्रामों' की सृष्टि की है जैसे कि 'जयवर्धन', 'अनन्तर' और इस 'अनाम स्वामी' में। ये पात्र गांधी जी के आदर्श पर अहं के विसर्जन का, अहिंसा का, आत्मा के मूल्यों का जीवन जीते हैं और इनके त्याग और स्नेह और अपरिग्रह से खिंचकर अनायास ही एक आश्रम इनके चारों ओर जुट जाता है। अनाम स्वामी ऐसे ही व्यक्ति हैं। ये व्यक्ति और इनके आश्रम सचमुच ही शिष्ट नागर भौतिकता के समक्ष कंट्रास्ट हैं और दोनों ही एक-दूसरे के लिये चुनौती हैं। इन व्यक्तियों और आश्रमों को लेकर कुछ प्रश्न मेरे मन में उभरते रहे हैं : (1) क्या ये व्यक्ति अहिंसा-अपरिग्रह के जीवन के और अहं के विसर्जन के अहंकार से सचमुच ही मुक्त रह पाते हैं ? और क्या वे स्वयं को शेष सबसे विशेष, अतः अनिवार्य नहीं मान बैठते ? (2) क्या इनके आश्रम पैसे के तर्क से सर्वथा ऊपर उठ पाते हैं ? यदि हाँ, तो कितनी देर तक ? यदि नहीं तो क्या वे आत्म-छल के ही गढ़ नहीं बन जाते ? (3) जब ऐन्द्रिकता, भौतिकता और पैसे के तर्क से आश्रम भी मुक्त नहीं हो पाते, तब संसार का अंग रहकर ही आत्मिक मूल्यों का जीवन जीना क्या आश्रमों के आत्मछलपूर्ण जीवन से अधिक वरेण्य नहीं है ? पर इन सब प्रश्नों को यहीं छोड़ा जा सकता है। प्रस्तुत सन्दर्भ में सवाल यह है कि क्या पात्र अनाम स्वामी के जीवन से वह आत्मस्थता, वह ब्रह्मचर्य ध्वनित होता है जो उनके प्रवचनों से टपका पड़ता है ? क्या वह उपाध्याय, उदिता और वसुन्धरा का सही कंट्रास्ट वस्तुतः है ? मुझे वैसा मालूम नहीं पड़ता। उनके इतने सारे प्रवचन और जज की अनगिनत श्रद्धानुरक्त प्रशस्त्योक्तियाँ भी अनाम को वह बना पाने में असमर्थ रही हैं।

उपन्यास में अनाम हरिद्वार स्थित एक आश्रम के जनक और अधिष्ठाता हैं। चारा काटने और आश्रम में वर्तमान कटोरियों को गिनने जैसे छोटे कामों में भी वे पूरी लगन का प्रदर्शन करते हैं, जिससे उनकी सादगी और कर्मप्रवणता का संकेत मिलता है। पति से रूठी, बम्बई के एक सेठ की बेटी करुणा को उन्होंने आश्रय दिया है और उससे वे गऊ की सेवा ले रहे हैं और इस प्रकार पति-सेवा में भेजने को उसे तैयार कर रहे हैं। एक रानी वसुन्धरा है जो एक लकवाग्रस्त ताल्लुकेदार की पत्नी है। अनाम उसके गुरुवत् हैं और वह कुछ मानसिक और निजी परेशानियों से त्रस्त होने पर आश्रम में आ जाती है। कुछ जमीन है, जिसे उसके पति उपाध्याय 'युवक उत्थान' संस्था को देना चाहते हैं। वसुन्धरा और उपाध्याय के बीच पूर्व-प्रेम के साथ-साथ आकांक्षा और अहम् का तनाव है। अनाम जमीन के मामले में और वसुन्धरा पति-उपाध्याय के बीच वर्तमान उलझन में पूरे आरोपण के साथ हस्तक्षेप करते हैं। वे जज को कानूनी कार्यवाही के लिये नियुक्त तक करते हैं और उन्हें इलाहाबाद भेजते हैं। वसन्धुरा को वे डाँटते-धमकाते तक हैं, उस पर अधिकार तक जताते हैं। वसु उनको इज्जत देती है, पर वह स्वयं को उपाध्याय की वशवर्तिनी पाती है और उसकी आज्ञा के समक्ष वह अनाम की कई बार प्रकट उपेक्षा भी कर जाती है। और अनाम इसका बुरा मानते हैं। वसुन्धरा-उपाध्याय के मामले में अनाम यहाँ तक जाते हैं कि उपाध्याय को पत्र लिखते हैं कि वे अपने मित्र लकवाग्रस्त राजा साहब की इच्छा पूरी करते हुए वसुन्धरा से सन्तानोत्पत्ति करें। इस पत्र ने भीषण परिणाम पैदा किए। कुमार ने रानी को निष्कासित कर दिया और बाद में उपाध्याय ने एक होटल में उसकी हत्या कर डाली। मजेदार बात यह है कि वसु और उपाध्याय के बीच का राग अनाम को रुचिकर नहीं है। इससे उसमें शायद कहीं कचोट होती है। उपाध्याय भी वसुन्धरा के आश्रम में आने को पूरी तरह नापसन्द करता है। वह आश्रमों की संस्था का कट्टर विरोधी है और अनाम पर भ्रष्टता का स्पष्ट आरोप लगाता है। अनाम उसी उपाध्याय को भाषण देने के लिये आश्रम में बुलाते हैं, अमरीका से उसके द्वारा भेजे गए 5000 डॉलर सहज स्वीकार कर लेते हैं और फिर नियोग का उपदेश देते हुए उसे वह अशोभन पत्र लिखते हैं। अन्त में छत्तीसवें अध्याय में अनाम की अस्थिर घबराहट-हड़बड़ाहट और उपाध्याय के सामने उनकी निस्तेज विवशता से पाठक के दिल पर चोट-सी पड़ती है और अनाम का प्रयासपूर्वक निर्मित स्थितप्रज्ञ, अध्यात्मवादी का रूप एक 'केरिकैचर' में बदल जाता है। कुंठाओं से पीड़ित अनाम स्वामी आश्रम को ओढ़े हुए नजर आता है और उसके प्रवचनों और उसके बीच गहरी खाई दीख पड़ती है।

अनाम को लेकर गम्भीर आध्यात्मिक व्याख्याओं का जो ताना बुना गया है और जो सन्दर्भ उसके चारों ओर निर्मित किए गए हैं उनमें व्यंग डालना जैनेन्द्र जी का मन्तव्य वस्तुतः नहीं है। आश्रमों और स्वामियों को 'एक्सप्लोड' करने का लक्ष्य जैनेन्द्र जी ने निश्चय ही सामने नहीं रखा है। उपाध्याय की आलोचनापरक, विध्वंसक, अहंवादी विचारणा के विरोध में एक स्थिर, आत्मवादी ब्रह्मचर्य को प्रतिष्ठित करना ही जैनेन्द्र जी का मन्तव्य रहा है, पर अनाम जैसा कमजोर, ग्रन्थिल चरित्र व्याख्यात ब्रह्मचर्य का बोझ

उठाने में असमर्थ प्रतीत होता है। उपाध्याय की घोषणा कि 'अनाम वसुन्धरा से प्रेम करता था' को सच भी न मानें, तब भी अनाम के (विशेषकर वसुन्धरा और उपाध्याय से सम्बन्धित) हर वाक्य और हर कदम से 'हिपोक्रिसी' की गहरी गन्ध आती है। (यह गन्ध जैनेन्द्र जी अनजाने ही डाल गए हैं।) कुछ भीं हो उपन्यास का नाम इसी अनाम स्वामी के नाम पर रखा गया है और यह जैनेन्द्र जी के वक्तव्य का वाचक है।

उपन्यास में खलनायक अथवा प्रतिनायक के रूप में प्रतिष्ठित शंकर उपाध्याय सबसे 'कानसिस्टेंट' और निश्चल चरित्र है। मुझे लगा है वह हिपोक्रिसी से पीड़ित नहीं है। उसका दोष इतना ही है कि वह स्वामियों और आश्रमों का विरोधी है। इन्हें वह निष्क्रियता और भ्रष्टता के अड्डे मानता है। आज की समस्याओं का निदान उसकी दृष्टि से युवकों-युवतियों की बन्धन-मुक्तता और कर्मठता में है। सेक्स के क्षेत्र में भी वह उन्मुक्तता का ही पोषक है। इन्हीं मान्यताओं के कारण अनाम उसे नास्तिक कहता है। उपाध्याय समाजशास्त्री, विद्वान् है और विश्वविद्यालय में अध्यापक है। यह युवजन का नेता है। देश-विदेश दोनों में उसे प्रतिष्ठा प्राप्त है। उसकी अहं-चेतना प्रबल है, पर उसमें चरित्र-बल की कमी नहीं है। उपाध्याय को वसुन्धरा से गहरा प्रेम है पर उसके असमर्थ पति कुमार की अनुमति और वसु की आकांक्षा रहते हुए भी वह उससे शरीर-सम्बन्ध स्थापित नहीं करता, क्योंकि वह वस्तुतः उसकी नहीं है, कुमार की है। वह नियोग को मान्यता नहीं दे पाता। वह दो हत्याएँ करता है। पत्नी की, क्योंकि वह पत्नी का नहीं हो सकता था; वसुन्धरा की, क्योंकि वह उसकी नहीं हो सकती है। ये हत्याएँ अहं-प्रेरित होते हुए भी उसके व्यक्तित्व से संगत हैं और उसकी सम्पूर्ण ईमानदारी को ध्वनित करती हैं। उपाध्याय के दो कार्य अत्यन्त संकेतक हैं, अमरीका से आश्रम को 5000 डॉलर भेजना और अनाम के पत्र को कुमार को पढ़वा देना। पैसा उसने आश्रम में अनुरागवश नहीं, वसु में अनुरक्तिवश ही भेजा लगता है। या वह अनाम के खोखलेपन का मजाक उड़ा रहा होता है या फिर उसे उसकी कीमत अदा कर रहा होता है। पत्र के सन्दर्भ में उसने अपने मित्र के प्रति अपनी पूर्ण निष्ठा को ही ऊँचा किया है और अनाम के छल का और आत्मछल का क्रूर भंडाफोड़ किया है। इस प्रकार उसने अनाम को जतला दिया है कि कुमार, वसुन्धरा और उसके बीच कूदने और वैसा पत्र लिखने का स्वामी होते हुए भी उसे कोई नैतिक अधिकार नहीं था। उपाध्याय के पूरे रुख से यह भी ध्वनित है कि यदि अनाम सचमुच वसुन्धरा से प्रेम करता है तो प्रकट सामने आए, स्वामी का मुखौटा ओढ़कर नहीं। वसुन्धरा की हत्या की आत्म-स्वीकृति उपाध्याय सबसे पहले अनाम के समक्ष ही करता है। वह उसे वसु की नंगी लाश के सामने ले जाकर खड़ा कर देता है। पर अनाम पुलिस को बुलाकर सत्य नहीं कह पाता। इससे भी उपाध्याय के सामने वह हलका ही दीख पड़ता है। नंगी वसुन्धरा पर उपाध्याय का अट्टहास उस पर न होकर वस्तुतः स्वयं अपनी विवशता पर ही फूटा मालूम पड़ता है।

वसुन्धरा प्रकटतः उपाध्याय के प्रति सबसे अधिक समर्पित है। वह उसकी हर आज्ञा का पालन हर समय करती है। वह उससे नाराज है तो सिर्फ इसलिए कि

उपाध्याय ने उसके द्वारा समर्पित तन को स्वीकार क्यों नहीं किया। यही कुंठा उसे आश्रम में खींच लाती है, नहीं तो अनाम से या आश्रम से उसे कोई लगाव नहीं है। वह कई बार अनाम की जान-बूझकर उपेक्षा करती है। अन्त में, आश्रम छोड़कर उपाध्याय के साथ होटल जाते समय उसकी खुशी एकदम छलकी पड़ती है। वह उपाध्याय को एक बार विनत देखने के लिये आतुर है और उसके लिये जान तक दे डालती है। उदिता सही अस्तित्ववादी युवती मालूम पड़ती है। अतीत से, परम्परा से टूटकर अपने बारे में वह स्वयं निर्णय लेती है और उस पर कभी पछताती नहीं। जैनेन्द्र जी ने इस महत्वपूर्ण चरित्र का समुचित विकास नहीं किया है। 'त्यागपत्र' का कायर भतीजा हिपोक्रिट जज बना था, यहाँ वह अनाम का शुद्धचारण बनकर चुक गया है। वसुन्धरा के पति कुमार की तो जैनेन्द्र जी ने झलक भी पूरी नहीं दी है।

अनाम स्वामी और उपाध्याय के द्वैत में उपाध्याय बहुत भारी सिद्ध हुआ है। दोनों के बीच कोई मुकाबला नहीं है। अनाम अपने प्रवचनों के अनुरूप नहीं जीता, जबकि उपाध्याय की कथनी और करनी में उल्लेखनीय समन्वय है। अनाम उदिता या वसुन्धरा किसी को भी अनुकूल न बना सका, दोनों ही उसकी प्रकट उपेक्षा करके उपाध्याय की अनुगामिनी हो गईं। पत्र के सन्दर्भ में तो अनाम ने अपने को बुरी तरह उघाड़ डाला और उपाध्याय से पूरी मात खा बैठा। वसुन्धरा को लेकर उपाध्याय एकदम स्थिर है, जबकि अनाम का हर कदम पता नहीं किस चोर के कारण लड़खड़ाया और हड़बड़ाया हुआ है। जैनेन्द्र जी ने अनाम को अपना प्रमुख वाचक और नायक बनाया है और सबसे अधिक शब्द उस पर व्यय किए हैं। फिर उसी की इतनी छीछालेदार उन्होंने क्यों करा डाली है ? हो सकता है, मैं सन्दर्भों के गलत अर्थ निकाल बैठा हूँ (निश्चय ही जैनेन्द्र जी के अर्थ तो वे नहीं हैं) पर इसका कुछ तो मौका जैनेन्द्र जी ने भी छोड़ा ही होगा, शायद अनजाने ही। यह उपन्यास मुझे पहले के उपन्यासों से अलग दिखा है। इसमें एक द्वैत और द्वन्द्व है जो मुझे जैनेन्द्र जी के किसी गहरे (शुभ) अन्तर्द्वन्द्व का सूचक प्रतीत होता है। मुझे लगा है, उनके सहज अहिंसावादी, गांधीवादी सरलीकरण में दरार आई है।

लक्ष्य करने की बात यह है कि इस उपन्यास का स्वर पहले की तरह समाधानात्मक, प्रतिपादनात्मक न रहकर आलोचनात्मक बन उठा है। यह स्वर देना जैनेन्द्र जी का लक्ष्य नहीं था। तीस वर्ष पहले ब्रह्मचर्य, अहिंसा आदि की जो व्याख्याएँ उन्होंने लिखी थीं, उनके तत्त्व में उनकी आस्था ज्यों की त्यों है। उन्होंने आज सन् '73-74 के सन्दर्भों-समस्याओं पर अपने शाश्वत फॉर्मूलों को लागू करना चाहा होगा। उपाध्याय, वसुन्धरा और उदिता–इन तीन गुत्थियों को उन्होंने लिया। इन्हें सुलझाने की और इनके विकृत परवर्टेड अहं को अनाम के सामने विगलित कराने की ही उन्होंने सोची होगी। जिस रूप में इन तीनों पात्रों का प्रवेश हुआ है उससे यही ध्वनित भी होता है। पर कहानी के तार जैसे-जैसे खिंचे, जैनेन्द्र जी का आज का 'अनकांशस' सचेत होता गया और तय लकीर उनके हाथ से निकलती गई। प्रवचनों के बावजूद अनाम से हिपोक्रिसी बढ़ती गई है (भले ही जैनेन्द्र जी की बुद्धि इस बात को स्वीकार न करे) और स्वामी जी अन्त में

चरमरा उठे हैं। उपाध्याय, वसुन्धरा और उदिता में पिघलने के स्थान पर एक दृढ़ता और स्वतन्त्र व्यक्तिमत्ता आती गई है और उन्होंने अनाम के सामने नमन नहीं किया है और ऐसा न कर पाने के लिये कोई पछतावा भी उनमें नहीं है। आखिर इन पात्रों की यह रूप-निर्मिति जैनेन्द्र जी ने ही की है या उनसे हो गई है। हो सकता है, उन्होंने इस प्रकार 'पथभ्रष्ट' लोगों का ढीठपन ही दिखाना चाहा हो। पर इससे यह निश्चित रूप से ध्वनित हुआ है कि ऐसे चरित्रों पर अहंवादिता की पर्ची चिपकाकर इन्हें मात्र साधन बनाए नहीं रखा जा सकता। इन तीनों में 'पथभ्रष्टता' और अहं के बावजूद नैतिकता का तत्त्व अनाम की अपेक्षा कहीं अधिक दीख पड़ता है। जैनेन्द्र जी इस प्रकार अनजाने, अनायास ही कह गए हैं कि 'महात्माओं' और 'आश्रमों' के पास आज की समस्याओं का हल नहीं है। सच भी है कि आश्रम कुछ साधन-सम्पन्न धनिकों की अपराध-ग्रन्थियों को सहलाने का सार्थक काम ही अधिक खूबसूरती से करते आए हैं। जैनेन्द्र जी के स्वामी-प्राचार्य भी अभिजात वर्ग के सम्पन्न कृपालुओं को ही अपने आगोश में लेते हैं, सामान्य जन मुखापेक्षी सेवक बनकर ही उनके आश्रमों में अदृश्य वास कर पाए हैं।

आज के प्रश्नों का उत्तर आत्मछलपूर्ण सरलीकरण के पास नहीं मिलेगा। सम्बन्धित जन उसे गहन आत्मसंघर्ष में से ही खींच पाएँगे। अनाम की छीछालेदार जैनेन्द्र जी के 'अनकांशस' के हाथों ही हो पाई है (वे चाहें तो मान सकते हैं कि उनके हाथों अनाम की गरिमा बढ़ी है।) इस उपन्य.स में जैनेन्द्र जी ने अपनी ही परम्परा को तोड़ा है, यद्यपि अजान-गर्भित रूप में। उन्होंने इसमें वसुन्धरा की जो हत्या कराई है, वह उनमें निहित उस अन्तर्द्वन्द्व, आत्मग्लानि का सूचक है जो उनके अब तक के साँचाबद्ध चिन्तन पर मानो एक प्रश्न-चिह्न लगाने का उपक्रम कर रही है। इस लक्षण को मैं शुभ मानता हूँ, यह जैनेन्द्र जी के 'सर्जक' की मुक्ति का प्रतीक है।

'हत्या' पर लेखकीय वक्तव्य

हृदयेश

कोई लेखक अपनी कृतियों की आलोचना जो नहीं करता है तो इसलिए नहीं कि किन्हीं नैतिक मूल्यों के तहत उसके लिये वैसा करना मना है, बल्कि इसलिए कि वह उनकी आलोचना कर ही नहीं सकता है, भले ही उसमें तत्सम्बन्धी भरपूर प्रतिभा और समझ क्यों न हो। कारण यह है कि आलोचना के लिये आलोच्य कृति के प्रति आलोचक की निकटता के साथ-साथ जिस थोड़े से अलगाव की आवश्कता होती है—बीच में पारदर्शी शीशे के होने जैसी—वह उसमें नहीं हो सकती है, क्योंकि बाँध टूटे दरिया की तरह वह कृति के क्षेत्र में दूर-दूर तक धँस चुका होता है और किन्हीं अर्थों में किसी सीमा तक वह वहाँ खुद होता है। इसलिए किसी लेखक से जब अपनी किसी कृति के बारे में लिखने के लिये कहा जाता है तो उससे कुछ दूसरे किस्म की अपेक्षा की जाती है, अर्थात् एक आलोचक जिन मुद्दों को छू नहीं सकता है और जो छिपे-ढके रहते हैं, या रह सकते हैं, उनको वह सूरज की किरणों के नीचे लाए। इसे यों कहा जा सकता है कि रचना में जो जानकारी होती है उसे पाठक को देने में सहायक जो सही व्यक्ति हो सकता है वह आलोचक है, जबकि जो जानकारी रचना को लेकर होते हुए भी रचना से बाहर होती है उसे देने का हक केवल उस रचना के रचनाकार को है।

ये जानकारी रचना की वस्तु और उसके ताने-बाने के बारे में होती है—यानी कृति के अस्तित्व और तत्सम्बन्धी तमाम बिन्दुओं को लेकर।

स्वाभाविक है 'हत्या' पर मुझसे कुछ ऐसी अपेक्षा की जाए।

'हत्या' मेरा दूसरा उपन्यास है, लघु ही। पहला 'गाँठ' था जिसकी रचना मैंने 1969 के उत्तरार्द्ध में की थी। 'गाँठ' के प्रकाशन पर लोगों की निगाह मेरी ओर गई थी। एक लम्बे समय तक ठंडी उपेक्षा के बाद चिन्हें जाने की एक अपनी गर्म सेंक होती है। यहाँ-वहाँ से अच्छी प्रतिक्रियाएँ आ रही थीं और मुझमें एक दूसरा उपन्यास लिखने के लिये उत्साह लहक रहा था। पहले उपन्यास को लेकर जो भय था, अब वह अपने पर विश्वास होने में बदल रहा था।

अक्टूबर सन् '70 में मैं दूसरे उपन्यास को लेकर गम्भीरता से सोचने लगा था। कहानी की तीव्रगामी प्रकृति के स्थान पर उपन्यास एक अधिक विश्लेषणपरक और ठहराव भरी चीज है और इस संरचनात्मक विशेषता से ही वह अपने युग का एक

विश्वसनीय और उपयोगी दस्तावेज होता है। किन्तु 'महा' (महाउपन्यास) जोड़ देने पर वह किसी भी नए लेखक के लिये डरावना सिद्ध हो सकता है—खास तौर से उस लेखक के लिये जो कहानी के रचना-संसार से इधर आ रहा हो। छोटे-मोटे जलाशयों से परिचय प्राप्त कर लेने के बाद यह महासागर में आत्मघाती छलाँग लगाना जैसा होगा, जबकि जलाशय के बाद किसी नदी में पहले कुछ अधिक आत्मविश्वास के साथ उतरा जा सकता है। इसलिए इस बार भी मैं एक छोटी ही चीज लिखने के लिये तैयार था। हाँ, यह जरूर चाहता था कि कथ्य और रूप दोनों ही दृष्टियों से नई कृति में ताजगी हो, उसके आस्वाद से अपनी अलग पहचान बने और वह 'गाँठ' जैसे किसी विषय को न दोहराकर कोई नई जमीन तोड़े—संक्षेप में, इस नई कृति का सर्जन किसी रचनात्मक अभिप्राय से ही माना जाए। एक नया कृतिकार यदि सम्भावना भी जगा सके तो यह उस कृति के लिये सफलता ही होती है।

कहानियों के लिए कथ्य बराबर झीना होता जा रहा था। अकहानी का आन्दोलन न भी आता तब भी कहानी के लिये कथानक अब उस रूप में महत्त्वपूर्ण या उपयोगी नहीं रहा था जिस रूप में कभी पहले था। दरअसल, कहानी के विकास का इतिहास कथा तत्त्व के धीरे-धीरे फालतू होते जाने का इतिहास है। कहानियों से जुड़ा होने के कारण मेरे मन में इच्छा थी कि नए लिखे जानेवाले उपन्यास में भी कथा-तत्त्व झीना ही रखूँ। उसमें कथा के तार कम तो दिए जाएँ ही, वे महीन भी हों। यह जोखिम भरा काम था, इसलिए कि अपने में विस्तार रखने के कारण उपन्यास में कथा-वस्तु को उस सीमा तक फालतू मानकर छोड़ा नहीं जा सकता है। पर मुझे लगा कि इस जोखिम से गुजरकर ही मैं कृति को भीड़ से अलग ले जा सकता हूँ। बहुत पहले मैंने ताराशंकर बन्द्योपाध्याय का उपन्यास 'अरण्य' पढ़ा था जिसमें सारी कथा वन के इर्द-गिर्द बुनी गई थी—वन की अपनी महत्ता है और एक अलग सौन्दर्य। स्थिति यों आती है कि हरे-भरे पेड़ काटे जाने लगते हैं। वन उजड़ने लगता है। हू-हू करता सन्नाटा किसी मरणासन्न व्यक्ति जैसा करुण चीत्कार करता प्रतीत होता है—पाठक उपन्यास समाप्त कर अपने को अवसाद से भीगा-नम पाता है। यह रचना मेरे अवचेतन में जब-तब यात्रा करती रहती थी और मैं चाहता था कि नई कृति कुछ इसी तरह की महीन लेकिन मजबूत बुनावटवाली हो।

'हत्या' नामक कहानी मैं लिख चुका था और वह सितम्बर, '69 में 'नई कहानियाँ' में प्रकाशित हो गई थी। उसे काफी पसन्द किए जाने के पत्र मुझे यहाँ-वहाँ से मिलने शुरू हो गए थे। 'हत्या' की एक अपनी अलग मानवीय संवेदना थी, जिसने पाठकों को गहरे जाकर पकड़ा था। मेरे मस्तिष्क में यह विचार कुलबुलाने लगा कि इस कहानी को क्या मैं एक उपन्यास का रूप नहीं दे सकता हूँ ? कलेवर में विस्तार के साथ क्या केन्द्रीय भाव में और सघनता नहीं लाई जा सकती है ? ऐसा सम्भव हो सकने पर फिर 'अरण्य' जैसी कुछ विशेषता मैं इसमें ला सकूँगा, मुझे ऐसा लगा।

'हत्या' उपन्यास का जो सोलहवाँ अध्याय है, वही इसी नाम से कहानी थी—एक अति व्यावहारिक उम्रदराज व्यक्ति क्रिकेट के नामी-गरामी खिलाड़ी बनने के सपने

देखनेवाले 13-14 साल के एक लड़के को खेलने से इसलिए रोकता है कि उसमें वक्त की बरबादी है और उस वक्त का सदुपयोग वह पढ़ाई में बखूबी कर सकता है। इस बुजुर्ग ने इससे पूर्व एक शख्स को उसकी नाटक खेलने की प्रवृत्ति से अलग हटाया था, क्योंकि जीवन में इस प्रवृत्ति की भी कोई सार्थक उपयोगिता नहीं हो सकती थी। नाटक से हटे इस शख्स की निगाह अब हरदम नौकरी की तरक्की पर रहती थी और इसकी खातिर वह बददिमाग अफसरों की ज्यादतियाँ बहुत-कुछ गलत-सलत, बर्दाश्त करता रहता था। काफी समय बाद जब यह शख्स तीसरे पहर उस बुजुर्ग से मिलने आया तो उसका व्यक्तित्व एक घिनौती लाश जैसा लग रहा था। कहानी का कल्प था कि मानवीय हत्या केवल शरीर द्वारा ही नहीं की जाती है, वह दूसरे तरीकों से भी होती है, जो और भी निर्मम व जघन्य है, क्योंकि तब इंसान जिन्दा रहकर भी मौत को ढोता है।

कहानी को उपन्यास का रूप देने के लिये मैं इन दूसरे तरीकों पर गौर करने लगा।

'अरण्य' में वन को उजाड़कर उसकी हत्या की गई थी। किसी परिवेश या बस्ती की उससे उसकी जीवनसंकुल चहल-पहल व कोलाहल छीनकर हत्या क्या नहीं की जाती है ?

दिमाग खुला हुआ था। मैं बाजार में था और 'रामनाम सत्य है' की आवाज उछालती एक टिकठी गुजरी थी। मुझे एकाएक लगा, मैं उपन्यास में एक टिकठी और उसके पीछे चलते कुछ लोगों के माध्यम से विशेष व्यक्ति द्वारा मारे हुए लोगों का एक जुलूस दिखाकर वैसी मौत को अपनी पूरी भयावहता से उभार सकता हूँ। एक अध्याय की सामग्री मेरे कब्जे में आ गई थी।

फिर मुझे याद आया कि मैंने 'आनेवाला कल' शीर्षक एक कहानी लिखी थी, जिसमें सत्यवीर नामक एक युवक हड़ताल में सक्रिय हिस्सा लेना चाहता है, किन्तु हड़ताल से जुड़े भय से डरता रहता है। यदि सत्यवीर को इस भय के साथ वह विशेष व्यक्ति भी व्यवस्था और तन्त्र का खतरा दिखाकर तोड़े और एक जोखिम भरा लेकिन सही निर्णय न लेने देकर अपने निकट साथियों की निगाह में दोगला व दगाबाज बनाकर मारे तब ? एक-दूसरे अध्याय की सामग्री कब्जे में आ गई थी।

मैंने एक और कहानी 'बीज' लिखी थी, जो प्रकाशित नहीं हुई थी। मुझे लगा, मास्टर जी वाले उस हिस्से का उपयोग हो सकता है जिसमें वह हर बच्चे में महती सम्भावना के बीज देखते हैं। इसके ठीक विपरीत वह विशेष व्यक्ति उस बीज को रोजी-रोटी की सुरक्षा देनेवाली एक मामूली नौकरी के साए के नीचे जमाकर उसके महती विकास की सारी सुखद सम्भावनाओं को नष्ट कर देता है। एक और अध्याय की सामग्री हाथ में आ गई थी।

फिर और भी सामग्री मिल गई और लगा कि अंग्रेजी की इस उक्ति 'टू डिस्ट्रॉय इज मर्डर' में मैं 'डिस्ट्रॉय' शब्द को पूरी तरह परिभाषित कर सकता हूँ।

लौटकर मैं बस्तीवाले हिस्से पर फिर आ गया। यह हिस्सा सामूहिक हत्या की बात को कह सकता था। लेकिन क्या हर चरित्र समर्पण-भाव से उस व्यक्ति विशेष की इच्छा

के धारदार गँडासे के नीचे हरा चारा बन कटता चला जाएगा ? नहीं, इस बस्ती में एक मुखिया भी होना चाहिए—प्रायः जैसा कि होता है—और वह डरकर विरोध करे। संघर्ष और टकराहट के आवे में ही चरित्र, घटनाएँ व कृति की रचनात्मकता पककर निखरती है। तब मैंने विरोध के लिये राधे भगत को चुना। किन्तु सवाल था कि राधे भगत किस स्थिति में बस्ती छोड़ेगा और किस रूप में वह एक लाश-सरीखा माना जाएगा। यह सवाल टेढ़ा था—दूर तक भटकने व चैन खोनेवाला, क्योंकि हल कई हो सकते थे जबकि मुझे एक ऐसा हल चाहिए था जो मूल कथा की मानसिकता और प्रकृति के अनुरूप तो हो ही, उसके प्रवाह को तेज भी करे। और फिर जब मुझे टट्टूवाले प्रसंग और भगत की तीस साल पुरानी शराब व गाली बकनेवाली लत के दुबारा लौट आने की बात के रूप में वह हल मिल गया तो उसका एक अपना सन्तोष था।

चन्द्रिका प्रसाद उर्फ चुन्नू उर्फ पहलवान की हत्यावाली बात मस्तिष्क में कुछ बाद में आई थी, क्योंकि 'हत्या' शब्द के स्वीकृत अर्थ को लाए बिना मुझे कथ्य पर पकड़ फिर भी ढीली लग रही थी, या ऐसी आशंका थी कि इसके बिना हत्या को लेकर मेरा अभिप्राय अपने पूरे डैने खोलकर एक महात्त्वाकांक्षी उड़ान ले न सकेगा। दूसरे, मैं इस तल्ख सच्चाई को भी उभारना चाहता था कि इन दूसरों के सम्मानपूर्वक जीने के लिये वहशी आतंक बने गुंडे की लाजिम हो गई हत्या के करने पर एक निहायत शरीफ इंसान दंडित होता है, जबकि एक अन्य स्तर पर एक दूसरा व्यक्ति अपनी सामाजिक स्थिति का लाभ उठाकर आए दिन बराबर किसी-न-किसी से उसका वर्चस्व या व्यक्तित्व छीनकर उसे लाश में बदलता रहता है और वह पुरस्कृत किया जाता है।

सामग्री के बाद मुझे शैली की तलाश थी—एक ऐसी शैली की जो विषय को शक्ति दे। मेरे पहले उपन्यास की शैली वर्णनात्मक और सपाट थी—बहुत-कुछ परम्परित ढंग की। इस शैली को इस बार मैं छोड़ना चाहता था। शैली को लेकर मैं प्रयोग के नाम पर प्रयोग करने के लिये कटिबद्ध नहीं था, लेकिन जागरूक जरूर था। इस जागरूकता के कारण ही फिर मैंने समानान्तर दो कथा कहनेवाली शैली को चुना था—एक कथा शारीरिक हत्यावाली बात को कहे और दूसरी व्यक्तित्व की हत्यावाली बात को। ये दोनों कथाएँ ऊपर से एक-दूसरे के लिये अप्रासंगिक होते हुए भी अन्दर से प्रासंगिक थीं। शिवनारायण के हाथों गुंडे चन्द्रिका प्रसाद की हत्यावाली बात ने इस शैली का चुनाव एक तरह से अपरिहार्य भी कर दिया था। कमलेश्वर अपनी कहानी 'राजा निरबंसिया' में समानान्तर कथा कहनेवाली शैली का प्रयोग कर चुके थे और मुझे वहाँ से संकेत पकड़ने में कोई खास दिक्कत नहीं हुई थी।

उपन्यास में कुछ प्रसंग एकदम स्वतन्त्र हैं, कहानी जैसी एक अन्विति होने के कारण अपने में जो अलग-अलग पूर्ण हैं, उनकी स्थिति किसी गजल के शे'र की तरह है, जिनका काफिया तो एक होता है लेकिन वे अपना अलग वजूद भी रखते हैं। यह ठीक है कि उपन्यास के कथ्य में बिना कोई व्यवधान लाए हुए उनके क्रम में हेरफेर किया जा सकता है, किन्तु उनकी संयोजना में जिस गति का ध्यान रखा गया है, यानी

कथानक का मूल स्वर संवेदना के स्तर पर उत्तरोत्तर तीव्र से तीव्रतर होता जाए, क्या उससे इस गति में आघात नहीं पहुँचेगा ?

मुझे उपन्यास के लिये पात्रों की कमी नहीं महसूस हुई, क्योंकि विभिन्न प्रकृति, दृष्टिकोण, रुचि, क्षमता, आस्था और किस्म-किस्म की गाँठवाले पात्र एक बड़ी संख्या में मेरे चारों ओर मौजूद थे। वायवी पात्रों को खड़ा करने में मेरा विश्वास नहीं है। वे मजबूती से कभी खड़े भी नहीं हो सकते। कभी-कभी किसी विचार या दृष्टि को ज्यादा साफ करने के लिये रचनाकार को यह तो करना पड़ता है कि दो या तीन पात्रों की अलग-अलग कमियाँ या खूबियाँ किसी एक पात्र में ले आए, लेकिन किसी पात्र को पूरे तौर से गढ़ने की जरूरत उसे फिर भी नहीं होनी चाहिए। देखे-परखे पात्रों को पेश करने में रचनाकार के रूप में उनके व्यवहार, तौर-तरीके, मनोविज्ञान आदि को लेकर गलतियाँ करने से बचने का सहज विश्वास मेरे पास था और इससे मैं पाठकों को जीते-जागते और विश्वसनीय चरित्र दे सकता था।

मेरे अपने मोहल्ले में भोलानाथ थे जो लगभग वैसा करते रहते थे जैसा वह उपन्यास में करते हैं। जब-तब वह किसी-न-किसी बहाने हुक्कामों या सत्ता से जुड़े लोगों को पार्टियाँ देते रहते थे और उसके द्वारा सामाजिक प्रतिष्ठा की सीढ़ियों पर बराबर चढ़ते जाते थे। यद्यपि उनसे ज्यादा पढ़े-लिखे लोग वहाँ थे, किन्तु वही सबसे ज्यादा पढ़े-लिखे, समझदार, काबिल, तजुर्बेकार व दूरन्देश मान लिये गए थे और उनकी राय-मशविरे या कहे हुए को लोग आदर भाव से अंगीकार कर लेते थे—मामूली खरीद-फरोख्त से लेकर शादी-विवाह, नौकरी-जैसे अहम मसलों तक में। ऐसा माना गया है कि हत्यारा शारीरिक रूप से वीभत्स होता है। हत्यारे का एक परम्परित और सहज संवेद्य रूप खड़ा करने के विचार से मैंने भोलानाथ के जिस्म पर अपेक्षाकृत बड़े-बड़े बाल और रोएँ दिखाए और इस विशेषता पर उपन्यास के अन्त में फोकस भी डाला है—"धूप बरामदे में पसर चुकी थी और जहाँ भोलानाथ खड़े थे, वह वहाँ भी थी। उनकी नाक और कान के गुहों से निकले हुए बड़े-बड़े बाल और हाथ-पैरों के काले घने रोएँ धूप में चमक रहे थे। और फिर इन भोलानाथ को रास्ते पर गुजरते आठ-दस व्यक्तियों ने सलाम किया था।" वैसे मैंने भोलानाथ को अन्यत्र प्रियदर्शी ही चित्रित किया है। मैं उनको कुछ इस रूप में पेश करना चाहता था कि क्रूर न लगकर भी उनके कृत्य क्रूरतम साबित हों, वह अहिंसक दिखकर भी हिंसक पाए जाएँ और इस तरह बिना किसी अतिरंजना के एक छिपी हुई सच्चाई पर से पर्दा उठ सके, जिससे पाठकों को उसे जानने में ही नहीं, समझने में भी मदद मिले। वे मात्र उसके दर्शक ही नहीं बनें, शिद्दत से महसूस भी करें। दरअसल, मैं भोलानाथ को व्यक्ति से अधिक एक प्रतीक बनाना चाहता था—संकुचित और यथास्थिति की मनोवृत्ति का, जो अपने में स्वयं पूँजीवादी न होकर भी पूँजीवाद की ही एक सांघातिक देन होती है।

महेश श्रीवास्तव, रामदास, पूरनदास, मुरलीधर, मुंशी मदन बिहारी, रामसरन बाबू, बनारसी लाल गुप्ता आदि भी मेरे अपने माहौल के हाड़मांस के जीवित पात्र थे। राधे

भगत, जोखे किसान, सुन्दर, चन्दर, कन्हई बरेठा वगैरह के भी मैं सम्पर्क में आ चुका था या किसी-न-किसी स्रोत या माध्यम से उनको अनुभव कर चुका था। चन्द्रिका प्रसाद उर्फ चुन्नू उर्फ पहलवान को मैंने बहुत करीब से देखा ही नहीं था, उसके नंगे आतंक और अत्याचार का कई बार चश्मदीद गवाह भी बन चुका था। शिव नारायण कोई दूसरा नहीं, लेखक स्वयं था। उद्देश्य को लेकर समस्त प्रिय उत्कंठाओं और आदर्श मूल्यों का क्रियान्वयन अगर परिवेश में फैले हुए पात्रों की यथास्थितिपरक भूमिका से सम्भव नहीं हो पाता है तो एक 'इच्छित' पात्र की रचना का सामाजिक दायित्व लेखक पर है और इसी सामाजिक दायित्व के तहत मैंने शिव नारायण की परिकल्पना की थी। चूँकि लेखक की अपनी इच्छा और उसके द्वारा तमाम लोगों की वैसी इच्छा उस पात्र में रूपायित हो चुकी होती है, इसलिए ऐसा पात्र कल्पित होकर भी संवेदना के स्तर पर वास्तविक पात्र होता है।

मेरा प्रयास यह भी था कि उपन्यास में आए चरित्र यद्यपि कथ्य के मूल स्वर को तेज करें, किन्तु उनमें से प्रत्येक अपनी प्रकृति, रुचि, कमजोरी, जीने का नजरिया आदि को लेकर एक स्वतन्त्र इकाई बने—यानी वे बिना पहचान के चेहरेवाले न हों। पूर्वाग्रह के खास पेंट से चरित्रों के चेहरे पोतने का मैं वैसे भी विरोधी हूँ।

चरित्रों से जुड़े प्रसंग भी मैंने सीधे जिन्दगी में से उठाए थे और जरूरत लायक काट-छाँट के बाद उनको मूल कहानी के हवाले कर दिया—कहानी का परिहार्य हिस्सा बनाते हुए। चूँकि ये प्रसंग रोजमर्रा की जिन्दगी में से ही बीने-बटोरे गए थे, इसलिए ये सामान्य होकर भी परिवेश और चरित्रों के साथ मिलकर यथार्थ के रंग को चटक करते थे। वैसे भी कोई कृति विशिष्ट चरित्रों या वैसे प्रसंगों और स्थितियों को लेकर विशिष्ट और महत्वपूर्ण नहीं होती है, बल्कि वैसी तमाम सामान्य बातों के माध्यम से मानवीय संवेदना के स्तर पर व्यापकता, गहनता और ऊँचाई पकड़कर ही विशिष्ट बनती है। उपन्यास का जो मुख्य गुण स्वीकार किया गया है वह है सत्य का वातावरण और यह वातावरण एक रचनाकार अपनी ही जमीन पर रहकर वहाँ का परिवेश और उस परिवेश में साँस लेनेवाले पात्रों को उनकी अच्छाइयों-बुराइयों व क्रिया-कलापों के साथ पेश करके ही बना सकता है।

मेरे पहले उपन्यास की भाषा एकदम सपाट थी और उसमें शब्दों की 'शुचिता' की ओर कुछ ज्यादा ध्यान दिया गया था। 'हत्या' में शैली की तरह ही भाषा को लेकर भी मैंने जागरूक रहना चाहा और कोशिश की कि वह बोलचाल की बगलगीर हो। शायद इसीलिए वह कथ्य के अनुकूल चल सकी है। गालियों को लेकर मैं अनिश्चितता की स्थिति में था। राही का 'आधा गाँव' में पढ़ चुका था और गालियों को जिस तरह उन्होंने नंगे रूप में रचना में उतारा था, उससे प्रभावित था। किन्तु मेरे अपने संस्कार खुद अपनी रचना में उनको आदिम रूप में उतारने से संकोच कर रहे थे। उपन्यास के प्रथम आलेख में पहलवान द्वारा तकिया कलाम के रूप में प्रयुक्त 'भुतनी' की गाली 'भोसड़ी' की शक्ल में थी। अन्तिम आलेख में मेरे संस्कारों ने उसे कपड़े पहना दिए। अन्य स्थलों पर भी

गालियों को अभिधामूलक की बजाय लाक्षणिक या व्यंजनामूलक बना दिया। भगत के द्वारा उनको नंगे रूप में इस्तेमाल करने के लिये मैं इसलिए मजबूर हो गया था, क्योंकि गालियों के माध्यम से ही मुझे उसकी हत्या दिखानी थी और मुझे लगा कि इन गालियों को ढँकना भगत की हत्या के दर्द की तल्खी को ढँकना होगा।

गालियों को नंगे रूप में न देकर मैंने गलती की या मेरा उनको लिबास पहनाना सही था, इसको लेकर मैं आज भी कुहासे में खड़ा हूँ।

दृष्टि से तात्पर्य यदि राजनीतिक विचारधारा से होता है, या जीवन-सम्बन्धी किसी दर्शन विशेष से, तो 'हत्या' की कथा-वस्तु चुनते समय उस अर्थ में मेरी कोई दृष्टि नहीं थी। वह आज भी नहीं है। किसी लेखक के लिये राजनीतिक प्रतिबद्धता आवश्यक है और वह उसके लेखक को अपूर्व शक्ति और ऊर्जा देती है, मेरे लिये ऐसा मानने का कोई कारण नहीं। बल्कि वैसी प्रतिबद्धता का दबाव रचनाकार की रचनाओं को सम्बन्धित विचारधारा या दर्शन की मात्र व्याख्या या नारा तो बना देता ही है, उसकी रचनाधर्मिता की सीमाओं को भी तंग करता है।

दृष्टि के नाम पर मैंने अपने को प्रगतिशील रखने की कोशिश की है। (यहाँ प्रगतिशील शब्द का कोई सम्बन्ध प्रगतिवाद के प्रतिबद्ध और टाइप्ड लेखन से नहीं है।) इस प्रगतिशीलता में एक ओर तो आधुनिकता आती है—अर्थात् जो पुराना हो गया है, अनुपयोगी है और समय द्वारा खड़े किए जा रहे नए सवालों से टकरा नहीं सकता है, उसको निरन्तर छोड़ते चलना और दूसरी ओर दलित, शोषित यानी सर्वहारा वर्ग की पक्षधरता करते हुए शोषण व अन्याय के विरुद्ध लड़ाई का वातावरण बनाना। इस पक्षधरता या लड़ाई का वातावरण बनाने का एक तरीका यथार्थ को पूरी निर्ममता के साथ उघाड़ना भी होता है, क्योंकि यथार्थ के परिवेश का दबाव कुछ करने के लिये व्यक्ति को बेचैन करता रहता है। 'हत्या' का कथानक चुनते हुए या उस कथानक को एक विशेष अन्विति देते वक्त मेरी दृष्टि समयजन्य वास्तविकता के माध्यम से इस प्रगतिशीलता की ओर ही थी। यों भोलानाथ इस उपन्यास का खलनायक है, लेकिन उसे एक नायक का ही दर्जा दिया गया है। भोलानाथ अपने इर्द-गिर्द के माहौल पर हावी रहता है। वह जो चाहता है वही होता है। राधे भगत अगर उसका विरोध करता भी है तो बिना उसे कोई जरब पहुँचाए हुए अपने प्रयास में असफल रहता है। भोलानाथ के कृत्य गलत होते हुए भी गलत माने नहीं जाते—ज्यादा-से-ज्यादा उसका अहसास शिकार हुए व्यक्ति तक ही सीमित रहता है—और लोग भोलानाथ का सम्मान बदस्तूर करते रहते हैं। हमारे वास्तविक जीवन में ऐसा ही होता है। हालात आज जो हैं, उनमें खलनायक ही जीत रहा है। जो होता है वह पूरी निर्ममता और पूरे कर्त्तव्यबोध के साथ पेश किया गया है। 'ऐसा नहीं होना चाहिए', यह एक आदर्श है और उस आदर्श की अनिवार्यता उपन्यास में गायब कर मैंने उसे अपने पाठकों को सौंप दी है।

'हत्या' का लेखन मैंने 7 दिसम्बर 1970 से प्रारम्भ कर दिया था और पाँच सप्ताह में उसको प्रथम आलेख के रूप में लिख डाला था। फिर लगभग इतना ही समय उसके

माँजने-सँवारने में लगाया। प्रेस के लिये कॉपी मैंने मार्च, 1971 को तैयार कर ली थी। इस उपन्यास को इतने कम समय में पूरा कर लेने का कारण शायद यह भी था कि प्रकाशित-अप्रकाशित कहानियों के रूप में तीन अध्यायों की सामग्री मेरे पास मौजूद थी। दूसरे अभी मैं उस अतिरिक्त सजगता से मुक्त भी था जो लेखन में एक विलम्बित लय उत्पन्न करती है। बार-बार की परख और काट-छाँट कला और शैली के नाम पर जिस कृत्रिमता से रचना को भर देती है, उपन्यास-लेखन की उस ऊँचाई (?) से अभी मैं दूर था।

उपन्यास के एकदम शुरू में मैंने कथ्य की सांकेतिकता को स्पष्ट करने के लिये एक सूत्र दिया था—"किसी को विनष्ट करना उसकी हत्या है। विनष्टता शरीर द्वारा ही नहीं, व्यक्ति से उसकी महत्वाकांक्षा, रुचि, उत्साह, उमंग आदि ऊर्ध्वगामी प्रवृत्तियाँ छीनकर भी हो सकती है, या...।"

प्रकाशक राजेन्द्र यादव ने पुस्तक छापते हुए इसको निकाल दिया था। निकालकर उन्होंने ठीक ही किया, क्योंकि लेखक को अपने पाठकों की समझ पर विश्वास होना ही चाहिए।

'हत्या' : समीक्षा

ओमप्रकाश ग्रेवाल

श्री हृदयेश का उपन्यास 'हत्या' निम्नमध्यवर्गीय जीवन का एक ऐसा व्यंग्यचित्र है जिसमें इस वर्ग से सम्बन्ध रखनेवाले व्यक्तियों की बहुत सारी मुख्य कमजोरियाँ काफी स्पष्ट रूप में हमारे सामने आ जाती हैं। एक व्यंग्य-रचना होने के नाते यहाँ पाठक को पात्रों से घनिष्ठ सम्पर्क स्थापित करने का अवसर नहीं दिया जाता, बल्कि रचनाकार का यह प्रयास रहता है कि पात्रों से पाठक की दूरी बनी रहे और उनकी ओर उनका दृष्टिकोण आलोचनात्मक ही रहे। इस रचना में किसी भी पात्र को ऐसा केन्द्र-बिन्दु नहीं बनाया गया है कि हम उसकी नियति में उलझकर उसके साथ भावात्मक तादात्म्य स्थापित कर लें। इसीलिए यहाँ ऐसा कथानक भी नहीं है जिसमें घटनाओं का मूल स्रोत कुछ गिने-चुने पात्रों के उद्देश्यों और प्रयोजनों में भी होता है और जो अपने विकास में उन उद्देश्यों और प्रयोजनों के गतिमान हो जाने के बाद अनिवार्य रूप से घटित होनेवाले उनके परिणामों को क्रम से परिलक्षित करता चलता है। एक व्यंग्य-रचना में पात्रों को इतनी मानवीय गरिमा अथवा जटिलता प्रदान नहीं की जाती कि हम उनके व्यक्तित्व के क्रमिक विकास को पड़ाव-दर-पड़ाव देखने के लिये उत्सुक हों। 'हत्या' में उपन्यासकार ने इसीलिए निम्नमध्यवर्ग की मुख्य विशेषताओं को स्पष्ट करने के लिये पात्रों के रूप में कुछ मानचित्र ही प्रस्तुत कर देना पर्याप्त समझा है। निम्नमध्यवर्ग के सामूहिक व्यक्तित्व का चित्रण इस रचना का मुख्य लक्ष्य है और इसी से उसका रूप निर्धारित होता है।

उपन्यासकार ने निम्नमध्यवर्ग के सामूहिक व्यक्तित्व के विभिन्न पक्षों को स्पष्ट करने के लिये एक मोहल्ले में साथ-साथ रहनेवाले लोगों के जीवन की कुछ झलकियाँ प्रस्तुत की हैं। मोहल्ले के सामूहिक व्यक्तित्व से ही अलग-अलग पात्रों की सीमित विशिष्टता उभरती है, वरना प्रत्येक अपने-आप में अधूरा है। पात्रों की यह सीमित विशिष्टता इस बात की सूचक है कि लेखक की दृष्टि में निम्नमध्यवर्गीय परिस्थितियों में व्यक्तित्व-विकास की सम्भावनाएँ बहुत कम हैं, किसी भी व्यंग्य रचना में एक वर्ग अथवा समूह-विशेष के जीवन के कुछ पहलुओं पर ही ध्यान दिया जाता है और एक सुनिश्चित दृष्टिकोण के आधार पर वहाँ दृष्टिगोचर होनेवाली मानव-स्वभाव की विकृतियों और असंगतियों को उजागर किया जाता है। इस प्रकार एक व्यंग्यकार द्वारा प्रस्तुत किए

जानेवाले सामाजिक जीवन के चित्रण में एकपक्षीयता अथवा एकांगिकता का आ जाना एक तरह से अवश्यम्भावी ही है।

मानव-स्वभाव के बारे में जो सुनिश्चित धारणा व्यंग्यलेखन के परोक्ष में रहती है वह कोई सदा एक जैसी बनी रहनेवाली वस्तु नहीं होती। ऐतिहासिक विकास के दौरान विभिन्न परिस्थितियों में मानव-स्वभाव के अलग-अलग रूप उभरकर सामने आते हैं। किसी भी समाज में उसके ऐतिहासिक विकास के एक विशिष्ट बिन्दु पर मानव-स्वभाव की अनेक परस्पर-विरोधी परिभाषाएँ प्रचलित हो जाती हैं। समाज के विभिन्न वर्गों के हितों में आधारभूत अन्तर बने रहने के कारण तथा सामाजिक विकास में उनकी भूमिकाओं में गुणात्मक भेद होने के कारण ही इन अलग-अलग परिभाषाओं का प्रादुर्भाव होता है। ऐतिहासिक विकास के उस विशिष्ट बिन्दु पर मानव-स्वभाव की वही परिभाषा हमें मान्य हो सकती है जो समाज में सबसे अधिक प्रगतिशील भूमिका निभानेवाले वर्ग के हितों, मूल उद्देश्यों और प्रयोजनों के अनुरूप हो। केवल उस परिभाषा के अन्तर्गत ही समाज की बहुसंख्यक जनता के वास्तविक अनुभव की यथेष्ट अभिव्यक्ति हो सकती है। वैसे तो बहुसंख्यक जनता की चेतना में भी कुछ ऐसी भ्रान्तियाँ बनी रहती हैं जो उनके जीवन के सारभूत तत्त्वों को विकृत अथवा खंडित रूप में ही परिलक्षित करती हैं और जिन्हें ऐतिहासिक अनिवार्यता का ठोस आधार प्राप्त नहीं होता। बहुसंख्यक जनता की चेतना में व्याप्त इन मिथ्या तत्त्वों को भी उस समय के सबसे प्रगतिशील वर्ग के हितों की कसौटी पर परखा जा सकता है। इस प्रकार किसी समाज के सबसे अधिक प्रगतिशील वर्ग के हितों पर आधारित मानव-स्वभाव की परिभाषा को ध्यान में रखकर हम अन्य प्रतिष्ठित परिभाषाओं की विरूपताओं, असंगतियों तथा अयथार्थताओं को पहचान सकते हैं। वस्तुगत जीवन के आधारभूत अन्तर्विरोधों को परिलक्षित करनेवाला चेतना का संघर्ष आम तौर पर ऐसे साहित्य को जन्म देता है जिसका स्वरूप मुख्यतः त्रासदीय होगा। परन्तु जो वर्ग अपनी प्रगतिशीलता खो चुका है उसकी चेतना में घटित होनेवाली वैचारिक एवं भावात्मक हलचल हास्यास्पद और बेतुकी भी दिखाई पड़ सकती है क्योंकि जो मुद्दे उसके माध्यम से व्यक्त हो रहे होते हैं उनका सारतत्त्व अति सीमित होते हुए भी वे वहाँ काफी बढ़-चढ़कर और विस्तार पाकर उपस्थित रहते हैं। प्रगतिशील वर्गों की चेतना में भी कई बार ऐसे भ्रम और स्वप्न सक्रिय होते हैं जिन्हें वास्तव में ऐतिहासिक अनिवार्यता का ठोस आधार प्राप्त नहीं होता और उनके माध्यम से या तो ऐसे मुद्दों की यान्त्रिक पुनरावृत्ति होती है जिन्हें वर्ग-संघर्ष द्वारा पहले ही सुलझाया जा चुका है या फिर जो यूटोपियन होते हैं। इस प्रकार प्रगति-विरोध वर्गों के आदर्शों के खोखलेपन को उधाड़ने तथा अन्य वर्गों की चेतना पर आच्छादित भ्रमों और मिथ्यादर्शों का भंडाफोड़ करने के आक्रामक प्रयासों से व्यंग्य-साहित्य का सृजन होता है।

आम तौर पर समाज में निम्नमध्यवर्ग की कोई बहुत साहसपूर्ण या निर्णायक संघर्ष की भूमिका नहीं होती। इस वर्ग के व्यक्ति ज्यादातर बुर्जुआ वर्ग के संस्थानों से चिपके रहते हैं तथा उस वर्ग की प्रभुसत्ता के अन्तर्गत विकसित होनेवाले सांस्कृतिक आदर्शों को

अपनाए रहते हैं। इस पिछलग्गूपन के कारण उनके आदर्श और मान्यताएँ अधिकतर बुर्जुआ आदर्शों और मान्यताओं की यान्त्रिक पुनरावृत्ति मात्र ही होते हैं। निम्नमध्यवर्गीय व्यक्ति की चेतना में चलते रहनेवाले संघर्ष इसीलिए त्रासदीय न होकर हास्यास्पद ही बने रहते हैं। उस समय जबकि बुर्जुआ वर्ग की भूमिका किसी समाज में यथास्थितिवादी अथवा प्रगतिगामी हो चली हो तब विशेष रूप से निम्नमध्यवर्ग की मान्यताओं में और उनकी वास्तविक परिस्थितियों में एक तीखा अन्तर्विरोध उभर आता है। इन सभी कारणों से इस वर्ग के व्यक्तियों की जीवन-प्रणाली को व्यंग्य का लक्ष्य बनाना विशेष रूप से उपयुक्त सिद्ध होता है। परन्तु निम्नमध्यवर्गीय जीवन की विकृतियों और असंगतियों को उभारने के लिये रचनाकार ने किस प्रकार के दृष्टिकोण को अपनाया है और मानव-स्वभाव की कौन-सी परिभाषा को कसौटी के रूप में चुना है इससे व्यंग्य-लेखन की प्रखरता और समर्थता बहुत हद तक निश्चित होती है। चुने हुए परिप्रेक्ष्य के पूरी तरह सही न होने पर व्यंग्य का प्रभाव भी धीमा बना रहता है। मैं समझता हूँ कि 'हत्या' में रचनाकार ने निम्नमध्यवर्गीय जीवन की विकृतियों और खोखलेपन को एक ऐसे दृष्टिकोण से देखा और परखा है जो मूलतः निम्नमध्यवर्गीय ही बना रहता है। भारतीय समाज में निम्नमध्यवर्ग के अन्दर से ही इसकी सामान्य जीवन-प्रणाली के प्रति एक कटु आलोचनात्मक दृष्टिकोण कैसे उभर आता है यह जानने के लिये हमें इस वर्ग की सामान्य स्थिति को तथा समाज में उसकी भूमिका को ऐतिहासिक सन्दर्भ में देखते हुए ठीक-ठीक पहचानना होगा। वैसे तो सांस्कृतिक दृष्टि से इस वर्ग में कई स्तर और परतें दिखाई देंगी, परन्तु इस विविधता के बावजूद सामाजिक व्यवस्था में इस वर्ग की एक निश्चित भूमिका के आधार पर इससे सम्बन्ध रखनेवाले व्यक्तियों की संवेदना और भावभूमि में एक विशिष्ट प्रकार की एकता भी बनी रहती है। जब कभी समाज में विरोधी वर्गों के बीच चल रहे संघर्षों में निम्नमध्यवर्ग द्वारा निभाई जानेवाली भूमिका में एक गुणात्मक परिवर्तन आता है तभी इस वर्ग से सम्बन्धित साहित्य की रूपरेखा भी बदल जाती है। निम्नमध्यवर्ग की कोई स्वतन्त्र राजनीति प्रायः नहीं होती। इस वर्ग के लोग दूसरे वर्गों के साथ जुड़कर ही सामाजिक संघर्षों में अपनी भूमिका निभाते हैं। निम्नमध्यवर्ग का एक बहुत बड़ा भाग तो अक्सर बुर्जुआ वर्ग के साथ पूर्णतया जुड़ा रहता है। निम्नमध्यवर्ग के इन तत्त्वों की सांस्कृतिक चेतना बुर्जुआ वर्ग के हितों से ही पूर्णतया नियन्त्रित होती है। यदि बुर्जुआ वर्ग के प्रभुसत्ता-सम्पन्न तत्त्वों की सांस्कृतिक चेतना से इन निम्नमध्यवर्गीय तत्त्वों की चेतना में कोई अन्तर होता है तो केवल इतना कि सम्भवतः निम्नमध्यवर्गीय व्यक्ति का दृष्टिकोण बड़े बुर्जुआ वर्ग की तुलना में कहीं अधिक जनतान्त्रिक होगा, किन्तु इसके साथ ही दूसरी तरफ यह बुर्जुआ दृष्टिकोण से ज्यादा पिछड़ा हुआ और पुरातनवादी भी हो सकता है। निम्नमध्यवर्गीय व्यक्ति की चेतना पर वर्जनाओं और प्रतिबन्धों का जड़ प्रभाव भी कुछ अधिक रहता है और इसलिए आम तौर पर उसकी चेतना औसत किस्म की ही बनी रहती है। परन्तु निम्नमध्यवर्गीय व्यक्तियों की सामाजिक स्थिति कुछ ऐसी विडम्बनापूर्ण है कि शासक

वर्गों के साथ चिपके रहते हुए भी वे अपने आपको संकट में पड़ जाने से नहीं बचा सकते। ज्यों-ज्यों पूँजीवाद एकाधिकारिता की ओर बढ़ता जाता है त्यों-त्यों सर्वहारा में धकेल दिए जाने का भयंकर संकट निम्नमध्यवर्गीय तत्त्वों के सामने उभर आता है और न चाहते हुए भी उनके अन्दर कुछ ऐसी खलबली मचती है कि वे प्रतिष्ठित व्यवस्था के विरोधी हो जाते हैं। उनकी यह विरोध-भावना साधारणतया तो एक सुधारवादी दृष्टिकोण को जन्म देती है, परन्तु कई बार यह बहुत उग्र रूप भी धारण कर लेती है। ऐसी स्थिति में निम्नमध्यवर्ग का दृष्टिकोण पूर्णतया नकारवादी हो जाता है। बहुत कम निम्नमध्यवर्गीय तत्त्व ऐसे होते हैं जो मेहनतकश जनता के करीब आकर अपने क्षोभ को एक वैज्ञानिक एवं तर्कसम्मत विचारधारा का ठोस आधार प्रदान करते हैं और इस प्रकार उसे वास्तव में प्रभावशाली बना पाते हैं। बहरहाल, यह विरोधभावना आत्यन्तिक हो अथवा सुधारवादी, इसका यह परिणाम अवश्य होता है कि निम्नमध्यवर्ग से सम्बन्ध रखनेवाले व्यक्ति अपने वर्ग की जीवन-प्रणाली की ओर भी आलोचनात्मक दृष्टिकोण अपना लेते हैं और उसकी बहुत सारी कमजोरियाँ उन्हें साफ-साफ नजर आने लगती हैं। यथास्थितिवाद पर आधारित अपनी सारी की सारी समझदारी और अक्लमन्दी उन्हें खोटी लगने लगती है। निम्नमध्यवर्गीय जीवन की नीरसता और मानवीय व्यक्तित्व के वहाँ निरन्तर होते रहनेवाले अवमूल्यन का अब उन्हें ऐसा तीखा अहसास होने लगता है कि शासक-वर्गों के हाथों का औजार बने रहने की मजबूरी अब उन्हें बेहद खटकती है। इस मोहभंग की मनोदशा में अपने जीवन का जो चित्र उनके सामने उभरकर आता है उसका व्यंग्य काफी प्रखर होता है। इस कटु आलोचना की मुद्रा में निम्नमध्यवर्गीय व्यक्ति की थोथी भावुकताओं का पर्दाफाश हो जाता है तथा उसका ढुलमुल स्वभाव, उसकी नैतिक कायरता, अवसरवादिता से जुड़ी हुई उसकी छोटी-छोटी चालाकियाँ, उसका बौना अहं—ये सब अब अपने नग्न रूप में उन्हें हास्यास्पद दिखाई देने लगते हैं। इज्जत और रुतबा हासिल करने की चाह में निम्नमध्यवर्ग के लोग कैसे दिन-रात एक कर देते हैं, सीढ़ी-दर-सीढ़ी ऊपर चढ़ते जाने की कामना कैसे उन्हें अपने आत्मसम्मान पर निरन्तर होते रहनेवाले आघातों को सहते जाने के लिये मजबूर कर देती है यह इस मोहभंग की मुद्रा में उन्हें समझ में आने लगता है। इस प्रकार की जीवन-प्रणाली के अन्तर्गत व्यक्ति मशीन की तरह एक निश्चित ढर्रे पर चलता रहता है, उसके सभी आदर्श खोखले पड़ जाते हैं और दिखावा मात्र बनकर रह जाते हैं। मोहभंग के पश्चात् उभरकर आनेवाले इस प्रकार के निम्नमध्यवर्गीय दृष्टिकोण में कुछ मूलभूत कमजोरियाँ भी अवश्य बनी रहती हैं क्योंकि यह अभी भी मुख्यतः व्यक्तिवादी गैरद्वन्द्वात्मक और भाववादी ही बना रहता है।

इस प्रकार के मोहभंग के कटु अनुभव में से भारतीय निम्नमध्यवर्ग का एक बहुत बड़ा भाग अब तक गुजर चुका है। स्वतन्त्रता-प्राप्ति के कुछ समय बाद तक तो हिन्दी साहित्य में निम्नमध्यवर्गीय व्यक्ति की अभिलाषाओं, कामनाओं और आदर्शों का बहुत अनुरागपूर्ण चित्रण होता रहा। उस समय निम्नमध्यवर्ग के लोगों को यह भरोसा था कि

शीघ्र ही उनकी जिन्दगी में नई खुशियाँ, नया सम्मान और नई सम्पन्नता आ जाएगी। स्वतन्त्रता-प्राप्ति के पश्चात् जब सत्ता बुर्जुआ वर्ग के हाथों में आ गई और वहाँ पूँजीवादी अर्थ-व्यवस्था विस्तार पाने लगी तो आम लोगों के मन में यह गलतफहमी बनी रही कि अब प्रत्येक व्यक्ति को आगे बढ़ने का मौका मिलेगा और उसके लिये हर प्रकार की सुविधाएँ जुटाई जाएँगी। सामाजिक जीवन में रूढ़ियों और वर्जनाओं का अन्त हो जाएगा और हर आदमी को अपनी इच्छाओं के अनुसार जीवन जीने का अधिकार होगा, वोट का अधिकार मिलने, शिक्षा की सुविधाओं में विस्तार होने तथा नए रोजगार धन्धों में और सरकारी संस्थाओं में जीविका के साधन पहले से कहीं अधिक उपलब्ध हो जाने से निम्नमध्यवर्ग के लोगों को, विशेषकर उन्हें जो बड़े शहरों या कस्बों में रहते थे, अपने सपने कुछ-कुछ साकार होते नजर आने लगे। भावुक आशावाद और व्यक्तिवाद के इस दौर में निम्नमध्यवर्ग की कामनाओं को साहित्य में खूब गौरव-मंडित करके कथा-गरिमा प्रदान करके चित्रित किया गया। युवा स्त्री-पुरुषों के उन्मुक्त आत्मीय सम्बन्धों को विशेषकर कुछ इस तरह से चित्रित किया गया कि स्वतन्त्र जीवन का सारा-का-सारा सम्मोहन उनमें घनीभूत होता हुआ दिखाया जाने लगा। परन्तु ज्यों-ज्यों देश में पूँजीवादी व्यवस्था का विकास होता गया निम्नमध्यवर्ग की स्थिति भी अधिक संकटमय होती चली गई। वास्तव में यहाँ एक बहुत ही अस्वस्थ किस्म का पूँजीवाद पनपने लगा, बुर्जुआ वर्ग का सामन्तवादी तत्त्वों से गठबन्धन हो जाने और साम्राज्यवादी शक्तियों का प्रभाव भी परोक्ष रूप में बने रहने के कारण वहाँ पूँजीवादी व्यवस्था के अन्तर्गत उत्पादन के साधनों का उतना विस्तार नहीं हो सका जितना कि आम तौर पर अपेक्षित होता है और इजारेदारी तत्त्वों के एकदम जोर पकड़ जाने के कारण पूँजीवाद के अन्तर्विरोध उग्र होकर जल्दी ही सामने आ गए। वस्तुस्थिति का दबाव जब बहुत बढ़ गया तो निम्नमध्यवर्ग के लोगों के बहुत सारे भाववादी भ्रम टूट गए और उन्हें अपनी अब तक की धारणाओं की ओर एक समीक्षात्मक दृष्टिकोण अपनाना पड़ा। 'हत्या' में निम्नमध्यवर्गीय जीवन की जो तस्वीर उभरती है वह इसी प्रकार के समीक्षात्मक दृष्टिकोण में उभर जाने का परिणाम है।

निम्नमध्यवर्ग का एक कटु आलोचनात्मक चित्र प्रस्तुत करने के लिये यहाँ रचनाकार ने जिस शहर के एक मोहल्ले के एक हिस्से में रहनेवाले परिवारों के जीवन की झलकियाँ प्रस्तुत की हैं वह शहर 'छोटा और सिमटा हुआ'-सा है। वह एक ऐसा शहर है जिसका "एक कदम गाँव की तरफ होता है और दूसरा महानगर की ओर।" इस शहर का व्यक्तित्व "उस लड़के की तरह होता है जो अंग्रेजी बोलता है, पर उसके उच्चारण का लहजा ठेठ देसी होता है, या वह फिर फूल की थाली में स्टील के चम्मच से खिचड़ी खाता-सा दीखता है, या फिर जनेऊ पहननेवाले एक पतलूनधारी की तरह नजर आता है।" इस प्रकार के व्यक्तित्ववाला शहर जाहिर है निम्नमध्यवर्गीय जीवन की विडम्बनाओं और असंगतियों को व्यक्त करने के लिये काफी उपयुक्त है। निम्नमध्यवर्ग भी दो मुख्य वर्गों और उनकी संस्कृतियों के बीच लटकते रहनेवाला ऐसा मिश्रित वर्ग है जो कुछ हद

तक दोनों की विशेषताएँ लिये हुए होता है और इसीलिए हमेशा अन्तर्विरोधों से आक्रान्त रहता है। निम्नमध्यवर्गीय जीवन के ये अन्तर्विरोध आम तौर से इतने धीमे और मध्यम बने रहते हैं कि त्रासदीय न होकर हास्यास्पद लगते हैं। क्योंकि निम्नमध्वर्ग की परिस्थितियों में सब कुछ छोटा-छोटा-सा और सिमटा हुआ ही बना रहता है, किसी भी प्रवृत्ति को यहाँ ज्यादा विकास पाने का मौका नहीं मिलता। इन परिस्थितियों में रहनेवाले लोगों का जीवन एक सांख्यकिक औसत का मटियालापन लिये रहता है, लगभग सभी लोग एक बने-बनाए ढर्रे में बँधे हुए जीवन-यापन करते हैं और उनकी सबसे बड़ी विशेषता यही होती है कि वे कोई ऐसा साहसपूर्ण कदम उठा नहीं पाते जिससे उनके व्यक्तित्व में पर्याप्त विशिष्टता आ जाए। उनकी संवेदनशीलता आम तौर पर एक सूई की तरह की यान्त्रिक थिरकन-सिहरन महसूस करने तक ही सीमित रहती है। वैसे कहने को तो इस वर्ग में विविधता भी होती है, परन्तु यह विविधता वास्तव में आकांक्षाओं, उद्‌देश्यों और विचारों की भिन्नता नहीं होती बल्कि मुख्यतः आर्थिक स्थिति की अथवा समाज में अपना विशिष्ट स्तर बनाए रखने के लिये प्रयोग में लाए जानेवाले तरीकों की ही भिन्नता होती है। जिस प्रकार की विविधता निम्नमध्यवर्ग में पाई जाती है उसकी यथेष्ट झलक हमें 'हत्या' में मिल जाती है। इस मोहल्ले में जहाँ एक तरफ जोखे लाल किसान और गोपी, कन्हई, राधे भगत जैसे बरेठाओं के गरीब परविार हैं, वहाँ दूसरी ओर भोलानाथ का परिवार भी है जिसका बड़ा लड़का मजिस्ट्रेट है, छोटा एक सिनेमा का हिस्सेदार, जिनका दामाद एम.एल.ए. रह चुका है और जो स्वयं म्युनिसिपल बोर्ड में एजूकेशन-सुपरिंटेंडेंट के पद से रिटायर हुए हैं, यहाँ एक तरफ बाबू रामसरन हैं जिनकी कमीज या बुश्शर्ट का कॉलर गन्दा होता है, जिनकी पतलून के पाँयचे से ज्यादातर उधड़ी सीवन के झूतड़े लटकते रहते हैं और वह कमर पर चमड़े की पेटी से खींचकर बाँधी जाने के कारण घर के सिले नाड़ा पड़े पैजामे का धोखा देती है। तो दूसरी ओर यहाँ प्रकाशनारायण भी हैं जो 'आराम और कायदे से रहते हैं' और जिनके पास 'जाड़े के लिये चार सूट हैं, एक जैकट और एक अचकन,' 'आरम और कायदे से रहने के लिये वह फलों का इस्तेमाल करते हैं, दूध-जलेबी खाते हैं, टॉफी का डिब्बा लाते हैं,' यहाँ पूरनदास कहार का परिवार भी है जो 'फसल के लिहाज से सिंघाड़ा या लाल कच्ची मिर्च या मूँगफली का ठेला लगाकर अपने परिवार की शक्ल दिए हुए' हैं और बनारसीलाल गुप्ता भी जो आशा करते हैं कि शकर के व्यापार में एक ही सीजन में बीस हजार का मुनाफा कमा लेंगे। परन्तु यह सारी-की-सारी विविधता केवल सतही है, गौर से देखने पर पता चलता है कि चन्द्रिका प्रसाद उर्फ चुन्नू उर्फ पहलवान में जो कि एक दादा किस्म का आदमी है, चाबुक मारता हुआ-सा बोलता है और फक से हँस देता है और भोलानाथ में जो एक महत्त्वपूर्ण, विशिष्ट और प्रभावशाली व्यक्ति हैं, एक आधारभूत साम्य विद्यमान है। दोनों ही लोगों की नजरों में असरदार आदमी बनना चाहते हैं। एक लोगों पर दहशत जमाकर अपना रुतबा बुलन्द करना चाहता है तो दूसरा हाकिम-हुक्काम को पार्टी देकर, अंग्रेजी का अखबार पढ़कर, रेडियो सुनकर लोगों की आँखों में ऊँचा आदमी

बनना चाहता है। अन्तर केवल इतना है कि जहाँ चुन्नू अपने लक्ष्य की पूर्ति के लिये फूहड़ और भद्दे तरीके इस्तेमाल करता है वहाँ भोलानाथ कुछ अधिक सूक्ष्म हथियार अपनाते हैं। जो स्वार्थपरक बर्बरता चुन्नू के चरित्र में स्पष्ट है उसी का एक सुसंस्कृत रूप हम भोलानाथ के तौर-तरीकों में भी देख सकते हैं। हड़ताल में अन्ततः शामिल हो जानेवाले सत्यवीर में और अंसारी और गुप्ता में जो काफी डरे हुए होने के बावजूद उसमें शामिल हो जाते हैं, बहुत मामूली फर्क है। महेश श्रीवास्तव के स्वभाव में जो अपने अफसर से उसके घर कभी नहीं मिलने जाता और उसकी पत्नी के स्वभाव में जिसे अपना छोटापन खटकता नहीं, कोई गुणात्मक भेद नहीं है क्योंकि वह भी अन्ततः भोलानाथ के कहने पर अपने आत्मसम्मान को भुलाकर अपनी पत्नी के मामा से मिलने के लिये चला ही जाता है। इस वर्ग के सभी व्यक्तियों में, चाहे वे नौकरी करते हों अथवा छोटा-मोटा धन्धा, निजबद्धता, कायरता और अवसरवादिता सर्वोपरि है। उपन्यासकार के विचार में इस समूचे वर्ग का सामूहिक व्यक्तित्व कुछ इस प्रकार का बन गया है कि वहाँ मानवता की हत्या हो जाती है। शारीरिक रूप में तो हत्या केवल चुन्नू की ही होती है, परन्तु यह कोई वास्तविक हत्या नहीं है, वास्तविक रूप में तो इस वर्ग के सभी व्यक्ति अपनी हत्या स्वयं कर चुके हैं। इसीलिए जब बताया जाता है कि शिवनारायण के हाथ में थमा भाला उसने चुन्नू के सीने के पार कर दिया और 'वह काँटे में बिंधी मछली की तरह दो-चार बार तड़फड़ाकर मर गया' तो इस दुर्घटना से हमारे अन्दर कोई मानवीय संवेदना जागृत नहीं होती क्योंकि हम जानते हैं कि चुन्नू तो अपनी मानवीयता की हत्या पहले ही कर चुका है और तड़फड़ाकर मर जानेवाला केवल एक हाड़मांस का पुतला ही है। उपन्यासकार यह स्पष्ट कर देता है कि इस वर्ग के व्यक्तियों के आदर्श सतही पालिश की तरह ही हैं। चाहे वह महेश श्रीवास्तव का आत्मसम्मान हो या सत्यवीर की अपने साथियों के प्रति दायित्व की भावना, भोलानाथ की हँसी तथा उनकी बातचीत के लहजे के सन्दर्भ में कई बार पॉलिश, सजावट और पुताई आदि के बिम्बों का प्रयोग किया गया है ताकि उनके व्यक्तित्व के आडम्बर को स्पष्ट किया जा सके। व्यक्तियों के बीच पाए जानेवाले निजी सम्बन्ध उनके व्यक्तित्वों को कोई विशिष्टता प्रदान नहीं करते। उनकी विशिष्टता निम्नमध्यवर्ग के सामूहिक व्यक्तित्व के अलग-अलग पक्षों को उजागर करने में ही निहित है, जबकि रामसरन बाबू के माध्यम से निम्नमध्यवर्गीय व्यक्ति की संकोचशीलता तथा दब्बूपन व्यक्त होते हैं, प्रकाश नारायण इस वर्ग के तुच्छ अहंभाव, आत्मपरकता और साजो-सामान जुटाकर प्रतिष्ठित जनों में गिनती करवाने की हवश को लक्षित करते हैं। पदोन्नति के साथ-साथ महेश श्रीवास्तव की पत्नी के मामा अपने सगे-सम्बन्धियों से कटते चले जाते हैं, यहाँ तक कि अपनी बहन की मौत में वह शिरकत नहीं करते बस, केवल एक कार्ड भेज देते हैं। उनकी नजर में अब उनके सगे-सम्बन्धी, अपनी बहन, भांजी या चाचा वगैरह नहीं हैं, बल्कि ससुराल के रिश्ते के लोग हैं, या फिर कुछ बड़े अफसर। कामयाब आदमी बनने के चक्कर में पड़ने के साथ जुड़े हुए ये दबाव प्रत्येक निम्नमध्यवर्गीय व्यक्ति पर हावी रहते हैं और उपन्यास के

विभिन्न पात्रों में इस दृष्टि से कोई गुणात्मक भेद नहीं है। जब बाहरी स्थिति का दबाव बढ़ता है तो वे सभी उसके सामने ठहर नहीं पाते। लगभग सभी पात्र बाहर की शक्तियों के हाथों में नाचते-से नजर आते हैं। न चाहने पर भी पूरनदास कहार के लड़के रामदास को अपनी आगे की पढ़ाई छोड़कर बैंक में बाबू बन जाना स्वीकार करना पड़ता है, न चाहने पर भी चुन्नू की हत्या के समय उपस्थित चश्मदीद गवाहों को पुलिस-अधिकारी की हिदायतों के अनुसार शिवनारायण के विरुद्ध गवाही देनी ही पड़ती है।

जिस प्रकार सरदार तेजासिंह की चक्की निरन्तर चलती रहती है तथा चिकने अँधेरे और मुलायम हो गई हवा की जिल्द को वह आवाज की चरखी की नोक से छीलती रहती है, उसी प्रकार अपने जीवन की नियामक शक्तियों द्वारा ये पात्र भी नंगे और असहाय रौंदे जाते रहते हैं। सभी नियामक शक्तियों को उपन्यास में मोहल्ले से बाहर स्थित दिखाया गया है, यहाँ तक कि हत्या की घटना भी किसी दूसरे मोहल्ले में ही घटित होती है और इधर उसकी खबर बाढ़ के पानी की तरह हरहराती हुई पहुँचती है। जिन सामाजिक शक्तियों की प्रभुसत्ता उस न्यायव्यवस्था के माध्यम से व्यक्त होती है जिसके अनुसार चन्द्रिकाप्रसाद उर्फ चुन्नू उर्फ पहलवान कानून की निगाह में एक सम्माननीय नागरिक था और अभियुक्त शिवनारायण एक ऐसा भावुक किस्म का व्यक्ति जो निश्चय ही समाज के लिये खतरनाक हो सकता है, वे सब इस मोहल्ले के दायरे से बाहर हैं। इस प्रकार उपन्यासकार निम्नमध्यवर्ग की एक प्रमुख विशेषता को हमारे सामने लाता है। उत्पादन-प्रणाली में निम्नमध्यवर्ग की भूमिका अन्य मुख्य वर्गों के बीच कड़ी बनने की होती है। इस वर्ग से सम्बन्ध रखनेवाले व्यक्ति तो प्रायः प्रतिष्ठित व्यवस्था में अपने आपको फिट करने की, उसमें अपने लिये एक सुरक्षित स्थान बनाने की, बात ही सोच सकते हैं। इस वर्ग के लोग विचारों और भावनाओं को भी अक्सर पूर्ण विकसित रूप में वातावरण से ही ग्रहण करते हैं। यह इस बात का सूचक है कि निम्नमध्यवर्ग के सन्दर्भ में शिक्षा और प्रचार-माध्यमों की भूमिका बहुत महत्त्वपूर्ण होती है। एक-दूसरे के बारे में क्या सोचा और कहा जा रहा है, लोगों के बीच किसी के बारे में कौन-सी धारणा प्रचलित हो गई है, निम्नमध्यवर्ग के लोग इसे बहुत महत्त्व देते हैं। लोगों की नज़रों में ऊपर उठना, विशेषकर अपने से ऊपरवालों की अपने बारे में अच्छी राय बना सकना, इस वर्ग के लोगों के लिये एक केन्द्रीय गतिविधि बन जाती है। अतः यह स्वाभाविक ही है कि उपन्यास अफवाह की तेजी के साथ फैल जाने के जिक्र के साथ आरम्भ होता है और इसके अन्त में हम भोलानाथ के प्रतिष्ठा से सुसज्जित व्यक्तित्व को अपने घर के बरामदे में धूप में खड़ा हुआ देखते हैं और उस समय रास्ते से आने-जानेवाले लोग उन्हें सलाम कर रहे होते हैं। भोलानाथ वास्तव में इस उपन्यास का सबसे महत्त्वपूर्ण पात्र है। परन्तु उसका महत्त्व इस बात में नहीं कि घटनाओं को मोड़ देने में वह कोई सक्रिय भूमिका निभाता है—इस दृष्टि से तो वह भी साधन-मात्र ही है—बल्कि इसलिए कि उसके व्यक्तित्व में निम्नमध्यवर्ग की मान्यताएँ निखरे हुए रूप में व्यक्त होती हैं। इस प्रकार 'हत्या' का बहुत सारा व्यंग्य भोलानाथ के व्यवहार के दिखावे को तोड़कर उसकी

जीवन-दृष्टि की संकुचितता को स्पष्ट करने से सम्बन्धित है। पात्र के रूप में भोलानाथ का महत्त्व उपन्यासकार के इन शब्दों से प्रगट होता है : "प्रत्येक टोले, गली या अहाते में एक व्यक्ति होता है जो दूसरों को हर मामले में राय दे सकता है जिससे दूसरे राय लेना उचित और सेहतमन्द समझते हैं। वह बहुत दूरन्देश, सूझबूझवाला, तजुर्बेकार और हर चीज़ का जानकार होता है। वह लोगों से अपनी बात मनवा लेता है और लोग बात मानने के लिये उत्सुक रहते हैं।...वहाँ भी एक ऐसा व्यक्ति था और उसका नाम था भोलनाथ।" जब इस व्यक्ति की समझदारी, सूझबूझ और तजुर्बेकारी के अमानवीय पक्षों को पूरी तरह से स्पष्ट कर दिया जाता है तो उपन्यास भी समाप्त हो जाता है।

क्योंकि निम्नमध्यवर्ग के सन्दर्भ में शिक्षा और प्रचार-माध्यमों का बहुत महत्त्व होता है, इसलिए यह आकस्मिक नहीं कि भोलानाथ म्यूनिसपल बोर्ड में एजूकेशन-सुपरिंटेंडेंट के पद से रिटायर हुए हैं और रोजाना अंग्रेजी का अखबार बड़े ध्यान से पढ़ते हैं और दोनों वक्त रेडियो से खबरें सुनते हैं। आभिजात्य, भलमनसाहत, शान्तिप्रियता, लोक-सेवा, समझदारी—उनके इस मुख्य गुणों के सही स्वरूप को स्पष्ट कर देना उपन्यासकार का लक्ष्य है। उनके आभिजात्य का तो यह हाल है कि उनके चेहरे पर जो झुर्रियाँ थीं वे भी आभिजात्य की आभा के चिकनेपन से दबी-ढँकी रहती थीं। उनकी समझदारी की असलियत जल्दी ही हमारे सामने स्पष्ट होकर आती है जब वे महेश श्रीवास्तव को अपनी पत्नी के सगे मामा से मिलने के लिये जाने पर मजबूर करते हैं। उसके आनाकानी करने पर भोलानाथ कहते हैं : "समझदारी की उम्र हो जाने पर भी नासमझी की बातें ठीक नहीं होतीं।" हँसी की कलँगी लगाकर बात को प्रभावशाली बनानेवाले इस व्यक्ति की समझदारी अपने आत्मसम्मान को ठोकर मारकर अफसरों की चापलूसी करते रहने और इस प्रकार जल्दी-से-जल्दी पदोन्नति हासिल करने का ही दूसरा नाम है। अपनी समझदारी का एक और सबूत देते हुए वे रामदास के प्रति पूरनदास को बताते हैं कि उसे बड़ी-बड़ी महत्त्वाकांक्षाओं में पड़कर अपने बेटे को आगे नहीं पढ़ाते रहना चाहिए, बल्कि मौका मिलते ही किसी-न-किसी नौकरी पर चिपका देना चाहिए। वे कहते हैं कि 'आदमी को सीढ़ी-दर-सीढ़ी चढ़ना चाहिए।' वे सुदामा प्रसाद को भी अपने मकान के पिछवाड़े के भाग में तेजासिंह की चक्की लगवाने देने की सलाह देते हैं यद्यपि इससे उसके बूढ़े पिता को बहुत असुविधा होगी। एक अन्य व्यक्ति को वे सलाह देते हैं कि वह अपने सम्बन्धी और उसके पड़ोसी के झगड़े में पड़ोसी की गवाही न दे, यद्यपि उसके साथ सरासर ज्यादती हुई है। इस सम्बन्ध में भोलानाथ कहते हैं कि "कभी-कभी जीती मक्खी भी निगलनी पड़ती है।...कुछ कूटनीति भी अपनानी चाहिए।...तुम तटस्थ रहो। यों तुम काजल की कोठरी से बिना दाग निकल जाओगे।" दशरथसिंह के बेटे पुरुषोत्तम को कॉलिज में हिन्दी पढ़ाने का काम छोड़कर पुलिस-विभाग की प्रान्तीय सेवा में चले जाने की सलाह देते हुए वे कहते हैं : "आदमी को थोड़ा-सा व्यावहारिक भी होना चाहिए न कि केवल आदर्शवादी। हवा में चलने के लिये सोचा तो जा सकता है, पर चला नहीं जा सकता।" भोलानाथ की यह व्यावहारिकता दरअसल मानव-स्वभाव की बहुत सारी

स्वस्थ प्रवृत्तियों को दबा डालने का ही दूसरा नाम है। जब मुंशी मदन बिहारी की विधवा लड़की किरन नर्स की ट्रेनिंग करके अपने पैरों पर खड़ी हो जाना चाहती है तो भोलानाथ इसकी ताईद नहीं करते और मुंशी जी को तुरन्त उसकी दूसरी शादी कर डालने की सलाह देते हैं। जब एक लड़का सुबह-सवेरे मैदान में आकर क्रिकेट खेलने का अभ्यास कर रहा होता है तो भोलानाथ उसकी खुशी और स्वप्नों को कुचलते हुए उसे उपदेश देते हैं कि "वह पढ़ाई पर मुख्य ध्यान दे, कि पढ़ाई ही उसे आदमी बनाएगी, नहीं तो वह जिन्दगी भर जूती चटखारता घूमेगा।" उनका पोता जब विज्ञान की कोई बालपुस्तक पढ़ता है जिसमें नव-आविष्कारों की कहानियाँ होती हैं तो वे उसे फौरन डाँट देते हैं और उसकी बालसुलभ जिज्ञासा को मसल डालते हैं। अंग्रेजी की किताब से जिन कठिन शब्दों को याद करने के लिये वे उसे मजबूर करते हैं उनमें दौलत, ताकत, महान, सम्मान, पोशाक आदि शब्दों का होना स्वाभाविक ही है। अपने लम्बे तजुर्बे के बल पर भोलानाथ सत्यवीर को सलाह देते हैं कि वह हड़ताल में शामिल न हो। जब सत्यवीर कहता है कि उसके साथी समझेंगे कि उसने उनको धोखा दिया है तो वे कहते हैं : "यह सब कच्चे दिमाग की बातें हैं। हम अपने हित-अहित अपनी नजर से देखेंगे न कि दूसरे की नजर से।" इस प्रकार अपने निजी हितों से चिपके रहने के कायरतापूर्ण रवैए को भोलानाथ बौद्धिक परिपक्वता मानते हैं। पीताम्बरदास मुनीम को भोलानाथ समझाते हैं कि "नौकरी में सब कुछ बर्दाश्त किया जाता है और इंसान को अपनी खाल मोटी-से-मोटी बनानी चाहिए।"

भोलानाथ के दृष्टिकोण को अपनाने पर वास्तव में व्यक्ति अपने जीवन का सारा उल्लास, कला-प्रेम, जिज्ञासा तथा कल्पना-शक्ति आदि खो देता है और बुझा हुआ-सा रह जाता है। जो व्यक्ति छुट्टियों में किसी दूसरे नगर से भोलानाथ से मिलने आया है वह उनका पक्का शिष्य रहा है और सफलता प्राप्त करने के उनके नुस्खों पर अमल करता रहा है। उनके कहने पर उसने नाटकों में भाग लेने का अपना शौक छोड़ दिया था। इस सफल आदमी के बारे में हमें बताया जाता है कि "उसकी गड्ढेदार मैली-पीली आँखों पर मोटे लेंस का चश्मा चढ़ा हुआ था। पायरिया की शिकायत के कारण उसके दाँत गिर गए थे और वे नकली थे। उसकी नाक पर मुहाँसों से पैदा ब्लाटिंग पेपर जैसा खुरदरापन था। उसकी कलाइयों की नसें केंचुए जैसी उभरी और फूली हुई थीं। उसकी पीठ के नीचे का हिस्सा सिमटा-सिकुड़ा हुआ। दरअसल अगर उसके बदन पर से कपड़े उतार लिये जाते, आँखों पर से चश्मा हटा दिया जाता और मुँह से नकली दाँत निकाल लिये जाते तो वह निष्क्रिय अवस्था में एक घिनौनी लाश-सा दीखता, मौत की अकड़ लिये हुए।" दरअसल इस वर्ग के अन्य व्यक्ति भी आधे मरे हुए-से जी रहे हैं। उपन्यास में एक जगह हमें बताया जाता है कि "लाश के पीछे चलते हुए जीवित लोग लाश जैसे ही दीख रहे थे। मौत ने आधा-पौना उनको भी दबोच रखा था। उनकी गर्दनें लटकी हुई थीं और चेहरे जड़ पदार्थ, मसलन काठ, मिट्टी, पत्थर के थे। आँखों में अगर चमक, तरलता जैसी कोई चीज होती है तो वह निकल चुकी थी।"

इन निम्नमध्यवर्गीय दृष्टिकोण की वास्तविक अमानवीयता, जो शालीनता के लबादे के नीचे ढँकी रहती है, उस समय स्पष्ट रूप में सामने आती है जब भोलानाथ अपने बेटे के साले की मिल के लिये उस मोहल्ले में बसनेवाले जोखे किसान और बरेठाओं के नौ गरीब परिवारों के घरों की जमीन को उन्हें कुछ कीमत देकर हथियाते हैं। इस सारी योजना में उनकी रणनीति में जो निष्ठुरता दृष्टिगोचर होती है वह उन शक्तियों की बर्बरता की सूचक है जिसका एक दूसरा बिम्ब है तेजासिंह की निरन्तर चलती रहनेवाली चक्की, पूँजीवादी व्यवस्था की निष्ठुर शक्तियों के साथ भोलानाथ का जो अवसरवादी गठबन्धन है, उसकी छुपी हुई बर्बरता उनकी नाक और कान के गुहों से निकले हुए बड़े-बड़े बाल और हाथ-पैरों के काले घने रोएँ भी लक्षित करते हैं। जब भोलानाथ को हम अन्तिम बार अपने घर के बरामदे में खड़ा हुआ देखते हैं तब ये रोएँ धूप में खूब चमक रहे होते हैं जिसका हम यह अर्थ लगाते हैं कि अब इस पात्र की पाशविकता पूरी तरह से हमारे सामने आ चुकी है।

इस उपन्यास के व्यंग्य की सीमाओं को पहचानने के लिये यह याद रखना जरूरी है कि निम्नमध्यवर्गीय जीवन की कमियों को एक निम्नमध्यवर्गीय दृष्टिकोण से ही यहाँ देखा-परखा गया है। इसका एक प्रभाव तो यह पड़ता है कि निम्नमध्यवर्ग की जीवन-प्रणाली हमारी कल्पना में छाई रहती है। निम्नमध्यवर्ग का चित्रण यहाँ कुछ इस तरह से किया गया है जिससे हमें भ्रम होने लगे कि यहाँ समाज के एक भाग का ही नहीं, समूचे समाज का प्रतिनिधि चित्र प्रस्तुत किया जा रहा है। जिस मोहल्ले के जीवन की झलकियाँ यहाँ दी गई हैं उसके बारे में उपन्यास के आरम्भिक भाग में ही हमें बताया जाता है कि उसमें "चारों जातियों और हर पेशे से जुड़े लोग बसते थे। एक-दूसरे के बीच स्थितियों का फासला था और नहीं भी था। इस अर्थ में वह मोहल्ले के अन्दर का एक मोहल्ला होते हुए भी अपने में एक सम्पूर्ण नगर था, किसी महाग्रन्थ के लघु संस्करण जैसा जिसमें विस्तार न होते हुए भी उसके सारे अंग-उपांग रहते हैं।" यह वास्तव में एक भ्रम ही है कि यहाँ प्रस्तुत किए गए चित्रण में लघु रूप में एक महानगरीय जीवन के सभी अंग-उपांग परिलक्षित होते हैं। महानगरीय जीवन की वास्तविकता के बहुत से आवश्यक अंग-उपांगों का यहाँ कोई आभास भी हमें नहीं मिलता। इस मोहल्ले को एक द्वीप की तरह की सम्पूर्ण इकाई मानने से एक कठिनाई यह आती है कि समूची समाज-व्यवस्था में निम्नमध्यवर्ग के अन्य वर्गों के साथ जो सम्बन्ध हैं उनके सूत्रों को ठीक तरह से समझा नहीं जा सकता। हम यह जानते हैं कि इस वर्ग के जीवन का कहीं बाहर से नियन्त्रण हो रहा है, परन्तु उस नियन्त्रण का वास्तविक स्वरूप यहाँ उभरकर नहीं आता। सरदार तेजासिंह की चक्की का चलते रहना यान्त्रिक परिवर्तन का एक ऐसा बिम्ब है जो वास्तविक सामाजिक परिवर्तन को ठीक तरह से पेश नहीं करता। यह ठीक है कि प्रतिष्ठित सामाजिक व्यवस्था में निम्नमध्यवर्ग की भूमिका ज्यादातर समर्पण और समर्थन की ही होती है और जो शक्तियाँ बाहर से दबाव डाल रही होती हैं उनके सामने टिक पाने की सामर्थ्य इस वर्ग के व्यक्तियों में अक्सर नहीं होती। परन्तु इस वर्ग के जीवन

को एक द्वीप की तरह मान लेने के कारण बाहर से आरोपित व्यवस्था के प्रति समर्पण और स्वीकृति के सिवा और कोई दूसरा विकल्प यहाँ प्रस्तुत नहीं किया जाता। वास्तविक सामाजिक जीवन में वर्गों और व्यक्तियों के बीच स्थापित होनेवाले कोई भी सम्बन्ध यान्त्रिक और एकतरफा नहीं होते, यदि कुछ शक्तियाँ बाहर से निम्नमध्यवर्ग पर प्रभाव डाल रही हैं तो उन पर भी इस वर्ग का कुछ-न-कुछ प्रभाव पड़े बिना नहीं रह सकता। परन्तु इस प्रकार की द्वन्द्वात्मक प्रक्रिया का इस उपन्यास में कोई आभास नहीं मिलता। निम्नमध्यवर्ग के बारे में उपन्यासकार का यह दृढ़ विश्वास बन गया लगता है कि यहाँ प्रतिरोध करने की किसी व्यक्ति में शक्ति नहीं है। उपन्यासकार की नजरों में भोलानाथ ही निम्नमध्यवर्गीय चरित्र की एक प्रबल सम्भावना को व्यक्त करते हैं, परन्तु इसी वर्ग में भोलानाथ के प्रतिकूल सम्भावनाएँ भी विद्यमान रहती हैं। लगता है कि उपन्यासकार उन सम्भावनाओं को पहचानने को तैयार नहीं हैं, वरना भोलानाथ को और उन शक्तियों को, जिनके लिये भोलानाथ एक साधन मात्र है, वे इतनी आसानी से जीतते हुए न दिखाते। जोखेलाल एक किसान है, परन्तु उसे एक अत्यन्त दयनीय बेचारगी का नमूना बनाकर पेश किया गया है। बरेठाओं के घरों की जमीन को खरीदते समय उन सभी के प्रतिरोध को खत्म कर देना भोलानाथ के लिये बाएँ हाथ का खेल दिखाया गया है। क्यों नहीं एक पात्र भी यहाँ ऐसा उभरता जो भोलानाथ को धता बता सके ? राधे भगत अपनी धार्मिक निष्ठा के बल पर कुछ दृढ़ता दिखाता है, परन्तु वह भी आखिर परास्त हो जाता है। यही नहीं, उपन्यासकार यह भी स्पष्ट करते हैं कि राधे भगत भी परिस्थितियों का दास है और दूसरी बस्ती में जाने के बाद उसका आत्मबल भी क्षीण पड़ जाता है। जब शरारती बच्चे उसे तंग करते हैं तो वह उन्हें भद्दी गालियाँ देने लगता है। रामचरितमानस की चौपाइयाँ अब उसके दिमाग से गायब होने लगी हैं। हड़ताल के सन्दर्भ में भी उपन्यासकार की नजर सत्यवीर पर ही टिकती है जो चाहते हुए भी हड़ताल में शामिल नहीं हो पाता। जो लोग हड़ताल में शामिल होकर हो-हल्ला कर रहे हैं उनमें भी अपनी सामूहिक शक्ति पर भरोसा नहीं दिखाया गया है। यह ठीक है कि व्यंग्य-रचना में एकांगिकता होती है, परन्तु इसका यह मतलब नहीं कि जीवन की द्वन्द्वात्मक सम्भावनाओं की चेतना का वहाँ कोई आभास ही न मिले।

वास्तव में जब निम्नमध्यवर्गीय जीवन की समीक्षा एक निम्नमध्यवर्गीय दृष्टिकोण से ही की जा रही है तो लेखक का इस वर्ग की सामूहिक मान्यताओं से मतभेद आन्तरिक झगड़ा बनकर रह जाता है। इसीलिए व्यंग्य की प्रखरता एक सीमा से आगे नहीं बढ़ पाती। लेखक का अपना दृष्टिकोण निम्नमध्यवर्गीय होने की एक मुख्य पहचान यह है कि यहाँ मानव-जीवन की प्रकृतवादी तस्वीर उभरकर आती है। निम्नमध्यवर्ग से सम्बन्ध रखनेवाले भाववादी तत्त्व जब सामाजिक परिवर्तन से क्षुब्ध, विरक्त अथवा विमुख होते हैं तो वे व्यक्ति को सामाजिक ढाँचे से एक पृथक इकाई मान लेते हैं। उनकी कल्पना के अनुसार सामाजिक ढाँचा व्यक्ति को बाहर से ही जकड़े रहता है। इस प्रकार के चिन्तन में एक व्यक्ति को उसके अन्य व्यक्तियों के साथ विविध सम्बन्धों द्वारा

अथवा सामाजिक गतिविधियों में उसकी सक्रिय भूमिका के फलस्वरूप गठित होते नहीं माना जाता, बल्कि उसे ऐसी कुछ जैविक प्रवृत्तियों का पुंज मान लिया जाता है जो सदा एक जैसी बनी रहती हैं। दूसरे शब्दों में, इस धारणा के अनुसार घटनाओं के प्रभाव के अन्तर्गत व्यक्तित्व का विकास नहीं होता, बस भिन्न-भिन्न परिस्थितियों में व्यक्ति की स्थिर प्रवृत्तियों में से कोई एकाध प्रवृत्ति सर्वोपरि हो जाती है। सामाजिक ढाँचा व्यक्तियों को तो दबाए रखता है परन्तु उनके प्रयासों और निर्णयों का उस पर कोई प्रभाव नहीं पड़ता। इस प्रकार के दृष्टिकोण के अनुसार विभिन्न घटनाओं में एक यान्त्रिक ढंग से लादी गई एकता ही देखी जा सकती है, वरना वे असम्बद्ध बनी रहती हैं। इसके अलावा सामाजिक ढाँचे में तथा विभिन्न वर्गों से सम्बन्ध रखनेवाले व्यक्तियों की भूमिकाओं में किसी प्रकार का गुणात्मक परिवर्तन आ जाने की कल्पना नहीं की जाती। वास्तव में कोई भी सामाजिक ढाँचा इस प्रकार का यान्त्रिक और आरोपित नहीं होता। यदि 'हत्या' में सामाजिक ढाँचे के यान्त्रिक होने का आभास हमें मिलता है तो इसका हम यही अर्थ लगाएँगे कि इस व्यंग्य-चित्र के पीछे एक निम्नमध्यवर्गीय व्यक्ति का निराशावाद और नियतिवाद विद्यमान है और मानव जीवन की परिकल्पना यहाँ प्रकृतवादी है।

प्रकृतवादी साहित्य की एक अन्य विशेषता यह है कि वहाँ पात्र औसत किस्म के ही बने रहते हैं। वैसे तो निम्नमध्यवर्ग की परिस्थितियों का दबाव ही कुछ इस प्रकार का होता है कि कोई व्यक्ति आसानी से औसत जीवन की सीमाओं को पार नहीं कर पाता। परन्तु यह मानकर चलना कि औसत के अलावा और कोई सम्भावना निम्नमध्यवर्गीय जीवन में हो ही नहीं सकती, एक प्रकार के गैर-प्रगतिशील निराशावाद की लपेट में आ जाना है। आखिर इस वर्ग के ढुलमुल व्यक्तियों में भी किन्हीं विशिष्ट परिस्थितियों में जबकि संकट बहुत गहरा हो गया हो, अनपेक्षित ढंग से साहसपूर्ण निर्णय लेने की क्षमता आ जाती है। उनके सामूहिक व्यक्तित्व में उस समय एक गुणात्मक परिवर्तन आ जाता है। यदि कोई लेखक व्यंग्य द्वारा जानबूझकर निम्नमध्यवर्गीय जीवन में इस प्रकार के सम्भावित परिवर्तन की अनुपस्थिति पर बल देना चाहता है तो भी उसे अपनी रचना में परोक्ष में बने रहनेवाले लेखकीय दृष्टिकोण के माध्यम से या फिर इस वर्ग के अथवा किसी अन्य वर्ग के प्रबुद्ध पात्र को इस वर्ग की परिस्थितियों के मध्य रखकर इस सम्भावना का प्रखर अहसास हमें अवश्य कराना चाहिए।

'हत्या' के पात्रों को जो सीमित विशिष्टता प्रदान की गई है वह भी मुख्यतः जैविक उपमाओं तथा बाह्य विवरणों पर आधारित है। चुन्नू की हत्या करने के पश्चात शिवनारायण की जंगल से भटक आए एक खूँखार चीते से तुलना की गई है। उसके बारे में जो कुछ भी हमें बताया जाता है उसे अधिकतर सतही जानकारी ही कहा जा सकता है। उपन्यासकार के शब्दों में, "उसके व्यक्तित्व में जो विशिष्टता हो सकती थी, वह यह कि उसके सिर के बाल कड़े थे और पीछे की ओर प्रायः खड़े रहते थे। उसकी खुरदरी नाक पर हरदम पसीने की बूँदें बनी रहती थीं और वह जब-तब अपना निचला ओठ चबाने लगता था।" भोलानाथ की क्रूरता को भी उसके नाक और कान के गुहों से

निकले हुए बड़े-बड़े बाल और हाथ-पैरों पर काले घने रोएँ सूचित करते हैं। चरित्र-चित्रण की इस प्रकार की पद्धति प्रकृतवादी साहित्य में आम तौर से पाई जाती है।

'हत्या' के प्रकृतवादी रचना होने का एक चिह्न यह भी है कि यहाँ जो सनसनीपूर्ण घटनाएँ होती हैं उनका पात्रों के व्यक्तित्व से कोई सम्बन्ध नहीं दिखाई देता। शिवनारायण चुन्नू की हत्या कर देता है परन्तु वह यह हत्या क्यों कर देता है, उसमें इस प्रकार के आत्यन्तिक निर्णय लेने की सम्भावना है भी कि नहीं, इसके बारे में उपन्यासकार पर्याप्त रोशनी नहीं डालते। जो कुछ भी इस सम्बन्ध में हमें बताया जाता है उससे हम आश्वस्त नहीं होते कि इस घटना को गम्भीरता से लेने के लिये अथवा इसका विश्लेषण करने के लिये उपन्यासकार हमें प्रोत्साहित करते हैं। इस सम्बन्ध में उपन्यासकार लिखता है : "उसकी पत्नी नहीं जानती थी कि उसका पति हत्या कर देगा। उसके बच्चे भी इस सम्भावना से बेखबर थे..." इस उद्धरण का अन्तिम वाक्य हत्या की खोजबीन करने की क्रिया की खिल्ली उड़ाता-सा लगता है। इस रचना के सभी पात्रों के पारस्परिक सम्बन्ध या तो पूर्णतया आकस्मिक हैं या यान्त्रिक, उनकी नियतियों का सार्थक टकराव यहाँ नहीं होता। जो व्यक्ति हत्या करता है और जिसकी हत्या होती है उनके क्षणिक टकराव के पीछे भी कोई अनिवार्यता दिखाई नहीं देती। कुछ हद तक तो इस प्रकार की अनियमितता और यान्त्रिकता निम्नमध्यवर्गीय वस्तुस्थिति के अनुरूप ही है। परन्तु वास्तव में वस्तुस्थिति का इस प्रकार का चित्रण उसे गैर-द्वन्द्वात्मक और सतही ढंग से देखने का ही परिणाम है।

'हत्या' में दिए गए निम्नमध्यवर्गीय जीवन के कटु आलोचनात्मक चित्रण के पीछे बने रहनेवाले निम्नमध्यवर्गीय व्यक्तिवादी दृष्टिकोण से सम्बन्धित इन सभी कमजोरियों के कारण यहाँ व्यंग्य में वह प्रखरता, सूक्ष्मता और मूर्त्तता नहीं आती जिसकी उच्च कोटि के व्यंग्य-लेखक से हमें अपेक्षा होती है।

'आँखों की दहलीज' : संस्मरण

मेहरुन्निसा परवेज

अरसा हुआ...एक बार एक दोस्त ने कहा था–"देखो मेहर, हम दोनों साथ-साथ और तेज चल रहे हैं। रास्ते में बड़ा-सा पत्थर पड़ा है जिसकी ठोकर से मैं गिर पड़ती हूँ और मुझे गिरता देख तुम सँभल जाती हो। चोट लगने की सारी पीड़ा, सारी चुभन मुझे सहनी पड़ी, सिर्फ इसलिए कि मैं आगे थी और तुम पीछे। ठोकर लगने का एहसास तुम्हें भी हुआ पर तुम्हें पीड़ा नहीं सहनी पड़ी न !"

याद आता है, उस दोस्त ने काफी पहले यह बात कही थी पर कितनी सच, यथार्थ से जुड़ी ! क्या यही बात लेकर और उसके पात्रों पर सही नहीं उतरती ? आगे चलनेवाले पात्र और पीछे चलनेवाला लेखक ! चोट की चुभन पात्र को होती है पर उस दर्द का एहसास पीछे चल रहे लेखक को पूरी ईमानदारी से महसूस होता है।

'आँखों की दहलीज' मेरा पहला उपन्यास है और यह मैंने तब लिखा था जब सारी दुनिया को मालूम था कि मेरे घर कोई बच्चा नहीं है और मैं किसी के दिए शाप का फल भोग रही हूँ। ऐसे वक्त में लिखा मेरा उपन्यास 'आँखों की दहलीज' जिसमें एक मुस्लिम परिवार की कथा थी, धमाका था, धमाका कैसा ? जैसे पटाका जोर से आवाज करता फूट जाए, फिर वही शान्ति।

दुनिया में भगवान ने जितने भी जीव भेजे, उनमें सबसे ज्यादा स्वार्थी, नाटककार कोई है तो मनुष्य। सारी उम्र वह झूठ का मुखौटा चढ़ाए नाटक करता है, अपने को ही छलता है।

कभी मुझे भी हैरानी होती थी कि क्या पिछला भुलाया जा सकता है ? आज की जिन्दगी क्या है ? सिर्फ मुखौटों के बीच जीना। हर किसी का परायापन और स्वार्थ झेलना। यह कहना भी मुझे गलत लगता है कि हर कोई झूठा ही होता है। नहीं, सच भी होता है, लेकिन वह सच्चाइयाँ अपने लिये नहीं होतीं न !

इतनी बड़ी सारी दुनिया में हर कोई अपनों में केन्द्रित अपने में भरा-पूरा। उसके पास किसी के लिये फुरसत है, न जरूरत। दुनिया में हजारहा सुख हैं, लेकिन किसी को अगर नसीब न हों तो इसका यह मतलब हरगिज नहीं कि सच है नहीं। सच है, बस इत्तेफाक कहो या और कुछ उससे हमारी मुलाकात नहीं हो पाती, कहीं हम इत्तेफाकन उससे मिल भी जाते हैं, तो अनजाने-अनहपचाने से गुजर जाते हैं।

आदमी हमेशा स्वार्थी रहा, वह आनेवाले कल में पीछेवाले कल को भूल जाता है पर यह धोखा है। पिछला कभी नहीं भुलाया जा सकता। पिछला चोर की तरह मन के किसी कोने में दुबका रहता है और जब हम अकेले होते हैं तब धीरे से, आहिस्ता से हमारे सामने आ खड़ा होता है कि देखो हम हैं। पिछला जब भी दोहराकर सामने आता है तब पीड़ा से भरा, चुभता हुआ, चीरता हुआ-सा।

मुझे अपनी कहानियों और उपन्यास के कथानक के लिये कभी भटकना नहीं पड़ा। जीवन की इस लम्बी यात्रा में जाने कितने चेहरे मिलते हैं जो याद रह जाते हैं और याद रखना बहुत मुश्किल, तकलीफदेह होता है न ! और सच मानिए जो चेहरे, घटनाएँ मुझे हमेशा सताते हैं, अकेले में कचोटते हैं, दुख देते हैं, वही चेहरे, वही घटनाएँ लिखने के बाद फिर दोबारा मेरे सामने नहीं आए, जैसे दोबारा जी कर वह मुक्ति पा गए हों।

कभी-कभी बहुत-सी घटनाएँ जो दूसरे की होती हैं पर उन्हें देखने से या महसूस करने से लगता है, यह दुख पराया नहीं, अजनबी नहीं। इसे हमने भी महसूसा है। और बस, कलम उसे लिख जाती है। ऐसा ही मेरे साथ 'आँखों की दहलीज' उपन्यास लिखते समय हुआ। तालिया से बहुत कम समय के लिये मुलाकात हुई थी, पर उस लड़की ने मुझे बहुत-बहुत प्रभावित किया। तालिया का दुख देख लगा, यह जो भोग रही है, यह मेरा दुख है क्योंकि उन दिनों मेरा नाम भी बाँझ औरतों की लिस्ट में था। मैंने उस दुख को अक्षरों का लिबास ओढ़ा दिया। मेरी भी शादी के दस वर्ष बीत गए थे और मैं माँ न बन पाई थी। कुसूर चाहे जिसका भी रहा हो, कलंक तो औरत के माथे पर ही होता है न, दुख भी वही झेलती है—सहती है।

शायद यही कारण है कि कुछ लोगों ने साफ-साफ शब्दों में पेशनगोई की कि यह उपन्यास शब्द-शब्द मेरी आत्म-रचना है। मुझे जहाँ दुख भी हुआ, वहीं प्रसन्नता भी कि मेरी लेखनी सफल रही। मैं दुनिया से नहीं डरती, अफवाहों से जरूर डरती हूँ।

मैंने हमेशा उन्हीं पात्रों को अपने कथानक के लिये चुना है जिन्हें रोजाना हम देखते हैं। पीड़ा, तनाव और छटपटाहट जैसी भयानक बीमारी से पीड़ित यह चेहरे दिन-रात जीने के लिए, जिन्दा रहने के लिये संघर्ष कर रहे हैं। मैंने गरीबी और अमीरी दोनों में केवल पीड़ा-ही-पीड़ा देखी है। यह सच है, मानसिक क्लेश, यातना जितनी मन को थकाती है, उतना कष्ट शायद शारीरिक तकलीफ से भी नहीं होता। जिन्दगी में मिले हादसे इंसान को मैच्योर बनाते हैं, ऊपर उठाते हैं, गिराते नहीं न ! फिर इनसे क्यों मुँह मोड़ना ?

'आँखों की दहलीज' में तालिया का कैरेक्टर एक तल्ख पर सच्चाई के आस-पास बुना हुआ जाल है। मैंने औरत के मुँह पर से वह नकाब खींच दिया है जिसे ओढ़े हुए वह सती बनने का ढकोसला करती है। यह सच्चाई बहुत से लोगों को तल्ख लगी, इसके कड़वे घूँट मुझे भी पीने पड़े थे। बहुत हँसी आती है जब लोग कथानक पर चर्चा करते लेखक को उससे जोड़कर बात सोचते हैं, या करते हैं। आग क्या जब तक हमारे अन्दर नहीं लगेगी तब तक क्या हम आग की गर्मी महसूस नहीं कर सकते ? आग तापकर भी

तो महसूसी जा सकती है आग की तपिश। खैर बात सफाई की ओर बढ़ रही है और मैं अपनी तरफ से कोई सफाई देना नहीं चाहती, पर लोगों की बेवकूफियों पर कभी-कभी दुख होता है, अफसोस होता है। लोग तब तक तुम्हारे साथ हैं, प्यार करने का दम भरते हैं जब तक किसी तरह उनके अहं की पुष्टि होती है। जिस दिन उनके अहं को लिफ्ट न दो, वह तुम्हारे दुश्मन हो जाएँगे।

सतीत्व के सनातन संस्कारों पर जबर्दस्त आघात जरूर है पर मैंने यदि साफगोई से परदा खींच दिया तो इसमें बुरा क्या किया ? देह के क्रूर सत्य को मैंने अपनी लेखनी में स्वीकारा है। मेरे इस साहस पर मुझे धिक्कारा भी गया पर जब लिख चुकी थी तो सर झुकाकर स्वीकारने से फायदा ? सर उठाकर स्वीकारना चाहा पर लोग इसकी चर्चा से ही डरते थे।

यह बहुत अच्छा है, मुझे इतने वर्षों बाद आज फिर अपने उपन्यास पर चर्चा करने का मौका मिला। इसके लिये श्री भीष्म दा और श्री मिश्र जी की आभारी हूँ।

'आँखों की दहलीज' : समीक्षा

असगर वजाहत

मेहरुन्निसा परवेज के नए उपन्यास 'आँखों की दहलीज' से सहज अपेक्षा इस बात की की जा सकती थी कि वह उस छिपे हुए जीवन के अनजाने प्रसंगों को हमारे सामने लाएगा जिनको वे (मेहरुन्निसा परवेज) ही उद्घाटित कर सकती हैं। इस आशा के साथ इस उपन्यास को पढ़ना शुरू करते ही यह लगने लगता है कि उपन्यास केवल तालिया, शमीम, जावेद, जमीला के सम्बन्धों तक ही सीमित रहेगा। होता भी ऐसा ही है। गवर्नमेंट सर्विस से रिटायर हुए एक ईमानदार अधिकारी सिद्दीकी साहब (तालिया के पिता) बुन्देलखंड में बस जाते हैं। और उपन्यास काफी तनावपूर्ण स्थिति से प्रारम्भ होता है जो कल्पना और भावुकता के आधार पर और अधिक तनावपूर्ण और जटिल बनती जाती है। कहीं-कहीं यह भी लगता है कि उपन्यास को इससे आगे ले जाना असम्भव होगा, पर मेहरुन्निसा परवेज के अनुभव, जीवन के प्रति उनकी समझ, और यथार्थ को पकड़ने की उनकी क्षमता नहीं बल्कि कल्पना ही उसे आगे बढ़ाती रहती है। और अन्ततः उपन्यास तालिया की आत्महत्या (जिसकी सूचना काफी सांकेतिक भाषा में दी गई है) पर समाप्त होता है।

उपन्यास पर विस्तार से बात करने के लिये मैं यह आवश्यक समझता हूँ कि उसकी एक संक्षिप्त रूपरेखा तथा उसके पूरे ट्रीटमेंट पर बात कर ली जाए, ऐसा करने से मैं अपने निष्कर्षों को सामने रखने का औचित्य प्रमाणित कर सकूँगा। सिद्दीकी साहब की एकलौती, सुन्दर और विवाहित पुत्री तालिया यह जानकर बहुत दुखी होती है कि वह डॉक्टर के अनुसार किसी बच्चे की माँ बनने में असमर्थ है। उसका पति शमीम भरसक प्रयास करता है कि तालिया की उदासियों को खुशी में बदल दे, पर वह ऐसा कर पाने में असफल रहता है। तालिया अपने मायके चली आती है। अब उपन्यास काफी थ्रिलिंग ढंग से आगे बढ़ता है। शमीम से तालिया ने प्रेम-विवाह किया है पर गँगऊ डैम के सुन्दर प्राकृतिक सौन्दर्य में वह सब कुछ भूलकर जावेद से प्रेम करने लगती है। आश्चर्य की बात यह है कि तालिया की माँ अपनी विवाहिता पुत्री को जावेद के साथ शारीरिक सम्बन्ध स्थापित करने के अवसर देती है तथा ऐसा हो भी जाता है। तालिया की माँ को यह नहीं मालूम होता (जो काफी आश्चर्य की बात है) कि डॉक्टर ने उसके दामाद (शमीम) की नहीं बल्कि लड़की (तालिया) की सन्तानोत्पत्ति की क्षमता को समाप्त हो

गया बताया है। माँ बेचारी यह समझती थी कि तालिया दामाद (शमीम) के कारण सन्तान को जन्म नहीं दे सकती और वह (माँ) तालिया तथा जावेद के शारीरिक सम्बन्धों के फलस्वरूप पौत्र-प्राप्ति का प्रयास करती रहती है। तालिया वास्तव में जावेद से प्रेम करने लगती है परन्तु चूँकि जावेद की पत्नी को सब कुछ मालूम हो जाता है इसलिए प्रेम फल-फूल नहीं पाता। तालिया को ग्लानि होती है कि उसने अपने पति के साथ विश्वासघात किया है। ग्लानि ही उसे आत्महत्या करने पर विवश करती है। आत्महत्या में वह बच जाती है। मुकद्दमा चलता है, चेतावनी देकर जज तालिया को छोड़ देता है। अब तालिया के मन में यह विचार आता है कि वह अपने पति शमीम के जीवन को सुखी बनाए जिसका एकमात्र रास्ता उसकी नजर में सन्तान है, जो वह नहीं दे सकती। इसलिए अपनी सहेली जमीला को अपने पति से विवाह कर लेने के लिये उत्साहित करती है। पर यह सरल नहीं इसलिए तालिया अपनी सहेली को इस बात पर राजी कर लेती है कि वह शमीम (उसके पति) के साथ शारीरिक सम्बन्ध स्थापित कर ले ताकि फिर उसे (शमीम को) जमीला से दूसरा विवाह करने पर मजबूर होना पड़े। और ''सुबह के धुँधले प्रकाश में उसने देखा, उसके पलंग पर तालिया नहीं, कोई और है। वह (शमीम) हड़बड़ाया-सा उठा और रोशनी जला दी। 'तुम ? जमीला ?' जमीला भय से काँपने लगी, वह अपने कपड़ों को समेटे उठी और दीवार से सटकर खड़ी हो गई। शमीम उसे बौराया-सा देख रहा था।

'रात तुम मेरे बिस्तर...तालिया...वह कहाँ है ?' शमीम लगभग चीख उठा।''

अपने पति तथा जमीला के शारीरिक सम्बन्ध स्थापित कराने के बाद तालिया आश्वस्त होकर रात ही घर से कहीं चली जाती है। शायद हमेशा के लिये कहीं दूर चली जाती है। या आत्महत्या कर लेती है।

उपन्यास की पाँच कोणों यानी तालिया, शमीम, जावेद, जमीला और तालिया की माँ वाली इस कहानी में यदि सम्बन्धों और घटनाओं के यथार्थ पर प्रश्न-चिह्न लगाया जाए तो शायद बहुत अनुचित न होगा। इन उलझे और कहीं-कहीं कल्पना से परे सम्बन्धों का लेखा-जोखा लेने से पहले कुछ दूसरे मुद्दों पर बात करना आवश्यक है। मेहरुन्निसा परवेज ने उर्स (पीरों-फकीरों की मजारों पर लगनेवाले धार्मिक मेलों आदि) पर जो टिप्पणियाँ दी हैं वे उपन्यास की मूल भावना से अलग पड़ने तथा आरोपित लगने के बावजूद विचारणीय हैं :

मौलाना की बात पूरी होते ही तालिया बोल पड़ी, ''मौलाना साहब, आप लोग उर्स क्यों मानते हैं ?''

''क्यों मनाते हैं ? अजीब सवाल है साहब ! हम लोग इनको खुश करके खुदा तक पहुँचते हैं।''

''यानी हम लोगों ने सच्चा रास्ता छोड़ दिया है। इसीलिए मुसलमानों की हालत गिर गई है। हमें जिसने पैदा किया, जिसने दुनिया बनाई उसे हम भुला बैठे हैं, और उसके वलियों को खुदा मान बैठे हैं।''

इस पूरे प्रसंग में मेहरुन्निसा परवेज ने इसी तर्क को स्थापित किया है–" 'यही हमारी कमजोरी है। हम यही सोचते हैं कि खुदा हमारी नहीं सुनेगा पर यह गलत है। जो चींटी को भी खुराक देता है, क्या वह ऐसा हो सकता है ?...आप हिन्दुओं को बुतपरस्त कहते हैं, पर जरा खयाल कीजिए, मजारों पर चादर चढ़ाना, फूल, शिरनी वगैरा चढ़ाना क्या पूजा नहीं है ? मजार पत्थर की बनी होती है, तो क्या हम सब पत्थर की पूजा नहीं करते ?' तालिया चुप हो गई।" तालिया के इन शुद्ध धार्मिकतावादी विचारों को स्थापित करने के लिये जावेद कुछ आगे बढ़ता है पर वह भी ईश्वर तक पहुँचने के 'शुद्ध रास्ते' को आदर्श बताता जान पड़ता है..."खुदा हमारे पास है। हमें उसके पास जाने के लिये न मजारों की धूल चाटने की जरूरत है, न वलियों की सिफारिश की। बड़े अफसोस की बात है, दुनिया कहाँ-से-कहाँ पहुँच रही है और अभी आप लोगों को खुदा के पास जाने का रास्ता नहीं मिला..." उर्स से सम्बन्धित अंश पर पात्रों द्वारा की गई टिप्पणियाँ धर्म के प्रति शुद्धतावादी दृष्टिकोण को स्थापित करती हैं।

तालिया की भावुकता थोड़ी उलझी हुई है। विवाहित होने के बाद शमीम के प्रति आकर्षित होना, उसके साथ शारीरिक सम्बन्ध स्थापित करने के पीछे कई तर्क हो सकते हैं पर तालिया तर्कों पर नहीं, भावना पर जीती हैं और भावना की प्रधानता कहीं इस सीमा पर हो जाती है तो कहीं उस सीमा पर। धार्मिक मनोवृत्ति तथा गुनाह और सवाब में पूर्ण विश्वास रखनेवाली तालिया से यह आशा सहज नहीं की जाती है कि वह पति के होते हुए अपनी माँ के षड्यन्त्र (यदि उसे षड्यन्त्र कहा जा सके तब) का शिकार होकर जावेद से सेक्स-सम्बन्ध स्थापित कर लेगी। सम्बन्ध स्थापित करने के पीछे तर्क नहीं है, इसलिए उपन्यास अपने पुराने मूड में आगे बढ़ता चला जाता है। तालिया की आत्महत्या के प्रयास तक तो फिर भी ठीक था परन्तु तालिया द्वारा जमीला और अपने पति के बीच शारीरिक सम्बन्ध स्थापित करवा देने की बात, ताकि फिर उनका विवाह हो सके, काफी काल्पनिक और अति नाटकीय लगती है। लेखिका के सोचे-समझे 'प्लॉट' के अनुसार घटनाएँ होती चली जाती हैं। अदालत के दृश्य, उर्स से सम्बन्धित बातचीत उपन्यास को अनावश्यक रूप से बिखेर देते हैं। भावुकता का ऐसा गहरा पर्दा प्रत्येक पात्र के ऊपर पड़ा हुआ है जो उसे वास्तविकता से काटकर कल्पना-जगत का प्राणी सिद्ध करता चलता है।

मेहरुन्निसा का 'एक्सप्रेशन' काफी अच्छा हो सकता था यदि 'थीम' बहुत कमजोर न होती। कहीं-कहीं ऐसे 'एक्सप्रेशन' मिल जाते हैं जो उनकी 'ग्रिप' पर सोचने के लिये विवश करते हैं। "कमरे की निस्तब्धता में अम्मी का प्रश्न फड़फड़ा रहा था।" इस प्रकार 'एक्सप्रेशन' 'थीम' कमजोर और भावुकता प्रधान होने के कारण–

"तालिया, बस करो, मत रोओ, मेरा भी दिल भरा आ रहा है।"?? "रो कहाँ रही हूँ, जमीला ! यह तो मेरी रूह की मइयत के गुसल का पानी है, जो मेरी आँखों की नालियों से बह रहा है।" संवाद छायावादी भावुकता के निकट पहुँच जाते हैं। जैसे, "वह (तालिया) मेज पर सिर रखक़र फफक उठी, 'खुदाया, रहम कर ! कितने इम्तेहान ले रहा

है ? मैंने गुनाह किया है, मैं गुनाहगार हूँ। पर शमीम ? खुदा, मेरे गुनाहों की सजा शमीम को मत देना। अल्लाह ! मुझे उठा ले। बेगुनाह को सजा क्यों देता है ?' " एक अन्य उदाहरण : "तालिया की विदा पर सुबह भी रो रही थी। चारों तरफ अजीब बुझा-बुझा-सा वातावरण था। सुबह की आँखों से टपके आँसू धरती के गालों पर चटक रहे थे।"

'आँखों की दहलीज' अपनी तमाम सीमाओं के साथ हिन्दी उपन्यास के एक साधारण पाठक को अवश्य आकर्षित करता है जो प्रशंसनीय कहा, माना जा सकता है। परन्तु आज हिन्दी उपन्यास जिस दिशा में आगे बढ़ा है उससे मेहरुन्निसा का उपन्यास 'आँखों की दहलीज' अलग-सा पड़ा दिखाई देता है। कोरी भावुकता, स्त्री-पुरुष सम्बन्धों के उलझाव और विराग के प्रसंग, पिकनिक पार्टी में शुरू हुए प्रेम, नदी में नहाते समय जावेद का आ जाना, आत्महत्या—एक बार असफल और शायद दूसरी बार सफल, पत्नी का अपने पति से किसी दूसरी स्त्री से सेक्स सम्बन्ध स्थापित करवा देना, मेरे खयाल से आज उपन्यास के विषय नहीं रहे हैं। हिन्दी उपन्यास इससे कहीं आगे बढ़ चुका है।

'तमस' : संस्मरण

भीष्म साहनी

'तमस' का परिवेश मार्च 1947 में रावलपिंडी तथा आस-पास के गाँवों में हुए हिन्दू-मुस्लिम दंगे हैं। ये दंगे लगभग पाँच-छः दिन तक रहे, और जिले के सैकड़ों गाँवों को अपनी लपेट में ले लिया। दंगे तो पाँच-छः दिन तक ही रहे लेकिन वर्षों पहले से देश के वायुमंडल में हिन्दू-मुस्लिम तनाव पाया जाता था। जब से पाकिस्तान की तहरीक चली थी, साम्प्रदायिक प्रचार को एक तरह से खुली छुट्टी मिल गई थी। मैंने तनाव के दिन देखे हैं। उन दिनों मैं कांग्रेस की जिला कमेटी का सदस्य था और जिले में जगह-जगह घूमने का इत्तफाक भी हुआ था। तनाव के वे दिन भुलाए नहीं भूलते। 1945 में एसेम्बली-चुनावों के दिनों में कांग्रेस का एक मुसलमान उम्मीदवार लेवर सीट के लिये चुनाव लड़ रहा था। मैं और उसका बड़ा भाई चुनाव का सारा काम कर रहे थे। इसी सिलसिले में हम तीनों डंडोत, खेवड़ा आदि दौरा करने गए। मुस्लिम लीग ने साम्प्रदायिकता का ऐसा विष घोल रखा था, कि किसी चायखाने में बैठते तो गालियाँ सुनते, किसी दफ्तर में जाते तो तरह-तरह की धमकियाँ सुनते। यहाँ तक कि सड़क तक पर चलना दुश्वार हो गया था। मैं हिन्दू था इसलिए मुझे वे केवल इतना ही कहते कि कांग्रेस हिन्दुओं की जमात है, लेकिन मेरे मुसलमान साथियों को वे 'कुत्ते' और 'जरखरीद' और जाने क्या-क्या कहते। यह एक तरह से नया मर्ज फूटा था, एक बीमारी फैली थी जो देश के एक सिरे से दूसरे सिरे तक फैलती चली गई थी। अंग्रेज वायसराय द्वारा बुलाई गई सयासी कांफ्रेंस जब भी फेल होती, यह तनाव देश भर में एक डिग्री और ऊँचा हो जाता। आज मुड़कर देखने पर उन दिनों की स्थिति ज्यादा साफ नजर आती है। सन् '42 के देशव्यापी 'भारत छोड़ो अन्दोलन' के बाद स्वतन्त्रता-संघर्ष की रीढ़ तोड़ने का यह षड्यन्त्र था और अंग्रेजों के हाथ में साम्प्रदायिकता का हथियार ही सबसे बड़ा हथियार था।

उस जमाने को निकट से देखने का मुझे अवसर मिला है। नॉवल में दिए गए अनेक प्रसंग भी ऐसे हैं जिनका मैं स्वयं साक्षी रहा हूँ। सुअर को मारते तो मैंने कभी किसी को नहीं देखा, लेकिन शहर में जब तनाव बढ़ रहा था, और नागरिकों का एक वफद अंग्रेज डिप्टी कमीश्नर से मिलने गया तो मैं भी उसके साथ हो लिया था। मन्दिरों-मस्जिदों में होनेवाले भाषण और बाअज जानी-मानी बातें थीं, उन दिनों रोज सुनने को मिलती थीं। कुएँ में अपने बच्चों को लेकर कूद जानेवाली औरतों की घटना सच्ची है, लाशों से अटा

कुआँ मैंने दंगों के बाद अपनी आँखों से देखा है। शहर के हैल्थ ऑफिसर के साथ मैं स्वयं लोहा खालसा नामक गाँव में गया था, कुएँ में ऐसा रसायनिक पदार्थ डालने के लिये जिससे कुएँ में सड़ती लाशों के कारण कोई बीमारी न फैले। और हमारे साथ उन स्त्रियों के अनेक सम्बन्धी भी थे, उसी गाँव के रहनेवाले जो दंगे के बाद गाँव छोड़कर रावलपिंडी शहर में आ गए थे, और जो भी समझे बैठे थे कि स्थिति सुधर जाने पर वे अपने गाँव को लौट जाएँगे।

दंगों के बाद हजारों की संख्या में लोग अपने-अपने गाँव छोड़कर रावलपिंडी की ओर आ गए थे। मैंने वे काफिले देखे हैं। रावलपिंडी के अस्पतालों में पड़े सैकड़ों जख्मी लोग भी देखे हैं, कौन कैसे जख्मी हुआ, उसके गाँव में क्या हुआ, कैसे दंगा हुआ, हुआ भी या नहीं, यह जब उन लोगों के मुँह से सुनने का मौका मिला। उन दिनों जिला कांग्रेस कमेटी ने शरणार्थी कैम्प खोला था। आर्य समाज (कॉलिज विभाग) में इसका दफ्तर था। मुझे आँकड़े इकट्ठे करने का काम सौंपा गया था। सुबह से शाम तक मैं गाँव से आए लोगों की आपबीतियाँ सुनता और रजिस्टर में दर्ज करता रहता और शाम को एक तालिका-सी बनाकर प्रेसवालों को भेज देता कि कितने मरे, कितने जख्मी हुए, कितने घर जले। लोग तरह-तरह की फर्माइशें लेकर आते, कोई कहता हथियारबन्द पुलिस की हिफाजत में उन्हें अपने गाँव भेजा जाए ताकि वह अपना गड़ा सोना खोदकर ला सकें, या अपनी बेटी का अता-पता लगा सकें। किसी की बन्दूक पीछे रह गई थी तो किसी का जेवर। इन बातों को सुनते हुए न केवल घटनाओं का पता चलता कि कहाँ क्या-क्या हुआ है, बल्कि इंसानी फितरत की भी झलक मिलती, कि संकट के समय इंसान कैसे व्यवहार करता है। एक मोटा-सा रजिस्टर मैंने भर डाला था।

उस समय भी धीमे-धीमे दंगों के पीछे काम करनेवाले तत्त्वों की एक रूपरेखा-सी उभरने लगी थी। उन दिनों कोट्स नाम के अंग्रेज सज्जन जिला के डिप्टी कमीश्नर थे। यह सच है कि जब दंगों के पहले उन्हें नागरिकों का प्रतिनिधि-मंडल मिलने गया था, उस समय अगर वह जगह-जगह पुलिस को ही तैनात कर देते, या एक फौजी जहाज ही शहर और गाँवों पर उड़ान भर जाता तो स्थिति सँभल जाती। उन दिनों तो टाल-मटोल करते रहे। पर जब 120 के करीब गाँव जलकर राख हो गए, और लाखों की संख्या में शरणार्थी शहर की सड़कों पर ठोकरें खाने लगे तो वह बड़ी मुस्तैदी और चुस्ती से रिलीफ का काम करने लगे। कर्फ्यू के दिनों में उन्होंने खुद पिस्तौल से एक युवक को मारा था, और इस घटना से बेहद विचलित हुए थे। इसमें शक नहीं कि अपने देश की सरकार की नीतियों को वह पूरी तरह से क्रियान्वित कर रहे थे। दंगों के बाद जब पंडित नेहरू रावलपिंडी तशरीफ लाए थे तो हवाई अड्डे पर उन्होंने डिप्टी कमीश्नर से परिचय प्राप्त करने पर कहा भी था, "So you are Mr. Coat."

हिन्दू-मुसलमानों के आपसी रिश्तों के पीछे काम करनेवाले तत्त्वों का भी इस तनाव के दिनों में एक खाका-सा उभर रहा था। हमसाए एक-दूसरे पर हाथ नहीं उठाते थे। मुसलमान पड़ोसी हिन्दू पर हाथ नहीं उठाता था, बल्कि उसके बचाव के साधन ढूँढ़ता

था, इसी तरह हिन्दुओं के मुहल्ले में रहनेवाला मुसलमान भी ज्यादा महफूज था। पर धार्मिक मदान्धता के प्रभाव में वही हिन्दू या मुसलमान शहर के किसी दूसरे इलाके में निःसंकोच कतलोगारत कर सकता था। दोस्तों की दोस्ती अन्त तक बनी रही, भले ही दोनों दोस्तों ने खून से हाथ रँगे हों। ऐसा ही व्यवहार गाँवों में भी हुआ। गाँव के अन्दर रहनेवाले अल्पसंख्यक हिन्दुओं अथवा सिखों पर हाथ अक्सर नहीं उठाया गया। बल्कि उन्हें बचाने की कोशिश की गई। उन पर हाथ उठाया दूसरे गाँव से आनेवाले लोगों ने। मुहल्लेवालों ने मुहल्लेदारी निभाई, आँख का लिहाज रखा, किसी-किसी जगह पनाह भी दी। लेकिन अपने ही गाँव से दूसरे गाँव को यही लोग ढोल बजाते और नारे लगाते हुए गए भी और वहाँ लोगों को मौत के घाट भी उतारा और घरों को आग भी लगाई और लूटपाट भी की।

सरदार का किस्सा सही है। इसे पड़ोस के गाँव में पनाह मिली, पर उसी घर के लोग इसके गाँव में जाकर इसकी दुकान को लूट भी लाए। यह एक शरणार्थी था जिसने मुझे अपनी कहानी सुनाई थी।

जब दंगे समाप्त हुए और धधकती आग धीमे-धीमे ठंडी पड़ने लगी तो एक बात साफ उभरकर आ गई कि खाते-पीते लोग ज्यादातर सुरक्षित ही रहे थे। अधिक संख्या में गरीब लोग ही मरे थे। और जिन्होंने धर्म के नाम पर बहादुरी के कारनामे किए उन्होंने ज्यादातर इक्के-दुक्के मजदूरों, भिखमंगों, बूढ़ों, शहर की गलियों में भटकते बेघर लोगों पर ही अपनी तलवार चलाई। बाद में, शेखपुरा आदि स्थानों पर होनेवाले दंगों में आग और ज्यादा भड़क उठी थी और जहाँ जो मिला उसे मारा गया। लेकिन रावलपिंडी के दंगे मार्च महीने में हुए थे, दंगों की शुरुआत थी, हाथ आसानी से नहीं उठता था।

मेरा कोई इरादा उस काल का ऐतिहासिक परिप्रेक्ष्य पेश करने का नहीं था, न ही कोई दस्तावेजी नॉवल लिखने का था। उन दिनों बहुत-कुछ घट रहा था, और बहुत-कुछ पर मेरी पकड़ बड़ी कमजोर थी। उपन्यास लिखते समय शायद ही कोई ऐसा लेखक हो जिसका नजरिया साफ रहता हो और इरादे सुनिश्चित हों। सभी भावावेशों और गहरे उद्वेलन में ही लिखते हैं। बाद में पात्र भी उभरने लगते हैं और कथानक की रूपरेखा भी बनने लगती है। लिखते समय मेरे सामने मेरी यादें थीं, दिल की बेचैनी थी, कुछ किरदार थे जो उन दिनों सक्रिय रहे थे, कुछ प्रसंग थे जिनसे मैं परिचित था। लेकिन उन प्रसंगों को जोड़कर कथानक बुनने का भी विचार मेरे मन में नहीं था। हाँ, यह परेशानी जरूर थी कि इस घटनाचक्र को कहाँ से शुरू किया जाए। अन्त में, जहाँ से ये घटनाएँ शुरू हुई थीं, वहीं से मैंने उन्हें पकड़ा, मतलब कि दंगों की पूर्व बेला से दंगों के अन्त तक की रूपरेखा इस तरह से बन गई थी।

अनेक पात्र जिन्हें नॉवल में उतारा गया है, मेरे जाने-पहचाने थे। जरनैल जाना-पहचाना था, उसके साथ बरसों कांग्रेस में काम किया था। लेकिन पात्रों का चुनाव मूलतः उनकी व्यक्तिगत विशिष्टताओं के आधार पर न होकर, उनके वर्गगत व्यवहार के आधार पर तथा संकट की उस स्थिति में उनकी संस्कारगत सामाजिक भूमिका के आधार पर ही

हुआ। हम कैसे लोग थे और उस समय हमने कैसा व्यवहार किया। कौन-से संस्कार हमारे आचार-व्यवहार को निर्धारित कर रहे थे। पर यह सब सोच-समझकर अथवा पहले से तैयार की गई किसी परिकल्पना के आधार पर किया गया हो, ऐसा नहीं है। एक संकटपूर्ण स्थिति की पृष्ठभूमि में विभिन्न धर्मों, वर्गों, विचारधाराओं के लोगों की प्रतिक्रिया और उनके कारनामे ही दिखाए गए हैं। इससे अधिक कुछ नहीं।

उपन्यास पर मैंने तीन बार काम किया। इसे ऐतिहासिक अथवा दस्तावेजी रूप देने का मेरा शुरू से ही कोई विचार नहीं था, और न ही यह मेरे वश की बात थी। मेरी आँखों के सामने राजनीतिक घटनाचक्र नहीं था। केवल मन को व्याकुल करनेवाले कुछ प्रसंग, कुछ व्यक्ति, और खून-खराबे का भयावह माहौल था। पहले पुलथे में कथा दो मित्रों—रघुनाथ और शाहनवाज—के सम्बन्धों का रूप ले रही थी। पर यह अपने-आप ही कहीं पीछे छूट गई। और उपन्यास में नए-नए लोग आने लगे।

छपने के बाद मैंने उपन्यास को नहीं पढ़ा है। इसी डर से कि पढ़ूँगा तो इसमें त्रुटियाँ नजर आएँगी। आलोचकों-मित्रों ने तरह-तरह की टिप्पणियाँ की हैं, सभी सिर-आँखों पर, अन्ततः यही कहकर मन को ढाढस दे लेना है कि एक प्रयास के नाते दोस्तों ने इसे पढ़ा तो।

'तमस' नाम कुछ दोस्तों को अजीब-सा लगा। शुरू-शुरू में मुझे भी अजीब लगता था। यहाँ तक कि प्रकाशन गृह का भी आग्रह था कि मैं इसे बदल दूँ। स्पष्टतः इसका सम्बन्ध 'तमसो मा ज्योतिर्गमय' से है, वहीं से अनायास लिया गया है। नाम की गूँज अच्छी नहीं थी, लेकिन अर्थ की दृष्टि से मुझे नाम सही लगता था। पर अब क्या रोना, अब तो नाम चिपक गया है।

एक प्रसंग सुअर मारने का है। मैंने सुअर मारते कभी किसी को नहीं देखा, सुनी सुनाई के आधार पर ही यह अध्याय लिखा गया है। इसे लिखने की मंशा कहानी के लिये भावनात्मक माहौल तैयार करना था। कुछ दोस्तों को अपने में यह अध्याय पसन्द आया, पर कुछ ने इसे पैबन्द की संज्ञा दी, कि बाकी की कहानी के साथ मेल नहीं खाता आदि-आदि। मुझे जिस बात ने हैरान किया वह यह कि कोरी कल्पना की उपज में भी दम हो सकता है। पर शायद यह कहना गलत है। सुअर मारने की क्रिया भले ही काल्पनिक रही हो, पर यह घटना उतनी ही उस भयावह माहौल में से फूटकर निकली है जितनी इंसान द्वारा इंसान को मारने की प्रक्रिया। वह पाशविक घिनौना काम भी टिमटिमाती रोशनी और उसमें नाचते सायों के बीच हुआ है।

काश कि वे दिन फिर कभी लौटकर न आएँ।

साम्प्रदायिकता के बेनकाब घिनौने चेहरे : 'तमस'

रमेश उपाध्याय

हिन्दू-मुस्लिम साम्प्रदायिकता और देश के बँटवारे की थीम पर जो साहित्यिक कृतियाँ (उपन्यास और कहानियाँ) चर्चित रही हैं, उन सबको ध्यान में रखा जाए तो लेखकों की दृष्टि के कुछ निश्चित पैटर्न उभरने लगते हैं। यहाँ उन उपन्यासों और कहानियों की बात मैं नहीं करूँगा, जो साम्प्रदायिक नजरिए से लिखी गई हैं। हिन्दू लेखकों द्वारा हिन्दू राष्ट्रवादी नजरिए से और मुस्लिम लेखकों द्वारा मुस्लिम साम्प्रदायिक नजरिए से लिखी जानेवाली चीजों में मूलतः कोई फर्क नहीं होता। उनमें दोनों ही सम्प्रदाय एक-दूसरे को दोषी ठहराते हुए परस्पर कीचड़ उछालते नजर आते हैं। उनमें न तो पूरी परिस्थिति का विश्लेषण करके उसे समझने का प्रयास होता है, न उन कारणों की तलाश का प्रयत्न, जिनसे सदियों से साथ-साथ जीने-मरनेवाले दो सम्प्रदाय एक-दूसरे के खून के प्यासे हो उठे और आपसी मारकाट, लूटपाट, बलात्कार, आगजनी, विस्थापन आदि के ऐसे भयावह अनुभव दोनों पक्षों को हुए, जिनकी कटु स्मृतियाँ भी लम्बे समय तक दोनों सम्प्रदायों को एक-दूसरे का विरोधी बनाए रख सकती हैं। इस तंग नजरिए से ऊपर उठकर जिन लेखकों ने इस विषय को अपनी कृतियों में उठाया है, उनमें हिन्दू लेखक भी हैं और मुसलमान लेखक भी, हिन्दी के लेखक भी हैं और उर्दू के लेखक भी। इन उदारचेता लेखकों की दृष्टि के जो पैटर्न दिखाई देते हैं, उन्हें संक्षेप में यों रखा जा सकता है :

एक तरह के लेखकों की दृष्टि यह रही है कि हिन्दू और मुस्लिम सम्प्रदायों में फूट डालनेवाले अंग्रेज थे, कि उन्होंने 'डिवाइड एंड रूल' की नीति बनाकर दोनों सम्प्रदायों में वैमनस्य पैदा किया, उन्हें लड़ने के लिये उकसाया और हिन्दुस्तान-पाकिस्तान के रूप में उस झगड़े की दुखद परिणति हुई। ऐसे लेखक अपनी रचनाओं में यह दिखाते हैं कि भोले-भाले हिन्दू और मुसलमान अपने भोलेपन में अंग्रेजों के षड्यन्त्र के शिकार हो गए थे और अन्धे होकर आपस में लड़ मरे थे। इस दृष्टि से लिखी गई रचनाओं में एक ऐतिहासिक तथ्य का सरलीकृत (और प्रायः सतही) रूप पाया जाता है। ऐसे लेखक

साम्राज्यवाद-विरोध की धुन में साम्प्रदायिकता के कारणों और परिणामों की खोजबीन नहीं करते, अतः उसके निष्कर्ष भी प्रायः तर्कसंगत नहीं होते।

दूसरी तरह के लेखकों ने, जिनमें यशपाल सबसे प्रमुख हैं, इस ऐतिहासिक दुर्घटना को पूरे आर्थिक, सामाजिक, राजनीतिक परिप्रेक्ष्य में प्रस्तुत किया है और उन सूक्ष्म तथा जटिल अन्तःसम्बन्धों की तलाश करने का प्रयत्न किया है, जिनके कारण यह इतनी बड़ी दुर्घटना घटित हुई। ऐसे लेखकों की दृष्टि में केवल अंग्रेजों की विभाजनकारी नीति ही दोषी नहीं, सामाजिक आधार में मौजूद वे उत्पादन-सम्बन्ध भी दोषी हैं, जिन पर देश का सांस्कृतिक ढाँचा खड़ा हुआ है। ऐसे लेखक धर्म और राजनीति को सामाजिक असमानता, शोषण और अन्याय से जोड़कर देखते हैं और लगभग सही निष्कर्षों तक पाठकों को पहुँचाते हैं। यह जरूर है कि ऐसे लेखक कम हैं।

तीसरी तरह के लेखक एक विचित्र उदारतावादी दृष्टि अपनाते हैं। उनकी दृष्टि में 'राष्ट्रीय एकता' का प्रयत्न लेखन द्वारा किया जाना शायद बड़ा जरूरी है, इसलिए वे साम्प्रदायिकता को समाप्त करने के लिये उसके कारणों को बताकर उन्हें दूर करने की बात न करके दोनों सम्प्रदायों को यह 'शिक्षा' देते हैं कि दोनों ही अपने-अपने गरेबान में झाँककर देखें और आत्मालोचना के जरिए अपनी बुराइयों को दूर करके आपसी खाई को पाटने की कोशिश करें। ऐसे लेखकों में एक चीज आम तौर पर पाई जाती है कि यदि लेखक स्वयं हिन्दू है तो वह हिन्दुओं के दोष दिखाएगा और मुसलमानों में पाई जानेवाली 'इंसानियत' को उजाकर करके हिन्दुओं को उनसे प्यार करने के प्रेरित करेगा, और यदि लेखक स्वयं मुसलमान है तो मुसलमानों की आलोचना करके उन्हें भले हिन्दुओं के साथ प्रेम से रहने को प्रेरित करेगा। ऐसे लेखक यह समझते हैं कि भारत-विभाजन के समय फैली साम्प्रदायिकता की आग महज कुछ 'गलत' नेताओं की लगाई हुई थी और आम जनता ने मूर्खतावश उस आग को फैला दिया था। मोटे तौर पर ये लेखक 'हिन्दू-मुस्लिम भाई-भाई' का नारा लगानेवाले लेखक हैं, मगर उनकी रचनाओं से उनके मन का यह चोर दिखाई देता रहता है कि ऐसी राष्ट्रीय एकता की सम्भावना पर उन्हें खुद विश्वास नहीं है।

भीष्म साहनी का उपन्यास 'तमस' पढ़ते समय उक्त तीनों दृष्टियों से लिखी गई रचनाएँ याद आती रहती हैं, क्योंकि इसमें भी विभाजन के समय की स्थितियों और साम्प्रदायिक फसादों को सामाजिक-राजनीतिक नजरिए से देखने का प्रयत्न किया गया है। यह उपन्यास उस ऐतिहासिक दुर्घटना के काफी समय बाद लिखा गया है, इसलिए लेखकीय आवेश और प्रचलित मुहावरों के बजाय इसमें एक शान्त तटस्थता-सी दिखाई पड़ती है। वैसे तो यह भीष्म साहनी के लगभग सारे ही लेखन की विशेषता है, लेकिन इस उपन्यास में यह कुछ अतिरिक्त रूप से उजागर है। पढ़ते-पढ़ते किसी को यह भी लग सकता है कि यह लेखक यद्यपि उस समय की सारी चीजों को बहुत नजदीक से जानता है और उपन्यास के प्रसंगों को बड़े जीवन्त रूप में उभारता है, मगर अपने आपको सारी चीजों से तटस्थ, परे या ऊपर मानता है। इतना ही नहीं, वह इस विषय

से सम्बन्धित तमाम दृष्टिकोणों का मजाक उड़ाता हुआ ही लगता है, जिससे अन्ततः पाठक इस भ्रम में पड़ सकता है कि अगर सारे ही दृष्टिकोण गलत हैं तो फिर सही दृष्टिकोण क्या है। लेकिन ध्यान से देखा जाए तो मालूम हो जाता है कि लेखक साम्प्रदायिकता का मूल कारण अज्ञान और अन्धविश्वासों पर पलनेवाले धर्म को मानता है, जो अपने ऊपरी भेदों के कारण मनुष्य को मनुष्य से अलग करके आपस में लड़ा देता है और इस प्रकार यह उपन्यास मुख्यतः लोगों को लड़ानेवाली धार्मिक कट्टरता और असहिष्णुता के विरुद्ध उठाई गई आवाज लगता है।

'तमस' की शुरुआत ही शहर में साम्प्रदायिक दंगा कराने की एक पूर्वनिर्धारित योजना से होती है। यह बात शुरू से ही साफ हो जाती है कि दंगे करानेवाले लोग परदे के पीछे हैं और दंगा करनेवाले (निर्दोष) लोग आमने-सामने। यानी दंगा हो नहीं रहा है, कराया जा रहा है; तनाव बढ़ नहीं रहा है, बढ़ाया जा रहा है। उपन्यास वहाँ से शुरू होता है, जहाँ हिन्दू-मुसलमानों के बीच की खाई इतनी बढ़ चुकी है कि तर्क और विवेक से बातों को समझने-समझाने की कोई गुंजाइश नहीं रह गई हैं। एक तरफ 'कौमी नारा–वन्देमातरम्', 'भारतमाता की जय' और 'महात्मा गांधी की जय' के नारे लग रहे हैं और दूसरी तरफ 'पाकिस्तान जिन्दाबाद' और 'कायदे आजम जिन्दाबाद' के नारे। कांग्रेस की तरफ से शहर में प्रभात-फेरियों और तामीरी कामों का सिलसिला चल रहा है, लेकिन लेखक स्पष्ट कर देता है कि लोगों को खुद इस काम में विश्वास नहीं रह गया है। मुस्लिम लीग की तरफ से प्रचार किया जा रहा है कि "कांग्रेस हिन्दुओं की जमात है, इसके साथ मुसलमानों का कोई वास्ता नहीं है...कांग्रेस हिन्दुओं की जमात है और मुस्लिम लीग मुसलमानों की। कांग्रेस मुसलमानों की रहनुमाई नहीं कर सकती।"

तर्क और विवेक की बातें इस माहौल में बेअसर हैं। कांग्रेसवालों के समझाने पर कि कांग्रेस में तो हिन्दू, मुसलमान, सिक्ख सभी हैं, मुस्लिम लीग वाले कहते हैं कि कांग्रेस में जो मुसलमान हैं, वे हिन्दुओं के कुत्ते हैं और उन्हें हिन्दुओं से नफरत नहीं, उनके कुत्तों से नफरत है। यह तर्क देने पर कि कांग्रेस के अध्यक्ष मौलाना आजाद एक मुसलमान हैं, वे कहते हैं–"मौलाना आजाद हिन्दुओं का सबसे बड़ा कुत्ता है। गांधी के पीछे दुम हिलाता फिरता है।" कांग्रेसियों के समझाने पर कि आजादी सबके लिये है, सारे हिन्दुस्तान के लिये है, वे कहते हैं–"हिन्दुस्तान की आजादी हिन्दुओं के लिये होगी, आजाद पाकिस्तान में ही मुसलमान आजाद होंगे।"

ये बातें कितनी तुच्छ हैं और हिन्दू-मुसलमान का यह झगड़ा कितना फालतू है, यह दिखाने के लिये लेखक जिले के डिप्टी कमिश्नर रिचर्ड और उसकी पत्नी लीज़ा की बातचीत के माध्यम से बताता है कि हिन्दू-मुसलमान, सिक्ख-ईसाई सब मनुष्य हैं, मजहब के फर्क ऊपरी हैं, जो नाम, वेशभूषा, रहन-सहन, धार्मिक कृत्यों और खान-पान के तरीकों में दिखाई देते हैं। रिचर्ड और लीज़ा तक आते-आते लेखक का दृष्टिकोण स्पष्ट हो जाता है कि वह हिन्दू, मुसलमान, सिक्ख, ईसाई आदि सबको इंसान मानता

है और ऊपरी भेदों को फालतू समझता है। उसके विचार से मनुष्य अपनी व्यक्तिगत हैसियत में निर्दोष है, उसे दोषी बनानेवाली सामाजिक-राजनीतिक व्यवस्था है।

दरअसल यह विचार ही 'तमस' में आदि से अन्त तक छाया हुआ है। इसी विचार के कारण भीष्म साहनी उन लेखकों से अलग हो जाते हैं, जो ब्रिटिश साम्राज्यवाद को फूटपरस्त नीतियों के लिये जिम्मेदार ठहराने के लिये अपनी रचनाओं में साम्राज्यवाद के प्रतिनिधि अंग्रेज-पात्रों को खड़ा करके उनके प्रति पाठक की घृणा उभारते हैं। भीष्म साहनी डिप्टी कमिश्नर रिचर्ड को भी दो रूपों में देखते हैं—उसका एक रूप है सामान्य मनुष्य का और दूसरा ब्रिटिश सरकार की नीतियों को क्रियान्वित करनेवाले प्रशासक का। उसके बारे में वे लिखते हैं—"इन कमरों में घूमते रिचर्ड को देखकर कोई नहीं कह सकता था कि वह जिले का सबसे बड़ा अफसर है। यहाँ पर तो वह भारतीय इतिहास का मर्मज्ञ था, भारतीय कला का पारखी। हाँ, जब वह प्रशासक की कुर्सी पर बैठता तो वह ब्रिटिश साम्राज्य का प्रतिनिधि था, और उन नीतियों को क्रियान्वित करता जो लन्दन से निर्णीत होकर आती थीं...प्रशासन के क्षेत्र में उसकी निजी मान्यताओं का कोई दखल नहीं था, बल्कि वे असंगत थीं।"

जिस तरह रिचर्ड को उसकी व्यक्तिगत हैसियत में ब्रिटिश साम्राज्यवाद की नीतियों के लिये दोषी नहीं ठहराया जा सकता, उसी तरह साम्प्रदायिक राजनीति को अमली जामा पहनानवाले उन लोगों को भी फसादों के लिये दोषी नहीं ठहराया जा सकता, जो वैयक्तिक रूप से भले और भोले-भाले मनुष्य हैं। लेकिन लेखक की यह मानवतावादी दृष्टि जहाँ उसे ऐसे विषयों पर लिखनेवाले कुछ लेखकों से अलग करती है, वहीं यह सवाल भी पैदा करती है कि क्या लोगों को इस तरह निर्दोष मानकर छोड़ा जा सकता है ? क्या अंग्रेज सरकार के अफसर और दंगों में मारकाट करनेवाले लोग निजी हैसियत में भी क्रमशः साम्राज्यवादी नीतियों और साम्प्रदायिक राजनीति की बुराइयों के लिये जिम्मेदार नहीं हैं ?

'तमस' में इस प्रश्न का शायद एक ही उत्तर है कि अज्ञान और अन्धविश्वासों पर आधारित धर्म को आधार बनाकर चलाई जानेवाली राजनीति गलत है, क्योंकि वह लोगों को विभाजित करके कमजोर बना देती है और व्यवस्था (प्रस्तुत सन्दर्भ में साम्राज्यवादी व्यवस्था) इस कमजोरी का फायदा उठाती है। हिन्दू-मुस्लिम साम्प्रदायिक राजनीति ने स्वाधीनता आन्दोलन को कमजोर बना दिया था और समाज में व्याप्त अज्ञान और अन्धविश्वास ने लोगों को इतना धर्मान्ध बना दिया कि विवेक के लिये कोई गुंजाइश ही नहीं रह गई थी और दोनों तरफ के विवेकशील लोग अपना प्रभाव खो चुके थे। उनके समझाने-बुझाने से साम्प्रदायिक तनाव कम नहीं हो सकता था और अंग्रेज सरकार उस तनाव को दूर करने में समर्थ होते हुए भी उसे दूर करना नहीं चाहती थी। साम्प्रदायिक विष इतना फैल चुका था कि धर्म और सम्प्रदायों में आस्था न रखनेवाले कम्युनिस्टों का भी मनोबल टूटने लगा था। यह वाकई एक जटिल परिस्थिति है और इसको समझने में किसी तरह का सरलीकरण सहायक नहीं हो सकता। इसलिए भीष्म साहनी ने व्यंग्यविद्रूप

वाली शैली में बहुत-सी चीजों का फालतूपन उजागर करते हुए उन तत्त्वों की तरफ पाठक का ध्यान खींचने की चेष्टा की है, जो जनता को अज्ञान में रखते हैं और उसके अज्ञान-अन्धकार का लाभ उठाकर उसकी भावनाओं को गलत दिशा में मोड़ देते हैं।

खुद मुसलमान मुराद अली के द्वारा ही शहर में तनाव बढ़ाने के लिये सूअर मरवाकर मस्जिद की सीढ़ी पर डलवा देना और मुसलमानों को इस बात के लिये उकसा देना कि वे हिन्दुओं से बदला लेने के लिये गाय मारें, मुराद अली जैसे तमाम परदे के पीछे छिपे लोगों के इरादों को तो जाहिर करता ही है, इस धार्मिक बेवकूफी को भी स्पष्ट कर देता है कि सूअर और गाय का बदला मनुष्यों को मारकर लिया जाता है। दूसरी तरफ 'सर्वे भवन्तु सुखिनः' और 'ओम् द्यौ शान्ति पृथिवी शान्तिरापः शान्ति' जपनेवाले वानप्रस्थी जब 'सर्वे' में से 'मुसलमीन' को अलग कर देते हैं और शान्तिपाठ के तुरन्त बाद लोगों को यह बताने लगते हैं कि "उबलता तेल शत्रु पर डाला जा सकता है, जलते अंगारे छत पर से फेंके जा सकते हैं" तो उनके मन्त्रोच्चार और शान्तिपाठ का सारा पाखंड खुल जाता है। लेकिन अपने अज्ञान और अन्धविश्वासों के कारण उस समय के मुसलमान और हिन्दू दोनों ही इन चीजों की असलियत को नहीं समझते और धर्मान्ध हो उठते हैं।

बार-बार इसी चीज पर जोर देता हुआ 'तमस' का लेखक परिस्थितियों में निहित विद्रूप को अपनी व्यंग्यात्मक शैली में पाठकों के सामने रखता चलता है। साम्प्रदायिकता फैलानेवाले हिंसक तत्त्वों में से वह एक तरफ अखाड़ा-संचालक मास्टर देवव्रत जैसे लोगों के प्रति घृणा उभारता है, तो दूसरी तरफ रणवीर जैसे नासमझ युवकों को, जो देवव्रत जैसों की साम्प्रदायिकता के शिकार हो जाते हैं, हास्यास्पद रूप में चित्रित करता है। लेकिन ऐसा ही नासमझ युवक इन्द्र जब सुनसान गली में एक 'म्लेच्छ' की हत्या करता है तो मास्टर देवव्रत जैसों के द्वारा फैलाया गया जहर अपनी पूरी भयावह परिणति में दिखाई देने लगता है। इत्र-फुलेल बेचनेवाला वह निर्दोष बूढ़ा मुसलमान, जो थोड़ी देर पहले तक मासूम-से दिखाई देनेवाले इन्द्र को गली में अकेला समझकर सुरक्षित पहुँचा देने की बात कर रहा था, जब उसी लड़के के हाथों मारा जाता है तो अनायास ही पाठक की सारी करुणा और सहानुभूति का अधिकारी हो जाता है और पाठक के सामने आर.एस.एस. जैसे साम्प्रदायिक और हिंसक संगठनों का वह घिनौना चेहरा बेनकाब हो जाता है, जो आर्यत्व और हिन्दुत्व के मुखौटे के पीछे से ऊँचे-ऊँचे शब्द बोलकर किशोरों को बहकाता है और उनके कच्चे दिमागों में साम्प्रदायिक घृणा और हिंसा के बीज बोता है।

साम्प्रदायिक हिंसा कितनी गलत और व्यर्थ चीज है, यह दिखाने के लिये भीष्म साहनी ने ऐसे लोगों को मरते दिखाया है, जो निर्दोष तो हैं ही, जिन्हें मारने में कोई तुक भी नहीं है। मसलन पगलेट जरनैल की हत्या और शाहनवाज द्वारा रघुनाथ के नौकर मिलखी की हत्या। वही शाहनवाज, जो अपने हिन्दू दोस्त रघुनाथ के लिये जान पर खेल जाने को तैयार है, जिस पर रघुनाथ के पूरे परिवार को अपार विश्वास है, रघुनाथ के खाली घर में मिलखी को मार डालता है—

"डिब्बे को दोनों हाथों में उठाए हुए शाहनवाज पीछे-पीछे चला आ रहा था जब सहसा उसके अन्दर भभूका-सा उठा। न जाने ऐसा क्यों हुआ : मिलखी की चुटिया पर नजर जाने के कारण, मस्जिद के आँगन में लोगों की भीड़ देखकर, या इस कारण कि जो कुछ वह पिछले तीन दिन से देखता-सुनता आया था, वह विष की तरह उसके अन्दर घुलता जा रहा था।"

साम्प्रदायिक लड़ाई में वर्ग-संघर्ष नहीं होता, बल्कि शोषक-शोषित सब लोग सम्प्रदाय के आधार पर नकली तौर पर विभाजित हो सकते हैं, यह दिखाने के लिये लेखक कम्युनिस्टों की उन असफल कोशिशों का जिक्र करता है, जो वे दोनों सम्प्रदायों में सुलह कराने के लिये करते हैं। लेकिन उनके प्रयत्नों का कोई प्रभाव नहीं पड़ता। साथियों का मनोबल तो टूटता ही है, उनका यह विश्वास भी टूट जाता है कि मजदूर आपस में नहीं लड़ सकते। देवदत्त को जब वह खबर मिलती है कि मजदूरों की बस्ती में भी फसाद हो गया है और दो सिक्ख बढ़ई मारे गए हैं तो उसका सिर झुक जाता है और उसे लगता है कि "अगर मजदूर आपस में लड़ सकते हैं तो यह विष बहुत गहरा असर कर चुका है।" और एकता के उसके प्रयत्न 'पानी पर खिंची लकीर' बन जाते हैं।

उपन्यास के द्वितीय खंड में लेखक ने गाँवों की हालत बयान की है। फसादों की आग गाँवों में भी पहुँच चुकी है। मुसलमानों के गाँव खानपुर के एकमात्र सिक्ख परिवार पर पड़ी मुसीबतों के माध्यम से लेखक ने एक पूरी तस्वीर उभारने की कोशिश की है। यह तस्वीर तो उभर गई है, लेकिन प्रथम खंड की तुलना में वह खंड अधिक रोचक (और रोमांचक) होते हुए भी कुछ-कुछ गढ़ा हुआ-सा लगता है। हरनाम सिंह का अपने गाँव से निकाला जाना और बाहर से आए हुए बलवाइयों द्वारा उसके मकान-दुकान का जला दिया जाना, फिर दूसरे गाँव में पहुँचकर हरनाम सिंह का एक मुसलमान के घर में पनाह लेना, जो (संयोग से !) उसके मकान-दुकान लूटनेवाले बलवाइयों में से ही एक का घर है, और फिर उस घर में पनाह देनेवालों की इंसानियत...यह सब अच्छा-अच्छा तो लगता है, लेकिन सायास जुटाया हुआ भी लगता है।

दरअसल चारों तरफ फैले हुए गाँवों की कथा कहने के लिये लेखक को कोई ऐसा सूत्र चाहिए था जो सब गाँवों की कहानियों को जोड़ दे। इसके लिये उसने हरनाम सिंह के परिवार को चुना है। एक तरफ हरनाम सिंह और उसकी पत्नी बन्तो अपने गाँव से निकाले जाकर आसरा ढूँढ़ते फिर रहे हैं, दूसरी तरफ उनकी बेटी जसबीर उस गाँव में दिखाई गई है जहाँ सिक्ख और मुसलमान दोनों ही काफी संख्या में हैं और दोनों में घमासान लड़ाई हो रही है, और तीसरी तरफ उनका बेटा इकबाल सिंह है, जिसे बलवाइयों ने पकड़कर जबरदस्ती मुसलमान बना दिया है। इस सबमें इकबाल सिंह का प्रसंग सबसे मार्मिक है। जिस तरह उसे सिक्ख से मुसलमान बनाया जाता है, और फिर जिस तरह उसे अपना लिया जाता है, वह सारी प्रक्रिया धर्म और सम्प्रदायों के तमाम ऊपरी विभेदों के लिये नफरत पैदा करती है—

"शाम ढलते-ढलते इकबाल सिंह के शरीर पर से सिखों की सब अलामतें दूर कर दी गई थीं और मुसलमानों की सभी अलामतें उतर आई थीं। पुरानी अलामतें हटाकर नई अलामतें लाने की देर थी कि इंसान बदल गया था, अब वह दुश्मन नहीं था, दोस्त था, काफिर नहीं था, मुसलमान था। मुसलमानों के सभी दरवाजे उसके लिये खुल गए थे।"

उपन्यास के अन्त में लेखक फिर उसी शहर में लौट आता है और फसादों के थम जाने के बाद के हालात बयान करने लगता है। यह प्रसंग अनेक टूटी-बिखरी घटनाओं की जोड़-बटोर है और इससे कुल जमा यह नतीजा लेखक निकालना चाहता है कि यह सारा खून-खराबा कितना व्यर्थ था। अन्त तक आते-आते सारी चीज इतनी नकारात्मक और निराशाजनक हो जाती है कि पाठक ज्यादा-से-ज्यादा एक अवसाद में डूब सकता है, समस्या से जूझने की दिशा में प्रेरित करने के लिये या तो लेखक के पास कोई तरीका बचता नहीं, या वह जान-बूझकर ऐसा रुख अपनाता है, ताकि पाठकों पर अपनी कोई राय थोपने के बजाय उन्हें उनके ही ढंग से सारी चीज समझने का मौका दे सके।

'मरीचिका' के पीछे

गंगाप्रसाद विमल

अपनी कृति के बारे में कुछ भी कहना एक तरह से सफाई देना या कुछ सफाइयाँ पेश करना है। लेकिन कई दफे कृति के इर्द-गिर्द, न लिखी गई बातें इसलिए जरूरी हो जाती हैं कि वे भी एक तरह से कृति का अलिखित और जरूरी हिस्सा होती हैं और उन्हें कहने का अवसर बहुत कम मिलता है। इसलिए जब उन्हें कहने का मौका मिलता है तब उन्हें 'कुछ सफाइयों' के अन्तर्गत नहीं लिया जाना चाहिए।

'मरीचिका' उपन्यास के बारे में बहुत-सी बातें मैं कहना चाहता था—उनमें से दो-एक बातें ऐसी भी हैं जिन्हें स्पष्टीकरण मान लिया जाएगा। इस मान लिये जाने पर मेरा अधिकार नहीं है। मेरा अधिकार सिर्फ उन्हें कहना भर है। यह स्वीकार करते हुए कि उपन्यास जैसा भी है, वह जिस रूप में भी प्रकाशित हुआ है—उसकी पूरी जिम्मेदारी मेरी है। एक लेखक अपनी 'कृति' के लिये स्वयं जिम्मेदार होता है। यह जानते हुए भी मैं उस उपन्यास में से कुछ बातों के लिये अपनी जिम्मेदारी अस्वीकार करता हूँ। लेकिन इसका यह अर्थ नहीं है कि मैंने दूसरों की जिम्मेदारी कबूल कर ली है। तथ्य यह है कि कुछेक बातों पर मेरा अपना अधिकार नहीं था। मसलन मैं उपन्यास को एक अलग ही किस्म के 'फॉर्मेट' में छापने की बात सोचे बैठा था लेकिन ऐसा प्रकाशक खोजना मुश्किल काम था।

उपन्यास का 'नाम' भी मेरा नहीं है। उपन्यास को इस नाम से छापने का जिम्मा मेरे दोस्त महेन्द्र कुलश्रेष्ठ का है। आत्मा में उपन्यास को एक अस्थायी नाम मैंने दिया था 'हो न हो'—लेकिन इस नाम को लेकर मैं अपने बहुत नजदीकी दोस्तों को भी नहीं समझा पाया कि इस 'नाम' का महत्त्व क्या है। बहुत दिनों बाद मुझे 'मारीच' नाम मिला था। डॉक्टर श्याम बिहारी राय ने इसमें कुछ परिवर्तन किया था और अन्त में 'मरीचिका' शीर्षक पर रजामन्दी हुई थी। नामकरण की यह प्रक्रिया बहुत लम्बे समय तक अनिश्चय में पड़ी रही। मेरे आलस का विरोध करते हुए महेन्द्र कुलश्रेष्ठ ने अपनी ओर से कुछ नाम सुझाए थे। और जिस अन्तिम नाम पर अभी फैसला होना था—मैं उस बैठक में समय से नहीं पहुँच सका था। इस विवाद की तह में जाने का अब कोई अर्थ नहीं है। उपन्यास के नामकरण को लेकर दूसरी घटनाओं का भी अब कोई महत्त्व नहीं लेकिन यह बताना खुद को अपराध बोध से मुक्त करने जैसा है कि मुझे उपन्यास का वर्तमान नाम बेहद नापसन्द है।

उपन्यास के नाम के साथ-साथ प्रमुख पात्र के नाम का भी एक प्रकरण है। उपन्यास के पहले 'ड्राफ्ट' में मुख्य पात्र का नाम सन्त निहाल सिंह था। इस नाम की अवतारणा का प्रसंग उन गप्पी लोगों का प्रसंग है जो हमेशा कुछ अर्से बाद एक नई गप्प का श्रीगणेश करने लगते हैं। लेकिन जब मैंने प्रथम लिखित पांडुलिपि को कागजों पर साफ-साफ उतारना शुरू किया तब मैंने जगह-जगह हाशिए पर एक नया नाम अंकित किया था—सन्त कृपाल सिंह। वर्षों बाद इस नाम को भी बदलने का आग्रह मेरे एक वकील मित्र ने किया। 1972 में जब मुझे सन्त कृपाल सिंह पन्थ का पता चला और मैंने 'मरीचिका' पर फिर से काम करना शुरू किया तो मुख्य पात्र के नाम बदलने की जरूरत महसूस हुई थी। और एक नए नाम की तलाश आरम्भ हुई। और प्रकाशन गृह जाने के साथ-साथ नया नाम भजनसिंह पांडुलिपि पर अंकित किया गया। उपन्यास प्रकाशन-संस्थान के पास पड़ा था। उन्हीं छुट्टियों में मैं जालन्धर गया था और मुझे एक धार्मिक से पता चला था कि 'भजनसिंह पन्थ' के चमत्कारी बाबा भजनसिंह शहर में आ रहे हैं।—फिर मैं महेन्द्र कुलश्रेष्ठ से मिला ही नहीं। हर बार कोई नाम, कोई बाबा उपन्यास के प्रकाशन के बीच आता रहेगा—इसलिए मैंने सोचा अब इस मामले को अपनी तरफ से खत्म ही समझना चाहिए।

अचानक जन्मे सन्तों और नवभारत टाइम्स के सामने हुए हिंसक प्रदर्शन के किस्से बहुत नए हैं। 'मरीचिका' का किस्सा दोस्तों की गप्पों का हिस्सा तब बना था जब हमारे बहुत सारे दोस्त भारत को महान् धार्मिक देश, और महान् सन्तों, गुरुओं का देश मानते थे। 1964 में पहली बार इस उपन्यास के प्रारूप की चर्चा मैंने डॉक्टर रमेश कुन्तल मेघ से की थी—तब तक उपन्यास की पूरी योजना मेरे पास मेरे ही ढंग से तैयार हो गई थी। 1965 में इसी बाहरी ढाँचे का जिक्र मैंने स्व. कपिल मल्होत्रा से किया था। कपिल ने सुझाव दिया था कि सन्त का नाम सन्त कपिलनाथ रख दिया जाए। उस शाम कपिल मल्होत्रा ने नींद की गोलियाँ ज्यादा मात्रा में खा ली थीं लिहाजा कॉफी हाउस से सन्तनगर तक, लड़खड़ाते हुए कपिल मल्होत्रा को लाने का मुश्किल काम मुझे करना पड़ा था। यह काम मुश्किल बिलकुल न होता यदि गुरुद्वारा रोड पर कपिल मल्होत्रा के साथ मेरी झड़प न हो गई होती। बस से उतरकर कपिल ने चाय पीने की इच्छा जाहिर की थी और चाय पीते-पीते ही कपिल तल्ख हो गया। कपिल मल्होत्रा का कहना था "तुम अपने प्रचार के तरीकों का इजाद करने में लगे हो। तुम जैसे 'कैरियरिस्ट' लोगों पर धार्मिक जनों के जत्थे टूट पड़ेंगे।" और बातचीत में कपिल ने रेहड़ी में चाय पीते सरदार जी को शामिल कर लिया था। झगड़े की शक्ल बहुत भयानक नहीं थी लेकिन हम लोग शायद आधी रात अपने कमरे में पहुँचे थे। कपिल के साथ हुए झगड़े नए नहीं थे। चंडीगढ़ और जालन्धर में छोटी-छोटी बातों के लिये हमारे झगड़े होते थे। महीनों बोलचाल बन्द रहती थी लेकिन एक दिन ऐसा होता था जब मुझे कपिल जरूर चिट्ठी लिखता था—और वह दिन होता था 3 जून का (मेरा जन्मदिन) और उन पत्रों में होता मेरे उपन्यास के बारे में कोई-न-कोई सवाल।

1965 में ही नैनीताल में कैलाश साह और देवेन से इस उपन्यास के बारे में बातें हुई थीं। सबसे महत्वपूर्ण बातचीत कुछ बरस बाद कुमार विकल से हुई थी और उसने उपन्यास के एक हिस्से को आखिर से हटाकर बीच में रखने की तजवीज थी। अन्तिम पांडुलिपि तैयार करते हुए मुझे कुमार के सुझाव का महत्व समझ में आया था। अतुलवीर अरोड़ा, कमलेश्वर, मुद्राराक्षस, रमेश बक्षी, प्रभाकर द्विवेदी, सुरेश धींगड़ा, कृष्ण कुरड़िया, क.प. सारथि, बालस्वरूप राही, मोहन कृष्ण तिक्कू, अनामिका, रमेश कुन्तल मेघ, तारकनाथ बाली, जयचन्द राय और कपिल शर्मा आदि दोस्तों ने संशोधित पांडुलिपि पढ़ी थी। उस पांडुलिपि का शीर्षक और उसमें सन्त का नाम बदला पाकर—उन लोगों की क्या प्रतिक्रिया हुई होगी, यह मुझे मालूम नहीं—लेकिन मैं उन सबके सामने अपराधी हूँ। यह सफाई इसलिए...।

इस उपन्यास को वर्षों तक स्थगित रखने का क्या कारण होगा—यह सवाल मैं खुद से भी पूछता हूँ। बहुत टटोलने के बाद मुझे लगता है—उपन्यास लिखने की बजाय इससे जुड़ी चीजों, प्रसंगों की छानबीन में शायद मुझे ज्यादा मजा आता रहा है। जिस 'भूगोल' को मैंने इस उपन्यास का 'स्थान' बनाया है—वहाँ की सामाजिक जिन्दगी के रेशे-रेशे से मेरा परिचय रहा है और मैं यह चुनने में ही लगा रहा कि कौन-सी चीजों का ब्यौरा दिया जाए, कौन-सी चीजें छोड़ दी जाएँ। आज भी मैं उन इलाकों की ओर जाता हूँ—उन 'लीजेंड्स' के बारे में फिर से सुनता हूँ तो मुझे अपना उपन्यास अधूरा लगता है। उस जिन्दगी की बहुत महत्वपूर्ण बातें हैं, उस समाज की न जाने कितनी तस्वीरें हैं जो एक अच्छी कृति का साधन बन सकती हैं।

असल में मैं 'उपन्यास' से सम्बन्धित जिन्दगी के दूसरे प्रसंगों में वर्षों तक अटका रह गया। उपन्यास को अन्तिम रूप देने में जो देर लगती रही है उसके और भी बहुत से कारण हैं—आज उनका उल्लेख करना सिर्फ लेखकीय दम्भ लग सकता है। कोई भी उत्तर अपनी पूर्णता का दावा नहीं कर सकता। मैं सिर्फ जिन्दगी की उन गम्भीर, उत्तेजक और बेहद चुनौती भरी चीजों का जिक्र कर सकता हूँ लेकिन उपन्यास छप जाने के बाद वे सब की सब चीजें फालतू हो जाती हैं। क्या सचमुच फालतू हो जाती हैं ?

इस उपन्यास को रचते जाने की अपनी कहानी है। ऐसा नहीं कि लिखते-रचते हुए किसी नई दुनिया की ओर पहुँच जाने की आकस्मिक घटना हुई हो लेकिन यह कि एक तरफ उपन्यास के भीतर की कहानी है तो दूसरी तरफ उतनी ही महत्वपूर्ण जिन्दगी है जिसका संकेत भी उपन्यास में नहीं है। यह वही जिन्दगी है जो बहुत कुछ उपन्यास को सम्पूर्ण रूप देने, उसे लिखते रहने के क्रम को स्थगित करती रही है। स्थगित होते जाने की बुनियाद में कुछ घटनाएँ भी हैं। वे आज इतिहास की चीज हो गई हैं। इसी इतिहास के बीच वह एक छोटा-सा सूत्र है जिसने मुझे उपन्यास की 'कथा' बुनने की ओर खींचा था। चंडीगढ़ में शुरू-शुरू के दिनों हरीश करुण और श्यामाचरण श्रीवास्तव से मेरी दोस्ती हुई थी। हम सब 'गोष्ठीबाजी' के शौकीन लोग थे—इसलिए शहर में किसी-न-किसी तरह के आयोजनों में हम जुड़े रहते थे। वहीं, उन दिनों एक सन्त का आगमन हुआ था।

श्यामाचरण श्रीवास्तव उस सन्त-मत में दीक्षित हो गए थे। श्यामाचरण साम्यवादी नहीं थे, उदारवादी थे—और उनका इस तरह बदल जाना आश्चर्यजनक नहीं था। मैंने उन्हें सचिवालय कर्मचारी-यूनियन में भी देखा था, वे बोलते अच्छा थे लेकिन मैं फिर भी उन्हें क्रान्तिकारी नहीं समझता था क्योंकि उनके सम्पर्क में कुछ ऐसे लोग भी थे जिन्हें साफ-साफ साम्प्रदायिक कहा जाता था। श्यामाचरण श्रीवास्तव और हरीश करुण दोनों को सन्त-मत का समर्थक देखकर पहली बार मुझे लगा था, जरूर कोई चीज है जो आदमी को एक गन्दे धार्मिक विश्वास की गोद में ले जाती है। असल में यही पहला सूत्र था और 'मरीचिका' के आकस्मिक 'प्लान' की भूमिका ये ही घटनाएँ थीं लेकिन वे इतनी मन्द थीं कि आलसी हाथों में पड़कर उनको गति मिलनी नामुमकिन-सी चीज थी। परन्तु जिस चीज की मैंने परिकल्पना की थी उसकी सच्चाई हरीश करुण के रहस्यवादी रुझान और श्यामाचरण श्रीवास्तव के कनाडा-गमन तथा वहाँ आश्रम-स्थापना के रूप में सामने आई।

बीच-बीच में देहरादून जाने और वहाँ सन्त, भगवानों के प्रति पढ़े-लिखे (अन्धविश्वासियों) का रुझान देखकर मेरे मन में इस पूरी प्रवृत्ति की खोज की कामना जागी थी। और उसके साथ ही शुरू हुई थीं दोस्तों के साथ धारावाहिक बहसें। चंडीगढ़ के जितेन्द्र, मिनोचा, केवल खोसला, प्रवीण, कपिल मल्होत्रा, परेश, दृगपालसिंह, अग्रवाल आदि अनेक दोस्त, हम एक ही होस्टल में रहते थे। कुमार विकल, रवीन्द्र कालिया, प्राण जसराई, नरेन्द्र ओबेराय, सर्वप्रिय, खन्ना आदि लोग जालन्धर, लुधियाना वगैरह जगहों से आनेवाले दोस्त थे जो शनिवार शाम को आते और सोमवार को फिर अपने-अपने शहर चले जाते। 'यूनिवर्सिटी सर्कल' में हम लोगों की बहसों, लड़ाइयों की दिन-रात चर्चा रहती थी। हमारी गप्पों के विषय बहुत सीमित थे। उनमें लड़कियों के स्कैंडल, प्रेमिकाओं के दम्भ भरे किस्से और औपचारिक किस्म की दूरियाँ नहीं थीं। सबसे ज्यादा गर्म बहसें मिनोचा के 'फंडामेंटल्स' सम्बन्धी ज्ञान से आरम्भ होती थीं। नई किताबें और नए आविष्कारों की बातें बतानेवाले भी उत्साही लोग थे। 'ईश्वर' के बारे में एक लम्बी बहस सिर्फ तेईस घंटे चली थी जिसमें मिनोचा और भल्ला को न जाने कितनी दफे चाय बनानी पड़ी थी। किसी एक कमरे में दो-दो दिन बैठे रहना, करवटें बदलना और झगड़े करना उस जमाने की आम बात थी। चार घंटे चाय की दुकान या मिनोचा के डिपार्टमेंट में—या बाईस सेक्टर की चाय की दुकानों पर इस किस्म की बातें हुई थीं कि अगर आज उनका 'रिकॉर्ड' पास में हो तो उस जमाने की युवा तस्वीर का एक सुखद अध्याय दिखाया जा सकता है। असल में इन्हीं गप्पों और बहसों के बीच 'मरीचिका' के लिये नोट्स तैयार हुए थे। एक मूल आधार का आविष्कार हुआ था कि कुछ विश्वास हैं जो अबोध उम्र से चालू होकर प्रतिबद्ध किस्म की उम्र में अपना रूप बदल देते हैं।

यूनिवर्सिटी के वे दिन मेरे लिये कुछ दिक्कतों के दिन भी थे। बहसों-गप्पों और मस्ती के दिनों होस्टल का बिल महीनों तक नहीं दिया जा सका था। वजीफे के लिये सरकारी दफ्तरों के चक्कर लगा-लगाकर मुझमें वजीफे के प्रति अरुचि भर आई थी। उन

दिनों कुमार विकल सौंफिया की बोतल लेकर शहर में अवतरित हो जाते थे। हम लोग जान जाते थे कि कुमार विकल की कुछ कविताएँ बिक गई हैं, (किस्सा यह है—जैसा कि हम लोगों के बीच अफवाह की तरह चर्चित था—कि कुमार दस-दस रुपए में आकांक्षी कवियों को कविताएँ बेच दिया करता था और तकलीफ के दिनों दोस्तों की महफिल में अपने सदाबहार किस्से बाँटता था)। कुमार के पास फिर लुधियाने जाने का किराया नहीं होता था। उसकी जुगाड़ चंडीगढ़ को करनी पड़ती—। रवीन्द्र कालिया जालन्धर से चलते तो लौटने का किराया अपने नेफे में छिपाकर लाते—और इन सब तकलीफों के बीच वह धारावाहिक बहस जारी रहती—जिसका कोई सिरा किसी के पास होता तो दूसरा किसी के पास।

ठीक इसी तरह 'मरीचिका' का जो सिरा मेरे पास है, उसका कोई और सिरा किसी दूसरे के पास होगा—हो सकता है कोई नई शुरुआत किसी और कोने से हो।

हालाँकि इन व्यक्तिगत प्रसंगों का जिक्र उपन्यास में कहीं नहीं है लेकिन उपन्यास की बुनियादी भूमिका इन्हीं चीजों से निर्मित हुई है। ओडाथली, भिलंगपुर और दूसरे स्थानों के बीच की यात्रा एक तरह की अबोध यात्रा है। किस तरह कच्ची उम्र में व्यक्तिपूजा का विश्वास जागता है, किस तरह समाज बदलने के लिये आदमी राजनैतिक विश्वास की ओर जाता है और किस तरह सब तरफ से हारकर वह पूँजीवादी छद्म फँसकर 'बैंडफेथ' का शिकार होता है—यही क्रम है जो 'मरीचिका' में वर्णित है। कुछ समीक्षकों और पाठकों ने इस आधार को 'उपन्यास' की ब्यौरेवार कथा में सम्पृक्त नहीं पाया है। उन लोगों के सन्देह और आरोप एक दूसरी कृति की प्रेरणा बन जाते हैं। 'मरीचिका' का अगला पड़ाव उस 'आदमखोर सभ्यता' की तलाश है जिसे शताब्दियों तक पूँजीवादी षड्यन्त्र निर्मित कर रहा है। मैं आज भी दोस्तों के साथ एक लम्बी, धारावाहिक बहस के बीच हूँ—शायद बहुत सारे सवालों का जवाब किसी नई कृति में दूँ—पर इसके लिये तो प्रतीक्षा करनी पड़ेगी।

'मरीचिका' : समीक्षा

डॉ. रमेश कुन्तल मेघ

अगर गुलीवर की यात्राओं में से अतिप्राकृतिक तत्त्व घटा दें तो पात्र सामाजिक संगठन के आईने तथा घटनाएँ सामाजिक इतिहास की दीपक बन जाती हैं। गुलीवर की कथाएँ शिशु और समाजशास्त्री दोनों के लिये प्रासंगिक हो जाती हैं। उनमें पात्र कैरीकेचर और सेटायर, अन्योक्ति और फन्तासी आदि सभी हैं। इसमें थोड़ा-सा मिलता-जुलता एहसास गंगा प्रसाद विमल के 'मरीचिका' (1973) नामक उनके तीसरे उपन्यास को पढ़कर होता है। इसमें लगेगा कि महज शिशु-मन से लिखी गई कुछ किशोर यादें हैं जिनकी दिल्ली जैसे महानगर और मोहमग्न हिन्दोस्तान में क्या कोई सार्थकता भी है ? लेकिन ! ! इसमें आधुनिक जीवन की मध्यवर्गीय घटना-विहीनता और फूहड़ता को बेहद गहराई तक मथा गया है, मानव-मन की शिशुता को कफ्फू के तथा सामाजिक मन की व्यर्थता को सन्त भजन सिंह के माध्यम से परत-दर-परत खोला गया है ताकि ये दोनों पात्र और उनसे जुड़े हुए कथावृत्त क्रमशः सामन्तीय समाज के उत्पीड़न और पूँजीवादी समाज के शोषण को एक दूसरे धरातल पर एक दूसरे ढंग से पेश करें। और यह ढंग और रंग ही विमल के इस उपन्यास की अपनी खूबी तथा खामी है।

दोनों कथानायक कफ्फू और सन्त लगभग अनुपस्थित-से हैं। अमूर्त-सी धारणाओं जैसे हैं लेकिन दोनों ही एक पूरी सामन्तीय रियासत की तथा एक पूरी पूँजीवादी नगर-सभ्यता की यातना और यन्त्रणा को, व्यर्थता और मरीचिका को उस गहरे घने तथा सूक्ष्म केन्द्र पर घुमाते हैं जिसे हम आर्केटाइपल प्रतीकों का या मिथकीय चेतना का संसार भी कह सकते हैं। इस तरह इस उपन्यासिका की आन्तरिक पृष्ठभूमि में 'वह' चैकोस्लोवाक कहानी का धुँधलका है। प्रकट में सारी कृति शैशव के अतिमानवीय नायक कफ्फू के चमत्कारों को यादों के रूप में पेश करती है या प्रौढ़ता के महाभ्रान्तियाँ फैलानेवाले गुरुदेव या सन्त भजनसिंह के पूँजीवादी चकमों की फूहड़ता को नंगधड़ंग करती है। तीसरे स्तर पर शैशव केन्द्र में आदर्श और विद्रोह की लौ है किन्तु प्रौढ़ (शहरी) केन्द्र में विवशता और विसंगति की मरीचिका है। दोनों ही मानवीय दशाओं तथा अवस्थाओं में इंसान झूठे करिश्मों में गिरफ्तार रहता है, उन्हें गढ़ लेता, या फिर उनके गढ़ा जाता है। मूलतः वे 'स्कैंडल' होते हैं, शोषण और आतंक को छिपाने के लिये मिथक होते हैं और बेगानेपन तथा अभावों की मानसिक क्षतिपूर्ति होते हैं। इसलिए यह

उन्यासिका कथा से ज्यादा समान्तर सामाजिक और राजनीतिक प्रतीकों की रचनाप्रक्रिया का उद्‌घाटन करने लगती है।

कफ्फू से वीरभद्र की लड़ाई का प्रसंग, मिलंगपुर के राजा का सन्दर्भ, आदि राजनैतिक मिथक बनाते हैं। अन्धविश्वास और चमत्कार के हाशिए एक ओर तो इस पात्र को लोकगीतों का नायक बना रहने देते हैं तो दूसरी ओर उसके अतिमानवीय कार्य (जो कथागाथिन के शिशु-मन पर अंकित हैं) उसे राक्षस, पागल, चालाक, जननेता, लोकचित्र आदि का संश्लिष्ट चरित्र प्रदान करते हैं। स्वयं लोकचित्त अपने आत्मोद्धार और संघर्ष को ही कफ्फू के किस्सों में ढाल लेता है (पृ. 46-53 के बीच के चार किस्से)। इस तरह मिथक से निजन्धर और निजन्धर से सामाजिक नेता के रूप में रूपान्तरण का अनूठा समाजशास्त्र उद्‌घाटित करने में विमल ने ऐस्थेटिक्स का खूब इस्तेमाल किया। लेकिन इससे अमूर्तीकरण इस कदर बढ़ गया कि उपन्यास की जीवन्त यथार्थता दोहरे-तिहरे ढंग से पीछे चलती गई। उपन्यास की समकालीन तथ्यात्मकता शून्य-सी हो गई और घटनाएँ समकालीन अनुभव की ताजगी देना नामंजूर करने लगीं। कफ्फू को केवल शैशव-फन्तासी मानकर भी चला जा सकता है। ऐसा करने पर उपन्यास 'आश्चर्यलोक में एलिस (विमल)' बनकर रह जाएगा। किन्तु यह ज्यादती होगी क्योंकि उपन्यास का ढाँचा और मिज़ाज चमत्कारों और फन्तासियों का इस्तेमाल समाजशास्त्र और राजनीतिशास्त्र के संकेतों के बीच करता है।

इस बात की पुष्टि सन्त भजनसिंह के कोरमकोरे पूँजीवादी मिथक से हो जाती है। व्यवस्था के संक्रमण के साथ-साथ नैरेटर की उम्र के बीच भी पूरे सत्रह साल का फर्क ध्यान देने योग्य है। अतः पागल कफ्फू चमत्कारी (गुरुदेव) सन्त भजनसिंह के निर्गुण स्वरूप में सारे देहरादून शहर में सर्वशक्तिमान, सर्वव्यापी, सर्वज्ञाता और सर्वत्राता हो जाते हैं। पूँजीवादी व्यवस्था में शोषण और आतंक को छिपाने के लिये तथा शहरी लोगों के उद्धार के लिये सन्त भजनसिंह का 'आधुनिक मिथक' गढ़ा जाता है जहाँ वह भेड़ जैसी जनता को हाँक सकता है। (शशा का प्रसंग, पृ. 61) अथवा बूढ़े मरणासन्न रिटायर्ड लोगों का इन्तजार बन सकता है (पृ. 144), अथवा भूख और दरिद्रता को सुन्दर तथा पवित्र बनाए रखने के लिये लोगों में झूठ और गप्प और स्कैंडल के असली रूप को छिपाए रखता है। इस तरह सन्त या गुरुदेव का मिथक धनिकों द्वारा गरीबों को गरीब बनाए रखने का एक गन्दा हथकंडा है और 'सन्त' का इन्तजार सारी व्यवस्था द्वारा मौत का इन्तजार है। कफ्फू की तरह करिश्मे सन्त के भी हैं किन्तु वे विद्रोह के बजाय विकृतियाँ फैलाते हैं और मानवचेतना को मुर्दा बनाते हैं। सन्त की दुर्लभता का गिस्टीक फैलता है और कभी वे ऋषियों जैसे होते हैं, कभी क्राइस्ट जैसे (पृ. 20)। उनके करिश्मे केवल लोगों को दौलत व सम्पन्नता बख्शते हैं (दानिशमन्द नहीं बनाते)। वस्तुतः उनका इस्तेमाल 'मृत राजनीति के चक्कर से छुटकारा' दिलाने के लिये होता है। फकत सम्पन्नता और सौभाग्य के कामी लोगों में 'सन्त' की तलाश जारी है—ट्रेवल एजेंट सुरेन्द्र भाटिया, चक्कीवाले गुप्ताजी, मिनिस्टर, स्मग्लर मैचन्द, ऊँचा अफसर दास, बूढ़े मृत्युकामी

रिटायर्ड लोग आदि सभी सन्त के दर्शन तथा आशीषवाली बातें, गप्पें, स्कैंडल, दुराचार, भ्रष्टाचार फैलाते हैं। इस तरह हमारे सामने राजनीतिक मिथक के इन अंजामों का दीदार हो जाता है। यही इस उपन्यास के शिल्प की चरितार्थता और चालाकी है। हमारे समाज का यह राजनैतिक मिथक सन्त और साहूकार को, शोषक और कालेबाजारियों को ब्रह्म-माया की तरह एक कर देता है। सारे शहरों में काले धन के अंडरग्राउंड मामले और स्कैंडल छाए हैं जिससे 'पुराना शहर नए शहर में बदलता' जा रहा है।

अतः कफ्फू और सन्त के मिथक उपन्यास के नए प्रयोग हैं जो पात्र से कहीं ज्यादा सामाजिक व्यवस्था के आईने और मिथक है। उपन्यास में ये यदि पात्र लगते हैं तो शायद इसलिए कि इनमें शैशवमन और सामाजिक इच्छापूर्ति के सार्वजनीन रहस्य छुपे हैं।

पात्रों की दुनिया के लिये हमें इस उपन्यासिका में यथार्थता ज्यादा और जीवन्तता कम मिलेगी। उपन्यास का मिजाज चूँकि कौतूहल और करिश्मों का सौन्दर्यात्मक इस्तेमाल करता है, इसलिए अन्य पात्रों के चरित्र भी साधारण के बजाय असामान्य (एब्नार्मल), घटनाएँ सरल के बजाय गुप्त या गोपनीय हो गई हैं।

ओडाथली तथा देहरादून की जादुई तथा शैशव-दुनिया के कटने के बाद लेखक देहरादून पुनश्च (पृ. 114-130) पेश करता है। अब यह एक शहर का यात्रा-वृत्तांत है। इसी तरह एक और अंडरग्राउंड अपराधी संसार मिलता है जहाँ अपमान है, भूख है, सेक्स है और सबसे ज्यादा तो अस्मिता (आइडेंटिटी) का लोप है (पृष्ठ 63-82)। बड़ा शहर एक काफ्काई किले (कैसल) की तरह बन गया है (पृष्ठ 129-132) जहाँ कई भजन सिंह हैं। इन दोनों बाहरी और तिलिस्मी यात्रा-खंडों के पात्र तथा घटनाएँ भी 'रहस्य' और 'फन्तासी'-चक्र में जकड़कर उपन्यास के कफ्फू-सन्त वाले विराट् ध्रुवान्त को भी बिखराने का काम करते हैं। लेखक चैक-स्लोवाक कहानी का आधुनिकता-बोध इस प्रकार खोलता है कि महानगरीय सन्त्रास और निर्वासन भी अविश्वसनीय और बचकाना बन जाता है। दास, खेतरीलाल, धनी-मानी विधवा औरत के चरित्र ज्यादा प्रमाणिक और सार्थक बनाए जा सकते थे। काफ्काई कल्पना के द्वारा उपन्यासकार ने उनको तोड़-फोड़ दिया। वे आश्चर्य-लोक के अजनबी तथा अपराधी अभिलेख बनकर चुक जाते हैं। उनमें पुलिस का आतंक न तो कफ्फू के आतंक-भोग के जैसा प्रामाणिक बन पाता है और न ही सेक्स की जटिलता ओडाथली की पहाड़ी मुग्धा सरू (पृ. 40-43) के सरल सेक्स-भोग की तरह सुरभित हो पाती है।

जीवन्त चरित्रांकन के तौर पर हमें पंजाबी घड़ीसाज (पृ. 138), दास (पृ. 108) आदि की सम्भावनाएँ ही नजर आती हैं। फिर आजकल केवल चरित्र गढ़ने से ही क्या फायदा, अगर वे सामाजिक हस्तक्षेप के वास्ते हमारा नंगा साक्षात्कार नहीं कराते ! लेखक का 'मुक्तिसन्देश' (पृ. 111-114) स्वयं उसके अजीब दृष्टिकोणों, अराजकतावाद, और उसकी गैर राजनीतिक समझ की गरीब कहानी है। इसी वजह से वह पात्र और घटनाओं को अपने समाज में गतिशील न करके शैशव की यादों तथा सत्रह साल पहले

के गाँवों-कस्बों-छोटे शहरों में ले जाता है और उन्हें सत्रह साल बाद के संसार में पाकर स्वयं एक 'बकरी का बच्चा' (पृ. 113) बन जाता है। ये प्रतीक और व्यंग्य, दोनों ही खुद बोल उठते हैं (पृ. 61, भेड़)। जो राजनैतिक तथा सामाजिक निर्वाह कफ्फू और सन्त को आर्केटाइप बनाने से हो गया तथा उपन्यासकार अपनी राजनीति को जनरलाइज कर गया, वह काम छोटे पात्रों तथा मुक्ति सन्देश में आकर टूट-फूट गया और उपन्यासकार अपनी उलझी तथा अराजक नियति के साथ निहंग हो गया। यह कहना इसलिए जरूरी है कि उसकी औपन्यासिकता का पूरा मिजाज ही राजनीतिक है तथा सम्पूर्ण मध्यवर्गीय सामाजिक जीवन को वह एक मरीचिका के रूप में पेश करने की कोशिश करता है जहाँ के मारीच संत और कवि और क्रान्तिकारी हैं (पृ. 71)।

पागल कफ्फू तथा गुरुदेव सन्त के बीच लेखक लोकजीवन और नगरजीवन को फन्तासी और चमत्कार की तरकीबों के द्वारा बुनता है।...शायद फ्रेंच काफ्का और ओजामू दोसाई की शैलियों की ढब पर।

अन्ततः एक और पक्ष भी खुलता है। जब नैरेटर और हरिप्रकाश, दोनों के बचपन की मनोग्रन्थियाँ खोली जाती हैं। नैरेटर बचपन से कहानियों का शौकीन है और शहर में दौलत तथा सम्पन्नता की तलाश क्षतिपूर्ति के लिये कम्युनिस्ट बन जाता है किन्तु अन्ततः भ्रष्ट होकर करिश्मेबाज और लतीफेबाज। हरिप्रकाश, जो उसका दोस्त है, वह भी गरीबी की हालत में मुर्दों के कपड़े पहनकर बचपन गुजारता है। इस मनोग्रन्थि से छुटकारा पाने के लिये ही वह शहर की उस महान् गप्प में शामिल होकर नैरेटर को भी गप्पी बना डालता है। इस तरह दोनों ही झूठ के द्वारा झूठ के खिलाफ इस उपन्यास में करिश्मों और कल्पनाओं द्वारा सत्य की खोज करते हैं। दोनों ही मारीच हैं।

'काली आँधी' : अनुभव से अर्थ की खोज तक

कमलेश्वर

'काली आँधी' मेरे दिमाग में उस वक्त उठी थी, जब मैं सन् 1962 में राजस्थान में हो रहे चुनावों के दौरान एक कारकुन की तरह शामिल हुआ था, मैं उस वक्त कांग्रेस के उम्मीदवार का प्रचार कर रहा था क्योंकि कोई मार्क्सवादी उम्मीदवार मैदान में नहीं था और राजाओं-सामन्तों की नई बनी स्वतन्त्र पार्टी पहली बार चुनाव मैदान में उतरी थी। उस वक्त इस स्वतन्त्र पार्टी का जोर बहुत था और लग यह रहा था कि कम-से-कम राजस्थान को तो यह पार्टी निगल ही जाएगी। महारानी गायत्री देवी (अब राजमाता) स्वतन्त्र पार्टी की उम्मीदवार के रूप में जयपुर से चुनाव लड़ रही थीं और रोज तरह-तरह के करिश्मे दिखा रही थीं। मैं जिस दिन जयपुर पहुँचा, उस दिन वहाँ बहुत हंगामा था। सुनाई पड़ा कि महारानी गायत्री देवी अपने महल से नंगे पैरों चलकर बालाजी (शायद यही नाम था) के मन्दिर से इष्ट देवता के सामने शपथ लेने जा रही हैं (या श्रद्धा व्यक्त करने, या आशीर्वाद लेने जा रही हैं)। हंगामा इतना जबरदस्त था कि यह पता ही नहीं लग रहा था कि आखिर वे करने क्या जा रही थीं। धूम इस बात की थी कि इतनी बड़ी महारानी नंगे पैर जनता के बींच आएँगी। लाखों लोग दूर-दूर से यह तमाशा देखने आए थे।

तमाशा हुआ, मैंने भी मुख्य सड़क की भीड़ में जगह बनाकर देखा—महारानी गायत्री देवी नंगे पैर, सिर पर गंगाजल (?) का चाँदी का कलश लिये और दूसरे हाथ में नंगी तलवार पकड़े मन्दिर की ओर, जनता को बहरा कर देनेवाली जय-जयकार के बीच चली गईं।

मैं एक चबूतरे पर बैठकर सोचता रह गया।

यह कैसा दृश्य था ? गायत्री देवी जनता के मानस पर क्या छापना चाहती थीं ? तलवार द्वारा दुर्गा या चंडी का साक्षात् रूप ! या गंगाजल (?) से भरे कलश को सर पर उठाए श्रद्धा और विनम्रता का रूप ! या नंगे पैर चलकर जनता के साथ एकाकार होने का भ्रम फैलाना चाहती थीं या कि इन तीनों बातों के पीछे सच्चाई कुछ और ही है।

दूसरे दिन मैं राजस्थान के भीतरी इलाके केकड़ी चला गया, जहाँ गाँववालों के बीच मुझे काम करना था। एक छप्परदार कमरे में मैंने डेरा जमाया, दिन सर्दियों के थे। एक साइकिल मुझे दे दी गई थी। कभी-कभी जब बड़े और जिम्मेदार कारकुन आते थे तो मैं भी जीप में सवारी कर लेता था। सुबह निकलना, छोटी-छोटी मीटिंगें करना, लोगों को राजाओं-सामन्तों की पार्टी की असलियत बताना और उनके गन्दे इरादों के प्रति आगाह करना—यही मेरा काम था। मरता हुआ सामन्तवाद क्या करना चाहता है, इस देश को किस व्यवस्था में जकड़कर रखना चाहता है, इसी की जानकारी देता हुआ मैं गाँव-गाँव घूमता था। मेरे साथ मेरा एक गहरा दोस्त भी था—नरेश बन्दी, जो कम्युनिस्ट पार्टी का सदस्य था, हम दोनों चुनाव-क्षेत्र का नक्शा देख-देखकर प्रचार के लिये गाँवों को छाँट लेते थे और निकल पड़ते थे।

इन दिनों (कुछ दिनों) की डायरी मेरे पास अब भी रखी है। जैसे-जैसे प्रचार-कार्य गर्माता गया दौड़-भाग व थकान बढ़ती गई, डायरी लिखना छूटता गया।

'काली आँधी' उसी अधूरी डायरी की देन है।

दिमाग में महारानी गायत्री देवी की वह तस्वीर भी कौंधती थी, जो जयपुर में देखी थी। और मैं अपने से बराबर यही सवाल करता था कि आखिर गायत्री देवी को यह सब करने और इलेक्शन लड़ने की जरूरत क्यों महसूस हो रही है ?

क्यों एक तरह की समाज-व्यवस्था (सामन्ती) दूसरी तरह की समाज-व्यवस्था (समाजवादी) को जगह नहीं देना चाहती और अपने मरने को क्यों मंजूर नहीं करती (जो कि निश्चित था) क्योंकि इतिहास इस मौत पर मुहर लगा चुका था।

कहते हैं कि कुचला हुआ साँप ज्यादा खतरनाक हो जाता है। शाही सामन्तवादी कुचला हुआ साँप भी यही रुख अपना रहा था। पैसा, औरतें, शराब, साइकिलें, मशीन, कपड़े, अनाज, जशन—सब कुछ खुलेआम चल रहा था।

पूरे चुनाव के दौरान जो और अनुभव इकट्ठे हुए, और जो छनकर सोच की परतों पर रह गए, वे यही थे कि भ्रष्ट हो गए और भ्रष्टता से भरते जाते चुनावों के प्रति मन में कसैला और कड़ुवा स्वाद रह गया। सच पूछिए तो इतना कुछ गलत होते देखा कि चुनावों के इस नाटक से विश्वास ही उठ गया। मुझे लगा कि यदि एक सही और गरीब आदमी अपनी जनता के लिये कभी चुनाव लड़ना भी चाहे तो वह जीत ही नहीं सकता, यदि दस-पाँच ऐसे लोग जीत भी जाएँ, तो भी लोकसभा या संसद में वे हमेशा अल्पसंख्यक ही रहेंगे, वे कभी मेजोरिटी में नहीं पहुँच सकते।

भ्रष्ट हो गए चुनाव सिस्टम के प्रति जो घृणा पैदा हुई और मन में जो लाचारी समा गई, वो मैं बारह बरस तक मिटा नहीं पाया, यानी सन् '74 तक, जब मैंने उपन्यास लिखा। कांग्रेस पार्टी का भी वही हाल देखा, हाँ इतना जरूर था कि दूरदराज भीतरी इलाकों में भी लोग गांधी जी के प्रति श्रद्धा रखते थे और कांग्रेस के झंडे को बखूबी पहचानते थे। पर कुल मिलाकर जहाँ मैं स्वतन्त्र पार्टी जैसी दकियानूसी और प्रतिक्रियावादी पार्टी से क्षुब्ध हुआ, वहीं कांग्रेस के करिश्मे देखकर मन भारी हो गया। क्या यही सब

होता है चुनावों में ? क्या आम आदमी के नाम पर उसी की शक्ति से प्राप्त शक्ति का यही उपयोग है ?

एक सवाल मन में उठा—चुनाव प्रणाली में घुस गई इन गन्दगियों के कारण क्या चुनाव प्रणाली को ही बेकार मान लिया जाए ? क्या राजनीति से इंकार किया जाए। तो दिमाग ने उत्तर दिया कि ऐसा मानना या सोचना गलत होगा। किसी सही राजनीतिक पार्टी के बिना परिवर्तन नहीं लाया जा सकता। राजनीति से इंकार करना सम्भव ही नहीं है। इसलिए राजनीति को, जनतन्त्र की चुनाव प्रणाली को स्वीकार करते हुए इस सिस्टम में जो करप्शन पैदा हो गया है, उससे इंकार किया जाए और इस निहायत गन्दे तरीके से खेले जा रहे खेल की असलियत सामने लाई जाए।

मुझे लगा कि ये जो पंचसाला चुनाव की आँधी आती है, यह सब काली हो चुकी है, इसलिए इस उपन्यास का नामकरण हुआ—'काली आँधी।'

मुझे यह अन्दाज है कि कुछ अतिवादी राजनीति-पीड़ित लोग मुझ पर यह इल्जाम लगाएँगे कि मैं राजनीति से इंकार कर रहा हूँ और उसका विरोध करता हूँ (उपन्यास में)। पर यहीं पर मुझे यह साफ कर देना है कि साहित्य में जो कुछ लिखा जाता है, इसके अलावा भी उसी रचना में कुछ वह भी मौजूद रहता है, जो सिर्फ महसूस किया जाता है। उपन्यास या कहानी इजलास में दिए गए बयान नहीं हैं, जिन्हें आप धारा फलाँ और दफा फलाँ में आए शब्दों के बाँटों से तौलकर गलत या सही साबित कर दें और बात की आत्मा को वकीलों की तरह तोड़-मरोड़कर अपने हित के नतीजे निकाल लें।

आजकल खास तौर से हिन्दी के लेखन को लेकर यही हो रहा है। इसलिए इस खतरे को मोल लेना लाजिमी हो गया है, क्योंकि जैसे जीवन नहीं रुकता, उसी तरह रचना भी नहीं रुकती। जीवन और रचना की प्रकृति एक ही है, या कि दोनों एक ही हैं। इसीलिए मैंने यह उपन्यास साहित्यिक पक्षधरों या विपक्षियों के लिये नहीं, अपने समय के पाठकों के लिये लिखा है। साहित्य की चिन्ता से बड़ी चिन्ता मेरे लिये अपने समय के आम आदमी की है, जो इस तरह के भ्रष्ट चुनावों से अपने सुखमय भविष्य को जोड़कर, आस लगाकर बैठ जाता है। उसे यह मालूम होना चाहिए कि इस तरह के ज्यादातर चुनाव उसके लिये नहीं होते, बल्कि किन्हीं और ही 'मूल्यों' के लिये होते चले जाते हैं।

राजस्थान के चुनावों से लौटकर मैं बार-बार सोचता रहा कि क्या मन की इस निराशा को लेखन-प्रेरणा के लिये पर्याप्त मान लूँ ? यानी इस अनुभव के आधार पर ही यह उपन्यास लिख डालूँ ? तब लगा कि 'अनुभवों' को तो मैंने डायरी में नोट किया हुआ है, डायरी छपा देना 'अनुभवों' को सामने रख देने के लिये काफी होगा। लेकिन इतने

से तो काम चलता नहीं, क्योंकि घटनाओं और उनमें व्याप्त छल को जब तक आदमी और आदमी के सन्दर्भों में न रखा जाए, तब तक उन घटनाओं, पात्रों और चरित्रों की वह भूमिका स्पष्ट नहीं होती, जो समय पर जाने-अनजाने असर डालती है। यानी घटनाएँ, पात्र, चरित्र केवल एक खास अनुभव के साक्षी बनकर रह जाते हैं, उस अनुभव का कोई अर्थ नहीं निकलता।

अर्थ की इस खोज में मेरी सहायता की उन बारह वर्षों ने, जो यह बताते रहे कि सन् '62 का मेरा यह अनुभव अब मात्र मेरा ही नहीं है, मेरे समय का भी है, संगत भी है। ऐसा नहीं है कि मैं उन बारह बरसों तक मात्र यह संगतता खोजने के लिये रुका रहा, उसका कारण मेरी व्यस्तता भी रही है।

तो इस अनुभव से जो अर्थ या कथ्य मुझे मिला, वह चुनावों तक ही सीमित नहीं है। वह आज की पूँजीवादी प्रतियोगितामूलक (Competetive) व्यवस्था पर भी लागू होता है–जहाँ 'सफलता' एक बहुत बड़ा मूल्य है। सफलता के लिये इस्तेमाल किए गए साधनों-उपकरणों की मूल्यवत्ता का जहाँ सवाल नहीं उठता। जैसे कि यही–कि पूँजी पैदा करने की सफलता प्राप्त करना ही सबसे बड़ा मूल्य है, वह कैसे और किन अमानवीय या हीन तरीकों से प्राप्त की जाती है, उसे उस 'सफलता' के लिये कतई गैर जरूरी माना जाता है, इस कथ्य को हम आज की प्रतियोगिता-मूलक व्यवस्था के हर पक्ष में मूर्त्त पा सकते हैं–यानी यह इस तरह कि व्यवस्था के घिनौने यथार्थ का एक पक्ष है। यही कथ्य जब मुझे सच, संगत और यथार्थ दिखाई देने लगा, तभी मैंने इस उपन्यास को लिखा और यह अर्थ-व्याप्ति देते हुए लिखा कि–'सफलता की शर्त है सफल होते जाना' (इस प्रतियोगितामूलक व्यवस्था में) और सफलता की यह प्रतियोगितामूलक आँधी ऐसी है, जो यह नहीं देखती कि वह अपने साथ क्या उजाड़ जाती है और कितना अँधेरा छोड़ जाती है।

जब यह अर्थ–यथार्थ कथ्य मेरे जेहन में कौंधने लगा तब मेरे लिये पात्र, घटनाएँ, चरित्र माध्यम बन गए, क्योंकि मैं कभी भी पात्रों, घटनाओं या चरित्रों की विचित्रताओं को लेकर नहीं लिख पाता। मैं तभी लिख पाता हूँ जब मुझे उनके सही समयगत सन्दर्भ मिल जाते हैं–यानी वे (पात्र, घटनाएँ या चरित्र) हैं, इतना ही मेरे लेखन के लिये काफी नहीं है, 'वे क्यों हैं' जब तक यह साफ नहीं होता, मैं नहीं लिख पाता हूँ।

अब इस उपन्यास के पात्र या घटनाएँ वे नहीं हैं जो डायरी के नोट हैं, वे कथ्य के सन्दर्भ में आकर हमारे समय के यथार्थ के एक दारुण पक्ष की बात आदमी और आदमी, आदमी और राजनीति, राजनीति और व्यवस्था, व्यवस्था और सफलता, सफलता और सफल होते जाने की क्रूरता की बात करना चाह रहे हैं। यह बात ठीक से कही जा सकी है या नहीं–यह मेरे लेखन की कमी या खूबी हो सकती है, जो कि एक अलग बात है।

'काली आँधी' : समीक्षा

डॉ. रामदरश मिश्र

"मालती...इतने दिनों अकेले रहकर मैंने यही सोचा है। तुम्हें अपनी बेरफ्तार दौड़ती जिन्दगी में सोचने का वक्त ही कहाँ मिला है। मशीनें नहीं सोचतीं, मशीनों के लिये आदमी सोचता है। और सफलता...सफलता सिर्फ एक मशीन है। अब तुम औरत नहीं। एक सफलता बन गई हो। अब तुम कुछ भी नहीं हो। सिर्फ एक सफलता रह गई हो।...अब तुम्हारी मुक्ति और ज्यादा सफल होते जाने में है...और कोई रास्ता नहीं है। यही तुम्हारा एकमात्र रास्ता है।" मालती के प्रति जग्गी बाबू के ये वाक्य उपन्यास के मूल कथ्य को निष्कर्ष रूप में उद्‌घाटित करते हैं। मालती नेता है, नेता मशीन है—मशीन की तरह जड़, अमानवीय, जिसकी गति निरन्तर सफलता है और निरन्तर सफल होते जाने में ही उसकी मुक्ति है। नेता सार्थकता की चिन्ता किए बिना किसी भी प्रकार सफलता प्राप्त करना चाहता है। इस सफलता के लिये ही वह किसी भी मानवीय संवेदना, सम्बन्ध और मूल्य को साधन बना सकता है।

यही निष्कर्ष 'काली आँधी' में परिस्थितियों, पात्रों और उनकी गतिविधियों के रूप में आकार ग्रहण करता है। कमलेश्वर ने इस उपन्यास में आज के एक बहुत ज्वलन्त प्रश्न को उठाया है। भ्रष्ट राजनीतिकरण ने देश के सारे सार्थक सम्बन्धों, मूल्यों और संवेदनों को विकृत कर दिया है। उसने आत्मीय सम्बन्धों तक को सफलता के दाँव पर चढ़ाकर अमानवीयता की काली आँधी बहा दी है। उपन्यास की कथा संक्षेप में यों है—

मालती जी जग्गी बाबू की पत्नी हैं। दोनों का दाम्पत्य जीवन बहुत अच्छी तरह शुरू होता है। उन्हें एक पुत्री भी है—लिली। मालती जी एक धमाके के साथ राजनीति में आईं। उन्होंने पहला चुनाव म्युनिसिपल बोर्ड कमेटी का लड़ा। शुरू में जग्गी बाबू ने मालती जी को राजनीति में आने को प्रोत्साहित किया। पहली बार जग्गी बाबू और मालती जी के पैर घर की दहलीज से साथ-साथ बाहर आए थे। प्रारम्भ में झिझकती हुई मालती जी को जग्गी बाबू ने ढाढ़स बँधाया। फिर तो मालती जी पार्लियामेंट के चुनाव तक धड़ाधड़ आगे बढ़ती गईं और बहुत बड़ी नेता हो गईं। धीरे-धीरे जग्गी बाबू मालती जी से छूटते गए, उपेक्षित होते गए। वे ऊबकर खजुराहो होटल छोड़कर भोपाल के गोल्डन सन होटल के मैनेजर हो गए। लिली को पंचमढ़ी के एक स्कूल में भर्ती कराकर वहीं होस्टल में रख दिया और मालती जी को पार्लियामेंट का चुनाव लड़ने के लिये

भोपाल क्षेत्र मिला। और फिर एक बार मालती जी और जग्गी बाबू की टकराहट हो गई। मालती जी का दल चुनाव-प्रचार के लिये भोपाल आया, मालती जी भी आईं। चुनाव के सारे हथकंडे अपनाए गए। मालती जी गोल्डन सन होटल में ठहरीं। इस प्रक्रिया में जग्गी बाबू और उनमें ठंडी मुलाकातें हुईं, बदले हुए सम्बन्धों की टकराहटें हुईं। विरोधियों ने भी अपने सारे हथकंडे इस्तेमाल किए, मालती-दल ने उनकी काट की। मालती जी चुनाव जीत गईं। लिली भी छुट्टी में पिता के पास आई थी। विजयी मालती जी लिली से कुछ देर के लिये मिलीं, आर्द्र हुईं, जग्गी बाबू ने उन्हें फटकारा और रास्ते अलग-अलग हो गए।

यह उपन्यास द्वि-आयामी है। एक मुख्य आयाम के साथ-साथ दूसरा (पारिवारिक) आयाम भी ध्वनित होता चलता है। कथा मुख्यतः स्वाधीनता-परवर्ती भारत में निरन्तर भ्रष्ट और अमानवीय होती जाती हुई राजनीति के कुरूप चेहरे का उद्‌घाटन करना चाहती है। इसके लिये लेखक ने चुनाव का प्रसंग उठाया है। चुनाव के सन्दर्भ से ही उसने राजनीति की विसंगतियों पर फोकस डालना चाहा है। हाँ, राजनीति विसंगतियों का शिकार है, वह अन्तर्विरोधग्रस्त है। समकालीन भारतीय राजनीति दावे करती है समाजवाद के, भारतीयता के, धर्म-निरपेक्षता के, मानवीय मूल्यों के किन्तु आचरण में वह घोर विषमतावादी है, अभारतीय है, साम्प्रदायिक है और मूल्यहीन है। राजनीतिज्ञ अपने दल से और सबसे अधिक अपने से प्रतिबद्ध होकर अनेक चेहरे बदलता है, पैसे बटोरता है, कुर्सी-दौड़ में शामिल रहता है, यश के लिये औरों का हनन कर सकता है, गुंडे पालता है, सेठ पालता है। इतना गिरा हुआ चरित्र (किन्तु बाहर-बाहर सम्मानित) आज किसी का नहीं है। यह हमारे देश की एक मुख्य समस्या है। 'काली आँधी' में आया हुआ चुनाव-प्रसंग भारतीय राजनीति के चेहरे के भीतर छिपे चेहरे को खोलता हुआ चलता है।

मालती जी एक कुशल नेता हैं। वे एक बार जो घर से बाहर निकलीं तो आगे ही बढ़ती गईं, शहर और प्रदेश के कन्धों से होती हुई दिल्ली में आ विराजीं। सफलता उनके पाँव चूमती गई और सफलता के अनुपात में ही वे परिवार और समाज के प्रति यान्त्रिक होती गईं। धीरे-धीरे उनकी आँखों में से परिवेश का वृक्ष छँटता गया और घनीभूत होता गया सफलता का एक बिन्दु। वैसे, ऊँचे नेता की तरह मालती जी स्वयं में बहुत सम्भ्रान्त हैं, सुसभ्य और गम्भीर हैं, वे कोई नागवार हरकत बर्दाश्त नहीं करतीं, कोई बेहूदा बात उन्हें पसन्द नहीं लेकिन यह सब केवल ऊपरी है। जनता में अपना बिम्ब बनाए रखने के लिये वे यह सब ओढ़े हुए हैं और उनके साथ के लोग (जिनमें अगुवा हैं लल्लू बाबू) उनके भीतर निहित सफलता की कामना को मूर्त्त रूप देने के लिये बेहूदा और अमानवीय हरकतें करते हैं यानी लल्लू बाबू स्वयं मालती जी के भीतरी रूप की प्रतिमूर्ति हैं। यह भीतरी रूप स्वयं छिपा रहकर अपनी अभिव्यक्ति के लिये ऐसे गुर्गे पालता है जो चुनाव जीतने के लिये सारी कुत्सित योजनाएँ बनाते हैं, जो दंगे कराते हैं, जो विरोधियों के दमन के लिये षड्‌यन्त्र रचते हैं और जाति-पाँति के आधार पर चुनाव का विरोध करते हुए उसी का सहारा लेते हैं, जो सेठों-साहूकारों से पैसे उगाहते हैं, आदि-आदि। लल्लू बाबू

ये सारे काम करते हैं। मालती जी अपनी ऊपरी शराफत से अपनी इमेज बनाए रखती हैं और अपनी अनुभवजन्य चालाकी से अवसर-अवसर पर विरोध के दमन के लिये सूत्र उगलती हैं, सफलता के मन्त्र देती हैं। विषम और घबराहट की परिस्थितियों में मालती जी घबराती नहीं, वे गम्भीर होकर वक्त और जरूरत की बात करती हैं। ''उनकी बातों में जरूरत और वक्त शब्द फिर आ गए थे। और मैं समझ गया था कि अब इस वक्त वे राजनीतिक हो रही हैं। उनकी बातों में 'जरूरत', 'वक्त' और 'जीत' शब्द तभी आते थे, जब वे अपने पूरे राजनीतिक रूप में होती थी।'' किस वक्त किस बात की जरूरत होती है, इसकी सही पहचान से ही जीत होती है और 'जीत' ही राजनीतिज्ञ का चरम लक्ष्य है, चाहे उसके लिये कितने भी अमानवीय कृत्य करने पड़ें।

भीड़ में या कुछ लोगों के समूह में जीत के लिये आवश्यक किन्तु असुन्दर क्रियाओं को मालती जी नहीं स्वीकारतीं परन्तु चाहती हैं कि उनके रुख को पहचानकर उनके गुर्गे स्वयं इन्हें करें।

''मेरे खयाल से लल्लू बाबू जी कह रहे थे, उसका इन्तजाम करवा दीजिए।''

''वो रामायण-पाठ वाल ? आपके रुख से उस वक्त तो लल्लू बाबू सहम-से गए थे...मैंने कहा।''

''तो यह सब उन्हें सबके बीच कहना चाहिए ? ये सब काम तो आप लोगों को अपनी सूझबूझ से करने चाहिए...जैसी जरूरत हो...जैसा वक्त हो...मैं कहूँगी कि लोगों को जमा करने के लिये रामायण-पाठ करवाया जाए ?''

मालती जी जरूरत और वक्त को खूब पहचानती हैं। राजनीति अपने स्वार्थ की पूर्ति के लिये किसी भी चीज का इस्तेमाल कर सकती है। वह जानती हैं कि किसका इस्तेमाल किस वक्त किया जाए। यानी जरूरत पड़ने पर वह सही वक्त से परिस्थितियों, मूल्यों, सम्बन्धों, संवेदनाओं सबको निस्संकोच रूप में वस्तु की तरह भुना सकती है। मालती जी इसमें पटु हैं। उनकी पटुता का शिकार बाहरी जगत तो होता ही है, स्वयं उनकी सन्तान और पति जग्गी बाबू भी होते हैं। जग्गी बाबू ने मालती जी के साहचर्य में राजनीति की मूर्त्त विभीषिका और कुत्सा का अनुभव किया है, तभी तो वे कहते हैं, ''तुम लोग सिर्फ चीजों का बखूबी इस्तेमाल करना जानते हो।...बाढ़ आई तो उसे इस्तेमाल करो, सूखा पड़ा तो उसे इस्तेमाल करो, कहीं कोई लड़की भाग गई तो उसके भागने का इस्तेमाल करो...कहीं कोई मर गया तो उसकी मौत का इस्तेमाल करो...तुम लोगों ने आदमी के आँसुओं और जज्बातों तक को नहीं छोड़ा...उसकी आशाओं और सपनों तक को नहीं बख्शा...इससे ज्यादा घटिया बात और क्या हो सकती है कि दुखी और मुसीबतजदा इंसानों के सपनों तक का इस्तेमाल तुमने कर लिया...तुमने उसके सपनों को नारे बनाकर निचोड़ लिया।''

जग्गी बाबू के इस अनुभव को मालती जी चुनाव के समय चरितार्थ करती हैं। जग्गी बाबू मालती जी से अलग हो चुके हैं। वे उनके होटल में ठहरी हुई उनके सान्निध्य को बहुत असुविधाजनक महसूस करती हैं किन्तु उसे भुनाती भी रहती हैं। और इस टूटे

हुए सम्बन्ध को भुनाने की चरम स्थिति तब दिखाई पड़ती है जब लोकापवाद को उत्तर देने के लिये वे जग्गी बाबू को अपने पति के रूप में सभा में प्रस्तुत करती हैं और जनता को ही अपना निर्णायक बनाकर उसकी भावुकता का भरपूर दोहन करती हैं और जग्गी बाबू का इस्तेमाल हो जाने पर तत्काल उन्हें दूर हटा देती हैं। मालती जी का दल साम्प्रदायिक दंगा कराकर, रामायण का इस्तेमाल करके, जातिवाद का फायदा उठाकर चुनाव जीत लेता है। इन सारी अमानवीय विभीषिकाओं के बीच भी मालती जी सुर्खरू बनी रहती हैं। चुनाव जीतकर यानी एक और सफलता प्राप्त कर मालती जी दिल्ली को लौटती हैं।

किन्तु क्या वे इस सफलता की प्राप्ति के दौर में कुछ नहीं खोतीं ? बहुत कुछ खोती हैं। ऊपर-ऊपर फलती-फूलती जाती राजनेता मालती जी के भीतर-भीतर मानवीय संवेदना और पारिवारिक सुख-शान्ति छीजती जाती है। दोनों की साथ-साथ प्राप्ति सम्भव नहीं। वे पति और सन्तान के प्यार से वंचित हो जाती हैं। उन्हें जनता से वाहवाही मिलती है, अधिकार का बोध मिलता है, पूजा भी मिलती है किन्तु वह प्यार नहीं मिलता जो सर्वप्रथम परिवार में ही मूर्त्त होता है। और प्यार के बिना राजनेता की सारी विजय, सारी सफलता क्या सुख है ? यह एक प्रश्न भी है और स्थिति भी। विजय प्राप्त कर मालती जी दिल्ली जा रही हैं और पुत्री लिली को लेकर जग्गू बाबू मंचमढ़ी। मालती जी सब कुछ पाकर भी रोती हैं और जग्गी बाबू पुत्री के प्यार में सब कुछ पा गए हैं। ''मालती जी की गाड़ी जब छूटी तो वे भरी आँखें लिये दरवाजे पर नमस्ते करती खड़ी थीं और नारे लग रहे थे—मालती जी ! जिन्दाबाद ! मालती जी ! जिन्दाबाद।''

शुरू में कहा गया है कि यह कथा द्वि-आयामी है अर्थात् यह राजनीति की सफलता और पारिवारिक प्यार के तनाव को लेकर चलती है, इस क्रम में जग्गी बाबू और मालती जी के सम्बन्धों की टूटन और उसके भीतर से बार-बार उभरते हुए सम्बन्ध का तनाव जगह-जगह मूर्त्त हो उठा है। ये क्षण बहुत गहरे और प्रभावकारी हैं। और सच पूछिए तो तनाव के ये क्षण ही इस उपन्यास को गहरा बनाते हैं अन्यथा यह राजनीति के दाँव-पेंच का एक चित्र बनकर रह जाता। वास्तव में राजनीति की विभीषिका जीवन की समस्तता में व्याप्त होकर उसे कुरूप और असहाय बना रही है। वह एक ओर सामाजिक जीवन में आर्थिक विषमता और अभाव भर रही है तो दूसरी ओर हमारे सामाजिक और सांस्कृतिक सम्बन्धों तथा मूल्यों को विघटित कर रही है और तीसरी ओर वह हमारी मानवीय संवेदनाएँ छीनकर हमें यान्त्रिक बना रही है।

राजनीति हमारे रोजमर्रा की जिन्दगी की सभी शिराओं में जहर की तरह फैली हुई है। इसलिए राजनीति-चित्रण का अर्थ होता है, हमारी सामान्य जिन्दगी में फैलते हुए उसके बहुआयामी प्रभाव का चित्रण। 'काली आँधी' इस बहुआयामी प्रभाव का चित्रण नहीं करती, वह तो चुनाव-प्रसंग में राजनीति द्वारा अपनाए गए सारे हथकंडों का चित्रण करती है। कहा जा सकता है कि उपन्यास चुनाव-सन्दर्भित राजनीति के सारे हथकंडों का चित्रण करने में बहुत सफल है किन्तु एक दृश्य या प्रसंग का हूबहू चित्र अंकित कर

देने से क्या होता है जब तक कि सामाजिक जीवन में उसके प्रभाव की बहुआयामी विभीषिका को मूर्त्त होते हुए न दिखाया जाए। यह आकस्मिक नहीं है कि 'काली आँधी' का प्रभाव वहीं गहरा होता है, जहाँ यह उपन्यास चुनाव के दृश्यों का उद्घाटन करने के सिलसिले में जग्गी बाबू और मालती जी और लिली के सम्बन्धों से टकराता है अर्थात् जहाँ चुनाव-प्रसंग अपने से आगे जाकर पारिवारिक जीवन पर पड़ते हुए राजनीति के प्रभाव को छू देता है। इसलिए यदि इस चुनाव-प्रसंग का व्यापक प्रामाणिक चित्र न देकर इसका या राजनीति का सामाजिक जीवन की विविध यातनाओं और विभीषिकाओं से सम्बन्ध जोड़ा गया होता तो यह गहरा असर छोड़ता। सच बात तो यह है कि सामाजिक जीवन को संश्लिष्ट रूप में रूपायित करने के लिये बड़े उपन्यास की आवश्यकता होती है। उसी में सारे सम्बन्ध, मूल्य और अनुभव राजनीति के सन्दर्भ में अपने संश्लिष्ट और व्यापक संघटन-विघटन की यात्रा मूर्त्त कर सकते हैं और लगता है, बड़े उपन्यास लिखना कमलेश्वर के स्वभाव में नहीं।...

कमलेश्वर ने इस उपन्यास में जो घटित कराया है उसे चुस्त फिकरों में कहलाया भी है। राजनीति के सम्बन्ध में जग्गी बाबू के कई वक्तव्य बहुत ही सुन्दर और मूल्यवान हैं किन्तु जो बात घटित हो रही है उसे निचोड़ के रूप में (संवाद के ही क्रम में सही) कहलाने की जरूरत भी क्या ? शायद थी, थी इसलिए कि लेखक जानता था कि वह राजनीति का एक सीमित (चुनाव) सन्दर्भ में इस्तेमाल कर रहा है, इसलिए राजनीति की सामाजिक विभीषिका सम्बन्धी जो अनेक बातें उसके मन में थीं (जो उपन्यास में घटित नहीं हो सकी हैं), उसने फिकरों के रूप में उनका कथन किया है। हो सकता है, इसके पीछे कोई और भी प्रयोजन रहा हो।

जो भी हो, उपन्यास की भाषा में एक सुखद खुलापन है जो कमलेश्वर की भाषा की अपनी विशेषता है। वर्तुल मनःस्थितियों के अवसर पर बहुत ही अनुकूल किन्तु जाने-पहचाने बिम्बों का इस्तेमाल किया गया है। बूढ़े साइकिल वाले का प्रसंग इस उपन्यास के अर्थ को गहराता है। उसकी भाषा टूटे हुए मूल्यों और भयानक समकालीन नियति के द्वन्द्व से भरी उसकी मानसिकता को उद्घाटित करने में बहुत सहायक होती है। वैसे सारे ही पात्रों के अपने-अपने स्वभाव की परतें खोलने में भाषा सतर्क है।

'मुरदाघर' के बारे में

जगदम्बाप्रसाद दीक्षित

प्रिय भीष्म जी,

अब तक इस बात की कोशिश करता रहा कि किसी तरह 'मुरदाघर' को लेकर एक संस्मरणात्मक लेख लिख सकूँ। यह सम्भव नहीं लगता। जिन व्यक्तियों के प्रसंगों ने इस उपन्यास के लेखन को प्रभावित किया है, उनका फैलाव बहुत लम्बा-चौड़ा है—समय और स्थान दोनों के सन्दर्भ में। उनके सम्बन्ध में लिखने का मतलब है एक अलग किताब तैयार करना जो इस समय सम्भव नहीं है।

जिस चीज का ब्यौरा साफ-साफ दिया जा सकता है वह हे मेरा अपना दृष्टिकोण जिसने इस उपन्यास को इस तरह का रूप देने में बुनियादी काम किया है। इस दृष्टिकोण के सम्बन्ध में निम्नलिखित बातें प्रस्तुत कर रहा हूँ।

1. पहली बात का सम्बन्ध सौन्दर्य-बोध से है। पुराने संस्कृत-साहित्य से लेकर आधुनिक काल के रवीन्द्रनाथ, प्रसाद, पन्त वगैरह के सौन्दर्य-बोध का जीवन के साथ कोई तालमेल मुझे दिखाई नहीं दिया। प्रकृति, नारी और आध्यात्मिकता के इस सौन्दर्य-शास्त्र के साथ सहमत होना मेरे लिये हमेशा मुश्किल रहा है। इस सौन्दर्य-बोध ने न सिर्फ नारी और प्रकृति का ग्लोरीफिकेशन किया है बल्कि सेक्स-सम्बन्धों ने आध्यात्मिक और पारलौकिक तत्त्वों के दर्शन भी किए हैं। जिन लोगों ने सेक्स को आध्यात्मिकता से नहीं जोड़ा, उन्होंने उसे रहस्यात्मक और अनबूझ बनाने का प्रयत्न किया, इस 'अनबूझ' को शब्द देने की कोशिश की।

इस सारे सौन्दर्य-बोध को अस्वीकार कर देने के बाद जो सवाल बाकी था, वह था—जहाँ गरीबी है, गन्दगी है, विदूपता है, क्या वहाँ सब कुछ विकृत और असुन्दर है ? मेरा खयाल है कि इस सारी गन्दगी और विकृति के बीच एक सहज मानवीयता जिन्दा है जो काफी खूबसूरत है। वह इस तरह इन परिस्थितियों के बावजूद जिन्दा है, यह बात अपने आप में काफी मार्मिक है और एक आस्था को जन्म देती है। लेकिन इस खूबसूरती, मार्मिकता और आस्था को समझने का वक्त उन लोगों के पास नहीं है जो नारी, प्रकृति और यौन-सम्बन्धों की आध्यात्मिकता और दुरूहता को शब्द देने का प्रयास कर रहे हैं। सीमाओं के बावजूद 'मुरदाघर' में इस दूसरे सौन्दर्य को समझाने की कोशिश की गई है।

2. नारी के सम्बन्ध में भी हमारा दृष्टिकोण ज्यादातर पुरुषपरक और उच्चवर्गीय रहा है। शरत्‌चन्द्र तक, और उनके बाद भी, नारी सौन्दर्य, त्याग और महानता की प्रतिमा नहीं है। नारी को प्रेम-तपस्या की प्रतिमा के रूप में देखने का तरीका भी उतना ही पुरुषपरक है जितना कि उसे माया या बुराइयों की जड़ समझने का। 'मुरदाघर' में इसी दृष्टिकोण की पुरुषपरकता से छुटकारा पाने की कोशिश की गई है, नारी को सिर्फ एक ऐसे मनुष्य के रूप में देखने की कोशिश की गई है जो शोषित है और अपनी सामाजिक परिस्थितियों का शिकार है।

3. तीसरी चीज है मौजूदा राज्य-तन्त्र। मेरी समझ से यह हमारी आज की जिन्दगी का सबसे बुनियादी सवाल है। हमारा मौजूदा राज्य-तन्त्र महज भ्रष्ट या 'करप्ट' नहीं है बल्कि वह मूलतः जनविरोधी और उत्पीड़क है। उसका निर्माण ही इसी काम के लिये किया गया था, राज्य-तन्त्र के इस स्वरूप को सामने रखना 'मुरदाघर' का एक खास उद्‌देश्य है। मेरी समझ से 'एक्सपोज' करने का काम आनेवाले क्रान्तिकारी लेखन का एक महत्वपूर्ण काम होगा। 'मुरदाघर' में राज्य-तन्त्र के सही रूप को उभारने की कोशिश की गई है। मुझे इस बात पर कुछ ताज्जुब होता है कि राजनीतिक पार्टियाँ और जयप्रकाश नारायण जैसे प्रबुद्ध नेता सिर्फ आधा सवाल उठाने की कोशिश करते हैं और उसके बुनियदी रूप पर खामोशी साध लेते हैं। राज्य-तन्त्र में 'करप्शन' का होना बुनियादी समस्या नहीं है। एक जनविरोधी उत्पीड़क राज्य-तन्त्र का होना ही बुनियादी समस्या है। क्या आप मौजूदा राज्य-तन्त्र को कायम रखकर 'करप्शन' से छुटकारा पाना चाहते हैं ? आप ऐसा समझते हैं तो यह एक बुनियादी गलती है। 'मुरदाघर' अपनी सीमाओं के बावजूद मौजूदा राज्य-तन्त्र को पूरी तरह ध्वस्त करने की जरूरत की ओर संकेत करता है।

सोल्ज़नित्सिन का उल्लेख भी शायद यहाँ जरूरी है। बन्दी-शिविरों की जिन्दगी की भयावहता को सोल्ज़नित्सिन ने समझाने की कोशिश की है। निष्कर्ष रूप में वे समाजवादी व्यवस्था को भयावह मानकर उसे ठुकरा देते हैं। लेकिन एक दूसरा समाज है। सारा समाज एक बन्दी-शिविर या एक मुरदाघर है। सोल्ज़नित्सन और उनके हिमायतियों की ईसाई मानसिकता इस स्थिति को देखने से इंकार करती है। इसमें ताज्जुब की कोई बात नहीं है।

4. 'मुरदाघर' में मैंने अपने इस विश्वास को अभिव्यक्त करने की कोशिश की है कि भाषा और व्याकरण का आग्रह भी उच्चवर्गीय है। आम आदमी की जिन्दगी में भाषा इन आग्रहों से मुक्त होती है। इसके साथ ही शायद यह भी सही है कि भाषा अभिव्यक्ति में रुकावट डालती है। मैंने कथा कहने की भूमिका को स्वीकार करना जरूरी नहीं समझा है। आवेग महत्वपूर्ण हैं जिनको रखने के लिये अक्सर एक या दो शब्द काफी हैं। इसके अलावा जो चीज महत्त्वपूर्ण है वह है ध्वन्यात्मकता। इस ध्वन्यात्मकता को पकड़ने की कोशिश की गई है। बहरहाल, ये मात्र प्रयोग हैं। सफलता के सम्बन्ध में कोई दावा नहीं है।

संस्मरणात्मक लेख न लिख सकने का मुझे खेद है। ऊपर जो बातें मैंने कहीं, उन्हें अपने पाठकों तक अगर आप पहुँचा सकें तो लेख का उद्‌देश्य किसी सीमा तक शायद हल हो जाए। असुविधा के लिये क्षमा करें।

आशा है, स्वस्थ और सानन्द हैं।

'मुरदाघर' : समीक्षा

अजित कुमार

'मुरदाघर' (राधाकृष्ण प्रकाशन, 1974) हिन्दी उपन्यास लेखन का एक उच्च शिखर है। विवादास्पद हो सकते हैं—वे कुछ मुद्दे जो इसके जरिए कथालेखन के बारे में उठते हैं। लेकिन अपने-आप में यह उपन्यास वाद-विवाद से परे—श्रेष्ठ, परिपक्व लेखन का अपूर्व उदाहरण है। भाषा, कथ्य और चित्रण सभी पर लेखक का इतना अधिकार और उस अधिकार का इतना संयत प्रयोग इधर के कम उपन्यासों में दिखाई दिया है।

इन मुद्दों और विशेषणों को थोड़ा खोलना जरूरी है वरना ये फतवे जैसे मालूम होंगे। सबसे पहली फिक्र तो कुछ लोगों को यह होगी कि इस उपन्यास को 'बहू-बेटियों-बच्चों' के हाथ में दिया जा सकता है या नहीं, क्योंकि चाहे भूखों-मरती सही, पर हैं तो वे वेश्याएँ ही, जिनके जीवन की कुछ झलक यहाँ मिलती है ! जैसे कुछ फिल्में दिखाई जाती हैं—'सिर्फ बालिगों के लिए' वैसे ही क्या कुछ किताबें भी छापी जानी चाहिए, केवल 'ए' सर्टिफिकेट के अन्तर्गत ?...मैं कह नहीं सकता, पर लगता है, बालिग और वयस्क होने के लिये पाठकों को 'मुरदाघर' जैसी पुस्तकें पढ़नी चाहिए।

बहरहाल, हमारी आदरणीया हिन्दी की शिष्ट, सुशील, घरेलू, मध्यवर्गीय परम्परा कुछ ऐसी रही है—'हे प्रभो आनन्दाता ज्ञान हमको दीजिए' वाली—और 'राष्ट्रभाषा' को जातीय गौरव, अभिमान, महिमा वगैरह का कुछ इतना अधिक पर्याय समझा गया है कि तथाकथित सुरुचिपूर्ण और उत्कृष्ट लेखन के लिये शालीनता एक अनिवार्य शर्त-सी रही है। 'मुरदाघर' को पढ़ते समय हिन्दी सहित्य के इस विशिष्ट सन्दर्भ की ओर भी हमारा ध्यान जाए, यह बिलकुल स्वाभाविक है। इसलिए डर लगता है, शायद इस उपन्यास को कुछ पाठक—इसमें मौजूद माँ-बहन की तमाम गालियों के कारण—अशिष्टतापूर्ण समझ बैठें, गोकि उम्मीद है, वे इतने सुरुचि-सम्पन्न अवश्य हो चुके होंगे कि कम-से-कम 'अश्लील' तो इसे नहीं ही कहेंगे। दरअसल, सोच-विचार का विषय यह होना चाहिए कि निजी या सार्वजनिक जीवन के किसी पहलू का चित्रण लेखक ने चटखारे ले-लेकर आँखमारू प्रदर्शन करते हुए किया है या समझ, सहानुभूति, संयम और कलात्मकता के साथ ?

यही वह बिन्दु है, जहाँ उग्र, ऋषभचरण, विश्वेश्वर तथा कतिपय अन्य बाजारू लेखकों से ही नहीं, बल्कि पेरे लुई और जोला जैसे इस विषय के अधिकारी लेखकों से भी अलग होते हुए—जगदम्बा प्रसाद दीक्षित, एक तरह से, कुप्रिन, गोर्की बाल्जाक, प्रेमचन्द जैसे कथाकारों की पंक्ति में जा बैठते हैं।

यह उपन्यास एक 'रोचक' विषय में हमारे कुतूहल को रुग्ण या अस्वस्थ ढंग से नहीं उभारता बल्कि जीवन की जिस कड़वी सच्चाई के प्रति हम अपनी आँखें सुख से मूँदे हुए थे, जो हमारे सामने रखकर, चाहे थोड़ी देर के लिये ही सही, हमारा वर्ग-चरित्र बदल देता है। पोपट का सपना भले ही करुणोत्पादक हो, लेकिन वह मध्यवर्गीय अथवा उच्चवर्गीय जीवन के सुख-सुविधा-विलासप्रधान सपनों के खोखलेपन को उघाड़कर रख देता है। साथ ही, यह उपन्यास शिक्षित-सम्पन्न पाठक-वर्ग को जिस शर्म और अपराध की भावना से भर देता है, वह कोई फैशनेबुल चीज नहीं, न आत्म-दया ही है। इसी लिहाज से, उपन्यास में हर जगह मौजूद गालियों को भी मैं ठीक बल्कि जरूरी समझता हूँ। सिर्फ इतना ही नहीं कि जिन पात्रों या जिस स्तर के पात्रों का चित्रण उपन्यास में है, उनकी सहज बोलचाल गालियों से भरी होती है; अगर हम गौर करें कि वह ऐसी क्यों होती है तो यह समझना मुश्किल न होगा कि भुखमरी, बेरोजगारी, गिरफ्तारी, पिटाई वगैरह के खिलाफ उनके पास गाली के सिवाय और कुछ भी तो नहीं होता। गाली देने के अलावा वे और कर भी क्या सकते हैं ! गाली उनके जिस उबलते हुए गुस्से, मजबूरी या निष्फलता का प्रतीक है, उसे हम ध्यान में रखें तो जाहिर हो जाएगा कि पैसेवालों की मन्द-मन्द मुस्कान, नजाकत-नफासत और मीठी-मुलायम बातचीत इंसानियत के लिये कहीं बड़ी और अश्लील गाली होती है। जिन्दगी की असली सड़ाँध और दुर्गन्ध यहाँ है, न कि मैना, वशीरन, पोपट, राजू या रोजी के इर्द-गिर्द। बदशक्ल कौन है ?—जूठन बीनकर खाते हुए बच्चे या विह्स्की-मुर्ग चखते हुए धनी-मानी ? 'मुरदाघर' पढ़ने के बाद किसी के लिये यह कोरा सैद्धान्तिक प्रश्न नहीं बना रह सकता।

यही वह धरातल है जहाँ इस उपन्यास में निहित सहानुभूति के बारे में भी हमें सोचना पड़ेगा। सहानुभूति घिसा हुआ सा लगे तो उसकी जगह दूसरा चालू शब्द, मसलन 'प्रतिबद्धता' रख लें। कोई उपन्यास जिस 'थीम' को लेकर लिखा जाता है, जरूरी नहीं कि वह उसका समर्थन ही करे। व्यंग्य, उपहास, विरोध, खंडन या निर्विकार-तटस्थ चित्रण : अलग-अलग कई तरीकों से उपन्यासकार अपने 'थीम' के निकट पहुँच सकता है। 'मुरदाघर' का लेखक इस मामले में हमें तनिक भी उलझन में नहीं रखता। उसका लगाव या सरोकार, सहानुभूति या प्रतिबद्धता—जो भी कहें—बिलकुल साफ है गोकि उसे वह उपन्यास में न ऊपर से ठूँसता है, न खुले-भोंडे शब्दों में बताता है। तो भी उसकी यह राय उपन्यास की पंक्ति-पंक्ति से झलकती है कि समाज के ऊँचे-ताकतवर तबकों ने अपनी हैसियत बनाए रखने के लिये समाज के निचले तबकों को अपनी दमघोंटू गिरफ्त में जकड़ रखा है। इस विश्लेषण द्वारा ही उपन्यासकार हमारी निगाह को बदल देता है और हमें असली कोढ़ रोगी के शरीर में नहीं बल्कि स्मगलरों और साहबों के अंग-प्रत्यंग से टपकता दीखने लगता है। यह कोई ईसाई, वैष्णव या मानववादी सहानुभूति नहीं, बल्कि द्वन्द्वात्मक वामपन्थी विश्लेषण और वर्ग-संघर्ष के दार्शनिक आधार पर परिचालित सहानुभूति है।

उपन्यास के पात्र जिस व्यर्थता और विवशता से घिरे हुए हैं, उसे मानव-नियति-जन्य बताकर, उसका सामान्यीकरण नहीं किया जा सकता। यह कोई सिसिफस-छाप,

अस्तित्वगत ऐब्सर्डवादी विडम्बना नहीं है। इस पीड़ा और घुटन को मनाव-मात्र की पीड़ा और घुटन का पर्याय समझना उसे बेहद रूमानी बना देना होगा। मेरा खयाल है, यहाँ 'नियति-चक्र' नहीं, बल्कि दिखाया यह गया है कि 'इंसान ने इंसान की हालत क्या बना दी है।' यह कहने की जरूरत समीक्षा में इसलिए है क्योंकि उपन्यासकार ने अच्छा किया है कि बहुत अधिक शब्दों में इसे अपनी कथा में नहीं कहा।

'मुरदाघर' की भाषा भी इस उपन्यास का उतना ही ताजा पहलू है जितना कि उसका 'थीम'। बल्कि एक तरह से ये दोनों चीजें अलग-थलग न होकर एक-दूसरे से अनिवार्यतः गुँथी हुई हैं। हिन्दी के परिचित वाक्य-विन्यास को बदलकर—क्रियापद पर हर वाक्य को तोड़ने की जगह—उसे वाक्य के आरम्भ में लाकर, हिन्दी कथा-साहित्य में व्याप्त एकरस वाक्य-विन्यास को भंग किया गया है। दूसरे, क्रिया-पद का स्थान बदलकर, कुछ-कुछ चेतना-प्रवाह की-सी शैली का उपयोग कर, विवरण में रिपोर्ताज वाली तात्कालिकता, निकटता, स्फूर्ति आदि लाई जा सकी है। तीसरे, ये ऊबड़-खाबड़ दिखते वाक्य वास्तव में उस दहशत को भी पूरी तरह व्यंजित करते हैं जो कथा और चरित्रों में आदि से अन्त तक व्याप्त है। मैं इस राय को नहीं मानता कि 'जा रहा है कोई' जैसा वाक्य-विन्यास इस उपन्यास को गीतात्मक, तरल, रोमांटिक या छायावादी बना देता है। मेरे विचार से यह भाष, उपन्यास के मूल मन्तव्य को सुरक्षित रखती हुई स्थिति की सम्पूर्ण भयानकता को और भी तीखा बना देती है।

'मुरदाघर' की बहुत बड़ी खूबी मैं यह भी समझता हूँ कि रिपोर्ताज की असम्बद्ध शैली में लिखा होने का आभास देते हुए भी यह एक पूरा, व्यवस्थित, बाकायदा उपन्यास है, केवल कुछ पात्रों और स्थितियों का ऊलजलूल जमघट भर नहीं। यह तथ्य इसके लेखक की संगठन-क्षमता, कलात्मक दक्षता और अन्तर्दृष्टि का तो प्रमाण है ही, हमारे उपन्यास-लेखन की क्षमता का एक विशिष्ट उदाहरण भी है। श्री जगदम्बा प्रसाद दीक्षित हिन्दी-उपन्यासकारों की प्रथम पंक्ति में स्वागतायोग्य हैं।

पुनश्च : भले ही श्री दीक्षित हिन्दी-उपन्यासकारों की प्रथम पंक्ति में स्वागत योग्य हों, पर 'मुरदाघर' के सम्बन्ध में ऊपर की टिप्पणी जब तक खींच-खाँचकर थोड़ी लम्बी न बना दी जाएगी, तब तक कथा-समीक्षा के प्रदेश में उसका प्रवेश वर्जित ही रहेगा। दो सौ चार पृष्ठों के उपन्यास की चर्चा केवल दो-चार पृष्ठों में निबटा देना अपर्याप्त ही क्यों, कुछ अनुचित ही जान पड़ता है; खासकर उस हालत में, जब चर्चाकार का मन इस विषय पर लगभग दो सौ पृष्ठ लिख देने को हो रहा हो। इसलिए, भले ही फुटनोट की भाँति हो, दो-चार पृष्ठ और सही।

जो एक नई जमीन इस उपन्यास ने तोड़ी, किन्हीं अंशों में रेणु, भारती, निर्मल, रघुवीर आदि के कथात्मक गद्य के बाद, वह है—कहानी को कविता की लयात्मकता या थरथराहट से जोड़ देना; और इसके बावजूद, उसे कहानी बनाए रखना, कविता न बनने देना।

गौर करने की बात यह है कि हमारी कविता में ऐसी ही एक समानान्तर कोशिश काफी अरसे से चल रही है और लगभग सम्पूर्णतः गद्य में लिखी जा रही नई हिन्दी कविता ने ताप-आवेग, अन्विति-संगति सदृश काव्यगुण विकसित करने के अलावा, सपाटबयानी, पत्रकारिता, विवरणात्मकता आदि गद्योपयोगी लक्षणों को भी काव्यगुणों में रूपान्तरित करना चाहा है। बहुत बार हमारी कविता इन प्रयासों में सफल भी हुई है।

कुछ-कुछ उसी तरह की सफलता, मेरे खयाल से, 'मुरदाघर' ने भी हासिल की है।

"एक पागल औरत और एक पागल दुनिया...चीख रहे हैं दोनों। मैना बाई...खाँसी के बाद सड़क पर फेंका गया बलगम।"

आदि से अन्त तक इस उपन्यास की यही पद्धति है—एक विशेष अर्थ में काव्यात्मक यानी भाषा की प्रचुरतर सामर्थ्य से युक्त, पर जैसा मैं पहले कह आया हूँ : स्थिति की सम्पूर्ण भयावहता को और भी तीखा बनाती हुई।

छूटी हुई जगहों का—खाली 'स्पेसेज' का—प्रभावशाली उपयोग भी इस लेखन-शिल्प का एक अन्य लक्षण है। जिसे हम बिन्दु या 'डॉट' कहते हैं, खासा रूमानी इस्तेमाल कविता में और लगभग भ्रष्ट या कभी-कभी तो घिनौना इस्तेमाल कहानियों में होता रहा है। उदाहरणार्थः "दोनों की निगाहें मिलीं। डॉट-डॉट-डॉट। नायिका का आँचल सिहर उठा। डॉट-डॉट-डॉट !" वगैरह।

ऐसे प्रसंगों की अश्लील और उबाऊ संकेतात्मकता के सम्मुख 'मुरदाघर' में देखिए :

"कतार...बरतनों की...बहुत लम्बी।"

यहाँ बरतन मात्र बरतन नहीं, दूर तक फैले हुए लोग हैं और बरतनों को यह जीवित आशय प्रदान किया है—उन्हीं बिन्दुओं ने, यानी बात को कहते-कहते बीच में अधूरी छोड़ देनेवाली टेकनीक ने (जो निश्चय ही, 'चेतना-प्रवाह' वाली पद्धति नहीं है।) इसके द्वारा, ठहराव और गति का अर्थात् एकरसता और नाटकीयता का अनोखा मिलाजुला-सा प्रभाव लेखक ने डालना चाहा है।

"हर सुबह...हर शाम...एक ही सवाल...कैसे जले चूल्हा ?"—इसमें जो सघनता, पीड़ा और आतंक है, वह क्या सीधे-सपाट इस वाक्य में हम पाएँगे ?—'हर सुबह और हर शाम एक ही सवाल रहता है कि चूल्हा कैसे जले ?'

ऐसी व्यंजनाओं का हवाला देने के लिये अंग्रेजी में एक मुहावरा है : 'ह्वेअर मोर इज मेन्ट मीट्स\द इयर।' बहुतेरी कविताओं पर यह बात लागू होती है। उनमें अनेकार्थता के विभिन्न स्तर होते हैं। ठीक इसी तरह, कुछ कथाकृतियाँ पढ़कर भी, हम केवल घटनाक्रम के प्रति सामान्य कुतूहलवृत्ति तक सीमित नहीं रह पाते। वहाँ ऐसा दिखता है कि 'मोर इज मेन्ट मीट्स द आई।' आँखों के सामने शब्द कुछ और होते हैं, मतलब कुछ और :

"पोपट : एक कहानी सुना रहा है उनींदी मैना को...कहानी !"

पहले यही सन्देह होता है : क्या सचमुच वह 'कहानी' सुना रहा है ? अगला ही वाक्य सब कुछ स्पष्ट कर देता है :

"हमाली करेंगा तो क्या मिलेंगा...कुछ नई। आक्खा जिन्दगानी इधरिच सड़ना पड़ेंगा।"

बस, मरमराकर गिर पड़ती है कहानी। उसके भीतर से उभरने लगती है जिन्दगी की असलियत। फिर वह भी टूटती है, क्योंकि–

"मालूम नहीं कहाँ...किस जगह...तोड़ दिए गए झोंपड़े।"

–तथ्यों की दुनिया को परे खिसकाता हुआ कथाकार दोबारा कहानी बुनने लगता है।

कहने का मतलब यह कि शब्दों, मुहावरों, स्थितियों, पात्रों, प्रसंगों आदि के माध्यम से यह जो स्थापन-विस्थापन निरन्तर चलता रहता है इस उपन्यास में...उसे क्या कहें ?–शायद : जोड़-तोड़, उधेड़बुन, जक्स्टापोशीजन–जो भी हो, वह आदि से अन्त तक है...लगातार 'मुरदाघर' और लगातार जब्बार का, पोपट का, मैना का सजीव स्वप्न :

"गुजर गई रात नहीं आई नींद।...है कोई झोंपड़े में ? अकेली मैना। कोई नहीं। बोल रही है अपने-आप से !...कब आएगी रात ? कब पूरा होगा सपना...सोने का ?...पोपट ! ए पोपट !...तेरे कू सपना आता...मेरे कू भी आता।"

किन्तु इस स्वप्न की परिणति क्या है ?–

"घूमकर देखती है मैना...एक मुरदे को। फिर चल पड़ते हैं तीनों। गुजरने लगते हैं उस दुनिया से...जहाँ चारों तरफ बिखरे हुए हैं मुरदे। उस दुनिया की तरफ... जहाँ...और भी हैं मुरदे...।"

परिणति भी उतनी ही कटु है, जितनी कि 'मुरदाघर' के वासियों की जीवन-गति और नियति। तभी तो, एक बिन्दु पर पहुँच, वह एक विशेष अर्थ में, स्वप्निल बल्कि सौन्दर्यात्मक जान पड़ने लगती है; सिर्फ इसलिए नहीं कि जितनी अधिक विवशता है, उतनी ही अधिक आकांक्षा है; सम्भवतः इसलिए भी कि ऐसा आविष्ट भाव व्याप्त है पूरे उपन्यास में–उसकी त्वरित, साथ ही ठहरी हुई-सी गति में–जो मृत्यु तथा जीवन दोनों के बीच अपूर्व सन्तुलन और उद्वेलन बनाए रखता है। कृति की बुनावट और संरचना के बीच निरन्तर विद्यमान तनाव और सामंजस्य तभी तो 'मुरदाघर' को एक साथ रिपोर्ताज और कविता के गुणों से अलंकृत कर सका है।

इसी धरातल पर यह उपन्यास 'दिल्ली का दलाल', 'अफ्रोदिते', 'वुमन ऑफ रोम', 'पार्क एवेन्यू सेवेन्टी नाइन' जैसी चटखारावादी पुस्तकों से भिन्न होता हुआ, भूख और शरीर के बीच मौजूद एक अन्य रिश्ते के प्रति हमें सजग बनाता है। यह रिश्ता कब बदलेगा, मैं नहीं जानता, लेकिन जितने अंशों में कोई रचना चीजों के प्रति मेरी और तुम्हारी, इनकी और उनकी समझ बढ़ा देती है–केवल सूचना और ज्ञान भर नहीं; बल्कि समझ या पहचान–उतने अंशों में वह अपना काम बेशक पूरा कर चुकती है।

मेरा उपन्यास : 'अँधेरे के साथ'

इब्राहीम शरीफ

मैंने अपना उपन्यास 'अँधेरे के साथ' उस समय लिखा जब मैं केरल के एक कॉलेज में पढ़ाता था। जिस जगह मैं नौकरी करता था वहाँ से चौदह मील की दूरी पर स्थित कण्णूर का समुद्र-तट मेरे लिये अत्यन्त प्रिय जगह थी। नौकरी के उन वर्षों के दौरान लगभग हर पन्द्रह-बीस दिन बाद मैं अपनी जगह से चौदह मील दूर चलकर उस समुद्र तट पर जाता और घंटों वहाँ बिताता था। मेरी इस 'समुद्रतटीय यात्रा' में अक्सर मेरा साथी होता था हमारे कॉलेज का टाइपिस्ट गंगाधरन। जब भी मौका मिलता, मैं अपने प्यारे दोस्त गंगाधरन को साथ लेकर कण्णूर के समुद्र-तट पर जाता। हम दोनों पहले समुद्र-तट पर स्थित सरकारी गेस्ट हाउस में बियर पीते (पास में पैसा न होने पर चाय) और बियर की हलकी-सी खुमारी में समुद्र-तट पर टहलते रहते। समुद्र-तट पर ही थोड़ा-सा हटकर श्मशान था जिसमें अक्सर एकाध मुर्दा जलता हुआ मिल जाता। हम वहाँ खड़े होकर तरह-तरह की बातें करते, उस जलते हुए मुर्दे के बारे में, दुनिया के बारे में, जिन्दगी के बारे में, मौत के बारे में। गहरी जानकारी न होने के कारण अक्सर लोग दुनिया-जहान के बारे में जिस तरह की सतही और भावुकतापूर्ण बातें करते हैं उसी तरह की हमारी बातें भी होतीं। इस चहलकदमी के बीच हमारे दो काम और हुआ करते। एक समुद्र की उस सीमा पर डूबते हुए बड़े से लाल सूरज को धीरे-धीरे समुद्र-तल में उतरते हुए देखना, दूसरा, भीगी बालू पर तरह-तरह के नाम, नारे वगैरह लिखना। हम रेत पर नाम लिखते और थोड़ी देर बाद लहर का झोंका आकर उन्हें मिटा जाता। हम फिर लिखते, फिर ऐसा ही होता।

इस तरह, कण्णूर का समुद्र-तट मेरे लिये इतना सुपरिचित, इतना महत्वपूर्ण हो गया था कि जब मैं उपन्यास का खाका तैयार करने लगा तो पता नहीं क्यों, वह हर क्षण मेरे दिमाग में घुसा बैठा रहा। और सहज ही, ऐसे मौकों पर जब भी मेरा दिमाग समुद-तट को लेकर ऊपर-नीचे होता तो मेरा दोस्त गंगाधरन भी मुझे उसमें नजर आता। उसे छोड़कर उस समुद्र-तट की कल्पना करना मेरे लिये सम्भव नहीं था। इसलिए, जैसे ही मैंने उपन्यास में उस समुद्र-तट की पृष्ठभूमि लेने का फैसला कर लिया वैसे ही, मुझे लगा, गंगाधरन के 'चरित्र' को भी उसमें लेना जरूरी है। उपन्यास के लिये मैंने जैसे समुद्र-तट को स्वीकार कर लिया वैसे ही गंगाधरन को भी स्वीकार कर लिया।

दरअसल, उपन्यास के कथानक की मेरी परिकल्पना के अनुसार मुझे एक ऐसे युवक की जरूरत थी जो गरीब हो, परिस्थितियों का मारा हो, आक्रोश से भरा हुआ हो और साथ ही एक तरह से चुपचाप रहनेवाला हो। ऐसे पात्र की कल्पना मैंने उपन्यास के नायक के रूप में क्यों की, इस पर गौर करने पर लगता है कि असल में मैंने ऐसे पात्र की कल्पना नहीं की थी बल्कि मेरे दिमाग में बसे हुए गंगाधरन के रूप में उपन्यास के पात्र को ऐसा बना दिया था। गंगाधरन भी ऐसा ही था, मेरे उपन्यास के 'मैं' जैसा। गरीब, आक्रोशी मगर प्रायः चुप रहनेवाला। मुस्लिम लीगी कॉलेज में काम करनेवाला एकमात्र हिन्दू क्लर्क और इसीलिए बहुत हद तक सताया हुआ। कुल मिलाकर जब मैंने उपन्यास का मोटे तौर पर खाका तैयार कर लिया, तब मेरे दिमाग में दो बातें पक्की हो गईं, पृष्ठभूमि के रूप में वह समुद्र-तट और नायक के रूप में गंगाधरन जैसा एक युवक।

वे दोनों बातें काफी नहीं थीं। इसलिए भी काफी नहीं थीं कि मेरे जिन व्यक्तिगत अनुभवों की स्मृतियों ने वास्तव में मेरे भीतर उपन्यास लिखने की प्रेरणा जगाई थी वे स्मृतियाँ दरअसल मेरे अपने गाँव की थीं जहाँ मैं पैदा हुआ, बड़ा हुआ और सत्रह साल की उम्र तक रहा था। वहाँ के कुछ खास लोग, कुछ खास घटनाएँ भी जिन्हें आधार बनाकर मुझे उपन्यास का ताना-बाना बुनना था। ऐसे लोगों में था मेरा बचपन का एक दोस्त, सय्यदाँ (सम्भवतः कोई चार-पाँच सौ साल पहले उत्तर भारत से आकर दक्षिण में बसे हुए हिन्दी-भाषी मुसलमानों की भाषा और आचार-व्यवहार में ही परिवर्तन नहीं आया है बल्कि उनके नाम भी प्रान्तीय प्रभाव में आ गए हैं)। उसने मुझसे दो साल बाद हाई स्कूल पास किया था और आगे पढ़ने की हैसियत न होने की वजह से नौकरी की खोज में लग गया था। नौकरी नहीं मिली थी। उन्हीं दिनों हमारे गाँव में बहुत प्राचीन और बड़े मन्दिर की मरम्मत का काम शुरू हुआ था। उसने मजबूर होकर कुछ दिन उस मन्दिर में मिट्टी ढोने का काम किया था। इस वजह से उसे हमारे गाँव के मुसलमान लीडर की डाँट-फटकार भी सुननी पड़ी थी। जब मैंने अपने बहुत बाद के दोस्त गंगाधरन के व्यक्तित्व के आधार पर उपन्यास के नायक को खड़ा करना चाहा तो मेरे बचपन के दोस्त सय्यदाँ का व्यक्तित्व भी उसमें आकर जुड़ गया था और इस तरह दो दोस्तों की जिन्दगी की बहुत सारी बाह्य और आन्तरिक विशेषताओं को लेकर मैंने अपने उपन्यास के नायक का रूप मन में पक्का कर लिया था।

मेरे गाँव का एक डॉक्टर था। शायद एल.आई.एम. तक पढ़ा हुआ। वह सरकारी डिस्पेंसरी का डॉक्टर था और गाँव का राजा। गाँव में किसी को कुछ भी हो, इलाज उसी का चलता था। उस जमाने में ही वह सूई के पाँच रुपए लेता था और मरीज को उसके घर जाकर देखने के अलग से पाँच रुपए। मरीज का घरवाला जाकर जैसे ही उसे अपने घर बुलाता, वह चुपचाप हाथ बढ़ा देता, पाँच रुपए के लिए, पूरी बेरहमी और बेशर्मी के साथ। जो आदमी उसे पाँच रुपए दे नहीं सकता वह उसके इलाज का अधिकारी नहीं था। पता नहीं, उस जमाने में, मेरे गाँव में कितने लोग मरे होंगे बिना इलाज के, उसे पाँच रुपए न दे पाने की वजह से। उस जमाने में ही, मेरे भीतर उस डॉक्टर के प्रति गहरा

आक्रोश भर गया था। आगे चलकर जब मैं कुछ लिखने-पढ़ने लायक हो गया तब वह आक्रोश और गहरा हो गया। मेरे उपन्यास में डॉक्टर का जो चरित्र है वह उसी बेरहम डॉक्टर के आधार पर सोचा हुआ है।

मेरे गाँव के स्कूल का एक अर्द्ध-शिक्षित हैडमास्टर भी था। वह यों तो बड़ा धार्मिक था और पाँचों वक्त नमाज भी पढ़ता था मगर हर महीने अपने स्कूल के अध्यापकों के वेतन से फी अध्यापक दस रुपए बतौर घूस काट लिया करता था। मेरे बड़े भाई साहब ने भी उस स्कूल में काम किया था, कुछ दिन। एक बार उन्होंने अपनी तनख्वाह में से दस रुपए देने से इंकार कर दिया था। नतीजतन उस हैडमास्टर ने उनके खिलाफ लिखा-पढ़ी कर उनका तबादला करवा दिया था, बहुत दूर के गाँव के स्कूल में। उस अध्यापक की याद के आधार पर मैंने अपने उपन्यास के लिये उस अफसर का चरित्र निर्मित किया है जो उपन्यास के नायक को, घूस देने से इंकार करने की वजह से नौकरी से निकाल देता है।

उपन्यास में एक और पात्र है, चेयरमैन का। वह मेरे गाँव के एक आदमी के आधार पर सोचा हुआ है। वह आदमी मेरा एक दूर का रिश्तेदार था और गाँव के मुसलमानों में सबसे ज्यादा पढ़ा-लिखा, रुतबे वाला, धनवान, समझदार और जाने क्या-क्या माना जाता था। वह गाँव की पंचायत का सरपंच (जिसे चेयरमैन कहते उन दिनों) भी था। वह गाँव में होनेवाले पंचायत के चुनावों से पहले तक हिन्दुओं से 'मुहब्बत' करता रहता था और ऐन चुनावों के दिनों में, मुसलमानों के बीच, छिप-छिपकर यह प्रचार करता रहता था कि गाँव के हिन्दू हमारे दुश्मन हैं, इसलिए उनसे टक्कर लेने के लिये गाँव का सरपंच मुसलमान ही होना चाहिए। इसका मतलब साफ था और हर बार इस मतलब को समझते हुए भी मुसलमान जी-जान से उसकी सहायता करते और उसे चुनाव में जिताते रहते थे। एक बार किसी वजह से चुनाव में हार जाने की वजह से उसने गाँव में हिन्दू-मुस्लिम दंगों का माहौल तैयार कर दिया था। भला हो थानेदार का कि वह दंगा होते-होते रह गया था।

इस तरह, मैंने उपन्यास के लिये सारे वे पात्र चुन लिये जिन्हें मैं बखूबी जानता-पहचानता था। उसके लिये माहौल की भी मैंने कल्पना कर ली। उपन्यास का खाका पूरे तौर पर तैयार कर लिया। लेकिन इस सबके बावजूद सवाल यह था कि इन पात्रों, इस माहौल के द्वारा मैं इसमें कहना क्या चाहता हूँ ? कहने के लिये कोई बात न हो तो, मैं समझता हूँ, लिखना बेकार है। बहरहाल, मैंने भी अपने उपन्यास में एक बात कहनी चाही है, एक विचार प्रस्तुत करना चाहा है, हालाँकि मैं नहीं जानता कि मैं अपनी इस कोशिश में कहाँ तक सफल हुआ हूँ

उपन्यास में कही हुई उस बात को साफ करने से पहले, उपन्यास के कथानक को संक्षेप में बता देना जरूरी होगा। उपन्यास का नायक एक बेकार, त्रस्त युवक है। वह जिन्दगी से तंग आकर एक शाम समुद्र-तट के एक सुनसान कोने में जा पहुँचता है, आत्महत्या करने के इरादे से। समुद्र तट पर अभी अँधेरा नहीं हुआ है और वह उसके

इन्तजार में चहलकदमी करने लगता है ताकि उसे मरता हुआ कोई देख न ले। इस चहलकदमी के दौरान उसे उन सब लोगों की याद हो आती है जिन्होंने उसे सताया है। सबसे पहले वह उस अफसर को याद करता है जिसने सिर्फ घूस न देने की वजह से उसे नौकरी से निकाल दिया था। वह सहज ही उस अफसर पर गुस्सा हो आता है। वह रेत पर उस अफसर का नाम लिखता है और उस नाम की पिटाई करता है। थोड़ी देर बाद वह कल्पना कर लेता है कि उसने उस अफसर को मार दिया है और इस तरह उससे बदला ले लिया है। वह यह सोचकर खुश होता है कि उसने अपने एक दुश्मन को मार दिया है। उसके बाद उसे उस डॉक्टर की याद हो आती है। डॉक्टर ने उसके माँ-बाप को मार दिया था, इलाज न करके, क्योंकि डॉक्टर को देने के लिये उसके पास रुपए नहीं थे। वह आक्रोश से भर जाता है। डॉक्टर का नाम भी बालू पर लिखता है। उसकी भी पिटाई करता है और आखिर सोच लेता है कि उसने अपने दूसरे शत्रु को भी मार दिया है। वह इस खयाल से खुश होता है। थोड़ी देर बाद उसे अपने गाँव के चेयरमैन की याद हो आती है। वह आगबबूला हो जाता है। चेयरमैन ने उसे सिर्फ इसलिए नौकरी से निकाल दिया था कि उसने मतदाताओं की झूठी फेहरिस्त तैयार नहीं की थी। उसने उसे मन्दिर के काम से इसलिए निकलवा दिया था क्योंकि उसने मुसलमान होते हुए भी हिन्दुओं के मन्दिर में काम करना शुरू कर दिया था जिसकी वजह से चेयरमैन की साम्प्रदायिकता को बल नहीं मिला था। इन विचारों के साथ ही वह युवक रेत पर उस चेयरमैन का नाम भी लिखता है और उसकी भी धुनाई करता है। वह खुश होता है कि उसने अपने इस दुश्मन का भी सफाया कर दिया है।

अपने इन तीनों शत्रुओं के खात्मे के खयाल से उसे खासा सकून मिलता है कि चलो, मरने से पहले मैंने अपने शत्रुओं को मार दिया है। इस विचार के साथ जैसे ही वह आत्महत्या करने के लिये आगे बढ़ता है, बेहिसाब लोगों, औरतों-आदमियों के रोने-बिलखने की आवाजें उसे घेर लेती हैं। वे आवाजें उसे इस कदर तंग करती हैं कि वह उनके प्रभाव में आ जाता है और उनके द्वारा चालित होकर दूर श्मशान में चला जाता है। वहाँ एक ताबूत पड़ा हुआ है। वह सोचता है कि वे आवाजें जिस व्यक्ति के लिये रो-बिलख रही हैं वह व्यक्ति इस ताबूत में पड़ा हुआ होगा। वह धीरे-से ताबूत का ढक्कन उठाता है। देखता है कि उसमें और कोई नहीं वह खुद मरा पड़ा है। इस तरह, जिन्दगी की सच्चाइयों के साथ शुरू होनेवाला उपन्यास फेंटसी से खत्म होता है। मैंने अपने उपन्यास के अन्त के बारे में बहुत सोचा था मगर मुझे इस तरह फेंटसी का सहारा लेने के सिवा कोई रास्ता नजर नहीं आया था, अपनी बात को प्रभावशाली ढंग से कहने के लिए।

वस्तुतः इस फेंटसी और इस उपन्यास द्वारा मैं यह कहना चाहता था कि हमारे समाज का एक आदमी, समाज की सम्पन्न मगर क्रूर शक्तियों द्वारा सताया जाकर आक्रोश में यह समझ लेता है कि वह उन तमाम शक्तियों को समाप्त कर देगा। मगर सच्चाई यह होती है कि वे शक्तियाँ बेचारे आम आदमी को समाप्त कर देती हैं, उसके सम्पूर्ण आक्रोश, उसकी सारी कल्पनाओं के बावजूद।

मगर इस बात में से सवाल यह निकलता है कि क्या हर आम आदमी को उसे चूसकर समाप्त कर देनेवाली शक्तियों के आगे इसी तरह पराजित होते रहना पड़ेगा ? क्या आदमी इनके आगे हमेशा निहत्था ही रहेगा ? नहीं, वह बार-बार हारता, बार-बार प्रताड़ित होता जरूर रहेगा मगर बार-बार नई शक्ति, नई स्फूर्ति बटोरकर आगे दौड़ता भी रहेगा, जिन्दा रहने के लिए। उसकी हर हार में से पैदा होनेवाली यह दौड़, यह नई जिन्दगी तब तक बनी रहेगी जब तक वह कल्पना में नहीं बल्कि वास्तविकता में उन दानवी शक्तियों से बदला नहीं ले लेता। वह तब तक अपने मुर्दे में से नया जीवन धारण करके आगे बढ़ता रहेगा जब तक लकीरों को पीटकर खुश होने के बदले वह सच्चे शत्रुओं का सचमुच खात्मा कर नहीं देता। इसलिए मेरे उपन्यास का वह युवक अन्त में ताबूत में, अपने शव को देखकर दहंशत में मर नहीं जाता है मगर पूरे जोश के साथ भागने लगता है, यह बार-बार दुहराता हुआ कि मैं नहीं मरूँगा।...मैं नहीं मरूँगा। शोषित मरता नहीं है शोषण की सारी क्रूरताओं को झेलता हुआ ही नई शक्ति बटोरता रहता है और उस शक्ति को अपने सभी शोषितों की शक्ति से मिलाता रहता है, अन्ततोगत्वा शोषक पर प्रहार करने के लिए, हमेशा-हमेशा के लिये उसे समाप्त करने के लिए।

यही बात मैंने अपने इस उपन्यास में कहनी चाही है।

'अँधेरे के साथ' : समीक्षा

डॉ. भीष्म साहनी

एक युवक रात के अँधेरे में आत्महत्या करने समुद्र-तट पर जाता है। तीन महीने पहले भी उसने एक बार जीवन से निराश होकर आत्महत्या करने की कोशिश की थी, मगर कर नहीं पाया था और जिन्दगी के संघर्ष में फिर से जूझने के लिये लौट गया था।

घर में मुफलिसी है। बीमार बाप, बूढ़ी माँ, एक जवान बहन। लड़का किसी सरकारी दफ्तर में एक सौ चालीस रुपए की आय पर काम करता है। उससे यह माँग की जाती है कि हर महीने अपनी तनख्वाह में से दस रुपए अपने दफ्तर के अफसर को नजर कर दिया करे। युवक द्वारा इंकार कर दिए जाने पर उसे वह परेशान करने लगता है, यहाँ तक कि नौकरी उसके लिये दूभर बना दी जाती है, और एक दिन साँसत से मुक्त हो पाने के लिये वह नौकरी से इस्तीफा दे देता है। उस इस्तीफे का सदमा उसका बूढ़ा बाप बरदाश्त नहीं कर पाता।

बाप की दमे और खाँसी का हैबतनाक दौरा उठता है। मगर इलाज के लिये घर में पैसे नहीं हैं। गाँव का एकमात्र डॉक्टर मरीज देखने से इंकार कर देता है, क्योंकि यहाँ से उसे कुछ भी प्राप्त कर पाने की आशा नहीं है। गिड़गिड़ाने के बावजूद डॉक्टर बीमार पिता को देखने नहीं आता और पिता मर जाता है।

माँ, बहन और अपने को जिन्दा रख पाने के लिये युवक फिर काम ढूँढ़ने निकलता है। पंचायत का चेयरमैन एक मुसलमान व्यक्ति है। उसके पास जाने पर चेयरमैन लड़के को अपने पास चालीस रुपए माहवार पर नौकर रख लेता है। गाँव में इलेक्शन होने जा रहा है और चेयरमैन वार्ड नम्बर छह से चुनाव लड़ रहा है। युवक को वह अपने चुनाव के काम लिये रख लेता है। वोटरों की फेहरिस्त तैयार करने का काम, "इन सारे नामों को पढ़ जाओ...बीच-बीच में से हिन्दू मतदाताओं के कुछ नाम काटते चलो। कुछ नामों के साथ 'मृत' लिख दो। और साथ ही अपने मजहबी भाइयों के नाम के साथ कुछ और नाम जोड़ते चलो...ऐसा होना चाहिए कि दो-चार वार्डों को छोड़कर बाकी सबमें मुसलमानों का बहुमत हो।"

युवक इस नौकरी को भी छोड़ देता है। क्योंकि "ऐसा करना अपने आपको दूसरे के हाथों बेच देना ही तो है...दूसरे के हाथों क्यों खुद को बेचा जाए...अच्छे खासे हाथ-पैर हैं...मेहनत की जा सकती है...कुछ भी किया जा सकता है...क्यों इस तरह बिक जाऊँ...।"

लड़का झूठी लिस्टें बनाने के लिये तैयार नहीं होता और नौकरी से निकाल दिया जाता है।

घर में अनाज का दाना नहीं। माँ ने पड़ोस से एक सेर मूँगफली उधार लेकर उबाली है। अब की माँ के दिल को धक्का लगता है। "बेटा, वह जैसा काम करवाएँ, तुझे क्या, तू करके चला आता, जो भी अच्छा-बुरा है, इससे तुझे क्या लेना-देना।"

लेकिन युवक पेट पालने के लिये झूठ का अवलम्ब नहीं ले सकता। "माँ की और मेरी सोच में फर्क यही था कि उसकी सोच बूढ़ी थी और इसलिए ज्यादा व्यावहारिक, ज्यादा क्षणिक थी। मेरी सोच में मेरी उम्र का सारा जोश भरा हुआ था। माँ भी अपनी जगह ठीक थी, मैं भी अपनी जगह ठीक था।...कुछ धारा के विपरीत बहकर करने को बार-बार उकसाता रहता था। हमेशा भीतर से कुछ इस तरह की आवाजें उठती रहती थीं कि कहीं भी गलत सुलह मत करो...सबका सामना करो...जो भी तुम्हारी दृष्टि में गलत दिखेगा उसका डटकर विरोध करेगा...किसी से भी मत डरो...अकेले ही लड़ना पड़े...लड़ो...।" (पृ. 44)

लेकिन यह जोश और न्यायप्रियता गरीबी से पार पाने में साथ नहीं देती।

पिता के पुराने मित्र के रास्ते में मिल जाने पर वह अपनी स्थिति उन 'चाचा जी' पर रौशन कर देता है। चाचा जी सच्चे हमदर्द हैं, अपनी नपी-तुली आय के बावजूद हर तरह से मदद देने पर तत्पर रहते हैं। उस समय की अड़चन से पार पाने के लिये दस रुपए का नोट युवक के हाथ में दे देते हैं।

गाँव में पन्द्रहवीं शताब्दी का एक पुराना विशाल मन्दिर है। सरकार द्वारा उस मन्दिर की मरम्मत करवाई जा रही है। हिन्दुओं का मन्दिर है, इस पर किसी मुसलमान युवक का काम करना आसान नहीं है। लेकिन एक मिस्तरी की सद्भावना के फलस्वरूप दो रुपए दिहाड़ पर युवक को काम तो मिल जाता है, लेकिन वह पाँच-छह रोज से अधिक रह नहीं पाता। पंचायत के मुसलमान चेयरमैन इसका विरोध करते हैं और इसे काम से बरतरफ करवा देते हैं। मिस्तरी की हमदर्दी भी सच्ची है, उसने अपना काम जोखम में डालकर उसे नौकरी दिलवाई थी : "जो होगा देखा जाएगा...ज्यादा-से-ज्यादा मेरी नौकरी ही तो जाएगी...मेरे कौन बाल-बच्चे हैं...अकेला कहीं भी जी लूँगा...", और दो दिन की मजूरी भी उसे पेशगी दे देता है।

माँ को यह 'मिट्टी ढोने का काम' पसन्द नहीं, 'लानत है' ऐसे पेट पालने पर...इज्जत से मर जाना भला है।' (पृ. 57) लोग क्या कहेंगे कि मुसलमान होकर हिन्दुओं के मन्दिर में मजूरी कर रहा है। "हिन्दुओं के मन्दिर में मजदूरी करने जाएगा तो लोग-बाग क्या कहेंगे...कि पेट के लिये हमने दीन-ईमान बेच डाला है...तेरे अब्बाजान की रूह भी तो रो पड़ेगी..दुनिया की नहीं तो दीन की सोचनी चाहिए न बेटे...तू खुद सोच...।" (पृ. 57) घर में अनाज का दाना नहीं, फिर भी रूढ़ियों और पूर्वग्रहों से ग्रस्त माँ को यह कबूल नहीं कि बेटा मुसलमान होकर हिन्दुओं के मन्दिर में मजदूरी करने जाए।

पर यह मजदूरी भी बहुत दिन नहीं चलती। युवक दोस्तों के साथ घूमने जा रहा है कि चेयरमैन की जीप पीछे आकर रुक जाती है और वह धमकी देकर इसे काम पर जाने से रोक देता है। जब युवक उसे तुनककर बोलता है तो चेयरमैन गजरने लगता है : ''बाल बराबर इंसान...तेरी इतनी अकड़...तू जानता है, मैं चाहूँगा तो तुझे कीड़े की तरह रगड़कर फेंक दूँगा।''

चेयरमैन का विरोध केवल धमकी तक ही सीमित नहीं रहता, वह युवक को सचमुच उस काम से निकलवा देता है। युवक चेयरमैन से डरता नहीं, उसकी धमकी का जवाब गाली से देता है : ''मेरा बाल भी तू बाँका नहीं कर सकता...ज्यादा बकेगा तो तेरी जीभ खींच लूँगा...चोर...हराम की औलाद कहीं का...'' (पृ. 62) इस भेंट के बीस रोज बाद इलेक्शन है। लड़का मन-ही-मन फैसला कर लेता है कि 'चुनाव के समय जी-जान से उसके खिलाफ काम करूँगा।'

माँ को एक और सदमा पहुँचता है। वह जिन्दगी देख चुकी है, जानती है कि एक गरीब युवक ऐश्वर्य और सामर्थ्यवाले व्यक्ति का कुछ भी बिगाड़ नहीं सकेगा। युवक को स्वयं भी निःसहायता का भास है। नींद में भी वह देखता है कि वह किसी 'डरावने वनमानुष के चंगुल मैं फँस गया है' और गाँव से भाग जाने तक का इरादा करता है लेकिन अपनी माँ और बहन के प्रति अपने दायित्व का भाव उसे भागने नहीं देता।

मिस्तरी के परामर्श पर वह मन्दिर के प्रेसिडेंट साहब से मिलने जाता है क्योंकि वही अकेला आदमी गाँव में ऐसा है जिसमें चेयरमैन से टक्कर लेने की शक्ति है। प्रेसिडेंट उसे काम पर बहाल नहीं करते क्योंकि गाँव में हिन्दू-मुसलमान तनाव के कारण उसे काम पर लगाने से गाँव की स्थिति और ज्यादा बिगड़ने का डर है। वहाँ से निराश होकर वह 'चाचा जी' से मिलने जाता है, जो उसकी ढाढ़स तो बँधाते हैं, लेकिन रास्ता वह भी नहीं सुझा पाते। वह भी अपने अनुभव के बल पर जानते हैं कि ''तुम ही नहीं, तुम्हारे जैसे सैकड़ों लोग भी अपनी कुर्बानी देंगे तो भी जाहिलों को कोई फर्क नहीं पड़ता।'' (पृ. 74)

युवक यह महसूस करने पर मजबूर हो जाता है कि ''मेरा गाँव इंसानों का गाँव नहीं, अजगरों का गाँव है जहाँ किसी इंसान का बचा रहना असम्भव है।''

घर पहुँचने पर पाता है कि माँ पसलियों के दर्द से छटपटा रही है। घर में इतना पैसा भी नहीं कि डॉक्टर को बुला सके। लाचार, उसे फिर चाचा जी की शरण लेनी पड़ती है। चाचा जी घर आते हैं, पाँच रुपए का नोट युवक के हाथ में रखते हैं कि जाकर डॉक्टर को बुला लाए : ''पहले उसके हाथ में रुपए रख दो वरना वह नहीं आएगा।''

युवक वैसे ही करता है, पर डॉक्टर फिर भी नहीं आता, क्योंकि पाँच रुपए से तो केवल उसकी फीस पूरी होगी, मरीज को तो इंजेक्शन देने होंगे, ''क्या तुम्हारे पास उसके लिये रुपए हैं ?''

चाचा जी के पास भी इतने पैसे नहीं कि वह डॉक्टर का पूरा खर्च अदा कर सकें। लेकिन सद्भावना से प्रेरित, वह हकीम को बुला लाने के बहाने घर से निकल जाते हैं,

जबकि वह वास्तव में रुपए का प्रबन्ध करने जाते हैं और थोड़ी देर बाद डॉक्टर को लेकर घर की ओर आ रहे होते हैं।

माँ की हालत बिगड़ती चली जाती है और अन्त में उसका शरीर ऐंठने और झटके खाने लगता है। हकीम के पहुँचने से पहले ही वह चल बसती है।

माँ के दफनाने का सारा खर्च—चालीस-पचास रुपए—चाचा जी बर्दाश्त करते हैं।

किसी तरह का कोई काम युवक के लिये उसी गाँव में ढूँढ़ना अनिवार्य हो जाता है। जवान बहन को घर में अकेली छोड़कर वह किसी दूसरे शहर में काम की तलाश में नहीं जा सकता।

लड़का प्रेसिडेंट के सामने नौकरी के लिये गिड़गिड़ाने पर मजबूर हो जाता है। अपनी स्थिति का भास, कुछ भूख की व्याकुलता। प्रेजिडेंट उसे दस रुपए दान स्वरूप देता है, लड़का दान को लेने से इंकार करता है 'आपका कोई काम किए बगैर आपसे रुपए लेना' उसे मंजूर नहीं।

इलेक्शन में प्रेसिडेंट साहब भी उसी छठे वार्ड से खड़े हो रहे हैं जिस वार्ड से चेयरमैन खड़ा हो रहा है। अगर युवक उनका कोई काम करना चाहता है तो यही है कि इलेक्शन में उनके चुनाव के लिये काम करे : ''तुममें हिम्मत हो तो मेरे लिये काम करो...यानी चेयरमैन के खिलाफ...कर सकोगे ?''

युवक उस चुनाव में चेयरमैन को हराना अपना कर्त्तव्य समझता है, वह बड़े उत्साह के साथ चेयरमैन की काली करतूतों का भंडाफोड़ करने के काम में कूद पड़ता है।

मन्दिर के सामने एक शाम जलसे का प्रबन्ध किया जाता है। चेयरमैन को अपने चुनाव के सिलसिले में वहाँ भाषण देना है। जिस जगह पर चेयरमैन की सभा होनेवाली थी उससे कुछ दूर हटकर युवक अपने कुछ साथियों के साथ पहुँच जाता है और चेयरमैन की मौजूदगी में माइक पर एक लम्बा भाषण पढ़ता है जिसमें चेयरमैन की काली करतूतों का ब्यौरा दिया गया है। इतना ही नहीं, वहाँ से चलकर वह दो रात तक गली-गली और कूचे-कूचे में अपना लिखित भाषण पढ़कर सुनाता रहा।

पर उस रात घर पहुँचता है तो एक और मुसीबत मुँह फाड़े खड़ी है। घर में अँधेरा है और चुप्पी छाई है। बहन घर से भाग गई है। उस रोज प्रातः उसकी बहन घर के पिछवाड़े बैठी उलटियाँ कर रही थी। लेकिन वह इन उलटियों का कारण घर की भुखमरी को समझता रहा था। उसका वास्तविक कारण उसे तब पता चला जब बहन की चारपाई के सिरहाने उसे कागज का एक टुकड़ा पड़ा मिला जिस पर लिखा था, ''दादा, मैं तुम्हारे और खानदान के मुँह पर कालिख पोत कर जा रही हूँ।''

पहले तो युवक सकते में आ जाता है। उसे लगता है जैसे उस पर घर की छत टूटकर गिरी है, उसे चेयरमैन एक अजगर-सा जान पड़ता है जो उसकी तरफ झपट्टा मारकर आता नजर आता है। ''लेकिन फिर अचानक मेरे भीतर एक नई स्फूर्ति जाग उठी थी और अपनी तरफ बढ़ते हुए अजगर से पीछा छुड़ाने के लिये मैं बहन के छोड़े हुए पत्र को मुट्ठी में कसे भागता हुआ स्टेशन पहुँच गया था।''

यहीं पर कहानी का अन्त हो जाता है।

उपन्यास में एक ओर जहाँ कथानक की एक के बाद एक घटना घटित होती है वहाँ दूसरी ओर, साथ ही साथ एक और दृश्य भी चलता रहता है। इस दृश्य का आरम्भ उपन्यास के शुरू में हो जाता है जहाँ एक युवक समुद्र-तट पर आत्महत्या करने आता है। तीन महीने पहले भी उसने आत्महत्या करने की कोशिश की थी लेकिन समुद्र-तट से लौट गया था, अबकी बार फिर वह आत्महत्या करने के इरादे से आता है। यह दृश्य मूल कथानक की प्रत्येक घटना के साथ दिखाया गया है और इस तरह इसे मूल कथा के अन्दर पिरोया गया है। उपन्यास का अन्त इस दृश्य के अन्तिम चरण से होता है जहाँ एक बार फिर युवक आत्महत्या करने के बजाय समुद्र-तट से लौट जाता है, यह कहते हुए कि "मैं नहीं मरूँगा, मैं मरूँगा नहीं...।" यह दृश्य एक तरह से बिम्बात्मक है, अमूर्त है, मुख्य पात्र की मनःस्थिति को व्यक्त करता है। उसकी आन्तरिक व्याकुलता, उसकी निःसहायता और उसके द्वन्द्व को बिम्बों के रूप में सामने लाता है। डूबता सूर्य, उभरता चाँद और उस चाँद को ग्रसने के लिये आगे बढ़ते हुए काले बादल, जीवन और मृत्यु, अथवा न्याय और अन्याय के प्रतीक बनकर आते हैं। मूल कथानक की गति के अनुरूप कभी तो चाँद लगभग पूर्णतया भयावने बादलों से ढँक जाता है, कभी छटपटाकर जैसे उनके घातक चंगुल में से निकल आता है। और चाँद और बादलों का यह संघर्ष युवक के लौकिक संघर्ष का प्रतीक बनकर उभरता है। इससे कथानक को एक तरह का विस्तार और एक तरह का सन्दर्भ मिलता है। कथानक के लिये यह भावनात्मक वातावरण भी तैयार करता है। लेकिन समूचे तौर पर देखें तो यह मूल कथानक से मेल नहीं खाता। जहाँ मूल कथानक वास्तविकता पर आधारित है वहाँ यह दृश्य लेखक की कल्पना की उपज है, जहाँ मूल कथानक के विकास में गति है वहाँ यह दृश्य एक तरह से गतिहीन है, जहाँ वह ठोस है वहाँ यह अमूर्त है। हर बार प्रत्येक वास्तविक घटना के बाद इससे साक्षात करते हुए एक तरह का झटका-सा लगता है, और यह पाठक के मन को, कम-से-कम पढ़ते समय मेरे मन को बाँध नहीं पाता, बेमेल लगता है। कहानी अपने में इतनी दर्दनाक और दिल को इतने गहरे में पकड़ती है कि उसके हर मोड़ पर इस दृश्य की पुनरावृत्ति से मन को झटका-सा लगता है। यह ठीक है कि लेखक ने इसे भी गतिशील करने की कोशिश की है, मुख्य पात्र की निःसहायता को व्यक्त करने के लिये तरह-तरह के चित्र उपस्थित किए हैं, जैसे अपने उन शत्रुओं का बालू पर नाम लिखकर उन पर जूते मारना, जिनका जीवन में वह मुकाबला नहीं कर पाया, या जलती चिता का चित्र, आकाश में बादलों और चन्द्रमा के संघर्ष का चित्र आदि, लेकिन कहानी की बढ़ती गति में हम वास्तविक जीवन के दृश्य अधिक देखना चाहते हैं, इन प्रतीकों के कम। मैं सोचता हूँ जिस ढंग से इस समूचे प्रतीकात्मक दृश्य को कहानी की घटनाओं में पिरोया गया है, उससे कहानी का बहाव टूटा है, उससे कहानी को विशेष लाभ नहीं पहुँचा बल्कि उपन्यास के गठन को नुकसान पहुँचा है।

शायद सबसे बड़ा नुकसान तो यह कि लेखक उपन्यास के मूल कथानक को ज्यादा खुलकर नहीं लिख पाया। वह अत्यधिक संयम से लिखता रहा है। लेखक ने उपन्यास का ढाँचा ही ऐसा चुना, जिसमें वह अपनी कहानी के उन्मुक्त विकास को एक तरह से रोकता रहा है, वरना कहानी में अनेक ऐसे पात्र हैं और अनेक ऐसे मोड़ जिन्हें ज्यादा खुलकर लिखता तो उनमें विशालता और गहराई दोनों आते और कहानी इकहरी न रहकर, उसमें बहुत-से आयाम जुड़ते। अगर लेखक को यह वहम रहा है कि यथार्थ कथानक पर ज्यादा बल देने से उसमें वह कलात्मकता नहीं आ पाएगी जिसे वह इन दृश्य-चित्रों के द्वारा ला पाया है, तो यह उसकी बहुत बड़ी भूल है। इससे सबसे बड़ा नुकसान पात्रों के विकास के स्तर पर हुआ है। प्रत्येक पात्र की क्षमताओं को उसने विकास पाने या अभिव्यक्त हो पाने का मौका नहीं दिया। और यह बात सभी पात्रों पर लागू होती है। माँ, जो एक ओर बेटे से इस बात की अपेक्षा करती है कि वह कमाकर लाए और परिवार का पालन-पोषण करे, दूसरी ओर दीन और इज्जत का दामन नहीं छोड़ती, भले ही उससे फाकों मरना पड़े। चाचा जी, मिस्त्री, प्रेसिडेंट सभी पात्रों की अपनी-अपनी क्षमताएँ थीं जिन्हें खिलने का मौका दिया जाना चाहिए था। इसी तरह डॉक्टर, चेयरमैन आदि के किरदारों को। इस दृष्टि से सबसे ज्यादा बे-इंसाफी बहन के किरदार के साथ हुई है, उसके गर्भ और घर से भाग जाने की बात मात्र एक वाक्य में आरम्भ और समाप्त कर दी गई है। मैं नहीं समझता कि उपन्यास को अधिक कलेवर देने से कहानी की चुभन किसी तरह भी कम होती, बल्कि कई गुना बढ़ती।

यह सब कहते हुए भी कहानी यथार्थ के जिस धरातल पर खड़ी है, वह इतना ठोस, विश्वसनीय और सच्चा है कि कम स्थान दिए जाने के बावजूद अपना प्रभाव दिल पर छोड़े बिना नहीं रहता। बहुत कम कहते हुए उपन्यास एक गाँव की आन्तरिक स्थिति की मार्मिक और जीवन्त तस्वीर पेश करता है और युवक की स्थिति की विकटता और निःसहायता गहरे में महसूस कराता है। अगर उपन्यास का इकहरापन इसका दोष है, तो कथानक की सच्चाई इसका सबसे बड़ा गुण भी है। लेखक यदि इसी सच को कहने चला था तो वह इस सच्चाई की एक मार्मिक झलक देने में सफल हुआ है। काश ! कि यह मात्र झलक न रहकर आज के ग्रामीण जीवन का अधिक व्यापक चित्र बनकर सामने आता। एक लीक पर न चलकर ग्राम-जीवन से जुड़े अनेक प्रसंगों को उठाता, और समकालीन जीवन का एक भरपूर चित्र प्रस्तुत करता।

'वह अपना चेहरा' : संस्मरण

गोविन्द मिश्र

पहली मुलाकात से ही केशवदास मुझ पर हावी हो गया था। व्यक्तित्व जिस माने में इस्तेमाल किया जाता है वह तो नहीं लेकिन वह काफी वजनी चीज थी। उससे भी बड़ी बात जो थी वह यह थी कि वह अफसरशाही के अखाड़े में कठैठ हुआ था। यों अपने आप में वह ज्यादा कुछ नहीं था—एक अपंग होते हुए लिजलिजे बूढ़े से आगे—लेकिन किसी भी बैठक में वह भारी पड़ता था, अगर सिर्फ बैठा ही रहे तब भी। अगर सामने वाला ठस्स न हुआ तो वह जरूर उसके जेहन में जोंक की तरह जा चिपकेगा...

बावजूद इसके कभी सोचा भी नहीं था उस पर उपन्यास लिख जाएगा। वह तो उससे जो भिड़न्तें शुरू हुईं और बीच में जो तनाव फैलना शुरू हुआ उसने ही मुझे लगभग उस बिन्दु पर लाकर फेंका जहाँ लिखना एक लाचारी बन गई थी। कई वजहें और गलतफहमियाँ थीं, अपने आप में बेमानी...पर बुनियादी बात तन्त्र वाली ही थी...केशवदास के सामने कोई सर उठाकर बात करे इसे बर्दाश्त करने की उसे आदत नहीं थी। अपना वह एक ही रोल पहचानता था—खींचना, जूते चटवाना, टाँगना और फिर 'आउट-आफ-वे' जाकर मदद करना...या बीच में ही अफसरी रुखाई में छोड़ देना...एक चक्कर जो महत्वपूर्ण अफसरों के इर्दगिर्द (दिल्ली में विशेषकर) चलता है और जो अफसरशाही के माहौल की एक आम चीज है। जो इस तन्त्र में है—छोटे-बड़े सभी—वे इस चक्कर में हैं, कुछ अनचाहे भी आ फँसते हैं—पता नहीं कहाँ पहुँच जाना चाहते हैं, एक-दो पहुँचा दिए गए, इसके चलते ज्यादातर लोगों को धूल ही फाँकनी पड़ती है। लेकिन लगे रहते हैं बेचारे इस चक्कर की तमाम निरर्थकता को लगातार महसूस करते हुए भी...

मैं भी इसका शिकार हुआ और केशवदास मुझे टाँगता रहा, टाँगता रहा। इसलिए भिड़न्त के बावजूद मुझे घिसटना था और उसे बस टाँगते चले जाना था। इसके दरम्यान फिर अहं की टकराहट शुरू हुई...उसकी कुर्सी पर उगे और पनपे हुए अहं की और मेरे—जो कुछ भी मैं अपने को बहकाने के लिये समझता था। लड़की जैसी चीज बीच में आई तो इस टकराहट ने तेजी पकड़ी और थोड़ा अपना रंग भी बदला। केशवदास का इरादा मुझे नुकसान पहुँचाने का नहीं, वक्त-बे-वक्त लथेड़ देने भर का रहने लगा। वह बहुत छोटी-सी दुनिया थी, यों कि जहाँ केशवदास पहुँचता था वहाँ मैं भी होता था और

जहाँ मैं पहुँचूँ वहाँ केशवदास स्वयं मौजूद न भी हो तो भी उतराता रहता था...इसलिए मामला और मचता चला गया।

इस बीच एकाएक मुझे यह बड़ी गहराई से महसूस हुआ कि केशवदास का विरोध करते हुए, उससे लड़ते हुए मुझमें धीरे-धीरे वे सारी चीजें आती जा रही हैं जिनके केशवदास में रहते मैं उससे घृणा करता था और केशवदास धीरे-धीरे मुझे लीलता चला जा रहा है...

यह एक भयानक अहसास था और यहीं पर आकर इस उपन्यास ने जन्म लिया। जहाँ तक मुझे याद है उपन्यास लिखना भी मैंने दिमाग में चिपके केशवदास को वहाँ से उखाड़ फेंकने के लिये शुरू किया था। पूरी तरह सफल फिर भी नहीं हो सका क्योंकि केशवदास था ही ऐसा।

गहराई का अन्दाज इसी से लग सकता है कि 'उतरती हुई धूप' मेरा पहला उपन्यास न होकर दूसरा हुआ...

'वह अपना चेहरा' सराहा गया यह एक इत्तफाक था। कहा जा सकता है कि अपेक्षाकृत एक अपरिचित दुनिया को उठाने की वजह से इसने लोगों का ध्यान आकृष्ट किया...लेकिन शायद सही बात यह थी कि इसमें केशवदास और मैं के बीच बड़े और छोटे...बड़े को अपनी बराबरी तक छोटे करके लाने की कोशिश...और छोटे को फुलाकर बड़े की बराबरी में लाने की होड़...या बड़े का जहाँ वह है वहाँ छोटे को भी देखकर छोटे को और छोटे करने के लिये लतियाना...ये कोशिशें, तनाव और इनके साथ की सारी बातें...हीनता-बोध जैसी सभी कुछ...वे इतनी आम हैं कि हर पाठक स्वयं को इसके टेंशन से जोड़ सका...फिर इसमें लड़ाई की क्रूडनेस नहीं वरन् आज के जमाने की पेचीदगी और सटैलटी थी...जो आज का यथार्थ है...केशवदास और 'मैं' दोनों ही एक दूसरे के प्रति अवफादार कभी नहीं होते (वफादारी जिस भी माने में वे शुरू से समझते हैं—केशवदास के लिये पैंतरेबाजी और मैं के लिये चमचागिरी को हाथ में उठाए हुए स्वार्थ)। लड़ाई के तरीके एकदम आज के हैं—सामने आकर न भिड़ना बल्कि पर्दे के पार से तीरबाजी करना—क्योंकि कहीं अपरोक्ष रूप से दोनों को एक-दूसरे से डर भी लगता है—'मैं' का कैरियर केशवदास के हाथ में है तो केशवदास खुद भी शीशे के घर में बैठा हुआ है। तब फिर ऐसे ही चल सकता था—केशवदास से 'मैं' चाय की जगह ठंडा माँगता है और केशवदास कहता है—'ठंडा तो सिर्फ पानी होगा...' 'मैं' केशवदास के घर के पिछवाड़े पेशाब करने, गमले तोड़ देने की सोचते-सोचते उसकी लड़की के साथ फ्लर्टिंग शुरू कर देता है...ये सब तौर-तरीके आधुनिक हैं—एबसर्डिटी और हिपौक्रिमी की हद तक...और ये दोनों ही शब्द आज की पीढ़ी को ज्यादा अच्छा बयान करते हैं बनिस्बत और किसी शब्द के, सिनिसिज्म का नाम इसलिए नहीं ले रहा कि वह इन दोनों का बाप है...और इसलिए हमेशा मौजूद है...

'वह अपना चेहरा' सराहा गया, इसके पीछे यह भी बात है कि यह आज के मुख्य स्वर—'सिनिसिज्म का दस्तावेज है...' 'मैं' की सारी बुनावट सिर्फ सिनिसिज्म की ही

है–केशवदास के पीछे भागते जाना, व्यर्थता महसूस करते हुए...जिससे काम है उससे ही भिड़ जाना क्योंकि जो मिलनेवाला है वही क्या तय है और तय है तो क्या है ?...भिड़ने की बेकारी महसूस करके फिर केशवदास से शुरू से जोड़ने की कोशिश करने लगना–इस बहाने खुद को उस लकीर से जोड़ना जो कम-से-कम साफ है–जो फायदे की दृष्टि लेकर चलती है...रेशमा से प्यार करने के लिये चलना और खराब जायका लेकर लौटना...फिर अन्त में रचना को पकड़कर पीस देना–पता नहीं वह उसके लिये दबे प्यार या तिलमिलाहट को उगलना था या फिर केशवदास को हीनभाव से लथेड़ने की बात थी...'मैं' को कुछ नहीं मालूम क्योंकि आज के आदमी को कुछ नहीं मालूम...

कुछ मित्रों का कहना है कि उपन्यास की असली उपलब्धि भाषा है जो लगातार तेज चाकू की तरह चलती है...आज के मुहावरे का इस्तेमाल उन्हें अच्छा लगा है। यह बात मेरी समझ में नहीं आती क्योंकि अलग से भाषा के अस्तित्व का अहसास मुझे न तब था और न अब ही लिखते हुए होता है...

जितनी इस उपन्यास को सभी क्षेत्रों से प्रशंसा मिली उतनी ही एक वर्ग के पाठकों से गालियाँ, कहीं-कहीं पात्र इतने साफ-साफ पहचाने गए कि स्कैंडल्स का मजा लेनेवालों के लिये उपन्यास एक चटपटा मसाला बन गया...और कुछ नारी पात्रों की दोस्ती मुझे हमेशा के लिये खो देनी पड़ी। पर मुश्किल यह थी कि कुछ चीजों को अगर दबाया जाता तो सम्बन्ध तो शायद बने रहते, उपन्यास में ताजगी न आ पाती। वैसे एक नारी पात्र ने एक मजेदार बात कही थी कि ऐसी बातें इतनी आम हैं कि उन पर उपन्यास नहीं लिखा जाता। एकदम सही बात–और वाकई किसी अफसर की फ्लर्टिंग के प्रसंग अक्सर बड़ी फ्लैट रीडिंग बनाते भी हैं...पर केशवदास के ये प्रसंग वैसे नहीं लगते...इसलिए नहीं कि मैंने लिखा है...

शायद इसलिए कि वे केशवदास से जुड़े थे और वे सब उसकी अपनी स्टाइल में थे...

उपन्यास के दौरान कुछ बड़ी-बड़ी बातें उठीं–एक ऐसे माहौल में विद्रोह की बात जो उस शब्द को ही मानने से इंकार करता है, जो ईंट-दर-ईंट सिर्फ अन्धे होकर बात को मानने चले जाने, गधे के सामने भी प्रशंसा में हाँ-हूँ करते जाने से बना है...माहौल अपने आप में इतना बड़ा और सशक्त है कि विद्रोहियों को भी उसी टाइप में ढाल लेता है जो उनकी है जिनके खिलाफ विद्रोह महसूस किया जाता है...यह सिलसिला भी जाने कब से बदस्तूर चालू है...कभी-कभी मैं सोचा करता हूँ कि हमारे समाज के लिये सबसे बड़ा दुश्मन कोई है तो वह है आदमी की वैयक्तिकता, उसकी अपनी खासियत...बच्चे ने होश सँभाला तो उधर से उगता दिखता है स्कूल जो उसके सारे विकास को घींच-घींचकर एक ढाँचे पर फिट करता हुआ पसराता चलता...उसके बाद विवाह और फिर बैडरूम, ड्राइंग-डाइनिंग से लगाकर खुश पति-पत्नी दिखने के फैशन तक...इसके साथ-साथ नौकरी, व्यापार या बेरोजगारी के तकाजे, सम्बन्धों के एक खास ढंग के

बिहेवियर-पैटर्न की उम्मीद...सभी हाथ धोकर उस आदमी के पीछे पड़े रहते हैं जिससे वह आदमी बनता है...

भूमिका में कुछ बातें इकट्ठी की गई हैं। जिनसे उपन्यास के मुख्य स्वर के दौरान टकराना हुआ था और जिन पर सोचने और दर्शन के पुलन्दे लादकर मैं बृहत् उपन्यास नहीं लिखना चाहता था...बड़े कलेवर में बात में शायद वह तेजी न रहती।

कुछ समीक्षकों और मित्रों की यह शिकायत रही है कि उपन्यास में थोड़ा सब्र से काम लिया गया होता और अफसर वर्ग का चित्रण थोड़ा डिटेल में किया गया होता तो यह उपन्यास क्लासिक बन सकता था। पहले तो अब क्लासिक्स का जमाना नहीं रहा, मेरे खयाल से। दूसरे उपन्यास का असल उद्देश्य अफसर वर्ग का चित्रण नहीं था। दो अलग-अलग तरह के व्यक्तित्वों की लड़ाई...उस संस्था के साए में जिसके वे हैं...और धीरे-धीरे दीमक को दूसरे से छीलकर फेंक देने की कोशिश में ताजे हाथ में भी लगती दीमक, इसके आगे कम-से-कम मैंने नहीं सोचा था...क्योंकि यही था जो हुआ था...

चीजें जितना कॉम्प्लैक्स हो गई हैं उस हिसाब से एक वर्ग का सर्वांगीण चित्रण अब हास्यास्पद बात लगती है...वर्गीकरण करके बात रखें तब भी केशवदास में ऐसी कितनी बातें थीं जो अफसर वर्ग की होते हुए भी उसमें नहीं थीं...वह लम्पट था पर मक्कार नहीं था। (यह बात और है कि कभी ऐसा लगा हो) और अफसरी आधी मक्कारी होती है। केशवदास अगर अफसर न हुआ होता तो गुंडा होता...दरअसल उस माने में अब टाइप-पात्रों का जमाना भी नहीं रहा।

अगर मैं कुछ और करता भी उस उपन्यास में तो वह केशवदास के इर्दगिर्द ही होता क्योंकि लिखते समय मेरे लिये वह अफसर-संस्था से बहुत बड़ा था...अब भी कभी ऐसा लगता है...

दरअसल 'वह अपना चेहरा' जैसे उपन्यासों की समीक्षा उपन्यास के पारम्परिक मापदंडों से नहीं की जा सकती। इसमें कथानक, भाषा, पात्र, वातावरण जैसे खेमों में बात को बाँटकर कहीं नहीं पहुँचा जा सकता, 'वह अपना चेहरा' में तो और भी। कथानक है तो केशवदास है और वातावरण है तो केशवदास है लेकिन उस मान में इसे चरित्रप्रधान जैसी संज्ञा देना भी भूल होगी...क्योंकि असल बात केशवदास नहीं, उसके और "मैं" के बीच का तनाव भी नहीं, वह दृष्टि थी जो आज के परिवेश में किसी आदमी की वैयक्तिकता या आदमियत को निगले जाने के क्रम को पकड़ना चाहती थी...रचना जिनसे बनती है वे महत्वपूर्ण नहीं होते, वह आग महत्वपूर्ण होती है जो एक रचना उगलती है।

अभी उस दिन केशवदास से मुलाकात हो गई। रिटायर हो चुका था इसलिए सिर्फ फूला दिख रहा था...चेहरे पर दो-चार दस्त होने के बाद की सफेदी थी, वह सूखापन था जैसे बहुत दिनों से शराब न मिली हो...

क्या यही वह आदमी था ? विश्वास नहीं हुआ। इससे मुलाकात हुई होती तो क्या उपन्यास लिखा जाता और वह भी उस तरह से ? तब कैसे कहा जाए कि उपन्यास में

आदमी या मुख्य पात्र ही असली चीज होते हैं...या कि यह भी कि केशवदास से परिचय या मुलाकात की वजह से यह उपन्यास लिखा गया। क्या केशवदास के खिलाफ भड़ास उस पूरे तन्त्र के खिलाफ नहीं थी जिसके केशवदास और मैं दोनों ही पुर्जे थे ?

आदमी की लड़ाई के लिये आदमी बहुत छोटा पड़ता है। मानें या न मानें, केशवदास जैसे सिर्फ रावण के पुतले हैं जो जला डाले जाते हैं...या फिर वह दीवाल है जिस पर हम सर पटकते रह सकते हैं–अपना ही, बनाया गया पुतला और खुद ही खड़ी की गई दीवाल।

तो असली बात शायद केशवदास से मुलाक़ात नहीं थी !

'वह अपना चेहरा' : समीक्षा

डॉ. परमानन्द श्रीवास्तव

यह अच्छा है कि इधर नए लेखकों का ध्यान उपन्यास नामक विधा की ओर गया है और अब उपन्यास केवल उन लेखकों की चीज नहीं रह गया है जो व्यावसायिक सफलता और उसी से प्राप्त लोकप्रियता को उपन्यास-लेखन की सफलता मानते रहे हैं। पर एक लम्बे समय से हिन्दी उपन्यास जिन रूढ़ियों में फँसा रहा है (अपवादस्वरूप एक दर्जन या अधिक कृतियों के बावजूद !) उनसे पीछा छुड़ा पाना मुश्किल है। शायद इस डर से नए लेखक बड़े अंनुभवों वाले उपन्यास के नजदीक नहीं जा रहे हैं। यहाँ गोविन्द मिश्र के उपन्यास 'वह अपना चेहरा' का मूल्यांकन करने से पहले उन्हीं के समकालीन गिरिराज किशोर की टिप्पणी की ओर इशारा अप्रासंगिक न होगा–

> "आज रचनाकार अनुभवगत असहिष्णुता से गुजर रहा है जिसके कारण रचनात्मक स्तर पर गहरा ठंडापन अनुभव होने लगा है। परन्तु आवश्यक नहीं कि यह स्थिति लगातार बनी ही रहे। हो सकता है इस अनुभवगत असहिष्णुता के सहारे ही अनुभव बड़ा बने और यह असहिष्णुता ही रचनात्मक असहिष्णुता का रूप ले ले–क्योंकि बड़ा रचनाकार बहुत समय तक अपने अनुभव को इस तरह टुकड़े-टुकड़े करके बाँटता नहीं रह सकता।" (उपन्यास से रिश्ता, पूर्वग्रह, जनवरी 75)

गोविन्द मिश्र के इस उपन्यास 'वह अपना चेहरा' में पाठक को क्या किसी तरह की रचनात्मक असहिष्णुता का बोध होता है ! शायद। क्योंकि यह तो सच है कि यहाँ अनुभव या अभिव्यक्ति का कोई पहले से बना हुआ ढर्रा नहीं है। सम्बन्धों को लेकर जो घुटन या व्यग्रता है वह किसी एक मुहावरे के अधीन नहीं, हालाँकि एक मुहावरे का भ्रम होता है।

गोविन्द मिश्र अपने वक्तव्य में लिखते हैं–" 'वह अपना चेहरा' और 'जिहाद' दोनों ही एक सिलसिले की रचनाएँ हैं...विद्रोह की जड़ कुरेदने के चक्कर में जहाँ भी टकराती और ऊपर आकर फट पड़ती वह भड़भड़ाहट ही है। व्यक्ति विशेष या व्यवस्था बाहरी लक्ष्य हो सकते हैं पर असली लक्ष्य हम अपने खुद हैं और इस तरह हर बाहर की तरफ दौड़ती हुई लड़ाई सिर्फ अन्दर की तरफ मारती है, पस्त हम स्वयं पड़ते हैं और कभी-कभी तो लड़ाई के दौरान ही वे हरकतें करते चले जाते हैं जिनके खिलाफ हमने जिहाद बोल रखी थी।" अकारण नहीं, कि 'वह अपना चेहरा' की थीम बगावत या

आक्रोश के आसपास नहीं—अधिक-से-अधिक एक तरह की 'लूली भड़भड़ाहट' के आसपास बुनी हुई है क्योंकि जिस अफसर वर्ग-व्यक्ति का यह चेहरा है उसे याद करते हुए इससे भिन्न शब्द की याद नहीं की जा सकती—'भड़भड़ाहट'।

इस 'अपने चेहरे' का प्रतिपक्ष है बॉस अर्थात् केशवदास का चरित्र ! कल की ट्रेनिंग कॉलेज की लड़की रचना और आज की मिसेज आजवानी इस लड़ाई का एक बहाना है। अन्य आधार भी असम्भव न होंगे पर क्योंकि लड़ाई का चरित्र ही एक क्षोभयुक्त मानसिक व्यवहार या प्रतिक्रिया से बाहर या आगे नहीं जा पाता इसलिए दूसरे आधारों से कोई सीधा उलझाव नजर नहीं आता।

मिसेज आजवानी सामने न हों तो उपन्यास का चरित्र 'वह' कोई भी जलालत उठा लेता और उसे एतराज न होता। जिस आम बेवकूफी में अफसर साँस लेते हैं, उससे वह अच्छी तरह परिचित था।—"यह तय है कि यदि वह उपस्थित न होती तो मैं शायद चुप ही लगाए रहता क्योंकि अपने अफसरों के आगे ही-ही करते बैठे रहना मेरी भी आदत बन चुकी है। वह घर में मुझे लात भी जमाता तो उसे मैं अपना चाचा ही कहता।" तात्पर्य यह कि उसे केशवदास से 'पराजित' होना ही था। दूसरी ओर मिसेज आजवानी से सम्बन्ध-स्थापना—यह कैसी भी हो—जरूरी थी, हालाँकि उसके जानते, यह थी बेवकूफी ही, जो बस 'बहुत जरूरी' हो गई थी। केशवदास की स्ट्रैटेजी वह समझता था—"मैं जहाँ तक बर्दाश्त करूँगा, वह पीछे ठेलता ही चला जाएगा—उस बिन्दु तक, जहाँ मैं धीरज खो बैठूँगा।" इससे यह भ्रम नहीं होना चाहिए कि वह विरोध में कुछ कर सकता था। उसके अनुभव में लेकर कटुता थी—जो आक्रोश जान पड़ती।

मिसेज शर्मा और केशवदास के सम्बन्धों के विरुद्ध एक नारा उठा तो उसे तसल्ली हुई—"अगर वे सब इसे एक रात घेर लें और अच्छी तरह मरम्मत करें तो कुछ नहीं कर सकेगा—वह रिपोर्ट भी नहीं कर पाएगा—मैं भी ताकत भर घूँसा उसके पेट में जड़ दूँगा, साले की गैस निकल जाएगी...।" पर केशवदास इस तरह झाँसे में आनेवाला नहीं था—वह साफ काटकर निकल गया था।

जब कुछ नहीं होता, वह रेशमा से रोमांस की बात सिर्फ इसलिए सोचने लगता कि शायद वह (केशवदास) परेशानी में पड़ेगा। 'खिड़की से बाल बिथेड़ दिए' 'एकाध फोन'—कुल अनुभव यह कि रेशमा ने ही उसे चारों खाने चित्त फेंक दिया था—आखिर वह क्यों उसके साथ वक्त बर्बाद करे। वह भावना या निष्ठा के नाम पर सिर्फ झूठ बोलता क्योंकि 'बाजी खत्म होने पर आ गई थीं।'

उसने अनुभव किया कि केशवदास इस तरह की परेशानियों के लिये कुछ बड़ा ही बैठता था। रेशमा से सम्बन्ध के नाम पर उसे एक वाहियात-सी लिजलिजाहट ही हासिल हुई। यहाँ भी उसने अपने को केशवदास की गुलामी करते पाया—उसकी बेटी के लिये पकड़ा और पाया गया—एक बहुधन्धीय खानसामानुमा-कुछ।

मिसेज आजवानी से भी वह एक सहकारी की हैसियत से ही जल रहा था। ले-देकर उसकी पूँजी 'कुढ़न' तक सीमित थी—जिसे वह हर बार 'नया ढाँचा' पहनाता जा रहा

था। स्पेशल पे की जगह आई तो उसे केशवदास से सिफारिश करनी पड़ी। इस प्रक्रिया में लाभ मामूली ही हों, पर उसने अपने हथियार डाल दिए थे।

वह कितना छोटा था–"एक भुनगा भी उस वक्त मुझे खुद से बड़ा लगता। मैं ही सब कुछ के नाकाबिल था..." केशवदास की हमदर्दी हासिल करने के लिये नाकाबिल और उससे भिड़ने के भी नाकाबिल...। जो बचा हुआ था वह मिसेज आजवानी को बलात् उपलब्ध करने की कोशिश के बाद खत्म हो गया–सिर्फ एक लावारिस छटपटाहट खुलकर फटी थी। उसकी और केशवदास की उँगलियों में आखिर फर्क ही क्या था–जब वह वाश बेसिन के शीशे पर मुँह का लिपस्टिक साफ करने के लिये झुका। इसके बाद कुछ भी शेष नहीं था–

"शायद सभी कुछ आधा था क्योंकि सब कुछ आधा ही रहा था, वह सब भी जो इतने दिनों से झेलता चला आ रहा था–" यही अनुभवों के सिलसिले का लगभग अन्त था।

उपन्यास की कहानी और बनावट में ही एक सहज बिखराव है–क्या मुहावरा और क्या वाक्य विन्यास–दोनों दिशाओं में एक स्वाभाविक कौशल के रूप में वह लक्ष्य किया जा सकता है। दुनिया बहुत बड़ी नहीं है, न अनुभवों का दायरा बड़ा है पर भीतर और बाहर की लड़ाई के अनेक पहलू अपने आप में महत्वपूर्ण अनुभव-संसार से परिचित कराते हैं।

भड़भड़ाहट के ही चित्र में एक अप्रत्याशित निजीपन है जिसे सर्जनात्मकता के तर्क से भी जाँचना चाहिए। इस स्तर पर उपन्यास-रचना की सार्थकता के लिये दो ही रास्ते बचे हुए हैं–या तो व्यापक अनुभवों की व्यापक दुनिया का सामना किया जाए या भीतर के दबावों संघर्षों की ऐसी पहचान की जाए जो बाहर की दुनिया से सीधे जुड़ी और इच्छापूर्वक उलझी हुई हों। एक हद तक यह दूसरी कोशिश गोविन्द मिश्र का सरोकार जान पड़ती है। यह दूसरी बात है कि भड़भड़ाहट को उसके स्रोतों तक जाकर देखने की इच्छा लेखक में बनी रहती–बिना अपने संगठन या कौशल को खोए हुए–तो यह छोटी दुनिया कुछ और अर्थपूर्ण लगती–क्षुद्रताओं (छोटी-मोटी क्षुद्रताओं) में अधिक जीवित !

एक तरह के पाठकों को एतराज हो सकता है कि हमारे समय-चरित्र के असन्तोष को यह उपन्यास एक गलत सन्दर्भ देता है–शायद विद्रोह या गुस्से की हँसी उड़ाता है और अपने हक में उसे सरल-निरर्थक परिणति तक ले जाता है। दूसरी व्याख्या के अनुसार यह कहानी हमारे समय-चरित्र की आत्मसमीक्षा भी हो सकती है।

नई कहानी के आरम्भिक दौर में उपयुक्त थीम की (जिसे आक्रोश के नाम पर लिजलिजाहट ही कहेंगे) अनेक कहानियाँ लिखी गईं। एक किसी पूरे दिन के व्यर्थता-बोध या हर चीज के प्रति निरर्थक प्रतिक्रिया की वे कहानियाँ अक्सर एक रूपगत कसाव के लिए–भावुक स्थितियों के व्यंग्य-लेख के लिए–प्रेम की संवेदना के स्थान पर प्रेमहीनता के तनाव के लिये सराही गई थीं।

गोविन्द मिश्र के उपन्यास की सराहना भी एक स्फूर्त-अनगढ़-शिथिल संगठन या संगठित बिखराव की दृष्टि से की गई है। उपन्यास की अन्तर्वस्तु एक प्रकार के अनुभव की संकीर्णता का आभास कराती है--यद्यपि उनकी विश्वसनीयता में आज की कुल स्थिति से परिचित पाठक को सन्देह नहीं रह जाता। समस्या को एक परिदृश्य के पूरे तनाव में फैलाने का काम बदीउज्जमा ने एक चूहे की मौत' में किया है जिसमें यथार्थ और अयथार्थ का सटीक दिलचस्प सामंजस्य है। 'वह अपना चेहरा' की पूरक कहानी 'जिहाद' की समस्या चरित्रभेद के बावजूद 'एक चूहे की मौत' के नजदीक है, जिसमें एक युवा अफसर हर पल विद्रोह के लिये तैयार होकर भी अन्ततः एक पौधे की खोह पर घायल सिपाही की तरह खड़ा है जिसका अन्तिम और अन्यतम अनुभव इतना ही है--'शायद हम कुछ कर नहीं सकते।'

'वह अपना चेहरा' गोविन्द मिश्र का आरम्भिक उपन्यास है। उसकी सीमाएँ स्वाभाविक हैं। पर यदि वे आगे भी उपन्यास रचना में संलग्न हैं तो उन्हें एक बार इस विधा और अपने अनुभव संसार की विशिष्टता या विशिष्ट संकीर्णता और अपनी क्षमता का भी पुनर्परीक्षण करना चाहिए।

'आधा गाँव' : संस्मरण

राही मासूम रजा

हमारे देश के इतिहास की सबसे बड़ी ट्रेजडी यह है कि सन् '47 के अगस्त की पन्द्रहवीं से फौरन पहले अगस्त की चौदहवीं भी आई।

मेरा उपन्यास 'आधा गाँव' उसी चौदह अगस्त के जहरीले समुद्र को बिलोकर अमृत निकालने की एक कोशिश है। अपने इस उपन्यास के बारे में मुझे कुछ कहना ही नहीं है क्योंकि इस उपन्यास के बारे में मुझे जो कुछ कहना था वह मैं इस उपन्यास ही में कह चुका हूँ। 'आधा गाँव' लिखना शुरू करने से पहले मैंने अपने आपसे यह बात पूछी थी कि मैं यह उपन्यास क्यों लिख रहा हूँ ? उपन्यास ही में मैंने इस सवाल का जवाब भी दे दिया है :

"यह कहानी न कुछ लोगों की है, न कुछ परिवारों की। यह उस गाँव की कहानी भी नहीं है जिसमें इस कहानी के बुरे-भले पात्र अपने आपको पूर्ण बनाने का प्रयत्न कर रहे हैं। यह कहानी न धार्मिक है न राजनीतिक क्योंकि समय न धार्मिक होता है, न राजनीतिक...और यह कहानी है समय ही की। यह गंगोली में गुजरनेवाले समय की कहानी है।"

और मैंने यह उपन्यास इसलिए लिखा है कि :

"मैं यह देख सकूँ कि क्या था, क्या है और क्या होगा।"

अब कहने को रह क्या जाता है ? परन्तु जो बात अब भी साफ न हुई हो तो इस उपन्यास की भूमिका की एक-आध बातें और जोड़ लीजिए। यह कहानी एक ऐसी जगह है जहाँ :

"एक युग समाप्त हो रहा है और दूसरा आरम्भ।...और इसीलिए मैंने यह जरूरी जाना कि यहाँ आपको यह बता दूँ कि मेरे दादा आजमगढ़ के थे लेकिन मैं 'गाजीपुर' का हूँ।"

'आधा गाँव' 361 पन्नों में फैला हुआ यही एक 'लेकिन' है। और सन् '47 की 14 अगस्त के बाद आनेवाली 15 अगस्त की सुबह को अपने सिवा दूसरे तमाम लोगों को यह कहानी सुनाना मैंने जरूरी जाना। क्योंकि मैं देख रहा था और आज भी देख रहा हूँ कि इस देश में बहुत-से लोग मुझे गंगोली का मानने पर तैयार नहीं हैं।

इस उपन्यास के आखिरी पन्ने पर जब मैंने यह देखा कि एक बच्चा किताबें सँभाले स्कूल की तरफ भागा जा रहा है, एक बार गिरता भी है पर खुद ही उठता है और स्कूल

की तरफ लपक जाता है तो मैं अपने और अपने देश के भविष्य के सपने देखने के लिये ताजा-दम हो गया।

मेरे लिये यह बात बिलकुल साधारण हो गई। हम नौ भाई-बहन हैं पर हम में से कोई पाकिस्तान नहीं गया। हम इसलिए पाकिस्तान नहीं गए कि हम जानते हैं कि हमारे दादा तो आजमगढ़ से आए थे पर हम गंगोली के हैं।

यह कहानी सुनाने के लिये मैं अपने आपसे दूर नहीं जा सकता था क्योंकि तब बात ही नहीं बनती। और इसीलिए मैंने पूरे गंगोली को भी नहीं छेड़ा। यह कहानी आधे गाँव की ही है। और इस गाँव के जीते-जागते लोगों की भीड़ में मेरी कहानी के पात्र भी जैसे जिन्दा-से हो गए हैं। कम्मो का डॉक्टर कमालुद्दीन होकर होमियोपैथी की प्रेक्टिस करना कोई साधारण घटना नहीं है। यह एक नया युग है जो पुराने युग की जगह ले रहा है। और जब जवाद मियाँ का हरामी बेटा कम्मो डॉक्टर कमालुद्दीन बनकर हकीम अली कबीर का इलाज करने आता है तो यह एक तरह से समय का हस्ताक्षर है। अब हकीम साहब के जीने की जरूरत नहीं कि वह पुराना युग है। इसीलिए वह गांधी जी को क्षमा करके मर जाते हैं।

परन्तु यह उपन्यास लिखने के बाद मैंने जो सबसे ज्यादा महत्वपूर्ण बात जानी वह यह है कि यहाँ का मुसलमान पाकिस्तान नहीं गया। और यदि गया भी तो हिन्दुओं से डर के नहीं गया। वह कराची गया। वह लाहौर गया। वह ढाका गया...पाकिस्तान नहीं गया। हमें शहर और देश में फर्क करना चाहिए। गंगोली में तो हिन्दू-मुसलमान दंगे नहीं हुए थे। पर जमींदारी गंगोली में भी खत्म हुई। जमींदारी के साथ समाज का पूरा ढाँचा टूट गया। गंगोली का जमींदार गाजीपुर में पान की दुकान नहीं खोल सकता था। पर कराची में उसे कौन जानता है। इसलिए जब उससे गंगोली छूटी तो वह गंगोली से इतनी दूर चला गया जहाँ कोई काम करके जीने में उसे शर्म न आए। जमींदार गया तो उसके साथ जीनेवाले भी गए कि उन्हें भी ठीक से जीना नहीं आता था। इन पाकिस्तान जानेवालों को मुसलमान कहना ठीक नहीं है।

गंगोली के सैयद बशीर हसन, मेरे पिता, का खानदान जमींदारी के बल पर जिन्दा नहीं था और इसीलिए उनके परिवार में से कोई पाकिस्तान नहीं गया।

'आधा गाँव' लिखने का एक कारण और था। और यह बात मैंने उपन्यास में नहीं छेड़ी है। देवनागरी-हिन्दी में भारतीय मुसलमानों के बारे में कुछ नहीं लिखा गया है। हिन्दी क्षेत्र की नई पीढ़ी केवल देवनागरी जानती है। मतलब यह हुआ कि इस क्षेत्र के गैर मुस्लिम लोग मुसलमानों के बारे में कुछ जान ही न पाएँगे। और यदि इस देश को दुनिया के इतिहास में अपनी तरफ से कुछ घटाना-बढ़ाना है तो मुसलमानों को समझना पड़ेगा कि मैंने 'आधा गाँव' के दरवाजे खोल दिए हैं कि पढ़नेवालों को मुसलमान-जीवन की एक झलक मिल जाए और हिन्दू पाठक यह देख सकें कि यह मुसलमान तो अपने दुख-दर्द, हँसी-खुशी समेत बिलकुल उन्हीं जैसे हैं।...यानी वह आजमगढ़ के नहीं, गाजीपुर के हैं।

इस कहानी के पीछे मैंने मुहर्रम का पर्दा जान-बूझकर टाँगा है। मुहर्रम का परदा अपने आपको ढाढ़स बँधाने के लिये है कि सच बोलने के लिये सिर से कफन बाँधना ही पड़ता है। चुनाँचे जब राजस्थान के कुछ पढ़े-लिखों ने 'आधा गाँव' पर यह इलजाम लगाया कि उपन्यास हिन्दू-दुश्मन और पाकिस्तानी है तो मैंने बुरा नहीं माना। जब साहित्य अकादमी ने इस उपन्यास पर यह आरोप लगाया कि इसकी भाषा गन्दी है तो मैं हँस दिया क्योंकि यह बात साहित्य अकादमी को नहीं मालूम पर मुझे मालूम है कि भाषा कभी गन्दी नहीं होती।

बाकी जो कुछ रह जाता है वह उपन्यास में है।

सृजन की साहसिकता : 'आधा गाँव'

डॉ. विवेकी राय

सन् 1956 और 66 के बीच 'सागर, लहरें और मनुष्य', 'ब्रह्मपुत्र', 'वरुण के बेटे', 'परती : परिकथा', 'कोहवर की शर्त', 'कलावे' और 'हौलदार' आदि हिन्दी के श्रेष्ठ आंचलिक उपन्यास प्रकाशित हुए किन्तु आंचलिकता का जैसा सघन प्रयोग राही मासूम रजा की कृति 'आधा गाँव' (1966 ई.) में है वैसा किसी में नहीं है। इसकी सघन आंचलिकता देखकर समीक्षकों को उपन्यास की औपन्यासिकता को पुनर्परिभाषित करने की आवश्यकता महसूस हुई थी। यदि इसे आवश्यक न भी माना जाए तो कई अन्य सर्वथा नए क्षितिज इस कृति में ऐसे उभरे जो पाठकों में नवीन चिन्तन-स्तर की सृष्टि करते हैं। 'आधा गाँव' है क्या ? वास्तव में वह 'गाजीपुर की तलाश' के परिप्रेक्ष्य में एक सही गाँव गंगोली, कथाकार की जन्मभूमि की 'हकीकत की पकड़' और वहाँ 'गुजरने वाले समय की कहानी' है। कथारम्भ लेखक अपने बचपन से करता है। अपने गाँव को जीने की यह रचनात्मक प्रतिक्रिया अथवा प्रक्रिया कथारूप में बहुत तह से, अस्पर्शित गहराइयों से उठती है। नई झाँकी ग्रामदेशी उच्च कुल की ग्रामीण मुस्लिम कुलबधुओं के अन्तःपुर की होती है जिसकी वास्तविकता पहली बार इस प्रकार बेनकाब हुई है। उपन्यास की संकेन्द्रित पटभूमि में एक ही गाँव होता है, वह भी आधा ही, जिसे लेखक जीता है, अतः उस पर पड़नेवाला प्रकाश बहुत तीव्र होता है तथा अंचल का घनत्व उसके प्रभाव को और नुकीला बनाता है। फिर ढेर-ढेर समसामयिक परिवर्तनों की चपेट में बदलते गाँव की पीड़ा उत्तरोत्तर सघन से सघनतर होती चली जाती है।

'उद्गम' के साथ ही नए प्रयोग और अछूते शैली-शिल्प की आहट मिलती है। 'ब्रह्मपुत्र' की भाँति इसकी भी उठान महाकाव्यत्मक होती है और 'नगर पुराण-कथा' की शैली में गाजीपुर के मुग्धकारी संस्मरण-चित्र अति भावुक मुद्रा में प्रस्तुत किए जाते हैं। फिर मूल कहानी आगे बढ़ती है, एकदम सहज भाव से, तराशहीन, देश-काल की बोलती-चलती तस्वीरें, सामूहिक जीवन की, गम्भीर उतार-चढ़ाव और अन्तर्विरोधपूर्ण, किन्तु कल्पना का प्रक्षेपण सीमित, भौगोलिक दृष्टि से जितना सत्य एक गाँव गंगोली है, ऐतिहासिक दृष्टि से उतनी ही वास्तविक घटनाएँ और पारिवारिक कहानियाँ हैं। ऐसा लगता है कि कहानीपन का परम्परागत आग्रह लेखक के मन में नहीं है। अतः एकतानता न होने से हर अध्याय का एक स्वतन्त्र स्वाद है। शायद यह पहला उपन्यास

है जिसका क्लाईमेक्स इसकी भूमिका है। उपन्यास का तीन चौथाई लिखकर उसकी अगली कड़ी बनकर भूमिका धमक आती है, "मैं सैयद मासूम रजा आब्दी, वल्द सैयद बसीरहसन आब्दी बहुत परेशान हूँ...।" उसकी यह परेशानी युग-परिवर्तन की होती है। लेखक कहता है कि एक युग की समाप्ति के बाद अपरिचित नवारम्भ भूमिका की माँग करता है। किस्सागोई और बयानबाजी की स्पिरिट में समूह चित्रों को बाँधता लेखक परिवर्तन की नई तेज चपेट में शायद स्वयं के खो जाने का अनुभव करता है और पूरे अस्तित्व के साथ, सन्देह भूमिका के रूह में कूदकर अपने को टटोलता है। फिर भी कुल मिलाकर वह न तो अपने को और न किसी कहानी को बाँध पाता है। बिखरी कथा में वह समय बाँधता चलता है और आंशिक रूप से बोझिल होकर भी यह समय की कहानी एक सीमा पर पहुँचकर 'अ-समाप्त' हो जाती है।

सवाल यह उठता है कि गंगोली में गुजरते समय की इस कहानी के भीतर सार्वभौम मानवीय स्थितियों की साझेदारी कितनी है ? अथवा इस समय के रेखांकन में नई राष्ट्रीय नियति का आलेखन कितना सच्चा है ? कथा, विद्या, भाषा, मूड, दृष्टि, और अनुभव की नूतनता निष्ठा रूप में है अथवा मात्र शोभाचारिता के रूप में उसका प्रस्तुतीकरण हुआ है। इस सन्दर्भ में प्रमुख द्रष्टव्य तथ्य सांस्कृतिक गिरावट का है। द्वितीय महायुद्धोत्तर सांस्कृतिक मूल्यों का ह्रास नए औद्योगीकरण के साथ संक्रामक रोग की भाँति संसार के एक छोर से दूसरे छोर तक फैला और भारत में स्वातन्त्र्योत्तर स्थितियों में उसकी गति बहुत तीव्र हो गई। स्वतन्त्रता प्राप्ति के प्रथम दौर में हिन्दी उपन्यासों में आंचलिकता की प्रवृत्ति एक उल्लास बनकर उभरी परन्तु वह शीघ्र ही बुझ गई। 'आधा गाँव' तक आते-आते उसकी सांस्कृतिक पुनर्जागरणपरक आह्लादक मुद्रा मुहर्रम के उखड़े मातम के रूप में परिवर्तित हो गई। इस प्रकार 'आधा गाँव' का क्षोभ, बिखराव और मनोह्रास विराट् मानव-समुदाय से जुड़ा है। सन् 1947 के बाद इस देश के आगे लूटपाट, हत्या, बर्बरता, हिंसा, घृणा और अमानवीयता से जुड़े जो नए जीवन-मूल्य बँटवारे के साथ उभरे उनकी सही स्थितियों के विषय में कुछ कहने की दिशा में यशपाल, करतारसिंह दुग्गल और भीष्म साहनी आदि की अपेक्षा सही जगह पर खड़े होकर राही मासूम रजा को कुछ कहते पाते हैं। भारत के बँटवारे के प्रश्न पर सही दृष्टि से उत्तर देना एक साहस की बात है और अपनी संस्कृति के भीतर से नवोदित पाकिस्तानपरस्ती की वास्तविकता को खोलना तो साहस के साथ जोखिम का काम भी है। जिस सीमा तक यह साहस राही में दृष्टिगोचर होता है वह कम नहीं है। अपनी जमीन की राष्ट्रीय पीड़ा का यह साक्षात्कार जितना प्रखर, तेज और ताजा है उतना ही क्रान्तिकारी भी है।

जमींदार-युग से एम.एल.ए. काल तक के तीन-चार दशक को इस प्रयोग दृष्टि-सम्पन्न विधा-तोड़ कृति में रूपायित किया गया है। डाक्युमेंटरी फिल्म की तरह खुलनेवाले अध्यायों की आरम्भिक दो रीलों में अपने 'ऊँघते शहर' और मजलिसी रस में शराबोर गाँव को खुशी-खुशी शीघ्रतापूर्वक घुमाकर कथाकार फिर नेपथ्य में चला जाता है। गोरी

दादी, गुज्जन मियाँ, अब्ब दा, दमड़ी बो और फुन्नन दा आदि पूरे लोगों के पास वह ले जाता है परन्तु इसमें न तो आत्म-प्रचार होता है और न ही आत्म-वंचना। जो कुछ है उसे हम निःसंकोच एक ईमानदार लेखक की आत्मोपलब्धि कह सकते हैं। क्योंकि गाँव उसकी रूह है, आत्मा है तथा उसके लिये उसमें असीम चुभन है। बहुत सम्भावना थी नव रोमैंटिसिज्म के दायरे में गिरफ्त हो जाने की परन्तु 'आधा गाँव' की आरम्भिक रौनक उसकी आखिरी रौनक के रूप में प्रस्तुत कर कथा-लेखक बचा ले गया है। यह एक निरन्तर और क्रमिक पतनशीलता का दौर है जिसमें आदमी भीतर-बाहर से मर रहा है। सैयद लोगों की अभिजात-भावना चरमराकर बैठ रही है। ऊँचाइयाँ लड़खड़ाकर गिर रही हैं। शुद्ध वंशाभिमान के चिराग तले वर्णसांकर्म का यथार्थ अँधेरा अपने पूरे फैलाव पर है। लड़ाई से लौटा तन्नू क्षणभर के लिये मिट्टी की दीवारों का हुस्न देख रहा है और गाँव के प्रति अपनी किसी अतीत की, कहीं ठहरी हुई आत्मीयता व्यक्त कर लेता है परन्तु ध्वंस के नए चरणों की धमक सुनने के बाद क्या उसकी वह मानसिकता बनी रह सकेगी ? नफरत की हवा में उड़ते सैलाब की पकड़ को एक जगह विकट अन्तर्दृष्टि के रूप में लेखक ने व्यक्त किया है। वह कहता है, "गंगोली में गंगोलीवालों की संख्या कम होती जा रही है और सुन्नियों, शियों और हिन्दुओं की संख्या बढ़ती जा रही है।" कसी ग्रामीण इकाइयों के तड़कने की यह राष्ट्रीय पीड़ा हमारे सामने नई प्रश्न-शीलता बनकर खड़ी होती है।

उपन्यास का उत्तरार्द्ध गाँव की टूटती-रिसती जिन्दगी, जिसके भीतर-बाहर कोई हुस्न नहीं, की अन्तरकथा है। उसे झेलता 'तनहाई' तक आते-आते लेखक बहुत छितरा जाता है। उसने जिस अर्थहीनता और अकेलेपन के पतनशील मूल्यों को गाँव में पनपते-फलते देखा है वह एक कड़वी सच्चाई है। ऐसा लगता है कि जमींदारी-प्रथा में एक सुर था। उसके टूटने पर जो तीन स्थानापन्न विकल्प सहकारिता, पंचायत और योजना-विकास प्रस्तुत हुए उनके बेसुरेपन के अनुभव ने तब लोगों को भौचक्का कर दिया था। उक्त संक्रमणकालोत्तर मोहभंग को लेखक ने गहराई के साथ अभिव्यक्त किया है और गंगोली के आधे गाँव, हिन्दू और मुसलमान दोनों की बस्ती में से केवल मुस्लिम समुदाय की तस्वीर पूरे भारत के गाँवों की तस्वीर है। नए आर्थिक कार्यक्रमों को सांस्कृतिक मूल्यों के विपक्ष में नहीं पड़ना चाहिए था किन्तु दुर्भाग्यवश ऐसा ही हो जाता है। गाँव की अपनी निजी पहचान इन्हीं सांस्कृतिक मूल्यों की संज्ञाओं में होती है। जलसे-जशन और कथा-कीर्तन की इतिश्री के बाद घोर उदासी और मनहूसी में डूबा आत्मलिप्त गाँव आत्मपीड़न की अनजानी स्थितियों से गुजरता जाता है। मन्दिर और इमामबाड़े दोनों जगह एक-सा सन्नाटा है। गाँववाले शहरों की ओर भाग रहे हैं। गंगोली की मजलिस, मरसिया, नौहा, ताजिया, सेहरा, सोजखानी और सारा-सारा उल्लास अचानक लुप्त हो जाता है और कुछ नए शब्दों की गूँज जैसे जमींदारी बांड, भूमिधरी, पंचायत, इलेक्शन, खड़ंजा, भ्रष्टाचार, पार्टीबन्दी, और फिल्मी गीत आदि गलियों में भर जाती है। 'आधा गाँव' में इन स्थितियों से जूझते लेखक की दृष्टि सदा एक अत्यन्त

मूल्यवान केन्द्र पर बनी रहती है और पढ़नेवाला सोचने को मजबूर हो जाता है कि सद्दन और मासूम की तरह देश के कोटि-कोटि युवकों के मन में अगाध ग्राम-प्रेम है पर यह क्या है कि वे एकदम विवश हैं ?

कहते हैं, यह युग का जहर है जिसे मासूम कथाकारों को गले से उतारना है। गंगोली गाँव उत्तर पट्टी और दक्षिण पट्टी में बँटा है और दोनों में ताजियादारी को लेकर विचित्र लागडाट है। "तमाम छोटे जमींदार गिरोहबन्द हैं। रात को डाका डलवाते हैं और दिन को मुकदमा लड़ते हैं।" कांग्रेस को बद्दुआएँ मिलती हैं। जनसाधारण थानेदार हरनारायण प्रसाद और फुन्नन मियाँ दोनों को 'सह' लेता है। किन्तु इस उपन्यास के सेट में सबसे मूल्यवान भारतीय इतिहास का एक लोमहर्षक अध्याय—सन् बयालीस का 'भारत छोड़ो' आन्दोलन और नीदरसोल का दमनचक्र छिपा है जिसकी अमिट छाप गाँव पर है। सैकड़ों पृष्ठों में 'पाकिस्तान जिन्दाबाद' और 'नारए तकबीर' गूँजता है। किन्तु बावजूद इन राजनीतिक हलचलों के बकौल लेखक "गंगोली में कोई तूफान नहीं है। जुलाहे सूत सुलझा रहे हैं। लड़के लट्टू नचा रहे हैं।" कोई वक्तव्य देने की अपेक्षा अच्छा होता है कि उपन्यास-लेखक स्थिति की वास्तविकता के रहस्योद्घाटन के लिये जीवन का एक टुकड़ा आगे सरका देता है। मुस्लिम लीग, पाकिस्तान और दिग्भ्रमित कट्टरपन्थी साम्प्रदायिकता के प्रति लेखक का राष्ट्रवादी दृष्टिकोण कहीं धुँधला नहीं होता है तो भी ऐसा बराबर लगता है कि बँटवारे से कुछ ऐसी जलती समस्याएँ सामने आ गईं जिनके सामने खड़े होने में सभी थरथराते हैं। गंगोली गाँव इस पीड़ा से गुजर रहा होता है कि स्वराज्य उसे सहा नहीं। बड़े फाटक की शान और पाँच से बारह मुहर्रम तक के जलसे-जशन सब बीते युग की कहानी बन गए। चित्र की द्रावकता के भीतर किसी-न-किसी अंश तक लेखक की व्यामोहग्रस्ता भी निहित होती है और यह इतना ऐसा अंश है जिसे लेकर बाद में उपन्यासकार की आलोचना हो सकती है। काल-प्रवाह में चक्रीय परिवर्तनकारी स्थितियों के अस्थायी आयामों तक ही रुकी कहानियाँ व्यापक परिवर्तन के बाद बासी पड़ जाती हैं।

'मैला आँचल' की भाँति इस कृति में भी परम्परागत नैतिकता का शिविर उखड़ता प्रतीत होता है। "मर्द ताक-झाँक करते हैं और रखनियाँ रखते हैं" तो आम बात है परन्तु जिस स्तर पर सैयदजाने नाइनों-चमाइनों की ओर लपकते हैं वह कुछ सोचने को विवश करता है। पूरे गाँव में नीच कौम की औरतें ऊँचे कौम वाले और धनीमानी लोगों की 'खाज' बनी हुई हैं। 'मैला आँचल' की कई-कई रामप्यारियाँ यहाँ हैं। हमाद महरुनिया नाइन से शंका करता है कि उसकी बेटी सैफुनिया उसकी (हमाद की) है या मंजूर, जीर, फुस्सू, हादी और सुलेमान में से किसी की है। "सईदा कई लोगों से लगाई गई और दो-एक पेट गिरे।" सर्वत्र शरीर सम्बन्ध। और इस सम्बन्ध के पीछे सवाल आर्थिक है। टूटती जिन्दगी और वीभत्स मांसल भूख से जुड़े आर्थिक प्रश्नों पर भी क्या कथाकार का ध्यान गया है ? यह गिरावट नई स्वातन्त्र्योत्तर विकृति से उद्भूत है अथवा इसका जन्म पुरानी संस्कृति के ही भीतर कहीं है और इस अर्थ में वह आह्लादक सांस्कृतिक मूल्यों

वाली जमींदार संस्था क्या घोर निन्दनीय नहीं थी ? ऐसा लगता है कि राजनीति से जुड़े प्रश्नों से लड़ता कथाकार इन प्रश्नों को नजरअन्दाज कर गया है और 'आधा गाँव' के सारे केस बिना फैसले के ही रह गए हैं। मेहरुनिया नाइन और सुलेमान, सितारा और अब्बास, गुलाबीजान और हरनारायण, बदरुन और समीउद्दीन, बछनिया और बेदार सफिया, सैफुनिया और सद्दन-तन्नू, खैरूखाँ और नौकरानी गुलबहरी, छिकुरिया और मगफिए तथा कामिला और बरकतुआ नैतिकता की घोर गिरावट वाले एक-से-एक संगीन केस हैं। अपना सारा-सारा चारित्रिक, खोलखापन लिये आदमी एकदम नंगा हो गया है। कुछ केस दूसरे प्रकार के हैं और वे जैसे-तैसे प्रेम-कहानी बन जाते हैं। सैफुनिया और मिगदाद तथा सईदा और तन्नू की कहानी के साथ शायद कुछ अधिक न्याय हुआ है। ठाकुर कुँवरपाल सिंह और फुन्ननमियाँ में गुलबहरी के लिये विधिवत द्वन्द्वयुद्ध होता है जिसमें ठाकुर साहब बलि हो जाते हैं। किन्तु इस रोमेंटिसिज्म के पीछे गुलबहरी का यथार्थ प्रश्न कितना दब गया होता है, उसकी अपनी पीड़ा को काश कि लेखक ने यथार्थ-दृष्टि से देखा होता !

'आधा गाँव' की भाषिक उपलब्धियाँ बहुत महत्त्वपूर्ण हैं। भाषा-विज्ञान के रास्ते नहीं, एक हिन्दी की जिन्दा किताब के साक्ष्य में यह कहने का मार्ग प्रशस्त हुआ कि उर्दू कोई स्वतन्त्र भाषा होने से अधिक हिन्दी की एक शैली है। 'विद्यार्थी', 'उद्‌गम', 'पगदंडी', 'संयोग', 'दंडवत', 'परम्परा', 'मातृभूमि', 'आकाश', 'असम्भव' और 'नमस्कार', पचीस-तीस ही शब्द पूरी पुस्तक में मिलेंगे जिन्हें परम्परागत ढंग से 'हिन्दी के शब्द' कहेंगे और मजा यह कि निर्विवाद रूप से वह हिन्दी साहित्य का एक गौरव ग्रन्थ है। वास्तव में 'आधा गाँव' का प्रकाशन एक सर्वथा नई परम्परा का प्रत्यावर्तन होने के साथ-साथ एक अभिनन्दनीय साहित्यिक साहस है। कुछ आंचलिक उपन्यासों की भाँति इसे अंचल-विशेष की चित्र-विचित्र संज्ञा शब्दालियों की प्रदर्शनी नहीं बनाया गया है और न ही इसमें भाषागत उच्छृंखलता अथवा असंयम है। प्रयोग की दिशा दोहरी है। एक तो उर्दू का प्रयोग, दूसरे उर्दू के साथ 'भोजपुरी उर्दू ' का लोकभाषाई रंग, दोनों मिलकर एक नए स्वाद का सृजन करते हैं। 'होए गवा', 'किहिस है' और 'जना रहा है' जैसा भोजपुरी-उर्दू का प्रयोग शुद्ध आंचलिक आग्रह है। ये प्रयोग सर्वसाधारण मुस्लिम जन-समाज में चलते हैं। इस समाज की भाषा पहली बार लेकर कथाककार ने नया चमत्कार पैदा किया है। बाद में बदीउज्जमा के उपन्यास 'छाको की वापसी' में हिन्दी-उर्दू के साथ 'मगही उर्दू' का प्रयोग दृष्टिगोचर हुआ है। एक बहुत उलझा हुआ सवाल दबे-दबे उठता है कि क्या 'आधा गाँव' उर्दू उपन्यास है और कुछ गिने-चुने हिन्दी शब्द भूले-भटके हिन्दी की नागरी लिपि के प्रभाव से आ गए हैं तथा वे विजातीय जैसे लगते हैं ? इसका उत्तर दो टूक रूप में दिया जा सकता है कि नहीं, यह शत-प्रतिशत हिन्दी उपन्यास है। लेखक से यह शिकायत हो सकती है कि 'ब-आवाजे-बुलन्द' और 'हालाते हाजरा' जैसे शब्दों की प्रकृति हिन्दी की नहीं है। इसी प्रकार 'अकीदे', 'माखूज', 'मुतवक्का' और 'तआक्कुब' जैसे धड़ाधड़ अरबी-फारसी के शब्द अबूझ होने के साथ

ही भारी लगते हैं। मजबूरी है कि इन्हें हम आंचलिक भी नहीं मान सकते हैं। कुल मिलाकर इतना कहा जा सकता है कि 'आधा गाँव' की भाषा पूर्वी उत्तर प्रदेश के एक सभ्य और सुसंस्कृत मुसलमान-परिवार की पारिवारिक और व्यावहारिक भाषा है जिसका अपना मीठा स्वाद है।

गालियों की चर्चा बिना उपन्यास की समीक्षा अधूरी रह जाएगी। गालियों के प्रयोग में असंयमितता की बात उठाई गई। मुझे इसमें असंयमितता नहीं सहजता दृष्टिगोचर हो रही है। कुल लगभग एक दर्जन संगीन गालियाँ हैं जिनका प्रयोग कुल मिलाकर लगभग तीन दर्जन बार हुआ है। यह प्रयोग एक नियम से हुआ है क्योंकि प्रायः समस्त गालियाँ उपन्यास के उत्तरार्द्ध में हैं। इनके वक्ता भी कुछ खास तरह के खास लोग हैं जैसे मिगदाद, हाजी जी, फुन्ननमियाँ, हकीम जी और हरिजन एम.एल.ए. परशुराम। ये लोग जमाने की चोट से, क्रम से पागल, विक्षुब्ध, फ्रस्ट्रेटेट, असफल और मनबढ़े लोग हैं। ये ही पूर्वार्द्ध में संयमित-सन्तुलित भाषा बोलते हैं और उत्तरार्द्ध में सनक जाते हैं कि कटकटा-कटकटा के दुर्वाक्य बकने लगते हैं। वास्तव में ये जिन्दगी से ऊबे, पीड़ित, निराश और शहर जाने से बचे हुए लोग हैं। इनका मन आर्थिक कारणों से असन्तुलित हो गया होता है। जमींदारी के रहते इन लोगों ने जो शानदार जिन्दगी बिताई उसके टूटते ही वह जिन्दगी टूट गई। इन शरीर और मन से निचुड़े लोगों के सामने अब जिन्दगी का कोई सपना नहीं रह गया होता है। ये मनोव्याधिग्रस्त लोग जिनकी जिन्दगी के अन्तर-बाह्य संघर्ष बौखलाहट में प्रतीकात्मक रूप से गालियों में प्रकाशित होने लगते हैं। हारे-टूटे लोगों का ऐसा बीहड़ जलूस जब गालियाँ बकता सामने आता है तो वह टेकनीक की उच्छृंखलता से अधिक गांव की टूटन के मनोवैज्ञानिक विस्फोट के रूप में अधिक विश्वसनीय प्रतीत होता है। गाँव के आदमी में अपने गाँव को सम्पूर्ण अस्तित्व के साथ जीने की लालसा कितनी उदग्र है ? जैसे वह खुशियों के दौर में जीता है वैसे ही गम की हालत में भी जी लेता है। इस प्रकार किसी व्यक्ति या चरित्र को नहीं अपितु समग्र गाँव को एक कसी चारित्रिक इकाई बनाकर कृति में प्रस्तुत किया गया है। इस प्रस्तुतीकरण में राही की मुद्रा क्रोध, ग्लानि, क्षोभ और कचोट की होती है। वह जैसे कड़वाहट की एक झोंक में होता है। उसमें स्वातन्त्र्योत्तर राजनीति के प्रति एक विशेष चौकन्नापन होता है और 'आधा गाँव' गुजरते हुए समय से अधिक ऐतिहासिक दृष्टि से एक ठहरे हुए समय का गतिशील दस्तावेज बन जाता है।

'मैला आँचल' : देहाती जीवन का काव्यात्मक और संवेदनशील अंकन

नेमिचन्द्र जैन

हिन्दी में प्रेमचन्द के बाद छठे दशक में फिर से देहाती जीवन को लेकर बहुत-से उपन्यास लिखे गए। उद्योगीकरण, आबादी में वृद्धि और उसके फलस्वरूप जीवन की गति में तेजी के कारण शहरी जीवन, विशेषकर मध्यवर्गीय शहरी जीवन को एकरसता और आत्माभिमुखता ने चारों ओर से घेर लिया और उसमें कवित्व के लिये अधिक अवकाश या सम्भावना न रह गई, ऐसा उन्मुक्त खुला नीला आसमान नहीं बचा कि मन निर्बन्ध उड़ जाए और शिखरों की खोज कर सके। इसलिए यदि खुलेपन और सहज रस-स्रोत की खोज में लेखक देहात के जीवन की ओर मुड़े तो इसमें कोई आश्चर्य की बात नहीं।

किन्तु फणीश्वरनाथ 'रेणु' का उपन्यास 'मैला आँचल' इसी खोज की एक कड़ी होकर भी देहाती जीवन पर लिखे गए सभी उपन्यासों से भिन्न है और विशिष्ट भी। क्योंकि अन्य अधिकांश उपन्यासकार देहात की ओर मुड़कर भी जैसे उसे ऊपर से ही देखते रहे, या फिर देहाती जीवन की जड़ता अथवा बाहर से आरोपित संघर्षमयी परिवर्तनशीलता में उलझ गए। एक प्रकार से उन्होंने गाँव के जीवन को मूलतः शहरी दृष्टि से देखा और वे देहात की समस्याओं को शहर के चौखटे में रखकर ही काटते-छाँटते रहे। देहाती जीवन की आत्मा से उनका साक्षात्कार ही जैसे नहीं हुआ, न उसकी गहरी तिक्तता से, न उसकी सहज अकृत्रिम भीतरी सुन्दरता से। इसी से इन अधिकांश तथाकथित ग्रामीण उपन्यासों में जिन्दगी की कोई धड़कन नहीं महसूस होती, देहात के जीवन की अपनी गति के आभास की तो बात ही दूर की है। 'मैला आँचल' की सबसे अद्भुत विशेषता यही है कि उसमें मिथिला के निरन्तर बदलते हुए आज के एक गाँव की आत्मा की गाथा है। और यह गाँव सर्वथा विशिष्ट होकर भी केवल मिथिला का ही नहीं, जैसे उत्तर भारत का प्रत्येक गाँव है, जो सदियों से सोते-सोते अब जागकर अँगड़ाई ले रहा है। भारतीय देहात के मर्म का इतना सरस और भावप्रवण प्रस्तुतीकरण हिन्दी में सम्भवतः पहले कभी नहीं हुआ। पिछले महायुद्ध और उसके बाद की घटनाओं ने, विशेषकर स्वाधीनता-प्राप्ति ने, हमारे देश को बहुत गहराई तक

झकझोर दिया था, उसमें ऐसी उथल-पुथल मचा दी थी कि जीवन के अनगिनती नए-नए परत उघड़कर सामने आ गए, और नित नई गति से निरन्तर आ रहे हैं। इस गति के कारण होनेवाले सतही परिवर्तनों का चित्र हिन्दी की और भी कई रचनाओं में मिलता है, पर 'मैला आँचल' में उसके फलस्वरूप देहातों की आत्मा में होनेवाले आलोड़न और विक्षोभ की झाँकी है।

मेरीगंज पुरैनिया अथवा पूर्णिया जिले का एक छोटा-सा गाँव है, जिसमें तिरहुत के प्राकृतिक सौन्दर्य के बीच, धान के लहलहाते खेतों, कमलों से भरे हुए सरोवरों-पोखरों और ताड़ के वनों के साथ कमला नदी के किनारे, उत्तरी भरात के अन्य सहस्र ग्रामों की भाँति, जीवन अपनी परिचित गति से चलता रहता है। महायुद्ध और देशव्यापी स्वाधीनता आन्दोलन की लहरों ने यहाँ के जीवन में कम्पन पैदा नहीं किया हो, यह बात नहीं। पर आधुनिक जीवन से मेरीगंज का पूरा और वास्तविक सम्पर्क तब होता है, जब वहाँ मलेरिया-सम्बन्धी अनुसंधान के उद्‌देश्य से डॉक्टर प्रशान्त एक अस्पताल खोलने के लिये आता है। अचानक ही मानो उस गाँव के सामाजिक, राजनीतिक, मानसिक, आध्यात्मिक जीवन की अनगिनती तहें खुल पड़ती हैं। लगता है जैसे बहुत दिनों से रुका हुआ प्रवाह एकाएक मार्ग पाकर हहराता हुआ दौड़ पड़ा हो। देहात की ऊपर से दीखनेवाली स्थिरता और शान्ति, बल्कि जड़ता तथा निष्क्रियता जैसे नष्ट हो जाती है। 'मैला आँचल' के लेखक ने इस विक्षुब्ध जिन्दगी के ही बहुत स्तर, बहुत-सी परतें, बहुत-से पहलू इस उपन्यास में प्रस्तुत किए हैं। और यही नहीं, तमाम स्तर पर पहलू इस प्रकार कितने ही भिन्न-भिन्न दृष्टि-बिन्दुओं से दिख गए हैं कि जीवन एक साथ कई-एक सिम्तों में हमारे सामने प्रस्तुत होता है, बहुत कुछ चलचित्र की भाँति, समग्र होकर भी और अलग-अलग भी, दूर से भी और समीप से भी।

यही कारण है कि यह कहना पर्याप्त अथवा महत्वपूर्ण नहीं है कि लेखक का देहाती जीवन से परिचय बड़ा घनिष्ठ है। परिचय की इस घनिष्ठता से भी कहीं अधिक महत्वपूर्ण है वह दृष्टि-बिन्दु, जिसके कारण जीवन एक नए गति-सूत्र से बँधा-खिंचता और बदलता हुआ दीखता है। सारे सामाजिक सम्बन्ध एक नए परिप्रेक्ष्य से दिखाई पड़ते हैं, टूटते, बनते, बिगड़ते, टूटते और फिर बनते। जीवन अपने बुनियादी सहज-प्रवाही रूप में यहाँ है। इसी से उसमें इतना रस है, इतना संगीत और कवित्व है, इतनी तीव्रता और इतना दर्द है। मठ पर नए महन्त को चादर मिलने का आयोजन, बिदापति नाच, होली का उत्सव और उस अवसर पर डॉक्टर प्रशान्त तथा कमली का परस्पर आत्म-प्रकटीकरण, अपनी माँ को याद करते-करते डॉक्टर का आत्मविश्लेषण, सन्थालों का मेरीगंज के अन्य निवासियों से संघर्ष, बावनदास की मृत्यु आदि ऐसे अनगिनती स्थल हैं, जिनमें सौन्दर्यबोधमूलक संयम और अकृत्रिम सहज भावावेश का अनोखा मेल है। ऐसा संयोग अक्सर मर्मस्पर्शी कला को जन्म देता है, और इन स्थलों के चित्रण में लेखक सरसता और शक्ति, कलात्मक अभिव्यक्ति और व्यापक सहानुभूति के समन्वय के नए मान उपस्थित करने में सफल हुआ है।

वास्तव में 'मैला आँचल' की विशिष्टता इसमें नहीं है कि उसमें देहाती जीवन का बहुत गहरा अध्ययन है, अथवा उसमें सामाजिक समस्याओं और उनके निदान के दार्शनिक आधार मौजूद हैं, अथवा युग-युग-व्यापी जीवन-सत्यों का उद्घाटन लेखक कर सका है। उसकी विशिष्टता है उस अपूर्व आत्मीयता में, जिसके साथ लेखक ने गाँव के समस्त कटुता और संगीत को, सरलता और विकृति को स्वार्थपरता और सामाजिक एकसूत्रता को, अज्ञान और मौलिक नैतिक संस्कार को सँजोया है। इतनी तरल भावावेशपूर्ण उत्कृष्टता से शायद ही किसी लेखक ने ग्रामीण जीवन को देखा हो। 'मैला आँचल' की यह भाव-तरलता हिन्दी के श्रेष्ठतम व्यक्तिप्रधान उपन्यासों से—शेखर—एक जीवनी, नदी के द्वीप, परख, त्यागपत्र, नारी आदि सभी से—तुलनीय है। उसके लेखक ने देहाती जीवन को भी अत्यन्त ही आत्मीय और कवित्वपूर्ण दृष्टि से देखा है। मैं बहुत जान-बूझकर इस दृष्टि को 'कवित्वपूर्ण' कहता हूँ। क्योंकि खास तौर पर यथार्थवाद के नाम पर, या राजनीतिक मतवाद के दुराग्रह के फलस्वरूप, बहुत दिनों तक साहित्यकार सबसे अधिक वंचित होता रहा इसी कवित्वपूर्ण दृष्टि से, यद्यपि मूलतः यही साहित्यकार की अपनी दृष्टि है। जीवन के सत्य को पकड़ने में, मनोवैज्ञानिक तथा इतिहासकार से उसकी भिन्नता इसी विशेष दृष्टि के कारण है। वह मानव-आत्मा का शिल्पी इसीलिए होता है कि वह जीवन के काव्य का, उसकी सरसता और सौन्दर्य का, विकृति और विसंगति के पंक के बीच से ही झाँकते-मुस्कराते कमल का द्रष्टा होता है। जीवन के इस सौरभ की पहचान ही कवित्वपूर्ण दृष्टि है। 'मैला आँचल' का लेखक इस सौरभ से न केवल स्वयं उन्मत्त हुआ, वह औरों को भी उससे उन्मत्त करने में सफल हो सका। जीवन के प्रति इस दृष्टि में यथार्थ के खोल पर आँख मूँदकर आग्रह नहीं है। कई बार इस खोल की गन्दगी या उसकी जहरीली कड़वाहट से बहुत-से लेखक अपना सन्तुलन खो बैठते हैं, और उन्हें कुछ भी सुन्दर या तो कहीं दीखता ही नहीं, या दीखता भी है तो वे उसे प्रासंगिक और भ्रामक मान लेते हैं। 'मैला आँचल' के लेखक को जीवन की विसंगतियाँ दीखती हैं तो उसकी सुन्दरता और बहुमुखी मनोरमता से भी प्यार है, उसकी भव्यता और महत्ता से प्यार है। इसी से उसके किसी भी पात्र के चित्रण में आवश्यक सिद्धान्तगत विद्वेष नहीं है, दुराग्रहपूर्ण पक्षधरता नहीं है।

'मैला आँचल' के पात्रों को इसी से हम कई सिम्तों में देखते हैं और अन्त में गहरी मानवीय सहानुभूति और आस्था की छाप वे हमारे मन पर छोड़ जाते हैं। बालदेव और कालीचरन, लक्ष्मी और महन्त सेवादास, तहसीलदार विश्वनाथ प्रसाद और बावनदास, सभी जीते-जागते व्यक्ति हैं, जिन्हें हम आदर्श कहें अथवा न कहें, पर जिन्हें हमारी सहानुभूति अवश्य मिलती है। उनकी दुर्बलताएँ मानवता के भविष्य में हमारी आस्था को कम नहीं करतीं। दूसरे भी जितने पात्र इस उपन्यास में आते हैं, उनमें सदा अपना एक जीवित व्यक्तितत्व मौजूद रहता है। उपन्यास-भर में ऐसे स्थल बहुत ही कम हैं जहाँ अतिनाटकीयता अथवा अतिभावुकता लेखक के विवेक पर हावी हो गई हो। दूसरी ओर, कहीं भी किसी ऊपर से थोपी हुई, दुराग्रहपूर्ण नैतिकता का सहारा भी लेखक नहीं लेता।

ऐसी नैतिकता के सहारे कभी भी जीवन को संस्कार देनेवाले साहित्य का निर्माण नहीं होता। यद्यपि साहित्य को जीवन की प्रगति का अस्त्र माननेवाले साहित्यकार के लिये सबसे बड़ा खतरा यही है कि वह ऐसे ही किसी नैतिक चौखटे को प्रगति या पर्यायवाची मान ले और उसमें ही जीवन्त इंसानों को ठूँस-ठूँसकर बिठाने का प्रयत्न करता रह जाए।

इस सिलसिले में 'मैला आँचल' की एक और विशेषता की ओर भी ध्यान दिया जा सकता है, वह है उपन्यास में राजनीति का समावेश। राजनीति और सर्जनशील साहित्य का सम्बन्ध आधुनिक सौन्दर्यशास्त्र की बुनियादी समस्या हो गई है। क्या राजनीति साहित्य में वर्जित है ? राजनीति की समस्याओं को उठाने मात्र से ही क्या साहित्य प्रचारात्मक हो जाता है ? अथवा क्या साहित्य का प्रमुख धर्म यही है कि वह किसी-न-किसी राजनीतिक आन्दोलन का समर्थक पक्षधर हो ? ये सब ऐसे प्रश्न हैं जिनसे आज साहित्य का पाठक तथा समीक्षक बच नहीं सकता।

यहाँ एक बात तो निस्संकोच कही जा सकती है कि जो स्थान मध्ययुग के जीवन में धर्म को, धार्मिक विश्वासों और धार्मिक मतवादों को प्राप्त था, लगभग वही आज राजनीति, राजनीतिक विश्वासों और आन्दोलनों को प्राप्त है। इसीलिए आज का सर्जनात्मक साहित्य राजनीति से बचकर चलने का दम्भ करे तो वह या तो झूठा सिद्ध होगा या घातक। किन्तु साथ ही यह बात भी सही है कि मध्ययुगीन जीवन में धार्मिक विश्वास जिस प्रकार की नैतिक-चारित्रिक दृढ़ता, निष्ठा और आस्था व्यक्तित्व को, विशेषकर साहित्यिक व्यक्तित्व को प्रदान करते थे, वैसी निष्ठा आज के राजनीतिक मतवाद से प्राप्त नहीं हो पाती। कारण शायद इसका यही है कि धार्मिक विश्वास मतवादी असहिष्णुता और कट्टरता से जुड़ा हुआ होने पर भी, मूलतः व्यक्ति की आत्मा का संस्कार कर पाता था और साहित्यकार को तथा अन्य कलाकारों को भी, उससे एक ऐसी आध्यात्मिक दृष्टि प्राप्त होती थी, जिससे वह दूसरों के अन्तर को छूने और स्पन्दित करने में सफल होता था। दूसरी ओर आज के राजनीतिक विश्वासों का बुनियादी सम्बन्ध समाज के बाहरी संगठन और व्यवस्था से है, आत्मा के संस्कार का प्रश्न गौण और केवल प्रारम्भिक रूप में ही उसमें निहित रहता है। परिणामतः यह आशंका रहती है कि राजनीतिक विश्वासों और मतवाद पर आधारित आज का साहित्य जीवन के ऊपरी खोल से ही उलझकर रह जाए।

पिछले पन्द्रह-बीस वर्षों के अपने ही नहीं देश-विदेश के अन्य साहित्यों पर भी दृष्टि डालें तो इस बात की पुष्टि होगी। जीवन में राजनीतिक मतवाद का बढ़ता हुआ आग्रह अन्ततः बाह्य और रूपगत तत्त्वों की प्रधानता स्थापित करता है। साहित्य में उसके फलस्वरूप मानवीय सहानुभूति के ह्रास, आत्मीयता के अभाव और निष्ठाहीनता तथा आस्थाहीनता को प्रधानता मिलती है। राजनीति में इंसान को मूलतः टुकड़ों में बाँटकर देखने पर जोर होता है; जबकि साहित्य का मूल स्वर मानव की मौलिक एकता ही है अथवा होना चाहिए। इसलिए आज साहित्यिक कृतित्व में प्राण-प्रतिष्ठा के लिये यह सर्वथा आवश्यक है कि साहित्यकार राजनीति को जीवन के परिपार्श्व के रूप में, बाह्य

व्यवस्था के रूप में देख सके। राजनीतिक धारणाएँ, मान्यताएँ, विचारधाराएँ, पार्टियाँ, संगठन या तो समाज-व्यवस्था के ऐसे आधुनिकतम रूप हैं जिनमें होकर जीवित व्यक्तित्व का प्रवाह अनिवार्य है, अथवा वे आज के जीवन के नियामक अनुभव का एक अंश-भर हैं, सम्पूर्ण जीवन नहीं। यही नहीं, सम्पूर्ण समाज को आर्थिक-राजनीतिक विश्वासों और वर्गों में सीमित करके पूरी तरह नहीं देखा-समझा जा सकता, बल्कि किसी एक व्यक्ति को भी केवल राजनीतिक मान्यताओं में घेर रखना करीब-करीब असम्भव है। सतत् प्रवहमान जीवन तमाम राजनीतिक विचारधाराओं और व्यवस्थाओं को चीरता हुआ निकल जाता है। वह निश्चय ही अपेक्षाकृत अस्थायी राजनीतिक विश्वासों और व्यवस्थाओं से कहीं वृहत्तर है।

राजनीतिक विचारधाराओं के प्रभाव में लिखे गए हिन्दी के उपन्यासों में बहुत बार जीवन की विविधता और व्यापक संवेदनशीलता के स्थान पर केवल बौद्धिक शब्दजाल को प्रश्रय मिलता रहा है। उनमें बहुरूपी, बल्कि परस्पर-विरोधी, जीवनतत्त्वों से निर्मित सक्रिय इंसानों के स्थान पर विकलांग और कठपुतलियों जैसे चरित्रों की भरमार रही है। 'मैला आँचल' में इस परिस्थिति को काटकर सजीव इंसानों की दृष्टि का शुभ और बहुत कुछ सफल प्रयत्न है। 'मैला आँचल' में राजनीति जीवन की पृष्ठभूमि के रूप में ही है जो पात्रों के व्यक्तित्व को और भी उभारती है, चारों ओर से घेरकर उनका गला नहीं घोंटती। इस उपन्यास में विभिन्न राजनीतिक मतवाद, पार्टियाँ, संगठन, समस्याएँ यथास्थान मौजूद हैं, और वे विभिन्न पात्रों के व्यक्तित्वों के नए-नए पक्षों को उजागर करती हैं, उन्हें ठोस भौतिक आधार प्रदान करती हैं, उनके सुख-दुख और आशाओं-विश्वासों को, उनकी मान्यताओं और मर्यादाओं को, वास्तविकता का एक नया आयाम प्रदान करती हैं। मगर लेखक ने किसी भी विचारधारा अथवा संगठन-सम्बन्धी अपने निजी आग्रह को अपने जीवनबोध और सौन्दर्यबोध पर हावी नहीं होने दिया है। हिन्दी के कथा-साहित्य के तत्कालीन दौर में यह बहुत बड़ी सफलता थी।

हर तरह की कट्टरता से बचने के कारण ही 'मैला आँचल' का लेखक मिथिला के इस आँचल की लोक-कला के, विशेषकर लोक-संगीत, गीत और नृत्य के वैभव को भी तन्मयता से प्रस्तुत कर सका है। भारतवर्ष की अतुलनीय लोक-संस्कृति की अपूर्व सम्पत्ति का इस उपन्यास में सर्वथा नवीन उपयोग है। वह कभी न थमनेवाले, किन्तु सर्वथा संवेदनशील, पार्श्व-संगीत की भाँति है, जिसमें जीवन के रंगमंच पर चलनेवाले नाटक की हर बदलती भावदशा के अनुरूप नई लय है, नया स्वर-विन्यास है, नए बोल हैं, नई नृत्य-भंगिमाएँ हैं। अन्त तक लेखक ने अपने इस विवेक को बनाए रखा है कि जिनके जीवन में संगीत और लय है वे सुख में विभोर होने पर भी गाते और नाचते हैं और दुख से आक्रान्त होने पर भी। लोक-जीवन में संगीत और नृत्य को एक नई प्रतिष्ठा इस उपन्यास ने प्रदान की है जो निश्चय ही केवल आंचलिक नहीं है।

मूल भाववस्तु के साथ लेखक के सम्बन्ध की ये कुछेक विशेषताएँ 'मैला आँचल' में बेजोड़ थी। निस्सन्देह उसने हिन्दी उपन्यास के क्षेत्र में न केवल नई मान्यताओं की

प्रतिष्ठा की, बल्कि नई दिशाएँ खोल दीं, नई सम्भावनाओं के क्षेत्र उजागर कर दिए। बहुत दिनों से हिन्दी उपन्यास एक घेरे के अथवा एक से अधिक घेरों के भीतर चक्कर काटते जान पड़ते थे। 'मैला आँचल' ने बीच में पड़े हुए पत्थर हटाकर और झाड़-झंखाड़ों को तोड़कर एक नया मार्ग प्रशस्त किया। मगर मौलिक भाववस्तु के प्रति लेखक के दृष्टिकोण से हटकर यदि हम समूची कृति पर विचार करें, तो लगता है कि कुल मिलाकर उसमें नए निर्झर की निर्मल स्वच्छता और चमक तो है, पर जीवन की गहराई नहीं है। 'मैला आँचल' का एक भी पात्र ऐसा नहीं है, जिसे 'क्लासिक' कहा जा सके, जिसमें होरी, धनिया, शेखर, मृणाल, राजा रामनाथ, ताई की भाँति भारतीय जीवन के किसी-न-किसी अंश का प्रतिनिधि बनने की क्षमता हो। बावनदास, बालदेव और लक्ष्मी में ही कभी-कभी हलकी-सी ऐसी झलक दिखाई पड़ती है। पर वह भी इतनी क्षीण, दुर्बल और क्षणिक है कि उससे कोई अन्तर नहीं पड़ता। दूसरी ओर, प्रशान्त, कमली, तहसीलदार विश्वनाथ प्रसाद आदि पात्रों के साथ लेखक का तादात्म्य इतना अधिक है कि उन्हें वह अन्त तक ठीक परिप्रेक्ष्य में प्रस्तुत नहीं कर पाता। वे बहुत-सी भली-बुरी सम्भावनाओं के पुंज-भर हैं, सक्षम प्राणवान चरित्र नहीं।

ऐसा निरन्तर लगता है कि अपनी स्वस्थ सहानुभूतियों के बावजूद लेखक अभी अपनी आस्था के आधार खोज रहा है। जितना जीवन की गति की तीव्रता का आभास 'मैला आँचल' में होता है, उतना उसकी गम्भीरता और स्थिरता का नहीं। नए जीवन के दबाव ने मेरीगंज गाँव में उथल-पुथल मचा दी, जीवन के पुराने मान चरमरा उठे, ढहने लगे, नए सामाजिक तत्त्व ऊपर उभरे, नई मान्यताएँ बनती-सी जान पड़ीं। पर फिर ? लगता है लेखक को भी आगे का रास्ता नहीं मालूम। क्या यह वही रास्ता है जो प्रशान्त के लिये ममता और कमली ने तय कर दिया है—मेरीगंज छोड़कर पटना जाने का ? तो फिर मेरीगंज ? इसका कोई उत्तर नहीं है। यह ठीक है कि उसका उत्तर देने की अनिवार्य जिम्मेदारी लेखक पर नहीं है। यहाँ तक का हाल उसने जैसा बना, वैसा कह सुनाया। साथ ही यह तो सर्वथा अनावश्यक था, बल्कि घातक होता कि लेखक कोई उत्तर गढ़कर सामने रखता। किन्तु इससे इस बात की सच्चाई में कोई अन्तर नहीं पड़ता कि उसकी दृष्टि में जितनी सरसता और आत्मीयता है, जितना कवित्व है, उतनी प्रौढ़ता, सूक्ष्मता और पैठ नहीं। इसी से अन्त तक पहुँचते-पहुँचते मेरीगंज की घटनाएँ जैसे लेखक के नियन्त्रण से बाहर चली जाती हैं और लगभग स्वतन्त्र-सी इधर-उधर टकराती रहती हैं। फलस्वरूप विस्तार बढ़ जाता है और शिथिलता आने लगती है।

कुल मिलाकर जो बात भाववस्तु के बारे में कही गई है वही इस उपन्यास के शिल्प के बारे में भी सही है। उसके शिल्प में नवीनता है। विभिन्न भावों, मनोदशाओं और घटनाओं को तथा बहुत-से व्यक्तियों और समूहों के कार्यों और भावावेगों को एक नए ढंग से बार-बार 'टेलेस्कोप' करने की पद्धति से एक साथ ही गति का और स्थिरता का, दूरी का और समीपता का प्रभाव उत्पन्न होता है। पूरा उपन्यास एक फिल्म-जैसा लगता है जिसके पार्श्व-संगीत में मादल और ढोल और लोक-गीतों के मादक स्वर निरन्तर

सुनाई पड़ते रहते हैं। किन्तु विलक्षणता के बावजूद, शिल्प में प्रयोगात्मकता अधिक है और कोई प्रभाव टिकने नहीं पाता। एक तस्वीर बनती है और मिट जाती है, फिर दूसरी बनती है और वह भी मिट जाती है, एक सीमा के बाद यह प्रक्रिया भाव-प्रक्षेपण में बहुत सहायक सिद्ध नहीं होती। लगता है, मानो समूचा उपन्यास अनगिनती रेखाचित्रों का पुंज हो, जो एक के बाद एक आते हैं और चले जाते हैं। कथा-प्रवाह में सूत्र का अभाव लगता है। ऐसा लगता है कि विभिन्न भाव एक बड़े भारी वाद्यवृन्द के अलग-अलग वाद्य हों, जिनकी स्वर-संगति अपनी-अपनी जगह ठीक होते हुए भी उनके सम्मिलित प्रवाह में समन्वय नहीं है। लगता है, कुछ विवादी स्वर लग रहे हों, अथवा कुछ संवादी स्वर ध्वनियों की विविधता में कहीं खो गए हों। शायद यही कारण है कि बहुत-से पाठकों को इसे पढ़ने में रोचकता का अभाव लगा। कइयों ने शिकायत की कि उसे अन्त तक पढ़ सकना कष्टसाध्य था, बीच ही में मन ऊब जाता था। साधारण पाठक की यह प्रतिक्रिया लेखक के लिये चेतावनी है कि शिल्प-विधान में नवीनता ही सब कुछ नहीं है। इस बात का विवेक भी बहुत ही आवश्यक है कि नवीनता किस सीमा के बाद प्रेषणीयता को नष्ट करने लगती है।

शिल्प-सम्बन्धी चर्चा के सिलसिले में इस उपन्यास की भाषा और आंचलिकता पर भी थोड़ा-सा विचार आवश्यक है। इसमें तो कोई सन्देह नहीं कि अपनी भाषा से लेखक वातावरण की विशिष्टता के निर्माण में सफल हुआ है। 'मैला आँचल' के मेरीगंज की आत्मा की कथा समूचे उत्तर भारत के गाँवों की प्राणगाथा होते हुए भी, बाह्य रूप की दृष्टि से मेरीगंज चाहे कोई गाँव नहीं हो सकता, वह पूर्णतः एक विशेष गाँव ही है जिसका प्राकृतिक परिवेश जितना भिन्न है, उसके निवासियों का आचार-व्यवहार और भाषा भी उतनी ही विशिष्ट है। यह अपने-आप में एक महत्त्वपूर्ण सफलता है, क्योंकि यह उपन्यास की व्यापक सम्प्रेषणीयता में कहीं बाधा डालती है, ऐसा नहीं लगता। भाषाई यथार्थ पर यह आग्रह एक तरह से जीवन के यथार्थ को उसकी बाहरी और भीतरी सम्पूर्णता में पकड़ने के एक नए रुझान का सूचक है। व्यक्ति और समाज की जिन्दगी की सच्चाई उनके सामान्यीकरण द्वारा नहीं बकि उनकी जिन्दगी के ठोस मूर्त ब्यौरों द्वारा ही पेश की जा सकती है।

'मैला आँचल' हिन्दी उपन्यास-जगत में एक धूमकेतु की भाँति प्रकट हुआ था। इसलिए यह स्वाभाविक ही था कि उसके बारे में पहली प्रतिक्रिया बड़ी प्रबल हुई और अधिकांश पाठक और समीक्षक उसकी नवीनता के ज्वार में बह गए। इसलिए यह भी अनिवार्य था कि उसकी तुलना प्रेमचन्द और 'गोदान' से भी की गई। इसी के फलस्वरूप शायद फिर दूसरी प्रतिक्रिया यह हुई कि वास्तव में उपन्यास में चामत्कारिक नवीनता के अलावा इतना अपूर्व कुछ भी नहीं था। शायद ये दोनों ही धारणाएँ एकांगी और गलत हैं। मूलतः यह 'मैला आँचल' के लेखक के साथ भी अन्याय है और प्रेमचन्द के साथ भी। 'गोदान' और 'मैला आँचल' में समानता सिर्फ ऊपरी है। दोनों उपन्यासों का न केवल युग भिन्न है बल्कि दोनों की मूल भाववस्तु भी भिन्न है। और दोनों के लेखकों

के व्यक्ति की बुनावट में तो धरती-आसमान का अन्तर है। जैसा ऊपर कहा ही गया है, 'मैला आँचल' में युगजन्य दबाव के फलस्वरूप तीव्रता से बदलते हुए ग्राम की गति का चित्र अवश्य है, पर उसमें 'गोदान' जैसी वह 'क्लासिक' तस्वीर नहीं है, जो युगों तक मिटती नहीं। 'मैला आँचल' के पात्र एक युग की उपज हैं, जो जितनी तेजी से आते हैं उतनी ही तेजी से गतिचक्र में विलीन भी हो जाते हैं। 'गोदान' के होरी और धनिया अजन्ता के भित्तिचित्रों की भाँति हैं, जो सैकड़ों वर्ष बाद भी उतने ही प्राणवान और जीवन्त बने हुए हैं, क्योंकि उनकी प्रेरणा का स्रोत क्षणिक नहीं, मूलभूत और युग-युगव्यापी है।

वास्तव में 'मैला आँचल' का महत्त्व नए दिशा-दर्शन में था, हिन्दी के इस या उस लेखक से श्रेष्ठतर होने में नहीं। उसकी विशिष्टता इस बात में थी कि वह राजनीतिक फॉर्मूलों और सिद्धान्तों की मारामारी तथा खून-खच्चर से हटाकर फिर से हमें ग्रामवासिनी भारत माता के मैले धूल-भरे, श्यामल आँचल तले, आँसू से भीगी हुई धरती पर लहलहाते हुए प्यार के पौधों की ओर खींच ले गया, जहाँ आषाढ़ के बादल मादल बजाते हैं, बिजली नाचती है और पुरवैया के झोंकों के साथ खेतों में जिन्दगी झूम उठती है।

'अलग-अलग वैतरणी' : समीक्षा

विजयदेव नारायण शाही

इधर अरसे से एक हवा ऐसी रही है कि गाँवों को लेकर कथा-रचना एक तरह का पिछड़ापन है, आधुनिकता से वंचित होना है। आधुनिकता का लक्ष्य जब लक्षणों की तरह गिनाया जाने लगे, तब यह जरूरी हो जाता है कि यह सवाल पूछा जाए कि आधुनिकता भी एक साहित्यिक रूढ़ि तो नहीं होती जा रही है जिसके फन्दे से बाहर निकला जाए।

कुछ बरस पहले गाँव बनाम महानगर का विवाद चला। यहाँ तक कहा गया है कि गाँव से ज्यादा आधुनिक कस्बे के बारे में लिखना है, कस्बे से ज्यादा नगर के बारे में, नगर से ज्यादा महानगर के—और शायद हिन्दुस्तानी महानगर से भी ज्यादा यूरोप या अमरीका के महानगर के।

यह बहस ज्यादातर कथा-साहित्य को लेकर चली। कविता में भी महानगर का एक झोंका आया, लेकिन इस झोंके ने उतना साफ कठघरा नहीं बनाया। कथा-साहित्य में भी कहानी में ही ज्यादा शोर मचा। जितनी तन्मयता लोगों ने कहानी लिखने और कहानियों के बारे में बड़ी-बड़ी घोषणाएँ करने में लगाई, उतनी उपन्यासों में नहीं। पिछले बीस वर्षों पर निगाह डालने से उपन्यासों का रकबा काफी खाली-खाली-सा लगता है। जो कुछ उपन्यास हैं भी, वे ऐसे नहीं जिन्हें केन्द्र में रखकर आन्दोलन का शोर मचाया जा सके। उतना भी नहीं जितना कुछ और पहले आंचालिक उपन्यासों को लेकर मचा था।

कहानी और उपन्यास की इस भिन्न गति को देखकर क्या नतीजे निकाले जा सकते हैं ? ऐसा नहीं है कि कहानियों की दुनिया में उलटफेर नहीं हुआ। आश्चर्य की बात यह है कि सिरे से बदला हुआ यथार्थ कहानियों में ही व्यक्त होता रहा इसमें उपन्यास के क्षेत्र में वैसी ही हलचल पैदा करने की क्षमता नहीं थी।

कहानी को लेकर तेज घोषणापत्र लिखे गए, या लेख लिखे गए, जिनका लहजा घोषणापत्रों सरीखा था। नतीजे निकाले गए जैसे पूरा युग-यथार्थ सिरे से बदल गया। घोषणाओं का स्वर कुछ ऐसा था कि युगबोध-सम्बन्धी नतीजे अगर कहानियों पर लागू होते हैं, तो उपन्यासों पर भी। नई कहानी तो चमत्कारी ढंग से स्थापित हुई, पर नया उपन्यास नहीं जन्मा।

लेखकों के द्वारा दिए गए युग-परिवर्तन सम्बन्धी घोषणा-पत्रों से सिर्फ इतना नतीजा निकलता है। कुछ लेखकों को घोषणापत्रों की भाषा में बोलने की जरूरत महसूस हुई। आलोचक के लिये घोषणापत्र कच्चे माल की ही तरह हैं, युग-परिवर्तन के प्रामाणिक संकेत नहीं। कोई जरूरी नहीं है कि युग वैसा ही हो जैसा घोषणापत्र में कहा गया है। या कृतिकार मानस का रिश्ता युग से उसी तरह जुड़ता हो जिस तरह बताया गया है।

कहानियों का इस तरह बहस के केन्द्र में आ जाना जैसे साहित्यिक कृतित्व का पूरा दारोमदार—बल्कि युग की पूरी परिभाषा—उन्हीं पर निर्भर हो, कुछ उसी तरह असन्तुलित लगता है जैसे एकांकियों की बाढ़ के साथ घोषित कर दिया जाए कि नाटक का कायाकल्प हो गया है जबकि वास्तविक बड़े नाटक न लिखे जाएँ। इस तरह के आन्दोलन में एक क्षीणता, एक तरह का सतहीपन वर्तमान रहेगा, जो कभी-न-कभी खटकेगा। कहानियों के नाम पर तथाकथित आधुनिक कथादृष्टि की परिभाषा के साथ यह सवाल हमेशा बना रहेगा कि यदि यह कथादृष्टि प्रामाणिक और अनिवार्य है तो उपन्यासों तक आती-आती क्यों सूख जाती है। या तो उपन्यास रचती नहीं, या रचती भी है तो कमजोर, खपाचियों से जोड़े हुए, दिमाग पर हावी होने में असमर्थ। शायद इसी तरह की उलझन से उकताकर डॉक्टर रामस्वरूप चतुर्वेदी ने कहानी-आन्दोलन के पूरे उभार पर यह कहा कि कहानी कलात्मक विधा है ही नहीं। मैं इतनी दूर तक तो नहीं जा सकता, क्योंकि इतना कहते ही दिमाग में बहुत से उदाहरण मँडराने लगते हैं, लेकिन इतना तो जरूर लगता है कि कहीं-न-कहीं कथाकार होने का दावा करनेवाले के लिए, उपन्यास की कसौटी पर चढ़ना जरूरी है। खास तौर से तब जब दावा लम्बे-चौड़े इन्कलाब से जुड़ा हुआ हो। गम्भीर आलोचना में उपन्यास के मुकाबले में कहानी का अध्याय निश्चय ही छोटा होगा।

अगर उपन्यास और कहानी की दुनियाएँ अलग-अलग हों, तो ज्यादा प्रामाणिक उपन्यास की ही दुनिया माननी होगी। इस दृष्टि से देखने पर कहानी की तेज रफ्तार उपन्यास पर प्रश्नचिह्न नहीं लगाती बल्कि उपन्यास की मन्थर गति कहानी पर तमाम कुहराम पर प्रश्नचिह्न लगाती दिखती है।

बहुत-कुछ इसी प्रश्नचिह्नित मनःस्थिति में मैंने शिवप्रसाद सिंह के उपन्यास 'अलग-अलग वैतरणी' को पढ़ा। काफी अरसा पहले नरेश मेहता का उपन्यास 'यह पथ बन्धु था' पढ़ा था। उसकी याद आई। वैतरणी नाम से ही प्रेमचन्द के 'गोदान' की याद भी आई। पता नहीं वैतरणी नाम रखते समय भी शिवप्रसाद सिंह को 'गोदान' के प्रतीक की याद थी या नहीं। दोनों प्रतीकों में कितना साम्य है। उपन्यास पढ़े जाने के बाद इन दोनों उपन्यासों में प्रतीकों का रिश्ता भी दिखने लगा। प्रेमचन्द का होरी भी वैतरणी में ऊभ-चूभ कर रहा है। लेकिन पूँछ शायद वैतरणी को पार कराने में मदद कर दे।

शिवप्रसाद सिंह के उपन्यास में संस्कारों की गऊ न जाने कहाँ खो गई है, शेष सिर्फ वैतरणी ही वैतरणी है जिसमें सब ऊब-चूभ कर रहे हैं। इस वैतरणी को पार नहीं किया जा सकता, सिर्फ इससे भागकर जाया जा सकता है। गाजीपुर में डिग्री कॉलेज की अध्यापकी करने के लिए।

नरेश मेहता के उपन्यास 'यह पथ बन्धु था' की याद आई, इसलिए कि उसमें भी वैतरणी की तलाश है। उसका नायक भी गाँव की वैतरणी से भागता है लगभग उसी ललक से जिस तरह विपिन भागता है, या यों कहिए कि पढ़ाई को तकदीर के सहारे छोड़कर जाता है, करैता ग्राम से। लेकिन नरेश मेहता का नायक उपन्यास के बीच में ही निकलता है। नागपुर, फिर बनारस। लेकिन वैतरणी फिर भी पीछा नहीं छोड़ती। कथा चलती रहती है। एक के बाद दूसरी वैतरणी, स्वर्ग कहाँ है ? लेकिन 'यह पथ बन्धु था' का वैतरणी बनाम स्वर्ग का नाटक इतना खरा नहीं है। उसमें अक्सर ऐसी जगहें है जो न स्वर्ग हैं न वैतरणी, सिर्फ सपाट स्थान जैसे नाटक का एक दृश्य खत्म होने के बाद परदा देर तक गिरा रहे, फिर उठे तो दूसरा दृश्य हो।

शिवप्रसाद सिंह का उपन्यास शुरू किया तो अन्त तब पढ़ता गया। उपन्यास काफी भारी-भरकम है, लगभग सात सौ पृष्ठों का। मगर बीच में साफ तौर पर सफे पलटने की नौबत न आई। शुरू से आखिर तक एकतान प्रवाह महसूस करके आश्चर्य हुआ, क्योंकि ऐसा अनुभव इधर कम हुआ था। अमृतलाल नागर के बड़े-बड़े उपन्यासों में, जिनका बड़ा नाम है, बीच-बीच में बहुत-से पृष्ठ छोड़ने पड़े थे। किसी उपन्यास की प्रशंसा में इस चीज का जिक्र करना कोई बहुत बड़ी जरूरी बात नहीं है। लेकिन बिना उलझे या उलझाए सात सौ पृष्ठों तक सलीके से किस्सा कह सकना जहाँ इतना अलभ्य हो वहाँ यह सुथरापन भी मन को खुश करता है। प्रेमचन्द के 'गोदान' पर आज तक लोग आरोप लगाते हैं कि उसके बहुत से हिस्से की बनावट कमजोर है। अज्ञेय का 'शेखर : एक जीवनी' तो पूरा ही न हो सका। 'नदी के द्वीप' में भी, अपनी तमाम दुर्लभ अनुभूतिशीलता के बावजूद, लगता है कि किस्सा खत्म कैसे हो, यह सवाल भारी सवाल बन गया है। मैं यह नहीं कहता कि 'बुनावट का सुथरापन' बहुत बड़ा गुण है, लेकिन है। इसलिए मुझे लगा कि मुझे उपन्यासकार के प्रति कृतज्ञ होना चाहिए। जैसे इबारत खुशखत लिखी देखकर एक तरह का कलात्मक सुख मिलता है।

लेकिन इबारत पढ़ जाने के बाद यह सवाल जरूर दिमाग में फिर घूमने लगा—क्या गाजीपुर किस्से का अन्त है ? अलग-अलग वैतरणी की परिभाषा की तलाश है तो इस उपन्यास का एक दूसरा खंड होना चाहिए जहाँ विपिन गाजीपुर डिग्री कॉलेज में नौकरी शुरू करता है। फिर क्या गाजीपुर का डिग्री कॉलेज एक नई वैतरणी या नए किस्म की अलग-अलग वैतरणियों की टकराहट नहीं होगा। उपन्यास का अन्त इन शब्दों के साथ होता है :

"उधर पच्छिमी छोर पर पेड़ों की पाँत में खोया गाँव का हाशिया, काजल की लकीर की तरह। बीच में ढलते सूरज की रोशनी में फैला है करैता का सिवान, कहीं

हरियाली नहीं, कहीं जल नहीं, बिलकुल वीरान, तेज बुखार में तपती उदास आँख की तरह...''

गाँव का हाशिया और उस हाशिए के बाहर गाजीपुर की एक दूसरी दुनिया, जहाँ चार सौ रुपए माहवार की तनख्वाह है, इतिहास की अध्यापकी है, और देखरेख करने के लिये गाँव के एकमात्र सबके सगे, मस्तमौला, खुदाई खिदमतगार दयाल महाराज।

वैसे वैतरणी से गाजीपुर को अलग करने के लिये शिवप्रसाद सिंह ने हाशिया भी खींच दिया, और चार सौ रुपए की नौकरी का थोड़ा झूठ भी बोला। क्योंकि सब जानते हैं कि गाजीपुर क्या किसी डिग्री कॉलेज में शुरू में चार सौ रुपए की नौकरी नहीं मिलती। मुझे झूठ पर एतराज नहीं है। हाशिए में किसी कुलबुलाती हुई वैतरणी पर एतराज है। मन में सवाल अटका रह जाता है। अभी कहानी आधी हुई है। एक खंड और होना चाहिए। फिर गाजीपुर से भागकर वाराणसी, एक खंड और। वाराणसी से दिल्ली...कहाँ तक वैतरणी का विस्तार है।

राही मासूम रजा के उपन्यास 'आधा गाँव' की याद इस उपन्यास के साथ आना स्वाभाविक है। दोनों ही गाँव के महाकाव्य की तरह लिखे गए हैं। गंगोली हो या करैता—वही लोगों का व्यक्ति से ज्यादा रिश्ता होना—जमींदार, हरवाह, काश्तकार, पट्टीदार, फौजदारियाँ, इमामबाड़ा या देवी थान, शादियाँ, बच्चों की पैदाइश, खेतों का झगड़ा या जला दिया जाना, जमींदारी का टूटना, कुलीनों का पतन, राजनीति, छोटी जातियों का उठना, दारोगा, लूटपाट, लड़कियों का जवान होना, भागना, नाजायज बच्चे पैदा करना, बलात्कार, तीज-त्यौहार, और इन सबके साथ पस्ती, गिरावट, उठने की बार-बार कोशिश के बावजूद एक तरह की लाजिमी पराजय, और इन तमाम चलती हुई गतियों में फँसे हुए लोग, अनगिनती लोग जिनके नाम भी उपन्यास पढ़ते समय बार-बार भूल जाएँ, एक सपाट परदे पर तिलमिलाती हुई तस्वीरें जिनमें तीसरा आयाम नहीं है, और यदि है तो वह तीसरा आयाम सबके लिये समान है—दूर-दूर फैला हुआ सीवान, तपती उदास आँख की तरह।

फिर भी दोनों उपन्यासों में फर्क है। राही मासूम रजा का उपन्यास एक गाँव या गाँव के सामाजिक अंश के, गंगोली के शिया-सैयदों के सामाजिक दस्तावेज की तरह लिखा गया है। राही मासूम रजा के सामने एक मुकदमा है, जिसे उन्हें साबित करना है। एक तस्वीर पेश करना है। शिवप्रसाद सिंह का उद्देश्य ज्यादा जटिल है। उन्हें एक अन्वेषण-यात्रा करनी है। वह अन्वेषण है वैतरणी का। करैता भी सामाजिक दस्तावेज है। लेकिन वह एक रूपक के आवरण में लिपटा हुआ है। शिवप्रसाद सिंह की समस्या उन सभी उपन्यासकारों की समस्या है जो सामाजिक दस्तावेज के जरिए जीवन की परिभाषा तलाश करना चाहते हैं। एक तरह से इस समस्या का जन्म उपन्यास के साथ-साथ ही हुआ। क्या उपन्यास को सामाजिक दस्तावेज होना है या जिन्दगी का रूपक ? और यदि इन दोनों लक्ष्यों में तनाव या टकराहट हो तो उपन्यास का क्या

होगा ? इस तनाव ने उपन्यास के रूपविधान में बड़े-बड़े प्रयोगों की नींव डाली। सामाजिक दस्तावेज को कई बार उपन्यास से निकाल बाहर किया गया। लेकिन वह घूम-फिरकर बारम्बार उपन्यास में उपस्थित हो जाता है।

चूँकि राही मासूम रजा का उद्देश्य सरल है इसलिए उनके उपन्यास का अन्त उतना असन्तोषप्रद नहीं लगता। जिस तरह झूले झुलानेवाली बड़ी चरखी की अनगिनत कुर्सियों के ऊपर तरह-तरह के लोग ऊपर से नीचे, नीचे से ऊपर चक्कर काटते हैं, उसी तरह तमाम तस्वीरें राही के उपन्यास में आधी पहचानी, आधी अन-पहचानी आँखों के सामने से गुजरती रहती हैं—फिर एक वक्त आता है जब उपन्यासकार चरखी का चक्कर बन्द कर देता है, और कहता है—'इत्यादि, इत्यादि।' उपन्यास 'इत्यादि-इत्यादि' पर खत्म हो जाता है। लोगों से घिरे हुए हकीम अली कबीर आखिरी साँस लेते हैं।

"कमला चीख-चीखकर रोने लगी।

ऐन उसी वक्त फद्दू आया और उसने फिस्सू मियाँ के कान में कहा, 'जल्दी से घर चलिए ! सैयदा के हाँ लड़का भवा है।'

फुस्सू मियाँ लाश पर एक निगाह डालकर चुपके से बाहर आ गए।"

किस्सा गंगोली से शुरू होता है, गंगोली पर खत्म हो जाता है। और यह गंगोली ज्वार-भाटा से भरे हुए समुद्र की तरह, एक इकाई है जिसमें मौत और पैदाइश की लहरें उठती-समाती रहती हैं। मगर समुद्र खुद एक अव्यय की तरह कायम है। राही की कहानी का कोई तार्किक अन्त नहीं है। वह कहीं भी खत्म हो सकती है, आगे भी चल सकती है, 'इत्यादि' की तरह। वह जिस अनन्तता को कायम करना चाहते हैं वह अनन्तता गणित के अंकों की अनन्तता है : 1, 2, 3,...इत्यादि। यह अनन्तता अर्थ की अनन्तता नहीं है। इसीलिए उपन्यास के बाद यह नहीं लगता कि अभी आधी बात कही गई है।

सामाजिक दस्तावेज पर रूपक आरोपित करना खतरे का काम है। यद्यपि हर महत्वाकांक्षी उपन्यास इस खतरे को उठाता है। 'अलग-अलग वैतरणी' का असन्तोषप्रद अन्त इस महत्वाकांक्षा के ही कारण होता है। छोटी-सी भूमिका में लेखक ने कहा है :

"इस उपन्यास पर मैं बरसों से काम करता आ रहा हूँ। कई बार काटा-पीटा और रद्दोबदल किया है। जानता हूं यह अन्तिम रूप भी मेरे गाँव करैता की सही 'ठनक' को बाँध नहीं पाया है।..."

यदि यही सृजनात्मक प्रेरणा इस उपन्यास की मूल भाषा है तो लेखक को 'आधा गाँव' की तरह हाशिए के भीतर ही रहना चाहिए था। अर्थ के अन्वेषण का प्रयास नहीं करना चाहिए था। उसी भूमिका में इस बात की चिन्ता नहीं करनी चाहिए थी कि कहीं यह उपन्यास 'आंचलिक' उपन्यासों की पंक्ति में न डाल दिया जाए। शायद 'ठनक' बँध जाती, तो उपन्यास निश्चय ही आंचलिक होता। रेणु का 'मैला आँचल' में 'ठनक' नहीं तो क्या है, जो आंचलिकता उत्पन्न करती है ?

और फिर करैता, सिर्फ करैता कहाँ रह जाता है ? वह भी तो 'गाँव' का हो जाता है—एक रिश्ता। लोगों का एक जमाव जो पटवारी के कागजात की एक भौगोलिक सीमा

में घेर दिया गया है ताकि जन्मे, मरे, और खेती से, पुरखों से और बकौल खलील मियाँ की 'जहालत', 'गरीबी और तंगखयाली' की जमती हुई परतों से डूबता-उतराता रहे।

यह सवाल बना रहता है कि कहानी करैता की है या करैता के माध्यम से मझगँवा, बिराहिमपुर, जाठी, कठौता या इसी तरह के नामोंवाले सभी गाँवों की कहानी है ? तब इसमें 'ठनक' अकेले करैता की कैसे होगी ? उपन्यास के अन्त में जब जग्गन मिसिर कहते हैं :

"कीनारामवाली कवा में विपिन बाबू यह भी आता है कि उन्हें कनवाँ के लोगों ने शरबत पिलाया। आदर-सत्कार किया। और उन्होंने खुश होकर वरदान दिया था कि तुम्हारी बस्ती फूलती-फलती रहेगी। यानी कनवाँ आबाद, करैता बरबाद यही न ?

हाँ ! ऐसी ही कहते हैं लोग।

तो कनवाँ की हालत तो करैता से अच्छी होनी चाहिए न ? आप कभी वहाँ गए हैं ? साल भर यहाँ रहे पर बगल के गाँव में तो गए न होंगे।

जाकर वहाँ देखिए। शायद तब आप करैता को गाली देना छोड़ दें। तब लगता है करैता को टँकनेवाले हाशिए की स्याही फैलती जा रही है और उस हाशिए के पीछे जो ठनकता है वह महज करैता नहीं है, और कुछ भी है।"

इसीलिए मैं शिवप्रसाद सिंह के इस उपन्यास को आंचलिकता की पंक्ति में न रख, सामाजिक दस्तावेजों के साथ ही नत्थी करूँगा, बहुत ही खुशखत लिखी हुई दस्तावेज। सामाजिक दस्तावेज तो राही मासमू रजा का उपन्यास 'आधा गाँव' भी है, लेकिन उसमें आंचलिकता के रंग कहीं-कहीं झलकते हैं। शुद्ध सामाजिक दस्तावेज दोनों में कोई नहीं है। 'आधा गाँव' शुद्ध आंचलिक और शुद्ध सामाजिक दस्तावेज के बीच में स्थित है, जबकि 'अलग-अलग वैतरणी' शुद्ध सामाजिक दस्तावेज और जीवन के प्रतीकात्मक अर्थ के बीच स्थित है।

इस कशमकश में ही विपिन, जो कथा का केन्द्र है, लुंज-पुंज हो गया है। करैता को एक इकाई या तत्त्व की तरह महसूस करने के कारण वह करैता से कटकर अलग हो गया है। उसका बाहरीपन, करैता के प्रति लेखक के तथा पाठक के बाहरीपन का प्रतीक है। उसके लिये करैता एक कठिन समस्या की तरह है जिसके साथ उसका एक ही रिश्ता बन सकता है कि वह उसे झुठलाने की कोशिश करे। यह रिश्ता अपने-आप में एक दिमागी रिश्ता है। करैता से विपिन के जितने और सम्बन्ध हैं, पैदायशी, खानदानी, या पुष्पी के साथ हलकी सिहरनवाले, उनकी भूमिका सिर्फ इतनी ही है कि दिमागी रिश्ते को थोड़े वक्त के लिये करैता से जोड़ दें। सिर्फ समस्या को इस तरह उपस्थित कर दें कि विपिन के लिये समस्या का साक्षात्कार करना अनिवार्य हो जाए। मगर उन रिश्तों में इतना दम नहीं है कि विपिन को विचलित कर सकें, या भीतर का आदमी बना सकें।

जग्गन मिसिर कहते हैं कि विपिन उन थोड़े-से लोगों में से है जिनके पास चेहरा है। बाकी भीड़ बिना चेहरेवालों की है। विपिन के पास चेहरा सिर्फ इतना ही है कि वह पढ़ा-लिखा है, गाँव को समस्या की तरह देखता है। वर्ना उसके जैसा बिना चेहरे का पात्र पूरे उपन्यास में नहीं है। क्योंकि विपिन व्यक्ति नहीं है, देखने का ढंग है।

विपिन जैसे पात्र को केन्द्र में रखने का मतलब है, करैता को बौद्धिक रूप से देखे जानेवाले गाँव की तरह प्रस्तुत करना। इस तरह के गाँव के साथ एक ही सार्थक सम्बन्ध कायम किया जा सकता है—उसे सुधारने की कोशिश। उपन्यासकार की यह दृष्टि अगर 'ठनक' बाँधने के कर्त्तव्य से दूर चली जाए तो क्या आश्चर्य ? मगर, फिर विपिन सुधारने की कोशिश में लगता क्यों नहीं, देखता ही क्यों रह जाता है ?

विपिन का दिमागी सहोदर शशिकान्त मास्टर है। वह सुधार के कठिन और ईमानदार परिश्रम में लगता है। लेकिन उसकी सक्रियता उसे करैता के भीतर का ही एक तत्त्व बना देती है। वह पूरी तस्वीर का एक हिस्साभर बन जाता है। 'बिना चेहरेवाले' लोगों की भीड़ में से एक उसकी असफलता पूरे माहौल की असफलता है।

सुधारक के लिये जरूरी है कि वह सम्पूर्णता से सीधे न टकराए। उसके लिये सम्पूर्ण को टुकड़े-टुकड़े में बाँटना जरूरी है, नहीं तो वह सुधार की शुरुआत कर ही नहीं सकता। और टुकड़ों में बाँटने के साथ ही वह बाहर का नहीं रह जाता। पूरी दृश्य-छवि का अंश बन जाता है। शशिकान्त मास्टर सामाजिक दस्तावेज का अंग है।

विपिन के माध्यम से उपन्यासकार उस सम्पूर्ण इकाई से टकराने की कोशिश करता है। इस भूमिका को मान लेने के बाद विपिन के लिये दो ही औपन्यासिक स्थितियाँ हो सकती थीं—वह या तो क्रान्तिकारी हो जाता या पलायनवादी। वह पलायनवादी ही होना स्वीकार करता है। या यों कहें कि पलायनवादी ही रहता है।

राही के उपन्यास में विपिन जैसा कोई पात्र नहीं है। यहाँ एक कि उपन्यास के भीतर का मासूम भी औरों की तरह भीड़ में खोया रहता है। इस कारण किसी तरह का उलझाव पैदा होने की गुंजाइश नहीं होती है। गाँव के भीतर की जिन्दगी समस्या की तरह नहीं, बल्कि एक ममतापूर्ण प्रवाह की तरह सामने आती है। सवाल सब कुछ को सोचकर, अपनी परिस्थिति को परिभाषित करने का नहीं है बल्कि अपने को उस प्रवाह में बेहिचक छोड़ देने का है, उसके साथ गड्डमड्ड हो जाने का है ताकि मासूम को कोई गंगोली से उठाकर रायबरेली न ले जा पटके। लेकिन विपिन की समस्या मुख्यतः विचारक की समस्या है—इस कुलबुलाती वैतरणी को किस तरह अर्थ दिया जाए।

उपन्यासकार बहुत-कुछ विपिन से अभिन्न है। लेकिन पूरे उपन्यास की समस्या विपिन से एक कदम और आगे है। यह वैतरणी है क्या—कहाँ तक इसका पाट है, कहाँ उद्गम है ?

इस गहरे प्रश्न के सन्दर्भ में ही—उपन्यास के अन्त का प्रश्न दिमाग में घूमता है। सीपिया नाले में ऐसा क्या है कि कथा वहीं आकर खत्म कर दी जाए ?

विपिन के चेहरे में औरों से भिन्न सिर्फ इतना ही है कि वह पढ़ा-लिखा है, शहर हो आया है और अच्छी नौकरी पा सकता है। सिर्फ इतना ही क्यों ?

इसके प्रतिलोप-स्वरूप विपिन के बाहर जो करैता है, उसकी तस्वीर भी इन्हीं रेखाओं से बन जाती है। करैता जाहिल है, गरीब है, और करैता के बाहर भी कोई दुनिया है, यह नहीं जानता। वह वैतरणी इसी कारण है कि बाहर की दुनिया उससे इतनी भिन्न हो चुकी है कि मुकाबले में करैता ने अपना अर्थ खो दिया है। और इसकी गरीबी की मार।

प्रेमचन्द की आरम्भिक ग्राम-कथाओं में ग्राम-जीवन की धुरी आर्थिक समस्याएँ थीं। आपस के नैतिक-अनैतिक सम्बन्ध परम्परा से कुछ-न-कुछ झंकृत जरूर होते थे, लेकिन ये सारे सम्बन्ध मूलतः सामाजिक ही थे। 'गोदान' में पहली बार उन्होंने उस एक नए आयाम को स्पर्श किया जो मात्र आर्थिक या नैतिक नहीं है—एक गहरे अवचेतन स्तर पर सांस्कृतिक है, आदिम विश्वासों का आयाम है। होरी की मँडराती हुई आकांक्षा आर्थिक और नैतिक मूल्यों का अतिक्रमण करती दिखती है।

सामाजिक दस्तावेज के रूप में शिवप्रसाद सिंह का उपन्यास आर्थिक विघटन और चुनाववाले जनतन्त्र के दौर में नैतिक सामाजिक परम्पराओं की झंकार को टूटता हुआ या नपुंसक दिखाता है। सांस्कृतिक मानस तो जलते तवे पर पड़ी हुई पानी की बूँद की तरह कभी का गायब हो चुका है। यहाँ तक कि देवी थान का मेला भी सामाजिक रिपोर्ट ही है। यह तस्वीर कहाँ तक सही है इसके बारे में राय जाहिर करना न मेरे लिये सम्भव है, न उचित ही। क्योंकि सही या गलत दो में से कुछ भी कहने पर मैं एक अतिरिक्त गवाही ही दे सकूँगा। और लेखक इतना तो हमेशा ही कह सकता है कि बात करैता की हो रही है। अगर सैयद राजा या चकिया या गंगापुर की हालत इससे भिन्न हो तो भी इस दस्तावेज का सत्य कैसे घट जाता है।

इतना जरूर कहा जा सकता है कि धारणाओं के जिस चौखटे में यह साफ-सुथरी तस्वीर पेश की गई है, वह सामान्य धारणाओं से कहीं खराश पैदा नहीं करती। इस अर्थ में उपन्यास कहीं चौंकाता नहीं और एक तटस्थ तस्वीर का आभास देता है जिसके बारे में सुन काफी रखा था, तफसील से देखने का मौका अब मिला है। सिवाय एक सरूप भगत और उसके गिरोह के जो न केवल मेरे लिये एक लगभग अपरिचित तस्वीर की तरह ताजगी देता है बल्कि कल्पना और मानवीय सहानुभूति के घेरे को अप्रत्याशित विस्तार देता है। अगर इस बहुत सुथरेपन के साथ बुने हुए पूरे थान में से कुछ ताने-बाने अलग ही करने हों, तो इसमें कोई सन्देह नहीं कि सरूप भगत और दुलारी और उनके पूरे हजूम के निर्माण के लिये ही इस उपन्यास का मूल्य रहेगा।

पात्र बहुत हैं, फिर भी वे भरमार होने की उकताहट नहीं पैदा करते। इनमें से कुछ पर निगाह कुछ ज्यादा देर तक ठहरती है : दयाल पंडित, सरूप भगत, दुलारी, जग्गन

मिसिर, कनिया और चंचल-बदचलन सुगनी—न जाने कितने खुराफातों की जड़। मगर इनमें से कोई इतना नहीं उभरता कि उस पर से करैता की धूल बिलकुल झड़ जाए। और न शेष इतने ही दब गए हैं कि धूल और इंसान में फर्क करना कठिन हो जाए। इस नक्काशीदार बुनावट पर ही ध्यान सबसे पहले जाता है।

अगर इस उपन्यास के ऊपर भावुकता की बैठन होती तो सवाल यह उठता कि गाँव को लेकर लिखी हुई कथा कहाँ तक हमारे आधुनिक मन के साथ मेल खाती है। वैसे 'भावुकता' शब्द को लेकर कोई विश्लेषण करना खतरे से खाली नहीं है। एक तरह का सघन सम्बन्ध तो दृष्टि और दृश्य-छवि के बीच हर कलाकृति में रहता है, जो किसी-न-किसी समय भावुकता की तरह लग सकता है। आज नहीं तो दस बरस बाद। लेकिन यहाँ मैं भावुकता के सिर्फ दो उपकरणों को ध्यान में रखकर इस शब्द का प्रयोग कर रहा हूँ : एक तो करुणावाली भावुकता, दूसरी आंचलिकता की रंगीनीवाली भावुकता। गाँवों को लेकर दो तरह से भावुक हुआ जा सकता, या अब तक हुआ गया है। या तो 'अहा, ग्राम्य-जीवन भी क्या है' की शैली में, आंचलिक छबीलापन इसी दृष्टि का एक विस्तृत रूप है। दूसरे 'उफ् कितने दुखी हैं लोग, कुछ करना चाहिए' की शैली में। यह दृष्टि कहीं-न-कहीं अपनी अपराध-भावना से बचने के लिये अन्तरात्मा के कलंक धोने की मुद्रा का निर्माण भर करती है। क्योंकि 'कुछ करना चाहिए', निरन्तर 'कुछ किया नहीं जा सकता' की दीवार से टकराता रहता है।

'अलग-अलग वैरतणी' को पढ़कर लगा कि जिस जमीन को चुक गया मानकर चलने की हवा चल पड़ी थी, अभी भी उसमें निरन्तर नई उद्भावनाओं की गुंजाइश है। यों भी, हिन्दुस्तान में लिखा गया उपन्यास कितने दिनों तक गाँवों को छोड़कर मनुष्य को परिभाषित करने की कोशिश में निःशरीर खड़ा रह सकता है ?

कभी विषय-वस्तु के आधार पर चलाया हुआ आन्दोलन कुछ ही दिनों में सतही या यान्त्रिक हो जाता है। नगरों और महानगरों में कथाकार को गहरे स्तर पर अनुप्राणित करने की क्षमता अभी तक नहीं पैदा हुई है, इतना पिछले दस वर्ष की कोशिशों के जो परिणाम निकले हैं उन्हें देखकर कहा जा सकता है। इस तरह के परिवर्तनों में कहानी तभी तक चमकती है जब तक विषय-वस्तु नई या अछूती हो। इतने नएपन की आधुनिकता का मूल्य हर रोज छपनेवाले अखबार के ताजा समाचार से कुछ अधिक हो, इसके लिये विषय-वस्तु की नवीनता से अधिक भी कुछ होना चाहिए। उपन्यास या कहानी की महज अखबारी 'स्कूप' की शैली को कब तक चमत्कारी बनाया जा सकता है ?

उदाहरण के लिए, निर्मल वर्मा का उपन्यास 'वे दिन' का उल्लेख कर सकता हूँ। विषय-वस्तु की दृष्टि से, चेकोस्लोवाकिया की राजधानी प्राहा में स्थित, इस उपन्यास और करैता में ठनकते शिवप्रसाद सिंह के 'अलग-अलग वैतरणी' में शब्दशः जमीन-आसमान

का अन्तर है। यदि प्राहा और करैता ही आधुनिकता की कसौटी बन जाएँ, तो सिर्फ विषय-वस्तु का चुनाव ही करैता पर भारी पड़ेगा। लेकिन 'अलग-अलग वैतरणी' का प्रभाव ज्यादा सन्तोषप्रद अनुभव है। निर्मल वर्मा भी सामाजिक विघटन के बीच छटपटाती हुई मानवीयता या मानवीयता पर जकड़े हुए शिकंजे की कथा कहते हैं। लेकिन कथा-प्रवाह के बीच हर पृष्ठ पर इतने होटल और इतनी बियर एवं अन्य किस्म की शराबें हैं कि यह महानगर कहानी की मदद नहीं करता। बीच-बीच में करकता रहता है। यूरोप और अमरीका के बहुत से उपन्यास पढ़ने का अवसर मिला है। लेकिन इतना ज्यादा बियर कहीं पीने का मौका नहीं मिला। उकताहट पैदा होती है।

ऐसा क्यों हो जाता है ? हो सकता है कि इसके पीछे कथाकार की कमजोरी हो। लेकिन शायद जिस माहौल को कथाकार प्रस्तुत करना चाहता है, उसके ऊपरी लक्षणों में उलझने का मोह भी एक कारण है। इसी तरह राजकमल चौधरी का उपन्यास 'मछली मरी हुई' का भी हाल है। राजकमल के अन्य लेख की तरह यहाँ भी लगता है कि लेखक को जिन्दगी की अनुभूति तो बहुत बड़ी हुई लेकिन वह उस अनुभूति को पचा नहीं सका। उपन्यास का तार बीच-बीच में खूँटे से उतर जाता है और एक तरह का प्रदर्शनवाद हावी हो जाता है।

यह नहीं है कि नई विषय-वस्तु के इस आग्रह ने कलात्मक अनुभूति को आगे नहीं बढ़ाया। किन्तु वह परिपक्वता जो कलाकार की अकड़ नहीं है, आत्मविश्वास का आभास देती चलती है, अभी हाथ नहीं लगी है। जब उपन्यास को पढ़कर महसूस हो कि हम कलाकृति नहीं, किसी बड़े पुस्तकालय में उपलब्ध देश-विदेश के अखबार पढ़ रहे हैं, तब शंका के साथ माथे की त्योरियों पर बल पड़ जाना स्वाभाविक ही हो जाता है।

जरूरी नहीं है कि 'अलग-अलग वैतरणी' की प्रशंसा करने के लिये औरों की बुराई की ही जाए। लेकिन मैं इस तुलना के साथ अपने भीतर की उस बेचैनी को जरूर ही व्यक्त करना चाहता हूँ जो पिछले दस वर्षों में विषय-वस्तु को बदलने की अधूरी सफलताओं से उत्पन्न होती है। और इन तमाम महानगरी छटपटाहटों के बीच करैता का करैत अपने पूरे तेवर से ठनकता है तो जरूरी हो जाता है कि हम अपनी धारणाओं, पूर्वग्रहों और प्रतिमानों पर फिर से नजर डालें। औपन्यासिक सृजनशीलता का अप्रतिहत, अबाधित स्रोत जिस जमीन से फूटता हुआ दिखता है।

यों भी, यह मानना कि बीसवीं सदी की स्वाभाविक लय नगरों या महानगरों में ध्वनित होती है, गाँव किसी विशेष अर्थ में अठारहवीं या उसके पहले की किसी सदी के अवशेष हैं, एक तरह का ऐतिहासिक दृष्टिदोष है। बीसवीं सदी को खंड-खंड करके देखना अपने को एक दिमागी भँवर में डाल देना है। बीसवीं सदी के कमल कीचड़ से अलग नहीं किए जा सकते। अब इस दृष्टिभ्रम का अन्त होना चाहिए, क्योंकि यह यूरोप की उन्नीसवीं सदी दिमागी विरासत में उपजी हुई चीज है। करैता मैनहाटन से कम बीसवीं सदी की उपज नहीं है। इस तथ्य की पहचान औपन्यासिक सृजनशीलता के लिये चुनौती है।

कसौटी यही है कि विषय-वस्तु का चयन केवल पृष्ठभूमि के लिये ही होना चाहिए। यदि ऐसा लगने लगे कि कथा केवल विषय-वस्तु के लिये ही लिखी गई, चाहे वह गाँव हो या मैनहाटन, तो उपन्यास में एक उबानेवाला आग्रह पैदा हो जाएगा। इस शर्त के साथ, हमें यह स्वीकार करके चलना होगा कि आज के मानवीय महानाटक के लिए, और उसका साक्षात्कार करनेवाले लेखक के लिये करैता जैसे लाखों गाँवों को भूल जाना, या उसका कोई अनुभव ही न होना, एक बड़ा सृजनात्मक अभाव होगा। आज भी मनुष्य की परिभाषा करैता की उपेक्षा करके नहीं दी जा सकती। यदि दी जाने की कोशिश की जाएगी तो उसका शायद वही परिणाम होगा तो तड़पते-छटपटाते राजकमल चौधरी का हुआ।

'दीक्षा' की सृजन-यात्रा

नरेन्द्र कोहली

'आतंक' पर हुई, कृति की गोष्ठी के अन्तिम खंड में कुछ लोगों ने जोरदार आपत्ति की थी कि उपन्यास में राजनीतिक-सामाजिक भ्रष्टाचार की निराशा ही निराशा है और आशा की कोई किरण नहीं है। उसमें कोई ऐसा आदर्श चरित्र होना चाहिए, जो समाज को इस स्थिति से उबार ले।

गोष्ठी के पश्चात् भी मैं अपनी सामाजिक-राजनीतिक परिस्थितियों, 'आतंक' तथा उस गोष्ठी के विषय में सोचता रहा। मेरे मन में बात बड़ी साफ थी; 'आतंक' समकालीन जीवन का यथार्थ चित्रण था। उसमें अपना बलिदान कर देनेवाला एक-आध इंस्पेक्टर वीरबहादुर सिंह हो सकता था, उसमें डॉ. राजेश कपिल जैसा बुद्धिजीवी हो सकता था, जो सब कुछ देखता है, उसका विश्लेषण करता है, कुछ निष्कर्षों पर भी पहुँचता है, किन्तु कर कुछ नहीं सकता।

मुझे कॉलेजों में पढ़ाते हुए, तेरह वर्ष हो चुके हैं। कॉलेज में एक दिन भी ऐसा नहीं बीतता, जिस दिन कोई-न-कोई विवाद न हो—तेज़ बहस न हो। और आज तक कभी ऐसा नहीं हुआ कि उन ढेर सारे प्राध्यापकों में से कोई ऐसा निकला हो, जिसने अपने कर्म से इन समस्याओं का समाधान किया हो। बुद्धिजीवियों के इस वर्ग में चिन्तन ही है, कर्म नहीं। उन्हें अपने कर्म के लिये कोई और व्यक्ति चाहिए। ऐसा ही चरित्र 'आतंक' के डॉ. राजेश कपिल का है। लोगों ने अनेक बार मुझसे पूछा है, कि क्या मैंने आत्मकथा लिखी है ? मैं उन्हें समझा नहीं पाता कि वह सारे बुद्धिजीवी वर्ग की आत्मकथा है, जिनमें से मैं भी एक हूँ।

सोचता हूँ, तो लगता है कि 'दीक्षा' के विश्वामित्र का स्वरूप...कर्म नहीं, स्वरूप मात्र..'आतंक' के लेखन-काल में ही बन गया था। किन्तु, उसे मैं रामकथा से जोड़ नहीं पाया था। जोड़ गया होता, तो 'आतंक' की गोष्ठी में यह शिकायत नहीं होती कि उसमें समस्याओं का समाधान देनेवाला कोई आदर्श चरित्र नहीं है।

रामकथा से मेरा सम्बन्ध कब से और कितना रहा...कहना मुश्किल है। वैसे रामकथा मेरे लिये आकर्षण की वस्तु अवश्य रही है और विभिन्न रामकथाएँ मैं पढ़ता रहा हूँ। हिन्दी साहित्य का विद्यार्थी होने के नाते तुलसी के 'रामचरितमानस' से बार-बार टकराना पड़ा। तुलसी की अनेक भंगिमाओं पर मुग्ध होने के बावजूद, मेरे उपन्यासकार मन को

तुलसी की कथानक-शून्यता ने बहुत पीड़ित किया। बहुधा मेरा मन तुलसी से वाल्मीकि की तुलना करता और वाल्मीकि के कथानक-शिल्प को सराहता। वैसे सारी रामकथा के प्रचलित स्वरूप में अनेक बातों पर मुझे आपत्ति थी। मैं अनेक घटनाओं के स्पष्टीकरण, चरित्रों के स्वरूप तथा स्थापित मूल्यों से सहमत नहीं हो पाता था; किन्तु असहमति के कारण मेरे मन ने कभी रामकथा का तिरस्कार नहीं किया, वरन् सदा उसे अपने ढंग से बुनने का प्रयत्न किया। जब कभी मित्रों-परिचितों में चर्चा होती, मैं अजाने ही अनेक आक्षेपों का अपने ढंग से स्पष्टीकरण दिया करता था। वस्तुतः यह बात, बहुत बाद में मेरी समझ में आई कि पौराणिक गाथाओं अथवा मिथकों के माध्यम से अपने युगीन तथा शाश्वत सत्यों को कहने और स्पष्ट करने की प्रक्रिया की शक्ति को मेरा मन बहुत पहले से मानता आया था। किन्तु, रामकथा लिखने की बात मैंने तब नहीं सोची थी।

बँगलादेश के युद्ध ने, अन्य लोगों के ही समान, मुझ पर भी अनेक छोटे-बड़े प्रभाव छोड़े : किन्तु दो तथ्य बड़ी प्रमुखता और तीव्रता से मेरे मन पर अंकित हुए...एक तो राक्षसी क्रूरताएँ और अत्याचार; और दूसरे बुद्धिजीवी का अत्याचार-विरोध तथा सत्य के पक्ष में उनका बलिदान। मेरे मन ने इन तथ्यों की पृष्ठभूमि में रामकथा की घटनाओं को देखा और रामकथा की दृष्टि से बँगलादेश के युद्ध को समझने का प्रयत्न किया। सामान्यतः हम प्रत्येक युद्ध को महाभारत के साथ जोड़ने के अभ्यस्त हैं; किन्तु बँगलादेश का युद्ध रामायण के ही निकट है। बँगलादेश में, अपने देश का हित सोचनेवाले बुद्धिजीवी अमरीका की आँखों में काँटे-सरीखे खटक रहे थे। क्यों ? क्योंकि पाकिस्तानी अत्याचारी अमरीका के भाई-बन्धु थे; और बँगलादेश के बुद्धिजीवी उनके मार्ग की बाधा थे। मेरे मन में स्पष्ट होने लगा कि वनवासी ऋषि किस प्रकार, लंका में बैठे रावण के मार्ग की बाधा थे। यह पहला युद्ध था, जिसमें भारत की सेना, किसी अन्य देश की स्वतन्त्रता के लिये लड़ने गई थी, और विजय प्राप्त, शासन का अधिकार उस देश की जनता के हाथों में दे आई थी...जैसे राम किष्किंधा को सुग्रीव के हाथों और लंका को विभीषण के हाथों में सौंप आए थे।

तभी मेरे मन में बँगलादेश के बुद्धिजीवियों के साथ 'आतंक' का डॉ. राजेश कपिल जुड़ गया और उन सबका स्वरूप विश्वामित्र जैसा हो गया। विश्वामित्र जहाँ कहीं होगा, वह मानव का हित सोचेगा, अतः अनायास या सायास, पूँजी के बल पर शोषण करनेवाले सोने की लंका के स्वामी का शत्रु हो जाएगा। रावण, विश्वामित्र पर प्रहार करेगा ही; और विश्वामित्र को अपने पक्ष में लड़ने के लिये राम को दीक्षित करना ही होगा।

मेरे मन का राम, कभी भी सामन्ती राम नहीं रहा। वह उपेक्षित माँ कौशल्या का पुत्र है, जो चरित्र तथा मानवीयता की प्रत्येक अग्नि-परीक्षा में खरा उतरने पर भी वन में धकेल दिया गया। वन में उसने अपने बल पर रावण जैसी विश्व-शक्ति का...जो ब्रह्मा का प्रपौत्र और शिव का प्रिय शिष्य था...प्रतिरोध किया और पशुओं के धरातल पर जीनेवाली आदिम जातियों को लेकर उससे सीधा जा टकराया...राम वस्तुतः जाग्रत जनशक्ति का पुंजीभूत स्वरूप है।

मित्रों से बातचीत हुई : कुछ ने कहा, 'छोड़ो यार किस पचड़े में पड़ते हो'; और कुछ ने कहा, 'यार तुम लिखते क्यों नहीं ?' सोचा...इतना बड़ा पोथा कौन लिखे। इतना समय किसके पास है। फिर रामायण तो भिड़ का छत्ता है, इसे न ही छेड़ा जाए, तो अच्छा है। कुछ लिख बैठा, तो किस-किस को उत्तर देता फिरूँगा...।

उन्हीं दिनों समाचारपत्रों में, एक समाचार पढ़ा। बिहार के एक गाँव में, तथाकथित कुलीन राजपूतों ने हरिजन कुमारियों से आत्म-समर्पण चाहा। उनके द्वारा तिरस्कृत होने पर उनकी झोंपड़ियों में आग लगा दी। पुरुषों को जीवित जला दिया। स्त्रियों का शील-भंग किया और उन्हीं की जलती हुई झोंपड़ियों की आग में तपाकर, लौह-शलाकाओं से उन हरिजन-स्त्रियों के गुप्तांगों पर उनकी जाति चिह्नित की...यह वही बिहार था, जहाँ विश्वामित्र राम को अपने आश्रम में लाए थे, और वही बिहार था जहाँ सीरध्वज जनक का राज्य था। सिद्धाश्रम के आसपास होनेवाले अत्याचारों का स्वरूप मेरे मन में स्पष्ट होने लगा...।

एक घटना हमारे कॉलेज में भी घटी। ढाई-तीन सौ विद्यार्थियों की भीड़ के मध्य, एक लड़के पर चाकू के तीन वार किए गए; किन्तु किसी ने चूँ तक नहीं की। संयोग से मैं वहाँ उपस्थित था...बीच में पड़ गया। मारनेवाला भाग गया, घायल लड़का अस्पताल पहुँचाया गया। किन्तु, तीन दिन प्रतीक्षा करने पर भी, जब कोई पुलिस अधिकारी छानबीन करने या मेरा वक्तव्य लेने नहीं आया, तो चकित होकर मैंने लड़कों से पूछताछ की। पता चला कि आक्रमण की योजना पहले से बन गई थी, पुलिस थाने में सूचना दे दी गई थी; और उनकी भेंट-पूजा, अग्रिम रूप से कर दी गई थी...अतः पुलिस के आने की कोई सम्भावना नहीं थी।

मेरे भीतर बैठा विश्वामित्र जल उठा : 'अब तो लिख।' जानता था, काम भयंकर है। नौकरी तथा जीवन के अन्य बखेड़ों के साथ कितना समय मिलेगा ? कितने दिन यह मूड रह पाएगा ? कहना कठिन था, किन्तु अब विश्वामित्र को टालना कठिन था।...लिखने बैठ गया अपना ही कॉलेज, सिद्धाश्रम में बदल गया और हमारा छात्र वह घायल लड़का, सुकंठ बनकर, मेरे सामने लेट गया, और मैं विश्वामित्र के रूप में सोचने लगा कि कॉलेज का यह सारा छात्र-वर्ग...छात्र-छात्राएँ...हम अध्यापकों के संरक्षण में हैं। किन्तु, हम उनके लिये क्या कर पाते हैं ? क्या किया है हमने ?

विश्वामित्र ने शासकीय सहायता के लिए, मुनि आजानुबाहु को भेजा, तो वे बहुलाश्व और उसके पुत्र देवप्रिय की घटना की सूचना ले आए। बिहार के उस गाँव की हरिजन कन्याएँ, उनके घर के पुरुष सब मेरे सामने उपस्थित हो गए। और तब विश्वामित्र ने वह सब सोचा, जो मैंने अपने परिवेश में देखा, पढ़ा, सुना और समझा था।

'दीक्षा' का यह पहला अध्याय था।

लिख तो लिया किन्तु लिखकर चिन्ता में पड़ गया। जानता था, सुनकर कोई कहेगा, 'तुम्हारे पास क्या प्रमाण है कि सिद्धाश्रम में यह सब घटित हुआ', और दूसरा वर्ग कहेगा, 'अपनी संवेदनाएँ चुक गई हैं कि अब पोंगापन्थी पंडितों के समान रामायण

बाँचने बैठ गए।'...पर मेरा सर्जक मन अड़ा बैठा था। वह स्वयं को सार्थक पा रहा था। वह अपनी बात कह भी रहा था और बहुत कुछ नया बूझ भी रहा था। अपने समाज में छिपे राक्षस मेरे सामने प्रकट हो गए थे—उनके पास शारीरिक शक्ति थी, क्रूर मस्तिष्क था, अमानवीय मूल्य थे, अमर्यादित धन था और उन उपकरणों के माध्यम से उन्होंने शासन को भी निस्तेज बना रखा था।...ऋषि भी प्रत्यक्ष हो गए थे—वे उच्च मानवीय मूल्यों का चिन्तन कर रहे थे, किन्तु कर्म के साधन उनके पास नहीं थे। निष्क्रिय चिन्तन से अपना रक्त जला रहे थे। और साधारण जनता थी, जो उचित नेतृत्व के अभाव में, अपना आत्मविश्वास खो बैठी थी; और राक्षसों से त्रस्त-आतंकित थी।

लिख तो चुका ही था; मधु (अपनी पत्नी) को सुनाने बैठ गया। विवाह के बाद से मेरी हर छोटी-बड़ी रचना के प्रथम प्रारूप की वह प्रथम श्रोता रही है। उसकी प्रशंसा का विश्वास करूँ या न करूँ, उसकी आलोचना को ध्यान से सुनता हूँ और उस पर विचार करता हूँ। मानता हूँ, पत्नी भी पति की आलोचना करने बैठ जाए, तो आलोचना में अवश्य सच्चाई होगी।

लिखित पृष्ठ सुना चुका, तो (जहाँ तक याद पड़ता है) उसने दो टूक बात नहीं कही। बोली, "ठीक-ठीक बात तो पूरी रचना सुनने के बाद ही कही जा सकती है। वैसे इतना अंश अच्छा बन पड़ा है।"

मन स्थिर नहीं हुआ। वह कितनी भी तटस्थ राय दे, है तो पत्नी ही। सम्भव है मुझे प्रोत्साहित करने के लिये ही कह रही हो।

सन्ध्या समय एक और मित्र आ गए, तो उन्हें सुनाने बैठ गया। सुनकर उन्होंने प्रशंसा कर दी और आगे लिखने की राय दी। तब सोचा—दो (समझदार) श्रोता तो एप्रूव कर ही चुके हैं। अतः आगे लिखना चाहिए। मान लो, उन दोनों को पसन्द न भी आया हो, या किसी को भी पसन्द न आए, तो क्या मैं अपने मन की बात लिखूँगा ही नहीं ? लिखना तो है ही; फिर इधर-उधर क्या ताकता है, लिखो।

लिखने बैठ गया।

सामने राम का परिवार था और उनकी शैशव की कथाएँ। कौशल्या कामुक राजा दशरथ की प्रथम और उपेक्षिता पत्नी थीं और राम उनके पुत्र; लक्ष्मण अडिग प्रेम करनेवाले भाई। मेरा मन 'पुनरारम्भ' की ओर चला गया। मेरे दादा ने तीन विवाह किए थे—कामुकतावश। मेरी दादी, उनकी पहली और उपेक्षिता पत्नी थीं, जो उनके साथ कम, उनसे अलग ज्यादा रहीं। मेरे पिता और चाचा ही नहीं, हमारे बड़े भाई-बहन भी दूसरी दादी से खासे पीड़ित-प्रताड़ित रहे थे। मेरे सामने राम और लक्ष्मण का दूसरा रूप क्या हो सकता था। मेरे पिता, छोटी दादी के हाथों पिटे थे, तो राम को कैकेयी ने क्यों न पीटा होगा। कौशल्या और कैकेयी के चरित्रों में मेरी दोनों दादियाँ ही उभरकर आ गईं।

तब याद आया, यह तो रामकथा है—प्रख्यात् कथा। उसमें घटनाओं और तथ्यों को बदला नहीं जा सकता। किन्तु, राम तथा लक्ष्मण का परस्पर व्यवहार तथा लक्ष्मण का वन-गमन तक अविवाहित होना (मुझे सारी वाल्मीकि रामायण में उर्मिला कहीं दिखी ही

नहीं—अतः मैंने लक्ष्मण को अविवाहित माना है)—राम तथा लक्ष्मण के समवयस्क होने के अनुकूल नहीं जँचा। अतः लक्ष्मण को छोटा बनाया और दशरथ के पुत्रेष्ठि यज्ञ को राजाओं के झूठे इतिहास-लेखन की रूढ़ि ही माना।

उसी शाम, एक अन्य साहित्यकार मित्र मिलने आ गए। संयोग से, वे स्वयं को वामपन्थी भी मानते हैं। उनको बैठाकर राम-लक्ष्मण प्रसंग सुना डाला। भय था कि रामायण की बात सुनकर नाराज होंगे—पर वे चमत्कृत हो उठे। बोले, "यार, इसे पूरा करो और एक बार इकट्ठा सुनाओ।"

मन दृढ़ हुआ—अब लिख ही डालूँ।

धड़ाधड़ लिखता चला गया : राम, विश्वामित्र के साथ सिद्धाश्रम आए। विश्वामित्र ने उन्हें रास्ते भर शिक्षा दी। राम ने ताड़का को मारा। आश्रम वाहिनी का निर्माण किया। जनता में आत्मविश्वास जगाया और राक्षसों का नाश किया। बँगलादेश फिर से मेरे सामने आ गया। वहाँ की मुक्तिवाहिनी। जन-सामान्य द्वारा प्रायः निःशस्त्र युद्ध। स्त्रियों पर अत्याचार। गर्भवती स्त्रियों की समस्या और राष्ट्र द्वारा उन्हें सम्मानित किया जाना। अन्ततः राम ने भी ताड़का वन की पीड़ित स्त्रियों को गगन जैसे सहनशील, उदार वीर के संरक्षण में छोड़ा।

'कृति' की गोष्ठी में मैंने सिद्धाश्रम-प्रसंग सारा का सारा सुनाया। संध्या चार बजे, पढ़ना बन्द किया तो बुरी तरह थक गया था; किन्तु मित्रों की प्रतिक्रियाओं ने मुझे भरपूर बल दिया था।

यहीं से आगे लिखने का संकल्प दृढ़ हुआ। किन्तु, लेखन की वास्तविक कठिनाई भी यहीं से आरम्भ हुई। राम को दी गई दीक्षा—अहल्या और सीता के प्रसंगों में कार्यान्वित होनी थी। यहीं राम की परीक्षा थी। अहल्या की प्रख्यात कथा इतनी सी ही थी कि इन्द्र ने अहल्या के साथ व्यभिचार किया। गौतम ने अहल्या को त्याग दिया और अन्यत्र चले गए। कथा इतनी ही होती तो बात सरल थी; किन्तु परेशानी यह थी कि इस प्रकार त्यागकर भी गौतम अहल्या की प्रतीक्षा कर रहे थे; तथा त्यागी जाकर भी अहल्या गौतम के पास जाने को उत्कंठित थी।

गौतम भी बुद्धिजीवी थे—एक विश्वविद्यालय के कुलपति। उनका अपराधी, राजसत्ता से सम्पन्न इन्द्र था...सर्वथा देवत्वशून्य, देवराज। मेरे सम्मुख, बुद्धिजीवी की असहायता और उसका दृढ़ संकल्प फिर से उभरा। कथानक बनने लगा—आश्रम, आधुनिक विश्वविद्यालय में बदल गया। वहाँ एक सम्मेलन हुआ और उसमें ऋषि-मुनियों के साथ-साथ कुलाधिपति के रूप में सीरध्वज तथा मुख्य अतिथि के रूप में इन्द्र आए। इन्द्र ने वही किया, जो कोई भी भ्रष्ट सत्ताधारी कर सकता है। उसके विरुद्ध, गौतम का ऋषित्व असहाय सिद्ध हुआ—क्योंकि सम्मेलन में आनेवाले बुद्धिजीवी अनासक्त भी रहे होंगे, दुर्बल भी, स्वार्थी भी...। परिणामतः दलित का साथ देने का दंड गौतम को ही मिला।

सीरध्वज का राजपुरोहित, शतानन्द था—यह सीरध्वज का गौतम के प्रति अविरोध सिद्ध करता था। अतः आगे की कथा भी बनती गई। अहल्या के चरित्र पर मुझे पूर्ण

निष्ठा रही है। यदि वह चरित्रवती न होती, तो राम को उसके चरण छूने के लिये आने की आवश्यकता नहीं थी। रामकथा का लक्ष्य (थीम), कई बार मेरे मन में स्त्री का सम्मान प्रतिष्ठित करना ही सिद्ध हुआ है। अहल्या का उद्धार, सीता के लिये धनुर्भंग, रूमा-हरण के लिये बालि-वध, सीता-हरण के लिये रावण-वध और निर्दोष सीता को वनवास देने के लिये राम की जल-समाधि के रूप में आत्महत्या—ये सारी घटनाएँ इसी तथ्य की ओर संकेत करती हैं। अतः अहल्या का चरित्र मेरे सामने दृढ़, बलवान तथा उदात्त होता गया। अहल्या व्यभिचारिणी नहीं, महिमामयी है—जिसने अत्याचारी को दंड दे सकने की क्षमता प्राप्त करने के लिए, इतनी तपस्या की।

इस प्रसंग के सूक्ष्म रंगों को भरने के लिये मैंने साहित्यिक गोष्ठियाँ करनेवाले, पुस्तकों में अभिभूत साहित्यकर्मियों तथा उनकी सहयोगिनी पत्नियों का आधार लिया है। निश्चित रूप से ऐसे दम्पतियों के बच्चों की कठिनाइयाँ ही बालक शत की कठिनाइयाँ हैं।

अहल्या-प्रसंग मुझे कई बार लिखना पड़ा। कुछ अपने मन की शंकाएँ और कुछ मधु की आपत्तियाँ। बार-बार लिखा, बार-बार पढ़ा और सुनाया। अन्त में जब कुछ ठीक लगा, तो पूरा का पूरा प्रसंग, 'कृति' की गोष्ठी में सुनाया। श्रोताओं द्वारा कई प्रकार की आपत्तियाँ उठाई गईं—जो मुझे अधिक महत्वपूर्ण नहीं लगीं, इसलिए मन विचलित नहीं हुआ। कहने को तो एक मित्र ने यहाँ तक कह दिया, "कोहली साहब ! व्यर्थ ही परिश्रम कर रहे हैं। इन तिलों में तेल नहीं है।" पर मेरा सर्जक मन उसमें तेल देख रहा था—धारा-प्रवाह। मैं उस मित्र की बात को कैसे मानता। दूसरों की राय ही नहीं, आलोचना भी, मैं पूरे धैर्य से सुनता हूँ, और उस पर विचार करता हूँ। बात जँच जाए, तो रचनाओं का पुनर्लेखन भी करता हूँ, किन्तु जहाँ यह लगे कि आलोचना के मूल में नासमझी, पूर्वाग्रह अथवा द्वेष है, वहाँ सुनी को अनसुनी करना ही अच्छा समझता हूँ। 'कृति' की गोष्ठी में मेरे सौभाग्य से भारत जी[1] आए थे। वे अपने सन्तुलित ढंग से कुछ वाक्यों में जो प्रशंसा कर गए—वह मेरे लिये पारिश्रमिक भी था और आगे के परिश्रम के लिये बल भी।

अब अन्तिम चरण था—सीता-प्रसंग। राम की दीक्षा यहीं पूरी होती थी। सीता-वरण, राम के लिये अनेक परीक्षाओं में उत्तीर्ण होना था...बल और शक्ति की, पिता से स्वतन्त्रता की, प्राय-विरोधी राजा सीरध्वज से नए सम्बन्ध जोड़ने की, तथा जाति-कुल-गोत्र के भूत के विरुद्ध लड़ने की। इस प्रसंग में रोमांस भी है, किन्तु यह वैसा छायावादी प्रसंग नहीं है, जैसा कुछ कवियों ने इसे बना दिया है।

कथा की दृष्टि से अनेक समस्याएँ थीं। धनुष का स्वरूप, सीरध्वज द्वारा सीता को वीर्यशुल्का घोषित करने का कारण, सीता की जन्मकथा; और सीता का जीवन के प्रति दृष्टिकोण।

सोचते हुए, एक मजेदार बात से आमना-सामना हुआ : हमारे सारे मिथकों में महान शस्त्रों के देनेवाले शिव हैं...निश्चित रूप से वे एक विकसित शस्त्रशाला (Ordinance

1. डॉ. भारतभूषण अग्रवाल

factory) के प्रतीक हैं। अतः यह शिवधनुष भी कोई विचित्र यन्त्र ही होना चाहिए, जिसे सीरध्वज ने युद्ध में प्रयुक्त नहीं किया और शोभा की वस्तु बना दिया, जिसे सैकड़ों मनुष्य और पशु खींचकर रंगस्थली में लाते हैं, और पसीना-पसीना हो जाते हैं। मैंने शिव-धनुष को आधुनिक टैंक जैसे किसी यन्त्र के रूप में स्वीकार किया है। यह प्रत्येक बात का हठपूर्वक आधुनिक समाधान देने का प्रयत्न नहीं है; यह शिव के महान शस्त्र-निर्माता रूप को दृष्टि में रखकर, आगे की घटनाओं की पृष्ठभूमि-स्वरूप, की गई कल्पना है। राम-रावण के अन्तिम युद्ध तक देवताओं और राक्षसों द्वारा, शिव से शस्त्रास्त्र प्राप्त करते रहने की होड़ लगी रहती है—जैसे आज के युग में, छोटे देश रूस तथा अमरीका जैसी महाशक्यिों से शस्त्र माँगते ही रहते हैं।

अन्त में परशुराम आए—वे मेरे लिए, किसी एक क्षेत्र में प्रतिष्ठित, समयातीत हो चुके जड़ पात्र हैं, जो अपने ही क्षेत्र की नई शक्तियों की ओर से, आँखें बन्द रखते हैं। वे अपने क्षेत्र के नवागन्तुकों के लिए, प्रोत्साहन कम और आतंक अधिक होते हैं। वे साहित्कार भी हो सकते हैं और क्रान्तिकारी भी।

यहाँ तक लिख लेने पर 'दीक्षा' पूर्ण हो गई। अब तक अनेक मित्रों से इतनी बार उनकी प्रतिक्रिया जान चुका था कि मधु को सुनाकर, सीता-प्रसंग का अन्तिम प्रारूप तैयार करने बैठ गया, और टंकित होते ही उसे प्रकाशनार्थ दे दिया।

इस सारी प्रक्रिया में ढाई सौ पृष्ठों के उपन्यास के लिए, मैंने कम-से-कम एक हजार पृष्ठ लिखे हैं, दो बार टंकित करवाया है। मधु, प्रेम जनमेय और दिविक रमेश लेखन-प्रक्रिया में प्रायः मेरे साथ-साथ चले हैं। अन्य मित्रों को भी बार-बार सुनाकर उनकी राय जाननी चाही है। कारण, आत्मविश्वास का अभाव नहीं है...कारण, इस उपन्यास के प्रति न्याय करने की भावना ही थी, लिखे को सुधारना और आगे लिखने का बल प्राप्त करना था। मैंने अपने आपको इतना प्रतिभाशाली कभी नहीं माना कि सोते-जागते, जो कुछ लिख दूँ...वही अन्तिम प्रारूप हो जाए।

'दीक्षा' लिखकर विश्राम करने की बात नहीं सोच सका। पहाड़-सा काम आगे पड़ा है। अगले खंड 'अवसर', 'संघर्ष की ओर' तथा 'युद्ध' पूरे करने हैं। लगा हुआ हूँ... देखना है, कब तक काम पूरा कर पाता हूँ।

'दीक्षा' : जनवादी राम और रामकथा के नए आयाम

डॉ. विजयेन्द्र स्नातक

भारतीय साहित्य में रामायण परम्परावादी महाकाव्य के रूप में प्रतिष्ठित है। रामकथा को वाल्मीकि ने जिस रूप में प्रस्तुत किया था, वही रूप परवर्ती कवियों द्वारा स्वीकृत हुआ हो ऐसी बात नहीं है। कथा के रूप, आयाम, पात्र, चरित्र सभी में परिवर्तन हुआ किन्तु उसकी लोकप्रियता में उत्तरोत्तर वृद्धि ही हुई। कुछ कवियों ने परम्परा के साथ मर्यादा और आदर्श को राम-कथा में उच्चतर भूमि पर अवस्थित किया, फलतः रामायण और रामकथा विविध विधाओं में फैलकर नवीन सन्दर्भों से जुड़ती गई। इन समस्त रूपात्मक परिवर्तनों के बाद भी रामायण का मूल स्वर परम्परावादी एवं पुराकथा की सहज प्रवृत्ति से विलग न हो सका। रामायण का पारायण यदि परम्परा की किसी धुँधली तस्वीर को सामने लाए तो पाठक के मन में उस तस्वीर के प्रति लगाव होना स्वाभाविक नहीं है। परम्परावादी दृष्टि, तर्क और बुद्धि के साथ सामंजस्य नहीं रखती; वह श्रद्धा और विश्वास के मोहक वातावरण में वह देखना चाहती है जो अन्ध आस्था से उत्पन्न होता है। रामकथा के साथ यही हुआ है। राम के चरित्र के साथ समस्त रामकथा ऐसे पौराणिक आवरण में लपेटकर रखी गई है कि उसकी घटनाओं और चरित्र का बौद्धिक विमर्श सहज नहीं रह गया है। पुरातनता और परम्परा का जन्मजात सम्बन्ध है। यदि रामकथा परम्परा का अनुमोदन करती है तो वह पुरातनता को भी त्याग नहीं सकती।

इस पृष्ठभूमि में 'दीक्षा' उपन्यास के कथ्य और शिल्प पर विचार करते समय कई प्रश्न उभरते हैं। कुतूहल और विस्मय के साथ रामायण की मूल कथा चुनौती बनकर आती है। डॉ. नरेन्द्र कोहली के समक्ष इसी प्रकार की अनेक चुनौतियाँ रही हैं जिनका समाधान खोजने का प्रयास 'दीक्षा' में है। एक तरफ रामायण की मूल कथा से संश्लिष्ट पौराणिक आख्यानों का मर्म पकड़ना और दूसरी तरफ आज के युग-सन्दर्भ में वैसी ही परिस्थितियों से जूझते हुए मानव की नियति को समझना और उसका समाधान खोजना कोहली के लिये इस उपन्यास की प्रेरणा का मूल बीज रहा है। कोहली ने पाकिस्तानी सेनाओं के नृशंस अत्याचारों से पीड़ित बँगलादेश की निरीह जनता की पीड़ा को राम-रावण युद्ध के सन्दर्भ में समझने की कोशिश की है। यह कोशिश लेखक को लोकमानस से जोड़नेवाली तो है ही, साथ ही कुछ ऐसी भी प्रेरणा देती है जो अन्याय और अनीति का विरोध करने के लिये कटिबद्ध हो। रामकथा के परम्परानुमोदित पात्र,

चरित्र और तथ्य कोहली के लिये ज्यों-के-त्यों स्वीकार्य नहीं रहे। युगीन सन्दर्भ में बौद्धिक विमर्श के सहारे उसने घटनाओं और चरित्रों को नए सिरे से गढ़ा और गढ़कर पठनीय बनाया। एक बार जब कथा के पात्र पाठक के मन में उतर गए और अपनी बात सुनाने लगे तब शायद पाठक का पुरातनता प्रेमी मन भी उनमें उलझ गया। यह भी कम विस्मयजनक नहीं है कि रामायण की रामकथा तो अयोध्या से शुरू होती है, 'दीक्षा' में विश्वामित्र के आश्रम से प्रारम्भ होकर विश्वामित्र के ही इर्द-गिर्द चक्कर काटती है। विश्वामित्र के पास एक लम्बी कहानी है जो रामकथा की नूतन व्याख्या है; ऐसी सटीक व्याख्या जिसमें कथारस तो है ही, बुद्धि, तर्क, विज्ञान, विवेक और घटनाओं की संगति भी है।

'दीक्षा' में पठनीयता का प्रवाह और रस जिस शिल्प से उत्पन्न हुआ है वह विश्वामित्र की कथा-शैली ही है। राम और लक्ष्मण की जिज्ञासा आज के बौद्धिक वर्ग की जिज्ञासा है, विश्वामित्र का समाधान भी आज के विवेकसम्मत वैज्ञानिक बुद्धिजीवी का समाधान है। कथा के मिथक-तत्त्व को कोहली ने विवेक के खराद पर चढ़ाया है। मिथक-तत्त्व खराद पर इतना घिसा गया है कि उसके चारों तरफ चिपटा अन्धश्रद्धा और परम्परावाद, विश्वास की जो धुन्ध है वह कट गई है, शेष बचा है बुद्धि-विवेक से सहज ग्राह्य युग-बोध का नूतन सन्दर्भ। यह नूतन सन्दर्भ पौराणिक कथानक को जो रूप दे सका है यह सर्वथा प्रामाणिक हो, यथार्थ हो, बुद्धिग्राह्य हो—ऐसा मैं नहीं कहता। किन्तु मैं लेखक के उस प्रयत्न की ओर इंगित करना चाहता हूँ जिसे उसने 'दीक्षा' में केन्द्र-बिन्दु बनाया है। वाल्मीकि या तुलसी की रामकथा केन्द्र से हटकर हाशिए पर आ गई है और लेखक का युग-सन्दर्भ अपने पूरे फैलाव के साथ केन्द्र में पैठ गया है। मूल कथा को केन्द्रच्युत करने से जो हानि ऐसे परम्परावादी महाकाव्यों पर आधृत उपन्यासों में सम्भव है वह 'दीक्षा' में भी लक्षित की जा सकती है।

'दीक्षा' उपन्यास की उपजीव्य रामकथा या रामायण है। लेखक ने तुलसीकृत रामचरित मानस के तर्क-शून्य वर्णनों के प्रति अनास्था व्यक्त की है। तुलसी में उसे सामन्ती नैतिकता दिखाई दी—उसे लगा कि राम ने अन्याय और अनीति के प्रति संघर्ष किया था। जन-कल्याण की भावना से राम का जीवन आलोकित है तो वह सामन्ती दायरे में कैसे रह सकता है। फलतः राम को जनवादी चित्रित करने के लिये सामन्ती निर्मोक से लेखक ने बाहर निकाला जिसमें तुलसी ने उसे सीमित कर रखा था। जनवादी दृष्टि से नायक के चरित्र का निर्माण 'दीक्षा' में इतना सोद्देश्य हो गया है कि लेखक प्रत्येक घटना का विश्लेषण इसी नजरिए से करता है। यह नजरिया भले ही आज के युग में सही लगे किन्तु रामकथा की मूल संवेदना से पूरी तरह मेल नहीं खाता। राम का जो बिम्ब जन-मानस में उभरता है वह उन उपजीव्य ग्रन्थों से बना है जिनके साथ सहस्राब्दियों की विश्वास-संवलित आस्था जुड़ी हुई है। राम को जनवादी नेता या उद्धारक बना देना कठिन भले ही न हो किन्तु उसे घटनाओं की नूतन व्याख्या से उसी रूप में स्वीकार्य बना पाना निश्चय ही कठिन है। यह सही है कि मिथक या पुराकथा

को पुनराख्यान द्वारा नया सन्दर्भ दिया जा सकता है, दिया जाता रहा है, दिया जाना चाहिए किन्तु मिथक का असम्भाव्य, मिथक का तर्कातीत, मिथक का अन्ध आवरण यदि नितान्त बौद्धिक, तर्कसम्मत एवं मिथकहीन बनकर आए तो पाठक को उस पर प्रश्नचिह्न लगाने का अधिकार है। 'दीक्षा' में पाठक की सामर्थ्य से ज्यादा विवेचन-विश्लेषण पाकर कई घटना-प्रसंगों की व्याख्या के साथ पूरी तरह जुड़ पाना कठिन हो जाता है। फिर भी कहना न होगा कि लेखक ने रामकथा को नया सन्दर्भ, नई जमीन, नया चिन्तन, नई सूझबूझ से जीवन्त बनाने में कोई कसर उठा नहीं रखी है। यही कारण है 'दीक्षा' अत्यन्त रोचक, पठनीय और स्पृहणीय रचना बन गई है।

'दीक्षा' का सबसे अधिक जीवन्त प्रसंग अहल्या का पुनर्निर्माण है। पुनर्निर्माण से मेरा तात्पर्य है कि सारे पौराणिक आख्यान को तर्क-सम्मत और ग्राह्य बनाने में जो कौशल कोहली ने दिखाया है वह उसे श्रेष्ठ कलाकार की कोटि में पहुँचा देता है। अहल्या एक शापग्रस्त पीड़ित नारी है जो स्वयं निरपराध होने पर भी शाप-दग्ध हो सन्त्रास और व्यथा झेलकर दुराचारी पुरुष के बलात्कार का फल भोगती है। दीक्षा में वही अहल्या अपने पति गौतम को उत्कर्ष साधन करने के लिये एकान्तवास करती है; राम को अन्याय के प्रतिकार का अवसर देती है और नारी-जाति के अबलात्व को रेखांकित भी करती है। अहल्या का पौराणिक आख्यान में राम ने जैसा उद्धार किया था उससे कहीं सुन्दर रूप में कोहली ने अहल्या का उद्धार दीक्षा में कर दिखाया है। कोहली की अहल्या समाज-व्यवस्था को उजागर करने वाली तेजोदीप्त नारी है जो कष्ट और संकट को झेलकर भी पतिपरायण बनी रहती है। यौवन, ऐश्वर्य, सम्पत्ति और प्रभुता का लांछन इन्द्र झेलता है, अहल्या सामाजिक अभिशाप की आँच में तपकर कुन्दन बनती है। यह सारा सन्दर्भ कोहली के उपन्यासकार की कृतकार्यता का सबूत है।

'दीक्षा' को लेखक ने सम्पूर्ण और स्वतन्त्र रचना माना है। मैं समझता हूँ कि 'दीक्षा' में नायक तो विश्वामित्र हैं। राम के द्वारा जनकल्याण के जो कार्य कराए गए हैं उनकी प्रेरणा ऋषि विश्वामित्र हैं। उनकी दीक्षा से ही राम में तेज और वर्चस्व उत्पन्न हुआ है। उपन्यास के नाम की सार्थकता इसी में है कि वह विश्वामित्र को केन्द्र में रखकर राम-लक्ष्मण आदि को उसकी धुरी के भीतर रखे। पाठक की जिज्ञासा और कुतूहल दोनों दीक्षा मात्र से पूरे नहीं होते अतः इसे सम्पूर्ण कृति मानने में मुझे कुछ हिचकिचाहट है।

उपन्यास में लेखक ने जिस प्रांजल भाषा का प्रयोग किया है वह प्राचीन कथानक की गरिमा को आद्यन्त अक्षुण्ण बनाए रखने में समर्थ है। पात्रों के नाम, चरित्र-चित्रण और दृश्यों के विवरण अभिव्यंजना के स्तर पर उच्च कोटि के हैं। लेखक ने पुराणेतिहास की नई शैली अपनाकर आज के कथा-साहित्य को निस्सन्देह एक नई दिशा दी है। मैं 'दीक्षा' को नरेन्द्र कोहली की श्रेष्ठ रचना मानता हूँ—इसके शेष भागों में मुझे और अधिक सम्भावनाएँ दिख रही हैं।

‘सूरजमुखी अँधेरे के’ : संस्मरण

कृष्णा सोबती

समरहिल ! डैलविल !

चीड़ के पेड़ों से घिरा टैनिस कोर्ट। सामने बादल भरी धुन्ध की घाटी। आसमान और धुन्ध दोनों एक रंग। धुन्ध पर खिंची पेड़ों की काली धारियाँ। धुन्ध पर ग्रे टैप्सटरी।

लम्बे बरामदे में काँच की दीवार। दीवार पर जमा कोहरे पर जुड़ी दो आँखें। आँखें पुराने पहाड़ों के साथ और भी पुरानी। सुनसान को थर्राती समरहिल से जाती शिमला कालका रेल।

वही आवाज पुरानी। गुजर गए वक्त की। अँधेरे पर वक्त की लिपाई। वक्त और अँधेरे दोनों पुराने।

अन्दर ‘टीक-वुड’ की पैनेलिंग। टीक की छत। छत पर से झूलता नारंगी रंग का शेड। फर्श पर जामुनी रंग का कार्पेट।

अँगीठी से लगी लोहे की काली बुखारी। बुखारी में सिन्दूरी आँच की लहक।

लहक लाल सुर्ख। वक्त अगर अँधेरा नहीं तो उसे उजाला होना चाहिए।

पर उजाला सिर्फ अंगारों का है। आँच का। तपिश का।

बाहर अँधेरे सुनसान में बर्फ धुनखी जा रही है। अन्दर दिल के अँधेरे में वीराना-वीराना।

सहसा अँधेरे की निलाहट और बर्फ की सफेदी एक हो जाती है।

गाढ़ा काला अँधेरा और बुखारी की आँच एक नहीं तिड़ककर दो हो जाते हैं।

छत पर से झूलते शेड का उजाला दायरे में काँपता है।

पुरानी टीक पुरानी दीठ जैसी जकड़ी खड़ी है।

एक चीख बचपन की कहीं से उठकर कहीं गुम हो जाती है।

मेहमान कमरा। छोटे से गलियारे से घिरा। किताबों भरे शैल्फ। परदे। ऊपर तिरछे रोशनदान पर आसमान की जुड़ाती थिगली। हवा घर।

उसके बाद, हमेशा की तरह फिर वही कँटीला पत्थरीला अन-उजियारा सफर।

बीच के बरस क्या गठरी बाँधकर अँधेरे की खड्ड में फेंके नहीं जा सकते।

फेंक दो। इन्हें फेंक दो। तुम्हारी पीठ और पीठ पर का बोझ एक नहीं। दो हैं।

हलके हो नन्हे-नन्हे पाँवों रेल-मोटर में जा चढ़ो।

खिड़कीवाली किनारे की सीट। इसे तुमसे कोई नहीं छीन सकता।

लाल-लाल फूल बरुस के। 101 नम्बर सुरंग के मुहाने पर चीड़ के पेड़ की झूलती टहनी। बाँह बढ़ा छू लो। इसे पकड़ लो।

नहीं। जिन्दगी में अगले-पिछले सफरों को मनचाहे ढंग से आगे-पीछे जिया नहीं जा सकता।

याद में दोहराया भर जा सकता हैं। दोहराना।

मीलों पुराने अँधेरे का झरना। बिलकुल पास। बिलकुल।

यह न 'चेडविक फाल' है न ग्लैन। यह तो बरसों से खड़ी पथरीली चट्टान है जो अपनी दरारों से हरहराकर टूटने को है।

नहीं। टूटने न दो। खुलने न दो सीलन को। उजियारे से तड़पकर टूट जाएगी।

पुराने गीले बोझों के लिये अँधेरा ही। खोह ही। खड्ड ही।

एक शाम—गिरती बर्फ में शिमला से चलकर 'डैलविल' पहुँची तो कपाट खुलते ही अपनी मेजबान के लाल सुर्ख गर्म कपड़े सौंधी लपट ने लपककर पुराने दिल के शटर खोल दिए।

वहाँ दबे पड़े अवशेषों में नुची सूरजमुखी और तिड़के हुए बचपन का औंधा मुँह था।

अँधेरे की प्रतिश्रुति मानवीय मन की जटिलतम खोज है। जोखिम भरी।

उस वीराने एकान्त की ट्रांसप्रेसी उतार लेने में आहट तक न होनी चाहिए।

सूरजमुखी ऐसे ही क्षण को उठा सकने की कहानी है।

स्मृतियाँ घायल। आहट और अँधेरा।

व्यक्ति की इकाई में धंस गए आक्रमण का वही पुराना आतंक। वही पुरानी दहशत।

आतंक का एक अपना एकान्त होता है। एकान्त की एक अपनी लिपि। भय का एक अपना सन्नाटा।

मनमाने ढंग से इसे खटखटाया नहीं जा सकता। मनचाहे चौखटे में इसे अटाया भी नहीं जा सकता।

आप साँस रोके आतंक और एकान्त के इस सुनसान जंगल में प्रतीक्षा करते हैं—

एकान्त की उसी भाषा में उन क्षणों को बाँध लेने की।

उस क्षण को छूना था और छूना था उस पुरानी न मरनेवाली रती की उस चाहत को, रती के आंतक को, दुविधा को, जिसकी हर छुअन रती को उस मोल गई लहर की ओर खींचती थी जो उसकी देह के द्वार पर भंग होकर मन की अँधेरी गुफा में जा बैठी थी।

बाहर दूर-दूर तक सूखा था। बे-पानी रेत थी। पानी का सोता कहीं था नहीं।

इसे खोजना था और अंकित करना था।

स्वीकार चाहूँगी—लिखना गौण था। सृजन के स्तर पर भी।

हौले से बहुत हौले से टटोलकर झाड़-पोंछकर उस आकृति को धूप दिखाती थी जो बरसों धूल-मिट्टी और अँधेरे की पर्तों के नीचे लुकी-ढकी थी।

सिर्फ एक छूट लेखक के पास थी। कहानी के नामकरण की। शेष तो एक बड़े क्षण को आँखों में 'कांटैक्ट-लेंस' की तरह लगाकर देखना, बस, देखना भर था। ऐसी नजर से जो एक लम्बी लड़ाई में जूझने के बाद लड़ने वाले को मिलती है।

सूरजमुखी में रती के अँधेरे नकार में नहीं, आत्मकरुणा से नहीं—वंचित हो जाने की उस सपाट स्थिति से उभरे हैं जहाँ जिन्दगी में ट्रेजडी हो जाने का नाटकीय बोध तक नहीं।

बलात्कार केवल कानून की दफा नहीं—मात्र रसभंग ही नहीं, छोटे बच्चों के अधकचरे खेल भी नहीं—अमंगल लहर की वह टूटी आसंग स्थिति है जिसे अपने चाहने से स्रोत तक लौटा लाना जन्म-जन्मान्तरों-सा ही अनिश्चित है।

शायद इस बार, इस बार प्यार कर सकने की दुविधा नहीं—किनारे पर फैली सूखी लहरों तक पानी न आ सकने की असमर्थता।

रीमा—केशी और कूमू के सम्मिलित दर्पण से रती को जो दीखी है—वह है झुठला गए जीवन की आसक्ति और आसक्ति...।

इसी छटपटाहट में जी सकने की प्यास और भंग हो गई लय का तिलमिलाहट भरा बोध भी।

एक चीत्कार—मैं-मुझे-मुझे ही-मुझे भी क्यों नहीं...।

क्यों नहीं मुझे ही...।

रती की देह के द्वार पर उसका आत्मादर छिन्न हुआ है। उसका समूचा सोचना और सोचना आत्मरक्षा के स्तर पर है। आत्मरति का सवाल तक नहीं उठता। रती आत्मावहेलना से पीड़ित है। उसमें आत्मश्लाघा नहीं आत्म-सजगता है।

अपने बारे में यह जानकारी भी कि जिस अनोखे आनन्द की अनुभूति मानवीय तन की सहज प्राप्ति है—वह उस तक पहुँचने में असमर्थ है। क्योंकि उसके स्रोत पर दूब नहीं ढूह है। प्रेम जैसे रोमांटिक शेड का उसके निकट कोई उपयोग नहीं। वह नाजुक रहस्य मर चुका है।

रती जैसी औरत अपने सर्दपन में सिर्फ जान-पहचान के दावे कर सकती है। सैक्स के कुदरती बहाव से उदित सगे सम्बन्ध स्थापित नहीं कर सकती।

उसका सोचना, उसका अन्तरर्द्वन्द्व सम्बन्धों के लिये नहीं, सम्बन्धों में भी नहीं—सम्बन्धों की लीक के बाहर है।

वह रती के अपने अन्दर है।

ग्रन्थि को नहीं न ले।

वह पुरुष के भीतर दया या हिंसा पैदा करती होती तो वह यहाँ-वहाँ मिल जाने वाली हर वह औरत होती जो पहले अपनी दया से पुरुष की हिंसा पकाती है और फिर पुरुष की हिंसा से अपनी दयनीय स्थिति मजबूत करती है।

रती वह औरत नहीं। रती बचपन के पारदर्शी काँच के टूट जाने से घायल वह व्यक्ति है जो सम्बन्धों की जमीन पर सुरक्षा के तम्बू नहीं गाड़ सकता।

उसके आत्म-केन्द्रित द्वन्द्व में एक ही चीज उसके हाथ लगी है—वह है बेरहम आँख जो एक साथ समान्तर रेखाओं से दोनों दिशाओं को देख अपने बिन्दु पर लौट आती हैं।

रती के पास यह न होता तो रती के पास नितान्त दूसरा रास्ता होता।

शायद, उसके आत्मामूल्यन से फुंकारता आत्म-विनाश।

दिवाकर के समूचे प्रसंग में रती दिवाकर को नहीं—अपने को, अपनी सामर्थ्य को खोज रही है। दिवाकर तो निमित्त हैं उस खोज के जो आत्मरक्षा के आरक्षित स्थल पर रती के व्यक्तित्व का सुनसान जंगल है।

साथ जीने की, साथ सोने की नितान्त सहज साधारण माँग को रती गहरी गम्भीरता से, अपने से अपनी मुक्ति मान लेती है। और अपनी ही खोज में अपने को सौंप देती है दिवाकर को।

विपरीत दिशा से शायद यहीं उसकी दिवाकर के साथ बँध जाने की चाहत होती मगर रती अपने से बँधी है। अपनी लड़ाई से।

तरेड़ पड़े आत्माभिमान और आत्मरक्षा के स्थल पर अपने विरुद्ध एक बार फिर अपने को खड़ा कर लेती है।

यह मीरविटिडी उसकी सहज भावदशा है। दोस्ती सिर्फ दुश्मनी के विरुद्ध है। दिवाकर के विरुद्ध रती स्वयं है।

सुरंगों के विभिन्न प्रसंगों को रती के व्यक्तित्व की चिकनाहट देने के लिये प्रस्तुत नहीं किया गया। न ही विद्या के रूप में उसका उदात्तीकरण करने भर को।

रती द्वारा सम्बन्धों की निकटता या दूरी के स्वीकार, अस्वीकार की विवशता से ही ये प्रसंग उपजे हैं। रती का समूचा अन्तरंग व्यवहार सायास है। सहज नहीं। इतना है कि हर कदम, कभी देह, कभी मन, कभी अपने से, अपने अतीत से मुक्ति पा लेने की छटपटाहट, कभी दरारों की अनझपी आँख तले बार-बार वह अकेली लड़की संघर्ष करती है—हथियार डालती है। फिर लड़ती है।

यह अलग-अलग व्यक्तियों से रती को फ्लर्टेशन नहीं, अलग-अलग व्यक्ति-खंडों से मिलने की टकराहट है।

होने के स्तर पर रती टुकड़ों का व्यक्तित्व है। कटा-छँटा। समूचा नहीं। विभिन्न अंगों का। विभिन्न हिस्सों का। सुरंगों के प्रसंग केवल इसीलिए।

दूसरों को जानने के लिये लगभग ऐसी निर्दयता से वह पहले दूसरों को विभाजित करती है, फिर उसी में अपने को घटाती चली जाती है।

भंग हो गई देह की चाहत और गुंजलों से घिरे मन के रूखे बिराग में कोई तारतम्य नहीं। कहीं दो छोर जुड़ते नहीं। मिलते नहीं। रती का सुनसान यही है।

खंडों से खंडों की खड़ाई, यही रती है।

'सूरजमुखी' के हलके गहरे और पर्तों दर पर्तों में लिपटे शब्द शुरू से लेकर आखिर तक मेरे लिये अचरज बने रहे। लगभग हर पंक्ति जीवित मुखड़े की तरह पास आ खड़ी होती। शब्द मितव्ययी की मुद्रा में अपने को समेटे-संजोए पूरी कहानी की पर्त-दर-पर्त उठाते चले गए। कलम में घुलते चले गए।

यह अनुभव 'मित्रो मरजानी', 'यारों के यार', 'डार से बिछुड़ी' से नितान्त अलग और गहरा था।

इस बार शब्दों की मांसलता से नहीं, शब्दों की आत्मा से मेरा साक्षात्कार था। इस साक्षात्कार के लिये मैं सूरजमुखी की कृतज्ञ हूँ।

'सूरजमुखी' की पहली और तीसरी प्रतिलिपि को जाँचकर देखा है। कोई परिवर्तन नहीं। वाक्यांश को सुधारने-सँवारने तक की कहीं कोई गुंजाइश नहीं थी। भाषा के स्तर पर कोई जुगाड़, मँजाव या कसाव की छूट नहीं थी। पूरी कथा की लय—अपने आप ही शब्दों में घुलती चली गई और जितना जहाँ कहना था, उसमें आप ही समर्थ थी। सामर्थ्य थी क्योंकि कथा की जमीन बनाई नहीं गई थी। वह थी, जड़ें गहरी थीं। तह थी, गुंजल थे और आँखों के सामने थे।

लेखक के जिम्मे तो 'सूरजमुखी' का एक ऐसा एकान्त था—अलगाव था जिसे कोई स्वर, गलत शब्द न सिर्फ उस एकान्त को झकझोर ही देता, उसे तहस-नहस भी कर सकता था। यह भी नहीं तो पुरानी रूखी राख को उकेर डालने की अदम्य आकांक्षा रती के एकान्त में घुलाकर पुराने चिह्नों और सब निशानों को उड़ा पुँछाकर खत्म कर देती।

लिखने के दौरान 'सूरजमुखी' के भयावने एकान्त के अकेलेपन को सुरक्षित रख सकना भर मेरे जिम्मे था। कुछ ऐसे कि लेखकीय खोज में पाँव आगे बढ़ें तो आहट न हो। आँख देखे तो चौंके नहीं। जो है सो प्रस्तुत हो—वह नहीं जो होना चाहिए। इसके लिये 'राग' नहीं विराग चाहिए था। और चाहिए था संयम। इसी से अंकित हो सका मानवीय मन के अँधेरों और सन्नाटों का यह दस्तावेज 'सूरजमुखी'।

‘अँधेरे बन्द कमरे’ : समीक्षा

भगवती प्रसाद निदारिया

अपने उपन्यास ‘अँधेरे बन्द कमरे’ (1961) की भूमिका में मोहन राकेश ने कथ्य के निश्चय की समस्या हेतु कुछ सम्भावनाओं की ओर संकेत किया है, “यह उपन्यास दिल्ली का रेखाचित्र, पत्रकार मधुसूदन की आत्मकथा अथवा हरबंस और नीलिमा का अन्तर्द्वन्द्व है।” इन संभावनाओं के बीच ‘अँधेरे बन्द कमरे’ की कथा विस्तार पाती है।

नौ वर्ष पश्चात् पत्रकार मधुसूदन अपेक्षया परिवर्तित दिल्ली में अपने दोस्त हरबंस से मिलता है। घर व कॉफी हाउस में मिलते रहने से हरबंस की पत्नी नीलिमा और साली शुक्ला से भी उसका परिचय हो जाता है। शुक्ला की ओर आकर्षित मधुसूदन शुक्ला और जीवन भार्गव की शादी की चर्चाएँ सुनता कशमकश में रहता है। हरबंस-नीलिमा का वैवाहिक जीवन आपसी तनावों व झगड़ों से इतना ग्रस्त है कि एक दिन हरबंस घर छोड़कर लन्दन चला जाता है। इस बीच शुक्ला व सुरजीत की शादी हो जाती है। हरबंस नीलिमा को अपने पास बुला लेता है। मधुसूदन का प्रेम-परिचय सुषमा श्रीवास्तव नामक जर्नलिस्ट से हो जाता है। एक बार फिर मधुसूदन दिल्ली में हरबंस-नीलिमा से मिलता है। सुषमा के बारे में हरबंस से जानकारी मिलने पर मधुसूदन सुषमा की ओर से विरक्त होकर कस्साबपुरा में रहनेवाली अपनी पुरानी मकान मालकिन की लड़की निम्मो की ओर झुक जाता है।

उपन्यास में एक ओर पुरानी दिल्ली; दुर्गन्ध-युक्त बस्तियों का प्रतिनिधित्व करने वाला कस्साबपुरा—मियाँ इबादत अली की इमारत में रहनेवालों की चैं-चैं, पैं-पैं—कीचड़ भरे कुएँ में कुलबुलाता समाज, आनन्द पर्वत की ‘बरसाती’ से दिल्ली की जगहों का नाम परिगणनात्मक संकेत; तो दूसरी ओर नई दिल्ली; कनाट प्लेस, कॉकी हाउस, वहाँ के ठहाके, चर्चाएँ, एक-से-एक क्रैंकी लोग (75), लोगों का निर्णय, खोखलापन, औपचारिकता से भरा जीवन और दूषित मनोवृत्तियाँ। लेखक ने अनेक बार उपन्यास में दोनों ही तरह के परिवेश-परिवर्तन हेतु संकेत दिए हैं परन्तु कुल मिलाकर देखा जाए तो रेखाचित्र की अपेक्षाओं की पूर्ति न करता यह उपन्यास दिल्ली का रेखाचित्र नहीं बन पाया है। दिल्ली मात्र ऐसी पृष्ठभूमि बनकर रह गई है जो कहीं-कहीं अनपेक्षित व ऊब देनेवाली प्रतीत होती है। “अच्छा होता ‘अँधेरे बन्द कमरे’ का कथानक हरबंस और नीलिमा के घुटन

भरे ड्राइंग रूम तक ही सीमित रहता। मगर उपन्यास और उपन्यासकार का आग्रह है कि अपनी पीठ पर अपना ड्राइंग रूम लादे दिल्ली की विपन्न और सम्पन्न आबादियों के बीच चलनेवाली उस सड़क की सार्थकता पर भी विचार किया जाए जो न होती तो उपन्यास अपनी अवधारणा, योजना और रचना में निर्दोष होता।"–(श्री श्रीकान्त वर्मा/आधुनिक हिन्दी उपन्यास : सं. डॉ. नरेन्द्र मोहन)

कथ्य की दूसरी संभावना है–पत्रकार मधुसूदन की आत्मकथा। मधुसूदन तीन रूपों–पत्रकार, मित्र व प्रेमी–में हमारे सामने आता है। उसका पहला रूप पत्रकार का है "जिसकी डायरी के पन्ने ऊपर से नीचे तक घिचपिच हुए रहते हैं। अपनी पत्रकारिता की शैली के फलस्वरूप वह अपने सम्पादक की प्रशंसा का पात्र बनता है। सम्पादक उसे राजनीतिक रिपोर्टिंग की बजाय सांस्कृतिक रिपोर्टिंग का काम देता है। प्रैक्टिकल नहीं, इसीलिए वह ऐसे संवाददाताओं से चिढ़ता है जिनकी राजनीतिक दृष्टि समाचार-पत्र बदलने के साथ ही बदल जाती है।"

मित्र रूप में वह हरबंस और नीलिमा के जीवन में घटनेवाली गम्भीर स्थितियों का प्रत्यक्षदर्शी और धीर श्रोता है। दोनों के प्रति वह समान रूप से आत्मीय है, परन्तु मित्रता के नाते सलाह देना भी उसके वश की बात नहीं।

प्रेमी रूप में शुक्ला के प्रति आकर्षित मधुसूदन अपने मन की बात बाहर लाने से डरता है। भार्गव को वह अपनी तुलना में अच्छा मानता है क्योंकि उसमें मन की बात जाहिर करने की हिम्मत तो है। (पृ. 102) शुक्ला व जीवन भार्गव की चर्चाएँ, सुरजीत व शुक्ला का बढ़ता मेल-जोल उसके हृदय को आन्दोलित करते रहते हैं परन्तु वह कुछ भी नहीं कर पाता, कुछ भी नहीं कह पाता और अपने मन को विश्लेषित करते हुए वह स्वीकार करता है कि "दूसरी तरफ मैं था जो लोगों की उपस्थिति में चेहरे पर एक खोल चढ़ाए रखता था, एक झूठी हँसी हँसता था, एक झूठी उपेक्षा प्रकट करता था और इस तरह हर समय अपने को एक यन्त्रणा में रखता था।" (पृ.124) शुक्ला की शादी के उपरान्त वह सुषमा श्रीवास्तव के सम्पर्क में आता है। हरबंस से उसके बारे में सुनकर वह उसे फोन तक नहीं करता जबकि हरबंस की नेचर उसे मालूम है। अपने निर्णय को वह बदल डालता है। निर्णय का यह बदलाव उसका आधुनिकता की ओर से पलायन करना है। भोली-भाली मांसल लड़की निम्मो (जो उससे उम्र में भी कई बरस छोटी है) की ओर उसका अन्तिम निर्णय उसे परिस्थितियों से जूझनेवाला सिद्ध नहीं करता लेकिन लगता है इस निर्णय के पीछे वह डर, वह आशंका व्याप्त रहे हैं जिन्हें वह आधुनिकता में (हरबंस और नीलिमा के जीवन में) देख आया है। इतने पर भी लेखक ने मधुसूदन को जिस उच्च धरातल पर प्रतिष्ठित करना चाहा है वह नहीं हो सका है। जीवन के हर क्षेत्र में वह एक मौन दर्शक व धीर श्रोता मात्र है जिसके पास एक औसत दर्जे के आदमी जितना ही व्यक्तित्व है। उसकी जीवनगाथा ने, जैसा कि नेमिचन्द जैन (अधूरे साक्षात्कार, पृ.127) भी मानते हैं, "उपन्यास के प्रमुख सूत्र–नीलिमा और हरबंस के बीच द्वन्द्व की तीव्रता को भी हलका कर दिया है।"

हरबंस की नीलिमा से पहली भेंट उसकी बुआ के यहाँ होती है। इसके अलावा इनके पूर्व-परिचय का उपन्यास में केवल इतना आभास मिलता है कि विभाजन के दिनों हरबंस ने लाहौर से नीलिमा को लाने के लिये अपनी जान को खतरे में डाल दिया था। (पृ. 300)। सर्जनात्मक जीवन जीने की प्रेरणा देता हरबंस उसे आधुनिक जीवन-प्रणाली के अनुकूल कॉफी हाउस, मदिरापान व सिगरेट आदि से परिचित कराता है। जब इस ओर उसके कदम उत्तरोत्तर आगे बढ़ने लगते हैं तो हरबंस के मध्यमवर्गीय संस्कार उसे इस जीवन से निकाल लाने के लिये सक्रिय होते हैं किन्तु नीलिमा में अब नवीन जीवन की उमंग है फलतः दोनों के दृष्टिकोण भिन्न हो जाने से दोनों के मूल्यों में संघर्ष होने लगता है।

एक ओर नीलिमा है जो न तो उदास रहती है और न किसी को उदास देखना चाहती है। (पृ. 249) अपने प्रति हरबंस की चिढ़ का कारण वह यह समझती है कि लोग हरबंस से ज्यादा उसे जानते है। 'सैडिस्ट' हरबंस के प्रति उसे शक है कि वह शुक्ला को चाहता है। हरबंस के बाहर जाने की सुनकर उसे विश्वास है कि "हरबंस उसके बिना नहीं रह सकता।" (पृ. 110) और हरबंस के पत्रों को पाने के बाद भी उसे लगता है कि उसका वहाँ जाना निरर्थक है इसलिए वह नृत्य की शिक्षा पाने के बाद ही वहाँ पहुँचती है। पैसे की कमी है–उसे ऊँचा उठना है–वह हरबंस से पूछे बिना नृत्य प्रदर्शन हेतु उमादत्त से कह देती है। वह जानती है कि उसकी इस तरह की बातों से हरबंस को दुख होता है परन्तु उसके आगे बढ़े हुए कदम इन बातों की परवाह नहीं करते। पेरिस पहुँचने पर वह यस मैन ऊबानू की ओर आकर्षित होती है...एक नए जीवन की आशा उसके चारों ओर मँडराती है। पेरिस में हरबंस द्वारा भेजे तीन पौंड मिलने पर उसे सुख होता है कि हरबंस उसे अपने पास बुलाना चाहता है। दुख भी होता है क्योंकि उसने दस पौंड नहीं भेजे। वह डगमगाती है परन्तु ऊबानू का यह कथन कि वह अपनी पत्नी को भूल चुका है और उसके बारे में बात भी नहीं करना चाहता क्योंकि वह नेक चलन नहीं थी–सुनकर नीलिमा के संस्कार, उसका अर्न्तमन उसे झकझोरकर रख देता है। पेरिस से लौटकर वह रोते हुए अपनी द्विविधा का अन्त करती है "बंस मैं तुम्हें छोड़कर अलग नहीं रह सकती।"(पृ. 247) वह अपने अन्दर स्त्री के उस रूप का अभाव मान लेती है जिसकी जरूरत हरबंस को है। (पृ. 248) उसकी स्पष्टोक्ति है कि–"तुम्हीं ने मुझे इस रास्ते से परिचित कराया था। मैं अब अपने मन से उस रास्ते पर इतना चल आई हूँ कि लौट नहीं सकती–तुम्हारे कहने से और तुम्हारे हित के लिये भी नहीं। इसीलिए मैंने सोचा था कि तुमसे दूर रह सकूँ, तो शायद–इसी में हम दोनों की भलाई है।" (पृ. 248) नीलिमा का रियलाइजेशन प्रैक्टिकल रूप नहीं लेता। दिल्ली लौटने पर इनके झगड़े फिर आरम्भ हो जाते है। नीलिमा की राह एकदम अलग हो गई है। उसकी महत्त्वाकांक्षाएँ और बढ़ती आवश्यकताएँ उसे गृहस्थी की चारदीवारी में कैसे बाँधे रख सकती हैं। शुक्ला का नीलिमा के प्रति यह कथन एकदम सार्थक है–"उन्हें जिन्दगी में जो कुछ मिला है उसकी वे परवाह नहीं करतीं और जो कुछ नहीं मिला, उसी के पीछे भटकती

हैं...वे जिन्दगी भर एक मृगतृष्णा के पीछे भटकती रहेंगी और इसी तरह छटपटाती रहेंगी।" (पृ. 515)

दूसरी ओर हरबंस है जो सम्पूर्ण उपन्यास में तिलमिलाता, थकान व परेशानियों से घिरा व्यक्तित्व है। नीलिमा और शुक्ला के प्रति वह अपने उत्तरदायित्व को समझता है। शुक्ला का हाथ माँगनेवाले भार्गव को दो टूक उत्तर देने के बाद वह स्पष्ट करता है कि उसे यह बिलकुल पसन्द नहीं कि लोग उससे इधर-उधर की बातें करें और वास्तव में उनकी नजर उसके घर की लड़कियों पर हो। परन्तु नीलिमा से "वह कौन होता है उसके घर में किसी को आने से रोकनेवाला" सुनकर उसका बड़प्पन आहत होता है। शुक्ला-सुरजीत की शादी का जिम्मेदार पूरी तरह से हरबंस है—क्योंकि "शुक्ला के लिये वही अच्छा है जो भापा जी के लिए" (पृ. 110) परन्तु अपनी ही गलती को वह शुक्ला की सबसे बड़ी गलती बताता है। नीलिमा को आधुनिक वातावरण में लाकर वह नीलिमा और स्वयं पर खीजता है, अब उसे यह बिलकुल पसन्द नहीं कि नीलिमा उसके दोस्तों के सामने उससे झगड़ा करे, उससे तू तड़ाक बातें करे।

हरबंस के लिये आगे बढ़ना जीवन है तो पीछे लौटना भी जीवन है—पर यह बढ़ना और लौटना उसी की विचारधारा के अनुकूल होना चाहिए। उसे सुख चाहिए—सुख के लिये ही आगे बढ़ना है, सुख के लिये ही पीछे लौटना है, तिस पर भी विडम्बना यह है कि "उसके लिये सुख सुख नहीं है, केवल छानबीन और विश्लेषण का एक विषय है। वह जीवन के किसी भी क्षण को उसके समूचे रूप में स्वीकार नहीं करता। हर क्षण की वह चीरफाड़ करता है। सुख को चीर-फाड़कर वह उसमें से दुख को निकाल लेता है। सुख मर जाता है।" (पृ. 294) अपने जीवन की परेशानियों का अन्त वह अपने जीवन का अन्त कर देने में समझता है। उपन्यास वह रमेश खन्ना के जीवन को लेकर नहीं...अपने जीवन को लेकर लिखना चाहता है, वह नीलिमा में ऐसी 'पूर्णता' को देखना चाहता है "जो उसके अन्दर भी एक पूर्णता की अनुभूति भर दे" और उसे "चौंकाकर एक आदेश में" उसके "सारे अस्तित्व को आत्मसात कर ले।" (पृ. 158) परन्तु वह यह भी चाहता है कि यह पूर्णता मध्यमवर्गीय संस्कारों से आबद्ध हो। हरबंस की मानसिक अवस्था को और अधिक सफलता से उसके लिये फुटकल प्रसंग प्रस्तुत करते हैं—"उसके जीवन का आईना लाहौर से आते-आते टूट चुका था" (और अध्याय पच्चीस में) "असम्भव को सम्भव बनाने का प्रयत्न" (पृ. 530) लेकिन उस असम्भव को सम्भव बनाने का प्रयत्न करते-करते वर्तमान जीवन की उदासीनता उसे लंदन ले आती है। लन्दन से यात्रा-दौरान नीलिमा को लिखे पत्रों में उसका अन्तर्द्वन्द्व अधिक गम्भीरता के साथ उभरता है। पहले वह अपने आपको खुश बताता है क्योंकि वह "उन सब परिस्थितियों से निकलकर दूर जा रहा है जो एक अरसे से उसके मन को कसे हुए थीं।" वह इच्छा करता है कि वे दोनों पति-पत्नी न होकर मित्र होते। बाद में उसे अपना अकेलापन खटकता है, वह चाहता है कि नीलिमा भी उसके पास चली आए। कोई जवाब न आने पर वह खीजता है। किसी ने उसे कुछ भी नहीं चाहिए, बस जिस हाल

में है उसी में 'आगे के दिन काट देना' चाहता है। पुनः उसका मन झुकता है। वह मानता है कि "दोनों को जिन्दगी गुजारने के लिये अपने आपको बदलना पड़ेगा।" (पृ. 151) उसे अपने मन की द्विविधापूर्ण स्थिति स्वीकार्य है—"तुम्हारे साथ और तुम्हारे बिना, दोनों ही तरह जिन्दगी मुझे असम्भव प्रतीत होती है।" यहीं वह मानता है कि वह 'प्रैक्टिकल' नहीं है, यदि होता तो "उसकी जिन्दगी का रूप कुछ और" ही होता। इतने पर भी नीलिमा की ओर से कोई जवाब न पाकर उसे दुख होता है। वह अपने को कुछ भी कहने के अधिकार से वंचित स्वीकारता है। (पृ. 153) दसवें पत्र में वह प्रेम के उस आदर्श रूप की व्याख्या करता है जिसका उसमें अभाव है और ग्याहरवें पत्र में अपनी और नीलिमा की राहों को ध्यान में रखते हुए वह इस निष्कर्ष पर पहुँचला है कि "जीवन की सबसे बड़ी विडम्बना तो यही है कि हर व्यक्ति अपनी जगह सही होता है और वास्तविक संघर्ष सही और गलत के बीच न होकर सही और सही के बीच होती है।"

पेरिस से नीलिमा के वापस न आने पर हरबंस बहुत परेशान होता है। ऊबानू के प्रति नीलिमा का खिंचाव उसी के मुख से सुनकर वह चौंकता है— अपने शक-निवारण हेतु वह नीलिमा की गतिविधियों का मूल्यांकन पाँच दिन-पाँच रात तक करता रहता है। वह उससे ऊबानू के साथ बिताए एक-एक पल का हिसाब जान लेता चाहता है। उमादत्त के साथ अपनी असफलताओं पर वह खीजता है। यहाँ तक कि शराब की लगाई हुई लत को वह नीलिमा में उमादत्त के साथ घटे प्रसंग के बाद नहीं चाहता। दिल्ली लौटने पर भी उसका मन अशान्त ही रहता है।

यानी नीलिमा के लिये उत्तरोत्तर सफलता पाना ही एकमात्र लक्ष्य है जबकि हरबंस के लिए—संस्कारों के स्थैर्य का प्रयत्न ही सब कुछ है। दोनों एक-दूसरे को चाहते हैं परन्तु एक-दूसरे की राह दोनों में से किसी को भी पसन्द नहीं। अपने पुत्र अरुण (जो तीन बार इनके तनावपूर्ण वातावरण का शिकार हो चुका है) के भविष्य की चिन्ता दोनों को है। हरबंस उससे हर बात बड़े प्रेम से करता है तो नीलिमा को भी उसके प्रति चिन्तित दिखाया गया। लेकिन काफी समय तक उनकी यह चिन्ता उनके तनावपूर्ण वातावरण में खोई रही है। दोनों की राहें 'अँधेरे' में भ्रमित और पारस्परिक 'सहानुभूति' मात्र से बन्द हैं। स्वयं राकेश के अनुसार—"वे दोनों जैसे एक ही घेरे में दो विपरीत दिशाओं में घूमते नक्षत्र थे जो न तो उस घेरे से निकल सकते थे और न ही अपनी दिशा बदल सकते। उनके लिये साथ रहना भी अनिवार्य था और विपरीत रहना भी।" (पृ. 285) लेकिन अन्त में वे दोनों साथ रहना ही स्वीकारते हैं। नीलिमा गृहस्थिन रूप में लौट आती है क्योंकि उसे अब यही ठीक लगता है।

बेशक उपन्यास में नीलिमा और हरबंस का अन्तर्द्वन्द्व ही प्रमुख है, मधुसूदन इसका आख्याता और दिल्ली पृष्ठभूमि तथापि उपन्यास में इसके आगे भी "राकेश किसी तरह महानगरी में अकेलेपन की उस गहरी अनुभूति को अभिव्यक्ति देना चाहते हैं जिसके मूल में स्नेहहीनता है, मानवीय सम्बन्धों की अर्थहीनता है।"—(इन्द्रनाथ मदान : आज का हिन्दी उपन्यास) और इस हीनता का कारण हर इंसान का अन्दर से बहुत छोटा और

स्वार्थी हो जाना है। (पृ. 465) समाज में 'योग्यता मेहनत और ईमानदारी' की अपेक्षा 'टैक्स और काँटैक्ट' महत्वपूर्ण हैं। (पृ. 361) साधन-सम्पन्न व्यक्ति के चाबुक खाकर, उसके आगे दुम हिलाकर ही पेट की क्षुधा शान्त की जा सकती है। समाज में रहकर यदि किसी को जीना है तो उसे 'बेशरमी को सबक पढ़ना होगा' और इतना ही नहीं बल्कि अपने खड़े होने की 'बुनियाद' बनाने के लिये एक 'रैकेट' भी बनाना पड़ेगा। (पृ. 363)

आजीविका पाने के लिए "अच्छी तिकड़म आनी चाहिए या एक अच्छे बाप के घर पैदा होना चाहिए।" (पृ. 62) समाज छीना-झपटी, लूट-खसोट, धोखा-धड़ी के संघर्ष में रत है। और इस संघर्ष में सफलता पाने के लिये "झूठ बोलना, काम से बचना, जैसे भी हो पैसा जमा करना, अधिकार-प्रप्ति हेतु कुछ भी कुरबान कर देना" ही नैतिकता है। नैतिकता की सीढ़ी पर चढ़कर अपने अलावा "हर एक को हीन समझना, अविश्वास की नजर से देखना, दूसरों के झूठ पर नाक-भौं सिकोड़ना, कोई मूल्यों की बात करे तो कन्धे हिलाकर मुँह बिचकाना" (पृ. 329)। बुद्धि वर्ग से पाला पड़ने पर "अपने ओछे स्वार्थों को सिद्धान्त और दर्शन का रूप देना" (पृ. 330) जीवन में सफलता प्रप्ति के प्राथमिक उपाय बन गए हैं।

जो "कला जीवन के यथार्थ के साथ हमारी आत्मा के सम्बन्ध को व्यक्त करती है।" (पृ. 70) वह भी अब मूल्यहीन हो गई है। मूल्य है तो बस साधन-सम्पन्न लोगों के इशारों पर चलने का। अपनी मान्यता हेतु कला के लिये प्रतिष्ठित ग्रुप द्वारा प्रवर्त्तन की अपेक्षा अनिवार्य हो गई है। दर्शकों को जमा करने में सम्बन्ध, मैत्री और जान-पहचान आदि का उपयोग अनिवार्य हो गया है। यहाँ तक कि कला, मूल्यांकन की कसौटी भी इसी सीमा तक आकर सीमित हो गई है। आधुनिक समाज के चरमराए ढाँचे में व्यक्ति इतना पक चुका है कि वह अपने औचित्य को सिद्ध करने के लिये ओछे साधनों का प्रयोग भी निस्संकोच करता है और फिर "जब दूसरे लोग परिस्थिति का लाभ उठा रहे हैं, तो वह क्यों न उठाएँ ?" (पृ 368) यही धारणा उसे निरन्तर पतनोन्मुख कर रही है जिसके फलस्वरूप जीवन में 'कहीं एक पतली-सी लकीर', मन में कहीं एक खालीपन, एक अभाव छा गया है—"कहीं कुछ है जो नहीं है। उसे होना चाहिए। उसके बिना सब कुछ अधूरा है। बस वही कुछ हो, कुछ भी अधूरा न रहे। वह कुछ कहीं खोया हुआ है—अँधेरे में, आकाश में, अपने में।" (पृ.243) और वह कुछ स्नेह तथा मानवीय सम्बन्धों की अर्थवत्ता नहीं तो क्या है ? ऐसा लगता हैं, व्यावहारिकता से भरी इस दुनिया में कोई किसी का नहीं, "जैसे हर व्यक्ति के साथ अन्दर ही अन्दर कोई दुर्घटना हो रही है, कुछ खोता जा रहा है।" इस खोए हुए को पाने के लिए, इस सूनेपन, अकेलेपन को दूर करने के लिये जैसे हर व्यक्ति अँधेरे में हाथ-पैर मार रहा है—कहीं 'कोई किरण नहीं' और अगर बाईचांस 'हवा में कहीं कोहेनूर झिलमिलाता' दिखाई भी दे जाता है तो उसे दृष्टि से ओझल होते पल नहीं लगता। अपने अन्दर के खालीपन को, मानवीय सम्बन्धों के बीच पहले तनाव को समाप्त करने का उपक्रम—सुख की तलाश और जीवन को जीने की जिजीविषा उपन्यास में प्रखर हो उठे हैं।

उपन्यास का हर पात्र जीवन को जीना चाहता है, उसे ढोना नहीं। वह चाहे मधुसूदन हो (जो शुक्ला, सुषमा व निम्मो में से एक का प्रत्यक्ष चुनाव करता है।), चाहे शुक्ला, सुषमा, सुरजीत या ऊबानू हों। प्रकारान्तर से हरबंस और नीलिमा का द्वन्द्व भी इस जिजीविषा का ही प्रतिफलन है। सभी पात्र सोचते हैं कि अतीत को भुलाकर वर्तमान में वर्तमान और भविष्य और भविष्य के लिये जब जीवन को जिया जा सकता है तो उसे ढोने के अभिशाप से क्यों त्रस्त हुआ ? परन्तु जीवन तभी जिया जा सकता है जब "पारस्परिक ईमानदारी, भावनात्मक लगाव और मानसिक समदृष्टि" ये तीनों ही हों क्योंकि "जहाँ किसी एक का अभाव हो, वहाँ शेष दोनों का अस्तित्व भी नहीं रह सकता।" (पृ.157) सभी पात्र सरलता की ओर उन्मुख होते हैं। विविध मनोवृत्तियाँ रखते हुए भी सब कुछ ऐसा चाहते हैं जिसमें अपनापन हो—पूरी तरह से अपनापन—जहाँ औपचारिकता जैसी घटिया प्रकिया लुप्तप्राय हो, आधुनिक घृणित मनोवृत्तियाँ नष्टप्राय हों। आधुनिक से समझौता करके नीलिमा और हरबंस उस अपनेपन को पा लेते हैं, और मधुसूदन आधुनिकता से कटकर उसे पाता है।

उपन्यास का अन्तिम भाग यह संकेत देता है कि हर पुरुष स्त्री में एक सद्-गृहस्थिन को ही देखना चाहता है...कि नारी का गृहस्थिन रूप ही सबसे बड़ा रूप है। हरबंस का शुक्ला द्वारा घर की देखभाल के सन्दर्भ में यह कहना कि "मुझे पहली बार लग रहा है कि यह घर, घर है यहाँ जो जैसा होना चाहिए, वैसा हो रहा है।"—(पृ. 521) अन्त में नीलिमा को भी इस रूप में लौटते दिखाया गया है क्योंकि उसे लगता है कि "शायद अब यही ठीक है।" (पृ. 533) शुक्ला और सुरजीत का गार्हस्थ्य जीवन भी इसीलिए सुखी है क्योंकि शुक्ला गार्हस्थ्य को ही अपना जीवन-केन्द्र समझती है। मधुसूदन हरबंस-नीलिमा और सुरजीत-शुक्ला के जीवन में गृहस्थिन नारी के इस रूप को देखते हुए अपने निर्णय को बदल डालता है।

कुल मिलाकर देखा जाए तो कथ्य-वैविध्य का आग्रह उपन्यास की एकान्विति को ठेस पहुँचाता है। इसमें भी शक नहीं कि प्रत्यक्षतः इस उपन्यास में हरबंस और नीलिमा का अन्र्द्वन्द्व ही प्रमुख है। कुछ प्रसंग—जैसे दूतावास की पार्टी, मुगलकालीन नोट्स (प्रभोवोत्पादक परन्तु अनपेक्षित), कॉफी हाउस की (अनावश्यक रूप से बढ़ी-चढ़ी) बातें—हरबंस-नीलिमा के अन्तर्द्वन्द्व की तीव्रता में व्यवधान उपस्थित करते हैं। हरबंस की मधुसूदन से एक-दो मामूली मुलाकातों में ही इतनी अधिक आत्मीयता होना—कि वह केवल मधुसूदन को ही अपने मन की बात बता सकता है—खटकती है। हरबंस के बारे में लेखक बताता है कि वह हर विषय पर अधिकारपूर्ण ढंग से बात कर सकता है परन्तु नीलिमा को लेकर होने वाली परेशानी तक ही हरबंस का चरित्र सीमित होकर रह गया है। मधुसूदन को जिस उच्च धरातल पर लेखक ने प्रतिष्ठित करना चाहा है वह नहीं हो सका है—अपनी मान्यताओं में जकड़ा वह भीड़ में खो जाने वाला मामूली आदमी सिद्ध होता है। सुषमा के चरित्र को लेखक ने सूक्ष्म रूप से नहीं लिया है हालाँकि सुषमा से सम्बन्धित प्रसंग पूरी तरह से प्रभोवोत्पादक रहा है। 'पुरुष के लिये नारी का स्वतन्त्र

व्यक्तित्व वांछनीय न होना' इस समाधान हेतु कथा-परिणति पूरी तरह आरोपित और सतही लगती है।

लेकिन इन सब बातों के रहते हुए भी उपन्यास सम्भावना का रूप लिये है—अपनी दिशा को खोजने की लगन उसमें स्पष्ट रूप से परिलक्षित होती है। मानवीय सम्बन्धों के खोखलेपन को उभारने की चुनौती को लेखक ने स्वीकारा है। उस 'पतली-सी लकीर' की ओर स्पष्ट संकेत दिया है जिसके दो बिन्दु पारस्परिक तनाव और कुंठा हैं और इन बिन्दुओं के मध्य आनेवाली स्वार्थपरक मनोवृत्तियों को न केवल लेखक ने उभारा है अपितु उस लकीर को समाप्त करने के लिए, मानवीय सम्बन्धों को अर्थवान रूप देने के लिये मानवता का एहसास कराया है। इस सब को प्रकट करने के लिये राकेश के कलाकार का अभिव्यंजना-कौशल पूर्ण रूप से प्रवाहमय रहा है। उनकी जीवन्त और सांकेतिक भाषा सूक्ष्म से सूक्ष्म मनःस्थितियों को वहन करने में पूर्ण समर्थ रही है।

●●●